U0483165

JIAOYU JIAOCAI YUYAN

LILUN

YANJIU

# 教育教材语言理论研究 上

苏新春　郑泽芝　杜晶晶　孙园园 / 著

江西教育出版社
·南昌·

赣版权登字-02-2023-163
版权所有 侵权必究

**图书在版编目（CIP）数据**

教育教材语言理论研究：上、下 / 苏新春等著. -- 南昌：江西教育出版社，2023.12
ISBN 978-7-5705-3699-3

Ⅰ.①教… Ⅱ.①苏… Ⅲ.①教材－研究 Ⅳ.①G423.3

中国国家版本馆CIP数据核字（2023）第118349号

**教育教材语言理论研究（上、下）**
JIAOYU JIAOCAI YUYAN LILUN YANJIU（SHANG、XIA）
苏新春　等著

江西教育出版社出版
（南昌市学府大道299号　邮编：330038）

出 品 人：熊　炽
责任编辑：洪晓梅
美术编辑：张　延
封扉设计：方　方

各地新华书店经销
江西赣版印务有限公司印刷
700毫米×1000毫米　　16开本　　64.75印张　　1000千字
2023年12月第1版　　2023年12月第1次印刷

ISBN 978-7-5705-3699-3
定价：228.00元（全二册）

赣教版图书如有印装质量问题，请向我社调换　电话：0791-86710427
总编室电话：0791-86705643　　编辑部电话：0791-86705903
投稿邮箱：JXJYCBS@163.com　　网址：http://www.jxeph.com

# 前言
## 教育教材语言——一个值得深入挖掘的富矿

鲁迅先生说过,世上本无路,走的人多了,也便成了路。

"教育教材语言"研究走到现在,走路的感觉特别真切。这条路是伴随着"国家语言资源监测与研究教育教材中心"的成立而出现的,中心由教育部语信司与厦门大学于 2005 年共建而生。中心问世了,任务下达了,这就是目标,完成任务的过程,路也就开始显现了。但它能不能作为一条学术之路,能不能作为一个独立的学术领域,一开始是有人担心过的。资深中学语文教育专家、时任全国中语会秘书长、教育教材语言中心首届学术委员会委员顾之川先生在首届全国教育教材语言研讨会(2006 年 11 月,厦门大学)开幕式上,就道出过他的担心:教材编纂、教材研究当然都是首先从语言文字入手,人民教育出版社的老一代专家们叶圣陶、魏建功、吕叔湘、张中行、吴伯箫、张志公等,向来都提倡语言文字运用和表达要讲究,特别是教材语言,更是通晓、明白和规范,先生们也都是语言使用身体力行的典范。可在深入了解后,发现教育教材语言研究把目标定位由对教材语言的行文表述转移到对教材语言本体的构成,由表层的语用转移到对教材语言的内部整体构成,由语言文字状况转移到对背后的知识体系与语言能力培养,对这样一个值得深入研究的独立领域表示了认可。

对这条学术之路,有多宽,能走多远,能看到怎样的风光,当时心中却是没有太大的底,好在好奇心一直在驱动着行路人。当时想着的就是教育教材语言的真实面貌如何,它是如何构成的,用了哪些字词,用了哪些句与义,低年级与高年级之间,语言学科与知识学科之间,有着怎样的联系与区别,表达出怎样不同的功能。这种强烈的好奇心,一如"中国语言绿皮书"《中国语言生活状况报告》首个年度报告(2005年)出来时曾有的感受,从10亿字语料中提取出165万个词语,如此巨量的词语远高出旧印象以为的汉语最多40万个词语。好奇心下生出的探求欲望是旺盛的,即使被时任语信司司长的宇明领导要求留住北语不能返厦也毫无怨言。行路人把眼光瞄准脚下,正是一步一步的行进,一点一点的收获,让我们饶有兴致而充满信心地走到了现在。

十五年过去了,教育教材语言研究从语文教材到学科教材,从基础教育到汉语国际教育,从内地(大陆)到港澳台地区,再到汉字文化圈的日韩越新及世界主要国家的基础教育,让我们在教育教材语言这片领域越走越远。从最初以教育教材语言的"语言状况""语言面貌"为全部的认知目的,拓展至教育教材语言与"学科知识体系""语言知识体系",再到教育教材语言与"思想观念""话语体系"。从"语言世界"进到"知识世界",再进到"观念世界",这是教育教材语言领域不断以自己丰富内涵而"自在"地外化与展示的过程,又是人们对它不断挖掘探索前行的"自为"过程。"语言世界""知识世界""观念世界"的"三个世界"观,是对教育教材语言领域的三个观察角度、三种研究类型,又是十五年来探索进程的三个阶段。回顾以往,一步一脚印,备感艰辛;瞻望前景,一步一台阶,风光无限。

教育教材语言作为一个独立的研究领域,与"国家语言资源监测与研究教育教材中心"的研究团队是紧密结合在一起的。从中心成立之日起,这支队伍就聚力于此,《教材语言的性质、特点及研究意义》是他们的第一篇理论文章[1];《汉语作为第二语言教材字、词和词语义项调查》是刊发在《中国语言生活状况报告(2006)》的第一篇调研报告[2];《从中国大陆与台湾地区语文教材选文对比看小学生的"减负"》是第一篇得到教育部领导批示的咨政报告[3];"20世纪基础教育语文教材语言研究"丛书是第一个对百年基础教育语文教材语言进行大规模纵向断代研究的课题[4];《义务教育常用词表(草案)》是第一个由国家语委颁布的面向义务教育的软标准规范的词表[5];教育教材语言"三个世界说"首次提出即获同行高度关注,会议主办者在公众号以"原创首发"发文推送[6];在近几年我国方兴未艾的话语权研究中,承担了国家教材局下达的"中小学语文教材话语体系"课题[7];在语文教育科学化的努力中又再次承担了国家教材局下达的"语文教材语言知识体系"研究课题。多个"首次",记录了他们在教育教材语言世界的探索之路。

教育教材语言作为一个独立研究领域,经历了从提出到质疑再到认可再到被期待的过程。第一届全国教育教材语言研讨会于2006年11月25—26日在厦门大学举行,会议主旨是"对我国基础教育阶段的教育教材语言的性质、特点、类型、分布、教学等进行研讨,目的在于提高基础教育的教材编写水平、教学水平和效果,并进而提高我国受教育者的语言文字使用水平"。会议论文征集范围包括七个方面:"基础教育阶段语文学科及其他学科的语言性质、特点、类型、分布;教育教材语言与教学大纲;教育教材语言与教材编写;教育教材语言与教材出版;教育教材语言与教学;教育教

---

[1] 苏新春、杜晶晶、关俊红、郑淑花:《教材语言的性质、特点及研究意义》,《语言文字应用》2007年第4期。
[2] 苏新春:《汉语作为第二语言教材字、词和词语义项调查》,载国家语言资源监测与研究中心编《中国语言生活状况报告(2006)》(下编),商务印书馆,2007。
[3] 本咨政件后来以《台湾小学语文教材的容量只有大陆教材的一半》为名,刊发在《中国语言生活要况(2013)》,商务印书馆,2013。
[4] 苏新春主编"20世纪基础教育语文教材语言研究"丛书,由广东教育出版社出版。苏新春、李娜:《民国时期基础教育语文教材语言研究》,2017。苏新春、赵泽怡:《20世纪50—60年代基础教育语文教材语言研究》,2020。罗பி林:《20世纪60—70年代基础教育语文教材语言研究》,2018。李焱、孟繁杰:《20世纪80—90年代基础教育语文教材语言研究》,2016。苏新春、杨书松、孙民园:《21世纪新课标基础教育语文教材语言研究》,2017。董兆杰:《基础教育识字教学研究》,2015。
[5] 教育部语言文字信息管理司组编,苏新春主编《义务教育常用词表(草案)》,商务印书馆,2019。
[6] 苏新春在"国家安全中的语言战略高端论坛"(上海市教育科学研究院等主办,2017年12月30日)大会论文《民国小学语文教材中的国家意志》中提出教材语言研究的"三个世界说"。
[7] 杜晶晶主持,"中小学语文教材话语体系问题研究",国家语委"十三五"科研规划2019年度课题,编号WT135-54。

材语言与教学测试;对现有通用教材的语言评测与分析。"会议成立了"学术委员会",主任是王铁琨(教育部语信司副司长)、李建发(厦门大学副校长),委员是巢宗祺(华东师范大学教授)、崔希亮(北京语言大学教授、校长)、顾之川(人民教育出版社编审)、李如龙(厦门大学教授)、吕达(人民教育出版社副总编辑,研究员)、苏新春(厦门大学教授)、佟乐泉(教育部语言文字应用研究所研究员)、张万彬(语文出版社副总编辑)、朱慕菊(教育部基础教育司副司长)。会务组组长由苏新春、顾之川担任。前面引述了顾先生在开幕式上那段讲话,透露出他对"教育教材语言"作为一个专门研究领域的担心,及丝丝担心后的认同。2014年我到人教社进行学术交流,顾先生兴奋地告知现在国内有三个对百年中小学语文教育进行研究的大课题,一个是人教社的教材百年研究,一个是由他负责的课程百年研究,另一个是由我主持的教材语言百年研究。能忝列其中让人汗颜,但透露出来他的信任与欣慰,却较前有了颇大变化。

首届全国教育教材语言研讨会召开。出席研讨会的专家来自中国及马来西亚等地,包括国内多家知名出版社和学术刊物的代表,如人民教育出版社、商务印书馆、外语教学与研究出版社、高等教育出版社、上海辞书出版社、福建教育出版社及《语言文字应用》《语文建设》杂志社等。"会议共收到论文40多篇。研讨会设立了论文评议人制度,香港岭南大学田小琳、外语教学与研究出版社严学军、武汉大学萧国政、上海交通大学郭曙纶、鲁东大学亢世勇和商务印书馆余桂林等担任了论文评议人。会议深入探讨了教育教材语言的性质、特点、数量、分布,及其对教材编写、教学方法、教学效果的关系与影响等。讨论的重点是我国基础教育阶段的语文教育与对外汉语教育的教材语言的性质、特点、类型、分布;教育教材语言与教学大纲;教育教材语言与教材编写、出版、教学、教学测试的关系;现有通用教材的语言评测与分析等。其意义在于提高语文教育和对外汉语教育的教材编写水平、教学水平和效果。"[①]这是教育教材语言研究的第一次"独立"亮相,却反映了教育教材语言研究的重点与风格。这种传统后来一直延续着。研讨会至今举行了七届,第二届(福建武夷山,2008)、第三届(辽

---

[①]《首届全国教育教材语言专题学术研讨会召开》,《语言文字应用》2007年第1期。

宁渤海大学,2010)、第四届(江西井冈山,2012)、第五届(新疆师范大学,2014)、第六届(北华大学,2016)、第七届(广西民族大学,2018)。夏中华教授主持了第三届,主编了两届会议的教育教材语言论文集。第四届的主办单位江西科技师范学院在学报开设了固定的专栏,连续发表这方面的论文,渐出声誉。李开拓先生主持了第六届,会议一结束,北华大学学报即刊发了专题论文。吴格明教授几乎参加了各届会议,后来成为《义务教育常用词表(草案)》的通稿专家。卞成林教授主持了第七届,为会议提供了优越的研讨条件。

教育教材语言研究的最大目的就是要揭示它的性质、构成、分布、内涵、功能及应用。我们一开始就把所有疑点集中为三个问题:"教什么不教什么""先教什么后教什么""怎么教"。随着研究的深入,又提出了"教学效果如何"与"如何评测"的问题。这是典型的"问题"研究法。仍用走路来作喻,就是路是走出来的,越走路越宽。对眼下问题、具体问题的探究,每一点新发现都会成为吸引我们迸发出更大动力的驱动点。"语言的背后是有东西的",这是语言学界的一句名言,我们在教育教材语言领域的行进途中生出了由衷的认同。对长期以来人们孜孜矻矻于语文教育的工具性与人文性的关系孰轻孰重之争,现在蓦然回首,才发现在教育教材语言身上"语言世界""知识世界""观念世界"原来是那么地紧密相通。当前我们的教育事业承担着前所未有的任务,国家对教材给予了越来越多的关注,从思想政治建设、教书育人、教育与国家安全的高度提出了"教材是国家意志的体现"重大命题。2017年起全国语文课程开始陆续使用统编本教材,教材编写中把握正确方向和价值导向,加强社会主义核心价值观和优秀传统文化教育,对教材内容与形式都做了重新定位与设计,采用了"语文素养"和"人文精神"两条线索相结合的教材内容编排方式。"建立中小学语文教材话语体系""提高语文学科的科学化"也提上了议事日程。这都给教育教材语言的研究提出了更有理论与现实意义的任务。

本书紧紧围绕"教育教材语言"这个中心来开展所有的研究。第一编"理论与方法",探讨了教育教材语言的性质、功能、研究观及研究方法。第二编至第四编分别对教育教材语言的"语言世界""知识世界""观念世界"做了宏观与微观的探讨。第五编对对教育教材语言产生有重要支撑作用的课程大纲与课文进行了拓展性研究。第六编则对教育教材语言的应用成果词汇语义分类系统与学习词表的功能和作用做了论述。

"教育教材语言"还有许多值得研究的问题,有未知的,也有知之未多或知之未确的。顾名思义,它还应包括"教师语言""教学语言",可本书研究主要集中在教材语言上,这里仍使用了"教育教材语言"这个名称,因它一直以其丰富内涵而向外传递着更大的吸引力,我们只是在第一步迈进来时就被"教材语言"所吸引而暂时没有离开。正因为此,期待有更多的同好一起来共同耕耘,这是发自内心的愿望。

苏新春

2020年6月

# 序一
## "三个世界",相互依存,密不可分

厦门大学苏新春教授所领衔的团队撰写的《教育教材语言理论研究》是一部极具创新性的学术巨著。付梓之前,新春要我为之写序,我乐意接受。

该著作共分六编二十四章,约 100 万字。最大的亮点是提出教育教材语言研究中"三个世界"的理论观点。众所周知,教材是学校对学生开展各科教育的最基本的依据。而任何学科、任何程度的教材无不包含着三部分内容:一是显性的学科知识;二是隐含在学科知识之中的观点、理念;三是作为承载、表述学科知识和观点、理念的载体语言文字。因此,"教育教材语言研究"并不是只局限于对教材中作为载体、工具的语言文字本身的研究,而且也不是只孤立地研究上述三部分内容中的每一部分内容,而是从教育教材的语言文字切入,全方位地分析、研究教育教材所表述的学科知识、教育教材所隐含的观点理念,以及教育教材借以承载、表述学科知识和观点理念的语言文字;而更为重要的是要探究上述三部分内容之间密不可分的相互依存关系,还要分析研究各部分内容跟教材所适用的教育阶段在深浅程度上的匹配度（即匹配是否适合）。该著作正是这样展开阐述的，而这可以说是"教育教材语言研究"最具理论价值、理论意义之所在。教育教材语言研究中"三个世界"的理论观点的提出与在科研实践中的实施，使教材语言研究获得了更广阔的视野，更完整的内容，更大的理论张力。

统观该著作的全部内容，在上述诸方面的研究都极为扎实、深入。他们广泛搜集了境内外三十多家出版单位所分别出版的中小学不同教育阶段的语文、自然、道德、历史、地理、数学、物理、化学、外语等各科教材以及有关汉语二语教学的教材，总计多达72套520册。而在整个研究过程中，他们充分运用现代化技术——研制建设了相应的各类语料库，这也是研究的资源库；利用计算机对每一类教材进行穷尽的统计；同时使用各种分析手段（如序位调查法、频级统计法、频率差统计法、对比分析法等）对统计所得数据进行多层面、多视角的详尽细致分析。其中某些分析研究，如"教育教材语言支撑系统研究"，可以说在国内外都是创举。因此该著作在"教育教材语言理论研究"诸方面所得结论都有理有据，真实可靠；其研究成果为学校各科教育解决好"教什么不教什么""先教什么后教什么""怎么教""效果怎样""如何评测"等问题提供了一定的依据。

在上述各项研究的基础上，该著作作者遵循国家对语言文字规范化、信息化、标准化的要求，进一步进行了语言文字应用开发研究，研制了《义务教育常用词表》《对外汉语常用词1500条》《语文基本词3000条》《基础教育文科基础词4568条》《常用汉字字表》《数学常用词表》《物理常用词表》《化学常用词表》等各种词表。

该著作中有部分研究成果已经以论文的形式发表，并已在学界、教育界产生积极影响。我认为，该著作不仅在国内而且在全球可称得上是创举之作，上乘之作。该著作的出版定会产生更深远的影响。是为序。

陆俭明

2020年11月12日

写于北京大学蓝旗营小区寓所

# 序二
## 教材语言的丰富世界

语言生活是分领域的,教育是语言生活的重要领域,教材语言是教育领域最为重要的语言。中国古来重教育,许多政要鸿儒都关心蒙学,前有《仓颉篇》《史籀篇》《爰历篇》《博学篇》,后有《三字经》《百家姓》《千字文》《幼学琼林》《弟子规》等。《马氏文通》之后的语言学,更以语文教育为己任,高等学府的语言学教材皆为大家之作;中学则试验过语言、文学分科,多派语法学家共拟"暂拟系统"语法体系及其后的修订系统;众多名家打造、今已修订12版的《新华字典》,其主要读者也是中小学师生。

但是大约近30年来,在语文园地上,语言学家的身影稀疏起来。原因是多方面的,比如语法学,自从分为科学语法和教学语法之后,学人都追求科学语法去了,坚持做教学语法的人少了;师范院校的中学语文教育专业是语文教育科学研究和人才培养的大本营,但出现了明显的弱化趋势,语言学家投入的学力也相应减少;中小学语文界"淡化语法"的风气,也使得语文教师对语言学"生分"了。正是这些原因、这些情况,语文教育基本上没有从近30年来的语言学发展中汲取应得营养。不管是把"语文"看作语言文字、语言文学、语言文化还是语言文明,不管是重视语文的工具性还是人文性,语言学都是语文教育的重要支柱,得不到语言学助力的语文教育一定是跛足的。

这种情况也使语言学蒙受了损失:第一,丢弃服务基础教育职责,也就失去了应有的社会知晓度,语言学的发展不容易得到社会的理解与支持。第二,基础教育的语言学水平,基本上代表着公民的语言学素养,影响着公民的职业生涯、家庭语言规划、社会语言决策等。特别是信息化时代,语言能力成为重要的劳动力,语言数据成为重要的生产要素,需要公民和社会具有更高的语言学素养。第三,语言学人才的培养落后数年。基础教育不仅是教育事业的基础,也是科学事业的基础。科学兴趣起自中学,科学的基础训练起自中学,而现实是,语言学训练从硕士研究生才真正开始。根系未能植入基础教育及大学本科的科学,其发展前景是不容乐观的。

语文园地上,语言学家形单影只,但也有一批语言学家在坚守耕耘,厦门大学国家语言资源监测与研究教育教材中心便是这样一支耕耘团队。这支团队的领军人物苏新春教授,长期从事词汇学研究,特别善于利用语料库来统计词语特性,比如依据词频制作常用词表等。这种研究手段在当时还是非常先进的。2004年至2005年,国家语委依照语言资源观,正在建立语言资源监测与研究中心,用语料库语言学的方法对平面媒体、有声媒体、网络媒体等语言运用情况进行监测与统计分析。当时已经认识到,语言生活是分领域的,应当发展领域语言学,开展不同领域的语言资源监测与研究。教育教材是重要的语言生活领域,需要成立分中心专事此务。

很多事情的发生虽然具有必然性,但经常有个偶发机遇。记得那是2005年的4月,我与苏新春教授在河北师大参加"中国语言学发展高级论坛",会后一同乘车从石家庄回京。路上谈起教育教材的语言资源监测研究问题,旨趣相投,竟一拍即合。经过一番筹备,履行必有的考察程序,国家语委与厦门大学共建起国家语言资源监测与研究教育教材中心。这是我国第一个专门从事教材语言研究的科研机构。没想到一个"路聊",一个承诺,苏新春教授就为这一事业奋斗了15年。

确定了方向与任务,时间就是功劳簿。15个春夏秋冬,教育教材中心已成为业内知名的学术品牌；建立了内地（大陆）、香港、台湾百余年的教材语料库；培养了一支研究队伍；召开了系列的学术会议；研制了《义务教育学习性词表（草案）》；出版了"20世纪基础教育语文教材语言研究"丛书（全六册）——《民国时期基础教育语文教材语言研究》《20世纪50—60年代基础教育语文教材语言研究》《20世纪60—70年代基础教育语文教材语言研究》《20世纪80—90年代基础教育语文教材语言研究》《21世纪新课标基础教育语文教材语言研究》《基础教育识字教学研究》。而今，《教育教材语言理论研究》又将付梓。

《教育教材语言理论研究》是带有总结性的著作。既是"总结性"，必然是硕果串串压枝低。但纵览全书，我最感兴趣的还是关于教育教材语言的"三个世界"学说，即"语言世界""知识世界"和"观念世界"。

教育教材带给学生的首先是一个"语言世界"。语言世界应包括语音和记录语音以拼写语言的拼音、文字及书法、语汇及语义网络、语法与逻辑、修辞及语言美、语言运用及语境把握、不同语言的翻译和古今语言的翻译等。教材有语文教材、外语教材和学科教材，语文教材展示母语世界，让学生理性地认识母语和运用母语；外语教材展示外语世界，让学生能够运用外语了解外部世界，并更理性地了解母语；学科教材展示科学语言世界，包括相关学科的术语与表达等。语言学习包括口语能力提升、识字并掌握书面语、初步了解专业语言、学习外语，是基础教育阶段的主要课业。教育教材的"语言世界"是学生语言学习的基本支撑。

教育教材带给学生的不仅是一个语言世界，也不仅是让学生掌握一般的语言表达能力和基本的专业表达能力，它还带给学生一个五彩缤纷的"知识世界"。就人类群体而言，实践是知识的唯一来源；而就人类个体而言，知识主要来源于语言，来源于书本。在学龄前期，孩子主要从父母和幼儿教师那里通过口语获取知识；基础教育阶段，学生又逐渐学会通过书面语获取知识，教育教材所提供的"知识世界"是基本知识渠道，是基本知识景观，虽然学生也可以通过其他途径获取知识。

语言世界如同生活一样，本身就包含着各种知识。这些知识有些是条理化的，但更多是非条理化的，非条理化知识是条理化知识的基础，但需具有一定语言学素养才能萃取。条理化知识主要由教材的"知识世界"来提供。语文教材、外语教材提供语言文字及其所负载的文学文化文明的知识世界。学科教材提供语文、外文之外的百科知识世界。教育不仅仅是传授知识,甚至在某种教育理念里,教育的主要任务不是传授知识;然而不管怎么说,没有知识就没有教育、没有教材。教材知识是经过精心整理的,具有基础性、经典型和学习发展性。所谓基础性、经典型,是指这些知识在人类知识体系中的底盘地位,是经过实践和时间验证的真知,是应当进入民族"集体记忆"的;所谓学习发展性,是指这些知识是循序渐进的,符合学习规律的,与学生的生活经验相衔接的。

就当前基础教育阶段的语文来看,就其所展现的语言世界、语言文字的知识世界而言,还是有需要增补加强之处的。比如:1.语言国情,包括中国语言和汉语方言概况,百余年语言规划史,国家语言政策及其理据,简繁汉字的关系,汉语拼音在中国国际化、信息化进程中的作用,等等。2.现代语言生活的重要特点是:社会交往多言多语化,语言载体融媒体化,人与机器混成交际,等等。而语文课所展示的语言空间、所要培养的语言生活能力,离现代语言生活有较大距离,基本还处在"平面媒体时代"。3.语文和外语等是相辅相成的课程,但课程之间缺乏协调与合作。

教育教材语言还包含着"观念世界",蕴含着教育者的价值观、意志、立场、态度、情感等观念内容。观念世界是民族的魂魄,是个人的意识形态,也是教材的精髓。观念的传承也许离不开灌输,但是更需要在生活实践、学习实践中去体验,去领悟,在体验、领悟中立德成人。

新春教授的团队不仅论述了教育教材语言的"三个世界",而且还认为这"三个世界"是并存的、交织的,是相互支撑、相互融合的,是互为表里、水乳相溶的,是"道""器"兼具的有机整体。"三个世界"也是与时俱进的,体现着科技的进步、社会的进步、教育理念的进步,故而不同地区、不同时代的教材会有不同,甚至是较大不同。

人们常说,有什么样的教材就有什么样的国民。教材是民族的植根铸魂工程,就是因为教材具有相互交织交融、"道""器"兼具的"语言世界""知识世界"和"观念世界",这些世界是知识的底盘,是民族的集体记忆,通过教育为学生涂上人生的底色。正因如此,国家把教材编写纳入到国家事务中。也正因如此,语言学人应投身教育之中,特别是基础教育之中。

新春教授和他的团队辛勤耕耘15年,描绘了教育教材语言那斑斓而丰富多彩的世界,贡献了一件件学术珍宝。阅读《教育教材语言理论研究》,品味新春教授团队的学术发现和社会贡献,我们不能不感叹:教育教材语言是学术富矿,应有更多的探宝人、识宝人!

李宇明<br>
2020年9月22日<br>
农历秋分之时<br>
序于北京惧闲聊斋

| 目 | 录 |

## 01 第一编
## 教育教材语言的理论与方法 /001

第一章
教育教材语言的"三个世界"/ 003

　　第一节┊教育教材语言的"语言世界"/ 003
　　　　一、"语言世界"定义/ 003
　　　　二、"语言世界"研究特点/ 005

　　第二节┊教育教材语言的"知识世界"/ 010
　　　　一、"知识世界"定义/ 010
　　　　二、"知识世界"研究特点/ 010

　　第三节┊教育教材语言的"观念世界"/ 014
　　　　一、"观念世界"定义/ 014
　　　　二、"观念世界"研究特点/ 014

第二章
教育教材语言的对象与性质/ 020

　　第一节┊教育教材语言研究对象的二分法/ 021
　　　　一、叙述语言/ 021
　　　　二、对象语言/ 022
　　　　三、非课文的对象语言/ 023

　　第二节┊教育教材语言的性质/ 032
　　　　一、基本属性初论/ 032

　　　　二、基本属性再论/ 034
　　　　三、学习性的思考/ 040

第三节　教育教材语言分类/ 043
　　　　一、语文教材与学科教材/ 043
　　　　二、母语教材与对外汉语教材/ 044
　　　　三、基础教育教材与大学教材/ 045

第四节　教育教材语言研究意义与目的/ 045
　　　　一、研究意义/ 045
　　　　二、研究目的/ 046

第三章
教育教材语言研究的定量方法/ 047

第一节　位序调查法与学习性字表的研制/ 047
　　　　一、位序调查法的应用/ 047
　　　　二、位序调查结果字的语义特点/ 052
　　　　三、位序调查法字表的比较/ 056

第二节　频级统计法与大型词表的研制/ 065
　　　　一、计量方法对词汇理论研究的作用/ 065
　　　　二、词语的通用度及测量/ 070
　　　　三、频级统计法的设计与使用/ 073

第三节　词语序差的分布特点与文本间词汇异同/ 076
　　　　一、从频率到频序/ 076
　　　　二、词语序差的分布特点/ 078
　　　　三、基于序差的文本间词汇异同分析/ 083

第四节　频率差调查法与对总集中子集特色的认识/ 086
　　　　一、频率差调查法的使用/ 086
　　　　二、对学科特色词汇的认知/ 087
　　　　三、对断代特色词汇的认知/ 088

第五节　基于事件框架的主题文本识别算法/ 090
　　　　一、主题事件类特征词 TF−IDF 算法/ 090

二、SVM 算法/ 092

　　三、事件框架理论和架构/ 092

　　四、SVM 与事件框架相结合的见义勇为事件识别算法/ 093

　　五、实验/ 096

第六节　基于底表的多层扫描术语自动标注算法/ 099

　　一、术语底表的作用/ 099

　　二、最大匹配方法的标注错误分析/ 100

　　三、术语构成分析及识别资源建设/ 104

　　四、基于多层扫描的术语自动标注/ 107

　　五、实验结果对比分析/ 108

# 第四章
# 教育教材语言语料库建设/ 112

第一节　当前语料库的发展趋势/ 112

　　一、对语料数量的强追求/ 112

　　二、对语料平衡的强追求/ 113

　　三、对语料历时的弱追求/ 113

第二节　教育教材语料的特点/ 114

　　一、教材语料的学习性/ 114

　　二、教材语料的教学性/ 119

　　三、教材语料的学科性/ 121

　　四、教材语料的规范性/ 123

第三节　主要语料与类型/ 123

　　一、基础教育语文教材语料/ 124

　　二、基础教育学科教材语料/ 128

　　三、汉语国际教育教材语料/ 130

　　四、语料格式与语料加工/ 132

## 02 第二编
## 教育教材语言的"语言世界"/135

### 第五章
### 语文教材汉字词汇研究/ 137

第一节 新课标教材字词研究/ 138
  一、教材与课文分析/ 138
  二、汉字使用及特点/ 142
  三、词汇使用及特点/ 150

第二节 民国时期小学国语教材字词研究/ 165
  一、教材与课文分析/ 166
  二、《开明国语课本》《国语读本》汉字使用研究/ 168
  三、《开明国语课本》《国语读本》词汇使用研究/ 170

第三节 新中国成立以来语文教材用字用词对比/ 172
  一、新中国成立以来五个时期的教材用字比较/ 172
  二、新中国成立以来五个时期的教材用词比较/ 178

第四节 小学语文教材单音词使用研究/ 184
  一、单音词的频率/ 185
  二、单音词的词性分布/ 187
  三、单音词的语体倾向/ 188
  四、单音词的成句情况/ 189
  五、单音词的自由度计算/ 191

第五节 字接续与文本语言难度等级关系研究/ 195
  一、文本难度与接续/ 195
  二、接续的统计/ 198
  三、接续的类型与分布/ 203

## 第六章
## 学科教材汉字词汇研究/ 214

### 第一节 历史、地理教材用字用词研究/ 214
一、历史、地理教材用字调查/ 214
二、历史、地理教材用词调查/ 224
三、历史、地理、语文教材用词特点比较/ 229

### 第二节 数学、物理、化学教材用字用词研究/ 239
一、数学、物理、化学教材用字调查/ 239
二、数学、物理、化学教材用词调查/ 251
三、数学、物理、化学教材用词特点比较/ 258

## 第七章
## 汉语国际教育教材语言研究/ 276

### 第一节 国内汉语国际教育教材用字用词研究/ 276
一、课文类型调查/ 277
二、教材用字分析/ 284
三、教材用词分析/ 291

### 第二节 国内汉语国际教育教材多义词义频研究/ 297
一、义项调查基本情况/ 297
二、多义词的义项分布/ 298
三、多义词的语用特点/ 300
四、部分义项高频词/ 301
五、义频调查的价值/ 302
六、义频统计例词/ 305

### 第三节 汉语国际教育教材语块研究/ 315
一、语块研究概况/ 315
二、教材中语块呈现状况/ 317
三、教材在语块呈现中存在的问题/ 322
四、对教材语块呈现的思考与建议/ 324

### 第四节 国外汉语国际教育教材用字用词研究/ 327
一、调查基本情况/ 327

二、教材用字分析/ 327

　　三、教材用词分析/ 333

第五节 国外儿童汉语国际教育教材词汇分类研究/ 338

　　一、调查基本情况/ 339

　　二、国外儿童汉语国际教育教材词汇的分类/ 341

　　三、国外儿童汉语国际教育教材的词表/ 343

# 第八章
## 教材句型研究/ 351

第一节 数学教材"是"字句研究/ 351

　　一、"是"字句状况调查/ 351

　　二、"是"字句分类/ 353

　　三、定义句和含释义信息的判断句/ 358

第二节 面向知识表述的句子功能考察/ 360

　　一、中美《科学》教材句子分布与知识安排的差异/ 360

　　二、不同知识类型中句子的使用情况/ 362

　　三、人际功能下的中美《科学》教材句类分布差异/ 363

第三节 中美《科学》教材问句研究/ 371

　　一、问句使用状况调查/ 372

　　二、问句的结构类型分析/ 373

　　三、问句的功能类型分析/ 374

　　四、问句链长度分析/ 379

　　五、问句的回答情况分析/ 380

　　六、标题问句分析/ 382

# 第九章
## 教材注释语言研究/ 384

第一节 语文教材注释研究/ 384

　　一、"注释"定义/ 384

　　二、语文教材注释的类别/ 385

　　三、语文教材注释的原则/ 387

　　四、人教版《语文》注释例析/ 390

第二节 大陆和台湾地区初中语文教材文言文注释对比研究/ 399

  一、大陆和台湾地区文言文注释项数量对比/ 400

  二、大陆和台湾地区文言文注释内容对比/ 402

  三、大陆和台湾地区文言文注释方式对比/ 407

  四、不足与改进/ 409

## 第十章
## 课文练习的语言研究/ 416

第一节 中小学语文教材课后练习的四维分析/ 416

  一、四维分析模板/ 416

  二、练习题数量的统计/ 419

  三、第一维："练习形式"分析/ 420

  四、第二维："语文知识"分析/ 422

  五、第三维："语言技能"分析/ 424

  六、第四维："综合素质"分析/ 425

第二节 大陆和台湾地区初中语文教材文言文语言知识类练习对比研究/ 428

  一、练习状况调查/ 429

  二、练习内容/ 431

  三、练习类型与层级/ 434

  四、练习设计的比较/ 438

## 第十一章
## 教育教材语言与语言能力研究/ 441

第一节 大陆和台湾地区小学语文教材单元语言技能研究/ 441

  一、大陆和台湾地区语言技能要求比较/ 442

  二、教材单元中语言技能比较/ 444

  三、大陆和台湾地区教材单元语言技能的特点/ 449

第二节 中日母语教育第一学段的语言知识与技能教育对比/ 451

  一、中日母语教育比较出发点/ 451

  二、课程标准的目标对比/ 453

三、语言知识与能力教育对比/ 455

## 第十二章
## 语文教材语言文字规范状况研究/ 461

### 第一节 语文教材与国家语言文字规范标准/ 462
一、学校教育是落实国家语言文字规范标准的最重要领域之一/ 462
二、中小学语文教材落实语言文字规范标准中存在的主要问题/ 465
三、语言文字规范标准制订与推广的改进/ 469

### 第二节 词汇规范及数字用法标准落实情况的调查研究/ 472
一、词汇规范及数字用法标准调查的内容/ 472
二、词汇规范及数字用法标准在教材中的落实情况/ 474
三、词汇规范及数字用法标准执行情况分析/ 485

### 第三节 汉字结构规范标准落实情况的调查研究/ 489
一、汉字结构规范标准的内容/ 489
二、汉字笔画的调查/ 490
三、汉字笔顺的调查/ 496
四、独体字、合体字的调查/ 500
五、几个问题的改进/ 502

### 第四节 汉字部首规范落实情况的调查研究/ 503
一、汉字偏旁部首的调查/ 504
二、存在问题的原因与改进/ 511

### 第五节 汉语拼音规范标准落实情况的调查研究/ 518
一、汉语拼音规范标准的内容/ 518
二、汉语拼音声母规范调查/ 519
三、汉语拼音韵母规范调查/ 520
四、汉语拼音调式及拼写规范调查/ 523
五、教材与规范标准不符原因探讨/ 527
六、关于汉语拼音教学的思考与建议/ 528
七、关于《汉语拼音方案》修订的思考/ 531

## 03 第三编
## 教育教材语言的"知识世界"/535

**第十三章**
学科教材语言的知识性研究/537

第一节 学科教材语言研究的意义与特点/537
　　一、学科教材语言研究意义/537
　　二、学科教材语言特点/539
　　三、学科教材语料库建设/543

第二节 学科术语划分及标注原则/547
　　一、术语的划分/548
　　二、术语判定标准/550
　　三、术语标注中的若干问题/554

**第十四章**
理科教材的术语研究/557

第一节 数学教材术语的定义语言研究/557
　　一、基本定义方法/558
　　二、定义的自动提取/562
　　三、定义的用字调查/568

第二节 数学教材术语的性质、结构及分布研究/574
　　一、数学教材术语的结构与语义分布/575
　　二、数学教材术语的类型分布与使用/589

第三节 物理教材术语研究/602
　　一、物理教材术语调查/602
　　二、物理教材术语类型/606
　　三、物理教材术语的用字分析/610

四、物理教材术语的用词分析/615

### 第四节 化学教材术语研究/619

一、化学教材术语的用字分析/620

二、化学教材术语的用词分析/631

## 第十五章
## 文科教材知识内容研究/646

### 第一节 小学品德教材主题及内容研究/646

一、研究对象/646

二、主题内容比重与课程标准拟合度对比/648

三、特色主题对比/654

四、从主题特征词看各教材的编写特色——以"热爱祖国"主题为例/654

### 第二节 《道德与法治》教材"家"主题内容及表述研究/661

一、研究对象/662

二、"家"主题的内容特点/663

三、"家"主题的表述手段特色/668

### 第三节 科学教材多模态语篇对比研究/672

一、科学教材多模态调查/672

二、"描述天气"知识点图文特征对比/674

三、"描述天气"知识点图文关系对比/680

### 第四节 华文教材中华文化内容对比研究/687

一、研究对象/687

二、四套教材文化内容设置/688

三、对比分析/693

## 第十六章
### 语文教材中的语文知识/695

#### 第一节 对语文教材中语文知识的再认识/695
一、语文知识"不显"中的重要性/695
二、对"语文知识"的认识/698

#### 第二节 语文教材中"语文知识"科学化的可行性/699
一、学术界的期盼/699
二、教材语言现状显示对语文知识需求的迫切性/701
三、国家语言文字主管部门的重视/702

#### 第三节 语文知识是语文教学中的重要基础/703
一、要符合中小学生课程的定位与需求/703
二、要符合中小学生的学习规律与特点/706
三、要用科学的方法来提取/707

---

## 04 第四编
## 教育教材语言的"观念世界"/709

---

## 第十七章
### 语文教材的政治观念/711

#### 第一节 民国小学国语教材的典型性/711
一、民国小学国语教材的儿童性/711
二、民国小学国语教材的政治性/714

#### 第二节 语文教材中的国外世界/718
一、民国小学语文教材的国外课文/718
二、新中国首套中小学语文教材中的国外课文/725
三、大陆和台湾地区语文教材国外课文比较/725

第三节　内地(大陆)和港台地区语文教材选文的"人文性"研究/727

一、选文作者的比较/727

二、选文时代的比较/732

三、选文思想观念的比较/733

四、对"本土化"的思考/737

## 第十八章
## 中小学语文教材的话语体系研究/740

第一节　话语体系研究的兴起/740

一、话语体系研究的理论预设/740

二、话语体系研究当代兴起的时代推力/741

第二节　教材话语体系的建构/749

一、由话语体系到教材话语理论/749

二、教材话语体系的建构/752

第三节　教材话语体系研究的价值/755

一、教材话语问题的现实意义/755

二、教材话语体系对"文""道"问题的整合功能/758

三、教材话语体系对知识、技能、素质的整合功能/759

四、教材话语体系对不同教学模式的整合功能/759

五、教材话语体系的核心是话语权/759

## 第十九章
## 新中国首套中小学语文教材的话语内容研究/761

第一节　新中国首套语文教材的话语内容/762

一、主题——教材的引导力/762

二、题材——话语的认知力/763

三、人物——话语的生命力/766

四、情感——话语的感染力/768

第二节 | 新中国首套语文教材话语内容的三种结构/772

　　一、时间——话语的时间结构/772
　　二、空间——话语的空间结构/773
　　三、事理——话语的逻辑结构/774

第三节 | 新中国首套语文教材的话语特色/776

　　一、主流意志的强势呈现/776
　　二、社会现实的密切反映/776
　　三、正面形象的鲜明传递/776
　　四、语言表达的通俗追求/777

# 05 第五编 教育教材语言的支撑系统研究/779

## 第二十章
课程大纲与教育教材语言/781

第一节 | 教育教材语言支撑系统分析/781

　　一、教育教材语言支撑系统的要素/782
　　二、课程大纲对教育教材语言的影响/787

第二节 | 大陆和台湾地区基础教育语文课程大纲比较/802

　　一、大陆和台湾地区语文课程大纲的共性/803
　　二、大陆和台湾地区语文课程大纲的差异/806
　　三、汉字教学目标的比较/809
　　四、具体教材的用字比较/810

第三节 | 台湾地区九年一贯课程纲要的修订/812

　　一、修改背景与过程/812
　　二、台湾地区九年一贯课程纲要下"国语文"教育的要求/814

## 第二十一章
课文系统与教育教材语言/816

### 第一节 新中国首套中小学语文教材的课文体裁研究/817
一、体裁划分依据/817
二、体裁状况调查/821
三、体裁分布特点/823

### 第二节 内地（大陆）及港台地区初中语文教材选文的系统性研究/825
一、选文组织形式比较/827
二、选文功能类型比较/829
三、选文体裁比较/832

### 第三节 大陆和台湾地区语文教材文言文选文研究/837
一、选文数量比较/838
二、选篇比较/840
三、选文文体比较/842
四、选文时代比较/846
五、选文作者比较/848

### 第四节 大陆和台湾地区语文教材文言文精读与略读篇目适配性研究/851
一、略读篇目编排方式比较/852
二、精读与略读篇目数量与篇幅比较/854
三、精读与略读篇目关联度比较/858
四、加强精读与略读篇目适配性研究/861

### 第五节 新课标语文教材课文篇目分析/866
一、体裁与语言的时代性/866
二、课文的异同/867
三、课文的重名情况/868
四、古诗推荐篇目的选用/869

## 06 第六编
## 教育教材语言的应用与开发 /871

### 第二十二章
### TMC 语义分类系统与词汇学习 /873

第一节 ｜ TMC 语义分类系统 /874

一、语义系统的基本属性 /874
二、TMC 语义系统的性质与特点 /877
三、TMC 的语义层级关系 /880

第二节 ｜ TMC 在词汇学习中的功能 /883

一、同类联想功能 /883
二、同类频比功能 /885

第三节 ｜ TMC 在对外汉语词表研制中的作用 /887

一、对外汉语词表应具有系统性的要求 /887
二、频率依据在对外汉语词表研制中的局限性 /889
三、义类体系在对外汉语词表研制中的作用 /891

第四节 ｜ TMC 在汉外词汇比较中的作用 /894

一、两部分类词典简介 /894
二、TMC 与 TTBI 的收录词语范围与特征 /896
三、分类词典对第二语言学习者词汇学习的提升作用 /902

### 第二十三章
### 基础教育学习词表若干理论问题研究 /904

第一节 ｜ 词表的价值与研制 /905

一、研究背景 /905
二、研制过程 /907

第二节 ｜ 词表的性质、功能及内容 /912

一、词表性质 /912

二、词表的词汇学习功能/913

三、词表与字表的衔接/915

四、收词的标准与重心/916

五、词语的分级/918

六、语料调查与验证/919

七、《音序表》和《义类表》的关系/920

第三节 语义法的特点与运用/927

一、词表研制进程中对语义法的探求/927

二、语义法的具体运用/931

第二十四章
基于"TMC"的对外汉语词表考察/937

第一节 《汉语国际教育用音节汉字词汇等级划分》词表义类分布考察/937

一、《等级划分》词表义类分布概貌/938

二、《等级划分》词表义类分布属性考察/943

三、词汇教学引进义类法的意义/948

第二节 《新HSK大纲》词表义类分布考察/949

一、《新HSK大纲》词表对上层义类的覆盖考察/949

二、《新HSK大纲》词表在义类中的分布考察/949

三、基于义类分布的《新HSK大纲》词表词量分析/954

**参考文献**/956

**附录**/979

术语目录/979

表目录/990

图目录/1002

**后记**/1005

# 01

## 第一编
# 教育教材语言的理论与方法

　　从"语言世界"到"知识世界",再到"观念世界",这是一个"自在"的演进过程,更是"自为"的努力探索过程。"三个世界"观可视为教育教材语言领域开展研究的三个维度和类型,又表现为十五年研究历程的三个阶段。

# 第一章
## 教育教材语言的"三个世界"

"语言世界""知识世界""观念世界"构成了教育教材语言那丰富多彩、繁复无比的世界。所有人都使用过教育教材语言,都进入过教育教材语言这个世界。社会正是通过对这个大世界,以及它下面的三个小世界的描绘、建造、传递,去影响、培育、塑造每一个人。

### 第一节
### 教育教材语言的"语言世界"

#### 一、"语言世界"定义

教育教材语言的"语言世界",指的是教育教材所呈现出来的语言实际存在状况,包括语言整体面貌及构成的语言要素,语言结构,语言要素的分布、关系及使用状态。以教育教材语言的语言状况、语言面貌、语言结构为研究对象的,都属于教育教材语言"语言世界"的研究。

教育教材语言的"语言世界",就"语言"本身来说,它起码包括以下四个方面含义。

首先,语言面貌的内容。教育教材语言面貌指的就是它是如何构成的,呈现什么样的状况;具体语言要素表现出数量与质量怎样的分布特点与特性;由于教材特有的性质与功能,必定会给教育教材语言的数量与质量带来种种影响,这些影响有多大,以什么方式施加影响,及语言在数量和质量受影响后以怎样的状况来呈现,都在语言面貌研究的范围之列。当把所有对"语言"的认知放到"教育教材语言"上来,就会在语言的所有认知之外,还多出了许多叠加着教育的、认知的、心理的、教学的、学习的、学校的、儿童的种种知识、学理、行为。也就使得即使是教育教材语言的"语言面貌"研究,对象与内容、考虑因素与要达到的目标,也多出了许多。

其次,语言功能的内容。在语言学有着延续了整整20世纪一百年的描写传统,它追求静态、共时、纯粹的语言结构与系统的认知。对语言功能的认知可以不管,起码在20世纪前半期是可以不管的,但在教育教材语言领域,不管语言功能是做不到的。最简单的理由就是教育教材语言之所以有其名,之所以成其为领域,不是因为有了语言,而是首先因为有了功能,正是因为有了种种的语言功能,方才成其为教育教材语言领域。这个功能有语言最基本的表达功能、传情达意功能、交际功能,更加进了诸如上述种种因素后的教育功能、知识功能、思想教育功能、文化熏陶功能,以及因人因事因时因要求因目标因等级的种种不同而在种种不同的语言功能实现上表现出的种种差异。

再次,语言使用的内容。这里讲的语言使用不是指广义的"语言交际"的使用,而是指作为在国家通用语言文字使用范围的"社会用语"领域之一的使用。学校教育是社会用语的四大传统领域中最有代表性的领域之一。这个角度的语言使用,最关注的是正确、规范与标准。它的衡量尺度是国家语言文字规范标准。当然比这个尺度宽些的还有语用层面的语言使用,这就是传统教材语言研究最关注的语用效果的问题,追求的是简洁、明白、通晓、正确,追求的是准确、雅正、优美。这些都构成了语言使用的研究对象。

最后,语言资源的内容。本来,语言资源的内容与前面三者是不同的。前面三者指的是语言的三种呈现状态,而语言资源是不管何种语言状态,集合成众即可为资源。当语言材料达到一定规模,并通过有序方式加以排编与组织,便于查询、挖掘、开发、利用,也都成其为语言资源了。之所以这里特别提出这一点,是因为语言资源在我们的研究中起着特别重要的作用,一是作为研究条件,所有的研究工作都要求基于语言资源库、语料库来进行,更重要的是语言资源本身还成为专门的研究对象,因为语言资源所具有的语言信息、语言特征、能承载的语言信息数量与质量,都是散在的语言材料所不可比拟的。

二、"语言世界"研究特点

上文对教育教材语言的"语言世界"作了简要说明,已经展示了丰富而多样的内涵,既有语言的普遍性,又有领域语言的特殊性;既有语言结构的静态性,又有语言使用的动态性;既有语言的符号性,又有语言功能的多样性;既有语言存在的具体性,又有语言资源的完整性。为了充分地认识"语言世界"的特点,还有必要认识"国家语言资源监测与研究教育教材中心"的宗旨与任务。在教育部语言文字信息管理司与厦门大学的共建协议书中有这样四段话特别值得关注:

"国家信息化是我国加快实现工业化和现代化的科学选择,而语言文字的信息化,又是国家信息化的重要基础和前提。如果语言文字没有信息化,那么教育资源乃至国家资源将无法实现共享。甲乙双方经认真研究,一致认为:随着人类科学技术知识更新换代频繁,有必要对语言生活进行较大规模调查,实施动态监测与发布。并在此基础上对语言信息进行研究,为相关的语言文字规范的制定提供量化的依据。"

"中心的意义:语言作为一种国家资源,随着经济社会生活的发展变化而变化。教育教材中的语言状况是整个社会语言生活中的一个重要内容,它对整个民族的母语教学、第二语言教学乃至所有的知识教育体系,都会产生极为重要的作用。国家语言资源监测与研究中心(教育教材)的成立,标志着可以对教育教材的语言现象进行实时的动态监测、分析和研究,可以最迅速、最广泛地了解语言现象的动态变化,为国家的语言政策、语言规划和语言教育等提供参考依据,从而更积极有效地促进和引导社会语言生活健康发展。"

"中心的性质:对教育教材语言资源进行定期、持续、滚动的技术监测,并将监测结果提交国家政府有关部门进行发布。同时为研究有关的语言文字标准和规范提供基础数据。中心具有以下特性:1.对教育教材语言资源进行收集、管理、监测;对教育教材语言资源进行处理、研究、发布。2.机构、地址、人员设在乙方,与甲方共建共管。3.承担收集、管理、监测国家数字化教育教材语言资源的任务,完成国家、部委规定的教育教材语言资源的相关科研项目,对项目实行立项论证、招标、管理、验收,并提供研究的资源、设备、环境。"

"中心的任务:1.对教育教材语言资源的收集、建库、整理和加工。2.对教育教材语言资源的应用情况进行监测和客观的描述。3.向国家有关部门提供咨询,为制定标准和规范提供依据和参考。"①

在以上教育教材语言的"语言世界"观及中心机构的宗旨与任务规定下,为了实现这些目标与功能,研究方式方法必然带来若干鲜明的特点。

第一,致力于对教材语言文字使用状况的了解。《中国语言生活状况报告》是一部反映中国当前语言文字生活状况的年度报告。它具有"皮书"重现状、重实况的特点。这部书是一个重要的成果发布平台,每期登载的成果多,又成系列发表,这一学派还因此获得了"语言生活派"的称号,甚至还因这部书的封皮颜色而称为"绿皮书派"。其重现状、重实况是基于"领域语言"的基础来进行的,"教育教材语言领域"是"语言生活派"中一个颇受关注的领域。对"领域语言"状况的了解,是解决领域语言一切问题的基础和前提。所以教育教材语言首先就把研究重心放在了教育教材语言的"现状"。故所有列入考察对象的教材,它们的语言文字使用状况、分布状况、层级状况、关系状况、变化状况、不同学科教材之间的相同与差异状况,都被研究者所关注。正是有了这样扎实的语言调查,后来所有的专题研究,开拓延展性的深入研究,融会贯穿性的相关领域研究,也就具有了扎实的基础,并为进入社会关注度最高的语文知识与语言能力关系的研究,为在全社会辐射面最广的语言学习与知识学习之间的转换与效率的研究,为在语文教育界长期缠绕纠葛的工具性与人文性研究,为关乎政治立场的主导阶级的思想传播问题的研究,都创造了语言材料与语言感知的准备,并最终在理论上从单一的语言世界升华出涵盖知识世界、观念世界的"三个世界"说创造了条件。这是研究指导思想不断开拓的必然,也是教育教材语言本身所包蕴着的丰富内涵的体现。在"三个世界"观的研究中,"语言

---

① 厦门大学与教育部语言文字信息管理司共建"国家语言资源监测与研究中心(教育教材)"协议书,2005年6月19日。

世界"是主要的,也是最基础的。

　　第二,信奉语言规范观,以落实贯彻语言文字规范标准为己任。这是最初研究活动的指导思想,也是中心最直接的任务。这是对教育教材语言实际状况的了解,不是为了纯语言本体的研究,也不是基于语言使用规律的语用式研究,而是为了落实贯彻《中华人民共和国国家通用语言文字法》。该法第十条规定:"学校及其他教育机构通过汉语文课程教授普通话和规范汉字。使用的汉语文教材,应当符合国家通用语言文字的规范和标准。"[①]该法规定了规范使用国家通用语言文字法的行政机关、学校教育、新闻出版、广播电视、公共服务行业、信息处理等主要领域,"学校教育"就是属于特别强调要落实通用语言文字使用的一个具体领域。国家语委首批成立的部校共建的几个科研中心,如"平面媒体中心"(与北京语言大学共建,2004)、"有声媒体中心"(与中国传媒大学共建,2005)、"网络语言中心"(与华中师范大学共建,2005)、"教育教材语言中心"(与厦门大学共建,2005)、"海外华语中心"(与暨南大学共建,2005)、"少数民族语言中心"(与中央民族大学共建,2008),就是基于某一领域而设立,其功能就是为了检查落实、贯彻实施国家通用语言文字规范标准。教育教材语言中心的研究自然承担着这样的任务,即对社会语言应用中的一个重要领域——教育教材领域的使用情况进行实时调查研究,以更好地完成国家对社会语言文字的管理任务,帮助语言文字政策的制订与实施。但在对这项任务的坚持研究中,却发现了在教育教材语言的背后存在着这个领域所必然带有的领域语言特点。全社会通用的语言规划理论须立足于领域语言的特殊事实,特殊的领域语言须为全社会的语言使用规律与规范理论提供新的视角和材料。

　　第三,在"语言资源"观指导下的研究活动。"语言文字的信息化,又是国家信息化的重要基础和前提","语言作为一种国家资源","教育教材语言资源"是语言资源中的一种极具价值与特点的类型,这是在研究中的指导思想,也是极有收益的一种体会。在当代语言生活派的崛起中,语言资

---

[①]《中华人民共和国国家通用语言文字法》,2000年10月31日第九届全国人民代表大会常务委员会第十八次会议通过,2001年1月1日起施行。

源观的提出具有重要理论意义。语言资源观是语言生活派在那个时期的一个重要思想。零散、散在的语言材料称不上语言资源,语言资源须成规模,并经有组织地编排整理。语言资源的价值就在于成规模、成系列,在于反映了整体,反映了规律与特点。语言资源不是天然而有的,它要靠了解、发现、普查、整理,语言资源的价值更是要靠评价、保护、利用、开发。语言资源的获得,语言资源的成形,本身就是一种极具价值的成果,有了它,才有可能有之后的种种研究行为;有了之后的种种研究行为,语言资源才获得了价值的最大化。一批重要学者如张普、陈章太、李宇明、孙宏开、黄行、徐大明等都在语言资源观的形成中做过重要论述。时任国家语委副主任、教育部语信司司长的李宇明先生在2003年"全国语言文字信息化工作会议"的报告中,在"更新语言观念例说"下就对"语言也是国家资源"做出了深刻论述:"语言也是信息产业资源和网络资源","国家要努力开发语言资源,建立国家级的语料库,以及语言文字知识库等;要保护濒危语言,制定语言的国际传播战略,既要使语言文字规范,又要使语言文字具有活力"[1]。前国家语委副主任、教育部语言文字应用研究所研究员、语言生活派资深导师陈章太先生论述道:"教育部和国家语委对这一问题十分重视,从2005年起相继建立了'国家语言资源监测与研究中心'及多个分中心,对我国语言资源进行监测和研究,先后发表了多篇重要翔实的监测研究报告,取得了很好的绩效。……我国学界讨论的'语言资源'有广义和狭义之分,广义的'语言资源'是指语言本体及其社会、文化等价值;狭义的'语言资源'是指语言信息处理用的各种语料库和一个又一个数据库,以及各种语言词典等。随着我国现代化、信息化的加速发展,社会对语言实际需求的加大,以及语言功能的变化,人们对语言的认识正在发生深刻的变化,从视语言为问题逐渐转向将语言看作资源,进而发出保护建设和开发利用语言资源的呼吁,这有重要的意义,对我国语言生活和语言文字工作将产生积极影响。"[2]语言资源观形成的背景是20世纪90年代的大规模语料库建设。"从90年代开始,国际自然语言处理领域发生了一些重大变化,其特征之

---

[1] 李宇明:《中国语言规划论》,东北师范大学出版社,2005,第26—27页。
[2] 陈章太:《论语言资源》,载张普、王铁琨主编《中国语言资源论丛(一)》,商务印书馆,2009,第7页。

一就是转向对大规模真实文本的研究和处理,以大规模真实文本为基础的语料库及其语言研究和知识自动获取受到高度重视,并且越来越走向深入和实用。1993年清华大学黄昌宁发表的《关于处理大规模真实文本的谈话》,指出国际计算语言学界已经把大规模真实文本的处理确定为未来一个时期的战略目标,给语言文字研究带来的巨大影响之一就是语料库语言学的崛起。"[①]中文信息处理界成为我国承接世界计算机学界大规模语料库研究思潮的最早接口学科。李宇明先生在2000年担任语信司司长后,有意识地将语言学界、中文信息处理界、各级语委会三个领域本来各不来往的人员经常拢在一起交流研讨,大大推动了语言资源观在语言学界特别是在语言生活派中的影响。语言资源观成为在当代语言生活研究中发挥着巨大引领作用的基础理论,也深深影响着教育教材语言中心这一时期的研究。这时语言生活派对语言资源观的倡导与践行,带来更重要的影响是建立了一批数量众多、规模可观、主题多样、特色鲜明的语料库与资源库。如年度语言资源库,从2005年开始建设,每年一批10亿字的语料进行字与词的加工,形成了以年为单位的年度语料库,又形成了连续十多年的当代语料库,既可研究当代汉语的变化与特色,又可研究当代汉语的稳态与常态。如有声语言数据,以方言与民族语言为特色,以音像保存为特色,成为当代文化建设的一件大事。在语言资源观的指导下,教育教材语言研究坚持语言资源先行,所有的专题研究都必有专题语料库,做到有多少个专题研究就建多少个专题语料库。理论源于语言资源,语言资源出理论和数据,语言资源库建设成为这个团队最大的研究特色之一。

第四,计量化的研究手段。语言资源观是认识,语言资源库是材料,要对大规模的语言资源做到"收集、建库、整理和加工",必须也只有依赖于计量的手段。通过大规模批量地调查建立起各种专题教材语料库后,计量研究手段变得必不可少,否则语言资源库仍复为材料而显不出它的价值。定量而不是定性,统计而不是举例,数据化而不只是文字描述,计量化的研究手段已远远不只是语料的收集整理加工,还必将成为发现规律与特点的基础,成为提炼观点与理论的依据,并成为成果有效的呈现方式。本书几乎

---

[①] 黄昌宁:《关于处理大规模真实文本的谈话》,《语言文字应用》,1993年第2期。

每章都有数据,每节都有表格,表格数量多达360多份,图示多达70多幅,就是计量研究手段的反映,更是计量研究成果的呈现。在本书的研究中,所有研究都努力做到有调查、有材料、有数据,做到数据简洁、明了、清晰。研究手段的计量化、论据的数据化、立论与数据的紧密结合,立论与问题解决相结合,成为本书研究的鲜明特点。

## 第二节
## 教育教材语言的"知识世界"

### 一、"知识世界"定义

教育教材语言的"知识世界",指的是在教育教材语言面貌和存在状况中所蕴含着的各种知识内容,既包括不同领域不同学科的百科知识,也包括语言文字本身成体系的理性知识。

要了解教育教材语言的"知识世界",就要了解语言阅读中的"由文及义",这里的"义"不仅仅是语言文字之义,更是通过语言文字所传递的知识之义。语言文字是人类知识最重要的载体。知识有时与语言文字密不可分,有时却是遥不可及,字可认,义不可识,这就是语言文字之义与知识之义的不同不通之处。

在语文教材的教育教材语言背后,也有"知识"之义。语文教材的语言文字使用与语文教材的语言知识处于一个更加微妙而紧密的关系之中。它既要从语言运用中学到语言知识,还要从语言知识中反馈语言能力的提高。

为了更好地认识教育教材语言的"知识世界",本书提出了教育教材语言的"叙述语言"与"对象语言",希望它能为我们认识教育教材语言这个丰富而复杂的事物,体会并利用它多重多层的功能,提供一个理论分析工具。

### 二、"知识世界"研究特点

在教育教材语言中心的共建协议书中有一段话,有着更为深而广的意义。这句话就是"教育教材中的语言状况是整个社会语言生活中的一个重要内容,它对整个民族的母语教学、第二语言教学乃至所有的知识教育体系,都会产生极为重要的作用"。这段话中的前半段,"是整个社会语言生活中的一个重要内容",指的就是社会语言生活中的一个领域,其重要性是很显然的;对"母语教育""第二语言教学"的重要性,亦很显然。但对"乃至所有的知识教育体系",该如何理解?它指的是哪些内容?

第一,教育教材语言背后反映的是"知识世界"。"对象语言"与"叙述语言"的二分法(详见第二章)将教育教材语言一分为二,一方面可以集中精力来认识"叙述语言",了解"叙述语言"的使用规律与特点,可以加强对"叙述语言"的学习与运用的认知,认识"叙述语言"对"对象语言"和"对象语言"的学习有着怎样的影响;另一方面,也可以反过来更好地观察"对象语言"的构成会对"叙述语言"产生怎样的影响。"对象语言"的研究就属于教育教材语言"知识世界"的范畴。学科教材语言的知识世界就是百科知识。学科教材语言中最突出而典型的就是学科术语,术语体系也就是学科教材的知识体系。学科教材中术语出现的顺序就是知识体系由浅入深的过程,术语的多少是知识体系的详略厚薄、重点与非重点的分布。因此,无论是历史、地理,还是数学、物理、化学等学科,对术语的分析都成为首要的研究任务。梳理教育教材语言的构成,特别是把叙述语言剥离出来后所得到的对象语言的知识性也就愈加清晰了。《历史地理教材用字用词研究》中语文、历史、地理三科的词语比较,历史和地理的独用词,其实就是本学科较为典型的术语词,通过频率差方法显示的三科共用词中的某学科特色词,就是兼有通用词性质的学科特色词。《中美小学〈科学〉教材多模态语篇对比研究——以地球科学为例》选取了中美教材中"描述天气"知识点的图文语篇进行研究,从同一知识点出发,微观分析了中美教材多模态语篇知识展示的异同,探讨了多模态语篇中各种模态的分布、运用和互动对知识表述的影响[①]。这里的"多模态"研究,对"文本"分出了"标题文本""标记文本""行文文本",对"图像"分出了"照片""绘画""漫画""模型图""统计图表""图标",在图文关系上,分出了配图文本与图像关系、图像

---

[①] 杨苗苗:《中美小学〈科学〉教材多模态语篇对比研究——以地球科学为例》,硕士学位论文,厦门大学,2017。

与上下文语篇关系。所有工作目标都是紧盯着"知识"内容。不同之处只是这里把"知识的形式"放在了特别重要的位置上。通过对这些命名为"多模态"的各种形式的描写及关系的探讨，从而精确分析"知识"呈现的分量、比重、角度及深浅。关注于这些"知识"的传统表达形式，就是语言与文字，关注于这些"知识"的传统形式以外的形式，就是"多模态"形式，而当把这些传统表达形式与多模态表达形式都舍去，关注的内容和焦点也就是"知识"本身了。共建协议书中有关教育教材语言对"知识教育体系"影响的论述，有着很高的理论预见性，透视到了传统语言文字视野下更深层的东西，为认识教育教材语言背后的"知识世界"带来了启示。

第二，语言文字知识体系。学科教材的知识体系就是百科知识，而语文教材的知识体系就是语言文字知识体系。语文教材是否需要语文知识，需要多少，是要明的还是要暗的，是否需要成体系的语言文字知识体系，这在基础教育语文教育史上是有过大讨论、大反复的。现在人们越来越感觉到，必要的、少而精的、安排得当的语言文字知识还是需要的，那么需要多少，如何取舍，如何安排妥当，也就成为语文教材语言研究的任务之一。在对新中国首套中小学语文教材的研究中发现，在课本的课文中、单元中，都没有对语言文字知识的任何安排，却发现初中一年级第 2 册的每一篇课文后的练习题中，都系统安排了句法知识学习的内容，分别介绍了"复句""并列复句""转折复句""连词""主从复句""因果复句""条件复句""时间复句""包孕复句""名词性子句""形容词性子句""句子的语气""疑问句""设问句""肯定句""委婉句""祈使句""感叹句"等知识内容。如果将独立的"课文"视为最为突出的安排，"单元"视为间断式的有重点的安排，那么只位于"练习"之中，就算是等而下之的安排了。但其对将语言文字知识作为教学中独立内容的用意却是显而易见的。2017 年发行的全国中小学语文统编教材主编温儒敏先生说："同时又有另一条线索，即将'语文素养'的各种基本因素，包括基本的语文知识、必需的语文能力、适当的学习策略和学习习惯，以及写作、口语训练，等等，分成若干个知识或能力训练的'点'，由浅入深，由易及难，分布并体现在各个单元的课文导引或习题设计之中。""重视语文核心素养，重建语文知识体系。……在一二十年前，语文教学的知识体系是比较清楚的，听说读写的能力点、知识点，也都比较成体系。……实施新课程以来,特别是课标的出台……课程改革几乎一边倒,就是强化人文性。……但又出现另一趋向,就是语文的知识体系被弱化,甚至被拆解了……'部编本'语文教材很重要的一点改进,就是让课程内容目标体现的线索清晰,各个学段、年级、单元的教学要点清晰。……'部编本'语文教材就已经在努力建构适合中小学的语文核心素养体系。但这是'隐在'的,不是'显在'的。"① 这里无论是"点"或是"线",是"隐在"还是"显在",都表现为对语言文字知识体系多少详略的考虑。

　　语言文字的"知识世界"不仅可以通过直接的内容安排进教材,还可以通过对具体的教材语言的实际使用的调查、测量、统计、比较而得到。这方面的数据可以通过上面"语言世界"中所谈到的大规模教材语言状况调查而得到。性质不同之处在于"语言状况""语言使用"是一种自在状态,而"语言文字知识"的提炼、编排是自为状况,是融入了明显的目的、原则、目的、方法的考虑在里面。如对众多小学与初中语文教材的用字用词调查发现,每套教材的字量大都在 3200—3800 之间,词种的词量大都在 23000—39000 之间,服务于中小学语文教材的词表,而从性质、目的、功能、学习规律等方方面面考虑,在数量与编排上则无不周全。如《义务教育常用词表(草案)》收了 15114 条词,不仅从字形、读音、词性的呈现上作了考虑,还把它们在语义系统中的地位,语义的同与近、正与反的关系,都作了揭示。这就是语言文字知识的"自为"与语言文字应用状况的"自在"最大区别之所在。

　　学科教材中的"知识世界",语文教材中的"知识世界",是两种不同的类型,但它们之间有着太多共同的问题需要研究了。叙述语言与对象语言的关系如何,前者对后者的表达方式与影响力如何,后者对前者的依赖程度如何,如何看待相同或差异不大的叙述语言来处理等级明显的对象语言,处理的手段有哪些,不同手段之间的表现力如何,以及不同学科之间叙述语言的同与异的关系,这些问题都值得深入研究。

---

① 温儒敏:《"部编本"语文教材的编写理念、特色与使用建议》,《课程·教材·教法》2016 年第 11 期。

## 第三节

## 教育教材语言的"观念世界"

### 一、"观念世界"定义

教育教材语言的"观念世界",指的是在教育教材语言面貌和存在状态及使用过程中所蕴含着的各种价值观、意志、立场、态度、情感等观念上的内容。

教材是在有着明确宗旨与培养目标的课程大纲的严格要求下,承载着确定而清楚的教学内容,受到有形有限的各种成书成篇、成章成课的限制,本着精益求精的原则,反复推敲打磨提炼而成,并在严格的学校教育体制中的全国所有学校普遍推广,供千百万学生和老师册不离手、细嚼慢嚼使用的读物。如此严格严肃编成的教材,内容选取、详略安排、先后顺序,在课文、练习、考试等各个环节,无不是在确定无疑的观念作用下的产物。这里说的"观念世界"有着特殊含义,专指教育教材语言体现出的政治思想及人文观念上的内容。

### 二、"观念世界"研究特点

所有的教材都会体现出观念的内容。只是不同的学科教材所表现出来的多与少、浓郁与稀少、系统与零散、外在与内涵会表现出多多少少的差异,但存而不缺,却是毫无例外的。因此,对教材的"观念世界"的认识,即研究它们的共性,就是对"存而不缺""毫无例外"的认识。列入学科教材比较的对象愈多,所观察到的共性在具有普遍性的基础上越具有抽象化、形式化的特点。越具有人文学科特点,其"观念世界"的内容可能越多,也越浓郁、越外在。2017年开始的"一纲一本"的统编教材就定位在"语文""历史""道德与法治"三门课程,其道理也就在于此。

作为教育教材语言的"观念世界"研究,它不仅要关心"观念世界"的内容,还要关心"观念世界"的存在与表现方式。在中小学语文教材中向来有着人文性研究,突出政治思想性的研究,如何处理它与语文课的工具性关系,总是难以定夺,从而导致此起彼伏的反复。之所以如此,就在于这种

"观念世界"的研究,是把目标对准了"内容"。而当人们认识到"观念世界"的存在不仅会在"内容"上,也会存在于表现方式上,相信其冲突与抵牾会小得多。

在教育教材语言的"三个世界"中,"观念世界"与"语言世界""知识世界"是并存、交织、融合,而不是分立、割裂、孤立、独自的。"三个世界"是一个有机体,互为表里、水乳相溶、"道""器"兼具。正是因为这样的关系,"观念世界"与其他二者的表里、主次、显隐地位的互换,只是根据研究者的取舍,根据他们在什么样的时空条件下,有着怎样的目的与功能,就可以做出主次、表里、明暗的易位与变化。教育教材语言的"三个世界"观,真正把"语言世界""知识世界""观念世界"打通了。

能否打通与贯通,取决于研究的目标与研究者的思考。三者之间的易位与变化往往就在一步之遥,一指之力,一纸之隔。当同样的语言事实放在前面,换个角度思考,或再往深处探究,往往能带入到另一个崭新世界。如第二十一章论述到的语文教材选文,本是一个技术性很强的专题,通过比对大陆、台湾地区、香港地区的初中语文教材的选文,发现这些教材选文体现了我国教材编写的看重阅读数量积累的传统,"大陆的精读课和台湾地区、香港地区的讲读课本质上是相近的"。即使是各有特点,也是富于技术层面的,如"台湾教材和香港教材对议论文的选文比例比大陆教材高出许多",但在对选文的时代性、来源地、互选内容与互选率的比较中,却发现台湾地区对大陆作品的选取在时代上有明显的重古轻今略今,在题材上有明显的重自然轻人文的特点。又如第十七章语文教材中有关外国题材的课文,停留在课文数量、年级分布层面,观察到的东西更重"语言""技术",而当把考察的目光放在这些课文的题材、主人翁身份、思想态度、课文主题时,就会发现不同时代的教材反映出的立场差异着实突出。如民国时期教材的外国课文关于"品行"的关键词是"正直、不畏强暴、救死扶伤、正义、反抗压迫、吃苦耐劳、坚持坚守、成才",有关"爱国"的关键词最突出的是"反抗"与"复兴",主人翁大都是卑者、弱者、女性、孩童,代表着小国反抗大国、弱者反抗强者、被压迫者反抗压迫者、被侵略者反抗侵略者[①]。新中国首套

---

[①] 苏新春、李娜:《民国时期基础教育语文教材语言研究》,广东教育出版社,2017。

中小学语文教材中,有关外国的课文,主角变成了苏联及其背后的东欧各国,其中有关苏联的课文占了国外题材课文的将近80%。

语文教材在"观念世界"的研究中有着特别的意义。语文课关乎学生语言文字运用能力的培养,语言文字运用能力是青少年需要掌握的核心能力。语文课还承担着社会知识学习、人文情怀熏陶、道德价值观养成的任务。"文以载道""器以盈气",后者似乎显得更为重要。在语文课中,"文"与"道"、"器"与"气"是怎样的关系?谁起主要作用?如何梳理它们之间的关系?这种关系在基础教育阶段的语文学习与成人社会的作品学习中是不一样的。那么,这些不一样的关系是如何呈现的?细究下去,不同年级的语文课又有着怎样的不同?凡此种种,都会影响到课程性质与功能的体现。

在有关中小学语文课性质与定位的讨论中,一直就有语文课是工具课还是思想政治课、人文素质课的两大观点。在语文教材的编写中,在教材的实际教学过程中,语文的工具性与人文性的确不应该分彼此。但在教育教材语言的研究中,特别是在对教育教材语言的"语言世界""知识世界"进行了分离式的研究之后,再提出"观念世界"的理论,使我们更好地看清楚了语文教材的复杂性、丰富性、多样性,不应该是混沌、杂芜、笼统。教育教材语言研究的离析与统合,正是为了教育教材语言研究的科学化。从语文教材中把教材语言离析出来,加以层次化、序列化,让它变得可分解、可量化、可统计的时候,就会发现在"文"与"道"、"器"与"气"中,前者才应是语文课最重要的内容,是语文课文最重要的载体,没有这个载体,也就无所谓载荷之物。更何况,这个载体本身也是有"体""用"之分的。"体"就是语言文字知识,"用"就是语言文字功能。学习的关键就是如何将语言文字知识有效、迅速地转化为人的语言文字能力。当然,在学习、转化过程中,必定会受到社会政治、道德观念、文化习俗的影响,可这并不意味着后者更重要。只要看一个事实就清楚了,就是语文学习古来有之,文字的"蒙求",辞藻的"华达",音韵的"抑扬顿挫",文章的"起承转合",这当中从来都有恒定不变的东西。文道、文气同样也是不可缺少的,可具体内容却代代有变,从君君臣臣到唯民为大,再到中华梦的实现。前之恒,恒的是其文其器,其本其体;后之异,异的是其道其气,其功其用。语文课追求的是人之所以为人的基本素质、基本能力,政治课、品德课、思想课追求的是时异世异、适时适世的知世治世之观。如此看来,从庞杂无比的语文课中分离出那些语言文字的知识、本体、功能,直到人的语言能力的培养与获得,至关重要。如此复杂的关系,纳入方兴未艾的中小学语文教材话语体系来加以统筹研究,将会显得熔铸一炉,更容易贯通解决。

当把教育教材语言的"观念世界"研究放在国家 2017 年在教材建设上同时推出的三大举措背景上来看①,更容易看到这一研究具有的当下意义与价值。这三件大事就是成立国家教材委员会,设立国家教材局,语文、历史、德育三门课程全国使用统编教材。

统编本语文教材在内容与形式上都作了重新定位与设计,采取"语文素养"和"人文精神"两条线索相结合的方式编排教材内容,以发挥语文学科独特的育人价值,以文化人。统编本语文教材无论是在指导思想,还是在知识内容、教学原则上都做出了很有独到创意的改变。主要有:

1. 重视中华优秀传统文化教育,古诗文数量大幅增加。与原有人教版教材相比,古诗文增幅达 80% 左右。小学一年级开始就有古诗文,6 个年级 12 册共有古诗文 124 篇,平均每个年级 20 篇左右,占课文总数的近 30%。初中古诗文占比:初中 3 个年级 6 册有古诗文 124 篇,占全部课文的 51.7%。古诗文体裁多样,以古诗词为主,如《木兰诗》《悯农》《游子吟》《出塞》《过零丁洋》《示儿》,还有文言文,如《愚公移山》《〈论语〉十二章》《〈孟子〉二章》《出师表》《少年中国说(节选)》;增设专题栏目,安排了楹联、成语、谚语、歇后语、蒙学读物等传统文化内容,使学生在积累语言的同时,受到中华优秀传统文化的熏陶。

2. 注重强化革命传统教育,收录了大量革命传统经典篇目,如《纪念白求恩》《为人民服务》《清贫》《吃水不忘挖井人》《朱德的扁担》《狼牙山五壮士》《开国大典》《黄河颂》《我爱这土地》等文章。

3. 教材更强调小学不同阶段的过渡,强调小学的汉字学习,增加语文学习的多样性,课文课数减少,但课文文体类型、教学的课型变丰富了。如

---

① 苏新春、赵树元:《我国中小学统一使用"部编本"语文教材》,载国家语言文字工作委员会组编《中国语言生活状况报告(2017)》,商务印书馆,2018。

一年级拼音学习延后了,强化了汉字学习的衔接。人教版一年级上册原来有41课,部编本语文教材现在减少为32课;一年级下册人教版原有39课,现在减少为29课。

4.更加强调了语文阅读的自主阅读、课后阅读、自由阅度、快乐阅读。让语文学习真正回归了对文本的熟悉,对文本的整体感知,而不在于肢解式的精细阅读。

主编温儒敏对统编本语文教材做了详细阐述[①]。《中国语言政策研究报告(2019)》刊发专文《部编语文教材》把近年来对统编本教材的研究做了全面总结,概括为:"部编本教材具有四大特色:一是体现社会主义核心价值观,做到'整体规划,有机渗透';二是接地气,满足一线需要,对教学弊病起纠偏作用;三是加强了教材编写的科学性;四是贴近当代学生生活,体现时代性。另外还有七个创新点:(1)选文强调四个标准(经典性、文质兼美、适宜教学、时代性);(2)更加灵活的单元结构体例;(3)重视语文核心素养,重建语文知识体系;(4)阅读教学实施'三位一体'('教读—自读—课外阅读'三种课型);(5)把课外阅读纳入教材体制;(6)识字写字教学更加讲究科学性;(7)提高写作教学的效果。"[②]从上面的概括来看,统编本语文教材已经把语文的工具性与人文性做到水乳相融,难分浓淡表里了。"社会主义核心价值观"放在了第一条,且"整体规划,有机渗透";"重视语文核心素养,重建语文知识体系",也处于重要位置,还有一系列"单元结构体例""三位一体",及识字写字教学与写作教学来加以巩固与强化。

2017年的这三件大事体现了党中央与国家对教育教材的高度重视。《我国大中小学教材建设步入新的历史阶段——三位专家谈国家教材委员会成立》对此做了详细介绍:学校教育工作千头万绪,它的核心内容是课程教材。教育思想和理念、人才培养的目标和内容等都集中体现在课程教材中。一个国家实施什么课程、使用什么教材,反映并决定了这个国家想要培养什么样的一代人和能够培养一代什么样的人,直接关系到党领导的中国特色社会主义事业的巩固与发展,关系到"两个一百年"奋斗目标和中华

---

① 温儒敏:《如何用好"统编本"小学语文教材》,《课程·教材·教法》2018年第2期。
② 张日培:《中国语言政策研究报告(2019)》,商务印书馆,2019。

民族伟大复兴中国梦的实现,关系国家的繁荣昌盛、长治久安。正因为这样,习近平总书记在 2016 年 12 月召开的全国高校思想政治工作会议上明确指出:"教材建设是育人育才的重要依托。建设什么样的教材体系,核心教材传授什么内容、倡导什么价值,体现国家意志,是国家事权。"中办、国办联合印发《关于加强和改进新形势下大中小学教材建设的意见》从制度层面上明确了教材建设这一国家事权[1]。"教材体现了国家的意识",成为这一轮理论阐述中最集中、经典的概括。

教育部副部长朱之文在北京师范大学教材研究院成立大会上的讲话也对教材建设的意义作了高度概括。"加强教材研究至少具有三个方面的意义:一是贯彻落实中央关于教材建设意见的重要举措;二是深化教育改革,推进教育现代化,建设教育强国的重要途径;三是完善教材专业化建设,提升教育质量,提高教学水平的重要保障。"[2]该文还介绍了朱之文对加强教材研究的几点建议:"第一,教材研究必须要着眼党和国家事业发展全局;第二,教材研究必须要牢牢把握教育规律,扎根中国教育实践;第三,教材研究必须立足中华优秀传统文化,努力构建中国特色知识体系、教材体系、话语体系;第四,教材研究必须要有国家意识和国际视野。"国家对教材建设的重视,对教材中承载的思想教化功能、文化传承功能、社会主流思想传播的功能、国家意识体现的功能,所重视的程度达到了前所未有的高度。"教材代表国家意志"的主张能在这个时期一响而众应,一推而天下行,还在于在"一纲多本"日益市场化的时期,思想杂芜、立场动摇、价值观紊乱的情况日趋严重[3]。

教育教材语言研究中"观念世界"的提出,为深入、辩证地认识语文教材的政治性与知识性、人文性与工具性的关系,提供了一个有力的理论分析工具。

---

[1] 《我国大中小学教材建设步入新的历史阶段——三位专家谈国家教材委员会成立》,《中国教育报》2017 年 7 月 14 日。
[2] 《集中力量开展国家教材建设研究,北京师范大学教材研究院挂牌成立》,《中国教育报》2018 年 12 月 15 日第 2 版。
[3] 吴斌:《问题极其严重:中国为何成立国家教材委员会》,https://dy.163.com.访问日期:2017 年 7 月 6 日。

# 第二章
# 教育教材语言的对象与性质

在人的成长和学习过程中,学校教育是一个非常重要的阶段。在这个阶段,教材"凝结了教学目标、教学内容及教学模式,体现教育的性质"[1],并且成为教学内容与学习内容的一个极为重要的载体。而一般学校教育教材的"主要功能是以知识传授为主,通过知识传授培养和开发学生的智力。教材体系结构的重心落在知识的组织和表述上",[2]因此教材的编写无论如何离不开对语言文字的应用。研究教材语言也就是研究如何通过语言文字来将知识传授给学生。要把教材语言作为一个专门的研究对象,首先遇到的问题就是:什么是教材语言?教材语言具体包括哪些内容?它有着怎样的性质与特点?学术界对教材语言做过哪些探索?它的研究深度与广度如何?这一研究有着怎样的理论意义与实践意义?这些是进行教育教材语言领域的研究必须首先要解决的理论问题。

---

[1] 曾天山:《论教材在教学中的地位与功能》,《现代中小学教育》1995年第5期。
[2] 任丹凤:《论教材的知识结构》,《课程·教材·教法》2003年第2期。

## 第一节
## 教育教材语言研究对象的二分法

　　教育教材语言指的是通过学校教育来实现教学目的,主要以教材为载体的语言,还包括教师语言、教学语言,但教材语言因与教学内容直接挂钩,并以课本的形式加以固化,贯穿于整个教学过程,是实施教学活动、检测教学效果最主要的依据,故教材语言成为教育教学语言中最主要的成分。当然,这里讲的教育教材语言包括了文字以及一切具有表意功能的其他符号。

　　一般所谓的教材定义有广义、狭义之分。狭义指"限定在学校的教学用书"①,即通常意义上的学校课程的教材。广义则包括教辅资料、多媒体教辅资料、课外读物等各种不同载体的辅助性资料。这里取的是狭义定义,这是因为教材的性质、功能、形成过程等因素,决定了只有教材的语言才具有需要讨论的最典型的种种特性。

　　根据教育教材语言的不同结构、不同呈现方式、不同的内部构成形式,特别是在教材中表现出的不同功能,对教育教材语言可以分出"叙述语言"与"对象语言"两部分。这是对教育教材语言的构成成分的微观分析,它可以使我们在研究中深入到教育教材语言内部进行条分缕析又有着严密逻辑关系的分析。教育教材语言"三个世界"的宏阔研究,各个不同领域、不同类型的研究都能在"叙述语言"与"对象语言"上找到各不相同的着力点。

### 一、叙述语言

　　叙述语言就是说明、阐释,让学生理解对象语言的语言。叙述语言包括各种不同的语言教材与学科教材内叙述知识的部分。叙述语言是教育教材语言研究的另一个关注重点。如果说语文类教材关注重点在对象语言上,那么对学科教材来说,叙述语言更是一个值得开拓的研究领域,因为在学科教材中,叙述语言不完全只是千篇一律地表述、记录、说明、论证,还

---

① 曾天山:《国外关于教科书功能论争的述评》,《西南师范大学学报(哲社版)》1998 年第 2 期。

会根据不同的叙述对象,而在叙述形式、方式上做出相应的调整与变化。这也值得研究,甚至因为这种反作用,而应该予以特别的关注与深入研究。

## 二、对象语言

对象语言就是以语言为对象的教学内容。在语言类课程中,如母语的语文教材和第二语言教学的教材,语言成为直接的教学对象,理解语言、掌握语言,成为该课的直接目的。而对各科的学科教材来说,教学内容主要是有关领域的知识,包括专有术语、公式、专业表达(如数学的证明格式步骤、化学等式、物理推演过程等)。这是各专业课程承担的任务。在各专业课程中,对象语言的研究则只涉及知识的表达形式。在目前我们开展的研究中,对象语言研究主要指语言教材的教学内容。

随着研究的逐步深入,越来越发现对象语言本身就是很值得研究的一个独立的完整对象。从根本上来说,所有的对象语言本质上就是知识内容,都是靠叙述语言来承载、表达的内容。所谓知识就是人们认识主客观世界的结晶,所有的知识都是靠语言文字来加以呈现的内容,因此从语言文字的使用、存在状况来概括、认知、了解、掌握知识世界也就成为可能。学科知识,只是依据学科的分析将这些知识作了条分缕析的组织。语言文字知识也是学科知识的一种,不同之处在于它又与语言能力的获得与培养有着密切关系,而语言能力是语文课程、语文教学最重要的核心任务。因此,对象语言的划分,对对象语言的学习,也就进入了各科的知识体系。对象语言的研究就给所有从事知识学习的人员提供了重视语言文字使用与理性认知的提示和通道。对象语言更值得研究的原因在于它还会给叙述语言带来影响,在不同的学科中,因对象语言的不同,对叙述语言带来的影响也是不同的。因此,二者之间的关系与影响力,就更加值得关注了。

教育教材是一个社会知识体系的微缩体,它担负着要帮助下一代掌握基础知识体系的重要任务。教材的内容是庞杂的,形式是多样的,而且教材内容和教材形式常混杂在一起。将教材语言分为对象语言和叙述语言,就是希望将教材混杂在一起的内容和形式剥离开来。以往的许多研究没有注意二者的区别,使得许多属于教学内容的问题与教学内容的形式载体的问题杂糅在一起。教材语言的研究就是首先要分清楚教材语言中哪些是知识的对象,哪些是知识的表现形式和载体。

学科教材中的学科知识点和如何描写叙述这些知识点,就成为学科教材语言的对象语言和叙述语言。而语文类教材,特别是语言类教材则比较复杂。语言本身既是传授的内容又是传授的手段,所以在一定程度上语言类教材的对象语言和叙述语言存在定向转化的特殊关系。也可以说,教材语言中的叙述语言在以往研究中关注不多,人们常把它与教学语言相混淆。教学语言涵盖的范围更广,包括了教师用语、课堂用语、学生用语以及特定的校园用语等,它的内涵和外延都更为丰富广阔。

### 三、非课文的对象语言

对象语言是教材语言的中心和重点,它自身是否有独特的分工?这些不同的分工给教材带来什么样的面貌?在教材中,对象语言呈现什么样的序列性?教学内容的序列性是通过对象语言的哪部分来集中体现的?所谓的教材难度到底体现在哪里?这就引出了下面这个问题,对象语言的类别。

（一）非课文对象语言的定义

"教材语言指的是通过学校教育来实现教学目的,以教材为载体的语言。根据语言在教材中的地位、性质及所承担的任务,教材语言可分为对象语言和叙述语言两部分。教材语言的对象语言就是以语言为对象的教学内容。教材语言的叙述语言就是说明、阐释,让学生理解对象语言的语言。"[1]

随着研究的深入,杜晶晶等对对象语言作了进一步的划分。他们认为,从组织形式上来看,教材可以分为课文[2]部分和非课文部分;从语言内容上看,可以分为对象语言和叙述语言。这两个分析角度在教材内是交叉进行的,即:在课文部分既有对象语言(课文)也有叙述语言(脚注、注释、提示等),在非课文部分也存在同样复杂的情况,既有对象语言(练习题中训练的内容)也有叙述语言(练习题目的描述、引导、解释等)。在教材中,对象语言和叙述语言往往交叉出现,并相互作用。

在教材内部,对象语言是教材的中心、重点和教学目标。教材的目的

---

[1] 苏新春、杜晶晶、关俊红、郑淑花:《教材语言的性质、特点及研究意义》,《语言文字应用》2007年第4期。
[2] 这里的"课文"指广义上的课文,集中呈现对象语言(教学内容)的部分。

就是教授对象语言。因此对象语言在教材中课文、非课文部分的分布如何,就更能直接体现教学内容的层级关系。依据对象语言在教材中的分布位置,可以分为"课文对象语言"和"非课文对象语言"两类。"课文对象语言"是教材语言中以课文为基本载体的对象语言,它是对象语言的主体;"非课文对象语言"是教材语言中以非课文部分为基本载体的对象语言,它是对象语言的核心、基质。例如:语文教材中,在课文中通过图片、儿歌、故事等给出明确的对象语言,即字、词以及句法,在课后练习中反复使用描红、构词、搭配等各种形式来巩固学习这些内容。在课后练习中出现的这部分对象语言,即"非课文对象语言",它就是该课的主要内容、重点和难点。在教材中"课文对象语言"跟"非课文对象语言"相辅相成,缺一不可,两者之间的良性呼应对帮助掌握教材的教学内容有着极为重要的作用。教材对象语言的层次由"课文对象语言"和"非课文对象语言"构成,而"非课文对象语言"是对象语言的核心和基质,它集中实现对象语言的层次性和序列性。

(二)非课文对象语言的特点

相对于"课文对象语言","非课文对象语言"呈现如下特点:

表2-1 课文对象语言和非课文对象语言的特点比较

| 课文对象语言 | 非课文对象语言 |
| --- | --- |
| 粗料 | 精料 |
| 客观 | 主观 |
| 自在 | 计划 |
| 松散 | 严密 |

如果说"课文对象语言"只是提供了对教材的直观印象的话,那么"非课文对象语言"则负责将这种印象固化、条理化、系列化、序列化和集中化。"课文对象语言"呈现的是一种模拟出来的自然语言,为了与真实语感相作用,必然会携带很多不需要教学的东西;"非课文对象语言"则纯净得多,摒弃了不必要的辅料,直接提炼出前者的重点所在。这样过滤后的内容充分体现了编者的教学意图,不同的编者、不同的编纂理念和原则就形成教学的内容相似而教材的效果迥异的现象,所以非课文对象语言一般带有主观

性、规划性和严密性的特点。

（三）非课文对象语言的形式

"非课文对象语言"存在于教材的非课文部分，带有形式多样化的特点。它可以说是"课文对象语言"通过各种手段过滤后的结果。这些手段构成了它的体现形式，主要有教学提要、提示、注释、思考、练习、字表、词表等，其中以练习、提示最为重要。在掌握教学内容的前提下，多样化的形式将"对象语言"中的教学内容从多个角度、多个层次进行剖析和定位，突出其"教"的条理性和序列性。"非课文对象语言"的形式，在相当程度上也体现着教材的风格并影响着教材的优劣。

我们以人民教育出版社2001年版的一年级下册和二年级上册两册教材的语料为例，来说明教学对象语言的形式多样化。在一、二年级的语文教材课后练习中，主要分为以下四类：识字类、构词类、造句类和语义理解类。这两册教材包括课文、识字、语文园地三个部分，共有120课，出现的练习题数量为562个，归类后有39种。

出现课数在十次以上的有12种题目，按照多少排序分别为：旁白[①](116)、我会认字(98)、我会写(89)、我会读(44)、读一读(35)、读读背背(28)、读读说说(21)、展示台(16)、我的发现(16)、口语交际(16)、日积月累(16)、我会填(1)。

除去"旁白"以外，其余的11种中识字类有6种，包括：我会认字、我会写、我会读、读一读、我的发现、日积月累。这6种是以强化识字功效为目的，紧紧扣住每课或每单元的识字任务来构拟的练习，课文中出现的汉字要远多于在练习中训练的汉字。在这6种题型中反复出现的汉字，就是学习的重点和难点。在识字类型中"非课文对象语言"是明确的、显性的，有着明晰的条理和序列，从一年级下到二年级上严格地遵循生字表中的次序进行安排。

在所有的练习形式里出现次数为一次的有15种题目，出现在一年级的有5种，二年级的有10种。随着年级的升高，题型的类型也在转换，只是

---

① "旁白"是教材提出的各种方法、捷径或提示达到辅助学习功能的表述，我们只就其中的"对象语言"部分进行分析。

这种转换需要过渡和铺垫，因此在我们的抽样中，这种题型的单独出现在整体的小学阶段内是具备参考意义的。"非课文对象语言"的体现形式有新的变化，标志着其负载的教学内容也在起相应的变化。这种变化可以分为两种情况：一类是为了适应新的教学内容，例如词语、成语、熟语的引入；另一类则是对已有教学内容的提高和升级，例如如何查字典、偏旁构字等。二年级出现的新题目显然对训练的目标有了进一步的挖掘，包括：我们的作品、词语擂台、故事会、识字交流站、我会接、露一手、学习查字典、看看说说。这些题目虽然只出现一次，可是训练范围明显地开始出现了构词、造句、表达、语义理解等跟语言表达相关的技能训练。

通过考察这两册语文教材"非课文对象语言"的体现形式，我们发现这两册语文教材围绕识字任务有目的地拓展语言表达训练，识字课型为核心，课文课型为主要载体，语文园地为综合性训练平台。"非课文对象语言"的体现形式既有常规固定的练习，也有拓展的、灵活的新题型，固定练习为主要形式，新题型或作为复习或作为开启新阶段的标志或作为新知识技能的传授来出现。在低年级，小学语文的汉字是最重要的教学内容，这两册教材的"非课文对象语言"从形式上给予了最好的辅证，正是灵活多变的体现形式，使教材最重要的教学内容——汉字音、形、义三个方面都得到了充分的重视和锻炼，这也使得教材呈现出稳定变换、交叉前进的特点。

"非课文对象语言"从课文中的大量信息里过滤出最重要的、最需要训练的、最能够体现编者意图的部分，通过不同练习形式的呈现，抓住语言文字不同关照面的特点来加以训练。这些丰富多样的形式本身也构成了"教"的中心环节，一个教学单元在"非课文对象语言"的形式部分更能体现出其"教"的意图和重难点。

（四）非课文对象语言的序列性

序列性是教材语言的生命线，也是教材的生命线。每一部教材的设计思路总是由浅入深、由低到高的。一部好的教材，不论对象语言还是叙述语言都必须遵循这一规律。这是由教材本质的"教学性"[1]所决定的。同样的字表，同样的词表，不同的语文教材安排的序列不同，那么教学效果也

---

[1] 曾天山：《论教材的教学论基础》，《西北师大学报(社会科学版)》1996年第2期。

会迥异。作为教材语言中核心和基质的"非课文对象语言"也同样会体现出鲜明的序列性,而它的序列性则是对象语言以及教材语言的主要实现者。

正如前文所提到的,对象语言中的"课文对象语言"相对于"非课文对象语言"来说,更像原料和粗料。选文有一定的讲究和技巧是毋庸置疑的,但从教学目标的实现来看,以选文为主要体现形式的"课文对象语言"其序列性显然较"非课文对象语言"来说更为松散,而体现形式丰富多样的"非课文对象语言"较"课文对象语言"来说其呈现的序列更为集中。两者共同体现对象语言的序列性,但在程度上有所差别。以人教版小学语文一年级下册为例,本册共有课文34课,课文后相配的练习数则有136个。

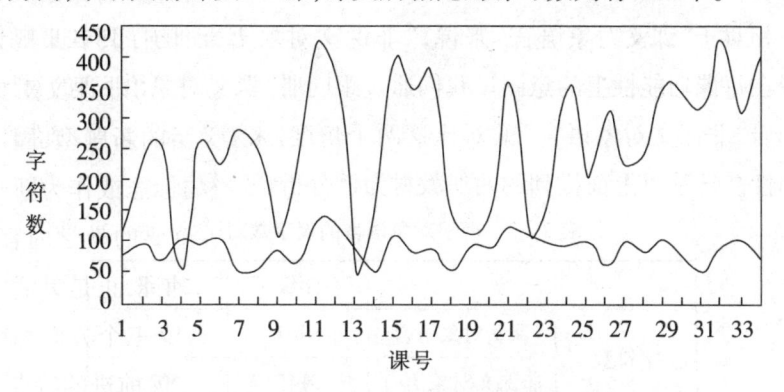

**图2-1 课文字符数与练习内容字符数随课号增长关系**

图2-1中,上面的曲线表示课文字符数,下面的曲线为练习内容的字符数,"课文对象语言"中字符数随课号变化而变化的幅度要远远大于"非课文对象语言"中字符数的变化幅度。后者的变化相对来说是平缓的、集中的,犹如一根主线,使得整本教材的对象语言有一个核心的变化幅度范围,围绕这根主线,前者则充分发挥出其应有的作用。两者必须相辅相成,哪一方面的缺失都会导致整本教材失衡。

从这两者的比较可以看到,"课文对象语言"在次序上是先于"非课文对象语言"的,这由目前语文教材的基本结构所限定;"课文对象语言"由于包含的信息量大,相对来说更难,而"非课文对象语言"则比较浅显,更偏向基础性知识,更容易掌握;从量的累积上来看,"课文对象语言"复杂,"非课文对象语言"简单;"课文对象语言"的量带来其松散的特点,而"非课文对象语言"由于集中更具有系统性;"课文对象语言"是一个综合体,而"非课文对象语言"则呈现单一化的技能训练倾向;"课文对象语言"承担的目的多、任务多,比如语文教材就包括情感、审美、道德等多种素质的培养,而"非课文对象语言"相对来说更具备工具性的特点,一般紧紧围绕每课的教学任务展开。当年级增高之后,语文教材的"非课文对象语言"则更体现出淡化、隐性的特征,这是由教学内容的变化而决定的。

教材语言的序列性主要由对象语言来承担,而对象语言本身的层次性则使得序列性分工明确,内核为"非课文对象语言",外围则是"课文对象语言",两者之间的有机互动使得整体教材语言的序列性能够松弛有度地随着教材本身的层级性向前推进。

相对于"课文对象语言"来说,"非课文对象语言"的序列性更能体现编者在每课功能性上的意图。我们通过跟同册"课文对象语言"的对比、跟不同册"非课文对象语言"的对比这两个角度,来看"非课文对象语言"的序列性。还是以上面提到的两册教材为例分析汉字数。

表2-2 两册对象语言的汉字数对比

|  |  | 一年级下 | 二年级上 |
|---|---|---|---|
| 字符数 | 课文对象语言 | 8407 | 9744 |
|  | 非课文对象语言 | 3145 | 5025 |
| 汉字数 | 课文对象语言 | 7222 | 8338 |
|  | 非课文对象语言 | 2815 | 4357 |
| 汉字种数① | 课文对象语言 | 988 | 1123 |
|  | 非课文对象语言 | 924 | 1083 |

从上表可知,随着年级的增高,总体的汉字数趋势是增高。横向来看年级增高,课文对象语言和非课文对象语言均呈现增长的趋势,纵向来看则在同一册教材中,课文对象语言的变化幅度要大于非课文对象语言的变化幅度,在同一个考察项内,例如字符数、汉字数,"课文对象语言"在量上基本大于"非课文对象语言"。但是从汉字种数上来看,二者数量则较接近。在低年级的语文教材中,汉字种数在这两个层面上接近是正常现象,

---

① 汉字种数,即不重复的汉字数目。

以识字为主的教学任务必然要求课文和练习以识字为目标,那么这二者就很有可能重合。但到高年级,课文内出现的汉字很可能在"非课文对象语言"内并不作为重点。

表2-2体现出对象语言在不同层次上基本保持同册内的同比增长关系,那么这种增长在复现方面有什么特点?这种增长可以相互辅助吗?

表2-3 两册对象语言的汉字种数对比

|  | 独有汉字种数① | | 共有汉字种数② |
|---|---|---|---|
|  | 一年级下 | 二年级上 |  |
| 课文对象语言 | 288 | 423 | 700 |
| 非课文对象语言 | 366 | 525 | 558 |

从上表可知,两套教材在"课文对象语言"层面上共有的汉字种数为700,占一年级该项汉字种数988的71%,占二年级1123的62%,在"非课文对象语言"层面共有的汉字种数为558,占一年级该项924的60%,占二年级1083的52%。随着年级的增高,后者在复现方面的比率则没有前者高,说明在"非课文对象语言"层面,更关注的是每一个教学任务的实现,例如:在一年级出现的偏旁、部首等辅助认字的练习,在二年级就会有所下降,相应地,其他新的练习和相关内容则会在二年级开始出现或有所提升。"非课文对象语言"如果跟年级相挂钩,其梯度的差距要大于"课文对象语言"。课文部分由于篇幅、选材等因素的影响,必然在复现的覆盖面上会比较大,而非课文部分往往紧抓的是当前课的内容,在复现的覆盖面上就会比较小。而这也提示我们,考虑"非课文对象语言"的复现问题一定要结合整套教材和整体的教学目标,单独一或两册教材很难将其整体的序列趋势完整地呈现出来。

在同册教材中两种对象语言的关系更为紧密,而"非课文对象语言"比起"课文对象语言"来说更为集中地覆盖了每一课所需的汉字教学点,所以它的增长可以认为是教学内容(比如:汉字)的净增长,而不像"课文对象语言"的汉字数增长会有很多的附加因素和条件,相对来说,它的数据更纯粹

---

① 独有汉字种数,只出现在一册教材中的不重复的汉字数目。
② 共有汉字种数,两册教材中都出现的不重复的汉字数目。

和稳定,更能集中体现整体教材的对象语言的层次和梯度。

"非课文对象语言"的序列性可以从两个角度研究,与同册"课文对象语言"的对比,以及与不同册"非课文对象语言"的对比。通过这两个角度的对比,在同册教材内,"非课文对象语言"与"课文对象语言"紧密配合,同比增长,"非课文对象语言"的增长趋势更为集中;在不同册的"非课文对象语言"的对比上,随着年级的增高,"非课文对象语言"在年级之间保持增长趋势的同时,还保持一定程度的复现,而"课文对象语言"则随着年级的增长这种复现的覆盖面在扩大。通过"课文对象语言"和"非课文对象语言"这两种对象语言的共同作用,汉字才能在教材的不同册、不同年级之间保持一个良性的、稳步的、螺旋式的上升结构。这也正是以"非课文对象语言"为代表的教材对象语言其序列性的理想实现。

(五)课文难度研究与非课文对象语言

在教材语言研究中,另一个重点、难点就是教材的难度研究。以语文教材为例,相似选文的教材,它们的差别和难度应该如何测量?以往对语文教材难度的研究,一般从汉字的层级性、词汇的引入程度、句式的复杂程度等这些角度来考虑。从这些角度的考虑照顾到了整体的语言文字层次引入,这是值得肯定和继承的,但同时它并没有考虑到每一课在整体教学计划或教学层级中的位置,而这个位置如何安排恰恰可以说明教材的难度问题。

如果从"非课文对象语言"的集中性角度来考虑,就可以避免这样的疏漏。例如汉字的层级性问题,当从"课文对象语言"的角度进行时,因课文表现内容的丰富而出现众多干扰。课文中信息量越大,干扰性越大。而从"非课文对象语言"的角度入手,就会避免这样的干扰,课后练习以及辅助提示等不会过多地纠缠在非教学任务的汉字上,重点明确,任务突出。以人教版二年级上册第 11 课和第 23 课为例。从"课文对象语言"的角度来看,第 11 课和第 23 课的课文字符数均为 219。如果光看字符数,似乎这两篇课文应该难度相当。我们可以继续就课文对象语言来调查字种数,两课的汉字种数分别为 117 和 105,很接近,从汉字种数上我们也很难推断,到底谁更难一些。按照常理推断第 23 课应该比第 11 课难一些,但是"课文对象语言"所体现的汉字种数第 11 课又多于第 23 课。第 11 课和第 23 课的非课文对象语言字符数分别为 108 和 91,汉字种数则分别为 50 和 35,这些数据均显得第 11 课要难于第 23 课。可以从表 2 – 4 直观地看到,第 11 课的汉字多,第 23 课的汉字比较少。是排在前面的第 11 课更难吗?还是两个相差了十多篇课文的教学单元难度相当?

表 2 – 4　11 课和 23 课非课文对象语言字种数

| | 字种数 | 汉字 |
| --- | --- | --- |
| 第 11 课 | 50 | 安、抱、北、变、场、潮、成、传、的、歌、广、海、呼、互、华、欢、挥、击、集、几、纪、京、聚、克、刻、乐、泪、立、了、锣、门、匹、群、人、如、申、十、世、坛、天、万、相、讯、扬、洋、拥、约、泽、中、众 |
| 第 23 课 | 35 | 一、要、遥、阳、寻、许、小、我、体、太、缩、双、树、食、上、前、泣、鸟、良、粒、哭、康、健、画、红、好、谷、给、个、多、的、窗、吃、场、操 |

从"非课文对象语言"的角度来看,上表只是其内容的一部分,即和"课文对象语言"相呼应的这两课的教学重点,"非课文对象语言"还可以从其体现形式来进行分析,第 11 课和第 23 课的课后练习均为 4 个,其中前两个练习完全一样,都为"我会认字""我会写",第三个练习第 11 课为"读一读",第 23 课为"读读背背",第四个练习第 11 课为"我会读",第 23 课为"读读说说"。

在第一个练习"我会认字"中,第 11 课需要认字 14 个,第 23 课需要认字 9 个。第二个练习"我会写"第 11 课需要描红 10 个汉字,第 23 课需要描红 8 个汉字。而第三个练习,第 11 课只要求读课文,第 23 课要求背课文,显然要求背诵的练习难度更高,对学习效果的标准也更高。第四个练习,第 11 课只要求读懂,而第 23 课还需要填空。填空对学习内容的熟练和理解的标准更高一些,也说明编者在第 23 课有意逐步提高教学内容学习的难度。

这样在"课文对象语言"的层面,第 11 课与第 23 课虽然并没有体现出难度的差别和序列,但从"非课文对象语言"的角度,从教学内容到教学要求,排在后面的第 23 课在学习的效果上提出了更高的标准。所以,在研究课文难度的问题时,我们提出从"非课文对象语言"的角度切入。"非课文对象语言"不仅体现教材教学内容的核心和重点,更能够提炼出"教"的意图和目的,使"教学"的概念具体化、序列化,更为直观、明晰地显示出教学单元的梯度、课文的难度以及教材的难度。

作为教材语言的重要组成部分,对象语言决定着教材的本质、性质和难度。而对象语言在承担众多功能的同时,它本身也在分化。根据其在教材中的位置和作用,又可以分为"课文对象语言"和"非课文对象语言"。

相对于"课文对象语言"来说,"非课文对象语言"更为集中地体现着教材的目的和任务,它的特性往往成为教材本身的特性。因此,"非课文对象语言"是对象语言的核心和基质。

"非课文对象语言"的序列性也是对象语言序列性的集中实现。它通过与"课文对象语言"共同作用,使得教材语言整体的序列体现出良性的、稳步的、螺旋式的上升结构。而这种结构正是作为教材所必不可少的因素,也是教材的对象语言呈现其序列性的理想结构。研究"非课文对象语言"的同时,还可以为教材、课文的难度研究提供参考。

## 第二节
## 教育教材语言的性质

随着教育教材语言成为一个专门的研究对象,其自身性质与特点也就受到人们的关注。教育教材语言中心的几位学者对此作出了各有特色的思考,李如龙等(2007)提出了"基础性""规范性""趣味性"三种性质[1],苏新春等(2007)提出了"有序性"等性质[2],郑泽芝等(2008)提出了数学教材的"知识性"[3]。教育教材语言既然成为一个专门的研究对象,特别是把它放在知识承载、知识表述、语言能力、思想观念形成与铸造的认知体系来认识,它所具有的特点必然是普遍性、系统性、本体性的特点。下面是对"有序性"等三组属性的认识,代表了这个时期对教育教材语言性质的认识。

### 一、基本属性初论

(一)基础性与功能性

基础性指的是教材语言在人的整个知识学习和语言学习中所处的基

---

[1] 李如龙、徐睿渊:《教材语言三议》,《汉语学习》2007年第3期。
[2] 苏新春、杜晶晶、关俊红、郑淑花:《教材语言的性质、特点及研究意义》,《语言文字应用》2007年第4期。
[3] 郑泽芝、卞成德:《数学教材语言与语料库建设》,载《第二届全国教育教材语言专题学术研讨会论文集》,2008。

础性地位。它不仅包括对象语言的基础性,更强调叙述语言的基础性。从以往未得到充分关注的研究来看,后者更值得我们重视,不管是语言教材还是学科教材,最根本的就是要让学习者读懂,如果连这点都做不到就不能说是一部好教材。功能性是指教材语言有着强烈的目的性,即教授知识,使学生通过教材能达到教学目的,它的功能性和基础性是相辅相成的,只有建立在基础性的基座上才能将教材语言的功能性发挥到极致。如果以艰涩深奥、适用面狭窄的语言来叙述教学内容的话,那么最终的教学目的也是很难实现的。

(二)有限性和有序性

有限性本来就是语言系统本身的一个基本特性,而教材语言的有限性则是从基础性延伸而来的。教材语言不能无限膨胀,总是在一个有限的语言范围内尽量多地展示教学内容。教材语言区别于其他的语言形式的显著特点就是其有限性,在数量上有一定的限制。这是有针对性地服务于学习者,保证教学效果所必需的。如果说语言系统本身的有限性是适用于人类,那么教材语言的有限性则服务于专门的学习者,有着更为严格的要求。

有序性是指教材语言的次序,这是教育特性所决定的。教材语言总是要遵循人的认知规律,不应该也不允许违反人类的认知先后次序。这对教材语言的两个分类都是如此。对象语言和叙述语言都要体现这种有序的递进性。以往研究多聚焦在对象语言的有序性上,其实,有序性不仅体现在对象语言上,对叙述语言同样有着严格的要求。特别是在语言教材中,对象语言和叙述语言总是处在一种相互转化的位置,现在的叙述语言也就是间接的对象语言,现在的对象语言又是将来的叙述语言,处理好这个问题就显得特别重要。

有序性是语言另一个重要特征,但语言又不是简单的直线发展,同时作为认知体,人类的认知过程也不是简单的线性发展,学到东西不是一次就可以成形,前者与后者有着严格的位置关系。人的记忆特性、学习特性,总会有一个由浅及深、由粗及细、由初识到深刻、由记忆到遗忘、由遗忘再到记忆的周期性。所以教材的有序性还应该具有复现性。语言知识是最为典型的,前后联系,环环相扣,前面的内容总会在后面的课程中有所体现。复现性在所有的教材中都会表现出来,教材使用的最终目标就是让学生掌握教材的内容,复现性将起到非常重要的作用。知识的复现是通过语言来体现的。如何确定复现时机？如何确定复现频率？怎样的复现规律是合理的？这都可以通过教材语言的统计得到解答。

有序性还会在教材的体系性上体现出来。在各种有着不同教学目的、不同教学理念的教材中，单独拿出一篇、一个单元或一册，可能无法看出其体系性。而俯观一整套教材，或一系列教材，就可以清楚地看到教材语言是遵循着自己的内在体系性在运行的。

(三)通用性与专业性

通用性与专业性是就教材语言所分布的学科领域来说的，每一种教材内的教材语言都存在通用性与专业性的统一和分化的问题。一种教材其实就是一个学科领域的说明，任何一个学科领域，都会体现出通用的一面与专业的一面。这种通用性与专业性也会在对象语言和叙述语言中体现出来。在以语言为对象语言的教材内，语言的传授是以语言的使用为唯一目的，还是以语言所承载的文化内容为最终目的，这在第二语言教学的教材与母语语文教材中，其差异性体现得相当突出。

在通用性和专业性范围，还有一点要强调的就是规范性。教材是指导学生学习的最主要的依据，必须体现规范的要求。不仅是知识的规范性，更是语言的规范性，特别是基础教育的教材。学科教材使用的术语、公式、专业表达要规范，叙述语言也要规范。语文教材的规范有着更加明确的定义，即教授的应是全民族共同语，应该培养学生基本而正确的社会交际能力和手段。

上述几个特点，并不是独立分割的，而是互相联系共同影响的。教材语言的基础性与功能性成为衡量教材语言通用性和专业性的平台，而有限性与有序性则解决在这个平台上如何行进的问题。这三个特点共同构成教材语言的三维结构，而这个结构也不是静态不变的，依据不同的教学目标，这三者之间的组合是富有弹性的，体现不同的体系特征。而规范性、复现性以及体系性出现在整个教材语言的运行当中，它们控制着教材语言的边际和组织特征。

二、基本属性再论

关于教育教材语言的"基础、规范、有限、有序"等性质的认识，指导着后续不断推进的研究。随着实证研究的不断排开，又进一步深化了对教育教材语言性质与特点的认识。十多年后杜晶晶、杜明珠提出了对教育教材语言多元性、权威性、层次性的思考①。

(一)基础性与"多元性"

教材语言的基础性是研究者们公认的核心性质之一。在一般认识上,"教材里的知识"应是学科框架体系中的"基础",这个基础往往还包含着"多元"的特质。基础是多元的前提,而多元是基础性的保证。教材语言的研究体现着教材的"综合体"性质。从综合体的角度来看待教材语言研究,教材的宗旨、内容、教学、效果、类型等都是教材语言研究可以切入的角度及内容。

教材的宗旨往往通过教材语言来体现,有时呈现为对象语言的内容,有时呈现为叙述语言的表达。隐含在教材内部的设计理念与宗旨,通过教材语言的挖掘可以发现教材宗旨中的隐含规律与特征。如高群、王家伦《教材文本"剩余价值"的开发》(2010)②,曲志强《中日小学母语教材道德和价值观教育内容之对比研究》(2018)③等提到利用教材语言触及的是教育、教材的上层设计问题。

教材的教学内容,尤其是语文学科的教学内容,通过教材语言的研究往往可以达到精准聚焦、锁定要素的效果。余虹《从教材语言看语文课程内容的不确定性》(2011)④、王娟《小学校国語科学習指導要領の日中比較》(2018)⑤、孙园园等《两岸初中语文教材文言文语言知识类练习对比研究》(2019)⑥提到利用教材语言将学科的主要教学内容分解为可供量化的单位,使得教材的教学内容有了数量、规模、项目与单位的可数性,也就能够为切实提高教材的编纂质量提供较好的数据支持。

教材有两个关注面:教学面和学习面。通过教材语言组织可以发掘教

---

① 杜晶晶、杜明珠:《再论教育教材语言研究的性质、方法与发展——基于近十四年教育教材语言研究综述》,《江西科技师范大学学报》2019年第5期。
② 高群、王家伦:《教材文本"剩余价值"的开发》,《语文教学与研究》2010年第32期。
③ 曲志强:《中日小学母语教材道德和价值观教育内容之对比研究》,《北华大学学报(社会科学版)》2018年第1期。
④ 余虹:《从教材语言看语文课程内容的不确定性》,《天津师范大学学报(基础教育版)》2011年第3期。
⑤ 王娟:《小学校国語科学習指導要領の日中比較》,(日本)《平安女学院大学研究年报》2018年第3期。
⑥ 孙园园、苏新春:《两岸初中语文教材文言文语言知识类练习对比研究》,《江西科技师范大学学报》2019年第2期。

学的策略与方法,像李文芝、霍生玉《关于苏教版小学语文教材语言知识的教学策略研究》(2017)①。探究教材语言在教材中的组织变化,可反馈教学的效果,像陈彤《探究教材语言的变化对语文教学的影响——以语文版七年级(上)语文教材为例》②等。以语文教师、语文课程论为主体的研究者们从教材语言切入可以联系起教学者与学习者之间的互动关系。

除了基础教育语文教材外,不同学科种类的教材也同样使用教材语言理论,呈现教材基础性所带来的多元性质。学科性教材,聚焦教材的叙述语言,讨论知识与表达之间的关系,是现阶段教材语言中研究的难点,也是一直以来教育、教学和教材编纂领域中关注的热点问题,像郑泽芝《关于学科教材语言研究问题的思考——以数学教材语言研究为例》(2017)③,徐铂、田静《学科教材中"的"的使用规律探析——以人教、教科版初中物理教材为例》(2017)④,周东杰、周璐《中美小学科学教材问句的实态分布调查——以天气知识点为例》(2017)⑤等成果都聚焦学科教材中的知识与表达之间的关系,切中学科教材该如何组织知识形成有效输入这样的本质性问题。汉语作为第二语言教材,聚焦汉语的语言特点,讨论知识与能力之间的关系,也是现阶段汉语国际教育中的研究难点,像李燕、张英伟《〈博雅汉语〉教材语料难度的定量分析——兼谈影响教材语言难度的因素和题材的选择》(2010)⑥、唐师瑶、苏新春《对外汉语初级综合教材的练习有效性研究》(2015)⑦等从教材内容、教材编纂多个角度触及汉语国际教育教材的现实问题。

在利用教材语言理论进行教材研究的过程中,以上成果呈现了教材语言与基础性相共生的"多元性",对于教材内外的问题教材语言研究全面涉

---

① 李文芝、霍生玉:《关于苏教版小学语文教材语言知识的教学策略研究》,《安徽文学》2017年第3期。
② 陈彤:《探究教材语言的变化对语文教学的影响——以语文版七年级(上)语文教材为例》,《佳木斯职业学院学报》2017年第6期。
③ 郑泽芝:《关于学科教材语言研究问题的思考——以数学教材语言研究为例》,《北华大学学报(社会科学版)》2017年第6期。
④ 徐铂、田静:《学科教材中"的"的使用规律探析——以人教、教科版初中物理教材为例》,《北华大学学报(社会科学版)》2017年第6期。
⑤ 周东杰、周璐:《中美小学科学教材问句的实态分布调查——以天气知识点为例》,《北华大学学报(社会科学版)》2017年第6期。
⑥ 李燕、张英伟:《〈博雅汉语〉教材语料难度的定量分析——兼谈影响教材语言难度的因素和题材的选择》,《云南师范大学学报(对外汉语教学与研究版)》2010年第1期。
⑦ 唐师瑶、苏新春:《对外汉语初级综合教材的练习有效性研究》,《语言文字应用》2015年第3期。

及,并能够提供多方面、多视角的解释性。这是其优势的一面,同时也可以看到教材语言研究大多从教学角度出发,观察者、学习者的角度有待进一步提升;利用语言学理论来关照教材的研究还是少,语言学理论与教材的内容、教学手段、效果之间的关系可以有更进一步的研究空间。

(二)有限性与"权威性"

教材因有篇幅、年级的限制,容量必须有限。知识体系如何进入教材?只有保证有限的条件,教材才具有教的价值与效率。这使得教材入选的知识体系及其表述必须具有"权威性"。

首先,这种权威性由规范性来保证。我国的语言文字规范标准首先必须应用于教育教材,教育教材对语言文字的规范标准应该有一个自觉、积极的体现。像厦门大学苏新春教授的团队、江南大学吴格明教授的团队都先后对此进行了深入的探讨。《语言文字应用》2016年第2期开设了"语文教材与国家语言文字规范标准"专栏,该专栏的四篇论文系统论述了现行基础教育语文教材落实国家语言文字规范标准的情况[1],为后续我国语言文字规范标准的修订、语文教材的修订提供了客观、精确的研究数据。苏新春、杜晶晶在《光明日报》发表了《语言文字规范,要落实在"一笔一画"——中小学语文教材语言文字规范化调查及思考》的论文[2]。温欣荣、邓卫新、吴格明(2009)对现行初中历史课程标准实验教材进行调研,发现教材语言运用上存在搭配不当、语序不当、句式混乱、虚词运用失误、语义概括失当、标点错误以及书写错误等问题[3]。王慧菊《河南省常用中小学语文教材语言失范现象调查分析》(2014)[4]逐册研读河南省内常用的几个版本的语文教材,发现现行中小学语文教材在词汇、语法、语义和标点符号等方面普遍存在语言失范现象。通过对教材文本中的规范标准进行符合性

---

[1] 苏新春:《中小学语文教材落实国家语言文字规范标准的意义与思考》,《语言文字应用》2016年第2期。杜晶晶:《中小学语文教材落实词汇规范及数字用法标准情况的调查研究》,《语言文字应用》2016年第2期。孙圆圆:《小学语文教材落实汉字部首规范情况的调查研究》,《语言文字应用》2016年第2期。卜祥忠、陈明娥:《小学语文教材落实汉语拼音规范标准情况的调查研究》,《语言文字应用》2016年第2期。

[2] 苏新春、杜晶晶:《语言文字规范,要落实在"一笔一画"——中小学语文教材语言文字规范化调查及思考》,《光明日报》2017年6月18日。

[3] 温欣荣、邓卫新、吴格明:《目前初中历史教材的文字失范问题——"课程改革实验教材语言文字状况调查与研究"成果之一》,《徐州师范大学学报(哲学社会科学版)》2009年第3期。

[4] 王慧菊:《河南省常用中小学语文教材语言失范现象调查分析》,《河南教育学院学报(哲学社会科学报)》2014年第3期。

调查,进一步强调了教材内容的规范与权威。

其次,教材语言的"权威性"还经由教材文本及内容的"摘选"而体现。以语文教材为例,选文如何进入教材,怎样成为优质的材料,经由一代代大中小学生诵读而成为文化薪火的携带者,这是由其权威性保证的。从主题、选文、导语、编写各个角度,教材语言的调查研究成果逐步揭示了经由"摘选"而保证的权威性。像庄晓云、苏新春(2012)对大陆以及台湾、香港地区的初中语文教材选文的分析[①],苏新春、邱燕林(2014)对海峡两岸中小学语文教材选文的比较[②],赵苗(2018)对小学品德教材主题分布的研究[③],孙园园对大陆与台湾地区语文教材文言文选文的对比[④],陈逸雯、夏中华(2014)对教材导读语言的研究[⑤],都从教材文本及类型的"摘选"标准上揭示了教材成为"优质"文本在语言上具有权威性的特点。

最后,教材语言的"权威性"还在于其为更浓缩、精粹的术语表、基本词表、核心词表以及学习型词表的提炼提供优质材料。术语和词表是高度浓缩的教学内容,也是学习的基本范畴,更是知识的核心体现。教材语言研究在语言层面上能够对知识的提炼起到聚焦、提纯的作用。像苏新春、顾江萍在《语文教材词语的"摊饼式"分布态——兼谈基础教育基本词的提取方法》(2009)[⑥]、王艳春《对外汉语教材多义名词研究》(2009)[⑦]、胡倩《中学历史教材专名意义研究》(2011)[⑧]、杜晶晶《对外汉语教材的核心词汇研究》(2012)[⑨]、郑博(2012)《基于语料库的基础教育化学教材术语研究》[⑩]、敫婷《基于语料库的基础教育物理教材术语及识别研究》(2012)[⑪]、洪桂治

---

[①] 庄晓云、苏新春:《两岸三地初中语文教材选文系统研究》,《江西科技师范学院学报》2012年第4期。庄晓云、苏新春:《两岸三地初中语文教材选文的人文性研究》,《江西科技师范学院学报》2012年第3期。

[②] 苏新春、邱燕林:《中国大陆与台湾中小学语文教材选文比较》,《江西科技师范大学学报》2014年第1期。

[③] 赵苗:《小学品德教材主题及内容分布对比研究》,《北华大学学报(社会科学版)》2018年第1期。

[④] 孙园园:《两岸基础教育语文教材文言文选文多维对比及启示》,《北华大学学报(社会科学版)》2018年第1期。

[⑤] 陈逸雯、夏中华:《非中文类专业大学语文教材的导读语言研究》,载夏中华主编《教育教材语言的研究与应用》,中国社会科学出版社,2014,第76—84页。

[⑥] 苏新春、顾江萍:《语文教材词语的"摊饼式"分布态——兼谈基础教育基本词的提取方法》,《江西科技师范学院学报》2009年第4期。

[⑦] 王艳春:《对外汉语教材多义名词研究》,硕士学位论文,厦门大学中文系,2009。

[⑧] 胡倩:《中学历史教材专名意义研究》,硕士学位论文,厦门大学中文系,2011。

[⑨] 杜晶晶:《对外汉语教材的核心词汇研究》,博士学位论文,厦门大学中文系,2012。

[⑩] 郑博:《基于语料库的基础教育化学教材术语研究》,硕士学位论文,厦门大学中文系,2012。

[⑪] 敫婷:《基于语料库的基础教育物理教材术语及识别研究》,硕士学位论文,厦门大学中文系,2012。

《面向对外汉语词汇教学的形容词义类体系研究》(2013)①,王玉刚《〈开明国语课本〉字词使用状况调查研究》(2013)②,苏新春《〈义务教育常用词表(草案)〉研制的理论与方法》(2017)③等研究以教材语言为基础语料,呈现的是语文教育、汉语教学以及学科教育中的基本词、专名、核心词、名词、形容词、术语、词表等方面的研究成果。

教材语言的有限性,在不断地深入研究中慢慢揭示出"权威性"的特质,该特质保证了教材所应具有的规范、典型、示范的效果。对教育教材语言"权威性"特质的研究还有待深入,但已经显示了它在语文教育、语言研究、语言规划以及教育政策制定领域的价值和影响,值得给予极大的重视。

(三)有序性与"层次性"

序列是教材的生命线,所谓"教"即意味着先后、轻重、缓急,教材语言的有序性构建了教材语言的基本体系。但哪些知识、哪些表述的先后顺序,既有知识方面的考虑,也有学习能力方面的考虑,知识需要通过复现来学习,能力需要通过反复操练来掌握,这就使得在教材语言的研究中,需要将有序的问题细化到"层次"的安排。

有序化首先需要对知识单位进行颗粒化处理,层次化是在有序化的基础上所进行的轻重、多少的配比分布考虑。依据教材中知识单位的大小,教材语言研究中的每一个项目其实都在探讨序列与层次的问题,比如语文教材就包含主题、单元、选文、课文、生字词、练习等各个角度的序列与层次性现象。像杜晶晶《汉语作为第二语言教学初级教材词汇计量研究》(2005)④、陆清《现代汉语初等母语教学教材词汇计量研究》(2005)⑤、袁冉《对外汉语教材与汉语母语语文教材词汇层级性对比研究》(2008)⑥、柯丽芸《汉语第二语言教材词汇的义类分布研究》(2008)⑦、杜晶晶《教材语言中非课文对象语言的层次与特性》(2009)⑧、苏新春、杜晶晶、袁冉《对四套

---

① 洪桂治:《面向对外汉语词汇教学的形容词义类体系研究》,博士学位论文,厦门大学中文系,2013。
② 王玉刚:《〈开明国语课本〉字词使用状况调查研究》,硕士学位论文,厦门大学中文系,2013。
③ 苏新春:《〈义务教育常用词表(草案)〉研制的理论与方法》,《语言文字应用》2017年第3期。
④ 杜晶晶:《汉语作为第二语言教学初级教材词汇计量研究》,硕士学位论文,厦门大学中文系,2005。
⑤ 陆清:《现代汉语初等母语教学教材词汇计量研究》,硕士学位论文,厦门大学中文系,2005。
⑥ 袁冉:《对外汉语教材与汉语母语语文教材词汇层级性对比研究》,硕士学位论文,厦门大学中文系,2008。
⑦ 柯丽芸:《汉语第二语言教材词汇的义类分布研究》,硕士学位论文,厦门大学中文系,2008。
⑧ 杜晶晶:《教材语言中非课文对象语言的层次与特性》,《江西科技师范学院学报》2009年第6期。

新课标语文教材课后练习的四维分析研究》(2010)[1]、赵蓉《两部初级阶段综合课教材收词状况对比研究》(2011)[2]、王淼《〈汉语教程〉词汇复现情况研究》(2011)[3]、周美玲《教材对象语言之汉字描写和建构研究》(2011)[4]、尹小玲《两岸初中高级对外汉语教材文化项目的编排研究》(2013)[5]、杨苗苗《中美小学〈科学〉教材多模态语篇对比研究》(2017)[6]、孙园园《两岸初中语文教材文言文注释对比研究》(2019)[7]等研究紧扣教材的有序性进行调研，其成果大多凸显出不同教材主旨下的层次性问题。

教材语言的有序性研究为教材编纂与语言系统研究提供了宝贵的基础数据，通过教材语言研究不仅揭示了汉语的内部序列与层次，而且将不同学科中的知识体系进行了教学用的序列与层次化研究，为现有研究打开了新局面，发现了新问题，开拓了新视角。但同时也有遗憾，教材语言在有序和层次性的研究方面少有探讨轻重、缓急的问题，支持教材知识与语言体系层次背后的深层因素挖掘不够。

从"基础性"到"多元性"，从"规范性"到"权威性"，从"有序性"到"层次性"，表明人们在探知教育教材语言最根本最重要的属性上没有停息，在一步步地接近这个研究对象的本质所在。

### 三、学习性的思考

随着教育教材语言的研究不断推进，也随着对专门用于教育教学、有着特定学习者的学习性词典研究的深入，人们发现了二者之间有着越来越多的共性。那么，它们之间有着哪些共性？这些共性中有没有更为基础、更具有概括性的属性呢？应该有的，这就是"学习性"。学习性是与通用性、规范性相对而另立的。通用性、规范性看重的是使用范围的广泛、普遍、高频，是统一、正确、准确，而学习性看重的是对有着特定学习要求的学

---

[1] 苏新春、杜晶晶、袁冉：《对四套新课标语文教材课后练习的四维分析研究》，《江西科技师范学院学报》2011年第1期。
[2] 赵蓉：《两部初级阶段综合课教材收词状况对比研究》，硕士学位论文，厦门大学中文系，2011。
[3] 王淼：《〈汉语教程〉词汇复现情况研究》，硕士学位论文，厦门大学中文系，2011。
[4] 周美玲：《教材对象语言之汉字描写和建构研究》，博士学位论文，厦门大学中文系，2011。
[5] 尹小玲：《两岸初中高级对外汉语教材文化项目的编排研究》，硕士学位论文，厦门大学中文系，2013。
[6] 杨苗苗：《中美小学〈科学〉教材多模态语篇对比研究》，硕士学位论文，厦门大学中文系，2017。
[7] 孙园园：《两岸初中语文教材文言文注释对比研究》，《内蒙古师范大学学报（教育科学版）》2019年第6期。

习,看重的是适应性、针对性,是处在不断提高的动态中的过程,看重由此及彼、由浅及深的过程中的重点与难点。服务于学习者的两个最重要领域,即教育教材语言领域与学习性词典领域,也就是学习性是二者所共有的属性,也是表现最为充分的一种普遍属性。

学习性比一般意义上的好学易学、好教易教有着更深刻、更丰富的内涵,它会通过"针对性""有限性""有序性"三种次要属性表现出来,并在教育教材语言的各种具体载体、读物、形式,在学习性词典的收词立目、释义举例、编排组序中表现出来。如此看来,学习性又成为一种更基础、更具有统辖力的上位属性了。

"学习性"所涵盖的下位属性中,"针对性"注重于学习者的认知需求、认知能力、认知特点,而非通用性、普遍性、规范性;"有限性"注重于学习者的适合、恰当、适量,特别要防止过大过多过厚过量;"有序性"注重的是在学习内容上表现出深浅、难易、先后顺序的特性。

没有针对性,就没有学习性存在的基础,针对性是学习性的基本要求;有限性则是在解决了针对性之后的进一步要求。针对性、有限性是有序性的前提。有了针对性、有限性之后还要讲究如何更加符合学习过程,其规律就是学习的循序渐进、由易到难、由浅到深、由低到高。针对性、有限性回应的是"教什么不教什么"的问题,"有序性"则回应的是"先教什么,后教什么"的问题,不管哪个学习层级,哪个学习阶段,都必须体现出这样的要求。

学习词表一般都有分级的要求。如《汉语水平词汇等级大纲》分出了甲、乙、丙、丁四级;《汉语国际教育用音节汉字词汇等级划分》分出了一、二、三级;《现代汉语频率词典》没有分级,但 8548 个常用词按综合了频率与分布率信息的使用度降序排列。在母语教育方面,《义务教育常用词表(草案)》按小学至初中分出了一级词、二级词、三级词、四级词。词语分级相当不易,影响分级的因素既有概念的有无、难易及关联松紧的问题,也有词义与词形的取舍,还有词与字的关系。词语从无级到有级,迈出了关键一步,这个进步是值得充分肯定的。但还要看到现在对词语分级理据的探讨还不充分,许多问题还需要进一步探索。如外向性与内向性词表的分级理据有何同异,怎样找出成年的二语者的语言能力弱、心智能力强,与少年的一语者的语言能力强、心智能力弱的差异;怎样区分二语者注重语言交际功能,尤为重视听说类自然语言技能的学习,与一语者注重语言的综合交际功能,注重语感与书面语学习,重视语言的认知功能与心智功能的不同。在二语学习与一语学习各自的内部,分级标准、各级之间的等差与跨越、承续与衔接,都还有许多细致的工作要做。

在汉语教育界,语言知识中分级分得最早、最为清晰的是汉字。1988年公布的《现代汉语常用字表》和《现代汉语通用字表》分出了"常用字"(2500)、"次常用字"(1000)、"三级字"(3500)。2013年公布的《通用规范汉字表》收字8105个,一级字为3500个,二级字为3000个,三级字为1605个。这些都是汉字有序性的表现。但问题其实远未彻底解决。

其一,分出的字级还太粗。如对小学要学的2500字,现只分出了第一学段要学的300基本字,那么其他字哪些是第二学段要学的,哪些是第三学段要学的,都未定。

其二,字级与词级的关系尚未厘清。当词表词级没有出来时,这个问题没有显露,但当词表词级出来后,字级与词级是什么关系,就变成一个显性问题。在对外汉语教学中,曾有过一段由词到字,再由字到词的探索之路。"改变'先词汇、后汉字'的筛选原则和顺序,打破'词汇牵着汉字走'的传统做法。首先,把分级常用汉字表的筛选放在最重要、最优先的位置","改变词汇量决定汉字量的顺序与做法"①。而在汉语的母语学习中,汉字教学是刚性要求,词汇教学的刚性要求是后来才有的,该如何协调?词汇教学是依附于汉字还是独立存在?"以字带词""词不越字""以词促字"是否行得通②?如"牙膏"是小学低年级要学的一级词,可"膏"字是要到初中才学的二级字;"旷课"是小学常用教学用词,可"旷"字是要到初中才学的二级字。字级与词级如何协调?还需要探索出科学的认知。

其三,现有的字级划分理据其实与学习性相去甚远。现在的几个字表都是为社会用字用语服务的,是根据社会通用语料统计出来的字频字级。"一级字表共收3500字,是使用频度最高的常用字集。""选定国家语委现

---

① 刘英林、马箭飞:《研制〈音节和汉字词汇等级划分〉探寻汉语国际教育新思维》,《世界汉语教学》2010年第1期。
② 苏新春:《〈义务教育常用词表(草案)〉研制的理论与方法》,《语言文字应用》2017年第3期。

代汉语平衡语料库作为基础语料库。""主要依据字的使用度进行定量、收字和分级。"①研制时调查的是一般性通用语料,使用的是反映使用度的一般性统计方法,这对"通用"性字表是合适的,但与中小学生的认知需求、认知能力、认知特点未必吻合。"义务教育语文课程的识字量,应以一级字表为准。对3500常用字如何再进行新的划分,基础教育部门均可按照汉字教育的规律,自行制定补充的字表。"②但后来事实证明,并未"自行"研制,而是"自觉"沿用了现有规定。我们曾将《中国语言生活状况报告》的年度用字与中小学语文教材的用字做过对比,在共用字中反差最大的是:年度用字表中顺差最大的6个字是"权""税""版""率""企""款";教材用字中顺差最大的6个字是"蝌""蚪""蜻""蜓""鹂""蚜"③。

有序性最能反映学习性的本质特征。对有序性必须予以高度重视。

### 第三节

## 教育教材语言分类

从教育教材语言研究的角度来看,教材可作出这样的分类:

一、语文教材与学科教材

语文教材是指以提高语文能力为主的语言文字类教材,如中小学语文教材、对外汉语教材④。学科教材是指学习百科知识的教材,如数学、物理、化学、历史、地理等学科的教材。在这两类教材中,语言处于不同的地位,发挥着不同的作用。

语文教材中,语言成为教学的主要对象。教材语言是以一种独立的、自在状态来出现的,每一篇课文所表现出来的都是自然语言的存在状态。它经过两个阶段的人工干预:一个是进入教材的阶段,主要是通过课文的选取、加工、编排、组合来进行的,即"编教材"的阶段;另一个是进入教材之

---

① 王宁:《〈通用规范汉字表〉解读》,商务印书馆,2013,第11页。
② 王宁:《〈通用规范汉字表〉解读》,商务印书馆,2013,第74页。
③ 苏新春:《海外汉语教材用字用词调查》,载教育部语言文字信息管理司组编《中国语言生活状况报告(2011)》,商务印书馆,2011,第285—296页。
④ 为行文方便,依旧沿用"对外汉语教材"这一名称。这里指称的是"汉语作为第二语言教材"。

后的阶段,是通过课文的提示、注释、练习思考来进行的,即"使用教材"的阶段。如果说前一阶段是粗干预、弱干预,是教学范围与类型的体现,那么后一阶段则是细干预、强干预,是教学重点与教学要求的体现。

而"学习语文就要通过准确、有条理的语言展开逻辑思维达到对问题的理解"①,在这一点上语文教材的基础性就更为突出,其对象语言、叙述语言是训练学生思维的基本工具,同时也成为学习学科教材的有力工具。

学科教材中,语言只是教学对象的载体。教材语言是以一种依附性的表述方式来出现的。每一篇课文介绍的都是该学科的知识内容,教材语言研究的只是它的叙述语言。叙述语言在学科教材中的作用是显而易见的。如在小学的数学教学中经常会碰到这样的情况,某学生的运算能力很强,但对应用题却没有相应的能力,这时学生往往会向老师提出给予提示或说解题目的要求,其实,这多半就是语言能力不足的表现,不能准确地通过叙述语言来认识应用题中包含的数值关系。因此,在学科教材中,运用什么样的叙述语言,是会直接影响到教学效果的。在目前的学科教材中,叙述语言是否符合相应教育阶段的要求,叙述语言的存在状况如何,这都是值得给予专门关注的。

### 二、母语教材与对外汉语教材

母语教材指的是以本族学生为对象的语文教材,对外汉语教材是指对其他民族,或虽是汉族人但母语已经不是汉语,或长期生活在缺乏良好的汉语学习环境的成员使用的教材。汉语的母语教材与对外汉语教材存在着极大的差异。

最突出的一点是年龄上的差异。母语教材多是面对儿童、少年,仍处于知识和心理的启蒙阶段。而对外汉语多是面对成人,已经基本获得了较为完整的知识体系和社会阅历。因此,它也就必然会表现为:前者的语言学习与心智培养有着同步的关系,语言更多地突出了它的认识功能、思维功能,与人的素质培养紧密联系在一起,"把思想、语言、文字三项一贯训练"②自然成为母语教材的重心;后者已经具有了良好的心智环境,语言学

---

① 耿天钰:《试论发展语言和发展思维能力的统一性》,《辽宁教育》1995年第10期。
② 叶圣陶:《论中学国文课程的改订》,载《叶圣陶语文教育论集》,教育科学出版社,1980,第77页。

习更多地体现语言的工具性与交际性。前者虽然也是属于"语言学习",但与"语言习得"联系非常密切,并努力利用"语言习得"的环境、条件及效果;后者更多地表现出"语言学习"的要求,规定性、外在性的东西表现充分。面向前者的教材在语言之外还承载着更多的美学与社会学的意义,体现"工具性与人文性的统一"[①];面向后者的教材在语言之外的功能则弱得多,以工具性为主。

### 三、基础教育教材与大学教材

同是教材,但在不同教育阶段的教材中,语言所处于的地位与所起的作用也是不一样的。大体上会表现出这样一种趋势,愈是处于教育的低级阶段,语言的作用愈是重要,"教什么不教什么","先教什么后教什么"的问题愈突出。这也就是我们在进行教材语言研究时首先选定基础教育教材的原因。基础教育阶段的语文教材与学科教材,加上对外汉语教材,成为教材语言研究的首要任务。

## 第四节
## 教育教材语言研究意义与目的

### 一、研究意义

一个民族、一个国家的重要资源,不再仅仅表现为物理意义上的物质资源,也包括其他不同载体的资源。语言就是一种承载着民族知识体系,承载着民族文化精神,代代相传、生生不息的一种非物质资源。整个民族教育的基础之重,就是始于语言教育的;所有的学科教育,也都是借助于语言来实现的。教材语言作为一个传承物、承载体、教学对象物,它的不同形式、不同结构、不同内容都将影响着学习者和学习效果。教材语言的现状需要了解,科学的教材语言需要建构。它将成为学校教育、课堂教育、教材学习的一个重要依据。教材语言研究承担着提高学校教育的科学性的重要任务。"学什么""不学什么""先学什么""后学什么",对提高延及整个社会的学习者的学习效果来说,对提高整个民族的文化教育质量来说,都

---

① 王本华:《现代语文教育百年历史回眸》,《课程·教材·教法》2004年第10期。

有相当重要的意义。

## 二、研究目的

教材语言的研究，虽有"研究"之名，但这种研究并不仅限于纯理性的认知。它将立足于大量的客观描写、统计、分析来提出与解剖语言教学问题。语言教学的规划问题，语言教材的有序性和知识性问题，教材语言在整合叙述知识过程中的次序问题……都是实际而迫切需要解决的问题。

对教材语言进行专业化研究，将为教育体制、教材编写、教学内容以及教学手段等各个方面的改进提供科学的依据。对教学语言进行客观、科学的监测和分析，将为以后的教材编写提供一个坚实的基础和模板，这些研究的结果可以反馈到教学层面，从而形成一个良性循环，促进教育质量的提高。

从对教材语言的内涵与外延的阐述，从研究文献的检索情况来看，教材语言基本没有作为一个独立的研究领域和研究对象存在过，但人们又从教材编纂、教学内容、教学方法、教学理论、教学目的等许多教材研究的宏观微观方面对它有所涉及。这是我们在建设"教材语言研究文献库"过程中留下的深刻印象。通过对大量文献的阅读，发现在教材编写和教学法的两个具体研究领域，对教材语言的涉及较多，但它总是以一种依附、被动的形式来对待，而不是作为研究主体独立地出现。

教材研究领域总的来说可以分为宏观和微观两大阵地，对教材语言的关注实际上也就是对教材进行微观层面的剖析和研究，而从后者角度进行的研究则"尚存在大量的理论空白，尤其是定量化数据的建立与确证这一项艰巨的工作是需要攻破的难点"[①]。因此要做好教材语言领域的研究，必须充分利用已有的文献、语料以及相关理论，加强与各师范大学、教育科学研究院所、各教育出版社及其他教材编写、发行和使用单位的联系，借鉴相关理论，运用新的方法，从新的视角迅速开展教材语言研究。当务之急就是建立容纳当前及历史上主要教材的教材语言语料库。有了这样的语料库，有了服务于不同研究目标的精加工，将为教材语言研究打下扎实的基础。

---

[①] 张三花：《我国中小学教科书研究述评》，《教育科学研究》2005年第5期。

# 第三章
# 教育教材语言研究的定量方法

教育教材语言的定量研究中会用到许多不同的方法。有的是在统计语言学中已经普遍使用到的，如频率统计法、分布统计法、均数法、中位数，有的是比较专门的方法，如频率差法、使用度统计法。这里介绍专门用以解决教育教材语言领域中某些特定问题，要达到某些特定目标的方法。因此，这些方法都与特定的研究对象结合在一起。

## 第一节
### 位序调查法与学习性字表的研制

汉字学习是中小学语文学习的一个重要内容。要进行汉字教学，就需要字表，以解决汉字教学中字量、字种、字序的需求。现有教学体系中提供此依据的是《现代汉语常用字表》，它包括常用字 2500 个和次常用字 1000 个。但这里只有"常用"与"次常用"两个级别，还不能满足在小学和初中学习中的四个学段、九个年级的不同阶段学习的需求。而位序调查法则是希望能解决小学生在不同学习阶段最适合学习哪些汉字的问题。

一、位序调查法的应用

（一）学习性字表的研制目的与本次调查的对象

要研制出反映中小学汉字学习规律的学习性字表，要考虑的因素不少,应有在课堂中使用的教材,还应有在课堂教学以外的读物及反映学生使用汉字实际状况的语料。这里面有一种语料有着特殊的价值,就是教材中出现的生字。生字与课文中出现的一般性叙述文字有着很大的不同,它承载着汉字教学任务,占据着具体的教学时间,有着特定的汉字教学要求。因此,对生字教学中出现的汉字也就有了特殊的调查价值。不同的教材对生字的安排不尽相同,但都会融入教学编纂者各自的理念和经验。先教哪些后教哪些汉字,都在自觉与不自觉中、有意或无意中蕴含着各套教材自己的选择标准和经验性做法。把这种经验性的东西提取出来,这就是本次调查所希望达到的目的。

为了更好地了解基础教育中语文教材对汉字教学的认识和处理现状,本调查选取了不同时期、不同地区的八套小学语文教材。从时间看,当前仍在使用的有五套,前一时期使用的有三套;从地区看,大陆的有六套,台湾地区的有一套,香港地区的有一套。具体如下:

表 3-1　八套教材比较

| 教材(简称) | 时间 | 册数 | 使用地区 |
| --- | --- | --- | --- |
| 人教新课标版 | 2001—2004 | 12 | 全国大部分地区 |
| 北师大新课标版 | 2001—2003 | 12 | 全国大部分地区 |
| 人教义教版 | 2000 | 12 | 全国大部分地区 |
| 北师大义教版 | 2000 | 10 | 全国大部分地区 |
| 广东义教版 | 2001 | 12 | 广东、福建、海南 |
| 上海版 | 2003—2006 | 10 | 上海 |
| 康轩版 | 2005 | 12 | 台湾 |
| 启思版 | 1995 | 24 | 香港 |

(二)反映生字出现位序先后的位序调查法

位序调查法指的是对首次出现的生字通过册数的先后、一册书中课文的先后、一篇课文中生字排列的先后来统计每套教材的生字顺序,从而观察生字先后成为教学对象的过程中所反映的语义特点与教学理念。具体做法:先排册序,次排课文序,同一课文中再排生字出现顺序。三种排列均按升序排列。将各套教材的生字位序之和除以教材总套数,即可得到每个汉字的位序值,位序值相同的按音序排列,这样就能得到所有汉字的位序表。

(三)基本用字情况

教材的用字可分为课文用字和生字用字两类。课文用字是指课文中出现的所有汉字。课文用字的范围比较广,它们的出现会直接受到课文内容的影响。选编的课文比自编的课文汉字使用更加灵活多样,因为选编课文考虑更多的是名家名作或在题材上有特别之处的。课文用字是汉字教学的基本材料和基本范围,学生主要是通过对课文内容的学习来识读汉字。课文用字具有混同安排、内容覆盖面宽、汉字识读顺带进行的特点。

生字用字在低年级多表现为对汉字专门进行的认读与书写教学,在中高年级则大都是依附于课文来进行,出现于课文注释、讲解中。这些注释讲解或重音,或重形,或重义,但都表现出了汉字教学识读的要求。每课的生字一般都会以表格的形式集中出现在课后,多数教材还会将每篇课文的生字汇集成附表。课文生字是在一定的考虑和安排下编制的。例如有的课文用字里先出现了某个字,但并没有出现在生字教学中,在统计中就表现为课文用字的首现字早于生字教学的首现字。例如"厦"字,在人教义教版第 3 册第 17 课《北京》中("还有许多新建的高楼大厦")就已经出现了,但在第 11 册第 19 课《林海》中("千山一碧,万古长青,恰好与广厦、良材联系在一起")才把"厦"列为生字来教学。生字教学用字具有教学对象突出、目的明确的特点。在一套教材中选哪些字列入不同年级、不同阶段的汉字教学,都在一定程度上体现了教学大纲中汉字教学的目的、要求及教材编纂者的理念。如果说课文用字是用"自然形态"的方式来显示教学用字情况,那么生字教学用字对汉字教学的目的与理念的体现就直接得多了,它更清晰地负载着教学大纲和教材编纂者在长期汉字教学中形成的理念和习惯,表现出对小学生汉字学习心理的把握。对生字教学用字的调查,可以从一个侧面清楚地观察到基础教育在长期汉字教学实践中表现出来的在字量、字种、字序安排上的规律和特点。下面是各教材的生字使用情况。

生字用字的调查结果:

表3-2 八套教材生字数

| 教材名 | 册数(册) | 生字 总用字数(次) | 生字 总字种数(个) |
|---|---|---|---|
| 人教新课标版 | 12 | 5500 | 2997 |
| 北师大新课标版 | 12 | 4057 | 2806 |
| 人教义教版 | 12 | 2540 | 2535 |
| 北师大义教版 | 10 | 3428 | 2832 |
| 广东义教版 | 12 | 3501 | 2781 |
| 上海版 | 10 | 3652 | 2503 |
| 康轩版 | 12 | 2800 | 2328 |
| 启思版 | 24 | 2529 | 2438 |
| 合计 | 104 | 28007 | 3855 |

上表显示八套教材中生字字种最多的达2997个,最少的为2328个,共出现了不同的汉字3855个。

根据生字在教材中的分布情况,可以得到教材之间生字的分布情况,调查结果如下:

表3-3 八套教材生字字种数

| 教材数 | 字种数 | 占总字数的比例(%) |
|---|---|---|
| 8 | 1397 | 36.24 |
| 7 | 587 | 15.23 |
| 6 | 317 | 8.23 |
| 5 | 219 | 5.68 |
| 4 | 245 | 6.36 |
| 3 | 283 | 7.34 |
| 2 | 302 | 7.82 |
| 1 | 505 | 13.1 |
| 合计 | 3855 | 100 |

在八套教材中均有的达1397个,占总数的36.24%;分布在七套教材

中的有 587 个,占总数的 15.23%;分布在四套(包括四套)以上教材中的有 2765 个;只在一套教材中出现的生字是 505 个。这个数字反映,虽然各套教材的生字总数相差并不大,但教材之间的差异却比较大,共同所收的生字只有 36.24%,加上七套教材共有的一共才 1984 个,占总数的一半略多。

(四)生字教学用字的首现情况

"首现字"指的是首次成为生字教学对象的汉字。调查"首现字"是为了了解先教哪些汉字后教哪些汉字。"首现生字"的调查与教哪些字不教哪些字相比,同样值得甚至更为值得重视。因为教什么不教什么的问题容易体现出来,在一套教材的全部教学内容中容易得到前后照应,解决起来相对容易。而先教哪些后教哪些就要复杂得多,其受到教学理念、教学目的、学习规律、文化背景等因素的影响也更大些。生字首现的调查结果见下表。

表 3-4　八套教材生字首现字

| 学期<br>教材 | 1 | 2 | 3 | 4 | 5 | 6 | 7 | 8 | 9 | 10 | 11 | 12 | 合计 |
|---|---|---|---|---|---|---|---|---|---|---|---|---|---|
| 人教新课标版 | 400 | 550 | 449 | 401 | 200 | 199 | 201 | 200 | 198 | 199 | — | — | 2997 |
| 北师大新课标版 | 146 | 275 | 297 | 412 | 385 | 356 | 328 | 278 | 140 | 189 | — | — | 2806 |
| 人教义教版 | 160 | 280 | 380 | 359 | 280 | 280 | 199 | 200 | 124 | 119 | 93 | 61 | 2535 |
| 北师大义教版 | 374 | 358 | 323 | 316 | 282 | 241 | 269 | 240 | 227 | 202 | — | — | 2832 |
| 广东义教版 | 217 | 343 | 511 | 430 | 299 | 266 | 188 | 196 | 102 | 83 | 74 | 72 | 2781 |
| 上海版 | 458 | 540 | 507 | 483 | 228 | 287 | — | — | — | — | — | — | 2503 |
| 康轩版 | 104 | 181 | 216 | 224 | 257 | 225 | 231 | 207 | 205 | 184 | 178 | 116 | 2328 |
| 启思版 | 368 | 218 | 239 | 211 | 257 | 225 | 176 | 206 | 146 | 155 | 132 | 105 | 2438 |
| 合计 | 2227 | 2745 | 2922 | 2836 | 2188 | 2079 | 1592 | 1527 | 1142 | 1131 | 477 | 354 | 21220 |

下面的折线图能更清楚地显示出上表数据的关系：

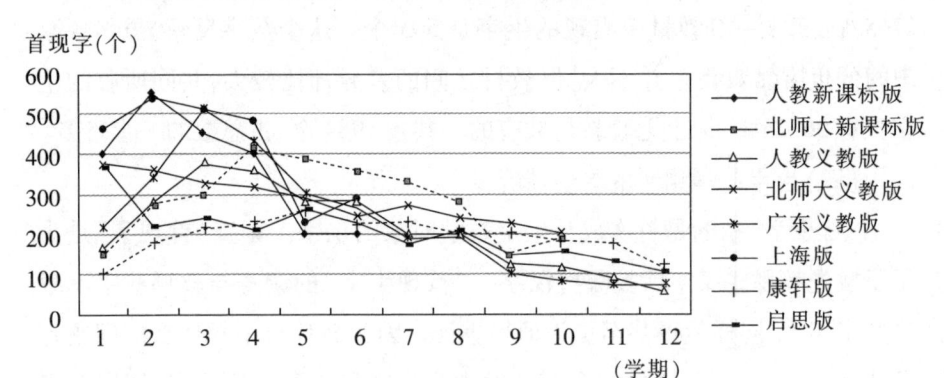

图3-1 八套教材生字首现字

折线图清楚显示出以下几个特点：

1.汉字教学的高峰集中在第2、3、4学期，即小学一年级下学期与二年级全年。第11、12学期即六年级,汉字教学的分量明显下降。有的高年级没有进行生字教学,如上海版;有的高年级只进行了汉字复现式教学,如人教新课标版的第11学期有120例生字教学,第12学期有80例生字教学,但都属于复现式教学,而统计反映不出来;有的只有五年的学制,如北师大义教版。

2.第1学期占的分量不算最多,是因为大陆和香港地区教材在第1学期前半期都安排了汉语拼音教学,台湾地区康轩版则讲授了注音字母。

3.人教新课标版的生字教学字量起伏最大。在第2学期安排的汉字教学量最多,明显高出其他教材。

4.康轩版的首现汉字分布最为平缓。12个学期基本上是均匀地进行汉字教学,最少的104字,最多的257字,呈现出中间略微突起,两端稍稍下倾的平缓延伸线。这种状况与其教学大纲的理念是相吻合的。

二、位序调查结果字的语义特点

下面进一步缩小范围,调查第1册教材中的首现生字。这是整个小学汉字教学的起始阶段,可以清楚看出这个阶段人们对汉字教学中最基础汉字的字量与字种的看法。第1册首现生字调查包括了以下两项内容:教材分布情况调查和语义分布调查。下面分别论述。

(一) 第 1 册首现生字的教材分布情况

八套教材第 1 册的首现生字共有 2227 个，字种数 773 个，在不同教材中的分布情况如下：

表 3-5　八套教材第 1 册首现生字数

| 教材数 | 字种数 |     | 百分比(%) |       |
|--------|--------|-----|-----------|-------|
| 8      | 33     |     | 4.27      |       |
| 7      | 38     |     | 4.92      |       |
| 6      | 49     | 172 | 6.34      | 22.26 |
| 5      | 52     |     | 6.73      |       |
| 4      | 73     |     | 9.44      |       |
| 3      | 94     |     | 12.16     |       |
| 2      | 135    |     | 17.46     |       |
| 1      | 299    |     | 38.68     |       |
| 合计   | 773    |     | 100       |       |

八套教材共用生字只有 33 个，只占第 1 册生字总数 773 个的 4.27%；在五至八套教材出现的有 172 个，占总数的 22.26%；只在一套教材出现的有 299 个，占总数的 38.68%。第 1 册共用生字的比例远远低于整个小学阶段共用生字的比例，两者之比为 4.27%：36.24%；第 1 册独用字的比例远远高于整个小学教材独用字的比例，两者之比为 38.68%：13.10%。表现出汉字学习初始阶段的差异大于整个小学阶段的生字学习差异的特点。可见在汉字教学的最初阶段，选择什么样的汉字作为教学对象尤为值得重视。

下面是对八套教材第 1 册生字字种中的共用字、部分共用字、独用字的调查结果。

表3-6　八套教材第1册生字共用字、部分共用字、独用字

| 字教材 | 用字数 | 共用字 | 部分共用字 | 独用字 |
|---|---|---|---|---|
| 人教新课标版 | 400 | | 319 | 48 |
| 北师大新课标版 | 146 | | 104 | 9 |
| 人教义教版 | 160 | | 126 | 1 |
| 北师大义教版 | 374 | 33 | 275 | 66 |
| 广东义教版 | 217 | | 179 | 5 |
| 上海版 | 458 | | 346 | 79 |
| 康轩版 | 104 | | 63 | 8 |
| 启思版 | 368 | | 252 | 83 |
| 合计 字次 | 2227 | — | 1928 | 299 |
| 合计 字种 | 773 | 33 | 441 | 299 |

共用字33个,部分共用字441个,独用字299个。每套教材的第1册生字中都有独用字,最多的83个,最少的1个。具体如下:

"人教新课标版"生字独用字48个:岸、拔、班、报、卜、藏、尘、晨、城、次、搭、肚、堆、格、跟、更、化、间、京、砍、棵、礼、流、萝、每、男、暖、旁、苹、骑、旗、森、商、烧、舍、鼠、束、鲜、响、许、艳、野、业、影、远、越、众、最。

"北师大新课标版"生字独用字9个:冻、户、泪、切、所、围、位、因、照。

"人教义教版"生字独用字1个:民。

"北师大义教版"生字独用字66个:暗、鼻、拨、餐、朝、锄、处、此、滴、顶、独、垛、芳、肥、丰、枫、改、弓、沟、寒、何、昏、键、讲、皆、井、苦、姥、离、粒、凌、咯、鹿、冒、悯、泥、偶、盘、墙、情、求、认、若、收、首、衰、霜、踢、卧、握、霞、相、项、辛、寻、遥、药、疑、隐、咏、遇、脏、者、枝、壮、祖。

"广东义教版"生字独用字5个:父、旧、扫、页、主。

"上海版"生字独用字79个:傍、饱、伯、超、传、串、丛、袋、弹、蛋、等、叮、钓、丁、定、丢、法、蜂、各、海、号、喝、荷、虎、划、架、斤、经、晶、困、篮、浪、李、领、令、另、梦、蜜、名、末、母、婆、齐、奇、琴、轻、蜻、区、犬、扔、狮、耍、司、死、甜、蜓、吐、吞、忘、未、稀、吓、鞋、信、鸦、芽、摇、咬、医、意、银、印、迎、永、油、与、招、召、重。

"康轩版"生字独用字8个:鞭、宫、恭、街、炮、泡、巷、著。

"启思版"生字独用字83个:搬、板、被、表、诚、橙、迟、厨、荡、倒、底、

掉、跌、断、躲、竿、功、呱、哗、滑、夹、价、健、洁、界、精、镜、卡、康、雷、谅、溜、慢、绵、魔、陪、盆、破、期、抢、勤、晴、请、洒、晒、裳、伸、神、绳、实、拾、食、世、试、嘶、撕、滩、添、厅、通、腿、味、舞、务、息、橡、谢、需、檐、演、养、腰、椅、应、营、勇、摘、盏、折、值、指、紫。

教材的独用生字愈少，显示其所选字愈具有通用性，与其他教材"吻合"的程度愈高，在这点上"人教义教版""广东义教版""康轩版"做得相当不错，独用字分别只有 1 个、5 个、8 个。独用字在 50 个以上的有三套教材。较多的独用字显示其选字与其他教材存在相当的差异。

(二) 第 1 册首现生字的语义分布情况

调查第 1 册首现生字的语义构成是颇有意义的，它可以显示各教材在选择生字教学时所表现出来的语义考虑。下面是 33 个共用字的语义分布：

数字类：一、二、三、五、八

量词类：个

方位类：上、下、里

指人的称谓类：我、们、妈、你

指身体部位类：头、手、口

指自然现象类：天

指动物类：鸟、鱼

指事物类：门

运动变化判断类：去、来、出、见、走、开、是

性质状态类：小、白

辅助词（介词类）：在

辅助词（副词类）：不

辅助词（助词类）：的、地

33 个共用字的数量并不多，但却涵盖了最重要和最基础的语义类。

见于七套教材的有 38 字，它们大都仍可归入上面的语义类，新增的语义类只有"植物类"一类。这 38 字列于"/"的后面：

数字类：一、二、三、五、八/六、七、十、四

量词类：个/只

方位类：上、下、里/东、西

指人的称谓类:我、们、妈、你/儿、已、人、他、子

指身体部位类:头、手、口/目

指自然现象类:天/风、日、山、水、星、月、云

指动物类:鸟、鱼/马

指植物类:/果、叶

指事物类:门/家

运动变化判断类:去、来、出、见、走、开、是/过、看、起、生、问、用、有

性质状态类:小、白/大、多、好、早

辅助词(介词类):在/把

辅助词(副词类):不/又

辅助词(助词类):的、地/了

以上粗略的归类显示了一个重要信息,就是科学的小学识字教学在选用汉字时一定会考虑到学生的认识需要、认知能力和认知特点。上面的那些汉字和语义类,都是处于启蒙阶段的低年级小学生最需要的。这一事实显示,在长期的小学识字教学实践中,已经积累了一些有益的经验,并得到相当普遍的认同。

**三、位序调查法字表的比较**

(一)位序调查法的字表

根据生字在教材中出现的先后顺序,可以将一套教材中的所有生字排序,排序标准是:第1册至第12册的册序、每册之内的课文编号、一篇课文内生字出现的先后顺序。如果一个生字多次出现,则根据其首次出现的位置。如人教义教版有生字2535个,即可排出2535个序号。首现生字的排序可以观察到一个汉字进入生字教学用字的先后,并可从中观察到生字教学用字的某些规律和特点。

在获得了八套教材各自的生字位序表后,就可以求所有生字的总位序表。调查方法是把每个生字在八套教材的位序号相加,再除以所有教材的套数,这样得到的就是每个生字在八套教材的平均位序。如果某个生字不见于某套教材,则设定该生字为这套教材生字位序中的最后一位。这样做的目的是避免因教材套数少而导致独用字或部分共用字的位置反而排在前面的情况。这样一来所有的3855个生字都分别获得了八个位序。对教

材中出现了的该字来说,这是它的真实位序,对教材中没有出现的该字来说,它获得的最后一位序号实际上是虚拟位序。下面以"宗"字为例:

表 3-7 八套教材"宗"字位序

| 位序教材 | "宗"字位序 | 该教材的总位序 | 计算位序 | 五套教材平均位序 | 八套教材平均位序 |
|---|---|---|---|---|---|
| 人教新课标版 | 1908 | 2997 | 1908 | 1795.2 | 2137.625 |
| 北师大义教版 | 1817 | 2832 | 1817 | | |
| 康轩版 | 2156 | 2328 | 2156 | | |
| 启思版 | 1252 | 2438 | 1252 | | |
| 上海版 | 1843 | 2503 | 1843 | | |
| 北师大新课标版 | — | 2806 | 2807 | | |
| 人教义教版 | — | 2535 | 2536 | | |
| 广东义教版 | — | 2781 | 2782 | | |

"宗"出现在五套教材中,位序分别是 1908、1817、2156、1252、1843。在其他三套没有出现的教材中,"宗"字获得的就是比该教材总位序低一级的位序号,分别是 2807、2536、2782。这样"宗"字就有了两个位序:1795.2 位是它出现在其中的五套教材的真实排序,2137.625 是加进了它不在其中的那三套教材的虚拟排序,综合得到的是其在八套教材中的总位序。

用以上方法可得到全部生字的排位顺序。统计结果能清楚显示儿童学习汉字的某些很重要的特点。下面是排在最前面的 100 个字:

一、二、三、上、小、下、五、我、八、天、个、去、里、四、十、口、鱼、不、六、在、来、白、妈、七、水、家、你、是、子、们、地、开、大、人、手、儿、的、花、走、日、门、鸟、老、见、书、头、有、云、只、雨、生、多、风、山、月、早、九、看、星、爸、又、出、好、两、树、说、做、把、用、学、爱、青、田、叶、友、毛、绿、么、片、起、吃、面、玩、果、西、东、回、过、唱、米、什、会、木、秋、到、朋、路、声、文、年。

(二)学习性字表与通用性字表的比较

学习性字表和通用性字表是两个不同性质的字表。

首先,语料对象不同。通用字表分析的语料是一般社会用语。一般社会用语通常分为四大块:新闻报刊语料、文学作品语料、科普作品语料、口语语料。一般来说新闻报刊语料的规模都比较大,所以反映社会文化、政治经济的,反映成人言语习惯的会比较多些。而学习性字表分析的语料应该是能反映学习者的学习能力、学习需求的语料。对小学生来说,除了教材外,课外读物有如故事会、童话、儿歌、少年文艺等,还有体现他们语言文字实际使用情况的作文等。

其次,研制方法不同。通用字表的最基本研制方法是频率统计法、分布统计法,或综合二者的使用度分析法,频率与分析能清晰地反映统计对象语言的使用状况与分布状况。但学习字表的研制则要求反映出学习者由近及远、由易至难、由具体到抽象、由低级到高级的认知过程。所运用的方法是能真切反映其认知过程与认知规律的认知调查法。

最后,承担的功能不同。通用性字表要反映的是一般性的社会用字用语规律,要满足的是各个社会行业的用字需求,反映的是成年人的用字习惯。而学习性字表要反映的是从幼儿到儿童的成长过程中所需要认知的世界,及由此所需要掌握的汉字。

上面是一般性论述,仍较抽象,下面来做一些具体分析。选用了两组汉字"爸、妈、天、地、上、下、里、外、大、小"和"因、为、所、以、贿、赂、税、租、财、政",这都是我们日常生活中最常用的字,分列两组,是因为还有一些差别。前者是基本的生活用字,表示的是日常生活中的人、事、物,是人生下来就熟知的;后者是基本社会用字,表示的是社会生活中人们熟知的事与物,"因、为、所、以"之所以列在后面,是因为它是复句的标志,明显带有成人特点,同时又是新闻报刊语言中最常用的。

把这两组字放在三种语料中进行对比:

第一种语料是《中国语言生活状况报告(2005)》[1],该年度共分析了新闻报刊语料10亿字,使用汉字8254个。字表按频次由高到低排列,频次最高的排第一位。

第二种语料是《中国语言生活状况报告(2009)》[2],该年度共分析了新闻报刊语料11亿字,共使用汉字10204个。字表排列与上相同,频次最高的排第一位。

---

[1] 国家语言资源监测与研究中心编《中国语言生活状况报告(2005)》(下编),商务印书馆,2006。
[2] 国家语言资源监测与研究中心编《中国语言生活状况报告(2009)》(下编),商务印书馆,2010。

第三种语料是本节调查得到的《小学生字位序表》,共分析了八套小学教材,共使用汉字3855个。字表按在生字教学中出现的先后排序,最早出现的排第一位。

下面先来看两组字在三种字表中的排序情况:

表3-8 20字在三种字表中的位序

| 组别 | 汉字 | 2005年度字表 | 2009年度字表 | 生字位序表 |
| --- | --- | --- | --- | --- |
| 1 | 爸 | 1456 | 1347 | 60 |
| | 大 | 11 | 11 | 33 |
| | 地 | 38 | 36 | 31 |
| | 里 | 158 | 144 | 13 |
| | 妈 | 1109 | 935 | 23 |
| | 上 | 14 | 12 | 4 |
| | 天 | 73 | 64 | 10 |
| | 外 | 132 | 127 | 191 |
| | 下 | 59 | 49 | 6 |
| | 小 | 109 | 82 | 5 |
| 2 | 财 | 366 | 532 | 1520 |
| | 贿 | 1672 | 1843 | / |
| | 赂 | 2576 | 2652 | / |
| | 税 | 640 | 770 | 3723 |
| | 所 | 91 | 137 | 502 |
| | 为 | 13 | 14 | 215 |
| | 以 | 32 | 25 | 231 |
| | 因 | 164 | 163 | 469 |
| | 政 | 135 | 126 | 1352 |
| | 租 | 1007 | 838 | 2042 |

上表的统计数据提供了几点重要信息:(1)"2005年度字表"与"2009年度字表"表现出高度的相关性,例如"爸"字分别处于1456位和1347位,"财"字分别处于366位和532位。在两个字表中每个字的具体排位是不同的,但每个字在两表中位序都相差不大。(2)两个年度字表与"生字位序

表"表现出相反的特点,即前者高的在后者表现为低,前者低的在后者表现为高。(3)20个字在两组字表中共有字为18个,在"生字位序表"中没有的两字是"贿"与"赂"。这两个字是社会上的高频用字,而在生字表中没有出现,它所蕴含的意义是显而易见的。

对以上几点下面再做些详细的分析。先看"2005年度字表"与"2009年度字表"的相关性。请看下图:

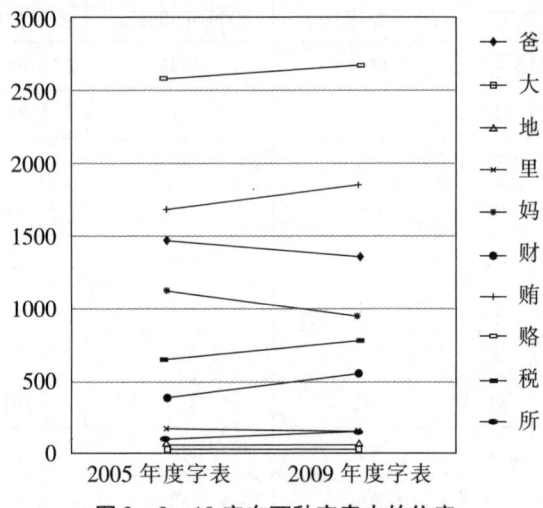

图3-2 10字在两种字表中的位序

上图显示每个汉字在两种字表中基本上或平行,或一端稍高稍低些,没有一条是陡升或陡降的大斜线。每个字在两表之间的变化呈现同步、相关的特点,这说明两个字表的性质高度相近。

下面是两组汉字整体在三个字表中的平均位序:

表3-9 两组汉字在三个字表中的位序

| 字 表 | 第1组 | 第2组 |
| --- | --- | --- |
| 2005年度字表 | 315.9 | 669.6 |
| 2009年度字表 | 280.7 | 710 |
| 生字位序表 | 37.6 | 1256.75 |

平均位序反映了2005年度字表与2009年度字表有着强相关性,而生字位序表与之表现出明显的反向走势。

下面再来看几个具体字的分析,选取了"爸""妈""因""为"四个字:

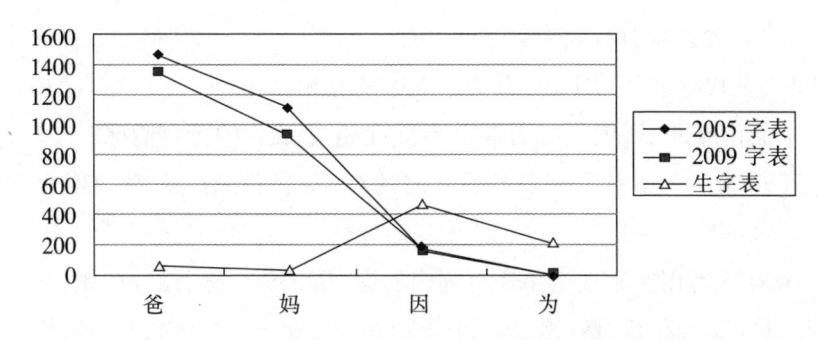

图 3-3　"爸""妈""因""为"在三种语料中的位序对比

上面的折线图把"2005年度字表"与"2009年度字表"的高相关性,以及两表与"生字表"的反向性,清楚地以"剪刀差"的形式表现了出来。

以上对比可以让我们得出这样的结论,完全按照反映社会一般用字用语规律的字表应用于学习领域是不太合适的。

(三)生字表与《现代汉语常用字表》的比较

1. 生字表在《现代汉语常用字表》中的有无情况。

表 3-10　生字表与《现代汉语常用字表》的比较

| 教　　材 | 生字字种数 | "常用字"2500 | "次常用字"1000 | 《现代汉语常用字表》以外的字 |
| --- | --- | --- | --- | --- |
| 人教新课标版 | 2997 | 2373 | 447 | 177 |
| 北师大新课标版 | 2806 | 2223 | 415 | 168 |
| 人教义教版 | 2535 | 2249 | 257 | 29 |
| 北师大义教版 | 2832 | 2226 | 388 | 218 |
| 广东义教版 | 2781 | 2311 | 334 | 136 |
| 上海版 | 2503 | 2097 | 311 | 95 |
| 康轩版 | 2328 | 1891 | 278 | 159 |
| 启思版 | 2438 | 2066 | 271 | 101 |
| 合　　计 | 3855 | 2488 | 798 | 569 |

上表显示:(1)没有一套教材的生字教学完全采用了《现代汉语常用字表》中的"一级常用字"。(2)每套教材都选用了相当数量的"次常用字"中的汉字。(3)每套教材虽然生字总数都在3000字以内,但所用字都有超出《现代汉语常用字表》3500字范围的。超出最少的为29个字,最多的达

218字。八套教材合计超出数569字。

2.《现代汉语常用字表》在生字表中的有无情况。

下面调查的是《现代汉语常用字表》在生字表中的分布情况。

2500常用字不在生字表范围之内的有12个字：霸、毙、弊、贿、僚、骡、萍、刃、肾、剃、贤、姻。

1000次常用字不在生字表范围内的有202个字：氨、拗、捌、靶、谤、焙、荸、秕、庇、蓖、贬、瘪、禀、渤、埠、豺、猖、畴、醇、篡、悴、撮、锉、歹、嘀、嫡、碘、佃、刁、谍、锭、胨、兑、囤、踱、堕、讹、扼、遏、贰、矾、樊、菲、诽、麸、敷、凫、钙、肛、镐、蛤、羹、埂、耿、汞、垢、沽、箍、卦、闺、硅、刽、焊、夯、沪、宦、痪、蝗、磺、幌、茴、蛔、讳、晦、秽、荤、畸、妓、枷、颊、剿、酵、秸、靖、灸、玖、驹、揩、铐、苛、傀、癞、缆、榔、烙、傈、楞、痢、镣、檩、赁、馏、娄、卤、赂、沦、蟆、铆、楣、檬、锰、糜、娩、螟、馍、匿、捻、孽、柠、脓、疟、耙、硼、坯、啤、譬、柒、脐、迄、荠、黔、憔、冗、叁、臊、苕、膳、赡、赊、赦、笙、矢、嗜、枢、淑、秫、赎、涮、讼、溯、昙、潭、袒、颓、瘟、萦、瓮、诬、晤、徙、铣、辖、锨、腺、箫、淆、楔、蝎、锌、崤、邢、酗、婿、癣、腌、阉、唁、谚、堰、姚、掖、谒、壹、揖、胰、邑、肄、淫、隅、舆、酝、赃、蚤、铡、斟、疹、滞、盅、赘、谆、酌、诅。

次常用字不在生字表范围之内好理解，因为这1000字已经超出了要求小学生掌握的范围。但2500常用字不在生字范围的有12个字，这倒是值得重视的。不仅是因为2500常用字是要求小学生掌握的，更主要的是八套教材生字总量已经达到了3855个，远远超出了2500常用字的范围。将这12个字放到课文用字中来考察，仍有4个不在课文用字之中，它们是"贿、僚、骡、姻"。

上述比较显示，虽然各套教材在生字总量上都控制得不错，数量大体在2300—3000之间，但在选用什么样的字上，差异却相当大。教材之间差异大，与常用字表相比差异也较大。前者显示各教材之间在选字上有着相当的"自由度"；后者既显示各套教材在落实字表上的"自由度"，也可能蕴示着常用字表与小学生学习用字之间的差异。如在小学的生字教学用字与课文用字中都没有"贿赂"二字，而在《现代汉语常用字表》中"贿"字属于常用字，"赂"字属于次常用字。在《中国语言生活状况报告（2005）》中，"贿""赂"分别排在1672位和2576位，排位相当靠前。

(四)生字表与《中国语言生活状况报告(2005)》用字表的比较

《中国语言生活状况报告(2005)》用字表有 8128 个汉字[①],生字表见于其中的有 3851 字,不见于其中的有 4 个字:硓、洨、徽、伫。

生字位序表是按照生字在教学中出现的先后顺序来排列的,排在前 10 位的是"一、二、三、上、小、下、五、我、八、天"。年度用字是按频率排列,排在前 10 位的是"的、一、在、是、有、国、了、中、人、不"。比较二者之间的位序差也能清楚地看到两种字表中的差异。

1. 生字表中排在前面的 2500 字与年度用字表的比较。比较结果如下:

年度用字排序靠前,生字位序表排序靠后,差异最大的前 100 字如下:权、版、率、企、款、控、欧、范、尼、域、协、奥、监、综、尔、投、局、职、刊、资、签、订、俱、济、构、牌、委、党、婚、据、源、限、判、府、股、冠、贸、州、律、患、络、项、尚、择、予、售、联、罚、存、届、偿、执、析、德、获、泰、违、刘、斯、质、略、基、罪、摄、审、莱、勒、检、港、纳、度、效、俄、价、洛、供、筹、悉、亿、政、增、均、犯、疗、调、社、庭、仅、奖、统、矿、岗、属、或、础、况、亡、锁、财、障。如"权"字在年度用字中排 203 位,在生字表中排 2465 位。

年度用字排序靠后,生字位序表排序靠前,差异最大的前 100 字如下:蝌、蚪、蜻、蜓、鹂、蚜、啄、蚂、裳、呱、蚯、蚓、叨、绦、兔、禾、喳、蚁、眨、蛙、梢、蜘、苞、咦、笆、狸、筏、萤、镰、盼、爪、袄、铛、弓、茸、鹃、伞、秧、浇、菠、芽、柿、稼、鸦、啼、惭、叽、桨、哇、锄、鹅、犍、权、捉、眯、寨、棵、睬、喔、蛛、哗、鸵、朵、蚊、吱、澡、垛、拄、矮、楂、勺、鸥、茎、虾、嘻、嗒、啪、肚、咕、晒、淙、竿、羔、膀、舌、鸭、舔、啦、趴、蔼、蹦、虫、褐、莺、篱、蝇、蝴、塾、橘、龟。如"蝌"在年度用字中排 4824 位,在生字表中排 103 位。

2. 生字位序表中排在前 1000 字的字与年度用字表的比较。比较结果如下:

年度用字排序靠前,生字位序表排序靠后,差异最大的前 100 字如下:与、司、保、展、其、产、及、持、际、院、集、合、解、之、至、并、使、题、战、受、区、科、军、数、选、议、业、部、队、管、决、总、而、特、报、网、闻、利、提、求、此、建、京、评、商、取、注、华、化、员、治、但、品、接、组、划、期、感、相、代、未、于、究、

---

[①] 国家语言资源监测与研究中心编《中国语言生活状况报告(2005)》(下编),商务印书馆,2006。

论、等、量、团、值、通、必、改、深、陈、更、创、阿、历、所、演、最、格、中、支、需、计、间、随、具、失、她、龙、应、被、参、共、机、场、运、引、经。如"与"在年度用字中排101位，在生字表中排997位。

年度用字排序靠后，生字位序表排序靠前，差异最大的前100字如下：蜻、蜓、蚂、裳、兔、禾、蚁、蛙、狸、爪、弓、伞、浇、芽、鸦、鹅、捉、棵、哗、朵、蚊、澡、矮、虾、肚、晒、膀、舌、鸭、啦、虫、铅、翅、傍、瓜、饿、萝、呀、枝、飘、吹、爬、弯、霜、苍、狐、洒、耍、扇、蜂、渴、咬、尖、聪、苹、鸟、稻、盆、丛、串、蜜、雀、仗、壳、竹、豆、叠、狮、鹿、闪、窝、猎、抬、凉、爸、桃、姑、拾、滴、猫、睛、伸、哭、闷、躲、钻、嘴、胖、狗、灿、鼻、纱、眉、扔、鼠、爷、甜、吞、棉、颗。如"蜻"在年度用字中排4282位，在生字表中排880位。

上面对生字表选取了两个不同排位段的字进行了比较，发现这两个排位段的用字在通用程度上存在明显区别，但年度用字表现出重政治经济文体类用字的特点，生字用字表现出多动物植物类用字、多一般性的动词义形容词义的特点，却基本没什么变化。

3. 年度用字排位前2500的字与生字表的比较。比较结果如下：

年度用字排序靠前，生字位序表排序靠后，差异最大的前100字如下：税、鹏、赫、圳、疫、券、媒、蒂、董、娱、盟、诺、宪、趋、销、策、薪、贷、贾、辑、权、频、债、购、档、某、咨、艾、版、巡、聘、倡、伊、率、蜀、伪、企、韩、曝、粤、辅、霍、款、署、控、惠、欧、缴、兹、弗、埃、赌、虑、范、淀、诈、侯、括、韦、尼、措、账、颁、耗、旭、鉴、域、姆、捐、澳、垄、协、币、荐、谐、佐、刑、奥、谓、涉、监、综、坤、崔、尔、尬、尴、晋、瑜、奢、投、局、邦、瑞、职、萨、扳、刊、扩、损。如"税"在年度用字中排640位，在生字表中排3723位。

年度用字排序靠后，生字位序表排序靠前，差异最大的前100字如下：鹅、捉、棵、朵、肚、晒、鸭、啦、虫、傍、瓜、呀、枝、飘、吹、爬、弯、苍、洒、扇、蜂、渴、咬、尖、聪、苹、鸟、稻、盆、丛、串、蜜、雀、仗、壳、竹、豆、叠、狮、鹿、蝶、闪、窝、猎、抬、凉、抹、爸、捡、桃、姑、拾、滴、猫、睛、伸、哭、闷、躲、钻、嘴、胖、狗、灿、鼻、纱、眉、扔、鼠、爷、甜、吞、遮、棉、颗、卜、夸、粒、躺、耳、娘、饱、碗、叶、鱼、粗、阔、漂、齿、汗、尺、棚、吐、谜、晴、鸡、悄、晃、叔、秋。如"鹅"字在年度用字中排2116位，在生字表中排241位。

比较结果清楚显示，立足于长期教学实验之上的生字表与使用频率法、分布法所得到的通用性字表，在字数与字序上都有着极大差异。

上面完整地显示了"位序法"的定义、适用对象、操作过程、所得字语义特点、字表与其他字表比较。显示位序法比起通常研制字表所用的频率统计法有着极为突出的优点，就是充分依靠、吸收了传统汉字教学的经验式做法，反映了长期以来的汉字认读、学习中体现出来的语义认知规律，将经验与语义规律较好地融合，较好反映了中小学生认知汉字规律。

## 第二节

## 频级统计法与大型词表的研制

词汇计量方法的运用，这十多年在国内已渐成气候，人们已经愈来愈多地在更广的领域与专题中通过词汇计量法来探索词汇世界的内幕，探讨汉语词汇的规律与特点。但随着研究的深入，对如何更准确地看待这一研究方法，更好地使用好这一方法，以及在大规模、大范围、多类型的词汇统计中真正全面地反映词汇使用的状况，则需要我们对其有更清楚的认识。

### 一、计量方法对词汇理论研究的作用

计量研究是语言研究中的一种方法的运用，就是通过对语言的结构、存在、分布、使用、变迁等一切能通过数量、数据来反映语言的状态、性质与特点的一种方法。这种方法的好处是显而易见的。它在实践上具有鲜明的直观性，具有与语言性质上的普遍性与具体性、通用性与冷僻性等密切的互应性。因此，计量方法的运用也就愈来愈受到人们的重视和普遍使用。

计量方法的运用与推广是一定的历史条件促成的。

首先是人们对定性研究法的反思。在强调语言个案研究、特例研究的时代，以部分而概全体，因特殊而生议论的现象屡屡可见。在面对同样的问题、使用同样的方法时，往往会得出不相同的结论，这是因为所依据的材料是不同的，而这些材料是否具有代表性则却缺乏考究。

其次是对定量方法的成功运用。这一点应该是得益于周边学科的启发与推动。自然科学得益于计量方法自不当言，而当计量方法在计量经济学、计量史学、文献计量学等人文领域得到运用，有的甚至非常成熟时，那

么,对于语言学这一兼具自然科学与人文科学属性的学科,计量方法的运用自然是不可避让的了。

最后是计算机的普遍使用也极大地推动了语言计量研究的开展。在早期计算机的运用中,计算占了计算机的大部分工作内容,信息的储存只是很少的一部分工作。随着计算机的普遍运用,对信息的处理所占的分量越来越重。而对信息的处理,开始阶段最主要的就是对以文字为载体的语言进行处理,即使是如今声音处理与图像处理所占的分量越来越重,对语言文字的处理仍是其中的一个极为重要的部分。而为了达到对语言文字的高效处理,它首先要对语言文字本身进行准确的了解。这样,高频字、高频词、字组合、词组合、字与词的分布、字与词的结构、字与词的使用、句子的构成与使用环境,种种语言文字的使用状况也就成为独立的研究对象。在计算机学界,这种对对象本身的研究,本来是它的一个前提条件,是"预处理"工作,可这对语言学家们来说,却是对其的本体研究。二者走到一起,是必然的结合,也成为天然的结合。计算语言学到底属"工",还是属"文",确实难分彼此。但在这一领域所得出的关于语言的许多认识,却超出了传统语言学的许多见解,这是不争的事实。它对语言学的研究者们所产生的触动是极其巨大的。而计算机仍在发展着,从小容量的文本处理,到数据库的普及,再到巨量语料库的运用,计算机仿佛成为语言学家手中的专门工具。它把语言学研究者带入到了一个前所未有的宽阔领域,并赋予他们驾驭、处置、分解、分析这一宽阔领域所有物的能力。

词汇在语言学中,在计算机对语言文字的处理中,处于一个中间阶段,它有着特殊的方便之处,也有着特殊的困难之处。方便之处在于所有的词汇都有着自己的"外在表达形式",即字形;它的长度都有效,在语言的连续使用中处于一个内部结构稳定的单元;所表达的意义相对固定,形义之间结合紧密。困难之处在于汉语的词与词之间的界限不清,词与非词的随意性、可变性极大;还在于与形结合的义,并不是固定不变的,它会随着具体语境的不同而出现各种各样的附加义、词外义、变义。因此,汉语的词处理,汉语的词义处理,特别是义项与义频的处理,也就当然地成为一个难点。尽管如此,计量方法仍对词汇研究展示了极盛的生命力,提供了巨大的发展空间。概括说来对词汇研究有这样几方面的作用:

(一)开拓词汇研究的新领域

新领域、新课题的开拓,是进行一项有价值的研究首先要加以考虑的事情。可新领域的开拓有时并不是仅凭有了思想、有了思路就能实现的。有时候,新方法的使用会起到开拓新领域与新课题的决定性作用。在这些年的词汇研究中,元语言的研究是一个热点。在多个研讨会上,在不少有影响的刊物上,元语言的话题都占据着一定的位置。细心观察后,我们还会发现,这些研究所立足的语料分析,或者说是对元语言词语的提取,都是立足于计量之上的一定的统计学方法来实现的,如张津、黄昌宁研究所使用的图论方法[1],苏新春所使用的统计学方法[2],安华林所使用的对比提取[3]。以苏新春的研究为例,其思路并不玄密奥虚,就是以《现代汉语词典》的释义部分为材料,以其中的高频词为对象,再参之以语义分类,即可大体圈定释义元词的范围、对象。其立论依据也很明白,这部辞典在语言使用与语言风格上所具有的代表性、规范性、语文性、通用性,特别是释义者的学养与释义过程的非元词意识,都给这一研究提供了足够的合理性。但这样的研究在传统的研究道路上却难以实现,其原因在于:如何处理这样巨大的语料,而且把处于词目之下,与例句、标示混杂在一起的释义部分剥离出来,并加以分词处理,然后采用一定的测量手段来提取,并保证提取结果的可信度;在提取出来后,如何与已有的语义分类库进行关联,找到其语义的分布特点。这样的工作如果脱离了计算机,具体说来是脱离了数据库软件,脱离了文本处理软件,脱离了计算统计软件,脱离了语义库的存在与关联手段,就会变得极其困难,甚至难以完成。

又如,对现代汉语词汇面貌的认识,对断代词汇面貌的认识,也曾是前辈学者孜孜以求的目标。没有对这些问题的认识,断代词汇数量范围,词汇的内部构成,词汇的各种来源与数量,不同词汇成分之间的演化,词汇系统整体的构建,也都变得或不可能,或就枝论枝、就叶论叶。在词汇理论上,曾对汉语词汇是否存在系统性,是否能够建构成一个系统,是有过激烈争论的。几位著名学者都曾得出过"词汇是一盘散沙,词汇没有系统性"的

---

[1] 苏新春:《元语言研究的三种理解及释义型元语言研究评述》,《江西师范大学学报》2003年第6期。
[2] 苏新春:《汉语释义元语言研究》,上海教育出版社,2005。
[3] 安华林:《现代汉语释义基元词研究》,中国社会科学出版社,2005年6月。

结论。现在的研究已经证明这些观点有着某种明显的错误。但从历史角度客观地加以回顾,却可以发现这些观点的存在是有其必然性的。因为那时人们缺乏或是无从对词汇的全貌进行整体的认识。而现在情况则有了完全的改变,人们可以通过种种方式来窥测到带有断代词语面貌的词汇全貌。如国家语委研制的"通用语料库",有7000万字规模。"现代汉语语料库应是一个大型的通用的语料库,应以语言文字的信息处理、语言文字规范和标准的制定、语言文字的学术研究、语文教育和语言文字的社会应用为主要服务方面;现代汉语语料库作为国家级语料库,在语料可靠、标注准确等方面应具有权威性,在汉语语料库系统开发技术上应具有国际领先水平;现代汉语语料库要面向国内外的长远需要,选材要有足够的时间跨度,语料应抽样合理、分布均匀、比例适当,科学地反映现代汉语全貌。"[1]这里提出了"通用""权威性""反映现代汉语全貌",最后一点,即"断代性"。人们基本可以通过它来了解现代汉语词汇面貌。又如2006年公布的"中国语言绿皮书"之第一部《中国语言生活状况报告(2005)》(下编)[2],穷尽统计了一年中新闻报刊语料9亿字。尽管这次统计在选取的语料类型上还有一定的偏狭,但也在某种程度上反映了一个更小的时间"断代"的语言面貌[3]。通过对这样两个断代词汇总表的分析,可以对现代汉语词汇面貌作出这样的概括性认识:断代词语的总量相当庞大,构成相当复杂,词与非词的界限相当模糊,从语言词到言语词,细述则是从核心词到词化词,到语法变形词,其间有着广阔的地带,在这个地带中围绕着语言词、核心词活跃着大量的言语性的词汇成分。以2005年度词汇为例,属语言成分的语文词语占所有词语总数的约1/15,可它的平均使用频率却是言语词的20倍。这样的认识,如没有对词汇全貌的认识,没有在基于计量统计之上的巨量语言材料的统计,是不可能得出的。

(二)重新考察、审视、印证现有的词汇理论与观点

经过大半个世纪的研究,现代汉语词汇理论的框架已经基本建立,对现代汉语词汇的方方面面都已经作了细致的研究,也形成了一套比较齐全

---

[1] 肖航:《语料库词义标注研究》,云南教育出版社,2016,第40页。
[2] 国家语言资源监测与研究中心编《中国语言生活状况报告(2005)》(下编),商务印书馆,2006。
[3] 苏新春、杨尔弘:《2005年度汉语词汇统计的分析与思考》,《厦门大学学报》2006年第6期。

的理论体系,它们在研究和教学中都发挥着重要作用。但这套理论,毕竟是立足于那个时代对语言的认识之上,立足于那个时代的研究方法、研究手段之上。可以说,那个时代对词汇的认识,无论是在数量,还是在范围的认识上,都远不能和现在相比。因此,对现存的词汇理论,也就有了重新审视的必要。

如:关于多义词和单义词的比重问题,过去普遍认为现代的词汇大多数是多义词,单义词是少数,有着单一义项的主要是科学术语。但无论是对字典还是词典的统计,或是对真实语料的统计,占大多数的是单义词而不是多义词。以《现代汉语词典》为例,单义词与多义词之比是4∶1。但在实际的语感中,词义往往是比较"圆",比较"灵活"的,细细琢磨之下,它们提醒我们的是,"圆"而"灵活"的是语境义,而以语言系统性质出现的词义其实是相当稳定且数量有限的。这样就把下面的问题更清楚地摆在了我们的面前:寻找言语义向语言义转化轨迹,并一一落实到具体词、具体义来进行追踪与甄别。

又如:同形词与多义词的关系,在理论表述上是清清楚楚的。二者的书写形式是相同的,语音形式是或同或异的,而语义关联却是一异一同,因而演化出了同形同音异义词,同形异音异义词,与同形同音多义词、同形多音多义词。尽管这样的术语有点别扭,但它的表述还是清楚的。不过实际上,即使是在同一部辞典中,对这两类词的处理也相当混乱。这种混乱在很大程度上不是出于理论认识,而是在对具体语料的处理上,因个案而设规则,因例外而立凡例造成的。如在处置具体词时,因它稍有读音上的变化,就另立一词目,或因它稍有构词上的差异,又另立一词目。单个来看,或局部来看,这样做并无可无不可,但当在计量研究中,当所有的语料汇集到一起,进行排列、综合、比较时,其扞格不入就凸显在人们的面前[①]。这样的问题不是因为语言现象有多复杂,也不是因为理论上有多繁难,其主要原因是人们没有对所要处理的语料进行全面的把握,缺乏将所有语料放在一起综合排比、均衡处理的手段与过程。

再如:汉语双音词化是汉语古今变化的最明显的规律,这也是人们普

---

[①] 苏新春:《同形词与"词"的意义范围——析〈现代汉语词典〉的同形词词目》,《辞书研究》2000年第5期。

遍认同的观点。细致观察下去,在常用词中,双音词在数量上占优、单音词在使用频率上占优的事实也为人们所认识,《现代汉语频率词典》对此提供了明确的数据支持。"现代汉语中单音词与双音词之间的准确比重关系,一直到几年前通过《现代汉语频率词典》才明白于世。该词典显示按使用度高低排列的前 900 个词中,单音词有 2400 个,双音词 6285 个,二者数量之比为 1∶2.5,双音词占优。而出现频率,单音词平均为 350 个,双音词平均为 60 个。在使用频率最高的前 2000 个词内,单音词占 957 个,双音词占 1020 个。也就是说,在最常用的前 2000 个词中,单音词双音词数量上是基本持平,而使用频率之比却是 2.5∶1。由此可见,即使现代汉语,单音词在较常见的前 9000 个词中只占约 1/4 的情况下,仍一直在汉语词汇系统中发挥着极其重要的作用。"[1]但如果深入下去,想了解不同类型的词语其词长会出现怎样的变化,又会显示怎样的变化趋势,这些在计量研究中,都可以很快地得出数据,帮助我们得出结论。以 2005 年度 9 亿字的词汇调查来看,会发现语文词语的词长度较短,专名的词长度较长。"所有词语的平均词长为 5.557 个字节。分类统计则为:语文词语 2.298,人名 3.399,机构名 8.724,地名 5.594,时间名 7.768。"在频率上也会表现出"词频数愈高,文本数愈高,词长愈短的趋势,即语文词语具有使用频率高、分布面广、词形较短的特点"[2]。如果要做进一步调查,还可以发现,不同语法功能的词语其长度是有着较为明显差异的,即名词 2.46、动词 1.93、形容词 1.83。这对于人们认识三种不同功能的词语意义内涵与使用时的韵律节奏,是很有帮助的。

## 二、词语的通用度及测量

词语的通用程度一直是研究者渴望了解的内容之一。所谓通用程度就是看这个词在社会上的使用程度如何,它包括两个方面的信息。一是它在社会上的使用范围如何,使用的区域大还是小;二是它的使用频率如何,即常用还是偶用。对词语通用程度的了解有着广泛的应用范围,如词语的产生与演变、不同词汇成分的性质与测定、普通话词汇的性质与范围、教育

---

[1] 苏新春:《汉语词义学》,广东教育出版社,1992,第 177 页。
[2] 苏新春、杨尔弘:《2005 年度汉语词汇统计的分析与思考》,《厦门大学学报》2006 年第 6 期。

教材语言的确定及教材编写、辞典编纂中的词目筛选与义项排列、计算机应用软件中的词库、语言能力测试等等,都与此有着密切的关系。

人们对准这一目标进行了长期的努力。从20世纪50年代起,陆续研制出了不同领域的、用于不同目标的各种常用词的词表。据初步统计,已经公布与正在研制并已经初步成形的共有20余种词表①。在已经公布的词表中,最有影响的两种当为《现代汉语频率词典》中的8548条常用词表与《汉语水平词汇大纲》8822条。前者是从原始语料而来的真实词表,以它为例,跟后面的词表研制比较,可以发现这样一种趋势:调查的语料愈来愈大,调查的对象愈来愈广,追求的代表性愈来愈强,所使用的方法也愈来愈精细。

(一)语料规模日趋扩大

《现代汉语频率词典》所统计的语料是181万字,词语通用性的测定,从百万字,到千万字,称之为百万级的语料库。语料对象也大体体现了综合、平衡的特点。语料有这样四类:第一类,报刊政论文章及专著,44万字,占总语料的24.39%。第二类,科普书刊,28万字,占总语料的15.73%。第三类,剧本及日常口语材料,20万字,占总语料的11.17%。第四类,多种体裁的文学作品,88万字,占总语料的48.71%②。由于方法得当,制作精细,语料构成较为合理,尽管总语料规模较小,但得到的数据还是较为可靠的,以至它在后来的研究中一直有着较高的可信度。

可人们对较小规模的语料总觉得存在遗憾,所以后来对语料规模的扩大也就陆续出现了。如1990年出版的刘源的《现代汉语常用词词频词典》,统计的语料规模达千万字。再后来的使用各种词处理的词表,包括孙茂松主持的"中文信息处理用词表"(收词规模达11万条左右),李行健主持的"现代汉语常用词表研究"和苏新春主持的"现代汉语通用词量与分级"研究(收词规模都在6万条左右),这些词表的来源对象都是数亿字的语料。

后来人们发现,语料的大小是相对的,并不是所有的统计都是语料愈

---

① 苏新春:《对外汉语词汇大纲与两种教材词汇状况的对比研究》,《语言文字应用》2006年第2期。刘英林、宋绍周:《论汉语教学字词的统计与分级(代序)》,载《汉语水平词汇与汉字等级大纲》,经济科学出版社,2001,第9页。

② 北京语言学院语言教学研究所编《现代汉语频率词典》,北京语言学院出版社,1986,第1页。

大愈好,即使是对大型词表的研制,数亿字的规模也是能够说明问题的。而对语料的内部构成、对语料的性质与类别等因素的关注,相对于单纯的语料数量的增多而言显得更为重要。

(二)统计方法日趋精细

对从语料库中提取出来的词语及词频,应该如何处理才更为合理,更能真实地反映词语的存在状况,这也是研究者特别注意的地方。反映词语通用度的最直观的方法就是看它在调查对象语料中出现的次数,通常称之为"词次"。这确实是反映词语使用程度的一个重要标志。但如果调查对象数量庞大,类型众多,且性质相差较大时,这时考虑到词语是出现于局部还是全部,也就成为一个重要的参考依据。把"词次"的因素加上"分布"的因素,也就成为正确反映该词分布情况的"通用度"了。这一统计方法的使用是《现代汉语频率词典》的一个创新之处。"《现代汉语频率词典》首次用公式计算出词的使用度,把综合词的频率和分布所得出的使用度作为衡量词的常用性的标准,并编出按使用度高低排列的《使用度最高的前8000个词词表》,这是前所未有的。"①在这里,"分布值"考虑的是语料的"分类"与"语篇"的数量。

但这种使用度统计公式,后来的研究者觉得也有不满意之处,对之进行各种改进也就在所难免。尹斌庸、方世增曾做过系统的尝试:"在这一次较大规模的实践中,通用度的方法还得到了进一步的发展和完善,建立了调整公式、加权公式、多层分组公式等,形成了一个方法系统。"最能反映其创新的是 t 阶频度的提出。"t 阶频度的理论,给词频统计工程找到了新的工具,在方法上提供了多种选择的可能性。"②

对词频统计方法改进的探索并没有停止。"设计怎样的散布系数乃至使用度才更加贴近语言现实,是问题的要害所在。目前见仁见智,并没有十分满意的解决方案。""我们提出了一种新的散布系数与使用度的计算公式。"其基本做法就是"利用了指数函数 $e^x$ 的数学性质",通过参数的调整,来达到"散布系数""在 0、1 之间进行'无级'调整"③。

---

① 李兆麟:《汉语计量研究初探——兼评〈现代汉语频率词典〉》,《辞书研究》1989 年第 1 期。
② 尹斌庸、方世增:《词频统计的新概念和新方法》,《语言文字应用》1994 年第 2 期。
③ 孙茂松:《关于词汇使用度的初步研究》,《语言文字应用》2000 年第 1 期。

以上的改进都是在"频次"①与"分布"的综合统计的基础上进行的,主要做法就是设置相应的参数,以达到对通用度的修正。

张普在此之外提出了"流通度"的新概念。"'流通度'是一种语言现象在社会传播中的流行通用程度。流行通用程度高,人们的视觉、听觉已习惯于接受,就感觉能说,否则,就觉得陌生,不顺畅,不能说。语言的流通度与社会传媒的流通度密切相关。""流通度具有量化的属性值,其量化值取决于文本的发行量、发行周期、发行地区、阅读率等数据。就网络而言,与主页的访问率、链接率、下载率等数据有关。"②虽然流通率的使用目前仍主要在语料选取时使用,也尽管"流通度本身并不是精确的","依据大众传媒的流通度计算出来的语言的流通度,客观上只是流通度的一种最大接近值"③,但"流通度"的思想与计算方法的提出,是很有意义的。它对提高语料的甄别力,凸显语料的不同价值,对测定公众语感,起到了很大的推进作用。

### 三、频级统计法的设计与使用

为了做到对"频次"与"分布"的准确反映,对语料的选取及语料库的建设要求也就高了。为了保证"频次"的准确,就得努力去筛选入库的语料,精心控制其数量与规模,为了保证"分布"的准确,就得努力去确定语料的性质与类别,目的都是一个,就是追求语料具有足够的代表性、平衡性,从而使得"频次"无误,使得"分布"均匀。这样做在理论上看似是可行的,实际上仍有相当的困难。

其一,语料库建设的难度增大,而且愈是对语料库追求"平衡""通用",其特点也就愈是中性化。这样建成的语料库要花相当的时间,使得语料库离语言现实有着相当的距离。要使如此精心打造的语料库与现实语言保持不算太远的距离,是相当困难的。如"通用语料库"是按反映现代汉语面貌来建设的,"核心语料库"是按反映"通用语料库"的要求来筛选的,但由于受语料选取及建库年限的影响,仍有大量的现实生活中的常用词不

---

① "频次"即"词次",尹斌庸、方世增称为"频度"。参见《词频统计的新概念和新方法》,《语言文字应用》1994年第2期。这里采用"频次"的说法。
② 张普:《信息处理用语言知识动态更新的总体思考》,《语言文字应用》2000年第2期。
③ 张普:《信息处理用语言知识动态更新的总体思考》,《语言文字应用》2000年第2期。

见于其中。如见于《现代汉语词典》的"备份、奔驶、唱票、抄获、车闸、尘烟、打烊、冻雨、钢印"等,见于《现代汉语常用词表》的"暗锁、伴郎、报账、贬称、字谜、竹雕、影碟、隐射、巡展、胸透"等。

其二,要使语料库的规模与容量同真实语言完全吻合,也是不现实的。我们对目前几个大的词库做过比较,除了上面的"通用语料库"词表、"核心语料库"词表、《现代汉语词典》词表"外,还对"《现代汉语常用词表》""2005 年度 9 亿字词表"[①]"2000—2005 年《人民日报》词表"等进行过比较,发现还没有一种词表具有完全的覆盖力,即所有的词表之间都有着一个不交集的部分,每个词表都有自己独有的词语。而现有的"通用度"计算公式,却是建立在每个分库规模尽量相当的基础之上的。

其三,原始语料库中所有的数据都会直接影响到最后统计的结论,即频次与文本数的多或少,都会直接影响到通用度的系数。为了避免这点,如何确定各个语料库分库的大小,各占总语料的比例如何,就变得十分重要了。而实际上,任何一种确定语料多少的做法都会带有主观性,也难以做到绝对平衡。这又使得"频率"加"分布"的做法变得不确定起来。

正是基于以上的考虑,正是为了充分利用多个不同类型的语料的价值,为了加快建立有特点、有代表性的语料库的进程,为了避免多个语料库之间所收词语的此有彼无的缺陷,为了增进词频多少高低的相对性与可比性,避免语料库大小不等而造成的词频多寡所带来的影响,我们在研制《现代汉语常用词表》的工作中采用了频级统计法来测定一个词的通用度。具体做法是这样:

将《现代汉语常用词表》的 58000 条词语放到下面三个语料库进行频次检测。

A 库:国家语委研制的"通用语料库"中经分词标注的约 4500 万字的语料。

B 库:《人民日报》2001—2005 年约 1.2 亿字语料。

C 库:现当代文学数百位作家的 11000 部(篇)文学作品约 7000 万字语料。

---

[①] 苏新春、杨尔弘:《2005 年度汉语词汇统计的分析与思考》,《厦门大学学报》2006 年第 6 期。

频级统计分两步：

第一步，计算不同类型语料的频级。把每个词在上面的 A、B、C 三个库分别检测，得出每个词的频次，相同频次的算作一个频级。频次最高的算作频级的第一位，将所有频级由多到少地降序排列，这样就得到了三个不同的原始频级。如 A 库有 2932 个频级，B 库有 5005 个频级，C 库有 3557 个频级。最高的频级都为 1，最低的频级在 A 库中就是第 2932 个频级，在 B 库中就是第 5005 个频级，在 C 库中就是第 3557 个频级。

第二步，计算总语料的频级。就是将三种语料的频级之和再除以三。总语料的频级共有 2971 级，最高频级的为 1，最低频级的为 2971。这时决定最终频级高低的已经不是由三个分库的总频次来决定，而是由三个分库的平均频级来决定。比如"人"的频级是第 10 位，"我"的频级是第 12 位，按频次来看，"我"是 888765，"人"是 573494；可按频级来看，"我"在 A、B、C 三个库的频级分别是第 8、50、4 位，平均频级是 21，排除空位，按顺序排是第 12 位；而"人"在 A、B、C 三个库的频级分别是第 18、18、16 位，平均频级是 17，排除空位，加工后按序位排是第 10 位。这样，"人"尽管总频次比"我"低，但由于它在各分库中的频级高，所以排在"我"的前面了。

要把总共 58000 条词按频级的高低来作逐词排列，即把相同频级的词语先后排列，方法是：在相同频级的词中，根据总频次的多少由高到低排序；相同频次的再根据读音的字母升序排列。

如："他""人""就"的频级都是第 17 位，加工后的序位也同为 10 位，而"他""人""就"的频次分别是 829941、573494、556526，这就决定了三字的通用度排序。

又如："司令员""参谋""从容"的频级都是第 2342 位，可"司令员"的总频次是 1935，"参谋"的总频次是 1919，"从容"的总频次是 1919，这时先根据总频次的多少，将"司令员"排在前面，再根据读音，把"参谋""从容"排出先后。

由于三个语料库各自的语言性质与特色不同，规模也不相等，使得总词表中的词语不能在每种语料中都有反映，同一个词语在不同类型、不同规模的语料中的频次也相差较大，在三种语料库中所获得的频次之间缺乏严格的可比性。而频级则在各自的语料库中具有显示高低先后的相对价值。频级统计法可用于多个语料库的综合、配套使用,对基于特性不一、容量差异明显的多个语料库之上的大规模词汇统计,是一种比较简单实用的计算方法。

相比于根据"频率"与"分布系数"的通用度计算方式,它粗化了"分布"因素,将"篇""部"等的分布单位调整为以分语料库为单位的更大的"类";突出了"频次"因素,因为"频级"是建立在"频次"基础之上的。《现代汉语频率词典》在统计"词次"的同时,就统计了"词次等级",只是后来的统计仍是按由"频次"到"频率",再结合"分布"情况的计算进行的。在那儿忽略"频级"是可以理解的,因为它只有一个频级,而频级与频次又有着相当程度上的一致性。有着多个分语料库,要将多个语料库的频次综合起来统一考察时,对频级进行折算就有价值了。将多个分语料库的频次分开计算频级,而不是归并为一个大的语料库来计算总的、单一的频次和频级,能保证较小规模的语料库的频次不会被较大规模语料库的频次所吞没,小语料库的频次会以频级的方式将它的价值反映在总语料的频级排位中。

## 第三节
## 词语序差的分布特点与文本间词汇异同

位序的比较在我们的教材语言统计研究中应用得是比较多的,它对揭示有着突出"有序性""层级性"特点的教育教材语言有着很好的分析功能。刘锐等(2017)对词语序差研究法有着深入思考,提出了一些很有见地的意见[1]。

### 一、从频率到频序

在词汇计量分析中,对词语的频率信息关注最多,如高频词、低频词、常用词、军用词。基于词汇的文本特征分析也以词语的频率信息为基础,较为常用的做法是在 TF – IDF 的基础上,结合词语分布比例、词语的类分

---

[1] 刘锐、孙碧泽、龙云飞、王珊:《词语序差的分布特点与文本间词汇异同》,《中文信息学报》2017 年第 5 期。收入本节后内容略有改动。

布、词语位置因子、本体语义关联等因素进行文本特征词分析和提取[①]。

词语除了频率信息以外,还有"频序"的信息。美国学者 Zipf 发现人类语言的真实文本中,词出现的频数与其频数秩(频序号)之间具有反比例关系[②]。研究者进而对英语中从音素到语句等不同结构层次的频数－序号关系进行了统计研究[③],汉语的相关统计规律也得到了实证[④]。此后在本体研究[⑤]、词典编纂、词表研制[⑥]、中文信息处理[⑦]、语言监测[⑧]、风格分析[⑨]、词语历时稳态分析[⑩]等研究中对字词的频序信息均有讨论和运用。值得注意的是,陈海波(2010)进一步发展了对词语位序信息的使用,从共有词的"序差"入手,以"同中求异"的思路来提取文本的区别特征[⑪]。该研究把词语的序差信息作为一个统计量来使用,对其内在规律未做深入讨论。

从"序差"入手进行"同中求异"的分析利用了词语序差分布的什么性质?"序差"信息能够反映哪些词语在文本间分布的规律?分析技术和操作程序上有无进一步改进和规范化的空间?本节在已有关于"频级位序的差比"[⑫]"序差"研究的基础上,对两个文本共有词的序差进行整体性的分析,考察其分布上的规律和特点,并分析该分布所反映的文本间词汇使用异同,进而讨论其在文本词汇特征分析中的作用。

---

① 鲁松、李晓黎、白硕、王实:《文档中词语权重计算方法的改进》,《中文信息学报》2000 年第 6 期。廖浩、李志蜀、王秋野、张意:《基于词语关联的文本特征词提取方法》,《计算机应用》2007 年第 12 期。熊忠阳、黎刚、陈小莉、陈伟:《文本分类中词语权重计算方法的改进与应用》,《计算机工程与应用》2008 年第 5 期。徐建民、王金花、马伟瑜:《利用本体关联度改进的 TF－IDF 特征词提取方法》,《情报科学》2011 年第 2 期。

② G. K. Zipf, *The psycho－Biology of Language*: *An Introduction to Dynamic Philology* (London: George Routledge & Sons Ltd., 1936). G. K. Zipf, *Human Behavior and the Principle of Least Effort*: *An Introduction to Human Ecology* (New York & London: Hafner Publishing Company, 1965).

③ G. A. Mitier, E. B. Newman, "Tests of a statistical explanation of the rank－frequency relation for words in writen English". *American Journal of Psychology*, 71(1958): 209－218.

④ 关毅、王晓龙、张凯:《现代汉语计算语言模型中语言单位的频度—频级关系》,《中文信息学报》1999 年第 2 期。

⑤ 邢红兵:《现代汉语词类使用情况统计》,《浙江师范大学学报(社会科学版)》1999 年第 3 期。

⑥ 上海交通大学汉字编码组、上海汉语拼音文字研究组:《汉字信息字典》,科学出版社,1988。安华林、曲维光:《〈现代汉语词典〉释义性词语的统计与分级》,《语言文字应用》2004 年第 1 期。苏新春:《计量方法在词汇研究中的作用及频级统计法》,《长江学术》2007 年第 2 期。

⑦ 韩布新、任雪松:《汉语输入编码中简码字、词的合理搭配》,《中文信息学报》1995 年第 4 期。

⑧ 侯敏:《语言资源建设与语言生活监测相关术语简介》,《术语标准化与信息技术》2010 年第 2 期。

⑨ 陈海波:《序差在文本区别特征研究中的应用》,《长江学术》2010 年第 4 期。

⑩ 饶高琦、李宇明:《基于70 年报刊语料的现代汉语历时稳态词抽取与考察》,《中文信息学报》2016 年第 6 期。

⑪ 陈海波:《序差在文本区别特征研究中的应用》,《长江学术》2010 年第 4 期。

⑫ 苏新春:《计量方法在词汇研究中的作用及频级统计法》,《长江学术》2007 年第 2 期。

## 二、词语序差的分布特点

### (一)"频级"与"频序"

为了保证实验数据具有可比性,我们选择长度接近、时期相同的文本作为实验材料。Gardner(2004)指出,影响文本词汇分布有两大因素,一是文本的主题内容,二是文本的文体风格[①]。因此,将"主题内容"和"文体风格"作为一组控制变量,经过网络检索,筛选确定了 $T_A$ 和 $T_B$ 两种文本,内容主题都是"厦门",据有关研制文件记载,$T_A$ 是纪录片解说词文本,$T_B$ 是散文文本。语料基本情况见表 3-11。

表 3-11  $T_A$、$T_B$ 语料基本情况

| 文本 | 字数 | 词语数 | 词种数 | 共有词数 |
|---|---|---|---|---|
| A | 11535 | 7143 | 2382 | 507 |
| B | 9580 | 6735 | 2305 |  |

侯敏(2010)指出,"频级"是在由调查对象形成的列表中根据频次的多少所划分的级别,相同频次或某一频次段的调查对象可划为一个频序[②]。在已有研究中,"频级"既指"某一频次段"的划分,也指按照"相同频次"而进行的划分。前者是根据研究需要而进行的主观划分;后者是由频次统计而自然形成的。本节讨论的是后者,称为"频序"(frequency order)。故频序指调查对象按照频次由高到低而形成的自然数序列。频次最高的对象,其频序为1;频次相同的对象,其频序相同。分别求出两个文本中词语的频序,见表 3-12 所示。

表 3-12  $T_A$、$T_B$ 的频序

| 词语($T_A$) | 词频 | 频序 | 词语($T_B$) | 词频 | 频序 |
|---|---|---|---|---|---|
| 的 | 291 | 1 | 的 | 503 | 1 |
| 厦门 | 199 | 2 | 厦门 | 116 | 2 |
| 在 | 78 | 3 | 在 | 116 | 2 |
| 是 | 53 | 4 | 我 | 101 | 3 |

---

[①] Gardner, Dee. "Vocabulary input through extensive reading: A comparison of words found in Children's narrative and expository reading materials", *Applied Linguistics* 23/1(2004): 1-37.

[②] 侯敏:《语言资源建设与语言生活监测相关术语简介》,《术语标准化与信息技术》2010 年第 2 期。

续表

| 词语($T_A$) | 词频 | 频序 | 词语($T_B$) | 词频 | 频序 |
|---|---|---|---|---|---|
| 了 | 46 | 5 | 是 | 100 | 4 |
| …… | …… | …… | …… | …… | …… |
| 人民日报 | 1 | 39 | 欢 | 1 | 35 |
| 人人 | 1 | 39 | 话 | 1 | 35 |
| 拳拳之心 | 1 | 39 | 怀旧 | 1 | 35 |

## （二）序差

序差(frequency order difference, FOD)是指两个自然语言文本或文本集合的共有词的频序之差。根据定义，某词的序差就等于该词在两个文本中的频序之差。如："的"在 $T_A$ 和 $T_B$ 中的频序都是1，则其序差为0；"我"在 $T_A$ 里的频序是37，在 $T_B$ 里的频序是3，则其序差为34；"海峡"在 $T_A$ 里的频序是8，在 $T_B$ 里的频序是35，则其序差为 -27。

序差如果零散地排列将无助于发现其数据特征，因此要对数据进行处理和分析。序差是一组有正有负的数字，可以进行升序或者降序排列，得到序差序列。将 $T_A$ 和 $T_B$ 共有的507词按序差升序排列得到序差序列（表3-13所示）。

关于"序差"有以下三点需要说明：

1. 序差的大小只是就序差的绝对值而言，其正负反映的是频序相减的顺序。比如"城市"序差为3，"环境"序差为 -3，序差的大小（绝对值）一样，但"环境"的 -3 表示该词在 $T_A$ 里的频序要小于在 $T_B$ 里的频序，"城市"则相反。

2. 词语序差的大小反映该词在文本间的地位差别。陈海波（2010）指出"序差的大小反映了该词在不同文本中的地位差别"[①]。例如"东南"的序差为2，反映该词在 $T_A$ 和 $T_B$ 的地位差别不大；而"海峡"的序差为 -27，说明其地位差别比"东南"大。

---

[①] 陈海波：《序差在文本区别特征研究中的应用》，《长江学术》2010年第4期。

表 3-13　$T_{A-B}$ 序差序列表

| 词语 | $T_A$ 频序 | $T_B$ 频序 | $T_B$ 修正频序 | 序差 | 修正序差 |
|---|---|---|---|---|---|
| 海峡 | 8 | 35 | 39.00 | -27 | -31.00 |
| 台湾 | 6 | 29 | 32.29 | -23 | -26.29 |
| 中国 | 9 | 31 | 34.53 | -22 | -25.53 |
| 全国 | 21 | 35 | 39.00 | -14 | -18.00 |
| 等 | 21 | 34 | 37.88 | -13 | -16.88 |
| …… | …… | …… | …… | …… | …… |
| 如 | 39 | 18 | 20.00 | 21 | 19.00 |
| 看 | 38 | 16 | 17.76 | 22 | 20.24 |
| 鼓浪屿 | 34 | 8 | 8.82 | 26 | 25.18 |
| 去 | 37 | 11 | 12.18 | 26 | 24.82 |
| 我 | 37 | 3 | 3.24 | 34 | 33.76 |

3. 修正序差。从表 3-12 可以看到 $T_A$ 和 $T_B$ 的频序总数是不相等的，分别是 39 和 35。两个文本的频序在大小值上是不对等的，这会对其反映词语地位差别造成系统性影响，因此需要进行两端对齐的修正操作。两端对齐是指以较大频序数为基准，将频序数少的文本的频序按比例放大。在这里就是以 $T_A$（频序数 39）的频序为基准，将 $T_B$（频序数 35）的频序进行放大修正。修正公式为：

$$f_B^* = \frac{(S_A - 1)}{(S_B - 1)} \times (f_B - 1) + 1$$

$S_A$ 是 $T_A$ 的频序总数，$S_B$ 是 $T_B$ 的频序总数，$f_B$ 是一个词语在 $T_B$ 中的频序，$f_B^*$ 为修正频序。根据修正后的频序求差值，就得到修正序差[①]。下文讨论中的序差如非特别说明，均指修正后的序差。

（三）序差的"双尾分布"特点

序差序列把词语的"地位差别"集中并有序地表现出来。陈海波（2010）认为，序差序列把不同文本之间的差异有序地排列出来，何者更有

---

[①] 通过对频序进行修正处理，可使序差的计算更为严密合理，也使序差的分布图能更加直观地反映序差分布特点，简化相关讨论。参见刘锐：《词语的"序差"与文本词汇特征研究》，硕士学位论文，厦门大学中文系，2016，第 19 页。

价值、价值最大的区别特征,一目了然[①]。序差序列对序差起了组织整理的作用,但由于序差数量众多,并没达到"一目了然"的效果。我们用图表方法对序差数据进行了描述和分析。

在表3-13的基础上,按照序差(D)升序的排列顺序,给每个词从1开始顺次标号(r),则一个词的位置在坐标系中为(r,D),将全部507个词按此方法表示在坐标系中,得到序差的散点分布图(图3-4)。从修正前后来看,序差分布的趋势基本相同,散点图整体向x轴平移,散点的分布更加平滑。

词语序差分布散点图在形态上很有特点,呈"中段平直,双尾翘曲"状。众所周知,齐普夫图反映出词频和词的序号之间呈"长尾分布"(long-tailed distribution)。根据序差序列的图形分布特点,类比称之为"双尾分布"(two-tailed distribution)。序差的双尾分布反映出词的序差和排序号之间的关系。

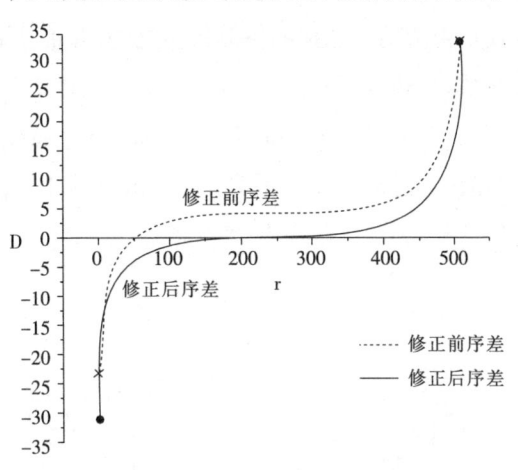

**图3-4 $T_{A-B}$序差双尾图**

双尾图的分布形态特点反映出词的序差不是无规律的。为了进一步发掘序差的数据特性,我们使用箱式图及相关参数来描述和分析。箱式图(Boxplot)也称箱须图(Box-whisker Plot),采用一组数据中的最小观测值(Lower bound)、第一四分位数(Q1)、中位数(Q2)、第三四分位数(Q3)、最大值观测值(Upper bound)四分位距(Inter Quartile Range,IQR)来反映数据分布的中心位置和散布范围,可以对数据的离散分布程度、对称性、异常值等进行观察和分析。使用OriginPro 9.1计算并绘制507个词的序差箱式

---

[①] 陈海波:《序差在文本区别特征研究中的应用》,《长江学术》2010年第4期。

图(图3-5),左边的点状图为序差数据的箱式分布,右边为序差的箱式图,相关参数见图中所示。根据箱式图可以发现:

1. 序差呈对称分布。从数值上来看,Q1(-1)和Q3(1.82)的绝对值差为0.82,Upper bound(9.71)和Lower bound(-9.06)的绝对值差为0.65,差距非常小;从箱式图可以看出,箱子的上下边(Q3和Q1位置)和上下触须(Whisker)基本呈对称分布。

2. 序差集中分布于中位数附近。50%的序差都分布在-1(Q1)到1.82(Q3)之间,箱子的长度仅为2.82(IQR),箱子显得非常扁平,这说明序差分布集中。结合序差的众数(Mode)为0,平均数(Avg)为0.54,可以看出序差集中分布于中位数附近,稍稍向上偏移。

3. 序差中存在离群值(Outlier)。在箱式图分析中根据某个数据与观测值的关系来认定其是否游离于数据的整体特性之外,并单独汇出。在图3-5中我们将观测值的系数(Coef)设置为3个IQR,来确定观测值(Upper bound和Lower bound),那么大于Upper bound(9.71)和小于Lower bound(-9.06)的序差就属于离群值[1],见图3-5所示Upper Outlier和Lower Outlier部分。

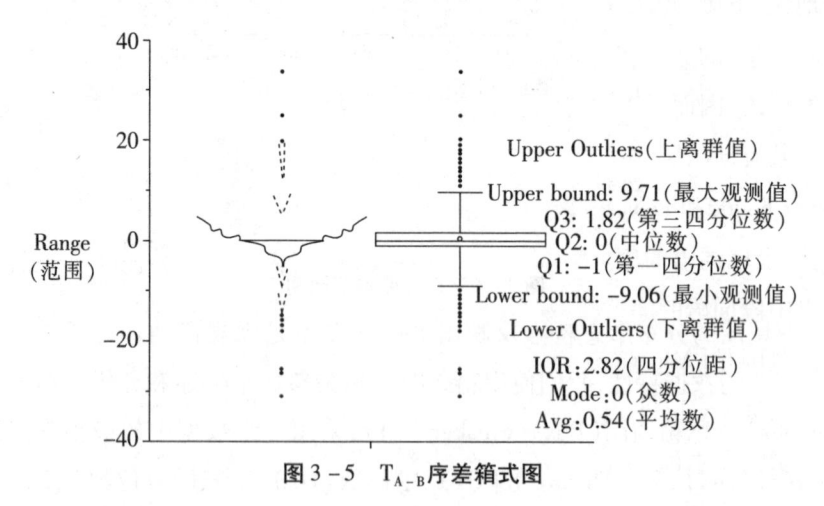

图3-5 $T_{A-B}$序差箱式图

综上所述,词语序差的分布特点可以概括为:对于文本的共有词集,词

---

[1] 在刘锐文中,根据试验总结出利用序差的平均数和1.5个标准方差的和来确定分界,划分序差层次的方法。这里用箱式图分析取代了经验做法。虽然使用的方法不同,但得出来的结果却非常接近,从而相互印证了方法的正确性。参见刘锐:《词语的"序差"与文本词汇特征研究》,硕士学位论文,厦门大学中文系,2016,第23页。

的序差呈对称分布,且集中分布于中位数附近,存在离群值。这一特点在序差图上表现为"中段平直,双尾翘曲"的"双尾分布"形态。

### 三、基于序差的文本间词汇异同分析

词语的序差分布特点有哪些语言学上的意义,对于分析文本特征又有哪些作用呢?下面从词语序差的"双尾分布"特点入手,提取不同层次的词语来分析其类聚特点,并尝试解释其语言学意义,从而揭示序差分布所反映的文本间词汇异同。

(一)共有词层次的划分

词语的序差代表的是词语在文本间的"地位差别"。序差的"双尾分布"特点显示,文本词汇的使用具有层次性,可以凭借前面的分析数据客观地划分出词语的层次。

结合序差图可以发现:"双尾分布"可以分为三段——中段、上尾、下尾。中段词语就是在 $T_A$ 和 $T_B$ 中的地位差异不大的词语。越往两边的"尾巴",词语的序差越大,也就代表词语在 $T_A$ 和 $T_B$ 中的地位差异越大。更具体地说,下尾(也就是序差值为负)是在 $T_A$ 中频序高、地位高的词语,因而反映了 $T_A$ 的文本特点;上尾(也就是序差值为正)是在 $T_B$ 中频序高、地位高的词语,因而反映的是 $T_B$ 的文本特点。

共有词的层次可以依据箱式图来进行划分。中段词语的序差位于 Upper bound 和 Lower bound 之间,下尾词语的序差为小于 Lower bound 的离群值,上尾词语的序差为大于 Upper bound 的离群值。根据这个方法计算得出中段词语的序差范围是[-9.06,9.71],包含词语 465 个,下尾词语的序差范围是[Min value,-9.06),包含词语 18 个,上尾词语的序差范围是(9.71,Max value],包含词语 24 个。

影响文本词汇分布有两大因素,一是文本的主题内容,二是文本的文体风格。主题内容是文本构建的概念意义。不同于逐字逐句理解文本的具体意义,概念意义可以说是文本具体意义的抽象,可以通过对词汇的分析而获取对文本概念意义的概括和表征。主题内容对文本词汇分布的影响是显性的。文体风格从语篇角度来讲,是文本表义倾向性模式的概括;从语言交际的角度来讲,是说话者对语言形式有意识的选择。不同的交际

功能会作用于语言的使用,使得文本在词汇方面具有选择性。文体风格对词汇分布的影响相对隐性一些。文本的主题内容和文体风格是我们分析共有词的不同层次反映文本特征时采用的两个主要维度。

(二)中段词语与文本间的词汇共性

465个中段词语是 $T_A$、$T_B$ 两个文本中序差比较小的一群词,也就是说它们在两个文本中的频序接近,地位差异接近,是两个文本共性的体现。但是中段词包含了大量的低频序词和少量的高频序词,比如"的"在两个文本中的频序都是1,所以序差(修正前)为0,而"居民"在两个文本中的序差都是35,序差(修正前)也为0。可见,单看序差会掩盖两者的差异,因此,有必要分为高频中段词和低频中段词来讨论。

高频中段词是指频序在两个文本中都在前50%的中段词,共计12个:的、厦门、在、是、了(助词)、年、城市、有、到、之、与、了(语气词)。从常用度来看,这些词大多是常用词。考察它们在《现代汉语频率词典》的频序,"的"(1)、"在"(7)、"是"(3)、"了"(2)、"年"(41)、"有"(8)、"到"(24)、"与"(182)、"之"(289)、"城市"(557)的频序均在前3000之内,属于常用词的范围。这里的"的、了、与、之、是、有、到"是大多数文本中都存在的常用助词、介词和动词,反映的是两个文本与整个词汇系统之间的共性连接,在区分文本特点上的意义不大。而"城市"和"厦门"作为常用度稍低的词语,且作为名词指称了相关的概念,直接体现了两个文本在主题内容上的共同点。

低频中段词是指除高频部分的中段词,共453个,数量相对较多。单独的一个低频词不足以反映文本的特点,但是大量的低频词聚集在一起则会使文本内容特征得到某种程度的浮现(emergence)。如:低频中段词里的名词"海、岛、风、城、机场、海域、闽南、旅游、地方、客轮、岸、沙滩、梦、花园、炮、故事、电话、白鹭、钢琴、书、码头、音乐、涛声、游人、海滩、日光、时间、蓝色、小巷"可以勾勒出主题对象"厦门"的环境特征,而"海防、林语堂、建筑、郑成功、集美、街巷、传统、本岛、漳州、北京、时光、腾飞、屈辱"则对厦门的历史、地理图景进行了描绘。中段词随着共有词数量的增加,其"异质性"程度也会增加,需要用更具有概括度的方法对词语类聚进行描写和分析,比如借助语义分类体系①。无论是高频还是低频,中段词都可以反映出文本在主题内容上的共性。

(三)双尾词语与文本间的词汇差异

双尾部分为序差中的离群值,对应到文本的词汇特征上就是能反映文本差异的词。越是"尾端"的词,序差越大,越说明在两个文本中的地位不对等,就越能体现文本的差异性特点。

下尾词语代表解说词文本 $T_A$ 的特点,包括词语"海峡、台湾、中国、全国、等、这、大陆、大、以、经济特区、交流、从、为、个、金门、最、大海、国家"。上尾词语代表散文文本 $T_B$ 的特点,包括词语"我、鼓浪屿、去、看、那、如、小、不、上、中、很、这个、着、她、人、也、下、自己、得、过、就、地、走、听"。

可以发现,解说词 $T_A$ 的特征词中名词多,如"海峡、台湾、中国、全国、大陆、经济特区、交流、金门、大海、国家"等,这些词语反映了 $T_A$ 的主题内容偏向政治、经济、社会等方面,文体风格上更倾向于叙述说明。比较而言,$T_B$ 中更多的是代词"我、那、这个、她、自己",个体动词如"走、听、去、看、如",以及方位词"上、中、下",而名词则很少,仅"鼓浪屿"和"人"。这些词虽属于不同的词类,但都说明 $T_B$ 在主题内容上更注重个人的体验,文体风格上更倾向于记叙描写。

综上所述,通过对词语序差分析,能够科学地划分文本间词汇使用的不同层次,中段词语可以反映文本主题内容的共性,而上尾和下尾词语反映文本间的差异。

序差在风格分析、文本相似度计算和语言的统计特性方面具有应用价值和启示:第一,建立了一套描述和分析序差的程序,能将文本间词语地位差异加以量化,并在分析其分布规律的基础上划分层级,也就是依据序差给词语对文本特征的反映能力赋予权重,具有用于文本特征提取的潜在价值。第二,序差反映文本间"共性中的差异性",对文本的分析更加微观细致,可以满足颗粒度更小的文本风格分析、相似度分析。第三,分析显示,序差的分布具有形态上的规律性,其中可能存在的、具有普遍意义的语言

---

① 苏新春:《〈现代汉语语义分类词典〉(TMC)研制中若干问题的思考》,《中文信息学报》2008 年第 5 期。

统计规律值得进一步探讨。

上面在已有关于"频级""频序"研究的基础上,着重考察词语"序差"的分布特点。通过对解说词和散文文本中共有词集的序差的分析,发现共有词的序差呈对称分布,且集中分布于中位数附近,存在离群值序差。这一特点在序差图上表现为"中段平直,双尾翘曲"的"双尾分布"形态。根据词语序差的分布规律,可以将上面共有词划分为"中段""下尾""上尾"三个层次。中段词语反映文本的共性特征,下尾和上尾词语反映两个文本的差异性特征,这些特征具有反映文本的主题内容和文体风格的语言学意义。与已有研究相比,这里的新贡献在于引入结合散点图和箱式图的分析方法,改进了基于序差的文本词汇特征分析程序,更直观地刻画了词语的序差分布形态,对序差数据的分布特点进行了讨论和概括,并结合具体文本对序差的语言学意义进行了初步探讨。运用以上所示的序差分析程序,可以对更多类型的文本进行考察,进而发掘和测定更广泛层面上序差分布的规律。

## 第四节
## 频率差调查法与对总集中子集特色的认识

### 一、频率差调查法的使用

频率差调查法是建立在频率基础上的一种调查方法。频率是某一调查对象的使用频次占总频次的比率。而频率差是将该调查对象在子集中的频率与在总集中的频率求差值,从而观察该调查对象在子集与总集中所占分量的不同。差值越大,说明该对象的频率越高,重要性越突出;差值越小,频率越低,重要性越低。

频率差调查法适用于对总集中某个子集成分的特色的认识。特别适合于那些在多个子集中出现的个体,即多个子集中皆有的共见成分,如共见字、词等。独用字的作用是明显的,"你有我无""我有你无",但对"你有我也有"的共见成分,如何来获得它们在各子集中的重要性时,频率差调查法就是一个很好的统计方法。

## 二、对学科特色词汇的认知

在进行多个学科的词汇比较时,对多个学科共有词汇的特色就可使用频率差的方法来获得。先对各个学科词汇集分别进行频率统计,就获得了每个词的频率,再将所有学科的词汇汇总成集,并计算每个词的频率,这样每个词就具有了学科子集与各学科总集两个频率。再将每个词的两个频率相减,就获得了每个词的频率差。

如在对数学、物理、化学三科教材的词进行比较时,运用频率差方法从非学科独用词中提取各自最有特色的共用词。下面就是三科中最具本学科特色的前100个词语[1]。

数学教材用词最有特色的100个词是:一、个、数、你、两、是、多少、吗、点、做、元、出、一个、为、有、图形、条、三角形、解、面积、每、表示、画、数学、想、角、说、米、方程、我、可以、直线、长、问题、试、这个、圆、相等、计算、练、得、分、边、这、分别、如果、例、下面、线段、求、什么、正方形、比、张、数据、人、算、那么、图象、三、组、关系、分数、我们、得到、议、上面、先、几、值、作、买、厘米、看、函数、再、球、各、平均、写、这样、位置、千米、结果、位、填、次、读、即、呢、四边形、证明、长方形、摆、第、最、统计、人数、估计、小数。

物理教材用词最有特色的100个词是:图、物体、电流、在、实验、力、会、光、电压、运动、时、探究、温度、电阻、电、测量、电路、声音、能量、产生、方向、就、压强、不同、很、使用、通过、越、所、灯泡、液体、信息、节、科学、大、上、作用、人类、热、使、不、传播、地球、大小、想想、现象、导线、人们、声、也、被、工作、着、导体、能源、用电器、电能、密度、转化、单位、为什么、像、不能、了、杠杆、跟、有关、太阳、受、小、重力、把、功率、电源、电流表、来、而、质量、受到、电池、它、振动、物理学、速度、由于、热量、开关、熔化、过程、因素、信号、提问、示、压力、两端、改变、发、测、其、控制。

化学教材用词最有特色的100个词是:水、物质、化学、溶液、中、和、元素、反应、等、实验、氧气、金属、原子、空气、燃烧、在、二氧化碳、种、气体、质

---

[1] 苏新春、郑泽芝:《基础教育数理化教材用字用词调查》,载教育部语言文字信息管理司组编《中国语言生活状况报告(2012)》,商务印书馆,2012,第306—307页。

量、现象、或、生成、发生、组成、试管、化合物、变化、材料、观察、铁、含有、分子、生产、加入、性质、燃料、酸、氧、污染、碱、氢气、碳、主要、用、人类、课题、里、讨论、氢、重要、人体、烧杯、加热、离子、于、成分、研究、使用、可、使、不、生活、塑料、盐、将、构成、石油、含、少量、铜、铝、固体、用途、环境、资源、与、人们、工业、形成、如、蛋白质、由、合成、不同、并、化肥、表、点燃、煤、一氧化碳、溶、具有、会、作用、结构、氮、但、放出、制造。

### 三、对断代特色词汇的认知

在进行历时的教材词汇比较时，可以用同样的办法来对断代特色词进行研究。先对各个断代的词汇集分别进行频率统计，以获得每个词的断代使用频率，再将各个时代的词汇汇总成集，并计算每个词的频率，这样每个词就具有了共时子集与历时总集两个频率。然后将每个词的两个频率相减，就获得了每个词的频率差。

我们在"20世纪基础教育语文教材语言研究"丛书中对各个时期的代表教材进行了词汇统计研究。这些样本教材分别问世于1950年、1972年、1982年、1994年、2003年，这五个时期的样本教材中存在着共见的5926个双音词，这应是高频高通用度的语文词语。但通过对频率差的计算和通过频率差的统计方法，可以获得该时代的词汇频率与五个时期的总频率，并计算其差值。下面就是各时期差值最突出、最具该时代特色的前100个词语。

1950年教材最具特色的前100词：我们、他们、工作、苏联、大家、人民、同志、时候、知道、什么、可是、自己、工人、没有、你们、和平、美国、现在、看见、东西、代表、事情、以后、帮助、许多、农场、农民、列宁、学校、已经、人家、国家、这样、生产、劳动、政府、能够、机器、生活、工厂、咱们、集体、同学、不要、努力、因为、完成、中国、参加、地方、军队、批评、计划、战争、今天、今年、土地、学习、火车、但是、得到、文化、学生、任务、红军、里面、起来、青年、女人、汽车、出来、立刻、告诉、老汉、非常、老乡、心里、解放、队伍、庄稼、大会、下来、飞机、方法、力量、组织、老师、并且、建设、还是、光荣、旁边、领导、共同、时间、身体、屋子、问题、准备、后来。

1972年教材最具特色的前100词：主席、革命、人民、我们、敌人、同志、伟大、学习、群众、战士、教导、斗争、中国、路线、战斗、思想、胜利、英雄、工人、领袖、精神、为了、叔叔、劳动、教育、心里、领导、一定、著作、美国、大家、问题、奶奶、班长、干部、解放、鬼子、服务、日本、团结、反动、困难、决心、祖国、这个、激动、建设、他们、力量、队长、关于、师傅、认真、剥削、彻底、矛盾、猎户、大伯、历史、任务、反对、一起、运动、咱们、友谊、参加、继续、民兵、世界、进行、一切、解决、坚决、坚持、实践、牺牲、广大、大队、农村、发展、执行、朝鲜、政治、列宁、光辉、阵地、国家、队伍、部队、消灭、爸爸、正确、读书、前进、王国、起来、帮助、事业、家伙、文化。

1982年教材最具特色的前100词：时候、人们、将军、太阳、衣服、眼睛、看见、似的、怎么、一边、忽然、喜鹊、那么、鲁迅、回来、灰尘、叶子、底下、果子、丈夫、哥哥、草地、姐姐、胡子、颜色、月亮、咱们、科学、树林、石头、苹果、野菜、身子、小心、出来、老虎、下子、好几、它们、回去、悄悄、弟弟、大叔、大伙、色彩、原来、小鬼、说话、监狱、虫子、夜里、火柴、桂花、旁边、缺点、办法、小孩、大夫、院子、下去、松树、身边、尾巴、星星、赶紧、玻璃、飞机、只好、北方、连忙、一面、马路、衣裳、黄色、皇帝、仿佛、牲口、关心、斧子、脖子、果树、答应、蝴蝶、姑娘、以来、前面、槐树、后面、门口、蔚蓝、耳朵、上来、仍旧、跟前、片子、过来、有的、果园、山顶、作用。

1994年教材最具特色的前100词：姑娘、好像、可以、报纸、先生、似的、理解、眼睛、语言、人们、妈妈、知识、狮子、孩子、变化、内容、怎样、教授、消息、影子、朋友、出现、基本、生活、古代、仿佛、尾巴、年代、积累、文章、识字、奶奶、十分、母亲、部分、理想、老爷、表示、人生、忽然、学生、一边、显得、浪花、巴黎、近视、座位、邻居、评论、荷花、奋斗、习惯、调查、也许、天空、新闻、由于、银子、长江、写作、道理、上面、有的、北京、下子、地球、天气、事实、地区、哨子、白色、甚至、建筑、气候、失败、槐树、例如、若干、主要、阅读、其中、美丽、苹果、文字、中央、作者、丰富、奴隶、可能、桃树、产生、鲁迅、高粱、怎么、学问、常常、比如、其实、燕子、事业。

2003年教材最具特色的前100词：它们、父亲、妈妈、母亲、孩子、爷爷、老人、生命、没有、于是、好像、发现、美丽、人类、声音、终于、那么、眼睛、下来、只有、阳光、爸爸、世界、东西、一样、只是、有时、然后、松鼠、所有、地球、影子、那些、然而、狐狸、似乎、感到、开始、总是、喜欢、大地、老师、快乐、不过、目光、突然、宇宙、因为、还是、台阶、上帝、可能、春天、也许、手指、骆驼、之后、出来、非洲、儿子、巨大、天空、飞行、空中、音乐、其他、如果、朋友、理想、痛苦、如此、说道、觉得、生物、非常、似的、草地、心里、这些、自己、多么、虽然、一直、客人、世纪、漂亮、森林、教室、秋天、微笑、仿佛、一起、年轻、失去、早晨、太阳、希望、左右、夜晚、大陆。

这 5926 个词语本身都是存在于五个时期,有着较高频率与分布的语文词。但通过频率差的方法,可以显示出各个时期的一些用词特色。如后三个时期的词语总的来说更具有通用性、语文性、文学性,而前两个时期会出现一些带有那个时期突出特色的词语。

## 第五节
## 基于事件框架的主题文本识别算法

上面的若干方法主要是着眼于具体语言要素,这一节里所论述的方法则是着眼于语篇、着眼于文本内容来概括提取如何对主题进行识别的计算方法。本节选取全国道德模范的见义勇为事迹网络语料,以及思想品德教材中的相关文本进行主题的获取研究。通过 TF–IDF 算法抽取了见义勇为类文本特征词向量,通过映射关系,把该特征向量集映射到相应的多维事件框架,获得"见义勇为"主题多维特征向量词表,通过 SVM 算法训练各维权重,设计并实现了一个基于事件框架的多维 SVM 的主题识别算法。

**一、主题事件类特征词 TF–IDF 算法**

经典 TF–IDF 计算方法。TF–IDF( term frequency – inverse document frequency)是一种资讯检索与资料采集的常用统计方法。该方法主要用以评估字、词或短语对于一个文档或一个语料库中的某一份文档的重要程度,也是分类技术中常用的类文档的特征向量集抽取方法。

(一) TF 的两种经典计算方法

通常情况下,在一篇文档中出现频率越高的词与该文档的相关性越强。词频( term frequency,TF)表示某一词语在该文档中出现的频率。对于某一特定文件 j 里的词语 i,其词频经典算法为:

$$TF_{i,j} = \frac{n_{i,j}}{\sum_{i=1}^{k} n_{i,j}}$$

即词语 i 在文档 j 中的出现次数 n 除以文档中所有词出现次数之和。

为了减少文章风格或长短文对词频的干扰,也有以 j 文档中词频最高的频数 $n_{max}$ 为分母的词频算法,即:

$$TF_{i,j} = \frac{n_{i,j}}{n_{max}}$$

以上两种算法都可用于计算某单篇文档的词频,但在计算或抽取文档集中与某类主题相关的特征词(即类高频特征词)时,词的分布广狭也是一个需要考虑的因素,分布文档越广泛的词,区别文档的能力越弱,与文档的相关性相对减弱。

(二) IDF 计算方法

逆文档频率(inverse document frequency, IDF),是一个关于词语普遍重要性的度量。对于某一特定词语 i 的 IDF,通过由总档数目除以包含该词语 i 的文档数目 j,再取对数得到。该值越大,则当前词语的文档相关度越好。

$$IDF_i = \log \frac{|D|}{|\{j: i \in d_j\}|}$$

(三) TF – IDF 经典算法公式

经过以上两步取得 TF 和 IDF 值,将二者相乘就可得到经典 TF – IDF 算法的最终结果。本质上这是一个频率加权的统计方法,可以用于度量某词与所处文档的相关性,即该词的代表性好坏。

$$TFIDF_{i,j} = TF_{i,j} \times IDF_i$$

(四) 类特征词的 TF 与 IDF 值计算方法

为抽取某主题的类特征词,我们将某类主题事件 T 中 m 个文档($j_1, j_2, j_3, \cdots j_m$)中的词进行汇总,得到词 i 在 T 类所有文档中的频次之和为 $\sum_{j=1}^{m} = n_{i,j}$,取得 T 类文档汇总后的最高词频数 $\max(n_{i,j})$。计算词的类频率,类特征词的 TF 值算法为:

$$TF_{i,T} = \frac{\sum_{j=1}^{m} n_{i,j}}{\max(n_{i,j})}$$

我们将某主题 T 下的所有文档混合作一篇文档处理,非 T 主题文档不动,故总文档数计算公式为：

$|D| = 1 + D_{\text{非}}$

其中,$D_{\text{非}}$为所有非主题 T 的文档数。

IDF 计算公式：

$$IDF_i = \log \frac{1 + D_{\text{非}}}{\{j: i \in d_j\}}$$

"见义勇为"主题事件特征词 i 的 TF – IDF 值算法如下：

$TFIDF_{i,T} = TF_{i,T} \times IDF_i$

## 二、SVM 算法

支持向量机(SVM)基于统计学习理论(Statistical Learning Theory)的结构风险最小化(Structural Risk Minimization)原理[①],利用核函数将 n 维空间上的线性不可解的问题映射到 n + 1 维空间上,通过它在 n + 1 维空间上的投影将两个类别分开。这里使用的核函数为线性核函数。

## 三、事件框架理论和架构

在 Minsky、Fillmore 等人框架理论相关阐述的基础上,我们采取"框架"是"具体的、统一的知识结构或经验的协调一致的图式化"的基本理念,对搜集到的见义勇为事件类文档进行人工框架整理。见义勇为事件框架(如图 3 – 6 所示)主要分为人物要件、伤害要件、自然事故要件、施救要件、伤亡要件、后续处理要件、各方评价要件七个维度,各维度下含相应的子事件。

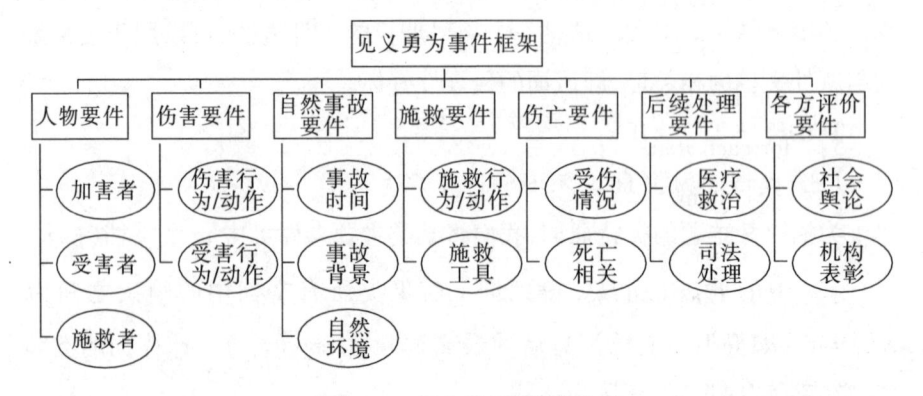

图 3 – 6　见义勇为事件框架

---

① V. N. Vapnik,*The Nature of Statistical Learning Theory*（Springer，New York,1995:138 – 154).

## 四、SVM 与事件框架相结合的见义勇为事件识别算法

首先,基于 TF-IDF 算法自动获取见义勇为类主题文档特征词向量(步骤1),并把该特征向量映射到见义勇为事件框架,即把 TF-IDF 抽取特征向量集进行分维操作,构建"见义勇为"框架式多维特征向量集。其次,在训练语料库中训练,取得不同维度的权重(步骤2)。最后,利用 SVM 算法实现了主题识别(步骤3),并在测试语料库中进行测试。算法架构见图3-7。

(一)步骤1,获取见义勇为特征词

输入:

FileList:训练集的文件夹

corpus:训练语料库

C:类别标签

fMap:特征词表

stopWordList:存储停用词表

输出:

dataMat:类别特征词及 TF-IDF 权值

具体算法:

1:   for each file in D do
2:       itemMap = WordCut. getItemMap(file)
3:       C = WordCut. get Class Label(file)
4:   end for
5:   for each item in itemMap
6:       item Value(item) = TF-IDF(item)
7:       order(item,item Value)
8:       Choose the top-N items to form the fMap
9:   end for

在步骤1中,第1—3步在分词文本的基础上去除停用词,5—9步计算出所有单词的 TF-IDF 值,并进行排序。

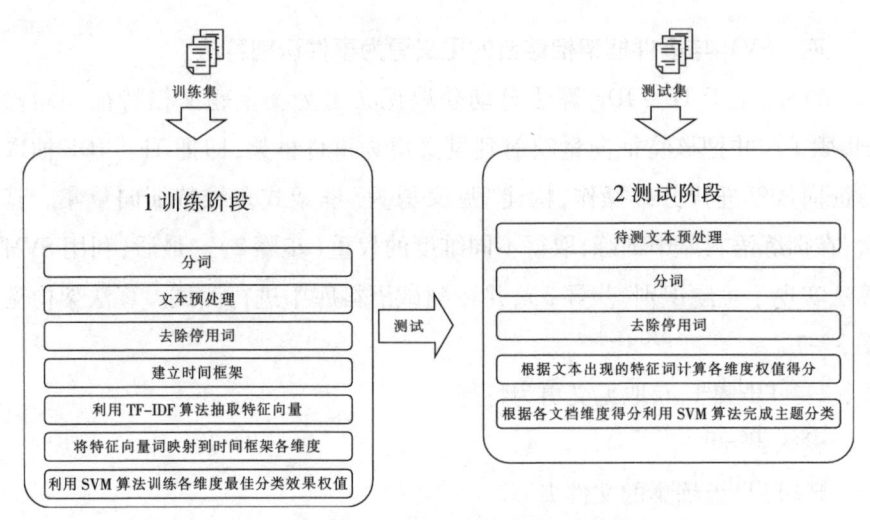

图 3-7 基于事件框架的主题文本识别算法框架

（二）步骤2，训练事件不同维度的权重系数

输入：

dataMat：训练语料库

testFilelist：保存所有的待分类文本

test 特征项集 fMa

C：训练集文档类别

Item：文本中的词项

Item Map：训练集中出现的所有词项的集合

fit：fMap 中的特征项

frame：见义勇为事件框架

M：初始种群的个体数

输出：

ln：见义勇为事件框架第 n 个子框架维度

an：见义勇为事件框架第 n 个子框架维度的权值

A：见义勇为事件框架第 n 个子框架维度的权值的集合

P：分类器的准确率

R：分类器的召回率

F：分类器的 F1 值

1：　for each item in D

2： If item matches a feature fit in fMap

3： fitValue(fit) = TF − IDF(item)

4： end for

5： for each fit in fMap

6： mapping fit to frame

7： fitValue(fit.ln) = $\alpha n * \sum$ fitvalue(ln)

8： value(file),add(fit, fitValue(fit,ln))

9： end for

10： begin

11： initialize $\alpha(n)$

12： $\alpha(n) = 0$

13： while($\alpha(n) <= 100, n <= 7$) do

14： for i = $\alpha(n)$ to M do

15： Import SVM

16： calculate rate of P($\alpha(n)$)

17： calculate rate of R($\alpha(n)$)

18： calculate rate of F1($\alpha(n)$)

19： end for

20： $\alpha(n) += 1$

21： end while

22： end

在步骤2中,第1—5步计算训练文本的特征向量,第6—11步将特征向量投射到事件框架的各个维度,第12—22步训练事件框架各个维度的权值系数 $\alpha(n)$,获取分类器最佳效果的各个维度权值系数。

(三)步骤3,文本主题识别

输入：

testdataMap:测试语料

fMap:训练过程得到的特征项集

$\alpha(n)$：训练得到各维度的最佳权值

输出：

C：测试文本及对应类别

1： for each item in testdataMap

2： If item matches a feature fit in fMap

3： fitValue(fit) = TF − IDF(item)

4： end for

5： for each fit in fMap

6： mapping fit to frame

7： fitValue(fit.ln) = αn ∗ ∑fitvalue(ln)

8： value(file), add(fit, fitValue(fit,ln))

9： end for

10： for i = α(n) to M do

11： import SVM

12： calculate rate of P(i)

13： end for

在步骤 3 中，第 1—4 步计算测试文本的特征向量，第 5—9 步将特征向量投射到事件框架的各个维度，第 10—13 步利用训练好的事件框架各个维度的权值系数 α(n)，采用 SVM 算法，在分类器中测试文本的分类效果。

## 五、实验

（一）数据集

训练语料随机抽取月"中国好人榜"[①]2015 年上榜的文本有"见义勇为"事迹 50 篇、"助人为乐"事迹 50 篇，另外 100 篇随机抽取自中小学生思想品德教材语料库[②]和小学生科学教材语料库[③]，其中"热爱祖国"主题的

---

[①] "中国好人榜"是由中央文明办主办、中国文明网承办的"我推荐我评议身边好人"活动，每月由人民群众投票选出本月的好人好事。http://www.wenming.cn/sbhr_pd/zxtj/index_7535.shtmlj，访问日期：2017 年 4 月 10 日。

[②] 该语料库由四套教材构成，分别是北京师范大学出版社 2003 年 1 月第 1 版、广东教育出版社 2004 年 7 月第 1 版、人民教育出版社 2007 年 9 月第 2 版、江苏教育出版社 2004 年 7 月第 1 版，包括 1—2 年级《品德与生活》、3—6 年级《品德与社会》、7—9 年级《思想品德》。

[③] 语料库由中、美共三套小学《科学》教材组成。其中两套是国内主流的小学《科学》教材，分别是教育科学出版社 2004 年第 1 版、江苏教育出版社 2007 年第 7 版；一套是在美国广受欢迎的小学《科学》教材——《科学启蒙》，由美国麦克米伦公司授权，浙江教育出版社引进、翻译，并于 2009 年出版发行。

有 50 篇,"物理运动和力"主题的有 50 篇。

测试语料随机抽取自"中国好人榜"2016 年上榜的文本有"见义勇为"事迹 100 篇,"孝老爱亲""敬业奉献"等各类事迹 20 篇,中国新闻网[①]新闻 30 篇,小学生思想品德教材语料库"我爱科学"主题的 50 篇。

(二)评价指标

这里用准确率、召回率和 F1 值对分类结果进行评价,并定义分类指标 TP(真正)、FN(假负)、FP(假正)、TN(真负)。正确率 P 由 TP 和 FP 计算,公式如下:

$$P = \frac{TP}{TP + FP}$$

召回率指检索出的相关文档数和文档库中所有相关文档数的比率,测量检索系统的查全率的召回率 R 由 TP 和 FN 计算,公式如下:

$$R = \frac{TP}{TP + FN}$$

F1 值是衡量分类器分类准确性的综合标准。F1 值的计算方法是准确率和召回率 R 的加权平均。F1 值最大值为 1,最小值为 0。计算公式如下:

$$F1 = 2 \times \frac{P \times R}{P + R}$$

(三)主题事件类特征词抽取

在对训练语料进行去除停用词的整理后,通过主题事件类 TF-IDF 值计算公式得到如表 3-14 所示的见义勇为特征词表,表中展示的是 TF-IDF 值最高的五个词,从结果看,算法选出了极具主题类代表性的特征词。

表 3-14 见义勇为事件特征词表(部分)

| 词目 | 歹徒 | 见义勇为 | 落水 | 救 | 救人 |
| --- | --- | --- | --- | --- | --- |
| TF-IDF | 1.67 | 1.60 | 1.44 | 1.08 | 0.8 |

(四)见义勇为事件多维特征向量集构建

在见义勇为事件主题特征词表的基础上,将特征词集中各词映射到见

---

[①] 中国新闻网,http://www.chinanews.com/,访问日期:2017 年 5 月 10 日。

义勇为事件框架,并用 SVM 算法对事件框架的各维度特征的重要程度进行学习训练(如表 3-15 所示)。

表 3-15 见义勇为事件框架分维加权特征词表(权值系数 1-100)

| 事件框架 | 事件框架子维度 | 加权系数 | 特征词举例(加权训练后的 TF-IDF) |
|---|---|---|---|
| 人物要件 | 施救者 | 1…100 | 模范(0.74…73.95)、英雄(0.58…57.83)… |
| | 受害者 | 1…100 | |
| | 加害者 | 1…100 | |
| 伤害要件 | 伤害行为/动作 | 1…100 | 撞(0.28…28.06)、抢劫(0.22…21.60)… |
| | 受害行为/动作 | 1…100 | 挣扎(0.34…34.34)、呼救(0.31…31.49)… |
| 自然事故要件 | 事故情况 | 1…100 | 江水(0.73…73.47)、上岸(0.59…59.47)… |
| 施救要件 | 施救行为/动作 | 1…100 | 救(1.08…10.82)、救人(0.81…81.35)… |
| 伤亡要件 | 受伤情况 | 1…100 | 受伤(0.48…48.69)、生命(0.39…39.06)… |
| | 死亡情况 | 1…100 | |
| 后续处理要件 | 医疗救治 | 1…100 | 医院(0.52…52.78)、看望(0.16…16.12)… |
| | 司法处理 | 1…100 | |
| 各方评价要件 | 社会舆论 | 1…100 | 记者(0.28…27.65)、刊发(0.17…17.49)… |
| | 机构表彰 | 1…100 | 荣誉(0.62…62.36)、称号(0.59…59.02)… |

训练结果显示,分类效果最好的权重系数为:人物要件、伤害要件、自然事故要件、施救要件、伤亡要件权重 40;后续处理要件权重 9,各方评价要件权重 1。

(五)实验结果

上文利用 SVM 与事件框架相结合文本主题识别算法,对训练语料和测试语料进行了实验,实验结果如表 3-16 所示。

表 3-16 实验结果

| | 召回率(R) | 准确率(P) | F 度量(F) |
|---|---|---|---|
| 封闭测试 | 99% | 98% | 98% |
| 开放测试 | 82% | 91.1% | 86.3% |

实验结果表明,基于事件框架的文本主题识别算法在测试样本上表现

良好,在实验数据集上分类准确度较高。当然这还只是一个较小样本语料库实验,算法还有待在更大语料集中测试。后续拟开展的研究包括:大规模语料主题识别测试,事件框架的构建的自动学习与生成,多主题识别等,以使主题识别算法更有实用价值。

## 第六节

### 基于底表的多层扫描术语自动标注算法

术语是构成学科知识的核心内容,学科教育的核心问题就是理解和掌握学科术语以及习惯表达,并最终把这些内容融入学生的语言系统。下面设计的就是以术语语料库建设为研究目的的多层扫描术语自动标注算法。

#### 一、术语底表的作用

前人在术语自动识别上进行了大量的工作,给本研究提供了丰富的参考。但从内容上看,少有对教材术语进行研究的;从研究目标来看,大多定位于对术语抽取方法的探索,而不是标注语料库中的术语并构建术语语料库;从研究基础来看,已有的研究多把底表作为识别结果的参照,以发现新术语为主;就研究方法而言,研究大部分都有规则和统计的影子,区别在于规则选用的基础不同及统计方法采用的指标不同[①]。

本研究认为术语底表在语料库标注中有重要作用,有利于语料中绝大部分已有术语的标注,并且可为自动识别未登录词语提供识别知识。为此本研究首先开发了一个术语辅助标记、辅助校对软件,用于构建原始基础术语表。为了提高标注结果的召回率和正确率,在实际应用中,该底表是动态滚动增加的。

在2010年5月第十一届汉语词汇语义学会上,香港理工大学陆勤在大会报告中指出:对于术语识别而言,原文识别的效果比分词后识别效果更

---

① 参见冯志伟:《现代术语学引论》,语文出版社,1997。郑家恒、杜永萍、刘昌钰:《基于语料的动态获取专业词汇方法初探》,《计算机工程》2002年第5期。张艳、宗成庆、徐波:《汉语术语定义的结构分析和提取》,《中文信息学报》2003年第5期。周浪、冯冲、黄河燕:《一种面向术语抽取的短语过滤技术》,《计算机工程与应用》2009年第19期。姜韶华、党延忠:《自动提取含字母词语的领域新术语的研究》,《计算机工程》2007年第2期。何燕、穗志方、段慧明、俞士汶:《一种结合术语部件库的术语提取方法》,《计算机工程与应用》2006年第33期。

好一些。这个观点也可以从分词软件的现状得到一定的解释。术语一般是未登录词语,在分词过程中往往被切成碎片,同时分词还存在词性标记错误等问题,而捆绑碎片的过程并不比直接在原文中识别术语更方便。基于这样的经验知识,本自动标注算法选择在未分词原文中进行。

为了获得较高的标注正确率和召回率,这里的自动标注系统拟以规则模板与基于底表的最大匹配方法①相结合的方法完成对术语的识别。因为需要首先考察最大匹配算法在术语标注中的缺陷,故本研究先期单纯采用经典最大匹配方法对人教版物理教材八年级上册原始文本进行了术语标注,并利用课题组开发的术语辅助校对系统完成人工校对,制作了训练语料库自动提取训练语料中所有的术语及其前后语境,拟从中提取术语识别的各种规则知识。

**二、最大匹配方法的标注错误分析**

经过考察,最大匹配算法术语标注的错误可分为两大类:未登录术语和缺少规则发生的错误。我们统计了这两类识别错误在训练语料标注错误中所占的比例,发现因未登录术语而造成的标注错误在总标注错误中所占的比例约为32.01%,因缺少规则引发的错误所占的比例约为67.9%。

(一) 未登录术语识别错误分类分析

"未登录术语"指那些没有收入术语底表的术语。以下为因未登录而发生的标记错误和相应的规则总结。

1. 单位术语:由于标注术语底表中未收录这些单位和单位符号而导致识别错误。单位术语包括汉字单位和单位符号,如:"焦每立方米、焦每千克、平方厘米、元·吨$^{-1}$、毫米、kg/m$^3$、N/kg"等。这类术语可以用单位识别模板标注,模板规则如下:

(数字|数字词|多少)term(,|。|、|;|!|空格|时|内|中|之内|之前|之后|之间|以上|以下|左右|的)

2. 作为被定义项的术语:指未在标注底表中出现,但出现在定义中的被定义项。可以用定义识别模板定位和识别,如:"分子热运动的动能与分子势能,叫作物体的内能。"被定义项术语识别模板规则如下:

---

① 关于最大匹配分词方法具体步骤参见俞士汶主编《计算语言学概论》,商务印书馆,2003,第121—128页。

(叫作|简称|统称|称为|又叫|叫|简称为|读作|读做|俗称|也叫)term(,|。|;|(英文))

在教材中,术语定义时会出现"……的……"的术语模式,我们把其整体当作术语。如:"热的效应"是"热效应"这个术语在教材应用中(行文中)的变形,即词典术语在实际使用中,比如教材术语叙述中会发生一些语形上的变化,但所指并不变。如果我们把"热的效应"分成三个词,就丢掉了应有的术语。为了提高术语的召回率、查全率,我们标注时采用同一处理方式,把定义中出现带"的"的术语,作为整体标注。

3. 术语被截短:指由于长术语未登录底表,最大匹配没有相关的组合识别规则导致的错误。如:"聚变反应、裂变反应、平均功率、热污染、液体压强、视运动、纳米机械、化学能"等。这类术语在底表中都存在对应的短术语,短术语加上相邻术语或术语部件①则可以构成这些未登录的长术语,如:"聚变+反应""纳米+机械""平均+功率"等。这类可扩展的术语,我们采用在术语表中增加规则的方法消解错误,如:在识别"压强"字时,扫描其前后的字符若有"液体"则识别成"液体压强"。

4. 其他术语:这类术语包括相关学科术语如"二氧化氮、固态甲苯、对流、氧化剂"等,应用类术语如"加热器、宇宙飞船、潜水艇、显示器、压力锅"等,天体物理术语如"太阳系、银河系、宇宙、星系、行星、地球、恒星"等,物理学科的研究对象如"煤油、煤气、焦炭、硫酸、蜡、汽油、水银、无烟煤"等。这些术语均为未登录术语,也没有明显的定位规则及识别规则,所以一旦发现此类术语,直接把其加入底表中。

经统计分析,在未登录术语识别错误中,有21.77%为字母单位术语,如"A(安)、Hz(赫兹)"等,29.25%的未登录术语为带英文注释的术语,或被定义术语。也就是说至少有50%的未登录术语可以采用带标记模板提取。其余未登录术语,本研究选择根据语境及词语的特点进行识别标注,如靠指界词、术语用字、词、部件进行猜测性标注。

(二)缺少规则识别错误分类分析

1. 长短识别错误

---

① 术语部件指组成多词术语的词。特定领域中结合紧密、生成能力强、使用稳定的语言片段也可以看作术语部件,如"超大规模""光耦合"在信息科学与技术领域也可看作是术语部件。

长短识别错误指两个相邻术语其关系可能是长术语包含短术语,或长术语和短术语存在交叉导致的错误。可以分为三种情形:术语的交集歧义错误、组合歧义错误和截取术语错误。

(1)术语的交集歧义错误:这里所说的交集歧义错误与汉语自动切分问题中的交集型歧义字段①定义相同。如:

例1:在物理学中,把力与在力的方向上移动的距离的乘积叫做功:功=力×力的方向上移动的距离。

例2:单位时间内所做的功叫做功率(power)。

例1中的字段"叫做功"为交集型歧义字段,由于"叫做""做功"两个字段都是词,其中"做功"是个术语,这是普通词语与术语的交集歧义。术语标记时,似乎在这个字串中"做功"应被标注为术语。但事实上,从整个句子看这里介绍的是"功"应该怎样计算,所以应该标记的术语是"功"而不是"做功"。要正确标注这个术语需要语境、语义知识。因识别系统缺少这方面的知识,仅采用长优先策略,故还不能保证完全正确识别。

例2中有两个术语"做功"和"功率"发生交集歧义,交集术语是"功",另外"做功"还有组合歧义,因此例2是混合歧义。

对于上述两个例子,可以采用语境扫描策略:如果"做功"前面有"叫"字则继续判断后面的字,如果是"率"则识别为"功率",如果是标点符号,则识别为"功"。即以"叫做"作为标记,认为其后成分为被定义术语。

这类交集歧义错误的例子并不仅发生在被定义项术语上,如:

例3:有人估计,仅陆地部分地面下3km之内的地壳,它的地热能量储量……

例3的识别依然采用语境扫描策略:如果"地热能"后面一个字是"量",则识别为"地热""能量"两个术语。因为"能量"基本不作为其他术语的构成成分。

(2)术语的组合歧义错误:在术语识别中也存在组合歧义错误,主要体现在两个相连的术语之间。

例4:扬声器是把电信号转换成声信号的一种装置。

---

① 交集歧义、组合歧义具体定义参见冯志伟:《计算语言学基础》,商务印书馆,2001,第114—115页。

例5：乙醚汽化时体积增大约250倍。

例6：电压表应该与被测的用电器并联。

在例4中，"电""信号""声"分别都是术语，相连的两个术语也可以组合成一个术语，即"电信号""声信号"，因为"信号"为右部件术语，这种情况则考虑把两条相连的术语组合为一个长术语。

在例5、例6中相连的两个术语"乙醚"和"汽化"、"用电器"和"并联"应该各自独立标记。因为"汽化""并联"虽是术语，但不是右部件术语。

经过对标记结果的考察，发现术语相连出现时，可以直接独立标注为术语的占75%左右。而相连术语合并还是独立，主要是根据术语是否为部件术语，这是部件术语的合并标记，非部件术语则两个术语一般情况下应该独立标注，正确率约为87%。这里是根据术语是否为部件术语的策略来处理此类问题。

（3）截取术语错误：指的是在标记术语时发生的从多词术语中截取出完整术语的一部分作为术语的情形。

例7：下表列出了几种金属的密度、熔点、导热性能及导电性能等。

例8：哪两种金属的导电性能好？

上面两例中的术语"导电性""导热性"都只截取了术语的一部分，并不是正确的标注。在识别时，如果"导热性""导电性"后面一个字是"能"，则术语识别为"导热性能""导电性能"。在这里的识别系统中，"能"作为被截断术语后字"性"的粘连字，被收入例外校正规则中。

对待歧义问题，本算法目前采用左右扫描方法完成标注。扫描术语左右语境，首先调用术语例外规则进行处理，再根据部件规则进行处理。如果取到术语部件，则采用合并方式标记为长术语；如果是一个术语但非右构件词语，则分解为两个术语；如果是其他词语直接标记当前获得的底表术语。

2. 通用词或通用字做术语

通用词或通用字做术语是指由于字符串相同，在上下文中本不是术语的通用词或通用字却被标注为术语，如"能"字在物理学中是一个术语，但在一般情况下，只是一个普通的词或者语素，而在基于底表的自动标注中，这些作为普通词或语素的"能"都被标注为术语。比如在字串"你能说出一些现象支持你的说法吗"中，"能"则被标注为术语。这类术语还有：交流

("交变电流"的简称才是术语)、力、光、热、电子、功、核、像、声、水能、簧片等。由于每个通用字或通用词什么时候是术语,什么时候是通用字或词的情况不一致,对那些在物理教材语料库中经常被标注为术语的通用字或词,我们分别总结了它们的例外校正规则和保持规则。例外校正规则如当标记到术语"能"时,扫描其前后字是否可以构成"才能、不能、功能、可能、只能、性能、能力、能够"等,如果可以,则"能"被排除出术语范畴;保持规则如当标记术语"力"时,当"力"的前面字符是"的、用、这个"或标点,或后面字符是"的"时,则是术语。

3. 底表不当造成的术语识别错误

指由于底表收词不当而带来标注错误的情形。经过实践检验,以下词语在教材术语标注中自身均不为术语,其中个别的和其他成分结合才可以构成术语,因此,此类词应直接从术语底表中删除。这类词语有"场、节、劈、镀、单位、年、月、日、天、时"等。

4. 部分单位术语只在少数情况下是术语

这类词语包括:安、瓦、度、分、开、升、牛、欧、库、摩、克、焦。这些独字词都是缩略单位术语,最大匹配算法下,由于字形相同,导致很多通用字也被识别为术语,如:"2000年河南焦作娱乐场大火。"缩略单位术语在语料中出现时都有明显的定位标记,这里采用单位词语的识别模板对其进行识别。

从对各种错误的统计结果看:通用词或通用字做术语、底表不当术语、缩略单位术语、未登录单位术语这四种类型的错误是主要错误类型。本研究针对以上发现的错误建设了相关的自动识别资源。

三、术语构成分析及识别资源建设

(一)术语构成分析

本小节首先采用分解策略,从构成特征上对术语进行解析,以便于确定提取哪些术语识别知识;接着从整体识别的角度对术语进行剖析,以便于识别并标记术语。

经过考察,我们发现有些术语通常不做其他术语的组成成分,有些术语既可以单独做术语,也可以作为其他术语的组成成分。根据这个特点,我们把术语分为独立术语、部件术语。独立术语指一般不作其他术语组成成分的术语,如"恒星、粲夸克、焦距、像距等。"部件术语可与其他术语或词组合构成新的词组术语,如"化学+能、核+能、并联+电路、自由+电子、液态+氟利昂等,"其中"能、并联、电路、自由、电子、液态"均为部件术语。部件术语可以分为术语部件(term component)和非术语词部件(non-term component)两类。术语部件指自身为术语的部件,如"电、磁、能"等。非术语词部件指本身不是术语但和术语结合可以构成术语,并且具有相当的生成术语的能力,如"不可见、指针式、立体、非、低、能力、系统、平行、定律、变化、反应、体、性能、性、率"等。部件术语还可以按出现的位置继续细分为:左部件术语(如:磁、热、喷气式、反射式、机械、自动、自由、正、负)和右部件术语(如:离子、粒子、二极管、射线、能),还有两用部件术语(如"力"可以构成"作用力、共点力、力敏元件、力臂"等)。

(二)术语自动识别资源建设

1. 资源类型

术语自动标注需建立三种资源:(1)术语底表。标注新语料前已取到的所有术语。(2)部件表。包括术语部件和那些本身不是术语但经常构成术语的非术语词部件。(3)在术语自动标注中使用的各种规则。包括:模板规则、例外校正规则、保持规则。模板规则指当符合该模板时,把被模板夹着的部分标记为术语。如:术语识别模板之一定义模板。"(叫做|简称|称为|又叫|叫|简称为|读作|读做|俗称|也叫)……(,|。|;|(英文))"。例外校正规则指当一个字符串被模板识别为候选术语时,或者该字符串为底表术语时,调用的检验排除规则,如当标记到术语"热"时,扫描其左右字是否可以构成"炎热、热水、天热、热天、时冷时热"等,如果可以,则"热"被排除出术语范畴。保持规则功能是保证不被校正规则修改的模板。比如当"能"字的前后字符分别为"的"和标点时,则"能"直接标注为术语,有保持规则存在,则该术语不得被校正规则修改。

2. 资源的建设

(1)这里的原始底表来自几本中学生用物理小辞典。该底表在术语语料库制作中,不断增加新术语,这里使用的原始底表有术语 1572 条,新术语表有术语 1910 条。

(2)部件术语主要从已有物理术语用字、用词中获取。

首先，对物理术语的用字进行统计抽取，提取构术语个数大于给定阈值的汉字作为候选字集，如："电、光、机、器、子、线、能、磁、力、压、动、热、流、射、度、声、的、发、导、米、镜、式、气、超、波、物、核、化、路、计、量、温、变、液、性、体……"

其次，对物理术语分词的用词情况进行考察，抽取构术语数大于给定阈值的词语作为候选部件集，如："光、核、电流、热、电子、磁、超导、纳米、能、力、电磁、电、信号、机械、分子、激光、半导体、透镜、声、电压、元件、液态、物质、固态、直流、能量、磁性、式、材料、技术、通信、定律、板、控、双、红外、系统、值、多、感应、数字……"

再次，对术语高频用字、词与术语首位置出现的字、词集求交集，取得左部件术语；对术语尾位置出现的字、词集求交集，可得右部件术语。经过人工过滤，共取得部件术语200余条。标注系统把这些部件分为左部件与右部件。当然有些部件可以同时兼任左、右部件。

最后，在训练语料中对这些部件进行训练学习，剔除不恰当部件，增加有效部件。部件库目前有术语部件199条。

（3）规则获取。

模板规则，直接从原文中获取。以标注正确数（N）和标注正确率（R）确定保留规则。正确率等于使用该规则标注正确的术语数除以总术语数。取$N>3, R>0.5\%$。模板主要有三类：定义模板、单位术语模板、标记模板。

例外校正规则，对被确定候选的术语进行检查、排除和纠正的规则。通过提取术语左右语境字、词，统计形成初始校正规则，把规则用于实际标注，计算绝对改正数和相对改正数：

绝对改正数＝改对数－改错数

相对改正数＝绝对改正数/（改对数＋改错数）

保留绝对数高于3，相对数大于40%的规则，并经过人工审核、筛选。该类规则在最大匹配标注和模板标注后使用，为了减少错误，调用校正规则前先调用保持规则检查。

保持规则，保证候选术语不被修改的规则。通过提取标注正确的术语的前后语境，寻找到百分百标注正确的规则。

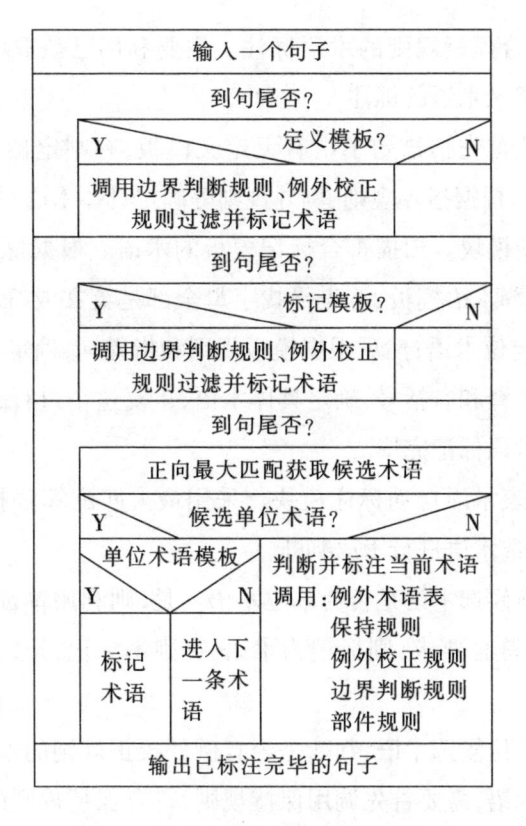

```
┌─────────────────────────────────────┐
│         输入一个句子                  │
├─────────────────────────────────────┤
│         到句尾否？                    │
├──────┬──────────────────────┬───────┤
│  Y   │      定义模板？        │   N   │
├──────┴──────────────────────┴───────┤
│   调用边界判断规则、例外校正          │
│      规则过滤并标记术语              │
├─────────────────────────────────────┤
│         到句尾否？                    │
├──────┬──────────────────────┬───────┤
│  Y   │      标记模板？        │   N   │
├──────┴──────────────────────┴───────┤
│   调用边界判断规则、例外校正          │
│      规则过滤并标记术语              │
├─────────────────────────────────────┤
│         到句尾否？                    │
├─────────────────────────────────────┤
│    正向最大匹配获取候选术语           │
├──────────────────────┬──────────────┤
│    候选单位术语？      │      N       │
├──────────────────────┼──────────────┤
│     单位术语模板       │判断并标注当前术语│
├──────┬───────────────┤调用:例外术语表 │
│  Y   │      N        │   保持规则    │
├──────┼───────────────┤  例外校正规则  │
│ 标记  │  进入下       │  边界判断规则  │
│ 术语  │  一条术       │   部件规则    │
│      │  语            │              │
├──────┴───────────────┴──────────────┤
│       输出已标注完毕的句子            │
└─────────────────────────────────────┘
```

**图 3-8 基于底表的术语自动标注算法**

边界判断规则,又称指界词①规则,通过对术语字、词语境考察、统计而取得。考察结果发现在术语前面出现的成分主要有:标点、符号、数字、空格、其他术语、常用词等,其中的常用词有助词"的"、介词"在、用、把"、动词"是、有"、连词"和、与"等;而出现在术语后面的成分主要有标点、符号、空格、其他术语、常用词等,其中的常用词包括助词"的"、连词"和、与"、方位词"中、上"、动词"是"等。通过人工过滤共取得前后边界判断规则 24 条。

### 四、基于多层扫描的术语自动标注

多层扫描算法首先采用模板规则对各种未登录术语进行扫描识别,然后采用取长优先的正向最大匹配法,调用术语底表,获取候选术语,辅以各种规则进行术语标注。算法如图 3-8 所示。具体操作步骤如下:

---

① 指示术语左右边界的词语,如"的、用、在"等为术语的左指界词,"上、就、可、不、与、为"等为术语的右指界词。

第一步，符合模板规则的术语标注。主要利用已获取的定义模板、标记模板进行未登录术语的标注。

1. 扫描算法首先扫描句子中有无定义模板，有则定位术语，然后以8字长[①]为最长串，根据指界规则、例外规则等确定具体术语，并进行标注。

2. 标记判断模块。扫描符合标记模板的术语。根据标记（锚点）定位术语，如英文注释术语模板，首先寻找字母全部是英文或符号，左边为"（"或"("的标记，定位术语；然后根据模板规则和指界词，确定术语的左边界，右边界为英文注释和右括号，确定具体术语，重复这个过程，直到整个句子中所有带标记术语标记完毕。

第二步，底表术语自动标注模块。采用最大匹配算法扫描句子，获取候选术语，对候选术语进行术语判断。

1. 首先判断候选术语是否为单位术语。是，则利用单位术语模板规则检查语境，如果符合要求，则标记为术语，否则不标记，开始下一个术语的判断。

2. 对于非单位候选术语，判断是否有例外校正规则的术语。对具有例外校正规则的术语，需要首先调用保持规则，符合保持规则的不再修改，直接标记为术语；否则，调用例外规则进行判断。如果符合例外规则，排除其术语资格，开始下一个术语的判断。对不具例外候选的术语，直接进入普通术语判断模块。

3. 普通术语判断模块，扫描候选术语左右是否为指界词，对于左右是指界词的术语，直接标记为术语；对于非指界词语，则扫描其有无可扩展部件，有可扩展部件则检查部件例外规则，无例外则予以合并，并标记为术语；如果有部件例外规则，就检查例外规则，符合则直接标记候选术语为术语，不符合则予以合并，并标记为术语。其他情况直接标记候选术语为术语。

五、实验结果对比分析

我们对术语自动标注系统分别进行了封闭测试和开放测试。封闭测

---

① 根据本研究对基础物理术语字长分布统计，8字长以内的术语约占全部术语的99%，故本研究以此为术语最大词长。

试语料来自训练语料,即人教版八年级上册初中物理教材,开放测试语料是北师大版八年级上册初中物理教材,两种语料的规模都在 3 万字左右,术语数分别为 3047 和 2331。

我们利用正确率、召回率,以及 F - 指数作为指标来评价测试结果。

1. 正确率是指系统标注的正确术语数在标注出的术语总数中所占的比例,计算公式如下:

$$P = \frac{标注的正确术语数}{标注的术语总数} \times 100\%$$

2. 召回率是指系统抽取出来的正确术语数在文本集中包含的术语总数中所占的比例,计算公式如下:

$$R = \frac{标注的正确术语数}{文本集中包含的术语总数} \times 100\%$$

3. 综合评价指数 F - 指数。采用正确率和召回率并重的评价公式:

$$F = \frac{2 \times P \times R}{P + R} \times 100\%$$

表 3 - 17 是两种识别方法的比较。方法 1 是单纯基于底表的最大匹配算法,方法 2 是基于最大匹配的多层扫描的算法。方法 1 基于原有基础底表,抽取的正确术语的个数是 1679 条,基于新底表抽取的正确术语数是 2931 条。方法 2,在新底表基础上,封闭测试抽取的正确术语数是 2896 条,开放测试抽取的正确的术语数是 1975 条。

表 3 - 17　两种识别方法的结果比较

|  | 方法 1(%) |  | 方法 2(新底表) |  |
| --- | --- | --- | --- | --- |
|  | (原底表) | (新底表) | 封闭测试(%) | 开放测试(%) |
| 正确率 | 54.92 | 72.98 | 89.27 | 83.5 |
| 召回率 | 55.1 | 96.19 | 95.04 | 84.73 |
| F - 指数 | 55.01 | 82.99 | 92.06 | 84.11 |

表 3 - 17 的测试结果表明:(1)在均采用方法 1 的情况下,新底表识别结果明显优于原底表,其正确率、召回率均大幅提高,综合测评 F - 指数提高了约 27.98%。说明在最大匹配算法中,底表好坏直接影响着术语识别的效果。(2)从封闭测试结果看,方法 2 的 F - 指数高于方法 1 约 9.07%,

说明方法2明显优于方法1。但因为方法2中增加了各种规则,这些规则的加入排除了大量不合规则的术语,因而导致被标注的术语数目减少,其中有些规则的过度拟合也会导致部分正确标注被排除,前面一段的数字就显示,方法2识别的正确术语数2896比方法1识别的正确术语数2931少了35条。所以方法2在正确率比方法1提高约16.29%的情况下,召回率下降了1.15%。(3)从开放测试结果看,方法2比基于原底表封闭测试的方法1正确率提高了约28.58%,召回率提高了约29.63%,F-指数提高了29.1%。在新底表的基础上,方法2比方法1虽召回率稍有所下降,但正确率提高了约10.52%。F-指数也达到了84%左右。这说明多层扫描算法是有效的。

只要语言不是封闭的,规则永远会有例外。本标注算法基于规则和底表,自然难以避免这个问题。以下几类标注错误有待解决。其中画线部分是错误标注结果:

1. 规则过度拟合。如:在"<u>地球表</u>面……""<u>按热值计</u>算……"中,"表""计"作为后部件,由于字形相同,而被合并到普通词上,构成"地球表""热值计"等错误术语。需要增加校正规则。

2. 规则不全。因为该算法是在术语语料库加工过程中不断改进和使用的,训练语料少于加工语料,尽管抽取规则时已经考虑进一些空位规则①,但仍存在规则不全面的问题,从而造成识别错误,如:

而不像汽<u>油机</u>那样吸入的是汽油。(非术语识别为术语)

300多年前,英国物理学家<u>牛顿(Newton,1643—1727)</u>在实验时发现白光可以分解成不同颜色的光。(非术语识别为术语)

"几种物质的熔点/℃(在标准大气压下)……"(术语漏标)

3. 术语界定标准的宽严会影响系统标注结果。由于化学与物理、数学与物理等各学科之间有交叉,通用领域的产品器件、化学元素和材料等可能正是物理研究对象或者研究使用的材料,如:"电灯"在物理教材的电学章节中,如果作为产品术语进行了标注,那么在其他章节则只是通用词语,目前自动标注系统无法区分这两者。这个问题还涉及产品名是否界定

---

① 所谓空位规则指目前语料中没有发现,但凭借专业知识或者专家语感可以推测出来的规则。

为术语。如果产品不作为术语标注,那么像"等离子电视"就只标注"等离子","远程导弹"也只能是非术语了。如果产品名归为术语,那么学科术语就会过滥。

4. 各种识别知识需要细化具体化,"常用的电冰箱利用了一种叫作氟利昂的物质作为热的'搬运工'……",其中只有"氟利昂"应该被注为术语。按照术语构成分类,中心词"物质"是个非术语部件,这里不合适作为术语中心语,被注为术语。发生错误的原因是算法在利用部件术语时没有区别使用。

5. 术语兼作通用词语与学科术语时,缺乏面向机器可操作的评价标准。比如:"……机器、器物的碰撞和摩擦等发出的声音都是噪声"中,"碰撞"和"摩擦"在该语境中作为普通词语使用,但"碰撞"和"摩擦"的确是物理术语,目前系统无法区别处理这种情况。

6. 原文录入错误,"100 度远视镜片的透镜焦度是 $l_m^{-1}$,它的焦距是 lm",录入时错把 1 和小写的 L(l)混淆。

可见规则空间中依然存在标注系统未考虑到的语法、语义、搭配关系等,这也是基于规则系统难以避免的缺陷。总之,算法仍有改进的余地。

概括以上分析,与已有的自动识别系统比较,本标注系统充分利用术语底表信息,在最大匹配算法的基础上,增加了适当的规则限定,取得了较高的正确率和召回率。语料库的标注实验也证明本算法是有效的。但本系统的缺陷也是明显的,就是底表依赖性强,未登录术语的识别能力仍待加强。

# 第四章
# 教育教材语言语料库建设

教育教材语言的所有研究，我们都希望是基于计量的基础上来完成，应该做到定量与定性的结合。所有的专题研究，都应该将研究对象语料库化、数据库化。有多少个专题研究，就能有多少个专题语料库。语料库的定量研究，本质上是抽样的研究。因此，对语料的认识，对语料库的认识，特别是对教育教材语言的语料库，应该保持清楚的认识。

## 第一节　当前语料库的发展趋势

### 一、对语料数量的强追求

中国当代语料库的建设经历了由百万字级向千万字级，再向亿字级发展的趋势。

表4-1　四个代表性语料库对比

| 启动 | 中期 | 出版 | 单位 | 负责人 | 成果名 | 语料规模 |
|---|---|---|---|---|---|---|
| 1979 | 1983 | 1986 | 北京语言学院 | 常宝儒等 | 《现代汉语频率词典》 | 180万 |
| 1981 | 1986 | 1990 |  | 刘源 | 《现代汉语常用词词频词典》 | 2000万 |

续表

| 启动 | 中期 | 出版 | 单位 | 负责人 | 成果名 | 语料规模 |
|---|---|---|---|---|---|---|
| 1992 | 2001 | …… | 语言文字应用研究所 | | 《现代汉语通用语料库》 | 2000万/7000万/9000万 |
| 2005 | …… | 2017 | 语言文字信息管理司 | 编委会 | 《中国语言生活状况报告》 | 年度10亿 |
| ……大数据、云数据的追求…… |

## 二、对语料平衡的强追求

当代汉语语料库注重对"平衡性""通用性""普遍性"的追求。

表4-2 四个代表性语料库内部语料分类

| 启动 | 成果名 | 语料规模 | 语料的领域平衡 |
|---|---|---|---|
| 1979 | 《现代汉语频率词典》 | 180万 | 4类：政论、科普、口语、文学 |
| 1981 | 《现代汉语常用词词频词典》 | 2000万 | 2类：分为自然科学和社会科学共十类学科 |
| 1992 | 《现代汉语通用语料库》 | 2000万/7000万/9000万 | 4类：人文与社会科学类、自然科学类、综合类、报纸 |
| 2005 | 《中国语言生活状况报告》 | 年度10亿 | 3类：平面媒体、有声媒体、网络媒体 |

《现代汉语频率词典》《现代汉语常用词词频词典》《现代汉语通用语料库》的语料分类是根据语料内容划分的，《中国语言生活状况报告》是对语料载体形式的划分。

## 三、对语料历时的弱追求

当代汉语语料库对语料的历时演变的变化则较为不注意。

表4-3 四个代表性语料库内部历时分布

| 启动 | 成果名 | 语料规模 | 语料的领域平衡 |
|---|---|---|---|
| 1979 | 《现代汉语频率词典》 | 180万 | 以"五四"运动以来中国现代优秀作品为主；较多选用20世纪40年代至70年代的作品 |

续表

| 启动 | 成果名 | 语料规模 | 语料的领域平衡 |
| --- | --- | --- | --- |
| 1981 | 《现代汉语常用词词频词典》 | 2000万 | 1919年至1949年、1950年至1956年、1957年至1967年、1977年至1982年共四个时期 |
| 1992 | 《现代汉语通用语料库》 | 2000万/7000万/9000万 | 20世纪20年代开始,逐步加重,以当代为主 |
| 2005 | 《中国语言生活状况报告》 | 年度10亿 | 2005年至2016年,每年10亿 |

语料规模、语料平衡、语料的历时演变,都是前一时期语料库建设中具有重要价值的选择与追求,直接推动、引领语料库建设的发展。

但在一概统之的思路下,在语料库建设普遍开展并日益追求语料库的质量、效益、价值的时候,对语料库建设的不足,人们往往不太关注。

## 第二节
## 教育教材语料的特点

在当代汉语语料库建设追求大型、综合型、历时型的趋势下,教育教材语料库往往不太为人所注意。因语料数量偏小而被轻视,因语料不具备平衡性而被忽略。教育教材语料库是一个带有明显专业特色的语料库。只有真正认识了教育教材语料的特点,它的价值才会真正被认识到。教育教材语料具有以下四个特点:

### 一、教材语料的学习性

教育教材对学期、年级、学段、小学初中的不同级别的划分,有着清晰而明确的要求。因此,在语料的难易上会表现出明显的层级、等级、阶梯的特点。下面是用不同方法观察到的不同结果。

(一) 统计法调查的结果

这是用频率统计法在大规模的社会用语的语料库中得到的高频汉字。在频率统计法中,不管怎样的文本,只要是真实的、实际使用状态的文本,高频字基本都是由这些字占领着。下面是《中国语言生活状况报告》四个年度的用字调查结果,语料规模每年在 10 亿字左右。

表 4-4  四个年度用字统计表

| 字 | 2005 年 | 2006 年 | 2007 年 | 2008 年 |
|---|---|---|---|---|
| 的 | 1 | 1 | 1 | 1 |
| 一 | 2 | 1 | 2 | 2 |
| 在 | 3 | | 3 | 3 |
| 是 | 4 | 1 | 4 | 4 |
| 有 | 5 | 8 | 6 | 8 |
| 国 | 6 | 10 | 10 | 9 |
| 了 | 7 | 5 | 5 | 5 |
| 中 | 8 | 8 | 8 | 7 |
| 人 | 9 | 10 | 7 | 6 |
| 不 | 10 | 9 | 9 | 10 |

(二)位序法调查的结果

前面介绍了位序法,这是从教材的年级、册数、课文的顺序中获得的真实结果,但它不是由"使用"决定的,而是出自教育者、教材编纂者长期以来的经验,是对中小学生汉字学习规律的总结。

下面是用位序法获得的具有儿童认知规律的学习性汉字表的第 1 至第 100 个字:一、二、三、上、小、下、五、我、八、天、个、去、里、四、十、口、鱼、不、六、在、来、白、妈、七、水、家、你、是、子、们、地、开、大、人、手、儿、的、花、走、日、门、鸟、老、见、书、头、有、云、只、雨、生、多、风、山、月、早、九、看、星、爸、又、出、好、两、树、说、做、把、用、学、爱、青、田、叶、友、毛、绿、么、片、起、吃、面、玩、果、西、东、回、过、唱、米、什、会、木、秋、到、朋、路、声、文、年。

下面是第 101 至第 200 个字:话、边、向、心、太、就、问、己、草、河、高、跑、了、方、笑、红、从、乐、这、快、都、后、孩、兔、自、才、牙、可、电、光、送、公、听、美、牛、画、阳、前、春、对、长、空、打、工、包、气、它、土、歌、条、虫、皮、色、黄、目、要、课、笔、得、找、师、右、左、拍、灯、很、进、告、跳、叫、车、哥、本、明、住、国、船、竹、字、种、那、答、身、吹、火、尖、坐、点、耳、千、外、同、他、黑、没、瓜、午、金、园、游。

它们所属的义类基本在"数字""方位""量词""人类""身体""自然现象""动物""事物""动作""形容词""介词""副词""助词"之中。

(三)首现法调查的结果

这一小节是语文教材中的词汇实际使用状况,中间表现出的变化特点让人印象深刻。

表4-5是小学一年级首次出现的双音词,构建了儿童喜爱的一幅自然风光,这些双音词在小学语文教材中出现的先后顺序反映了儿童对自然世界的认识。

表4-5 小学一年级首现双音词

| 词条 | 年级 | 课号 | ID | 词次 |
| --- | --- | --- | --- | --- |
| 草芽 | 1 | 2 | 2 | 1 |
| 春天 | 1 | 2 | 3 | 42 |
| 冬天 | 1 | 2 | 4 | 33 |
| 谷穗 | 1 | 2 | 5 | 2 |
| 荷叶 | 1 | 2 | 6 | 7 |
| 就是 | 1 | 2 | 7 | 141 |
| 青蛙 | 1 | 2 | 8 | 15 |
| 秋天 | 1 | 2 | 9 | 34 |
| 顽皮 | 1 | 2 | 10 | 3 |
| 夏天 | 1 | 2 | 11 | 30 |
| 小鸟 | 1 | 2 | 12 | 23 |
| 雪人 | 1 | 2 | 13 | 3 |
| 禾苗 | 1 | 3 | 14 | 3 |
| 江南 | 1 | 3 | 15 | 8 |
| 两岸 | 1 | 3 | 16 | 22 |
| 鸟儿 | 1 | 3 | 17 | 26 |
| 树木 | 1 | 3 | 18 | 28 |
| 小小 | 1 | 3 | 19 | 20 |

表4-6是小学三年级首次出现的前18个双音词,其中出现了较多反映社会生活的词语。

表4-6 小学三年级首现双音词

| 词 | 册数 | 课号 | ID | 词次 |
| --- | --- | --- | --- | --- |
| 边疆 | 5 | 1 | 4831 | 1 |
| 穿戴 | 5 | 1 | 4833 | 2 |
| 粗壮 | 5 | 1 | 4835 | 8 |
| 打扮 | 5 | 1 | 4836 | 8 |
| 当当 | 5 | 1 | 4839 | 1 |
| 粉墙 | 5 | 1 | 4840 | 1 |
| 凤尾 | 5 | 1 | 4841 | 1 |
| 服装 | 5 | 1 | 4842 | 3 |
| 汉族 | 5 | 1 | 4848 | 1 |
| 蝴蝶 | 5 | 1 | 4853 | 9 |
| 敬礼 | 5 | 1 | 4860 | 1 |
| 课文 | 5 | 1 | 4862 | 3 |
| 民族 | 5 | 1 | 4865 | 20 |
| 坪坝 | 5 | 1 | 4870 | 1 |
| 敲响 | 5 | 1 | 4871 | 3 |
| 绒球 | 5 | 1 | 4872 | 1 |
| 山狸 | 5 | 1 | 4873 | 1 |
| 山林 | 5 | 1 | 4874 | 7 |

表4-7是小学五年级首次出现的前18个双音词,其中出现了较多描绘性词语。

表4-7 小学五年级首现双音词

| 词 | 册 | 课 | 词次 |
| --- | --- | --- | --- |
| 不免 | 9 | 1 | 9 |
| 炒菜 | 9 | 1 | 1 |
| 从头 | 9 | 1 | 3 |
| 担忧 | 9 | 1 | 1 |
| 店门 | 9 | 1 | 1 |
| 读完 | 9 | 1 | 2 |
| 发觉 | 9 | 1 | 8 |

续表

| 词 | 册 | 课 | 词次 |
|---|---|---|---|
| 饭店 | 9 | 1 | 2 |
| 放慢 | 9 | 1 | 3 |
| 国文 | 9 | 1 | 2 |
| 忽地 | 9 | 1 | 3 |
| 急切 | 9 | 1 | 5 |
| 交替 | 9 | 1 | 2 |
| 脚尖 | 9 | 1 | 5 |
| 街角 | 9 | 1 | 1 |
| 紧邻 | 9 | 1 | 1 |
| 惧怕 | 9 | 1 | 1 |
| 麻木 | 9 | 1 | 6 |

表4-8是初中一年级首次出现的前18个双音词,其中出现了较多书面语色彩较浓的词语。

表4-8 初中一年级首现双音词

| 词 | 册 | 课 | 词次 |
|---|---|---|---|
| 痴想 | 13 | 1 | 1 |
| 海潮 | 13 | 1 | 1 |
| 铁青 | 13 | 1 | 1 |
| 想望 | 13 | 1 | 1 |
| 喧腾 | 13 | 1 | 1 |
| 隐秘 | 13 | 1 | 2 |
| 哀求 | 13 | 2 | 2 |
| 弹子 | 13 | 2 | 1 |
| 抵达 | 13 | 2 | 2 |
| 电筒 | 13 | 2 | 1 |
| 费城 | 13 | 2 | 1 |
| 很久 | 13 | 2 | 2 |
| 滑倒 | 13 | 2 | 1 |
| 杰利 | 13 | 2 | 1 |

续表

| 词 | 册 | 课 | 词次 |
|---|---|---|---|
| 进发 | 13 | 2 | 3 |
| 客气 | 13 | 2 | 4 |
| 口气 | 13 | 2 | 3 |
| 牢记 | 13 | 2 | 1 |

上面列举了四个学段第1册的首现词,这里没有任何选择、加工、分析、提炼,完全是客观、真实的呈现,清楚地显示出每一学段的词汇在词义深浅、语体风格、表意功能上出现的层级变化。学生的词汇学习就是这样一步步得到了提高。

以上由频率统计法、位序法、首现法所得到的统计结果是完全不同的。后两种调查法得到的结果最大的特点就是体现了学习者学习规律的特点。

二、教材语料的教学性

复现率是教材词汇学习中的一项重要标准。为了保证教学效果,教学特别看重教学对象语言的复现率。请观察下面的高频词语:

表4-9 复现率调查

| 词条 | 年级 | 课号 | ID | 词次 |
|---|---|---|---|---|
| 草芽 | 1 | 2 | 2 | 1 |
| 春天 | 1 | 2 | 3 | 42 |
| 冬天 | 1 | 2 | 4 | 33 |
| 谷穗 | 1 | 2 | 5 | 2 |
| 荷叶 | 1 | 2 | 6 | 7 |
| 就是 | 1 | 2 | 7 | 141 |
| 青蛙 | 1 | 2 | 8 | 15 |
| 秋天 | 1 | 2 | 9 | 34 |
| 顽皮 | 1 | 2 | 10 | 3 |
| 夏天 | 1 | 2 | 11 | 30 |
| 小鸟 | 1 | 2 | 12 | 23 |
| 雪人 | 1 | 2 | 13 | 3 |
| 禾苗 | 1 | 3 | 14 | 3 |
| 江南 | 1 | 3 | 15 | 8 |

续表

| 词条 | 年级 | 课号 | ID | 词次 |
|---|---|---|---|---|
| 两岸 | 1 | 3 | 16 | 22 |
| 鸟儿 | 1 | 3 | 17 | 26 |
| 树木 | 1 | 3 | 18 | 28 |
| 小小 | 1 | 3 | 19 | 20 |

请看上面左边词次在10以上的"语文性"较强的通用词语。复现率低的则是言语词,或组合凝固词。如:"二十四节气"是中小学语文教学的一个重要知识点,小学三年级下册有这一知识点。

### 二十四节气歌

春雨惊春清谷天,夏满芒夏暑相连。

秋处露秋寒霜降,冬雪雪冬小大寒。

每月两节不变更,最多相差一两天。

上半年逢六廿一,下半年逢八廿三。

表4-10 二十四节气词调查

| 词 | 义类 | 词级 | 《现代汉语常用词表》位序 |
|---|---|---|---|
| 雨水 | 时空/时间/季节/节气/立春 | 2 | 7103 |
| 大雪 | 时空/时间/季节/节气/立春 | 2 | 8498 |
| 小雪 | 时空/时间/季节/节气/立春 | 2 | 10418 |
| 清明 | 时空/时间/季节/节气/立春 | 2 | 12105 |
| 小寒 | 时空/时间/季节/节气/立春 | 2 | 21615 |
| 立秋 | 时空/时间/季节/节气/立春 | 2 | 25310 |
| 冬至 | 时空/时间/季节/节气/立春 | 2 | 26549 |
| 立春 | 时空/时间/季节/节气/立春 | 2 | 31859 |
| 霜降 | 时空/时间/季节/节气/立春 | 2 | 34305 |
| 白露 | 时空/时间/季节/节气/立春 | 2 | 34931 |
| 春分 | 时空/时间/季节/节气/立春 | 2 | 35426 |
| 夏至 | 时空/时间/季节/节气/立春 | 2 | 35635 |
| 惊蛰 | 时空/时间/季节/节气/立春 | 2 | 35887 |
| 立夏 | 时空/时间/季节/节气/立春 | 2 | 36365 |
| 谷雨 | 时空/时间/季节/节气/立春 | 2 | 36502 |

续表

| 词 | 义类 | 词级 | 《现代汉语常用词表》位序 |
|---|---|---|---|
| 立冬 | 时空/时间/季节/节气/立春 | 2 | 40131 |
| 秋分 | 时空/时间/季节/节气/立春 | 2 | 42153 |
| 芒种 | 时空/时间/季节/节气/立春 | 2 | 43383 |
| 寒露 | 时空/时间/季节/节气/立春 | 2 | 44078 |
| 大寒 | 时空/时间/季节/节气/立春 | 2 | 45314 |
| 大暑 | 时空/时间/季节/节气/立春 | 2 | 46522 |
| 小满 | 时空/时间/季节/节气/立春 | 2 | 47003 |
| 小暑 | 时空/时间/季节/节气/立春 | 2 | 49261 |
| 处暑 | 时空/时间/季节/节气/立春 | 2 | 52904 |

词汇学习有着"知""晓""用"的难易度与范围大小的划分，在现有语料库建设思路下，这些特点或隐而不见，或躲藏在单纯的词频高低之后。

如：《义务教育常用词表》中有"买卖"类词语43个。

1级：买、卖

2级：购买、交易、预订、叫卖、营业……

3级：采购、出售、倒卖、推销、销售……

4级：收购、倾销、转让、变卖、招标……

《现代汉语分类词典》中"买卖"类词语有379个，对中小学生来说较难，属于"知""晓""用"中的"知"（及一部分"晓"）范畴的词语更多。如：扳本、办货、保价、保税、崩盘、变产、并购、驳价、参股、拆卖、炒股、炒汇、炒卖、承购、抽成、抽头、出盘、串标、创税、搭售、倒买倒卖、倒腾、典卖、顶盘、动销、定销、兜卖、兜售、发包、发标、返销、返利、放盘、挂牌、哄抬、建仓、贱买、奖售、竞标、竞价、竞投。

### 三、教材语料的学科性

教材语料有明显的学科性。一门课程的教材就是一个学科，具有明显的领域性，即使是语文课程也是如此。

下面以"语文""历史""地理"三门教材中的共有词语为例。

语文：人教版、北师大版、语文版、苏教版

历史：人教版、北师大版、华东师大版、川教版

地理：人教版、中图版、湘教版

在对三科的词语统计中，运用频率差的统计法，得到了至少在两科中出现，并具有最大频率差值排在前 100 位的特色词。

语文教材特色词 100 条：

听见、身子、瞧、武松、么、鸟儿、猫、妈妈、哦、燕子、那位、似的、小溪、好看、屋子、一会儿、蝴蝶、唉、一点儿、窗外、吸、坐下、妈、蜜蜂、闪、心里、摘、咱们、使劲、那儿、嗓子、跟前、松树、笑声、乡下、哇、小姑娘、灰尘、怀里、爸爸、低声、大熊猫、头上、要是、抬起、去年、并不、您、屋里、刚才、撑、身旁、舒服、底下、闪闪、鬼子、静静、平常、儿、忽然、麋鹿、呵、爷爷、脸、疲倦、那边、笑容、大哥、看见、尾巴、不曾、护士、溪流、挣、牛郎、摸、慌、安静、蒲公英、舌头、晚饭、回头、呀、清脆、匆匆、果子、波浪、村子、这儿、唱歌、歪、摇晃、哟、多久、哪怕、寂寞、焦急、力气、玩耍、曲子。

历史教材特色词 100 条：

工业革命、西汉、隋、北京人、废除、沙俄、镇压、版、内战、航路、北魏、罗马帝国、垄断、秦朝、项羽、变革、康有为、文艺复兴、朱元璋、集团、法制、十一届三中全会、活字、专制、巴黎公社、幕府、左图、国共、年号、义和团、资本家、反革命、北伐、苏军、原文、同盟、社会主义、印刷术、进士、东晋、李大钊、氏族、赔款、执政、中古、战败、南北朝、首脑、国民政府、主编、中国共产党、珍珠港、大败、解放区、开办、蒋介石、明治维新、晚期、影视、各级、汉人、夺取、大权、独立宣言、好莱坞、山顶洞人、戊戌变法、爵士乐、尼克松、沙皇、法典、确立、文化大革命、巴拿马、抗日救亡、手工业、齐桓公、宣言、中华民国、各组、卢梭、反帝、歼、两河流域、体制、代表作、反击、纪年、封建、议会、席位、选拔、亚太经合组织、秦始皇、北宋、隋朝、世贸组织、叛乱、中国人民志愿军、大别山。

地理教材特色词 100 条：

降水、盆地、水资源、比例尺、北半球、撒哈拉、干流、储量、铁矿、秦岭、极地、半球、经度、地下水、亚马孙河、台湾岛、复习题、中南半岛、占有量、北极圈、岛国、塔里木盆地、谷地、经纬、一般来说、气温、青海省、丰沛、地球仪、气流、高寒、进度、季风、外汇、亚欧大陆、温差、山地、农业区、西半球、巴西利亚、地形图、普查、牧区、用地、阶梯、界线、港澳、旱季、生产国、国道、冰盖、和服、水利枢纽、西北地区、地形、温带、分布、纬度、矿产、里海、大堡礁、山东省、白令海峡、沧海桑田、油棕、直辖市、大洋洲、山脉、自然资源、台湾省、旅游业、北极熊、外向型、疏松、渔场、甜菜、海拔、北冰洋、海平面、断流、侨乡、柴达木盆地、寒潮、风速、海豹、分水岭、考察站、近些年、东半球、外运、用水、用水量、地势、热带、亚热带、气候、山西省、河段、南水北调、毫米。

这里明显表现出了教育教材词语的学科性特点,但在通用词语使用的频率统计法中会被忽略。

### 四、教材语料的规范性

教材语料还具有明显的规范性。这是由教材的本质属性决定的。教材语言必须具有通用性、规范性,要避免文言古语,避免俚言俗语,避免方音土语。即使是在通用词语中,也强调要突出规范性、通用性、文学性、表现力。这是教育教材语言的基本属性与基本特点之一。

根据以上四点,可以发现教育教材语言的语料具有鲜明的学习性、教学性、学科性、规范性的特点。具有如此特点的教育教材语言值得注意,要"善待"它。如果仅仅从语料规模来看,它们可能"不起眼",可能会被忽视,它们会混杂在其他"海量""天文数字"的语料中。可语料的规模重要,语料的质量更重要。照顾到了这些特点,就能扬长避短;忽略这些特点,凸显的就是数量上的弱势。

## 第三节 主要语料与类型

前面说到研究手段的计量化是教育教材语言研究的最重要特色之一。尽管后来在研究问题、研究对象、研究角度上有不小的变换或转移,但计量统计的研究方法却是一直坚持的。在面向各类各地各个时期的教材时,致力于建设各种专题语料库一直是我们最重要的工作。本书所有教育教材语言的专题研究都是基于语料库来完成的。为了方便对语料有完整的总体认识与使用,这里将集中介绍各专题研究所使用到的主要语料的基本面貌,而对语料的深入挖掘与分析则见于各专题研究之中。下面从"基础教育语文教材语料""基础教育学科教材语料""汉语国际教育教材语料"及"语料格式与语料加工"四方面进行介绍。这里说的基础教育主要是指义务教育阶段,包括小学与初中阶段。

对教材语料特色的分析,总是在与其他语料的对比中呈现的,故对一些经常使用到的语料库资源,后面也会作一些简要介绍。

### 一、基础教育语文教材语料

(一)我国大陆地区语料

1. 民国时期教材语料

《民国时期总书目(1911—1949)》之《中小学教材》中收录"包括课程标准与教材书目,小学教材,中学教材,师范教材四类,共收书四千余种。附录清末中小学教材六百余种"[1]。"语文"下面分"课本、副课本""教学参考书""其他教材"三类,收录的教材达518种,是小学教材中17个学科的教材最多的。根据教材在学制、编纂理念、语言学习上的"代表性"原则,教材样本的"完整性"原则,教材样本时间长短、影响大小、版次多少、印数多少的"流通性"原则,教材样本的"可比性"原则等方面考虑[2],提取了以下十种教材:

魏冰心等,新学制小学教科书初级国语读本,世界书局,1925年,初级小学,共8册,含374篇课文。

秦同培等,新学制小学教科书高级国文读本,世界书局,1925年,初级小学,共4册,含144篇课文。

魏冰心等,国语读本,世界书局,1934年,初级小学,共8册,含376篇课文。

朱翊新等,国语读本,世界书局,1934年,高级小学,共4册,含144篇课文。

朱文叔等,小学国语读本,中华书局,1933年,初级小学,共8册,含329篇课文。

朱文叔等,小学国语读本,中华书局,1934年,高级小学,共4册,含136

---

[1] 北京图书馆、人民教育出版社图书馆编《民国时期总书目(1911—1949)》之《中小学教材》,书目文献出版社,1995,"出版说明",第Ⅴ页。
[2] 苏新春、李娜:《民国时期基础教育语文教材语言研究》,广东教育出版社,2017,第33—37页。

篇课文。

丁毅音等,复兴国语教科书,商务印书馆,1933年,高级小学,共4册,含80篇课文。

齐铁根等,复兴说话教科书,商务印书馆,1933年,高级小学,共4册,含144篇课文。

叶圣陶等,开明国语课文,开明书店,1932年,初级小学,共8册,含326篇课文。

叶圣陶等,开明国语课本,开明书店,1932年,高级小学,共4册,含136篇课文。

2.新中国成立初教材语料

新中国成立之初,社会、制度发生了彻底变革。在1949年9月公布的《中国人民政治协商会议共同纲领》第四十一条对新中国教育提出了这样的主张:"中华人民共和国的文化教育为新民主主义的,即民族的、科学的、大众的文化教育。""1949年11月1日,中央人民政府出版总署在北京成立,出版总署编审局由华北教科书编审会人员组成。编审局调来老解放区和原商务印书馆、开明书店、中华书局等单位的部分编辑人员,着手研究老解放区的教科书和民国时期比较流行的教科书,编审语文、历史、地理等教材。"[1]以"老解放区"教材为主,兼及"民国时期"教材的优点,成为新中国成立初期的方针。在选取这一时期的教材时,从样本教材所需要具备的"语文教学分期"原则、"时代性"原则、"传播力"原则、"语文教育观"原则、"开源启后"原则五方面考虑,选取了以下两种教材作为代表[2]:

刘松涛等编著的"国语课本"共12册,1948年3月华北新华书店原版、1950年10月第二次修订原版、1950年11月北京初版。有课文500篇。

宋云彬等编纂的"初中语文课本"共6册,1950年6月新华书店原版、1950年10月第一次修订原版、1950年12月北京初版。有课文135篇。

对这两套教材所使用的教材实物,从现有18册教材的版权信息来看,初版最早是"1948年3月",修订版最晚是"1952年12月",中间相隔三年

---

[1] 刘真福:《记新中国首套中小学语文课本》,《中华读书报》2018年9月26日,第14版。
[2] 苏新春、赵怿怡:《20世纪50—60年代基础教育语文教材语言研究》,广东教育出版社,2020。

九个月。

3. 20世纪70年代教材语料

这时所选用的教材代表的是特定的一段时期,教材的稳定性、综合性、规划性都表现得很不理想,连教材名称都五花八门,用上"试用""实验""暂用"等字眼为名的占所有教材的近八成。选用的代表教材是1972年由北京的人民教育出版社出版的中小学语文教材。"之所以选取北京地区教材是由于北京地区的地理位置和政治地位的特殊性。首先,北京是中华人民共和国的首都,是政治中心。中央发出的各项指示均是北京发出,然后再传达全国其他地方的。该地区对中央指示的执行力度很高,贯彻也较彻底。因此,'文革'时期对该套教材的影响也较为直接。其次,北京是全国文化中心,是全国教育发达地区,人民教育出版社是全国知名的出版社,拥有专业的中小学教材编写团队,因此教材的编写质量也相对较高,具有一定的权威性。"[1]

小学语文教材,共10册,人民教育出版社,1972年。

初中语文教材,共6册,人民教育出版社,1972年。

4. 20世纪80—90年代教材语料

在20世纪80—90年代,学制、教学大纲、教材的变化都较大。在"五三学制""五四学制""六三学制"中,选用了"六三学制"教材;在教学大纲变化较快的情况下,选用初版而不是修订版的大纲;选用紧跟新版教学大纲后出版的新教材[2]。根据以上三个原则,选用的教材是:

80年代的样本教材是:六年制小学课本(试用本)(第一版)(1983年11月—1985年1月),共12册。初级中学课本(第一版)(1981年11月—1983年4月),共6册。

90年代的样本教材是:九年义务教育六年制小学教科书(试用本)(第一版)(1992年10月—1998年4月),共12册。九年义务教育三年制初级中学教科书(第一版)(1992年10月—1995年4月),共6册。

5. 世纪之交的义务教育教材语料

---

[1] 罗树林:《20世纪60—70年代基础教育语文教材语言研究》,广东教育出版社,2017,第20页。

[2] 李焱、孟繁杰:《20世纪80—90年代基础教育语文教材语言研究》,广东教育出版社,2016,第18-19页。

北京师范大学出版社的九年义务教育小学语文教材,"五四"学制教材总编委会编写,共 10 册。1994 年经过原国家教委小学教材审定委员会审查通过,1996 年秋在全国试用,2000 年出修订版。

广东教育出版社的九年义务教育小学语文教材,九年义务教育教材(沿海地区)编写委员会编,共 12 册。2001 年出第五版①。

6. 21 世纪初新课标教材语料

进入新世纪,教育改革进入了"新课标"时期。在教材的选取上考虑到了教材的发行时间、发行量、覆盖面及影响力等因素,选取了人民教育出版社、北京师范大学出版社、语文出版社和江苏教育出版社的九年制义务教育新课程标准语文教材。这四套教材都基本具有"发行量较大、使用范围较广、影响面较大"的特点②。

人民教育出版社的语文教材,小学 12 册,崔峦、蒯福棣主编,初审时间 2001—2004 年;初中 6 册,顾振彪、顾之川、温立三主编,初审时间 2001—2004 年,第一版。

北京师范大学出版社的语文教材,小学 12 册,马新国、郑国民主编,初审时间 2001—2003 年;初中 6 册,孙绍振主编,初审时间 2004 年。

语文出版社的语文教材,小学 S 版 12 册,王均、杨曙望主编,初审时间 2003 年;初中 6 册,史习江主编,初审时间 2001—2002 年。

江苏教育出版社的语文教材,小学 12 册,张庆、朱家珑主编,初审时间 2001—2004 年;初中 6 册,洪宗礼主编,初审时间 2002 年。

7. 上海版的语文教材

上海市九年义务教育阶段实行的是"五四学制",即小学五年,初中四年,一共九个年级。2004 年上海推出《上海市中小学语文课程标准(试行稿)》,上海教育出版社出版中小学语文教材,共 18 册。出版时间在 2003 年至 2006 年之间③。

---

① 苏新春等:《基础教育阶段小学语文教材汉字使用调查》,载国家语言资源监测与研究中心编《中国语言生活状况报告(2009)》(下编),商务印书馆,2010,第 435—464 页。

② 苏新春等:《基础教育语文新课标教材用字情况调查》,载国家语言资源监测与研究中心编《中国语言生活状况报告(2007)》(下编),商务印书馆,2008,第 437—515 页。

③ "上海市中小学语文教材语料库"结项报告,主持人郭曙纶,项目编号 E060106 - 06,立项单位"国家语言资源监测与研究中心教育教材语言分中心",2006。

8.2017年统编本语文教材

温儒敏主编,教育部统编本小学语文教材,第1—6年级,人民教育出版社,2017年9月—2020年2月。

温儒敏主编,教育部统编本初级中学语文教材,第7—9年级,人民教育出版社,2017年9月—2020年2月。

(二)我国台湾地区语料

台湾地区2000年颁布新的《中小学九年一贯课程暂行纲要》,全面调整中小学课程结构和内容,教科书的编纂由编译馆独家出版变为由多家出版社在经审定后自行出版,有康轩、翰林、南一、仁林、光复、明台等出版社出版的教材通过了审定。选用的教材是康轩版①,2005年出版,小学六年制"国语"课本,共12册,中学三年制"国语"课本,共6册。

另有翰林出版事业股份有限公司发行的中小学"国文"课本,共九个年级18册。

(三)我国香港地区语料

启思出版社的"启思中国语文"和朗文出版社的"朗文综合·中国语文"两套教材都遵照"香港课程发展议会"颁布的《小学中国语文科课程纲要》(1990年)和《目标为本课程中国语文科学习纲要》(1995年)的要求编写②。

启思出版社(Oxford University Press [China] Ltd.)出版的启思中国语文(包括小学版,2006年修订版),共24册。启思中国语文(中学一至三年级,2005年第二版),共6册。

朗文香港教育出版社(Longman Press [China] Ltd.)出版的朗文中国语文(包括小学版,2001年初版),共24册。朗文综合中国语文(中学一至三年级,2005年初版),共6册。

二、基础教育学科教材语料

(一)历史教材语料

在中学历史学科教材中,根据教材的"发行量较大、使用范围较广、影

---

① "台湾九年一贯课程纲要下的'国语'教材语言面貌分析",主持人李焱,项目编号 E060106-5,立项单位"国家语言资源监测与研究中心教育教材语言分中心",2006。

② "香港中小学语文教材用字用词情况调查报告"结项报告,主持人赵小蕙,项目编号 E060106-4,立项单位"国家语言资源监测与研究中心教育教材语言分中心",2006。

响面较大"的原则,选取了人民教育出版社、华东师范大学出版社、北京师范大学出版社、四川教育出版社出版的四套历史教材,均用于初中阶段三个年级。七、八年级是"中国历史"部分,九年级是"世界历史"部分。每套教材6册,四套教材共24册。

人民教育出版社的中国历史教材,共4册,世界历史教材共2册,王宏志主编,初审时间2001—2002年。

华东师范大学出版社的中国历史教材,共4册,世界历史教材共2册,王斯德主编,初审时间2001—2003年。

北京师范大学出版社的中国历史教材,共4册,世界历史教材共2册,朱汉国主编,初审时间2007年。

四川教育出版社的中国历史教材,共4册,世界历史教材共2册,龚奇柱主编,初审时间2003—2004年。

(二)地理教材语料

在中学历史学科教材中,根据教材的"发行量较大、使用范围较广、影响面较大"的原则,选取了人民教育出版社、湖南教育出版社、中国地图出版社出版的三套地理教材。三套初级中学地理教材均用于初中的一、二年级,即七、八年级。每套教材4册,三套教材共12册。

人民教育出版社的中国地理教材,共4册,吴履平主编,初审时间2001—2002年。

湖南教育出版社的中国地理教材,共4册,刘新民主编,初审时间2001年。

中国地图出版社的中国地理教材,共4册,王民主编,初审时间2003年。

(三)数学教材语料

选取了施行新课程标准以来两套小学至初中的数学教材。

人民教育出版社的数学教材,小学至初中共九个年级18册。课程教材研究所及小学数学课程教材研究开发中心编,2001—2007年陆续出版。

北京师范大学出版社的数学教材,小学至初中共九个年级18册。义务教育数学课程标准研制组编,2005—2007年陆续出版。

(四)物理教材语料

选取了施行新课程标准以来两套小学至初中的物理教材。

人民教育出版社的物理教材,初中两个年级共3册。课程教材研究所物理课程教材研究开发中心编写,2006年第3版。

上海科学技术出版社的物理教材,廖伯琴、何润伟主编。八年级全册2001年8月第1版,九年级全册2002年初审通过并出版。

(五)化学教材语料

选取了施行新课程标准以来两套小学至初中的化学教材。

人民教育出版社的化学教材,课程教材研究所化学课程教材研究开发中心,分上下两册,2006年出版。

上海教育出版社的化学教材,化学国家课程标准组编写,分上下两册,为2001年第1版。简称化学人教版和化学沪教版。

(六)科学教材语料

江苏教育出版社2007年12月第7版的小学科学教材。

教育科学出版社2004年5月第1版的小学科学教材。

由美国麦克米伦公司授权,浙江教育出版社引进、翻译并于2009年出版发行的在美国广受欢迎的小学科学教材——《科学启蒙》[①]。

(七)道德与法治教材语料

鲁洁主编,"道德与法治"教材,第1—6年级,江苏教育出版社,2002—2010年。

赵昕主编,"道德与法治"教材,第1—6年级,人民教育出版社,2002—2009年。

吴少荣,"道德与法治"教材,第7—9年级,广东教育出版社,2003年7月—2005年7月。

鲁洁主编,"道德与法治"教材,第1—6年级,人民教育出版社,2016—2020年。

李季湄主编,"道德与法治"教材,第1—6年级,北京师范大学出版社,2002—2011年。

### 三、汉语国际教育教材语料

(一)国内使用的主要教材语料

在汉语国际教育教材中,选取的是国内作者编写,在国内出版、国内使

---

[①] 周东杰、周璐:《中美小学科学教材问句的实态分布调查——以天气知识点为例》,《北华大学学报(社会科学版)》,2017年第6期。郑泽芝、周璐、赵苗:《面向知识表述的句子功能考察》,未刊稿。

用的教材:兼顾了"系列精读""中级精读""初级入门""口语入门"等多个类型的教材。数据化的主要有以下教材①。

李晓琪,《博雅汉语》,共 8 册,北京大学出版社,2004—2006 年。

杨寄洲、马树德,《汉语教程》,共 9 册,北京语言大学出版社,1999—2003 年。

邓懿、杜荣、姚殿芳,《汉语教程》,共 7 册,北京大学出版社,1992—1993 年。

陈灼,《桥梁》,共 2 册,北京语言大学出版社,2000 年。

周小兵,《阶梯汉语中级精读》,共 4 册,华语教学出版社,2004 年。

郭志良,《速成汉语初级教程》,共 4 册,北京语言大学出版社,1996 年。

CCTV 英语频道,《交际汉语》,共 4 册,科学普及出版社,2003 年。

方铭,《新标准汉语》,共 4 册,北京大学出版社,2004 年。

刘珣,《新实用汉语》,共 4 册,北京语言大学出版社,2002—2005 年。

康玉华、来思平、王焕义,《汉语会话 301 句》,共 1 册,北京语言大学出版社,2006 年。

李朋义,《汉语 900 句》,共 1 册,外语教学与研究出版社,2006 年。

以上教材主要使用于 21 世纪初年。为了考察 20 世纪 50 年代我国汉语国际教育初始阶段的教材语言状况,教材语言中心还立项对该时期的教材进行了研究②。选取的是北京大学外国留学生中国语文专修班汉语教研室集体编写的"汉语"教科书,共 2 册,上册 42 课,下册 30 课。该教材作为我国第一部正式出版的汉语国际教育教材,适应了初创时期汉语国际教育教学与学习的需要,是当时中国汉语国际教育教学实践经验的结晶。1959 年 2 月,时代出版社出版了英文注释本,1962 年,商务印书馆出版了法文注释本。1980 年,北京大学对外汉语教学中心(旧称)沿袭其体例又编写了"汉语"教科书第三、四册,每册十四课。"汉语"教科书一至四册均为初级汉语教材。

---

① 苏新春等:《汉语作为第二语言教材字、词和词语义项调查》,载国家语言资源监测与研究中心编《中国语言生活状况报告 2006》(下编),商务印书馆,2007,第 172—248 页。

② "20 世纪 50 年代以来对外汉语教材语言面貌研究",主持人王衍军,项目编号 E060106-1,立项单位"国家语言资源监测与研究中心教育教材语言分中心",2006。

（二）主要英语国家教材语料

为了观察海外使用的汉语教材的特点，即国外学者编写、国外出版、面向汉语作为第二语言的、使用于正规学校的汉语教材的特点，选取了几个主要英语国家的汉语教材。入选教材一般都具有使用范围较广、使用时间较长、有较好的代表性、为综合性通用教材等特点，有的还经过多次修订。教材的使用单位多为有外语教育传统及专门从事外语教学的学校。选取了四套教材：

刘月华、姚道中，《中文听说读写》，*Integrated Chinese*，美国，剑桥出版社，2009年，第3版，使用对象为大学1—2年级。

严棉、刘力嘉，《互动汉语》/《心系中国》，*Interactions/Connections*，美国，印第安纳大学出版社，1997—2004年，第1版，使用对象为大学1—2年级。

张新生，《步步高中文》，*Chinese in Steps*，英国，常青图书英国公司，2005年，第1版，使用对象为大学1—2年级。

Shumang-Fredlelin，《你好》，*Nihao*，中软（澳大利亚）有限公司[①]，2001—2003年，1—3册第2版，第4册第1版，使用对象为中学[②]。

四、语料格式与语料加工

（一）语料格式

所有的教材语料库建设都保存了三种格式。

第一种，图片格式。这保持了教材原有纸本的真实面貌，为的是真实还原教材的本来面貌。因教材在加工过程中，不论是成TXT格式，还是数据库格式，都会导致若干信息的丢失，有的甚至会造成讹误。有了图片格式，就可以最大限度地保证教育教材语言库的正确性。

第二种，文本格式，即TXT格式。这是在对教材语料进行大规模统计、计量时必须有的格式。所有的语料调取、统计、加工，TXT格式都是最便于使用的格式。

第三种，数据库格式。如OFFICE中的ACCESS就是相当便捷、应用面

---

[①] 英文名：China soft Australia。
[②] 虽为中学教材，然使用范围较广，使用者与上述三套教材使用者亦皆同为零起点。

广、与其他办公软件之间有着高互通率的数据库软件。而且它的功能还特别强大,甚至能适用于中小型企业,因此在处理不占容量的语料时,是非常方便的数据库软件。

以上三种格式,最重要的格式当然是 TXT 格式,有了它,再转化为数据库格式就是一步之遥了,但 TXT 格式的价值是建立在准确可信的基础之上的。在这里虽然有了软件的分词标注、自动化程度极高的加工提取,但要保证语料输入达到准确、好用、可信的程度,所需要花费的人力、体力、精力,都是不容低估的。最好使用的则是 ACCESS 数据库格式。它将储存与统计、加工、输出合为一体,基本能满足语言文字统计计量的需要。

(二)语料加工

为了方便计量统计、推广普及,下面简单介绍 TXT 格式加工的基本步骤。

第一步是拍摄,将教材拍摄成图片集,以获得教材图片库。

第二步是利用图像识别技术,制成文本格式的文档语料。之后进行严格的人工校对,以与教材原文保持一致为基础,重点注意繁体字到简体字的转化与校对,注意异体字的历时替代关系、同音字词的替代、近形字的讹变问题。

第三步是对文本语料进行分词标注,辅以人工校对,以获得加工语料。最重要,也是花力气最多,最容易出差错的地方就是分词标注。

第四步是把相应的语料导入数据库,以便检索筛选与进一步数据统计查询。

要注意的问题有:

1. 一册书存放一个文件夹,存放该册教材的所有篇目。

2. 一篇课文为一个独立的文件。

3. 课文的命名方式为:1 上_1. txt。表示"第 1 年级""上册""第一课"。

4. 原文语料文件夹的命名方式:yuan_dl_rj_1951_9_yw_1(上)。表示"原文语料""大陆""人民教育出版社""版本 1951 年 9 月""语文教材""1 年级上册"。

5. 分词语料文件夹的命名方式:fenci_dl_rj_1951_9_yw_1(上)。表示"分词语料""大陆""人民教育出版社""版本 1951 年 9 月""语文教材""1 年级上册"。

## 第二编

# 教育教材语言的"语言世界"

　　教育教材语言的"语言世界",指的是教育教材所呈现出来的语言实际存在状况。包括语言整体面貌及构成的语言要素、语言结构、语言要素的分布、关系及使用状态。以教育教材语言状况、语言面貌、语言结构为研究对象的,都属于教育教材语言"语言世界"的研究。

# 第五章
## 语文教材汉字词汇研究

　　母语的掌握和运用对一个人的智力发展及学习能力的拓展与提升起着至关重要的作用。生活交际语言、校外阅读语言、学校教育语言是语言能力形成过程中的三个重要来源，它们互有交叉，又有着各自独有的对象和不可代替的功能。在学校完成的语言教育，更有着特定的内容、规律和特点。对学校教育语言的了解，将为进一步了解生活交际语言与校外阅读语言打下基础。

　　学校的语言教育主要由语文课来承担。语文课除了要承担思想教育、文化传承、情感培养、道德熏陶等方面的任务外，最根本的任务是要培养学生全面综合的语文能力。语文课教材的内容该如何构成，上述诸项任务如何整合在语文课教材中，语文知识与语言能力之间是如何转化的，这些都是很值得探求的问题。

　　语文教材是语文课的教学之本，它的状况与编写质量都直接影响着语文教学的效果。语文教材中的"用字""用词"两项内容是语文教材语言面貌研究的基础性工作。汉字作为汉语的书面载体，在义务教育阶段的语文教学中占有重要位置。词语是构成句子的基本单位，是语言和思想表达的基础。

## 第一节
## 新课标教材字词研究

### 一、教材与课文分析

我们选用了四套21世纪之初执行新课程标准时期的语文教材,由人民教育出版社、北京师范大学出版社、语文出版社、江苏教育出版社出版,以下简称人教版、北师大版、语文版、苏教版语文教材。

影响教材的性质、类型和语言面貌的因素是多方面的。课文是教材最具体的内容,体现了教材编者的编纂理念与编纂方法。课文也是用字用词最直接的语言环境。要了解教材汉字词汇的使用状况,首先必须对课文的基本状况要有清楚的了解。

(一) 课文数量

四套教材共有2009篇课文,人教版522篇,苏教版439篇,北师大版509篇,语文版539篇。语文版最多,苏教版最少,相差100篇。人教版和北师大版课文数量相当。可见每套教材的课文篇数大体是相当的。

(二) 文体与语言风格

课文的文体分散文、戏剧、小说、诗歌四类[1]。语言时代风格分现代文与文言文两类。

具体分布见表5-1[2]:

---

[1] 这里采用的是对语文教材常用的体裁分类法,即分为散文、诗歌、小说和戏剧四类。其中"散文"包含记叙文、说明文和议论文等。"小说、戏剧"也采用了从宽的理解。如:语文版五年级下册"名著之旅"单元中的5篇课文都取材于著名小说,将其归为小说类;苏教版四年级下册中的《公仪休拒收礼物》具有戏剧的特点,将其归为戏剧类。

[2] 为方便统计,一篇课文由多个片断或多篇短文组成的,计为一个文本。

表 5 – 1  课文类型统计表

| 教材 | 级别 | 课文数 | 文体 |||| 时代风格 ||
|---|---|---|---|---|---|---|---|---|
| | | | 散文 | 诗歌 | 小说 | 戏剧 | 现代文 | 文言文 |
| 人教版 | 小学 | 522 | 353 | 299 | 41 | 11 | 2 | 328 | 25 |
| | 初中 | | 169 | 122 | 24 | 18 | 5 | 122 | 47 |
| 苏教版 | 小学 | 439 | 284 | 239 | 43 | 0 | 2 | 262 | 22 |
| | 初中 | | 155 | 120 | 12 | 18 | 5 | 129 | 26 |
| 北师大 | 小学 | 509 | 339① | 220 | 109 | 0 | 0 | 305 | 24 |
| | 初中 | | 170 | 105 | 31 | 33 | 1 | 121 | 48 |
| 语文版 | 小学 | 539 | 361 | 300 | 42 | 13 | 6 | 330 | 31 |
| | 初中 | | 178 | 133 | 25 | 14 | 6 | 115 | 63 |
| 总计 | 小学 | 1337 | 1058 | 235 | 24 | 10 | | 1225 | 102 |
| | | 66.6% | 79.1% | 17.6% | 1.8% | 0.7% | | 91.6% | 7.6% |
| | 初中 | 672 | 480 | 92 | 83 | 17 | | 487 | 186 |
| | | 33.4% | 71.4% | 13.7% | 12.4% | 2.5% | | 72.5% | 27.7% |
| | 总数 | 2009 | 1538 | 327 | 107 | 27 | | 1712 | 288 |
| | | 99.5%② | 76.5% | 16.3% | 5.3% | 1.3% | | 85.22% | 14.34% |

表 5 – 1 显示,各种文体中散文居首位,占课文总数的 76.5%。以记叙文为主要形式的散文体成为义务教育阶段的学习重点。教材中适当选取了诗歌、小说以及戏剧体的课文,注意了文体的多样性。其中诗歌最多,占 16.3%,戏剧最少,占 1.3%。各版教材之间存在若干差异。如:北师大版在小学阶段仅有散文和诗歌两种文体,诗歌的比重将近总数的三分之一,其他教材则在 11%—15% 之间。

从课文的语言时代风格来看,现代文占总数的 85.22%,文言文为 14.34%。分阶段来看,文言文从小学的 7.6% 上升到了初中的 27.7%。小学的文言文主要是古诗,初中除古诗外还有古代散文。各套教材的文言文课文比例不尽相同,语文版最高,达 36%,人教版与北师大版居中,为 27%—

---

① 北师大版小学部分有 10 课仅为词语,没有课文,不涉及文体和时代风格。故课文总数是 339 篇,但参与文体分类的只有 329 篇。

② 因上注所说原因,故这里对文体与语体的百分比统计出现了不足百分之百的情况。

28%,苏教版为1%。

(三)课文同异情况比较

四套教材共有课文2009篇,中间也有少量课文是各套教材所共选的。课文的同异可以观察到教材之间的同异、课文被认可的程度、选文的共同倾向性,也直接影响到教材字词的使用状况。

1. 教材之间的同异情况

下面是对各套教材之间课文异同程度的统计。

表5-2 课文篇目异同情况调查

| 教材 | 课文数 | 共有课文数 | 独有课文数 | 部分共有课文数 |
|---|---|---|---|---|
| 人教版 | 522 | 15 | 395 | 112 |
| 苏教版 | 439 | 15 | 357 | 67 |
| 北师大版 | 509 | 15 | 390 | 104 |
| 语文版 | 539 | 15 | 399 | 125 |

表5-2显示,在每套教材500篇左右的课文中,共有课文数只有15篇。它们是《快乐的节日》《春》《三峡》《背影》《小石潭记》《海燕》《范进中举》《桃花源记》《与朱元思书》《岳阳楼记》《曹刿论战》《邹忌讽齐王纳谏》《愚公移山》和《乌鸦喝水》《詹天佑》[①]。前13篇题目与内容完全一样,后两篇题目相同,内容略有不同。15篇共有课文只占课文总数的约3%。部分共有是指部分教材共同拥有的重名课文。部分共有课文苏教版略少,其他三套在一百篇左右。共有课文与部分共有课文合起来占课文总数的约五分之一,大部分仍属各套教材的独有课文。

2. 同一教材内重名课文情况

各套教材重名课文(古诗除外)大体有四种情况:A. 内容完全不同;B. 情节相同,语言表述有差异,这大都属于经过改写的课文;C. 大部分内容相同;D. 内容完全相同。调查结果如下:

人教版有6组12篇。A类有2组4篇。B类有1组2篇,即《丑小鸭》,一篇出现在小学二年级,是由原文改写的课文,另一篇出现在初中,是

---

[①] 共有课文不包括古诗,因为只是课文题目《古诗两首》相同,但每套教材所选的古诗并不完全相同。严格地说,不同教材之间的相同课文也会有个别字词、标点的差异。

原文的选文。C 类有 2 组 4 篇,《生命生命》和《山中访友》分别在小学和初中各出现一次,这可能是编者考虑到小学生词汇量和结合能力有限,对原文部分词语有所改动。D 类有 1 组 2 篇,即《珍珠鸟》,完全相同,分别出现在五年级上册(2003 年初审,第 1 版)和七年级下册(2001 年初审,第 1 版)。

苏教版有 7 组 14 篇。A 类有 3 组 6 篇,是《石榴》《奇妙的克隆》和《变色龙》。C 类有 1 组 2 篇,为《鼎湖山听泉》。D 类有 2 组 4 篇,《宇宙里有些什么》,分别出现在七年级上册(2003 年初审,第 3 版)和八年级下册(2002 年初审,第 3 版);《七律·长征》分别出现在五年级下册(2004 年初审,第 1 版)和八年级上册(2002 年初审,第 2 版)。

北师大版有 1 组 2 篇,属 C 类。《"诺曼底"号遇难记》分别出现在五年级上册(2003 年初审,第 3 版)和七年级上册(2004 年初审,第 4 版),大部分内容相同,只是后者课文的后部多了两段。

语文版有 1 组 2 篇,属 A 类。

课文题目相同现象中的 D 类,即课文内容完全相同而出现于前后不同年级的教材,造成不必要的教学资源浪费,也反映出课文的科学性与系统性还有待提高。课文之间如何保持一定的差异度与新颖性,是一个很值得研究的问题。

3. 古诗推荐篇目的选用

《全日制义务教育语文课程标准(实验稿)》(下文简称《语文课程标准》)在"附录"中推荐了 120 篇优秀诗文的背诵篇目,并作了以下说明:"1—6 年级学生背诵古今优秀诗文 160 篇(段),7—9 年级学生背诵 80 篇(段),合计 240 篇(段)。此处仅推荐古诗文 120 篇(段),其余部分(也包括中国现当代和外国优秀诗文)可由教材编者和任课教师补充推荐。"这 120 篇中有古诗 104 首。下面是对各套教材选用 104 首古诗的研究结果:

表5-3　古诗推荐篇目的选用

| 教材 | 古诗课文数 | 包含古诗数 | 属推荐篇目数 | 共享古诗数 | 部分共享数 | 独用古诗数 |
|---|---|---|---|---|---|---|
| 人教版 | 24 | 63 | 45(71%) | 2 | 41 | 20 |
| 苏教版 | 21 | 42 | 28(66%) | 2 | 26 | 14 |
| 北师大版 | 37 | 61 | 28(45%) | 2 | 23 | 36 |
| 语文版 | 31 | 102 | 57(55%) | 2 | 48 | 52 |

表5-3显示,古诗课文数最多的是北师大版,但课文中包含古诗数最多的是语文版。语文版平均每课3.3首诗,北师大版平均每课1.6首诗,特别是低年级,每课仅1首。各版教材选用大纲推荐的古诗数量不等,选用比重最大的是人教版,最小的是北师大版。四套教材共同选用的推荐古诗篇目仅有2首。

## 二、汉字使用及特点

（一）用字概貌

四套教材总共的汉字使用情况如下:字符总数为1834179个,汉字总数为1592453个,汉字字种数为5069个,共享字种数为3590个。

四套教材用字具体情况见下表:

表5-4　四套教材用字统计表

| 教材 | 字符总数 | 汉字总数 | 汉字字种数 | 共享字种数 | 部分共享字种数 | 独用字种数 |
|---|---|---|---|---|---|---|
| 人教版 | 483937 | 420384 | 4317 | 3590 | 626 | 101 |
| 苏教版 | 373855 | 325045 | 4176 | | 486 | 100 |
| 北师大版 | 449876 | 390289 | 4336 | | 544 | 202 |
| 语文版 | 526511 | 456735 | 4392 | | 631 | 171 |
| 总表 | 1834179 | 1592453 | 5069 | 3590 | 905 | 574 |

表5-4显示,语文版的字符总数526511个,人教版和北师大版分别为483937个和449876个,苏教版最少,只有373855个。字符数与汉字数大体反映了教材内容的篇幅和规模,四套教材中篇幅最大者与最小者之间相差将近三分之一。教材使用到的汉字字种数最多的是4392个,最少的是4176个,相差程度远不如字符数与汉字数。这表明课文篇幅的长短与汉字使用之间为弱相关,原因有两种可能:一是课文篇幅长,使用的汉字字种数

多;二是课文篇幅不长,使用到的汉字字种数并不低,即汉字的复现数低。教材中汉字复现数低实际上会增加识读的难度,加大教材前后内容之间的跳跃性。总体数据显示,语文版在统计中各项指标都高于其他三套教材,苏教版则低于其他三套教材。

四套教材共享字 3590 个,占所有用字的 70%。这里的共用字与共用比例并不高,语文教学大纲对汉字使用有着明确要求,看来各教材在遵守字量上还是比较注意的,而在具体哪些汉字上,则显示出了较大的差异。

教材部分共享字 905 个,占 17.8%;出现于一套教材的独用字共有 574 个,占 11.3%。下面是每套教材的具体独用字。

表 5-5 每套教材的独用字

| 教材 | 个数 | 独用字 |
| --- | --- | --- |
| 人教版 | 101 | 粑、荸、鳊、徧、槟、卟、粲、晁、鸥、螭、艟、怵、绌、嚓、糌、跶、嫡、玷、鳄、旮、皋、舸、焊、夯、濠、阂、蘅、凫、隍、袆、腱、鲛、柏、傀、喇、獴、悢、鲲、晃、诔、濂、苓、馏、蝼、潞、犸、藤、舻、洒、馕、呶、酹、丕、噼、媲、睥、苹、钋、柒、橼、箐、蛆、蛐、阒、饪、嵘、枘、觞、儵、嵩、嗦、羧、唢、忒、纨、莞、煨、阋、铣、枭、洨、漝、铉、轫、鸢、薏、胤、囿、鸳、篼、趱、胙、铿、樟、峥、顿、栀、轾、鸷、怍、柞 |
| 苏教版 | 100 | 桉、廒、鳌、灞、磅、葆、焙、妣、骠、斌、抟、箔、呲、萃、嵯、咴、邸、峒、囿、铎、燔、腓、趺、皋、鸪、晷、颃、蘅、曷、洇、霪、鹋、咴、桧、暨、囝、剿、喈、鬏、韭、崃、唠、椋、遴、镏、潞、嵝、颠、泖、勐、锰、眄、貘、楠、芊、缱、邛、卷、榷、穰、镕、卅、糁、痧、升、涮、馊、愫、祟、闼、鹈、粜、烯、跐、薹、崴、炀、徭、繇、隅、刿、玐、獬、渝、垸、鄩、盅、翟、沾、赭、砧、蔗、峡、赘、铿、痣、铢、潴、谆 |
| 北师大版 | 202 | 捱、骜、佰、铋、怭、婢、膑、廛、娼、眇、坼、郴、偶、瞠、杵、椽、陲、椿、睿、徂、蹉、迨、玳、呔、氮、娣、棣、嗲、簟、揲、髑、砘、幡、悱、斐、汾、鄜、泐、笾、蝮、诟、疳、捆、菡、颔、篌、訇、縠、戽、鹠、喤、蛔、赍、岇、亟、岬、戋、笺、菅、蕺、羯、疥、桷、噘、珂、溘、铒、跨、箜、逵、道、聩、遛、耒、澧、栎、砺、瓿、琏、裣、楝、瘤、垆、垆、篓、孟、卯、珉、岷、虻、珉、愍、溟、殁、钠、蒲、俶、狳、淖、捻、脓、酿、讴、杷、疱、礵、岐、芑、悭、箝、芡、蜣、禳、懒、黪、蕙、囷、苒、瀼、茌、轫、溽、蕤、鞔、靷、睒、绡、麝、莕、椠、粗、怂、泝、溻、遢、饕、缇、饔、僮、跎、葳、瀚、斡、樨、隰、橄、蕙、罅、暹、跣、獬、芎、诨、愃、复、泫、熏、浔、垭、湮、兖、偃、酽、魇、飘、黄、恺、缢、氤、堙、寅、啻、邕、慵、惥、蛹、腩、釉、煜、沅、氲、蓪、瘴、疹、胨、蹀、躅、绾、愬、骀、姐 |

续表

| 教材 | 个数 | 独用字 |
|---|---|---|
| 语文版 | 171 | 阪、鸨、哔、杓、鳔、骖、岑、嵯、蚕、跐、樗、黜、槌、莼、踔、鸫、跐、胩、淬、磋、郸、谍、酊、侗、兑、讹、垩、摁、鲂、昉、诽、狒、苻、枹、钙、旰、淦、赣、赓、谷、盅、岜、诖、咽、帼、邯、蓋、珩、猢、煳、槲、浣、豢、镬、芨、缉、齑、笈、岬、醮、玠、鏲、泾、踣、胄、檞、罍、崆、崮、夔、唔、琨、贲、崂、蛎、逦、硷、蓼、麟、呤、蹓、蒌、逻、谩、袂、憏、汩、酩、缪、拏、饶、讱、莘、陎、箬、盘、泮、牝、鄱、粕、莆、麒、扦、茜、悄、祛、逡、稔、糯、鲨、膳、殇、潸、潲、姝、铄、鸶、飕、狲、跋、獭、邋、嗵、茼、冽、汶、喔、晤、痦、睎、籼、冼、缃、筱、廨、歆、骅、癣、汴、泱、鞅、鹆、揶、垭、鄢、谳、鲼、揄、昱、澦、楂、札、铡、砟、旃、廛、诤、卮、鹭、踬、妯、纡、尘、擢、缁、秭、鎛 |

(二) 学段用字调查

小学至初中各年级识字量的合理分布，是语文教材合理安排的一项重要内容。掌握汉字量的多少与学生的语文能力发展有直接关系。识字量将直接影响学生读写能力的发展，在一定程度上能反映学生的语文程度。

1. 各教材学段用字调查

参照《语文课程标准》，本调查以学段为统计单位，具体说，小学1—2年级为第一学段，3—4年级为第二学段，5—6年级为第三学段。初中7—9年级为第四学段。统计结果见表5-6至表5-9：

表5-6  人教版四学段用字统计表

| 学段 | 字符总数 | 汉字总数 | 汉字字种数 |
|---|---|---|---|
| 第一学段 | 31743 | 26888 | 1798 |
| 第二学段 | 80710 | 70040 | 2791 |
| 第三学段 | 108846 | 94374 | 3103 |
| 小学阶段小计 | 221299 | 191302 | 3485 |
| 第四学段 | 262638 | 229082 | 4019 |
| 总计 | 483937 | 420384 | 4317 |

表5-7  苏教版四学段用字统计表

| 学段 | 字符总数 | 汉字总数 | 汉字字种数 |
|---|---|---|---|
| 第一学段 | 15962 | 13617 | 1461 |
| 第二学段 | 44227 | 38453 | 2484 |
| 第三学段 | 72969 | 63723 | 2895 |
| 小学阶段小计 | 133158 | 115793 | 3259 |
| 第四学段 | 240697 | 209252 | 3953 |
| 总计 | 373855 | 325045 | 4176 |

表 5-8　北师大版四学段用字统计表

| 学段 | 字符总数 | 汉字总数 | 汉字字种数 |
|---|---|---|---|
| 第一学段 | 22670 | 19288 | 1735 |
| 第二学段 | 68781 | 59722 | 2763 |
| 第三学段 | 90618 | 79006 | 3013 |
| 小学阶段小计 | 182069 | 158016 | 3445 |
| 第四学段 | 267807 | 232273 | 4059 |
| 总计 | 449876 | 390289 | 4336 |

表 5-9　语文版四学段用字统计表

| 学段 | 字符总数 | 汉字总数 | 汉字字种数 |
|---|---|---|---|
| 第一学段 | 31547 | 26732 | 1880 |
| 第二学段 | 90357 | 78617 | 2886 |
| 第三学段 | 135951 | 118363 | 3326 |
| 小学阶段小计 | 257855 | 223712 | 3662 |
| 第四学段 | 268656 | 233023 | 4059 |
| 总计 | 526511 | 456735 | 4392 |

2. 四套教材学段汉字字种数比较

表 5-10　四套教材学段汉字字种数比较

| 教材 | 小学 |  |  |  | 初中 | 总计 |
|---|---|---|---|---|---|---|
|  | 第一学段 | 第二学段 | 第三学段 | 小计 | 第四学段 |  |
| 人教版 | 1798 | 2791 | 3103 | 3485 | 4019 | 4317 |
| 苏教版 | 1461 | 2484 | 2895 | 3259 | 3953 | 4176 |
| 北师大版 | 1735 | 2763 | 3013 | 3445 | 4059 | 4336 |
| 语文版 | 1880 | 2886 | 3326 | 3662 | 4059 | 4392 |

表 5-10 显示,四套教材在四个学段均表现出逐段增加的趋势;总数以语文版最高,北师大版和人教版略低,三套教材之间差距不大;苏教版前三个学段的字种数明显要少,到了第四个学段,与其他三套教材基本持平。以上数据关系在图 5-1 能清晰显示出来:

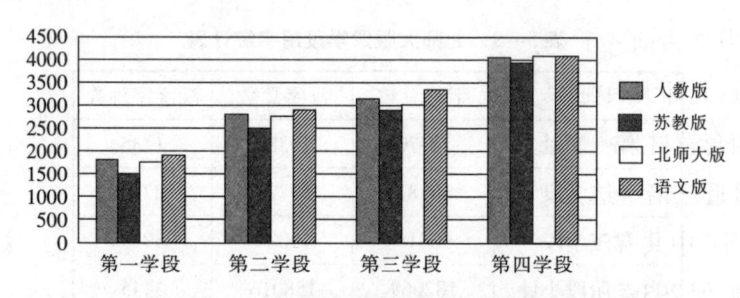

图 5-1　四套教材学段汉字字种数比较

《语文课程标准》对四个学段的汉字学习作了这样的规定:第一学段(1—2年级)认识常用汉字1600—1800个,其中800—1000个会写。第二学段(3—4年级)累计认识常用汉字2500个,其中2000个左右会写。第三学段(5—6年级)有较强的独立识字能力;累计认识常用汉字3000个,其中2500个左右会写。第四学段(7—9年级)能熟练地使用字典、词典独立识字,会用多种检字方法;累计认识常用汉字3500个,其中3000个左右会写。

表5-10的数据显示,四套教材前两个学段与此要求基本相符,第三学段有所增加,第四学段明显增加。总字种数均在4100以上。

(三) 会认字、会写字的统计

《语文课程标准》实行"认写分开,先认后写"的原则,下面的统计分别按"会认""会写"两部分进行。四套教材对小学阶段的"会认字"与"会写字"没有严格的区分,大体有这样几种情况:(1)会认字既指会认也指会写。会认字和会写字之间是包含关系。(2)会认字和会写字是两套系统,二者之间是交叉关系。(3)对会认字的要求比较低,不要求会写,只是简单的识认。下面是对教材所列汉字的统计。

1. 会认字统计

表 5-11　四套教材"会认字"的统计表

| 教材 | 第一学段 | 第二学段 | 第三学段 | 总计 |
|---|---|---|---|---|
| 人教版 | 1800 | 800 | 400 | 3000 |
| 苏教版 | 627 | 418 | 243 | 1288 |
| 北师大版 | 1305 | 491 | 0 | 1796 |
| 语文版 | 1603 | 880 | 554 | 3037 |

四套教材均把"会认字"的学习主要安排在第一学段。这一学段的"会

认字"基本占前三个学段总数的一半多。后两个学段人教版、苏教版、语文版递减,北师大版在第三学段无认字内容。

四套教材第一学段"会认字"要求最多的为1800字,最少的是627字,相差接近三倍。这是对字量的统计。而对字种的调查,发现各套教材的"会认字"中共有汉字仅为293字,这在一定程度上是受到苏教版627个字的限制,但293字也只为627字的一半不到。《语文课程标准》对汉字识读只作了字量的规定,而没有字种的规定,这样虽然给教材编写提供了一定的选择空间,却也使教材编写失去了依据。作为基础教育中低年级的语文教学,对最基本、最重要、最常用的基础汉字,应该有较高的共识,在教学上应该有明确的要求。

2. 会写字的统计

表 5-12　四套教材"会写字"的统计表

| 教材 | 第一学段 | 第二学段 | 第三学段 | 总计 |
|---|---|---|---|---|
| 人教版 | 1000 | 1000 | 500 | 2500 |
| 苏教版 | 992 | 883 | 638 | 2513 |
| 北师大版 | 929 | 1002 | 330 | 2261 |
| 语文版 | 864 | 1000 | 616 | 2480 |

四套教材的"会写字"主要集中在前两个学段。第三学段都有明显下降。"会写字"的总量,苏教版居首,人教版次之,北师大版最低。苏教版"会认字"在四套教材中最少,课文篇幅最小,而这里的"会写字"数量居于首位显得颇为突出。《语文课程标准》规定第一学段应该会写汉字800—1000,从字量上看四套教材大体上与这一要求吻合,但四套教材"会写字"共有汉字只有462个。看来对汉字的学习不仅需要在字量上作出规定,也需要对字种作出一定的规定或说明。

(四)教材用字覆盖率调查

四套教材使用到的汉字总共有字种5069个,分布于2009个文本。考察汉字的使用与分布,可以调查到教材用字中的常用字。下面是对各级累加频率所用字种数的调查结果。

表 5 – 13　教材用字覆盖率 – 字种数比较

| 覆盖率(%) | 字种数 | 频次 |
|---|---|---|
| 50 | 127 | 2211 |
| 60 | 220 | 1378 |
| 70 | 371 | 824 |
| 80 | 634 | 447 |
| 90 | 1164 | 201 |
| 95 | 1712 | 101 |
| 96 | 1885 | 83 |
| 97 | 2102 | 62 |
| 98 | 2401 | 44 |
| 99 | 2883 | 24 |
| 100 | 5069 | 1 |

表 5 – 13 显示,常用字对语料有很好的覆盖力。常用性高的前 127 字、1164 字、1712 字分别覆盖了全部课文的 50%、90%、95%,高频字相当集中。可见 1500—1800 字是基础教育汉字教学的一个重要量。前 2500 个字的覆盖率达到 98.21%,字频次是 39;前 3500 个字的覆盖率达到 99.60%,字频次是 1。

(五)教材用字与《现代汉语常用字表》比较

我们将教材用字及各套教材用字分别与《现代汉语常用字表》作了对比,结果见表 5 – 14:

表 5 – 14　教材用字与《现代汉语常用字表》比较

| 教材 | 字种数 | 3500 常用字见于教材用字 | 3500 常用字不见于教材用字 |
|---|---|---|---|
| 人教版 | 4317 | 3367 | 133 |
| 苏教版 | 4176 | 3311 | 189 |
| 北师大版 | 4336 | 3349 | 151 |
| 语文版 | 4392 | 3368 | 132 |
| 总用字 | 5069 | 3468 | 32 |

各教材用字与 3500 常用字的共有字大体接近,在 3311—3368 之间。

3500 常用字不见于各教材的字在 132—189 之间,不见于所有教材用字的有 32 个,皆属于次常用字范围:邢、玖、肛、矾、瓮、衩、叁、贰、捌、钾、氨、麸、酗、铝、痊、畴、锉、锌、氯、痘、痢、蓖、碘、肆、喊、樊、磺、螟、檩、瞭、赡、偬。

(六) 教材用字与一级常用字比较

《现代汉语常用字表》中的一级常用字有 2500 个,这是规定在小学阶段要学习的汉字。而教材用字包括了初中阶段的用字。这项对比可以观察到"一级常用字"的被重视情况。各教材用字分别与一级常用字作了对比,结果见表 5 – 15。

表 5 – 15　教材总用字与一级常用字比较

| 教材 | 字种数 | 一级常用字见于教材用字 | 一级常用字不见于教材字 |
| --- | --- | --- | --- |
| 人教版 | 4317 | 2486 | 14 |
| 苏教版 | 4176 | 2488 | 12 |
| 北师大版 | 4336 | 2488 | 12 |
| 语文版 | 4392 | 2492 | 8 |
| 总用字 | 5069 | 2500 | 0 |

一级常用字均见于教材总用字,但并非见于每部教材。不同教材的缺漏数在 8—14 个之间:

人教版(14 个):刊、帅、芹、岗、厕、闸、届、姻、贿、涝、辅、窑、婶、馊。

苏教版(12 个):轧、删、厕、闸、泱、贷、姻、涝、绢、惰、雹、糠。

北师大版(12 个):删、肾、闸、饺、阀、贿、菠、馅、椒、渣、蛾、酱。

语文版(8 个):巩、芹、纲、垄、肾、贷、涝、骤。

(七) 教材前 2510 字与一级常用字比较

教材前 2500 字的覆盖率达到 98.21%,频次为 39 次。频次为 39 的字横跨 2500,共有 2510 字,可视为教材的常用字。将 2510 字高频字与《现代汉语常用字表》一级常用字 2500 字比较,结果如下:

1. 共有字为 2224 个。

2. 教材前 2510 不见于一级常用字的有 286 个。其中有 234 个出现于《现代汉语常用字表》二级常用字(2501 至 3500 字的 1000 字)。也就是说还有 52 个汉字未出现于《现代汉语常用字表》,按频次排列如下:曰、吾、矣、哇、惟、哦、莎、羚、炳、焉、汝、蒴、蔺、弗、嘛、鲍、啪、娅、嘎、愣、嘻、妮、喃、哉、詹、嘟、麇、蝈、晏、耶、噜、瑚、陡、嗯、芸、嗒、黛、呱、镭、丫、涅、癸、跤、咚、桓、卉、漉、咯、傣、裒、孜、咤。这52个汉字大体属以下几种情况：文言文用词，指称特定事物，带方言或作家风格的用词，口语语气词。

这个结果显示了教材用字与字表之间的差异。教材用字保持着相对独立性，受到课文的选文、题材、记人、记事等因素的影响，也对字表的应收字起到一定的参考作用。

（八）教材用字与《中国语言生活状况报告》用字比较

《中国语言生活状况报告》①2005—2007连续三年进行了十余亿字的报刊、广播、网络语料统计，其中在三年的统计中均出现的汉字有7479个。教材总用字5069个，见于报告的有5021个，不见于报告的有48个：偏、踏、猹、眇、棰、睿、唉、怫、枹、狀、啁、匒、穀、喤、醂、裰、胃、嵁、狠、藤、缊、挈、捻、醳、悄、瀼、靰、渚、儋、飓、涘、泝、跧、潏、洨、訧、骍、夐、杋、嵌、飘、怡、泚、朦、遭、嚛、鹜、镙。其中"猹""洨""骍"作为地名、物名出现在小学教材外，其他均出现在初中教材。报告的调查语料是10亿字的海量级，又是当前社会生活用字的真实反映。教材汉字中仍有数十字超出此范围，二者之间的可参考性值得思考。

三、词汇使用及特点

教材用词调查包括以下内容：分词单位总数、词总数、词种数、共享词种数、独用词种数。使用的分词软件是中国科学院自动化研究所研制的分词标注系统。对软件分词结果进行了人工校对，重点处理了歧义切分、未登录词识别等问题。在对"词"身份的认定时参考了凝固度、常用性和分布率等因素，尽量与人们平时语感中的词保持一致，即有固定的意义，能独立运用、凝固度较高。"语"主要是成语、惯用语，或使用频率较高的固定性词组。

（一）词汇基本状况

四套教材一共有分词单位总数：1290126词次。词总数：1077363词次。词种数：50670个。四套教材共有词种数：10460个。

---

① 国家语言资源监测与研究中心编《中国语言生活状况报告》（下编），商务印书馆，2005/2006/2007。

表5-16　四套教材词汇调查

| 教材 | 分词单位总数 | 词总数 | 词种数 | 共享 词种数 | 共享 比例% | 部分共享 词种数 | 部分共享 比例% | 独用 词种数 | 独用 比例% |
|---|---|---|---|---|---|---|---|---|---|
| 人教版 | 342911 | 287096 | 24852 | 10460 | 42.09 | 9276 | 37.32 | 5116 | 20.59 |
| 苏教版 | 261997 | 219337 | 23180 | 10460 | 45.12 | 8246 | 35.57 | 4474 | 19.30① |
| 北师大版 | 316522 | 264280 | 26895 | 10460 | 38.89 | 8840 | 32.87 | 7595 | 28.24 |
| 语文版 | 368696 | 306879 | 28400 | 10460 | 36.83 | 10129 | 35.67 | 7811 | 27.50 |

表5-16显示,分词单位总数、词总数、词种数最多的均是语文版教材,最少的是苏教版教材,人教版和北师大版教材居中。语文版与苏教版的词总数相差近9万个。人教版的词总数多于北师大版,但词种数少于后者。说明北师大版篇幅比人教版的小,但不同的词语种数多。四套教材共享词种的比例均不超过一半,比例最高的是苏教版,为45.12%,最小的是语文版。独用词可视为教材词汇的差异度,独用词比例最高的是北师大版,占28.24%。以上数据显示,在义务教育阶段要让学生接触、学习哪些词语,各版教材表现出了相当大的差异。

(二)各教材不同学段用词比较

1.第一学段各教材用词比较

表5-17　第一学段各教材用词比较

| 教材 | 分词单位总数 | 词总数 | 词种数 | 共享 词种数 | 共享 比例% | 部分共享 词种数 | 部分共享 比例% | 独用 词种数 | 独用 比例% |
|---|---|---|---|---|---|---|---|---|---|
| 人教版 | 22602 | 18617 | 3425 | 757 | 22.1 | 1751 | 51.1 | 917 | 26.8 |
| 苏教版 | 11548 | 9526 | 2423 | 757 | 31.2 | 1099 | 45.4 | 567 | 23.4 |
| 北师大版 | 16087 | 13190 | 3087 | 757 | 24.5 | 1435 | 46.5 | 895 | 29.0 |
| 语文版 | 22485 | 18410 | 3670 | 757 | 20.6 | 1908 | 52 | 1005 | 27.4 |

从表5-17可以看出,第一学段中,分词单位总数最多的是人教版和语文版,最少的是苏教版,后者总量仅为前者的一半。人教版和语文版的词语规模相当,但相互之间也有差异,人教版的词总数略多,语文版的词种数

---

① 本书百分比数据采用四舍五入原则,故有的表中会出现百分比相加总额大于或小于100%的情况。

略多,这表明语文版在词的单位容量相当时容纳了更多的不同词语,即相同的单位容量中词语的复现率稍低。苏教版的词种数最少,比人教版和语文版少1000余条,占苏教版词种数的40%。各套教材共享词种仅757个,比例在20.6%—31.2%之间,远低于四套教材词汇总数40%左右的相同词语数。第一学段中词汇差异如此大,是很值得思考的。

2. 第二学段各教材用词比较

表5-18 第二学段各教材用词比较

| 教材 | 分词单位总数 | 词总数 | 词种数 | 共享 词种数 | 共享 比例% | 部分共享 词种数 | 部分共享 比例% | 独用 词种数 | 独用 比例% |
|---|---|---|---|---|---|---|---|---|---|
| 人教版 | 56317 | 47057 | 7946 | 1833 | 23.1 | 3963 | 49.9 | 2150 | 27.1 |
| 苏教版 | 30628 | 25623 | 5918 | 1833 | 31.0 | 2723 | 46 | 1362 | 23.0 |
| 北师大版 | 47965 | 39991 | 7528 | 1833 | 24.3 | 3655 | 48.6 | 2040 | 27.1 |
| 语文版 | 63490 | 52927 | 8640 | 1833 | 21.2 | 4465 | 51.7 | 2342 | 27.1 |

表5-18显示,各教材第二学段的用词表现出与第一学段相似的特征,分词单位和词总数依然为语文版和人教版最多,北师大次之,苏教版最少。但语文版与人教版之间的差距增大,无论是分词单位、词总数还是词种数,语文版都多于人教版。在这一学段,除苏教版的词种数接近6000外,其他三套教材的词种数均在7500至8700之间,比第一学段增加了两倍多。说明在第二学段各套教材均增大了新词语的使用量,从以学拼音为主的第一阶段转向了以学字学词为主的第二阶段。这一学段各套教材共享词种依然不多,为1833个,除苏教版外,其他三套教材的共享词种数均低于总数的1/4。

3. 第三学段各教材用词比较

表5-19 第三学段各教材用词比较

| 教材 | 分词单位总数 | 词总数 | 词种数 | 共享 词种数 | 共享 比例% | 部分共享 词种数 | 部分共享 比例% | 独用 词种数 | 独用 比例% |
|---|---|---|---|---|---|---|---|---|---|
| 人教版 | 77221 | 64546 | 9994 | 3029 | 30.3 | 4405 | 44.1 | 2560 | 25.6 |
| 苏教版 | 49822 | 41685 | 8804 | 3029 | 34.4 | 3246 | 36.9 | 2529 | 28.7 |
| 北师大版 | 63356 | 53035 | 9478 | 3029 | 32.0 | 3787 | 40 | 2662 | 28.1 |
| 语文版 | 94227 | 78635 | 12327 | 3029 | 24.6 | 5210 | 42.3 | 4088 | 33.2 |

表 5-19 显示,第三学段的分词单位总数、词总数、词种数统计中,语文版依然最多,人教版、北师大版次之,苏教版最少。但词种数较第二学段,增加幅度不大,在各版教材中增加数均在 2000 个左右。共享词种数增加幅度大于独用词种数的增加。共享词种数占各版教材词种数的比例上升,占到 1/3—1/4,明显高于第二学段。

4.第四学段各教材用词比较

表 5-20　第四学段各教材用词比较

| 教材 | 分词单位总数 | 词总数 | 词种数 | 共享 词种数 | 共享 比例% | 部分共享 词种数 | 部分共享 比例% | 独用 词种数 | 独用 比例% |
|---|---|---|---|---|---|---|---|---|---|
| 人教版 | 186543 | 156674 | 18913 | 7155 | 37.8 | 7386 | 39.1 | 4372 | 23.1 |
| 苏教版 | 169963 | 142476 | 18343 | 7155 | 39.0 | 7125 | 38.8 | 4063 | 22.2 |
| 北师大版 | 189113 | 158063 | 20919 | 7155 | 34.2 | 7013 | 33.5 | 6751 | 32.3 |
| 语文版 | 188494 | 156895 | 20678 | 7155 | 34.6 | 7243 | 35 | 6280 | 30.4 |

表 5-20 显示,在第四学段的各项统计中,四套教材差距不大。苏教版与其他各套教材差距明显缩小。北师大版在分词单位总数、词总数及词种数上,都为最多。从词总数和词种数的关系来看,北师大版和语文版在相同容量的情况下容纳的词种数多于人教版与苏教版。与第三学段相比,共享词种数增加了近一倍,占总词种数的比例大体在 35%—40% 之间。表现出随着文本数和词量的增大,共享词种有增多的趋势,这符合常用词与语文词的高频与通用特点。

(三)同一教材各学段用词递增比较

表 5-21　同一教材各学段用词递增比较

| 教材 | 第一学段词种 | 第二学段新增词种 | 第三学段新增词种 | 第四学段新增词种 |
|---|---|---|---|---|
| 人教版 | 3425 | 5659 | 5320 | 10449 |
| 苏教版 | 2423 | 4415 | 5239 | 11102 |
| 北师大版 | 3087 | 5639 | 5208 | 12961 |
| 语文版 | 3670 | 6191 | 6936 | 11603 |

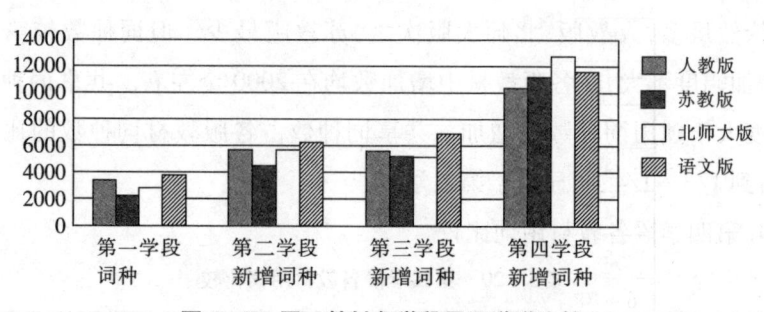

表 5-21 的数字用下图形象显示为：

图 5-2　同一教材各学段用词递增比较

《语文课程标准》对语文教材中各学段的识字用字量有十分明确的要求，但对各学段的词量及整个义务教育阶段的总词量却没有提出要求。表 5-21 显示，四套教材在各学段新增词量上，表现出明显的一致性。四套教材均是第一学段新学词种最少，第二、第三学段新词种增加量相仿，第四学段激增。这种状况与教学规律是相一致的。第一学段课文量少，课文篇幅小，主要任务是学习拼音和汉字，接触的词语少，且大都是与小学生的生活息息相关的词语。第二和第三学段开始转向学习篇章，接触更多的词语和语句，词汇逐渐增加，但受学生年龄特点和学习规律的限制，不可能增加大量的新词。第四学段学生重点转向篇章，开始学习文学原著，带有作家语言特色的词语及文言词语大量增加，加之课文篇幅增大，学段时间为三年，新增词种自然会成倍增加。

在表现出词汇增加的共同趋势的同时，四套教材之间也存在若干差异：(1)语文版在前三个学段新增词种数均为最多，第四学段退居第二；(2)苏教版在一、二学段的词种数均为最少，后两个学段与其他教材持平；(3)北师大版前三个学段与其他教材相当或略少，到第四学段一跃为最多，显示其初中教材与小学教材之间有着较大的跳跃。

（四）词语频次与词种的关系

词语频次是指某一个词语在所统计的文本范围内出现的次数。统计频次与词种的关系能反映词语在教材中的使用情况。结果见表 5-22：

表 5-22　各频次段使用的词种数

| 频次 | 词种数 | 占总词种数的比例(%) |
|---|---|---|
| 1 | 19766 | 39.0 |
| 2 | 7632 | 15.1 |
| 3 | 4233 | 8.4 |
| 4 | 2821 | 5.6 |
| 5 | 1975 | 3.9 |
| 6-10 | 5237 | 10.3 |
| 11-20 | 3731 | 7.4 |
| 21-100 | 4077 | 8.0 |
| >100 | 1198 | 2.4 |

在四套教材中，出现一次的词语有 19766 条，占总词种数的 39%。

(五) 词语覆盖率与词种的关系

覆盖率的调查，能反映高、低频词在所有语料中的存在状况，是反映词语影响力的一个重要指标。调查结果见表 5-23：

表 5-23　各覆盖段使用的词种数

| 覆盖率(%) | 词种数 | 频次 | 词种数占总词种数的比例% |
|---|---|---|---|
| 1-50 | 220 | 542 | 0.4 |
| 60 | 540 | 223 | 1.1 |
| 70 | 1336 | 89 | 2.6 |
| 80 | 3320 | 35 | 6.6 |
| 90 | 9101 | 10 | 18.0 |
| 95 | 17505 | 4 | 34.5 |
| 99 | 39897 | 1 | 78.7 |
| 100 | 50670 | 1 | 100 |

教材词汇共 5 万余条，数量相当大，但高频词集中。覆盖所有语料的 50%、80%、90%，分别使用词语 220 条、3320 条、9101 条。它们的最低频次分别为 542 次、35 次、10 次。

大体说来，频次最低为 35 次，覆盖率为 80% 的前 3000 条词语可视为教材的常用词，频次最低为 10 次的前 9000 词语可视为教材的次常用词。

(六) 词语分布与词种数的关系

词语分布是指各个词种在各篇课文中的分布状况。分布是体现词语价值的另一重要因素。四套教材共有课文 2009 篇,按课文数来统计词语的分布,可以发现词语通用范围的广窄。分布最广的词语是"一",在 1256 篇课文中出现,而有 23200 个词只在某一篇课文中出现。调查结果见表 5－24:

表 5－24　各分布段与词种数的关系

| 课文数(篇) | 词种数 | 比例(%) |
|---|---|---|
| 1 | 23200 | 45.79 |
| 2－5 | 16094 | 31.76 |
| 6－10 | 4449 | 8.78 |
| 11－50 | 5297 | 10.45 |
| 51－100 | 871 | 1.72 |
| 101－200 | 420 | 0.83 |
| 201－300 | 147 | 0.29 |
| 301－400 | 62 | 0.12 |
| 401－500 | 45 | 0.09 |
| 501－600 | 20 | 0.04 |
| 601－700 | 18 | 0.04 |
| 701－800 | 18 | 0.04 |
| 801－900 | 7 | 0.01 |
| 901－1000 | 10 | 0.02 |
| 1001－1256 | 12 | 0.02 |
| 小计 | 1630 | 3.22 |
| 总计 | 50670 | 100 |

表 5－24 显示,分布在 51 篇课文以上的只有 1630 个词语,占词语总数的 3.22%。分布在 11—50 篇课文的有 5297 个词语,占词语总数的 10.45%。二者相加,共有词种 6927 个,占词语总数的 13.67%,不足词语总数的 1/7。出现 1 次的达 23200 个词,占词语总数的 45.79%,出现 1—5 次的占 77.55%。可见教材词语虽然数量多,但分布面不广,复现率不高。

大体说来,分布数最低为 27 篇课文、覆盖率约为 80% 的前 3000 条词语可视为教材的通用词,分布数最低为 8 篇课文、覆盖率约为 90% 的前 9000 词语可视为教材次通用词。

(七) 词语长度与词种数的关系

1. 词语长度调查

下面按词语长度分别统计了各词长的词种数及使用频次的情况。结束见表 5-25:

表 5-25　词语长度的词种数与频次调查

| 词长 | 词种 |  | 频次 |  |
|---|---|---|---|---|
|  | 频次数 | 百分比(%) | 频次数 | 百分比(%) |
| 1 | 3670 | 7.2 | 626439 | 58.15 |
| 2 | 33010 | 65.1 | 405386 | 37.63 |
| 3 | 7707 | 15.2 | 30340 | 2.82 |
| 4 | 5226 | 10.3 | 13381 | 1.24 |
| 5 | 501 | 1.0 | 994 | 0.09 |
| 6 | 217 | 0.4 | 303 | 0.03 |
| 7 | 165 | 0.3 | 277 | 0.03 |
| 8 | 65 | 0.1 | 85 | 0.01 |
| 9 | 46 | 0.1 | 62 | 0.01 |
| >10 | 63 | 0.1 | 96 | 0.01 |
| 总计 | 50670 |  | 1077363 |  |

2. 各词长段分布面最广的前 20 条词语

单音词:一、的、在、了、是、不、有、着、上、也、地、就、个、我、到、里、把、这、都、说。

双音词:没有、我们、自己、起来、什么、时候、他们、这样、可以、知道、出来、已经、因为、这个、可是、一样、人们、下来、看见、许多。

三音节词:为什么、一会儿、一点儿、越来越、一下子、这时候、差不多、怎么样、大自然、科学家、怎么办、有时候、小时候、不得不、忍不住、小孩子、不由得、小朋友、小姑娘、全世界。

四音节词:各种各样、一动不动、自言自语、小心翼翼、不一会儿、四面八方、不知不觉、中华民族、许许多多、哈哈大笑、大大小小、成千上万、无论如何、不好意思、大吃一惊、一模一样、干干净净、气喘吁吁、浩浩荡荡、情不自禁。

五音节词：天安门广场、普罗米修斯、中国科学院、帝国主义者、青龙桥车站、阿里亚希涅、珠穆朗玛峰、中国共产党、国际奥委会、南安普敦河、千里共婵娟、自然保护区、商务印书馆、文化大革命、科学考察队、晋察冀边区、帕米尔高原、日发略维夫、人民解放军、人民大会堂[①]。

各词长段中的第1位与第20位词语的频次与频次位、分布数与分布位见下表：

表5-26　各词长段第1位与第20位词语的频次与分布调查

| 词长 | 第1位 | 频次位序 | 频次词次 | 分布位序 | 分布文本数 | 第20位 | 频数位序 | 频数词次 | 分布位序 | 分布文本数 |
|---|---|---|---|---|---|---|---|---|---|---|
| 1 | 一 | 1 | 21213 | 2 | 1256 | 说 | 20 | 6365 | 15 | 915 |
| 2 | 没有 | 35 | 3165 | 42 | 731 | 许多 | 157 | 791 | 157 | 419 |
| 3 | 为什么 | 245 | 484 | 234 | 266 | 全世界 | 2105 | 56 | 1738 | 47 |
| 4 | 各种各样 | 2100 | 56 | 1665 | 49 | 情不自禁 | 4453 | 25 | 3586 | 22 |
| 5 | 天安门广场 | 5948 | 18 | 7921 | 9 | 人民大会堂 | 20613 | 3 | 16442 | 3 |

表5-26显示出数据之间存在一些有意义的数值关系：(1)位序与词次、文本数成反比，即位序的数值愈小，词次数、文本数的数值愈大。(2)从词长1到词长5，前20词的整体位序逐步靠后，词次数、文本数逐渐减少。(3)从词长1至词长5，无论是词次数还是文本数，它们与位序之间几乎是同步增加或递减。(4)词长愈短，文本数愈大；词长愈长，文本数愈小。

以上进行的频次与分布调查，显示低频与低分布的现象相当突出。表5-22显示，出现一次的词语有19766个，占总词种数的39%。表5-24显示，只出现在一篇课文中的词种数有23200个，占总词种数的45.79%。二者分别占词总数的约2/5。分布数大于频次数，是因为出现一次的多个词语可能会出现于一篇课文。这两组数据都显示，不同教材之间的词语差异

---

[①] 其中有的人名、地名，是因为同一篇课文被不同的教材同时收入，因而有了分布数。

度相当突出,教材存在着生词多、分布稀疏、复现率低、陌生度高的缺点。

(八)基于频次法与分布法的两种高频词语比较

1.高频段词语比较

总的来看,高频率与广分布之间有密切的相关性。拿频次法与分布法二者统计中居前十位的词语来说,相同的有七个词,不同的只有三个词——频次统计中居前十位的"个、他、我"未在分布统计中居前十位,而分布统计中居前十位的"上、也、有"未在频次统计中居前十位。对前10、20、50、100、200分段统计不对应的词语列表如下:

表5-27 高频段词语比较

| | | 独用词语 | |
|---|---|---|---|
| | 个数 | 频次法 | 分布法 |
| 前10 | 3 | 个、他、我 | 上、也、有 |
| 前20 | 3 | 你、人、他 | 把、都、里 |
| 前50 | 6 | 而、她、他们、它、之、走 | 出、对、多、好、会、用 |
| 前100 | 11 | 吧、便、吃、道、孩子、她、没、与、这个、之、种 | 长、成、出来、当、更、前、三、使、听、因为、真 |
| 前200 | 19 | 爸爸、父亲、块、老、老师、妈妈、母亲、你们、您、其、钱、声音、书、树、先生、写、一个、曰、中国 | 风、过去、好像、开始、连、满、生活、望、无、心、新、一定、一起、一天、以后、于是、找、这么、终于 |

表5-27中"独用词语"是指同一位序段中不在对方统计中出现的词语。表中两个信息值得注意,一是在同一竖栏中前后位序段之间重复出现的词语极少,只有频次栏的"她""他",而分布栏中没有重复出现的词语。这说明在频次与分布的对比中,双方差距不大,独用词语一般都会在对方的下一个位序段中出现。二是在同一个位序段中,频次统计与分布统计的差异数都不大,只在10%左右,重合的部分占90%左右。这两点都显示频次与分布之间有着密切的关系。

## 2. 高频段词种数比较

表5–28　高频段词种数比较

| 高频排列 | 共有词种数/比例 | 频次法独用词 | 分布法独用词 |
|---|---|---|---|
| 前200 | 181(90.5%) | 19 | 19 |
| 前500 | 464(92.5%) | 36/500 | 40/504 |
| 前1000 | 892(89.2%) | 108/1000 | 110/1008 |
| 前2000 | 1796(89.8%) | 204/2000 | 233/2014 |
| 前3000 | 2674(89.1%) | 326/3000 | 409/3083 |
| 前5000 | 4419(88.4%) | 581/5000 | 822/5241 |

表5–28中"分布法独用词"栏中"/"后面的数字是相同分布数所含词语数。表5–27、表5–28显示了一个共同信息，即两种排序法共性相当高，共享词语都在90%左右。但10%左右的差异也清楚显示了分布统计所具有的独特价值。下面选取前1000这一序位段列中两种统计法的所有独用词语，表明在频次排序法中专名容易被显露，而分布排序法包含得更多的是通用性更强的语文性词语。

频次排序前1000个词语中有独用词108个,它们是：罢、鼻子、必、便是、兵、布、产生、陈毅、大人、大自然、滴、敌人、洞、范进、飞机、国王、海洋、号、乎、狐狸、皇帝、黄河、建筑、江、将军、教室、她们、今、科学家、孔乙己、苦、狼、老爷、乐、邻居、龙、鲁迅、蚂蚁、骂、猫、毛泽东、么、美国、民族、那位、奶奶、男孩、鸟儿、女人、票、妻子、齐、齐仰之、桥、青年、青蛙、日本、肉、杀、上帝、少年、社会、甚、诗、石、世纪、树枝、说道、松鼠、陶影、同志、偷、挖、碗、王、尾巴、我家、吾、武松、线、香港、小姑娘、小也、星星、醒、寻、燕子、爷爷、叶子、医生、艺术、音乐、银子、英国、影子、宇宙、雨来、约、月亮、咱们、战士、知识、植物、智慧、众、主席、追、作品。

分布排序前1008个词语中有独用词110个,它们是：傍晚、奔、本来、比较、表示、不但、不管、不仅、不可、不幸、差不多、乘、穿过、答应、担心、到底、道理、等待、底下、地面、肚子、短、断、蹲、番、纷纷、附近、害怕、刚才、刚刚、根本、鼓、关系、国、好好、好看、横、红色、欢乐、回头、激动、挤、加、结束、紧张、尽管、进入、经、旧、看来、可怕、困难、来说、面对、明、南、努力、平静、铺、强、悄悄、青、扔、撒、射、深深、生气、剩下、十二、睡觉、四周、田野、贴、听说、退、拖、往往、围、温暖、屋里、习惯、鲜花、消失、消息、小心、心中、兴奋、形成、叶、夜晚、一生、一下子、依然、以及、迎、有趣、远远、早已、怎么样、这次、这时候、睁、至于、重新、抓住、准、捉、走过、走进、嘴里。

(九)教材词汇与《现代汉语频率词典》的"常用词表"比较

出版于1986年的《现代汉语频率词典》,是我国第一部有着严格统计学意义上的反映现代汉语词汇的词量、词长、词汇分布、构词状况的数据词典。它的语料规模不大,总量181万字,但统计分析工作精当,所得数据代表性强,可信度高。词典有含8548条词语的常用词表。将教材词汇与8548条常用词比较,结果如下:

1.《现代汉语频率词典》有常用词8548条,相同词形者合并后有8051条词语,与教材词汇共有词种为7462条。

2.《现代汉语频率词典》中不见于教材词汇的有532条词语[①]。在532条词语中,属于"语法结构词"和构词结构的有33条:……分之……、……来……去……、也好……也好、不……不……、不是……而是……、不是……就是……、除……外、从……出发、从……看来、大……大……、到……为止、东……西……、对……来说、非……不可、非……才……、忽……忽……、既……又……、连……带……、连……都……、七……八……、千……万……、似……非……、一……就……、一……也……、一……一……、一边……一边、一方面……一方面、一会儿……一会儿、一面……一面……、边……边……、有……点儿、愈……愈……、越……越……。这些词拆开后或在具体词语结构中都作为教材词汇出现,这是因分词标准不同所致。

另外还有499条词语没有在教材词汇中出现,例如:阿太、按需分配、八股、帮派、变革、拨乱反正、炊事、的确良、电子管、氨基酸、党委会、党性、二把刀、改组、杆菌、国计民生、锅驼机、黑狗、极左、激化、类人猿、冒进、师姑、外奶奶、小资产阶级、形而上学、右派、又红又专、右倾、整风、走狗、抓辫

---

[①] 8051条减去7462条,本来应该是589条,这是因为《现代汉语频率词典》词表中有的是并列词条。如"人才/人材",拆开后均见于教材词汇,故未见词条只有532条。

子,等等。这些词大部分带有明显的时代色彩、政治色彩或专业色彩,已经逐渐被时代淘汰,没有出现在当代中小学语文教材中是可以理解的。

3.《现代汉语频率词典》中绝大部分词语在教材中都出现了,但教材词汇还含有一定数量的人名、地名、机构名、时间词等各种专名,以及带有明显作家语言个性的语词。另外,教材中还有14.34%的课文是文言文,存在大量的文言词,而这些词语也是《现代汉语频率词典》中没有的。

(十) 教材词汇与《汉语水平词汇与汉字等级大纲》的"常用词表"比较

本次调查的教材属母语教材,与此相对应又有一定差异的是对外汉语教学用的词汇。《汉语水平词汇与汉字等级大纲》(本节简称《大纲》)是"国家对外汉语教学领导小组办公室汉语水平考试部"于1992年编制出台的。《大纲》的词汇部分吸取了当时国内汉语词汇计量研究的最新成果,有几十位专家参与编制。《大纲》共收录词语8822条,其中有甲级词1033条,乙级词2018条,丙级词2202条,丁级词3569条。

1.《大纲》拥有语法搭配结构词,教材词汇无。《大纲》的8822条词并非都是严格意义的语言词,其中收录了语法固定搭配结构词,由两个或几个词或语素组成固定结构,这种固定结构有37条。例如:除了……以外、从……到……、从……起……、得很、分之……、极了、连……都……、一边……一边……、一……就……、……之间、边……边……、从……出发、当……的时候、……的话……、非……不可、既……也……、既……又……、一……也……、一方面……一方面……、越……越……、越来越……、不是……而是……、不是……就是……、到……为止、对……来说、就是……也……、拿……来说、一面……一面……、愈……愈……、从来看、非……才……、……来看、……来说、连……带……、一会儿……一会儿……、也……来讲。这些词拆开后或在具体词语结构中都在教材词汇中出现了,也是因分词标准不同所致。

2.《大纲》中有异形词、变换词、同类词,共有45组条,教材词汇对这些词单独排,没有成组配对。如8822条中有:法语/法文、连……都/也……、米/公尺、那里/那儿、日语/日文、外语/外文、星期日/星期天、英语/英文、早晨/早上、这里/这儿、阿拉伯语/阿拉伯文、报道/报导、伯父/伯伯、成分/成份、从不/没、德语/德文、胳膊/胳臂、京剧/京戏、老大妈/大妈、老大娘/

大娘、老大爷/大爷、礼拜天/礼拜日、利害/厉害、热水瓶/暖水瓶、人才/人材、手绢/手帕、吸烟/抽烟、想象/想像、照片/相片、俄语/俄文、身份/身分、账/帐、的确良/涤纶、订购/定购、订货/定货、订阅/定阅、含义/涵义、……来看/……来讲、薪金/薪水、押韵/压韵、赢利/盈利、总（是）、倒（是）、老（是）、有（一）点儿。在具体教材中，是根据表达的需要择其一加以使用，在教材词汇表中对它们是分别统计频次。

3.《大纲》8822 条词，如按相同词形的统计为一个词，有词种 8653 条。其中见于教材的共有 7924 条，未出现的有 729 条。这 729 条词中除去语法搭配结构词和异形词、变换词、同类词外，有 679 条词语未在教材中出现。如：按劳分配、暗杀、芭蕾舞、捌、半拉、霸权、百花齐放、百家争鸣、班机、办学、包干儿、暴动、比价、比重、茶话会、产值、拨款、不法、财经、财会、参阅、草率、仓促、大便、车床、超产、党委、电风扇、惩办、东部、承办、电压、出品、多劳多得、副食、复印、大包大揽、大局、氮、党性、复活节、倒爷、纲领、的确良、个体户、公安、共青团、毒品、官僚主义、国营、贰、分红、奖学金、教研室、工人阶级、公社、挥霍、模范、简体字、繁体字、教唆、精生、玖、社论、客车、私有、口岸、送礼、零售、漏税、没辙、民意、选修、谬论、殴打、普查、跃进、柒、洽谈、签证、叁、审批、税收、损耗、损人利己、通货膨胀、铁饭碗、投机倒把、外向型、众议院、利伯维尔场、走漏、罪状、作案。这些词里面含有不少政治、经济以及法律领域的专业词汇，适合外国人认识中国社会的需要，但不适合在中小学母语教材中出现。

另外，如"面条儿、香皂、莲子、连续剧、晚报、圆珠笔、纽扣儿、组长、新郎"，这些词多为日常生活中常接触和使用的词语，在教材中也未出现，这与母语教材课文以书面语为主有关。这也说明，虽然同为语言教学，但由于教学对象、目的、功能的不同，母语教学与对外汉语教学所选取的词语有较明显的差异。

通过对四套教材的共有词种与以上两个不同词汇大纲的比较可以看出，每种词汇大纲都有自己不同的特点。《现代汉语频率词典》是在依据大量现代汉语各种体裁的文本语料的基础上制订的，编制时间距今已有一定年份。《汉语水平词汇与汉字等级大纲》是针对外国人学汉语的角度制订的，其中有一部分是政治、经济、法律等专业词汇，不适合中小学生学习。

这两种词汇大纲都不能完全反映中小学语文教学的语言特点。编制基础教育语文课程的词汇大纲有着重要的现实意义。基础教育词汇有着自己鲜明的语言特色。如：重视书面语特色，学生口语中经常说到的"肯德基、麦当劳、可乐、T恤、耐克、酷、帅、靓"或是没有出现，或是排位极后；重视古今语言的学习，"尔、也、曰"等高频出现；重视文学语言的学习，"美丽"比"漂亮"排位高，"目光"比"眼光"排位高，"优美"比"优秀"排位高。在小学低年级阶段，表示生活类的常用字词如"凳子、筷子"当在其内。

(十一) 分布最广的前3000条词

基于对四套教材词汇的全面考察，对比了频次与分布两方面的因素，发现分布更容易体现出语文词语的稳定性与通用性，也较容易排除因语料原因仅靠频次进入高频词中的人名、地名、机构名及反映作家个人语言风格的词语。

下面做了一个对比分析。用分布法排序的前3000条词，最低出现课文数是27篇，最低频次也是27次；用频次法排序的前3000条词，最低出现频次是39次，最低分布课文数只有1篇。下面将两种排序法所得的前3000条词语中最后20条低分布词语列出，就会发现分布法所得基本上是语文性词语，而频次法所得却大都是专名。

表5-29  分布法与频次法前3000词中的低分布词语

| 分布法 | | | 频次法 | | |
| --- | --- | --- | --- | --- | --- |
| 词语 | 课文数 | 频次 | 词语 | 课文数 | 频次 |
| 脸颊 | 27 | 27 | 匹诺曹 | 1 | 40 |
| 不免 | 27 | 27 | 贾芸 | 1 | 41 |
| 靠近 | 27 | 28 | 瑞恩 | 1 | 41 |
| 逢 | 27 | 28 | 王利发 | 1 | 41 |
| 迷人 | 27 | 28 | 帕霍姆 | 1 | 45 |
| 往日 | 27 | 28 | 信客 | 1 | 49 |
| 炎热 | 27 | 28 | 切斯特 | 1 | 49 |
| 向往 | 27 | 28 | 麦秸 | 1 | 50 |
| 噢 | 27 | 28 | 杨志 | 1 | 50 |

续表

| 分布法 | | | 频次法 | | |
| --- | --- | --- | --- | --- | --- |
| 词语 | 课文数 | 频次 | 词语 | 课文数 | 频次 |
| 平原 | 27 | 28 | 水上漂 | 1 | 50 |
| 完毕 | 27 | 29 | 狗娃 | 1 | 52 |
| 为难 | 27 | 29 | 何满子 | 1 | 53 |
| 两侧 | 27 | 29 | 山米 | 1 | 69 |
| 哈哈大笑 | 27 | 29 | 斑羚 | 1 | 81 |
| 朦胧 | 27 | 29 | 玄德 | 1 | 84 |
| 每逢 | 27 | 29 | 奥伊达 | 1 | 99 |
| 连连 | 27 | 29 | 二爷 | 2 | 40 |
| 疲劳 | 27 | 29 | 青花 | 2 | 44 |
| 送来 | 27 | 32 | 枣儿 | 2 | 59 |
| 出色 | 27 | 32 | 鲍西娅 | 2 | 63 |

## 第二节
## 民国时期小学国语教材字词研究

民国时期是中国教育从传统步入现代的重要阶段。这一时期的母语教科书在清末新式教科书的基础上日益摆脱传统四书五经和蒙学读物的影响，学习西方先进的教育制度和教材编写理念而逐步走向现代化。白话文运动、新文化运动以及国语运动等都在当时的语文教材中留下了深刻的影响。民国政府出于教育救国和社会变革的需要，对中小学教育，尤其是母语教育非常重视。民国时期小学语文教科书完成了两个大的转变："第一，国文教科书完全替代了四书五经；第二，言文一致的国语教科书替代了国文教科书，可以说这两次转变在我国语文教科书的发展史上产生了跨时代的推动力，具有举足轻重的作用。"[1]这一时期的语文教材为后来20世纪50年代语文教科书奠定了基础，成为现代语文教科书的基本范式。进入

---

[1] 闫苹、张雯：《民国时期小学语文课文选粹》，语文出版社，2009，"前言"。

21世纪,多种民国时期语文教材重印刊行,再度受到了社会广泛关注①。

## 一、教材与课文分析

(一)教材基本情况

民国时期语文教材众多,多种教育思想共存争鸣,教材的文白并行,内容上中外兼备,加上学校教师可自主选择教材,教材市场相当繁荣。据北京图书馆整理编辑的《民国时期总书目(1911—1949)》之《中小学教材》记载,小学语文教材有517种。商务印书馆、中华书局、世界书局、开明书店等,都是当时非常有影响力的出版社。许多著名学者和社会活动家,如蔡元培、胡适、顾颉刚、林纾、吕思勉等都亲自参与到中小学教材的编纂和审订中来。许多著名书局的经营家如庄俞、张元济、魏冰心、王云五、吴研因、朱文叔、吕伯攸、叶圣陶、陈伯吹、沈百英等也都是语文教材的编纂家。

当时的语文教材类型多样,从语言形式看,有小学的国语教材与中学的国文教材之别;从教材的发展过程来看,有草创期、探索期和成熟期的划分;从课程设置看,有读本教材和会话教材之差别;从使用对象看,有女子学校和国民学校的不同。考虑到教育教学理念、内容更新、文体应用、语言贴近口语等因素,我们选取了开明书店出版的《开明国语课本》和世界书局出版的《国语读本》作为分析比较的对象。

(二)课文分析

1. 课文长度比较

两部教材的课文数量及每篇课文的长度,具体情况如下:

表5-30 课文数量及长度比较

| 年级 | 《开明国语课本》 | | 《国语读本》 | |
| --- | --- | --- | --- | --- |
| | 课文(篇) | 篇长(字符) | 课文(篇) | 篇长(字符) |
| 一上 | 42 | 36.12 | 50 | 23.86 |
| 一下 | 42 | 72.17 | 50 | 54.48 |
| 二上 | 42 | 103.52 | 50 | 78.66 |
| 二下 | 42 | 160.86 | 50 | 104.34 |

---

① 《民国语文课本重现》,《中国青年报》2010年12月1日。

续表

| 年级 | 《开明国语课本》 课文（篇） | 《开明国语课本》 篇长（字符） | 《国语读本》 课文（篇） | 《国语读本》 篇长（字符） |
| --- | --- | --- | --- | --- |
| 三上 | 42 | 203.83 | 44 | 161.93 |
| 三下 | 42 | 286.14 | 44 | 210.16 |
| 四上 | 42 | 397.48 | 44 | 266.59 |
| 四下 | 42 | 474.07 | 44 | 267.39 |
| 平均数 | 42 | 216.77 | 47 | 140.79 |
| 合计 | 336 | 72836 | 376 | 52934 |

表5-30显示，民国语文教材每册课文数量多，每篇课文篇幅较短。《开明国语课本》与《国语读本》平均每册有课文42篇与47篇，每篇平均字数为216.77字符与140.79字符。

2. 课文主题比较

课文是最容易反映一部教材内容时代特色的。这个时期的教材有诸多特点是与后来的教材相同的，如贴近儿童生活实际，尽量符合儿童心理与思维习惯，注重运用童话寓言的故事体裁，喜用拟人拟物手法写人记事。但在这些共性基础上，也表现出了某些特点。下面以二年级上学期第3册的课文为例。

民国教材多描写生活具体细节，多客观叙述，即使有些寓意也表现得很细微、内敛。如：

《他们有火用了》："我们取火，便当得很，擦一根火柴就是了。上古的人取火，没有我们这样便当，他们没有火柴擦，他们看见树林里起火，把烧着的树枝拿回来，不等他烧完，就接烧几根，快要烧完了，再接烧几根，这样，他们家里就有火用了。"

《没有脚的雪人》："晶华拿了许多雪，堆成一个没有脚的雪人。第二天早上，晶华刚才起床，太阳已经照满院子了。他记起了那个雪人，忙走出去瞧。不料地上只有水，再也找不到那个雪人了。他喊道：'咦！没有脚的雪人，怎么也会跑了呢？'"

民国教材对当时社会政治大事也给予了一定的关心。《开明国语课本》只有一篇课文《孙中山先生》。《国语读本》有4篇：《国旗》《你不该欺侮他》记叙孙中山教导大孩子不要欺侮小小孩,《坏风俗人改掉》(一)(二)记叙孙中山提倡改掉鞭拷和缠足。

民国教材绝大部分是自编的课文,口语性强。如《开明国语课本》中的《两排白石头》:"两排白石头,排在大门口,有的好像刀,有的好像臼,每天三回大门开,许多东西送进来,就在刀下切,就在臼里舂,切切舂舂,肚子受用。"《国语读本》中的《弟弟怎么没有牙齿》:"妹妹问祖母说:'祖母,你的嘴里怎么没有牙齿?'祖母说:'年纪老了,牙齿就要脱落。'妹妹指着摇篮里的小弟弟,说:'他没有多大年纪,怎么牙齿已经脱落了呢?'"

而相关研究显示①,当代小学语文教材的课文一般都较长,有较明确的思想、政治方面的教育内容。课文较注重文学性,选自名家名作的较多。如人民教育出版社的语文教材,在同样的一至四年级教材中,有明确作家作品来源的就有16篇,另有4篇唐宋诗歌(苏轼《赠刘景文》、杜牧《山行》、贺知章《回乡偶书》、李白《赠汪伦》)。这可能与民国时期刚从传统语文教学中走出来,努力摆脱文人作品,提倡贴近生活,用白话文写作有关系。民国时期小学语文教材短小浅易,课文贴近生活,语言通俗易懂,这是其明显优点。如何更好地考虑学生的需求,更好地符合学生的认知习惯和认知能力,这是在编纂小学教材特别是低年级教材时必须认真加以思考和解决的问题。民国时期的国民基础教育正处在创始阶段,这时的教育家、教学研究家、教材编纂家特别注重小学生的学习需求,注重培养学生对周围日常生活的感知和认知能力。在教材语言上更注重口语的使用。而当代教材则较注重书面语言、文学语言的学习,人文情感教育意识更为明显。

二、《开明国语课本》《国语读本》汉字使用研究

(一) 字次与字种

为了便于对比,这里选取了一种当代小学语文教材,即人民教育出版社的新课程标准版《语文》教材②。三部教材(下文分别简称为"开明版""世界版""人教版")的汉字使用的字次及字种情况如下:

---

① 苏新春等:《基础教育语文新课标教材用字用语调查》,载国家语言资源监测与研究中心《中国语言生活状况报告(2007)》(下编),商务印书馆,2008,第437—515页。

② 崔峦、蒯福棣主编,初审时间2001—2004年。这里只选取了小学1—4年级8册。

表 5 – 31　三部教材总字次与字种

|  | 总字符次 | 总汉字字次 | 汉字字种 |
|---|---|---|---|
| 开明版 | 72836 | 45704 | 1991 |
| 世界版 | 52934 | 41134 | 2400 |
| 人教版 | 112186.3 | 96949 | 2913 |

表 5 – 31 显示，人教版包含的字种最多，是开明版字种数的 1.46 倍，是世界版字种数的 1.21 倍。按语文课程大纲学习汉字要求，小学阶段要求学习 2500 字，人教版到四年级为止就有 2913 字。字种愈多，说明汉字面愈广，识字的难度也会相应增大。

(二) 共用字与独用字

表 5 – 32　共用字与独用字

| 字种 |  | 共享字 |  | 部分共享字 |  | 独用字 |  |
|---|---|---|---|---|---|---|---|
|  |  | 字种 | 比例(%) | 字种 | 比例(%) | 字种 | 比例(%) |
| 开明版 | 1991 | 1648 | 82.77 | 251 | 12.61 | 92 | 4.62 |
| 世界版 | 2400 |  | 68.67 | 500 | 20.83 | 252 | 10.50 |
| 人教版 | 2913 |  | 56.57 | 591 | 20.29 | 674 | 23.14 |

表 5 – 32 显示，共用字 1648 个，这些是民国小学和现在的小学教学中都使用的汉字，是小学教育用字中最稳定的部分。

(三) 教材用字的特色

教材用字的特色最容易从独用字中看出来。根据独用字使用频率的大小，各教材排在前 20 的独用字分别是：

开明版：嘘、轲、螟、寓、篆、屏、隶、茧、裴、役、典、丐、拘、埠、幔、砾、淞、畚、蛰、唇。

世界版：樵、惠、咪、猩、葛、菱、姊、兢、铭、倪、鸳、债、昭、荀、塾、栗、麟、羲、戎、兆。

人教版：爷、您、罗、阿、卡、葫、扁、川、苇、塑、峡、睁、基、缓、需、亿、扔、疼、宙、桓。

前两部教材的独用字在今人看来要难些，如"轲""螟""屏""篆""幔"

"畚""樵""鹜""荀""塾""麟""羲""戎"大都不在常用字之列。这与课文描绘的当时的社会生活有关。"樵"字在《猴子抢帽子》《狼来了》《网内的鸟》等8篇课文中出现了,所组的词都是"樵夫""樵妇"。这些课文讲述的大体都是儿童故事,反映农耕畜牧、自给自足的传统农业社会。又如"阡"指"阡水","茧"指养蚕结茧,"埠"指"商埠""船埠","螟"指"螟蛾","螯"指蟹的"螯钳","幔"指"绿帐幔","菱"指"青菱""红菱",这些本来都是贴近生活的字词,因社会生活本身发生了变化,使得人们使用汉字的习惯也发生了变化,当今学生对此已较为陌生了。还有一些则是讲述古代故事时用到的人名,如"轲"指荆轲,"羲"是王羲之,"戎"指王戎。

人教版的高频独用字中只有"桓"显得生僻些,是源于扁鹊给蔡桓公治病的故事,其他的大都是常用字。究其原因,与前两部教材的字量偏少,低于2500常用字的范围有关,也与后来的汉字演变有关,如"您"字在现代汉语中使用愈来愈多,"塑"除了少数指"塑像""雕塑"外,大都是指"塑料""塑料圈""塑料环""塑料杯""塑料膜""塑料加工店",这显然是在现代化学工业大发展后才有的事物。

### 三、《开明国语课本》《国语读本》词汇使用研究

(一) 词次与词种

三部教材的词语使用情况如下:

表5-33 总词次与词种

|  | 总词次 | 词种 |
| --- | --- | --- |
| 开明版 | 45429 | 5313 |
| 世界版 | 32471 | 5039 |
| 人教版 | 65673 | 9084 |

表5-33显示,人教版包含的词种最多,分别是开明版的1.71倍,世界版的1.8倍。

(二) 共享词与独用词

表 5-34  共享词与独用词

| 字种 | | 共享词 | | 部分共享词 | | 独用词 | |
|---|---|---|---|---|---|---|---|
| | | 字种 | 比例(%) | 字种 | 比例(%) | 字种 | 比例(%) |
| 开明版 | 5313 | 1822 | 34.29 | 1597 | 30.06 | 1894 | 35.65 |
| 世界版 | 5039 | | 36.16 | 1308 | 25.96 | 1909 | 37.88 |
| 人教版 | 9084 | | 20.06 | 1841 | 20.27 | 5421 | 59.68 |

把表 5-34 与表 5-32 对比，显示共享词的比例大大低于共享字的比例，显然词语差异大于汉字差异。

(三) 教材用词的特色

独用词能清楚显示该教材用词的个性。下面列出每套教材词频最高的前 20 个独用词：

开明版：玩偶、第、鲁滨逊、男、鲫鱼、林则徐、马夫、巫女、河神、煤、裴德芬、乞丐、隶书、大文、店主、百灵、大众、渔人、橱子、新年。

世界版：樵夫、晏婴、宝璧、鸦、水点、宝宝、老虎、工匠、厨子、珠子、瞎子、希望鸟、昭王、鹭鸶、丹西、草人、山鼠、开幕、苏兢、桔子。

人教版：您、雨来、发现、爷爷、恐龙、木偶、公主、科学家、哪儿、太空、鲜花、列宁、队员、世纪、鬼子、科利亚、电脑、小溪、巨大、汽车。

以上独用词展示的信息还是很典型的。如：《开明国语课本》中的"裴德芬"即贝多芬，显示民国时期的外来译名尚未规范的状况。"林则徐"出现的词频达 14 次，排在全部词语的前 500 位以内，因为有两篇课文讲述了林则徐反鸦片的故事。《国语读本》的"樵夫""晏婴""宝璧""鹭鸶"则显示该教材课文的童话味浓，更贴近于儿童阅读习惯，许多故事改编自古代传说，也更耳熟能详。人教版中的"太空""电脑""汽车"显然具有现代化生活气息。"列宁"作为革命导师的名字，出现在新中国教材中也是很好理解的。

出现于民国时期两套教材中，而人教版没有的词，也能较集中地显示两类信息，一是社会的时代特征，二是语言的时代特征。如：排在最前两位的都是指人名词，分别是"农人"与"孙中山"。那时的"农人"相当于后来的"农民""农家"。"孙中山"是中国民主革命的伟大先驱,普遍受到人们的爱戴。开明版有 8 篇课文作了记叙(《孙中山先生》《孙中山的故事(一)》《孙中山先生和农人》《游中山陵记》《黄花冈》《孙中山先生伦敦遇难(一)》《孙中山先生伦敦遇难(二)》《孙中山先生逝世》),世界版则有高达 14 篇课文作了记叙。

20 世纪上半叶正是现代汉语快速变化、尚未完全形成规范语体的时期,文言文强大的旧习惯仍存在,吾笔写吾口的新文风日益得到流行,外来语的新成分、新用法蜂拥而至。这些在两套民国教材用词中都有反映,如:岸滩、八卦篷、宝璧、本乡、微生虫、营养料、蒸汽机、昂起、布谷、布种、跌交、独语、发见、安舒、宽平、匀齐。民国时期正是现代汉语快速发展和形成的时期,当时的教材不可避免会有语言文字的不规范、不稳定,或老旧的说法。民国教材毕竟距今已约一个世纪,社会生活和语言使用都有了相当大的变化,现在要完全用回老教材,让小学生直接使用,是不宜提倡的。

## 第三节
## 新中国成立以来语文教材用字用词对比

"基础教育语文教材语言研究丛书"[①]选取了几个主要历史时期的样本教材,对断代的语言状况以专著形式进行了全面描写和研究。这里选取新中国成立以后的 20 世纪 50 年代、70 年代、80 年代、90 年代及 21 世纪初五个时期的中小学语文教材的用字用词情况,从比较的角度对其同异程度作一专题论述。

**一、新中国成立以来五个时期的教材用字比较**

(一)五个时期的教材用字

所选取的五个时期教材及汉字使用数量如下:

第一种,20 世纪 50 年代新中国首套教材,刘松涛等编写的《国语课本》和宋云彬等编写的《初级中学语文课本》。共使用汉字字种数 3678 个。

---

① 苏新春主编"基础教育语文教材语言研究丛书"("十二五"国家重点图书出版规划项目),广东教育出版社,2015—2020。

第二种，20世纪70年代的教材，"来自北京1972年中小学语文教材。该教材由人民出版社出版，面向北京中小学公开发行。这套教材一共16册，其中小学阶段为第一至十册，初中阶段为第一至六册"[1]。共使用汉字字种数3561个[2]。

第三种，20世纪80年代教材，"选取了《六年制小学课本（试用本）（第一版）》(1983年11月—1985年1月)共12册、《初级中学课本（第一版）》(1981年11月—1983年4月)共6册作为80年代的代表性教材"[3]。共使用汉字字种数4385个[4]。

第四种，20世纪90年代教材，选取的是"《九年义务教育六年制小学教科书（第一版）》(1992年10月—1998年4月)共12册、《九年义务教育三年制初级中学教科书（第一版）》(1992年10月—1995年4月)共6册"[5]。共使用汉字字种数4255个[6]。

第五种，21世纪初的"新课标"教材，选取的是"人民教育出版社的《语文》教材，小学12册，崔峦、蒯福棣主编，初审时间2001—2004年；初中6册，顾振彪、顾之川、温立三主编，初审时间2001—2004年，第1版"[7]。共使用汉字字种数4323个[8]。

（二）五个时期教材用字比较

五个时期教材用字比较如下：

---

[1] 罗树林：《20世纪60—70年代基础教育语文教材语言研究》，广东教育出版社，2018，第20页。
[2] 罗树林：《20世纪60—70年代基础教育语文教材语言研究》，广东教育出版社，2018，第169页。"表5-1"显示的汉字字种数是3308个。本书使用的统计字数是3561个，略有出入。
[3] 李焱、孟繁杰：《20世纪80—90年代基础教育语文教材语言研究》，广东教育出版社，2016，第19页。
[4] 李焱、孟繁杰：《20世纪80—90年代基础教育语文教材语言研究》，广东教育出版社，2016。第62页统计的数字是4276个。本书使用的统计字数是4385，略有出入。
[5] 李焱、孟繁杰：《20世纪80—90年代基础教育语文教材语言研究》，广东教育出版社，2016，第19页。
[6] 李焱、孟繁杰：《20世纪80—90年代基础教育语文教材语言研究》，广东教育出版社，2016。根据第82页"图3-17"统计的"90年代"各年级使用的汉字数相加，得到的字种数是4247。本书使用的统计字数是4255，略有出入。
[7] 苏新春、杨书松、孙园园：《21世纪新课标基础教育语文教材语言研究》，广东教育出版社，2017，第10页。
[8] 苏新春、杨书松、孙园园：《21世纪新课标基础教育语文教材语言研究》，广东教育出版社，2017，第60页。

表 5-35　五个时期教材共用字、部分共用字、独用字调查

| 教材 | 字次 | 字种 | 共用字 字数 | 共用字 比例(%) | 部分共用字 字数 | 部分共用字 比例(%) | 独用字 字数 | 独用字 比例(%) | 合计 字数 | 合计 比例(%) |
|---|---|---|---|---|---|---|---|---|---|---|
| 20世纪50年代 | 392558 | 3678 | | 81.05 | 564 | 15.33 | 133 | 3.62 | 3678 | 100.00 |
| 20世纪70年代 | 283982 | 3561 | | 83.71 | 504 | 14.15 | 76 | 2.13 | 3561 | 100.00 |
| 20世纪80年代 | 456391 | 4385 | 2981 | 67.98 | 1254 | 28.60 | 150 | 3.42 | 4385 | 100.00 |
| 20世纪90年代 | 379620 | 4255 | | 70.06 | 1190 | 27.97 | 84 | 1.97 | 4255 | 100.00 |
| 21世纪 | 420384 | 4323 | | 68.96 | 1152 | 26.65 | 190 | 4.40 | 4323 | 100.00 |
| 合计 | 1932935 | 5112 | 2981 | 58.31 | 1498 | 29.30 | 633 | 12.38 | 5112 | 100.00 |

表 5-35 反映了新中国成立以来五个时期中小学语文教材的用字情况。这是一个很有价值的用字数据。本来还可以把民国时期的加进来,但民国时期基础教育教材的现代化、国语化主要还是体现在小学教材,初中教材主要使用的还是文言课文,故这里没有纳入。

表 5-35 中的比较结果显示了以下值得注意的地方:

1. "字次"栏,显示的是汉字使用的频次情况,不包括汉字以外的标点符号、字母、数字等。字次数最高的是 20 世纪 80 年代的,达 456391 次;最低是 70 年代的 283982 次。70 年代的小学只有五年级,少了 2 册教材,但按平均数减去 2 册,该教材的字次仍是最少的,体现在篇幅上就是最薄。教材最厚的是 80 年代的那套教材。

2. "字种"栏,显示的是汉字字种的出现情况。前两套教材与后三套的字种数比较接近,前两套教材是 3678 与 3561,之间相差 117 字,后三套是 4385、4255、4323,最大相差 130 字。两个字种数群之间相差在 600 字左右。上面的数字说明了中小学语文教材的汉字字种基本是一个比较稳定的数字,也显示出随着年代的后移,字种数有增加的趋势。而把五套教材的用字合并后得到的字数是 5112 个。这个数字有点高,高于通用字表与教学大纲要求的 3500 字不少。这说明在教材的汉字选用上,分散度还是较高的,超出标准数的 1612 个,占 46%,表明在教材用字上,在核心字周边有一个漫散度较宽的字带。

3. "共用字"栏。共用字达到 2981 个,占各套教材字种数的三分之一至五分之一。这是一个可喜的数字,说明各教材用字共选度处在较高程度。一般来说,参与比较的教材数量越多,相同的字数越低。将这 2981 字与通用字相比,结果也显示这 2981 字可以算是中小学语文教学必须掌握的汉字。将 2981 字与《通用规范汉字表》对比,2371 个字在一级字中的前 1—2500 字的范围①;492 个字在一级字中的 2501 至 3500 字的范围;117 个字在二级字即第 3501 至 6500 字的范围。这里把这 117 个字列于此,看看在通用字表中没有进入常用字范围而在教材用字中有这么高共识度的字是些什么样的字:坳、笆、迸、秕、膘、殡、杈、碴、诧、嗤、炽、踌、躇、茨、蹙、跐、惮、狄、碉、咚、嘟、剁、烽、匐、腑、嘎、篙、箍、呱、倌、壕、囫、瑚、浒、獾、鬟、荚、炯、瞿、厥、郡、喀、铿、胯、褴、啷、笠、踉、燎、绫、翎、咯、陇、噜、橹、溜、楼、囵、捋、抿、嗯、涅、镊、噢、咆、呸、硼、擎、匍、畦、忏、跄、鞘、邛、鳅、蜷、恁、飒、韶、塾、戍、舜、朔、厮、嗖、叟、簌、袒、蹚、眺、蜿、绾、桤、唔、兀、锨、舷、嘘、漩、腌、佯、杳、揖、咦、黝、峪、辕、崽、攒、啧、詹、蘸、漳、箸、孜、恣、渍。

4. "部分共用字"栏。部分共用字的比例最低 14.15%,为 20 世纪 70 年代的教材;最高为 28.60%,为 20 世纪 80 年代的教材。将五套教材的部分共用字相加后得出的不同汉字有 1498 个,占五套教材总共使用到的字种 5112 的 29.3%。这表明无论是在规定学习的 3500 汉字数上,还是对五套教材共用字 2981 个来说,在核心字周边漫散着不少汉字,显示"常用汉字表"的刚性要求不够,也表明教材中对"学习价值高的汉字"有着较大的灵活性。

5. "独用字"栏。五套教材中独用字最少的 76 个,最多的 190 个。考虑到这里的字种统计是来源于真实文本语料,有着大量具体语境中的人、物、事要指称,这个独用字的数量与比例并不高。合起来为 633 个,占比 12.38%。独用字数量不多这是好现象。将这 633 个汉字单独列出来,有时会有意外的启发作用。因为独用字中有的属于不规范字、异体字,有的

---

① 《通用规范汉字表》,国务院 2013 年 6 月 5 日公布。字表的一级字包括 3500 字。教育部据此表制订了《义务教育语文课程常用字表》,列入"义务教育语文课程教学大纲"附录。该字表分出两个小字表,"字表一"包括了 2500 字,"字表二"包括了 1000 字。"字表一"下注曰:"可作为第三学段识字、写字教学的依据。"文中的"1—2500"即"字表一"的内容,"2501—3500"即"字表二"的内容。

是繁体字,有的是难字、僻字、罕用字,有的是古字、文言字,还有的是方言字。当然,多数还是处于与常用字交界的次常用字、次次常用字的范围,这才是尤为需要关注的重点。

下面将这 633 个独用汉字列出以方便观察:

表 5-36　五套教材中的 633 个独用汉字

| 教材 | 字数 | 例字 |
| --- | --- | --- |
| 20 世纪<br>50 年代 | 133 | 嘎、壖、裸、俾、粃、鼇、炳、補、嚯、纔、採、蟏、扨、剎、氅、铳、雔、杄、趾、鏦、垯、郫、橙、靘、疽、碓、鹗、斐、峯、莆、坩、圪、肟、頓、媾、殻、穀、堝、顶、邯、蕲、铧、夅、烩、蕨、虮、剪、殪、構、敎、疘、羯、疥、勔、覿、凈、苣、戩、槀、犁、藜、逦、痢、簾、鍊、燐、麟、窺、楼、铲、灄、雒、颠、嫚、浼、濛、朦、眯、缅、豹、麺、呐、衲、蛹、攮、怩、颞、忸、毗、蚚、蛲、禐、青、铨、羣、颥、膳、捌、稣、痎、毑、罩、撢、骰、崴、浠、嚇、逼、唧、骁、筱、隄、悻、匃、酺、塯、癣、镟、珣、傜、寅、钰、橼、媛、楷、赟、洙、註、餽、椿、倬 |
| 20 世纪<br>70 年代 | 76 | 欤、氨、奀、捭、癍、阪、浜、徬、迸、采、飚、呢、汊、靛、旳、汾、伕、铗、枹、贛、鹃、吒、痨、塈、岬、兢、赳、掬、隽、镢、楝、犒、硁、豂、尙、蠢、浬、裹、吟、瘤、堍、桐、婉、醣、瓯、袢、榜、砒、黑、臀、痞、埔、琦、鸽、捐、糇、茌、苆、鸶、崇、辖、镗、韦、挝、腲、蒽、蝎、诩、滢、牖、湧、蜮、磕、痔、棕、揈 |
| 20 世纪<br>80 年代 | 150 | 邶、鞴、筚、筄、俵、傧、亳、晡、梛、瘆、饬、舂、撸、刍、徂、仟、姐、追、儋、靮、诋、腚、棱、蕚、馥、肛、皋、暓、洸、磙、颢、盍、颔、泓、笏、寰、迴、镂、芰、亶、倚、豇、绛、佼、樫、缳、猄、睛、韭、谲、镢、阙、咔、阾、焜、箓、俭、廪、墁、峁、虻、麋、潸、氕、蒱、畢、侬、钬、沤、杷、胼、梗、嫖、蒱、溥、耆、搴、搴、戕、缲、稍、蘅、跹、逶、荛、蚋、汕、笱、佘、螫、瘦、廒、溆、愬、荽、隼、邆、僮、讬、柁、圩、潍、薃、悟、鹜、玺、蟢、鄄、邿、跣、獱、歃、硎、晒、泫、芫、罨、尧、佾、熠、郢、甫、蛹、铀、祐、驿、曳、俞、昇、腜、馓、饫、奓、钱、銎、簦、吒、矡、赭、衹、胝、鹜、炷、赘、唢 |
| 20 世纪<br>90 年代 | 84 | 鳌、悖、捭、梗、橐、徜、瘖、冲、陲、灌、萃、皱、玳、椵、跫、钒、桴、拊、珙、牯、枒、哈、曷、沪、醯、浑、夥、绮、缉、霁、桀、颉、诌、唔、蛔、揞、遛、晓、撸、箐、蟊、玡、漠、报、猱、讷、倪、需、押、祁、揪、楸、诠、瘙、鲨、舢、適、愫、潞、囚、愆、桃、沱、跎、渥、皙、揳、昕、泱、彺、掷、铁、翌、姻、楹、揄、煜、栅、筬、訾、纂 |

续表

| 教材 | 字数 | 例字 |
|---|---|---|
| 21世纪 | 190 | 皑、荸、匕、砭、鳊、汴、鳖、卜、伧、恻、钗、嫦、晁、鸥、螭、忡、艟、俦、蜍、怵、绌、啜、鹑、疵、糍、猝、毳、眈、凼、癫、鸫、渎、犊、憝、颚、鳄、珐、睾、舸、硌、佝、铜、鳏、犷、硅、鲑、沆、阂、蕻、踝、凰、祎、唤、珈、荁、戛、兼、鲣、戋、鲛、芥、傺、苣、涓、抉、蕨、骏、悭、骷、镭、戾、唳、奁、潋、撩、赁、泠、苓、髅、潞、撸、镙、犸、霾、酶、朦、艋、漭、喵、邈、茉、懑、怄、苊、醅、嗯、睥、蘋、钋、璞、蹼、柒、琪、骞、箧、檎、箐、罄、逑、遒、鬈、枘、睿、鳃、缫、觞、舐、狩、绶、儵、泗、涘、忪、讼、薮、羧、嗍、蜩、鲦、宛、婷、铤、娲、纨、煨、阌、焐、汐、蜥、屣、遐、枭、惺、荇、铉、谑、桠、罨、窈、铱、漪、痍、蜴、薏、龈、胤、璎、臃、俑、囿、聿、鸢、箢、苑、陨、缊、臜、趱、舴、惺、肇、怩、栀、轾、蛭、盅、螽、冢、讻、绉、唼、镯、眦、樽、怍 |

将633个独用字与《通用规范汉字表》对比，出现了以下三种情况：

属于《通用规范汉字表》一级字中前1至2500字范围的有5个字：氨、鳄、硅、瘤、匈。这5个字分别属于的教材是"氨(20世纪70年代)、鳄(21世纪)、硅(21世纪)、瘤(20世纪70年代)、匈(20世纪50年代)"。

属于《通用规范汉字表》一级字中第2501至3500范围的有28个字：悖、匕、痘、肛、沪、痪、缉、芥、兢、韭、痢、赁、缅、茉、柒、鲨、讼、崇、蝎、酗、癣、尧、姻、寅、苑、陨、肇、赘。

属于《通用规范汉字表》二级字(即第3500至6500字)范围的有474字：嘎、欸、皑、鳌、捱、癌、阪、浜、褓、邶、鞴、荸、俾、箅、砭、笾、鳊、汴、飑、俵、鳖、摈、炳、擯、啵、亳、唪、檗、晡、卜、螬、恻、汊、钗、伥、嫦、氅、郴、碜、鸥、螭、伤、䗪、忡、舂、艟、铳、俦、雏、刍、蜍、杵、怵、绌、啜、陲、鹑、踆、疵、糍、跐、徂、猝、萃、毳、皴、忖、妲、眈、迨、玳、郸、凼、镫、诋、癫、靛、腚、鸫、渎、椟、犊、椴、碓、礅、礴、颚、珐、钒、樊、斐、汾、莆、桴、拊、坩、皋、圪、舸、硌、珙、佝、觳、鹘、牯、瞽、铜、鳏、犷、鲑、磙、埚、赪、邯、沆、薅、颢、曷、阂、盍、颔、蕻、泓、笏、扈、铧、踝、寰、豢、凰、烩、喙、珲、镬、珈、芨、戟、掎、赍、虮、暨、霁、葭、岬、戛、蛱、兼、鲣、戋、豇、缣、绛、鲛、佼、疖、桀、颉、羯、疥、槿、缙、觐、腈、赳、掬、苴、苣、涓、隽、抉、谲、蕨、戡、阚、犒、裉、骷、诳、诳、馗、喟、焜、镭、蜊、藜、蠡、逦、戾、唳、奁、潋、撩、獠、捩、麟、廪、檩、泠、苓、呤、遛、耧、髅、撸、轳、潞、桷、臀、撂、漯、雒、嬷、犸、霾、颟、墁、嫚、盂、冒、酶、艨、艋、縻、咩、娩、涸、喵、邈、溟、衲、氖、蝻、赧、蛹、懑、猱、讷、怩、倪、辇、颞、怄、侬、钕、掴、瓯、怄、沤、苊、杷、袢、滂、醅、霈、抨、嗯、砒、毗、罴、黩、痞|

睥、胼、嫖、钋、璞、埔、溥、蹼、祁、耆、琦、琪、蛴、搴、搴、塞、捐、戕、蛲、禤、缲、箧、檎、揿、箐、馨、楸、迲、遒、糗、衢、诠、铨、鬈、逡、荏、蚋、睿、鳏、缫、瘰、舢、汕、膳、觞、筼、佘、舐、蛰、狩、绶、菽、挧、鸳、潲、泗、忪、薮、稣、悰、荽、隼、羧、濡、闵、覃、镗、嗨、蜩、窕、婷、铤、僮、骰、驼、柁、娲、崴、纨、煨、韦、圩、潍、蓊、挝、渥、腥、牾、焐、骛、汋、浠、蜥、玺、蒽、屣、郤、郇、遐、暹、跣、霰、枭、骁、筱、揳、昕、歆、惺、陉、砘、莅、悸、诩、泫、铉、谑、珣、氩、芫、罨、鼹、泱、徉、窈、挪、铱、漪、痍、轶、翌、蜴、熠、薏、龈、胤、璎、椪、滢、郢、臃、甬、俑、蛹、铀、牖、囿、纡、妤、曳、揄、腴、觎、聿、饫、钰、澦、煜、蛳、鸢、筵、爰、橼、媛、钺、糌、趱、鏊、奘、胙、簪、铚、翟、磔、赭、笺、衹、胝、怩、栉、轾、痔、鹜、蛭、盅、鑫、冢、伫、绉、洙、炷、啭、馔、悼、镯、罾、眦、粽、纂、樽、怍。

属于《通用规范汉字表》三级字(第6501至8105字)范围内的有37个字：忐、辗、挎、灌、垯、枹、洸、哈、祎、够、掎、蓟、猄、儆、硁、浬、眬、浣、潛、梗、蒱、尧、颥、枘、涘、鞲、挑、鲦、闼、晖、桠、伱、祐、昇、乔、缊、吒。

不在《通用规范汉字表》8105字范围内的有89个字。上面说到的"独用字中有的属于不规范字、异体字，有的是繁体字，有的是难字、僻字、罕用字，有的是古字、文言字，还有的是方言字"，基本集中在这里。

二、新中国成立以来五个时期的教材用词比较

为了更好地观察新中国成立以来五个时期的语文教材词汇情况，所用的教材与上面谈汉字的教材相同。

(一) 五个时期的教材用词

表 5-37　五个时期教材的共用词、部分共用词、独用词

| 教材 | 词次 | 词种 | 共用词 词数 | 共用词 比例(%) | 部分共用词 词数 | 部分共用词 比例(%) | 独用词 词数 | 独用词 比例(%) | 合计 词数 | 合计 比例(%) |
|---|---|---|---|---|---|---|---|---|---|---|
| 20世纪50年代 | 261226 | 20771 | 5926 | 28.53 | 7940 | 38.23 | 6905 | 33.24 | 20771 | 100 |
| 20世纪70年代 | 185343 | 16536 | 5926 | 35.84 | 6712 | 40.59 | 3898 | 23.57 | 16536 | 100 |
| 20世纪80年代 | 342488 | 19383 | 5926 | 30.57 | 11274 | 58.16 | 2183 | 11.26 | 19383 | 100 |
| 20世纪90年代 | 280721 | 19031 | 5926 | 31.14 | 11002 | 57.81 | 2103 | 11.05 | 19031 | 100 |
| 21世纪初 | 286894 | 24852 | 5926 | 23.85 | 11148 | 44.86 | 7778 | 31.30 | 24852 | 100 |
| 合计 | | 46013 | 5926 | 12.88 | 20193 | 43.89 | 19894 | 43.24 | 46013 | 100 |

表 5-37 反映了新中国成立以来五个历史时期中小学语文教材的用词情况。这是一个很有价值的数据。本来还可以把民国时期的教材词汇加进来，但在民国时期基础教育教材的现代化、国语化主要还是体现在小学教材，初中教材用的主要还是文言课文，故这里没有纳入。

表 5-37 清楚反映了新中国成立以来五个时期的教材词汇整体面貌。

"词次栏"总数反映的是教材篇幅的大小厚薄，最厚的是 20 世纪 80 年代教材，最薄的是 70 年代的，这也与 70 年代小学是五年制有点关系，但从平均数看，仍是数量最小的，这主要还是与当时整个教育界倡导教学从简、重视实践教学有关。而 50 年代教材在篇幅上居上，排在第三位。

"词种栏"显示的是不同的词语数，这里反映的不同词语的数量，直接反映出词汇范围的大小，并与词汇难度、新鲜度有关。在五个时期教材中，词种数最多的是 21 世纪初新课标教材，遥遥领先。20 世纪 50 年代教材居第二位。70 年代的词种数最少，明显低了不少。值得注意的是 80 年代的教材，它与 90 年代教材相比，词种数差不多，但词次数多 18%，说明这个时期的教材词汇生词率低，词汇复现率高，相应地，学习难度也要低不少。

五个时期的教材的词种量在 1.6 万—2.4 万之间，但将它们汇总到一起，词种数竟达到 46013 条，数量越多，表明各教材之间的差异度越大，共用词越低。

(二)五个时期的教材用词比较

1. 共用词分析

共用词有 5926 个,占每套教材的比例在 23.85%—35.84% 之间。这与同一时期不同教材之间的共用词比例一般在 40% 左右明显要低[1],说明时代的差异,对词汇面貌的影响是相当大的。而从五套教材的总词种达到 46013 条来看,共用词的比例更低,只有 12.88%。

共用词在 20 世纪 50 年代教材中占比为 28.53%,共用词比例居第四位,但与其他时期的教材相差不大,表明这个时期教材词汇中的基本词、通用词并没有因为时期的特殊性而忽略对基本词、通用词、常用词的教学。5926 个共用词是很有代表性的一个词汇集,其中一字词 1720 个,二字词 3945 个,三字词 164 个,四字词 96 个,五字与五字以上词 1 个。

二字词都是常用词、高频词,似乎不容易看出更显优势的特色,其实在背后还是能显示出与众不同、有据可查的语言状况。如:20 世纪 50 年代重视农业生产、工业生产,故"工作、工人、农民、农场、工厂、生产、劳动、机器"都出现在最具频率差优势的词汇中。"工作"位于最具频率优势的第 3 位,五套教材总词频 1276 次,本教材出现了 527 次;"苏联"位于最具频率优势的第 4 位,总词频 265 次,本教材出现了 241 次,与苏联有关的课文高达 69 篇;"农场"位于最具频率优势的第 26 位,总词频 111 次,本教材出现了 101 次,分布在 21 篇课文中。

三字词中最具特色的前 20 个词是"怎么样、莫斯科、小朋友、为什么、毛泽东、老百姓、解放军、工作者、工程师、国民党、共产党、法西斯、差不多、八路军、老太太、飞行员、志愿军、星期日、笔记本、指导员"。为什么会是这些词显示出使用优势呢?背后都是有特定题材内容在支撑着的。如:"星期日"占了五套教材总词频的一半,被高频地使用,在 15 篇课文中出现,除了偶然记事需要外,有两个重要题材内容都是发生在星期日。一是"班集体活动",如《通知》(四上第 10 课)的演讲比赛、《读书会记录》(六上第 20 课)的读书报告会、《东北烈士纪念馆》(四上第 15 课)的参观、《到煤窑里去(一)》(三下第 39 课)的参观。二是"义务劳动"题材,如:《工人同志义

---

[1] 苏新春、杨书松、孙园园:《21 世纪新课标基础教育语文教材语言研究》,广东教育出版社,2017,第 97 页。

务劳动》(三上第32课)、《记北京青年的义务劳动》(八上第3课)。又如：那时还是多称伟大领袖"毛泽东",也有称"毛主席"的,原因出在后来的时期,称"毛泽东"的很少,而称"毛主席"的为绝大多数,二者相比较,频率比值发生了明显变化。而"小朋友""老太太",则显示出话语者除了礼貌外,还与自身年龄的定位有关,对下的幼,对上的长,都表现出了特别的爱护与尊敬。

四字词中最具频率优势的10个词是"人民政府、无论如何、清清楚楚、时时刻刻、抗日战争、西伯利亚、辛辛苦苦、干干净净、托尔斯泰、成群结队",而最不具频率优势的10个词是"社会主义、一动不动、不慌不忙、许许多多、永垂不朽、全神贯注、大吃一惊、四面八方、五颜六色、模模糊糊"。

2. 最具特色的断代词汇

通过频率差的统计方法,仍可以对这5926个存在于五个时期的适用性极高的双音词进行个性调查,从而观察到哪些词在某个时期更具有该时代的特色。在获得该时代的词汇频率与五个时期的总频率后,计算其差值。下面就是各时期差值最突出、最具该时代特色的前100个词语。

20世纪50年代教材最具特色的前100词:我们、他们、工作、苏联、大家、人民、同志、时候、知道、什么、可是、自己、工人、没有、你们、和平、美国、现在、看见、东西、代表、事情、以后、帮助、许多、农场、农民、列宁、学校、已经、人家、国家、这样、生产、劳动、政府、能够、机器、生活、工厂、咱们、集体、同学、不要、努力、因为、完成、中国、参加、地方、军队、批评、计划、战争、今天、今年、土地、学习、火车、但是、得到、文化、学生、任务、红军、里面、起来、青年、女人、汽车、出来、立刻、告诉、老汉、非常、老乡、心里、解放、队伍、庄稼、大会、下来、飞机、方法、力量、组织、老师、并且、建设、还是、光荣、旁边、领导、共同、时间、身体、屋子、问题、准备、后来。

70年代教材最具特色的前100词:主席、革命、人民、我们、敌人、同志、伟大、学习、群众、战士、教导、斗争、中国、路线、战斗、思想、胜利、英雄、工人、领袖、精神、为了、叔叔、劳动、教育、心里、领导、一定、著作、美国、大家、问题、奶奶、班长、干部、解放、鬼子、服务、日本、团结、反动、困难、决心、祖国、这个、激动、建设、他们、力量、队长、关于、师傅、认真、剥削、彻底、矛盾、猎户、大伯、历史、任务、反对、一起、运动、咱们、友谊、参加、继续、民兵、世界、进行、一切、解决、坚决、坚持、实践、牺牲、广大、大队、农村、发展、执行、朝鲜、政治、列宁、光辉、阵地、国家、队伍、部队、消灭、爸爸、正确、读书、前进、王国、起来、帮助、事业、家伙、文化。

80年代教材最具特色的前100词：时候、人们、将军、太阳、衣服、眼睛、看见、似的、怎么、一边、忽然、喜鹊、那么、鲁迅、回来、灰尘、叶子、底下、果子、丈夫、哥哥、草地、姐姐、胡子、颜色、月亮、咱们、科学、树林、石头、苹果、野菜、身子、小心、出来、老虎、下子、好几、它们、回去、悄悄、弟弟、大叔、大伙、色彩、原来、小鬼、说话、监狱、虫子、夜里、火柴、桂花、旁边、缺点、办法、小孩、大夫、院子、下去、松树、身边、尾巴、星星、赶紧、玻璃、飞机、只好、北方、连忙、一面、马路、衣裳、黄色、皇帝、仿佛、牲口、关心、斧子、脖子、果树、答应、蝴蝶、姑娘、以来、前面、槐树、后面、门口、蔚蓝、耳朵、上来、仍旧、跟前、片子、过来、有的、果园、山顶、作用。

90年代教材最具特色的前100词：姑娘、好像、可以、报纸、先生、似的、理解、眼睛、语言、人们、妈妈、知识、狮子、孩子、变化、内容、怎样、教授、消息、影子、朋友、出现、基本、生活、古代、仿佛、尾巴、年代、积累、文章、识字、奶奶、十分、母亲、部分、理想、老爷、表示、人生、忽然、学生、一边、显得、浪花、巴黎、近视、座位、邻居、评论、荷花、奋斗、习惯、调查、也许、天空、新闻、由于、银子、长江、写作、道理、上面、有的、北京、下子、地球、天气、事实、地区、哨子、白色、甚至、建筑、气候、失败、槐树、例如、若干、主要、阅读、其中、美丽、苹果、文字、中央、作者、丰富、奴隶、可能、桃树、产生、鲁迅、高粱、怎么、学问、常常、比如、其实、燕子、事业。

21世纪教材最具特色的前100词：它们、父亲、妈妈、母亲、孩子、爷爷、老人、生命、没有、于是、好像、发现、美丽、人类、声音、终于、那么、眼睛、下来、只有、阳光、爸爸、世界、东西、一样、只是、有时、然后、松鼠、所有、地球、影子、那些、然而、狐狸、似乎、感到、开始、总是、喜欢、大地、老师、快乐、不过、目光、突然、宇宙、因为、还是、台阶、上帝、可能、春天、也许、手指、骆驼、之后、出来、非洲、儿子、巨大、天空、飞行、空中、音乐、其他、如果、朋友、理想、痛苦、如此、说道、觉得、生物、非常、似的、草地、心里、这些、自己、多么、虽然、一直、客人、世纪、漂亮、森林、教室、秋天、微笑、仿佛、一起、年轻、失去、早晨、太阳、希望、左右、夜晚、大陆。

以上调查的5926词都是高频、高通用度的语文词语,总的来说后三个时期的词语更具有通用性、语文性、文学性,但每个时期仍会出现一些带有那个时期特色的词语。如:20世纪50年代的"苏联""和平""农场""农民""列宁"等词,"文革"时期的"主席""革命""敌人""战士""斗争"等词,都极具时代特征。

3. 部分共用词分析

部分共用词总数有20193个,占总词种数的43.89%。部分共用词在各教材中的比例在38.23%—58.16%之间,20世纪50年代教材的部分共用比例在五个时期的教材中属最低的。部分共用词中也能显示出该教材的特色词。50年代教材的部分共用词中最具特色的10个三字词是"斯大林、拖拉机、这时候、高尔基、通行证、总司令、有时候、董存瑞、小孩子、新中国、合作社",最具特色的10个四字词是"爱国主义、共产主义、解放战争、欢天喜地、天文学家、积极分子、代表大会、摇摇摆摆、鸦片战争、整整齐齐"。

4. 独用词分析

每个时期的教材独用词都是最能显示该教材的特点。在50年代的教材中,按频次高低来选,高频的独用词绝大多数都是人名,如"石秀""泽塞""王忠""汤姆",词汇意义的区别性价值不大。而按出现文本高低来选,则凸显的是语文性词语。例如:二字词文本最多的前10个词是"改写、改良、荣幸、签名、农庄、工会、侦查、纺线、阵营、省力"。

"改写"在23篇课文中出现,显示出课文相当多的是来自报刊时文。

"改良"在11篇课文中出现,全部是指土壤、品种、育种、技术、耕种、农具、工艺的改进、改善,如:"精耕细作讲技术,改良品种、农具他先做实验。"(《劳动模范李顺达》三上第27课),"祖父说:'可以改良:多浇水,多施肥,还要轮作,或者砂土地里加粘土,粘土地里加砂土,都可以使土质慢慢变好。'"(《庄稼和土壤》四上第38课)。后来在中国社会的话语体系中,"改良"后面会越来越多地加上"主义"二字而具有政治上的专指性,而一般意义则被"改善""改进"所替代了。

"签名"是一个看上去很普通的词,却也具有很特殊的用法,它在9篇课文中出现了29次,属较高频分布的词,都是用于"呼吁书""建议书""祝寿信""宣言""文告""记录""誓言"。这9篇课文是《一个战士的誓言》（三下第29课）、《当记录》（四下第8课）、《一份建议书》（六下第9课）、《给朱德司令画像》（八上第26课）、《献给斯大林同志的寿礼》（八上第27课）、《从这家到那家》（八下第5课）、《形式主义者》（九上第20课）、《保卫和平的两个文告》（九下第12课）、《泰尔曼集体农场》（九下第7课）。

通过上面若干实例，可以观察到，对不同时期的词语分布和使用状况的比较，可以精准分析各时期教材词汇的使用性质与特点，从而更好地把握教材语言传情达意的特点，把握课文的主题与风格、体裁与题材的运用特点。

## 第四节
## 小学语文教材单音词使用研究

教育教材语言指通过学校教育来实现教学目的，以教材为载体的语言，是语言资源的一个重要构成部分，而且已经作为一个专门的语言现象受到国家和学术界的高度关注[1]。教育教材中的语文教材由于其所服务的语文课程的基础性、重要性而成为教育教材语言研究的核心内容之一，而语言作为语文教材的直接教学对象，对语文教材中的相关语言问题进行研究意义重大。

目前基础教育阶段语文教材的相关语言研究主要集中在用字、用词上，用字方面的研究侧重在各学段字量与字序的分析，主要集中在探讨"教什么不教什么，先教什么后教什么"等问题[2]；用词方面的研究则侧重对基本词、常用词、异读词等的研究[3]。这些研究主要是针对用字、用词总体状

---

[1] 苏新春、杜晶晶、关俊红、郑淑花：《教材语言的性质、特点及研究意义》，《语言文字应用》2007年第4期。

[2] 曹建召、陶本一：《三套小学低年级语文教材用字研究——以人教版、苏教版和上教版教材为研究对象》，《教育学报》2008年第3期。周美玲、苏新春：《四套基础教育语文教材的用字状况调查及思考——基于人教、苏教、北师大、语文版教材》，《上海教育科研》2009年第4期。于龙、陶本一：《识字教学的问题与对策——基于语料库的小学语文教材用字研究》，《语言文字应用》2010年第1期。

[3] 陈波：《小学语文教材词汇构成及常用词使用状况研究》，硕士学位论文，武汉大学，2004，第3页。欧阳晓芳：《小学语文教材常用词统计分析及其价值》，《江汉大学学报（人文科学版）》2007年第2期。苏新春、顾江萍：《语文教材词语的"摊饼式"分布态——兼谈基础教育基本词的提取方法》，《江西科技师范学院学报》2009年第4期。夏中华、孙浩峰：《初中语文教材中异读词的调研与思考》，《语言文字应用》2014年第4期。

况的分析,并未聚焦在对某一类字或某一种长度的词进行细致的观察与分析。因此,这里侧重对字词的交叉集——单音词进行研究。

单音词作为汉语词汇的源头和核心,在汉语词汇系统中一直发挥着极其重要的作用①。现代汉语中的单音词从形式上看是一字一词,但它具有如下显著特点:(1)使用度高。根据苏新春(1998,2014)对《现代汉语频率词典》中单音词的频率数据分析,发现单音词的频次平均为350次,双音词的频次平均为60次,单音词的使用频率平均是双音词的近6倍。在词表中,单音词的数量占比仅为12%,但使用频次却占总频次的64.3%,且愈是在基本词的范围中,单音词占的分量愈多②。(2)构词能力强。据苏新春(2014)对《中国语言生活状况报告》连续5年高频词语表中汉字构词能力的统计,构词能力排在前30位的字除"业"外都是单音词③,并且据苑春法、黄昌宁(1998)统计,大多数单音词在构词时位置灵活④。(3)数量少。王世友(2000,2003)的研究发现现代汉语中常用的单音词在3000个左右⑤。

单音词的如上特点决定了其在基础教育阶段语文教学中应受到重视,其在语文教材中的使用与编排情况应受到关注。鉴于目前尚无研究专门考察基础教育阶段语文教材中单音词的使用状况,故我们着重通过计量方法从单音词的文本覆盖率、词性分布、语体倾向、成句情况、自由度等方面考察其在小学语文教材中的使用实态。另外,鉴于教育教材语言作为一个专门的语言现象遵循着自己的内在体系性⑥,考察其在语文教材中的使用实态,还可得到基础教育阶段的语文教材在单音词上的编排特点。

### 一、单音词的频率

资源建设:收集人教版小学语文教材一到六年级课文文本,首先进行机器分词处理,然后进行两次人工交叉校对,再进行单音词相关特征与数

---

① 苏新春:《汉语词义学》,广东教育出版社,1992,第177页。
② 苏新春:《论单音词在汉语中的核心地位》,载申小龙主编《走向新世纪的语言学:庆祝徐德江先生六十华诞论文集》,万卷楼图书有限公司,1998,第354—368页。苏新春:《汉字的语言性与语言功能》,山东教育出版社,2014,第152页。
③ 苏新春:《汉字的语言性与语言功能》,山东教育出版社,2014,第150—153页。
④ 苑春法、黄昌宁:《基于语素数据库的汉语语素及构词研究》,《世界汉语教学》1998年第2期。
⑤ 王世友:《现代汉语单音词的范围、性质和地位》,《语言文字应用》2000年第1期。王世友:《现代汉语单音词的确定》,《语言研究》2003年第4期。
⑥ 苏新春、杜晶晶、关俊红、郑淑花:《教材语言的性质、特点及研究意义》,《语言文字应用》2007年第4期。

据提取。

统计得到人教版小学语文教材一至六年级课文文本中单音词与多音词的覆盖率,具体数据如表5-38所示:

表5-38 人教版小学语文教材中单音词与多音词的占比情况

| 词次总数 | 单音词词次/占比 | 多音词词次/占比 | 词种总数 | 单音词词种/占比 | 多音词词种/占比 |
| --- | --- | --- | --- | --- | --- |
| 166864 | 96235/57.7% | 70629/42.3% | 16690 | 2080/12.5% | 14610/87.5% |

由表5-38可知,在小学语文教材文本中单音词的词次占比(即文本覆盖率)为57.7%,超过半数;而词种占比仅为12.5%。这说明在小学语文教材中单音词种数虽然不多,但在文本中的使用量大、复现率高,在语言表述中具有重要作用。

之前的相关研究得出单音词使用频率高的结论,主要是借助《现代汉语频率词典》《现代汉语常用字表》《现代汉语常用词表》等词典、字词表进行论证,如王世友(2000)、李如龙(2009)、苏新春(2014)等的论述[①],基本是依据静态的常用字词集得出的结论,而现在则是对一套完整的、有内在体系性的、包含常用和非常用字词的教材进行统计与分析而得到的结论,两者可相互参照、相互印证,共同揭示单音词在语言使用中的显著特征。

进一步分析可知,语文教材中每个单音词平均使用46.3次,而每个多音词仅平均使用4.8次,单音词的使用率是多音词的9.6倍,单音词的使用率约是双音词的6倍,可见小学语文教材文本中单音词的使用率更高,超过其他文本中单音词的使用率。

小学语文教材中频率排序居前50位的单音词是:的、了、一、我、在、是、着、他、不、上、说、地、有、个、就、你、小、到、里、把、这、也、来、去、和、又、它、都、人、得、看、那、大、要、她、很、从、只、像、走、过、还、给、会、好、想、用、中、能。这些单音词是现代汉语中最常用、最基础的词,应该在基础教育阶段受到重视。

---

[①] 王世友:《现代汉语单音词的范围、性质和地位》,《语言文字应用》2000年第1期。李如龙:《论汉语的单音词》,《语文研究》2009年第2期。苏新春:《汉字的语言性与语言功能》,山东教育出版社,2014,第152页。

## 二、单音词的词性分布

考察语文教材中单音词的词性分布,可获取小学语文教材所使用的单音词主要集中在哪些词类中,以便观察单音词的词性分布特点以及小学语文教材单音词的使用倾向。统计单音词的词性分布数据,具体如表5-39所示:

表5-39　人教版小学语文教材单音词词性分布情况

| 位序 | 语文 | 使用次 | 位序 | 语文 | 种数次 |
| --- | --- | --- | --- | --- | --- |
| 1 | 动词 | 25568 | 1 | 动词 | 1121 |
| 2 | 助词 | 16815 | 2 | 名词 | 962 |
| 3 | 代词 | 9103 | 3 | 形容词 | 328 |
| 4 | 副词 | 8344 | 4 | 量词 | 222 |
| 5 | 名词 | 7927 | 5 | 副词 | 161 |
| 6 | 介词 | 6288 | 6 | 介词 | 47 |
| 7 | 量词 | 4818 | 7 | 代词 | 42 |
| 8 | 形容词 | 4705 | 8 | 数词 | 34 |
| 9 | 数词 | 4590 | 9 | 拟声词 | 29 |
| 10 | 语气词 | 3384 | 10 | 语气词 | 29 |
| 11 | 方位词 | 2942 | 11 | 方位词 | 28 |
| 12 | 连词 | 1234 | 12 | 连词 | 26 |
| 13 | 缀 | 319 | 13 | 助词 | 23 |
| 14 | 拟声词 | 95 | 14 | 叹词 | 15 |
| 15 | 叹词 | 71 | 15 | 缀 | 8 |
| 16 | 其他 | 32 | 16 | 其他 | 20 |
| 总计 | | 96235 | 总计 | | 3095 |

表注:语文教材中单字词2080个,但是由于部分单字词具有多个词性,致使词性的总计是3095个。

从表5-39可知,小学语文教材的单音词中动词的使用次和种数次均最高,与《现汉汉语词典(第7版)》静态单音词集中名词最多形成鲜明对比[1],亦与双音词中名词最多形成鲜明对比。小学语文教材单音词中动词在数量上占优势,是小学语文教材在词类使用上的一个特点。频次排在前20位的单音动词是:是、说、有、去、到、来、看、要、走、会、想、能、出、叫、让、吃、问、起、做、听。除了少数能愿动词和心理动词,基本都是最常用的行为动词。

从种数次上看,单音词中动词、名词、形容词占据前三位,但是从使用次上看,单音节的助词、代词、副词超过单音名词,单音节的介词、量词超过单音形容词,说明单音节的功能词数量虽少,但是使用率却很高。以单音助词为例,仅23个不同形式的助词,使用频次和居然达到16815,平均一个单音助词使用了731次。使用频次排在前列的单音助词是:的、了、地、过、着、般、得、等、所。

徐枢、谭景春(2006)指出词类是词在语法上的分类,能够概括地说明词的功能与用法[2]。小学语文教材文本中的单音词从使用频次上看以动词和功能词为主,反映出单音词在小学语文教材文本中的主要作用是表达动作和关系。

### 三、单音词的语体倾向

表5-38反映了单音词、多音词在语文教材中的总体使用情况。为更清楚地展现单音词、多音词在语文教材文本中的具体使用实态,我们对人教版小学语文教材不同语体课文中单音词与多音词的使用情况进行了抽样调查,调查结果如表5-40所示:

表5-40　语文教材不同语体课文中单音词与多音词使用情况抽样调查

| 年级 | 课文名称 | 类型 | 总字数 | 总词数 | 单音词词次/占比 | 多音词词次/占比 |
| --- | --- | --- | --- | --- | --- | --- |
| 五年级 | 剥豆 | 叙事 | 561 | 411 | 269/65.5% | 142/34.5% |
| 五年级 | 打电话 | 相声 | 1129 | 868 | 639/73.6% | 229/26.4% |
| 四年级 | 触摸春天 | 散文 | 439 | 294 | 161/54.8% | 133/45.2% |

---

[1] 此处对《现代汉语词典(第7版)》中标注了词性的字头进行了统计与分析,分析结果显示标注名词词性的字头最多,即《现代汉语词典(第7版)》中单音名词最多。

[2] 徐枢、谭景春:《关于〈现代汉语词典(第5版)〉词类标注的说明》,《中国语文》2006年第1期。

续表

| 年级 | 课文名称 | 类型 | 总字数 | 总词数 | 单音词词次/占比 | 多音词词次/占比 |
|---|---|---|---|---|---|---|
| 六年级 | 只有一个地球 | 科普 | 645 | 389 | 158/40.6% | 231/59.4% |

调查发现,在叙事语体和口语语体(相声)中,单音词的使用率远高于多音词,尤其是口语语体中,单音词的使用率将近是多音词的三倍,说明在口语语体和在与口语语体接近的叙事语体中,语言表述更倾向于使用单音词。在文学语体中(散文),单音词与多音词的使用比例接近,单音词占比略高;而在科普语体中,单音词的使用率低于多音词,但也大于40%,高于口语语体和叙事语体中多音词的占比。

这说明在即兴表述(口语)和生活叙事表述中,可能由于语言组织加工的时间短,或者表述的内容简单、易于被大众理解,采用的表意元素倾向于较短或较简单;而在传递特定情感的语言表述(散文)和科技语体的语言表述中,由于需要表达的内容独特或者深奥,倾向于采用长的表意元素,因为长度长的元素承载的语义更加丰富、复杂、准确。这也体现出小学语文教材中单音词、多音词的使用具有明显的语体倾向性。同时,也可发现小学语文教材文本中无论何种语体,单音词的使用率都保持较高的比例,与小学生的认知特点和语言能力发展相吻合。

李如龙(2009)提到赵树理《小二黑结婚》和王朔《编辑部的故事》中单字词的覆盖率在60%以上,种数占比在30%以上[1],与这里说的《剥豆》中的数据基本一致,可见不同时代、不同风格的作家在叙事语体上,单音词所占的比重具有一致性。

### 四、单音词的成句情况

表5-38至表5-40是从宏观层面、篇章层面观察语文教材文本中单音词的使用情况,接下来,将从小句层面观察语文教材文本中单音词的使用情况。以标点符号为天然分隔单位,将人教版小学语文教材中的句子切分开。天然分隔标点包括:句中标点(逗号、分号、冒号),句末标点(句号、问号、叹号),其他标点(如破折号、省略号及其他符号)。由于破折号、省略号等在使用中所代表的语义多样,而非一种,为保证句子切分的准确性、一

---

[1] 李如龙:《论汉语的单音词》,《语文研究》2009年第2期。

致性,研究采用机助人工的方法辨别切分。另外,双引号内的内容与双引号外的内容也分开。所以,这里的小句是以书面语中的一个 PU(Punctuation Units[①])为考察单位,即以语义停顿小句为考察单位。语义停顿小句在本节中的定义为:在书面语中被标点符号天然分割开的、表示一个语义单位的小句或句段。

表 5-41　小句中单音词与多音词出现情况统计表

| 小句中含单音词个数 | 数量 | 累积频率 | 小句中含多音词个数 | 数量 | 累积频率 |
| --- | --- | --- | --- | --- | --- |
| 0 | 3788[②] | 12.2% | 0 | 3056 | 9.8% |
| 1 | 4727 | 27.3% | 1 | 8136 | 35.9% |
| 2 | 5734 | 45.7% | 2 | 8320 | 62.6% |
| 3 | 5343 | 62.9% | 3 | 5847 | 81.4% |
| 4 | 4276 | 76.6% | 4 | 3181 | 91.6% |
| 5 | 2954 | 86.1% | 5 | 1497 | 96.4% |
| 6 | 1918 | 92.2% | 6 | 652 | 98.5% |
| 7 | 1086 | 95.7% | 7 | 274 | 99.4% |
| 8—16 | 1337 | 100% | 8—12 | 200 | 100% |
| 总计 | 31163 | | 总计 | 31163 | |

计算得出 31163 个语义停顿小句中,每个小句平均包含的词数是 5.31,可见语文教材中语义停顿小句的颗粒度较小,接近人的短时记忆下限。结合表 5-41,小句中包含 3 个单音词与 2 个多音词的累积频率基本持平,均约 63%,可推断出大部分小句中平均大约有 3 个单音词和 2 个多音词,即单个小句中的单音词数多于多音词数。另外,与这一推断吻合的是全部小句中有 15986 个小句所含单音词数多于多音词数,占 51.3%;另外 48.7% 的小句所含多音词数多于单音词数。这说明,从小句中单音词与多音词的使用情况来看,小句中的单音词数要略大于多音词数。

考察发现,人教版小学语文教材总共 31163 个语义停顿小句,其中仅

---

① Wallace Chafe, Jane Danielewicz, "Properties of Spoken and Written Language", *Comprehending Oral and Written Language*, (1987):1-27.

② 3788 个里面包括课文名称,如果课文名称较短,仅表示一个实体,如"葡萄沟、珍珠泉、日月潭"等,通常会被切分在一起,作为一个不含单音词的小句,这样含有"0 个单字词小句"的比例会少量增加。

由单音词组成的小句有 3056 个,占 9.8%,即近 1/10 的小句都是单音词直接组合构成的,不仅体现了单音词之间可以直接组合表达语义的特征,还体现了单音词具有较高的成句能力。

表 5-41 显示,仅由单音词组成的小句虽略少于仅由多音词构成的小句,但小句词数大于等于 3 的句子中,仅由单音词构成的句子有 1657 个,而仅由多音词构成的句子仅有 774 个,这体现出了在生成小句方面,单音词的能力更强。观察这些小句,仅由单音词构成的小句中,小句长度最长可达到 13。由 13 个单音词直接组成的小句是:"a. 那我再多干些活挣更多的钱吧!"由 12 个单音词直接组成的小句是:"b. 他接过笔在纸上又加了一句。"而仅由多音词构成的小句,小句长度最长可达到 7,由 7 个多音词构成的小句有 3 个,分别是:"c. 有的是沙滩、草地、树林、鸟儿、松鼠、蝴蝶……""d. 傣家竹楼建筑结构一般比较简单。""e. 中国国际救援队还是派出部分队员前往救援。"c 小句中有并列成分,句法结构简单,d 小句的"傣家竹楼"被分开才有 7 个多音词,否则只能算 6 个多音词,e 小句中"中国国际救援队"是一个专名,算是由 7 个多音词构成的小句。

a、b、d、e 小句基本能表达一个完整的意思,但是从句法结构的复杂程度来看,a、b 分别有 13、12 个句法成分,d、e 虽然更长,但分别仅有 6、7 个句法成分,句法复杂度和句法结构关系数都要低于 a、b。这说明仅用单音词可以构成比较复杂的句子,而离开单音词仅用多音词,所构成的小句长度和复杂度都要受到限制。

通过以上数据可知,小学语文教材的小句颗粒度较小,仅由单音词构成的句子占有一定比例,且通常小句中的单音词数量多于多音词,这为透过单音词观察小学语文教材的文本难度与复杂度提供了新的视角。同时数据还体现出单音词在总体分词单位中占比大,在篇章和小句层面使用率高,在语言表述中具有重要作用。

**五、单音词的自由度计算**

上文分析了单音词的成句情况,下文将着重分析单音词在语言表述中的自由使用情况。将单音词可直接入句参与表达的情况定义为单音词的自由使用情况;将单音词不直接入句,而是与别的要素组合构成词,经过词的封装再进入句子参与表达的情况定义为单音词的不自由使用情况①。

然而,周荐(2011)特别指出汉语的实际情况是,只能独立使用而绝不充当词汇单位的结构成分的语素,非常少;只充当某个词汇单位的结构成分而绝不独立使用的语素,更是凤毛麟角;绝大多数语素是既可以充当词汇单位的结构成分又可以独立使用②。王世友(2003)也提到现代汉语大多数单音语素在独立性上是模糊的,具有极高的灵活性③。单音词作为单音语素的一个子集,必然也具有上文提到的自由与不自由、单用与不单用双重性质。

刘海涛(2017)指出计量语言学的核心理念之一:语言的问题都只是概率问题④。量化单音词的自由与不自由使用情况,可以厘清单音词作为词汇系统的底层,其所代表的单音语素,是倾向于作为语言中最小的音义结合体自由使用,还是倾向于作为词汇结构中的构成单位使用,以及两者之间的交叉关系,以便有针对性地指导教学。

基础教育阶段的语文教材对大众汉语语感的形成具有重要影响,考察人教版一至六年级小学语文教材文本中单音词的自由度情况,可为汉语中字的使用灵活现象提供解释。

单音词从形式上看即为一个字的词。若一个字在语言表述中可以单独使用,则该字所代表的单音词是自由的;若该字不能单独使用,必须经过词的封装后,才能出现在语言表述中,则该字所代表的单音语素是不自由的,只能作为构词成分。所以在语言表述中考察单音词的自由度的方法是:以每个字在语文教材中作为单音词单独使用的频次除以该字作为单音语素所参与构成的所有多音词的频次和。自由度计算公式如下:

$$Z_x = \frac{f(x)}{\sum_i^n f(w_x)}$$

$x$ 指某字,$f(x)$ 作为分子指该字作为单音词在语文教材中单用的频率,分母指语文教材中将该字作为构词成分的所有词的频率和。若 $Z_x > 1$,则

---

① 不自由使用的单音词实际上指非独立使用的单音词同形语素,此处为便于表达,暂且这样定义。
② 周荐:《汉语字词典字条义项的词性标注问题》,《吉林大学社会科学学报》2011 年第 2 期。
③ 王世友:《现代汉语单音词的确定》,《语言研究》2003 年第 4 期。
④ 刘海涛:《计量语言学导论》,商务印书馆,2017,第 25 页。

该字在语文教材的语言表述中存在不自由使用的情况,但更倾向于作为单音词自由使用;若 $Z_x = 1$,则该字在语文教材的语言表述中自由使用与不自由使用的概率相等;若 $0 < Z_x < 1$,则该字在语文教材的语言表述中存在作为单音词单独使用的情况,但更倾向于不自由使用;若 $Z_x = 0$,则该字不能自由使用,只能出现在词中;若 $f(x) > 0$,而分母等于0,则该字只能作为单音词单独使用。

一至六年级语文教材总共用字 3462 个,其中在语文教材中可以单独使用的字(即单音词)有 2080 个,有 1382 个字的 $f(x) = 0, Z_x = 0$,即自由度为0,只作为构词要素,这类字的使用状况不在本节的探讨范围内。所以我们只关注 2080 个可以单用的单音词。单音词的自由度计算数据如表 5 – 42 所示:

表 5 – 42　语文教材中单音词的自由度计算

| 序号 | $Z_x$ 值 | 数量/占比 | 类型 | 常用字 |
|---|---|---|---|---|
| 1 | $0 < Z_x < 1$ | 1404/67.5% | 倾向不自由 | 1310/93% |
| 2 | $Z_x = 1$ | 88/4.2% | 自由与不自由相等 | 46/52% |
| 3 | $Z_x > 1$ | 409/19.7% | 倾向自由 | 338/83% |
| 4 | $f(x) > 0, \sum_1^n f(w_n) = 0$ | 179/8.6% | 只自由使用 | 36/20% |
| 总计 | | 2080/100% | | 1730/83% |

从表 5 – 42 可知,2080 个可以单独使用的单音词中有超过大半的词倾向于不自由使用,参与构词的情况多于单独使用的情况。将 1404 个倾向于不自由使用的单音词与《义务教育语文课程常用字表》一级字表进行对比[1],发现其中有 1310 个单音词是一级常用字。语言的词汇系统从单音节为主发展到双音节为主[2],但是语言中依旧还保留着部分可以单独使用的单音节,这 1310 个单音节词作为词汇的底层与核心是学习多音节词的基础与桥梁,在基础教育阶段,甚至在对外汉语教学中,应该首先学习这些单音节词,并以此为枢纽,扩展至多音节词学习。

---

[1]《义务教育语文课程标准(2011 年版)》常用字表之 2500 字一级常用字表,在表 5 – 42 中简称为"常用字"。

[2] 董秀芳:《词汇化:汉语双音词的衍生和发展》,四川民族出版社,2002,第 8 页。

自由度与不自由度相等的单音词仅 88 个,数量最少,这些单音词在小学语文教材中的使用频率普遍不高,甚至有近一半的单音词自由使用的频率为 1,在语文教材中仅参与构成 1 个词,例如"宰、榨"等。由此可知,语言中的单音词在自由与不自由之间存在倾向,较少存在绝对中间状态。

倾向自由使用的单音词中 83% 是一级常用字,与倾向不自由使用的单音词中的常用字比例接近,两者可归为一类,都是小学语文单音词中需要掌握的重点,只是倾向自由使用的单音词中主要包含常用的功能词,例如高频单音助词"的、了、着",单音语气词"啊、呢、吧、吗",单音副词"也、都、才",单音介词"与、和、让、把",单音代词"她、您、谁"等;而倾向不自由使用的单音词中则更多包含常用实词。

2080 个单音词中仅 179 个只自由使用,其他的单音词都存在自由与不自由两种状态。分析发现这 179 个只自由使用的单音词中,仅有一个虚词"又"使用频率较高,其他单音词的使用频率普遍较低。通过与《常用字表》比较发现,只自由使用的单音词中有 80% 不在《常用字表》中,说明语文教材中只单独使用的单音词除了个别虚词,绝大多数并不常用,例如不在《常用字表》中的"蘸、溅、叨、驮"等,即便有些单音词在《常用字表》中,也有对应的更常用的单音词,例如"曰"与"说","拽"与"拉"。另外,这些不常用的单音词中有近一半是表示具体行为动作的动词,例如"扛、拄、捏、捧、挎、攥、拎"等,这几个单音动词均是"拿"的具体形式,其他还包括单音节的文言词、拟声词、事物指称词等。这类不常用的单音词对丰富语义表达具有重要作用,但在基础教育阶段应列为认识了解范围或放在高年级学习。

通过以上分析可知,小学语文教材中的单音词内部在自由度上并不是同质的,91.4% 的单音词存在自由与不自由使用两种状态,67.5% 的单音词倾向于作为词汇结构中的构成成分使用;语文教材中自由使用程度高的单音词和参与构词多的单音词都是常用字的核心,应是教学重点,可以易带难,以基础带扩展,帮助扩充词汇量,进而帮助学生的阅读与写作学习;此部分的研究还可为量化语素在独立性上的状态提供方法与借鉴。

综上所述,单音词是词汇系统的底层、基本词汇的核心,在语言表述中有重要作用,是基础教育阶段应首先掌握和学习的内容,也是进一步学习阅读与写作的基础。我们以人教版小学语文教材为研究对象,运用计量研究方法从单音词的覆盖率、词性分布、语体倾向、成句情况和自由度五个方面对小学语文教材中的单音词展开了研究,得出:单音词在小学语文教材中数量少、使用率高,在基础教育阶段应受到重视;单音词中动词和功能词使用率高,体现了单音词的词性分布特点;单音词在语文教材的各种语体中均占有较高的比例,但有明显的语体倾向,更倾向于出现在口语和叙事语体中;在语文教材的每个语义停顿小句中,单音词的数量平均多于多音词,并且单音词的成句能力高于多音词;语文教材中单音词内部在自由度上并不同质,同时具有自由与不自由使用两种状态的单音词,自由使用程度高的单音词和参与构词多的单音词才是基础教育阶段应掌握和学习的重点。

## 第五节

## 字接续与文本语言难度等级关系研究

教材的难易适合度对课程对象的学习成效有着重要的影响。除了知识内容外,语言表述的风格、文本语言的易读性(难易度)也都会直接影响教材的使用效果。汉语文本语言的易读性,现缺乏可量化的、科学合理的测度手段。汉语最大的特点是汉字可以直接入句,在汉语表述中,词由上下文语境而定,无独立标记。就汉语表述特征而言,汉语非书"词"语言,缺少词的形态变化,汉字才是形成汉语表述的基本单元。故我们拟对字、词,及字、词接续与文本语言难度等级的关系展开考察,以找到文本语言难度的合适测度指标,希望对教材编撰、阅读推荐、教材评测有所帮助。

一、文本难度与接续

(一)文本难度

文本的语言难度到底是什么、用什么指标来度量,一直是文本语言难度自动测评与分级、教材评价等需要研究的问题。任何文本都是语言知识和语言知识运用综合体,文本的难度等级应该有两个方面的测度,即静态和动态两个角度。本节就上述两个角度将文本的语言难度概括为语言表述中的"势"难度和"态"难度。

众所周知,"势能"是储存于一个系统内的能量,其可以释放或者转化为其他形式的能量。文本中的字、词是汉语言表述普遍认可的静态单位,或语言知识单位,我们把汉语文本中含有的字量和词量的测度称为文本语言难度的"势"测度,视其为文本语言难度度量的基本测度。而"态"指文本各要素(字、词、表述模式等)间的组合状态情况。

文本是字、词组合后形成的意义表述系统,"态"难度是对文本的语义、语法、逻辑、结构的综合测度,因而除了静态单位的"势"测度,字词的组合构成的表述"态"难度的度量也应该被考虑和重视。"态"在文本中,可以表现为:字接续、词接续使用情况;各种表述"块"或模式结构、句子结构、篇章结构情况;隐喻、幽默、反讽、语言机锋等表述策略性手段的使用情况;等等。因而"态"的测度是组合难度测度,可以从接续、常用表述结构、句子、篇章等方面进行。然而研究是层层推进的,本节意欲先通过考察字、词,及字、词接续与文本语言难度等级的关系,来测度文本语言"势"和"态"的难度。

文本语言难度分级研究的目标是为不同年龄段、不同阅读能力的读者群体提供与之匹配的、难度适合的学习或阅读材料。目前我国在这方面的研究与西方国家相比还比较滞后[1],但确有学者已对此展开研究。如孙曼均(2004)和江新(2006)对汉语水平测试字词表中字词的选择与分级进行了研究[2];朱勇(2012)通过考察词汇难度、篇长、语意块长度等因子分析了《中文天天读》内部分级的合理性[3];周小兵(2013)从使用对象、内容选择、语言难度和等级设置等角度对四套汉语分级读物进行系统考察,并通过对比中外二语分级读物,指出了汉语分级读物存在的问题[4];王进(2017)通过

---

[1] 朱勇、邹沛辰:《〈中文天天读〉易读性研究》,《云南师范大学学报(对外汉语教学与研究版)》2012 年第 3 期。孙南南:《美国分级阅读教育体系探究》,《沈阳师范大学学报(社会科学版)》2011 年第 3 期。

[2] "汉字应用水平测试研究"课题组、孙曼均(执笔):《汉字应用水平测试用字的统计与分级》,《语言文字应用》2004 年第 1 期。江新、赵果、黄慧英、柳燕梅、王又民:《外国学生汉语字词学习的影响因素——兼论〈汉语水平大纲〉字词的选择与分级》,《语言教学与研究》2006 年第 2 期。

[3] 朱勇、邹沛辰:《〈中文天天读〉易读性研究》,《云南师范大学学报(对外汉语教学与研究版)》2012 年第 3 期。

[4] 周小兵、钱彬:《汉语作为二语的分级读物考察——兼谈与其他语种分级读物的对比》,《语言文字应用》2013 年第 2 期。

抽取图书中的字难度和句子难度特征(包括词汇难度等级、句长、句子词组数三个指标),建立了一个中文图书阅读难度计算公式,以实现给现代白话文图书(选取其中2500至3000字进行计算结果最优)难度自动分级[1]。从研究角度来看,这些文本语言难度的研究基本从词汇、句长级别的静态层面展开,未从静态单位的动态组合及静态单位与动态组合比较的角度进行专门研究。

国内目前仅在对外汉语和儿童课外读物的语言难度分级上有学者开展了相关研究,而学科教材的难度分级研究却未见报道。教材是教学材料分级的典范,具有天然的难度等级属性,利用教材的天然等级性进行难度测度单位的有效性考察,可找到对教学材料进行有效分级的难度测度单位。故以教科版小学《科学》教材[2]为研究对象,以各年级教材中的"势"(字、词的使用情况)与"态"(字接续、词接续的使用情况)为评价文本语言难度的指标,考察两类评价指标在年级轴上的表现,以找到有效的文本语言难度分级指标,意图为教材语言难度分级提供参考。

(二) 接续

为了识别分词单位,王洪君(2001)提出了常用接续库的建设。常用接续库主要收语文词典不收录的、可"见字知义"的、经常在一起接续出现的高频多字组,如"猪肉、综上所述、长满"等,但由于高频多字组中收有跨短语的字组(如"赖以、再也、百分之、分之"),因此叫"常用接续"而不叫作常用短语或常用结构[3]。王洪君在文中所提的作为分词单位的接续是基于字的,类似高频语块,而非词,由此说明汉语表述只关注词是不够的。

这里的"接续"概念与王洪君文中的"接续"含义有所不同,是指文本中在一起接续出现的、不同长度的字符串,既包括字接续,也包括词接续;不仅有成词接续,也包括不成词的接续,如"就只、的人"等;不仅考察高频接续,也考察非高频接续,是对接续的整体考察,当然也考察年级段的新接

---

[1] 王进、周慧、罗国峰、顾翔:《基于自然语言处理的图书阅读难度自动分级研究》,《计算机时代》2017年第8期。

[2] 教育科学出版社2004年5月第1版的3至6年级小学《科学》教材。

[3] 王洪君:《〈信息处理用现代汉语分词词表〉的内部构造和汉语的结构特点》,《语言文字应用》2001年第4期。

续情况。新接续是相对之前年级文本,当前年级文本独有的接续。我们研究的接续突破了词典词的界限,其既可包容真实文本含有的新"词"以及新的字组合,也体现汉字可直接入句——直接描述新事物、新关系、新概念等的语言事实,故我们拟以接续作为考察对象,研究其与文本语言难度等级的相关性或相关关系,以此说明字接续对文本难度等级划分的有效性。

由于1至4字词覆盖了汉语词语的99%以上[①],词长超过4个字的词在汉语中很少出现,故推断接续长度若超过4个单位,其对文本的语言难度研究可能不具有参考价值。因此,分别对三至六年级(国内教科版小学科学教材从三年级始有)教材文本的单字和单词、二字和二词、三字和三词、四字和四词接续分布情况进行研究。根据对接续的定义,二字接续为长度最小的字接续,指相邻前后连续出现的、长度为2个字符的字组,三、四字接续以此类推。为了便于叙述,在数据呈现时,将单字归入字接续,称为单字接续,但在具体研究中仍分开讨论。而长度最小的词接续为二词接续,二词接续指相邻前后连续出现的、长度为2个词的词组,三、四词接续以此类推。同样为了便于叙述,在数据呈现时将单词也归入词接续,但在具体研究中仍分开讨论。基于以上定义可知,单字与单词属于文本的"势"测度元素,二字及以上接续、二词及以上接续是文本语言难度等级的"态"测度元素。

本节通过考察科学教材不同年级教材文本中接续的次总数与种数、新接续的次总数与种数的分布情况,以研究哪种指标能有效区分不同年级教材的难度等级,并对相关指标进行具体分析,以揭示其表征文本语言难度背后的理据性,为科学教材难度分级的测度及其他类型教材的难度分级研究提供参考。

**二、接续的统计**

假设前提:文本的语言难度等级随年级的升高而升高。本节通过考察文本中接续数量、种数在年级轴上的分布,以验证上述接续统计指标在文本语言难度等级测度中的有效性。

---

[①] 周荐:《双字组合与词典收条》,《中国语文》1999年第4期。

（一）接续提取与数量自动统计软件

教材文本中存在大量的字符接续，而目前又尚无适合本节研究的公开可用的自动处理工具，故基于 VB 自主开发了文本接续提取与数量自动统计软件。

图 5-3 所示为以二字接续为例的接续提取与数量自动统计软件界面，文本接续数量自动统计结果在软件界面右侧。

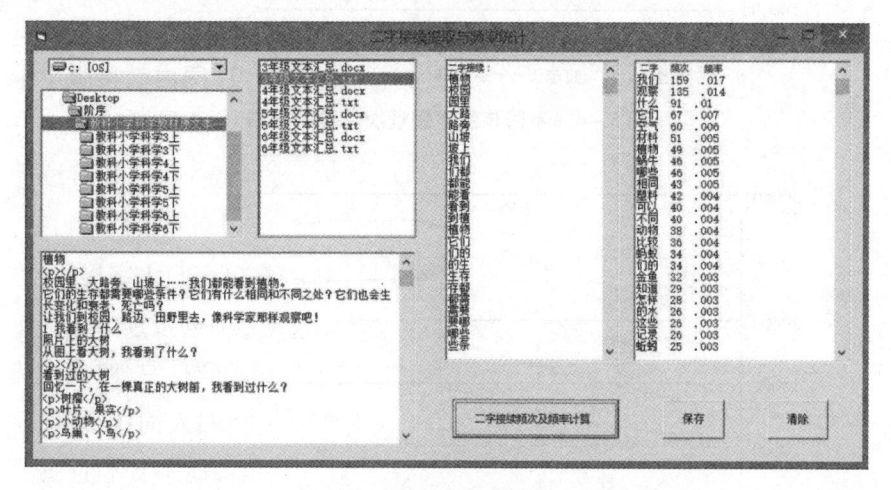

**图 5-3　二字接续提取与数量自动统计软件界面**

（二）接续次总数在年级轴上的分布状态

使用"接续数量自动统计软件"分别对三至六年级教材文本的单字和单词、二字和二词、三字和三词、四字和四词接续次总数进行统计，统计结果如表 5-43 所示：

**表 5-43　不同年级教材接续次总数的分布情况**

| 接续次总数<br>年级 | 字接续次总数 ||||词接续次总数||||
|---|---|---|---|---|---|---|---|---|
| | 单字 | 二字 | 三字 | 四字 | 单词 | 二词 | 三词 | 四词 |
| 三年级 | 33060 | 29295 | 25499 | 22147 | 20875 | 17227 | 13968 | 10958 |
| 四年级 | 39604 | 34971 | 30438 | 26495 | 24278 | 19847 | 16057 | 12662 |
| 五年级 | 44931 | 40152 | 35471 | 31078 | 27961 | 23397 | 19155 | 15211 |
| 六年级 | 46786 | 41798 | 36874 | 32330 | 27720 | 23043 | 18791 | 14828 |

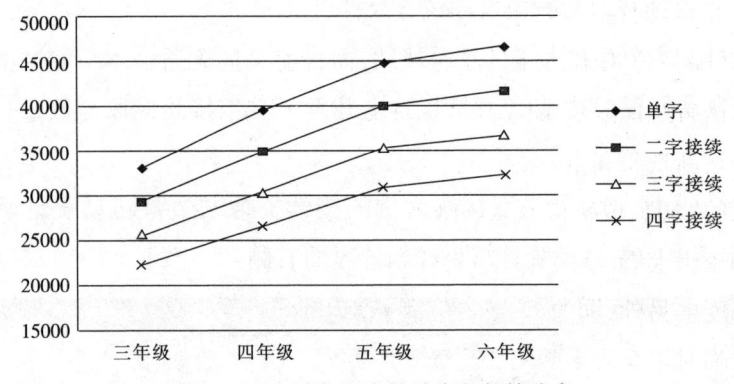

图 5-4　不同年级字接续次总数的分布

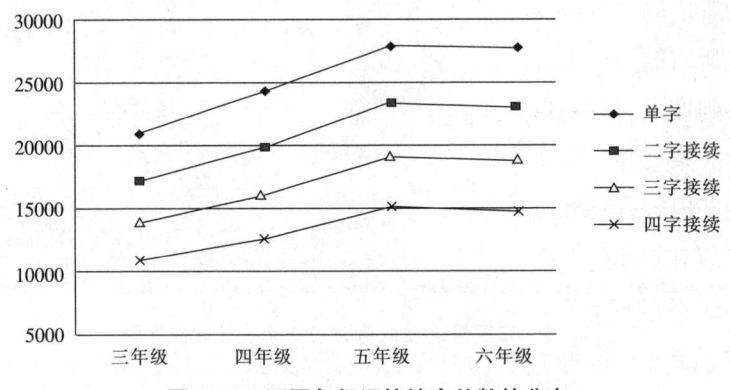

图 5-5　不同年级词接续次总数的分布

从表 5-43 和图 5-4 可以发现，随着年级的升高，不同长度字接续次总数呈同步增长的趋势，说明从数量上看，字接续数量与年级之间呈正相关性，与文本语言难度等级随年级升高保持一致，体现出用字次（字总数）、字接续次总数（字接续总数）作为汉语文本等级的测度单位，在数量统计上具有可靠性；且从年级轴上的分布态势看，1 至 4 字接续数量分布态相同——均单调递增。

而由表 5-43 和图 5-5 可知，三至五年级的词接续次总数呈单调递增趋势，但六年级各个长度的词接续次总数均略低于五年级，在随着年级升高字接续数量单调增长的分布态势下，词接续次总数在六年级却有所减少，虽然量不大，说明词接续次总数与年级等级具有一定的相关性。因与文本语言难度等级随年级升高态势不一致，说明使用词接续次总数作为文本语言难度等级的测度单位，存在测不准的可能。

上述字、词在年级轴上分布态的不同,某种程度上可能是汉字自身"形、音、义三位一体,绝大多数汉字是独立的、有意义的语素"的固有特性在文本语言难度度量上的呈现①。在汉语文本表述中,汉字具有直接临时组合表达新现象和事物的描述或表述能力,而临时组合可直接产生面向表述对象的"词",或直接入句表达欲阐述的语意。汉字的这种固有特性,从理论和逻辑上看,将会导致基于字组合的文本语言难度测度可能好于基于词的测度。另外,词的封装性在一定程度上屏蔽了字间接续中稳定组合和实时或临时组合带来的阅读难度上的差异。比如:"他是个人才。""这样的人才能承担大任。"这两句话中的"人才"二字接续,从接续角度看,词或字组两种难度同时得以反映,作为词"人才"属于稳定组合,作为字组属于表述语境所需的实时组合。同时长词被转化为多个字接续,词内的接续难度也会得到度量。故字接续相当程度可以摆脱词的静态捆绑性所遮蔽了的字组合关系,因此,用字接续来度量汉语文本不仅能度量出词接续所度量出的全部内容,还能度量出词接续所度量不出的词内和词间接续难度。但字接续的有效性仍需进一步通过数据验证。

(三)接续种数在年级轴上的分布状态

对三至六年级每个年级教材文本的单字和单词、二字和二词、三字和三词、四字和四词接续种数进行统计,结果如表 5-44 所示:

表 5-44 不同年级接续种数分布情况

| 接续次总数<br>年级 | 字接续种数 ||||  词接续种数 ||||
|---|---|---|---|---|---|---|---|---|
|  | 单字 | 二字 | 三字 | 四字 | 单词 | 二词 | 三词 | 四词 |
| 三年级 | 1492 | 10865 | 16812 | 17982 | 3280 | 10595 | 11951 | 10272 |
| 四年级 | 1628 | 12826 | 20168 | 21592 | 3738 | 12332 | 13722 | 11782 |
| 五年级 | 1617 | 14193 | 22867 | 24692 | 4127 | 14431 | 16216 | 14047 |
| 六年级 | 1815 | 15775 | 25188 | 27018 | 4667 | 15141 | 16661 | 14113 |

---

① 李如龙:《汉语和汉字的互动与和谐发展》,《吉林大学社会科学学报》2009 年第 2 期。徐通锵:《字的重新分析和汉语语义语法的研究》,《语文研究》2005 年第 3 期。

表 5-45　相邻年级教材间接续种数增加量①与增长率②情况

| 增长量<br>年级 | 字接续种数增加量/增长率 ||||词接续种数增加量/增长率||||
|---|---|---|---|---|---|---|---|---|
| | 单字 | 二字 | 三字 | 四字 | 单词 | 二词 | 三词 | 四词 |
| 四至三年级 | 136/9% | 1961/18% | 3356/20% | 3610/20% | 458/14.0% | 1737/16.4% | 1771/14.8% | 1510/14.7% |
| 五至四年级 | -10/-1% | 1367/10.7% | 2699/13.4% | 3100/14.4% | 389/10.4% | 2099/17.0% | 2494/18.2% | 2265/19.2% |
| 六至五年级 | 198/12% | 1582/11.1% | 2321/10.1% | 2326/9.4% | 540/13.1% | 710/4.9% | 445/2.7% | 66/0.5% |

从表 5-44、表 5-45 可看出,三至六年级教材中的单字种数随年级的升高,呈增长、降低、增长的态势,说明单字种数在年级轴上分布是无序的,与文本语言难度等级随年级升高不一致,不能用于测度文本语言难度等级。当然,如果对单字种数进行细化研究,比如考察不同等级字或领域字在不同年级的分布可能会有所发现,但就单字种数(字种量)而言,文本语言难度与年级序列之间无正相关关系,即无法测度文本语言难度等级。

单字种数虽然不能区别各年级难度等级,但表 5-45 中字接续种数都大于9%的单增性表明:新知识或新表述模式增加态势明显,说明字间的组合更加多样,表述更加新颖,即文本的难度或新颖度增加明显,进一步说明字接续或字组合在文本语言难度上具有明显等级区分度,可作为文本语言难度升高的测度敏感元。

从表 5-44、表 5-45 可知,三至六年级所使用的单词、二词、三词、四词接续种数也呈单调递增趋势,尤其是单词种数在年级轴的增加率高于 10%,与文本语言难度等级随年级增加保持明显的一致性,说明单词种数作为"势"测度也是难度等级测度的一个敏感测度元。而词接续种数虽然也随年级升高呈单调递增分布态,但最低增长率都小于 5%,相对字接续与单词种数最低增长率大于 9% 的随年级升高的单调递增态势,虽其与文本语言难度等级随年级增加的趋势一致,但增量却不明显,说明词接续种数对不同年级文本语言难度的区别不明显。这种现象是否由于词对字的封装性所致,可能需要进一步研究。

在年级轴上,在对科学教材文本难度等级的区分度上,词接续种数表

---

① 接续种数增加量指当前年级的接续种数减去前一年级的接续种数而得到的量。
② 接续种数增长率指接续种数增加量除以前一年级所使用的接续种数,再乘以 100%,而得到的数值。

现不如字接续种数。

### 三、接续的类型与分布

(一)新接续在年级轴上的分布

由上文的分析可知,在区分不同年级的文本语言难度上,字接续总体表现比词接续好,那么,新字接续在各年级中的表现如何,新字接续与文本难度等级有什么关系呢? 我们将进一步对代表文本新内容、新表述的各年级所使用的新字接续展开考察,以探究文本语言难度等级与新接续的关系。

与相邻年级相比,高年级所使用的新字接续量反映其文本内容的新颖程度,故新字接续种数占比及次总数占比越高,说明相邻年级间文本内容变化越明显,越能作为区分不同年级文本语言难度的观测点。研究相邻年级新字接续种数与次总数的使用情况,可量化相邻年级教材难度的变化情况;对比不同长度的新字接续种数与次总数占比变化,可判断哪种字接续指标能更好地对不同年级的文本语言难度进行区分。对相邻年级教材间的新字接续使用情况进行统计分析,结果如表5-46和表5-47所示：

表5-46  相邻年级教材间新字接续种数与占比情况

| 种数<br>年级 | 新单字种<br>数/占比 | 新二字接续<br>种数/占比 | 新三字接续<br>种数/占比 | 新四字接续<br>种数/占比 |
|---|---|---|---|---|
| 四至三年级 | 436/26.8% | 9387/73.2% | 17849/88.5% | 20544/95.1% |
| 五至四年级 | 413/25.5% | 10419/73.4% | 20405/89.2% | 23616/95.6% |
| 六至五年级 | 477/26.3% | 11153/70.7% | 22084/87.7% | 25650/94.9% |

表5-46中"新字接续种数"指的是在当前年级出现,但在前一年级没有出现的字接续种类的数量。"新字接续种数占比"指的是新字接续种数除以当前年级所使用的字接续种数,再乘以100%的数值。

表5-47  相邻年级教材间新字接续次总数与覆盖率情况

| 次总数<br>年级 | 新单字次<br>总数/覆盖率 | 新二字接续<br>总数/覆盖率 | 新三字接续<br>总数/覆盖率 | 新四字接续<br>总数/覆盖率 |
|---|---|---|---|---|
| 四至三年级 | 1669/4% | 16061/46% | 23951/78.7% | 24430/92.2% |
| 五至四年级 | 1482/3.3% | 18068/45% | 27738/78.2% | 28634/92.1% |
| 六至四年级 | 1599/3.4% | 17911/43% | 28404/77% | 29608/91.6% |

表5-47中"新字接续次总数"指的是当前年级所使用的新字接续种数的频次和。"新字接续次总数覆盖率"指的是新字接续次总数除以当前年级所有字接续的次总数,再乘以100%的数值。

从表5-46可发现,除新单字种数外,各年级新字接续种数随年级的升高,均呈稳步增长态势,与文本语言难度等级随年级增加的趋势保持一致性,体现出以新字接续作为不同年级的文本语言难度等级划分测量指标,具有相当程度的统计稳定性。另外,表5-47显示,各年级的新字接续次总数文本覆盖率接近,新增加的部分在各年级文本中占有的分量大致接近,说明假设文本的语言难度等级随年级的升高而升高,具有相当程度的合理性,年级可作为文本难度等级划分依据。

表5-46中新单字种数并没有随年级的升高呈稳步增长态势,再次证明从字量上看单字与文本语言难度没有明确的对应关系。那么,用字类型及等级与文本语言难度有什么样的关系?将各年级所使用的新单字领域类型及超《义务教育语文课程常用字表(2500字)》(后文简称为《常用字表》)用字情况进行分析,发现各年级所使用的新单字中学科领域字居多。这些字是各年级讲述新知识的核心用字,并且各年级超《常用字表》的字基本集中在学科领域字中,且超《常用字表》的字量也不随年级的升高而稳定增长。故虽然新单字与科学教材文本的学科知识难度相关,但由于这种相关关系与文本语言难度等级随年级增加的趋势不一致,从而说明新单字不能用来度量文本语言难度。

横向观察表5-46和表5-47可知,随着新字接续长度的增加,各年级的新字接续种数与次总数总体呈递增趋势,说明接续的长度越长度量出的文本新颖程度越高。但是不是接续的长度越长,其对文本语言难度等级的区别性越好?进一步分析数据可知,长度太长会导致文本的复现率[①]低,如各年级的新三、四字接续种数和次总数占比已经达到极高的程度,分别都已经接近甚至超过其前一年级所使用的所有接续次总数,且统计发现其中三、四字偶现新接续(频次为1的新接续)种数占比分别高达73%和84%

---

[①] 复现率是指前一年级出现过的、再次出现在当前年级文本中的接续种数量除以当前年级接续种数,再乘以100%的数值。

以上,可知三、四字接续的复现性、稳定性比较差,不确定性增高,其中四字接续复现已成为小概率事件,说明用其度量文本语言表述的变化程度,不大合适。相比之下,新二字接续种数虽然相对前一年级占比达70%以上,但新二字接续次总数的占比在46%以下,说明前一年级出现的二字接续在当前年级的复现率超过54%,体现出新二字接续对不同年级的语言难度区分度不仅具有统计显著性,而且复现性、稳定性也较好。

结合周荐(1999)对《现代汉语词典(修订本)》的考察[①],其收录的词条中有67.625%的词是二字词,[②]对比上文得到的词种数(通常情况下以二字词为主)可测度文本的语言难度等级的结论,可知二字接续对不同年级的区分度与词种可测度文本的难度等级存在一定的相互印证关系。但因二字接续不仅在量上具有区分不同年级语言难度的价值,还克服了词的封装性,包含了所有的接续类型(下文详述),具有语言学上的理据,故相对于词,二字接续作为文本语言难度等级的测度,更具有可靠性。

表5-46和表5-47显示,随着字接续长度的增加,接续种数的多样性也增加。而接续长度如果更长,组成的接续种类就更多,字接续长度每增加一个字符,相对大数据文本而言,产生接续种数变化的量就会成百倍地增加。但表5-46和表5-47中不同长度新接续的种数增量并没有那么惊人,说明字间的组合有一定的限制性,既受领域对象的限制,也受语义、逻辑、语法对语言组合的规律性限制。这些限制在接续中的表现为:有些接续组合类型经常出现,还有些接续组合类型从不出现。如"电""扇""闻"三字理论上可以组成二字接续"电扇、电闻、扇电、扇闻、闻电、闻扇",可实际的教材语言使用中仅有"电扇(一种家电)""扇闻(一种试验操作手法)"。

(二)二字接续的类型与分布

由于二字接续克服了词的封装性,且在文本的语言难度分级上,二字接续表现优于其他长度的接续,故对二字接续进行详细研究,考察二字接续的类型、分布,以及各类型在语言表述中的功能和作用,以便于调查哪些对象或元素是文本语言难度测度的敏感元。

---

[①] 中国社会科学院语言研究所词典编辑室:《现代汉语词典(修订本)》,商务印书馆,1996。
[②] 周荐:《双字组合与词典收条》,《中国语文》1999年第4期。

1. 不同频次段二字接续类型的分布

根据接续内字符的成词情况,将二字接续的类型分为成词、词间(词+词,词+词部分/词部分+词、词部分+词部分)、词的一部分(词内)三大类型。其中,成词及词的一部分两类接续,属于静态单位或被静态单位封装的接续,而词间接续凸显的是词与词之间的组合关系,反映概念与概念、词义与词义之间的连接,代表语言的叙述性("态"难度)。

为了方便二字接续类型的考察,我们利用自主开发的接续类型研究辅助软件(软件界面如图5-6所示),以四年级科学教材的全部二字接续为例,通过窗口观察的形式对二字接续进行考察分析。

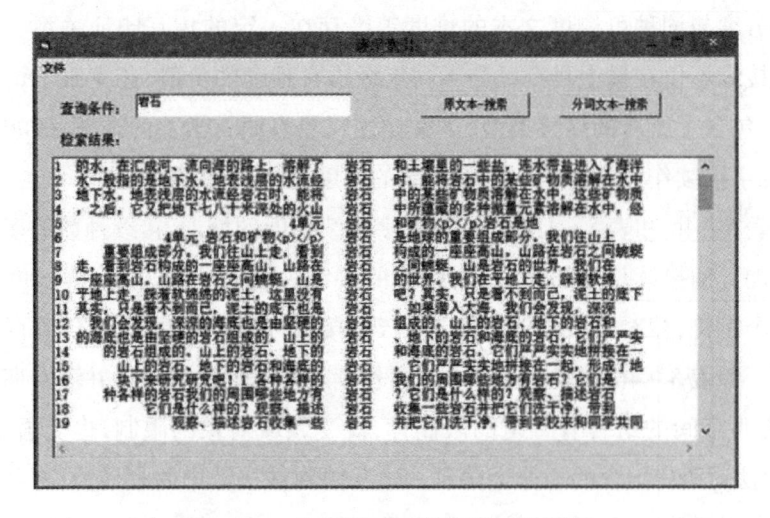

图5-6 接续类型观察辅助软件界面

根据二字接续在文本中出现的频次,将四年级二字接续分为偶现接续(频率=1)和非偶现接续,其中非偶现接续又根据频次高低分为高频段(频率≥10)、中高频段(9≥频率≥5)和中低频段接续(4≥频率≥2)。根据接续在文本中的用途将接续的领域特征分为学科性和通用性,用于表述学科知识的接续,其领域特征为学科性,属于知识系统(知识系统是直接的教学对象,也称为对象语言)[①];用于解释、翻译、说明知识系统的接续,其领域特征为通用性,属于叙述系统,知识系统和叙述系统共同构成教材文本的全

---

① 苏新春、杜晶晶、关俊红、郑淑花:《教材语言的性质、特点及研究意义》,《语言文字应用》2007年第4期。

部内容①。根据词和词的一部分这两种二字接续类型在教材中的使用情况,对其领域特征进行标注,而由于词间接续是知识系统与叙述系统间的交叉,既具有学科性又具有通用性,性质复杂,在下一部分内容再做具体讨论。

表 5-48 四年级二字接续不同频次段的接续类型使用情况

| 频段类型 | 非偶然出现 ||||| 偶然出现 ||  总计/占比 ||
|---|---|---|---|---|---|---|---|---|---|
| | 高频段($f \geq 10$) || 中高频段($9 \geq f \geq 5$) || 中低频段($4 \geq f \geq 2$) || 低频段($f=1$) || ||
| | 学科词 | 通用词 | 学科词 | 通用词 | 学科词 | 通用词 | 学科词 | 通用词 | 学科词 | 通用词 |
| 词 | 214(65%) | 116(35%) | 209(68%) | 99(32%) | 508(66%) | 264(34%) | 519(51%) | 490(49%) | 1450(60%) | 969(40%) |
| | 330/59.1% || 308/37.3% || 772/24.6% || 1009/12.2% || 2419/18.9% ||
| 词的部分 | 17(81%) | 4(19%) | 64(93%) | 5(7%) | 181(87%) | 27(13%) | 279(65%) | 152(35%) | 541(74%) | 188(26%) |
| | 21/3.8% || 69/8.4% || 208/6.6% || 431/5.2% || 729/5.7% ||
| 词间 | 207/37.1% || 449/54.3% || 2159/68.8% || 5863/82.6% || 9678/75.4% ||
| 总计 | 558 || 826 || 3139 || 8303 || 12826 ||

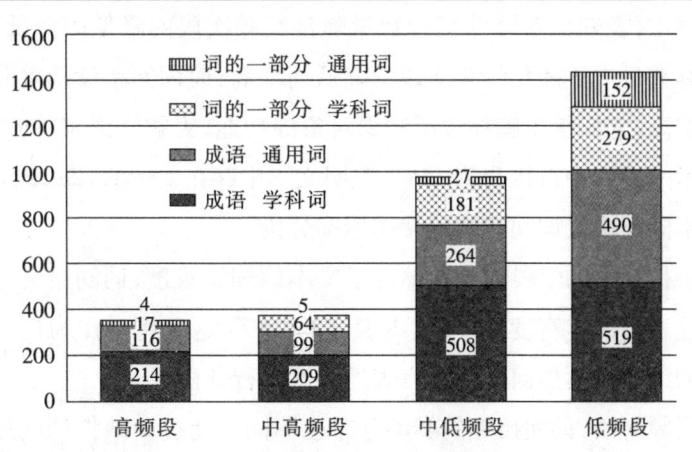

图 5-7 不同频次段学科词与通用词使用情况

在接续类型观察辅助软件的基础上,对四年级二字接续不同频次段的接续类型进行统计,结果如表 5-48 所示。由图 5-7 可知,(1)高频段成

---

① 郑泽芝:《关于学科教材语言研究问题的思考——以数学教材语言研究为例》,《北华大学学报(社会科学版)》2017 年第 6 期。

词接续最多,其中以学科词为主,这些学科词中以该年级核心知识术语居多,如"岩石、矿物、声音"等,其次是与知识术语紧密相关的动作行为用语,如"溶解、振动、繁殖"等;通用词中则以各领域通用的动词、名词、代词居多,其中有些属于日常教学常用语,如"可以、方法、我们"等,此频段中词的一部分接续也是以知识术语的一部分为主,如"生素、高锰、岗岩"等。以上表明了除词间接续外,高频段接续中主要呈现的是教材核心知识系统和常用叙述语言。(2)中高频段中成词与词的一部分接续仍然以学科词为主,通用词中则有大量的与培养小学生科学素养紧密相关的通用实词,如"尝试、探索、总结"等,此频段中成词和词的一部分接续的总和与词间接续基本相当,即表知识的对象语言之接续与叙述语言的接续量基本相当。(3)中低频及低频段,词间接续远超成词和词的一部分接续总和,位居首位,且成词和词的一部分接续中通用词数量增加,表明叙述语言量大,辅助说明的语言增多,描述、解释知识的语言占比高。

综上可知,在四年级的二字接续内,不同频次段的成词和词的一部分接续中学科词均多于通用词,但其占比随频次段降低而降低;在不同频次段的接续中,表知识系统的接续数量随接续频次段的降低而降低,叙述系统的接续数量占比随接续频次段的降低而增高;而词间接续随着频次的降低明显增高,它们承担解释说明知识对象的功能,为解释语言,同时词间接续在文本的接续中占比为75.4%,表明文本中存在大量的"态"语言。

2. 不同频次段词间接续的使用情况分析

二字接续中的学科词占比体现了文本的知识难度,词间接续主要反映教材叙述语言的丰富度,体现文本表述的"态",这里将对作为二字接续主要部分的词间接续如何呈现语言表述难度进行分析。

不同频次段,词间接续的类型分布也不同。通过归纳将词间接续类型细分为四类:(1)由三大实词(名、动、形)的词素①相互组合构成的接续,这类接续紧紧围绕核心知识术语进行解释、说明,联系知识系统与叙述系统,是教材文本中最重要的部分,如"动幅、池串、膜振"等。(2)由三大实词的

---

① 词素不仅指作为词的构成成分的语言单位,而且包括可单独成词的语言单位(参见张斌:《现代汉语描写语法》,商务印书馆,2010,第13页)。

词素与其他词类(三大实词外的词类)的词素组合构成的接续,这类接续一个为核心词素一个为非核心词素,是对事物、动作在性质、形状、关系等方面的描述和限定,起扩展说明知识系统的作用,如"盐和、是最、中溶"等。(3)由三大实词外的实词的词素相互组合、虚词的词素与三大实词外的实词的词素相互组合构成的接续①,这类接续非实非虚,一般为对数量、工具、处所、对象的讲解,起辅助补充说明知识系统的作用,如"两节、少克、把每"等。(4)由虚词的词素相互组合构成的接续,这类接续起黏结剂的作用,体现实词语素之间的各种关系,如"还未、中被、着用"等。

实词词素与实词词素构成的接续代表了科学教材的学科特征;虚词词素与虚词词素组成的词间接续凸显的是语言表述建立起来的机制;实词词素与虚词词素构成的接续,既有反映学科特征的作用,又有建立联系的作用,只是作用不及前两者明显。可知,词间接续体现的是两个词之间的关系,不仅蕴含文本句法的复杂性,还包含语义的逻辑性。总之,词间接续刻画、解释、描述着叙述对象的性质、语义关系、逻辑关系、对象、处所、位置、工具等方面,体现了文本的"态",承担解释、翻译知识体系的功能。

表 5-49　不同频次段词间类型使用情况

| 频段<br>类型 | 高频段<br>类型占比 | 数量 | 中高频段<br>类型占比 | 数量 | 中低频段<br>类型占比 | 数量 | 低频段<br>类型占比 | 数量 | 总计<br>类型占比 | 数量 |
|---|---|---|---|---|---|---|---|---|---|---|
| 第一类词间 | 4<br>8.3% | 291 | 7<br>8.6% | 556 | 24<br>14.0% | 1729 | 46<br>16.1% | 2672 | 81<br>13.8% | 5248 |
| 第二类词间 | 29<br>60.4% | 2908 | 47<br>58.0% | 1842 | 91<br>53.20% | 3092 | 146<br>51.2% | 3631 | 313<br>53.5% | 11473 |
| 第三类词间 | 13<br>27.1% | 617 | 23<br>28.4% | 356 | 43<br>25.20% | 434 | 70<br>24.6% | 384 | 149<br>25.5% | 1791 |

---

① 虚词的词素主要指介、连、助、副、方位、语气等词类的词素;实词的词素指虚词之外的词类的词素,如名、动、形、区别、数、量、代、处所、拟声、感叹等词类的词素(参见张谊生:《现代汉语副词的性质、范围与分类》,《语言研究》2000 年第 2 期;范晓:《汉语虚词的再思考》,《上海师范大学学报(哲学社会科学版)》2016 年第 6 期)。

续表

| 类型＼频段 | 高频段 类型占比 | 高频段 数量 | 中高频段 类型占比 | 中高频段 数量 | 中低频段 类型占比 | 中低频段 数量 | 低频段 类型占比 | 低频段 数量 | 总计 类型占比 | 总计 数量 |
|---|---|---|---|---|---|---|---|---|---|---|
| 第四类词间 | 2 4.2% | 228 | 4 4.9% | 59 | 13 7.6% | 143 | 23 8.1% | 176 | 42 7.2% | 606 |
| 总计 | 48 100% | 4044 | 81 100% | 2813 | 171 100% | 5398 | 285 100% | 6863 | 585 100% | 19118 |

从表 5-49 总体看，此四类词间关系在不同频段的数量分布大致相同，以第二类词间关系为主，即以刻画对象性质、关系、属性限定等的接续为主，以实体对象关系和辅助说明数量、工具、方位、处所、语言（虚词表述的时态、语态）关系等的接续为辅。

高频段，尤以助词"的"与名词词素构成的接续最多，如"的电、的岩、的音"等，反映的是修饰语与中心语之间的修饰限定关系，其次是三大实词词素与其他常用虚词词素构成的接续，如"就是、不透、和风"等，体现围绕知识的进一步描述和解释。第一、第四类词间接续虽有出现，但数量少。

中高频段，接续类型丰富主要体现在：第二类和第三类词间接续类型增多，语言（文字组合）表述手段逐渐丰富。

中低频段接续中词间接续以动词词素与名词词素组合构成的第一类词间接续最多，动动、动名、名动、名名组合的接续数量占据前四。与前两个频段相比，这一频段四种类型的词间接续都显著增长：第一类和第二类词间接续增长主要体现在三大实词的子类（如专名、动补、名语素等）的词素参与接续构成，出现词素直接参与组合的情况，如"杯中、管壁、袋口"等；第三、四类词间接续种类更加多样，体现出（文字组合）表述手段更加多元。至此，词间接续已经能很好地体现出文本表述中的复杂程度。

低频段接续中词间接续的词素组合种类达 285 种，这一频段接续种数庞大，各接续的频次为 1，属于偶然出现，类型更加复杂多样，具体体现在：第一、二类词间接续种类丰富，共 192 种，大量偶现的专名、名语素、习语等相互组合及与其他词类的词素组合构成的接续，极大丰富了表述的类型；第三、四类词间接续也大量涌现，除了旧要素（非低频段的词素）之间产生的新组合增加,也有新的要素(如语气词、前缀、后缀等)参与组合。这些类型的使用进一步证明了词间接续与语言表述的复杂度和新颖性的相关性。

综上分析,词间接续对呈现语言表述的丰富性具有重要作用,其中第二类词间接续,即由三大实词的词素与其他词类(三大实词外的词类)的词素组合构成的接续,在词间接续中的种数与总数占比最多,而这类接续一个为核心词素一个为非核心词素,是对事物、动作在性质、形状、关系等方面的描述和限定,起扩展说明知识系统的作用,为词间接续体现文本语言表述难度起到关键作用。

3. 不同年级所使用的二字接续类型分析

不同年级所使用的二字接续类型也不同,对不同年级所使用的二字接续类型情况进行分析可反映各年级文本具体难在什么地方。对各年级所使用的二字接续类型进行统计,结果如表5-50所示:

表5-50 各年级二字接续类型使用情况

|  | 成词接续 | 词的一部分 | 词间接续 | 总计 | 词间接续类型 |
| --- | --- | --- | --- | --- | --- |
| 三年级 | 2084/19.2% | 527/4.9% | 8254/76% | 10865 | 346 |
| 四年级 | 2419/18.9% | 729/5.7% | 9678/75.4% | 12826 | 313 |
| 五年级 | 2661/18.7% | 675/4.8% | 10857/76.5% | 14193 | 424 |
| 六年级 | 2974/18.9% | 1232/7.8% | 11569/73.3% | 15775 | 394 |

从表5-50看,词间接续新增类型不多,总体用量却不小。由于词间接续主要为解释语言,因而随着年级的升高,解释性语言增长量非常明显,即文本的"态"难度或新颖度增量明显,故接续量的增长呈现出对文本难度等级的敏感特征。

与三年级相比,四年级的三种二字接续类型数量都有显著增加,说明内容上四年级更加丰富,但四年级的词间类型却略少于三年级,说明词间组合表述的多样性略微低于三年级,即解释性语言的复杂度或新颖度略降。

五年级与四年级相比,除了知识内容(成词与词的一部分接续)基本同比增长外,主要体现在(文字组合)表述手段的丰富性上,五年级比四年级的词间类型多了111种。(文字组合)表述手段增加,体现出需要多样的表达来解释知识,帮助学生理解,间接反映教材所涉及的内容更加深奥。

六年级所使用的词间接续数量虽比五年级略多,但词间接续的词素构成类型比五年级略少,可知六年级在表述组合类型丰富性方面比五年级略低,但六年级比五年级"词的一部分"多了 557 个,近两倍,结合前文的研究可知,"词的一部分"中大多数是学科词,说明六年级比五年级难在使用的专业术语多。通过将五、六年级的专业术语进一步对照分析,发现六年级不仅专业知识内容多,而且专业术语的长度长,而术语长度变长直接反映了术语所承载的语义更加复杂。例如"显微、定滑、阳系、草履"等接续分别是"显微镜、定滑轮、太阳系、草履虫"等术语的部分,这些术语与五年级的"钟摆、沉浮、摩擦力"等相比更加深奥,与日常生活距离更远,因而从总体上看,六年级的语言难度高于五年级。

以上分析显示,二字接续对不同年级文本语言难度的区分性能优异,对其进行详细分析发现:二字接续中,词间接续的数量和类型占比最高,体现了文本的语言表述复杂程度,表征语言"态"难度;词、词的一部分中的学科词占比最高,体现了文本的知识难度,表征语言"势"难度;小学科学教材核心知识系统内容占比与解释、说明性内容占比,基本符合二八定律,用大量的叙述语言来阐释知识系统,教材中知识语言和叙述语言融合紧密,这与教材的定位及其对象群体的认知特点有关。

综上,本节通过自主开发的字接续数量自动统计软件对三至六年级教科版小学科学教材文本进行统计处理,得到了字接续数量等相关统计数据;在数据统计基础上,应用"势"测度(单字与单词使用情况)和"态"测度(字接续与词接续使用情况)作为度量指标对不同年级教材语言难度等级进行了量化分析,其中"势"测度具体表现为单字次总数与种数、单词次总数与种数,"态"测度具体表现为字、词接续次总数与种数、新字接续次总数与种数,得到相关结论如下:

(1)"态"测度对文本语言难度等级测度是有效的,其补充和完善了"势"测度在难度等级测度上的不尽如人意之处。在"态"测度中字接续比词接续表现更好,其原因主要是汉语中汉字的固有特性使其具有"临时组合表述新现象和事物的描述能力",克服了词的封装性,用字接续来度量文本不仅能度量出词接续所度量出的全部内容,还能度量出词接续所度量不出的词内和词间接续难度。

(2)字接续中,二字接续对文本语言难度的度量综合性能最好,其原因是二字接续中词间接续的数量和类型最多,词间接续呈现出的句法复杂性和语义逻辑性,可显性表征文本的语言表述复杂程度,体现语言"态"难度。

(3)三大实词的词素与其他词类的词素组合构成的第二类词间接续,在词间接续中的种数与总数占比最多。这类接续一个为核心词素一个为非核心词素,是对事物、动作在性质、形状、关系等方面的描述和限定,起扩展说明知识系统的作用,为词间接续能体现文本语言表述难度起到关键作用。

本节虽然从字接续和词接续在年级轴上的分布情况展示了字接续对在区分文本难度等级上的统计有效性,但如何使用字接续作为文本难度等级评价标准仍需要进一步的研究。

# 第六章
# 学科教材汉字词汇研究

母语的掌握和运用对一个人的智力发展及学习能力的拓展与提升起着至关重要的作用。语言能力是学生获取学科知识的基础,同时,学科知识的学习也会对学生的语言能力产生重要影响。本章关注学科教材中的语言状况,及语言状况与知识表达之间的关系。下面选取了文科与理科两个学科群的教材。文科选用的是历史和地理教材,在比较中还引进了语文教材;理科选用的是数学、物理、化学教材。

## 第一节
## 历史、地理教材用字用词研究

这里分析的历史和地理教材是新课标时期的教材,分别由人民教育出版社、华东师范大学出版社、北京师范大学出版社、四川教育出版社、湖南教育出版社、中国地图出版社等出版。教材详细信息见第四章第三节。

### 一、历史、地理教材用字调查
（一）用字概貌

表6-1　历史、地理教材用字概貌

| 调查项目 | 历史教材 | 地理教材 | 合计 |
|---|---|---|---|
| 字符总次数 | 1456300 | 398361 | 1854661 |
| 汉字总次数 | 1233895 | 334129 | 1568024 |
| 汉字种数 | 4379 | 2956 | 4496 |

从汉字总次数与汉字种数的总量来看,历史教材的用字都大大超过地理教材。从汉字总次数来看,历史教材约是地理教材的4倍,字种数约是1.5倍。汉字总次数与教材容量、册数的多少有关,比如只取历史教材的前四册,汉字总次数是795210,降低了1/3,而字种数仍有4210,只减少了169字。看来历史教材的字种数比较多,主要原因与教材知识内容有关,它涉及了较多的古代汉语,涉及社会、文化、事件、人物、典章、天文等更宽的知识领域和历史纵深。

(二)历史、地理教材用字频率分布

表6-2 历史、地理教材用字频率分布

| 累加频率(%) | 用字数 || 占总字种数比例(%) || 最低频次 ||
| --- | --- | --- | --- | --- | --- | --- |
| | 历史 | 地理 | 历史 | 地理 | 历史 | 地理 |
| 50 | 159 | 112 | 3.63 | 3.79 | 1791 | 660 |
| 60 | 242 | 172 | 5.53 | 5.82 | 1247 | 481 |
| 70 | 366 | 258 | 8.36 | 8.73 | 811 | 316 |
| 80 | 562 | 397 | 12.83 | 13.43 | 482 | 177 |
| 90 | 938 | 682 | 21.42 | 23.07 | 221 | 78 |
| 95 | 1341 | 984 | 30.62 | 33.29 | 102 | 38 |
| 96 | 1475 | 1087 | 33.68 | 36.77 | 83 | 28 |
| 97 | 1650 | 1226 | 37.68 | 41.47 | 59 | 20 |
| 98 | 1906 | 1422 | 43.53 | 48.11 | 39 | 14 |
| 99 | 2336 | 1750 | 53.35 | 59.20 | 20 | 7 |
| 100 | 4379 | 2956 | 100.00 | 100.00 | 1 | 1 |

对比教材用字的频率分布,可以清楚地看到常用字的分布。两科教材的用字总次数与字种数相差比较大,但常用字累加频率的使用汉字数却比较接近。累加频率在50%、80%、90%时,历史教材用字159、562、938个,地理教材用字112、397、682个,所用汉字数随着累加频率的递增而增加,表现出了大致相当的增加幅度。由于总字次数与总字种数的不同,其同步增加的字种数存在差别。但各累加频率段所用汉字数与总字种数的比例,即第三栏"占总字种数比例",则显示两科教材之间有着相当高的一致性。如累加频率为50%时是3.63%对3.79%,累加频率为80%时是12.83%对

13.43%,累加频率为90%时是21.42%对23.07%。

(三)历史教材与地理教材用字比较

1. 共用字与独用字概貌

表6-3 历史、地理教材共用字与独用字概貌

| 科目 | 总字种数 | 共用字种数 | 共用字所占比例(%) | 独用字种数 | 独用字所占比例(%) |
|---|---|---|---|---|---|
| 历史 | 4379 | 2839 | 64.83 | 1540 | 35.17 |
| 地理 | 2956 | | 96.04 | 117 | 3.96 |

两科教材独用字的数量相去甚远,历史教材独用字约占总字种数的1/3,地理教材独用字只占总字种数的1/25,这说明历史教材的用字范围比地理教材的用字范围宽得多,地理教材所用汉字基本上被历史教材所用汉字覆盖。

2. 历史教材独用字分析

历史教材独用汉字达1540个。下面列出频次最高的前117个,按使用频次多少排列。首字与尾字后面括号里的数字表示频次。败(580)、邓、蒋、枪、朱、刑、刺、逃、狱、儒、叛、授、杜、卓、吏、歼、禹、匠、乾、鞅、蕃、鸿、仲、绪、牺、辱、拒、禅、熙、诏、贞、逝、戊、寇、犁、羽、倭、毅、僧、宰、亥、罢、狄、勾、誓、俘、妻、颂、诵、羹、棠、漳、赔、阀、卿、畏、耻、蔡、慈、贪、桓、帅、亩、谭、丈、戍、斥、羲、甫、闸、董、斤、宴、尸、缔、斐、叔、钊、钦、轼、劝、彪、炀、惧、竺、聂、舜、违、剿、冤、抄、姚、赎、禧、僚、逮、跪、雍、尧、窦、妾、缚、楔、楷、丞、汝、窝、恺、祸、悼、押、挫、趁、欺、嗣、夸、谟(3)。

历史教材独用字多属社会科学领域,多为姓氏人名、典章名物、社会行为、社会现象类用字。

3. 地理教材独用字分析

地理教材独用字有117个,按使用频次多少排列。椰(28)、苔、沱、湄、垸、铝、虾、菠、樱、磷、羚、湟、锌、樟、柿、崴、瘠、桉、铬、锑、钾、濑、涠、镍、薛、郯、旖、蕾、秸、豌、豹、旎、苊、珑、畲、燎、鹋、溃、苇、淀、杷、糌、卞、铂、潺、腌、婀、鸸、莞、椭、枸、猓、蔺、祜、梆、骅、煲、铋、鼍、猱、喱、浐、氟、珙、碘、憨、哼、钙、椰、荬、韭、樑、咦、赕、町、垸、畹、蚊、汐、榭、溴、亿、殃、唢、亿、萤、紫、邕、蛹、源、楂、枳、鳗、浔、氯、崆、屿、镁、袂、麋、钼、藕、钛、怦、獭、莆、鳍、

翘、娆、砷、涮、傈、娑、熘、滂(1)。

地理教材独用字绝大部分为名词性,主要是植物名、动物名、化学元素名、地名、器物名等,多属自然科学领域。

4. 历史教材与地理教材共用字比较

历史教材与地理教材的用字差异不仅仅体现在独用字上,在共用字中也会明显表现出来。历史教材和地理教材的共用字为2839个。比较两套教材共用字使用的是频级差比较的方法。每个汉字在各自教材用字集中,相同频次的归为一个频级,由高到低按降序排列。比较历史教材用字和地理教材用字的频级排序,差异愈大,说明其学科特点愈明显。

(1)两类教材中频级排序完全相同的有1个字,即"的"。在各自教材用字中都排在第1位,都属最高频字。

(2)频级差为1的有12个字,它们是:红、在、才、八、说、国、天、以、工、与、上、等。

(3)在历史教材中排序靠前,在地理教材中排序靠后,频级差最大的前50个字是:军、革、帝、战、朝、争、权、义、命、党、议、王、书、事、社、德、兵、他、史、皇、英、共、立、改、队、法、唐、领、府、反、统、宋、元、历、抗、攻、政、士、字、宣、者、创、始、任、清、思、代、武、苏、奴。

(4)在地理教材中排序靠前,在历史教材中排序靠后,频级差最大的前50个字是:温、季、纬、脉、冰、雨、旱、差、湿、盆、候、旅、矿、漠、冬、环、寒、均、输、澳、低、玲、储、降、污、暖、屿、省、稀、宜、峡、谷、绿、拔、泊、润、壤、灌、稠、廊、淡、溉、橡、傣、染、填、涝、森、枢、气。

频级差愈大,说明其差别愈大。通过频级的比较,历史教材用字与地理教材用字的学科特色清楚地显示出来了。

(四)四套历史教材之间用字比较

表6-4 四套历史教材之间用字比较

| 教材 | 总字种 | 共用字 |  | 部分共用字 |  | 独用字 |  | 见于"常用字表" | 不见于"常用字表" |
|---|---|---|---|---|---|---|---|---|---|
|  |  | 字种 | 比例(%) | 字种 | 比例(%) | 字种 | 比例(%) |  |  |
| 人教版 | 3502 | 2863 | 81.75 | 490 | 13.99 | 149 | 4.25 | 2954 | 548 |
| 北师大版 | 3558 |  | 80.47 | 544 | 15.29 | 151 | 4.24 | 2977 | 581 |
| 华东版 | 3800 |  | 75.34 | 674 | 17.74 | 263 | 6.92 | 3075 | 725 |
| 川教版 | 3402 |  | 84.16 | 444 | 13.05 | 95 | 2.79 | 2887 | 515 |

从四套历史教材的共用字、部分共用字、独用字的统计来看,四套教材之间同异的比重接近。其中北师大版与人教版居中,华东版与川教版居两端。华东版的字种数最多、共有字所占比例最低、独用字数量最多,而川教版字种数最低、共用字所占比例最高、独用字数量最少,显示出教材在篇幅容量、广度、难度上存在一定的差异。

四套教材的独用字分别达到149、151、263、95个。独用字反映了该套教材有着独特的指称对象和语言使用习惯与环境。前者反映教材知识点的差异,后者则可能与语言风格、语言使用习惯等有关。下面略举数例:

人教版独用字有149个,频次最高的是"镭"字,频次为16次,源于九年级上册第8单元《璀璨的近代文化》中的一篇自由阅读课文《居里夫妇发现镭》。频次位于第2位的是"逵"字,频次为8次,源于七年级下册第3单元第22课《时代特点鲜明的明清文化》,题首就介绍了《水浒传》中李逵的故事。

北师大版独用字151个,"崮"字出现了5次,源于八年级上册第5单元第23课《走向战略进攻》,详细介绍了孟良崮战役。"饺"字出现了5次,源于七年级下册第1单元第4课《昂扬进取的社会风貌》,介绍了饮食文化。

华东版独用字263个,频次最高的是"胰",频次为17次,源于八年级下册第6单元第18课《科学技术》,介绍了牛胰岛素的人工合成。"猩"字出现了 6 次,源于九年级上册第 1 单元第 1 课《史前时期的人类》。

川教版独用字 95 个,频次最高的是"熬",频次为 7 次,源于七年级上册第 5 单元第 3 课的课后学习与探究活动"熬中药"与七年级下册第 6 单元第 5 课"熬糖法"。"蒯"字出现了 5 次,源于七年级下册第 9 单元第 2 课的补充课文《杰出工匠蒯祥》。

（五）三套地理教材之间用字比较

表 6-5　三套地理教材之间用字比较

| 教材 | 总字种 | 共用字 |  | 部分共用字 |  | 独用字 |  | 见于"常用字表" | 不见于"常用字表" |
|---|---|---|---|---|---|---|---|---|---|
|  |  | 字种 | 比例(%) | 字种 | 比例(%) | 字种 | 比例(%) |  |  |
| 人教版 | 2299 | 1855 | 80.69 | 270 | 11.74 | 174 | 7.57 | 2172 | 127 |
| 湘教版 | 2496 |  | 74.32 | 353 | 14.14 | 288 | 11.54 | 2275 | 221 |
| 中图版 | 2331 |  | 79.58 | 297 | 12.74 | 179 | 7.68 | 2194 | 137 |

从以上三套地理教材的共用字、部分共用字、独用字的统计来看,三套教材之间的差异不算大,且比较均衡。三套教材中字种数、部分共用字、独用字都最多的是湘教版,表 6-5 统计的各套教材总汉字数亦以地理湘教版为最多。

三套教材的独用字分别达到 174、288、179 个。下面略举数例:

人教版的独用字有 174 个,频次最高的是"垸",频次为 12,源于八年级上册第 2 单元阅读材料《平垸行洪导长江》。"坎"的频次为 6,源于七年级下册第 8 单元第 1 课,形容中东和平之路坎坷而漫长,以及八年级下册第 6 单元第 4 课《西部开发的重要阵地——新疆维吾尔自治区》中对"坎儿井"的介绍。

湘教版的独用字有 288 个,频次最高的是"沼",频次为 9,源于七年级上册第 1 单元第 1 课,介绍荷兰的沼泽湖泊众多,以及八年级上册第 2 单元第 1 课《中国的地形》,介绍东北平原的沼泽地。"瓷"的频次为 6,源于八年级下册第 2 单元第 13 课《"海上花园"——澳门特别行政区》的物产"彩瓷"与八年级下册第5单元第6课《"物华天宝"——江西省》古老瓷都景德镇。

中图版的独用字有179个,"烹"字频次为5,源于七年级下册第5单元第1课《自然环境对地方文化的影响》,介绍了各地的饮食习惯。"桉"字频次为5,源于八年级下册第3单元第3课《澳大利亚》中对特色树种桉树的介绍。

通过对独用字的分析,可以看到在不同的教材中,所涉及的学科范围、文化知识都存在一定的差异,显示了各套教材的风格与特色。

(六)历史、地理教材用字与语文教材用字比较

语文教材对汉字教学提出了明确的要求。将学科教材用字与语文教材用字进行比较,可以更清楚地显示学科教材用字的特点。《中国语言生活状况报告(2007)》(下编)反映了四套新课标语文教材的用字情况。以下所使用到的语文教材用字用语数据均出自该书。

1. 历史、地理、语文三科汉字的分布比较

四套新课标语文教材共使用汉字5069个,历史、地理教材分别使用汉字4379、2956个。在史、地、语三科共十一套教材的汉字并集中,共使用不重复的字种数为5451个。下面是历史、地理、语文三科的汉字分布情况。

表6-6　历史、地理、语文三科汉字并集的学科分布

| 科目 | 总字数 | | 共用字 | | 部分共用字 | | 独用字 | |
|---|---|---|---|---|---|---|---|---|
| | 字种 | 比例(%) | 字种 | 比例(%) | 字种 | 比例(%) | 字种 | 比例(%) |
| 历史 | 4379 | 100 | 2810 | 64.17 | 1262 | 28.82 | 307 | 7.01 |
| 地理 | 2956 | 100 | | 95.06 | 101 | 3.42 | 45 | 1.52 |
| 语文 | 5069 | 100 | | 55.43 | 1304 | 25.72 | 955 | 18.84 |
| 合计 | 5451 | 100 | | 51.55 | 1334 | 24.47 | 1307 | 23.98 |

在总共5451个汉字中,三科都出现的2810个,约占总字种数的一半。在一科中出现的汉字数量最低的是地理,只有45个,最多的是语文,约占语文教材字种数的近1/5。显示在汉字的使用上,地理教材使用的字种数少,差异度最小;语文教材的用字最广,独用字最多;历史教材居中。

2. 历史、地理、语文三科汉字的频率分布

表6-7 历史、地理、语文三科汉字的频率分布

| 三科汉字并集频率分布 ||||
|---|---|---|---|
| 累加频率(%) | 用字数 | 占总字种数比例(%) | 最低频次 |
| 50 | 165 | 3.03 | 3943 |
| 60 | 261 | 4.79 | 2776 |
| 70 | 405 | 7.43 | 1822 |
| 80 | 644 | 11.81 | 986 |
| 90 | 1115 | 20.45 | 447 |
| 95 | 1631 | 29.92 | 207 |
| 100 | 5451 | 100 | 1 |

把这里的频率分布与表6-2中的历史教材汉字频率与地理教材汉字频率分布相比较，可以看到三科汉字并集中高频字有了变化，覆盖前90%的汉字数由历史教材的21.42%、地理学科的23.07%，到现在的20.45%，表示在三科的汉字并集中，高频字显得更为集中。

（七）历史、地理教材用字与《现代汉语常用字表》比较

历史教材用字数为4379个，地理教材用字数为2956个，而在语文课程标准中，要求一至九年级中小学生掌握的汉字数是《现代汉语常用字表》的3500个。比较历史、地理两门课教材的用字情况，可以从一个侧面了解初中阶段（七至九年级）文科知识学习中汉字的运用情况。

1. 历史教材用字与《现代汉语常用字表》的比较

表6-8 历史教材用字与《现代汉语常用字表》的比较

| 字表 | 总用字数 | 共用字数 | 未见于"常用字表" | 未见者所占比例(%) |
|---|---|---|---|---|
| 历史教材 | 4379 | 3287 | 1092 | 24 |
| 常用字表 | 3500 |  | 213 | 6 |

历史教材中有却不见于《现代汉语常用字表》的字有1092个，约占历史教材总字种数的1/4。频次在20次以上者有109字：隋(279)、迪、郡、禹、鞅、蕃、耶、俑、禅、诏、戎、倭、骞、迦、狄、奘、漳、蔡、桓、崎、吾、崛、戍、圳、羲、詹、埔、墟、藩、斐、茨、惟、钊、莎、祀、轼、稣、炀、竺、舜、禧、雍、帛、窦、噶、丞、汝、恺、绥、陀、霖、嗣、谟、曰、戍、纣、伽、牟、喀、谏、佗、浒、彝、矣、

栩、妃、邱、澶、梵、弗、弘、厄、汴、泸、纥、瞩、妮、厥、庚、冼、扈、嘛、陇、謇、朕、兹、抨、岷、魅、烽、篆、娥、襄、忒、狩、麟、踞、晏、徭、匡、桀、膑、臻、丕、礴、渝、哉(2)。

这些字大大超过了要求初中生掌握汉字的范围。它们大部分是书面语用字,有的还带有明显的文言文风格。由于历史教材内容的特点,用字偏古朴,多冷僻罕用,是能够理解的。但冷僻字太多,可能会给学生在学习历史知识时带来一定的困难。这 1092 字中,许多是人名、地名、诸侯国名、朝代名或典章名物等。对它们只有认读的要求,这也显示在汉字的学习中,在掌握了基本汉字后,更多的是通过学科知识的学习来达到对汉字掌握的进一步拓展,由基础教育阶段听说读写的全面掌握进入到对更广甚至较专、较偏、较古汉字的以认读为主的学习阶段。

《现代汉语常用字表》不见于历史教材的有 213 字,它们是:哎、拗、懊、扒、疤、捌、掰、绊、梆、绷、荸、秕、蓖、蝙、憋、瘪、彬、鬓、菠、蹭、茬、碴、衩、岔、搀、橙、嗤、雌、醋、悴、瘩、掸、裆、掂、碘、淀、叼、蚪、痘、盹、哆、踱、跺、蛾、鳄、矾、忿、枫、麸、蝠、钙、肛、疙、埂、梗、蚣、憨、蒿、嘿、哼、唬、茴、蛔、荤、叽、唧、箕、鲫、钾、缰、酱、秸、阱、玖、韭、鹃、嚼、蝌、咳、抠、挎、胯、榔、唠、姥、蕾、鲤、痢、咧、磷、檩、蛉、馏、咙、窿、娄、搂、滤、铝、氯、啰、铆、檬、咪、娩、螟、茉、拇、钠、昵、撵、镊、拧、狞、柠、糯、鸥、藕、螃、砰、硼、屁、瓢、柒、喊、脐、鳍、荠、掐、呛、跷、憔、俏、翘、蜻、蚯、痊、瘸、瓤、茸、揉、蠕、褥、叁、搔、啥、煞、苫、芍、婶、肾、虱、屎、柿、秫、蟀、栓、涮、嗽、蒜、祟、嗦、蹋、苔、搪、趟、屉、笤、蜓、瞳、褪、臀、椭、豌、猬、蚊、嗡、蜗、蜈、蟋、铣、虾、侠、锨、锌、癣、蚜、腌、蔫、殃、痒、椰、腋、壹、肄、蚓、樱、萤、蛹、芋、蚤、喳、铡、樟、疹、怔、狰、蜘、肘、帚、谆、姊、揍。

2. 地理教材用字与《现代汉语常用字表》的比较

**表 6-9 地理教材用字与《现代汉语常用字表》的比较**

| 字表 | 总用字数 | 共用字数 | 未见于“常用字表” | 未见者所占比例(%) |
|---|---|---|---|---|
| 地理教材 | 2956 | 2640 | 316 | 24 |
| 常用字表 | 3500 | | 860 | 6 |

地理教材用字不见于《现代汉语常用字表》的有 316 字,频次最高的是“傣”字,41 次。如下:傣(41)、喀、吾、圳、麓、皑、赣、耶、沱、湄、錾、迪、鄂、

垸、噶、湍、矶、鄱、瑙、稞、弗、瀚、瞩、牦、兹、瑚、圩、羚、橛、裔、湛、惟、陇、瞰、
彝、峨、绚、魅、滇、皖、礴、湟、卉、渭、俑、崛、滦、埔、祁、匮、踞、蜿、朔、岷、渝、
袤、孜、阪、厄、瘠、崴、荟、桉、盎、萃、挝、铬、酋、姬、梵、狩、讫、涸、鞘、嘛、绥、
濒、毗、夔、褶、镍、嵩、瞿、鄢、铈、墟、颐、汾、茨、铀、陀、炽、薛、鸽、襄、柯、昀、
伺、陲、珞、旖、苑、翱、耷、莎、蓟、旎、哇、肇、峪、汶、丕、跤、佐、郡、亘、跻、婀、
佬、焖、貂、遨、靶、鸹、桐、鸸、掳、巅、匡、铂、辚、璨、圭、迥、潺、桕、庚、寮、兀、
璀、皋、斓、笠、卞、狒、迓、耙、茏、珑、鲍、畲、潇、漳、遐、杞、垠、隋、斡、詹、黝、
釉、羌、汕、莞、柝、眺、怡、渍、虔、稽、鼹、湮、妃、眩、藩、洱、瑶、咦、仡、徉、汐、
佤、骅、祜、弘、埒、畹、澳、韦、氟、珙、龚、曦、榭、翌、嘎、萱、阆、炙、涸、嶂、赭、
帛、槟、屄、铋、倘、枳、骋、煲、镑、峙、踵、苎、黯、粽、悖、瑜、炖、荫、簧、萦、桧、
邕、谛、汊、殆、臁、聿、沅、塬、熨、楂、瞅、札、黛、浏、傈、鹭、戮、禄、绮、泸、镂、
媳、骞、渭、熘、沁、蔺、穹、鼯、冽、祛、潼、阡、寐、钼、幺、牟、黏、涅、汩、侬、莆、
葩、蛎、袂、镁、杷、岫、滂、岽、怦、枇、弩、楫、樑、觏、嗾、荽、钱、迦、稷、邃、榻、
镌、亟、汲、钛、赕、猱、町、糜、晖、獭、胫、娆、澧、喱、仞、饪、衽、馈、婆、缮、诶、
砷、蜃、祀、淞、浚、酥、猃、傈、睿(1)。

这些字多属于名词性，多表山川河流、地形地貌、物名地名。

《现代汉语常用字表》不见于地理教材用字的有860字，其中一级常用字310字，二级常用字550字。这310字如下(按笔画顺序排列)：亏、丈、
勺、丸、尸、弓、刃、犬、仆、斤、勿、凤、勾、劝、扒、帅、叮、叨、禾、斥、甩、匆、刑、
扛、匠、夸、贞、岂、朱、舌、伪、妄、讽、奸、羽、违、拒、抄、抖、芹、杠、杜、歼、盯、
吵、吩、伶、佣、岔、肝、肚、删、亩、灶、尿、忌、驳、拢、拣、押、拘、茄、柜、枪、刺、
妻、斩、叔、虏、肾、咐、咏、帖、败、乖、侍、侄、侦、斧、贪、肿、兔、炊、怜、弦、垮、
挎、挠、拴、挣、柄、栋、歪、耍、眨、哄、哑、畏、趴、胃、蚁、蚂、骂、哗、咱、咳、贱、
钩、缸、矩、竿、俩、贷、徊、俭、俘、鬼、逃、勉、狡、狱、狠、饺、疮、疤、阀、姜、叛、
剃、洽、窃、诵、娃、姥、姻、怠、盏、匪、捎、捆、逝、捡、挨、耻、耽、恭、栗、辱、毙、
晃、晌、晕、哨、唉、罢、贿、钳、牺、秤、倘、倦、躬、爹、颂、胳、桨、症、疼、羞、烘、
烫、悄、悔、宴、宰、冤、谅、恳、捧、授、掏、菊、萍、梳、聋、睁、啄、犁、您、鸽、馅、
凑、痒、惭、悼、惧、惕、寇、谎、祸、逮、婶、绪、趁、揪、搁、搂、搅、揉、欺、惹、董、
辜、棍、蛙、蛛、蜓、喘、赌、赔、锄、筐、筛、筝、傲、傅、脾、猾、馋、羡、渣、慌、惰、
窜、窝、谦、粥、絮、嫂、缎、魂、蒜、槐、睐、鄙、愚、跪、蛾、蜂、锣、锯、舅、催、傻、

躲、酱、痰、慈、滤、慎、嫌、撇、誓、暮、蔑、裳、嗽、蜻、蝇、蜘、锹、锻、箩、僚、魄、膜、膊、馒、歉、凳、骡、趟、槽、醋、瞒、瞎、踩、蝶、蝴、嘱、僵、膝、膛、毅、糊、澡、鞠、霞、瞧、糟、糠、蹦、镰、蹲、颤、躁、嚼、嚷、蠢、囊。

这些一级常用字大都是指称日常生活的事物、行为、形貌。

## 二、历史、地理教材用词调查

教材词语调查包括以下内容：分词单位总数、词总数、词种数、共用词种数、部分共用词种数、独用词种数。使用的分词软件是中国科学院自动化研究所研制的分词标注系统。对软件分词结果进行了人工校对，重点处理了歧义切分、未登录词识别、专业词语等问题。在对"词语"身份认定时参考了凝固度、常用性和分布率等因素，尽量与人们平时语感中的词保持一致，即有固定的意义，能独立运用，凝固度较高。

（一）词语概貌

表6-10　历史、地理教材词语概貌

| 调查项目 | 历史教材 | 地理教材 | 总数 |
| --- | --- | --- | --- |
| 分词单位总数 | 866051 | 236062 | 1102113 |
| 汉字词总次数 | 698794 | 190280 | 889074 |
| 分词单位种数 | 43465 | 29272 | 49230 |
| 汉字词 | 39982 | 13925 | 44381 |

（二）历史、地理教材词语频率分布

表6-11　历史、地理教材词语频率分布

| 累加频率(%) | 词种数 历史 | 词种数 地理 | 占总词种数比例(%) 历史 | 占总词种数比例(%) 地理 | 该频段最低频次 历史 | 该频段最低频次 地理 |
| --- | --- | --- | --- | --- | --- | --- |
| 50 | 451 | 228 | 1.13 | 1.64 | 209 | 130 |
| 60 | 906 | 426 | 2.27 | 3.06 | 113 | 73 |
| 70 | 1794 | 789 | 4.49 | 5.67 | 57 | 39 |
| 80 | 3677 | 1546 | 9.20 | 11.10 | 25 | 17 |
| 90 | 8765 | 3558 | 21.92 | 25.55 | 8 | 5 |
| 95 | 15740 | 6223 | 39.37 | 44.69 | 3 | 2 |
| 96 | 18069 | 7175 | 45.19 | 51.53 | 3 | 2 |

续表

| 累加频率(%) | 词种数 | | 占总词种数比例(%) | | 该频段最低频次 | |
|---|---|---|---|---|---|---|
| | 历史 | 地理 | 历史 | 地理 | 历史 | 地理 |
| 97 | 21527 | 8216 | 53.84 | 59.00 | 2 | 1 |
| 98 | 26006 | 10119 | 65.04 | 72.67 | 1 | 1 |
| 99 | 32994 | 12022 | 82.52 | 86.33 | 1 | 1 |
| 100 | 39982 | 13925 | 100.00 | 100.00 | 1 | 1 |

历史教材与地理教材的累加频率表现出了共同的趋势,即在每一级累加频率段都出现了同步增长。当累加频率在50%时,所用词种数占总词种的1.13%—1.64%。当累加频率在80%时,所用词种数占总词种数的9.2%—11.1%。累加频率在90%时,所用词种数占总词种数的21.92%—25.55%。在每一个累加频率段,历史教材字种数的增加都少于地理教材,这说明历史教材的高频词更为集中。但每一累加频率段所用词种的个数,历史教材是地理教材的数倍。这与历史教材的词种数多、低频词多有密切关系。

(三)历史教材与地理教材词语比较

1. 共用词与独用词概貌

表6-12 历史、地理教材共用词与独用词概貌

| 科目 | 总词种数 | 共用词数 | 共用词所占比例(%) | 独用词数 | 独用词所占比例(%) |
|---|---|---|---|---|---|
| 历史 | 39982 | 9526 | 23.82 | 30456 | 76.17 |
| 地理 | 13925 | | 68.40 | 4399 | 31.59 |

表6-12显示,在词语总数上,历史教材几乎是地理教材的4倍。造成词语数如此差异的原因,一是教材册数的多少不一,每套历史教材有6册,适用于七、八、九共三个年级,每套地理教材只有4册,适用于七、八两个年级;二是历史教材以文字叙述为主,而地理教材则使用了更多的图片和表格。

表6-12还显示,共用词与独用词在两科教材中所占的比重相差非常大。共用词在历史教材中只占1/4,在地理教材中占2/3。独用词在历史教材中占3/4,在地理教材中则不足1/3。这说明历史教材的词语数量大,差

异也大。把地理教材的独用词与独用字相比较,会发现独用字的比重只有不足 1/25,这说明地理教材用几乎相同数的汉字构成了数量更多且差异更大的词语。

2. 历史教材独用词分析

历史教材独用词达 30456 个。下面列出前 200 个,按使用频次多少降序排列:国民党(341)、领导、资产阶级、人物、民主、起义、军、群众、练、日军、红军、邓小平、蒋介石、解放军、周恩来、北宋、失败、拿破仑、废除、孙中山、武装、投降、版、权利、内战、战役、唐太宗、文化大革命、宋代、诗、灭亡、领导人、南宋、谈判、匈奴、首领、大臣、小说、西汉、西周、卡、士兵、科举、抗日、孔子、专制、发起、长征、推翻、拾、海军、下令、原子弹、共产党、史海、担任、地主、中共中央、变法、列宁、反抗、商朝、斯大林、鸦片、抗战、百姓、敌、争取、征服、书法、帝、消灭、英勇、主席、牺牲、著作、北京人、打败、决心、总理、爱国、冷战、清军、教皇、英军、主编、沙俄、镇压、火药、新式、朝廷、命令、夺取、战士、吐蕃、立即、将军、奴隶制、立、末年、公社、商、彻底、教会、武则天、农奴、青铜器、诸侯、唐玄宗、马克思主义、北魏、拒绝、朱德、代表大会、刘邦、姓、北平、罗马帝国、宣言、西夏、平民、共产主义、画家、创立、辩论、商鞅、禹、取消、经济危机、辛亥革命、秘密、秦朝、天皇、康有为、粉碎、儿子、贝多芬、黄帝、后世、解放战争、变革、项羽、阶级、攻击、迫使、文艺复兴、攻占、反动、叛乱、悲剧、大战、林肯、汉朝、隋朝、新文化运动、合法、父亲、朱元璋、前期、秦军、抗击、口号、背景、起义军、左宗棠、批判、林则徐、康熙、孝文帝、文章、玄奘、岳飞、赫鲁晓夫、君主、敢、牛顿、臣、陈胜、恩格斯、演讲、之际、卢沟桥、工匠、不满、任选、圆明园、书写、出身、活字、光绪帝、农奴制、协定、乾隆、鲁迅、和约、司马迁、法令、空军、巴黎公社、八国联军(5)。

历史教材独用词中的高频词绝大多数是组织名、人名、地名、事件名,属于典型的社会科学领域。有些看上去是一般性的语文通用词,其实也带有明显的社会、人文属性。如"牺牲、著作、命令、夺取、拒绝、宣言、创立、辩论、秘密、粉碎、变革、攻击、攻占、叛乱、合法、抗击、口号、批判、演讲、不满、发言、讲述"等。

3. 地理教材独用词分析

地理教材独用词有 4399 个,下面列出前 200 个,按使用频次多少降序排列:降水量(199)、盆地、储量、毫米、北美洲、秦岭、等高线、温带、热带雨林、经线、阶梯、北极、本区、北半球、亚热带、珠江三角洲地区、水能、纬线、界线、季风气候、漂移、节水、天然气、珠江三角洲、季风区、铁矿、公转、极地、工业区、垂直、青藏地区、北极地区、北回归线、四川盆地、南极地区、死海、林地、热量、巴西利亚、用地、亚马孙河、地下水、等温线、出口量、经度、稀疏、山顶、北极圈、马来群岛、逐月、塔里木盆地、地形区、洪涝、出生率、蒸发、谷地、种植业、径流量、热带雨林气候、南半球、长白山、经纬、寒潮、剖面图、相对高度、河段、地轴、运输网、五带、人口数、温带海洋性气候、林业、内蒙古高原、广布、气流、夏季风、乌拉尔山脉、水汽、淡水湖、沙尘暴、降雨、高寒、出口国、径流、鱼米之乡、温差、鲸、供水、袋鼠、亚马孙平原、温带大陆性气候、时区、高温多雨、探明、计划生育、西半球、圣保罗、温带季风气候、水污染、汛期、牧草、蕴藏量、撒哈拉沙漠、云贵高原、热带季风气候、低纬度、直射、吻合、水运、大陆架、雨林、水域、冰盖、巴西高原、旱季、湄公河、国道、北方地区、冷空气、冰山、地中海气候、长江中下游平原、亚马孙、长江三角洲、暖温带、省内、和服、温度带、外流区、沧海桑田、南回归线、大堡礁、傣家人、乞力马扎罗山、东北平原、拼合、银川平原、寒温带、裂谷、车次、浮冰、油棕、菜系、地上河、德干高原、省境、渔场、椰子、冰天雪地、内流河、水文、法语、极昼、冬季风、天津市、疏松、冰层、景区、北极熊、北海道、东欧平原、河口、干湿地区、冬小麦、圩垸、摄氏度、刚果盆地、枯水期、客运、用水量、暖流、高纬度、蒸发量、因纽特人、江汉平原、分水岭、近些年、非季风区、海洋生物、东半球、极夜、时刻表、海豹、准噶尔盆地、京杭运河、考察站、旧城、内流区、温泉、横断山区、城镇化、春小麦、中温带、柴达木盆地、量杯、热带草原气候、储水、中纬度、主峰、冰原(8)。

地理教材独用词绝大多数是名词,主要是地球、地貌、地区、地域、地名、天文、城乡、陆地、岛屿、温度、植物、动物、作物等。其中有些看上去是一般性的语文通用词,其实也带有明显的自然科学属性,如"供水、探明、疏松"。只是这样的词语比历史教材要少得多,这显示地理教材中的特色词主要体现在专名上。

4. 历史教材与地理教材共用词比较

历史教材与地理教材的用词差异不仅仅体现在独用词上,在共用词中也会体现出来。历史教材和地理教材共用词为 9526 个,这里比较二者所使用的也是频级差比较法:比较历史教材和地理教材中共用词的频级排序,差异愈大,说明其学科特色愈明显。

两类教材中频级完全相同的有 3 个,即"的、等、一",在各自教材词语中分别排在第 1、7、15 位。

频级差为 1 的有 10 个词:与、上、先后、发表、生活、国家、个、所、在、成熟。

在历史教材中排序靠前,在地理教材中排序靠后,频级差最大的前 100 个词是(按差异大小排列):他、战争、人民、今、革命、社会主义、建立、时期、统治、制度、他们、军队、改革、当时、英国、苏联、后来、统一、开始、思想、代表、次、会议、新、社会、胜利、自己、皇帝、德国、日、第、时代、古代、公元前、成立、以后、实行、英、资本主义、毛泽东、名、建议、国、美、军事、政治、法、斗争、同、发动、书、历史、自由、和平、学习、西方、前、组织、起、后、法国、称、写、提出、运动、学生、政权、年代、世纪、文字、进攻、艺术、发明、世界大战、独立、法西斯、其、进行、文明、农民、政策、反、通过、我、但、俄国、里、下、探究、故事、第一、给、于、又、被、内容、封建、之、出现、精神。

在地理教材中排序靠前,在历史教材中排序靠后,频级差最大的前 100 个词是(按差异大小排列):气温、气候、地形、降水、分布、河流、面积、海洋、差异、热带、地球、陆地、旅游、天气、平均、澳大利亚、地理、地势、海拔、资源、景观、高原、水资源、找出、类型、东部、耕地、南极、平原、运输、巴西、石油、自然、俄罗斯、环境、山地、位于、山脉、黄土高原、矿产、地带、自然资源、陆、低、海、纬度、黄河、平方千米、亚洲、东南亚、产业、冬季、长江、夏季、特征、位置、大洲、湖泊、西部、干旱、区、区域、居、自然环境、基地、聚落、人均、目前、大陆、沿岸、板块、流失、沙漠、大洋、森林、青藏高原、密度、赤道、火山、地球仪、保护、出口、水土、地图、发展中国家、少、污染、千米、生态、台湾省、草原、发达国家、太阳、湿润、生长、季节、淮河、高新技术、南美洲、地表。

(四)四套历史教材内部用词比较

表6-13 四套历史教材内部用词比较

| 教材 | 总词种 | 共用词 ||  部分共用词 || 独用词 ||
|---|---|---|---|---|---|---|---|
|  |  | 词种 | 比例(%) | 词种 | 比例(%) | 词种 | 比例(%) |
| 人教版 | 19182 | 8412 | 43.85 | 6737 | 35.12 | 4033 | 21.02 |
| 北师大版 | 19982 |  | 42.10 | 6963 | 34.85 | 4607 | 23.06 |
| 华东版 | 23787 |  | 35.36 | 8294 | 34.87 | 7081 | 29.77 |
| 川教版 | 19075 |  | 44.10 | 6735 | 35.31 | 3928 | 20.59 |

四套历史教材有三套的词总数相当接近,差额在数百个词之间,只占总数的1%—2%。只有华东版词种数较多,多出约1/4。但在各套教材总词种数接近的情况下,共用词只有8412条,约占总数的40%。差异部分即独用词占到总数的21%—30%。独用词最低的有3928条,最高的达7081条。学科教材共用词低,反映出知识点差异大。独用词里有的是因文字书写或词语切分所造成,如"毕升"与"毕昇","河姆渡聚落"与"河姆渡""聚落",但这样的现象不多,主要还是因存在大量的不同专业词语而造成的。

(五)三套地理教材内部用词比较

表6-14 三套地理教材内部用词比较

| 教材 | 总词种 | 共用词 ||  部分共用词 || 独用词 ||
|---|---|---|---|---|---|---|---|
|  |  | 词种 | 比例(%) | 词种 | 比例(%) | 词种 | 比例(%) |
| 人教版 | 7600 | 3538 | 46.55 | 1845 | 24.28 | 2217 | 29.17 |
| 湘教版 | 8761 |  | 40.38 | 1992 | 22.74 | 3231 | 36.88 |
| 中图版 | 7437 |  | 47.57 | 1757 | 23.63 | 2142 | 28.80 |

地理教材的总词种数大体上是历史教材的1/3略多,三套地理教材之间的词量差距比历史教材显得小一些,最少的是7437条,最多的是8761条。共用词的比例也高一些,在40%—48%之间。但独用词比例较高,最高值与最低值均高于历史教材。部分共用词的比例稍低。独用词中大部分也是专业词语,独用专业词多在一定程度上显示出该教材对某些知识的独到反映。

三、历史、地理、语文教材用词特点比较

语文教材承担着培养学生语言文字使用能力的任务,各学科的学习不仅仅在于对学科知识的掌握,同时也进一步拓展了学生的语言能力。学科知识的载体就是语言文字,知识学习与语言学习有着密切的互动关系。为了更好地观察不同学科之间的词语状况,下面对历史、地理、语文三门科目教材的高频词、共用词、独用词进行分析,可以清楚地看到各科词语的使用、分布状况及学科特色。

(一) 历史、地理、语文教材词语分布比较

四套新课标语文教材共使用汉字词50670个,历史、地理教材分别使用汉字词39982、13925个,三科共11套教材词语的并集共有不重复的词种数73117条。下面是历史、地理、语文三科词语的分布情况。

表6-15 历史、地理、语文教材词语分布比较

| 科目 | 总词数 | 共用词 |  | 部分共用词 |  | 独用词 |  |
|---|---|---|---|---|---|---|---|
|  |  | 词种数 | 比例(%) | 词种数 | 比例(%) | 词种数 | 比例(%) |
| 历史 | 39982 | 7912 | 19.79 | 14292 | 35.75 | 17778 | 44.47 |
| 地理 | 13925 |  | 56.82 | 2958 | 21.24 | 3055 | 21.94 |
| 语文 | 50670 |  | 15.61 | 14022 | 27.67 | 28736 | 56.71 |
| 总词种数 | 73117 |  | 10.82 | 15636 | 21.38 | 49569 | 67.79 |

在总共73117个词语中,三科都出现的共用词7912个,占总词种数的1/10。只在一科中出现的独用词近5万,占总词种数的2/3,说明学科之间的教材词语数量多、差异大。

(二) 历史、地理、语文教材词语频率比较

表6-16 历史、地理、语文教材词语频率比较

| 三科词语并集频率分布 ||||
|---|---|---|---|
| 累加频率(%) | 用词数 | 占总词种数比例(%) | 最低频次 |
| 50 | 398 | 0.54 | 571 |
| 60 | 899 | 1.23 | 273 |
| 70 | 1990 | 2.72 | 126 |
| 80 | 4474 | 6.12 | 51 |
| 90 | 11549 | 15.80 | 16 |
| 95 | 21993 | 30.08 | 6 |
| 96~100 | 51124 | 43.51 | 1 |
| 合计 | 73117 | 100 |  |

把表6-16三科词语并集的频率分布与历史教材词语频率与地理教材词语频率分布相比较,可以看到三科词语并集中高频词更显集中,覆盖前90%的词语数由历史教材的21.92%、地理学科的25.55%,降为现在的15.80%。同时,低频词的范围大大地扩展。频次6以下的词种数51124个,占总数的43.51%。加上一个学科出现的独用词近5万个的数据,都清楚地显示出随着学科知识面的扩大,词语分布面越来越广,复现率越来越低,词语分布更为稀疏。

(三)历史、地理教材词语与语文教材词语的比较

1. 三科累加频率达90%的高频词并集

这里选取的高频词范围为历史、地理、语文三科教材词语各自累加频率达90%的词语,将三科高频词并集后再进行比较。

表6-17 三科累加频率达90%的高频词

| 科目 | 总词种数 | 累加频率90%的高频词 | 最低频次 | 累加频率90%的高频词占总词种数比例(%) |
| --- | --- | --- | --- | --- |
| 历史 | 39982 | 8765 | 8 | 21.92 |
| 地理 | 13925 | 3558 | 5 | 25.55 |
| 语文 | 50670 | 9101 | 10 | 18 |

表6-17显示,高频词在各自的总词种数中所占比例最高的是地理,其次是历史,最低是语文,高频词的最低频次由少到多的也是地理、历史、语文。这种比例关系与总词种的大小和高频词的特色有密切关系。说明地理教材词语总数较少,高频词的最低频次最低,高频词的特色不够突出;语文教材词语总数较多,高频词的最低频次最高,高频词的特色集中。历史教材的词语总数、高频词的最低频次、高频词所占比例都居于中间的位置。

历史、地理、语文三科教材词语累加频率达90%的高频词并集共有21424条词语,词种为14577条,但它们在三科教材中的分布却相差很大。在下面的统计中,同时见于三科教材的为共用词,见于两科教材的为部分共用词,只见于一科教材的为独用词。

表 6-18　高频词的学科分布统计表

| | 总数 | 共用词 | 部分共用词 | 独用词 |
|---|---|---|---|---|
| 词种数 | 14577 | 1806 | 3235 | 9536 |
| | | | 5041 | |
| 比例(%) | 100 | 12.39 | 22.19 | 65.42 |
| | | | 34.58 | |

表 6-18 显示,三科高频词并集的学科分布差异很大,共同词只占高频词语的 12.39%,部分共用词占 22.19%,二者合起来只有 1/3。只见于一科的独用词占总数的 65.42%。高频词中的共用词、部分共用词、独用词的比例与三门学科教材词语总集中的共用词、部分共用词、独用词的比例相当接近。再次清楚地显示不同学科教材的词语之间共用部分相当低,有着明显的学科差异。下面列举历史、地理、语文三个科目各自前 20 条独用词。

表 6-19　累加频率为 90% 的高频词并集中的各科独用词

| 科目 | 累加频率为 90% 的高频词并集中的独用词(前 20 个词) |
|---|---|
| 历史 | 政权、资产阶级、封建、中国共产党、蒋介石、史、北宋、清政府、废除、武装、宪法、德军、外交、内战、汉武帝、唐太宗、创办、文化大革命、帝国、宋代 |
| 地理 | 降水、降水量、水资源、山脉、山地、自然资源、矿产、纬度、课题、盆地、储量、毫米、赤道、地球仪、北美洲、秦岭、台湾省、旅游业、等高线、温带 |
| 语文 | 妈妈、似的、一会儿、棵、忽然、心里、爷爷、慢慢、这儿、听见、轻轻、朵、快乐、脸上、早晨、身子、儿、那儿、躺、雨来 |

**2. 共用词中的特色词比较**

上面对三门科目各自累加频率为 90% 的高频词语作了分析,下面对历史、地理、语文三门科目所有的教材词语进行分析,以观察不同科目词语的学科特色。所选取的词语具有至少在两科中出现、相对频次优势突出的特点。使用的是频率比值的方法,并按降序排列,列出前 100 条词语。

表6-20　历史、地理、语文教材共用词中的特色词比较

| | |
|---|---|
| 历史教材特色词100条 | 工业革命、西汉、隋、北京人、废除、沙俄、镇压、版、内战、航路、北魏、罗马帝国、垄断、秦朝、项羽、变革、康有为、文艺复兴、朱元璋、集团、法制、十一届三中全会、活字、专制、巴黎公社、幕府、左图、国共、年号、义和团、资本家、反革命、北伐、苏军、原文、同盟、社会主义、印刷术、进士、东晋、李大钊、氏族、赔款、执政、中古、战败、南北朝、首脑、国民政府、主编、中国共产党、珍珠港、大败、解放区、开办、蒋介石、明治维新、晚期、影视、各级、汉人、夺取、大权、独立宣言、好莱坞、山顶洞人、戊戌变法、爵士乐、尼克松、沙皇、法典、确立、文化大革命、巴拿马、抗日救亡、手工业、齐桓公、宣言、中华民国、各组、卢梭、反帝、歼、两河流域、体制、代表作、反击、纪年、封建、议会、席位、选拔、亚太经合组织、秦始皇、北宋、隋朝、世贸组织、叛乱、中国人民志愿军、大别山 |
| 地理教材特色词100条 | 降水、盆地、水资源、比例尺、北半球、撒哈拉、干流、储量、铁矿、秦岭、极地、半球、经度、地下水、亚马孙河、台湾岛、复习题、中南半岛、占有量、北极圈、岛国、塔里木盆地、谷地、经纬、一般来说、气温、青海省、丰沛、地球仪、气流、高寒、进度、季风、外汇、亚欧大陆、温差、山地、农业区、西半球、巴西利亚、地形图、普查、牧区、用地、阶梯、界线、港澳、旱季、生产国、国道、冰盖、和服、水利枢纽、西北地区、地形、温带、分布、纬度、矿产、里海、大堡礁、山东省、白令海峡、沧海桑田、油棕、直辖市、大洋洲、山脉、自然资源、台湾省、旅游业、北极熊、外向型、疏松、渔场、甜菜、海拔、北冰洋、海平面、断流、侨乡、柴达木盆地、寒潮、风速、海豹、分水岭、考察站、近些年、东半球、外运、用水、用水量、地势、热带、亚热带、气候、山西省、河段、南水北调、毫米 |
| 语文教材特色词100条 | 听见、身子、瞧、武松、么、鸟儿、猫、妈妈、哦、燕子、那位、似的、小溪、好看、屋子、一会儿、蝴蝶、唉、一点儿、窗外、吸、坐下、妈、蜜蜂、闪、心里、摘、咱们、使劲、那儿、嗓子、跟前、松树、笑声、乡下、哇、小姑娘、灰尘、怀里、爸爸、低声、大熊猫、头上、要是、抬起、去年、并不、您、屋里、刚才、撑、身旁、舒服、底下、闪闪、鬼子、静静、平常、儿、忽然、麋鹿、呵、爷爷、脸、疲倦、那边、笑容、大哥、看见、尾巴、不曾、护士、溪流、挣、牛郎、摸、慌、安静、蒲公英、舌头、晚饭、回头、呀、清脆、匆匆、果子、波浪、村子、这儿、唱歌、歪、摇晃、哟、多久、哪怕、寂寞、焦急、力气、玩耍、曲子 |

### 3. 学科独用词比较

学科独用词反映了该科目独特的内容与特点。下面列出历史、地理、语文三科教材中频次最高的前100条独用词,首词与尾词后的数字是该词的频次。

表6-21 历史、地理、语文三科学科独用词比较

| | |
|---|---|
| 历史教材独用词100条 | 资产阶级(327)、唐太宗、西周、中共中央、商朝、斯大林、清军、教皇、奴隶制、公社、农奴、唐玄宗、马克思主义、代表大会、刘邦、西夏、经济危机、天皇、新文化运动、前期、起义军、康熙、孝文帝、赫鲁晓夫、恩格斯、任选、农奴制、光绪帝、陈独秀、夏朝、甲骨文、侵华、李鸿章、张学良、政变、洋务运动、十月革命、揭露、新政、五年计划、洋务派、城邦、雕版、人民公社、纲领、王羲之、大跃进、土地改革、丘吉尔、五四运动、义务教育、太平军、工人运动、班禅、戈尔巴乔夫、临时政府、宣扬、中央集权、割据、票证、争霸、造纸术、陶器、专政、贞观、林彪、国有企业、分封、江青、波斯、梁启超、科索沃、雅克萨、焦裕禄、克伦威尔、西晋、慈禧、隋炀帝、凡尔登、迦太基、陆军、君士坦丁堡、年表、多极化、西安事变、忽必烈、巴黎和会、传教士、河姆渡、评选、任用、拜占廷、革命军、辛丑条约、黄埔军校、奥匈帝国、玻利瓦尔、达赖、王权、祖冲之(36) |
| 地理教材独用词100条 | 降水量(199)、北美洲、等高线、经线、本区、珠江三角洲地区、水能、纬线、季风气候、节水、季风区、珠江三角洲、工业区、公转、青藏地区、北回归线、北极地区、四川盆地、南极地区、死海、林地、出口量、等温线、逐月、马来群岛、地形区、出生率、洪涝、热带雨林气候、种植业、径流量、相对高度、剖面图、地轴、运输网、温带海洋性气候、人口数、夏季风、出口国、鱼米之乡、内蒙古高原、乌拉尔山脉、降雨、广布、径流、淡水湖、时区、高温多雨、探明、供水、温带大陆性气候、亚马孙平原、圣保罗、温带季风气候、水污染、热带季风气候、撒哈拉沙漠、云贵高原、水运、低纬度、大陆架、暖温带、湄公河、长江中下游平原、长江三角洲、巴西高原、北方地区、省内、地中海气候、东北平原、温度带、外流区、银川平原、乞力马扎罗山、车次、寒温带、裂谷、南回归线、东欧平原、地上河、德干高原、天津市、冬季风、省境、水文、菜系、内流河、极昼、客运、高纬度、旧城、河口、内流区、中温带、江汉平原、横断山区、准噶尔盆地、因纽特人、城镇化、蒸发量(9) |

续表

| 语文教材独用词100条 | 雨来(214)、陶影、小鸟、星星、小也、蚂蚁、齐仰之、范进、青蛙、松鼠、妹妹、亲爱、闰土、贾里、奥伊达、大虫、阿炳、柳树、海鸥、点儿、蔺相如、乌鸦、玄德、屠户、斑羚、天鹅、娘、欢喜、快活、夏洛克、蝉、伞、花儿、开花、老太太、爹、月光、虫子、山米、难过、桑娜、京京、昆虫、恐龙、里边、雪白、掌柜、玩儿、紫色、蟋蟀、蜻蜓、鲍西娅、歇、鸭子、荷叶、忍不住、蹦、圆圆、枣儿、木兰、趟、啄、钓、水罐、娃娃、眨、水里、潭、细细、何满子、白杨树、后边、男孩儿、甚么、映、这边、狗娃、帮忙、手掌、绿叶、嗯、嚷、小树、杨志、一会、放学、抚摸、水上漂、麦秸、老牛、信客、天边、青草、切斯特、春雨、咳嗽、钟头、叫喊、啪、骗子(48) |

历史教材独用词多为人名、地名、朝代名、阶级名、政党名、社会事件名,动词只有"任选、揭露、宣扬、割据、争霸、专政、分封、评选"等少数几个。

地理教材独用词多为天文、地理、地貌、地域、山川、河流、气候、人类等名称,动词只有"公转、降雨、分布、探明、供水"等。

语文教材独用词多为人名、动物名、植物名、称谓、物名等。少数动词、形容词都是极富口语性的词语,如"亲爱、欢喜、快活、开花、难过、睡着、歇、忍不住、蹦、趟、钓、眨、甚么、帮忙、嗯、嚷、放学、抚摸、轻轻地、咳嗽、叫喊"等。

通过以上比较,可以看到以学科知识为内容的历史、地理教材词语与主要反映汉语言文学内容的语文教材词语,各有不同的特点。大体表现为:

(1)从词语规模来看,无论是总词语量,还是总词种数、共用词种数,都是语文教材最为突出,学科教材的词语量较小。

(2)从词语构成来看,学科教材的专科词语多,名词分量重,学科知识特色鲜明。语文教材的通用词语多,覆盖面广,封闭性词类的词语较丰富齐全。

(3)从语体上看,学科教材的指称性词语多、中性词语多;语文教材词语的口语性词语多,描绘性词语多。

4. 历史、地理、语文教材中词语长度比较

学科教材词语与语文教材词语的差异也会体现在词语的长度上。下

面是对三科词语长度的统计。

表6-22　历史、地理、语文教材词语长度比较

| 词长 | 历史 词种 | 历史 比例(%) | 地理 词种 | 地理 比例(%) | 语文 词种 | 语文 比例(%) |
| --- | --- | --- | --- | --- | --- | --- |
| 1 | 2880 | 7.20 | 1504 | 10.80 | 3670 | 7.24 |
| 2 | 22873 | 57.21 | 8355 | 60.00 | 33010 | 65.15 |
| 3 | 6531 | 16.33 | 2119 | 15.22 | 7707 | 15.21 |
| 4 | 4822 | 12.06 | 1259 | 9.04 | 5226 | 10.31 |
| 5 | 1180 | 2.95 | 334 | 2.40 | 501 | 0.99 |
| 6 | 619 | 1.55 | 168 | 1.21 | 217 | 0.43 |
| ≥7 | 1077 | 2.69 | 186 | 1.34 | 339 | 0.67 |
| 合计 | 39982 | 100 | 13925 | 100 | 3670 | 100 |
| 平均词长 | 2.665 | | 2.426 | | 2.375 | |

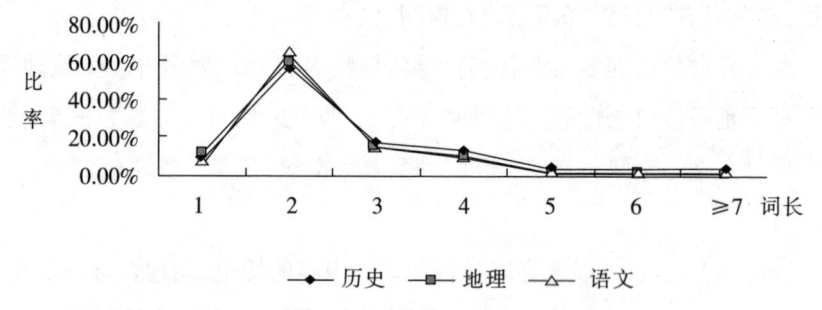

图6-1　历史、地理、语文教材词长比较示意图

上表和上图清楚地显示了三种学科教材在词长分布上的共性,有着高度一致的分布曲线:一字词均起于10%左右,二字词最高,约为60%,到三字词陡然下降,并随着词长的增长而逐步降低。而不同点则是词的平均长度在历史、地理、语文三种学科教材中逐步降低。历史教材的一字词和二字词比例均为最低,尤其是二字词,比语文教材低了近8%,五字词以上的比率最高;地理教材次之;语文教材的词长平均最低,二字词比例最高。词长的变化主要决定于专名的多少,因为人名、地名、组织机构名、事件名、书名等都是词长比较长的词语,尤其是外国的人名和地名。

## 5. 历史、地理、语文教材词语所用汉字比较

历史、地理、语文三科使用的词语数 73117 条中,共使用不重复的汉字 5451 个。构词能力最强的是"大",构词 1394 个。① 构词能力最强的前 500 字如下:大(1394)、人、国、一、不、中、子、山、地、学、水、上、斯、会、军、天、小、儿、尔、海、西、区、家、生、马、心、出、无、下、民、花、公、三、文、南、长、头、高、拉、法、主、里、十、王、东、年、日、工、有、风、金、平、气、门、的、河、北、者、克、发、自、战、石、政、成、利、林、白、城、特、行、性、来、安、动、亚、明、之、书、事、机、美、色、开、化、和、物、口、二、道、起、路、罗、百、新、分、万、面、业、力、江、五、世、光、神、制、方、声、德、义、手、四、铁、老、流、巴、黄、外、红、部、共、车、名、时、古、然、市、合、原、本、火、科、多、华、理、队、府、草、体、布、州、相、史、进、教、图、作、同、线、青、阿、场、意、全、后、清、千、得、社、树、电、可、经、定、月、台、打、土、尼、乐、员、前、第、夫、重、木、加、兵、报、产、空、代、为、八、通、点、到、族、身、交、关、九、司、士、云、入、过、太、说、沙、立、用、好、内、洋、龙、汉、命、界、干、如、放、于、落、回、县、权、联、湖、约、雨、带、实、女、基、桥、农、格、所、米、岛、半、阳、度、游、张、商、油、叶、眼、京、言、兰、达、春、表、量、黑、当、数、正、院、历、见、官、飞、而、运、园、党、传、字、治、英、星、情、去、皮、维、六、画、处、团、形、热、师、朝、以、满、角、号、帝、武、波、比、苏、七、馆、船、曲、香、死、解、指、语、夜、李、住、元、田、边、信、对、总、音、牛、鱼、品、绿、周、集、观、村、保、玉、兴、管、洲、深、难、转、毛、论、记、广、种、衣、委、印、野、塔、歌、远、堂、建、站、议、期、片、连、思、酒、话、港、知、条、松、感、反、装、球、奇、目、两、厂、争、望、器、节、版、纳、都、底、别、宝、奥、威、圣、蒙、骨、革、在、收、令、爱、烟、卡、直、真、雪、食、萨、竹、省、强、破、非、房、伯、包、志、想、乡、亲、结、皇、果、根、板、术、苦、普、楼、礼、胡、调、步、精、脚、程、钱、哈、藏、笑、列、景、走、织、务、是、灯、派、能、密、活、陈、彩、影、细、瓦、看、间、宫、变、着、校、失、病、先、绝、复、防、组、应、要、药、词、宗、银、伊、唐、群、纪、极、击、护、弹、提、丝、少、其、鸟、丁、笔、造、夏、索、氏、塞、任、取、纸、卫、勒、洞、倒、次、常、洛、局、计、服、费、式、胜、鲁、陵、雷、源、遗、向、位、受、使、伦、寒、博、血、温、那(9)。

---

① 这里没有区分重复使用构成一词的现象。

## 6. 历史、地理、语文教材高频词语表

表6-18统计了累加频率在90%以上且分布于两个科目以上的高频词语有5041条,这些词语具有高频且科目分布较广的特点。这里对该范围内的以下几类词语作了人工排除:组合性数字词语,如"几十""第二""二百";异形词,如"唯一"与"惟一"、"想象"与"想像",收前者不收后者;复合词的意思与单字组合的意思基本相同的,收单字不收复合词,如"写"与"写字""写信"、"火"与"火光"、"岸"与"岸边"、"捕"与"捕鱼";复合词的意思与构词词素的意义相同,复合词频率更高的,收复合词不收单字,如"绳子"与"绳"、"亚洲"与"亚"、"失去"与"失";叠加式组合词语,收"北京"不收"北京市",收"基本"不收"基本上";非专指的人名,如"贝贝""威廉""吴王"。

予以保留的4586条可视为基础教育阶段语文、历史、地理的人文社科性常用词语。里面出现了不少专名,如:人名(孔子、孙中山、詹天佑、托尔斯泰、贝多芬),地名(广东、东北、卢沟桥、麦加、耶路撒冷),山川河流名(泰山、长江、尼罗河、青藏高原、太平洋),国名(日本、印度、以色列、伊拉克、意大利),朝代、时代名(古埃及、唐朝、公元前),事件名(抗日战争、丝绸之路),组织名(奥运会、世界贸易组织、欧盟),著作名(三国演义、水浒传、西游记),物品名(指南针、狮身人面像、手榴弹、运载火箭、赵州桥)。这些高频率、广分布的专名反映了比较重要的学科知识点或人文常识。有的专名虽高频使用,但只出现于一个科目,因而未收录,如:只出现于语文教材的"范进""闰土",只出现于历史教材的"斯大林""康熙",只出现于地理教材的"经线""公转"。

下面是对4586条高频词的学科来源的调查,由此可以观察到不同学科词语的影响力。

表6-23  4586条常用词在语文、历史、地理教材中的分布情况

| 总词语数 | 三科共用词 | 语文—历史共用词 | 语文—地理共用词 | 历史—地理共用词 |
|---|---|---|---|---|
| 4586 | 1718 | 1718 |||
|  | 2868 | 2081 | 225 | 562 |

## 第二节
## 数学、物理、化学教材用字用词研究

数理化三科分别介绍了客观世界事物的数量、位置、空间、形状及各种变化关系,世界的宏观与微观的运动、状态、能量的转化与利用,各种物质的组成、结构、特性、物质间作用产生的化学物理变化等自然知识。汉语汉字是这些学科知识的载体。调查将展现汉字与词语在这三科中使用的基本状况,突破对语言文字使用状况的了解仅限于语文课的传统认知习惯,更全面地认识基础教育阶段汉语汉字的教学与能力培养。本节有助于认识语言学习、语言能力培养与学科知识获取之间的关系。语言学习、语言能力培养与学科知识获取之间不仅有着密切的因果关系,而且也能通过学科知识学习反过来促进语言学习和能力培养,由此促进数理化教材的编纂工作更好地使用语言文字。

这里分析的教材是新课标时期的教材,由人民教育出版社、北京师范大学出版社、上海科学技术出版社、上海教育出版社出版。教材详细信息见第四章第三节。

### 一、数学、物理、化学教材用字调查

数理化教材与文科教材明显不同之处在于有着大量的非汉字符号。大致可分为四类:图片,如函数图像、连线图等;公式、算式,如"$15 \div 3 =$""$a + b = c + d$";符号,如横线、括号、"☆""⊙""△";表格。下面以数学教材的非汉字符号为例来显示非汉字符号在教材中的使用情况。第一学段为小学一至三年级,第二学段为小学四至六年级,第三学段为初中一至三年级。

表6-24 两套数学教材三个学段非汉字符号的使用情况

| 教材 | 第一学段 |||||第二学段|||||第三学段|||||合计|
|---|---|---|---|---|---|---|---|---|---|---|---|---|---|---|---|---|
| | 图片 | 公式 | 符号 | 表格 | 小计 | 图片 | 公式 | 符号 | 表格 | 小计 | 图片 | 公式 | 符号 | 表格 | 小计 | |
| 人教版 | 1371 | 1056 | 405 | 169 | 3001 | 1094 | 881 | 400 | 268 | 2643 | 1208 | 1284 | 115 | 135 | 2742 | 8386 |
| 北师大版 | 998 | 888 | 907 | 298 | 3091 | 560 | 545 | 378 | 399 | 1882 | 452 | 1991 | 159 | 412 | 3014 | 7987 |
| 合计 | 2369 | 1944 | 1312 | 467 | 6092 | 1654 | 1426 | 778 | 667 | 4525 | 1660 | 3275 | 274 | 547 | 5756 | 16373 |

数理化教材书面符号的主体仍是汉字,教材语言的主体仍是汉字词。下面的分析仅限于汉字与汉字词部分。

(一)数学教材用字

1. 学段用字统计

(1)两套数学教材的学段汉字使用情况

表6-25  两套数学教材三个学段的汉字字种数

| 教材 | 第一学段 | 第二学段 | 第三学段 | 三个学段的总字种数 |
|---|---|---|---|---|
| 人教版 | 1048 | 1478 | 1656 | 2004 |
| | 1608 | | | |
| 北师大版 | 1293 | 1625 | 1806 | 2143 |
| | 1811 | | | |

表6-25显示,两套教材在小学与初中阶段使用的汉字数分别是1608、1656个和1811、1806个。小学与初中阶段合起来分别是2004与2143个。教学大纲要求基础教育阶段掌握汉字3500个。学习汉字主要是语文科的任务,我们统计过四套语文教材的汉字使用情况,各教材的汉字使用数都超过了4100个[①]。看来数学教材的汉字数还是控制在较小的范围内。

(2)三个学段的用字比较

从字量来看三个学段的用字量变化不大,但落实到具体汉字还是有一些变化。

表6-26  两套数学教材三个学段的汉字复现情况

| 教材 | 第一学段 | 第二学段 | | | 第三学段 | | | 三个学段的总字种数 |
|---|---|---|---|---|---|---|---|---|
| | 初现 | (第一学段)未复现 | 复现 | 初现 | (第一、二学段)未复现 | 复现 | 初现 | |
| 人教版 | 1048 | 130 | 1478 | | 348 | 1656 | | 2004 |
| | | | 918 | 560 | | 1260 | 396 | |
| 北师大版 | 1293 | 186 | 1625 | | 337 | 1806 | | 2143 |
| | | | 1107 | 518 | | 1474 | 332 | |

————————

[①] 国家语言资源监测与研究中心编《中国语言生活状况报告(2007)》(下编),商务印书馆,2008,第442页。

第一学段,人教版前 20 高频字是:一、的、个、做、数、是、有、多、小、米、我、你、分、以、面、可、人、少、方、位。北师大版前 20 高频字是:一、的、个、数、多、小、元、是、有、少、你、说、学、分、练、每、了、我、面、在。

第二学段,人教版初现字的前 20 高频字是:底、保、径、利、亿、存、含、费、速、码、税、菜、锥、棱、术、脚、铺、负、城、产。北师大版初现字的前 20 高频字是:径、因、亿、容、乙、特、棱、锥、墙、梯、营、消、稻、额、及、露、留、究、姐、蒜。

第三学段,人教版初现字的前 20 高频字是:矩、范、虑、弦、构、幂、顾、绝、勾、击、柑、橘、螺、软、冻、骰、阻、娱、俯、态。北师大版初现字的前 20 高频字是:函、矩、弧、频、勾、股、菱、弦、滑、纵、匀、俯、效、倾、追、敌、拱、逆、摩、梁。

数学教材用字有两个特点:(1)第二学段比第一学段,第三学段比前两个学段新增字约为 1/3—1/4,大多数为保留下来的字。北师大版的总用字量比人教版多 139 个,这主要是由于第一学段多了 245 个,之后的变化幅度二者基本一致。(2)新增的高频字大多与数学知识有关,特别是第三学段,有关数、量、图、形的字不少,如"矩、弦、幂、勾、函、弧、股、纵"。"纵"在北师大版的第三学段首次出现,共 32 次,其中 30 次用于"纵坐标",28 次见于八年级上册,另两例是"操纵"义。

2. 教材之间的共用字与独用字

分析两套数学教材之间的共用字与独用字,可以更好地观察到汉字使用中的共性与差异。

表 6-27 两套数学教材汉字共用、独用情况

| 教材 | 总字种数 | 共用字 种数 | 共用字 比例(%) | 独用字 种数 | 独用字 比例(%) |
|---|---|---|---|---|---|
| 人教版 | 2004 | 1756 | 87.62 | 248 | 12.38 |
| 北师大版 | 2143 | 1756 | 81.94 | 387 | 18.06 |
| 总用字 | 2391 | 1756 | 73.44 | 635 | 26.56 |

两套教材的用字分别为 2004 个和 2143 个,总字种数为 2391 个。共用字为 1756 个,占各自教材的 87.62%和 81.94%。共用字中排在最前面的 20 字是:的、一、数、个、是、图、形、方、分、有、中、角、面、在、小、这、为、用、出、以。这 20 个字有的是一般性用字,如"的、个、是、有、在、这、为、用、出、

以"；有的是数学术语类用字，如"一、数、图、形、方、分、中、角、面、小"。其实所谓一般性用字，也是方便于说明概念、陈述原理、描述对象、阐述关系等的汉字。

两套教材的独用字分别是 248 与 387 个。

数学人教版的前 20 个高频独用字是：柑、艮、齿、签、卸、踩、亩、燕、凸、烙、婴、鸽、鸥、巩、烘、邀、秦、韶、屉、鹏。"柑"出现了 25 次，全部出现于九年级上册的一道应用题及题解中①。

数学北师大版的前 20 个高频独用字是：笑、淘、颖、舰、弟、敌、摩、俄、豌、孩、缆、核、碗、艇、嘻、盲、扎、职、灾、裹。"笑"出现了 123 次，在小学六个年级共 12 册及七年级上册都出现了，没有一例是哭笑的"笑"义，这是因为教材设计了一个名叫"笑笑"的小朋友，与"机灵狗""淘气"几位一起成为数学学习的引子人物。

两套数学教材的共用字往往体现了共同的叙述语言成分与学科知识点，独用字则与应用题中语言环境的选择与设定有密切关系。

3. 高频字与低频字

两套数学教材总字种数 2391 个，总字次为 490185 次，平均每字 205.01 次。按降序排列处于中位数的第 1196 字出现了 18 次。下面是几个重要频率段的用字情况：

表 6 − 28　数学教材的累加频率段用字情况

| 累加频率段(%) | 用字数 | | 最低字次(次) |
|---|---|---|---|
| | 字种数(个) | 比例(%) | |
| 50 | 80 | 3.35 | 1527 |
| 80 | 286 | 11.96 | 378 |
| 90 | 487 | 20.37 | 153 |
| 95 | 717 | 29.99 | 70 |
| 99 | 1280 | 53.53 | 14 |
| 100 | 2391 | 100 | 1 |

---

① 该应用题为："某水果公司以 2 元/千克的成本新进了 10 000 千克柑橘，如果公司希望这些柑橘能够获得利润 5 000 元，那么在出售柑橘（已去掉损坏的柑橘）时，每千克大约定价为多少元比较合适？"

表 6-28 显示累加频率达 50% 时使用了 80 字,占所有汉字的 3.35%;累加频率达 90% 时使用了 487 字,占所有汉字的 20.37%。覆盖最后 1% 的语料用字 1111 个,占总字数的近一半。频次为 1 的字有 282 个。显示出高频字数量少、集中,低频字数量多、分散的特点。

(二) 物理教材用字

1. 汉字使用情况

下面是两套物理教材的汉字使用情况。

表 6-29　两套物理教材的汉字共用、独用情况

| 教材 | 总字种数 | 共用字 种数 | 共用字 比例(%) | 独用字 种数 | 独用字 比例(%) |
|---|---|---|---|---|---|
| 人教版 | 2146 | 1754 | 81.73 | 392 | 18.27 |
| 沪科版 | 2033 | 1754 | 86.28 | 279 | 13.72 |
| 总用字 | 2425 | 1754 | 72.33 | 671 | 27.67 |

两套教材的用字分别为 2146 和 2033 个,总用字 2425 个。共用字为 1754 个,占各自教材的 81.73% 和 86.28%。共用字中排在最前面的 20 字是:的、电、是、一、用、图、在、能、体、中、有、物、动、力、大、不、时、度、量、上。这 20 个字有的是一般性用字,如"的、是、一、用、在、中、有、大、不、上";有的是物理术语用字,如"电、图、能、体、物、动、力、时、度、量"。

两套教材的独用字分别是 392 与 279 个。

物理人教版的前 20 个高频独用字是:碑、肤、唱、街、徐、朝、薪、卵、遵、枪、闻、扁、蹄、曝、词、锁、甩、纵、郎、掘。"碑"共出现了 12 次,都出现于九年级。10 次用于下面这道例题与题解:"矗立在天安门广场的人民英雄纪念碑,碑身高 37.94m,由 413 块花岗岩石块砌成。碑心石是一块整的花岗岩,长 14.7m、宽 2.9m、厚 1m,上面刻着'人民英雄永垂不朽',它的质量有多大?"另两次用于"里程碑"。

物理沪科版前 20 个高频独用字是:迷、坦、坚、涨、锭、蹦、雹、夸、汤、柿、潺、鹅、爸、奠、堡、绸、笑、盏、锰、辉。"迷"共出现了 30 次,其中 27 次用于"迷你实验室",另 3 次用于"迷信""扑朔迷离""迷茫"。"迷你实验室"是教材设定的一个实验空间。

## 2. 高频字与低频字

两套物理教材总字种数 2425 个,总字次为 196925 次,平均每字 81.21 次。按降序排列处于中位数的第 1213 字出现了 9 次。下面是几个重要频率段的用字情况:

表 6-30  物理教材的累加频率段用字情况

| 累加频率段(%) | 用字数 | | 最低字次(次) |
|---|---|---|---|
| | 字种数(个) | 比例(%) | |
| 50 | 102 | 4.21 | 454 |
| 80 | 355 | 14.64 | 126 |
| 90 | 590 | 24.33 | 58 |
| 95 | 839 | 34.60 | 26 |
| 99 | 1503 | 61.98 | 5 |
| 100 | 2425 | 100 | 1 |

表 6-30 显示累加频率达 50% 时使用了 102 字,占所有汉字的 4.21%;累加频率达 90% 时使用了 590 字,占所有汉字的 24.33%。覆盖最后 1% 的语料用了 922 字,占总汉字数的近 40%。频次为 1 的字 374 个。与数学教材相比,各个累加频率段使用的汉字数都有增加,字次数有所下降,这是因为两科教材的字种数基本相同,语料量却相差一倍多。

### (三)化学教材用字

#### 1. 汉字使用情况

下面是两套化学教材的汉字使用情况。

表 6-31  两套化学教材的汉字共用、独用情况

| 教材 | 总字种数 | 共用字 | | 独用字 | |
|---|---|---|---|---|---|
| | | 种数 | 比例(%) | 种数 | 比例(%) |
| 人教版 | 1811 | 1518 | 83.82 | 293 | 16.18 |
| 沪教版 | 1760 | 1518 | 86.25 | 242 | 13.75 |
| 总用字 | 2053 | 1518 | 73.94 | 535 | 26.06 |

两套化学教材的用字分别为 1811 和 1760 个,总用字 2053 个。共用字为 1518 个,占各自教材的 83.82% 和 86.25%。共用字中排在最前的 20 字

是：的、化、质、物、用、中、气、水、和、在、有、学、生、氧、成、是、一、溶、量、酸。这 20 个字有的是一般性用字，如"的、用、中、和、在、有、学、生、成、是、一"；有的是化学术语用字，如"化、质、物、气、水、氧、溶、量、酸"。

两套化学教材的独用字分别是 293 与 242 个。

化学人教版的前 20 个高频独用字是：软、砝、词、误、圈、游、肺、齿、揩、斜、笋、淬、媒、丙、丹、饰、阶、友、钨、粪。"软"共出现了 13 次，有 6 次用于"软水"，3 次用于"软化"，4 次用于"软硬"义。

化学沪教版的前 20 个高频独用字是：野、希、若、隙、瑟、务、雾、箔、褐、借、谷、姆、绢、瑞、兰、轰、页、疑、辆、童。"野"共出现了 36 次，全部用于"拓展视野"。这是因为教材编纂时设计了一个正文之外的知识联想窗口。化学人教版独用字中的"软"则主要是表示学科知识。如："含有较多可溶性钙、镁化合物的水叫做硬水，不含或含较少可溶性钙、镁化合物的水叫做软水"，"用肥皂水区分软水（左）和硬水（右）"，"设法除去硬水中的钙、镁化合物，可以使硬水软化成软水"，"硬水易生水垢、与肥皂作用不易起泡沫；硬水可以软化为软水"。通过独用字可以观察到不同教材之间在介绍学科知识上的选材差异。

2. 高频字与低频字

两套化学教材总字种数 2053 个，总字次为 147334 次，平均每字 71.66 次。按降序排列处于中位数的第 1027 字出现了 11 次。下面是几个重要频率段的用字情况：

表 6-32　化学教材的累加频率段用字情况

| 累加频率段(%) | 用字数 字种数(个) | 比例(%) | 最低字次(次) |
| --- | --- | --- | --- |
| 50 | 87 | 4.24 | 392 |
| 80 | 322 | 15.68 | 103 |
| 90 | 544 | 26.50 | 44 |
| 95 | 774 | 37.70 | 22 |
| 99 | 1306 | 63.61 | 4 |
| 100 | 2053 | 100.00 | 1 |

表6-32显示累加频率达50%时使用了87字,占所有汉字的4.24%;累加频率达90%时使用了544字,占所有汉字的26.5%。覆盖最后1%的语料用字747个,占总汉字数的36.39%。频次为1的字有317个。

(四)数理化三科用字特点

1. 累加频率段用字汇总

下面是数学、物理、化学三科的累加频率段用字的汇总,可以看出汉字使用的一些基本规律。

表6-33 数学、物理、化学三科累加频率段用字情况

| 累加频率段(%) | 数学用字数 ||| 物理用字数 ||| 化学用字数 |||
|---|---|---|---|---|---|---|---|---|---|
| | 字种(个) | 比例(%) | 最低字次(次) | 字种(个) | 比例(%) | 最低字次(次) | 字种(个) | 比例(%) | 最低字次(次) |
| 50 | 80 | 3.35 | 1527 | 102 | 4.21 | 454 | 87 | 4.24 | 392 |
| 80 | 286 | 11.96 | 378 | 355 | 14.64 | 126 | 322 | 15.68 | 103 |
| 90 | 487 | 20.37 | 153 | 590 | 24.33 | 58 | 544 | 26.50 | 44 |
| 95 | 717 | 29.99 | 70 | 839 | 34.60 | 26 | 774 | 37.70 | 22 |
| 99 | 1280 | 53.53 | 14 | 1503 | 61.98 | 5 | 1306 | 63.61 | 4 |
| 100 | 2391 | 100.00 | 1 | 2425 | 100.00 | 1 | 2053 | 100.00 | 1 |

化学教材总用字2053个,比数学的2391字、物理的2425字要少。化学教材总字频147334也比数学的总字频490185、物理的总字频196925要少。概括来说,可以看出数理化三科教材用字有这样几个特点:(1)汉字字种数均较少。(2)汉字使用的总字次较少,复现率较低。(3)高频字集中,覆盖总语料一半只用了总汉字数的3%—4%。(4)高频字中主要有三类:起叙述、说明作用的汉字,反映学科知识特点的汉字,与教材编纂、教学过程设计有关的汉字。

2. 数理化三科教材之间的用字比较

上面对数学、物理、化学各学科的汉字使用做了统计,下面对学科之间的用字进行比较,以更好地观察学科的具体用字情况。使用的方法主要是

频率差值对比法、频级位序对比法[1]。

表 6-34 数学、物理、化学三科汉字使用情况

| 学科 | 汉字字种数 | 共用字 ||  部分共用字[2] || 独用字 ||
|---|---|---|---|---|---|---|---|
|  |  | 字种数 | 比例(%) | 字种数 | 比例(%) | 字种数 | 比例(%) |
| 数学 | 2391 | 1610 | 67.34 | 460 | 19.24 | 321 | 13.43 |
| 物理 | 2425 |  | 66.39 | 529 | 21.81 | 286 | 11.80 |
| 化学 | 2053 |  | 78.42 | 281 | 13.69 | 162 | 7.89 |
| 总计 | 3014 | 1610 | 53.42 | 635 | 21.07 | 769 | 25.51 |

数理化三科共用字占每科用字的 2/3 以上，化学最高，达 78.42%。独用字的比例普遍较低，数学为 13.43%，化学为 7.89%。

在数学用字与数理化三科用字总表的频率差比较中，显示数学用字最有特色的 100 个字是：数、一、个、形、角、方、边、面、三、分、图、算、你、平、小、米、点、两、多、长、这、计、是、式、吗、出、少、圆、直、位、次、每、线、法、积、我、相、正、做、得、对、比、行、么、题、等、画、如、为、条、四、果、以、例、说、程、函、元、解、表、年、练、系、下、千、样、可、几、乘、据、上、求、根、组、项、同、公、看、问、共、哪、统、试、轴、第、本、整、段、别、均、张、它、似、最、月、坐、值、与、有、列。

在物理用字与数理化三科用字总表的频率差比较中，显示物理用字最有特色的 100 个字是：电、力、动、压、体、机、能、的、光、流、度、物、磁、大、用、声、器、测、热、在、发、路、镜、阻、不、功、通、温、音、导、信、实、接、水、量、会、强、时、究、来、射、使、探、验、传、波、灯、向、运、源、变、过、像、滑、气、就、受、速、地、太、空、开、弹、械、阳、放、重、核、转、很、透、越、态、间、率、泡、池、科、极、播、起、远、息、轮、汽、话、眼、浮、带、联、摩、节、密、效、内、材、提、也、而、冰。

---

[1] 频率差值法是比较同一调查对象在不同调查范围中频率差值的方法。频级调查法是比较同一调查对象在不同调查范围中频级位序差异的方法，相同频次的为一个频级。这两种方法都有助于发现频率差异或频位差异大的对象。前者对频次、频率反映较敏感，后者对等级反映敏感。参见：国家语言资源监测与研究中心编《中国语言生活状况报告(2007)》，商务印书馆，2008；国家语言资源监测与研究中心编《中国语言生活状况报告(2008)》，商务印书馆，2009；苏新春：《计量方法在词汇研究中的作用及频级统计法》，《长江学术》2007 年第 2 期。

[2] "部分共用"指的是在三个及三个以上的调查对象中，除"共用"与"独用"外存在于其他部分调查对象中的成分。

在化学用字与数理化三科用字总表的频率差比较中,显示化学用字最有特色的 100 个字是:化、质、气、物、氧、溶、水、酸、生、液、成、燃、素、子、碳、和、应、石、学、料、金、用、合、量、验、反、性、烧、原、实、氢、中、属、盐、铁、种、硫、钠、含、入、要、制、空、碱、加、管、产、油、品、在、元、或、火、氯、常、食、使、剂、污、肥、发、不、色、活、热、类、二、灰、铜、染、材、取、药、稀、钾、放、氮、钙、察、构、观、瓶、白、业、解、变、然、糖、易、洗、现、研、净、维、究、酒、工、滴、源、铝。

(五)数理化用字与语文教材用字的比较

1. 数理化与语文教材的共用字

在数学、物理、化学三科教材用字与语文教材用字的频率差比较中,最具有数理化特点的前 100 个汉字是:数、图、的、形、用、分、方、电、中、角、化、体、量、与、能、学、线、物、表、个、质、面、计、等、度、如、式、和、以、元、平、相、示、同、算、成、为、做、解、程、点、三、实、题、可、验、吗、两、比、积、米、位、法、应、例、少、组、水、关、气、多、果、系、直、对、据、试、变、合、氧、什、动、边、液、出、行、所、溶、性、圆、测、定、机、作、第、加、结、酸、料、内、通、次、反、每、单、种、根、称、器、理。

相比之下具有语文特点的前 100 个汉字是:了、我、他、不、着、来、人、里、地、那、去、一、天、子、也、就、上、说、儿、这、们、没、好、起、在、头、又、她、到、看、只、老、然、见、山、走、大、家、亲、自、心、声、花、而、树、手、回、得、孩、像、很、是、道、妈、己、候、都、身、眼、无、听、给、国、风、笑、吃、美、还、事、开、之、前、打、望、父、西、把、住、真、但、白、有、草、过、十、门、东、死、太、女、却、海、马、轻、飞、才、爱、河、会、便。

2. 数理化用字不见于语文的独用字

数学、物理、化学三科总使用汉字 3014 个,语文教材总使用汉字 5070 个。前者见于后者的有 2927 个,占总数的 97%。独用字有 86 个,除两个偏旁外其他字为[1]:氯、钾、铝、镁、铵、氨、锌、碘、烷、矾、酚、氦、酞、氘、氟、铬、钛、苯、氩、钨、钡、坩、埚、镉、醛、氚、硒、氙、铋、钴、锗、淞、氪、氘、锑、鳗、

---

[1] 这两个偏旁为"氵""钅",在解释化学用字构成特点时使用到。

鲫、溴、醚、槔、酯、钼、萘、薜、铕、幂、锂、砣、艳、羟、铈、俁、鼱、骰、拃、圜、锇、铟、胫、蝓、炔、俣、镝、蛞、柢、煅、谔、铒、煲、瓿、钉、砷、噶、釜、谟、铍、坂、腈、圳、铲、苊、酰、骰、鳐。

这些字中多数是指化学元素或化合物的汉字。有的是指称在介绍学科知识时所涉及的人、物、事的用字。如"俣"(水俣病)、"瓿"(曲颈瓿)、"噶"(阿里地区噶尔县)、"谟"(古希腊哲学家德谟克利特)、"谔"(奥地利物理学家薛定谔)、坂(新疆达坂城)、凇(雾凇)、薜(薜麻油)、蛞蝓(南美赤道地带的哺乳动物三趾蛞蝓)、槔(桔槔,井上汲水的一种工具)、柢(人教版物理在讲磁场时引用了《论衡》中的"司南之杓,投之于地,其柢指南")、拃(量词,指张开大拇指和中指或小指两端的距离)。还有个别是引用古代文献而带来的繁体字,如"圜"字,数学北师大版在说明"圆"时引用了古代《墨经》之言"圜,一中同长也"。

数理化三科均有而语文教材无的只有"铝"字。

(六)数理化用字与《现代汉语常用字表》比较

《现代汉语常用字表》有3500字,前2500字为常用字,要求在小学阶段掌握,后1000字为次常用字,要求在初中阶段掌握。下面将数学、物理、化学的用字与之比较。

1. 数学用字与《现代汉语常用字表》的比较

数学用字不见于《现代汉语常用字表》的共有99个。它们是:幂、骰、簧、毽、晷、摞、哇、嘻、鲨、铀、韶、哦、噢、庚、髀、婷、遨、岚、雉、莓、惟、斐、磊、蛞、镖、蝓、镭、拃、莎、弗、铢、馨、楔、斌、窦、曰、禹、炽、嗒、苑、徜、圜、迪、徉、蔡、桉、绚、呱、蓊、隋、豚、鲢、喽、镂、泅、炖、吾、峙、媳、璞、妃、胫、砝、臻、圳、祯、曝、珑、兹、佐、辘、铲、翱、斓、煲、橇、厄、瞩、瑚、涸、耶、翟、彗、祀、怡、弈、咦、颐、韦、矣、瀚、蜴、嗨、圭、铰、棣、昇、蜥、睿。"幂"字共出现59次,只见于数学。"幂"是数学计算的一种重要方式,两套数学教材都有出现,但比重有所不同。人教版出现了45次,分布于七上(15次)、八上(13次)、八下(17次);北师大版出现了14次,分布于七上(3次)、七下(11次)。

2. 物理用字与《现代汉语常用字表》的比较

物理用字不见于《现代汉语常用字表》的共有138个。它们是:簧、砝、伽、铀、炽、氖、曙、蜃、氦、汐、氟、瀚、镍、熨、兹、氘、曝、潺、钨、睫、烽、铂、箔、斓、绚、镉、氩、氘、淞、铬、彗、峨、靛、珀、萘、醚、桔、春、鲫、蛟、鳗、豚、艄、琥、樟、孜、怡、铱、穹、苯、垠、黏、匣、惟、婷、烷、砣、艳、呱、锗、锶、冥、矶、汲、傣、呃、胰、恚、棣、琶、亘、琵、萦、梵、煦、噶、嘎、骼、嫣、酰、斋、鳐、涸、颌、銎、霄、驿、遢、骋、蜿、圜、迦、巅、柢、亢、曳、叨、辍、喀、嚏、崛、戍、眩、酯、锑、杞、谔、韶、镭、锂、橇、匿、砷、籁、寐、朔、姹、遨、嘈、翱、韦、瞠、嘹、磷、轼、圾、媳、莓、衮、谟、杓、锇、摞、铋、瞩、霓、拽、啪。"簧"共出现了131次，有127次出现于物理教材，都是用于"弹簧"。"弹簧"是物理中计算"重力""压力""拉力""握力""弹力"的一种重要测力仪。

3. 化学教材用字与《现代汉语常用字表》的比较

化学教材用字不见于《现代汉语常用字表》的共有100个。其中两个为偏旁"钅""氵"，其他为：镁、铵、烷、烯、酚、酞、酶、氦、氟、钛、铬、氖、钡、苯、镍、埚、砝、渍、绚、坩、醛、氩、硒、钵、黏、骼、氘、钨、钴、箔、淬、镉、纶、臆、氪、铂、铋、佝、偻、汐、钼、溴、锑、骸、脲、铕、铈、熨、霓、烬、酯、迪、铱、璀、锗、羟、魅、簧、眩、翻、悴、瀚、垩、璨、杵、钌、涸、卉、嗨、弗、镝、曳、甄、俣、铀、煅、锂、铟、厄、钋、镭、锇、侏、铒、翱、盎、炔、铍、铺、曝、崛、苊、咀、腈、颐、匐、釜、沤。"镁"共出现89次，全部出现于化学教材。"镁"是一种重要的化学成分，相关词语有"氧化镁""镁化合物""镁离子""氯化镁""钙镁磷肥"等。

数理化教材总使用汉字3014个，不见于《现代汉语常用字表》的有267个。

数理化三科教材均有而不见于《现代汉语常用字表》的9个：铀、瀚、砝、曝、簧、涸、镭、绚、翱。

数理化教材中两科有而不见于《现代汉语常用字表》的有52个：烷、氦、氖、氟、镍、炽、铬、曙、汐、苯、氩、箔、钨、黏、铂、熨、兹、镉、骼、斓、彗、铋、铱、豚、怡、锗、锑、婷、摞、棣、迪、酯、霓、呱、眩、弗、惟、韦、瞩、莓、曳、锂、韶、崛、遨、橇、嗨、圜、媳、颐、厄、锇。

## 二、数学、物理、化学教材用词调查

（一）数学教材用词

1. 学段用词统计

（1）两套数学教材的各学段词语使用情况

表6-35　两套数学教材三个学段的词种数

| 教材 | 第一学段 | 第二学段 | 第三学段 | 三个学段的总词种数 |
|---|---|---|---|---|
| 人教版 | 1896 | 3310 | 5224 | 7230 |
|  | 4098 |  |  |  |
| 北师大版 | 2451 | 3841 | 5407 | 7759 |
|  | 4838 |  |  |  |

表6-35显示，两套教材无论是分三个学段，还是分小学与初中，词种数都存在大体相同的变化。总体上看，北师大版的用词要多于人教版，这种差异在"字种数"的统计中也同样存在。

（2）三个学段的用词比较

表6-36　两套数学教材三个学段的词语复现情况

| 教材 | 第一学段 初现 | 第二学段 （第一学段） 未复现 | 第二学段 复现 | 第二学段 初现 | 第三学段 （第一、二学段） 未复现 | 第三学段 复现 | 第三学段 初现 | 三个学段的总词种数 |
|---|---|---|---|---|---|---|---|---|
| 人教版 | 1896 | 788 | 3310 | | 2015 | 5224 | | 7230 |
|  |  |  | 1108 | 2202 |  | 2083 | 3141 |  |
| 北师大版 | 2451 | 998 | 3841 | | 2356 | 5407 | | 7759 |
|  |  |  | 1453 | 2388 |  | 2483 | 2924 |  |

人教版第一学段前20高频词：的、一、做、个、是、有、你、数、多少、可以、人、我、和、了、用、还、每、元、能、摆。

人教版第二学段初现词中前20高频词：体积、倍数、整数、运算、方程、比例、字母、直线、亿、解、直径、化、百分数、速度、底、高度、保留、性质、脚、应用。

人教版第三学段初现词中前20高频词：函数、图像、不等式、坐标、全等、有理数、系数、多项式、抛物线、样本、范围、考虑、二次函数、判定、矩形、归纳、对角线、原点、进一步、反比例函数。

北师大版第一学段前20高频词：一、的、个、是、有、元、你、说、多少、练、了、在、我、试、每、数、小、多、用、中。

北师大版第二学段初现词中前20高频词：体积、倍数、底、直径、实际、因数、半径、底面、乙、支出、方程、甲、棱、梯形、圆锥、质数、百分数、水位、解、整数。

北师大版第三学段初现词中前20高频词：议、例、堂、图像、章、函数、全等、相似、已知、多边形、不等式、二次函数、矩形、定理、一次函数、举例、有理数、对角线、数轴、分式。

数学教材用词有以下特点：

（1）后一学段比前一学段新增的初现词多于保留下来的复现词。这个特点与前面分析过的用字情况很不相同，生词的增加比生字的增加要高出许多。

（2）新增加的高频词绝大多数与数学知识有关。这点与用字规律相同，但学科色彩更明显。如两套数学教材第三学段前20高频词中的术语占16个，共同的高达8个，分别是：函数、图像、不等式、全等、有理数、二次函数、矩形、对角线。

（3）前一学段有而在后一学段未出现的高频词大都是语文类词语，少数是术语类。

2. 教材之间的共用词与独用词

表6-37　两套数学教材的共用词与独用词

| 教材 | 总词种数 | 共用词 数量 | 共用词 比例（%） | 独用词 数量 | 独用词 比例（%） |
|---|---|---|---|---|---|
| 人教版 | 7230 | 4342 | 60.06 | 2888 | 39.94 |
| 北师大版 | 7759 | 4342 | 55.96 | 3417 | 44.04 |
| 总用词 | 10647 | 4342 | 40.78 | 6305 | 59.22 |

两套数学教材用词数分别为7230和7759个，总词种数10647个。共用词4342个，占各自教材的60.06%和55.96%。共用词排在最前面的20词是：的、一、是、个、图、在、有、你、中、和、与、两、为、了、用、可、吗、一个、上、数。其中大部分是一般性用词，带有学科特点的词有"图"和"数"。

独用词中人教版有 2888 个,北师大版有 3417 个。

人教版前 20 个高频独用词是:选学、三视图、解析式、二次根式、列车、柑橘、随机事件、平方千米、定律、重心、冻土、地段、实数根、正投影、引言、良好、结构图、组距、省略、函数值。"选学"共出现了 63 次,在七年级至九年级的 6 册教材中都有出现,与"必学"相对。高频独用词中大部分是术语。

北师大版前 20 个高频独用词是:练、议、堂、淘气、笑笑、小颖、购物券、工资、猫、双方、老人、树叶、相遇、乘客、万花筒、外面、牌面、期、卷、房间。有的是教学用词,如"练、议";有的是特定语境下的指物用词,如"购物券、工资、万花筒";有的是教学特设词,如"笑笑、淘气、小颖"。术语词与人教版相比明显少了许多。

北师大版独用词中术语较少,这个现象在下面例子也显示得很清楚。北师大版没有独用的"定律",只有一例"反射定律"。而人教版"定律"出现了 22 次,2 次为"浮力定律",1 次为"杠杆定律",2 次为"定律",其他 17 次为"运算定律"。

又如人教版"正投影"出现了 21 次,北师大版 1 例也没有。为了防止可能是把"正投影"切开的缘故,这里对两套教材的"投影"作了全检索,结果如下:

表 6-38　两套数学教材"投影"用例统计表

| 人教版 | | 北师大版 | |
| --- | --- | --- | --- |
| 词例 | 数量 | 词例 | 数量 |
| 投影 | 36 | 投影 | 6 |
| 投影面 | 35 | 投影面 | 2 |
| 正投影 | 21 | / | / |
| 投影线 | 10 | / | / |
| 中心投影 | 6 | 中心投影 | 3 |
| 平行投影 | 4 | 平行投影 | 2 |
| 水平投影 | 1 | / | / |
| 合计 | 113 | 合计 | 13 |

人教版用到与"投影"有关的词语有113例,北师大版只有13例。

3. 高频词与低频词

两套数学教材总词种数10647个,总词次为318384次,平均每个词29.9次。下面是几个重要频率段的用词情况:

表6-39 数学教材的累加频率段用词情况

| 累加频率段(%) | 用词数 | | 最低词次(次) |
|---|---|---|---|
| | 词种数 | 比例(%) | |
| 50 | 127 | 1.19 | 434 |
| 80 | 780 | 7.33 | 58 |
| 90 | 1769 | 16.62 | 18 |
| 95 | 3233 | 30.37 | 7 |
| 99 | 7464 | 70.10 | 1 |
| 100 | 10647 | 100.00 | 1 |

表6-39显示,累加频率达50%时使用了127词,占所有词语的1.19%;累加频率达90%时使用了1769词,占词语总数的16.62%;累加频率达99%时使用了总词语数的70.1%;覆盖最后1%的语料用词使用了总词语数的约30%。与用字情况相比,数学高频词更显集中,在累加频率90%前的各段所用词语数在总词语中占的比例明显降低;低频词数量多,词频为1的词语多达3666条,占总数的34.4%。

(二)物理教材用词

1. 词语使用情况

下面是两套物理教材的词语使用情况。

表6-40 两套物理教材的共用词与独用词

| 教材 | 总词种数 | 共用词 | | 独用词 | |
|---|---|---|---|---|---|
| | | 数量 | 比例(%) | 种数 | 比例(%) |
| 人教版 | 6647 | 3593 | 54.05 | 3054 | 45.95 |
| 沪科版 | 5873 | | 61.18 | 2280 | 38.82 |
| 总用词 | 8927 | 3593 | 40.25 | 5334 | 59.75 |

两套教材的用词分别为 6647 和 5873 个,总用词 8927 个。共用词为 3593 个,占各自教材的 54.05% 和 61.18%。共用词中排在最前面的 20 个是:的、图、是、在、中、和、用、了、一、上、与、有、时、物体、实验、可以、不、能、电流、会。学科词语有"图、物体、实验、电流"。

人教版的独用词是 3054 个,沪科版是 2280 个。人教版的前 20 个高频独用词是:议议、五、保险丝、水银、照、体温计、电磁继电器、波形、通话、保险、雷、摆、地下、试电笔、散射、条形磁体、继电器、讲、万有引力、邮件。"议议"出现了 61 次,都出现于九年级,这是因为该教材在讲授每个知识点后都安排了一个思考的板块,即为"想想议议"。"议议"属教学用词。学科词语占了大多数。学科词语有"保险丝、水银、体温计、电磁继电器、波形、保险、试电笔、散射、条形磁体、继电器、万有引力"11 条。

沪科版的前 20 个高频独用词是:提问、证据、示数、迷你、加油站、电荷、滑块、罐、点拨、学会、此时、核反应、填写、合力、化学电池、石蜡、铁皮、分子电流、巨人、实物图。"提问"出现了 75 次,也属于教学用词。学科词语有"电荷、核反应、合力、化学电池、分子电流、实物图"6 条。

2. 高频词与低频词

两套物理教材总词种数 8927 个,总词次为 117603 次,平均每词出现 13.17 次。下面是几个重要频率段的用词情况:

表 6-41　物理教材的累加频率段用词情况

| 累加频率段(%) | 用词数 | | 最低词次(次) |
|---|---|---|---|
| | 词种数(个) | 比例(%) | |
| 50 | 177 | 1.98 | 107 |
| 80 | 1148 | 12.86 | 15 |
| 90 | 2498 | 27.98 | 5 |
| 95 | 4215 | 47.22 | 2 |
| 99 | 7751 | 86.83 | 1 |
| 100 | 8927 | 100.00 | 1 |

表 6-41 显示,累加频率达 50% 时使用了 177 个,占所有词语数的 1.98%;累加频率达 90% 时使用了 2498 个,占所有词语数的 27.98%。覆

盖最后1%的语料使用了词语1176个,占总词语数的约13%。频次为1的词语有3544个,占总数的39.7%。

(三)化学教材用词

1. 词语使用情况

下面是两套化学教材的词语使用情况。

表6-42　两套化学教材的共用词与独用词

| 教材 | 总词种数 | 共用词 数量 | 共用词 比例(%) | 独用词 数量 | 独用词 比例(%) |
|---|---|---|---|---|---|
| 人教版 | 4438 | 2540 | 57.23 | 1898 | 42.77 |
| 沪教版 | 4015 | 2540 | 63.26 | 1475 | 36.74 |
| 总用词 | 5913 | 2540 | 42.96 | 3373 | 57.04 |

两套化学教材用词数分别为4438和4015个,总用词5913个。

共用词为2540个,占各自教材的57.23%和63.26%。共用词中排在最前面的20个是:的、中、和、在、是、水、物质、与、图、用、化学、溶液、有、元素、等、实验、一、反应、能、你。其中术语有"水、物质、化学、溶液、元素、实验、反应"。

化学人教版与化学沪教版的独用词分别是1898与1475个。化学人教版的前20个高频独用词是:单元、白磷、粗盐、小结、浑浊、效应、液、胆矾、服装、解离、带有、托盘天平、净、显示、拓展性、植物油、两边、便于、最高、炼。"单元"出现44次,这是由于教材设置是以"单元"为内容单位。学科词语有"白磷、胆矾、解离"。"白磷"在教材讲授质量守恒定律、燃烧的化学反应的相关内容中反复出现。

化学沪教版的前20个高频独用词是:节、章、微粒、拓展、视野、试液、废、释放、蔗糖水、食用油、老师、线索、希望、充足、空隙、霉菌、卢瑟福、地下、人工、若。"节""章"是沪教版的教材内容编排单位。这里的"试液",在化学人教版中用的是"溶液"。

术语的独用显示出教材对知识点作了不同的处理或是对同一知识点使用了不同的语言表述方式。人教版有"白磷",而沪教版没有。下面是两套教材"磷"的使用情况调查:

表6-43 两套化学教材"磷"字用例调查

| 人教版 | 数量 | 沪教版 | 数量 |
| --- | --- | --- | --- |
| 磷 | 28 | 磷 | 7 |
| 白磷 | 17 | / | 0 |
| 红磷 | 13 | 红磷 | 5 |
| 磷肥 | 10 | 磷肥 | 2 |
| 五氧化二磷 | 6 | 五氧化二磷 | 2 |
| 过磷酸钙 | 3 | 过磷酸钙 | 2 |
| 磷矿粉 | 3 | 磷矿粉 | 3 |
| 磷酸铵 | 2 | / | 0 |
| 铵磷钾 | 1 | / | 0 |
| 磷酸二氢铵 | 1 | 磷酸二氢铵 | 1 |
| 磷酸二氢钙 | 1 | / | 0 |
| 磷酸氢二铵 | 1 | / | 0 |
| 磷酸盐 | 1 | 磷酸盐 | 1 |
| 羟基磷酸钙 | 1 | 羟基磷酸钙 | 1 |
| / | 0 | 磷酸钙 | 1 |
| / | 0 | 磷酸二氢氨 | 1 |
| / | 0 | 磷酸 | 1 |
| 合计 | 88 | 合计 | 27 |

化学人教版中的"白磷"与"红磷"是对称使用,频次也都较高;化学沪教版只有"红磷"没有"白磷"。如:

化学人教版九年级上册:"空气是由什么组成的……。a. 由上述实验中薄铜片上的白磷燃烧而红磷不燃烧的事实,说明燃烧需要什么条件? b. 由薄铜片上的白磷燃烧而热水中的白磷不燃烧的事实,说明燃烧还需要什么条件?"

化学沪教版九年级上册:"探索空气的成分……。a. 红磷在集气瓶中燃烧,消耗了什么气体? b. 红磷在集气瓶中未能全部燃烧,说明了什么?"

前者使用了对比的教学方法,比较了红磷和白磷的燃烧情况;后者只有红磷的燃烧情况。

2. 高频词与低频词

两套化学教材总词种数 5913 个,总词次为 84523 次,平均每词出现 14.3 次。下面是几个重要频率段的用词情况:

表 6-44 化学教材的累加频率段用词情况

| 累加频率段(%) | 用词数 | | 最低词次(次) |
|---|---|---|---|
| | 词种数(个) | 比例(%) | |
| 50 | 137 | 2.32 | 102 |
| 80 | 771 | 13.04 | 17 |
| 90 | 1609 | 27.21 | 6 |
| 95 | 2673 | 45.21 | 3 |
| 99 | 5068 | 85.71 | 1 |
| 100 | 5913 | 100 | 1 |

表 6-44 显示,累加频率达 50% 时使用了 137 词,占所有词语的 2.32%;累加频率达 90% 时使用了 1609 词,占所有词语的 27.21%。词频为 1 的词语有 2303 个,占所有词语的 38.9%。

三、数学、物理、化学教材用词特点比较

(一)三科累加频率段用词比较

下面是数学、物理、化学三科的累加频率段用词的汇总,可以从中看出教材词语使用的一些基本规律。

表 6-45 数学、物理、化学三科累加频率段用词情况

| 累加频率段(%) | 数学用词数 | | | 物理用词数 | | | 化学用词数 | | |
|---|---|---|---|---|---|---|---|---|---|
| | 词种数(个) | 比例(%) | 最低词次(次) | 词种数(个) | 比例(%) | 最低词次(次) | 词种数(个) | 比例(%) | 最低词次(次) |
| 50 | 127 | 1.19 | 434 | 177 | 1.98 | 107 | 137 | 2.32 | 102 |
| 80 | 780 | 7.33 | 58 | 1148 | 12.86 | 15 | 771 | 13.04 | 17 |
| 90 | 1769 | 16.62 | 18 | 2498 | 27.98 | 5 | 1609 | 27.21 | 6 |
| 95 | 3233 | 30.37 | 7 | 4215 | 47.22 | 2 | 2673 | 45.21 | 3 |
| 99 | 7464 | 70.10 | 1 | 7751 | 86.83 | 1 | 5068 | 85.71 | 1 |
| 100 | 10647 | 100 | 1 | 8927 | 100 | 1 | 5913 | 100 | 1 |

表6-45显示,数理化三科用词普遍高频词数量少而频率高;低频词数量多,单一词次的词占到总数的34.4%—39.7%之间。

(二)三科共用词、部分共用词、独用词情况比较

对不同学科之间的用词进行对比,可以更清晰地观察不同学科的用词情况。下面是数学、物理、化学三科的词语共用、部分共用及独用情况:

表6-46 数学、物理、化学三科词语使用情况

| 学科 | 词种数 | 共用词 |  | 部分共用词 |  | 独用词 |  |
|---|---|---|---|---|---|---|---|
|  |  | 数量 | 比例(%) | 数量 | 比例(%) | 数量 | 比例(%) |
| 数学 | 10647 | 2406 | 22.60 | 2307 | 21.69 | 5932 | 55.71 |
| 物理 | 8927 |  | 26.95 | 2569 | 28.80 | 3950 | 44.25 |
| 化学 | 5913 |  | 40.69 | 1394 | 23.61 | 2111 | 35.70 |
| 总计 | 17537 | 2406 | 13.72 | 3136 | 17.89 | 11993 | 68.39 |

表6-46中最值得注意的有两组数字,一是共用词占各个词表的比例,最多的是化学,占40.69%;最少的是数学,占22.6%。二是独用词在总词表中的比例高达68.39%。从单一学科来看,最少的为35.7%,最高的为55.71%。

(三)高频学科特色词

数学用词与数理化三科用词总表的频率差比较,显示数学用词最有特色的100个词是:一、个、数、你、两、是、多少、吗、点、做、元、出、一个、为、有、图形、条、三角形、解、面积、每、表示、画、数学、想、角、说、米、方程、我、可以、直线、长、问题、试、这个、圆、相等、计算、练、得、分、边、这、分别、如果、例、下面、线段、求、什么、正方形、比、张、数据、人、算、那么、图像、三、组、关系、分数、我们、得到、议、上面、先、几、值、作、买、厘米、看、函数、再、球、各、平均、写、这样、位置、千米、结果、位、填、次、读、即、呢、四边形、证明、长方形、摆、第、最、统计、人数、估计、小数。

物理用词与数理化三科用词总表的频率差比较,显示物理用词最有特色的100个词是:图、物体、电流、在、实验、力、会、光、电压、运动、时、探究、温度、电阻、电、测量、电路、声音、能量、产生、方向、就、压强、不同、很、使用、通过、越、所、灯泡、液体、信息、节、科学、大、上、作用、人类、热、使、不、传播、地球、大小、想想、现象、导线、人们、声、也、被、工作、着、导体、能源、

用电器、电能、密度、转化、单位、为什么、像、不能、了、杠杆、跟、有关、太阳、受、小、重力、把、功率、电源、电流表、来、而、质量、受到、电池、它、振动、物理学、速度、由于、热量、开关、熔化、过程、因素、信号、提问、示、压力、两端、改变、发、测、其、控制。

化学用词与数理化三科用词总表的频率差比较，显示化学用词最有特色的100个词是：水、物质、化学、溶液、中、和、元素、反应、等、实验、氧气、金属、原子、空气、燃烧、在、二氧化碳、种、气体、质量、现象、或、生成、发生、组成、试管、化合物、变化、材料、观察、铁、含有、分子、生产、加入、性质、燃料、酸、氧、污染、碱、氢气、碳、主要、用、人类、课题、里、讨论、氢、重要、人体、烧杯、加热、离子、于、成分、研究、使用、可、使、不、生活、塑料、盐、将、构成、石油、含、少量、铜、铝、固体、用途、环境、资源、与、人们、工业、形成、如、蛋白质、由、合成、不同、并、化肥、表、点燃、煤、一氧化碳、溶、具有、会、作用、结构、氮、但、放出、制造。

（四）独用词调查

独用词是指只存在于一个学科中的词，这些词有的是体现该学科特有知识的词，有的是教学用词，有的是该学科教材特有的教学特设词。

只出现于数学教材的词有5932个，前100个是[①]：正方形、分数、函数、四边形、平行四边形、不等式、一共、平移、概率、队、分母、全等、顶点、正方体、乘法、直角三角形、堂、未知数、周长、统计图、有理数、分式、圆柱、二次函数、积、轴对称、整数、拼、多边形、对称轴、平均数、相交、多项式、一次函数、定理、数轴、系数、棵、除法、算式、直角、弧、反比例函数、抛物线、平行线、因数、内角、除以、梯形、圆锥、方程组、命题、等腰三角形、扇形、菱形、整式、一元二次方程、年龄、商、样本、原点、等式、加法、斜边、对边、因式、二元一次方程组、估、剩、票、一元一次方程、平分线、单项式、平方、掷、解法、总体、同类项、实数、自变量、勾股定理、个位、枝、圆心角、度、对折、正整数、统计表、求证、复习题、点数、销售、减法、收入、中位数、去年、内角和、保留、解集、平方根。

只出现于物理教材的词有3950个，前100个是：磁场、线圈、内能、做功、功、凸透镜、动能、弹簧测力计、电动机、浮力、噪声、电功率、电压表、摩

---

[①] 此处对若干只用于教材编纂、教学安排的词语作了删除，如"小朋友、小红、复习题、笑笑"。

擦力、静止、势能、接线柱、磁体、快慢、机械能、机械效率、斜面、欧姆定律、大气压、比热容、磁针、电磁铁、音调、并联、变阻器、火线、热机、带动、电能表、透镜、会聚、动滑轮、成像、汽化、大气压强、磁感线、伽利略、串联电路、磁极、拉力、量程、介质、视网膜、焦距、触电、零线、光缆、流动、滑轮、额定电压、有用功、听觉、惯性、电阻丝、波长、粗糙、汽油机、家庭电路、阻值、定滑轮、连通器、放大镜、钩码、接收、紫外线、通电螺线管、扬声器、滑动变阻器、磁化、光屏、望远镜、话筒、柴油机、霜、物理量、超声、水轮机、投影仪、作用力、微波、凹透镜、国际单位制、螺线管、焦耳、水银、太阳电池、镜片、测力计、滑块、家用电器、简单机械、远视眼、光纤、滑片、响度。

只出现于化学教材的词有 2111 个,前 100 个是:溶解、化学式、盐酸、溶质、氯化钠、合金、氢氧化钠、方程式、溶解度、质量分数、石灰石、镁、单质、石灰水、溶剂、饱和、稀硫酸、高锰酸钾、有机、碳酸钙、浓硫酸、稀盐酸、硝酸钾、钠、葡萄糖、锌、化合价、石蕊、硫酸铜、生成物、蔗糖、相对原子质量、淀粉、磷、乙醇、振荡、活动性、可燃物、燃、氢氧化钙、反应物、守恒定律、碱性、相对分子质量、纤维、碳酸钠、试纸、溶解性、稀有、纯净物、氧化物、沉淀、酸碱性、指示剂、熟石灰、过滤、酚酞、高分子、氨水、洗涤剂、必需、电解、水体、活泼、甲烷、生铁、催化剂、钾、食盐水、酸碱度、稀、酸碱、吸入、生石灰、试液、静置、浓、食醋、拉瓦锡、过氧化氢、糖类、铁矿石、玻璃片、氧化铝、洁净、氨基酸、氧化铁、碳酸氢铵、硬水、红磷、中毒、白磷、中和反应、伸入、碳酸、生锈、滴加、制得、灭火器、血红蛋白。

(五) 数学、物理、化学三科用词与语文用词比较

1. 共用词中的高频学科特色词

数学、物理、化学三科总用词 17537 个,语文教材用词 50670 个。下面是二者的比较结果:

表 6-47  数理化教材用词与语文用词的比较

| 项目 | 词数 | 共用词 数量 | 共用词 比例(%) | 独用词 数量 | 独用词 比例(%) |
|---|---|---|---|---|---|
| 数理化用词 | 17537 | 10413 | 59.38 | 7124 | 40.62 |
| 语文用词 | 50670 | 10413 | 20.55 | 40257 | 79.45 |

频级差统计方法能较好地显示数理化与语文科的共用词中的特色词。最具有数理化特色的前100个词如下：图、三角形、图形、物体、相等、物质、探究、面积、分别、计算、溶液、实验、数学、哪些、数据、直线、质量、解、表示、利用、元素、单位、元、电流、性质、例、化学、测量、关系、正方形、练、表、试、位置、根据、交流、体积、组、图像、观察、值、叫做、方法、分子、反应、原子、现象、温度、金属、等于、角、议、相同、平均、分数、例如、变化、距离、组成、通过、大小、使用、量、燃烧、氧气、长度、思考、活动、实际、结论、示、填、分析、过程、说明、下列、证明、规律、气体、厘米、应用、千米、二氧化碳、讨论、约、第、人数、材料、比较、字母、确定、速度、长方形、信息、有关、圆、运动、统计、平行、运算。

语文教材用词中最有特色的前100个词语是：那、孩子、她、母亲、啊、父亲、可是、问、您、时候、没、看见、便、事、头、笑、道、先生、死、吃、却、曰、妈妈、东西、听、坐、呀、真、见、片、老、觉得、往、打、住、望、吧、话、心、回、过去、飞、你们、一天、好像、下来、声、回来、爱、座、站、他们、山、拿、风、手、跑、叫、大家、终于、那个、日、者、突然、那些、让、爸爸、这么、眼睛、脸、太、起、高兴、老师、之、敢、怕、这里、好、朋友、树、唱、地方、进、起来、他、告诉、一切、啦、那里、走、美、多么、送、出来、穿、于是、无、满、爬。

2. 数理化的独用词

语文教材词语总数达50670个，其有80%未出现于数理化教材，可见词语学习的主要任务还是由语文课承担。数理化有而语文无的7124个词语中绝大部分是学科词语，其中只出现一次的高达3269个，表明学科用词数量多，复现率低。

只存在于数理化教材的前100个高频词是：方程、线段、函数、四边形、电压、电阻、小数、平行四边形、压强、电路、不等式、平移、分母、边长、全等、顶点、正方体、化合物、直角三角形、周长、未知数、统计图、有理数、分式、二次函数、轴对称、矩形、整数、多边形、对称轴、可能性、平均数、氢气、负数、多项式、对角线、一次函数、数轴、系数、归纳、举例、正数、烧杯、铝、重合、除法、化学式、步骤、算式、转盘、用电器、反比例函数、平行线、离子、磁场、因数、示意图、溶质、内角、小于、氯化钠、圆锥、方程组、等腰三角形、个数、内能、氢氧化钠、锐角、整式、底面、做功、一元二次方程、分米、电流表、原点、减小、等式、加法、斜边、变量、因式、对边、溶解度、相加、二元一次方程组、平分线、一元一次方程、小数点、单项式、质量分数、度数、解法、动能、液态、实数、同类项、总体、化肥、弹簧测力计、自变量。

（六）数理化用词与《现代汉语常用词表》比较

《现代汉语常用词表》（以下简称《常用词表》）是面向社会使用的常用词表，将数理化教材词语与之对比也能显示双方的用词特点。

表6-48 数理化教材用词与《现代汉语常用词表》比较

| 项目 | 词种数 | 共用词 | | 独用词 | |
|---|---|---|---|---|---|
| | 数量 | 数量 | 比例(%) | 数量 | 比例(%) |
| 数理化用词 | 17537 | 10902 | 62.17 | 6635 | 37.83 |
| 《现代汉语常用词表》 | 56008 | | 19.47 | 45106 | 80.53 |

表6-47与表6-48显示两种比较中的共用词与独用词的比例都很接近。表6-47中数理化独用词是7124条，占的比例为40.62%；表6-48中数理化的独用词是6635条，占的比例为37.83%。将两个独用词的词集关联，显示两方皆无的词为5069个，只在一方有和无的分别是2055与1765个。

表6-49 数理化教材词语与语文教材词语、《现代汉语常用词表》的比较

| 项目 | 数量 | 语文教材与《常用词表》皆无 | 语文教材有，《常用词表》无 | 语文教材无，《常用词表》有 |
|---|---|---|---|---|
| 数理化有，语文教材无 | 7124 | 5069 | / | 2055 |
| 数理化有，《常用词表》无 | 6834 | | 1765 | / |

表6-49显示，数理化教材词语中：

1. 语文教材与《常用词表》皆无的词语有5069条，大部分是学科词。前100条是：平行四边形、压强、边长、全等、直角三角形、统计图、有理数、二次函数、轴对称、对称轴、可能性、多项式、一次函数、数轴、化学式、用电器、反比例函数、因数、溶质、内角、氯化钠、方程组、等腰三角形、内能、氢氧化钠、整式、底面、一元二次方程、电流表、原点、减小、斜边、对边、因式、溶

解度、二元一次方程组、一元一次方程、平分线、质量分数、单项式、解法、同类项、弹簧测力计、自变量、方格、勾股定理、绝对值、圆心角、正整数、复习题、中位数、内角和、解集、直角边、电压表、三视图、对应点、集气瓶、频数、三角尺、单质、加减法、稀硫酸、垂直平分线、几分之几、象限、端点、底面积、几何体、平面直角坐标系、接线柱、同位角、等边三角形、质数、读作、位置关系、众数、无理数、方差、碳酸钙、三角函数、浓硫酸、立方根、代数式、纵坐标、垂线、正多边形、量筒、稀盐酸、机械能、直角坐标系、硝酸钾、移项、化简、分式方程、主视图、近似数、解析式、除数、内错角。

2. 语文教材无、《常用词表》有的 2055 个词中，不少是学科色彩较浓的词。前 100 个词如下：方程、线段、函数、四边形、电压、电阻、小数、电路、不等式、平移、分母、顶点、正方体、化合物、周长、未知数、分式、矩形、整数、多边形、平均数、氢气、负数、对角线、系数、归纳、举例、正数、铝、烧杯、重合、除法、步骤、算式、转盘、平行线、离子、磁场、示意图、小于、圆锥、个数、锐角、做功、分米、等式、加法、变量、相加、小数点、度数、液态、总体、实数、化肥、动能、电动机、个位、一氧化碳、度量、百分数、电磁波、指数、比值、统计表、中点、弹簧、求证、电路图、熔点、氮、实例、横坐标、酒精灯、电功率、平方根、填空、数值、镁、粒子、电荷、视图、沸点、磁、溶剂、底边、高锰酸钾、夹角、势能、常数、百分比、磁体、腐蚀、表面积、题意、直尺、导电、推理、化工、纳米。

3. 语文教材有、《常用词表》无的 1765 个词中，大部分属日常生活用词和因较多连用而成的凝合词。前 100 个词如下：与[①]、一个、不同、图像、我国、小明、这种、示、第、第二、每个、们、提出、第三、看到、不能、得出、作出、看看、同一、每天、想想、很多、数学家、制成、木条、看出、除以、放出、全班、第四、这时、带来、物理学、凸透镜、方程式、升高、举出、找到、最高、每人、制取、某种、一端、化为、遇到、放在、水中、测出、重物、石灰水、分为、第五、看成、最低、放入、做成、写出、只能、不要、强弱、事实上、找出、牛顿、听到、还要、每次、玻璃管、质子、化学家、减去、纸盒、流过、走进、体内、反过来、画出、想到、用水、看做、化成、全等三角形、太阳光、缺水、每月、各项、写成、物理学家、一点、取出、铁

---

[①] "与"不见于《现代汉语常用词表》，应属失收。

钉、大象、售出、各式、大部分、伽利略、同一个、平方厘米、离不开、石块。

通过上述调查分析,我们得知,数学、物理、化学三科教材所使用的字词在很大程度上与语文课形成互补,因此,这些课程不仅具有教给学生自然科学知识的功能,在语言能力培养上的作用也不容低估,这一点应引起教材编写者和教学工作者的充分重视。

数学、物理、化学三科教材的用字、用词总量都不大,与承担着语言文字学习任务的语文课相比,字种数、词种数及总词次都要少许多,复现率较低。数理化的用字与用词主要由以下四类构成:第一,学科术语;第二,一般性的语文字词;第三,指称日常生活中一些特定的物、人、事的字词;第四,教学类字词。它们属于教材编纂与教学过程中起组织、引导、关联作用的用字用词。其中可分两类:一类是教学字词,与教学内容、环节有密切关系;一类是教学特设字词,是为了教学方便而设计出来的。

数理化用字用词有以下特点:

(1)承载着学科知识的字、词数量多,构成了与普通字词使用相对的另一种类型,是全面反映、培养学生语言文字使用能力的一个重要方面。

(2)核心术语的使用频率高,分布面广。

(3)不同教材之间存在着一些表达学科知识的独用的低频、低分布的字词。

(4)术语的出现与教材对学科知识的处理有密切关系。术语使用有明显的阶段性。

(5)为了完成对学科知识的讲授,达到对数学、物理、化学现象的性质、内涵、存在、关系的表达和传递的目的,部分一般性、语文类字词也会具有在某个领域内较高频使用的特点。这部分字词基本在语文科的用字用词范围内,书面色彩较浓,在各年级中使用较为稳定。

(6)学科知识的讲授经常会涉及日常生活中一些具体的物、人、事,它们构成了学科知识呈现的特定语言环境。这样的字词往往具有比较偏僻、偶发、零散、低频的特点。

(7)各教材为了完成教学任务,在教材内容的安排、教学环节的处理中都会有一些起着提示、引导作用的教学类用字用词。它们在不同的教材之间或具有高度的共同性,或具有明显的习惯性。

从数理化教材中提取了基础教育数学常用词 1000 条、基础教育物理常用词 1000 条、基础教育化学常用词 1000 条,请见附录 1、附录 2、附录 3。研制工作依据以下三条原则:一、在学科内部以频率为主要依据,参考教材、学段或册数、课文的分布;二、在学科之间以对比为主要参照点,辅之以本学科的频率与分布情况;三、词表包括术语和带有学科领域色彩的一般性词语,不包括指称日常生活中特殊的事、物、人的字词,也不包括起教学引导作用的词。

**附录 1:基础教育数学常用词 1000 条**

一字词(195 条)

按、八、把、百、摆、半、倍、本、比、边、表、并、不、猜、差、长、称、成、乘、尺、出、除、次、从、答、大、当、到、得、的、等、底、地、点、都、度、短、对、吨、多、二、放、分、份、负、高、个、各、根、共、勾、股、过、和、后、弧、画、还、会、或、积、及、即、几、记、加、减、将、角、截、解、九、就、看、可、克、宽、来、类、棱、例、练、两、辆、量、了、列、六、吗、买、每、米、幂、面、秒、某、内、呢、能、你、年、七、千、前、钱、请、求、球、取、去、圈、权、人、日、如、三、商、上、少、设、升、十、时、使、式、试、是、书、数、水、说、四、算、所、它、题、体、天、填、条、同、图、万、为、位、我、五、下、先、弦、线、想、向、项、小、写、行、沿、腰、要、也、一、以、亿、应、用、由、有、右、于、余、与、元、圆、约、月、再、在、则、占、张、这、正、值、只、中、种、周、轴、着、组、最、左、作、做

二字词(558 条)

按照、百位、办法、半径、半圆、倍数、本金、比较、比例、比如、比赛、比值、必须、边长、边数、边线、变化、变换、变量、标准、表格、表面、表示、并且、补角、不同、步长、步骤、部分、操作、侧面、测量、测算、长度、长短、常常、常数、称为、成绩、乘除、乘法、乘方、乘积、乘数、尺规、抽样、出现、除法、除号、除数、除以、垂线、垂直、次数、答案、打折、大数、大小、大于、大约、代表、代入、代数、单位、倒数、得出、得到、得数、等分、等号、等量、等式、等于、等圆、底边、底端、底角、底面、底数、地面、地球、点数、调查、顶点、顶端、顶角、定长、定点、定理、定义、度量、度数、端点、对边、对称、对角、对齐、对应、对于、对折、钝角、多少、发生、发现、法则、反面、反映、范围、方案、方便、方差、方

程、方法、方式、方向、放大、分别、分成、分类、分米、分母、分式、分数、分析、分钟、分子、分组、符号、负数、复习、改变、概率、高度、个体、个位、根号、根据、公理、公顷、公式、共同、共有、估计、估算、关系、关于、观察、归纳、规律、过程、海里、含有、函数、毫米、毫升、合并、合计、合适、合数、横轴、后面、弧长、互补、互相、化简、画法、画图、环形、换算、活动、获得、基本、极差、集合、几何、计量、计数、计算、记录、记数、季度、加法、加号、加减、加上、加数、夹边、夹角、假设、减法、减号、减去、减数、简便、交点、交流、角度、叫做、接近、结果、结论、截面、截取、解答、解法、解集、解决、解释、近似、进率、进行、经过、经线、精度、精确、就是、举例、矩形、具有、距离、卷尺、开方、开口、开始、考虑、可能、可以、刻度、刻画、空间、口算、宽度、扩大、括号、类似、累计、棱长、棱柱、厘米、里程、理由、立方、立体、利率、利息、利用、例如、例子、连接、连线、联系、练习、两边、了解、列表、列举、列式、邻边、菱形、路程、满足、没有、每次、每个、面积、面值、描述、命题、模型、母线、哪个、哪些、内角、内切、那么、纳米、纳税、能够、偶数、排列、判定、判断、配方、频率、频数、平方、平分、平角、平均、平面、平行、平移、普查、其他、其中、奇数、千克、千米、千位、前后、前面、切点、切线、情况、求解、求证、曲面、曲线、全长、全等、确定、然后、人均、人口、人数、认识、认为、任意、容积、容器、如果、如何、如下、锐角、闰年、三角、扇形、上底、上方、上面、上述、上下、设计、射线、生活、十位、什么、时间、实际、实践、实例、实数、实验、式子、事件、视图、试验、是否、适当、收集、竖式、数据、数量、数目、数位、数学、数值、数轴、数字、水平、顺序、说明、思考、速度、算筹、算法、算盘、算式、算术、随机、缩小、所得、所以、所有、它们、探究、特点、特征、梯形、提出、提高、题意、体积、体重、天平、填空、条件、通常、通分、通过、同时、同样、同圆、统计、投影、图案、图表、图象、图像、图形、推导、推断、推理、推论、外角、外切、完成、万位、微米、纬线、位数、位于、位置、温度、问题、我们、物体、误差、系数、下底、下方、下列、下面、弦图、显示、线段、相差、相等、相加、相交、相离、相邻、相切、相似、相同、相应、象限、小时、小数、小于、斜边、信息、形状、性质、虚线、需要、许多、旋转、选择、学习、研究、验算、验证、仰角、样本、一般、一半、一定、一个、一共、一起、一些、移动、移项、已经、已知、以上、亿位、意义、因此、因式、因数、因为、应用、英寸、由于、有关、有时、右边、右侧、余角、余数、余弦、预测、元素、原本、原点、原来、原理、圆规、圆弧、圆盘、圆心、圆形、圆周、圆柱、圆锥、约分、月份、匀速、运算、怎么、怎样、增长、增加、这个、这些、这样、整除、整个、整理、整式、整数、正负、正面、正切、正数、正弦、证明、之间、支出、知道、知识、直尺、直角、直径、直线、只要、指数、至少、质量、质数、中点、中线、中心、众数、重复、重合、周长、周角、主要、注意、转化、准确、字母、总共、总结、总量、总数、总体、纵轴、组成、组合、左边、左侧、左右、作用、坐标

三字词（166条）

八边形、百分比、百分号、百分率、百分数、百分位、半圆形、被除式、被除数、被减数、比例尺、标准差、表达式、表面积、不等式、侧面积、测角仪、长方体、长方形、常数项、代数式、代数学、单项式、底面积、对称点、对称性、对称轴、对顶角、对角线、对应边、对应点、对应角、对应值、多边形、多项式、二次项、反比例、反证法、方程组、方位角、分配律、分数线、俯视图、负整数、公倍数、公分母、公共点、公式法、公因式、公因数、关系式、横截面、横坐标、黄金比、几何体、几何学、计数法、计数器、计算机、计算器、加减法、假分数、交换律、角边角、结合律、解方程、近似数、近似值、精确度、绝对值、开立方、开平方、可能性、刻度尺、立方根、立方米、立方体、两位数、量角器、六边形、内错角、内角和、内切圆、逆定理、逆命题、逆时针、抛物线、配方法、平方差、平方根、平方和、平方米、平分线、平均数、平均值、平面图、平行线、七巧板、千分位、铅垂线、三角板、三角尺、三角形、三棱柱、十分位、十进制、双曲线、水平面、水平线、顺时针、四边形、所得税、条形图、同类项、同位角、统计表、统计量、统计图、投影面、椭圆形、外角和、外接圆、为什么、未知数、稳定性、无理数、五边形、相当于、相反数、相交线、相似比、销售额、小数点、旋转角、循环节、延长线、一次项、优选法、有理数、圆心角、圆周角、圆周率、圆柱形、运算律、增长率、展开图、折线图、真分数、正比例、正方体、正方形、正负数、正整数、直方图、直角边、中位数、中心点、中心线、轴对称、主视图、自变量、自然数、纵坐标、左视图、坐标系、坐标轴

四字词（45条）

百分之几、被开方数、必然事件、不等式组、乘法法则、等量关系、等腰梯形、对称中心、二次函数、分式方程、勾股定理、混合运算、几分之几、角平分线、九章算术、立体图形、平方分米、平方厘米、平面图形、平行投影、求根

公式、三角函数、数量关系、四舍五入、四则运算、同底数幂、同旁内角、位置关系、无限小数、旋转中心、循环小数、一次方程、一次函数、有限小数、有效数字、运算法则、整存整取、整式方程、正多边形、正六边形、正三角形、正五边形、直角梯形、中心投影、最简分数

五字词及五字以上词(36 条)

垂直平分线、等边三角形、等腰三角形、钝角三角形、二元一次方程、二元一次方程组、反比例函数、合并同类项、黄金分割点、加法交换律、加权平均数、科学记数法、平方差公式、平面直角坐标系、平行四边形、全等三角形、锐角三角形、三元一次方程组、扇形统计图、四舍五入法、算术平方根、算术平均数、条形统计图、完全平方公式、无限不循环小数、无限循环小数、相似三角形、一元二次方程、一元一次方程、正比例函数、直角三角形、直角坐标系、中心对称图形、轴对称图形、最大公因数、最小公倍数

**附录 2：基础教育物理常用词 1000 条**

一字词(149 条)

安、把、摆、被、比、变、冰、并、波、不、才、测、长、常、成、尺、出、磁、次、从、大、但、当、到、得、的、等、低、地、点、碘、电、都、度、对、吨、多、而、放、分、伏、钢、高、个、各、给、跟、更、功、汞、光、硅、过、和、核、赫、很、后、还、会、或、几、间、将、焦、较、金、就、开、看、可、克、库、快、宽、蜡、来、里、力、两、了、另、铝、轮、吗、每、米、秒、内、呢、能、你、牛、其、铅、前、氢、请、热、人、如、三、上、升、声、时、使、是、受、水、说、所、它、铁、铜、图、瓦、为、锡、下、向、像、小、盐、氧、要、也、一、银、用、由、铀、有、又、于、与、约、越、再、在、这、只、中、种、轴、着、总、最、做

二字词(483 条)

安培、白光、半环、半径、保持、北极、比较、必须、变化、变量、标尺、表面、表示、并联、波长、波速、波形、玻璃、不能、不同、材料、测量、插头、插座、柴油、产生、长度、常见、超声、称为、成像、斥力、冲程、触点、触电、传播、传导、传递、串联、磁场、磁化、磁极、磁体、磁铁、磁性、磁针、次声、存在、大量、大小、带电、单位、但是、弹力、弹性、氘核、导电、导体、导线、倒数、灯泡、等于、地方、地面、地球、地热、地线、电报、电池、电灯、电功、电荷、电话、电机、

电极、电力、电流、电路、电能、电器、电热、电视、电刷、电网、电线、电压、电源、电子、电阻、定子、动力、动能、读数、短波、短路、对流、多少、发电、发生、发现、发展、法线、砝码、反射、方法、方向、放电、飞机、沸点、沸腾、分贝、分别、分析、分子、风力、风能、伏特、浮力、符号、辐射、负电、负极、改变、干路、杠杆、高度、高压、各种、根据、工作、公里、公式、功率、汞柱、钩码、固态、固体、关系、观察、惯性、光斑、光波、光带、光缆、光路、光能、光年、光屏、光谱、光束、光速、光纤、光线、光心、光学、光源、规律、过程、海波、氦气、毫安、毫米、合力、核电、核能、赫兹、恒星、横梁、滑轮、滑片、话筒、环境、回声、活动、活塞、火线、机械、激光、计算、记录、技术、加热、减小、交流、焦点、焦耳、焦距、叫做、接触、结构、结果、结论、介质、金属、近视、进行、晶体、静止、酒精、就是、具有、距离、聚变、绝缘、开关、科学、可能、可以、空间、空气、控制、快门、宽度、扩散、拉力、喇叭、乐音、雷电、厘米、力学、利用、例如、粒子、连接、两端、量杯、量程、量筒、裂变、零线、流速、流体、路程、轮轴、轮子、没有、煤气、煤油、密度、面积、摩擦、目镜、哪些、内能、那么、纳米、氖管、氖气、南极、能够、能量、能源、凝固、凝华、牛顿、欧姆、膨胀、漂浮、频道、频率、平衡、曝光、其他、起来、气态、气体、气压、汽化、汽油、千伏、千赫、千克、千米、千瓦、青铜、氢弹、氢气、情况、曲轴、燃料、燃烧、热机、热量、热能、热值、人类、人们、人体、日晷、熔点、熔化、如果、如何、散射、色光、上浮、烧杯、设计、射频、升华、升力、生产、生活、声波、声呐、声速、声音、声源、什么、石蜡、时间、实物、实像、实验、使用、世界、势能、视频、试管、是否、释放、收集、手机、守恒、受到、数据、水能、水银、速度、塑料、所以、它们、太阳、探究、碳粒、陶瓷、讨论、提出、体积、天平、天体、天线、条件、铁丝、铁心、停表、通常、通过、通路、铜丝、铜线、投影、透镜、图象、图像、推力、托力、瓦特、外力、微安、微波、微粒、卫星、位置、温度、问题、我们、物镜、物距、物态、物体、物质、物重、误差、吸热、吸收、下沉、下面、现象、线圈、相同、响度、橡胶、小时、效率、斜面、斜射、芯片、信号、信息、星系、行星、形变、形成、形式、虚像、需要、许多、悬浮、压力、压强、烟煤、研究、盐水、颜色、氧气、叶轮、液化、液态、液体、一定、一个、一些、一样、移动、已经、因此、因素、音叉、音调、音频、音色、引力、应该、应用、影响、影子、硬度、由于、铀核、游码、有的、有关、宇宙、元件、元素、原理、原子、远视、运动、噪声、怎样、兆赫、折光、折射、这个、这些、这样、这种、真空、振动、振幅、蒸发、正电、正极、正确、之间、支点、支路、知道、直接、直径、质量、质子、中子、重力、重量、重心、周期、周围、主要、注意、转动、转化、转子、装置、状态、总功、阻力、阻值、组成、作用、做功

三字词（192 条）

凹面镜、凹透镜、白炽灯、半导体、保险盒、保险丝、比热容、变压器、变阻器、参照物、测电笔、测力计、测量值、柴油机、超声波、臭氧层、磁感线、大气层、大气压、弹簧秤、挡光板、地磁场、电池组、电磁波、电磁体、电磁铁、电动机、电功率、电流表、电炉丝、电路图、电能表、电压表、电阻器、电阻丝、定滑轮、动滑轮、动力臂、额外功、二极管、发电机、发电站、发动机、发声体、反光镜、反射光、反射角、反应堆、方向性、放大镜、非晶体、分度值、分子力、氟利昂、负电荷、干电池、寒暑表、耗电量、核电站、核反应、核聚变、核裂变、红外线、滑轮组、化学能、换向器、火花塞、机械功、机械能、基地台、激光束、继电器、交换机、交流电、接线柱、金属杆、金属盒、近地点、近视眼、晶体管、绝缘层、绝缘体、刻度尺、刻度线、冷凝器、立体声、连通器、螺线管、漫反射、米每秒、密度计、摩擦力、内燃机、凝固点、帕斯卡、排水量、平衡力、平均值、平面镜、平行光、漆包线、起重机、气压计、汽轮机、汽油机、千瓦时、牵引力、潜水艇、球面镜、热传递、热辐射、热气球、热污染、热运动、日光灯、日晷仪、入射点、入射光、入射角、三极管、三棱镜、三原色、摄氏度、施力物、实物图、示波器、试电笔、受力物、输电线、水电站、水轮机、水银柱、水蒸气、太阳能、太阳系、体温表、体温计、天然气、投影片、投影仪、凸面镜、凸透镜、望远镜、微波炉、为什么、温度计、稳压器、握力计、无线电、物理量、物理学、显微镜、显像管、消声器、心电图、蓄电池、压力舱、延展性、验电器、扬声器、氧气瓶、液化气、液态氢、液态氧、液压机、因特网、银河系、荧光灯、永磁体、永动机、用电器、有用功、原子弹、原子核、原子钟、远地点、远视眼、照相机、折射角、真实值、蒸发器、蒸汽机、正电荷、支持力、直流电、中继站、重垂线、主光轴、着火点、紫外线、阻力臂、作用力

四字词（123 条）

闭合电路、变速运动、并联电路、测量误差、超导材料、超导现象、串联电路、大气压强、弹性材料、弹性形变、等离子体、电磁感应、电加热器、电力机车、电路元件、电热水器、电子元件、定向移动、定值电阻、额定电流、额定

电压、额定功率、二力平衡、二氧化氮、二氧化碳、反射光线、分子电流、风力发电、复合材料、感应电流、杠杆平衡、光导纤维、光合作用、光学仪器、滚动轴承、核反应堆、核能发电、横截面积、化石能源、化石燃料、化学电池、火力发电、机械效率、机械运动、集成电路、家庭电路、家用电器、简单机械、静电感应、空气开关、力的作用、链式反应、量子力学、模拟信号、摩擦起电、摩擦阻力、纳米材料、能源革命、欧姆定律、平衡螺母、平衡位置、平均速度、气体压强、铅蓄电池、球形闪电、燃料电池、热岛效应、热机效率、热交换器、热胀冷缩、人造光源、人造卫星、入射光线、三孔插座、摄氏温度、生物质能、实际电压、实际功率、受力面积、输出功率、数字通信、数字信号、水力发电、太阳电池、蹄形磁体、条形磁体、条形磁铁、通信卫星、同步卫星、透镜焦度、托盘天平、万有引力、网络通信、微波通信、微处理器、微观粒子、卫星通信、温室效应、无绳电话、无线电波、物态变化、吸气冲程、相对运动、信号电流、学生电源、压缩冲程、液体压强、一次能源、一氧化碳、移动电话、移动通信、荧光物质、游标卡尺、有机玻璃、宇宙飞船、宇宙空间、折射光线、蒸汽机车、蒸汽轮机、支路电流、直线运动、重力势能、做功冲程。

五字词及五字以上词(53条)

阿基米德原理、半导体二极管、标准大气压、不可再生能源、磁悬浮列车、弹簧测力计、电磁继电器、电磁起重机、电话交换机、电子体温计、电子显微镜、发光二极管、分子热运动、高压输电线、国际单位制、国际千克原器、哈勃望远镜、滑动变阻器、滑动摩擦力、交流电动机、交流发电机、可再生能源、力的三要素、力的示意图、力的作用效果、灵敏电流计、漏电保护器、纳米科学技术、能量守恒定律、牛顿第一定律、喷气式发动机、平面镜成像、燃料的热值、热力学温度、人造地球卫星、三角旋转式发动机、升压变压器、手摇发电机、隧道显微镜、太阳电池板、天文望远镜、通电螺线管、凸透镜成像、万有引力定律、微波中继站、无线电广播、锌锰干电池、信息高速公路、液体的压强、液压千斤顶、硬磁性材料、匀速直线运动、直流电动机。

**附录3：基础教育化学常用词1000条**

一字词(187个)

氨、把、被、本、苯、比、铋、壁、变、表、冰、并、铂、不、层、常、成、呈、出、除、纯、从、大、带、待、但、氮、到、的、等、滴、地、碘、电、都、毒、对、吨、多、而、二、放、氟、复、钙、钢、高、镉、个、各、铬、根、跟、更、汞、钴、光、硅、氦、含、好、和、核、很、后、还、会、或、及、极、几、钾、价、碱、将、较、金、紧、经、就、抗、可、克、氪、口、来、类、冷、里、两、量、了、磷、硫、铝、氯、吗、煤、酶、镁、锰、内、钠、氖、耐、能、你、年、镍、浓、其、铅、强、氢、请、取、缺、燃、热、溶、如、塞、三、上、盛、时、使、示、试、是、水、酸、碎、所、它、钛、碳、锑、铁、铜、图、外、为、硒、稀、锡、洗、下、氙、显、向、小、写、锌、新、锈、氩、盐、氧、要、也、一、已、以、易、银、应、用、由、油、有、又、于、与、遇、约、再、在、这、支、指、中、种、着、总、最、做

二字词（614条）

安全、氨气、氨水、铵根、铵盐、白色、帮助、包括、饱和、保持、保护、爆炸、比较、比例、必须、必需、变成、变化、变质、标签、标准、表面、表明、表示、表现、玻璃、薄膜、不断、不仅、不同、不要、步骤、部分、材料、采用、参考、操作、测定、柴油、产品、产生、产物、常见、常温、常用、沉淀、沉降、称量、称取、称为、成分、成为、程度、澄清、充分、出现、除去、储量、处理、纯度、纯碱、纯净、纯水、促进、醋酸、催化、存在、措施、达到、大量、大气、大约、单位、单质、弹性、淡化、淡水、氮肥、氮气、导电、导管、导致、得到、等等、等于、低温、滴管、滴加、滴入、地壳、点燃、电荷、电解、电能、电性、电源、电子、淀粉、调查、定量、毒素、毒性、多少、惰性、而且、发光、发酵、发热、发生、发现、发展、反应、范围、方法、方面、防止、放出、放入、放置、废弃、废水、沸点、沸腾、分别、分布、分解、分类、分离、分散、分析、分子、酚酞、粉末、丰富、风力、风能、符号、腐败、腐烂、腐蚀、复合、改变、干冰、干粉、干净、干燥、钢瓶、钢铁、高炉、高温、各种、根据、工业、功能、共同、构成、固态、固体、关系、观察、广泛、归纳、规律、过程、过量、过滤、海水、含量、含有、焊接、焊锡、合成、合金、合理、核能、很多、红磷、红色、呼吸、化肥、化工、化合、化石、化学、还原、环境、挥发、回收、浑浊、混合、活动、活泼、火柴、火星、火焰、获得、基本、基础、计算、记录、记忆、技术、继续、加工、加热、加入、加压、甲醛、甲烷、钾肥、钾盐、减少、检验、碱性、建议、健康、交流、焦炭、搅拌、叫做、接触、节约、洁净、结构、结果、结合、结晶、结论、解决、解释、金属、进入、进行、浸泡、禁止、经过、经验、晶体、精炼、净化、静置、酒精、举例、具有、剧烈、聚集、开采、开发、科学、颗粒、可能、可燃、可以、课题、空气、矿石、矿物、扩散、垃圾、蜡烛、冷却、离

子、立即、利用、例如、粒子、联想、炼铁、量取、量筒、了解、磷肥、硫酸、漏斗、滤液、滤纸、铝丝、氯气、慢慢、没有、煤气、煤炭、煤油、霉变、镁条、密度、面粉、灭火、名称、明矾、某些、木炭、木条、目前、哪些、纳米、能否、能够、能量、能源、尿素、镊子、农药、农业、浓度、排放、排水、判断、配平、配制、膨胀、皮肤、瓶塞、破坏、其他、其中、启示、气态、气体、气味、汽水、汽油、器皿、前后、强度、青铜、氢能、氢气、情况、曲线、取出、取用、燃料、燃烧、热量、热能、人类、人们、人体、人造、认识、认为、韧性、日常、容器、容易、溶剂、溶解、溶液、溶质、熔点、熔合、熔化、如果、如何、乳化、色素、砂纸、上述、烧杯、烧碱、烧制、少量、设计、社会、摄入、伸入、生产、生长、生成、生存、生活、生命、生铁、生物、生锈、剩余、失去、施用、十分、什么、石蜡、石墨、石蕊、石油、时间、实际、实验、食醋、食品、食物、食盐、使用、世界、事实、试管、试剂、试纸、室温、是否、适量、收集、受热、书写、数目、水槽、水分、水垢、水平、水体、顺序、说明、思考、塑料、酸碱、酸性、酸雨、随着、所以、它们、炭黑、探究、碳酸、糖类、陶瓷、讨论、特点、特殊、提出、提高、提供、提取、体积、体内、天平、天然、填入、条件、铁钉、铁丝、铁锈、通常、通电、通过、通入、同时、铜绿、铜片、铜丝、透明、土壤、完成、完全、危害、微粒、微量、维持、尾气、胃酸、温度、温室、稳定、问题、我们、污染、污水、无机、无色、物理、物质、吸附、吸入、吸收、析出、稀释、稀有、熄灭、洗涤、细胞、下列、纤维、现象、相同、橡胶、消除、消耗、硝酸、写出、锌粒、新型、形成、形式、形状、性能、性质、锈蚀、需要、许多、悬浮、选择、学习、血糖、迅速、压力、压强、压缩、严重、研钵、研究、研磨、盐水、盐酸、颜色、氧化、氧气、药匙、药品、药物、冶炼、液氮、液化、液态、液体、一定、一个、一些、医疗、仪器、乙醇、已经、以及、以上、意义、因此、因素、因为、引起、应该、应用、营养、影响、硬度、硬水、用途、用作、由于、油脂、有关、有害、有机、有些、元素、原理、原料、原因、原油、原子、运动、杂质、造成、怎样、增加、增强、沼气、这些、这种、蔗糖、振荡、蒸发、蒸馏、整理、正常、正确、证明、之一、知道、知识、脂肪、直接、植物、制成、制得、制品、制取、制造、质量、质子、置换、中毒、中性、中子、种类、重要、周期、逐渐、主要、属于、煮沸、注入、注意、转变、转化、装置、状况、状态、灼烧、资料、资源、紫色、总和、组成、钻石、作物、作用

三字词(148条)

氨基酸、半导体、玻璃棒、玻璃杯、玻璃管、玻璃片、不锈钢、赤铁矿、纯净物、刺激性、催化剂、大理石、代数和、蛋白质、导电性、导气管、地热能、点滴板、电子层、反应物、方程式、非金属、肥皂水、废弃物、腐蚀性、干电池、干燥剂、坩埚钳、高分子、根瘤菌、工农业、过滤器、化合价、化合物、化学家、化学式、混合物、活动性、活性炭、集气瓶、金刚石、进一步、酒精灯、聚乙烯、绝缘性、科学家、可燃冰、可燃物、可燃性、孔雀石、矿物质、拉瓦锡、离不开、立方米、磷矿粉、硫酸铵、硫酸钾、硫酸铝、硫酸钠、硫酸铜、氯化铵、氯化钙、氯化钾、氯化钠、氯化氢、氯酸钾、煤焦油、锰酸钾、灭火器、农作物、浓硫酸、浓盐酸、平方米、葡萄糖、氢氧根、燃烧匙、溶解度、溶解性、乳浊液、润滑油、生成物、生石灰、石灰石、石灰水、石灰岩、石棉网、石油气、实验室、食盐水、示意图、试剂瓶、熟石灰、水蒸气、酸碱度、酸碱性、太阳能、碳酸钙、碳酸根、碳酸钠、碳酸盐、天然气、铁矿石、微生物、为什么、维生素、温度计、污染物、吸水性、稀硫酸、稀盐酸、洗涤剂、橡皮管、橡皮塞、消毒剂、消石灰、硝酸铵、硝酸根、硝酸钾、硝酸钠、硝酸盐、硝酸银、小苏打、悬浊液、延展性、氧化钙、氧化汞、氧化铝、氧化镁、氧化铁、氧化铜、氧化物、叶绿素、易爆物、易燃物、有机物、原子核、原子团、蒸发皿、蒸馏水、指示剂、质子数、钟乳石、重金属、周期性、锥形瓶、着火点、自来水、自然界

四字词(43条)

赤铁矿石、二氧化氮、二氧化硅、二氧化硫、二氧化锰、二氧化碳、分解反应、分液漏斗、复合肥料、高锰酸钾、光合作用、过磷酸钙、过氧化氢、合成纤维、合成橡胶、核电荷数、化合反应、化学变化、化学反应、化学肥料、化学性质、聚苯乙烯、聚氯乙烯、氢氧化钙、氢氧化钠、氢氧化铜、燃烧反应、三氧化硫、守恒定律、碳酸氢铵、碳酸氢钠、体积分数、温室效应、武德合金、血红蛋白、亚硝酸钠、氧化反应、一氧化碳、原子序数、质量分数、置换反应、中和反应、自然资源

五字词及五字以上词(8条)

复分解反应、核外电子数、化学方程式、四氧化三铁、碳氢化合物、五氧化二磷、相对分子质量、相对原子质量

# 第七章
# 汉语国际教育教材语言研究

汉语国际教育教材使用对象的母语非汉语，与以汉语为母语的教材有很大不同。研究这一类教材的语言状况，对了解教材现状、教学内容、教学目标、教学效果，以及今后的汉语教材编写，具有重要参考意义。

## 第一节
### 国内汉语国际教育教材用字用词研究

本节主要包括字、词、义项三项内容。汉字作为书面汉语的载体，在汉语教学中占有重要地位。词语作为语言交际的最小单位，是汉语学习的基本内容之一。词语的学习和运用落实在义项上，掌握词义，了解多义词各义项实际使用频率的高低，是提高常用词常用义教学水平的关键。在以往的词汇统计中，一般是以词为单位，有的涉及了词性，但都未涉及义项、义频，本节把词语义项、义频的统计作为重要内容。

我们根据教材的不同性质、类型、层次，分别进行统计，以期对教材语言面貌有更具体细致的认识。这里使用的教材有几种类型，包括系列精读型：《博雅汉语》、《汉语教程》（北语）、《汉语教程》（北大）；中级精读型：《桥梁》《阶梯汉语中级精读》（以下简称《阶梯》）；初级入门型：《速成汉语初级教程》（以下简称《速成》）、《交际汉语》（以下简称《交际》）、《新标准汉语》(以下简称《新标准》)、《新实用汉语》(以下简称《新实用》)[①];口语入门型:《汉语会话301句》(以下简称《301句》)、《汉语900句》(以下简称《900句》);幼儿学习型:《中文》。教材详细信息见第四章第三节。

## 一、课文类型调查

课文是教材最主要的内容,也是体现教材编纂理念最具体的材料,故先对课文有所了解是十分必要的。

### (一)课文的体裁与语言风格

影响教材的性质、类型和语言面貌的因素是多方面的,其中较多体现编者的编纂理念与编纂方法的是教材的选文。不同性质、不同类型的教材必定会在选文上表现出差异,语言面貌各有不同。下面从课文来源、文体、语体、语言时代风格四个方面考察选文情况。课文类型分自编、选文两类;文章体裁分对话、散文、戏剧、小说、诗歌五类[②];语体风格分口语与书面语两类;语言时代风格分现代文与文言文两类。

### 1. 系列精读型教材选文

系列精读型教材从初级到高级之间的教学跨度相当大。本类教材共采集三套,各自分出初、中、高三个级别,共24册382篇课文。见表7-1。

表7-1 系列精读型教材选文统计表

| 教材 | 级别 | 册数 | 课文篇数 | 课文类型 ||文体|||||语体||时代||
|---|---|---|---|---|---|---|---|---|---|---|---|---|---|
| | | | | 自编 | 选文 | 对话 | 散文 | 戏剧 | 小说 | 诗歌 | 口语 | 书面语 | 现代文 | 文言文 |
| 博雅 | 初级 | 2 | 55 | 51 | 4 | 43 | 12 | 0 | 0 | 0 | 43 | 12 | 55 | 0 |
| | 准中级 | 2 | 32 | 11 | 21 | 0 | 32 | 0 | 0 | 0 | 0 | 32 | 32 | 0 |
| | 中级 | 2 | 22 | 10 | 12 | 0 | 22 | 0 | 0 | 0 | 0 | 22 | 22 | 0 |
| | 高级 | 2 | 20 | 0 | 20 | 0 | 20 | 0 | 0 | 0 | 0 | 20 | 20 | 0 |
| | 合计 | 8 | 129 | 72 | 57 | 43 | 86 | 0 | 0 | 0 | 43 | 86 | 129 | 0 |

---

① 《新标准汉语》《新实用汉语》中级部分调查时尚未出齐,故暂归入初级入门型。
② "对话"指的是日常生活口语对话,"戏剧"是从文体作出的划分。

续表

| 教材 | 级别 | 册数 | 课文篇数 | 课文类型 自编 | 课文类型 选文 | 文体 对话 | 文体 散文 | 文体 戏剧 | 文体 小说 | 文体 诗歌 | 语体 口语 | 语体 书面语 | 时代 现代文 | 时代 文言文 |
|---|---|---|---|---|---|---|---|---|---|---|---|---|---|---|
| 汉语教程（北语） | 一年级 | 6 | 100 | 99 | 1 | 52 | 47 | 0 | 1 | 0 | 52 | 48 | 100 | 0 |
| | 三年级 | 2 | 20 | 0 | 20 | 0 | 18 | 0 | 2 | 0 | 0 | 20 | 20 | 0 |
| | 四年级 | 1 | 10 | 0 | 10 | 0 | 7 | 1 | 2 | 0 | 0 | 10 | 10 | 0 |
| | 合计 | 9 | 130 | 99 | 31 | 52 | 72 | 1 | 5 | 0 | 52 | 78 | 130 | 0 |
| 汉语教程（北大） | 初级 | 3 | 65 | 65 | 0 | 38 | 27 | 0 | 0 | 0 | 38 | 27 | 65 | 0 |
| | 中级 | 2 | 30 | 9 | 21 | 0 | 28 | 0 | 2 | 0 | 0 | 30 | 30 | 0 |
| | 高级 | 2 | 28 | 0 | 28 | 0 | 15 | 1 | 12 | 0 | 0 | 28 | 26 | 2 |
| | 合计 | 7 | 123 | 74 | 49 | 38 | 70 | 1 | 14 | 0 | 38 | 85 | 121 | 2 |
| 总计 | | 24 | 382 | 245 | 137 | 133 | 228 | 2 | 19 | 0 | 133 | 249 | 380 | 2 |
| | | | | 382 | | 382 | | | | | 382 | | 382 | |

上表显示,从课文篇数看,三套教材相差不大,分别是129、130、123。从课文类型看,"自编"与"选文"之比约为2∶1;从文体看,散文居首,对话次之,二者占了总数的95%;从语体风格看,口语与书面语约为1∶2;从时代风格看,99.5%都是现代文,只有《汉语教程》(北大)在高级教材中选有2篇文言文。

2. 中级精读型教材选文

中级精读型教材共采集两套,共6册78篇课文。见表7-2。

表7-2 中级精读型教材选文统计表

| 教材 | 级别 | 册数 | 课文篇数 | 课文类型 自编 | 课文类型 选文 | 文体 对话 | 文体 散文 | 文体 戏剧 | 文体 小说 | 文体 诗歌 | 语体 口语 | 语体 书面语 | 时代 现代文 | 时代 文言文 |
|---|---|---|---|---|---|---|---|---|---|---|---|---|---|---|
| 桥梁 | 中 | 上 | 15 | 0 | 15 | 0 | 15 | 0 | 0 | 0 | 0 | 15 | 15 | 0 |
| | | 下 | 15 | 0 | 15 | 0 | 13 | 1 | 1 | 0 | 0 | 15 | 15 | 0 |
| | | 合计 2 | 30 | 0 | 30 | 0 | 28 | 1 | 1 | 0 | 0 | 30 | 30 | 0 |

续表

| 教材 | 级别 | 册数 | 课文篇数 | 课文类型 |  | 文体 |  |  |  |  | 语体 |  | 时代 |  |
|---|---|---|---|---|---|---|---|---|---|---|---|---|---|---|
|  |  |  |  | 自编 | 选文 | 对话 | 散文 | 戏剧 | 小说 | 诗歌 | 口语 | 书面语 | 现代 | 文言 |
| 阶梯 | 中 | 1 | 12 | 0 | 12 | 0 | 11 | 0 | 0 | 1 | 0 | 12 | 12 | 0 |
|  |  | 2 | 12 | 0 | 12 | 0 | 10 | 0 | 1 | 1 | 0 | 12 | 12 | 0 |
|  |  | 3 | 12 | 0 | 12 | 0 | 11 | 0 | 0 | 1 | 0 | 12 | 11 | 1 |
|  |  | 4 | 12 | 0 | 12 | 0 | 11 | 0 | 0 | 1 | 0 | 12 | 11 | 1 |
|  | 合计 | 4 | 48 | 0 | 48 | 0 | 43 | 0 | 1 | 4 | 0 | 48 | 46 | 2 |
| 总计 |  | 6 | 78 | 0 | 78 | 0 | 71 | 1 | 2 | 4 | 0 | 78 | 76 | 2 |
|  |  |  |  | 78 |  | 78 |  |  |  |  | 78 |  | 78 |  |

上表显示，从册数与课文篇数看，《阶梯》的容量是《桥梁》的1.5倍；其他特点则很相似，在课文类型上全属"选文"；在文体上散文占了绝大多数，对话体消失了，开始出现了诗歌；在语体风格上都是书面语；在时代风格上大部分是现代文，只有《阶梯》后两册各选了一篇文言文。这些特点与系列精读型教材的中级类相同，对话体与口语体也只在后者的初级教材中出现。

3. 初级入门型教材选文

初级入门型教材采集共四套，包括初级、中级两个级别，共15册232篇课文。见表7－3。

表7－3 初级精读型教材选文统计表

| 教材 | 级别 | 册数 | 课文篇数 | 课文类型 |  | 文体 |  |  |  |  | 语体 |  | 时代 |  |
|---|---|---|---|---|---|---|---|---|---|---|---|---|---|---|
|  |  |  |  | 自编 | 选文 | 对话 | 散文 | 戏剧 | 小说 | 诗歌 | 口语 | 书面语 | 现代文 | 文言文 |
| 速成 | 初级 | 1 | 20 | 20 | 0 | 20 | 0 | 0 | 0 | 0 | 20 | 0 | 20 | 0 |
|  |  | 2 | 20 | 20 | 0 | 18 | 2 | 0 | 0 | 0 | 18 | 2 | 20 | 0 |
|  |  | 3 | 20 | 20 | 0 | 12 | 8 | 0 | 0 | 0 | 12 | 8 | 20 | 0 |
|  |  | 4 | 20 | 20 | 0 | 0 | 20 | 0 | 0 | 0 | 0 | 20 | 20 | 0 |
|  | 合计 | 4 | 80 | 80 | 0 | 50 | 30 | 0 | 0 | 0 | 50 | 30 | 80 | 0 |

续表

| 教材 | 级别 | 册数 | 课文篇数 | 课文类型 || 文体 |||| 语体 || 时代 ||
||||| 自编 | 选文 | 对话 | 散文 | 戏剧 | 小说 | 诗歌 | 口语 | 书面语 | 现代文 | 文言文 |
|---|---|---|---|---|---|---|---|---|---|---|---|---|---|---|
| 交际 | 初级 | 1 | 10 | 10 | 0 | 10 | 0 | 0 | 0 | 0 | 10 | 0 | 10 | 0 |
| | | 2 | 10 | 10 | 0 | 10 | 0 | 0 | 0 | 0 | 10 | 0 | 10 | 0 |
| | | 3 | 10 | 10 | 0 | 10 | 0 | 0 | 0 | 0 | 10 | 0 | 10 | 0 |
| | | 4 | 10 | 10 | 0 | 10 | 0 | 0 | 0 | 0 | 10 | 0 | 10 | 0 |
| | 合计 | 4 | 40 | 40 | 0 | 40 | 0 | 0 | 0 | 0 | 40 | 0 | 40 | 0 |
| 新标准 | 初级 | 2 | 38 | 38 | 0 | 38 | 0 | 0 | 0 | 0 | 38 | 0 | 38 | 0 |
| | 中级 | 2 | 38 | 28 | 10 | 19 | 19 | 0 | 0 | 0 | 19 | 19 | 38 | 0 |
| | 合计 | 4 | 76 | 66 | 10 | 57 | 19 | 0 | 0 | 0 | 57 | 19 | 76 | 0 |
| 新实用 | 初级 | 2 | 26 | 26 | 0 | 26 | 0 | 0 | 0 | 0 | 26 | 0 | 26 | 0 |
| | 中级 | 1 | 10 | 4 | 6 | 0 | 10 | 0 | 0 | 0 | 0 | 10 | 10 | 0 |
| | 合计 | 3 | 36 | 30 | 6 | 26 | 10 | 0 | 0 | 0 | 26 | 10 | 36 | 0 |
| 总计 || 15 | 232 | 216 | 16 | 173 | 59 | 0 | 0 | 0 | 173 | 59 | 232 | 0 |
| |||| 232 ||| 232 |||| 232 || 232 ||

上表显示,这四套教材册数基本相同,"自编"课文占了93%。课文篇数相差较大,《速成》与《新标准》的篇数是《交际》《新实用》的2倍。从文体看,3/4是对话体;从语体看,3/4是口语体;从时代看,都属于现代文。

4. 口语入门型教材选文

口语入门型教材共采集两套,30篇课文。课文都属于"自编",对话体,口语体,现代文。

(二)课文长度

课文长度在一定程度上会体现出教材语言的难易度。下面的表格反映的是每一套教材每一册课文的最长字符数、最短字符数、平均字符数、总字符数。在这个基础上,可以再进行字种数、初现字、复现率等更细致些的统计。

1. 系列精读型教材课文长度

表7-4 系列精读型教材课文长度统计表

| 教材/册数 | | 1 | 2 | 3 | 4 | 5 | 6 | 7 | 8 | 9 | 合计 |
|---|---|---|---|---|---|---|---|---|---|---|---|
| 博雅 | 课文数 | 30 | 25 | 16 | 16 | 12 | 10 | 10 | 10 | / | 129 |
| | 最长 | 392 | 644 | 859 | 1279 | 1489 | 4115 | 1943 | 4122 | / | |
| | 最短 | 122 | 299 | 206 | 568 | 816 | 456 | 1010 | 1326 | / | |
| | 平均 | 243 | 421 | 670 | 1002 | 321 | 1551 | 1462 | 2075 | / | 847 |
| | 总字符数 | 7292 | 10526 | 10734 | 16042 | 13859 | 15514 | 14629 | 20757 | / | 109353 |
| 汉语教程（北语） | 课文数 | 15 | 15 | 15 | 15 | 20 | 20 | 10 | 10 | 10 | 130 |
| | 最长 | 171 | 592 | 949 | 1188 | 963 | 1886 | 4766 | 9181 | 10744 | |
| | 最短 | 6 | 192 | 415 | 520 | 497 | 590 | 1912 | 1993 | 3193 | |
| | 平均 | 92 | 319 | 584 | 756 | 719 | 1148 | 3303 | 3762 | 6898 | 1565 |
| | 总字符数 | 1392 | 4791 | 8912 | 11341 | 14389 | 22961 | 33037 | 37623 | 68983 | 203429 |
| 汉语教程（北大） | 课文数 | 15 | 25 | 25 | 15 | 15 | 14 | 14 | / | / | 123 |
| | 最长 | 347 | 429 | 749 | 959 | 1771 | 9074 | 20115 | / | / | |
| | 最短 | 116 | 170 | 387 | 424 | 703 | 927 | 1350 | / | / | |
| | 平均 | 216 | 318 | 560 | 640 | 1088 | 2950 | 5117 | / | / | 1334 |
| | 总字符数 | 3245 | 7957 | 14000 | 9600 | 16319 | 41304 | 71633 | / | / | 164058 |
| 平均长度 | | 184 | 353 | 605 | 799 | 709 | 1883 | 3294 | 2919 | 6898 | 1249 |

表7-4显示,在初级与中级的1—7册中,后一册的课文长度都比前一册的课文长度有明显的增加。考虑到三套教材的差异,比较它们的课文长度限于前5册较为合适。

2. 中级精读型教材课文长度

表7-5 中级精读型教材课文长度统计表

| 教材 | | 1 | 2 | 3 | 4 | 合计 |
|---|---|---|---|---|---|---|
| 桥梁 | 课文数 | 15 | 15 | / | / | 30 |
| | 最长 | 1900 | 5630 | / | / | |
| | 最短 | 1002 | 1576 | / | / | |
| | 平均 | 1444 | 2674 | / | / | 2059 |
| | 总字符数 | 21662 | 40117 | / | / | 61779 |

续表

| | 教材 | 1 | 2 | 3 | 4 | 合计 |
|---|---|---|---|---|---|---|
| 阶梯 | 课文数 | 12 | 12 | 12 | 12 | 48 |
| | 最长 | 1538 | 1567 | 1685 | 2010 | |
| | 最短 | 462 | 831 | 1157 | 343 | |
| | 平均 | 1016 | 1221 | 1413 | 1595 | 1311 |
| | 总字符数 | 12195 | 14652 | 16958 | 19145 | 62950 |
| 平均长度 | | 1230 | 1948 | / | / | |

上表显示,《桥梁》的平均长度要长于《阶梯》;它们的平均长度相当于系列精读型教材的5—6册。

3. 初级入门教材课文长度

表7-6 初级精读型教材课文长度统计表

| | 教材 | 1 | 2 | 3 | 4 | 合计 |
|---|---|---|---|---|---|---|
| 速成 | 课文数 | 20 | 20 | 20 | 20 | 80 |
| | 最长 | 467 | 603 | 751 | 751 | |
| | 最短 | 28 | 324 | 413 | 500 | |
| | 平均 | 284 | 458 | 560 | 641 | 485 |
| | 总字符数 | 5675 | 9164 | 11194 | 12828 | 38861 |
| 交际 | 课文数 | 10 | 10 | 10 | 10 | 40 |
| | 最长 | 1063 | 1059 | 909 | 1051 | |
| | 最短 | 260 | 330 | 0[①] | 352 | |
| | 平均 | 444.4 | 563 | 462 | 538 | 502 |
| | 总字符数 | 4444 | 5626 | 4615 | 5379 | 20064 |
| 新标准 | 课文数 | 19 | 19 | 19 | 19 | 76 |
| | 最长 | 406 | 375 | 403 | 1162 | |
| | 最短 | 30 | 150 | 216 | 379 | |
| | 平均 | 167 | 254 | 299 | 702 | 355 |
| | 总字符数 | 3182 | 4830 | 5691 | 13348 | 27051 |

① 《交际汉语》第3册第26课《看病》与第25课重复印刷,故不予统计。

续表

| 教材 | | 1 | 2 | 3 | 4 | 合计 |
|---|---|---|---|---|---|---|
| 新实用 | 课文数 | 14 | 12 | 10 | / | 36 |
| | 最长 | 597 | 913 | 1690 | / | |
| | 最短 | 47 | 628 | 903 | / | |
| | 平均 | 333 | 739 | 1202 | / | 710 |
| | 总字符数 | 4667 | 8873 | 12027 | / | 25567 |
| 平均长度 | | 307 | 504 | 631 | 627 | 513 |

上表显示，这四套教材前后不同册数之间的课文长度变化不大，它们的平均长度与系列精读型教材中前4册的长度大体相当。

4. 口语入门型教材课文长度

表7-7　口语入门型教材课文长度统计表

| 教材/册数 | | 1 | 合计 |
|---|---|---|---|
| 301句 | 课文数 | 20 | 20 |
| | 最长 | 263 | |
| | 最短 | 43 | |
| | 平均 | 180 | 180 |
| | 总字符数 | 3606 | 3606 |
| 900句 | 课文数 | 10 | 10 |
| | 最长 | 1015 | |
| | 最短 | 433 | |
| | 平均 | 609 | 609 |
| | 总字符数 | 6087 | 6087 |

5. 儿童学习型教材课文长度

表7-8　儿童学习型教材课文长度统计表

| | | 1 | 2 | 3 | 4 | 5 | 6 | 7 | 8 | 9 | 10 | 11 | 12 | 合计 |
|---|---|---|---|---|---|---|---|---|---|---|---|---|---|---|
| 中文 | 课文数 | 14 | 14 | 14 | 14 | 14 | 14 | 14 | 14 | 14 | 14 | 14 | 14 | 168 |
| | 最长 | 40 | 116 | 251 | 264 | 369 | 455 | 631 | 537 | 691 | 899 | 912 | 1281 | |
| | 最短 | 7 | 36 | 69 | 175 | 97 | 87 | 86 | 126 | 126 | 83 | 661 | 697 | |
| | 平均 | 22 | 74 | 172 | 204 | 281 | 342 | 415 | 462 | 552 | 655 | 806 | 1022 | 417 |
| 总数 | | 315 | 1047 | 2414 | 2867 | 3934 | 4791 | 5821 | 6471 | 7728 | 9174 | 11293 | 14316 | 70171 |

儿童学习型教材的课文普遍较短,除了最后一册,其他 11 册平均长度都在千字以内,其中前 8 册平均长度在 500 字以内。

## 二、教材用字分析

(一)用字概况

用字调查对象为每套教材的所有课文,不包括课后练习、生词说明、附录阅读等。1 篇课文为 1 个文本,总共有课文 890 篇。总字符数 792976 字符次,总汉字数 680171 字次,汉字字种数 4041 个,共用字种数 278 个。

表 7-9 十二套教材用字概貌

| 序号 | 教材名 | 文本数 | 总字符数 | 总汉字数 | 汉字字种数 | 共用字种数 | 独用字种数 |
|---|---|---|---|---|---|---|---|
| 1 | 博雅汉语 | 129 | 109353 | 94840 | 2748 | 278 | 107 |
| 2 | 汉语教程(北语) | 130 | 203429 | 175563 | 3361 | 278 | 350 |
| 3 | 汉语教程(北大) | 123 | 164058 | 141827 | 3076 | 278 | 186 |
| 4 | 桥梁 | 30 | 61779 | 53200 | 2166 | 278 | 34 |
| 5 | 阶梯 | 48 | 62950 | 54700 | 2134 | 278 | 23 |
| 6 | 速成 | 80 | 38861 | 31452 | 1518 | 278 | 6 |
| 7 | 交际 | 40 | 20064 | 15172 | 1092 | 278 | 4 |
| 8 | 新标准 | 76 | 27051 | 22833 | 1576 | 278 | 10 |
| 9 | 新实用 | 36 | 25567 | 21704 | 1328 | 278 | 5 |
| 10 | 301 句 | 20 | 3606 | 2779 | 349 | 278 | 0 |
| 11 | 900 句 | 10 | 6087 | 5429 | 827 | 278 | 26 |
| 12 | 中文 | 168 | 70171 | 60672 | 2330 | 278 | 41 |
| | 合计 | 890 | 792976 | 680171 | 4041 | 278 | |

上表显示,总汉字数、汉字字种数多的为系列进修教材,少的一般为初级或短期进修教材;使用汉字较多的教材一般编纂时间较早;独用字种数越多,说明教材难度越大,程度越高,体现出"字量大—字种数多—用字种数多—难度高—学习周期长"的内在联系。十二套教材共有汉字 278 个,这是受《301 句》的影响。

(二)五类教材用字

十二套教材内部差异较大,教材类型、教材容量、教材对象、教材功能都有很大的不同,因而在用字方面存在较大差异。不同类型教材的用字情况见表7-10。

表7-10 五类教材用字统计表

| 类型 | 教材名 | 汉字字种数 | 小类共用字种数① | 小类独用字种数 | 小类部分共用字种数② |
|---|---|---|---|---|---|
| 系列精读型 | 博雅汉语 | 2748 | 2279 | 161 | 308 |
| | 汉语教程(北语) | 3361 | | 433 | 649 |
| | 汉语教程(北大) | 3076 | | 240 | 557 |
| 中级精读型 | 桥梁 | 2166 | 1758 | 408 | / |
| | 阶梯 | 2134 | | 376 | / |
| 初级入门型 | 速成 | 1518 | 734 | 172 | 612 |
| | 交际汉语 | 1092 | | 78 | 280 |
| | 新标准 | 1576 | | 228 | 614 |
| | 新实用 | 1328 | | 145 | 449 |
| 口语入门型 | 301句 | 349 | 298 | 51 | / |
| | 900句 | 827 | | 529 | / |
| 儿童学习型 | 中文 | 2330 | / | / | / |

系列精读型教材共用字种数最多,达2279个,其他三类依次降低。

(三)系列精读型教材分册用字

系列精读型教材《博雅》8册,《汉语教程》(北语)9册,《汉语教程》(北大)7册,各册数的用字情况见表7-11。

表7-11 系列精读型教材分册用字统计表

| 教材/册数 | | 1 | 2 | 3 | 4 | 5 | 6 | 7 | 8 | 9 | 合计 |
|---|---|---|---|---|---|---|---|---|---|---|---|
| 博雅 | 汉字字种数 | 623 | 984 | 961 | 1215 | 1384 | 1674 | 1626 | 1834 | / | 2748 |
| | 总汉字数 | 5817 | 8879 | 9396 | 14161 | 11916 | 13583 | 12563 | 18525 | / | 94840 |
| | 总字符次数 | 7292 | 10526 | 10734 | 16042 | 13859 | 15514 | 14629 | 20757 | / | 109353 |

---

① "小类共用""小类独用"表示在ABCD各自代表的小类中的共用字种和独用字种,以下词语和义项标示同理。

② "小类部分共用"表示在每类中出现三套或三套以上教材,共用的类型比较复杂,我们不仅考察了所有的共用字种,也考察了部分共用的情况。

续表

| 教材/册数 | | 1 | 2 | 3 | 4 | 5 | 6 | 7 | 8 | 9 | 合计 |
|---|---|---|---|---|---|---|---|---|---|---|---|
| 汉语教程（北语） | 汉字字种数 | 238 | 492 | 762 | 871 | 1145 | 1478 | 2049 | 2370 | 2715 | 3361 |
| | 总汉字数 | 1084 | 3973 | 7414 | 9518 | 12593 | 20267 | 28775 | 33145 | 58794 | 175563 |
| | 总字符数 | 1392 | 4791 | 8912 | 11341 | 14389 | 22961 | 33037 | 37623 | 68983 | 203429 |
| 汉语教程（北大） | 汉字字种数 | 340 | 698 | 908 | 1079 | 1411 | 2276 | 2564 | / | / | 3076 |
| | 总汉字次 | 2715 | 6938 | 12325 | 8487 | 14183 | 35679 | 61500 | / | / | 141827 |
| | 总字符数 | 3245 | 7957 | 14000 | 9600 | 16319 | 41304 | 71633 | / | / | 164058 |

《博雅》8册分四个级别：初级（1—2册）、准中级（3—4册）、中级（5—6册）、高级（7—8册）。《汉语教程》（北语）9册分三个年级：一年级（1—6册）、三年级（7—8册）、四年级（9册）①。《汉语教程》（北大）7册分三个级别：初级（1—3册）、中级（4—5册）、高级（6—7册）②。

本类教材体现出总汉字数、汉字字种数与级别之间存在着同比增长的关系。随着年级增高、学习时间延长，总汉字数、汉字字种数呈递增趋势。不同的教材在增加方式上略有不同。

《博雅》的总汉字数、汉字字种数的增加，主要分布在同一级别的不同册数上，相邻级别的两册变化不大。如2册是初级的下册，3册为准中级的上册，2册与3册之间、4册与5册之间未出现显著差异。而同为准中级的3册与4册，同为中级的5册与6册之间差异明显变大，显示出教材编纂者将新出现的汉字主要安排在同级的上册，而下册主要进行巩固性学习。

《汉语教程》（北语）由于没有二年级教材作为参照，所以不同级别之间的字种字量变化明显。1—6册同属一年级阶段，各册之间呈稳步增加的趋势。

《汉语教程》（北大）总汉字数、汉字字种数的差异，主要体现在不同级别的教材，同级别的先后册数之间的变化较小。

三种教材在学习开始阶段使用的汉字字种明显不同。同属第1册，《博雅》623个字，《汉语教程》（北语）238个字，《汉语教程》（北大）340个

---

① 本语料调查时二年级教材尚未出版。
② 初级共出版4册，第四册为汉字课本，无课文内容，故不纳入。

字。三种教材同属系列精读型教材,总字种数虽然相近,但分布的差异性相当明显。

(四)中级精读型教材分册用字

表 7-12　中级精读型教材分册用字统计表

| 教材 | | 1 | 2 | 3 | 4 | 合计 |
|---|---|---|---|---|---|---|
| 桥梁 | 汉字字种数 | 1512 | 1960 | / | / | 2166 |
| | 总汉字数 | 18713 | 34487 | / | / | 53200 |
| | 总字符数 | 21662 | 40117 | / | / | 61779 |
| 阶梯 | 汉字字种数 | 1170 | 1342 | 1476 | 1558 | 2134 |
| | 总汉字数 | 10420 | 12806 | 14853 | 16621 | 54700 |
| | 总字符数 | 12195 | 14652 | 16958 | 19145 | 62950 |

本类教材各册总汉字数、汉字字种数呈均匀分布的特点,中级教材所处的教学阶段要求巩固初级阶段教学成果,同时为高级阶段打基础。该类教材呈现出过渡性强、学习周期短的特点。

(五)初级入门型教材分册用字

表 7-13　初级入门型教材分册用字统计表

| 教材 | | 1 | 2 | 3 | 4 | 合计 |
|---|---|---|---|---|---|---|
| 速成 | 汉字字种数 | 459 | 791 | 1031 | 1217 | 1515 |
| | 总汉字数 | 3630 | 7439 | 9355 | 11028 | 31452 |
| | 总字符数 | 5675 | 9164 | 11194 | 12828 | 38861 |
| 交际 | 汉字字种数 | 465 | 591 | 587 | 661 | 1092 |
| | 总汉字数 | 3187 | 4300 | 3532 | 4153 | 15172 |
| | 总字符数 | 4444 | 5626 | 4615 | 5379 | 20064 |
| 新标准 | 汉字字种数 | 472 | 620 | 748 | 1345 | 1576 |
| | 总汉字数 | 2642 | 3876 | 4700 | 11615 | 22833 |
| | 总字符数 | 3182 | 4830 | 5691 | 13348 | 27051 |
| 新实用 | 汉字字种数 | 363 | 623 | 1184 | / | 1328 |
| | 总汉字数 | 3773 | 7476 | 10455 | / | 21704 |
| | 总字符数 | 4667 | 8873 | 12027 | / | 25567 |

此类教材突出了功能性和实用性。总汉字数、汉字字种数表现出数量少、复现率高的特点。

《速成》本身定位为初级汉语,总汉字数与汉字字种数比系列精读型的初级教材变化大,接近中级教材。《交际》4册的总汉字数与汉字字种数分布较为均匀,变化不大。《新标准》与《新实用》接近,有关汉字的各项统计均低于系列精读型教材的初级部分,反映出教材浅易的特点。

(六)口语入门型教材分册用字统计

表 7-14　口语入门型教材分册用字统计表

| 教材/册数 | | 1 |
|---|---|---|
| 301 句 | 汉字字种数 | 349 |
| | 总汉字数 | 2779 |
| | 总字符数 | 3606 |
| 900 句 | 汉字字种数 | 827 |
| | 总汉字数 | 5429 |
| | 总字符数 | 6087 |

口语入门型教材突出基础性、实用性,整体共用汉字数较少。《301句》从用字角度看是十二套教材中最浅显的,无独用汉字,与《900句》比较,入门级别定得更低。

(七)汉字覆盖率

调查所得到的汉字字种4041个,其中高频字表现得相当集中。不同覆盖率的用字统计见表7-15。

表 7-15　汉字覆盖率

| 覆盖率(%) | 字种数 | 字次 |
|---|---|---|
| 50 | 116 | 1091 |
| 80 | 520 | 242 |
| 90 | 951 | 100 |
| 95 | 1466 | 43 |
| 99 | 2310 | 12 |

上表显示,520个字覆盖了所有语料的80%,951个字覆盖了所有语料

的90%。可以说掌握了1000字是汉语作为第二语言教学中识字的一个基本量,掌握了1500字则基本上可以满足学习要求,达到2000字则可以较好地阅读教材。要提高教材的编写质量,控制好汉字的数量是关键。覆盖语料最后一个百分点使用的字数达1770余个,数量虽多但都较为罕用,在所有890篇课文中只出现于一篇课文的汉字达669个。

(八) 前100个高频字

前100个高频字覆盖了所有语料的48.23%。第1位是"的",频次为25099,文本数为815;第100位是"头",频次为1193,文本数为305。将前100个高频字与2006年调查所得"报纸、广播电视、网络用字总表"[①]的前100个高频字比较,相同的有58个,不同的有42个。

表7-16 前100个高频字与2005年度报纸、广播电视、网络用字比较

| 共用汉字(58) | 教材独现字(42) | "2005年度"独现字(42) |
|---|---|---|
| 的、一、在、是、有、国、了、中、人、不、大、年、为、上、这、和、个、会、时、到、出、我、对、发、来、以、要、生、他、经、家、地、成、后、们、多、能、现、就、于、前、也、方、可、下、得、说、过、开、学、天、自、用、而、都、面、事、还 | 你、子、么、好、去、着、里、看、小、儿、那、没、很、老、她、起、然、想、什、又、样、心、只、道、点、把、给、见、从、回、话、同、些、吃、意、两、己、常、走、太、明、头 | 日、行、报、新、市、业、公、场、者、本、作、分、进、部、全、将、月、法、员、民、高、工、动、车、今、主、关、赛、理、队、产、力、体、比、实、所、最、区、资、球、定、加 |

表7-16中,42个教材独现字清楚显示出第二语言教材用字的语文性、口语性、生活性等特点。

(九) 教材用字与《现代汉语常用字表》比较

调查所得出的前3500个字覆盖率达99.91%,频次为2;所有频次在2以上的为3551个字,覆盖率达99.93%。下面将频次在2以上的3551个字与《常用字表》(3500字)进行比较,结果如下:

1. 教材前3551个字与《常用字表》相同的有3131个。

2. 教材前3551个字不见于《常用字表》的有420个(按音序排列):皑、霭、谙、黯、坳、翱、奡、呗、阪、坂、榜、甫、迸、婢、甓、摈、膑、啵、帛、嚓、蔡、

---

① 国家语言资源监测与研究中心编《中国语言生活状况报告(2005)》(下编),商务印书馆,2006,第33—35页。

嘈、涔、锸、诧、钗、禅、羼、娟、嫦、怅、掣、瞠、骋、哧、跚、叱、舂、憧、惆、踌、瞅、
躇、蹰、舛、辍、茨、蹙、蹿、忖、嗒、沓、跶、靼、鞑、黛、狄、迪、谛、巅、癫、钿、
迭、喋、咚、嘟、渎、忒、沌、炖、铎、娥、呃、洱、幡、蕃、彷、妃、扉、霏、烽、弗、呒、
阜、旮、伽、嘎、尬、尴、擀、赣、嗝、铬、庚、哽、篝、汩、盅、呱、盥、鹳、圭、衮、嗨、
骸、骱、瀚、嗥、郝、嚆、阖、壑、亨、惚、浒、桓、鬟、豢、隍、徨、簧、卉、喙、馄、姬、
迦、痂、胛、偕、槛、犟、犟、跤、颉、睫、蚧、藉、烬、炯、赳、啾、咀、涓、噘、攫、
郡、咔、喀、侃、亢、柯、颏、稞、窠、叩、蒯、逵、揆、睽、匮、喟、兀、刺、娈、阑、痨、
佬、嬴、愣、醴、唳、琏、跟、嶙、拎、绫、羚、浏、遛、蹓、咯、珑、偻、喽、镂、噜、禄、
漉、鹭、掳、嬷、嘛、鳗、牦、氆、袤、魅、濛、咩、岷、冥、麽、蓦、牟、眸、喃、囔、璃、
嗯、妮、霓、拈、甘、袅、涅、啮、蹑、咛、妞、哝、傩、噢、哦、啪、蹒、呸、裴、怦、嘭、
癖、嚭、擎、曝、沏、淇、畦、琪、绮、憩、虔、堑、羌、跄、锵、蔷、沁、茕、邱、泅、袪、
觑、蜷、阕、逡、冉、茹、濡、莎、鲨、姗、煽、讪、扇、轼、噬、孀、朔、鸶、斯、祀、嗣、
淞、悚、嗖、擞、稣、簌、邃、跋、榻、坍、忐、镗、绦、眺、啕、忑、嚏、腆、迢、忉、拖、
饨、豚、陀、坨、沱、哇、纨、惘、煨、帏、娓、喔、毋、吾、唔、兀、戊、兮、唏、奚、
浙、禽、嘻、羲、呷、遐、黠、袄、逍、潇、霄、偕、亵、榭、馨、倖、咻、戌、嘘、魆、
诩、栩、暄、绚、渲、醺、峋、丫、妍、俨、酽、佯、瑶、飙、耶、揶、漪、噫、咦、颐、矣、
懿、荫、氤、狺、寅、膺、唷、雍、臃、甬、俑、黝、渝、於、盂、竽、谀、萸、揄、瑜、虞、
禹、妪、峪、垣、嫄、曰、氲、熨、咂、哉、奘、喷、咋、辗、湛、璋、嶂、辄、蛰、嗻、缜、
圳、祗、豸、炙、鸷、踵、纼、茱、箸、篆、惴、镯、孜、兹、嗞、髭、梓、粽、邹、攥、佐。

其中前10个高频字是"哦(94)①、黛(72)、嘛(59)、惟(48)、嗯(42)、庚(42)、愣(31)、莎(27)、俑(27)、嬷(2)"。

3.《常用字表》常用字不见于教材调查用字前3545个汉字的有369个。

4.《常用字表》常用字不见于教材调查所有用字的有216个。

5.《常用字表》一级常用字(2500字)不见于教材调查用字的有10个，它们是"铲、稠、蛾、秆、歼、桐、屯、咏、榆、轧"。

为什么教材用字有的没有在《常用字表》中出现,而《常用字表》中有的又没有在教材中出现呢？从教材来看,第一种情况是因课文选文的关

---

① 括号内表示频次数。

系。如"黛"是在课文《林黛玉进贾府》中出现,"庚"是在《华罗庚》等五篇课文中出现,"嬷"则是在课文《阿 Q 正传》中出现。这些字属教材中的"辅助字"。第二种情况是因教材中使用了表达语气的用字,如"嘛、嗯、哦、哇"等在初级教材的对话体课文中经常出现,却没有进入《常用字表》,说明字表的制订偏于书面语。"铲、稠、蛾、秆、歼、桐、屯、咏、榆、轧"没有进入教材,有的是由于使用范围较窄,有的是由于使用频率较低。

### 三、教材用词分析

(一) 用词概貌

分词单位总数 555712 词次,词总数 456377 词次,词种数 26345 个,共用词种数 195 个。十二套教材用词整体数据见表 7–17。

表 7–17 十二套教材用词概貌

| 序号 | 教材 | 总词数 | 词种数 | 共用词种数 | 独用词种数 |
|---|---|---|---|---|---|
| 1 | 博雅 | 62923 | 8562 | 195 | 2040 |
| 2 | 汉语教程(北语) | 119024 | 13927 | 195 | 4776 |
| 3 | 汉语教程(北大) | 97702 | 11191 | 195 | 3074 |
| 4 | 桥梁 | 35965 | 5801 | 195 | 912 |
| 5 | 阶梯 | 34892 | 5943 | 195 | 861 |
| 6 | 速成 | 20802 | 3286 | 195 | 345 |
| 7 | 交际 | 10261 | 1623 | 195 | 191 |
| 8 | 新标准 | 14941 | 3064 | 195 | 310 |
| 9 | 新实用 | 14474 | 2347 | 195 | 205 |
| 10 | 301 句 | 1881 | 366 | 195 | 13 |
| 11 | 900 句 | 3944 | 1071 | 195 | 89 |
| 12 | 中文 | 39568 | 6726 | 195 | 1444 |
| 合计 | | 456377 | 26345① | / | 14260 |

① 合计的"词种数"不是每套教材的词语种数相加之和,不同教材的相同词语合并计算为一种。

共用词种只有 195 条,是因为《301 句》词种数低。

(二)五类教材用词

表 7-18 五类教材用词统计表

| 类型 | 教材 | 汉字字种数 | 小类共用字种数 | 小类独用字种数 | 小类部分共用字种数 |
|---|---|---|---|---|---|
| 系列精读型 | 博雅汉语 | 8562 | 3940 | 2672 | 1950 |
|  | 汉语教程(北语) | 13927 |  | 6159 | 3828 |
|  | 汉语教程(北大) | 11191 |  | 4063 | 3188 |
| 中级精读型 | 桥梁 | 5801 | 5920 | 2881 | / |
|  | 阶梯 | 5943 |  | 3023 | / |
| 初级入门型 | 速成 | 3286 | 525 | 1400 | 1361 |
|  | 交际 | 1623 |  | 500 | 623 |
|  | 新标准 | 3064 |  | 1265 | 1274 |
|  | 新实用 | 2347 |  | 802 | 1020 |
| 口语入门型 | 301 句 | 366 | 265 | 101 | / |
|  | 900 句 | 1071 |  | 806 | / |
| 儿童学习型 | 中文 | 6726 | / | / | / |

(三)系列精读型教材分册用词

表 7-19 系列精读型教材分册用词统计表

| 教材/册数 |  | 1 | 2 | 3 | 4 | 5 | 6 | 7 | 8 | 9 | 合计 |
|---|---|---|---|---|---|---|---|---|---|---|---|
| 博雅 | 词种数 | 752 | 1380 | 1357 | 2064 | 2227 | 2834 | 2614 | 3414 | / | 8562 |
|  | 总词数 | 3856 | 5961 | 6226 | 9372 | 7810 | 9071 | 8357 | 12270 | / | 62923 |
| 汉语教程(北语) | 词种数 | 215 | 557 | 993 | 1209 | 1928 | 2848 | 4450 | 5619 | 7553 | 13927 |
|  | 总词数 | 776 | 2667 | 5179 | 6608 | 8764 | 13710 | 18953 | 22075 | 40292 | 119024 |
| 汉语教程(北大) | 词种数 | 381 | 946 | 1412 | 1641 | 2514 | 5192 | 6812 | / | / | 11191 |
|  | 总词数 | 1890 | 4762 | 8187 | 5513 | 9299 | 24306 | 43745 | / | / | 97702 |

(四)中级精读型教材分册用词

表 7-20　中级精读型教材分册用词统计表

| 教材 | | 1 | 2 | 3 | 4 | 合计 |
|---|---|---|---|---|---|---|
| 桥梁 | 词种数 | 2976 | 4450 | / | / | 5801 |
| | 总词数 | 12541 | 23424 | / | / | 35965 |
| 阶梯 | 词种数 | 1867 | 2264 | 2261 | 2964 | 5943 |
| | 总词数 | 6943 | 8123 | 9413 | 10413 | 34892 |

(五)初级入门型教材分册用词

表 7-21　初级入门型教材分册用词统计表

| 教材 | | 1 | 2 | 3 | 4 | 合计 |
|---|---|---|---|---|---|---|
| 速成 | 词种数 | 503 | 1092 | 1596 | 2043 | 3286 |
| | 总词数 | 2318 | 4905 | 6342 | 7237 | 20802 |
| 交际 | 词种数 | 502 | 685 | 636 | 710 | 1623 |
| | 总词数 | 2218 | 2921 | 2359 | 2763 | 10261 |
| 新标准 | 词种数 | 475 | 737 | 913 | 2184 | 3064 |
| | 总词数 | 1673 | 2498 | 3038 | 7732 | 14941 |
| 新实用 | 词种数 | 384 | 782 | 1892 | / | 2347 |
| | 总词数 | 2434 | 4934 | 7106 | / | 14474 |

(六)口语入门型教材分册用词统计

表 7-22　口语入门型教材分册用词统计表

| 教材 | | 1 |
|---|---|---|
| 301 句 | 词种数 | 366 |
| | 总词数 | 1881 |
| 900 句 | 词种数 | 1040 |
| | 总词数 | 3944 |

上面(三)至(六)对各类教材的每册词语总数、词种数分别做了统计,显示出如下特点:篇幅越长,独有词越多;独有词越多,教材难度越大、程度越高。词种数与教材之间大体表现出这样的内在联系:系列教材词种数在 1 万左右,中级教材在 6000 左右,初级以及短期教材则在 3000 以下。

只在一种教材中出现的词种数有 14260 个,占总词语数的 54%。即使是同属系列精读型的几种教材,在总字数、字种数、总词数、词种数相差不大的情况下,只出现于一部教材的词语数量仍不少,说明教材之间词汇的差异性相当大。14260 条词语按词性计算是 15758 条,其中人名 1027 条,地名 636 条,机构名 286 条,其他专名 249 条,惯用语 1360 条,占总数 15758 的 22.58%,其他各类词语占 77.42%。名词、动词、形容词共占总词语数的 62.34%,有相当多属言语词①、书面语词或专指词,如"吸尘器、行刺、续借、沿途、洋房、野鸟"等。

(七)词语覆盖率

12 种教材总词数 26345 条,但高频词相当集中。不同覆盖率的词种与频次统计见表 7-23。

表 7-23　词语覆盖率

| 覆盖率(%) | 字种数 | 字次 |
|---|---|---|
| 50 | 194 | 300 |
| 80 | 2231 | 23 |
| 90 | 5908 | 7 |
| 95 | 11783 | 2 |

上表显示,2231 条词覆盖了总语料的 80%,5908 条词覆盖了总语料的 90%。由此可知,2000 条词语与 6000 条词语是汉语第二语言词汇教学中的两个重要量。

覆盖语料的最后一个百分点使用了近 5000 条词。在总语料中只出现 1 次的达 10800 条,只在一篇课文中出现的达 13100 条。这些极度的低频词大部分是言语词,其中名词居多。但覆盖率达 90% 的词语出现频次也只有 7 次,这些都表明教材之间词语差异性相当大。

(八)教材词汇与《对外汉语教学词汇大纲》比较

《对外汉语教学词汇大纲》是一个重要的参考标准。将教材词汇调查的词语与之进行比较,结果如下:

1.《对外汉语教学词汇大纲》有 8822 条,相同词形者合并后有 8605

---

① 言语词指使用于某些特定场合、指称某些特定对象、未稳定下来为大众普遍使用的词语。

条,其中不见于教材词汇调查的有 1211 条。

2.《对外汉语教学词汇大纲》有甲级、乙级词 3051 条,相同词形者合并后为 2979 条,不见于教材词汇调查的有 69 条。其中属于"语法结构词"的有 21 条:……得很、……的话……、……分之……、……极了……、……之间……、……边……边……、除了……以外、从……出发、从……到……、从……起……、当……的时候、非……不可、既……也……、既……又……、连……都……、一……就……、一……也……、一边……一边……、一方面……一方面……、越……越……、越来越……。这里的"语法结构词"拆开后都在教材语言中出现了,这是教材词汇调查未保留"语法结构词"的缘故。

另外 48 条词语是:半导体、半拉、便条、标点、补课、不是吗、不一定、采购、创、答卷、党员、电冰箱、电风扇、东面、法郎、复述、副食、感兴趣、公共汽车、好玩儿、欢送、会见、会谈、机床、技术员、假条、老大妈、礼拜天、立方、墨水儿、耐用、平方、其、强盗、强度、日元、什么的、算了、特此、武术、纤维、鲜、香肠、牙刷、医务室、照常、制订、走道。

3. 教材前 3000 条高频词与《对外汉语教学词汇大纲》甲级、乙级词的比较。教材词汇中包括了人名、地名、机构名、时间词等各种专名和言语词,因此与词汇大纲在性质上有所不同。将排除了专名、言语词后的前 3000 条教材高频词与《对外汉语教学词汇大纲》的甲级、乙级词比较后发现:

(1)前 3000 条教材高频词与甲级、乙级词的 2979 条相比较,共有词语 2028 条。教材有而大纲无的 1006 条,大纲有而教材无的 951 条。而上文统计大纲有而教材无的只有 69 条,这里却是 951 条,说明大纲甲级、乙级词中有 882 条处于教材词汇中的非高频词部分。

(2)前 3000 条教材高频词的最低词次在 15 次。里面有文本数或教材数在 3 及 3 以下的词 197 条,它们属于低分布率词语,其中见于甲级、乙级词的有 54 条:阿、阿姨、败、材料、抄、翅膀、粗、单、斗争、方、告、工程、鬼、哼、火柴、即、夹、卷、科长、克、口袋、矿、劳动、录、骂、妙、磨、浅、欠、枪、且、亲切、缺、惹、弱、声调、胜、剩、书记、水稻、太太、糖、通、投、屋、象、小朋友、许、折、真理、直、制度、总理、组。

(3)前 3000 条教材高频词中将 197 条低分布率的词语排除后有 2803

条,其中不见于甲级、乙级词的有 863 条。经抽样分析,文本数在 50 以上,同时教材在 5 以上的词有 71 条:不好、不会、不能、不知、吃饭、打开、等等、地上、第二、第三、第一、点儿、儿、而是、二十、放在、父母、很多、很快、还要、还有、回到、回家、即使、家里、就要、看到、看看、来到、来说、脸上、留下、慢慢、每个、每天、明白、哪儿、那儿、那天、你好、其实、身上、甚至、时、手里、受到、说话、似的、听到、玩儿、想到、想起、心里、一点、一个、一天、有点、有人、越、越来越、早上、找到、这次、这儿、这时、这种、真是、之、之间、只能、总。从这些词能较清楚地看到从教材原始语料中提取出的高频词的某些特点:结构固定、凝固度高、口语化明显。

(4) 教材独有词中属 B 音节的有 47 条。它们具有这样一些特点:

①重凝固度、重组合性(24 条):百分之、半年、背上、背着、不安、不成、不得、不够、不好、不会、不见、不禁、不觉、不可、不肯、不料、不能、不怕、不时、不由得、不再、不知、不准、不足。

②偏重口语(5 条):爸、白色、白云、搬家、本身。

③偏重语文词(14 条):罢、罢了、般、包裹、包含、悲哀、奔、比喻、彼此、必、毕竟、便是、表情、才能。

④偏重名物词(4 条):辫子、兵马俑、博士、博物馆。

这里的取样分析比"(3)"中的抽样更有代表性。"(3)"显示的只是高频高分布词语的特色,而这里显示的既有高频高分布的词语,也有低频低分布的词语。

以上比较显示,词汇大纲与教材词汇存在着较大的差异。看来如何处理词语的交际功能与认知功能,如何处理口语词与书语词,在对外汉语教学词表的制订中是值得重视的问题。

(九) 地名词

第二语言教学不仅仅是语言教学,也承担着文化传播的任务。学习者在学习目的语的同时,也在学习该语言的文化习俗、风土人情。第二语言的教材与课文,体现编纂者的主观意图非常明显,上文统计显示,愈是初级教材,自编型课文的比重愈大。因此,通过地名这一专名的考察,能从一个侧面体现教材承担的文化传播的内容与功能,以及地域文化在教材中表现的特点。

在教材所有的2.6万条词语中,有地名词763条,总词次是4134次。频次在10次以上的有49条地名词。

国外地名14条:美国(159)、日本(100)、英国(40)、法国、印度、德国、加拿大、维也纳、欧洲、俄国、巴黎、非洲、罗马、希腊。

中国地名35条:中国(1033)、北京(396)、上海(113)、长城、苏州、未庄、天安门、黄河、桂林、西藏、香港、杭州、西安、周庄、南京、鲁镇、敦煌、广东、王府井、故宫、西湖、广州、新疆、长江、无锡、江南、藏北、天津、北平、成都、哈尔滨、拉萨、台湾、四川、深圳。

这些地名词及其出现频次,清楚地反映出在对外汉语教学中提供给学习者的地理文化信息,它们构成了对外汉语教学的语言传播、社会活动的地理文化生态环境。

## 第二节
## 国内汉语国际教育教材多义词义频研究

词语的讲授与学习都最终会落实到词义上。了解词的意义、各个词的义项数量及各义项的使用频率,对加强教材编纂的科学性,提高词语教学的准确性与效果都有着积极意义。义频考察比词语频率考察难度增大不少,因为义项的切分、提取、识别,都是在同一个词形的范围之内,对它的识别,主要是要考虑语义特征及语义使用环境的甄别。

一、义项调查基本情况

这里的义频考察使用了与上节相同的教材,只是减少了《900句》这套教材,因这是交际类口语教材,句式简单,词汇量小,与其他教材差异明显。

义项调查依据的后台资源库是《现代汉语词典》[①],义项概括大体参照其进行,但也有一些不同。因为词表直接从教材语言中提取,词表性质与词典词目的性质有较大差异,故词语与词义上都会有所不同。教材语言来源于真实语言,有时会出现词典没有反映的新义、新用法。《现代汉语词典》释义较注重语法功能的辨异,有的释义分辨得相当细微,特别是语法

---

[①] 以《现代汉语词典》1996年版为主,参考2005年版。

词,而教材词语的释义要较多地考虑学习者的水平和需要。词典释义要求严密、全面,注重释义的完整性,而教材释义要求通俗、浅近、明白。故这里作的义项概括与后台词典资源库不完全相同。

义项调查时,统计了它的词频、词性、义频、义频频率、文本数、教材数等信息。

## 二、多义词的义项分布

表 7-24　十一套教材词语义项统计表

| 序号 | 教材 | 总词语数 | 词种数 | 义项种数 | 共用义项种数 | 独用义项种数 |
|---|---|---|---|---|---|---|
| 1 | 博雅 | 62923 | 8562 | 9848 | | 2548 |
| 2 | 汉语教程(北语) | 119024 | 13927 | 16317 | | 6028 |
| 3 | 汉语教程(北大) | 97702 | 11191 | 13199 | | 3928 |
| 4 | 桥梁 | 35965 | 5801 | 6737 | | 1184 |
| 5 | 阶梯 | 34892 | 5943 | 6618 | | 1145 |
| 6 | 速成 | 20802 | 3286 | 3794 | 190 | 456 |
| 7 | 交际 | 10261 | 1623 | 1826 | | 262 |
| 8 | 新标准 | 14941 | 3064 | 3492 | | 406 |
| 9 | 新实用 | 14474 | 2347 | 2692 | | 259 |
| 10 | 301 句 | 1881 | 366 | 392 | | 16 |
| 11 | 中文 | 39568 | 6726 | 7627 | | 1790 |
| | 合计 | 452433 | 26256① | 31769② | / | 18022 |

表 7-24 有几项数据值得注意:(1)十一套教材总词语数 452433。(2)义项是依附于词语的,由于多义词的存在,故义项种数要大于词种数。对比"词种数"栏与"义项种数"栏可以看到,每套教材的义项种数都大于词种数。(3)只见于一种教材的独用义项种数 18022,占所有义项种数 31769 的 56.7%,表明一半以上的义项只出现在一篇课文中。在词语统计中显示独用词语有 14260 条,占总词语数 26345 的 54%。独用词与独用义的百分比很接近,表明目前各套教材词汇之间的差异相当大。"独而不

---

① 合计后的"词种数"不是每套教材的词种数相加之和,不同教材的相同词语合并计算为一种。
② 合计后的"义项种数"不是每套教材的义项种数相加之和,不同教材的相同义项合并计算为一种。

群",其原因除了与教材之间的不同类型、不同性质有关外,显然还与教材编写过于突出个性,以及与词汇教学大纲之间缺乏足够的照应衔接有关。

统计结果显示,多义词在所有词语中所占比例并不大,而且表现出高频词语中多义词比例大、低频词中多义词比例小、多义词的数量与词频的高低成正比关系的特点。表7-25 是由高频到低频的不同频度段的多义词分布状况。

表7-25 不同频度段的多义词分布状况

| 高频至低频的词语段 | 总词语数 | 单义词 |  | 多义词 |  |
|---|---|---|---|---|---|
|  |  | 词数 | 比例(%) | 词数 | 比例(%) |
| 1—500 | 500 | 202 | 40.4 | 298 | 59.6 |
| 501—1000 | 500 | 277 | 55.4 | 223 | 44.6 |
| 1001—1500 | 500 | 290 | 58.0 | 210 | 42.0 |
| 1501—5000 | 1500 | 2530 | 72.3 | 970 | 27.7 |
| 5001—10000 | 5000 | 3930 | 78.6 | 1070 | 21.4 |
| >10001 | 16256 | 15427 | 94.9 | 829 | 5.1 |
| 合计 |  | 22656 |  | 3600 |  |
|  |  | 26256 |  |  |  |

上面高频词至低频词的分段统计清楚显示,愈是在高频词段,多义词占的比重愈大。在前500条高频词中,多义词占59.6%。之后逐步降低,在1501条至5000条词语段,只占27.7%,到10000条之后,多义词只占到5.1%。二者之间呈现明显的剪刀差关系,见图7-1。线的左右两端分别代表高频词与低频词,线中的6个节点代表上表中比较的6个频度段。两条线的左端分别起于60%与40%处,相差20%。之后随着频度的降低,向右边的低频词方向延伸,二者差距逐步扩大,到最右边处几乎处于差异的顶端,上表数据显示是94.9%:5.1%。

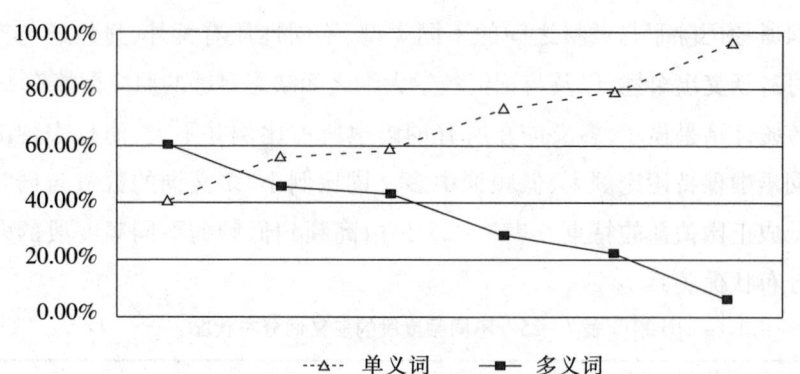

图 7-1 不同频度段的多义词分布状况示意图

### 三、多义词的语用特点

下面反映的是多义词的语用特点,通过以下调查来实现:单义词与多义词的词种数分别占总词种、总词语数的比例;单义词与多义词的义项种数分别占总义项种数、总义项数的比例。统计结果见表 7-26。

表 7-26  多义词与单义词的词种数、总词语数、义项种数、总义项数比较

| 序号 | 分项名称 | 分项数量 | 占总数的比例 | | 总项名称 | 总项数量 |
|---|---|---|---|---|---|---|
| 1 | 单义词词种数 | 22656 | 86.3% | | 词种数 | 26256 |
| | 多义词词种数 | 3600 | 13.7% | | | |
| 2 | 单义词词种数 | 22656 | 总词语数 | 241688 | 53.4% | 总词语数 | 452433 |
| | 多义词词种数 | 3600 | | 210745 | 46.6% | | |
| 3 | 单义词义项数 | 22656 | 71.3% | | 义项种数 | 31769 |
| | 多义词义项数 | 9113 | 28.7% | | | |
| 4 | 单义词义项数 | 22656 | 总义项数 | 241688 | 53.4% | 总义项数 | 452433 |
| | 多义词义项数 | 9113 | | 210745 | 46.6% | | |

上表作了 4 项统计,第 2 项与第 4 项是从不同角度来调查的,但得到的数据一样,这是因为无论是单义词还是多义词,它们在具体语言环境中出现的都是单个词义,这里的说明就以前 3 项为例。表中如下几个统计数据值得重视:

1. 从词种数看,多义词占的比重并不大,只有 13.7%,单义词占到 86.3%。多义词与单义词之比是 1:7。

2. 从总词语数看,多义词占的比重有了明显上升,达 46.6%,单义词占

53.4%，多义词与单义词之比几乎为一半对一半。

3. 从义项种数看，多义词占的比重比词种数的比重有了提高，达到28.7%。这是由于增加了多义词的义项数，义项总数得以提高，而单义词的义项数保持不变。

以上数值比较结果可用图7-2来作一形象显示。图中有三条线，代表三种比值关系。线条的左端代表单义词，线条的右端代表多义词，线条愈接近平行，说明多义词与单义词的比重愈接近；线条倾斜度愈大，说明二者的比重差异愈大。接近平行的是"词语数线"，其次是"义项种数线"，倾斜最大的是"词种数线"，这就清楚地显示出多义词数量少、使用频率高的特点。多义词在词汇总体中数量并不大，只有很小的一部分，但它们在实际语言使用中却相当活跃，使用频率高，出现的次数多。由此可见，多义词是词汇教学中需要予以高度重视的一种成分。

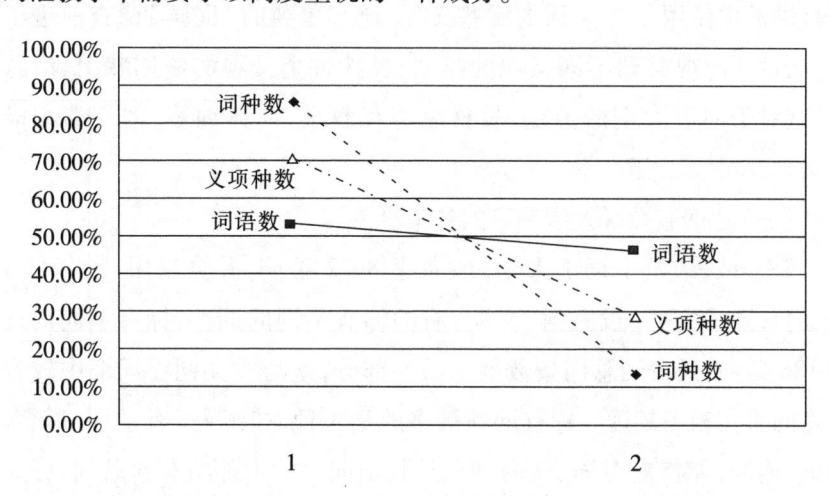

图7-2 多义词与单义词的词种数、总词语数、义项种数比较

### 四、部分义项高频词

在所有的教材词汇中，总词种数26256，总义项数31769，每个词的平均义项只有1.2个，这是单义词占的比例太高的缘故。在前1500条高频词中，多义词的平均义项3.55个。多义词虽然义项数较多，但却有着高频集中于少数义项的特点。如义项数在12个以上的有11条词，大多数词语的前3个义项达到或高于总义频的50%。见下表：

表7-27  11条多义词的前3个高频义项统计表

| 词例 | 打 | 上 | 下 | 起 | 开 | 点 | 好 | 发 | 来 | 老 | 放 |
|---|---|---|---|---|---|---|---|---|---|---|---|
| 总义项数 | 24 | 19 | 19 | 15 | 15 | 14 | 13 | 13 | 12 | 12 | 12 |
| 前3个义项的义频 | 245 | 1837 | 368 | 269 | 189 | 444 | 1466 | 56 | 1511 | 248 | 165 |
| 总义频 | 443 | 2335 | 762 | 419 | 364 | 528 | 1860 | 115 | 2123 | 303 | 214 |
| 前3个义频比例(%) | 55 | 78 | 48 | 64 | 51 | 84 | 78 | 48 | 71 | 81 | 77 |

表7-27显示,前3个高频义项的频率占到总义项频率50%以上的有9条,其中达70%以上的有6条,频率最高的达84%,低于50%的只有2条。

**五、义频调查的价值**

词语义项义频的调查实质上就是对多义词的调查。它不仅能观察到教材词汇中使用了多义词的哪些义项,比起单纯的"词频"调查前进了一步,而且还能观察到不同义项的频度,反映各个义项的使用状况、活跃程度,这对于词汇大纲的拟定、教材编写和教学、词典编纂,都有着积极的意义。

(一)对词汇教学大纲制订的参考价值

《对外汉语教学词汇大纲》收录了8822条词,并分出甲、乙、丙、丁4级,但只列了"词",没有列"义"。有的标有不同的词性,标有不同词性的是186条词,只占到总词条数很少的一部分,这与多义词在词汇中较普遍存在的事实相去甚远。标有词性最多的是4种,如:"好"有动词、形容词、副词、连词;"对"有名词、动词、形容词、副词。标4种的有6条词,标3种的有19条词,标2种的有161条词。词性不同一般表明词义有着明显的区分,但一个多义词的多个义项属于同一词性的并不在少数。一个词拥有多个属于同一词性的词义,多个词义属于同一词性的现象,光有词性标注是无法加以区分的。《对外汉语教学词汇大纲》重词形轻词义,重语法义轻词汇义,这种现象下若想更好地发挥对词汇教学具体、准确的指导,可能会受到一些制约。由于多义词的普遍存在,就使得在词汇教学中必然面临着这样的问题:是教这个词的全部义,还是只教部分义?多个义项之间高频、低频差异较大时,先教哪个义,后教哪个义?低频义要不要教?当对一个词的意义内容及使用频率没有准确了解时,这些要求是无从提出的,问题也是无从解决的。看来不仅包括词语形式,也不仅包括词语的语法属性,还应该对词的主要、基本、通用的词义作出适当的说明,才能使词汇大纲对教材编写、教学实践起到更好的指导作用。

如"白"属于《对外汉语教学词汇大纲》中的甲级词,调查显示,它在教材中出现了6个义项,具体分布如下:

表 7-28 "白"的义项频率

| 词例 | 词频 | 义项号 | 义项频次 | 义项频率(%) | 词性 | 词义 | 例句 | 教材数 | 文本数 |
|---|---|---|---|---|---|---|---|---|---|
| 白 | 123 | 1 | 97 | 70.3 | a | 像霜或雪的颜色。 | 红的像火,粉的像霞,白的像雪。 | 10 | 57 |
| | | 2 | 17 | 12.3 | d | 没有效果,徒然。 | 总算我的教育没有白费,你二十年的折磨没有白受! | 5 | 17 |
| | | 3 | 5 | 3.6 | d | 无代价,无报偿。 | 不能白要的,咱俩换! | 5 | 5 |
| | | 4 | 2 | 1.4 | v | 用白眼珠看人,表示轻视或不满。 | 他白了我一眼。 | 2 | 2 |
| | | 5 | 1 | 7 | n | 白话。 | 钟韩的一篇颇受夸赞,钟书的一篇不文不白,用字庸俗,他父亲气得把他痛打一顿。 | 1 | 1 |
| | | 6 | 1 | 7 | n | 白族的简称。 | 满、蒙古、瑶、壮、白、高山、侗、黎等十几个少数民族也有过春节的习俗。 | 1 | 1 |

第1个义项出现97次,占总义频的70.3%,在十套教材的57篇课文中出现,这是"白"最重要的意义,当然应该首先讲授。第4、5、6个义项频率低,只出现1—2次,可以暂时不作考虑,但第2、3个义项在教学中如何安排?要不要讲?如果需要讲授,那么什么时候开始讲?当缺乏对词的意义深入细致的了解时,这些都成为不确定的事情了。

(二)对教材编写、词汇教学的参考价值

虽然目前的词汇大纲是粗线条的,但编写者在教材编写和实际词汇教学活动中已经注意到了对多义词不同义项的说明和甄别。如:《博雅汉语》第1册生词表就对多义词作了标示。在生词表中对"打"标出了2个义项,并注明了课文编号。这两个词义是:

第17课:你们一般坐公共汽车还是打车?

第25课:你也喜欢打太极拳吗?

调查发现,"打"在教材中有24个义项。而第17课的"打车"的"采取某种方式"义,以及第25课的"打太极拳"的"做,从事"义,在24个义项中仅排在第13位和第7位,义项频率只占总义频的1.1%和3.4%。在24个义项中处于前3位的是"殴打,攻打"义、"用手或器具撞击物体"义、"放射,发出"义,分别占总义频的21.4%、19.8%、13.4%。从教学难易来看,这样的高频、常见词义显然应该成为教学的首要对象。

(三)对词典编纂,特别是对外汉语学习型词典编纂的参考价值

词典编纂中有一个难点,就是多义词的义项按什么顺序排列。从理论上大致说来有三种方法,一是按词义的发展关系,二是按词义的重要性,三是按词义的常用程度。现在使用最多的是第一种,其实词义发展是在历时中实现的,它适用的是历时词典,且应是大型历时词典。而在共时词典中,特别是面向大众的通用型词典,或面向学生的学习型词典,按词义的常用程度来编排义项是有其特别作用的。这里试以"大概"为例加以说明。它有3个义项,在《现代汉语词典》中是这样排列的:(1)大致的内容或情况:他口里不说,心里却捉摸了个~。(2)不十分精确或不十分详尽:他把情况做了个~的分析│这件事我记不太清,只有个~的印象。(3)表示有很大的可能性:雪并没有多厚,~在半夜就不下了│从这里到西山,~有四五十里地。

这3个义项的排列顺序大致反映出一种逻辑关系,即由实到虚的指称顺序,第1个义项是名词义,实指;后面两个义项是副词,分别指程度和可能。调查显示出"大概"用得最多的却是"表示有很大的可能性"的义项。调查结果如下:

表 7 – 29 "大概"的义项频率

| 词例 | 词频 | 义项号 | 义项频次 | 义项频率(%) | 词性 | 词义 | 例句 | 教材数 | 文本数 |
|---|---|---|---|---|---|---|---|---|---|
| 大概 | 106 | 1 | 77 | 72.6 | d | 表示有很大的可能性。 | 手帕胡同大概是卖手帕的。 | 8 | 48 |
|  |  | 2 | 29 | 27.4 | a | 不十分精确或不十分详尽。 | 看京剧,有字幕,能猜得出大概的意思。 | 6 | 27 |

《现代汉语词典》中排第 1 位的名词义"大致的内容或情况"在教材中没有出现。使用频率最高的是词典中排第 3 位的副词义,占总义频的近 3/4。

我们认为,面向大众的通用型词典,面向语言学习者特别是第二语言学习者的学习型词典,按义频高低排列义项显然有着很强的针对性和实用性。

### 六、义频统计例词

为了更好地观察义频统计的状况,了解义频统计的方法和效果,下面从有一千多个用例的义频库中选取了 29 个。

表 7 – 30　29 个义频统计样例

| | 词条 | 词频(个) | 义号 | 义频(个) | 义频(%) | 词性 | 词义 | 例句 | 教材(套) | 课文(篇) |
|---|---|---|---|---|---|---|---|---|---|---|
| 1 | 怎么 | 495 | 1 | 376 | 76 | r | 询问性质、状况、方式、原因等。 | 您怎么总把门关上? | 11 | 231 |
|  |  |  | 2 | 98 | 19.8 | r | 泛指性质、状况或方式。 | 我怎么敢开玩笑! | 9 | 65 |
|  |  |  | 3 | 21 | 4.2 | r | 有一定程度(用于否定式)。 | 没怎么叶子就落了,然后悄悄死去。 | 4 | 17 |

续表

| | 词条 | 词频(个) | 义号 | 义频(个) | 义频(%) | 词性 | 词义 | 例句 | 教材(套) | 课文(篇) |
|---|---|---|---|---|---|---|---|---|---|---|
| 2 | 生活 | 454 | 1 | 200 | 44.1 | n | 衣、食、住、行等方面的情况。 | 家里的生活怎么样? | 9 | 99 |
| | | | 2 | 181 | 39.9 | n | 人或生物为了生存和发展而进行的各种活动。 | 我觉得人们的生活一天比一天丰富。 | 8 | 100 |
| | | | 3 | 44 | 9.7 | v | 进行各种活动。 | 在人类生活的每个地方,到处都在杀害动物。 | 6 | 33 |
| | | | 4 | 29 | 6.4 | v | 生存。 | 自己坦荡才能逍遥地生活在天地之间。 | 6 | 22 |
| 3 | 还是 | 429 | 1 | 247 | 57.5 | d | 仍旧,表示现象继续存在或动作继续进行。 | 他还是老样子。 | 10 | 159 |
| | | | 2 | 125 | 29.1 | c | 表示选择,经常用于选择疑问句中。 | 坐缆车上去还是爬上去? | 9 | 87 |
| 4 | 先生 | 427 | 1 | 390 | 91.3 | n | 社会上对成年男性的礼貌称呼。 | 刘明:您好,张先生。 | 11 | 86 |
| | | | 2 | 37 | 8.7 | n | 老师。 | 鲁迅很感激藤野先生对自己的关怀。 | 3 | 4 |
| 5 | 可是 | 418 | 1 | 409 | 97.8 | c | 表示转折,前面常常有"虽然"之类表示让步的连词呼应。 | 我是一个小学生,可是你别说我小。 | 10 | 227 |
| | | | 2 | 9 | 2.2 | d | 真是;实在是。 | 这可是刚出炉的。 | 4 | 9 |

续表

| 词条 | 词频(个) | 义号 | 义频(个) | 义频(%) | 词性 | 词义 | 例句 | 教材(套) | 课文(篇) |
|---|---|---|---|---|---|---|---|---|---|
| 6 今天 | 414 | 1 | 359 | 86.7 | n | 说话时的这一天。 | 今天星期天。 | 11 | 215 |
| | | 2 | 55 | 13.3 | n | 现在;目前。 | 与过去相比,今天的中国确实发生了巨大的变化。 | 8 | 35 |
| 7 工作 | 412 | 1 | 245 | 59.5 | v | 从事体力或脑力劳动,也泛指机器、工具受人操纵而发挥生产作用。 | 是不是工作太累了? | 10 | 132 |
| | | 2 | 131 | 31.8 | n | 职业。 | 你爸爸做什么工作? | 10 | 65 |
| | | 3 | 36 | 8.7 | n | 业务,任务。 | 保持镇静,集中注意力完成所负担的工作。 | 8 | 27 |
| 8 开始 | 288 | 1 | 173 | 60.1 | v | 着手进行。 | 农民开始种水稻了。 | 9 | 128 |
| | | 2 | 85 | 29.5 | v | 从头起;从某一点起。 | 自1963年开始,举行了很多次国际比赛。 | 9 | 68 |
| | | 3 | 30 | 10.4 | n | 开始的阶段。 | 结婚是新生活的开始,希望你们互敬互爱,共度美好人生。 | 9 | 30 |
| 9 回来 | 281 | 1 | 238 | 84.7 | v | 从别处到原来的地方来。 | 座谈以后,你们就回来了吧? | 10 | 116 |
| | | 2 | 43 | 15.3 | v | 用在动词后,表示到原来的地方。 | 贝拉连忙跑到邮局,把她心爱的小闹钟取了回来。 | 8 | 34 |

续表

| | 词条 | 词频(个) | 义号 | 义频(个) | 义频(%) | 词性 | 词义 | 例句 | 教材(套) | 课文(篇) |
|---|---|---|---|---|---|---|---|---|---|---|
| 10 | 问题 | 272 | 1 | 165 | 60.7 | n | 须要研究讨论并加以解决的矛盾、疑难。 | 医学专家就这一问题提出了不少有效的建议。 | 9 | 93 |
| | | | 2 | 51 | 18.8 | n | 事故或麻烦。 | 好几个人的婚姻问题都得到解决。 | 10 | 45 |
| | | | 3 | 47 | 17.3 | n | 要求回答或解释的题目。 | 这个问题对我来说太难回答了。 | 9 | 34 |
| | | | 4 | 9 | 3.3 | n | 关键;重要之点。 | 问题是我们农民的文化水平还比城里人的低一些。 | 5 | 8 |
| 11 | 多少 | 217 | 1 | 158 | 72.8 | r | 疑问代词。问数量。 | 中国一共有多少民族? | 10 | 103 |
| | | | 2 | 43 | 19.8 | r | 表示不定的数量。 | 想吃多少就吃多少! | 7 | 33 |
| | | | 3 | 12 | 5.5 | n | 指数量的大小。 | 语言运用能力的高低在很大程度上取决于语汇掌握的多少。 | 3 | 11 |
| | | | 4 | 4 | 1.8 | d | 或多或少。 | 这多少为构建一个市俗提供了很好的基因。 | 3 | 4 |
| 12 | 发现 | 209 | 1 | 139 | 66.5 | v | 发觉。 | 昨天我的一个朋友来了,我发现他的汉语进步很快。 | 8 | 94 |
| | | | 2 | 70 | 33.5 | v | 经过研究、探索等,看到或找到前人没有看到的事物或规律。 | 世界上还没有发现过任何一个民族或者部落是没有语言的。 | 8 | 49 |

续表

| 词条 | 词频（个） | 义号 | 义频（个） | 义频（%） | 词性 | 词义 | 例句 | 教材（套） | 课文（篇） |
|---|---|---|---|---|---|---|---|---|---|
| 13 历史 | 186 | 1 | 168 | 90.3 | n | 自然界和人类社会的发展过程，也指某种事物的发展过程和个人的经历。 | 中国历史悠久，地大物博。 | 9 | 82 |
|  |  | 2 | 11 | 5.9 | n | 过去的事实；过去事实的记载。 | 直到现在，秦始皇还是人们议论得最多的历史人物之一。 | 4 | 10 |
|  |  | 3 | 7 | 3.8 | n | 指历史学科。 | 有历史方面的，也有文学方面的。 | 3 | 5 |
| 14 希望 | 166 | 1 | 132 | 79.5 | v | 心里想着达到某种目的或出现某种情况。 | 希望你们互敬互爱。 | 10 | 90 |
|  |  | 2 | 34 | 20.5 | n | 心中期待实现的想法。 | 他们的生活是一个希望和梦想的世界。 | 6 | 23 |
| 15 经济 | 66 | 1 | 62 | 93.9 | n | 经济学上指社会物质生产和再生产的活动。 | 农村实行经济改革以来，土地承包到户。 | 8 | 43 |
|  |  | 2 | 3 | 4.5 | n | 个人生活用度。 | 多做一些事，尽早尽快使更多的百姓改善经济状况。 | 3 | 3 |
|  |  | 3 | 1 | 1.5 | a | 用较少的人力、物力、时间获得较大的成果。 | 据说，在电脑上发信、打电话既经济又方便。 | 1 | 1 |

续表

| 词条 | | 词频(个) | 义号 | 义频(个) | 义频(%) | 词性 | 词义 | 例句 | 教材(套) | 课文(篇) |
|---|---|---|---|---|---|---|---|---|---|---|
| 16 | 态度 | 63 | 1 | 37 | 58.7 | n | 对于事情的看法和采取的行动。 | 只好采取不在乎的态度。 | 5 | 20 |
| | | | 2 | 26 | 41.3 | n | 人的举止神情。 | 身体面庞虽怯弱不胜,却有一段自然的风流态度。 | 6 | 21 |
| 17 | 生气 | 61 | 1 | 54 | 88.5 | v | 因不合心意而不愉快。 | 那好吧,我说出来你别生气。 | 9 | 48 |
| | | | 2 | 7 | 11.5 | n | 生命力;活力。 | 中国虽然是个古老的国家,但是无论哪里都有生气。 | 4 | 7 |
| 18 | 方便 | 60 | 1 | 51 | 85 | a | 便利。 | 北边有一个大超市,买东西很方便。 | 10 | 42 |
| | | | 2 | 4 | 6.7 | v | 使便利,给予便利。 | 电话进入家庭极大地方便了人们的日常生活。 | 4 | 4 |
| | | | 3 | 2 | 3.3 | a | 适宜。 | 去女生宿舍不太方便,去教室吧。 | 2 | 2 |
| | | | 4 | 2 | 3.3 | v | 婉辞,指大小便。 | 老哥,劳驾您帮我拿一会儿竿,我出去方便方便。 | 1 | 1 |
| | | | 5 | 1 | 1.7 | a | 婉辞,指有富余的钱。 | 现在你手上方便,随便匀给我七块八块么? | 1 | 1 |

续表

| 词条 | 词频(个) | 义号 | 义频(个) | 义频(%) | 词性 | 词义 | 例句 | 教材(套) | 课文(篇) |
|---|---|---|---|---|---|---|---|---|---|
| 19 代表 | 58 | 1 | 27 | 46.6 | v | 人或事物表示某种意义或象征某种概念。 | 在全世界人们的心目中,真正能代表维也纳风格的是华尔兹。 | 5 | 10 |
| | | 2 | 14 | 24.1 | v | 代替个人或集体办事或表达意见。 | 我们俩代表全班同学来看望你。 | 6 | 14 |
| | | 3 | 9 | 15.5 | n | 显示同一类的共同特征的人或事物。 | 作为江南小镇的代表,周庄是一个水的世界,到处都有河、有水。 | 4 | 8 |
| | | 4 | 7 | 12.1 | n | 受委托或指派代替个人、团体、政府办事或表达意见的人。 | 大概是学校领导先总结一下咱们的学习情况,然后是老师和学生代表讲话。 | 2 | 4 |
| | | 5 | 1 | 1.7 | n | 由行政区、团体、机关等选举出来的替选举人办事或表达意见的人。 | 在会议大厅,刘明走向一名会议代表。 | 1 | 1 |
| 20 到底 | 58 | 1 | 42 | 72.4 | d | 用在问句里,表示深究。 | 北京到底有多少胡同? | 9 | 34 |
| | | 2 | 10 | 17.2 | d | 毕竟。 | 他们虽然装了假辫子,比"猪尾巴"到底威风些啊! | 4 | 10 |
| | | 3 | 6 | 10.3 | v | 到尽头,到终点。 | 至于你的妻子儿女,我会照顾到底。 | 4 | 6 |

续表

| | 词条 | 词频(个) | 义号 | 义频(个) | 义频(%) | 词性 | 词义 | 例句 | 教材(套) | 课文(篇) |
|---|---|---|---|---|---|---|---|---|---|---|
| 21 | 左右 | 50 | 1 | 37 | 74 | n | 用在数目字后面表示概数。 | 海拔在4000米左右。 | 7 | 27 |
| | | | 2 | 11 | 22 | n | 左和右两方面。 | 我左右看了看。 | 5 | 7 |
| 22 | 便宜 | 48 | 1 | 43 | 89.6 | a | 价钱低。 | 自己做饭比在外面吃便宜,不过没有饭馆的菜那么好吃。 | 9 | 33 |
| | | | 2 | 2 | 4.2 | n | 不应得的利益。 | 真是占了大便宜。 | 2 | 2 |
| | | | 3 | 2 | 4.2 | a | 方便合适,便利。 | 我带了外甥女过去,倒也便宜。 | 2 | 2 |
| | | | 4 | 1 | 2.1 | v | 使得到便宜。 | "那么,便宜你,画一个圆圈!" | 1 | 1 |
| 23 | 组织 | 47 | 1 | 30 | 63.8 | v | 安排分散的人或事物使具有一定的系统性或整体性。 | 学校今天下午组织了一场篮球赛。 | 8 | 25 |
| | | | 2 | 16 | 34 | n | 按照一定的宗旨和系统建立起来的集体。 | 纽约市政府和其他各种组织给他授了许多奖。 | 7 | 13 |
| | | | 3 | 1 | 2.1 | n | 机体中构成器官的单位,由细胞构成。 | 许多动物组织的含水量在80%以上。 | 1 | 1 |

续表

| 词条 | 词频(个) | 义号 | 义频(个) | 义频(%) | 词性 | 词义 | 例句 | 教材(套) | 课文(篇) |
|---|---|---|---|---|---|---|---|---|---|
| 24 讲究 | 42 | 1 | 35 | 83.3 | v | 讲求,重视。 | 这种事事讲求速度,将快速等同为进步的现代误导,率先在讲究效率的西方受到质疑。 | 6 | 18 |
| | | 2 | 4 | 9.5 | n | 值得注意或推敲的内容。 | 周庄人爱喝茶,而且喝茶有很多讲究。 | 3 | 4 |
| | | 3 | 3 | 7.1 | a | 精美。 | 秦仲义穿得很讲究,满面春风地走进来。 | 2 | 3 |
| 25 意见 | 42 | 1 | 36 | 85.7 | n | 对于事情一定的看法或想法。 | 这种意见在我国知识分子中间相当普遍。 | 8 | 24 |
| | | 2 | 6 | 14.3 | n | (对人、对事)不满意的想法。 | 后来闹了点小意见。 | 4 | 6 |
| 26 照顾 | 41 | 1 | 32 | 78 | v | 照料。 | 他们得非常细心地照顾蜜蜂,不然,很多蜜蜂都会死掉。 | 8 | 27 |
| | | 2 | 7 | 17.1 | v | 特别注意,加以优待。 | 对新媳妇我们更需要照顾。 | 2 | 3 |
| | | 3 | 2 | 4.9 | v | 考虑(到),注意(到)。 | 我希望在工作安排上能照顾一下我的专业。 | 2 | 2 |

续表

| | 词条 | 词频(个) | 义号 | 义频(个) | 义频(%) | 词性 | 词义 | 例句 | 教材(套) | 课文(篇) |
|---|---|---|---|---|---|---|---|---|---|---|
| 27 | 新鲜 | 35 | 1 | 17 | 48.6 | a | 刚生产、刚采集或刚制成的。 | 这里的菜新鲜嫩绿。 | 6 | 13 |
| | | | 2 | 9 | 25.7 | a | （空气）经常流通，不含杂类气体。 | 早上空气真新鲜。 | 7 | 9 |
| | | | 3 | 8 | 22.9 | a | （事物）出现不久，还不普遍，稀罕的。 | 语言通俗，生动新鲜。 | 5 | 7 |
| | | | 4 | 1 | 2.9 | a | （花朵）没有枯萎。 | 风吹过来，带着新鲜的荷叶荷花香。 | 1 | 1 |
| 28 | 对象 | 33 | 1 | 22 | 66.7 | n | 行动或思考时作为目标的人或事物。 | 中国诗人常常用诗歌赞美松、竹、梅，中国画家常常把它们当作画儿的对象。 | 4 | 15 |
| | | | 2 | 11 | 33.3 | n | 特指恋爱的对方。 | 弟弟都二十七岁了，还没找到对象。 | 4 | 7 |
| 29 | 眼光 | 33 | 1 | 24 | 72.7 | n | 视线。 | 请把你们的眼光，暂时从正南方移开一点。 | 5 | 13 |
| | | | 2 | 6 | 18.2 | n | 眼力，观察事物的能力。 | 学校当局的眼光是不错的。 | 2 | 3 |
| | | | 3 | 3 | 9.1 | n | 指观点。 | 在儿女的眼光里，母亲应该是最美最可爱最可信赖最该受感激的一个人。 | 2 | 3 |

### 第三节

## 汉语国际教育教材语块研究

**一、语块研究概况**

（一）语块定义

语块是"由两个或两个以上词构成的、连续的或不连续的序列,整体储存在记忆中,使用时整体提取,是一种预制的语言单位"[1]。语言中存在大量语块。Altenberg 指出,自然话语表达中约有 70% 靠语块实现。语块称法不一,有词汇短语、词汇组块、词汇化句干、预制复合单位、言语程式等[2]。

（二）语块研究意义

汉语国际教育教学的目的是让学生获得语言交际的能力,生词表中的一个个词,最终要入句、入篇,进入交际,就不得不考虑词与词甚至句与句的组合搭配问题。只背会了一个个孤立的单词,在说话或写作中却无法正确输出,这样的词汇教学是失败的。Nattinger & DeCarrico 指出,语言流利程度不取决于生成性语法规则的储存,而在于语块储存的数量[3]。语块能够减轻记忆负担,降低语言学习难度。使用语块进行信息加工会更省时省力,增强语言学习的自信心和成就感。语块能很好地抑制多义词理解中易产生的语义偏差问题,提高选词能力和语言使用的正确率。多义词在理解时存在着根据语境选择具体词义的问题,语块能够提供更多的语境。语块意识一旦程式化后,见到语块,即使没有或不考虑更多的语境因素,也能迅速理解语义,从而提高了输入和输出的效率。语块还能避免语用失误,保证交际的得体性,有利于学习者更快地形成语感,输出地道的汉语。语块教学在初级阶段尤为重要,尽早植入语块意识,对汉语学习大有裨益。

（三）语块研究概况

近年来,语块研究成为应用语言学界关注的热点。汉语国际教育教学界已开始认识到语块理论及在教学实践中的重要性,并做了有益的探讨,

---

[1] 钱旭菁:《汉语语块研究初探》,《北京大学学报(哲学社会科学版)》2008 年第 5 期。
[2] 周健:《语块在对外汉语教学中的价值与作用》,《暨南学报(哲学社会科学版)》2007 年第 1 期。
[3] 亓文香:《语块理论在对外汉语教学中的应用》,《语言教学与研究》2008 年第 4 期。

包括周健（2007）、钱旭菁（2008）、亓文香（2008）、吴勇毅（2009）[①]、杨金华（2011）[②]、薛小芳、施春宏（2013）[③]等的探索研究。但对汉语语块教学的研究尚处于起步阶段，在对语块的界定、分类及在汉语教学中的应用等方面仍存在争议。而关于汉语国际教育教材中语块呈现方式的研究，数量更少，有待进一步探索。教材是教学原则、要求、方法的反映，语块意识首先体现在教材的编写中。因此，本节选取汉语国际教育初级阶段的综合课教材，拟对教材中的语块呈现状况进行考察，在此基础上分析语块处理存在的问题，并对教材的改进提出可行性建议，为语块理论在二语教学中的应用提供参考。

钱旭菁（2008）将汉语语块分为三类——词级语块、句级语块、语篇语块，本节参考该分类。结合教材中语块的实际呈现状况，我们又对这三级语块进行了内部划分。词级语块主要指词组，包括固定/高频搭配和递推性搭配。前者如"感兴趣""开玩笑""忍不住""看（病）""打（拳）""洗（照片）""穿（马路）""接（电话）""早睡早起"；后者如"与……无关""从……到……""对……来说""除了……以外""……之一""……分之……""越来越""又……又……"。其中，递推性搭配具有较强的生成性。不考虑低频搭配，因为低频搭配是根据表达的需要临时进行的组合，并非整体存储、提取、使用，不具有语块性质。句级语块包括特殊句式和句子框架，前者如"是"字句、"比"字句、"把"字句、兼语句等；后者如"只有……才……""不但……而且……""一……就……""连……也/都……""非……不可""有的……有的……""再V的话，……""多……""……，好吗"，两者都具有较强的生成性。语篇语块具有特定话语功能和语用关联，往往是成篇的表达，或者为固定表达模式，或者为框架式表达模式。前者如惯常性祝福用语"祝你生日快乐""恭喜发财""祝你早日康复"；后者如点菜、讨价还价、拒绝、问路、称赞等话题框架。

---

① 吴勇毅、何所思、吴卸耀：《汉语语块的分类、语块化程度及其教学思考》，第九届世界华语文教学研讨会，中国台北，2009。
② 杨金华、李恒敏：《语块及其在对外汉语教学中的应用——关于中级口语课进行语块教学实验的报告》，《海外华文教育》2011年第2期。
③ 薛小芳、施春宏：《语块的性质及汉语语块系统的层级关系》，《当代修辞学》2013年第3期。

(四)样本教材

本节选取国内四套汉语国际教育综合课教材为研究蓝本,选取时,既保证了教材的权威性和使用率,又照顾到时间跨度,以便从横向、纵向上对比同一时期、不同时期汉语国际教育教材中语块呈现类型、数量、方式等的不同。所选取的四套教材为刘珣《实用汉语课本》(1、2册),商务印书馆,1981年第1版;杨寄洲《汉语教程》(第一册上、下),北京语言文化大学出版社,1999年第1版;刘珣、张凯等《新实用汉语课本》(1、2册),北京语言大学出版社,2010年第2版;《博雅汉语》(初级起步篇1、2),北京大学出版社,2013年第2版。以下分别简称《实用》《教程》《新实用》《博雅》。

## 二、教材中语块呈现状况

不同层级(词级、句级、语篇)、不同类型的语块体现在教材的不同板块中。语块主要直接呈现在生词表、语言/语法点中,尤其是语言/语法点中,但练习和课文也是参照性的考察对象,因为需要考察生词表、语言/语法点中出现的语块,在课文和练习中有无出现。如有出现,说明语块包含在学习范围内,或是对生词表、语言/语法点中出现的语块有所复现或扩展延伸,出现合理。如未出现,说明语块是在学习范围外,或是对生词表、语言/语法点中出现的语块没有复现或扩展延伸,出现不够合理。

(一)生词表中语块的呈现状况

表7-31 四套教材生词表中词级、句级、语篇语块的呈现状况

| 教材 | 词级语块 | | 句级语块 | | 语篇语块 | | 词汇总量 | 语块总量 | 语块所占百分比 |
|---|---|---|---|---|---|---|---|---|---|
| | 固定/高频搭配 | 递推性搭配 | 特殊句式 | 句子框架 | 固定表达模式 | 框架式表达模式 | | | |
| 《实用》 | 20 | 3 | 0 | 3 | 5 | 0 | 928 | 31 | 3.3% |
| 《教程》 | 5 | 1 | 0 | 0 | 4 | 0 | 528 | 10 | 1.9% |
| 《新实用》 | 9 | 1 | 0 | 0 | 8 | 0 | 790 | 18 | 2.3% |
| 《博雅》 | 23 | 6 | 0 | 4 | 7 | 0 | 1462 | 40 | 2.7% |

由表7-31可见,四套教材相同的是,生词表中呈现的主要是词级语块,而句级和语篇语块很少呈现。句级语块中的特殊句式和语篇语块中的框架式表达模式均未出现。句级语块中的句子框架主要是常见的关联词语,如"只有……才……""连……也/都……""不管……都……"。语篇语

块中的固定表达模式,如"一路平安""不见不散",能够给学习者提供特定语境下的语言表达范式,提高语用水平。生词表中语块所占比例由高到低依次为《实用》《博雅》《新实用》《教程》。

　　语块是一个整体,往往语义固定或发生了变化,无法或不适合拆开来理解。四套教材生词表中对语块的拆分方式主要有四种。(1)只有整体呈现,如《博雅》初级1第27课"感兴趣";(2)先整体呈现,后分别呈现语块各组成成分,如《新实用》1第6课"打球""打""球";(3)先整体呈现,后呈现语块的某些组成成分,如《教程》第一册上第10课"不客气""客气";(4)只呈现语块各组成成分,如《实用》1第19课"唱""歌儿"。哪种拆分方式更为合理,不能一概而论,这一点将在"建议"部分展开分析。

　　与其他三套教材比较,《新实用》在语块拆分的呈现上较为特殊,拆分后的成分在生词表中直接举例,通过例子展示拆分成分的高频搭配、句法位置特征等,便于学生更好地理解掌握。如《新实用》2第20课"开车""开",在"开"后展示了高频搭配"开汽车""开公共汽车""开电梯"。第26课"感兴趣""感""兴趣",在"兴趣"后展示高频搭配"非常感兴趣""对中国文化感兴趣""对汉字感兴趣""越来越感兴趣"。第16课《新实用汉语课本》""实用",通过"实用"后的举例"实用的课本""很实用"可看出"实用"的句法位置特征。而其他三套教材则将拆分成分的搭配、用法等分散在生词表、替换、练习中。

(二)语言/语法点中语块的呈现状况

表7-32　四套教材语言/语法点中词级、句级、语篇语块的呈现状况

| 教材 | 词级语块 固定/高频搭配 | 递推性搭配 | 词语块所占百分比 | 句级语块 特殊句式 | 句子框架 | 句级语块所占百分比 | 语篇语块 固定表达模式 | 框架式表达模式 | 语篇语块所占百分比 |
|---|---|---|---|---|---|---|---|---|---|
| 《实用》 | 0 | 24 | 38% | 25 | 14 | 62% | 0 | 0 | 0% |
| 《教程》 | 0 | 12 | 36% | 9 | 12 | 64% | 0 | 0 | 0% |
| 《新实用》 | 0 | 19 | 37% | 18 | 14 | 63% | 0 | 0 | 0% |
| 《博雅》 | 0 | 49 | 49% | 15 | 36 | 51% | 0 | 0 | 0% |

　　表7-32显示,语言/语法点中主要呈现的是句级语块,其次为词级语块,语篇语块在语言/语法点中未呈现。词级语块呈现的是递推性搭配,未

见固定搭配。

纵向比较,年代较近的《新实用》和《博雅》语言/语法点中语块的呈现最为详细,基本给出了表达式或框架结构,便于学生模仿类推。如:

《新实用汉语课本》1 第 7 课"正反疑问句"表达式:V/A + 不 + V/A + O

《新实用汉语课本》2 第 15 课"情态补语"表达式:(V + )O + V + 得 + Adv + A

《新实用汉语课本》2 第 18 课"是字句"表达式:S + 是 + N/A/Pr/VP + 的

《博雅汉语》初级起步篇 2 第 6 课"存在句"表达式:处所词 + V + 着 + q. + n.

《博雅汉语》初级起步篇 2 第 9 课:往 + 方位词/地点 + V

相比之下,《教程》给出的表达式要少一些。如"双宾语句",《教程》第一册下第 20 课只介绍了定义,举了例子,未列出表达式。《实用》1 第 15 课"双宾语动词谓语句"给出了句型模式"名词或代词 + 动词 + 名词或代词(指人) + 名词(指事物)"。而《新实用》1 第 10 课"双宾语动词谓语句 1:给、送"则给出了表达式"给/送 + Pr/N(person) + NP(thing)"。《新实用》对语块的呈现更为直观易懂,也更详细些。

(三)课文、练习中语块的呈现状况

语块在课文中是间接呈现,但生词表、语言/语法点中的语块需要在课文和练习中有所复现,有所照应,其呈现才更合理。我们考察了四套教材生词表、语言/语法点中直接呈现的语块在课文和练习中的有无,情况如下。

表 7-33 四套教材的语块在课文和练习中的有无及所占比例

| 教 材 | 课文 |  | 练习 |  |  |  |
|---|---|---|---|---|---|---|
|  | 有 | 无 | 有 | 百分比 | 无 | 百分比 |
| 《实用》 | 94 | 0 | 68 | 72% | 26 | 28% |
| 《教程》 | 43 | 0 | 39 | 91% | 4 | 9% |
| 《新实用》 | 69 | 0 | 60 | 87% | 9 | 13% |
| 《博雅》 | 140 | 0 | 109 | 78% | 31 | 22% |

表 7-33 显示,四套教材生词表、语言/语法点中的语块,在课文中均有相应的呈现,但在练习中都有一定数量的语块未呈现,其中未呈现比例

由高到低依次为《实用》《博雅》《新实用》《教程》。

　　练习涉及语块的各个层级,练习中的语块呈现方式每部教材有共性也有差异。词级语块的练习方式主要有替换与扩展练习、选词填空、读词组等;句级语块的主要有完成对话、造句等;语篇语块的主要有阅读短文、情景对话展示(如约时间、看病人、辅导)、看图说话、看图作文或命题作文等。完成对话在某种程度上也是语篇层面的一种练习方式。

表7-34　四套教材练习中语块呈现的主要方式

| 教　材 | 词级语块 | 句级语块 | 语篇语块 |
| --- | --- | --- | --- |
| 《实用》 | 读下列词组、替换、选词填空、组词/词组 | 改写句子、完成句子、问答练习、回答问题、造句、组句 | 会话练习、看图说话、话题练习、根据内容写一段话、看图作文、对话改写短文、复述短文 |
| 《教程》 | 认读、替换、选词填空 | 完成会话、回答问题、提问、改写句子、组句 | 认读、交际会话、看图说话 |
| 《新实用》 | 熟读下列词组 | 句型替换、看图造句 | 会话练习、交际练习、看图说话 |
| 《博雅》 | 替换、选词填空 | 改写句子、完成句子、模仿例句造句、回答问题、用语言点造句/完成对话、提问、连词成句 | 任务型练习(要求尽量使用本课所学生词和语言点)、看图说话 |

　　四套教材练习中语块的呈现都涉及词、句、语篇各级层面,并且能够根据所学内容和学生的接受程度富有变化,但具体题型各具特色。《博雅》初级1的题型比2更为丰富,起步篇2的语块练习较为宏观,主要涉及句子和语篇层面,词级单位较少涉及。《博雅》在语篇语块的练习中,能够明确提示学生使用该课中出现的生词或语言/语法点,给出关键词或框架,做到了更好地复现。如:《博雅》初级起步篇2第8课"任务型练习"中的"小组活动:学生两人一组,一人扮演记者,一人扮演数学系足球队队员",要求使用到该课出现的语言点"一V,……""好不容易才……""趋向补语"。而《新

实用》在语篇语块的练习中,很少甚至没有给出生词或语言/语法点的提示。与其他三套教材不同的是,《实用》从第 1 册第 13 课开始有了专门的项目"替换与扩展",这一项目主要涉及的是词和语篇层面。词级层面的如第 22 课"替换与扩展(一)",给出的例子为:

她在做什么呢?

她正在看电视呢。

她跟谁一起看电视?

她跟她妹妹一起看电视。

可替换项列举了"吃饭""喝茶""看《人民日报》""听京剧"。

语篇层面主要是功能项目的介绍,如第 25 课"替换与扩展(二)"中的"4. 招待":

A:菜做得不好,你们都吃得很少。

B:哪里,太太,您的鱼汤做得真好,我非常喜欢喝。

A:您再喝点儿吧!

B:谢谢,我喝得不少了。

而其他三套教材则将这一项目体现在练习中,主要涉及的是词级层面。

四套教材的练习对语篇语块的呈现都能从第一册开始,这体现了对语篇语块的重视。但成段、成篇表达的练习,有的教材能够一以贯之,每一课的练习中都会涉及,如《博雅》;有的教材则间歇性出现,如《实用》第 2 册 40、45、46 课中未出现语篇语块的练习。并且,在口语语篇和书面语语篇表达练习的数量上,四套教材存在差异。兼顾口语、书面语做得最好的是《实用》,口语语篇练习如"看图说话""复述短文",书面语语篇练习如"给你的朋友写一封中文信""写一篇短文,谈谈你的汉语学习""看图写话"。

语篇语块在教材中主要通过课文和练习部分呈现,但课文只是语篇语块的样例和具体运用,属于间接呈现,更多的替换、扩展与运用,是在练习中完成。各套教材都做到了练习与课文紧密结合,练习除了能够照应课文中出现的语块外,还会做扩展与延伸。如:《教程》第一册下第 27 课,课文涉及功能项目"询问地点",练习中的"看图说话""交际会话"都照应到了这一功能项目,并做了扩展和延伸。再如:《新实用》2 第 17 课涉及功能项目"买衣服",练习中的"会话练习""看图会话""交际练习"部分都与课文内容紧密配合。

对比以上数据可知,不同层级、不同类型的语块在教材中有不同的呈现板块。词级语块主要呈现在生词表中,句级语块主要呈现在语言/语法点中,其次体现在生词表中,语篇语块主要出现在课文和练习中。

### 三、教材在语块呈现中存在的问题

(一)语块处理的标准不统一

语块处理标准的不统一主要反映在各套教材的生词表中,体现在对语块进行拆分时的不同。既有不同教材间的不统一,也有同一部教材中体例的不统一。

1. 不同教材语块处理标准的不统一

我们在四套教材的生词表中选取了相同的语块,发现不同教材的处理方式不同。如:《教程》第一册下第 26 课呈现为"感兴趣""兴趣";《博雅》初级 1 第 27 课只整体呈现"感兴趣";《新实用》2 第 26 课则分别呈现"感兴趣""感""兴趣"。再如:《实用》2 第 49 课"……之一",加省略号表明"之一"的非独立使用性;《新实用》2 第 17 课"极了",不可独立使用,但未加省略号表明其不可独立性。

2. 同一部教材中语块呈现体例的不统一

如:《博雅》初级 1 第 27 课"考上""考",先呈现整个语块"考上",再呈现核心词"考",但第 25 课"出""汗"则分别出条,未整体呈现语块"出汗"。《博雅》初级 2 第 3 课"左右""者"、第 8 课"比"、第 21 课"以外",以上词语都不能单独使用,但在生词表中均单独呈现。结合课文内容,应加入省略号,整体呈现为"……左右""……者""……比……""……以外",以提示其不可独立使用的特点。但在同一册的第 13 课,"……分之……"却使用了省略号表明"分之"不可单独使用。第 21 课"只有……才……"、第 22 课"连……也/都……"整体呈现,但第 8 课"要是"却没有呈现为整体形式"要是……就……"。这说明同一部教材对语块的呈现体例不够统一,有的整体呈现,有的单独呈现。再如:《实用》2 第 45 课"熊猫馆",按照教材中类似部分的体例,"馆"应当单独出条,但这里没有,体例前后不一,并且练习中出现了在空白处填字组成词或词组的"馆",更应在生词表中单独呈现。第47课"除了……以外"以整体形式出现,但第39课"虽然""但是"却分开呈现。虽为同一部教材,但对语块的处理标准未能统一。

(二)语块呈现方式不够合理

语块呈现方式不够合理也主要反映在各套教材的生词表中,有两种情况。

1. 未能先以完整形式呈现语块。如:《博雅》初级1第28课"编""故事"分别出条。"编"和"故事"属高频搭配,并且课文中出现的也是"编故事",应先整体呈现"编故事",后分别出条"编""故事"。

2. 拆分了不适合拆分的语块。如:《实用》2第48课"亲爱",一般不单独使用,后面要加"的",应将"亲爱的"整体出条。《博雅》初级2第12课"免贵"、第17课"从来"都无法单独使用,需要连用为"免贵姓X""从来(也)没(有)/不",因此生词表中应以整体形式呈现。

(三)语块的复现不及时

复现在语言学习中的作用不言而喻。根据语块的重要程度,可以在同一篇课文的不同板块中复现,或是在后续的课文中复现。当然,最理想的方式还是在同一篇课文的不同板块中复现,更符合记忆规律。四套教材生词表、语言/语法点中的语块在课文中都能做到相互照应,但在练习中的复现情况存在差异。语言/语法点中的语块在练习中基本都有复现,四套教材的复现率分别为《实用》98%、《教程》100%、《新实用》100%、《博雅》90%。但生词表中的语块在练习中的复现情况相对较差一些,四套教材的复现率分别为《实用》23%、《教程》60%、《新实用》50%、《博雅》40%。生词表中最主要呈现的是词级语块,其中固定/高频搭配在练习中的复现率较低,如:《实用》1第23课"接(电话)"、《实用》2第42课"洗(照片)"、第43课"穿(马路)"在练习中均未复现。相对而言,递推性搭配在练习中的复现率较高,但仍有一些未能复现。如:《博雅》初级1第18课"对……来说"、初级2第14课"与……无关",《实用》2第40课"……极了"在练习中没有及时复现。

当然,教材的内容不可能面面俱到,有些内容还需要教师做补充和说明。如课文中的语块,由于是间接呈现,需要教师帮助学生尽快建立起语块识别意识,培养语块识别能力。

## 四、对教材语块呈现的思考与建议

（一）确立语块收录原则，统一语块呈现体例

教材对语块的收录，应当根据语块的特点区别对待。

1. 对于语义透明度较低的，应整体收录，无法或不适合拆开展示。如：《实用》1 第 13 课，课文中出现的是"对了"，语义已经虚化，不是"对"和"了"的简单相加，而是一个话语标记，语义透明度低，应当在生词表中整体呈现。《博雅》初级 2 第 17 课，课文中呈现的是"说实话"，已虚化为话语标记，生词表中也应整体呈现。《新实用》2 第 19 课生词表中出现"马马虎虎""马虎"。"马虎"在课文、练习中均未呈现，并且"马虎"和"马马虎虎"的语义并不对等，因此不应单独呈现"马虎"。《博雅》初级 2 第 3 课分别呈现"寻""物""启事"，而"寻物启事"属固定搭配，应整体呈现。第 8 课"好不"，不可单独使用，应呈现其完整搭配形式"好不~"。

2. 对于语义透明度高，且组成成分常用，构词或组合搭配能力强的，应先整体呈现语块，再分开呈现组成成分。并且，应尽量保证组成成分在学生的掌握范围内，最好在课文或练习中出现。也就是说，在语块拆分呈现时，既要保证理据性，又要照顾到常用性和学生的学习阶段。如：《博雅》初级 1 第 24 课生词表中分别呈现"打""球"，但课文中呈现的是语块"打球"，因此，生词表中应先整体呈现"打球"更利于学生掌握与"球"搭配的常见动词，后分别呈现组成成分"打"和"球"，二者都为常用词，搭配能力较强，适合单独呈现。

语义透明度高，但组成成分不常用或替换扩展性较差的，应整体展示，不适合直接单独呈现。如：《实用》第 2 册第 35 课"挣""钱"分开呈现。动词"挣"可搭配的名词非常有限，"钱"是最常见的搭配对象。在课文、练习中，未见"挣"与其他成分的搭配，因此"挣"不应单独呈现。

语义透明度较高，但已凝固为交际套语的，应整体呈现。如："不客气"，《实用》1 第 8 课生词表中只呈现了"客气"，《教程》第一册上第 10 课呈现为"不客气""客气"，《新实用》2 第 18 课只呈现"客气"，但在其后的例子中呈现了"不客气""不要客气""别客气"，《博雅》初级 1 第 1 课则整体呈现"不客气"。各套教材在相应的课文中出现的都是"不客气"，尽管语义透明度较高，可进行拆分，但这是一个交际套语，整体呈现更有利于对

这一套语的整体语义把握,从而在遇到相应的语言环境时,能够自动化地脱口而出。因此,教材在处理时,应尽量将常见的交际套语整体呈现。

此外,对于替换或扩展性较强的,可在教材中直接展示最常见、最典型的语块,在练习部分或教学过程中,展示次常见、次典型的组块。

3.对于一些固定或高频搭配、递推性搭配,尽量以完整形式出现,有利于整体语块的学习。如:《实用》1第20课"空儿",课文中呈现的是"有空儿",常见搭配是"有/没空儿",应先整体呈现。《教程》第一册上第13课"一下儿",课文中出现的是"介绍一下儿",应整体呈现为"V一下儿"。第一册下第23课"多",课文中呈现的是"多大",应先呈现整体格式"多 + adj"。《博雅》初级2第19课"千万",不单独使用,应整体呈现。第23课"似的",常见的搭配是"像/跟……似的",应整体呈现。《博雅》初级1第18课"的话",常见搭配是"如果……(的话)",课文中出现的也是整个语块,应整体呈现。可省略或替换的部分,教师可做特殊说明,或在语言/语法点、练习中呈现。如:《实用》初级2第47课"除了……以外",以整体语块的形式出现,在语法部分专门指出"以外"可省略,处理得当。

此外,以下两点值得注意。

第一,补语的呈现问题。补语和述语结合紧密,整体呈现述补结构,有利于整体语义的理解。如:《实用》第2册第39课"记"为动词,很少单独使用,后面一般会接结果补语,最常见的是"住",并且课文中出现的也是"记住",因此生词中可直接列入动补结构"记住"。《博雅》初级2第7课"出来",在课文中作"猜"的补语,第8课"平"作"踢"的补语,课文中呈现的是"猜出来""踢平",可先整体呈现动补结构"猜出来""踢平",再分别呈现"猜"和"出来","踢"和"平"。再如:《教程》第一册上第13课,课文中出现的是"V一下儿",但生词表中只单独呈现"一下儿"。《实用》第1册第11课,课文中呈现的是"用一下儿",生词表中分别呈现"用""一下"。《新实用》1第7课,课文中呈现的是"问一下",但生词表中分别呈现"问""一下"。通过四套教材的课文及注释、语言/语法点可以知道,需要学生学习的是做补语的"一下(儿)"。为了更好地理解和掌握补语,应当先整体呈现动补结构"V一下儿",然后可分别展示动词和作补语的成分。也有处理得当的,如:《博雅》初级起步篇2第13课补语"到"一般与述语"收"同现,生词表中呈现为"收到"。

第二,变异形式语块的处理。如:《博雅》初级2第6课课文中出现了"办什么手续","办"和"手续"没有直接连在一起,所以生词表中分开来呈现。我们认为,"办什么手续"是"办手续"的变形,应在生词表中整体呈现"办手续"。第7课课文中出现的是"塞得满满的了","塞"和"满"没有直接连在一起,但两者为常见的动补组合,应在生词表中整体呈现"塞满"。对于具有变异形式的语块,即具有多个变式的语块,教材的处理应当掌握高频原则,常用的优先呈现,可在生词表、语言/语法点中展示,以便引起足够的重视,次常用的可在课文中间接展示或在练习中以认读词组、替换扩展、选词填空等形式呈现。

(二)对于语块的呈现,尽量做到生词表、语言/语法点、课文、练习多方位一体,相互配合,生词表中出现的语块,尽量在其他环节有所照应,反之亦然。

如:《博雅》初级1第12课、第16课,初级2第2课、第4课、第24课,《实用》2第33课语言/语法点中分别出现递推性搭配"每……都……""太……了""离……远/近""有的……有的……""V出来""从……到……",初级2第6课语言/语法点中出现"存在句"。以上语块在相应的课文中都有呈现,但在练习中均未出现,不符合复现规律。

语言中存在大量语块。由于语块为整体储存、提取和使用,因此在二语学习中,可减轻记忆负担,减少信息加工付出的心力,降低学习难度。同时,语块整体呈现的特性还可提高语言使用的正确率,避免语用失误,使交际更为恰当得体,有利于学习者更快形成语感,输出地道的汉语。语块教学在初级阶段尤为重要,应当尽早培养语块意识,提高语块识别能力。教材是教学的依据,应体现语块意识。教材在对语块进行处理时,应首先结合语义透明度、使用频率、学习阶段等因素确立语块收录的原则,对不同特性的语块区别对待,并统一语块呈现体例。同时,做到教材各部分间的协调配合,使得语块的复现更为合理。

## 第四节
# 国外汉语国际教育教材用字用词研究

## 一、调查基本情况

为了考察国外汉语教材的内容与编纂的特点,从与国内教材对比的角度,这里选取的对象是国外学者编写、国外出版、面向汉语作为第二语言学习者、用于正规学校的汉语教材,即美国、英国、澳大利亚等国的《中文听说读写》《互动汉语》《心系中国》《步步高中文》《你好》。教材具体信息见第四章第三节。

这些教材课文用语与注释用语的语言文字①使用情况丰富多样,英语、简体汉字、繁体字、汉语拼音,都会交替或混杂使用。调查情况如下:

表7-35　课文的语言文字使用情况调查

| 教材中文名 | | 课文语言文字 | 注释语言文字 |
|---|---|---|---|
| 中文听说读写 | | 1—2册简化字/拼音<br>3—4册简化字/繁体字/英文/拼音 | 英文 |
| 印第安纳版 | 互动汉语 | 简化字/繁体字/英文/拼音 | 英文为主,<br>例句为简化字/繁体字 |
| | 心系中国 | 繁体字/英文/拼音 | 英文为主,<br>例句为简化字/繁体字 |
| 步步高中文 | | 简化字 | 英文 |
| 你好 | | 简化字 | 拼音/英文,<br>例句为简化字 |

表7-35显示,各教材在课文正文的文字使用上较多样化,有"简化字/拼音""简化字/繁体字/英文/拼音""繁体字/英文/拼音""简化字"等多种情况。课文中的说明、介绍、讲解、导读、题解等注释性内容则基本上用的是英文,用例是汉字或拼音。

## 二、教材用字分析

(一)用字概貌

我们对教材课文正文中的汉字使用进行了调查。下面是四套教材的

---

① 这里说的"注释用语"包括教材中除课文以外的说明、介绍、讲解、导读、题解等。

共用字、部分共用字、独用字的情况。

表 7 - 36　四套教材用字统计表

| 教材中文名 | 字次 | 字种 | 共用字 字种 | 共用字 比例(%) | 部分共用字 字种 | 部分共用字 比例(%) | 独用字 字种 | 独用字 比例(%) |
|---|---|---|---|---|---|---|---|---|
| 中文听说读写 | 22828 | 1158 | 627 | 54.15 | 424 | 36.61 | 107 | 9.24 |
| 印第安纳版 | 27933 | 1321 | 627 | 47.46 | 510 | 38.61 | 184 | 13.93 |
| 步步高中文 | 17685 | 913 | 627 | 68.67 | 247 | 27.05 | 39 | 4.27 |
| 你好 | 16374 | 1051 | 627 | 59.66 | 300 | 28.54 | 124 | 11.80 |
| 合计 | 84820 | 1680 | 627 | 37.32 | 599 | 35.66 | 454 | 27.02 |

四套教材中用字最多的 1321 个,最少的 913 个。共用字占每套教材的用字约一半,最少的 47.46%,最多的 68.67%。四套教材的独用字占其总字种数的 1/4 略多。

汉语国际教育教材的用字量都控制在比较小的范围。我们曾对国内编纂出版的十二套汉语国际教育教材的用字做过调查,初级入门型教材《速成汉语》《交际汉语》《新标准汉语》是 4 册,使用的字种数分别是 1518、1092、1576 个;中级精读型教材《桥梁》2 册、《阶梯汉语》4 册,使用的字种数分别是 2166、2134 个[①]。

(二)共用字、独用字分析

1. 共用字分析

四套教材的共用字 627 个,只占总字种数 1680 的 37.32%。这 627 个共用字都在《现代汉语常用字表》中,其中 624 个属一级常用字(2500 字)范围,有 3 个字属次常用字(1000 字)范围,为"咖、啡、哎"3 字。

再将 627 个共用字与"基础教育阶段小学语文教材生字位序表"[②](以下简称"生字位序表")相比,也能显示出它们的某些特点。后者是根据学生的认知需要和认读过程制订的,对表内每个汉字都排了顺序,627 个共用字中位于后者前 1000 个汉字的有 534 个,未进入前 1000 的有 93 个,未进

---

[①] 苏新春等:《汉语作为第二语言教材字、词和词语义项调查》,载国家语言资源监测与研究中心编《中国语言生活状况报告(2006)》(下编),商务印书馆,2007,第 172—248 页。
[②] 国家语言资源监测与研究中心编《中国语言生活状况报告(2009)》(下编),商务印书馆,2010。

入前 1500 的有 29 个。这 29 个字是:哎、或、资、酒、套、牌、宜、咖、啡、申、辣、烤、炒、拳、存、腐、港、毕、厕、搞、饺、奖、悉、签、刷、乓、乒、帅、览。

下面随机选择 6 个字试作分析:

表 7-37　6 个例字的位序对比

| 例字 | 四套教材 ||  生字位序表 ||
|---|---|---|---|---|
|  | 位序 | 百分位 | 位序 | 百分位 |
| 资 | 469 | 27.92 | 1723 | 44.70 |
| 牌 | 488 | 29.05 | 2010 | 52.14 |
| 宜 | 510 | 30.36 | 1889 | 49.00 |
| 申 | 543 | 32.32 | 1904 | 49.39 |
| 腐 | 742 | 44.17 | 2145 | 55.64 |
| 签 | 864 | 51.43 | 2475 | 64.20 |

表 7-37 中的"位序"指的是该字在对应字表中按频次降序排列的位置,"百分位"指的则是相对排位,如"资"字排在总 1680 个字的第 469 位,按百分位来计算,则排在前第 27.92 的位置。这 6 个字在汉语国际教育教材中的排位都比"生字位序表"靠前。

下表是对这 6 个字的构词情况所作的调查。为了增加对比度,除了中小学教材词表外,还增加了反映一般社会用字用语特点的词表,选用的是《中国语言生活状况报告(2009)》中的"报纸、广播电视、网络(新闻)词语表"(简称"2009 年度词表")①。

表 7-38　6 个例字的构词对比

| 例字 | 四套教材的构词<br>(按频次高低排列) | 基础教材语文教材基础词表(前 5 条) | 2009 年度词表(前 5 条) |
|---|---|---|---|
| 资 | 投资、资料、工资、资本主义、邮资、资历 | 资源、资料、资格、天资、投资 | 投资、资金、投资者、资源、资产 |
| 牌 | 名牌、牌子、招牌、登机牌 | 木牌、招牌、牌子、站牌、扑克牌 | 品牌、金牌、挂牌、名牌、牌照 |

---

① 国家语言资源监测与研究中心编《中国语言生活状况报告(2009)》(下编),商务印书馆,2010。刊出的是常用词部分。

续表

| 例字 | 四套教材的构词（按频次高低排列） | 基础教材语文教材基础词表(前5条) | 2009年度词表(前5条) |
|---|---|---|---|
| 宜 | 便宜 | 便宜、适宜、相宜、不宜、因地制宜 | 便宜、事宜、适宜、不宜、因地制宜 |
| 申 | 申请 | 申请、引申、申办、申牌、重申 | 申请、申报、申购、重申、申办 |
| 腐 | 麻婆豆腐、家常豆腐、豆腐、臭豆腐 | 腐烂、豆腐、腐败、腐朽、腐化 | 腐败、豆腐、反腐倡廉、反腐败、反腐 |
| 签 | 签证 | 签订、签字、签署、签条、竹签 | 签订、签署、签约、签名、签证 |

表7-38明显显示出汉语国际教育教材的用字特点，就是汉字使用与教材的使用者、教材内容有较密切关系。汉语国际教育教材所面对的是汉语非母语的成年学习者，讲授的语言的环境主要与日常生活有关。所构成的复合词中所用的汉字大都表现出意义单一，与海外汉语学习者生活联系密切的特点。如："腐"字构成的词都是"豆腐"义，这与教材有较多的中国饮食内容有关，而没有"腐烂""腐败""腐朽""腐化"义；"宜"字构成的词都是"便宜"义，这与购物有关，而没有"适宜""事宜"义；"签"字构成的词都是"签证"义，这与学生的跨国生活有关，而没有"签订""签署"义；"资"字的构词，有"工资""邮资""资历"，而无"资源""资格""天资""资金"义；"牌"字的构词，有"登记牌"，而无"扑克牌""金牌"义。后者的字义，往往或是更抽象些的概括义，或是在更广范围内使用的社会义，"扑克牌"则是在中国大陆才特别常用的词。

2. 独用字情况

只在一套教材中出现的独用字一共有454个，占总字种数1680的27.02%。在对国内编纂出版的汉语国际教育教材用字调查中，十二套教材独用字792个，只占总用字4041个的19.6%。① 四套教材的独用字如下：

---
① 国家语言资源监测与研究中心编《中国语言生活状况报告(2006)》(下编)，商务印书馆，2007。

《中文听说读写》(107字)：版、拌、鞭、滨、兵、厂、晨、充、仇、绸、酬、纯、村、贷、殿、逗、番、返、纷、氛、坟、负、伽、盖、革、供、咕、冠、归、龟、柜、烘、积、集、俭、疆、芥、津、舅、军、堪、砍、柯、跨、昆、朗、良、笼、噜、落、梅、煤、闷、眠、陌、漠、墨、某、嫩、扭、偶、炮、贫、铺、企、秦、扔、融、萨、嫂、善、湿、石、税、硕、肃、塔、躺、投、纬、未、稳、伍、夕、厦、厢、辛、形、恤、淹、沿、炎、亦、益、谊、俑、余、瑜、郁、攒、丈、枕、圳、蒸、侄、质、逐。

"印第安纳版"(184字)：罢、磅、辈、拨、玻、播、裁、惨、尘、持、冲、臭、触、粗、催、搭、雕、丁、痘、督、渡、凡、繁、贩、佛、副、巩、沟、骨、鼓、鬼、喊、哼、猴、厚、忽、壶、糊、怀、矶、吉、寂、嫁、捡、荐、浆、酱、胶、跤、角、捷、筋、颈、竞、桔、距、绝、爵、君、楷、瞌、扣、亏、莱、郎、螂、璃、哩、励、俐、怜、烈、邻、刘、遛、露、炉、鹿、洛、盲、貌、媒、孟、秘、咩、摸、麽、抹、茉、寞、谋、木、慕、腻、宁、努、判、批、偏、拼、坡、歧、弃、枪、强、敲、茄、曲、权、忍、荣、熔、柔、儒、塞、刹、杉、赏、尚、舌、射、升、驶、示、薯、摔、嗦、涕、田、帖、涂、兔、吞、拖、湾、汪、威、唯、谓、坞、悟、雾、析、峡、闲、羡、歇、欣、醒、许、绪、靴、血、训、丫、耶、伊、颐、疑、艺、裔、娱、渔、暂、灶、责、贬、蟑、赵、诊、争、睁、芝、执、煮、著、爪、篆、妆、庄、宗、组、祖、罪。

《步步高中文》(39字)：伴、镑、辫、馋、偿、抄、寸、盗、董、敦、俄、幅、慌、惠、获、籍、俱、夸、矿、廊、列、纳、聘、评、泉、婶、施、私、锁、梯、填、微、席、绣、询、宴、艳、仪、致。

《你好》(124字)：艾、桉、袄、澳、芭、傍、胞、布、怖、擦、藏、曹、插、肠、潮、扯、乘、橙、尺、筹、串、刺、旦、刀、叨、捣、笛、掉、毒、堵、朵、噩、防、废、橄、罐、桂、嗨、横、幻、谎、祸、佳、煎、箭、蕉、礁、戒、橘、俊、库、榄、唠、垒、蕾、荔、粒、链、临、淋、龄、萝、麦、馒、漫、眉、莓、檬、摩、牧、尼、柠、琶、刨、琵、匹、频、脐、淇、浅、饶、仍、晒、盛、饰、寿、爽、斯、寺、怂、塌、摊、探、添、亭、吐、娃、袜、喔、稀、虾、侠、项、橡、泻、凶、讶、岩、邀、叶、怡、咦、哟、愚、犹、豫、侦、筝、症、汁、粥、状、撞、镯。

(三) 频率分析

1. 高频字集中

四套教材共使用汉字字种1680个。考察汉字的使用频率，可以清楚地看到教材中的常用汉字的分布。下面是根据使用频率对教材用字的各级覆盖率使用字种数的调查结果。

表7-39　四套教材用字覆盖率及所用字种

| 覆盖率(%) | 字种数 | 最低使用频次 |
|---|---|---|
| 50 | 68 | 262 |
| 60 | 109 | 176 |
| 70 | 169 | 110 |
| 80 | 270 | 65 |
| 90 | 484 | 26 |
| 95 | 709 | 13 |
| 99 | 1177 | 3 |
| 100 | 1680 | 1 |

表7-39显示,覆盖总语料的50%只使用了汉字68个,覆盖率为90%时使用了汉字484个,最低频次为26次,显示出四套教材中常用汉字相当集中。

2. 低频字数量众多

在常用字集中的同时,存在着另一种情况就是低频字数量较多。只出现1次的称为单频次字,四套教材中共有244个单频次字,占总字数1680的14.52%。与国内出版的汉语国际教育教材[1]及基础教育语文教材[2]相比,这里的单频次字比例是最高的。请看表7-40:

表7-40　单频次字对比

|  | 总字种数 | 单频次字 | 比例(%) |
|---|---|---|---|
| 四套海外汉语教材 | 1680 | 244 | 14.52 |
| 国内对外汉语教材 | 4041 | 490 | 12.12 |
| 基础教育语文教材 | 5069 | 378 | 7.45 |

(四) 与两种字表的对比

1. 与《现代汉语常用字表》的比较

四套教材总用字为1680个,在《现代汉语常用字表》一级常用字范围

---

[1] 国家语言资源监测与研究中心编:《中国语言生活状况报告(2006)》(下编),商务印书馆,2007。
[2] 国家语言资源监测与研究中心编:《中国语言生活状况报告(2007)》(下编),商务印书馆,2008。

内的有1552个,在次常用字范围内的有87个,还有41个在《现代汉语常用字表》以外。这表明汉语国际教育教材的总用字量虽然不大却较为分散。这41个字为:桉、镑、伽、嗨、矶、饯、跤、桔、柯、瞌、螂、遛、噜、嘛、髦、莓、咩、嗯、噢、哦、琶、琵、淇、莎、怂、嚯、喔、丫、耶、怡、咦、颐、裔、俑、愚、瑜、蟑、圳、篆、镯、粽。这41个字中有两类比较多,一是表名物义的多,二是表语气、拟声的多,如"嗨、噜、嘛、咩、嗯、噢、哦、喔、咦",表动作、性质的较少。这与教材内容贴近生活,课文多对话式的口语体有关系。其中"莎"字为外国人名常用字,如"丽莎""瑞莎""玛莎"等。

2. 与十二套教材用字字表的比较

《汉语作为第二语言教材字、词和词语义项调查》调查的十二套国内出版的对外汉语教材[1],总字次为680171,总字种4041个。将四套教材用字与之比较,不在其中的仍有11个:桉、镑、饯、螂、檬、柠、怂、纬、裔、愚、蟑。

通过上面的调查可以看到,汉语国际教育教材中的汉字使用有以下一些特点:字种数较少;用字在一定程度上反映出教材面向的是汉语非母语的成年学习者,课文内容注重与社会生活的联系,较生活化、口语化。

### 三、教材用词分析

(一) 用词概貌

对教材的课文正文中的汉字词使用进行了调查。既用简体汉字,又同时用繁体字表示的,不统计后者。如只用繁体字表示的,则转化成简体汉字,但繁转简的数量很少,只出现于少数课文标题和课文的简短对话中。划分词语时先用机器切分,再作人工干预,尽量使分词单位符合人们日常使用的语感。

四套教材共有词次87223个,词种4497个。具体情况如下:

---

[1] 国家语言资源监测与研究中心编:《中国语言生活状况报告(2006)》(下编),商务印书馆,2007。

表 7-41　四套教材用词情况

| 教材中文名 | 词次 | 词种 | 共用词 词种 | 共用词 比例(%) | 部分共用词 词种 | 部分共用词 比例(%) | 独用词 词种 | 独用词 比例(%) |
|---|---|---|---|---|---|---|---|---|
| 中文听说读写 | 15135 | 2001 |  | 27.84 | 891 | 44.53 | 553 | 27.63 |
| 印第安纳版 | 19118 | 2537 |  | 21.96 | 1025 | 40.40 | 955 | 37.64 |
| 步步高中文 | 11508 | 1799 | 557 | 30.96 | 623 | 34.63 | 619 | 34.41 |
| 你好 | 11130 | 1639 |  | 33.98 | 584 | 35.63 | 498 | 30.39 |
| 合计 | 87223 | 4497 |  | 12.39 | 1315 | 29.24 | 2625 | 58.37 |

（二）共用词、独用词分析

1. 共用词比例低

表 7-41 显示，四套教材的共用词有 557 个，占总词种的 12.39%。在具体每套教材中，共用词比例在 21.96%—33.98% 之间。557 个共用词中，有一字词 236 个，二字词 290 个，三字词 31 个。

2. 独用词数量多

四套教材的独用词共有 2625 个，占总词种数的 58.37%。就一套教材来说，独用词比例最高的是"印第安纳版"教材，为 37.64%，最低的是《中文听说读写》，为 27.63%。

在十二套国内出版的汉语国际教育教材调查中，独用词 14260 个，占总词种数 26345 的 54.13%；[①]在四套基础教育新课标语文教材的调查中，独用词 24996 个，占总词种数 50670 的 49.33%[②]。看来在教材课文的词语使用中，独用词比例一般都较高，显示具体语篇中因语境的差异而用到的词语面都相当宽，差异比较大。独用词中有不少是表时间、人名、物名、事名的，还有一些体现了国家、民族、地区间的差异。

3. 各教材特色词分析

各教材词汇的特色从独用词、共用词的不同频序中都可以看出。下面略作举例。

---

[①] 苏新春等：《汉语作为第二语言教材字、词和词语义项调查》，载国家语言资源监测与研究中心编《中国语言生活状况报告(2006)》（下编），商务印书馆，2007，第 172—248 页。

[②] 苏新春等：《基础教育语文新课标教材用字用语调查》，载国家语言资源监测与研究中心编《中国语言生活状况报告(2007)》（下编），商务印书馆，2008，第 437—515 页。四套教材的独用词分别为 5116、4474、7595、7811 个。

(1) 独用词反映出来的特色词

下面是各教材独用词中频次最高的前 10 个双音词。

《中文听说读写》：丽莎、柯林、雪梅、李文、天明、李哲、李友、王朋、舅舅、舅妈。

"印第安纳版"：小林、王华、美英、李明、德中、台湾、从前、印大①、大陆、对象。

《步步高中文》：王京、李东、小方、职员、李英、张亮、高明、小张、爱华、老李。

《你好》：兰兰、大伟、李秋、大姨、逛街、吸毒、板球、书包、唠叨、班长。

上面独用词中的高频词其实大部分是为了课文内容表达需要而出现的称呼性词语。

(2) 共用词中的特色词

用某调查对象在分类语料中的频率减去其在全部语料中的频率所得到的值，叫频率差。用频率差的对比方法可以观察到共用词中各教材的特色词。下面是各教材特色词中排在最前面的 10 个双音词。

《中文听说读写》：中国、你们、这个、我们、工作、一个、一些、有的、他们、身体。

"印第安纳版"：什么、美国、觉得、应该、时候、自己、不是、可是、而且、没有。

《步步高中文》：学生、老师、没有、北京、谢谢、英国、东西、不能、你好、漂亮。

《你好》：妈妈、今天、爸爸、老师、喜欢、同学、我家、生日、上午、明天。

用频率差的方法可以从共用词中发现各教材的某些使用特点。使用频率高的如来自美国的"印第安纳版"中有"美国"，来自英国的《步步高中文》中有"英国"。使用频率低的也能反映若干重要信息。如"中国""北京""美国""英国"是四套教材都有的词，但在《你好》中出现的频率最低，分别排在频率差最大的第 1、6、8、85 位。这种情况与《你好》强调课文内容贴近日常生活相吻合，上述高频词大都是日常生活用词也印证了这点。

---

① 印大指"印第安纳大学"。

(三) 词长与词种关系

下面按词语长度分别统计了各词长的词种数及使用频次的情况。见下表。

表 7-42 不同词长的词种数与词次调查

| 词长 | 词种 数量 | 百分比(%) | 词次 数量 | 百分比(%) | 平均词次 |
| --- | --- | --- | --- | --- | --- |
| 1 | 792 | 17.61 | 32403 | 56.95 | 41 |
| 2 | 2803 | 62.33 | 21686 | 38.12 | 8 |
| 3 | 644 | 14.32 | 2348 | 4.13 | 4 |
| 4 | 200 | 4.45 | 355 | 0.62 | 2 |
| 5 | 34 | 0.76 | 62 | 0.11 | 2 |
| >6 | 24 | 0.53 | 37 | 0.07 | 2 |
| 总计 | 4497 | 100.00 | 56891 | 100.00 | 13 |

表 7-42 显示,词种数量最多的是双音词,约占 2/3。在使用词次上,数量最多的却是单音词,单音词词次占总频次的一半略多,双音词只占到总频次的 1/3。从每个词的平均词频来看,单音词是双音词的 5 倍。

三音词在数量上占总词种数的 14.32%,但频次只有总词次的 4.13%。

下面是各词长频次排在最前面的 10 个词。

单音词:的、我、了、你、是、不、有、在、很、好。

双音词:什么、中国、我们、没有、小李、一个、小五、今天、喜欢、他们。

三音词:怎么样、张天明、为什么、对不起、服务员、女朋友、李小英、星期六、图书馆、有意思。

四音词:澳大利亚、电子邮件、公共汽车、十字路口、不好意思、马马虎虎、中国银行、班布斯班、一天到晚、名胜古迹。

五音词:长城信用卡、天安门广场、公共汽车站、故宫博物院、大英图书馆、民以食为天、人民大会堂、王府井大街、伊丽莎白瓜、菠菜豆腐汤。

(四) 词频与词种关系

统计频次与词种的关系,能反映高频词与低频词的数量分布情况。表 7-43 是各个频次段拥有的词种数。

表 7-43  各频次段使用的词种数

| 频次段 | 词种数 | 占总词种数的比例(%) | |
|---|---|---|---|
| 1 | 1687 | 37.51 | |
| 2 | 733 | 16.30 | |
| 3 | 377 | 8.38 | 83.50 |
| 4 | 275 | 6.12 | |
| 5 | 183 | 4.07 | |
| 6-10 | 500 | 11.12 | |
| 11-20 | 341 | 7.58 | |
| 21-100 | 313 | 6.96 | 16.50 |
| >100 | 88 | 1.96 | |
| 总计 | 4497 | 100.00 | 100.00 |

表 7-43 显示,频次为 1 的词语有 1687 个,两次的为 733 个,100 次以上的为 88 个。出现 10 次以上的只占总词语的 16.50%。在国内出版的汉语国际教育教材用词调查中,单频次词 10800 个,占总词种数 26345 个的 40.99%。在基础教育语文教材用词调查中,单频次词 19766 个,占总词种数 50670 个的 39.01%[1]。三次调查数据接近,看来在一定量的真实语言使用环境中,单频次词的数量保持在一个相当稳定的规模上。另外,单频次词的比例要低于独用词的比例,因为单频次词一定是独用词,而独用词却不一定是单频次词,它可能在一套教材中多次出现。

(五)词语分布与词种关系

词语分布是指词在不同语境中出现的情况。分布是体现词语价值的另一重要因素。分布调查可以以不同的单位为统计对象,可以是教材的"套""册"。这里选用的是课文的"篇"。四套教材共有 16 册,160 篇课文。分布最广的词是"我",见于 131 篇课文。只在一篇课文中出现的有 2231 个。调查结果见下表:

---

[1] 苏新春等:《汉语作为第二语言教材字、词和词语义项调查》,载国家语言资源监测与研究中心编《中国语言生活状况报告(2006)》(下编),商务印书馆,2007,第 172—248 页。苏新春等:《基础教育语文新课标教材用字用语调查》,载国家语言资源监测与研究中心编《中国语言生活状况报告(2007)》(下编),商务印书馆,2008,第 437—515 页。

表 7-44　各分布段与词种数的关系

| 课文数(篇) | 词种数 | 比例(%) |
|---|---|---|
| 1 | 2231 | 49.61 |
| 2—5 | 1405 | 31.24 |
| 6—10 | 387 | 8.61 |
| 11—50 | 388 | 8.63 |
| >50 | 86 | 1.91 |
| 总计 | 4497 | 100 |

(六)高频词调查

下面是对四套教材词种覆盖率的调查。

表 7-45　四套教材词种覆盖率分布

| 覆盖率(%) | 词种数 | 最低使用频次 |
|---|---|---|
| 50 | 88 | 101 |
| 60 | 161 | 56 |
| 70 | 312 | 27 |
| 80 | 624 | 12 |
| 90 | 1363 | 5 |
| 100 | 4497 | 1 |

表 7-45 显示,覆盖语料 50% 时只使用词语 88 个,至 80% 时使用词语 624 个,显示高频词集中。在国内出版的汉语国际教育教材统计中,覆盖语料 50% 时用词 194 个,至 80% 时用词 2231 个[1]。

## 第五节
## 国外儿童汉语国际教育教材词汇分类研究

近年来,国际汉语教学的迅速发展不仅带动了成人学习汉语的热潮,儿童对汉语学习的需求也日益加大。据孔子学院总部/国家汉办 2016 年

---

[1] 苏新春等:《汉语作为第二语言教材字、词和词语义项调查》,载国家语言资源监测与研究中心编《中国语言生活状况报告(2006)》(下编),商务印书馆,2007,第 172—248 页。

度报告统计,截至2016年12月,各国已建立511所孔子学院和1073个孔子课堂。孔子课堂数量巨大,孔子学院同时也与当地小学有一定的合作,加上赴美汉语教师志愿者等项目的开展,海外中小学汉语学习的需求绝不亚于成人汉语教学。母语非汉语的儿童学习者在生理和心理方面都有自身的特点,同时儿童的语义获得同概念发展是并进的过程,这就意味着为他们编写教材的词汇要符合儿童语言学习的规律并进行一系列具有针对性的研究。然而,正如李润新主编的《谈谈少儿汉语教学的定位和分期》中所明确指出的:"我国少儿汉语教学状况仍远远落后于形势要求,无论从少儿汉语教学的教材编写上看,还是从少儿汉语教学的理论研究上看,与成年人的汉语教学相比,差距都很大。"①

目前在面向海外非华裔的儿童汉语教材方面,几乎未曾对词汇进行大规模统计和分类。我们从义类词典这一全新角度,通过课文内容和词汇语义的划分,阐释使用义类词典进行儿童汉语教材词汇分类的可行性。

### 一、调查基本情况

(一)教材选择

选取了中国内地(大陆)、香港、台湾三地八家出版社的教材,采用词汇计量的方式和《现代汉语分类词典(TMC)》的层级标准进行分析,提取国外儿童汉语国际教育教材的义类及核心词汇,以期给教材编写者提供一定的依据与选词范围。

国外儿童汉语国际教育教材的选择主要参考国家汉办赠书管理系统,其中涉及小学教材约25个系列,选取标准如下:(1)选取适用对象为海外母语非汉语6—12岁儿童的教材,英语注释,而不选取海外华裔或在华国际学校学生为使用对象的教材,如《新启蒙汉语》(外语教学与研究出版社)、《双双中文》(北京大学出版社)、《国际少儿汉语》(上海外语教育出版社)等。(2)排除汉语读物和特殊教学方式的教材,如《奇妙中文》(大华风采有限公司)、《早上好》(外语教学与研究出版社)、《说说唱唱学中文》(北京语言大学出版社)等。(3)主要从汉办规划教材中选择各出版社的代表教材。为了平衡整体教材的选择,我们还参考了向美国明尼苏达州教育局申

---

① 李润新主编《世界少儿汉语教学与研究》,北京语言大学出版社,2006,第3页。

请的中文项目小学阶段推荐汉语教材①,选择了一套来自台湾出版社的教材。由于《远东儿童中文》和《远东天天中文》分别是为6—9岁和9—12岁儿童开发的,因此合为"远东系列中文",特此说明。具体教材如下表所示:

表7-46 选用儿童汉语教材简况

| 教材名称 | 编者 | 出版社 | 出版时间 |
| --- | --- | --- | --- |
| 《快乐儿童华语》共4册 | 虞丽翔、沈启国 | 香港大华风采有限公司 | 2004年 |
| 《轻松学汉语》共4册 | 马亚敏 | 香港三联书店有限公司 | 2005年 |
| 《远东儿童中文》共2册 | 吴威玲、赵玉娣、萧欣音、胡采禾 | 台湾远东图书公司 | 2006年 |
| 《汉语乐园》共6册 | 刘富华、王巍、周芮安、李冬梅 | 北京语言大学出版社 | 2007年 |
| 《体验汉语(小学)》共6册 | 国际语言研究与发展中心 | 高等教育出版社 | 2008年 |
| 《远东天天中文》共2册 | 吴威玲、Vicky Chang、Jume L. Shen | 台湾远东图书公司 | 2009年 |
| 《新儿童汉语》共3册 | 刘珣、张亚军、丁永寿 | 华语教学出版社 | 2011年 |
| 《阳光汉语课本》共8册 | 刘骏 | 商务印书馆 | 2011年 |
| 《朗朗中文》共12册 | 如风、夏小芸、明心华 | 江西教育出版社 | 2012年 |

(二)研究方法

下文主要利用 Access 2007 建立语料库,使用 NLPIR 汉语分词系统对八套教材的课文进行分词处理和标注,提取词汇表。分词后进行人工校对,标点符号、人名、成语俗语均排除在考察范围外。由于 NLPIR 汉语分词系统标注分为三级,子类划分细致,我们仅使用其22个一类词性标记。

词汇意义分类主要以苏新春主编的《现代汉语分类词典》为依据②。该词典主要分为五个层级:一至三级是上位层,是对词义系统的宏观认识,相对抽象、概括;四级是联系底层基础义类与上位类的过渡层,是词义系统由宏观走向微观的转折点;五级是下位层,是整个词义系统的基础③。儿童的语言学习主要停留在对较为概括、具体的词义进行学习的阶段,因此,三、四级词是儿童词汇学习的重点。我们主要对词汇进行一至三级词类的划分,也就是义类细化至三级类。

---

① 美国明尼苏达州教育局:《明尼苏达州教育局中文项目报告》,http://www.minnesota-china.com,访问日期:2017年4月3日。
② 苏新春:《〈现代汉语语义分类词典〉(TMC)研制中若干问题的思考》,《中文信息学报》2008年第5期。
③ 洪桂治:《论〈现代汉语分类词典〉基础语义类的形成》,《云南师范大学学报(哲学社会科学版)》2012年第1期。

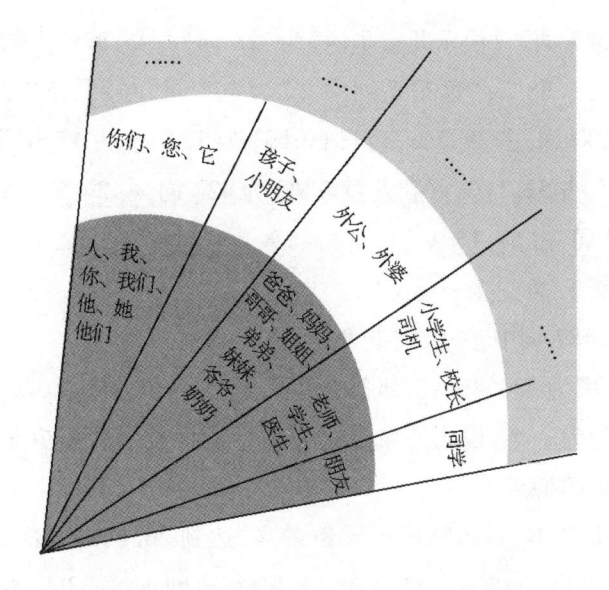

图7-3　儿童汉语教材义类"人"发展过程

图7-3反映的是八套教材中"人"这一级义类的发展过程。可以看到,儿童汉语国际教育教材在基础阶段主要收录泛称类、亲属类、职业类、社交类的词汇,其内容是儿童自身接触中最主要的人,如表示"我、我们"的人称代词,儿童的父母、兄弟姐妹等。在中高级阶段的教材中,不仅收录了基础阶段的词汇,还增加了义类——年龄类,同时每一、三级类下在基础词汇的积累后还增加了同义类中的其他词汇。图7-3中散点表示的就是高年级阶段教材词汇内容的累加。这一层级性受到词义的制约。由于小学低年级学生对所观察事物进行整体概括的能力很差,表述事物特征不系统、分不清主次,往往因注意于各种无意义的特征而忽略了有意义的特征。在三年级时,儿童的判断力有较大提高,随后分辨力和系统化能力明显提高。儿童语义认知能力和逻辑思维能力随年级上升而逐渐增长,即使在第二语言教学中,其词汇及意义的选择也必须符合儿童整体认知能力的发展。因此,使用义类划分儿童教材符合语义由浅入深、由具体到抽象、由简单到复杂的层级性发展过程。

**二、国外儿童汉语国际教育教材词汇的分类**

(一)词汇概况

总词表是将八套教材词种数进行汇总得到的词表。总词表进行词种统计后，共1587词。《快乐儿童华语》为728词，占45.87%；《轻松学汉语》为506词，占31.88%；"远东系列中文"为407词，占25.65%；《体验汉语（小学）》为630词，占39.7%；《汉语乐园》为270词，占17.01%；《朗朗中文》为827词，占52.11%；《新儿童汉语》为422词，占26.59%；《阳光汉语课本》为907词，占57.1%。

（二）词汇分类

总词表1587词中，一级类共9类，类名覆盖率为100%；二级类共58类，类名覆盖率为93.54%；三级类共269类，类名覆盖率为52.95%。三级类名覆盖率约为一半，说明儿童汉语教材中词汇类别明显少于成人，并且具有义类集中的特点。

在一级类名中，具体物所占比例最高，达到20.6%，其次为抽象事物16.51%、生物14.54%、生物运动12.5%、辅助词8.33%、性质与状态8.26%、时空8.18%、社会活动7.34%、运动与变化3.71%。这八套教材的词汇中，名词(生物、具体物、抽象事物)所占比例最高，其次为表示生物运动的动词。这三类词是儿童最容易接触到,同时也能够进行感知和寻找"原型"的词。

二级类名中词种数所占比例为前10位的类名和词例分别是：人5.76%、时间5.15%、生活用品5%、食用品4.92%、数量4.7%、科教3.93%、生活工作3.86%、副词3.86%、动物3.79%、文化用品3.18%。在二级类名前10位名词占优势，另外还体现出了儿童学习生活中接触的主要内容。

表7-47中前15位的三级类名分类则更具体和狭窄，比二级类的划分更能反映总词表的概况和特点。

表7-47 总词表三级类名统计结果(前15位)

| 一级类名 | 二级类名 | 三级类名 | 占三级类比例 | 词例 |
| --- | --- | --- | --- | --- |
| 具体物 | 食用品 | 食品 | 4.85% | 可乐、蛋糕、薯条、米饭 |
| 抽象事物 | 数量 | 单位 | 2.88% | 个、杯、本、遍 |
| 时空 | 空间 | 方位 | 2.57% | 上、下、左、右 |
| 生物 | 生物部分 | 躯体部分 | 2.35% | 眼睛、手、头发、嘴 |

续表

| 一级类名 | 二级类名 | 三级类名 | 占三级类比例 | 词例 |
|---|---|---|---|---|
| 时空 | 时间 | 年月日 | 2.12% | 年、四月、日、星期一 |
| 生物 | 植物 | 蔬果 | 1.97% | 苹果、香蕉、蔬菜 |
| 具体物 | 生活用品 | 布料服饰 | 1.97% | 裤子、裙子、手套、鞋子 |
| 具体物 | 生活用品 | 日用品 | 1.97% | 筷子、盘子、毛巾、伞 |
| 生物 | 人 | 职业 | 1.89% | 医生、服务员、警察、老师 |
| 抽象事物 | 政治 | 行政 | 1.81% | 中国、美国、北京、上海 |
| 生物 | 动物 | 兽类 | 1.67% | 大象、猴子、老虎 |
| 抽象事物 | 数量 | 数量 | 1.59% | 一、三、百、半 |
| 生物活动 | 生活工作 | 走动 | 1.52% | 来、去、进来、出去 |
| 抽象事物 | 科教 | 教育 | 1.52% | 教室、课本、历史、美术 |
| 抽象事物 | 文体 | 体育 | 1.44% | 体育、运动、足球场、篮球场 |

**三、国外儿童汉语国际教育教材的词表**

(一) 同义异形词的筛选

由于八套教材的编写者来自不同地区,因此,在词汇的选择上存在一定的地域差异。因此,我们对1587词进行了人工排查和筛选,参照多个词表对其中概念义相同的词汇进行整合,再进行选择。出现这一情况的词汇为33组词。我们主要利用新YCT考试的词汇大纲、《汉语水平词汇与汉字等级大纲》(8822词表,简称《HSK大纲》)、《中国语言生活状况报告(2008)》常用词报告作为参照的标准。具体33组词情况及对照词如表7-48所示:

表7-48 同义异形词筛选情况

| 八套教材中同义异形词 | YCT用词 | 8822用词 | 常用词首位 | 最终选词 |
|---|---|---|---|---|
| 医生、大夫 | 医生 | 医生 | 医生 | 医生 |
| 猴、猴子 | 猴子 | 猴子 | 猴子 | 猴子 |
| 虎、老虎 | 老虎 | 老虎 | 虎 | 老虎/虎 |
| 鼠、老鼠 |  | 老鼠 | 老鼠 | 老鼠/鼠 |
| 兔、兔子 | 兔子 | 兔子 | 兔 | 兔子/兔 |

续表

| 八套教材中同义异形词 | YCT用词 | 8822用词 | 常用词首位 | 最终选词 |
|---|---|---|---|---|
| 大熊猫、熊猫 | 熊猫 |  | 大熊猫 | 熊猫 |
| 梨、梨子 | 梨 | 梨 | 梨 | 梨 |
| 桃、桃子 |  | 桃 | 桃 | 桃子 |
| 嘴、嘴巴 | 口 | 嘴/嘴巴 | 口 | 嘴 |
| 客厅、起居室 |  | 客厅 | 客厅 | 客厅 |
| 洗手间、卫生间 | 洗手间 | 厕所 | 厕所 | 洗手间 |
| 餐厅、饭店、饭馆 |  |  | 饭店 | 餐厅 |
| 路、马路 | 路 | 马路 | 路 | 路 |
| 公车、公共汽车 | 公共汽车 | 公共汽车 | 公共汽车 | 公共汽车 |
| 窗、窗户 |  |  |  | 窗户 |
| 空调、冷气 | 空调 |  | 空调 | 空调 |
| 汗衫、T恤衫 |  |  |  | T恤衫 |
| 鞋、鞋子 | 鞋 | 鞋 | 鞋 | 鞋 |
| 汉堡包、汉堡 |  |  |  | 汉堡包 |
| 饭、米饭 | 米饭 | 饭/米饭 | 米饭 | 米饭 |
| 冰激凌、冰淇淋 | 冰激凌 | 冰淇淋 | 冰激凌 | 冰激凌 |
| 比萨、比萨饼 |  |  |  | 比萨饼 |
| 生肖、属相 |  |  | 生肖 | 生肖 |
| 作业、功课 | 作业 | 作业 | 作业 | 作业 |
| 汉语、中文、华语 | 汉语 | 汉语/中文/普通话 | 中文 | 汉语/中文 |
| 英语、英文 |  | 英语/英文 | 英语 | 英语 |
| 法语、法文 |  | 法语/法文 | 法语 | 法语 |
| 日语、日文 |  |  | 日语 | 日语 |
| 澳大利亚、澳洲 |  |  | 澳大利亚 | 澳大利亚 |
| 初(一)、农历(一号) |  |  | 初 | 初 |
| 咖啡色、棕色 |  |  | 棕色 | 咖啡色 |
| 春天、春季 | 春季 | 春天 | 春天 | 春天 |
| 分、分钟 | 分钟 | 分/分钟 | 分 | 分钟 |

同对照词进行对比时，上述词汇筛选的原则主要有三条：

1. 以新 YCT 和 8822 词表为主，参考常用词频度，但最根本的标准仍是参考该词在八套教材中出现的次数。若未在新 YCT 和 8822 词表中收录，同时同义异形词次数相同，则具体情况具体分析。如"餐厅""饭店""饭馆"三者分别出现在两套教材中，都表示吃饭的场所，在常用词表中频度依次为 6731、2674、9143。尽管"饭店"最为常用，但饭店还有一个义项可以表示宾馆、酒店等住宿的场所，因此还是选择义项单一的"餐厅"。

2. 外来词选择直接音译词，而不选择意译或半音译半意译的词。儿童学习第二外语主要是用于交际，对于外来词的选择，采用难度较低的音译词，减少记忆的负担。如"汗衫"和"T 恤衫"，选"T 恤衫"。

3. 异形词意义相同，但可用于不同场合时，两种词形都予以保留。如生肖属相中动物名词常使用单音节词，以便于整体协调，但作为动物名称时则使用双音节词较多，因此对于这一情况出现的"猴、猴子""虎、老虎""鼠、老鼠"二词均保留。

（二）利用新 YCT 词汇大纲进行的增补

我们将上文筛选后的总词表同新 YCT 词汇大纲中四个级别的词汇进行了对比。新 YCT 分为四级，四个级别词汇量分别为 80 词、150 词、300 词、600 词。每一级的词汇完全覆盖上一级的词汇。四级词汇量与 HSK 三级、《国际汉语能力标准》三级词量相同[1]。同总词表对比后，除去新 YCT 词汇大纲中所含的同义异形词及排版问题（如"不但……而且……"），总词表对一级词覆盖率为 100%，总词表对二级词覆盖率为 99.33%，总词表对三级词覆盖率为 99.67%，总词表对四级词覆盖率为 99.5%。

总词表的"定量"是通过八套来自各大出版社的教材所实现的，但毕竟调查范围还不够全面，难免会出现疏漏，因此，我们将八套教材总词表同新 YCT 四级词进行了对比，并根据其结果对总词表进行词汇的补充。结果如下：

1. 四级独有词 25 项。其中，去除同义异形词、排版相异词后，其独有词为 11 词。

2. 四级独有词同八套教材总词表进行对比后，由于分词标准而产生差

---

[1] 孔子学院总部/国家汉办：《YCT 考试大纲与应考指南（四级）》，高等教育出版社，第 1 页。

异的共 8 词。它们是不客气、电子邮件、打篮球、放暑假、感兴趣、试、弹钢琴、踢足球。根据词义紧密程度的差异及其搭配是否单一，我们将总词表中"不"和"客气"、"电子"和"邮件"合并为一词，"试穿"改为两个词，在词语"兴趣"后增加"感兴趣"一词。

3. 四级独有词中"零、手机、题"在八套教材总词表中均未收录，添加上述三个词。

通过对新 YCT 三级的独有词进行对比，增改了七个词，由此该词表收词相对较为完善。但是，由于该词表是通过八套教材获得的，所以在收词完整性方面需要未来进一步对儿童汉语作为第二语言学习进行实验和考察，这里仅提取出一个初步的分类词表。对于义类内部的排序，主要以使用度为参考标准，即考虑：一是该词出现在八套教材中的次数，即在教材中的分布情况；二是该词在课文中出现的总次数。分布情况是词汇排序的主要标准，词频则作为分布教材数相同时排序的依据。

（三）词汇分类表

基于八套教材和新 YCT 词汇大纲的儿童汉语教材分类词表，最终根据使用度的排序，选取了平均使用度以上的词语，共收录 262 词，一级类 9 类，二级类 41 类，三级类 110 类。从词表统计的结果看，这一词表呈现集中—发散的特点，涵盖了学习汉语的海外儿童生活、学习的重心。

表 7-49　基础词表的义类及词汇

| | | | |
|---|---|---|---|
| 生物 | 人 | 泛称 | 我、你、我们、他、人、她、你们、他们、您、它、大家、们 |
| | | 亲属 | 妈妈、爸爸、哥哥、姐姐、爷爷、弟弟、妹妹、奶奶 |
| | | 职业 | 老师、医生 |
| | | 社交 | 朋友、同学 |
| | 动物 | 兽类 | 熊猫、动物 |
| | | 畜类 | 猫、狗 |
| | 植物 | 花草 | 花 |
| | | 蔬果 | 苹果、西瓜、梨、香蕉 |
| | 生物部分 | 躯体部分 | 眼睛、鼻子、耳朵、手、嘴、头发 |

续表

| | | | |
|---|---|---|---|
| 具体物 | 概称 | 用品 | 礼物 |
| | | 事物代称 | 什么、这、几、那、谁、哪儿、多少、哪、哪里、这里、为什么 |
| | 自然物 | 气象 | 天气、晴天 |
| | | 自然物质 | 颜色、绿色、红色、白色、黄色 |
| | 器具 | 交通工具 | 汽车、飞机、公共汽车 |
| | 建筑物 | 房屋 | 房间 |
| | | 园林宫殿建筑 | 公园、长城 |
| | 生活用品 | 家具家电 | 电视、桌子、电脑、椅子、手机 |
| | | 布料服饰 | 裙子、衣服、鞋 |
| | | 体育娱乐用品 | 足球、篮球 |
| | 文化用品 | 办公用品 | 书包、笔 |
| | 食物品 | 食品 | 蛋糕、菜、饺子 |
| 抽象事物 | 属性 | 名号 | 名字 |
| | 社会 | 群体 | 家 |
| | 政治 | 行政 | 中国、美国、北京、上海、日本 |
| | 经济 | 货币 | 钱 |
| | | 厂店 | 餐厅 |
| | 科教 | 教育 | 学校、课、作业、年级 |
| | | 语言文字 | 汉字、汉语、英语 |
| | | 文章 | 书 |
| | 数量 | 数量 | 一、两、三、十、五、四、六、七、二、八、半、九、第一、零、一点儿 |
| | | 单位 | 个、岁、块、次、只、斤 |
| 时空 | 时间 | 时候 | 现在、时候 |
| | | 年月日 | 今天、明天、号、昨天、年、星期、今年、月 |
| | | 昼夜时辰 | 点、晚上、早上、分钟、下午 |
| | | 季节 | 秋天、春天、夏天 |
| | 空间 | 方位 | 哪儿、里、上、下、这儿 |

续表

| | | | |
|---|---|---|---|
| 生物活动 | 肢体运动 | 触按 | 打 |
| | | 穿戴 | 穿 |
| | | 走跑 | 走、跑 |
| | | 跳跃 | 跳 |
| | | 踢蹬 | 踢 |
| | | 坐立 | 坐 |
| | 头部动作 | 看听嗅 | 看、听 |
| | | 吃喝 | 吃、喝、吃饭 |
| | 生理活动 | 睡眠 | 睡觉 |
| | 心理活动 | 喜欢 | 喜欢、爱 |
| | | 了解 | 认识 |
| | | 主张 | 要、想、觉得 |
| | | 应该能够 | 会、可以、能、应该 |
| | 生活工作 | 生活 | 住 |
| | | 起居 | 起床 |
| | | 参与 | 做、过、参加 |
| | | 使用 | 用 |
| | | 走动 | 去、来、上、找 |
| | | 娱乐 | 玩 |
| 社会活动 | 经贸 | 买卖 | 买 |
| | | 出纳 | 花 |
| | 交通 | 经抵 | 到 |
| | 文教 | 学习 | 学、考试 |
| | | 阅读 | 读 |
| | | 写作 | 写 |
| | | 演出 | 唱歌、跳舞 |
| | | 运动 | 游泳、跑步 |
| | | 绘画 | 画画 |
| | | 比赛 | 比赛 |
| | 社交 | 交际 | 见 |
| | | 说话 | 说 |
| | | 请求 | 请 |
| | | 表达 | 知道 |
| | | 感谢、道歉 | 谢谢、没关系、对不起、不客气 |
| | | 问候 | 再见、你好 |
| | 帮助 | 赠送 | 送 |
| | | 借予 | 给 |
| | | 帮助 | 帮 |

续表

| | | | |
|---|---|---|---|
| 性质与状态 | 自然现象变化 | 天气变化 | 下雪、下雨 |
| | 从属 | 是作 | 是、叫 |
| | | 有无 | 有、没有、没 |
| | 形貌 | 长短 | 长 |
| | | 高矮 | 高 |
| | | 老幼 | 大 |
| | | 滋味 | 好吃 |
| | | 冷暖 | 冷、热 |
| | 性状 | 多少 | 多 |
| | | 老幼 | 大 |
| | | 美丑 | 漂亮 |
| | 性质 | 快慢 | 快 |
| | | 好坏 | 好 |
| | | 对错 | 对 |
| | 情状 | 喜悲 | 快乐、高兴 |
| 辅助词 | 副词 | 程度 | 很、最、真、太、常常 |
| | | 范围 | 也、都、一起、只 |
| | | 方式 | 先 |
| | | 情态 | 快 |
| | | 时间 | 在、就、每天 |
| | | 频度 | 再、又 |
| | | 口气 | 怎么、还、怎么样 |
| | | 否定 | 不 |
| | 介词 | 时空 | 在、从 |
| | | 处置 | 把、给 |
| | | 对象 | 对、用 |
| | 连词 | 并列 | 和 |
| | | 递进 | 比、还有 |
| | | 转折 | 但是 |
| | | 因果 | 因为 |
| | 助词 | 结构 | 的 |
| | | 时态 | 过 |
| | | 语气 | 了、吗、呢、吧、啊 |

表7-49是儿童汉语国际教育教材中基础词及其义类。从义类的划

分中，我们可以清楚地看到儿童汉语国际教育教材的用词情况。同时，义类内部词汇根据教材分布数和出现频率进行了排序。对于教材编纂者来说，可以先确定大致话题，在该分类词表进行词汇的挑选，然后根据词汇再进行课文的编写。

首先，某些义类收录的词汇在基础词中占优势，如亲属、兽类、躯体部分、事物代称、颜色、数量等。在儿童教材基础阶段的话题编写可以利用这些义类收录的词汇直接构建课文。例如：在编写饮食这一话题时，可以挑选蔬果类或食品类两类词汇作为该课文涉及的生词，在低年级儿童教材中可以直接将其作为课文内容，搭配图片进行教学；在较高年级儿童教材中则可以利用义类编写对话，同一义类的词汇之间能够相互替换。

其次，通过词表可以一目了然地看到目前各类汉语国际教育教材编写的重点。如：提到动物，首先介绍的就是中国的国宝——熊猫，一提到园林建筑就不得不提长城，抑或是谈到饮食就离不开饺子等。从使用度的划分也可以看到，大部分形容词都为褒义词，动词也主要以小学生的日常活动为主，这都与教材的使用对象紧密相关。但我们也可以看到，如此相似的教材设计可能会步入一种模式化的瓶颈，体现不出教材特点。

最后，由于该词表基本上是基于词性进行的义类划分，因此编者可以利用不同词性的义类进行搭配。例如：喜欢类能够同多数名词性义类进行搭配，冷暖类能够同天气变化类或季节类进行搭配，等等。总之，由于采用义类进行了概念意义的分类，因此编者能够直观地选取词汇进行搭配、组合。

词表收词的内容应当由词表的性质来决定，对于儿童汉语学习词表来说，收词的范围就是符合儿童思维发展脉络、满足儿童学习兴趣的词汇。上述内容结合八套优秀汉语教材进行了分析，同时与新YCT词汇大纲进行对比，得到了以义类为纲、有助于儿童汉语国际教育教材编写的词表。

尽管选择了来自八家出版社的推荐教材，但调查范围仍具有局限性，因此最终获得的儿童汉语国际教育教材分类词表虽具有一定的参考价值，仍有继续完善的空间。此外，词汇并非一个封闭的系统，对词汇表的定性、定量考察不能完全做到准确无误、覆盖完全。该词表对儿童汉语国际教育教材编纂者有一定的启发作用，通过本研究希望能使他们开始关注义类，并运用义类理论和研究成果为教材的编写服务。

# 第八章
# 教材句型研究

句子是言语交际行为的最小单位,也是信息的表述单位,不同句类有不同的功能。学科教材重在知识的传递、学生科学素养的培养,句子表达着更完整的语义内容。在学科教材中,不同学科教材在不同的句子类型使用上有着不同的规律与特点。下面以数学教材、科学教材中的句子为例进行分析。

## 第一节
### 数学教材"是"字句研究

数学教材语言研究不仅对于推进数学教育有好处,而且对语言本体研究有补充、证明之益。"是"这个汉字不论是作为字还是作为词,在汉语中都排前十位。在数学中,"是"有着非同寻常的用途,可以用来下定义、表关系、表性质、下判断、提出问题等。这里调查的教材对象是人教版义务教育新课标数学教材。

一、"是"字句状况调查

"是"在使用中既可以单独用作词,如"如果 BD 是近似值,可将结果精确到 0.01m";也可以作为语素与其他语素构词,如"白炽灯售价低,但是用电多"。以下调查中我们把含"是"字的句子分为两类:"是"字语素句和"是"字句。

"是"字句指"是"字独立用作句子成分的句子。"是"字语素句指"是"

字作为语素使用的含"是"字的句子。而含"是"的句子,指教材中含有"是"字的句子的全体,包括"是"字句和"是"字语素句。如:

(一)"是"字句

1. 小明带的钱刚好可以买 4 支单价是 1.5 元的笔,如果他想都买单价是 2 元的,可以买多少支?(六年级下)

2. 还可以看出,$y$ 轴是抛物线的对称轴,抛物线与它的对称轴的交点 (0,0) 叫作抛物线的顶点,它是抛物线的最低点。(九年级下)

3. "1"是自然数的单位。(六年级下)

4. 从"数"的角度看,解方程组相当于考虑自变量为何值时,两个函数的值相等,以及这个函数值是何值。(八年级上)

5. 可以认为,气温 $T$ 是时间 $t$ 的函数,图 11.1-4 是这个函数的图像。(八年级上)

6. "500"和"-500"正好相反,一个是存入,一个是支出。(六年级下)

(二)"是"字语素句

7. 于是我们得到平行四边形的又一个判定定理。(八年级下)

8. 要是有一个很大的圆怎么测量呢?(六年级上)

9. 虽然方程①有两个根,但是其中只有 $x_1 \approx 1.236$ 符合问题的实际意义,所以雕像下部高度应设计为约 1.236m。(九年级上)

10. 可以发现,上述解法中,由①到②的过程,不是用开平方降次,而是先因式分解使方程化为两个一次式的乘积等于 0 的形式,再使这两个一次式分别等于 0,从而实现降次。(九年级上)

对"是"字句进行一个划分是不容易的,因为有些句子本身含有多个独立作句子成分的"是",分别有不同的功能。如:

11. 光盘的银色部分是一个圆环,内圆半径是 2cm,外圆半径是 6cm。(六年级上)

12. 一个圆形茶几桌面的直径是 1m,它的面积是多少平方厘米?(六年级上)

13. 我们已经熟悉一元一次方程等整式方程的解法,但是分式方程的分母中含未知数,因此解分式方程是一个新的问题。(八年级下)

表8-1 含"是"字的句子分布情况

|  | 含"是"句子总数 | "是"字语素句 | "是"字句 |
| --- | --- | --- | --- |
| 句子数 | 2106 | 68 | 2038 |
| 百分比 | 100% | 3.23% | 96.77% |

表8-1中,我们把像例1至例6这样的句子统统归入了"是"字句,即只要句子中有一个"是"是独立作句子成分的,我们就把该句归入"是"字句。

从表8-1可知,在教材中,大多数(96.77%)时候,"是"字单独作为句子成分使用。"是"字用作语素的使用率只占所有含"是"字句子的3.23%,为少数,也就是说由"是"字构成的虚词"但是、要是、只是、于是"等,在教材中的使用比率较低。对"是"字句集合中,含有两个以上"是",且有"是"作为语素使用的句子进行了统计,发现其中共有19个"是"字语素,其中,"但是"8个,"只是"6个,"可是"2个,"于是""还是""而是"各1个。把此19个句子加入"是"字语素句,其使用率仍低于5%。

以下我们将只对"是"字句进行研究。首先根据用途对"是"字句进行划分;再根据形式标记,对"各种指示或判断"类"是"字句进行再次细分,以更深入了解"是"字句在数学语言中的应用。对于含多个"是"字的句子,以"是"字在句中的主要功能归类,如例1归入呈现事物的"数量"类,例2归入"提问"类。

二、"是"字句分类

(一)"是"字句功能分类

我们首先根据"是"字句的语用功能进行了一个较为主观的分类。见表8-2。其中为观察定义句与"含释义信息判断句"的差异,我们特别把"含释义信息判断句"进行了单列。

表8-2 "是"字的功能分类

|  | 下定义 | 各种指示或判断 | 提问 | 解释 | 特别指定 | 比较关系 | 含释义信息判断句 | 总计 |
| --- | --- | --- | --- | --- | --- | --- | --- | --- |
| 句子数 | 74 | 1253 | 524 | 42 | 29 | 92 | 24 | 2038 |
| 百分比 | 3.63% | 61.48% | 25.71% | 2.06% | 1.42% | 4.51% | 1.18% | 100% |

表8-2各标题的语义如下:

1."下定义",指对事物进行定义、说明、诠释的"是"字句。如:

(1)一般地,在一个变化过程中,如果有两个变量 $x$ 与 $y$,并且对于 $x$ 的每一个确定的值,$y$ 都有唯一确定的值与其对应,那么我们就说 $x$ 是自变量(independent variable),$y$ 是 $x$ 的函数(function)。(八年级上)

(2)像这样的等号两边都是整式,只含有一个未知数(一元),并且未知数的最高次数是2(二次)的方程,叫作一元二次方程(quadratic equation in one unknown)。(九年级上)

2."各种指示或判断",表示某对象具有什么属性,或某对象是什么或怎么样的"是"字陈述句。形式上一般为"a 是……,a 是利用/采用/由……完成的……",其中"……"可以是一种性质、一个数值或其上位事物,也可以是对一种结果的描述性概括等。如:

(1)一个数的倍数的个数是无限的。(五年级下)

(2)小数的四则运算顺序跟整数是一样的。(五年级上)

(3)下面的每一组平面图形都是由四个等边三角形组成的。(九年级上)

(4)新图形中的每一点,都是由原图形中的某一点移动后得到的,这两个点是对应点。(七年级下)

"各种指示或判断"这一类比较复杂,下一小节我们将根据"是"的后接成分对其进行形式标记分类。

3."提问",指各种要求学生进行解答或完成某种操作的"是"字句,包括疑问句,也包括一些不带问号,但像问句一样要求学习者进行解答或完成操作的"是"字句。如:

(1)圆柱的表面积指的是什么?(六年级下)

(2)再找几个点,对它们进行平移,它们的坐标是否按你发现的规律变化。(七年级下)

(3)计算下列各式,说说你是怎样计算的。(八年级上)

(4)观察得到的菱形,它是轴对称图形吗?(八年级下)

4."解释",指用含有"是"字的短语引出对前面内容解说的"是"字句。如:

(1)按2:1放大,也就是各边放大到原来的2倍。(六年级下)

(2)它的意思是圆上各点到圆心的距离都等于半径。(九年级上)

5."特别指定",指以某种明显的标记方式指定(或划定)所叙述的对象(或范围)的"是"字句。如:

(1)棱长是1m的正方体,体积是1m³。(五年级下)

(2)用圆规画一个半径是2cm的圆,并用字母 $O$、$r$、$d$ 标出它的圆心、半径和直径。(六年级上)

6."比较关系",指带"是"字的比较句。如:

(1)问题1:某校三年共购买计算机140台,去年购买数量是前年的2倍,今年购买数量又是去年的2倍。(七年级上)

(2)在月球上,人能举起物体的质量是地面上的6倍。(五年级上)

(3)张大爷养了200只鹅,鹅的只数是鸭的2/5。(六年级上)

(4)例1 已知 $y$ 是 $x$ 的反比例函数,当 $x=2$ 时,$y=6$。(八年级下)

7."含释义信息判断句",指句子中呈现了被叙述对象的某些性质,但却没有达到给该对象下定义程度的"是"字句。这种句子只能算作判断句。如:

(1)三角形是最简单的多边形。(七年级下)

(2)百分数表示一个数是另一个数的百分之几。(六年级上)

(3)几何图形都是由点、线、面、体组成的,点是构成图形的基本元素。(七年级上)

由表8-2可知,数学教材中"是"的功能很多,其中"下定义"的"是"字句只占3.63%,所以在数学教材中"下定义"并不是"是"的主要功能。完成指示或呈现事物的各种性质、关系,或对某对象进行判断,以及完成问题的设置才是"是"字在数学教材中的主要用途,这两种用法的"是"字句约占"是"字句的87.19%。而表示比较关系也是"是"字句的一种较为明显的用途,其使用比率占4.51%。

根据我们对"下定义"用"是"字句的考察,发现了这样一个有意思的现象,有51.43%的定义句都带有标记语"叫作",12.85%的句子带有"称、称为、称它为",只有两个句子使用了"是指"这个标记语,占比2.86%。剩余的32.86%的句子没有显式标记。定义句中常用语"叫作"的使用体现了数学是生活化的,其语言也是生活化的。

## (二)"各种指示或判断"的"是"字陈述句之细分类

本小节主要介绍对各种指示或判断类"是"字句的形式分类。根据"是"字后接成分的不同,我们把此类句子分为七类,如表8-3所示。

表8-3 各种指示或判断"是"字句的细分类

|  | 名词性短语 | 数量 | 表达式 | 填空 | 特殊句 | 是……的 | 其他 | 合计 |
| --- | --- | --- | --- | --- | --- | --- | --- | --- |
| 句子数 | 675 | 246 | 125 | 86 | 32 | 73 | 16 | 1253 |
| 百分比 | 53.87% | 19.63% | 9.98% | 6.86% | 2.55% | 5.83% | 1.28% | 100% |

1."数量","是"字后面直接接表示大小的数量。

(1)走了3大格,是15分钟。(三年级上)

(2)我们知道,相邻两个常用的长度单位之间的进率是10。(三年级下)

(3)0的绝对值是0。(七年级下)

2."表达式","是"字后面直接接表示某种量或关系的数学表达式。

(1)在半径是 $N$ 的圆中,因为360°的圆心角所对的扇形的面积就是圆面积 $S = \pi r^2$,所以圆心角为 $n°$ 的扇形面积是: $S_{扇形} = n\pi r^2/360$。(九年级上)

(2)如果用 $S$ 表示圆的面积,那么圆的面积计算公式就是: $S = \pi r^2$。(六年级上)

3."填空","是"字后面直接接括号或者下划线。

(1)你的座位是第_____组第_____个。(一年级下)

(2)当 $a > 0$ 时,抛物线的开口向_____,顶点是抛物线的最_____点, $a$ 越大,抛物线的开口越_____。(九年级下)

(3)右图表示的数量关系是:( ) × $\frac{3}{4}$ = ( )。(六年级上)

4."特殊句",指数学教材中用"是"字作为引出下文的符号表达式、图片或解答的一种表述方式。这种句子本质上仍属于"各种指示或判断"范畴,但其在数学教材中表达方式独特,教材中句子叙述到此往往换行继续后面的符号表达式、图片或一系列步骤表述。如:

(1)因此,自变量 $x$ 的取值范围是_____。

(2)解:甲、乙两团演员的平均身高分别是_____。(八年级上)

(3)根据除法的意义,把它改写成两个除法算式,分别是:_____。(六年级上)

5."名词性短语",是指"是"字后面接的是带修饰语(或不带修饰语)的名词性短语。其中修饰语可以是名词性结构,也可以是动词性结构或形容词性结构,常用来表示所叙述对象具有某种属性、是什么或怎么样。

(1)那么这个三角形是直角三角形。(八年级下)(无修饰语)

(2)通过以上的观察和讨论可以知道:长方体是由6个长方形(特殊情况有两个相对的面是正方形)围成的立体图形。(五年级下)(动词性修饰语)

(3)解不等式组就是求它的解集。(七年级下)(动词性修饰语)

(4)自然数是整数的一部分。(六年级下)(名词性修饰语)

(5)长方体、正方体、球、圆柱、圆锥等都是立体图形(solid figure)。(七年级上)(无修饰语)

(6)两个图形成轴对称,其对称轴就是任何一对对应点所连线段的垂直平分线。(八年级上)(动词性修饰语)

6."是……的",以"是……的"为形式结构的一类句子,其中"是……的"中的"……"一般为事物的一种属性值,或动词结构表示的状态或者结果等。

(1)综合各视图可知,物体是五棱柱形状的。(九年级下)(属性)

(2)像这样剪出来的图形都是对称的。(二年级上)(属性)

(3)一个数的倍数的个数是无限的。(五年级下)(属性)

(4)线段是可以量出长度的。(二年级上)(怎么样)

(5)这是我从正面看到的。(五年级下)(状态)

(6)为使问题简单化,不妨假设车速从20m/s到0m/s是随时间均匀变化的。(九年级下)(状态)

7."其他",包括"是"字后接介词短语、原因或目的短语、小句、复句等情况。

(1)解决本题的思路是,由三视图想象出密封罐的立体形状,再进一步画出展开图,从而计算面积。(九年级下)(复句)

(2)展览馆每天的开放时间是从8:30到16:30,一天共开放8小时。(三年级下)(介词短语)

(3)可以看出,配方是为了降次,把一个一元二次方程转化成两个一元

一次方程来解。(九年级下)(目的)

(4)把0.01扩大到它的10倍,就是把它乘10。(四年级下)(小句)

对各种指示或判断的"是"字句进行细化,有利于我们观察在数学教材中"是"字的特殊用法,比如直接接数量词、直接接表达式、直接接括号(下划线)、直接接特殊表示方式等,这些都是普通文本很少使用的表达方式。

表8-3中,我们看到名词短语类占了53.87%,就是说"表示事物具有某种属性或事物是什么或怎么样的"的"是"字句,主要是名词短语类。在数学教材中"是"直接接数量、表达式、括号的方式有30%左右。数学教材中"是"字句少有后接介词短语、原因或目的短语等其他成分的情况。

### 三、定义句和含释义信息的判断句

我们将通过实例来说明定义句与含有释义信息的"释义信息判断句"——"是"字句的关系。以下是一组例子:

1. 由不在一条直线上三条线段首尾顺次相接所组成的图形叫作三角形(triangle)。(七年级下)(定义)

2. 三角形是最简单的多边形。(七年级下)(非定义)

3. 正方形(square)是我们熟悉的几何图形,它的四条边都相等,四个角都是直角。(八年级下)(定义)

4. 正方形是长和宽相等的长方形。(三年级下)(非定义)

5. 如图,在一个平面内,以线段 $OA$ 绕它固定的一个端点 $p$ 旋转一周,另一个端点 $A$ 所形成的图形叫作圆(circle)。固定的端点 $O$ 叫作圆心(center of a circle),线段 $OA$ 叫作半径(radius)。(九年级上册)(定义)

6. 圆是轴对称图形,任何一条直径所在直线都是它的对称轴。(九年级上)(非定义)

7. 圆是一种曲线图形。(九年级上)(非定义)

8. 两腰相等的梯形叫作等腰梯形(isosceles trapezium),有一个角是直角的梯形叫作直角梯形。(八年级下)(定义)

9. 同一底上两个角相等的梯形是等腰梯形。(非定义)

例1是定义句。例2仅是判断句:其一,该句中"最简单"这个唯一的限定语并没有揭示三角形区别于其他多边形的本质特性——三条边;其二,根据教材的安排,三角形在多边形之前,所以用多边形来定义三角形,给人的感觉似乎像在说"你看这个父亲多像他儿子"这种不合常理的表达；其三，例2只呈现了三角形的部分信息，不能形成定义。

例3是正方形的定义。例4不是正方形的定义：其一，长方形和正方形不是从属关系；其二，如果读者之前已经知道什么是"长方形"，这个句子就提供了足以使读者判断什么样的"长方形"是"正方形"的信息，但该句子没有从正面、从本质特征上对正方形进行刻画。所以例4只能是一个判定定理。

例5是圆的定义。例6和例7不是圆的定义，因为它们只给出了圆的部分性质，而且还不是本质的区别性质，给出的信息不足以达到定义的程度。

例8是等腰梯形的定义，而例9不是。例9可谓给足了判断一个梯形是否为等腰梯形的信息，但是因为没有正面给出等腰梯形定义需要的本质特性承载者"腰"的性质，所以只能作为等腰梯形的一个判定定理。

由此可见，定义句的功能是给出使读者了解被定义项是什么的充足、扼要、本质性的信息，而"释义信息判断句"的"是"字句往往只给出了被释对象的部分性质或者没有从正面刻画被定义对象的区别性质，其只能达到呈现一个对象的某些属性或形成某种判断的程度，所以这种句子只能作判断句。

但我们并不能说"释义信息判断句"对于定义抽取或研究是无意义的，我们对于事物的认识往往是由浅入深、由部分到全体、由表及里的。这些带释义信息的句子往往是我们想要给出一个定义不可逾越的过程，因为定义总是从对事物的一个个侧面性质的认识中总结、提炼出来的。

另外，定义应该具有合适的表达形式，如："百分数表示一个数是另一个数的百分之几"（六年级上）与"表示一个数是另一个数的百分之几的数叫百分数"，都给出了百分数充足的区别性质，但"表示一个数是另一个数的百分之几的数叫百分数"才是一个完整的定义。

## 第二节

## 面向知识表述的句子功能考察

语言是知识的载体,也是知识的翻译和解释系统。因此,知识表述所采用的语言形式在一定程度上可以反映教材知识安排、教材编写理念以及教育目标的差异。有比较才有鉴别,才有抉择和推进。本节希望通过对中美小学《科学》教材句子、句类分布情况的考察,以及从人际功能角度分析句类的使用情况,揭示中美教材在知识容量、知识安排、知识表述等方面的差异,从而解释教材编写理念的差异,并就相关问题提出建议,为《科学》教材的编写提供参考。

### 一、中美《科学》教材句子分布与知识安排的差异

(一) 教材版本及相关语料说明

这里以中美三套小学《科学》教材为对比研究的对象。其中,两套是国内的小学《科学》教材,分别是教育科学出版社出版的 2004 年第 1 版小学《科学》教材和江苏教育出版社出版的 2007 年第 7 版小学《科学》教材;美国的小学《科学》教材是由美国麦克米伦公司授权,浙江教育出版社引进、翻译,并于 2009 年出版发行的,原名《科学启蒙》。

研究认为,以美国小学《科学》教材的中文翻译版作为对比对象之一,在句子层级方面是可比和有效的,原因如下:第一,科学教材文本不同于文学文本,翻译者的主观性影响微弱,翻译文本相对客观;第二,小学阶段的科学教材文本,不同于高级阶段的科学文本,句子结构相对简单,复杂句不多,对译文的句子数量和句类的影响小;第三,本研究不涉及对句子结构的考察,句子提取主要以句末标点为准,主要分析句类功能;第四,以句子数量分布说明不同教材的知识容量大小时,辅以不同教材知识点数量的分布,足可验证关于教材知识容量等结论的可靠性。

(二) 中美小学《科学》教材句子数量及年级分布差异明显

由于美国小学《科学》教材从一年级起始,分为 6 个年级,而中国的则

从三年级起始,只有 4 个年级①。为满足可比性要求,这里主要采用年级平均句子数量,即"年均数量"②,作为比较量,同时给出句子的原始数量值供参照。

表 8-4　中美小学《科学》教材句子数量统计表

|  | 苏教版 | 教科版 | 美国版 |
| --- | --- | --- | --- |
| 原始数量 | 2933 | 5107 | 24847 |
| 年均数量 | 733 | 177 | 4141 |

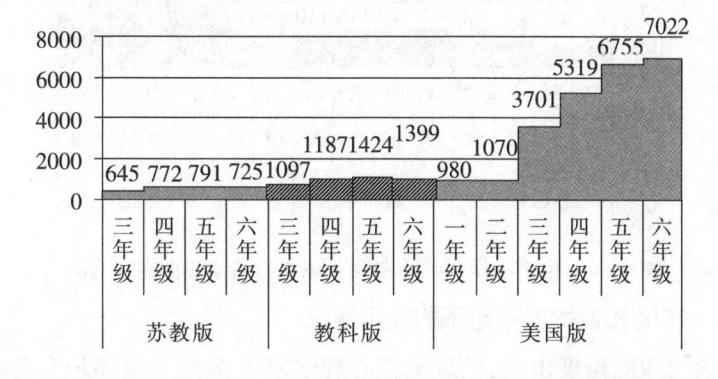

图 8-1　中美小学《科学》教材句子原始数量年级分布对比图

从表 8-4 和图 8-1 数据看,在句子数量的分布上,美国版教材远高于国内两套教材。其中,苏教版的句子数量与其他两套教材比明显偏少,这也许与其表述手段有关。通过对三套教材的多模态调查显示,在页面平均含图量上,苏教版是教科版和美国版教材 2 倍多,有"以图代文"倾向。从图 8-1 句子的动态分布看,国内版教材句子数量的年级分布较为均匀,呈拱形分布。相较而言,美国版的句子数量随年级的增长呈现明显的上升趋势。我们推测,这是因为年级越高提供知识量越多,且各年级提供知识量均多于苏教版和教科版。那么,句子数量是否真的反映了知识分布呢?

以下,我们以三套教材知识点数量的年级分布,来辅证句子的数量在很大程度上反映了知识量的分布情况。根据我们对中美小学《科学》教材知识点分布的调查统计,得到图 8-2。联合考察图 8-1、图 8-2 展示的结果,可

---

① 中美小学《科学》教材的起始年级不同,主要由于两国小学科学课程标准规定的小学科学教育年限不同。
② 年均数量 = 教材某类知识句子数量/年级数。

以发现,中美小学《科学》教材句子数量和知识点数量的年级分布特点基本一致。美国版教材提供的知识量大,且按年级增长趋势明显,而国内版分布较均匀;三套教材句量与知识点数量的年级分布占比差值[1]很小,仅在1%—5%的范围内波动。由此可见,句子数很大程度上反映了知识量。

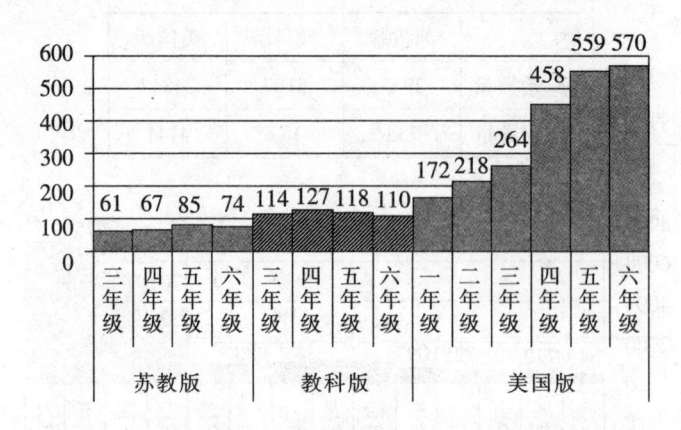

图8-2 中美小学《科学》教材知识点数量年级分布对比图

## 二、不同知识类型中句子的使用情况

从学与知的角度出发,信息加工心理学家大多把人类知识分为陈述性知识和程序性知识。王映学等指出:《科学》教材中既包含回答"是什么"问题的陈述性知识,也包含回答"怎样做"的实验探究性技能、方法的程序性知识[2]。

我们首先把小学《科学》教材之文本[3]分为陈述性知识和程序性知识两类文本,然后分别进行句类统计分析。由于三套教材的栏目设置不同,我们采用具体问题具体对待原则,或者按照栏目直接归类,或者按照内容自身的性质归类。比如:苏教版"交流""动手"栏目归为程序性知识类内容;美国版教材的"探究技能""探究技能培养""探索活动""小实验"等栏目均归为程序性知识内容,其他栏目下的内容划入陈述性知识类;教科版没有栏目设置的,按照实际内容的属性进行归类。

---

[1] 年级分布占比差=[(某教材的年级知识点数/某教材的知识点总数)-(某教材的年级句数/某教材的句子总数)]×100%

[2] 王映学、章晓璇:《知识分类与教学设计》,甘肃教育出版社,2008,第31—32页。

[3] 此处只分析三套教材的正文主体内容,凡属于教材的补充材料部分,均未纳入统计范围,如教科版的"资料库"、苏教版的"小资料"、美国版的"科学故事"等。

陈述性知识类和程序性知识类的句子数量反映出教材编写者对不同知识类型容量安排上的考量,可揭示不同教材知识安排的差异。

表8-5 中美小学《科学》教材不同类知识下句子量化分布情况

| | | 苏教版 | | 教科版 | | 美国版 | |
|---|---|---|---|---|---|---|---|
| | | 原始数量 | 年均数量 | 原始数量 | 年均数量 | 原始数量 | 年均数量 |
| 陈述性知识类 | 数量 | 1132 | 283 | 1546 | 387 | 19093 | 3182 |
| | 百分比 | 38.60% | 38.60% | 30.30% | 30.30% | 76.80% | 76.80% |
| 程序性知识类 | 数量 | 1801 | 450 | 3561 | 890 | 5754 | 959 |
| | 百分比 | 61.40% | 61.40% | 69.70% | 69.70% | 23.20% | 23.20% |
| 总计 | 数量 | 2933 | 733 | 5107 | 1277 | 24847 | 4141 |
| | 百分比 | 100% | 100% | 100% | 100% | 100% | 100% |

从表8-5的数据可以发现:(1)国内两套教材的各类知识的总容量,均明显低于美国教材;(2)国内两套教材的陈述性知识明显少于程序性知识;(3)美国教材中两类知识的安排倾向性明显不同于国内教材。美国教材陈述性知识容量占76.80%,明显高于国内教材的30%左右。国内教材的程序性知识占比虽然明显高于美国版,但从句子的绝对数量看,同样知识类下,美国教材程序性知识量并不低于国内教材。

那么,教材不同类知识量的分布,是否说明国内教材更加重视学生动手能力的培养以及知识内化？为了达到技能的培养和知识的内化,在知识的安排上,中美教材有哪些差异？现有教材的处理手段是否可以满足教学要求,又存在什么问题？要回答这些问题,我们还需要进一步细化、类型化相关的研究数据。

### 三、人际功能下的中美《科学》教材句类分布差异

(一)不同的句子类型与人际功能的关系

若把教材语篇看作是一种"交际情境",则它是"写作表达——阅读理解"交际模式,这种交际方式常常是非实时的,即历时的[①]。系统功能语法认为,语言具有表达讲话者的身份、地位、态度、动机和他对事物的推断、判断和评价等功能,此称为语言的"人际功能"。在交际过程中,讲话者和听

---

① 张普:《动态语言知识更新研究》,商务印书馆,2009,第203—218页。

话者具有各自的交际角色和交流物。交际角色和交流物,这两个变项组成了四种最主要的言语交际功能:"提供"(offer)、"命令"(command)、"陈述"(statement)、"提问"(question)。交际的过程主要表现为语言行为:给予信息(陈述)、求取信息(提问)、求取物品与服务(命令)以及给予物品和服务(提供)①。这些不同的交际功能在语言形式层面,主要表现为不同句类的使用。说话者求取信息(提问)一般使用问句,给予信息常采用陈述句,而要听话者做事(命令)则使用祈使句。因此,若把教材与教学看作是文本交际活动,那么,科学教材则为给予信息方,学生或教师为接收信息方。教材提供的信息内容体现了教材编纂者的编纂理念,双方的交流物是相关科学知识。

因此,这里把科学教材的句子按主要交际功能分为四类:陈述句、问句、祈使句、感叹句。

教材中陈述句的主要功能是陈述并解释知识,例如:

"涌出地表的熔岩暴露于空气中,会很快冷却并凝固,这种岩石也是火成岩。"(美国版,解释、表述)

问句有提出问题或要求、引起兴趣、引出话题、引发思考、引导总结等功能,例如:

"我们怎么知道空气存在呢?"(教科版,引出话题、引发思考)

"你吃过豌豆和胡萝卜的混合物吗?"(美国版,引出问题)

祈使句一般用于发出指令或者提出要求,指示、提示、要求学习者完成有关的操作等,例如:

"找出兔子和萝卜的不同之处,看谁找得多。"(苏教版,要求完成操作)

感叹句起抒发感慨或给予鼓励的作用,一般与知识无关,但可影响学生学习心态,调节情绪,有暗示作用,例如:

"看,多漂亮呀!"(教科版,抒发感慨)

总的来说,陈述句多则提供的知识量大;祈使句多则需要学生动手、训练技能的要求就多;问句多则教材的引导性,尤其是引发学习者思考的趋

---

① 胡壮麟等:《系统功能语言学概论》(修订版),北京大学出版社,2009,第115—119页。

向就明显;感叹句在科学教材中的使用普遍较少。

我们接下来将对三套教材的句类分布情况进行统计,并透过不同句类的使用,考察中美科学教材在知识安排上的异同,以及教材编写理念的倾向性。

(二)句类的抽取与分类

对句子的抽取方法是以句末标点为标记,利用辅助抽取软件从三套教材语料库中抽取句子,并进行自动标注,再制定操作标准进行校对,最后形成小学科学教材句子数据库进行统计、分析。

(三)中美小学《科学》教材句类总体分布情况

表8-6  中美小学《科学》教材句类总分布表

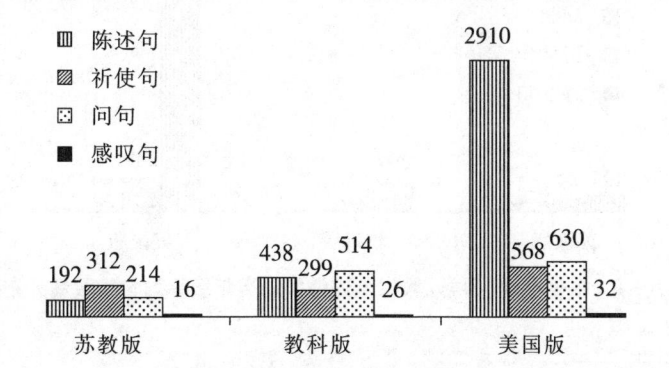

|  |  | 苏教版 |  | 教科版 |  | 美国版 |  |
|---|---|---|---|---|---|---|---|
|  |  | 原始数量 | 年均数量 | 原始数量 | 年均数量 | 原始数量 | 年均数量 |
| 陈述句 | 数量 | 769 | 192 | 1753 | 438 | 17462 | 2910 |
|  | 百分比 | 26.22% | 26.22% | 34.33% | 34.33% | 70.28% | 70.28% |
| 祈使句 | 数量 | 1247 | 312 | 1194 | 299 | 3409 | 568 |
|  | 百分比 | 42.52% | 42.52% | 23.38% | 23.38% | 13.72% | 13.72% |
| 问句 | 数量 | 855 | 214 | 2056 | 514 | 3782 | 630 |
|  | 百分比 | 29.15% | 29.15% | 40.27% | 40.27% | 15.22% | 15.22% |
| 感叹句 | 数量 | 62 | 16 | 104 | 26 | 194 | 32 |
|  | 百分比 | 2.11% | 2.11% | 2.02% | 2.02% | 0.78% | 0.78% |
| 总计 | 数量 | 2933 | 734 | 5107 | 1277 | 24847 | 4140 |
|  | 百分比 | 100.00% | 100.00% | 100.00% | 100.00% | 100.00% | 100.00% |

图8-3  中美小学《科学》教材各句类年级年均句子数分布图

结合表8-5、表8-6及图8-3,我们可以发现:三套科学教材中4种句类都有呈现,但占比及数量分布模式各不相同。从句类序列陈述句、祈使句、问句、感叹句数据分布看,苏教版呈凸形分布,教科版呈凹形分布,美国版呈L形分布。对应到知识信息容量上,表现为:两种国内教材中祈使句和问句之和,明显高于陈述句,说明国内教材求取信息的要求更多;而美国教材则相反,陈述句用量占比高,以提供知识信息为主。

综合表8-6、图8-3显示的数据可见,中美小学《科学》教材在知识信息容量占比上的态度差异明显。通常情况下,陈述性知识是程序性知识的基础,程序性知识的习得又为学习新的陈述性知识提供了可靠保证。因此,充分的陈述性知识的提供是知识学习的前提。大量的认知心理学研究证实,学习者在对问题进行准确表征(即理解问题)时需要相关知识的支持[①]。如果基本的领域知识储量不足,又要求学习者完成缺乏学科知识支持的任务,必然会导致要求高于能力的结果。这种现象可能会导致国内教材可读性减弱,从而增加学生使用、阅读教材的难度。中美教材的陈述性知识数量以及知识信息容量上的巨大差异,值得关注。

(四)两种知识类型文本中句类分布特征的量化分析

科学教材对不同句类的使用,不同知识类型的句类在科学教材中的分布情况会更为具体、清晰地反映出教材编写的理念、期望及态度。

1. 陈述性知识文本中的句类分布情况

三套科学教材陈述性知识文本的各句类数分布如下:

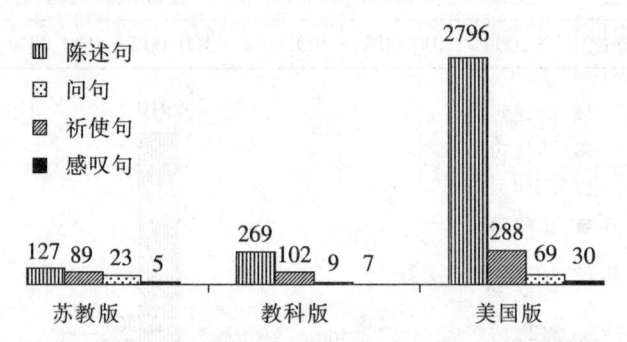

图8-4 中美小学《科学》教材陈述性知识类年级平均句类数量分布图

---

[①] 蔡笑岳等:《学科领域知识的教学与认知机制研究》,广东高等教育出版社,2014年,第21—26页。

表8-7　中美小学《科学》教材陈述性知识文本的句类分布

| | | 苏教版 | | | 教科版 | | | 美国版 | | |
|---|---|---|---|---|---|---|---|---|---|---|
| | | 排序 | 原始数量 | 年均数量 | 排序 | 原始数量 | 年均数量 | 排序 | 原始数量 | 年均数量 |
| 陈述句 | 数量 | 1 | 509 | 127 | 1 | 1074 | 269 | 1 | 16773 | 2796 |
| | 百分比 | | 17.35% | 17.35% | | 21.03% | 21.03% | | 67.51% | 67.51% |
| 问句 | 数量 | 2 | 354 | 89 | 2 | 409 | 102 | 2 | 1726 | 288 |
| | 百分比 | | 12.07% | 12.07% | | 8.01% | 8.01% | | 6.95% | 6.95% |
| 祈使句 | 数量 | 3 | 92 | 23 | 3 | 34 | 9 | 3 | 413 | 69 |
| | 百分比 | | 3.14% | 3.14% | | 0.67% | 0.67% | | 1.66% | 1.66% |
| 感叹句 | 数量 | 4 | 21 | 5 | 4 | 29 | 7 | 4 | 181 | 30 |
| | 百分比 | | 0.72% | 0.72% | | 0.57% | 0.57% | | 0.73% | 0.73% |
| 占总体 | 数量 | — | 976 | 244 | — | 1546 | 387 | — | 19093 | 3183 |
| | 百分比 | | 33.28% | 33.28% | | 30.28% | 30.28% | | 76.85% | 76.85% |

三套教材中陈述句、问句、祈使句、感叹句序列上的数量分布模式一致,均为单调减序列,呈下楼梯的分布模式。只是美国教材楼梯最陡峭,陈述句数量占绝对优势,苏教版最平缓,但均以陈述句为第一表述句类。结合图8-4的分布,说明陈述性知识与陈述句数量呈正相关关系。4种句类相较而言,陈述句是陈述性知识的核心句类。此外,问句由于可以引起话题、引发兴趣、归纳知识,是知识系统呈现的重要补充手段,在陈述性知识中有比较明显的用量,祈使句次之。

2.程序性知识文本中句类的分布情况

关于程序性知识文本,结合表8-8、图8-5可发现:

(1)与陈述性知识不同,程序性知识表述的主要句类为祈使句和问句。程序性知识主要功能是验证、操作,以问句引导学习者体验科学现象的研究过程,培养学习者观察、研究、分析能力,以及在实验中对陈述性知识进行内化;以祈使句完成操作指令的发出和动作的执行,培养学生动手操作等技能。

(2)三套教材在程序性知识类内容的处理上,选择的语言表述手段呈现出了不同的模式。虽然祈使句和问句是程序性知识表述的两种主要句类,但教科版明显地使用了更多的问句,问句链也使用得多,美国版与苏教版则更多地使用祈使句。

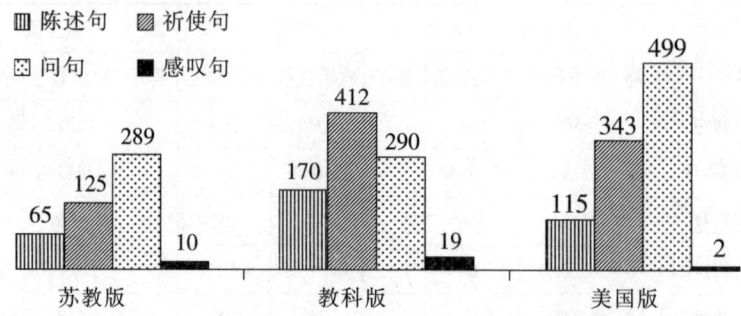

图 8-5 中美小学《科学》教材程序性知识类年级平均句类数量分布图

表 8-8 中美小学《科学》教材程序性知识文本中的句类分布情况

| | | 苏教版 | | | 教科版 | | | 美国版 | | |
|---|---|---|---|---|---|---|---|---|---|---|
| | | 序号 | 原始数量 | 年均数量 | 序号 | 原始数量 | 年均数量 | 序号 | 原始数量 | 年均数量 |
| 陈述句 | 数量 | 3 | 260 | 65 | 3 | 679 | 170 | 3 | 689 | 115 |
| | 百分比 | | 8.86% | 8.86% | | 13.30% | 13.30% | | 2.77% | 2.77% |
| 问句 | 数量 | 2 | 501 | 125 | 1 | 1647 | 412 | 2 | 2056 | 343 |
| | 百分比 | | 17.08% | 17.08% | | 32.26% | 32.26% | | 8.27% | 8.27% |
| 祈使句 | 数量 | 1 | 1155 | 289 | 2 | 1160 | 290 | 1 | 2996 | 499 |
| | 百分比 | | 39.38% | 39.38% | | 22.72% | 22.72% | | 12.06% | 12.06% |
| 感叹句 | 数量 | 4 | 41 | 10 | 4 | 75 | 19 | 4 | 13 | 2 |
| | 百分比 | | 1.40% | 1.40% | | 1.45% | 1.45% | | 0.05% | 0.05% |
| 占总体 | 数量 | — | 1957 | 489 | — | 3561 | 891 | — | 5754 | 959 |
| | 百分比 | | 66.72% | 66.72% | | 69.73% | 69.73% | | 23.15% | 23.15% |

综上,无论是句类分布的整体情况,还是不同知识类文本中句类分布的情况,都显示出不同教材内部在句类数量或分布模式上有明显差异。国内教科版的表述以求取信息的问句为主,苏教版要求做事的祈使句占比高,且大都分布在程序性知识内容部分;美国版则提供信息的陈述句比重大。这些差异具体表现在哪里,不同教材在表述模式上存在差异的原因何在,我们以三套教材共有的"水"知识点为例来分析说明。

（五）中美小学《科学》教材中句类的人际功能分析——以"水"知识点为例

我们试着从各句类在教材中所表达的人际功能，即求取信息、行为与提供信息的结构、组织的情况，去对比、分析、解释三套教材在知识编排、表述上的差异。感叹句在三套科学教材中的用量都极少，并且表达功能单一，此处不作讨论。

1. 陈述性知识内容句类使用情况分析

从三套教材陈述句的占比（图8-4）和陈述性知识文本的陈述句占比（表8-7）来看，美国版教材明显注重陈述性知识信息的提供。在水知识介绍中，美国版教材与该知识点相关的陈述句有271句，从水的分布、储量、性质、用途、取用及保护等方面对有关水的知识进行了阐释；苏教版只有16句，主要从水的性质、分布和保护进行讲述；而教科版只有10句，主要讲解了水的性质。不难发现，国内教材在该知识点的介绍上存在着知识信息提供过少，介绍不够全面、系统的情况，这也是国内版陈述句数量少的重要原因。

美国版教材在陈述性知识部分出现了相当多的问句、祈使句，其求取信息、要求做事的功能弱化。祈使句大多数情况是用于强调、提醒学生注意有关的知识内容。例如：

"请记住，水蒸发时，它所含的矿物质不会随之蒸发，而是留了下来。"（美国版）

在讲解"水的分布"这个知识点时，美国版开篇连续用三个问句，而此时并不真的需要学生回答，只是为了引入所要讲述的知识，引起学生注意和思考，也为后文的知识解释作铺垫，例如：

"有些地方的水是否比其他地方的多呢？你在哪里能找到大量的水？在哪里只能找到极少量的水？"（美国版）

美国版陈述性知识内容里像上面这样的问句，还可以进一步细分为引入型问句、增强型问句、引申型问句和语用型问句，常出现在段首或文中。另外，还有需要学生提供信息的总结型、复习型问句，常出现在文末。美国版陈述性知识内容的各种类型问句各司其职，为解释、叙述知识服务。而国内版教材陈述性知识内容的问句、祈使句数量本就少，大多数还是求取信息功能,只有极少数的问句或祈使句具备与美国版教材相同的特点。同时,由于国内版缺少成段成篇对知识进行描述,这个特点呈现得就更加不明显。

2. 程序性知识内容句类使用情况分析

从教材句类分布表 8-6 和程序性知识句类分布表 8-8 的问句、祈使句比例可以看出,国内教材对学生动手、思考能力的重视。如:苏教版《神奇的水》这一课的开篇叙述"水是一种神奇的物质,让我们通过动手来认识它",祈使句占比达到 54.76%;教科版在讲解有关水的性质《谁流动得更快一些》这一课时,连续使用问句来引导学生做实验和思考,问句占比达 68.42%。

然而,进一步地从国内版的句类分布及其表达的人际功能来看,我们发现,这些祈使句、问句基本上是要求学生做事或向学生求取信息,而相关的知识点在教材里却找不到解释,有些问题还涉及重要且难度较高的科学原理,"以问代述"的倾向明显。这样的做法会引起求取(行为、信息)与提供(信息)的结构失衡,并未合理安排,还可能导致教材产生不利于自学、易读性弱等问题。如《谁流动得更快一些》一课中的问句链:"这三种液体有哪些相同和不同?""液体和固体有哪些相同和不同?""对于'水是怎样一种液体',我们又有了哪些新的认识?"这些问题都要求孩子仅仅做一个实验去回答,而教材中却缺乏相关知识点的叙述、解释,这对于科学知识基础比较薄弱、科学知识体系尚未建立的小学生来说,似乎过难。这样,原本想培养、锻炼孩子的科学思维和技能的意图很可能难以实现。

总体来看,美国版教材在提供足量的陈述性知识的同时,让学生动手、思考,强调培养学生技能方面并不弱于国内版。这主要可以从两个方面说明:(1)美国版问句、祈使句的绝对数量并不比国内版少。(2)美国版在具体知识点中设计的实验数量与国内版相差无几,并且在总量上还多于国内版。例如:同样是水的知识点,苏教版设计了 12 个实验,教科版的实验数量为 8,而美国版的实验数量为 9。根据我们对三个版本教材实验总数的统计,苏教版为 300,教科版为 333,而美国版有 438,实验数量最多。也就是说,美国版程序性知识内容设计了足够的实验数量,使用了相当数量的问句、祈使句,再配合陈述性知识信息的充分提供,这将有利于知识的内化。

值得注意的是,这种配合通常是"先程序性知识,后陈述性知识"[①],并且是以"做实验—提出问题—再回应重难点问题、解释知识—最后复习升华"表述模式,以及相应的"词汇—准备—探究技能—探索活动(材料、活动步骤、得出结论)—阅读学习—小实验—探究技能培养—本课回顾—思考和写作"栏目设置顺序在每课中固定下来[②]。因此,可以说美国版陈述性知识和程序性知识相互补充,求取(行为、信息)与提供(信息)相互配合,符合"连续性、顺序性和整体性"的组织学习经验原理[③]。

通过对中美两国三套科学教材句子、句类数量分布的调查,我们提出以下问题和建议:

国内版教材应适度增加知识容量,特别是陈述性知识的容量。从句子总量及年级分布来看,美国版的知识容量远多于苏教版、教科版;从陈述性知识类句子及其陈述句数量占比可以得出,美国版的陈述性知识容量远高于国内版教材。

从国内版教材陈述性知识表述和程序性知识表述使用的句类总体分布看,问句和祈使句用量都远高于陈述句。从学生学习、教师教学的角度,可否有这样的质疑:"以问代述"是否真的有助于提高学生的深入思考能力和动手实验技能?为避免知识的遗漏与缺位,我们认为《科学》教材的编写应注意陈述性知识与程序性知识的合理配置,在提供必要基础知识信息的基础上,将学生动手实验技能的培养落到实处。

## 第三节

## 中美《科学》教材问句研究

问句作为句类的一种,在教材中不仅是重要的知识表述手段,而且还具有独特的教学引导功能,它能激励、引导学生去发现问题、思考问题,帮

---

① 美国版教材的一般设置顺序是"先程序后陈述",也会根据知识点的重要度、难度,在相应的陈述性知识栏目处增设实验栏目,这些栏目是在三年级以上才出现。
② "小实验""探究技能培养"为美国版三年级以上才增设的实验栏目,通常是穿插在"阅读学习"栏目之中,用以辅助理解重难点知识。
③ 拉尔夫·泰勒:《课程与教学的基本原理》,施良方译,人民教育出版社,1994,第66—81页。

助学生形成主动探索知识的习惯和品质。目前关于小学《科学》教材中问句的研究甚少,且问句在不同科学教材中使用的差异,一定程度上反映了不同的教材编写理念,因此深入探究问句在教材中的功能与其呈现的教材编写理念,非常有必要。

我们再次选取三套小学《科学》教材①中共有的知识点——"描述天气",从教材问句的使用量、结构类型、功能类型、问句链长、有无回答情况等方面对问句进行研究,考察三套科学教材中问句的使用情况,探究科学教材语言的领域特征,对比分析中美小学《科学》教材在问句语言使用上存在的差异,以期为小学《科学》教材编写在语言表述手段的选择和使用方面提供参考。

## 一、问句使用状况调查

抽取三套小学科学教材"描述天气"正文中的问句,并按问句所处的知识类型②对问句进行统计分析,得到三套科学教材描述天气知识部分的问句数量总体分布结果,见表8-9。

表8-9 《科学》教材问句总数统计表

| 版本<br>知识类型 | 苏教版 数量 | 苏教版 比例 | 教科版 数量 | 教科版 比例 | 美国版 数量 | 美国版 比例 |
| --- | --- | --- | --- | --- | --- | --- |
| 陈述性 | 16 | 76% | 8 | 19% | 7 | 39% |
| 程序性 | 5 | 24% | 34 | 81% | 11 | 61% |
| 总计 | 21 | 100% | 42 | 100% | 18 | 100% |

三套教材"描述天气"正文中问句数量教科版最多,③并且程序性知识部分问句达到了陈述性知识部分问句的四倍。查教材原文,我们发现教科版教材正文较少使用陈述性语言对知识或实验步骤进行讲述,尤其是程序性知识文本表述,基本以问句形式引导学生进行思考和实验操作。苏教版

---

① 江苏教育出版社出版2007年12月第7版的小学《科学》教材;教育科学出版社出版2004年5月第1版的小学《科学》教材;由美国麦克米伦公司授权,浙江教育出版社引进、翻译并于2009年出版发行的美国广受欢迎的小学《科学》教材——《科学启蒙》。

② 信息加工心理学将知识分为陈述性知识和程序性知识,陈述性知识指的是可以报告或描述的事实性知识,这类知识是关于主体内外世界存在状态的静态摹写,回答"世界是什么"的知识;程序性知识是做事的规则和操作步骤,回答"怎么办"的知识(参见皮连生:《教育心理学》,上海教育出版社,2004,第89—114页;王映学、章晓璇:《知识分类与教学设计》,甘肃教育出版社,2008,第1—32页)。

③ 三套"中美小学《科学》教材的句类分布调查"整体情况也显示教科版教材的问句占比最高。

教材正好相反,问句数量居中,共 21 个,但陈述性知识部分问句占 76%,远远多于程序性知识部分的问句。查原文,可以发现苏教版教材程序性知识采用陈述句引导和图片展示的方式进行,而非采用问句形式引导实验,这就大大减少了程序性知识部分问句的使用;但在陈述性知识的讨论部分和配图文字里,却经常使用问句。这样的问句使用会引起怎样的后果,下文将具体讨论。美国版教材正文问句最少,仅 18 个,程序性知识部分的问句多于陈述性知识部分的问句,原因是:程序性知识部分借助问句形式来导入实验,并在学生具体实验或实践的基础上,启发学生根据实验结果进行推理和预测。

三套科学教材正文问句总量分布不同,且程序性和陈述性知识部分问句的分布也不同,这些表明三套教材采用了不同的知识表述方式。虽然教科版与美国版科学教材都是程序性知识部分问句多,但两者比例悬殊,也说明两者的知识表述方式存在差异。三套教材问句除了量的不同,在问句的结构类型分布、功能分布、具体的语用上有什么不同?这些不同揭示了什么?接下来将详细讨论。

### 二、问句的结构类型分析

汉语问句从不同角度、根据不同的标准可以得出不同的分类结果,黄伯荣在《陈述句、疑问句、祈使句、感叹句》中认为特指问、是非问、正反问和选择问[①]是问句的基本结构类型,邵敬敏的《现代汉语疑问句研究》也将现代汉语问句结构类型分为特指问句、是非问句、正反问句、选择问句[②]。我们采用这两本书中的观点,将问句分为特指问、是非问、正反问和选择问四种基本类型。厘清科学教材中问句的结构类型分布,对发现科学教材对问句结构类型的选择与使用具有重要作用。

---

[①] 特指问句指含有用疑问词("什么、为什么、怎么、哪里、多少等")来代替未知部分的问句,如:"你去哪儿?"是非问句指结构类型像陈述句,但一般要用升调,有时句末兼用语气词"吗",如:"就是你?""是你吗?"正反问指把事情的正面和反面说出来,让听话者选择一项的问句,如:"你是不是上海人?"选择问指发问人提出并列的两项以上的选择项,让对方从中进行选择的问句,如:"吃米饭还是面条?"

[②] 黄伯荣:《陈述句、疑问句、祈使句、感叹句》,上海教育出版社,1984,第 13—19 页。邵敬敏:《现代汉语疑问句研究》,商务印书馆,2014,第 25—170 页。

表 8-10　《科学》教材问句的结构类型统计表

| 结构类型 | 苏教版 陈述性 | 苏教版 程序性 | 苏教版 总计 | 教科版 陈述性 | 教科版 程序性 | 教科版 总计 | 美国版 陈述性 | 美国版 程序性 | 美国版 总计 |
|---|---|---|---|---|---|---|---|---|---|
| 特指问 | 13 | 3 | 16 | 5 | 29 | 34 | 7 | 10 | 17 |
| 是非问 | 1 | 2 | 3 | 2 | 5 | 7 | — | 1 | 1 |
| 选择问 | 1 | — | 1 | — | — | — | — | — | — |
| 正反问 | — | — | — | — | 1 | 1 | — | — | — |
| 总计 | 15 | 5 | 20 | 8 | 34 | 42 | 7 | 11 | 18 |

表注：苏教版教材在《今天天气怎么样》中有一个省略问句："明天呢？"此问句可以理解为特指问句"明天天气怎么样"，也可以理解为是非问句"明天有雨吗"，还可以理解为正反问句："明天会不会下雨"，句法类型不确定，但邵敬敏《现代汉语疑问句研究》（第101页）认为这类"NP呢"都可理解为特指问，因此将其归为特指问。

表 8-10 显示，科学教材在问句的结构类型使用上，特指问句在三套科学教材中占比非常高，苏教版特指问句共占 80%，教科版特指问句占 81%，美国版特指问句占 95%，而是非问句、选择问句和正反问句在科学教材中出现较少，选择问仅苏教版教材中出现 1 例，正反问句仅在教科版教材中出现 1 例。

特指问句在科学教材中使用的频率特别高，原因是特指问句中有疑问词构成疑问焦点，并且要求回答者就疑问焦点进行回答，所以科学教材，尤其是程序性知识部分，倾向于选用特指问句导入要探究的问题，在激发学生学习兴趣的同时，引导学生就疑问焦点来一步步探索答案。是非问句、选择问句、正反问句主要用于口语，教材是规范文本，出现少；并且这三种问句给学生思考的空间少，要求学生提供的信息量有限，不利于发挥学生的主观能动性，充分参与探究和实验，因此科学教材，尤其是程序性知识部分使用少。

### 三、问句的功能类型分析

邵敬敏认为问句的功能类型有回声问、附加问、反诘问、设问等[①]，但这些类型中仅附加问在苏教版教材中出现一例，其他类型在科学教材中均未出现。回声问，即"复问"，结构类型基本属于是非问，这类问句主要发生在

---

① 邵敬敏：《现代汉语疑问句研究》，商务印书馆，2014，第 171—258 页。

语言实时交际中,是听话者就发问者所问问题的某一点提出的疑问。科学教材是一种历时的、文本的、单向的特殊交际情境①,没有听话者的回应,因此没有回声问。反诘问,即无疑而问,又叫反问句,任何问句句式都可以构成反问句,反问句的语用功能主要是表达说话人的某种特殊情感,如强调、否定、不满、提醒、警告、愤怒、辩驳、增强语气、缓解语气等②,与科学教材语言客观表述知识不同,所以科学教材中没有反问句。附加问,指前面先出现一个非疑问句,紧接着用一个结构简单的问句来进行询问,高华、张惟(2009)指出其作用主要是寻求核实③。附加问句仅在苏教版教材中出现一例:"用大小不同的雨量器量雨,行吗?"设问,即自问自答的问句,这类问句主要运用在口语谈话语体与辩论语体中,其实说话者并无疑问,只是通过问的形式引起对方注意,但这种问答的方式与科学教材启发学生探究答案、引起学习兴趣、引入课文要讲解知识点的功能不同,因此设问句也很难运用在科学教材中。综上,这些从语言本体出发的问句功能分类主要发生在口语交际情境中,并不适合于教材语言情境。

其他针对一般问句功能的研究,如完权(2014)、郭婷婷(2005)、高思楠(2016)等指出问句的功能主要有询问(探询)、求证、测度、引导等④。科学教材语篇是一种特殊的语境,其目的是传递知识,培养小学生的科学素养。这些在对话语境中得出的问句功能很难被照搬运用到科学教材问句的分析中。科学教材中的问句除了具备问句的一般功能属性,还具有明显的领域功能属性。因此,从引导学生学习、组织教学、知识呈现的篇章布局角度,可以将科学教材中问句的功能概括为引入功能、增强功能、总结功能、复习功能和插入功能。

引入性问句,指引入思考或引入下文所要讲解、讨论、实验内容的问句,通常出现在首段或者段首。如:教科版首段以"云的多少和形状能告诉我们有关天气的哪些信息呢"引入下文对云的多少和形状的知识讲解;苏

---

① 张普:《动态语言知识更新研究》,商务印书馆,2009,第44—66页。
② 邵敬敏:《现代汉语疑问句研究》,商务印书馆,2014,第221—247页。
③ 高华、张惟:《汉语附加问句的互动功能研究》,《语言教学与研究》2009年第5期。
④ 完权:《副词问句的语用功能》,《汉语学习》2014年第2期。郭婷婷:《现代汉语疑问句的信息结构与功能类型》,博士学位论文,武汉大学,2005,第14—22页。高思楠、陈海庆:《从庭审有声特质看特指问句的语用功能》,《语言教学与研究》2016年第2期。

教版以"下雨和人类生产、生活有什么关系"引入讨论;美国版教材以"如何测量气温"引入温度测量实验。

增强性问句,指在引入性问句之后,对引入的问题做进一步追问的问句,通常出现在中间段落、末段的段中或段尾,包括细化增强、引申增强、原因增强、对比增强、扩展增强等。

总结性问句,以提问的方式引导学生对本课或本节讲述的知识与实验内容进行总结的问句,通常出现在末段或段末,如:教科版"怎样描述这段时间的天气变化"、苏教版"从测得的结果中你发现了什么"、美国版"你的测量结果和你的预测相比,有什么不同"等。

复习性问句:以提问的方式引导学生对本课或本节之前已学过的知识进行复习、回顾的问句,出现位置不固定,如:教科版"还记得怎么正确使用温度计吗"。

插入性问句:类似插入语,引起学生注意的问句,出现位置自由,如:"你知道吗?""你发现了吗?"

(一)科学教材问句功能类型统计与分析

根据统计可知(表8-11),苏教版教材中陈述性知识部分问句的功能类型只有引入性和增强性,且两者经常配合使用来呈现知识,如:"认识这些符号吗? 它们各表示什么天气?"首句采用是非问句与学生互动引入气象符号,后一句是增强性问句,引导学生对气象符号进一步观察和思考,以增强学生对气象符号的认识;程序性知识部分问句总体数量少,其中增强性的功能问句数量多于引入性问句,通常一个引入问句后跟多个后续问句。

表8-11 《科学》教材问句的功能类型统计表

| 功能类型 | 苏教版 陈述性 | 苏教版 程序性 | 苏教版 总计 | 教科版 陈述性 | 教科版 程序性 | 教科版 总计 | 美国版 陈述性 | 美国版 程序性 | 美国版 总计 |
|---|---|---|---|---|---|---|---|---|---|
| 引入性 | 9 | 1 | 10 | 5 | 10 | 15 | 6 | 5 | 11 |
| 增强性 | 7 | 2 | 9 | 1 | 17 | 18 | 1 | 3 | 4 |
| 总结性 | — | 2 | 2 | 2 | 6 | 8 | — | 3 | 3 |
| 复习性 | — | — | — | — | 1 | 1 | — | — | — |
| 插入性 | | | | | | | | | |
| 总计 | 16 | 5 | 21 | 8 | 34 | 42 | 7 | 11 | 18 |

教科版教材陈述性知识部分问句以引入性问句为主,数量少;问句主要出现在程序性知识部分,类型多样,不仅有三套教材共有的类型,还有其他两套教材没有的复习性问句,如:"还记得怎么正确使用温度计吗?"在教科版众多问句类型中,增强性问句最多,共占43%,其中程序性知识部分就占了40%,超过引入性问句的总数。教科版教材中总结性问句在三套教材中也是最多,这与教科版教材倾向于用连续问句来表述知识有关,如:"室内外温度的测量与比较"知识点全部采用问句呈现,连续使用了五个问句,大有"以问代述"的态势。

美国版教材正文问句的功能类型,以引入性为主,占所有问句的61%,增强性问句数量明显低于苏教版和教科版,因为美国版教材侧重采用问句来引入知识,用陈述句对知识进行讲解或说明,而不是采用连续问的方式继续呈现知识,如:"如何判断一个地区的气温是降低还是升高?"用问题引入,接着采用陈述句具体讲解。

综上,三套小学科学教材天气知识点正文出现的问句功能类型有引入性、增强性、总结性、复习性问句①。三套教材陈述性知识部分问句功能相对单一,以引入性为主;程序性知识部分功能多样,问句之间呈现配合使用现象,引入性问句引入实验主题,增强性问句进一步引入具体操作,总结性问句对实验结果进行总结。中国版的两套教材程序性知识部分引入性问句少于增强性和总结性问句,说明一个引入性问句后面跟着一个或多个问句,倾向于采用连环问句的形式来引导学生学习;而美国版教材程序性知识部分,引入性问句多于增强性和总结性问句,说明较少跟后续问句,倾向于问句与陈述句配合使用,问句引入主题,陈述句讲解知识。中美小学科学教材对问句功能选择与使用的差异,反映了两者在知识表述手段上的差异。

(二)引入性问句功能细分统计与分析

三套教材均以引入性问句为主,引入性问句的使用在一定程度上也反映了三套科学教材各自的知识呈现方式。本节根据引入性问句的定义及

---

① 可能是知识点选取的原因,插入性问句在描述天气知识点中没有出现,但其他知识点出现了插入性问句,考虑到其作为问句功能的一种类型,为保持问句在科学教材中功能分类的完整性,本节保留了此项分类。

引入性问句在科学教材中的实际功能,将引入性问句细分为:引入主题性问句,包括引入正文讲解的主题、实验的主题和讨论的主题[1];引入思考性问句[2],如苏教版的"为什么世界各地的百叶箱都是一样的";引入实验结果性问句,如美国版在实验步骤讲解后问"湿布的温度发生了什么变化";引入图表内容询问性的问句,有教科版的"图表中,我们能发现每天气温的变化有什么特点吗"。

表8-12 引入性问句功能细分统计表

| 引入性问句 | 苏教版 陈述性 | 苏教版 程序性 | 苏教版 总计 | 教科版 陈述性 | 教科版 程序性 | 教科版 总计 | 美国版 陈述性 | 美国版 程序性 | 美国版 总计 |
|---|---|---|---|---|---|---|---|---|---|
| 主题 | 6 | 1 | 7 | 4 | 3 | 7 | 5 | 2 | 7 |
| 思考 | 2 | — | 2 | 1 | — | 1 | — | 2 | 2 |
| 实验结果 | — | — | — | — | 6 | 6 | — | 1 | 1 |
| 图表结果 | 1 | — | 1 | — | 1 | 1 | 1 | — | 1 |
| 总计 | 9 | 1 | 10 | 5 | 10 | 15 | 6 | 5 | 11 |

根据统计的结果可知,引入性问句,三套教材都以引入主题为主,但各有侧重。陈述性知识部分,苏教版以引入讨论主题为主,而教科版和美国版都是引入正文主题,直接进入正文,原因是苏教版课文开头倾向于采用图画中的人物对话讨论来引入本课内容,而非直接进入正文;程序性知识部分的引入性问句都是引入实验主题。

引起思考类问句,三套教材都有,但量不多,苏教版和教科版的引入思考性问句都出现在陈述性知识部分,是就正文知识的某一点引导学生扩展思考,而美国版的引入思考性问句通常出现在实验之后,引导学生根据实验进行推理思考,或者对实验结果进行预测思考。

引入实验结果询问性问句,教科版最多,原因是程序性知识部分多以问句形式来引导学生做实验,如室内外温度的测量与比较实验"教室内的温度和教室外的温度一样吗？我们怎样知道室外的温度比室内高还是低

---

[1] 例句同上文"引入性问句"定义中的例子,不再赘述。
[2] 科学教材中所有问句都带有一定的启发学生思考的功能,这里列出的引入思考性问句指此问句在组织教学中不具有其他功能,仅引导学生思考的问句,如:"推理:如果你分别在潮湿的天气和干燥的天气做这个实验,你会得到相同的结果吗？"(美国版)

呢？怎样测量室内室外的温度？需要做哪些准备？怎么做好记录？"正文没有任何实验讲解和实验步骤，学生只能根据问句的提示来一步步进行实验，所以此类诱导实验结果性问句多。苏教版没有此类问句，是因为苏教版的许多实验通过图片展示指导学生，不是通过问句引导方式获取答案。美国版此类问句少，是因为程序性知识部分给出了详细步骤，学生根据步骤做实验即可得出答案，不需问句诱导。这说明对同一知识点，不同的教材在表述手段和内容安排上选择不同。

### 四、问句链长度分析

问句链指在文中按先后顺序连续出现的多个问句构成的问句串。问句链的首个问句，被称为问句链1，通常是引入性问句，问句链1之后的问句根据出现的先后顺序，依次被称为问句链2、问句链3、问句链4等，问句链中间通常是增强性问句，问句链末尾通常是总结性问句。在教材中，问句链与问句链之间以文本、图片、图标等作为天然分割点。

表8-13 《科学》教材问句链长度统计表

| 长度 | 苏教版 陈述性 | 苏教版 程序性 | 苏教版 总计 | 教科版 陈述性 | 教科版 程序性 | 教科版 总计 | 美国版 陈述性 | 美国版 程序性 | 美国版 总计 |
|---|---|---|---|---|---|---|---|---|---|
| 问句链1 | 10 | 3 | 13 | 6 | 15 | 21 | 6 | 7 | 13 |
| 问句链2 | 5 | 1 | 6 | 1 | 8 | 9 | 1 | 4 | 5 |
| 问句链3 | 1 | 1 | 2 | 1 | 5 | 6 | — | — | — |
| 问句链4 | — | — | — | — | 4 | 4 | — | — | — |
| 问句链5 | — | — | — | — | 2 | 2 | — | — | — |
| 总结 | 16 | 5 | 21 | 8 | 34 | 42 | 7 | 11 | 18 |

根据统计可知，苏教版陈述性和程序性知识部分最长问句链长度都是3；教科版陈述性知识部分最长问句链长度是3，程序性知识部分的最长问句链长度达到5，数量从问句链1到问句链5依次递减；美国版程序性和陈述性知识部分最长问句链长度都是2。美国版问句链最短，而且问句链1的数量是问句链2的2.6倍，再一次证明美国版教材不是采用连环问来呈现知识；而教科版问句链最长，问句链1与其他问句链各占50%，问句链1后面平均有1个后续问句，说明连环问是教科版教材呈现和讲述知识的重

要手段;苏教版问句链长度居中,问句链1与其他问句链的比例不足两倍,采用问句引入知识和采用连环问呈现知识在苏教版中都有体现。问句链长度要结合问句链中问句的回答情况,才能进一步说明问题。

### 五、问句的回答情况分析

小学科学教材正文问句根据回答情况可分为有答问句和无答问句。有答问句指能在问句出现的本课教材中找到答案的问句,不管是文本答还是非文本答(包括图片回答和图片文本并用回答,后文简称"图文答");无答问句指问句出现的本课教材中找不到答案的问句。

(一)科学教材正文问句有答无答情况统计与分析

表 8–14 《科学》教材问句的回答情况统计表

| 回答情况 ||| 苏教版 ||| 教科版 ||| 美国版 |||
|---|---|---|---|---|---|---|---|---|---|
| ||| 陈述性 | 程序性 | 总计 | 陈述性 | 程序性 | 总计 | 陈述性 | 程序性 | 总计 |
| 有答 | 文本答 || 1 | - | 1 | - | 2 | 2 | 1 | 2 | 3 |
| | 图答 || 6 | 1 | 7 | - | 3 | 3 | 2 | - | 2 |
| | 图文答 || 1 | 1 | 2 | 3 | 3 | 6 | 4 | 1 | 5 |
| 无答 ||| 8 | 3 | 11 | 5 | 26 | 31 | - | 8 | 8 |
| 总计 ||| 16 | 5 | 21 | 8 | 34 | 42 | 7 | 11 | 18 |

从表8–14可以直观发现,国内版教材陈述性知识部分均含有明显数量的无答问句,美国版则没有出现。如果说程序性知识是通过实验或实践来引发或激发学生思考,以形成独特的认知,那么,陈述性知识是帮助学生建立基本的科学知识体系,这部分无答问句的较多使用,有可能会导致教材的易读性差,不利于学生自学,起不到教材应有的作用,尤其是义务教育阶段。下文我们还将具体分析这个问题。

从有答情况看,三个版本教材回答问题的手段均呈多样化特点,但又各不相同。苏教版比较独特,大量使用图片这种非文本态回答问题。以图代文的表述特征,虽然图形象直观,但图表述的准确性、系统性、连贯性、逻辑性都不及文本,这种处理方式有碎片化知识之嫌,一定程度影响学生逻辑能力的培养。从教科版和美国版教材的有答表述手段看,图文答应该是一个比较合适的方式,兼顾了形象性和准确性。

(二)科学教材无答问句统计与分析

对三套教材的无答问句进行详细分析,发现无答问句存在以下三种情况:一是需要回答的无答问句,即学生需要获得答案才能进行下一步的知识学习或实验操作,但本课教材中没有给出相应答案;二是无需回答的无答问句,即主要指扩展思考部分,需要学生自己动手实验或查阅资料寻求答案,以扩充知识,这部分知识不在本课教学要求范围内,本课教材可以不提供答案;三是根据本课上下文可以得到答案的无答问句,包括上文答和下文答,上文答主要是根据本课实验过程或实验讲解可以得到答案的问句,下文答主要是引入类的问题,可从本课下文得到答案的问句。

表8-15 《科学》教材无答问句细分统计表

| 无答情况 | 苏教版 陈述性 | 苏教版 程序性 | 苏教版 总计 | 教科版 陈述性 | 教科版 程序性 | 教科版 总计 | 美国版 陈述性 | 美国版 程序性 | 美国版 总计 |
|---|---|---|---|---|---|---|---|---|---|
| 需要答 | 6 | 3 | 9 | 5 | 19 | 24 | — | — | — |
| 无需答 | — | — | — | — | 2 | 2 | — | 3 | 3 |
| 上下文答 | 2 | — | 2 | — | 5 | 5 | — | 5 | 5 |
| 总计 | 8 | 3 | 11 | 5 | 26 | 31 | — | 8 | 8 |

从表8-15可知,苏教版陈述性和程序性知识部分都是需要回答的无答问句最多,共占82%,仅18%的无答问句可从上下文找到回答;教科版陈述性和程序性知识部分需要回答的无答问句占77.4%,仅22.6%的问句无需回答或可从上下文找到答案。由上可知,中国版教材存在较严重的知识陈述和知识呈现缺位现象,学生无法从教材上直接获取相关知识信息,只能在教师的指导下进行学习,这样的教材编排保证了教师在知识传授中的主导性,但不利于学生自学和培养学生自主探究知识的能力,可读性差。

相比之下,美国版教材仅程序性知识部分出现无答问句,但62.5%可从上下文获得答案,37.5%的无答问句属于扩展思考问题,需要学生自己获取答案,不需要教材给出答案。所以美国版教材知识讲述详细,除去不需要教材回答的问句,所有教材中提出的问句都通过文本、图片、实验等方式向学生提供了答案,这样的教材编排利于学生发挥主观能动性自主获取知识。

### 六、标题问句分析

标题是科学教材语言的一部分,《科学》教材对标题句类的选择与使用反映了该教材自身的特点。与正文中的问句相比,标题中的问句有其自身特殊功能,本节对其进行独立分析。标题可分为课标题、节标题。课标题作为整课的题目,旨在告诉学生整篇课文的核心内容;节标题作为课文里各板块内容的标题,旨在概括该小节的主要内容。三套科学教材中的标题主要有陈述句、问句和图标三种方式,采用陈述句更客观严谨;采用问句除了能告诉学生课文的主要内容,还具有启发性、引导性;采用图标只能告诉学生要做什么,但是做的内容无法获知,只能靠图标后的内容具体说明,这种方式对于识字不多的初级小学生,教学引导效果明显,但对于有一定词汇量的小学生,图标没有传递知识的作用,价值实则不大。

表 8-16 标题问句数量统计表

| 标题 | 苏教版 总数 | 苏教版 问句数 | 教科版 总数 | 教科版 问句数 | 美国版 总数 | 美国版 问句数 |
|---|---|---|---|---|---|---|
| 课标题 | 4 | 4(100%) | 6 | 0 | 5 | 0 |
| 节标题 | 17 | — | 14 | 0 | 8 | 8(100%) |
| 总计 | 21 | 4 | 20 | 0 | 13 | 8 |

分析三套教材标题的类型,可知三套科学教材在标题采用形式上各有千秋。苏教版的课标题全部采用问句形式,节标题全部采用图标来表示,这种方式比较活泼、生动,更适合低年级读者阅读;教科版的课标题和节标题全部采用陈述句形式,这种形式比较严谨、客观,互动性、启发性略显不足,更适合高年级读者使用;美国版课标题采用陈述句形式,节标题全部采用问句形式,陈述句和问句配合使用,在引起学生的学习兴趣的同时,还可使课文主题更加明确和凸显,这种形式兼顾了客观性和生动性。

通过以上研究可知,科学教材对问句的选择与使用具有明显的领域特征和功能:问句的结构类型以特指问为主,是非问、选择问、正反问较少出现;问句在科学教材中除了具有通用领域的功能,还有教材语境特有的功能,用来引入主题、引起读者兴趣、引导实验、指导学生进行总结、复习等。

中美小学科学教材在问句的使用上存在差异,反映其采用了不同的知识表述手段：中国版的两套教材都存在问句链长、问而不答现象，知识陈述和实验讲解不足，学生无法从教材上直接获取相关知识信息，不利于学生自主阅读学习；中国版教材知识表述方式不统一，对问句的使用显得有些混杂和随意，缺乏规范表述；美国版科学教材知识讲述详细、答问清楚，在问句的使用上有统一规范的表述格式，但文本语言较多，学生学习难度大，并且在一定程度上忽视了教材与学生的互动。

针对中美小学科学教材编排存在的差异和问题，在以后的教材编写工作中我们应当注意以下几个问题：问句的编排应符合学生的学习规律，有问有答，问答配合得当；陈述句、疑问句配合使用，在保证教材的客观性、实用性的同时，保证科学教材的启发性、趣味性；特指问在帮助知识表述、启发学生思考上有重要作用，应是科学教材问句编写时的首选；标题采用问句形式，以问题导入，不仅能使课文核心内容更加清楚，也能更好地激发学生学习、求知的欲望和兴趣；教材中问句的使用应有规范的格式，尤其教材各课之间知识表述方式要统一。

# 第九章
# 教材注释语言研究

　　注释,是语文教材的有机组成部分,是对教材中的语汇、内容、引文出处等所作的提示、解释和说明。广义的注释包括字词义解释、题解、作者介绍、写作背景介绍、引文出处等。狭义的注释仅指对字、词、语言结构等语言单位意义的解释。注释既是学习的内容,也是学习的向导;既有助于培养学生凭借注释进行阅读的能力,帮助学生正确理解进而深入掌握课文内容、语文知识,也可作为教师教学发散的基点,有助于教师教学的推进,在使用中、培养学生的阅读能力。语文教材是当代注释最常见的载体。在语文课本中,注释是极为重要的助读系统。

## 第一节
## 语文教材注释研究

### 一、"注释"定义

　　我国传统研究词义的学科,称为"训诂学"。简单来说,训诂就是解释古书中词句的意义。"训",是用通俗的话来解释词义;"诂",是用当代的话来解释古代的词语,或者用民族统一语来解释方言。"注"即从训诂学而来,"释经以明其义曰注",又衍生出"注本、注述、注训、注家"。我们今天所说的"注释",既是传统训诂学的今用,也是传统训诂学的发展。而注释的对象,已不限于古书,也不限于词语。

## 二、语文教材注释的类别

黄琴(1986)根据是"直接为词语教学服务的"还是"间接为阅读课文提示的"而将教材注释分为"直接性注释"和"间接性注释"两大类。前者指教材中"注字音、释词义、解句意"的内容,后者无关字词,指教材中的"篇首提示和正文说明"①。事实上,这里的"直接性注释"不仅服务于词语教学,同样服务于课文阅读理解;"间接性注释"之"间接"也并不准确。基于此,这里根据注释内容的差异,将语文教材注释分为题解性注释、诠释性注释、说明性注释三种②。

### 1. 题解性注释

题解性注释大多着眼全篇,对选文作整体性介绍,以点明选文出处、交代选文背景、解释题意、介绍作者、概述选文内容、说明选文体裁及主要写作方法,或上述几项兼而有之。编排时,往往位列首条,作为阅读课文的敲门砖。

如:

[1]七年级下册《从百草园到三味书屋》注释①:选自《朝花夕拾》(《鲁迅全集》第2卷,人民文学出版社2005年版)。

[2]九年级下册《热爱生命》注释①:选自《热爱生命》(人民文学出版社1985年版)。万紫等译。有改动。这篇小说描写的是一个淘金者在荒原上迷路,最终顽强地活下来的故事。本文节选自临近结尾的部分。杰克·伦敦(1876—1916),美国小说家。

### 2. 诠释性注释

诠释性注释是对选文中字、词、短语、句子的音、形、义的解释。这类注释占语文教材注释的绝大部分。

(1)从语言单位来看,涉及字、词、短语、句子或外文单词。如:

〔哽(gěng)〕声气阻塞。

〔絮叨〕翻来覆去地说。

---

① 黄琴:《略论语文教材注释的种类和原则》,《青海师专学报》1986年第4期。
② 下文教材注释均引自人民教育出版社出版的《语文》教材;词典释义均引自《现代汉语词典》(第六版)。

〔弄潮的好手〕懂得水性,善于游水使船的人。弄潮,在潮头搏浪嬉戏。
〔水是眼波横〕水像美人流动的眼波。
〔Ade〕德语,意思是"别了"或者"再见"。可读作 adei。
(2)从内容来看,涉及音、形、义(词义与句意)。如:
〔檎〕念 qín。
〔惟妙惟肖(xiào)〕这里形容雕刻得十分精妙逼真。肖,相似。
〔模胡〕现在写作"模糊"。
〔惊鸿〕惊飞的鸿雁,形容美人体态轻盈。
(3)综合语言单位与诠释性注释的内容来看,词、义的注释占多数。而词语在选文中注释的意义类型,又不尽相同。有的解释词的本义,如:
〔蹿(cuān)〕向上或向前跳。
〔寒噤〕因寒冷而哆嗦。这里指疟疾发作时的症状。

有的解释词的引申义(包括比喻义、借代义等)。先释出词的本义,再注词的引申义。本义有的直接注释,有的用"原指、本指、原意是"说明,引申义用"这里指、这里是、这里用来"解说,有的标明"形容""比喻"或"借指"。如:
〔砭骨〕刺入骨髓,形容使人感觉非常冷或疼痛非常剧烈。
〔虫豸〕虫子。泛指虫类小动物。这里比喻碌碌无为的人。

有的解释词的特指义,即词在特定时间、地点或特定的语言环境中的特定意义。如:"功课"在词典中释义"①学生按照规定学习的知识、技能;②指教师给学生布置的作业;③佛教徒按时诵经念佛等称为做功课",教材注释为:
〔功课〕这里指修女按时进行的唱圣诗、祈祷等宗教活动。
"元旦"在词典中释义"新年的第一天",教材注释为:
〔元旦〕这里指农历正月初一。

3. 说明性注释

说明性注释是指正文中间对专有名词(人名、地名、作品名等)、诗句等内容的基本情况、出处的说明,不同于对其意义的解释。如:
〔银烛秋光冷画屏,轻罗小扇扑流萤〕这是唐代诗人杜牧《秋夕》里的两句诗。

〔蹲在草地里的那个人〕英子小时候遇到的一个买卖旧货的小贩,后因偷东西被捕。

〔钱三强(1913—1992)〕当代中国核物理学家。

〔《牡丹亭》〕明代戏剧家汤显祖(1550—1616)的代表作。

〔今年〕指1997年。

〔我〕译者注:这儿的"我"是单数,跟前面的"他们说"不一致,但原文是如此。

### 三、语文教材注释的原则

原则指的是言行所依据的准则。对语文教材注释原则的探讨,可以更好地指导教材编写中"注释"的处理。曹述敬(1964)①细细阐述了中学语文课本注释的详略问题,指出其详略关涉条数多少与解说繁简,避免"不必加注反加注、作注太死"的反面效果。文章兼谈了注释的准确性问题,认为这是注释"最根本的要求"。这是较早对语文教材注释问题作出探讨的文章。黄琴提出中学语文教材注释"目的性、思想性、科学性、历史性、易解性、首次性、统一性、并行性、完整性、精练性"十个主要原则。到20世纪90年代,顾之川专文讨论中学语文教材注释的原则,概括为"准确性、针对性、代表性、平易性、简洁性"五原则。综合前人研究成果,我们认为,语文教材注释要遵循"目的性、准确性、平易性、系统性、简洁性"原则。

1. 目的性

即需求性。"一般读物的注解只是为了帮助读者阅览,而课文的注解是为了辅助教学,就是说,要充分考虑教学的要求。怎样才能给学生恰当的基础知识,怎样才能启发学生的学习积极性,怎样才能便教便学,都要认真考虑,力求体现出来。"②教材注释是为学生学习字词语汇、阅读理解课文服务的,也是为教师推进教学、培养学生阅读能力服务的,具体到每个条目上,是否注、详注略注、如何注,都应该从教材使用者——教师、学生的需求出发,充分考虑学生的实际水平和接受能力,以实现语文教、学上的目的为准则。

---

① 曹述敬:《中学语文课本注释的详略问题》,《北京师范大学学报》1964年第1期。
② 刘国正:《实和活——刘国正语文教育论集》,人民教育出版社,1995,第105—106页。

落实教材注释"目的性"原则的核心,就是要解决教材中"哪些要作注"的问题,避免"当注而未注""不必注而加注"的情况。显然,疑难生僻语汇是教材注释的重点,这也是教材编写者较易关注到的。它包括学生陌生的、未学过的、会影响文意理解的语汇,也包括来自不同方言的特色语汇,还包括近现代常用而现在已不常用的"旧词旧义"。其次,要把常用字词的非常用义列为注释点。顾之川指出,应该在"字面普通而义别"的常用词的注释上下功夫。一些常用词,特别是古今语汇字面相同而意义迥异的词语、一般义与文中具体义相区别的词语,容易被忽略。如"新妇"一词,《现代汉语词典》释为:"①新娘。②＜方＞指儿媳。"其在《孔雀东南飞》中指的是义项②,如未作注,易被误解为"新媳妇"。

2. 准确性

即科学性。这是对教材注释"最根本的要求""语文教材注释的灵魂"。这一点,顾之川解析为:"注释的准确性,要求所作注释要有科学性,给学生和教师以正确的语文知识;同时注释的内容还要明确,不能笼统、模棱两可或似是而非。"这段话包含两个意思:一是注释的内容应该是正确的语文知识;二是注释的内容要明确,没有争议。在现有有关语文教材注释的研究中,以"问题"类研究占绝大多数,多以"辨正、辨误、献疑、指瑕、商榷"等为题引,或谈"若干问题",或提"一点意见",尽管用词不同,但谈的都是课文特别是文言文课下注释准确性的问题。教材编写者要密切注意语言学界的学术动态,及时吸收新的、有说服力的、得到学术界公认的研究成果。如:《愚公移山》中的"杂然",教材释为"纷纷",《现代汉语词典》释为:"①形容词,形容(言论、往下落的东西)多而杂乱;②副词,表示(许多人或事物)接二连三地。"王虎、张明辉(2007)认为"杂"应释为"共同","杂然"表示异口同声的样子,强调的是"共同"①。随着时间的推移,信息有所变化的,修订时应加以补正。如对专有人名加注的,在生者往往标示其生年;若故去,则须添加卒年。当然,也不能"照单全收"最新研究成果,"一般说来,只要用传统的观点能够讲得通的,在没有很具说服力的研究成果以前,就要尽可能地遵从旧注,而不能把那些虽有一定道理,但还没有得到学

---

① 王虎、张明辉:《〈愚公移山〉注释二则:"杂""甚矣"》,《语文建设》2007 年第 9 期。

术界公认的说法写进教材注释"[1]。如《回乡偶书》中的"儿童",有人说应指"大人和小孩",有人说指贺知章"儿时的同伙"。在没有定论以前,不予采纳。

此外,教材注释的准确性还要求用语准确,语言文字无误,避免出现错别字、误标音等。这是教材编写者、出版社编辑可以处理好的问题。

### 3. 平易性

即易解性、易读性。一个条目,选取适当的注释内容十分关键,要与选文内容有关联,根据相应学习阶段学生的汉语水平,不宜过于深奥、繁杂。比如,释"罗汉豆"为"蚕豆",未再如词典解释"一年生或二年生草本植物,茎四棱形,中心空,花白色有紫斑,结荚果。种子供食用。也叫胡豆",是因为对其读者——初中生而言,已能了解"蚕豆"为何物了。同时,要注意教材注释与学术注释的区别。教材注释一般择要点而言,取人们约定俗成之意,不似学术注释,往往会介绍学术界各派个别观点,甚至包括各家争论,相较而言更为详尽、繁复。

注释的平易性还指解释的语言要通俗易懂,具有可读性。尽可能把较深奥的意思用较浅近的文字表达出来,用现代白话语言解释文言文的语汇,用学生已知的词语去解释未知的词语。如:"张皇失措",《现代汉语词典》未收录,现通常也说"惊慌失措",有的词典释为"害怕紧张,以至不知所措、失去常态","不知所措"为同义释词,与被释词难度相当,会导致释义低效或无效,教材注释为"慌慌张张,不知怎么办才好"显然更为通俗易懂。

### 4. 系统性

即体系性。整套语文教材,从小学到初中乃至高中,应该构成一个有机的系统,条目不重复、内容不矛盾、体例相统一。

一般来说,对一个条目的注释,应在该条目在整套教材中首次出现时进行。当然,如果要注释的义项不同,或要注释的是该条目在特定语境中的特殊含义,是可以重复出现的;但首次漏注、同义复注、出于复习巩固需要重注的情况应该避免。其次,相关联的注释条目之间,在内容上应该是相辅相成的,避免前后说法不一的情况出现。最后,是注释的体例要统一。

---

[1] 顾之川,《试论中学语文教材注释的原则》,《课程·教材·教法》1996年第3期。

是只释引申义、具体义、特指义,还是兼释本义,要有明确的标准;是先释本义,后释具体义、引申义,或相反,要尽可能一致;不同类别注释的用语也要统一,"这里是""这里指""这里有……的意思""这里用来"混用,在对古文词语直译后尚欠明确时一会儿用"意思是"意译,一会儿又用括号补注,有损体例的统一严整。

5. 简洁性

即精练性。这里指的是注释条数与注释语言的问题。

一方面,注释条数不宜过多,着眼全文不宜注释过细。曹述敬特别针对文言文注释指出,详细的解说可以帮助学生串讲出课文的大意,但"这样做有些教师、学生就把注释里的译文看作是对原文的唯一正确的解说,甚至是最好的解说,不敢稍加变通""容易滋长学生的依赖心理",不利于"启发他们的积极思维"。

另一方面,注释语言要尽可能地简明扼要。只要词义解释准确了,条目说明到位了,可说可不说的话就尽量不说,以对学生作"简要之指点",为学生阅读理解课文提供切实有用的帮助,点到为止。诠释性注释如此,题解性注释、说明性注释尤须注意如此。教材对鲁迅《祝福》中"我因为常见……这事也一律"的注释为:"这几句话的意思是:我常常见到这样一些事,本来不希望它像自己所料的那样发生,也以为未必真会发生,却往往还是那样发生了。所以,'我'一再担心的祥林嫂会死的事,恐怕也要发生。这里表现了'我'对当时黑暗社会的深刻体察和强烈憎恨。"顾之川认为像这一类的注释可放在教学参考资料里[①]。我们赞同此种处理。语文教材的注释,可以解释字词义,也可以介绍作者、串讲句意、交代背景,不管是哪一类注释,都不应在字数上留有水分。注释过详,容易喧宾夺主,分散学生的阅读注意力;也可能限制教师和学生对知识点的发散,妨碍教师和学生积极主动地思考问题。

四、人教版《语文》注释例析

教材注释研究是语文教育学界、语言学界研究的重要议题之一。研究者多为一线教师,但也不乏教材编写者以及相关方向的专家学者、研究生。

---

① 顾之川:《试论中学语文教材注释的原则》,《课程·教材·教法》1996年第3期。

从研究内容来看,"问题"类研究占绝大多数,指向的是注释准确性的问题。总体而言,目前的语文教材注释研究十分零散,真正关注教材注释并作系统研究的并不多。这里以人民教育出版社出版的《语文》为例,对教材注释面貌进行系统描写,并考察教材注释对象及其编排,从理论到实践明确语文教材注释相关问题。语料来自该教材一至九年级(共18册)的诠释性注释和说明性注释,排除了题解性注释。将这些注释一一输入数据库,得到2770条记录。

1.《语文》注释概貌

表9-1显示了《语文》从小学到初中各册现代文与文言文注释的数量情况。从表9-1可以看到:

(1)从注释对象来看,在2770条记录中,现代文(含现代诗歌和白话小说)注释1233条,文言文(含古诗、宋词)1537条,分别占比44.5%、55.5%。文言文注释数量稍多一些。首次注释出现于第5册(三年级上册)中,是对古诗的注释。而首次现代文注释出现得稍晚,在第10册(五年级下册)里。

(2)从注释分布的学段来看,从小学阶段到初中阶段,注释数量剧增。小学阶段共有注释186条,占比不到7%;初中阶段共有2584条,占总数的93.3%。其中原因不难解释。一是初中阶段选文长度、难度增加。小学阶段是节选或改动的,初中阶段则收原文或全文。如《故乡》与《少年闰土》《鲁滨孙漂流记》与《荒岛余生》等。二是初中阶段开始有意识地增加文言文,古今差异造成阅读上的困难,需要注释的内容也随之增多。值得注意的是,不管是小学阶段还是初中阶段,文言文的注释数量都高于现代文。文言文注释的重要性可见一斑。

(3)从注释分布的册别来看,各册注释数量分布不均,并未明显地随着年级增长而增长。这与教材当册选文有关。以现代文注释为例,小学阶段,第10册注释数量较多;初中阶段,第14、17册注释数量较多。原因何在?第10、17册收录了古典白话小说,第14册收录了鲁迅两篇文章《从百草园到三味书屋》《社戏》,文章所处时代较远,许多词如今已不用或用法不同,学生理解有难度,故加以解释。

表9-1 《语文》注释数量情况

| 册数 | 小学 | | | | | | | 初中 | | | | | 总计 |
|---|---|---|---|---|---|---|---|---|---|---|---|---|---|
| | 5 | 6 | 7 | 8 | 9 | 10 | 11 | 12 | 13 | 14 | 15 | 16 | 17 | 18 | |
| 记录数(现代文) | 0 | 0 | 0 | 0 | 0 | 36 | 9 | 18 | 126 | 258 | 154 | 152 | 355 | 125 | |
| 合计1 | 63 | | | | | | | | 1170 | | | | | | 1233 |
| 记录数(文言文) | 13 | 9 | 14 | 24 | 11 | 19 | 7 | 26 | 130 | 187 | 256 | 323 | 254 | 264 | |
| 合计2 | 123 | | | | | | | | 1414 | | | | | | 1537 |
| 各册合计 | 13 | 9 | 14 | 24 | 11 | 55 | 16 | 44 | 256 | 445 | 410 | 475 | 609 | 389 | 2770 |
| 总计 | 186 | | | | | | | | 2584 | | | | | | 2770 |

2.《语文》现代文注释特点

这里以现代文注释为对象,观察其注释特点。

(1)注释单位不限于词,还包括字、短语、句子,以及空条。如表9-2所示,在总共1233条现代文注释中,以词作为注释单位的共有1069条,占86.7%。可见,扫清词语理解上的障碍,是《语文》注释最主要的功能。

表9-2 《语文》现代文注释单位

| 注释单位 | 数量 | 举例 |
|---|---|---|
| 字 | 21 | 琐/凶/伛/翳 |
| 词 | 1069 | 愧怍/匀称/古朴 |
| 短语 | 77 | 陆玑的《毛诗草木鸟兽虫鱼疏》/制艺和试帖诗 |
| 句子 | 62 | 阿公阿婆,割麦插禾/斯是陋室,惟吾德馨 |
| 空条 | 4 | 《语文》一般将要注释的对象用"〔 〕"标示出来,即为注释的条目。"空条"即无注释条目,直接作说明。 |

(2)从注释内容来看,着眼于字音、字形、词义、句意,但释义是主体。从1069条词注释来看,包括释音(仅指释义内容是标明拼音的情况,不包括在条目立目时同时注音的对象)、释形、释义及编者的说明性文字,或者上述兼而有之的情况。其中,释义的注释有1037条,占全部词注释的97.0%(见表9-3)。

表9-3 《语文》现代文"词"注释的内容

| 注释内容 | 数量 | 举例 |
|---|---|---|
| 释义 | 1037 | 〔翩然〕动作轻快的样子。 |
| 释音 | 4 | 〔聿〕念 yù。 |
| 释形 | 12 | 〔那里〕现在写作"哪里"。 |
| 释音义 | 1 | 〔Ade〕德语,意思是"别了"或者"再见"。可读作 adei。 |
| 释形义 | 11 | 〔切切察察〕现在多写作"嘁嘁喳喳",模拟细碎的说话声。 |
| 释形义并说明 | 1 | 〔已后〕以后,已,通"以"。本文中有的用字与现在不同,编者遵照原文,未加改动。 |
| 说明性文字 | 3 | 〔我〕译者注:这儿的"我"是单数,跟前面的"他们说"不一致,但原文是如此。 |

　　(3)从释义类型来看,有的释本义和引申义,有的释文中特指义,有的兼而有之。本义、引申义注释多源于辞书,是可以脱离选文的语言环境、放在其他语言环境中同样适用的。这类注释共有 948 例,占比 88.7%。特指义即注释单位在选文语境中的意义。这类注释共有 66 例,占比 6.2%。二者兼而有之的注释有 52 例,占比 4.9%。可见,对本义、引申义的注释还是最主要的部分,这也与课文注释的目的之一相关:编者作注是为了要达到"课本上注是为了课外阅读不需要注"。特指义注释所占比例并不大,且大多采用特定词作标志,如"这里指、这里是、这里形容、这里是指、这里特指/泛指/借指、这里有……的意思、这里用来形容、这里的意思是、原意是……这里是说……、原指……这里形容/这里指"。

　　(4)从词性上看,注释对象以名词为主,含专名在内有 593 条,占总数的 55.47%。其次是动词和形容词,分别占 2.67%、1.22%。名、动、形仍旧占据主体位置(见表9-4)。

表9-4 《语文》现代文注释"词"的词性分布

| 名词 | 动词 | 形容词 | 专名 | 副词 | 代词 | 量词 | 拟声词 | 连词 | 叹词 | 介词 | 合计 |
|---|---|---|---|---|---|---|---|---|---|---|---|
| 424 | 285 | 130 | 169 | 29 | 10 | 10 | 8 | 1 | 2 | 1 | 1069 |

3.《语文》注释对象收录合理性考察

　　本节讨论了语文教材注释要遵循的"目的性、准确性、平易性、系统性、简洁性"原则。相应地,对于语文教材注释,有五个方面特别值得注意:第一,注释条目的合理性。注释条目的确立,与有无"多注"或"漏注"紧密相关,也直接影响注释数量。这是注释的基础。第二,注释内容的准确性。这是对注释最基本的要求。第三,注释语言的可读性。这包括篇幅限制下行文的繁简、用词用语是否通俗易懂且适合该学段的学生。第四,注释条目编排的序列性。这要解决每一学段要注释哪些词的问题。对此,教材编写者应有明确的标准,注意字、词学习的序列性。教材注释是随文注释,要以何为序? 新课标对学生会使用工具书辅助阅读的要求是在第四学段,即七至九年级。因此,也要充分考虑选文的理解与学段的差异。第五,注释语言是否做到了简明扼要。这里着重讨论第一个方面。

人教版《语文》,18册书,2770条记录,文言文注释1537条,现代文注释1233条,这个数量够不够? 卢杨(2001)对使用人教版的北京初中生和全国14个省、市、区教师进行了抽样调查,结果显示:无人认为无需注释,70%的学生认为注释偏少,不到三成的师生认为注释数量合适①。下面从"有无漏注""有无不必加注而注""有无重注"三种情况对注释条目进行统计分析,以判断其注释对象收录的合理性。

(1)有无漏注

《语文》中注释的"词",除了德语词"Ade"以外,共有1068条。类别归属如下:

表9-5 《语文》注释"词"的类别归属

| 总数 | 语文词 | 专名 | | | | 百科词 | | | 方言词与其他 | 文言词 |
| --- | --- | --- | --- | --- | --- | --- | --- | --- | --- | --- |
| | 语文词 | 人名 | 地名 | 书名 | 其他专名 | 植物名 | 动物名 | 其他 | 方言词与其他 | 文言词 |
| 1068 | 747 | 96 | 39 | 26 | 9 | 24 | 28 | 39 | 23 | 37 |

表9-5中的"其他专名"包括机构名、民族名、建筑名。"其他百科词",指植物名、动物名以外的术语词。"方言词与其他"是从地域上划分出的一类。其中的"其他",全部来自蒙语、维吾尔语、傣语等少数民族语言。

---

① 卢杨:《初中语文教科书注释编写与使用研究》,《辽宁教育学院学报》2001年第7期。

从词的类别来看，1068 条词中，语文词为主，占 69.9%。专名尤其是人名、地名也是重要的组成成分。专名、百科词、方言词、文言词的注释是明确的、显性的需求。那需要注释的语文词又是哪些呢？是相应学段的学生无社会经历接触、未学过且较难理解的（包括书语词）；是文中具体义与该词一般概念义、常用义不同的；不解释易被误解的。如：

〔火盆子〕原指盛炭火等取暖的盆子，这里指毒热的太阳。

〔寻章摘句〕搜寻、摘取文章的片断词句。指读书局限于文字的推求。

〔模胡〕即"模糊"，这里指马虎、不讲究。

〔吹嘘〕嘴里嘘气。

要考察有无漏注，可凭教师的经验，而更重要的依据是学生的理解。但注释的撰写不可能让师生一一阅过发表意见。那么，如何检验较为可行呢？我们采用词种统计法加以检验。这里以第 10 册为例，考察第 10 册有无漏注的情况。表 9-6 是各册课文出现的词种数：

表 9-6 《语文》各册课文词种数

| 册数 | 1-9 | 10 | 11 | 12 | 13 | 14 | 15 | 16 | 17 | 18 |
|---|---|---|---|---|---|---|---|---|---|---|
| 词种数 | 10426 | 4299 | 4249 | 3783 | 4173 | 6331 | 6326 | 6676 | 6010 | 5833 |

如表 9-6 所示，《语文》第 1—9 册共有词种数 10426 个，第 10 册共有词种数 4299 个。将二者相匹配后，得到第 10 册与第 1—9 册共有的词种数是 2749 个，第 10 册独有的词种数 1550 个。可以说，这 1550 个即"没学过的词"。其中见字明义的、不影响阅读的生僻词语，较深较难暂时不必掌握的不必加注。但第 10 册仅有注释 36 条。其中是否有漏注的呢？

先看这 1550 个词在第 11—18 册的分布（见表 9-7）。

表 9-7 《语文》第 10 册独有词在第 11—18 册的分布情况

| 册数 | 11 | 12 | 13 | 14 | 15 | 16 | 17 | 18 | 合计 |
|---|---|---|---|---|---|---|---|---|---|
| 词种数 | 152 | 143 | 147 | 251 | 247 | 301 | 263 | 212 | 1716 |

将这 1716 条词去重后得到 788 条词。也就是说，第 10 册课文独有的 1550 个词中，有 788 个先后出现于第 11—18 册。另有 762 个词，未见于第 1—9 册，也未见于第 11—18 册，属第 10 册独有词。图 9-1 显示出第 10 册课文用词与第 1—9 册、第 11—18 册课文用词之间的关系（中间小圈即

第 10 册)。

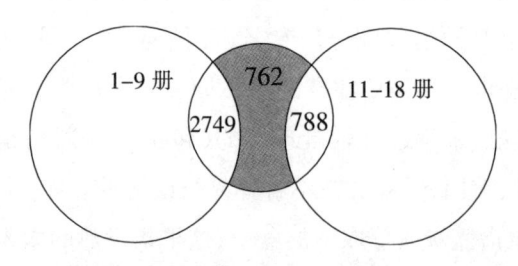

图 9－1　第 10 册课文词语与前后册课本的共用与独用情况

如果说这 788 个词是编纂者出于字词学习的序列性而有所保留的话，剩余的 762 个词的注释与否就需要根据字词学习在教学中的分布而斟酌一番了。

通过观察，这 762 个词中有几类特别值得注意：

一是书语词。其中，成语是典型代表，有 39 个：杯水车薪、不计其数、不声不响、不翼而飞、姹紫嫣红、大饱眼福、废寝忘食、负荆请罪、理直气壮、了如指掌、美轮美奂、面不改色、妙不可言、目不暇接、劈头盖脸、七零八落、取之不尽、三长两短、色彩斑斓、深情厚谊、神机妙算、势不可挡、手疾眼快、手忙脚乱、熟视无睹、天造地设、同归于尽、同心协力、完璧归赵、完好无损、无边无涯、无价之宝、雪中送炭、严阵以待、一声不吭、以一当十、以一抵百、战无不胜、转悲为喜。这些词列入第 10 册注释的条目只有"天造地设"；课文诠释了"负荆请罪、完璧归赵"的意义。那么，其余的 36 个应是需注释的。

二是术语词，共有 40 个。列入第 10 册注释的条目有"草履虫、和氏璧"。此外有动植物名及地理学、生物学名词是可考虑注释的，如"冻土层、进化论、积分表"等。

三是专名，包括人名、地名、机构名，共有 88 个。专名的注释视课文内容而定，与课文内容理解有关的专名需加以注释。如"渑池"，这本是古地名，在《将相和》中作为秦赵两国相会之地，是故事发生的背景地，有必要注释。

四是方言词、文言词，共有 29 个。二者因地域、时代原因，往往要注释以便于理解。列入第 10 册注释的条目有"大虫、郎中、哥子"。其他如：阿妈妮、哨棒、倭瓜、医家、都督、缶、上卿、毡笠儿等，可考虑部分加注。

五是异形词,2个,即"顽耍、聪惠"。需注释引起学生注意。

(2)有无不必加注而注

这包括两种情况。第一,明白易懂的词语,本不需要注释,勉强给这样的词语作注释,增加课本容量甚至适得其反,使它们变得难懂。第二,按照编者的编撰理念无需加注的,而在实际编撰中加注。

"明白易懂",可能是见字明义的,也可能是针对不同学段不同年级的学生能力而言的。前者如"渔火":夜间捕鱼点的灯火。对这类词,编者应细加斟酌,看是否有释义的必要。

与编撰理念相悖的则相对难以操作。人教版旧版课本前的"说明"中指出:课文注释从简,有些生字生词,由学生自查工具书解决。新版则未再作明确说明。参考苏教版编者所作的说明,应该是有共通之理的:"凡学生可以通过工具书或资料书自己查到的字词一般不加注;凡根据上下文语境学生通过推导或与同学合作研究能弄懂的词语一般不加注;凡不影响教材整体理解的生冷词语一般不加注;较深、较难而学生目前尚不需要掌握的词语一般不加注;凡应在其他科学习中解决的自然社会方面的专用词语一般也不加注。"[①]

这个标准的伸缩度较大,我们取"注释与工具书"这一点来看,1066条现代文注释与《现代汉语词典》相匹配,得出:二者共有的词有571例,占总词数的53.6%。从分布的学段来看,第一至三学段30例,占共现词的5.3%,总词数的2.8%;第四学段541例,占共现词的94.7%,总词数的50.8%。

从释义内容来看,释义完全相同的(含语词顺序颠倒的、无释义指示语的)140例。如:

〔亢奋〕极度兴奋。(《现代汉语词典》:极度兴奋。)

〔尴尬〕神色、态度不自然。(《现代汉语词典》:(神色、态度)不自然。)

〔耍子〕玩。(《现代汉语词典》:玩儿。)

完全不同的仅16例,多是文意注释。其余的则都属于表述及详略上的差异。

---

① 洪宗礼:《构建面向21世纪中国语文教材创新体系的尝试》,《中学语文教学参考》2002年第1期。

新课标在第四学段即七至九年级对学生提出"会使用工具书辅助阅读"的要求,但教材仍有一半的注释可见于词典。注释可见于词典,且释义无差别,是否应该注释,似乎还有探讨的余地。生词的学习可以分散在注释、练习及教师的讲解中。那么,这部分共现的词是否酌情分出一部分由学生自行查阅工具书解决呢?

(3)有无重注

这里指的是注释条目重复出现,且无义项差异,注释内容相同的。如第 18 册出现"〔拭〕擦",该词已在第 15 册注释过同样的义项。

重复三次的,1 例:安息日(《鲁滨孙漂流记》《荒岛余生》《威尼斯商人》)①。

重复两次的,16 例:进学(《范进中举》《孔乙己》),拭(《孔乙己》《背影》),北纬(《鲁滨孙漂流记》《荒岛余生》),秋分(《鲁滨孙漂流记》《荒岛余生》),嶙峋(《走一步,再走一步》《苏州园林》),猹(《故乡》《少年闰土》),元旦(《阿长与'山海经'》《故宫博物院》),英尺(《热爱生命》《威尼斯小艇》),阔绰(《马》《孔乙己》),郎中(《人物描写一组》《范进中举》),阴霾(《真正的英雄》《变脸》),吹毛求疵(《短文两篇》《热爱生命》),须(《沁园春·雪》《智取生辰纲》),羁绊(《安塞腰鼓》《马》),影(《藤野先生》《智取生辰纲》),他(《人物描写一组》《风筝》)。其中,仅有 4 例是多义词在不同课文中的不同义项(须、羁绊、影、他)。

也就是说,总共有 13 个注释重复的必要性有待商榷。从出现的课文来看,它们有的出现在相同的课文中,仅是原文与节选之别(安息日、北纬、秋分、猹);其余的则出现在不同课文中。从学段来看,跨学段重复的有 5 例(安息日、北纬、秋分、英尺、郎中)。其中 4 例是百科词,1 例是方言词(郎中)。

那么,是否有重复的必要?是难词的复现还是编纂系统性上的失误?我们认为,并非难词的复现。一来数量不多,二则难度有限,所以还是注释统一性方面的不足。这是应该极力避免的。

注释是语文教材的重要组成部分。字、词作为九年义务教育阶段语文学习的基础,是语文教材注释的重点。本节根据注释内容的差异,将语文教材注释分为题解性注释、诠释性注释、说明性注释三种,并提出了语文教

---

① 括号内为注释词出现的课文。

材注释要遵循的"目的性、准确性、平易性、系统性、简洁性"五原则。在此基础上,以人教版《语文》为例,对其注释作系统的概貌式描写,并着重从"有无漏注""有无不必加注而注""有无重注"三个方面探讨了其注释对象收录的合理性问题。

应该说,注释重复问题是教材编写上的硬伤,也是需要避免的。词语的复现并不体现在有限的注释的重复上。不必加注而注的,要把握两种情况,一是见字明义、通俗易懂的可不注,二是要明确编纂理念并尽可能地执行。漏注的情况是在所难免的。从第10册的统计分析来看,要加强语文词尤其是书语词及异形词的收录,同时兼顾专名、方言词、文言词,根据课文内容理解的需要而注。编者在编写注释部分时,可将生词有机分散在注释、教学、练习及学生词语采集上。明确每一部分的对象,才有针对性,并达到好的效果。

## 第二节
### 大陆和台湾地区初中语文教材文言文注释对比研究

注释为教与学提供重要参考,它能够扫除障碍,帮助理解,丰富语言和文化知识,以提高语文素养。古今汉语及文化的差异决定了扫除理解障碍是文言文学习的重要内容,也是先行内容。而注释在其中起到关键作用,注释的好坏直接影响到文言文学习的效果,注释的合理性也是衡量教材编写科学性的重要依据。注释数量的把握、内容的选取、方式的呈现都直接关系到注释效果的实现,三者实际上就是注释多少,注释什么,怎样注释的问题。

目前关于初中语文教材文言文注释的研究,主要集中在注释内容的纠误方面,且多为大陆或台湾地区单方面教材的研究,基于数据统计的研究较为少见,对大陆和台湾地区教材注释进行对比的更是少见。我们基于语料库,对大陆和台湾地区六套初中语文教材文言文注释进行对比,旨在了解大陆和台湾地区教材在注释数量、内容、方式上的异同,找出各自的优势,互为借鉴,并从科学性、系统性、规范性的角度分析存在的不足,为教材注释的改进提供可靠参考。

本节选取的教材具有较长使用时间和较广覆盖面。大陆的有人民教育出版社、语文出版社、北京师范大学出版社出版的语文教材,台湾地区的有翰林出版社、南一书局、康轩文教集团出版的语文教材。本节仅涉及文言文精读篇目,略读篇目暂不列入考察范围。所研究的注释仅包括与课文题目和课文内容相对应的页下注。作者和作品介绍性质的注释、课后练习中的注释不在研究范围。

### 一、大陆和台湾地区文言文注释项数量对比

注释项数量,即选取多少的内容作为注释对象,它是衡量注释合理性的外在量化依据。我们以注释项为单位,对大陆和台湾地区教材文言文注释的数量进行了统计。不管1个注释项中包含有几类注释内容,都只按1个注释项计算。如人教版八下第30课"掣"注为"chè,拉,扯",既有注音,又有释义,但都是对"掣"的注解,因此按1个注释项来计算。注释项在语法单位上主要分为词、短语、句子三级。

（一）文言文总注释项数量对比

表9-8 大陆和台湾地区初中语文教材文言文总注释项数量统计表

| | 人教版 | 语文版 | 北师大版 | 翰林版 | 南一版 | 康轩版 |
|---|---|---|---|---|---|---|
| 词/占比 | 1294/69.87% | 1603/70.71% | 828/73.21% | 804/76.50% | 694/70.82% | 722/71.70% |
| 短语/占比 | 250/13.50% | 341/15.04% | 127/11.23% | 109/10.37% | 155/15.81% | 169/16.78% |
| 句子/占比 | 308/16.63% | 323/14.25% | 176/15.56% | 138/13.13% | 131/13.37% | 116/11.52% |
| 共计 | 1852 | 2267 | 1131 | 1051 | 980 | 1007 |

由表9-8,我们有以下几点发现:

1. 从注释项的总量来看,大陆教材普遍多于台湾地区教材。其中注释数量最多的语文版是数量最少的南一版的2.31倍。

2. 从注释项语法单位的角度看,大陆和台湾地区教材中词的注释量都是最多的,占比均在70%左右。短语和句子的注释量,六套教材则情况不一。人教版、北师大版、翰林版句子注释数多于短语,语文版、南一版、康轩版则是短语注释数多于句子。但六套教材相同的是,短语和句子注释数相差都不大,其中相差最多的人教版,句子注释也仅比短语注释多了58条。

3. 大陆三套教材间注释量参差不齐,语文版大约是北师大版的2倍。台湾地区三套教材间注释量十分接近,其中数量最多的翰林版仅比数量最少的南一版多了71条。

注释量的不同与文言文课文数①及篇目数②都有关系,大陆和台湾地区教材在两者的数量上都存在差异。具体的选篇也会存在不同,篇幅长短及难易程度难免受到影响。这些都会造成大陆和台湾地区各套教材间注释量的差别。但注释量的差异也在一定程度上反映了大陆和台湾地区文言文学习内容多寡的差异。

(二)文言文共选篇目注释项数量对比

由以上可见,我们无法用取平均值,即"课平均注释量"的方式对比大陆和台湾地区教材的注释量。但大陆和台湾地区六套教材有5个共选篇目,《天净沙·秋思》《爱莲说》《生于忧患,死于安乐》《记承天寺夜游》《与朱元思书》,这为注释量的对比提供了很好的基础。

表9-9　大陆和台湾地区初中语文教材文言文共选篇目注释项数量统计表

|  | 《天净沙·秋思》<br>人/语/北/翰/南/康 | 《爱莲说》<br>人/语/北/翰/南/康 | 《生于忧患,死于安乐》<br>人/语/北/翰/南/康 | 《记承天寺夜游》<br>人/语/北/翰/南/康 | 《与朱元思书》<br>人/语/北/翰/南/康 |
|---|---|---|---|---|---|
| 词 | 1/0/3/5/5/4 | 16/14/11/23/21/20 | 19/24/26/20/24/22 | 10/11/7/9/5/6 | 18/19/26/16/17/16 |
| 短语 | 0/0/0/0/0/0 | 1/0/0/0/0/0 | 4/5/9/3/1/1 | 1/1/1/3/4/1 | 9/5/2/6/7/6 |
| 句子 | 0/0/1/0/0/0 | 7/5/6/6/7/7 | 14/9/16/14/15/14 | 2/3/5/3/3/2 | 13/13/8/7/4/5 |
| 共计 | 1/0/4/5/5/4 | 24/19/17/29/28/27 | 37/38/51/37/40/37 | 13/15/13/15/12/9 | 40/37/36/29/28/27 |

由表9-9可见:

1.5个共选篇目在各套教材中的注释量参差不齐。有的篇目各套教材间注释量相差较小,如《生于忧患,死于安乐》,除北师大版数量稍多外,其他五套教材都在40个左右。有的则相差较大,如《天净沙·秋思》,语文版无注释,其他几套则从1到5个不等。

2.《天净沙·秋思》《爱莲说》《生于忧患,死于安乐》《记承天寺夜游》《与朱元思书》的注释项数量,大陆三套教材的总数分别为5、60、126、41、

---

① 不管1课中包含几篇文言文,都只按1课计算。
② 1课中有时不止1篇文言文,在计算篇目数时,分别单独计算。如1课中有3篇文言文,就按3个篇目计算。

113,台湾地区三套教材的总数分别为 14、84、114、36、84。有 3 个篇目大陆教材的注释总数多于台湾地区教材,2 个篇目少于台湾地区教材。

3. 从词、短语、句子三级单位来看,六套教材相同的是,词级注释都是最多的。大部分教材句子注释数量位居第二,随后是短语注释,个别教材短语注释多于句子注释。

以上表明,即使是相同的选篇,各套教材的注释量也不一样,甚至存在不小的差异。这说明在注释量的选取上,大陆和台湾地区教材并无共同标准,选取多少注释项,各套教材的处理都存在或多或少的差别。注释量选取哪些项目作为注释内容的外部表征,是衡量注释合理性的重要参照依据。大陆和台湾地区的差异,在一定程度上说明教材在注释量的把握、注释项的取舍上较为混乱,应仔细斟酌,以趋科学。

二、大陆和台湾地区文言文注释内容对比

注释具有解释、对比、阐明原因、提供文化背景信息等功能,这就决定了注释内容是丰富的,既有语义、语音、语法、修辞等语言文字层面的注释,也有文化常识、背景原因等语言文字外因素的注解,两方面共同发挥作用以实现注释的功能。

(一)大陆和台湾地区教材文言文注释内容

1. 语义。语义注释的内容最为丰富,主要包括实词、虚词、古今词义的异同、词义辨析、本义和引申义、比喻义、古文字现象、偏义复词、同义复词、短语义、句义、语境义、言外义等。

2. 语音。大陆教材是在注释项后直接标注读音,如〔岸芷(zhǐ)汀兰〕;台湾地区教材则是在注释内容中标注读音,如:"朝于齐"释为"到齐国来晋见齐王。朝,音ㄔㄠˊ,朝拜"。为了统计标准的一致,不管哪种方式都算作语音注释。

3. 语法。主要包括词类活用、特殊句式、虚词的注释,大陆和台湾地区教材内容较为复杂。词类活用的注释,或者用"这里作 X 词(用)""X 用作(用为)Y""此当 X(用)"等术语直接指明活用现象,如:人教版八下第 21 课"轩"释为"高。这里作动词用"。或者不直接指明,而在释义中间接体现,如语文版八下第 21 课"式车"释为"在车上俯身扶着车前的横木,表示尊敬"。我们仅将直接指明词类活用的列入语法注释范围。特殊句式的注释主要包括宾语前置、倒装句。大陆和台湾地区教材类似的是,倒装句有的会明确指出,如:翰林版八下第9课"草色入帘青"释为"是'青草色入帘'的倒装句,指青翠的草色映入门帘"。有的是用正常句序间接体现,如:康轩版八下第10课"苔痕上阶绿"释为"即'绿苔痕上阶',指绿色的苔藓长到台阶上"。两种方式殊途同归,都能起到解释或提示倒装现象的作用,全都列入语法注释范围。宾语前置一般都不直接指出,而是以摆出正常句序的方式间接体现。如:南一版八下第9课"何陋之有"释为"即'有何陋',有什么简陋的呢"。这种情况同样能起到提示宾语前置的作用,我们也将之列入语法注释中。虚词注释在大陆和台湾地区教材中占有一定比例,注释方式有二。一是以词性标示之,如:人教版七上第5课"不"释为"通'否',句末语气词,表询问"。这种情况数量较少。二是直接释义,占多数,如:南一版九上第5课"卒"释为"终于"。我们只将明确标注词性的列入语法注释范围。

4. 修辞。大陆和台湾地区教材涉及的辞格较少,主要包括借代、互文、双关,一般都能以辞格名称明确指出。

5. 文化常识。主要包括人名、地名、官名、典章制度、风土习俗、典故等。如:康轩版八上第4课"丧不临"释为"即'不临丧',不奔丧的意思。古代习俗,父母或尊长过世,从外地赶回来料理丧事或祭拜,称奔丧"。人教版八下第30课"闲来垂钓碧溪上"释为"这句是用吕尚(姜太公)的典故。相传吕尚80岁时在渭水的磻溪垂钓遇周文王,后辅佐周武王灭商"。大陆和台湾地区教材文化常识注释均能很好地贴合文章内容,对理解文意和丰富文化知识都起到帮助作用。

6. 释因。主要包括命名缘由的介绍和其他原因的分析。如:语文版七上第24课"火伴"注为"同一队伍的战友。古代军中规定若干士兵同一灶吃饭,所以称'火伴'。现在写作'伙伴'"。北师大版九下第7课"无情"注为"指忘却世俗之情的情谊。因为'月'和'影'都不通人事,所以与自己的交情不是世俗所理解的那种交情"。

7. 考释。文言文距今久远,语义存疑或有争议在所难免。有时,教材会对不同版本的注解作介绍,如:人教版八上第21课"落"注为"落花。一说,初开的花"。或者对存在争议的地方作解释,如:人教版八下第21课

"自富阳至桐庐"注为"此句中的富阳与桐庐都在富春江沿岸,富阳在富春江下游,桐庐在富春江中游。如按上文'从流飘荡',则应为'从桐庐至富阳'。原文可能是作者笔误"。

我们从以上角度对大陆和台湾地区教材文言文注释内容做了统计,数据如下。

表9-10　大陆和台湾地区初中语文教材文言文注释内容统计表

|      | 人教版 | 语文版 | 北师大版 | 翰林版 | 南一版 | 康轩版 |
| --- | --- | --- | --- | --- | --- | --- |
| 语义 | 1531/80.537% | 1864/80.518% | 930/78.814% | 787/72.736% | 761/74.975% | 746/71.524% |
| 语音 | 226/11.888% | 290/12.527% | 145/12.288% | 215/19.871% | 199/19.606% | 215/20.614% |
| 语法 | 16/0.842% | 6/0.259% | 24/2.034% | 17/1.571% | 26/2.562% | 27/2.589% |
| 修辞 | 2/0.105% | 7/0.302% | 3/0.254% | 1/0.092% | 0/0 | 0/0 |
| 文化常识 | 110/5.786% | 123/5.313% | 61/5.169% | 54/4.991% | 22/2.167% | 50/4.794% |
| 释因 | 11/0.579% | 22/0.950% | 13/1.102% | 8/0.739% | 7/0.690% | 5/0.479% |
| 考释 | 5/0.263% | 3/0.130% | 4/0.339% | 0/0 | 0/0 | 0/0 |
| 共计 | 1901 | 2315 | 1180 | 1082 | 1015 | 1043 |

这里所说的注释,既有语义注解,又有注音或语法等,我们将它们按内容分别计算。如人教版九上第21课"罾(zēng)"注为"鱼网,这里作动词,就是用网捕",其中包括了语音、语义、语法3项注释内容。表格中的占比是指各类注释占总注释量的比例。

表9-10显示:

1. 大陆和台湾地区教材相同的是,数量最多的为语义注释,占比均在70%以上,人教版高达五分之四。其次为语音,占比均在10%以上,康轩版占到五分之一。而其他几类注释数量均较少,其中,占比相对较高的文化常识注释,最高比例未超过6%。

2. 从各类注释内容的占比上看,大陆教材在语义、修辞、文化常识、释因、考释类注释上普遍高于台湾地区教材。其中,语义、文化常识、释因类注释占比差异较小,修辞、考释类注释占比差异较大。台湾地区教材在语音、语法注释上的占比明显高于大陆教材。语音注释占比最高的康轩版约高出占比最低的人教版1倍,语法注释占比最高的康轩版是占比最低的语文版的近10倍。这在某种程度上体现了台湾地区教材对语音和语法的重视。

3. 相较之下,大陆教材的注释内容更为全面,7 类注释全面覆盖。台湾地区教材均缺少考释类注释,修辞注释也只翰林版有 1 个。

4. 台湾地区三套教材间各类注释内容的数量较为接近,而大陆三套教材间在某些注释内容上数量差距较大。如语法注释,占比最高的北师大版是占比最低的语文版的近 8 倍。

教材中语义注释最多,正符合注释排除语义障碍的功能。而要正确理解文意,提高文言文阅读理解以及审美鉴赏能力,语音、语法、修辞类注释也是必不可少的。有时还需要对相应的文化常识作介绍,才能疏通文义,同时也可丰富古代文化知识。有些注释项单纯依靠语义的解释无法很好地起到疏通作用,这就需要对事物的命名原因或前因后果等进行必要的说明,因此释因类注释也就有了存在的必要。除此之外,语义考释在大陆教材中偶有出现,它主要对语义解释提供多项参考,或对原文提出疑问,这对培养学生的探究意识、思辨能力都具有一定的帮助。

由以上数据和分析可见,大陆和台湾地区教材文言文注释内容较为丰富,既包括了语言文字层面的注释,也包括语言文字外因素的注解。大陆和台湾地区教材在注释内容的选取、各注释内容的数量上都存在或多或少的差异。相较之下,大陆教材注释内容相对全面些,对于排除文言文理解障碍,培养学生多方面素养具有积极作用。台湾地区教材注释内容有待完善。

(二)大陆和台湾地区共选篇目注释内容对比

由于大陆和台湾地区教材在选篇上存在差异,因此很难对具体注释项下的注释内容作对比。但我们可以对大陆和台湾地区的 5 个共选篇目中的共有注释项及其注释内容作比较,以此作为观察大陆和台湾地区教材注释内容异同的一个角度。

表 9-11  大陆和台湾地区初中语文教材共选篇目中共有注释项及其注释内容统计表

| 共选篇目六套教材对比项 | 《天净沙·秋思》 | 《爱莲说》 | 《生于忧患,死于安乐》 | 《记承天寺夜游》 | 《与朱元思书》 |
| --- | --- | --- | --- | --- | --- |
| 平均注释量 | 3.2 | 24 | 40 | 13 | 32 |
| 共有注释项数量/占比[①] | 0 | 8/33% | 19/47.5% | 0 | 8/25% |

---

① 指六套教材共有注释项占六套教材平均注释量的百分比。

续表

| 共选篇目六套教材对比项 | 《天净沙·秋思》 | 《爱莲说》 | 《生于忧患,死于安乐》 | 《记承天寺夜游》 | 《与朱元思书》 |
|---|---|---|---|---|---|
| 共有的注释项 | 无 | 蕃、李唐、不蔓不枝、亭亭净植、亭亭、植、亵玩、亵 | 舜发于畎亩之中、发、畎亩、傅说举于版筑之间、版筑、胶鬲举于鱼盐之中、管夷吾举于士、士、孙叔敖举于海、百里奚举于市、行拂乱其所为、拂、曾、衡于虑、衡、作、入、拂、出 | 无 | 缥、轩、邈、泠泠、嘤嘤、鸢飞戾天、戾、经纶 |
| 共有注释项注释内容不同者数量/占比① | 0 | 4/50% | 10/52.6% | 0 | 6/75% |

由表9-11可有以下几点发现:

1. 大陆和台湾地区共选篇目的共有注释项数量,占比最大的一篇为《生于忧患,死于安乐》,也仅占该篇平均注释量的不到一半。有两篇共选篇目无共有注释项。

2. 六套教材共有的注释项内容,词、短语、句子层面都有涉及,以词和句子为主。

3. 即使是六套教材共有的注释项,具体的注释内容也是有同有异的。存在共有注释项的3个篇目,共有注释项的注释内容不同者占比均过半,其中占比最高的达到了四分之三。差异不仅存在于大陆和台湾地区教材之间,也存在于大陆和台湾地区各三套教材内部。如《爱莲说》中的"李唐",大陆教材都是先直译为"唐朝",再解释"李唐"的命名原因;台湾地区教材则是直接解释"李唐"的命名原因。再如《生于忧患,死于安乐》中的"士",台湾地区翰林版、南一版是先直译,再随文释义,康轩版则是直接随文释义。

但相对来说,大陆和台湾地区各三套教材内部的共性更多一些。如《爱莲说》中的"蕃",大陆三套教材均注为"多",台湾地区三套教材均既有注音,又指出了通"繁",同时又有释义"众多"。相比之下,台湾地区三套教材之间注释内容的共性要大于大陆三套教材。如《与朱元思书》中的"邈",台湾地区三套教材都既有注音又有释义,大陆三套教材之间则各不

---

① 指六套教材共有注释项中注释内容不同者占六套教材共有注释项的百分比。

相同,人教版注为"远。这里作动词用",语文版注为"远",北师大版既有注音 miǎo,又有释义"远。这里作动词用"。

由上可见,大陆和台湾地区教材无论在注释项的选取,还是具体的注释内容,甚至相同注释项的注释内容上,都存在着不小的差异,这说明教材的编写存在着较大的随意性,在注什么、不注什么上,还有较大的探讨空间。

### 三、大陆和台湾地区文言文注释方式对比

至于注释的方式,我们无法要求所有教材遵循同样的模式,但注释方式的选取会对注释效果产生影响,同样是衡量教材编写科学与否的重要依据。我们主要探讨以下两个方面。

(一)注释单位的编排方式

大陆和台湾地区教材注释单位的编排方式较为相似,主要有从句/短语到词、有词无句/短语、有句/短语无词三类。

1. 从句/短语到词。如果句子/短语以及其中的词语均较难理解,则需要对两者都加注释。教材往往先注句/短语,再注词,这是符合从整体到局部的认知规律的,先对句子/短语有整体含义的把握,再在具体语境中理解词义,词义把握也会更精准。这类注释方式在大陆和台湾地区教材中均使用较多。如:人教版八上第 25 课"齐鲁青未了",先译全句"意思是泰山的青色在齐鲁广大区域内都能望见",再分别注解句中的"齐""鲁""青""未了"。

2. 有词无句/短语。如果句子/短语不难理解,且也无语境义或言外义等的延伸,则只需注释词语即可,使学习者自行参照词语连缀成句,利于培养古文翻译能力。这类方式在大陆和台湾地区教材中出现也不少,但没有第一类方式使用频繁。如:南一版九上第 5 课"狙公卒馁而死"一句,只注了"卒""馁"二词,未注句子。

3. 有句/短语无词。这种方式主要用于句义较难理解,而其中的词语不难理解的情况,大陆和台湾地区教材较少出现。如:北师大版八上第 5 课"日光下澈,影布石上",康轩版九下第 4 课"何以天下家国为",教材都只对句义做了解释。

选择哪种注释方式,取决于实际的需要。三种方式各有所长,大陆和台湾地区教材的编排较为相似,普遍能根据实际情况灵活加以运用。

(二)直译和意译

翻译主要有二法,一是直译,二是意译。直译强调在原文的内容和形式上都有所保持。意译则强调只保持原文的内容,但不局限于原文的形式。两种翻译方法各有所长,既互为关联,又相互补充,共同实现翻译的最佳效果。

1.直译。大陆和台湾地区教材的文言文注释绝大多数属于直译。如:人教版九下第21课"狱"释为"案件",南一版九上第9课"经济自期"译为"以经世济民来期许自己",这是合理的。第一,准确是注释的第一要务,要保证准确,古今语言的相契相合是首先需要做到的(许嘉璐,1984)[①],而直译是保证准确性的最佳方式。第二,常用词的积累是文言文学习的重要内容,而常用词主要学习的是静态义,即词典义。由于大陆和台湾地区现行语文课程标准/纲要未对文言常用词做明确说明,教材也均未对文言常用词有课前提示或课后总结,因此,我们只有通过课文注释来间接发掘常用词,因为它们往往是造成语言文字障碍的知识点,也就很可能成为注释和学习的内容。这就决定了,对文言文的注解应以直译为主,方能对积累文言常用词起到更好的作用。

2.意译。意译在大陆和台湾地区教材中数量不多,人教版147个、语文版189个、北师大版71个、翰林版66个、南一版55个、康轩版56个,分别占总注释数的7.94%、8.34%、6.28%、6.28%、5.61%、5.56%,大陆教材略高于台湾地区教材,但总体差距不大。

意译又可分三类。一类是语境义,属随文释义,指在词典义的基础上,挖掘特定语境下的具体所指;一类是言外义,即作者于字面未言传,但读者可意会的意义;一类是在字面语义的基础上,对作者意图的挖掘。

(1)语境义。语境义是在上下文语境中所赋予的特定含义,往往有着表意范围缩小、所指具体化的特点。大陆和台湾地区教材有的是先释词典义,后释语境义,如:语文版七上第21课"殆"释为"危险。这里是'学业上陷入困境'的意思"。康轩版七下第6课"圃"释为"场所,这里指射箭的场地"。有的是直接释语境义,如人教版八下第24课"舍"释为"这里指学舍,书馆"。南一版九下第4课"天涯"释为"这里指异乡"。大陆和台湾地区

---

[①] 许嘉璐:《中学课本文言文注释商榷(续)——兼论注释学的研究》,《北京师范大学学报》1984年第3期。

教材在释语境义时常使用一些特殊术语,如"(这里)指/意思是/表示/特指/比喻/引申为""意指""此处意为""这里有……的意思"等,以与直译相区别。

(2)言外义。有些含义仅靠字面无法达意,这就需要对言外之意进行挖掘。这种情况多见于句子的注解中,短语和词中偶有涉及。大陆和台湾地区教材相类似,往往先对字面语义作解释,然后使用"(这里)指/表示/形容/比喻/喻指""意思是""表明""言外之意是"等术语点明言外之意。如:语文版八下第24课"水尽鹅飞罢"释为"水干了,鹅也飞光了。比喻民穷财尽,家破人亡"。康轩版八上第11课"吾一瓶一钵足矣"释为"我只要一个瓶、一个钵就够了。意思是沿途化缘,步行前往"。

(3)作者意图的挖掘。还有一些意译,既非释语境义,也非释言外义,而是揭示了作者的写作意图,从而利于文意的理解。如:语文版八上第30课"化作春泥更护花"译为"落花虽已凋败,却要化作春泥培育百花成长。这里作者以落花比喻自己",注释指出了作者以落花喻己的写作意图。

大陆和台湾地区教材意译方式使用得不多,这与其功能有关。当直译不能或不便于实现释义功能时,意译的作用便能够彰显出来。因此,意译是对直译的有益补充,当直译可以满足释义需求时,便可不用意译。在意译的使用上,大陆和台湾地区教材也较为相似,处理得较为合理。

### 四、不足与改进

注释的数量、内容、方式都会影响其科学性,几者相互配合,共同实现注释的功能。教材注释在前后内容之间应形成相互的照应,才能实现其系统性。注释在体例和术语上应符合规范,达成统一,才能助益于注释效果的实现。大陆和台湾地区教材文言文注释在科学性、系统性、规范性上均存在一定的不足,有待改进。

(一)注释的科学性有待加强

注释数量的把握、内容的选取、方式的呈现,都应满足注释的需求,遵循一定的规律,不可随意为之,否则注释就无法发挥应有的功用。

哪些内容该列入注释范围,哪些可不列,注释项是否存在重复,这些都是决定注释量的主要因素。哪些项目当注,哪些项目不当注;什么时候只注语义,什么时候兼顾语法、修辞等;什么时候只注本义,什么时候指出引申义;什么时候挖掘古今词义的异同,注意词义之间的辨析;什么时候只注语言文字障碍,什么时候融入历史文化常识;什么时候只注语言本身,什么时候兼顾原因阐释;什么时候只列一种注释,什么时候兼列不同注解。这些注释内容的选取都应尊重文言文事实本身,既能真正起到使学习者通过注释排除障碍的作用,又不蔓生枝节。在注释方式上,什么时候注全句或短语,什么时候只注词语;什么时候直译,什么时候意译。这些方式所产生的效果也都是不同的。

注释该如何把握才能既有利于文言文的理解,又符合认知规律,利于文言能力的提高,同时有利于学习者自学能力和思辨能力的提升,是值得教材去关注和探索的。注释的数量、内容、方式之间形成一个相互关联、相互配合的有机体,共同完成注释的功能。大陆和台湾地区教材在注释数量上的参差不齐,内容选取上的随意,都降低了教材的科学性,教材编写者应仔细考量,寻求最佳注释效果。

(二)注释的系统性有待完善

教材注释是一个系统。注释在年级与年级、册与册、课与课之间应形成相互的关照,课文注释与课后练习之间也应有所照应,才能避免注释的重复与缺失,形成教材编写的系统性,利于文言能力的培养。

1. 存在注释重复项

"一个词出现在不同的课文里,前面课文里已经注过,如果在后面的课文里再注,显然就是不必要的。"[1]我们以年级、册、课的先后顺序为参照点,对大陆和台湾地区六套教材进行了注释重复项的考察,旨在了解教材注释编排的系统性。有两点需要说明。第一,多义词的不同义项,按不同的注释项来计算。如"市"有"买""市场"二义,我们按照不同的注释项来计算。第二,如果一个注释项出现不止一次,但后出现的注释项在注释内容上发生了变化,则不算入注释重复项的范围。如:人教版七上第5课中出现了"顾",释为"回头看",在七下第30课中又出现了"顾",释为"回头看,这里指往旁边看",由于增加了语境义,因此不列入注释重复项范围。

---

[1] 顾之川:《试论中学语文教材注释的原则》,《课程·教材·教法》1996年第3期。

表 9-12 大陆和台湾地区初中语文教材文言文注释重复项统计

|  | 人教版 | 语文版 | 北师大版 | 翰林版 | 南一版 | 康轩版 |
|---|---|---|---|---|---|---|
| 注释重复项 | 26 | 24 | 15 | 8 | 6 | 4 |
| 总注释数/占比① | 1852/1.40% | 2267/1.06% | 1131/1.33% | 1051/0.76% | 980/0.61% | 1007/0.40% |

由表 9-12 有以下两点发现。

(1) 总体来看,大陆和台湾地区教材中注释重复项数量极少,占比最高的一版也只占 1.40%,这说明大陆和台湾地区教材注释非重复项是占绝对数量的,这也就意味着,从注释重复项的角度来看,大陆和台湾地区教材注释项选取恰当者占了绝大多数。如:人教版"去",在七上第 5 课中已单独注过"离开"义,在八上第 25 课"有孙母未去"及八下第 27 课"去国怀乡,忧谗畏讥"中,就不再单独注释表"离开"义的"去"。

(2) 大陆教材注释重复项数量普遍多于台湾地区教材,大陆教材占比均多于 1%,台湾地区教材均少于 1%,占比最高的人教版是占比最低的康轩版的 3.5 倍。因此,就注释重复项的角度来看,大陆教材在注释项的选取上,还需进一步加强。

大陆和台湾地区教材中注释的重复主要存在四种情况。①不同年级的重复注释。如:人教版"箪",在七上第 10 课及九下第 19 课中均注了"古代盛饭用的圆形竹器"义。②相同年级不同册的重复注释。如:翰林版八上第 11 课、八下第 2 课均注了"走"的"跑"义。③相同册不同课的重复注释。如:北师大版九下第 1 课、九下第 3 课均注了"绾"的"结"义,并都给出了注音。④同一课内的重复注释。如北师大版七下第 12 课对"举"的"举荐"义注释了两次。

以上说明,大陆和台湾地区教材均存在注释重复项,尽管数量不多,但重复项的存在会降低教材的系统性,不利于文言文阅读能力的提高和自学能力的培养。教材在编写时,应仔细鉴别,避免不必要的重复。

2. 课文注释与课后语义解释类练习的匹配度有待提高

排除语言文字障碍是文言文学习的重要内容,这些障碍,包括常用词

---

① 指注释项选取不恰当者在总注释项中的比例。

等重要的学习内容,往往体现在注释中。而课后练习可对学习内容起到巩固和积累作用。因此,我们专门考察了大陆和台湾地区教材课后语义解释类练习中出现的词语和句子在课文注释中是否有呼应,以此作为考察教材系统性的一个角度。

词语注解类题目主要分两种情况①。一种是要求解释的词语在注释中未出现,如:人教版九上第 25 课,练习中"省""恶"在注释中未给出注解。这种情况人教版有 34 个、语文版 37 个、北师大版 28 个、翰林版 10 个、南一版 4 个、康轩版 14 个。一种是要求解释的词语在注释中虽未单独出现,但在所在句子或短语的翻译中出现了,如:翰林版九上第 5 课,练习中"息"在注释中未单独注解,但在所在短语"息心"的翻译"停止追求名利的欲望"中间接出现了。这种情况人教版有 16 个、语文版 7 个、北师大版 15 个、翰林版 4 个、南一版 1 个、康轩版 0 个。作为文言文理解的障碍和学习的内容,本该列入注释范围的却没有列入,这是注释的缺失,也是教材系统性不足的体现。但第二种情况稍好于第一种,尽管没有单独注解,但也间接出现了注释中。当然,单独注释的效果显然会更好。两种情况大陆教材的数量都明显多于台湾地区教材。

句子翻译类题目也可分两种情况。一种是注释中没有对整句的翻译,也无对句中词语的解释,如:人教版七下第 10 课,练习中出现了"将军百战死,壮士十年归""开我东阁门,坐我西阁床",但课文注释对整句和句中词语均未解释。这种情况较少出现,人教版 3 个、语文版 2 个、北师大版 0 个,台湾地区三套教材均未出现。一种是注释中虽没有对整句的翻译,但有对句中词语的解释,如:语文版七下第 25 课,练习中"念天地之悠悠,独怆然而涕下"一句,没有翻译整句,但对其中的词语"悠悠""怆然""涕"做了注解。这种情况数量比第一种情况稍多,人教版 11 个、语文版 20 个、北师大版 0 个,台湾地区三套教材也均未出现。同理,第二种情况稍好于第一种。以上两种情况大陆教材数量也都明显多于台湾地区教材。

以上情形中大陆教材数量多于台湾地区教材,一方面与大陆教材词语

---

① 台湾地区教材练习中,基本未出现专门的词语解释类题目,但有词语辨析、词义辨识、古今用语辨识等题目,这些题目中会涉及出自该课的词语,我们将这些情况也包含在统计范围中。

注解、句子翻译类题目较多,而台湾教材较少有关,另一方面也反映了教材中真实存在的问题。"学习文言文,在语音、词汇、语法三者中,词汇是重点;在词汇中,常用词是重点。"[1]常用词往往作为学习内容呈现在注释里,课后练习既然是对学习内容的巩固和积累,就理应与学习内容相契合。练习中要求注解的词句,应当在注释中有所体现。反过来,注释中出现的常用词语和重点词句,也应在练习中有所反映。从这一要求来看,大陆和台湾地区教材都还存在待改进的空间,大陆教材尤其如此。

(三)注释的规范性有待提高

注释的规范影响着注释的效果。注释体例是否统一,术语是否一致,是注释规范性的重要表现。大陆和台湾地区教材在注释体例和术语上都存在一定的问题。

1. 注释体例不统一

对待同一类的注释内容,尤其是当难易程度相当时,需要同等对待,不能有的注解,有的却遗漏。

(1)虚词的注解不统一。如:北师大版七上第12课"且"释为"连词",康轩版八上第9课"之"释为"句中助词",两者都是只指出了词性,却未注解词义。词性注解的范围过大,表意不够明确,如上例中的"之",作句中助词时,具有多种功能,在具体语境下发挥了哪种功能,教材却未指明。而词义的注解是具体的,可直接与文意的理解挂钩。大陆和台湾地区教材的大多数注解都能从词义本身出发,如:人教版七上第5课"哉"释为"语气词,表示感叹";翰林版七下第5课"焉"释为"句末助词,表示结束语气"。但也存在只注词性不注词义的情况,大陆教材数量多于台湾教材。教材应统一体例,不能有的以词义释之,有的却代以词性。应将语义具体化,即使是虚词,也应将其语法意义、特殊的功能意义、用法等注解出来。

(2)古文字的注解不统一。大陆和台湾地区教材对古文字的注解绝大多数都是先指明文字现象,进而释义。如:北师大版八下第8课"阙"释为"通'缺',缺口"。但也存在个别只指明文字现象,却无释义的情况。如:北师大版八上第7课"韧"释为"通'仞'";翰林版七下第2课"卷"释为"通

---

[1] 顾振彪:《文言文教学的问题与对策》,《课程·教材·教法》2016年第5期。

'捲'"。并非所有古文字现象都必须同时释义,当词义不难理解时可以不注,但当词义需要注解时不注,则无疑是一种缺失。如上两例中的"仞""捲",词义并不易理解,教材当注之。

(3)词类活用的注解不统一。大陆和台湾地区教材对词类活用的处理较为相似,大部分情况均明确指出了活用现象,但也存在个别未指明的情况。如:翰林版三上第5课"邈"释为"远",而在"互相轩邈"一句中,"邈"应是形容词活用作动词。词类活用的注释应当具有统一的体例,否则在注释内容难易对等的情况下,有的地方注,有的地方却不注,有的在先学的地方不注,却在后学的地方做了注解。这是教材注释缺乏统一体例,规范性不足的体现,大陆和台湾地区教材都有待改进。

2. 注释术语混乱

"术语的恰当运用对于提高注释的科学性无疑是有很大帮助的。"[①]尽管语文教材的注释不等同于训诂研究,但术语使用的规范能够助益于文言现象的理解,因此也是教材应当关注的。

(1)意译术语的混乱

意译不是对字面义一对一的注解,因此,在使用意译时,需要用特殊术语指明,以免将意译误解成直译。大陆和台湾地区教材大多情况下的处理是恰当的。或是先注词典义,再用"这里指"等术语点明语境义;或是用"这里指"等术语直接点明语境义。但大陆和台湾地区教材均存在未指明意译的情况,如此处理容易误将语境义理解成词典义,不利于常用词的理解和积累。如:语文版八上第27课"加"释为"虚夸,谎报","加"本无"虚夸,谎报"义,这是"牺牲玉帛,弗敢加也,必以信"一句赋予它的语境义。再如:康轩版七上第11课"强"释为"僵硬","强"本无"僵硬"义,是"昂首观之,项为之强"这一语境赋予它的临时含义。此外,大陆和台湾地区教材在释言外义时,有时也未使用特殊术语,容易误解成直译。如:翰林版九上第3课"万兜鍪"释为"统帅众多的军队",教材在注言外义时未使用特殊术语加以说明。

(2)古文字注释术语的混乱

大陆和台湾地区教材中的古文字现象主要有通假字、古今字、异体字。

---

[①] 许嘉璐:《中学课本文言文注释商榷(续)——兼论注释学的研究》,《北京师范大学学报》1984年第3期。

三者概念不同,文字学上使用了不同的注释术语。通假字是本有其字的文字现象,术语"通"将其临时替代的本质体现了出来;古今字是历时同词异字现象,术语"后来写作"揭示了其古今分化的纵向特征;异体字是音义皆同而字形不同的一组字,术语"同"揭示了其音义皆同的要求。

既然三者概念不同,那么注释时理应在术语上加以区别,以便更好地理解古文字现象。但大陆和台湾地区教材术语使用较为混乱。如:人教版八下第21课、北师大版七下第11课都注"反"为"通'返'",但"反"和"返"实为古今字关系,术语"通"应改为"后来写作"。并且,教材之间术语使用差异较大。如同样是古今字"内""纳",翰林版用了"同",南一版、康轩版则用了"通"。再如:古今字"属""嘱",语文版使用了"现在写作",而人教版、北师大版、翰林版、南一版、康轩版则使用了"通"。

早有学者关注到语文教材中注释术语统一的问题(如许嘉璐,1984[①]),也有学者倡导对语文教材文字注释术语进行"正名"(如胡觉先,2003[②];胡广文,2003[③])。我们持有相同的主张,术语的正确使用是科学呈现知识的必要手段,也是教材规范性的体现。

注释的科学性、系统性、规范性从内部和外部共同影响着注释效果的实现。大陆和台湾地区教材在三者上均存在一定的不足,有待进一步完善。

注释对于文言文的教与学都起到重要作用,既要有利于排除语言文字障碍,提高文言能力,又要有助于增长文化常识,培养思辨能力,以提高语文素养。注释数量的恰当把握、内容的合理选取、方式的有效呈现是注释科学性的体现,几者综合作用,直接影响注释效果的实现。注释还应能体现文言知识的系统性,在注释内容和方式的前后照应上有所考究,以便符合认知规律,利于文言能力和自学能力的提升。此外,注释需遵循体例的统一、术语的一致,以提高规范性,助益于注释效果的实现。大陆和台湾地区初中语文教材文言文注释在数量、内容、方式上有同有异,各有优势,可互为借鉴,也都在科学性、系统性、规范性上存在一定的不足,有待改进。

---

[①] 许嘉璐:《中学课本文言文注释商榷(续)——兼论注释学的研究》,《北京师范大学学报》1984年第3期。
[②] 胡觉先:《语文教材中古文注释的几个问题》,《湖北师范学院学报(哲学社会科学版)》2003年第1期。
[③] 胡广文:《高中语文课本文言文注释的几个问题》,《邯郸师专学报》2003年第2期。

# 第十章
## 课文练习的语言研究

### 第一节
### 中小学语文教材课后练习的四维分析

课文是语文课实现课程目的的基础材料,"练习"是对教学内容的检查与落实。对"练习"的分析可以更好地观察语文教材的编纂理念和原则,观察对课程标准的落实程度,观察教材编排的科学性、完整性、实用性。因此,对"练习"的研究也就成为教材语言研究的一个重要内容。各套教材对课文内容的编排方式灵活多样,除传统的课文后的练习,若干篇课文组成的单元后也有练习,单元练习也纳入考察范围。

我们分析的是人民教育出版社、江苏教育出版社、北京师范大学出版社、语文出版社出版的四套新课标中小学语文教材,每套18册,涵盖小学六个年级和初中三个年级,共72册。教材的详细信息可参见第四章第三节。四套教材共有课文2009篇,练习题10136道。本节将对练习题进行分析,以探讨基础教育阶段语文教材练习的表现形式与功能实现,从而更好地了解当前语文教材的编纂理念与教学目标的实现。

一、四维分析模板

语文教材的练习有着非常繁杂的形式和内容。为了更好地考察语文课的练习题,本节建构了一个四维分析模板,以求对练习形式、练习内容、练习目的做出科学、全面的评测。语文教学界对语文教材练习做过不少探讨,也提出过编拟新练习的设想①。建构四维练习分析模板主要在于为练习提供一个分析方法和模块,对练习本身不做任何建构,且不限于练习的某一部分,而是力求对练习的各个方面做出考察。这是我们研究的另一目的。

每一道练习题都有练习形式、练习内容、练习目的。它形成了一个完整的由语文知识向语言能力、人文素质转化的全过程。四维代表了对练习进行分析的四个角度,也反映了练习分析的四个层次。下面作一简要说明。

第一维:练习形式。练习形式是一个练习题的表现形式。所有的练习题都必然会有练习形式。通过对所有练习题的表现形式进行分析,可概括出以下 12 种形式:A 诵读类、B 抄写类、C 连线类、D 填充类、E 比较辨析类、F 口头表达类、G 问答类、H 写作训练类、I 动手实践类、J 理解体会类、K 积累类、L 翻译释义类。

每道练习题都会在以上 12 种形式中至少获得一种,A—I 类形式特征明显,J—L 类形式特征较弱。

第二维:语文知识。语文知识是练习的一个重要内容,也是语文课教学的一个重要内容。可分为字、词、句、修辞、篇章、综合知识 6 类。每类下面又可再作细分,共 40 个小类。

A. 字:a 字母表、b 声母、c 韵母、d 整体拼音、e 字音、f 声调、g 笔顺、h 偏旁部首、i 整字、j 字义、k 标点符号。

B. 词:a 词语、b 词义、c 组词、d 词语运用、e 词义关系。

C. 句:a 标点符号、b 句子成分、c 句型句式、d 语气语调、e 语序、f 句法功能搭配。

D. 修辞:a 比喻、b 排比、c 比拟、d 夸张、e 对偶、f 通感、g 借代、h 设问反问。

E. 篇章:a 结构、b 写作方法、c 写作手法、d 说明方法、e 表达方式、f 语

---

① 张勇:《关于语文教材练习设计的类型归纳与思考》,《语文建设》2005 年第 6 期。

用规则、g 语体色彩。

F. 综合知识:a 查字典的方法、b 文学常识、c 语文常识。

A—C 类是基本的语言文字知识,内容相对稳定。D—F 类知识点多且分散。

第三维:语言技能。语言技能包括"听、说、读、写"四种,这是练习题包括的另一部分重要内容,同时要求学习者达到的学习目的之一。本分析模板在"听、说、读、写"下分出 18 个小类。

A. 听:a 听力识别、b 听力理解。

B. 说:a 仿说、b 复述、c 讲述、d 言语交际。

C. 读:a 认读、b 朗读、c 默读、d 浏览、e 背诵、f 内容理解、g 情感体验、h 思想启示。

D. 写:a 一般书写技巧、b 仿写、c 写话、d 习作。

语言技能是语文课程工具性的直接体现。练习中对这部分的要求是显性的,在各个学段所要达到的程度和要求在《语文课程标准》中均有明确的表述①。

第四维:综合素质。综合素质指的是体现人的学习能力、逻辑能力、感悟能力、实践能力等有关的智力方面的要求。这是语文教学"育人"的终极目的。具体包括:A 认识记忆能力、B 逻辑思维能力、C 审美感悟能力、D 实践创新能力、E 社会认知能力、F 组织表达能力。

重视综合素质的培养是新课标教材的特点。练习中的综合素质要求不像语文知识、语言技能那样有着清楚的标志。它们有时会被单独提出来,而更多是通过语文知识、语言技能来实现。

以上四维练习分析模板的内容可概括为表 10 – 1。

---

① 按语文课程大纲规定,一、二年级为第一学段,三、四年级为第二学段,五、六年级为第三学段,七、八、九年级为第四学段。

表 10－1　四维练习分析模板

| 维度 | 下属小类 | 名称 | 说明 | 表现形式 |
|---|---|---|---|---|
| 一 | 12 | 练习形式 | 是练习题的基本表现形式,要求学生具体实践的方式。 | 显性/硬性 |
| 二 | 6 | 语文知识 | 包括语文课教学的知识内容,下分"字、词、句、修辞、篇章、综合知识"六类。 | 显性/硬性 |
| 三 | 4 | 语言技能 | 包括语文课教学的技能内容,也是语文课提高学生运用语言文字能力的目的,下分"听、说、读、写"四方面。 | 显性/软性 |
| 四 | 6 | 综合素质 | 语文课教学提高学生人文素质、能力的最终目的。 | 隐性/软性 |

所有的练习题分析工作都在数据库中完成。每道练习题有唯一编号,列出所在教材、册数、课文的位置,并在四维分析模板中有逐项标注。如苏教版五年级上册第 8 课第 2 题的练习题:

用钢笔描红、临写:

| 矛 | 盾 | 楚 | 锐 | 逃 |
|---|---|---|---|---|
| 壁 | 逼 | 韵 | 惜 | 腾 |

根据四维分析模板分析结果如下:

"练习形式":B 抄写类;

"语文知识":A 字/g 笔顺;

"语言技能":D 写/a 一般书写技巧;

"综合素质":A 认识记忆能力。

又如北师大版第 3 课第 3 题的练习题:

试依照这首诗的"如果……如果……"或"谁不愿意……谁不愿意……"的句式写几句诗,表达一种企盼。

根据四维分析模板分析结果如下:

"练习形式":H 写作训练类;

"语文知识":E 篇章/b 写作方法;

"语言技能":D 写/b 仿写;

"综合素质":B 逻辑思维能力/C 审美感悟能力。

二、练习题数量的统计

四套教材所有练习题数量统计结果见表 10－2:

表 10-2　练习数量统计表

|  | 人教版 | 苏教版 | 北师大版 | 语文版 | 合计 |
|---|---|---|---|---|---|
| 课文数 | 521 | 440 | 512 | 539 | 2012 |
| 单元数 | 128 | 209 | 165 | 188 | 690 |
| 合计 | 649 | 649 | 677 | 727 | 2702 |
| 课文练习数 | 1583 | 1643 | 1271 | 2204 | 6701 |
| 单元练习数 | 751 | 881 | 1091 | 712 | 3435 |
| 合计 | 2334 | 2524 | 2362 | 2916 | 10136 |
| 无练习的课文数 | 97 | 14 | 72 | 0 | 183 |

人教版、苏教版、北师大版、语文版拥有的练习题数量分别为2334、2524、2362、2916，语文版稍多。单元练习数则以北师大版为多。课文练习偏重于单项练习，单元练习偏重于整体性的综合练习。

下面将分别就四维分析模板的四个不同维度进行分析。

### 三、第一维：“练习形式”分析

四套教材10136道练习题中，练习形式共使用了12种。有7862道练习题采用了一种形式，占总数的77.6%；采用了多种形式混用的有2274道，占总数的22.4%。下面是对采用了单一练习形式的统计。

表 10-3　单一练习形式使用数量统计表

| 分类代码 | 分类 | 数量（道） | 百分比（%） |
|---|---|---|---|
| G | 问答 | 1531 | 19.5 |
| A | 诵读 | 1407 | 17.9 |
| K | 积累 | 848 | 10.8 |
| J | 理解体会 | 814 | 10.4 |
| B | 抄写 | 717 | 9.1 |
| H | 写作训练 | 672 | 8.5 |
| F | 口头表达 | 659 | 8.4 |
| I | 动手实践 | 622 | 7.9 |
| D | 填充 | 267 | 3.4 |
| E | 比较辨析 | 210 | 2.7 |

续表

| 分类代码 | 分类 | 数量(道) | 百分比(%) |
|---|---|---|---|
| L | 翻译释义 | 83 | 1.1 |
| C | 连线 | 32 | 0.4 |
| 总数 |  | 7862 | 100 |

表 10-3 反映了 12 种单用练习形式在整个基础教育阶段出现的数量频率。"问答"是教学活动中最基本的互动形式,在所有练习形式中使用最多,占单用练习形式题总数的 1/5。"诵读"是传统语文学习的基本方法。数量居第二。居其三的是"积累",这是达到练习目的的最基本要求。语文课的传统学习方法在练习形式中得到了清楚的体现。

增加学段因素后的分析,就能够观察到各种练习形式在不同学段的使用情况,它能更清楚地显示出各种练习形式的特性与使用功能。具体数据详见图 10-1:

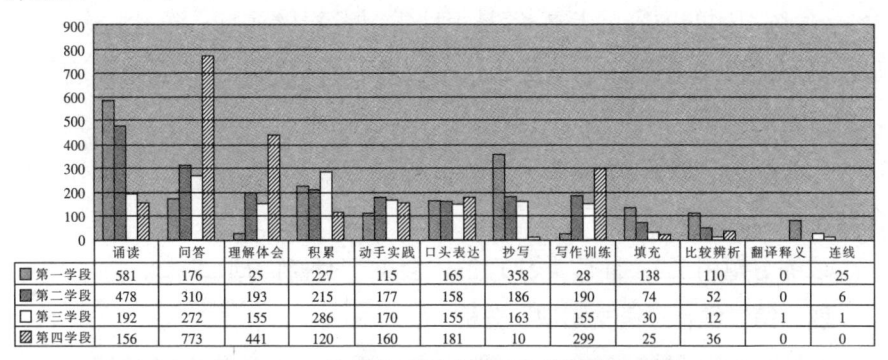

|  | 诵读 | 问答 | 理解体会 | 积累 | 动手实践 | 口头表达 | 抄写 | 写作训练 | 填充 | 比较辨析 | 翻译释义 | 连线 |
|---|---|---|---|---|---|---|---|---|---|---|---|---|
| 第一学段 | 581 | 176 | 25 | 227 | 115 | 165 | 358 | 28 | 138 | 110 | 0 | 25 |
| 第二学段 | 478 | 310 | 193 | 215 | 177 | 158 | 186 | 190 | 74 | 52 | 0 | 6 |
| 第三学段 | 192 | 272 | 155 | 286 | 170 | 155 | 163 | 155 | 30 | 12 | 1 | 1 |
| 第四学段 | 156 | 773 | 441 | 120 | 160 | 181 | 10 | 299 | 25 | 36 | 0 | 0 |

图 10-1　12 种练习形式在四个学段的分布图

图 10-1 显示,出现次数最多的"诵读"练习形式在四个学段中都有较高的分布,但表现出从第一学段到第四学段的稳步下降。呈下降趋势的还有"抄写""填充""连线"等。"问答"是所有练习形式中出现数位于第二位的,但表现出从第一学段到第四学段的连续上升,特别是第四学段突然增长。持续增长的还有"理解体会""写作训练"等。保持稳定的是"动手实践""口头表达"类。阶段性存在最明显的是"连线""翻译释义","连线"主要出现于小学低年级,"翻译释义"主要出现于第四学段。这说明诵读、抄写、连线、填充在低年级的字词句等基本语言单位的训练中有着不可替代的作用。随着年级的升高,思维、感悟和应用的要求随之加大,年级越

高,思维训练类型的题目占的分量越重。比较辨析、积累往往随着课文、知识点的设置而设置,这一类练习在学段梯度上表现还不太明显,因为在不同学段有着不同的教学内容,比较辨析、积累在相同的形式下所涉及的内容深浅并不相同。口头表达类从低学段到高学段都维持在一个大致相当的水准,表明教材在整个学习过程中对口头表达的训练都给予了相当的重视。

练习方式也有多项形式组合使用的,共有2274道,以A、B、J、F四种之间的相互组合为多,出现最多的五种形式是诵读+抄写、诵读+问答、诵读+理解体会、诵读+口头表达、问答+理解体会。这些练习形式的组合方式表明教材对新大纲要求的呼应,突出了感悟、积累和运用方面的训练。诵读形式的组合能力强,可以与其他任何类型组合,它强调了阅读、诵读在学习中的作用。多种练习方式的综合使用,人教版有65种,苏教版92种,语文版88种,北师大版73种,苏教版最多。一般说来,多种练习形式的组合,会使练习题的内容更丰富,容易带动学习者积极参与。练习形式单一,显示练习的程式化程度高,它突出了学习者的专项练习。下面请看练习形式组合型的例子:

人教版第7册第25课第1道练习题:"背诵《夸父逐日》,说说你对夸父这一神话人物的认识。"

该练习题用了"A诵读类、J理解体会类"两种练习形式。

### 四、第二维:"语文知识"分析

"语文知识"是练习的一个重要内容。语文知识下分出"字、词、句、修辞、篇章、综合知识"六大类,下面有39个小类。在所有的10136道练习题中,不涉及语文知识的有5638题,占总练习题的一半略多。这表明练习题的内容已经不再局限于纯知识性的内容,而是更多地关注着能力方面的训练。说明新课程标准以及新课程理念出台以来,淡化语文知识的趋势在这四套教材中均体现得相当明显。涉及语文知识的有4498题。其中只含一项语文知识的有3876题,含多项语文知识的有622题。下面是对单项语文知识练习题的数量统计。

表 10-4  单项语文知识练习题的数量情况

| 分类代码 | 分类 | 数量（道） | 百分比（%） |
|---|---|---|---|
| A | 字 | 848 | 21.9 |
| B | 词 | 1748 | 45.1 |
| C | 句 | 265 | 6.8 |
| D | 修辞 | 56 | 1.4 |
| E | 篇章 | 858 | 22.1 |
| F | 综合知识 | 101 | 2.6 |
| 合计 |  | 3876 | 100 |

表 10-4 显示，在涉及单项语文知识的 3876 道练习题中，以"词"的分量最重，其次是"篇章"与"字"，这表明了中小学语文课的学习重点。

下面再来考察单项语文知识练习题在不同学段的分布。

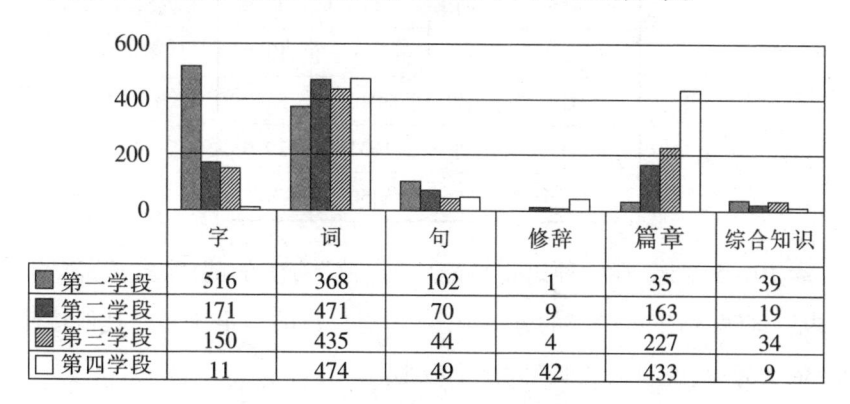

| | 字 | 词 | 句 | 修辞 | 篇章 | 综合知识 |
|---|---|---|---|---|---|---|
| 第一学段 | 516 | 368 | 102 | 1 | 35 | 39 |
| 第二学段 | 171 | 471 | 70 | 9 | 163 | 19 |
| 第三学段 | 150 | 435 | 44 | 4 | 227 | 34 |
| 第四学段 | 11 | 474 | 49 | 42 | 433 | 9 |

图 10-2  语文知识练习在不同学段的分布

图 10-2 清楚显示，词语练习在四个学段都得到了几乎相同的重视，且几乎均处于峰值的位置。而"字"与"篇章"则明显表现出不同的阶段性。"字"主要出现在第一学段，后面逐次降低，到第四学段只有极少的使用。"篇章"则从第二学段开始增多，到第四学段处于最高值。

语文知识的练习含多项语文知识的题共有 622 道。多项组合绝大多数都在同类中的小类之间进行，最多的是"字"。其次是在"词"与"句"之间。如语文版第 3 册第 16 课第 3 道练习题：

读一读，用带点的词语说句子

1）他发现有一位外地人，正对着一大张邮票发愁。

2)不久,亨利·阿切尔发明了邮票打孔机。

该练习题含有两项语文知识:"B 词/d 词语运用";"C 句/c 句型句式"。

### 五、第三维:"语言技能"分析

语言技能指的是"听、说、读、写"四类。下面还分了 18 个小类。"语言技能"既是练习的内容,也是练习要达到的具体目的。含有语言技能的练习题有 8045 道,占总数的 4/5,其中单项的 5450 道,多项组合的 2595 道。不含语言技能的练习题 2091 道,占总数的 1/5。下面是对单项语言技能练习题的统计。

表 10-5　练习题中的语言技能分布统计表

| 分类代码 | 分类 | 数量(道) | 百分比% |
|---|---|---|---|
| A | 听 | 11 | 0.2 |
| B | 说 | 760 | 13.9 |
| C | 读 | 3046 | 55.9 |
| D | 写 | 1633 | 30.0 |
| 合计 |  | 5450 | 100 |

表 10-5 显示,在 4 种语言技能中与"读"有关的朗读、默读、浏览、背诵、内容理解、情感体验等的分量最多,占到总数的一半还多。其他按使用频率依次为写、说、听。"听"的比重最小。

下面再考察在不同学段中语言技能练习的分布情况。

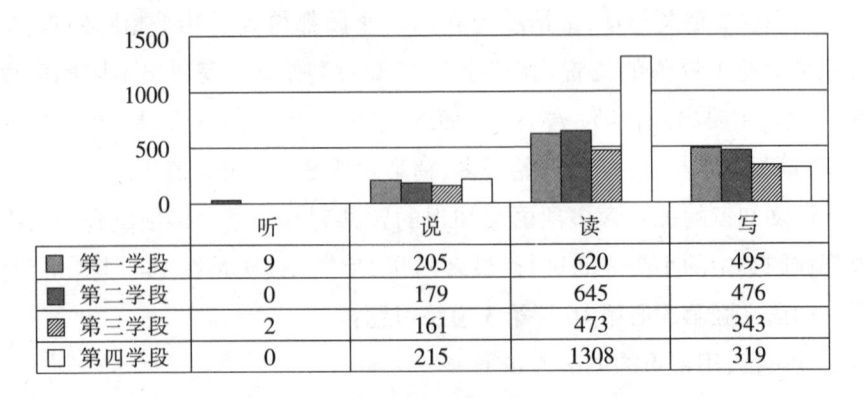

|  | 听 | 说 | 读 | 写 |
|---|---|---|---|---|
| 第一学段 | 9 | 205 | 620 | 495 |
| 第二学段 | 0 | 179 | 645 | 476 |
| 第三学段 | 2 | 161 | 473 | 343 |
| 第四学段 | 0 | 215 | 1308 | 319 |

图 10-3　练习中所要达到的语言技能目的在四个学段的分布

图 10-3 显示,"听"的练习数量最少,主要在第一学段中出现,以后处于一个似有实无的境地。这表明在母语教材中普遍不重视"听"的训练,与对外汉语教材形成一个很大的反差。

"说"在四个学段中相当均衡地分布,但如果进一步考察其具体内容和难度的要求,四个学段的"说"有着明显不同的要求。低学段的是仿说、复述,而在高学段则是重在讲述,重在言语交际。

"读"的数量最多,且在第四学段急剧增加,表示到了初中阶段"读"在教学中仍受到极大的重视。反映了目前语文课程改革的主导观念就是增加"阅读"的分量,提高了"感悟类"练习的比重。高学段的"读"已经不再是"认读""朗读",而是更重视对内容的理解、情感的体验与思想的启示。

"写"在四个学段均有要求,在不同学段有不同的要求。低学段主要是"文字的书写""仿写""写话",而到高学段则主要是作文的练习。

在语言技能中也有多项技能在一个练习题中同时出现的,这样的练习题共有 2595 道。语言技能的多项组合最多的是出现在"读"类中,主要是"朗诵"与"背诵"的组合,"内容理解"与"情感体验"的组合。跨类组合主要是"认读"与"一般书写技巧",这是对低学段学习的要求。多项技能组合中"读"的高频使用与单项技能使用中"读"的高频使用,可见"读"在四项语言技能的训练中占据着极为显著的位置。这其实也说明"读"并不像其他三种语言技能那样具有使用上相对独立的特性,而更像是一种伴随行为。在这个行为的同时还有着更为重要的练习内容。这就是人们通常说的"边读边想","读"的同时还要求"内容理解、情感体验、思想启示"。也可以说这里的"读"并不只是具体行为的"朗读"的读,而是所指更宽泛的"阅读理解"的读。如人教版第 15 册第 20 课第 1 题:

"朗读课文,画出你喜欢的语句,说说你喜欢的理由。"

该练习题含有两项语言技能练习:C 读/b 朗读;C 读/g 情感体验。

"听"其实也是较注意伴随性的练习,在"听"的同时,也往往会提出其他的要求。只是在使用频率上,"听"远远没有"读"那么多而已。

### 六、第四维:"综合素质"分析

"综合素质"包括"认识记忆、逻辑思维、审美感悟、实践创新、社会认知、组织表达"六种。它反映的是对学生能力培养的追求。所有的练习题应该都有这种目的的追求。在10136道练习题中，一道练习题只体现一种素质要求的有6839道，含有两种以上素质要求的有3297道。下面是对单一素质要求练习题的统计。

表10-6　练习题中综合素质的分布统计表

| 分类代码 | 分类 | 数量(道) | 百分比(%) |
|---|---|---|---|
| A | 认识记忆 | 4378 | 64.0 |
| B | 逻辑思维 | 1350 | 19.7 |
| C | 审美感悟 | 347 | 5.1 |
| D | 实践创新 | 325 | 4.8 |
| E | 社会认知 | 272 | 4.0 |
| F | 组织表达 | 167 | 2.4 |
| 合计 |  | 6839 | 100 |

表10-6显示，认识记忆类素质仍是现在的练习特别关注的地方，占总数的约3/5。逻辑思维类占约1/5，其他四种素质的训练在练习题中占的比重还很少。六种素质训练的数量大体上能体现出学习与教学的某种规律性。先有"认识记忆"，再有"逻辑思维"，这是学生心智成长过程中两种最重要的素质和能力，其他几种则属于在此基础之上发展而来的能力和素质。

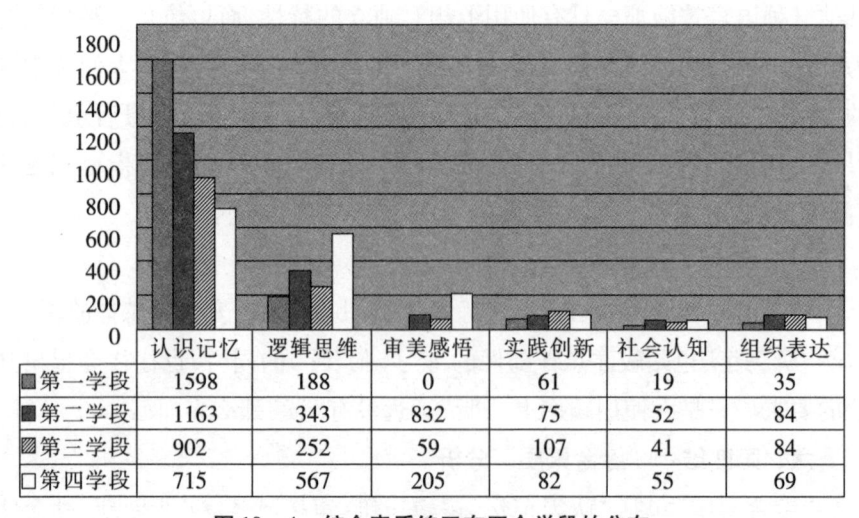

|  | 认识记忆 | 逻辑思维 | 审美感悟 | 实践创新 | 社会认知 | 组织表达 |
|---|---|---|---|---|---|---|
| 第一学段 | 1598 | 188 | 0 | 61 | 19 | 35 |
| 第二学段 | 1163 | 343 | 832 | 75 | 52 | 84 |
| 第三学段 | 902 | 252 | 59 | 107 | 41 | 84 |
| 第四学段 | 715 | 567 | 205 | 82 | 55 | 69 |

图10-4　综合素质练习在四个学段的分布

图10-4显示了六种素质在四个学段的分布情况。"认识记忆"虽然在这几种素质中高居首位,但仍体现出从低学段到高学段的逐步降低。而"逻辑思维"与"审美感悟"则逐步增多,特别是到了第四学段数量增加得比较明显。"实践创新""社会认知""组织表达"在四个学段均有比较均衡的要求。在数量大体均衡的情况下其练习内容仍有着质的区别。如:低年级的"实践创新"是通过做手工、描绘故事场景等来体现,而高年级则表现为举行辩论会、实地采访等;低年级的"社会认知"涉及生活基本常识,高年级则逐步进入经济、政治、文化等的社会阅历。

新课程标准对学生综合素质的培养给予了特别关注,其"基本理念"强调:"语文课程应培育学生热爱祖国语文的思想感情,指导学生正确地理解和运用祖国语文,丰富语言的积累,培养语感,发展思维,使他们具有适应实际需要的识字写字能力、阅读能力、写作能力、口语交际能力。语文课程还应重视提高学生的品德修养和审美情趣,使他们逐步形成良好的个性和健全的人格,促进德、智、体、美的和谐发展。""语文是实践性很强的课程,应着重培养学生的语文实践能力。""语文课程必须根据学生身心发展和语文学习的特点,关注学生的个体差异和不同的学习需求,爱护学生的好奇心、求知欲,充分激发学生的主动意识和进取精神,倡导自主、合作、探究的学习方式。教学内容的确定,教学方法的选择,评价方式的设计,都应有助于这种学习方式的形成。语文综合性学习有利于学生在感兴趣的自主活动中全面提高语文素养,是培养学生主动探究、团结合作、勇于创新精神的重要途径,应该积极提倡。"[①]看来今后在练习中,如何更好地贯彻这一理念,实施于实际的教学过程,还有不少的工作要做。

在一道练习题中融进多种素质训练要求的约达到练习题总数的1/3,其中结合得较多的依次是"认识记忆+逻辑思维""认识记忆+审美感悟""逻辑思维+组织表达""认识记忆+组织表达""逻辑思维+审美感悟""实践创新+组织表达"。"认识记忆+逻辑思维"718例,"实践创新+组织表达"仍达117例。在多种素质融合中,"认识记忆"的组合能力最强,表

---

① 中华人民共和国教育部制定《义务教育语文课程标准(2011年版)》,北京师范大学出版社,2012,第3—4页。

明记忆作为大脑认知的基本功能,是提高其他思维逻辑能力的基础。如苏教版第 8 册第 15 课第 4 题:

仔细观察一种你喜爱的鸟,抓住特点,写出它的样子和叫声。

该练习题含有两种素质训练的要求:B 逻辑思维能力、F 组织表达能力。

又如苏教版第 11 册第 5 课第 3 道练习题:

联系课文内容,查阅相关资料,说说"负荆请罪"这个成语的意思和它的来源。

该练习题含有两种素质训练的要求:D 实践创新能力、A 认识记忆能力。

"在新世纪新课程改革前,语文教育的核心目标是语文能力;新世纪新课程改革后,语文教育的核心目标是语文素养"[1],这种教育核心目标的转换给语文教材的编排带来了影响。作为教材的"教学性"和教学内容的直接实现者,练习的变化明显清晰地展现出了由能力培养到素质培养的转化轨迹。在语文教材学习目的最集中的体现物——练习的分析中,已经可以看到能力培养、素质培养与知识学习产生了有机的结合,但传统的、偏重于机械性的知识掌握仍占练习的相当部分,有的甚至占大部分。这方面还有待继续努力。本节所建构的课文练习的四维分析模式是对练习进行全面分析的一个新尝试,希望这个尝试能为推动教材练习的深入研究做出贡献。

## 第二节

### 大陆和台湾地区初中语文教材文言文语言知识类练习对比研究

练习是教材的重要组成部分,也是由知识向能力转化的重要一环。文言知识对于培养文言阅读能力很有作用,文言知识可渗透在提示、注释和练习中,以便学生逐步积累和运用[2]。由于古今汉语的差异,语言知识类练

---

[1] 刘真福:《谈语文课程改革的目标和途径——学习新大纲、课程标准的体会》,《语文建设》2003 年第 7 期。
[2] 顾振彪:《文言文教学的问题与对策》,《课程·教材·教法》2016 年第 5 期。

习在文言文学习中尤显重要。比较大陆和台湾地区语文教材文言文练习，有助于了解大陆和台湾地区文言文教学的定位、教学内容与重点。现有文言文练习的研究大都以一两套教材为对象，且较少涉及大陆和台湾地区教材的对比。本节选取了大陆和台湾地区六套初中语文教材，大陆和台湾地区各三套，对文言文课文后的语言知识类练习做了统计分析。这六套教材使用时间较长，覆盖面较广，具有很好的代表性。大陆的是人民教育出版社、语文出版社、北京师范大学出版社出版的语文教材，出版时间在2002—2016年间。台湾地区的是翰林出版社、南一书局、康轩文教事业出版的语文教材，出版时间在2015—2016年间。所考察的，是文言文精读课文，略读课文暂不列入考察范围。本节希望通过对语言知识类练习的分析，来了解大陆和台湾地区初中语文教材在文言文语言知识与语言能力的教学要求、内容、重点上有何差异，从而为文言文练习的设计提供参考和启示。所谓的语言知识类练习，是指以语言知识为积累、巩固、拓展对象的练习，按内容主要包括词语类练习、句子类练习、修辞类练习、语法类练习、语音类练习、文字类练习。

**一、练习状况调查**

（一）练习概况

大陆和台湾地区初中语文教材每套都有三个年级共6册，各套教材文言文比重都在40%左右。其中人教版36课、语文版42课、北师大版26课、翰林版30课、南一版29课、康轩版29课[①]。每课后都设有练习部分，练习总数分别为：人教版116个、语文版145个、北师大版94个、翰林版163个、南一版155个、康轩版160个。练习题包括的内容较多，大体可分两类。一类是有关课文思想、观念、情感的，另一类是有关语言知识方面的。试以人教版七上第10课为例，第1题"背诵全文，用课文中的语句回答：孔子在学习方法和态度上有哪些主张？试就其中一点谈谈你的体会"，第4题"找出课文中有关道德修养的论述，就你感受最深的一点，结合生活体验，谈谈你的看法"，属于前一类。第2题"解释下面加点的词语的含义"，第3题"下边这些句子和词语今天仍然在使用，先抄写一遍，然后对照

---

① 不管1课中包含几篇文言文，都只按1课计算。

注释,把它们译成现代汉语",则属于后一类。这里关注的是后一类,即有关语言知识方面的练习。

语言知识类练习关注了哪些语言现象?教学的内容是什么?注重于提高哪方面的能力?通过练习的分析可以帮助找到答案。

(二)练习数量

下表统计了两方面的内容:语言知识类练习的数量以及在总练习中的比例;具体涉及哪些语言知识点,以及各知识点的数量和占比。

表10-7 语言知识类练习数量统计表

|  | 人教版数量/占比① | 语文版数量/占比 | 北师大版数量/占比 | 翰林版数量/占比 | 南一版数量/占比 | 康轩版数量/占比 |
| --- | --- | --- | --- | --- | --- | --- |
| 词语类练习 | 24/61.54% | 26/68.42% | 16/94.12% | 23/56.20% | 13/34.21% | 16/47.06% |
| 句子类练习 | 8/20.51% | 10/26.32% | 1/5.88% | 9/21.95% | 11/28.95% | 12/35.29% |
| 修辞类练习 | 2/5.13% | 1/2.63% | 0/0 | 6/14.63% | 6/15.79% | 4/11.77% |
| 语法类练习 | 3/7.69% | 0/0 | 0/0 | 2/4.88% | 5/13.16% | 2/5.88% |
| 语音类练习 | 2/5.13% | 1/2.63% | 0/0 | 0/0 | 2/5.26% | 0/0 |
| 文字类练习 | 0/0 | 0/0 | 0/0 | 1/2.44% | 1/2.63% | 0/0 |
| 共计/占比② | 39/33.62% | 38/26.21% | 17/18.09% | 41/25.15% | 38/24.52% | 34/21.25% |

表10-7包含的内容很丰富,有以下几点值得重视。

1."共计"栏显示,有五套教材的语言知识类练习数量接近,都在40题上下,北师大版明显较少,只有17题。

2.语言知识类练习在总练习中占的比例都不大,最多的是人教版,达33.62%,其他的都在18.09%至26.21%之间,这表明课后练习大部分还是在非语言知识的练习上。

3.语言知识类练习的重点是在词语上,从各类知识的练习比例来看,词语类占比最高,北师大版达到94.12%,其他依次是语文版68.42%、人教版61.54%、翰林版56.20%、康轩版47.06%、南一版34.21%,比例有高有低。但在各套教材中,词语类练习的比例都属最高的一类。

---

① 指各语言知识点练习在语言知识类练习中的占比。
② 指语言知识类练习在总练习中的占比。

4.北师大版的词语类练习比例最高,但也显示该教材所涉及的其他语言知识练习极少,只有1道练习涉及句子类。南一版练习涉及的内容最丰富,从词语到句子、修辞、语法、语音、文字,都有涉及。

5.文字类练习很少,只有两套教材各有1题,其他四套教材均为0。语音类练习为0的有三套教材,语法类练习为0的有两套教材。

以上调查结果还只是数据统计上的呈现,而具体内容的同与异、有与无、详与略,则更值得我们关注,下面就来分析语言知识类练习涉及的具体内容。

二、练习内容

(一)词语类练习

表10-7显示,词语类练习在各教材中都是比例最高的,排在前三位的都是大陆教材。但在具体的练习形式上,大陆和台湾地区却有明显的不同。大陆出现最多的是字词注解类练习,如"解释下列加点的词语",人教版、语文版、北师大版分别有14、22、14个,分别占各自词语类练习总数的58.3%、84.6%、87.5%。台湾地区教材却基本没有这种形式,出现的形式较为多样,如"字词替换""选词填空""词语运用"。或是落实到某一具体知识点来作联想或比较式判断,如通假字、叠字词、褒义/贬义词、同义/偏义/反义复词、象征;或是具体到某一类词语来作拓展延伸,如数量表达、方位词引申义、时间词。题型较为多样,形式较为活泼,注重联系当下,注重现代语言能力的迁移和培养。如:翰林版八上第3课的"字词替换:下列各题[  ]中的字,以另一字替换后,意思不变的,请在( )中打√,意思不同的打×",题目有"钟毓、钟会少有[令]誉→美""复于地取[内]口中→讷"等。再如:南一版八上第3课的"请判断下列句子的文意,将提示中的这些课内所学的叠字词,写在正确的句子( )内",给出的提示有"迢迢、皎皎、纤纤、札札、盈盈、脉脉",题目有"中秋月圆之夜,澄清湖湖面上波光闪烁,这是( )明月与湖水相互辉映所造成的景象"等。

大陆和台湾地区在成语练习上也表现出较大差异。台湾地区教材的成语练习较常出现,且与课文的相关内容结合紧密。如:翰林版七下第11课《晏子使楚》配有人体器官部位成语练习;南一版八下第7课《木兰诗》配有性别成语练习;康轩版八下第5课《世说新语选》配有出自《世说新语》的成语练习。大陆的人教版、北师大版均未出现成语练习,只有语文版出现了两例,均为《论语》成语练习。台湾地区教材还注意将出自文言文中的成语运用到现代汉语中,并且常给出上下文语境,相当于选成语填空。大陆教材则主要是让学生从课文中找出成语,止于知识的识别,结合语言的实际使用还可更充分一些。

(二)句子类练习

句子类练习是大陆和台湾地区教材中数量仅次于词语类练习的项目。大陆人教版、语文版的句类练习有翻译、句意、语气、重章叠句、语言特点。北师大版无句类练习。台湾地区教材句类练习有句意、名句引用、名句活用、语气、反问句、设问句、对仗句、诗句拼图、诗词季节辨识、逻辑语义关系。大陆和台湾地区共有的句类练习是句意、语气。句意是理解文意的基础,理应重视。语气使得对句子的理解不限于字面语义,而是上升到语用层面,从而加深句意和文意的理解,能很好地提升语用水平。

大陆和台湾地区差异较大的是,大陆人教版、语文版有大量的句子翻译题,这类题型偏重于考验对课文语句的整体识读能力,要求也较为刚性。台湾地区三套教材则均未出现这类题型,而是代之以更为灵活多样的形式。如:翰林版七上第6课"名句引用:以下参考选项都是出自《论语》的名句,请根据上下文意,将最适当的句子填入( )内",参考选项有"发愤忘食,乐以忘忧""小不忍,则乱大谋""己所不欲,勿施于人"等,题目有"弟弟个性非常急躁,我常劝说:'( )',提醒他不要冲动,以免铸成大错"等。这样的练习与发问除了要对原词原句有较好的理解外,还结合了现实生活中的语境,锻炼了实际的语用能力。

(三)修辞类练习

大陆教材练习涉及的辞格较少,人教版有比喻、对偶,语文版有比喻,北师大版无辞格练习。台湾地区教材练习涉及的辞格相对较多,翰林版有借代、譬喻、夸饰、摹写、叠字、映衬,南一版有借代、摹写、夸饰、对偶,康轩版有借代、夸饰、对偶。

大陆和台湾地区教材涉及的辞格均属文言常见辞格,也都与课文内容相呼应,但处理方式颇为不同。大陆教材是在附录中集中编排,辞格介绍与练习相分离。台湾地区教材将辞格学习与练习紧密结合,或者先有专门的知识点介绍,再设计相关练习,或者在练习题目中先介绍辞格,再提出要求。如:南一版七上第3课的"借代修辞:在说话或写作时,放弃本来的词语,而找另一个与其有密切关系的人、事、物词语来替代即是借代修辞。如:'孤帆远影碧山尽'中的'帆'借代为'船'。下列句子用红线圈起来的词语均使用了借代修辞,请同学判断这些词语各借代为什么"。

台湾地区教材注重现代语言能力的迁移,将文言文常见辞格运用到现代汉语中,活学活用,以提高现代语言能力。如:翰林版七上第2课:"借代大进击:请写出下列[　]里的词语各代替什么?"题目有"她立志长大后要当[白衣天使]""亲爱的,就让我们俩[走向红毯的另一端]好吗"等。

(四)语法类练习

大陆教材只有人教版涉及语法类练习,有特殊句式、主语省略、人称词省略。台湾地区三套教材均有涉及,内容有词性、文言虚词、宾语前置、主语省略、词类活用、倒装句、代词、状声词。其中最多的是代词,其次是词性,除此之外,三套教材内容各异。大陆和台湾地区题型差别不大。

(五)语音类练习

语音类练习数量少。大陆只有两套教材涉及,分别有1题、2题,内容都与韵律有关。台湾地区只有一套教材涉及,有2题,内容为一字多音、韵律。练习中语音部分较少,反映了语音教学的比重。在古汉语诸成分中,语音造成的理解障碍相对较小,主要反映在诗词格律上。

(六)文字类练习

在六大类语言知识练习中,文字类练习数量最少,大陆三套教材皆无,台湾地区一套教材无,两套教材各只有1题。文言文读的就是通过文字记下来的古代语言,文字是读者首先要碰到的一道坎。《义务教育语文课程标准(2011年版)》指出:"语文课程应特别关注汉语言文字的特点对学生识字写字、阅读、写作、口语交际和思维发展等方面的影响。"文字学习本应是必不可少的内容,利用汉字表意特征也是提高文言词语的理解和识记效率的有效途径,但现行教材却普遍不够关注,缺少这方面的专项练习。台湾地区两套教材各出现1例。翰林版八上第4课:"说文解'目':文中'睨之,久而不去',其中'睨'字属'目'部,汉字中以'目'为部首的字义大多与视觉有关,请根据文中所提供的讯息,从参考选项中找出最适当的字填入

（　　）中。"参考选项有"盯、盼、睨、睹、瞥、眺、瞩、瞻、瞰"。练习指出了"目"部字的表意特征,很好地让学生认识了"目"部字的语义。南一版七上第7课:"颜面部位名称辨识:在语文学习中,你会遇到有关脸的各部位名称,如本课'但微颔之'的'颔'指下巴,又如下列所示'额、颊、颈、颧骨'等。请同学查出各部位的正确名称,填入颜面图形的括弧内。"教材虽未直接指出"页"部字的表意特征,但通过给出的由"页"组成的例字,教师稍加提示,学生便会发现其中的表意规律,这是利用汉字偏旁来学习字义的有效方法。

在分析语言知识各类练习的过程中,还发现各套教材在练习的选择与设计上并无定规,练习与课文内容之间没有稳定联系和固定模式。同样的课文,练习却可能完全不同。如:《爱莲说》是六套教材的共同选文,但语言知识类练习的设计却迥然不同:人教版为"之"字用法辨析,语文版为比较词义异同,北师大版为解释加点字词,翰林版为"莲"的联想,南一版为以物喻人练习,康轩版为宾语提前练习。

另外,不同教材之间的共有练习项,所包含的具体语言知识也不尽相同。如《生于忧患,死于安乐》,大陆三套教材使用的练习形式都是"解释加点字词",但要求解释的词语具有不小的差异。人教版为"曾、衡、拂",语文版为"举、动、忍、曾益、入、出",北师大版为"苦、劳、动、忍、曾益、恒、入、拂"。

为什么不同教材之间在相同选篇的课文练习设计中会出现如此大的差异？是否因为教材只是一个承载着丰富内容的载体,而教学时却是可以任由教学实施者来自由取舍？这种状况给文言文教学提出了诸多值得思考的问题。不同教材在语言知识类练习中选取了哪些内容,采取了哪些不同的练习形式操习了相同的练习内容,在相同的练习形式下操习了哪些不同的练习内容,这些不同的选择有何依据,对教学目标、内容、难度有何影响,如何更好地提高文言文教学的科学性与效率,有没有更好的方法与模式值得推广,这些都是很值得研究和探索的。

### 三、练习类型与层级

练习根据要实现的目的与功能,可以分为记忆性、理解性、应用性三类,相互之间还应该产生联系,形成学习的层级性,这才是科学的练习设计。

(一)练习类型调查

记忆类练习,如"解释下列加点的词"。(人教版七上第5课)

理解类练习,如"夸饰修辞:下列句子都有两种描述方式,请选出运用夸饰法的选项"。题目有"大家在教室里屏气凝神地等着老师发考卷,(甲)总觉得这一节课过得特别慢。(乙)总觉得这一节课的时间简直像过了一年那么久"等。(南一版七下第11课)

应用类练习,如"成语运用:以下成语皆出自《战国策》,请根据上下文意,将最适当的成语填入(　　)内"。参考选项有"门庭若市、狡兔三窟、亡羊补牢、南辕北辙、狐假虎威、裹足不前",题目有"他们两人的想法、个性(　　),这个计划若让他们合作,恐怕会衍生很多波折"等。(翰林版九下第1课)

调查结果见表10-8。

表10-8　语言知识类练习类型

|  | 人教版 | 语文版 | 北师大版 | 翰林版 | 南一版 | 康轩版 |
| --- | --- | --- | --- | --- | --- | --- |
| 记忆性练习 | 20/51.3% | 26/68.42% | 13/76.47% | 0/0 | 0/0 | 2/5.88% |
| 理解性练习 | 19/48.7% | 11/28.95% | 4/23.53% | 24/58.54% | 34/89.47% | 26/76.47% |
| 应用性练习 | 0/0 | 1/2.63% | 0/0 | 17/41.46% | 4/10.53% | 6/17.65% |
| 合计 | 39 | 38 | 17 | 41 | 38 | 34 |

表10-8中的数据用图显示会更清晰些,详见图10-5。

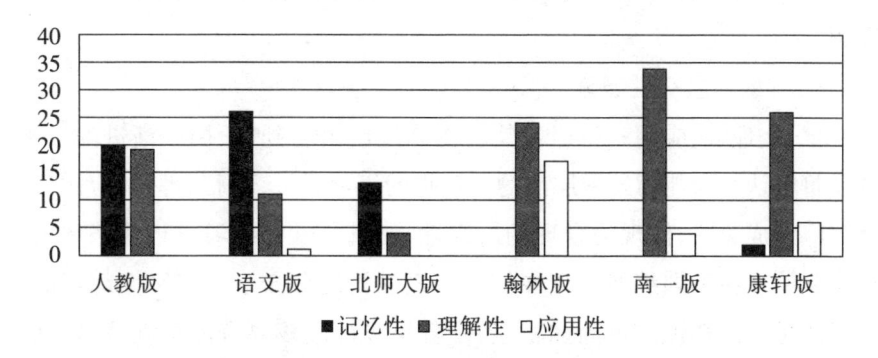

图10-5　六套教材练习类型调查

表10-8显示,六套教材语言知识类练习的数量只有北师大版的少些,其他五套总量都比较接近。但在练习类型的调查中,表10-8与图

10－5却清楚显示各教材之间的差别很大,特别是大陆和台湾地区的教材之间,呈现出对开式的差异。具体表现为:

1. 记忆性练习在大陆和台湾地区教材之间反差极大。大陆三套教材该类练习占比都排在首位,特别是语文版,占68.42%,多达2/3。台湾地区的两套教材为0,另一套只有2例,与大陆的教材形成了鲜明的对比。

2. 理解性练习在大陆和台湾地区教材中都普遍被重视,但有轻重之别。在大陆三套教材中,具有相当数量,位居三类练习中第二。在台湾地区三套教材中都居第一位,且遥遥领先,一套达89.47%,一套达76.47%。

3. 应用性练习是大陆和台湾地区教材之间另一个反差极大的点。大陆三套教材中有两套为0,一套只有1例。在台湾地区教材中都有出现,翰林版的最多,达41.46%。

记忆是认知和能力的基础,尤其对于古汉语,若缺少记忆性练习,则不利于掌握必备的语言基础知识。但理解是由知识向能力转化的"中转站",应用是能力培养和体现的路径,也应是不可或缺的方式。而在现有的教材中,特别是大陆和台湾地区的教材之间却表现出重一轻一的偏颇做法。大陆教材关注重点还在记忆性练习,这可能是源于对古汉语学习工具性的固有认识,也可能习惯于传统流传下来的做法,而应用性练习则基本阙如。台湾地区教材理解与应用性练习数量较多,注重在理解的基础上,对语言加以创造性地应用。教材显得活跃,可读性强,容易接近学习者,利于知识向能力的迁移和转化,但记忆性练习缺乏,不利于语言基础知识的巩固和积累。

(二)练习层级性调查

记忆、理解、应用三类练习其实也体现出由易到难、循序渐进的过程,这是符合认知与能力发展层次的。理想的练习设计,记忆、理解、应用三类练习应形成关联,体现为合理的层级性,形成科学的练习设计体系。层级性主要体现在不同练习类型在三个年级的先后分布上。记忆性练习的主要目的是基础知识的巩固和积累,是各年级都应该要有的基础练习,在三个年级可均匀分布,低年级偏重一点;理解性练习和应用性练习的难度较大,表现出由知识向能力的转化,应随着年级的增长而递增。下面是三种类型的练习在七、八、九三个年级中的分布情况,具体见表10－9。

表 10 – 9　练习类型的年级分布

|  | 记忆性练习/理解性练习/应用性练习 ||||||
| --- | --- | --- | --- | --- | --- | --- |
|  | 人教版 | 语文版 | 北师大版 | 翰林版 | 南一版 | 康轩版 |
| 七年级 | 12/8/0 | 7/6/0 | 2/2/0 | 0/8/6 | 0/9/1 | 0/9/2 |
| 八年级 | 5/4/0 | 8/3/0 | 7/2/0 | 0/7/7 | 0/14/3 | 1/14/2 |
| 九年级 | 3/7/0 | 11/2/1 | 4/0/0 | 0/9/4 | 0/11/0 | 1/3/2 |
| 合计 | 20/19/0 | 26/11/1 | 13/4/0 | 0/24/17 | 0/34/4 | 2/26/6 |

表 10 – 9 中的分项数据用图显示会更清晰些，详见图 10 – 6。

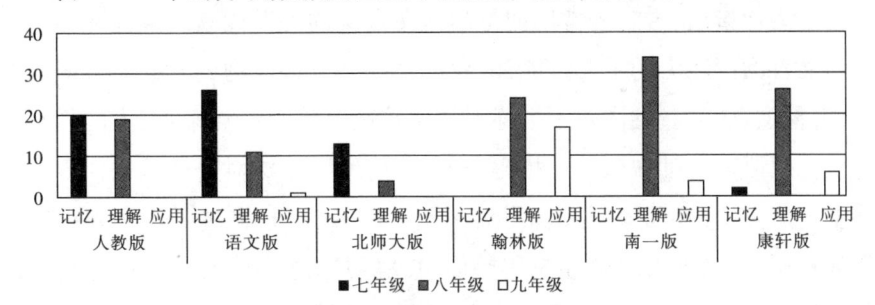

图 10 – 6　练习类型的年级分布

不同年级之间的层级调查需要在各个年级之间存在较为完整的情况下才容易看出来，而表 10 – 9 显示不同类型的练习在教材中并没有普遍存在，而是存在明显的缺项，这就给完整呈现层级性带来困难。这里主要看表 10 – 9 与图 10 – 6 中数量较多的几组数据。

1. 记忆性练习。人教版随着年级的递增而递减，语文版则表现出递增趋势。从层级的合理性来看，前者应更合理些。

2. 理解性练习。人教版是八年级少，七年级与九年级多。语文版与北师大版是随着年级的增高反而减少。翰林版是三个年级近乎平均出现，南一版和康轩版则是八年级达到高峰，到九年级南一版是微减，康轩版是骤减。

3. 应用性练习。大陆教材基本阙如。翰林版数量最多，三个年级均有，以八年级为峰值。南一版、康轩版总数都不多，南一版主要在八年级，九年级无，康轩版则三个年级数量均等。

从以上分析来看，大陆和台湾地区教材在练习类型的年级分布上难以很好地体现难易梯度。看来要使练习做到更有层级性和科学性，还有不少的路要走。

### 四、练习设计的比较

以上对大陆和台湾地区初中语文教材文言文语言知识类练习做了较详细的调查，也做了一些分析。除此以外，大陆和台湾地区教材在练习的内容、方式，尤其是语言能力的培养上，都存在一定的差异，给我们留下不少值得思考和总结的地方。

（一）语言基础知识的关注度不同

王力曾指出，古汉语常用词是学好文言文的关键因素。翻译能力也是提高文言阅读能力的重要技能，两者都是提高文言能力的基础。大陆教材中，解释加点字词、翻译句子类练习占比较高。从这一点来看，大陆教材是比较重视语言基础知识的。相比之下，台湾地区教材对语言基础知识的关注度普遍要少，基础知识类练习远少于大陆教材，它跳过了语言知识的巩固和积累，直接进入理解和应用层面，在练习的过渡性与衔接性上是有所欠缺的。基础知识是能力获得的前提，不可或缺。

（二）知识迁移能力以及现代语言能力的培养意识不同

"语文教育教学的基本任务，即让学生掌握中华民族的母语——汉语这一基础工具，正确理解和熟练运用祖国的语言文字。"[1]"语文教学中之所以需要语言知识，更多的是为了发展能力的实际需要。"[2]大陆教材练习重视语言基础知识，有一定的可取之处，但同时也存在着局限于课文本身，缺乏知识迁移能力培养的倾向。随文释义的能力是决定文言阅读能力高低的一个关键因素，要努力做到常用字词的学习和实际运用相结合。大陆教材重视对课文字词义的理解，但将之运用到课文外的文言文还不够。此外，大陆教材没有很好地认识到文言文对现代语言能力的帮助，未能与现代语言能力的提高相结合，缺乏将知识转化为能力的培养。

"现代汉语书面语不是一个均质的系统，而是融合了文言语法、欧化语法、方言语法的异质的系统。"[3]在现代汉语书面语的形成和发展过程中，

---

[1] 顾之川：《关于语文工具论的思考》，《山东师范大学学报（人文社会科学版）》2013年第4期。
[2] 刘大为：《语言知识、语言能力与语文教学》，《全球教育展望》2003年第9期。
[3] 孙德金：《现代汉语书面语中文言语法成分的界定问题》，《汉语学习》2012年第6期。

"文言语法成分起到了十分重要的作用,是现代汉语书面语正式、典雅语体风格的主要决定因素。"①"文言与白话的这种千丝万缕的联系,决定了没有古代汉语的知识,就无法深入理解现代汉语。有没有文言知识,还直接影响到解释现代汉语的准确程度。"②文言文在现代不同语言场合仍然发挥着重要作用,学习文言文,除了继承传统文化外,还有提高现代语言能力的功用。

台湾地区教材练习的最大特点,也是与大陆教材最大的不同在于,善于将文言知识运用到语言的实际使用中,尤其是现代汉语中,古为今用,以提高现代语言能力。如:翰林版七下第9课"词语辨析:'XX然'是古汉语常见表达结构,这一结构在现代汉语,尤其是书面语中仍在使用,因此教材将它运用到现代语句的表达中",参考选项有"肃然""欣然""庞然""枉然""哗然""断然""冒然""黯然",题目有"对于对方无理的要求,我方(　)拒绝"等。南一版九下第2课"方位词辨别:东、西、南、北、上、下、前、后、左、右等字用来表示位置或方向时,称为方位词,例如:'座右铭'的'右',古代原典中实指右边。但是,有些乍看之下以为是方位词的字其实指的是其他意思,例如:'意见相左'的'左',是违背的意思,并非指方位。请判断下列各组[　]中的字,何者运用在现代语文中仍实指方位,并于(　)内打√",题目有"命运掌握在自己手中,千万不可轻信旁门[左]道,白花大把银子算命改运""在古代中国,欺君罔[上]的行为是滔天大罪"等。通过古为今用的练习,在学生熟悉的语言环境中潜移默化地既巩固了文言知识,又提高了现代语言能力,这是很值得称道的地方。但台湾地区教材字词义训练不够,随文释义训练不够,也是略显不足的。

(三)练习的灵活性、趣味性存在差异

大陆教材练习题型较为单一,且重复率高,各套教材之间的相似度高。有的题型如解释加点字、翻译句子,几乎每篇文言文都会出现,灵活性、趣味性较弱。相比之下,台湾地区教材练习题型更为多样,灵活性强,能够有效拓展。善于设置言语情境,帮助理解,增强了趣味性。如:翰林版八上第

---

① 孙德金:《现代汉语书面语中文言语法成分的界定问题》,《汉语学习》2012年第6期。
② 王宁:《文言与白话——谈中学语文的文言文教学》,《语文建设》2004年第12期。

11课"敬谦词会串:杰瑜和沛军正在排练一场相声表演,以下是其中的某段对白,请由参考选项中选出正确的敬词或谦词,填入( )内",题目没有生硬的说教或指令,也不局限于课本,而是化知识于运用中,让学生身临其境式地参与进角色,自主解决问题,灵活性和趣味性得到了很好的展现。

(四)题目的引导性不同

大陆教材的题目习惯于从教者出发,而从学习者的角度考虑不够,有时题目缺少必要提示,联想面广,针对性不够。如:人教版七下第10课"注意下列句子中加点的部分,看看这些句子各有什么句式特点,从诗中再找出一些类似的句子",题目实际是要求找出特殊句式,但未指明需要找出哪种特殊句式,范围过大,加大了难度。

台湾地区教材的练习题目一般都较长,常在提出要求前,做知识点的回顾或介绍,体现了较强的引导性。如:南一版七下第5课"偏义复词:有些复词在文句中,只偏重或仅存其中一个字的字义,这种复词叫作'偏义复词'。如本文中:'既醉而退,曾不吝情去留'的'去留',由上文的'退'字来看,可知此处只取'去'的意思。下列句子[ ]中的词都是偏义复词,请同学根据上下文意判断,两个字中偏重或仅存哪个字的字义,将它圈出来"。这种做法值得推广。

文言文记录保存了中华民族的悠久历史与文化,学习、掌握文言文是我们建构母语能力的基本要求。大陆和台湾地区在基础教育文言文教学中都积累了丰富的经验,也都在教材的编纂上形成了各自的特点。通过对大陆和台湾地区教材的比较、研究,利于深入挖掘,总结经验,以提高教材编纂和练习设计的水平,提升文言文教学质量。

# 第十一章
# 教育教材语言与语言能力研究

  教育教材语言是教材内容的直接体现,又是教材内容的载体,通过对教育教材语言状况的研究,往前多走一步,就要涉及语言能力培养的问题。这是教材语言研究的深化,也是教材语言研究的目的之一。只要服务于语言能力的培养,有助于语言能力的培养,这样的教材语言研究才是有意义的。

## 第一节
### 大陆和台湾地区小学语文教材单元语言技能研究

  我国老一辈教育家叶圣陶(1992)[①]、吕叔湘(1983)[②]、张志公(1991)[③]三位先生在20世纪就明确了"语文教育就是语言教育这一核心的语文教育观"[④],"听说读写"语言技能是新时期围绕语文核心素养实施语言教育、培养语言能力的重要内容。21世纪以来,李宇明(2020)[⑤]、陆俭明

---

[①] 叶圣陶:《认真学习语文》,载《叶圣陶集(第十三卷)》,江苏教育出版社,1992,第207页。
[②] 吕叔湘:《关于语文教学的两点基本认识》,载《吕叔湘语文论集》,商务印书馆,1983,第335页。
[③] 张志公:《说工具》,载《张志公文集(3)语文教学论集》,广东教育出版社,1991,第50页。
[④] 邵克金、徐林祥:《新中国成立以来现代语言学对我国语文教育的影响及启示》,《课程·教材·教法》2019年第11期。
[⑤] 李宇明:《母语教育的语言学支撑体系问题》,《陕西师范大学学报(哲学社会科学版)》2020年第2期。

(2018)①、苏新春(2016)②、胡明杨(2007)③、刘大为(2003)④等语言学家从课程定位的宏观角度一直呼吁母语语言能力的培养应更有效、有序地呈现在语文教育中。孙园园(2019)⑤、刘美麟(2018)⑥、庄晓云(2012)⑦、苏新春(2011)⑧等语文教材研究者们分别从两岸基础教育语文教材的课文选文、文言文练习、课后练习以及教材知识系统等微观角度不断提出教材语言知识与语言能力培养的关系问题。当前"统编本"语文教材全面使用,我们更应找准语文教育的核心任务,深入探讨新时期我国语文教育"工具性"与"语言知识""语言能力"的立意与执行。

语文教材是执行语文课程标准的第一材料,语文教材对语言技能的分类、处理、安排和设计直接反映语文课程的教育理念。两岸同文同种,语文教育理念、宗旨、机制相似,语文教材形制相仿,语文教育实践和语文教材却有着明显的差异。对比大陆和台湾地区小学语文教材单元对语言技能的安排与设计,从中观角度为进一步探索母语语言技能培养、国民语言能力养成、完善"统编本"语文教材提供参考。

**一、大陆和台湾地区语言技能要求比较**

(一)大陆和台湾地区课程标准中的语言技能要求

大陆《义务教育语文课程标准(2011年版)》⑨四大理念第一项"全面提高学生的语文素养"中要求"具有适应实际生活需要的识字写字能力、阅读能力、写作能力、口语交际能力,正确运用祖国语言文字";台湾地区《中小学九年一贯课程纲要("国语文")》(2016—2017)⑩四项理念第一条要求

---

① 陆俭明:《语文课程所担负的任务与责任——兼说提升国民个人语言能力的意义》,《语文建设》2018年第9期。
② 苏新春:《中小学语文教材落实国家语言文字规范标准的意义与思考》,《语言文字应用》2016年第2期。
③ 胡明杨:《语言知识与语言能力》,《语言文字应用》2007年第3期。
④ 刘大为:《语言知识、语言能力与语文教学》,《全球教育展望》2003年第9期。
⑤ 孙园园、苏新春:《两岸初中语文教材文言文语言知识类练习对比研究》,《江西科技师范大学学报》2019年第2期。
⑥ 刘美麟、魏本亚:《人教版和台湾翰林版二年级语文教材知识系统差异分析》,《牡丹江教育学院学报》2018年第1期。
⑦ 庄晓云、苏新春:《两岸三地初中语文教材选文的人文性研究》,《江西科技师范学院学报》2012年第3期。
⑧ 苏新春、杜晶晶、袁冉:《对四套新课标语文教材课后练习的四维分析研究》,《江西科技师范学院学报》2011年第1期。
⑨ 中华人民共和国教育部制定《义务教育语文课程标准(2011年版)》,北京师范大学出版社,2012,第1页。该标准的小学部分在2019年有微调和修订,这里使用修订版。
⑩ 台湾教育部门"中小学课程与教育资源整合平台" https://cirn.moe.edu.tw/WebContent/index.aspx?sid=11&mid=5721,访问时间:2020年2月7日。

"培养学生正确理解和灵活运用语言文字的能力",第二条要求"培养学生有效应用语文,从事思考、理解、推理、协调、讨论、欣赏、创作"。"学会运用语言文字进行交流沟通"是大陆和台湾地区语文课程的首要任务,在设立义务教育语文课程理念与目标时,大陆和台湾地区都将"阅读、写作、口语交际"语言技能作为主要线索予以建议和要求,台湾地区还就"聆听"单独列出能力指标,大陆和台湾地区语文课程标准对语言技能的要求本质相同,但视角有别。大陆要求"正确运用",隐含着对语言技能中知识规范与实践运用的两类要求,台湾地区要求"正确理解、灵活运用、有效应用",有规范的成分,但更强调语言技能的实践成效。

(二)教材单元中"语言技能"的两种性质

单元是大陆和台湾地区小学语文教材组织内容的通行手段,"语文教材的单元,一般包括教学要求、目的、重点、文体或思想内容、表达方式等原则,集中成一组的几篇课文、语文知识短文、练习题等"[1]。单元是语文教材执行宏观教育理念、落实微观教学内容的中间层,是观察语文教材的中观角度。语言技能通过每个单元内部的单元训练(如:语文园地、统整活动、口语交际、习作)以及单元拓展(如:拓展阅读、阅读开门)呈现。"听说读写"语言技能在教材单元的拓展及训练中体现出语言技能在语文教育中的"知识性"与"能力向"的两个性质。在与"音字词句"语言基础知识对举时,"听说读写"是"能力向"的语言教育内容;在单独学习"听说读写"时,它们又呈现出自身作为语言学知识体系的"知识性"。以单元为组织单位,将大陆和台湾地区小学语文教材单元中所有有关"听说读写"的练习、训练及拓展项目搜集整理形成语料库,是观察语文教育理念、语言能力培养的中观窗口。

(三)单元语言技能语料库建设

这里以大陆和台湾地区六套语文教材[2]1—6年级共计72册462个单元为对象建设语料库,大陆统编本、语文版、北师大版三套小学语文教材单

---

[1] 徐向阳:《人教版与苏教版语文教材在单元组织上的比较》,《现代语文》2011年第11期。
[2] 六套小学语文教材分别为:部编本,人民教育出版社,2019年版1—6年级全册;语文出版社、北京师范大学出版社2014年版1—6年级全册;台湾康轩文教集团、南一书局出版社、翰林出版社通行的2016年版本1—6年级全册。

元共有 324 个，台湾地区康轩版、翰林版、南一版三套小学语文教材单元共有 138 个，大陆教材单元总量是台湾的 2 倍之多。以教材单元为组织单位，以单元练习及单元拓展的项目为记录，对大陆和台湾地区小学语文教材每个单元中的单元训练及单元拓展的每一道题目或项目进行提取，结合教师用书进行包括"听说读写"语言技能在内的各类语言知识类型标注，形成大陆和台湾地区小学语文教材单元语言知识类型语料库。大陆三套教材有 1317 项单元训练项目，台湾地区三套教材有 473 项，共计 1790 条记录，大陆的平均每个单元有 4 项训练项目，台湾地区的平均为 3.4 项。

**二、教材单元中语言技能比较**

大陆和台湾地区小学语文教材单元练习中"听说读写"语言技能单元练习项目共有 912 项，占单元训练项目总量的 51%。大陆教材单元中语言技能训练项目有 712 项，占其单元总项目 54%；台湾地区教材有 200 项，占其单元总项目 42%。大陆教材单元中语言技能类项目过半数还多，各类其他项目加起来占另一半，语言技能在大陆教材单元中的被重视程度可见一斑。台湾地区教材单元中语言技能项目占比小于大陆，但也有 42%，语言技能也是台湾地区教材单元中的重要内容。

(一) 教材单元语言技能的年级分布对比

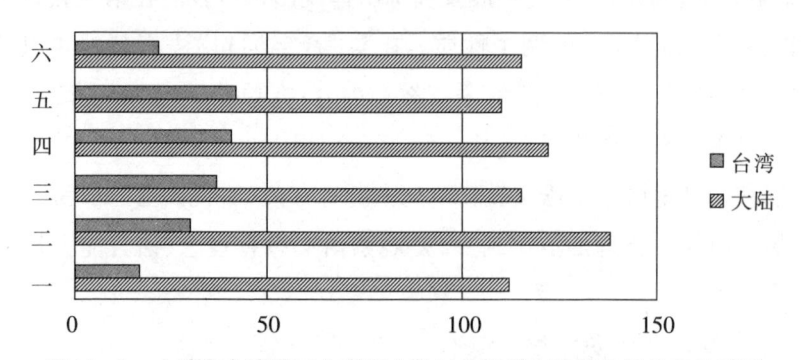

图 11 - 1　大陆和台湾地区小学语文教材单元语言技能年级分布条形图

如图 11 - 1，大陆和台湾地区小学阶段，大陆教材"听说读写"的单元技能训练项目总量远超台湾地区教材。单元语言技能训练项目数量最高值大陆教材在二年级、台湾地区教材在五年级，最低值大陆教材在五年级，台湾地区教材在一年级。台湾地区教材的单元语言技能训练数量从一年级到五年级有递增的趋势，到六年级有所回落。大陆教材的单元语言技能按照学段来看,从第一学段到第三学段是不显著的下降,每个学段的内部则呈现低年级数量少、高年级数量多的特点。总体来看,语言技能训练项目在大陆和台湾地区小学语文教材单元中都保持较为平稳的数量,增幅与减幅相较其他语言知识项目波动较小。

(二)教材单元语言技能数量类型对比

表 11-1 大陆和台湾地区小学语文教材单元语言技能数量一览表

|  | 阅读 |  | 写作 |  | 口语 |  | 听 |  |
|---|---|---|---|---|---|---|---|---|
|  | 大陆 | 台湾地区 | 大陆 | 台湾地区 | 大陆 | 台湾地区 | 大陆 | 台湾地区 |
| 总量 | 357 | 55 | 213 | 89 | 142 | 45 | 0 | 11 |
| 出现该项的单元数占比% ① | 85 | 36 | 54 | 53 | 42 | 30 | 0 | 7 |
| 未出现该项的单元数占比% | 15 | 64 | 46 | 47 | 58 | 70 | 0 | 93 |
| 该项出现超过1次的单元数占比% | 20 | 4 | 10 | 11 | 2 | 3 | 0 | 1 |
| 类型总量②(种) | 13 | 16 | 102 | 71 | 56 | 21 | 0 | 5 |
| 共有类型③ | 2 | 2 | 11 | 11 | 4 | 4 | 0 | 0 |
| 独有类型 | 11 | 14 | 91 | 60 | 52 | 17 | 0 | 5 |

如表 11-1,阅读训练项目是大陆和台湾地区小学语文教材单元语言技能数量上差异最大的项目,大陆教材单元出现的阅读项目约为台湾地区教材的 6 倍之多;听项目没有在大陆语文教材单元中设立为单独训练项目;写作、口语训练项目大陆教材是台湾地区教材的 2—3 倍,与大陆教材单元数量 2 倍于台湾地区教材相呼应。

---

① 出现该项的单元数占比,是指在语文教材中出现了该项目的单元数占该地区小学教材所有单元总量的比例。

② 大陆和台湾地区教材单元语言技能的类型总量以不重复的技能训练表述种类计数,如在多个单元中出现"朗读"字样的项目或练习,则"朗读"计为阅读项目下的一个类型。

③ 大陆与台湾地区小学语文教材单元中对语言技能项目的表述及要求完全一致的,计为两者的共有项目类型,如"朗读";不一致的则为大陆、台湾地区教材语言技能项目的独有类型,如大陆教材有"熟读成诵"训练项目、台湾地区教材有"比较阅读"训练项目。

1.读:阅读的知识与阅读的操作

阅读项目覆盖了大陆小学语文教材单元训练项目总量的85%,大陆三套教材几乎每个单元都有"阅读"项目,而且有20%的单元出现不止一次;台湾地区教材的阅读项目约占单元训练项目总量的36%,只有4%的单元中阅读项目出现超过一次。大陆和台湾地区教材单元的阅读训练项目数量差距明显。

从阅读项目类型看,大陆教材在单元训练或单元拓展中出现了13种类型,台湾地区教材中有16种,台湾地区教材的阅读类型更多样一些。大陆与台湾地区教材在训练项目的表述与要求上完全一致的有2种,即"阅读"和"朗读"。这两种阅读训练类型占各自阅读项目总量的74%、72%。大陆与台湾地区教材单元在呈现阅读项目时,约有七成的内容是高度相近的,对"读"技能的要求与训练核心是一致的,比如"阅读""朗读"两项,均以"给定一段材料"为练习题型。数量差距多因大陆"阅读"题目高复现造成。

大陆和台湾地区各自约有30%的单元阅读项目视角不同,这是大陆和台湾地区对待语言技能教育理念差异的直接表现:第一,方法角度。大陆小学教材单元中特别高频出现像"默读、朗诵、背诵、有感情、分角色、快速阅读"等阅读表现形式的类型,在单元练习中通过反复、持续地常规出现以达到训练的目的;台湾地区教材则强调"阅读习惯、五步阅读法、先后顺序阅读、自问自答阅读"等阅读实践操作的过程,在单元中点提式、偶发式出现,以单元辅导的方式达到培养的目的。第二,程度角度。大陆和台湾地区都出现了"精读、略读、浏览、熟读"等训练要求,但表述侧重有所不同,大陆同时还会强调"熟读成诵、熟读精思"的进阶能力,台湾地区有"概览精读、比较阅读"的要求。第三,内容角度。大陆有"新闻阅读"的专项训练,台湾地区则围绕阅读内容提出了"如何选书、读报方法、海报阅读、网络阅读、适合的书、阅读诗歌"等阅读项目,涉及阅读内容的载体分项进行训练。

如:统编本六年级上第3单元就明确提出"根据不同的阅读目的,选用恰当的阅读方法"的培养要求;南一版六年级上第4单元围绕"科普读物"提出"自问自答阅读"方法。大陆通过方法、形式、类型,建立起阅读技能的知识体系,台湾地区通过方法、内容、载体,建立起阅读技能的操作流程。

2. 写:写作的体系与写作的成效

大陆、台湾地区教材单元练习写作项目的覆盖比例为54%、53%;单元中写作项目出现超过1次的比例约10%、11%。虽然大陆单元的写作项目数量多,但大陆和台湾地区小学写作项目单元数量比例及超过一次的比例较为接近,数量差异不明显。

大陆和台湾地区小学阶段完全相同单元写作训练表述及要求的类型有11种"写作、叙事写作、引用、续写、写信、说明文、写景、日记、景物描写、记叙文、读书笔记",占各自写作项目总量的19%、22%。与阅读项目不同,写作项目大陆和台湾地区数量差异不明显,但类型差异较为显著。

大陆和台湾地区小学教材单元中各自约有80%的写作项目具体类型不同,这也是大陆和台湾地区对待语言技能教育理念上最为明显的表现:第一,大陆教材在小学单元训练中强调依据文体(记叙文、说明文、日记、故事、童话、留言条、倡议书、读后感、调查报告等)不同,有针对性地操练不同的写作方式(扩写、缩写、续写、仿写等),各类型文体可以单独为一个写作训练项目,文体类型系统伴随写作训练高频出现。台湾地区教材在训练写作技能时与文体要求的关系没有大陆教材这么紧密,文体类型系统在写作项目中偶发出现。第二,大陆教材在训练写作手法时,往往结合写作内容(人物、景物、心理感受等)进行,写作训练的针对性、专题性较强,强调不同内容在手法上与之适应的微观变化,写作的精密化要求更高。台湾地区小学教材单元着重培养写作的基础方式与手法(摹写、取材、动态与静态描写、提纲、结构图、倒叙顺叙、引用、摘要、详写略写、开头、结尾、审题立意、改写、比较、观察等),写作训练的基础性、通用性较强,与写作内容之间的关系也不如大陆教材那么紧密,写作的实用性更显著。

如:语文版五年级下第6单元"读后感写作"训练,以读后感的文体来引入如何叙述并表达情感,要求分享"读书的感受与思考",并给出文章的内容思路;翰林版五年级上第1单元"写作指导——文章开头的写法"训练,以如何"开头"为写作流程操作的第1站,专门就"顺叙、倒叙、原因"等写作操作方法进行说明和举例。大陆教材通过文体、方式、手法,建立起写作技能所需要的关联知识体系;台湾地区教材通过集中写作基础方式与手法,建立起写作技能的实践流程。

### 3.说：口语的构成与口语的执行

口语项目在大陆、台湾地区教材单元覆盖比例分别为42%、30%，大陆和台湾地区各约有2%、3%单元出现超过1次。大陆单元口语项目的数量较多，但数量差异不如阅读项目明显。

大陆和台湾地区完全相同的口语项目表述及要求有"说话、看图说话、讲故事、打电话"4个，占各自单元口语项目总量的50%、62%。大陆和台湾地区教材单元中的口语项目中约有一半数量呈现不同的口语技能训练构成。

大陆教材单元口语技能项目另外的50%体现了对于"口语交际"教育理念的理解，具体类型可以提炼出口语交际的场合（看望生病的同学、接待客人、帮忙等），口语表达的类型（道歉、辩论、劝说、讲解、夸奖等），口语的内容（家乡、优点、寒/暑假生活、儿童节、神话等）以及方法（复述、转述、讲述等）。大陆教材单元中的口语训练涵盖了口语交际技能的各个方面，全面呈现了口语技能的内部构成，涉及知识面更广。台湾地区教材单元口语技能项目另外的约38%则执行了课程纲要中对"说话"技能的"应用"教育理念，具体类型主要涉及口语的类型（对话、访问、转告、安慰、讨论等），部分单元结合单元主题涉及口语表达的内容，但对于口语交际的场合、方法涉猎不多，偶发性出现，生活性更强。

如：统编版三年级下第8单元明确要求应学会"复述故事"技能，在单元"口语交际"训练中，以讲故事为主题形成口语复述表达，单元课内有"复述"性方法训练，单元训练中有说明讲述内容与形式的注意事项、复述的要点等信息；康轩版三年级上第2单元的"问题与讨论"中，以"介绍有创意的发明物品"为主题，本单元主题为"生活的智慧"，提出"发明对生活的影响、发明家与一般人的不同、如何成为发明家"的讨论发言思路。大陆地区通过口语交际的场合、类型、内容和方法，建立起口语技能的全面构成体系，台湾地区通过口语交际的基本类型，建立起口语技能的操作流程。大陆和台湾地区单元口语项目的侧重点不同，大陆的涉及面更广，台湾地区的生活性更强。

### 4.听：隐性与显性的处理方式

听技能项目在大陆课程标准、语文教材中没有单独作为技能训练要求出现,但在教材的单元设计中,往往会与口语交际、综合素养训练的要求相结合作隐性处理。部分教材围绕主题、选文有专门涉及,如:北师大版三年级上第2单元就以"培养倾听的意识和习惯"为主题设计单元,关注到了"倾听"的技能呈现。

听技能项目在台湾地区课程标准、语文教材中都单独作为技能训练要求出现,但数量也不多,主要涉及"聆听的态度和方法、学会聆听"两类内容,前者是听技能的知识,后者是听技能的运用。

### 三、大陆和台湾地区教材单元语言技能的特点

(一)语言技能的"知识性"与"能力向"

语言技能在语文教育中是"工具性"的重要体现。大陆和台湾地区小学语文教材单元中出现的语言技能训练项目,都带有"知识"与"能力"的两种倾向。"听说读写"的"知识性"在教材单元训练中通过训练技能的类型、方法、体系而呈现,"听说读写"的"能力向"通过训练技能的操作、实践和运用而呈现。大陆和台湾地区小学语文教材单元的语言技能训练项目对这两个倾向都有体现,差别在于侧重不同。

通过上节"听说读写"四项语言技能的大陆和台湾地区教材单元训练项目的数量与类型对比,可观察到大陆语文教材单元中对语言技能的处理带有较为明显的常规化、类型化的特点,技能知识体现是有体系、有层次的,能力实践的训练往往与知识体系有明显的对应关系;台湾地区语文教材单元中对语言技能的处理带有偶发出现、操作化的特点,技能实践通过方法、载体、对象或内容呈现,能力训练的生活化、流程性更为突出。大陆小学语文教材单元语言技能,在能力训练的同时,技能的"知识性"是共生培养的;台湾地区小学语文教材单元语言技能,在教授运用的同时技能的"能力向"是优先考虑的。大陆和台湾地区小学语文教材单元语言技能"同类不同构"的情况,突出体现在"读写"技能上。这一方面是受教育宏观理念的影响;另一方面,从中观角度来看,大陆大数量的教材单元给予了语言技能"知识"与"能力"共生的空间,台湾地区有限的教材单元数量使得语言技能选择优先呈现最核心的部分。

(二)对"工具性"与语言能力的再思考

20世纪60年代,老一辈语文教育者就语文的"工具性"实施给出了经

典的"双基"方案,也就是"知识 + 训练"。在过了大半个世纪后,我们今天的语文教材在不断探索和实践的基础上,不断围绕语文教育的"工具性"提出更为深入的理解。从当前大陆和台湾地区小学语文教材单元语言技能的对比来看,语文教育的"工具性"有着"知识"与"能力"的两个现实要求,"听说读写"语言技能在大陆和台湾地区小学语文教材单元中呈现了"同类不同构"的侧重差异,大陆的语言技能"知识"与"能力"共生,台湾地区的语言技能更强调"操练运用"。大陆和台湾地区单元训练不同侧重的语言技能处理也让我们思考,"语言知识"(包括语言技能的知识面)的掌握同样也是语言能力之体现。

四项语言技能中"读写"与"听说"是输入输出意义上的两对技能。大陆教材的"读"呈现了对类型、程度、材料的全面体系强调,"写"就对应着文体、方式、手法的要求,"读写"两方面对技能知识体系的完整性提出了训练要求。台湾地区教材的"读"呈现了对方法、载体、内容的强调,"写"就对应着基础写作方式与手法的要求,"读写"两方面都围绕着学生实践操作提出训练要求。大陆教材对"听"进行了隐性处理,"说"就承担起交际、综合素质培养的功能,"说"的训练内容更为多样。台湾地区教材区分了"听说"两个技能,更为注重对应"倾听"条件下"说"的类型训练。

综上所述,可以看到这样几个特点:

1. 语言技能知识面的有序处理

小学阶段的语言技能结合小学生的特点,在语言生活有经验的前提下,针对不同学段、年级、册内部的语言技能知识呈现数量、范围和节奏的精细化处理,或循序渐进,或由此及彼,或见微知著,"听说读写"中阅读、写作的类型、体系可适当进行数量厘定、有序化处理,以更符合小学生语言能力的培养特点。

2. 语言技能训练的生活化

小学生的语文生活跟整体社会的语文生活既同步又有所区别。语文教材中出现的语言技能实践训练应更具小学生活特点,教材里的语文生活当然是"虚拟""仿真"的,但教材对语言技能训练的要求可以更真实、更符合学生视角的需求与学习特点。

3. "读写""听说"的深度融合

"听说读写"语言技能本身是一个自足的系统,"读写"之间有着重要的对应关系,"统编本"教材在"阅读"方面已经做了非常卓越的改进,但与"写作"相比,其知识板块、方法与手法、程度与成效等方面依然还未能达到"写作"那样独立的体系。"听说"作为语言表达的一体技能,也可以在口语交际、综合素质等板块予以融合性训练。

## 第二节
## 中日母语教育第一学段的语言知识与技能教育对比

我国教育部 2011 年制定出版的《义务教育语文课程标准(2011 年版)》指出:"课程目标从知识与能力、过程与方法、情感态度与价值观三个方面设计。"[1]"知识与能力"是教学目标之首,可见其重要性。不仅我国如此,世界上许多国家也将语言知识与能力作为制定母语教育课程标准的主线。因此,我们认为观察和分析不同国家母语教育中语言知识和能力教育的部分,能够看清这个国家关于母语教育的主要思路和主要特征。

### 一、中日母语教育比较出发点

选取中日两国情况来进行对比,主要原因在于:一是两国同属汉字文化圈,自古以来在教育和文化等领域都有着很深的渊源,尤其是在教育制度的确立和变革方面日本曾经受到我国很大的影响。目前两个国家实行的都是九年义务教育,我们应该在母语课程方面相互学习、取长补短。二是近年来中日两国不约而同地开始对母语教育进行大改革。日本于 2017 年 3 月发布了最新的母语课程标准,并正在进行新版教材的更换工作。我国于 2018 年 9 月起在全国部分年级开始统一使用教育部编义务教育语文课本,这也是我国语文教材几十年来一次大规模的改革。在这样的时代背景下,母语教育最重要的教学目标,即语言知识与能力呈现出了什么样的特征?这里聚焦小学第一学段,希望从最新课程标准和主要教材两个角度,考察中日母语教育中语言知识与能力教育的异同,以达到相互借鉴、相互参照的目的。

---

[1] 中华人民共和国教育部制定《义务教育语文课程标准(2011 年版)》,北京师范大学出版社,2012,前言。

我们曾经对"语言知识"与"语言技能"①的定义做了说明,并进行了十分细致的分类。我们将语文知识分为"字、词、句、修饰、篇章、综合知识"六类,并将每一类再作细分,共 40 个小类;还指出语言能力包括"听说读写"四种,并将这四种再细分成 18 个小类。吕叔湘先生曾谈到语言知识和能力的关系,他说:"我们语文课的目的是培养学生的语文能力,但并不能因此就认为不需要讲语文知识,能力和知识是不能分开的。"②吕叔湘先生的这段话讲的也是语言自身的特点和语言教学过程的特点。为了尊重这一关系和特点,我们在观察和分析的过程中,以语言能力为主要线索,兼顾中日两国课程标准里的不同划分方法,从"识字与写字""阅读""写作""听说"这四个模块对语言知识和能力的要点进行梳理,但不分而论之。

我国的母语教育课程名为"语文",我国的孩子在满 6 周岁那一年的 9 月份进入小学,开始正式接受包括语文在内的各项基础教育。义务教育阶段为小学一年级到初中九年级,其中语文科目共分为四个学段,每两个学年为一个学段,第一学段指的是小学一年级和二年级,一般情况下语文科目由专门的教师担任。以福建某小学的一年级为例,语文课一周有 7 次左右,每次 50 分钟,约占总课时的 28%。教材方面,自 1985 年以来我国一直实行的是"一纲多本"的政策,但这种制度在 2016 年迎来了全面的革新,由教育部组织编写的统编本开始在几个省市试用,并于 2016 年 9 月在第一学段和第四学段实现了全国统一,目前全国义务教育学校使用的都是统编本。

日本的母语教育课程称为"国语",日本的孩子满 6 周岁入学,但是 4 月开学。日本的小学大多地区实行 3 学期制,部分地区从 2018 年开始试行 2 学期制。在校学习时长和我国基本一样,第一学段国语课平均一周 6 次左右,每次 45 分钟,一学年国语课为 245 课时,约占总课时的 22.87%,明显少于我国。③

---

① 苏新春等所指的"语言技能"即"语言能力",参见苏新春、杜晶晶、袁冉:《对四套新课标语文教材课后练习的四维分析研究》,《江西科技师范学院学报》2010 年第 1 期。

② 吕叔湘:《关于中学语文教学问题》,载李行健、陈大庆、吕桂申编《吕叔湘论语文教育》,河南教育出版社,1995,第 48 页。

③ 该统计基于日本福冈市立野芥小学校提交给福冈市教育局的 2018 年度教学计划表。

日本的义务教育阶段同样是小学至初中的九年，小学每两个学年为一个学段，共三个学段。日本的小学一般一个班级有一名称为"担任"的教师，这名教师承担包括国语、算数、美术、体育、音乐在内几乎所有科目，国语不设专门的任课教师。教材方面，目前日本实行的是"一纲多本"的政策，全国使用覆盖面最广的是日本光村图书出版株式会社出版的《国语》教材（以下简称"光村版"），①此外还有东京书籍出版社、株式会社三省堂、教育出版株式会社等版本，全国共计 16 种。日本于 2017 年公布了最新的母语课程标准，并根据该课标进行教材的全面修订，从 2020 年分阶段逐步开始使用最新的母语教材，新教材依据的依旧是"一纲多本"的政策。这里考察时主要是看光村版的教材。

### 二、课程标准的目标对比

现在我国使用的语文课标是 2011 课标，与其他科目相独立，另立一册，包括九年义务教育的全部内容。日本的课程标准正式名称为"学习指导要领"，现行的《小学校学习指导要领》（以下简称"2017 要领"）是日本文部科学省于 2017 年 3 月发布的，包括小学六个年级国语、社会、算数等 10 个科目的内容②。这里我们主要是看中日两国课程标准中与语言知识和能力有关部分的异同。

首先我们发现相同点主要有两点。一是都强调在语言知识与能力之间，知识是基础，是根本，是培养语言能力的前提。但日本说的"知识"还包括传统文化知识，显然范围更大。二是中日两国都强调阅读的重要性。我国在各项能力中，尤其注重阅读能力的培养，要求具有独立阅读能力，学会运用多种阅读方法，能阅读书报杂志、文学作品、文言文，能背诵诗文，并列有九年阅读总量的字数。日本 2017 要领相较前一版本更加强调了阅读的重要性，尤其是低学年的阅读。他们认为低学年的阅读直接决定了学生掌握的词汇量，从而决定了学生的学习能力。

虽然中日两国都强调阅读的重要性，但似乎收效有所不同。世界经合组织（OECD）对全世界 15 岁儿童学习情况进行的最近一次调查结果显示，

---

① 光村图书出版株式会社编辑部编《国语》,(日本)光村图书出版株式会社,2015—2016。这里主要分析一年级和二年级的上下册。
② 日本文部科学省:《小学校学习指导要领(平成 29 年告示)》,2017 年 3 月。

日本学生的阅读水平排在全世界第八,持续在国际上保持较高名次。而我国参加测试的虽是北京、上海、江苏、广东这四个教育较发达的地区,但位列72[①]。可见,日本的阅读教育还是有许多值得我们研究学习的。温儒敏(2018)说统编本教材"比起以往的教材,更加注意往课外阅读延伸了……鼓励'海量阅读'"[②],希望我们的新教材能确实提高我国学生的阅读能力。

两国课标的不同之处主要有三点:

第一,是摆在首要位置的教育目标不同。我国将道德及情感教育作为首要目标,强调要"在语文学习过程中,培养爱国主义、集体主义、社会主义思想道德和健康的审美情趣"。第四条才出现了"语言能力",第六条出现了和语言知识有关的内容。统编本总主编温儒敏先生说:统编本教材第一个特色亦编写理念是"强调立德树人"[③],与总目标的方向一致。与之相比,日本的2017要领在第3页总则第2条列出了关于学校教育的三个具体目标,摆在第一条的就是掌握基础、基本的知识与能力,第二条才是进行道德教育,而第三条是培养健康的体格。与我国重视道德情感教育的立场不同。

第二,关于语言知识与能力的分类方法不同。我国在"学段目标与内容"章节按语言能力分为"识字与写字""阅读""写话/习作""口语交际""综合性学习"五个模块。日本2017要领是分为"知识与技能"和"思考能力、判断力、表现力等"这两个大模块。第一模块虽然使用了"知识与技能"的字眼,但实际内容是关于"知识"的,具体包括语言知识和传统文化知识两部分,并不包括我们说的听说读写等语言能力内容。而第二模块则分为"说与听""写""读"三个领域,是对语言能力的要点进行说明。我们认为日本的这种分类方式旨在强调语言知识以及传统文化知识是支撑语言实践、掌握语言能力的基础,没有语言知识和传统文化知识就无从谈论语言能力的运用,因此将其置于语言能力之前。日本的

---

[①] OECD 的官方网站 http//www oecd org/pisa/pisa－2015－resultS－in－focus pdf,访问日期:2019 年 4 月 29 日。

[②] 温儒敏:《如何用好"统编本"小学语文教材》,《课程·教材·教法》2018 年第 2 期。

[③] 同上

"说与听"在我国的课标里被再细分为"口语交际"和"综合性交际"两部分。但日本总体比较淡化语言知识,重视语言能力,这一点从各个学段对具体学习内容的要求中也可以看出。

第三,具体语言能力的侧重点不同。我国重视汉字,专门设立了"识字与写字"的目标模块,并重视每个学期识字和认字的练习量。这是因为汉字是我国书写文字的主要标记方式,这一设立方法凸显了汉语中汉字的重要性。此外,我国还强调要"学拼音、说(普通话)",这是因为我国幅员辽阔、方言数量多。相较我国,日本则更加强调"听"的能力,这一能力我国 2011 课标的总体目标与内容中虽有提及,却没有重点强调。中国孩子相较日本孩子在倾听这一点上的确有所不足,我们可进一步商榷是否有必要提高对"听"的重视度。

以下我们分别从课标和教材两个角度,分"识字与写字""阅读""写作""听说"四个模块对比分析中日第一学段语言知识与能力教育的具体情况。

## 三、语言知识与能力教育对比

### (一)识字与写字

从课标中关于第一学段的具体内容来看,中日两国都强调关于字的基础知识以及认读这一语言能力。字又分认字和写字。(1)认字量:两国都有明确的认字量规定,但因为汉字是我国书写文字的主要标记方式,而日语还包括平假名和片假名,因此规定的识字量中国远多于日本。此外,两国关于识字的教育思路不同。日本是循序渐进,一年级先读字、认字,练习书写方式和使用方法。到了二年级再要求确实掌握一年级所认字的写法,其他学段也相同。可见,书写方面的压力日本学生比中国学生小很多。(2)写字要求:写字上中日两国都要求掌握基本笔画、笔顺,但日本强调正确书写,要求书写时注意字体结构和字的大小。我国还提出要感受汉字的形体美。现实生活中日本人手写的字大多一笔一画,十分工整,极少出现连笔。中国人写的字大多追求个性,极少数还走了极端。

再对照两国课本,中国的统编本第一册没有关于写字姿势的说明,日本的光村版有两个完整的彩页对握笔姿势和写字姿势进行详细的讲解。

但我国的统编本相较人教版等以往版本,对识字更加重视。总体理念是"多认少写",先认字再学拼音,并增加了"识字加油站"等新版块。这种修订能更好地减少新入学一年级学生的学习负担,"把汉语、汉字摆回到第一位,而拼音只是辅助汉字的工具,不是目的……一开始就要注意培养学生认字读书的兴趣"[1]。日本光村版的课本主要采用漫画识字法,即每个单元末会出现一页漫画,每组漫画有一个故事主题,学生一边阅读漫画,一边认识相关的汉字,但近年来日本学生的汉字使用水平还是有明显下降的趋势。

可见,我国因为母语语言的特征所致,在识字与写字领域的学习压力客观存在,主要采用大量反复书写、认读的传统练习方式。而日本注重写字姿势与规范笔画的基本功,识字方式活泼,易受低龄学童的欢迎。

(二)阅读

课标部分:(1)课内阅读内容:我国十分重视词语积累对阅读的作用,要求了解词义、积累词汇,从而理解文章的内容,获得情感体验。日本则从第一学段开始就要求学生在阅读时注意敬语等文体问题,以及句子成分、篇章结构等问题,并且还要能找出中心句,概括文章大意。(2)课外阅读要求:我国没有明确提出课外阅读的具体要求,日本是强调学生应利用校内图书馆,多读说明文和图鉴等科学主题的书籍。(3)阅读方式:我国明确要求掌握朗读、默读和背诵等阅读方式。日本没有提及具体的阅读方式,但重视阅读之后的输出和灵活、自由的阅读体验。此外,日本还考虑到一年级儿童的心理和生理特点,强调要开展教师读书给学生听的"听书"活动。(4)文体:我国列出第一学段应该阅读的文体有"童话、寓言、故事、儿歌、儿童诗、古诗"。日本没有具体要求。

再对照课本:(1)阅读目标:我国的统编本一上在开头部分新增加了一页"读书真快乐"的彩页,内容偏向从阅读可以获得的具体能力这一角度鼓励学生阅读。日本的光村版一上在开头部分用了两个整页的彩页描绘教师在教室里读书给孩子们听的愉快场面,后半部还有两个完整的开页是描绘学生们在图书室里的活动,通过画面上标出的台词向学生传递

---

[1] 温儒敏:《如何用好"统编本"小学语文教材》,《课程·教材·教法》2018年第2期。

阅读是有趣的。(2)课外阅读:我国统编本的新亮点之一是增加了"和大人一起读"版块,将课外阅读纳入教材体系。日本光村版的特点是结合课本内容推荐课外读物,并且在课本中也会对推荐的具体课外读物信息进行介绍。如一年级推荐的均是绘本性质的书籍,标题与幼儿园儿童阅读主题十分相近。我们认为这是考虑到一年级刚入学学生在心理上还没有完成身份转变,这样的方式和书籍的内容便于孩子们接受,从而更好地引起孩子的阅读兴趣。基本每册课本都会推荐 20 本左右的课外书,推荐信息包括书的封面图片、作者和主要内容介绍。

可见,我国从阅读的功能鼓励学生,相比课外阅读明显注重课内阅读。课内阅读注重具体语言单位以及具体阅读方式等的基础学习,课外阅读方面在二下教材中有鼓励在教室设立图书角,与小伙伴分享书籍的内容,但总体上我国对课外阅读的引导还有待加强。日本是从阅读带给读者的快乐体验引导学生,注重趣味性和实际应用,课内阅读和课外阅读的平衡度把握较好,阅读强调对文章整体的理解和阅读后的输出。

(三)写作

我国将第一学段的写作称为"写话",从第二学段开始设立"习作",可见第一学段在这个领域的要求比较低。2011 课标指出第一学段写话时运用的语言知识主要是学到的词语和标点符号,要求写自己想说的话和想象中的事物。日本 2017 要领在第一学段就要求学生写作时要注意写作技巧,包括词与词之间、句子与句子之间的衔接方式、写作顺序、围绕中心思想写作等,并在第一学段就已经开始要求学生学会自我修改,与同学分享感受,这个要求比我国早一个学段。内容上日本要求写自己的经历、感受、想象的内容,写日记、书信和简单的故事。参照日本在第二、三学段对写作的要求来看,他们的总体要求难度高于我国。

再看教材:(1)开始时间:我国的统编本在一下的第二课课后和语文园地八里有两个要求学生"写一写"的练习,但正式的"写话"练习是从二上开始,二上有三次写话练习,二下有四次写话练习和两次续写练习。而日本的写作练习开始于一下,一下有三次写作练习,二上有三次,二下有四次。(2)练习内容:我国统编本设计的写话练习主题大多是与动物和自然有关,也有与平时的生活有关的,如玩具、愿望等内容。日本设计的写作主题只有一个与动植物有关，其余的大多是传递信息（如信件、新闻、记录），偏重实用功能。尤其值得关注的是，日本在二下就有关于诗歌的写作练习。

可见，我国在写作领域注重的是让孩子们去表达自己关心的事物，而日本明显是侧重实际应用，从写作内容和完成后的修改要求来看，总体难度高于我国。

（四）听说

日本 2017 要领是将说与听放在所有语言能力学习的首位。按照人类掌握语言的自然规律来看，人出生之后必定是先听，而后再模仿听到的内容学习说，写和读是需要经过专门学习的。

具体来看，我国 2011 课标要求学生在第一学段要锻炼复述与听的语言技能，注意与人交谈时的自信、礼节等整体形象管理。说的内容有小故事、观察所得、见闻和想法。要求能提问，并进行讨论。日本的 2017 要领没有提及复述的技能训练，但要求说自己周围发生的事或自己经历过的事，还能做介绍、说明和报告，并对表述内容的顺序安排、音量、语速等讲述技巧有明确要求。听的能力训练方面要求有重点地听，交谈时要尊重对方的存在，注意衔接对方谈话内容的方式。可见，两国在第一学段都重视个人单向表述的能力，我国注重言语交际时的整体形象管理，日本注重言语交际的内容组织。

再对照课本我们发现，我国统编本中关于听说能力的学习主要体现在单元末的口语交际专栏。一上课本中的口语交际练习较少，主要是和新的校园生活有关，如和同学相互做自我介绍、练习恰当的说话音量等。日本光村版却有较多的听说练习，另外内容也比较丰富，有表达自己的心情的、有描述小动物的、有描述自己生活的、有分享自己的玩具的、有谈论自己的爱好的等等。日本一上课本的第一课就是让孩子们看图"说"，而我国统编本的第一单元是识字。

我们发现，我国在"听"和"说"之间偏重"说"的练习，而日本既强调"说"也强调"听"的能力和方法。从导入顺序来看，日本在识字之前首先进行"听"和"说"，应该能更好地吸引低龄学生，不会给他们造成太大学习压力。

通过以上对中日两国基础教育第一学段的母语教育中语言知识和能力教育的异同比较,可以看到,中国比较重视语言知识的学习,尤其是字和词。特点有两个,一是"系统",强调语言知识的体系性,课程标准有详细说明和要求,教材里的对应内容、练习也十分充实。尤其是与字和词相关的语言知识点渗透到听说读写的各个领域,通过不同语言能力的反复操练温故知新。苏新春等在对2001年的语文课标和人教版等当时使用的四套语文教材进行分析得出:"(2001年版的课标)出台以来,淡化语文知识的趋势在这四套教材均体现得相当明显。"[1]但统编本的总主编温儒敏则认为现在的教材"不敢放手设置基本能力的训练,知识点和能力训练点不突出,也不成系列"[2],他主张语文知识还是要有体系的。因此,从语言知识的体系性,特别是和字词有关的语言知识部分来看,我国比日本要重视得多。第二个特点是"详细",即对语言能力要求得十分具体详细,如读的方式有认读、朗读、默读、浏览、背诵等,写作又分写话和习作,阅读从词汇抓起,并具体指出哪个阶段应练习哪种语言能力,每个部分的量也有统一规定,这有利于国情复杂、国土辽阔的我国学生进行统一标准的学习。

日本的总体特点是比较重视语言能力的锻炼,尤其是阅读、写作和口语交际领域。特点有三个,第一是"早",即同一语言能力的学习时间比我国早,日本在第一学段开始的书信写作练习,我国是第二学段才开始,日本是第一学段开始学习修改习作,我国是第二学段。第二是"高",即对同一语言能力的要求较高,尤其是对阅读和写作的要求比我们高。我国仅要求学生阅读、欣赏诗歌,但日本在第一学段就要求学生尝试撰写诗歌。第三是"活",即日本的语言能力练习设计得十分灵活,与实际应用紧密联系,从低年级就开始要求学生尝试书信、新闻和记录等应用文体的撰写。这些练习设计的主题覆盖面广,能解决各种实际问题,能引导学生去关注包括自然科学等更多领域中的复杂问题,有很强的跨学科的色彩。从这个部分的设计来看,日本小学毕业生的社会活动能力、思

---

[1] 苏新春、杜晶晶、袁冉:《对四套新课标语文教材课后练习的四维分析研究》,《江西科技师范学院学报》2010年第1期。
[2] 温儒敏:《如何用好"统编本"小学语文教材》,《课程·教材·教法》2018年第2期。

考问题的广度和深度或许会超越我国的小学毕业生,具备更强的社会应对能力,或者说具备更强的生存能力和社会竞争能力。这一点值得我们思考。

日本2017要领在总目标中强调在掌握语言知识和能力的同时要培养对自己国家语言文化的"亲近感",有了"亲近感",学习才会有兴趣和动力。这一点是很值得我们思考的。

# 第十二章
# 语文教材语言文字规范状况研究

  语言文字规范化程度是一个国家文明的重要标志之一。纵观我国整个20世纪,社会的每一次大动荡、大变革中,都伴随着语言文字的变化与改革。社会用了一百多年的时间完成了从文言文到白话文、从反切注音到注音字母再到汉语拼音、从古代句读到现代标点符号、从传统汉字到简体规范字的变化,还有与时俱进的读音变化、异形词变化。这段历史因而被称为饱含着社会政治影响力的"语文现代化运动"。一百多年来,几乎每一个"年代",都留下了语言文字那抓地有痕的更革痕迹。仅20世纪50年代以来的半个多世纪,国家语言文字管理部门就先后研制颁布了一百多项语言文字规范标准,在社会用语用字、语文教学、出版印刷、辞书编纂、新闻宣传等方面发挥了巨大作用,有力促进了汉语汉字和少数民族语言文字的规范化和现代化,推动了全社会文化教育事业的发展。可这些语言文字规范标准并不是静态、停滞的。"规范化工作还远远跟不上社会语言生活的需求。"[①]标准是随着社会的变化而不断研制出来的,并随着社会变化而与时俱进地调整与完善。如:关于规范汉字,先有《简体字总表》(1986),后有《现代汉语常用字表》(1988)、《现代汉语通用字表》(1988),再有《通用规范汉字表》(2013);关于汉字部件,先有

---

[①]　李宇明:《通用语言文字规范和标准的建设——学习〈中华人民共和国国家通用语言文字法〉的体会》,《语言文字应用》2001年第2期。

《信息处理用 GB13000.1 字符集汉字部件规范》(1997),后有《现代常用独体字规范》(2009)、《现代常用字部件及部件名称规范》(2009)。还有其他多种标准,都先后推出了多个不同的版本,前后或有沿革或有替代关系。那么,语言文字规范标准(下文简称为"语标")是否得到落实与执行,本身的制订是否科学合理,都非常值得关注。因此,推广与普及、检查与落实,也就成为与语标的研制同等重要的事了。

调查研究的对象是四套使用范围较广、影响较大的新课标小学与初中语文教材。教材的具体信息可参见第四章第三节。

## 第一节
## 语文教材与国家语言文字规范标准

**一、学校教育是落实国家语言文字规范标准的最重要领域之一**

2001年1月1日开始实施的《中华人民共和国通用语言文字法》,是我国有关语言文字规范标准中最为重要的"国家大法"。该法的第二章"国家通用语言文字的使用"中列举了12种语言使用环境,高居第二位的就是"学校教育"的用语用字。"学校及其他教育机构以普通话和规范汉字为基本的教育教学用语用字。"[①]学校教育的语言文字规范化使用之所以如此重要,就是因为它在全社会不同领域中有着特殊性质与作用:1.学校教育与教科书是语言文字规范标准最重要的一个应用领域。它与词典、新闻报刊、公文等领域相比,最大特殊性就在于它的规定性与范本性。2.学校教育的对象是青少年,学生正处于语言、心智、知识的"启蒙""成长"期。这个时期正确、规范地使用语言文字对提高他们的语文能力,提高知识吸收能力具有重要影响。3.当下的学生就是将来社会的栋梁。学生具备了正确使用语言文字的能力,也就是提高社会整体语言文字运用能力的最便捷渠道。4.学校教育具有规定性的制度要求,最容易

---

[①] 第九届全国人民代表大会常务委员会,《中华人民共和国国家通用语言文字法》,2001年1月1日实施,第二章第十条。

收到语言文字规范教育的良好效果。因此,提高学校教育的语言文字规范化水平,对做好全社会的语言文字工作、提高语言文字的运用水平具有重要作用。重视学校语文教育在我国有悠久的历史传统。许嘉璐(1998)早就指出"古代的语言文字规范主要把教育作为主要支柱"[1]。而在学校教育与教科书中,首要的是语文课与语文教材。语言文字既是语文教学的直接学习对象,也是学科知识、品德教育的载体。学生在一步步掌握汉语汉字正确书写、运用规律、提高母语能力的同时,也在接受着语言所表达的思想、知识与情感。中小学语文教材必须做到"努力追求设计的创新和编写的特色。……编写语言应准确、规范"[2]。

许多学者对提高语文教材的语言文字规范化水平都表示过关切。李宇明(2004)认为语言文字规范文件可以直接指导语言生活,但更需要通过语文辞书、语文教科书等来引导语言生活[3]。李行健(2005)对中小学语文教材应该重视语言文字规范发表了一系列重要意见,认为有些作家的作品语言文字的使用可能不规范,选入教材时要做合理的加工注释,不能原封不动地照办[4];中小学语文教学对加强语言规范意义重大,语言规范教育主要体现在基础教育阶段;规范标准应不断地完善。陆俭明(2011)认为制定语言文字规范与标准是当今时代发展的要求,目前已有的规范与标准远远不能满足社会对语言文字规范、标准的需求。为了国家的利益和安全,为了促进汉语国际传播事业的发展,为了提升国民的语言能力,为了构建和谐的语言生活,必须高度重视语言文字的规范化、标准化问题,要加速研究制定有关语言文字的各项规范与标准[5]。

落实、推广国家语言文字规范标准与法规,已日益成为社会高度关注的焦点。可目前中小学语文教材在落实语言文字规范的问题上,尚处在"自在"阶段,由各教材"自行控制"。有的教材还停留在主要是做知识传

---

[1] 许嘉璐:《关于语言文字规范问题的若干思考》,《语言文字应用》1998 年第 4 期。
[2] 中华人民共和国教育部制定《义务教育语文课程标准(2011 年版)》,北京师范大学出版社,2012。
[3] 李宇明:《辞书与语言文字规范》,《辞书研究》2004 年第 4 期。
[4] 桑哲:《规范语言文字,促进语文教学改革——访著名语言学家李行健先生》,《现代语文》2005 年第 2 期。
[5] 陆俭明:《信息时代语言文字规范与标准问题》,《北华大学学报(社会科学版)》2011 第 2 期。

授，而没有把身体力行地落实、推广国家语言文字规范标准作为一项硬性任务来贯彻。全国范围内对所有教材的语言文字规范化运用情况还缺乏完整、系统的检查评价。我国基础教育由"一纲一本"到现在的"一纲多本"，各地各出版单位的"多本"教材贯彻国家语言文字规范标准情况如何，尚心中无数。从中央电视台这两年热播的"汉字听写大会"可以看到全民对识字写字的重视，同时也反映出选手在汉字书写上还存在很多问题，如部件结构、笔画笔顺的正确书写，还有基础教育阶段的识字量问题，都反映出基础教育的语文教学还不容乐观。

我们主要选取了四套出版时间较长，有较广使用范围的基础教育语文教材作为调查对象，分别由人民教育出版社、北京师范大学出版社、语文出版社、江苏教育出版社出版。在标点符号组还增加了湖北教育出版社与河北大学出版社的两套教材。调查范围以语文教材课文正文及注释为主要内容，兼及课后练习，有的还涉及教师教学参考用书。

调查所依据的是国家颁布的有关词汇、汉字、拼音等方面的规范标准，一共参照使用到的语言文字规范标准有 16 个，其中词汇部分 1 个(《第一批异形词整理表》)、读音部分 1 个(《普通话异读词审音表》)、数字用法 1 个(《出版物上的数字用法》)、汉字部分 8 个(《现代汉语通用字笔顺规范》《GB13000.1 字符集汉字笔顺规范》《GB13000.1 字符集汉字字序(笔画序)规范》《GB13000.1 字符集汉字折笔规范》《现代常用独体字规范》《现代常用字部件及部件名称规范》《汉字部首表》《GB13000.1 字符集汉字部首归部规范》)、拼音部分 4 个(《汉语拼音方案》《汉语拼音正词法基本规则》《中国人名汉语拼音字母拼写规则》《中国地名汉语拼音字母拼写规则》)、标点符号 1 个(《标点符号用法 GB/T15834 – 2011》)等。考察到标准之间的承继关系，尽管有的晚出，但属前一标准的沿用，故仍使用前标准。如《GB13000.1 字符集汉字笔顺规范》是 1999 年颁布，它的制订原则是："鉴于通用字笔顺规范已经公布，这次制定 GB13000.1 字符集汉字笔顺以通用字笔顺规范为基础……20902 字中的 7000 个通用字，沿用通用字规范笔顺。"故本调查使用的仍是 1997 年公布的《现代汉语通用字笔顺规范》。另外，还考虑到教材发行与标准颁布之间的时间差别，所使用的是在教材刊行时仍在有效期中的规范标准,如字种字量统计时,用的是《现代汉语常用字》(1988),而不是《通用规范汉字表》(2013)。

使用的方法为普查法,对所调查的语言文字项都建立了专题语料库,力求做到具体全面周详,对调查项出现的教材册数、课文数、教材位置、上下文语境等,都一一予以载明。

调查结果显示,总的来看各教材对各种语言文字规范标准都有比较强的贯彻的意识,在教材中的语言文字部分中加以落实与运用。多数规范标准如汉字笔画笔顺标准、汉字部首标准、异形词标准、异读词标准都能得到较好的落实,能做到行之有据、教之有本,有的还执行得相当严格。在同一部教材的不同内容中,表现出课后练习的规范程度比较高,课文正文次之,课下注再次之,教师教学参考用书末之的特点。这样的差异与教材内容的正规性有着对应关系。课后练习直接反映了教学目的,通常也是教学重难点,要求学生能直接掌握。而课文正文除了教材编纂者的加工外,还有的是直接选编自不同时代的经典作品,对它们是否要加工、加工程度如何,都会一定程度上影响到与现行语标是否吻合的问题。由于教材出版源自多家多门,教材编纂出自多人多手,教材呈现语言文字的方式多种多样,低中高不同年级的要求不同,课文来源有自编选编之分,课文语言有古、近、现代之别,也会导致教材存在较大差异。当然,还有一部分"失范"原因在标准本身。总的来说,语文教材中还相当普遍地存在程度不一的"失范"现象。

**二、中小学语文教材落实语言文字规范标准中存在的主要问题**

中小学语文教材在落实"语标"中存在以下几种普遍问题。

(一)不同的语言文字标准在教材中贯彻落实的宽严程度不一

国家颁发的语标主要集中于语言文字的形式方面,如词汇的书写表达、读音表达、汉字的结构拆分与书写排序,也就是在通常说的语言文字的"硬标准"上。而对所谓"软标准"的意义、搭配规则等则很难有规范标准。异形词是词汇方面的标准,但主要属书写形式;异读也可算作词汇方面的标准,但主要落在字上,且主要是静态音,基本不考虑动态使用中的语境音。语标注重于语言文字的形式,也就成为它能够"发力",具有较好的可操作性的地方。语标的颁布往往有"草案"或"初稿",后有修订版、正式版的推出,可见国家主管部门对语标的制订与颁布是相当慎重的。可调查结果显示,重形式、重操作性、审慎编制、不断修订的语标,执行起来却不能完全令人乐观。语文教材现状可喜可忧处并存,这是值得重视与反思的。

所谓有可喜之处,就是有的语标贯彻落实得相当不错。如:汉字"四定"中的定形就做得较好。"通过我们的抽查,特别是对国家语言文字规范调整过的和比较繁难重点汉字的笔顺的抽查,包括汉字的笔顺和笔画数,基本上没有发现什么大的问题。"(本章"汉字结构规范"节)又如:定音也较理想。一般字的读音有字典词典,对多音异读词则有《普通话异读词审音表》。统计显示,教材中对异读词的处理较为重视用页下注的方式,"页下注释词中的异读词保持了异读词规范标准的设计初衷,结合义项解释进行异读甄别,这类型的异读词标音情况主要集中在中高学段"。(本章"词汇规范"节)

所谓有可忧之处,就是有的语标贯彻落实得不够,有的甚至还相去甚远。如:汉语拼音的教学,《汉语拼音方案》规定了声母是 21 个,y、w 是作为 i、u 前没有声母时而采用的不同写法。显然这样的规定只是书写形式上的变通。可教材均把 y、w 看成了声母,认为现代汉语共有声母 23 个。又如《汉语拼音正词法基本规则》规定"拼写普通话基本上以词为书写单位",可教材中符合规定的像"沐浴(mùyù)在春风里"这样的例子并不多,而多是"鼎(dǐng)沸(fèi)"式的分字拼音方式。再如:规定句子开头字母要大写,人名的姓与名的首字母要大写,这在教材中也普遍没有做到(见本章"汉语拼音规范"节)。联系到这几年的福建省二线城市语言文字工作达标评估,在各地抽查的语言文字知识笔试卷中,应试对象中无论是公务员,还是各级学校的教师与学生,首字母大写都是失分最多的一项。这与语文教材中对此未能予以足够重视是有一定关系的。又如:汉字偏旁与部首,这是汉字教学中的老问题,虽然《汉字部首表》2009 年才颁布,但其基本沿用了 1983 年《汉字统一部首表(草案)》,可教材中仍可见部首立部失范的情况。如:《现代常用字部件及部件名称规范》本来都有的正式名称,在教材里却有了不同程度的"变通",在讲授偏旁部首时随意更名,或自创名,或用俗名,或更换代表字的现象较为普遍。如:"病字框"成了"病字旁","句字框"成了"包字头","围字框"成了"方框","设字边"成了"殳字边"。又如:"柔"字,语标中归入"矛"部,可教材归了"木"部(见本章"部首规范"节)。就近就俗改字改名称,仍习惯性地按传统义旁来归部,而不是严格按照现行的"由上到下、由左到右、由外到里"的取部规则。这都显示语标在教材中的落实还远未达到统一规范的程度。

(二)不同教材之间在贯彻语言文字标准上存在一定的差距

不同教材在贯彻落实语标时,存在着松紧不一的差距。有的执行得好些,有的执行得差些。教材编纂出版由"一纲一本"走向"一纲多本",就是赋予了教材一定的"弹性"空间。但"教学大纲"是纲要,是"指导",是"原则",是专门给各教材留下自由发挥空间的。可语标不同,这是"标准",是"硬性要求",只有遵守与执行,执行之为规范,违背之则为失范。在所检查的多部教材之间,时不时可以看到在执行落实同一语标时的差异。

如:"儿化韵"的拼音,《汉语拼音方案》规定,儿化韵尾要写成 r。如"儿童"应写为 ertong,而"花儿"则要写成 huar。有的教材能照此执行,如"献出一点儿爱心"中的"一点儿"注音为"yì diǎnr","又挖了一会儿"中的"一会儿"注音为"yí huìr"。可多数教材将"一点儿"写成了"yì diǎn er",将"一会儿"写成了"yī huì er"。

又如:"分词连写",《汉语拼音正词法基本规则》明确规定要按词为书写单位。有的教材能照此执行,如"沐浴(mùyù)在春风里""嚎啕(háotáo)大哭""尸骸(shīhái)"。可多数教材采用的仍是"鼎(dǐng)沸(fèi)""艰(jiān)辛(xīn)""俸(fèng)禄(lù)""脍(kuài)炙(zhì)人口"式的逐字拼写方式。

再如:前面我们说到汉字的笔画与笔顺是执行得比较好的语标,但在少数字或局部问题上,教材之间还是存在着不一致、不规范或有差异的地方。如《GB13000.1字符集汉字折笔规范》规定了五种主笔形与附笔形,其中可分平笔笔形与折笔笔形,光折笔笔形就有 26 种。各教材在小学低年级识字阶段都对笔画教学给予了相当的重视,有的是集中在一册中教学,有的是分散在多册中教学,可教材教学的笔形数多少不一,如苏教版有 24

种,可四套教材之间共有的笔形只有16种。这样就带来了一个问题,到底在小学低年级应该讲授多少？应该讲授哪些在具体字的笔画笔形教学中也存在差异,如"风"的第2笔"乁",人教版和语文版称为"横折弯钩",苏教版称为"横折斜钩"。

(三)同一套教材的不同内容贯彻语标的力度不一

我们对教材的考察包括了课文正文、课文页下注、练习、教师参考书等。总的来看,教材的不同内容不同组成部分在落实语标时存在等级区别。如:异形词的规范,在课后生词中异形词的出现为零,呈现课后生词部分严于课下注,课下注严于课文正文的趋势。其原因是课后生词体现了教学要求,教学目的性更强。虽然教材中不同位置的若干差异有其合理性,但这种差异其实是不应该出现的。教材的不同组成部分之间,只应该有有无之别、详略之别,以便于学生学习与教师讲授,但不应该出现正误之别,否则极易造成教与学、教科书与教师手册、练习与答案之间的矛盾与冲突,对教学效果产生不利影响。

又如:偏旁部首的名称在语标中是很明确的,在教师用书中不同的称呼、不同的说法随处可见。如北师大版二上称为"厂字旁",苏教版二上称为"厂字头",而语标中规定是按本字念 chǎng;人教版一下称为"衣字旁",北师大版六下称为"衣补旁",而语标中规定为"衣旁"(yīpáng);语文版一上称为"双耳旁",苏教版一下称为"左耳旁",而语标中规定为"双耳"(shuāng'ěr)。

语文教材的课文有相当一部分是来自历代的传统经典之作,因年代的不同,用语用字习惯有所相同。为了保证原作历史面貌的真实性,不随便更改原作是对的。但考虑到学生学习的需要,用随文作注的方式加以说明则是必要的,即原文是历史的,注释是当下的。如对异读词的调查,人教版、苏教版、语文版、北师大版课文正文中出现的异读词分别有49、44、45、43个,而在课后生词中出现的只有1、0、3、0个,说明教材在教学目标明确的内容中对异读词的出现还是控制得比较严格。

语标的制订是经过专家们认真研究、广泛调查、多方验证的,反映了我国当前语言文字使用的发展趋势及规范要求。我国语言文字教育历史悠久,关于汉语汉字的构成与要素多有俗名别称,可它们毕竟是针对不同时代的不同语体字体。现行语标应该是更适用于当下的语言文字现状,一旦颁布,就应该得到执行,方能真正做到学校教育的语言文字规范化。如汉字部件"阝",《现代汉语常用字及部件名称规范》定名为"双耳"。其实在传统汉字中它包含了两个,分为左耳旁与右耳旁,字异显示出义异,左耳旁与山有关,右耳旁与城邑有关。但在现代汉字,其意义隐而不显,故字形统而不分了。在"阝"部件下的4个例字"队帮椭坠"分属原来的两个偏旁,这时再以左耳旁或右耳旁称之显然就不合适了。

### 三、语言文字规范标准制订与推广的改进

教材中较多存在"失范"现象,有的还与语标本身有关。加强语标制订的科学性,加强宣传推广的力度,也要在今后工作中予以特别注意。

(一)加大语标的宣传推广力度

国家制订、颁布语言文字规范标准是相当审慎的。标准一旦公布,就要广为宣传推广,下大气力落实,树立其应有的严肃性、权威性。这方面有的语标是做得比较成功的。记得"异形词表"在2001年作为草案向社会征求意见时,讨论得相当热烈,各种意见纷至沓来。一些权威词典也有自己的传统做法,如《现代汉语词典》习惯性的处理办法是用"也叫""也作",有的是用"主见条""参见条",有的是并排而列,前为正,后为异。但在《第一批异形词整理表》公布后,新闻出版、辞典工具书、教材、公文,都广为落实,到目前为止,第一批异形词规范效果是比较明显的。而当时准备公布的第二批异形词,尽管准备工作也做得很充分,但最终没有走入语标之列,故现在实际使用上仍差异较大,各词典仍按自己的传统各行其是。宣传推广工作做得比较好的还有《通用规范汉字表》,在颁布后有关主管部门组织专家在全国各地举行了多场宣讲活动,各用字单位、出版单位都遵循得比较到位,故它的普及推广效果也是比较好的。在这次评估所涉及的语标中,普遍出现了公布时间长、宣传贯彻力度比较大的语标,执行的效果就比较好。如《GB13000.1字符集汉字折笔规范》(2001)与《现代常用字部件及部件名称规范》(2009),显然前者的效果要更好些。作为国家语言文字工作的主管部门,还要建立起及时检查落实贯彻语标的工作,这也是一项重要工

作。或通过行业协会,或通过科研课题,对一些重要出版物进行检查评估,也都是应予采用的措施。

(二)新语标要与已有语标尽量衔接并保持一致

新的语标推出当然有新的考虑,会根据当下语言文字使用现状做出新的规范。但如果不是特别必要,对已有语标或初稿不要随意更改创异。特别是对已有语标有叠加、扩展、充实关系的语标,有意识地保持原有语标的内容与原则,对新语标的推广和普及是很有好处的。如:《现代汉语通用字笔顺规范》(1997)对7000个通用字的笔顺作了细致的描绘。后来的《GB13000.1字符集汉字笔顺规范》(1999)所收字扩大到了20902字。它在"规范制定原则"的第一条就清楚地注明"20902字中7000个通用字,沿用通用字规范笔顺"。这就将后者是对前者的扩大、包含关系的特点完全展示出来了,7000通用字的笔顺得到了完全继承,而扩展到更多汉字的笔顺则成为后者的最大特点。其实,前7000字的笔顺不可能没有可商之处,可作为语标,保持整体的统一、稳定甚至固定一段时间,是很有必要的。又如:《汉字部首表》(2009)收了201个部首,它是对《汉字统一部首表(草案)》(1983)的修订与完善。它在部首总数上与前者保持了一致,而对变更了的内容在"前言"最醒目的位置加以说明。除第11条是新增内容外,前10条都是对变动内容的说明。变动内容大体分为三类:一是正形附形部首的调换,二是根据笔顺规范带来的部首排序变化,三是增加的附形部首。这样做就极大地保证了《汉字部首表》(2009)在完善中的稳定。而有的语标制订或修订就有点任性或霸道,对旧有语标已存在的问题没有解决,所作的变动也不是最佳选择。这种情况在今后要尽量加以避免。

(三)制订语标要兼顾学科上的严谨科学与大众的方便运用

制订语标是很严肃、严谨的事,要有充分的学科理据。但有的时候也不能走向极端,因为语标毕竟要全民大众来遵照执行。只有能够为全民大众遵照执行的才是好的语标。可现在有的语标考虑学科理据多,考虑大众普及运用少,与社会使用习惯相去甚远。如:教材中关于现代汉语单韵母的数量与《汉语拼音方案》的说法普遍不合。所有教材均说是6个,可语标中说是10个。其实10个是从音位来说,包括了音位的条件变体。可这样的专业知识要在高校现代汉语课中才会介绍,对一般民众及中小学生来说,出现于不同音素前的"i""ɿ""ʅ"三个音都用"i"来书写,而看作是一个单韵母,这是符合他们的认知能力与习惯的。又如:"按词连写"是《汉语拼音正词法基本规则》中的一条重要规定。循其理,当它出现在整句整段地使用汉语拼音时,这条规定才显得必要而合理,可汉语拼音的主要功能是作为汉语汉字的注音工具,特别是在中小学生阶段,在遇到生字难字僻字时才会用到汉语拼音,这时"按词连写"就往往不是那么必要了。在以识字为主的中小学教学中,在不是整篇整段的拼音书写文本中,是不是可以对分词连写不作出特别的要求。再如:部件的称呼,《现代汉语常用字及部件名称规范》规定对成字部件"按其读音命名"。将"彡"这一部件命名为"shān"。固然"彡"有形音义,但在现代汉语中极少使用。收了近万个汉字的通行字词典都没收录,《现代汉语通用字表》《通用规范汉字表》没收录,每年逾十亿字语料的统计字表中也不见其身影。以"shān"来作它的部件名称相信会难倒相当多人的,远不如教材中普遍采用的"三撇"说法来得通俗易懂。

  中小学语文教材要更好地落实国家语言文字规范标准,需要国家主管部门在语标制订、颁布、推广上多做工作,做好工作,更需要语文教材的编纂单位、使用单位有强烈的语言规范意识,以切实提高中小学语文教学的语言文字规范水平。

## 第二节
## 词汇规范及数字用法标准落实情况的调查研究

在语言诸单位中,词汇单位数量大、内部关系复杂、更新换代频繁。词汇规范历来是语言文字规范化工作中的难点。新中国成立以来,词汇规范标准文件相继出台,研究者对词汇规范标准的制定原则、编制理念、执行力度等方面均有较为完整的研究。但从词汇规范标准的落实与维护角度来看,则鲜有规模性调查研究。词汇规范标准处理的主要对象是"那些同一词汇有不同读音的异读词、同一词汇有不同写法的异形词、同义词、近义词、外来词、缩略语、新生词以及词汇的新用法等各种变异,包括不合现有语言规范的现象"[1],相较文字、语音规范标准封闭性和穷尽性的特点,词汇规范数量大、范围广、涉及领域多,其调查与维护也相对较难。

中小学语文教材以文学作品为主要内容。教材中的词汇既要体现文学作品的时代性与丰富性,又要符合各学段学生的学习规律,还需符合词汇内部的发展规律,它在语文教材中既是语言知识点,也是综合语言能力的指标。中小学语文教材对词汇规范标准的执行情况直接关系到中小学生语言知识的正确掌握、语言能力的健康发展。

### 一、词汇规范及数字用法标准调查的内容

(一)规范标准的选用

根据词汇规范处理对象的操作性原则,词汇规范调查以词形和读音为主要对象:词形包括一类规范文件,异形词整理表;读音包括一类规范文件,异读词审音表。数字用法的调查包括一类标准文件,出版物上的数字用法。共涉及三项规范标准:

1.《第一批异形词整理表》(中华人民共和国教育部、国家语言文字工作委员会,2001年12月19日,GF1001-2001,语文出版社,338组异形词,44组含非规范汉字异形词)

---

[1] 李宇明:《词汇规范的若干思考》,《厦门大学学报(哲学社会科学版)》2002年第2期。

2.《普通话异读词审音表》(中华人民共和国教育部、国家语言文字工作委员会、中华人民共和国广电部,1985年12月)

3.《出版物上的数字用法》(中华人民共和国国家标准,GB/T15835-2011,2011年)

《第一批异形词整理表》经过多年的沉淀,已是词汇规范中较为成熟的标准文件,异形词表中的正体、异体字形的社会辨识度较高,是进行此次调查的主要词汇规范文件之一。《第二批异形词整理表(草案)》不是国家标准,不纳入此次调查。《普通话异读词审音表》以字为单位,此次调查抽取其表中出现的词汇条目为调查项,是此次调查的主要词汇规范文件之一。《出版物上的数字用法》是数字使用规范,是此次调查的主要标准文件,其规定以文字表述和例示为主,本调查主要是对数量词和时间词的考察。

以上四项规范标准文件中的前二项的发布时间都在教材审定和出版之前,《出版物上的数字用法》使用的是2011版的更新版。该版数字用法规范是《出版物上的数字用法》1990版的替代版本,前后两版的主要变化不在数字用法规范的内容上,而在规范文件的表达形式上[①],调查所用的语文教材多为2011年以后印刷,故采用2011版的《出版物上的数字用法》。

(二)中小学教材词汇的定位

依据词汇在教材中出现的位置,中小学教材中的词汇呈现三种分布状态,即课文词汇、课后生词、页下注释词。三类教材词汇的位置不同,在教材中的性质和地位也不同。课文词汇数量最多,是教学的主要内容;课后生词数量少,是教学的重点或难点;页下注释词数量少,是词汇学习和课文学习的拓展。三种教材词汇中课文词是"面",课后生词是"点",页下注释词是词汇系统的拓展,教材词汇呈现出点面区别、功能差异的特点。

教材词库包括四个词表:课文目录表,共2000篇;课文词表,共1283747词次;课后生词,共27950词次;页下注释词,共8183词次。以上

---

[①] 2011版《出版物上的数字用法》列出四项新旧版变化:1.原标准在汉字数字与阿拉伯数字中,明显倾向于使用阿拉伯数字,本标准不再强调这种倾向性;2.在继承原标准中关于数字用法应遵循"得体原则"和"局部题例一致原则"的基础上,通过措辞上的适当调整,以及更为具体的规定和示例,进一步明确了具体操作规范;3.将原标准的平级罗列式行文结构改为层级分类式行文结构;4.删除了原标准的基本术语"物理量"与"非物理量",增补了"计量""编号""概数"作为基本术语。

三种词表共计 1319880 词次①,具体见表 12 – 1。

表 12 – 1  教材词汇语料构成一览表

| 类型 | 数量 | 单位 | 说明 |
| --- | --- | --- | --- |
| 教材 | 72 | 册 | 四家出版社 |
| 课文 | 2000 | 课 | 部分教材一年级无课文或课文为拼音,不计入 |
| 课文词 | 1283747 | 词次 | 含标点符号 |
|  | 1075116 | 词次 | 不含标点符号 |
| 课后生词 | 27950 | 词次 | 包括每课后的生词,每单元后的生词列表 |
| 页下注释词 | 8183 | 词次 | 页下注释不以词为单位的情况未计入 |

## 二、词汇规范及数字用法标准在教材中的落实情况

（一）异形词规范标准的落实情况

异形词是指"普通话书面语中并存并用的同音（本规范中指声、韵、调完全相同）、同义（本规范中指理性意义、色彩意义和语法意义完全相同）而书写形式不同的词语"②。异形词是词汇发展演变中的常见现象,词形使用一般由交际需求决定,规范文件起指导、推荐的建议作用,并不具有强制性。但在语文教材中,词形作为直接的教学内容,则带上了刚性、明确性、区别性的要求,即:词形哪个是正确的,这是教学必须解决的问题。语文教材应以正体词形为主,以符合语文课程标准中的"编写语言应准确、规范"的要求③。

《第一批异形词整理表》对普通话书面语的"推荐使用"功能有其适用范围,在"包括语文教学、新闻出版、辞书编纂、信息处理等方面"应采用正体词形。

本次调查使用的异形词规范共计 1 批次、382 组（第一批 338 组异形

---

① 本词库以国家语言资源监测与研究教育教材语言中心的教材课文词库为基础,更新四家出版社现行教材的增补部分,增加四家教材的课后生词表、三家教材的页下注释词。课文词采用 NLPIR 分词系统,辅以人工校对,总词次数含标点符号。词单位携带词性标记。苏教版初中教材沿用已有的课文词库,未更新,因此未增补页下注释词。由于教材出版发行周期和语料库扩建时间的不一致,部分教材搜集入库时包含了两个版本,以下行文如有两个版本并举时将说明版次情况,旧版为 2007 年之前的版本,新版为印刷时间在 2011 年之后的版本,如无特殊说明均为新版。
② 中华人民共和国教育部、国家语言文字工作委员会:《第一批异形词整理表说明》,语文出版社,2002,第 5 页。
③ 中华人民共和国教育部制定《义务教育语文课程标准（2011 年版）》,北京师范大学出版社,2012,第 20 页。

词、44组不规范字异形词)、791个词,其中正体词形为382个,非规范汉字词及异体词形409个,正异体比为0.93,基本保持正异体词形对半的比例,异形词个数略多。

表 12-2 异形词正异体在教材词汇中的出现情况总表

| 教材词汇 | 第一批异形词种数(个) | 非规范汉字词种数(个) | 合计 |
|---|---|---|---|
| 课文词 | 正单体:198 | 正单体:23 | 221 |
|  | 异单体:5 | 异单体:0 | 5 |
|  | 正异体:90(45组) | 正异体:8(4组) | 98(49组) |
| 合计 | 293 | 31 | 324 |
| 课后生词 | 正单体:87 | 正单体:8 | 95 |
|  | 异单体:0 | 异单体:0 | 0 |
|  | 正异体:0 | 正异体:0 | 0 |
| 合计 | 87 | 8 | 95 |
| 页下注释词 | 正单体:29 | 正单体:6 | 35 |
|  | 异单体:10 | 异单体:1 | 11 |
|  | 正异体:6(3组) | 正异体:0 | 6(3组) |
| 合计 | 45 | 7 | 52 |

异形词规范中有两种不同的词形,即正体、异体(含非规范汉字的异体),每类教材词汇下依据异形词规范的二种词形有三种出现方式,即只有正体出现(正单体)、只有异体出现(异单体)、正异体同时出现(正异体)。教材词汇中所出现的异形词正体占绝大多数。语文教材的课文词、课后生词和页下注释词对词汇呈现的目的不同,课文词重在数量与范围,课后生词重在难点,页下注释词重在拓展,因此三种教材词汇对异形词的处理程度也不同。课文词中出现的异形词总量和种类要高于课后生词和页下注释词,其所出现的异形词正异体种类也高于其他两种教材词汇。课文词的词汇基数大,其出现异形词正异体的概率相对较高。课后生词没有出现异体词形。课后生词作为教学的重点和难点,不应出现异体词形。页下注释词要承担课文词的注释功能,其异体词形出现的数量较多。

正体词形在教材词汇中出现是正常的,符合词汇规范的要求。异形词规范标准的落实情况重点就落在了异体词形在教材中的分布情况,异单体的情况、正异体同现的情况是本次调查考察的主要对象。通过考察这两种异形词规范出现方式在不同版本、不同年级或不同课文中的分布,来描写和说明异形词表规范在教材中的落实程度与特点。

1. 只有异单体词形出现的情况

只有异单体词形出现的教材词汇有两种,课文词汇和页下注释词,课文词汇中单独出现了5个异体词形,页下注释词汇单独出现了11个异体词形。页下注释词在教材中的功能是对课文词的补充与拓展,页下注释词对异体词形的注释也是教材对异体词形的关注和处理方式之一。

表12-3　5个课文异单体词形的分布情况表

| 异单体词形 | 词次数 | 教材位置 | 课文来源 | 页下注释 |
| --- | --- | --- | --- | --- |
| 百废具兴 | 3 | 人教版八下第27课;语文版八下第26课;北师大版九上第5课 | 《岳阳楼记》,范仲淹,文言散文原文 | 有 |
| 寒伧 | 3 | 北师大新版第二单元第4课课后比较探究中的第5篇(旧版七上第13课),1词次;北师大版九上第1课,2词次; | 《落叶》,贾平凹,当代散文;《项链》,莫泊桑,翻译为当代小说 | 无 |
| 收伏 | 1 | 语文版旧版二下第32课(新版为"收服") | 《三借芭蕉扇(一)》,吴承恩,改编为当代小说 | 无 |
| 霪雨 | 4 | 人教版旧版八下第27课(新版为"淫雨");语文版八下第26课;北师大版九上第5课;苏教版九上第20课 | 《岳阳楼记》,范仲淹,文言散文原文 | 有 |
| 折衷 | 2 | 人教版九下第13课;苏教版九下第1课 | 《威尼斯商人》,莎士比亚,翻译为当代小说 | 无 |

课文词中单独出现的5个异体词形,"百废具兴""霪雨"同时也进入页下注释词,对其异体词形有正面的说明和注释。其他3个异体词形则没有进入页下注释词,其异体的状态在教材词汇层面没有给予正面说明。除"收伏"外,其余4个异体词形都出现在初中段的课文里。"百废具兴""霪雨"出现在一篇课文中,是范仲淹的《岳阳楼记》文言原文。"寒伧""折衷"

则都出现在翻译小说中。"收伏"出现在改编的白话小说里。课文词中单独出现的异体词形学段偏高,选文的风格或古典或文雅,携带较为明显的时代特征和作品风格。

表 12-4　页下注释词异单体词形的情况表

| 异体词形 | 词次数 | 教材位置 | 课文来源 | 在课文词中的出现方式 |
|---|---|---|---|---|
| 百废具兴 | 2 | 语文版八下第 26 课;北师大版九上第 5 课 | 《岳阳楼记》,范仲淹,文言散文原文 | 异单体 |
| 喝采 | 2 | 人教版七下第 16 课;人教版八下第 1 课 | 《社戏》,鲁迅,现代小说;《藤野先生》,现代散文 | 正异体同现 |
| 胡蝶 | 2 | 语文版七上第 4 课;人教版八下第 6 课 | 《风筝》,鲁迅,现代散文;《雪》,鲁迅,现代散文 | 正异体同现 |
| 胡涂 | 1 | 语文版七上第 4 课 | 《风筝》,鲁迅,现代散文 | 正异体同现 |
| 火伴 | 2 | 语文版七上第 24 课;人教版七下第 10 课 | 《木兰诗》,文言诗歌 | 正异体同现 |
| 烂熳 | 1 | 人教版八下第 1 课 | 《藤野先生》,鲁迅,现代散文 | 正异体同现 |
| 留连 | 1 | 语文版四下第 5 课 | 《江畔独步寻花》,杜甫,文言诗歌 | 正异体同现 |
| 模胡 | 2 | 人教版七下第 16 课;人教版八下第 1 课 | 《社戏》,鲁迅,现代小说;《藤野先生》,鲁迅,现代散文 | 正异体同现 |
| 飘颻 | 1 | 北师大版八下第 10 课 | 《芙蕖》,李渔,文言散文原文 | 正异体同现 |
| 豫备 | 1 | 语文版七下第 5 课 | 《鲁迅自传》,鲁迅,现代散文 | 正异体同现 |
| 浩淼 | 1 | 北师大旧版九上第 3 课(新版为"皓淼",第三单元第 6 课课后比较探究第 3 篇) | 《游岳阳楼记》,袁中道,文言散文原文 | 正异体同现 |

页下注释词中出现的异体词形,只有"百废具兴"在课文词中是异单体的出现形式,其他 10 个异体词形在课文词中均有正体同现,这种情况的分

布将在下节说明。11个页下注释词的异单体中,有6个出自鲁迅的文章,有5个出自文言散文或诗歌,分布的领域十分明确。页下注释词中出现的异体词形,以白话文、文言文为主,时代风格和作品特征明显。多分布在初中段,难度较高。

综合两种教材词汇中异单体的出现分布来看,异形词规范在语文教材中的落实情况呈现以下三个特点:

其一,语文教材体现的异形词还是以正体为主流,也有一定数量的异体词形出现,异体词形不论数量还是种类都远低于正体词形,符合规范对语文教材处理异形词的基本理念。

其二,三种教材词汇的定位与异形词的出现情况密切相关。课后生词不应出现异形词,也不应出现含有不规范汉字的异形词,这是由课后生词的教学地位决定的。页下注释词要对课文中出现的有一定辨识难度的、生僻的异体词形进行解释和说明,是由其注释功能所决定。

其三,异体词形单独出现意味着其取代了正体词形,从教材词汇的分布情况来看,异体词形的单独出现是有条件的,多分布在白话文、文言文和高年级的课文里。

### 2. 正异体同现的情况

异形词规范文件以组为单位列表,方便人们查找、对比和确认正确词形,按照规范文件的设计初衷,正体词形应作为"推荐建议"取代异体词形,即一组异形词若出现应是非此即彼的、互斥的,在一定范围内,有正体出现的情况下,异体词形就不出现。但本次调查发现,异形词的正异体在教材里有同现的情况,正异体同现的情况可分为两个层次:第一,正异体同时分布在不同版本教材里,还是同时分布在同一版本教材里,后者是考察异形词规范落实的难点;第二,正异体同时分布在同一版本教材里的不同册,还是同时分布在同一册,后者是考察异形词规范落实的重点。

表 12-5  正异体词组同现情况总表

| 至少同时出现在一部教材中的正异体词组，课文词 40 组，页下注释词 1 组 |
|---|
| 课文词里：标志/标识、战栗/颤栗、徜徉/倘佯、跨蹋/跨蹴、粗鲁/粗卤、倒霉/倒楣、订货/定货、吩咐/分付、愤愤/忿忿、蛤蟆/虾蟆、喝彩/喝采、蝴蝶/胡蝶、糊涂/胡涂、伙伴/火伴、架势/架式、就座/就坐、空蒙/空濛、烂漫/烂熳、连接/连结、联结/联接、鲁莽/卤莽、流连/留连、伶仃/零丁、门槛/门坎、蒙蒙/濛濛、迷蒙/迷濛、模糊/模胡、那么/那末、漂泊/飘泊、图像/图象、玩意儿/玩艺儿、稀罕/希罕、稀奇/希奇、惺忪/惺松、一股脑儿/一古脑儿、衣着/衣著、余晖/余辉、预备/豫备、辗转/展转、指手画脚/指手划脚 |
| 页下注释词里：伶仃/零丁 |
| 正异体出现在不同部教材中的词组，课文词 9 组，页下注释词 2 组 |
| 课文词里：低回/低徊、跌跤/跌交、浩渺/浩淼、叫花子/叫化子、摩擦/磨擦、飘摇/飘飖、无宁/毋宁、稀世/希世、渔网/鱼网 |
| 页下注释词里：跨蹋/跨蹴、辗转/展转 |

异形词正异体同时出现在至少一部教材里有 40 组，占所有同时出现正异体的约 82%。可以说，出现在课文词中的异形词组绝大部分至少同出现在一部教材里。页下注释词同现数量只有 1 组。课文词中所出现的异形词组值得关注，它们是均匀分布在各个学段，还是只分布于某几个学段，代表了教材对异形词处理的原则。当异形词组同时出现在一部教材时，正异体词形是否同时出现于同一册，是衡量该部分异形词规范在教材中落实的重要指标，如表 12-6。

表 12-6  异形词组在课文词中同现的教材、年级和册数情况表

| 年级 | 册 | 人教版 | 苏教版 | 语文版 | 北师大版 |
|---|---|---|---|---|---|
| 四下 | 8 |  |  | 流连/留连 | 流连/留连 |
| 五 | 9 |  |  | 玩意儿/玩艺儿 |  |
|  | 10 |  |  |  |  |
| 六 | 11 | 稀奇/希奇 |  |  | 玩意儿/玩艺儿 |
|  | 12 |  |  |  | 标志/标识 |

续表

| 年级 | 册 | 人教版 | 苏教版 | 语文版 | 北师大版 |
|---|---|---|---|---|---|
| 七 | 13 | 蛤蟆/虾蟆、喝彩/喝采、蝴蝶/胡蝶、糊涂/胡涂、伙伴/火伴、模糊/模胡 | 模糊/模胡 | 蝴蝶/胡蝶、糊涂/胡涂、伙伴/火伴 | 喝彩/喝采、模糊/模胡 |
| | 14 | 战栗/颤栗、喝彩/喝采、伙伴/火伴 | 战栗/颤栗、就座/就坐 | 伙伴/火伴 | 战栗/颤栗、喝彩/喝采、门槛/门坎 |
| 八 | 15 | 踌躇/踌蹰、吩咐/分付、图像/图象、玩意儿/玩艺儿、稀罕/希罕 | 蒙蒙/濛濛 | 吩咐/分付、玩意儿/玩艺儿、稀罕/希罕 | 玩意儿/玩艺儿、稀罕/希罕 |
| | 16 | 踌躇/踌蹰、模糊/模胡、玩意儿/玩艺儿、稀罕/希罕、一股脑儿/一古脑儿 | 烂漫/烂熳、模糊/模胡、一股脑儿/一古脑儿 | 踌躇/踌蹰、玩意儿/玩艺儿、稀罕/希罕 | 模糊/模胡、玩意儿/玩艺儿、稀罕/希罕 |
| 九 | 17 | 战栗/颤栗、吩咐/分付、那么/那末、玩意儿/玩艺儿、稀罕/希罕 | 战栗/颤栗、那么/那末 | 吩咐/分付、流连/留连、玩意儿/玩艺儿、稀罕/希罕 | 战栗/颤栗、吩咐/分付、流连/留连、玩意儿/玩艺儿、稀罕/希罕 |
| | 18 | 吩咐/分付、愤愤/忿忿、模糊/模胡、那么/那末、稀奇/希奇、辗转/展转 | 模糊/模胡、那么/那末、漂泊/飘泊、稀奇/希奇 | 吩咐/分付、流连/留连 | 倒霉/倒楣、吩咐/分付、流连/留连、模糊/模胡、稀奇/希奇、衣着/衣著 |
| 合计异形词组种数 | 11个年级 | 17组 | 9组 | 8组 | 12组 |

课文词中同现一册教材的异形词组共计26种，占40组的65%，同现至少在一部教材里的异形词组有六成以上是同时出现在一册教材的课文

词中,比例略高。各家出版社的异形词组同现分布显示出较为一致的趋势,多集中同现于初中段。异形词组同现最早出现在小学四年级,小学段的异形词同现情况较少,仅有 4 组异形词出现在课文词的同一册中。苏教版教材在小学阶段没有异形词组同现于一册教材的情况。人教版的 1 例,"希奇"异体词形出现在鲁迅的《闰土》选文中;"留连"异体词形 2 例来自杜甫的《江畔独步寻花》,语文版和北师大版均在四年级下册选取该作品;"玩艺儿"的两例异体词形,分别来自语文版选文夏目漱石的《我是猫》、北师大版选文茨维尔卡的《夜莺之歌》,均为翻译作品;"标识"异体词形来自北师大版选文张抗抗的《城市的标识》。

异形词组在教材的同现趋势,非常明显地与年级相联系,初中阶段各家出版社的 13—18 册教材均有同现在一册中的异形词组。随着年级的升高,同现的异形词组增多,这种增长趋势主要受初中选文篇幅增长、类型增多、容量增大的影响。初中语文教材中现代作品、文言文作品、翻译作品相对小学段有比较大的增长,对作品的处理更趋向保留文学作品的时代特征,因此异形词组同现于一册的情况增多,其异体词形的出现主要分布在白话文作品、文言文作品和翻译作品类的课文中。比如:"踌蹰",语文版八年级下第 9 课,节选自曹禺的《日出》;"飘泊",苏教版九年级下第 9 课,选自比尔博姆的《送行》;"倒楣",北师大版九下第 2 课课后比较探究第 2 篇(旧版为六下第 1 课),选自莫泊桑的《我的叔叔于勒》等。

本次调查没有发现异形词组同现于一课的情况。

(二)异读词标准的符合性情况

普通话异读词审音表着眼于普通话词语的一些异读现象来审定读音。本次调查为教材文本调查,异读情况调查转化为异读词形的出现情况调查,由于不携带拼音只考察词形,本次异读词规范以抽样调查为主,旨在考察异读词在不同教材词汇、不同版本教材、不同学段的范围内出现的基本情况。本次调查采用《普通话异读词审音表》,共计 780 个词,是调查的主要内容。统读字头为词素,不计入对比项。

表 12 – 7　异读词出现情况一览表

| 教材词汇 | 异读词种数(个) | 教材中出现的异读词次数(个) | 占教材词汇的比例①(%) |
|---|---|---|---|
| 课文词 | 374 | 8161 | 0.76 |
| 课后生词 | 105 | 143 | 0.51 |
| 页下注释词 | 42 | 55 | 0.67 |

异读词是语文教学中需要特别注意的细节和难点。在三种教材词表中,异读词的种数不多,所占教材词汇比例极低。异读词兼具音、形、义三种语言知识内容,当异读词进入课文词时,往往作为一般词汇不特殊标示其音的异读情况。当异读词作为生词列入课后生词表时,其词形所处的年级可体现教授该词形所能深入的程度。当异读词作为页下注释词,其词形是否携带读音标注,可体现出教材对异读词的处理程度。

异读词形通过两个功能来实现对异读情况的解读:一个是辨义功能,以异读词表中所列词形后有义项说明为其带辨义功能。比如:拗口,"拗"体现为"不顺从";执拗,"拗"体现为"固执"。另一个是辨别语体功能,以异读词表中所列词形后义项中标注"文"或"语"为其带辨别语言功能。比如:味同嚼蜡,"嚼"体现为口语体;咀嚼,"嚼"体现为书面语体。

异读词规范在教材中的落实情况可从两个角度进行抽样考察:课后生词中异读词形的出现情况、页下注释词中异读词的出现情况。通过考察异读词形在课后生词、页下注释词两种教材词汇中的分布类型,来描写和说明异读词规范及其功能在教材中的落实程度与特点。

1. 课后生词中的异读词情况

课后生词表各家出版社的编排理念不同,北师大版以生字为主,语文版、苏教版的课后生词表与课后练习、单元练习相衔接,形式多样。人教版的课后生词表比较完备,有课后生词、单元汇总词表,因此我们以人教版课后生词为例,按年级呈现异读词出现情况,如图12 – 1。

---

①　此处计算使用课文词总词次(不含标点符号)1075116 词次。课后生词总词次为 27950 词次,页下注释词总词次为 8183 词次。

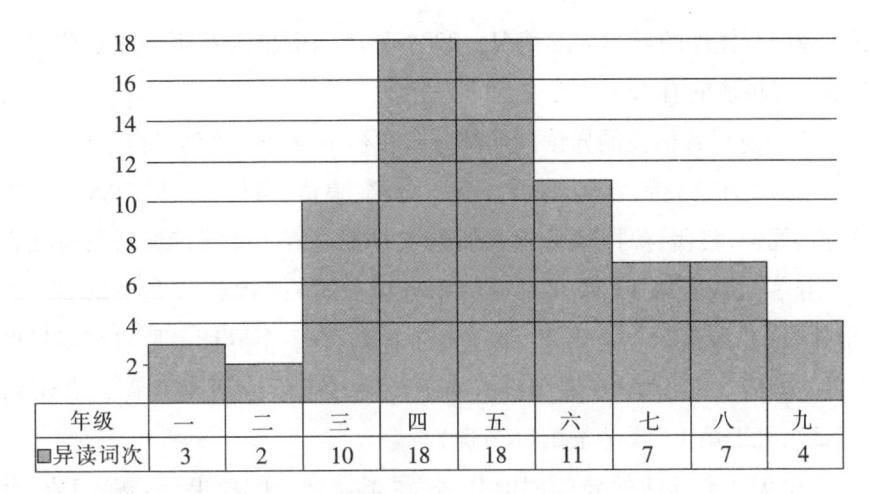

| 年级 | 一 | 二 | 三 | 四 | 五 | 六 | 七 | 八 | 九 |
|---|---|---|---|---|---|---|---|---|---|
| 异读词次 | 3 | 2 | 10 | 18 | 18 | 11 | 7 | 7 | 4 |

图 12-1　人教版课后生词中异读词次年级分布图

人教版的课后生词按年级呈现正态分布的状态,一、二年级和七、八、九年级的异读词数量均未超过两位数,而三、四、五、六年级则出现较多的异读词形。一、二年级出现的异读词形为"萝卜、革命、胳膊、尺寸、茶几",共 5 个,这 5 个异读词形在异读词表规范里都不携带读音的辨义功能。七、八、九年级出现的异读词形为"嘲笑、颤动、澄清、撺掇、勾当、克扣、狼藉、两栖、屏风、屏息、瀑布、躯壳、煞白、味同嚼蜡、咬文嚼字、殷红、执拗",共 17 个,其中有辨词义功能的 10 个,分别为"颤动、澄清、撺掇、屏风、屏息、躯壳、煞白、味同嚼蜡、咬文嚼字、执拗","澄清、躯壳、味同嚼蜡、咬文嚼字" 4 个还携带辨别语体文白的功能。五年级出现的异读词为"按摩、杯水车薪、簸箕、处理、创作、打量、颠簸、婀娜、规矩、混乱、咀嚼、勉强、排山倒海、停泊、漂泊",共 15 个,没有辨义功能的 2 个为"按摩、混乱",具有辨义功能的 13 个,其中读音能够辨别语体文白功能的 1 个,即"咀嚼"。

以人教版课后生词为例可以看到,异读词形的出现与年级有较密切的关系。低年级出现的异读词形,往往是具体物、功能单一;中高年级出现的异读词形往往较难分辨读音、携带较多功能,高年级出现的异读词形功能多、学习难度大,应是学习的重点。

2. 页下注释词中的异读词情况

页下注释词是对课文词的有效补充和拓展,异读词形在页下注释词中出现词次最多的是语文出版社,共计 22 个,因此以语文出版社为例说明页下注释词所体现的异读词形情况。22个异读词形出现在页下注释位置时携带拼音标注的有15个,无注音的7个。

15个有拼音标注的异读词形都分布在初中段,为"澄清、屏风、颠簸、参差、哈达、烙印、矜持、着落、倔强、阿谀、分泌、狼藉、当日、裨补、自矜",其中"矜持、倔强、狼藉、裨补"4个不携带辨义功能。有3个异读词形出自文言文:"着落",八上第13课,《鲁提辖拳打镇关西》;"裨补",九下第28课,《出师表》;"自矜",七上第26课,《卖油翁》。有3个异读词形出自现代白话文:"澄清",七上第10课,《济南的冬天》;"狼藉",八下第1课,《背影》;"当日",九上第17课,《茶馆》(节选)。

7个无注音标注的异读词形分别为"革命、脉脉、摇曳、活塞、间或、淋巴、德行",其中"活塞、间或、淋巴"携带辨义功能,"活塞"还兼有辨别文白的功能。2个出自文言文:"脉脉",七下第30课,《迢迢牵牛星》;"德行",九下第27课,《周公诫子》。2个出自现代白话文:"革命",七下第5课,《鲁迅自传》;"间或",九上第5课,《孔乙己》。

语文版页下注释词中的异读词形,跟年级、选文时代有较密切的关系。年级越高,选文的时代性越突出,异读词形的功能越多,其学习的难度也越大。难度大的、高年级出现的异读词形往往是在文言文、白话文课文中出现。这些异读词应是课文词汇学习的难点。

(三)数字用法的落实情况

汉语出版物中数字用法可以从两个角度来看,一类是字符的使用,即可以采用阿拉伯数字、汉字数字;一类是数学标示,包括分数、百分比、度量衡、程度词组等方面。因此,数字用法的范围广、细节多,且需要精确标示,因此《出版物上的数字用法》中规定了四级类别的标准原则。

本次对数字用法调查在实际操作中体现为对数字词、时间词的考察。教材词汇库中,课后生词和页下注释词由于词性标注的不完整,无法体现数字用法的全貌。课文词能够比较完整地覆盖数字用法的两个角度。课文词经过分词软件分词后,再由人工校对,数字用法主要体现在两类词性标记中,如表12-8。

表 12-8　数字词与时间词例示表

| 词性标记 | 词种数(个) | 词次数(个) | 举例 |
|---|---|---|---|
| 数字词 | 1113 | 40758 | 计量：1400、一个半<br>编号：第六、第一百零一<br>概数：二十几、亿万 |
| 时间词 | 99 | 184 | 纪年：1996年、一九二五年<br>模糊时间：十五六<br>节日等重要时间：九一八 |

《出版物的数字用法》(2011)这一版本在编制原则上明确指出"原标准在汉字数字与阿拉伯数字中，明显倾向于使用阿拉伯数字。本标准不再强调这种倾向性"，同时还提出了"得体原则"和"局部体例一致原则"。教材中出现的数字用法也主要体现这两个特点：

其一，基本遵循规范标准的要求，如："地球上的第一种恐龙大约出现在两亿三千万年前""这辆车的车头超出停车线二三十厘米""有一块仙石，其石有三丈六尺五寸高，有二丈四尺围圆"等，特别是在数量、计量、度量衡等的表示上，比较严格地遵守了规范标准的要求。

其二，"得体"与"局部体例统一"的原则中，后者的执行力度更高一些，如："黄河在近2000年间竟决口1500多次，改道26次，给人民带来深重的灾难""到2号上午10点，二号冲锋舟共救起六十四人"等，在每篇课文内部，阿拉伯数字、汉字数字的使用遵守相对统一的原则。

### 三、词汇规范及数字用法标准执行情况分析

(一)教材执行规范标准的特点

1. 规范标准的执行原则与力度

语言文字规范标准的制定与执行历来是语言文字工作的热点与难点，它一方面联系人们的语言生活，另一方面又体现语言学规律，实践与理论、使用与规范总是矛盾的。如何把握规范标准的原则、平衡规范标准的力度，学界有着两种倾向：

其一，语言文字规范工作复杂，应有的放矢、逐步推进，重视几种关系的协调，即"刚柔关系、学理与俗实关系、制定与维护关系"。陈章太(1996)

指出"约定俗成、逐渐规范"①的词汇规范制定原则,李宇明(2001)就曾指出"语音、文字方面的规范和标准可以刚硬一些,词汇、语法方面的规范和标准就需要柔软一些……尊重学理但不拘泥于学理……通用语言文字的规范和标准应当既要制定又要维护"②。这种倾向所体现的语言文字规范标准制定与执行原则带有范围广、数量多、时间长的性质。

其二,在上述三种关系协调发展的前提下,就规范标准的内容来看,执行原则和力度应有不同的侧重是另一种倾向。苏新春(2002)指出"正体词与异形词之间的词频相差愈明显,规范起来就愈容易,但当正体词占有优势,可优势并不大,异形词处于劣势,却仍有相当使用范围的时候,如何处理二者的规范关系就需要认真考虑"③。这种倾向聚焦于规范标准的内容,从规范内容执行操作的可行性角度来探讨规范标准的原则与力度。

语文教材落实语言文字规范标准,也同样存在"刚柔关系、学理与俗实关系、制定与维护关系"。语文课程在推行语言文字规范标准方面有着得天独厚的优势与权威,学校语文教育就是要教授规范汉字、规范词汇,以期取得最佳的语言教学效果。从这个角度来看,教材执行语言文字标准应该刚性一些、偏重学理和知识、重视更新与维护。

2. 异读词、异形词、数字用法出现特点及建议

如果按照规范标准的执行强度和力度来排序,异读词的规范标准应最强,数字用法的标准最弱,异形词规范标准则处于中间。

异读词在本次调查中,体现了比例不高、辅助标音较少的特点。虽然异读词从比例上看不是教材三类词汇的主要部分,但其标准的执行是需要最强力度来执行的。建议:首先,异读词规范标准的执行应与生字、多音字教学相区别,体现异读词的辨义、辨别语体功能的知识应纳入词汇教学中;其次,当异读词随学段升高时,其执行应与呈现异读词审音表中对同素词、词义变化、语音变化的语言知识相结合,提升学习的层次;最后,异读词的

---

① 陈章太:《普通话词汇规范问题》,《中国语文》1996年第3期。
② 李宇明:《通用语言文字规范和标准的建设——学习〈中华人民共和国国家通用语言文字法〉的体会》,《语言文字应用》2001年第2期。
③ 苏新春:《异形词规范的三个基本性原则——评〈第一批异形词整理表(草案)〉》,《厦门大学学报(哲学社会科学版)》2002年第2期。

注音应在低年级的生词表、中高年级教材的页下注释词中得到更有效的体现与说明。

异形词本身就是比较复杂的词汇现象,语文教材在处理异形词上的多种情况,也凸显了其现象的复杂性。本次调查异形词现象集中体现为两个问题:

第一,异形词正异体的社会认同度、辨识度存在一定的差异。教材对异形词的体现如要从严,就需要对异形词规范标准做处理。建议:应以现在的异形词规范标准为蓝本,结合语文教学的学习性词表,进行异形词等级、难度的处理后,形成教学用的异形词规范标准。

第二,异体词形的辨识如何与语文教学相结合。语文教材里,异形词成组出现的情况应引起重视,49组成组出现的异形词中有40组同现在一部教材里,有26组同现在同版的同一册教材中。当同一部语文教材里有相当数量的正异体词形同时出现时,那么语文教学的规范性与学理性就需要慎重考虑。建议:异形词规范标准应该纳入语文课程词汇学习的部分,在教学用异形词规范标准的指导下,词形正异体的甄别应成为语文教育的正面教授内容之一,根据学段层级适当引入词汇学、词汇演变的相关知识以丰富词汇教学的层次性。

数字用法的规范标准执行可柔性、弹性一些,语文教材的课文来自经典文学作品,同时又有出版审查环节把关,因此其落实情况最为理想,满足"得体原则"和"局部体例一致原则"。

(二)异形词规范落实的成因分析

从词汇学的角度看,异形词包含了语言共时、历时两个层面的问题,既有词形前后历史相继、前后相传的影响,也有共时层面简便、经济、"积非成是"的因素。从语言文字规范化工作的角度看,规范标准的制定应与适用范围相联系。此次词汇规范标准落实调查中异形词的问题最为突出,究其深层原因还是在于语文教材的编纂理念与编制原则、规范标准的适用范围上。

1."文选与选文"和"呈现与干涉"

现行的语文教材以经典文学作品为基础材料,执行编制时有两种处理方法和两种处理理念。

文选的方法，执行"呈现"的原则。文学作品入选保留其原汁原味，不做后期的编辑，文学的丰富性、时代性的个性化特征得到最大程度的保留，以这样的方式编选课文，文章的文学性、审美性要大于语言知识性、技能性。如："胡蝶"（异），语文版七上第4课，《风筝》，鲁迅；"模胡"（异），北师大版九下第11课，《社戏》，鲁迅……异形词的出现来源于选文的时代性，体现的是异形词历时层面的现象。

选文的方法，执行"干涉"的原则。文学作品如要入选语文教材，首先需看其内容是否适合该学段的水平，后期编辑非常重要，文学的丰富性、时代性要让位于语言知识性、技能性的需求。如："模糊"（正），语文版九下第13课，《故乡》，鲁迅……同一作者，相近的选文，不同版本的教材对其异形词的处理不尽相同，体现了编者对词汇规范程度的干涉情况。

语文教材的编纂是一项十分复杂的工作，同一版教材内，文选还是选文，呈现还是干涉，往往交织在一起，选择哪种处理方法常需要将每篇文章的宗旨、立意、作用、功能、等级等方面都考虑到位，异形词只是其中的一个环节。但异形词问题的集中，也凸显了语文教材编纂理念、编制方法对语言知识的影响程度。

2. 语文教育中语言单位及其规范的完善

在《义务教育语文课程标准（2011年版）》中，有对基本语言技能的明确要求，如"认识常用汉字1600个左右，其中800个左右会写""学会汉语拼音。能读准声母、韵母、声调和正体认读音节……熟记《汉语拼音字母表》"等。也有对高级语言能力的要求，如"课外阅读总量不少于40万字""在阅读中了解叙述、描写、说明、议论、抒情等表达方式""了解常用的修辞方法，体会它们在文中的表达效果"等。在汉语及汉字的各级单位中，语音、文字的学习要求是明确的、刚性的，修辞、语篇的学习要求是可操作的、柔性的。基本的语言技能和高级的语言运用能力在语文课程标准里是能够得到清晰体现的。

词汇单位相对上述两类语言单位，其在语文课程标准的表述则是模糊的、不可操作的，甚至是缺位的。如"随文学习基本的词汇、语法知识，用来帮助理解课文中的语言难点"，基本的词汇知识有哪些？涉及词汇构成、词汇演变知识了吗？学习到什么程度，记忆背诵还是举一反三？词汇知识对语言难点的理解能帮助到什么程度？这些实施操作必需的信息在规范标准中很难找到。相对语音、文字、修辞、语篇的教学要求，词汇、语法的教学点和教学要求缺乏明确、有效、合适的规范标准。语文教育需要从教学或学习的角度来提供更具备操作力、方便教学一线操作的词汇规范标准。

## 第三节
## 汉字结构规范标准落实情况的调查研究

### 一、汉字结构规范标准的内容

这里指的汉字结构规范标准主要指的是汉字笔顺、笔画名称、独体合体字等内容。

语文教育的基本任务是要培养学生正确理解和熟练运用祖国语言文字的能力。《国家通用语言文字法》第二章第十条规定："使用的汉语文教材，应当符合国家通用语言文字的规范和标准。"[①]《义务教育语文课程标准（2011年版）》在"教材编写建议"中也明确提出："教材编写应努力追求设计的创新和编写的特色。编写的语言应准确、规范。"[②]许多学者如刘国正（1993）、李宇明（2004）、傅永和（2009）、顾之川（2010）、陆俭明（2011）等都对提高语文教材的语言文字规范化水平表示过关切[③]。国家有关部门颁布的各类语言文字规范标准，是语文教材落实语言文字规范标准的依据。我国的语文教材建设随着新课标的推进，呈现蓬勃发展之势。但我国基础教育教材在对汉字结构的处理中是否都落实了国家语言文字规范标准呢？执行程度如何？还存在哪些不规范的现象？我们如何应对与改进？语文教材对汉字结构的落实情况对现行的语言文字规范标准又有什么样的反作用影响呢？这些问题都值得我们去思考和研究。识字教学是低年级语

---

① 第九届全国人民代表大会常务委员会：《中华人民共和国通用语言文字法》，2001年1月1日，第二章第十条。

② 《义务教育语文课程标准（2011年版）》，见人民教育出版社网站 http://old.pep.com.cn/xiaoyu/jiaoshi/tb-jx/kbjd/kb2011/，访问日期：2020年7月10日。

③ 刘国正：《应当重视教材的语言文字规范化问题》，《语文建设》1993年第7期。李宇明：《辞书与语言文字规范》，《辞书研究》2004年第4期。傅永和：《汉字规范化60年》，《语言文字应用》2009年第4期。顾之川：《试述语文教科书的语言规范问题——以鲁迅作品为例》，《课程·教材·教法》2010年第1期。陆俭明：《信息时代语言文字规范与标准问题》，《北华大学学报（社会科学版）》2011年第2期。

文教学的重要任务,正确认识汉字笔画、笔顺、偏旁、部首、部件是学好汉字的前提,是学好语文的基础。我们了解和研究教材中汉字的笔画、笔形、笔顺以及汉字部件和部首是否落实了国家相关的语言文字规范,对语文教材规范化、科学化建设具有极其重要的意义。

结合教材出版和语言文字规范标准颁布相契合的时间,与语文教材中汉字结构相关的国家语言文字规范标准有:《现代汉语通用字笔顺规范》(1997)、《GB13000.1字符集汉字笔顺规范》(1999)(简称《笔顺规范》)、《GB13000.1字符集汉字字序(笔画序)规范》(1999)、《GB13000.1字符集汉字折笔规范》(2001)(简称《折笔规范》)、《现代常用独体字规范》(2009)(简称《独体字规范》)、《现代常用字部件及部件名称规范》(2009)(简称《部件名称规范》)等①。

根据研究对象的内容不同,建成汉字笔画库和汉字笔顺库。

二、汉字笔画的调查

笔画是构成楷书汉字字形的最小单位。每个字都可以分解为若干笔画。笔画是汉字的基础,笔画的学习是中小学识字和写字的重要基础部分。因而笔画的安排与教学也是中小学语文教材的一个重要构成部分。

笔形是笔画的形状。本节主要依据《折笔规范》(2001)和《GB13000.1字符集汉字字序(笔画序)规范》(1999)。《折笔规范》规定:汉字的基本笔形(也称主笔形)有5种,其排列顺序为横(一)、竖(丨)、撇(丿)、点(丶)、折(乛)。与主笔形对应的从属笔形(除撇以外的主笔形都有相对应的从属笔形),称为附笔形。笔形还有平笔笔形与折笔笔形之分。《折笔规范》规定:横、竖、撇、点四种主笔形及其对应的附笔形,称为平笔笔形;主笔形折及其对应的附笔形,称为折笔笔形。一般认为平笔笔形有8种,印刷楷体汉字折笔笔形共26种。基于对国家语言文字规范标准的解读,我们形成了四套语文教材的汉字笔画库。下面是具体抽查落实情况统计与分析。

---

① 参见教育部语信司网站 http://www.moe.gov.cn/s78/A19/yxs_left/moe_810/,访问日期:2020年7月10日。

（一）人教版笔画调查

表 12-9　人教版笔画名称调查表（部分）

| 序号 | 汉字 | 笔画名称1 | 笔画名称2 | 笔画名称3 |
|---|---|---|---|---|
| 474 | 竹 | 左下为竖，右下为竖钩 | | |
| 73 | 忙 | 左边竖心先写两点再写竖 | | |
| 506 | 边 | 走之 | 横折折撇 | 走之三笔构成 |
| 206 | 连 | 走之 | 走之为三画 | 横折折撇 |
| 1862 | 丢 | 中间的竖不能与下边的撇折写出一笔 | | |
| 670 | 桃 | 兆的笔顺为撇、点、提、竖弯钩、撇、点 | | |
| 1095 | 背 | 月字底 | 月字底的撇变成竖 | |
| 23 | 说 | 言字旁 | 第二笔为横折提 | |
| 1024 | 思 | 心字底 | 左点、卧钩、右点 | |
| 860 | 包 | 竖弯钩 | | |
| 1319 | 池 | 三点水 | 横折钩 | |
| 160 | 奶 | 女字旁 | 乃的第一笔是"横折折折钩" | |
| 159 | 妈 | 女字旁 | 马的第二笔是"竖折折钩" | |
| 1575 | 凤 | 第一笔为竖撇 | 第二笔为横折弯钩 | |

我们对人教版的汉字笔画落实情况调查主要包括笔画种类、笔画名称和笔形的归类等。人教版教材并未在每课的具体的汉字后列出作为教学对象的相应笔画及名称，但在其教学用书中还是对笔画和笔画名称作了相应的要求。从表 12-9 我们可以看到教材中的汉字笔画种类基本上涵盖《折笔规范》中规定的笔画种类。这套教材明确标注了笔画在偏旁部件中的变化情况，如："背"字下面的"月"第一笔由撇变为竖，而"股"的"月"旁仍为撇；"村"的第四笔由捺变为点等。此教材还明确区分了相近易混淆的某些笔画名称，如竖和竖钩，"竹"字左下为竖，右下为竖钩；还有撇点、撇折，竖折、竖弯、竖弯钩等。因此，人教版语文教材无论是汉字笔画种类、笔画名称，还是对汉字笔形归类（包括主笔形和附笔形，平笔笔形和折笔笔

形),大致都落实了相关的国家语言文字规范标准,未见其出现系统性的错误,可见教材编写者非常重视国家语言文字规范标准在教材中的落实。

(二)苏教版笔画调查

苏教版的教材编写者在第一册教材的附录中就安排了《汉字的笔画名称》,列举常见的汉字的笔画名称,并举出例字。为了突出和强调,编写者在第1—4册的课本附录中安排有容易写错笔画形状的字、容易写错笔顺的字、容易数错笔画数的字。由此可见教材编写者对此项工作的重视程度。又如:在苏教版的一年级上册"汉语拼音"内容之后,从"识字1"起,教材一共安排了24种笔画:"识字1"为"横、竖弯、横折、点、竖弯钩、撇、捺、横折弯钩、竖"9个,"识字2"为"竖钩、横折钩、竖折弯钩、竖折"4个,"识字3"为"横撇"1个,第2课《升国旗》为"提、斜钩"2个,第4课《我叫"神舟号"》为"横斜钩、横钩、撇折"3个,第7课《秋姑娘的信》为"撇点、卧钩"2个,第8课《看菊花》为"横折提"1个,"识字5"为"竖提"1个,"识字6"为"横撇弯钩"1个。苏教版第一册基本上涵盖了汉字《折笔规范》绝大部分折笔笔形。

表12-10 苏教版笔画名称调查表(部分)

| 序号 | 汉字 | 笔画名称1 | 笔画名称2 | 笔画名称3 |
|---|---|---|---|---|
| 1431 | 斑 | 中间的文第四笔变为点 | 左边的王第四笔为提 | |
| 450 | 民 | 第三笔竖提,为一笔 | 最后一笔为斜钩 | |
| 964 | 考 | 老字头 | 最后一笔为竖折折钩 | |
| 1150 | 暖 | | 右上为撇、点、点、撇 | |
| 354 | 远 | 走之 | 先写里面,再写走之 | |
| 1389 | 切 | 刀字旁 | 七作偏旁时,第二笔竖提 | |
| 241 | 野 | 里字旁 | 里字最后一横变成提 | |
| 3725 | 此 | 第三笔为短竖 | 第四笔为提 | |
| 432 | 片 | 第一笔为撇 | 第四笔为横折 | |
| 665 | 极 | 第一笔为短横 | 第四笔为点 | |
| 1037 | 骄 | 马字旁 | 第三笔横变成提 | |
| 868 | 兔 | 第六笔为撇 | 第七笔为竖弯钩 | |

续表

| 序号 | 汉字 | 笔画名称1 | 笔画名称2 | 笔画名称3 |
|---|---|---|---|---|
| 1148 | 商 | 第三、四笔是点和撇 | 第七、八笔为撇和点 | |
| 1499 | 取 | 耳字旁 | 第六笔为提,非横 | |
| 367 | 舟 | 第一笔为短横撇 | 第二笔为竖长撇 | |
| 956 | 较 | 车字旁 | 车作偏旁最后一笔为提 | |
| 1430 | 鹿 | 比的第一笔为短横 | 比的第三笔为短撇 | |
| 99 | 鸟 | 第二笔为横折钩 | 第三笔为竖折折钩 | |
| 2168 | 迅 | 第一笔为横斜钩 | 第二笔为横 | 第三笔为竖 |
| 664 | 象 | 负字头 | 第六笔为撇 | 第七笔为弯钩 |

对苏教版语文教材汉字笔画的调查,也包含汉字的笔画种类、笔画名称,笔形的归类和组合情况考查,未见其出现系统性的错误,这也从一个侧面说明我国的语言文字规范标准在颁布之后,正有条不紊地落实在我们的语文教材中。例如它明确区别了易混淆的相关笔画名称,如"临"字明确标注"左边为两竖,非一竖一撇";也明确了笔画在具体汉字中的变化情况,如"较"字明确标注"车作偏旁最后一笔为提","般"字"舟作左偏旁第五笔横变为提"。这应该与教材编写者的重视程度相关,另外也与《折笔规范》(2001)颁布的时间比较早相关,而其他的一些规范颁布的时间较迟,教材的贯彻力度还不够。

(三)北师大版笔画调查

表12-11 北师大版笔画调查表(部分)

| 序号 | 汉字 | 笔画名称1 | 笔画名称2 | 笔画名称3 |
|---|---|---|---|---|
| 917 | 比 | 左边的第二笔是竖提,非竖弯钩 | | |
| 148 | 路 | 足部作偏旁将撇、捺改为竖、提 | 第九笔为横撇 | |
| 654 | 这 | 走之儿 | 横折折撇 | |
| 649 | 讲 | 言字旁 | 第二笔为横折提 | |

续表

| 序号 | 汉字 | 笔画名称1 | 笔画名称2 | 笔画名称3 |
|---|---|---|---|---|
| 619 | 车 | 先横后竖 | 作为左偏旁,则先写竖后写提,方便顺手,最后一笔改为提 | |
| 593 | 丢 | 撇、横、竖、横、撇折、点 | | |
| 754 | 没 | 横折弯钩简化为横折弯 | 俗称小几 | |
| 764 | 力 | 横折钩、撇 | | |
| 1327 | 甩 | 横折钩的竖不要太长 | 最后一笔为竖弯钩 | |
| 1597 | 弯 | 弓字旁 | 弓为三笔,最后一笔为竖折折钩 | |
| 423 | 方 | 第三笔写撇和横折钩都对 | | |
| 464 | 民 | 第三笔为竖提 | 最后一笔为斜钩 | |
| 438 | 家 | 第六笔为弯钩 | | |
| 2073 | 负 | 刀字旁 | 变形为撇—横撇 | |

(四)语文版笔画调查

表12-12 语文版笔画调查表(部分)

| 序号 | 汉字 | 笔画名称1 | 笔画名称2 | 笔画名称3 |
|---|---|---|---|---|
| 1760 | 内 | 同字框 | 第二笔为横折钩 | 里面为撇、点,非撇、捺 |
| 244 | 民 | 第三笔为竖提 | 第四笔为横 | 第五笔为斜钩 |
| 1739 | 创 | 第二笔为长点,非捺 | 第三笔为横折钩 | 第四笔为竖弯钩 |
| 1649 | 赤 | 土字头 | 下面第一笔为撇 | 第二笔为竖钩 |
| 1962 | 龟 | 角字头 | 最后一笔为竖弯钩 | |
| 2057 | 决 | 第三笔为横折 | 最后一笔为捺 | |
| 856 | 黄 | 草字头 | 最后一笔为点 | |
| 767 | 赶 | 走字旁 | 走字旁最后一笔为捺 | |
| 775 | 起 | 走字旁 | 走字旁最后一笔为捺 | |

续表

| 序号 | 汉字 | 笔画名称1 | 笔画名称2 | 笔画名称3 |
|---|---|---|---|---|
| 541 | 还 | 走之儿 | 走之儿第二笔为横折折撇 | |
| 556 | 采 | 爪字头 | 爪字头为撇、点、点、撇 | |
| 1731 | 场 | 左边的最后一笔横变提 | 右边第一笔为横折折折钩 | |
| 490 | 阳 | 双耳旁 | 先横折弯钩,再写竖 | |
| 1982 | 报 | 提手旁 | 第四笔为横折钩 | |
| 367 | 鸟 | 第二笔为横折钩 | 第四笔为竖折折钩 | |
| 302 | 贝 | 第三笔为竖撇 | 第四笔为点 | |
| 1705 | 鸦 | 第二笔为竖折 | 第三笔为竖钩 | |
| 1465 | 丈 | 第二笔为斜撇 | 第三笔为捺 | |
| 2072 | 舟 | 第五笔为横 | 第六笔为点 | |
| 537 | 认 | 言字旁 | 第二笔为横折提 | |
| 1945 | 勇 | 第一笔为横撇 | 第二笔为点 | |
| 2059 | 饿 | 第三笔为竖提 | 第八笔为斜钩 | |

其中对北师大版和语文版教材的调查项目也与前两套教材大致相同,未见系统性错误。但汉字笔画及名称在四套教材中的落实也存在不规范现象。根据统计,人教版在课后的《汉字笔画名称表》列出20种笔画名称,苏教版出现笔画名称24种,北师大版出现笔画名称23种,语文版出现笔画名称21种,四套教材中共有的笔画名称仅有16种,在不同的教材中均有不同笔画的缺失。人教版教材应在每课的具体生字旁按照由易到难的顺序列出相应的笔画及笔画名称。缺失的教材应该找出遗漏的部分笔画予以补充。还有部分教材中对笔画名称没有很好地辨析而出现不规范现象,例如"乁",如"风"字,在人教版和语文版教材中被称为"横折弯钩",在苏教版教材中被称为"横折斜钩"。其他类似的字有"执""航"等。其实这在《折笔规范》中通过例字已经区别得很清楚,这一类不规范和不统一的现象必须在新一轮的教材修订中予以杜绝。

此外,偶见零星地出现笔画名称不太统一的情况,如:北师大版语文教材把"反"字的第一笔称为"横撇",而人教版教材则称为"平撇"等,如"笔"的首笔,"派"的第四笔。

### 三、汉字笔顺的调查

笔顺规范是国家语言文字规范的组成部分。国家语委和国家新闻出版署于1997年联合发布《现代汉语通用字笔顺规范》。该规范通过"跟随式"(显示出一笔一笔的书写顺序)等方式,明确地把7000个汉字笔顺显示出来,明确了"火""叉""爽"等一些字的笔顺,并调整了"敝""脊"两字的笔顺。当教学中对某字的笔顺出现疑问或分歧意见时,要以《现代汉语通用字笔顺规范》作为判断正误的依据。另外国家语委在1999年发布《GB13000.1字符集汉字笔顺规范》,发布了包括该字符集中的20902个汉字的序号式笔顺。《GB13000.1字符集汉字字序(笔画序)规范》(1999)是按笔画排序的汉字、字序规范,给出了GB13000.1字符集汉字字序的定序规则及该字集所收20902个汉字的字序表。后两个语言文字规范主要用于中文信息处理,中小学语文教材所选用字在现代通用汉字范围内即可,因此本节主要依据的国家语言文字规范标准为《现代汉语通用字笔顺规范》(1997),同时参考后两个语言文字规范标准。在数据库中为了表现汉字的笔顺的直观性,我们增设了bishunxu(笔顺序)的字段,这一字段数据类型设定为OLE对象。我们从北京语言大学网站上下载了其研制的查找汉字笔画笔顺(czbhbs)的软件,这个软件较大的好处就是输入任何一个汉字,其笔顺序逐次显示,笔画数也一目了然。因此在调查汉字笔顺的同时,我们也顺带调查汉字的笔画数。笔画数本应在上节调查,但在调查笔顺的同时,笔画就自然而然被统计出来。当然想准确确定某个汉字的笔画数,要注意两种情况:一是字形变化引起的笔画数的改变;二是不要把折数多的折笔笔形误认为两笔。遇到折数多的折笔笔形时要特别注意,不能把一笔看成两笔。例如:"凹"字的第二笔是一笔,"横折横折横"(简称"横折折"),不能看成两笔;"鼎"字的第六笔是一笔,"竖折横折竖"(简称"竖折折"),不能看成两笔。

在已调查的四套教材中,几乎所有的语文教材在低年级都特别重视汉字的笔顺的落实,具体包括在课文后的生字、单元练习和小知识点中。以苏教版为例,在课后要求会写的生字中,凡是含有新出现的偏旁和容易写错的笔顺的,都提示了书写笔顺。每课后面的田字格中的红字提供给学生照样子按笔顺描红。特别是在第一学段每册课本的后面都安排本册笔顺和笔画容易出错的汉字作进一步补充复习,这极大地帮助了低年级的学生正确而规范地书写汉字,形成了很好的书写习惯,提高了学生正确书写汉字笔画的能力。

(一)北师大版笔顺调查

北师大版教材低年级识字单元主要由导语情境图、识字课单元和语文百花园三部分组成。识字课文能够做到由易到难、由简到繁、由独体到合体顺序来安排汉字教学,指导学生学习新出现汉字的笔画、笔顺、汉字架构等相关知识。

表 12 - 13　北师大版教材汉字笔顺调查表(部分)

| 序号 | 汉字 | 笔顺序 1 | 笔顺序 2 |
| --- | --- | --- | --- |
| 820 | 菜 | 中间为撇、点、点、撇 | |
| 1996 | 乘 | 先上后下,先中间后两边 | |
| 886 | 帮 | 先三横再写撇 | |
| 619 | 车 | 先横后竖 | 作为左偏旁,则先写竖后写提,方便顺手,最后一笔改为提。 |
| 1252 | 舀 | 下半部分为撇、竖、横折、横、横、横 | |
| 593 | 丢 | 撇、横、竖、横、撇折、点 | |
| 1327 | 甩 | 横折钩的竖不要太长 | 最后一笔为竖弯钩 |
| 1597 | 弯 | 弓字旁 | 弓为三笔,最后一笔为竖折折钩 |
| 423 | 方 | 第三笔写撇和横折钩都对 | |
| 953 | 必 | 卧钩 | 必的笔顺要求不必一致,撇是第三笔或最后一笔对字影响不大 |

通过对北师大版教材的汉字笔顺的调查,大致可以认识这套教材对汉字笔形,特别是汉字很多的附笔形都有着清楚的表述和认识,对合体字整体架构、笔顺的描写与落实也基本准确到位。

当然也有零星的不符合《现代汉语通用字笔顺规范》的现象出现。例如:表 12 - 13 末位两个汉字——必、方。在其教材参考书中,对这两个字的笔顺要求是两者皆可,这显然与《现代汉语通用字笔顺规范》相悖。

(二)苏教版笔顺调查

表 12 – 14　苏教版笔顺调查表(部分)

| 序号 | 汉字 | 笔顺序 1 | 笔顺序 2 | 笔顺序 3 |
|---|---|---|---|---|
| 354 | 远 | 走之 | 先写里面,再写走之 | |
| 1228 | 碧 | 王字旁 | 第四笔为提 | |
| 1667 | 顿 | 屯在作左偏旁第四笔竖弯钩变为竖提 | | |
| 197 | 塔 | 土作偏旁,第三笔改为提 | | |
| 1037 | 骄 | 马字旁 | 第三笔横变成提 | |
| 929 | 替 | 两个夫的最后一笔不一样,左边的为点,右边为捺 | | |
| 615 | 戍 | 戈字旁 | 第四笔为斜钩 | |
| 664 | 象 | 负字头 | 第六笔为撇 | 第七笔为弯钩 |
| 2168 | 迅 | 第一笔为横斜钩 | 第二笔为横 | 第三笔为竖 |
| 257 | 阴 | 第一笔为横撇弯钩 | | |
| 593 | 瓜 | 第一笔为横撇 | 第二笔为竖撇 | |
| 1260 | 蚕 | 第一笔为横 | | |
| 293 | 和 | 第一笔为短撇 | | |
| 367 | 舟 | 第一笔为短横撇 | 第二笔为竖长撇 | |
| 665 | 极 | 第一笔为短横 | 第四笔为点 | |
| 1148 | 商 | 第三、四笔是点和撇 | 第七、八笔为撇和点 | |

(三)人教版笔顺调查

表 12 – 15　人教版笔顺调查表(部分)

| 序号 | 汉字 | 笔顺序 1 | 笔顺序 2 |
|---|---|---|---|
| 474 | 竹 | 左下为竖,右下为竖钩 | |
| 73 | 忙 | 左边竖心先写两点再写竖 | |
| 447 | 再 | 最后三笔为竖、横、横 | |
| 386 | 跟 | 足字旁 | 足字旁最后一笔捺变成提 |

续表

| 序号 | 汉字 | 笔顺序1 | 笔顺序2 |
|---|---|---|---|
| 670 | 桃 | 兆的笔顺为撇、点、提、竖弯钩、撇、点 | |
| 247 | 级 | 右半部分笔顺为:撇、横折折撇、撇 | |
| 14 | 冬 | 上面是折文,三画 | 第二笔为横撇 |
| 98 | 母 | 撇折、横折钩、点、横、点 | |
| 1801 | 晁 | 最后两笔为撇、竖弯钩 | |
| 1037 | 吸 | 撇、横折折撇、捺 | |
| 160 | 奶 | 女字旁 | 乃的第一笔是"横折折折钩" |
| 159 | 妈 | 女字旁 | 马的第二笔是"竖折折钩" |
| 1231 | 物 | 第三笔为提 | |
| 252 | 专 | 第三笔为竖折撇 | |
| 1391 | 躲 | 第七笔撇不出头 | |
| 579 | 练 | 第六笔为横折钩 | |
| 1318 | 晒 | 第九笔为竖弯,非竖弯钩 | |
| 541 | 乐 | 第二笔为竖折 | |
| 1 | 万 | 第二笔为横折钩 | |
| 1232 | 鸡 | 第二笔为点 | 最后一笔为横 |
| 543 | 师 | 第二笔是竖撇 | |

(四)语文版笔顺调查

表12-16 语文版笔顺调查表(部分)

| 序号 | 汉字 | 笔顺序1 | 笔顺序2 | 笔顺序3 |
|---|---|---|---|---|
| 1731 | 场 | 左边的最后一笔横变提 | 右边第一笔为横折折钩 | |
| 1942 | 理 | 左边的末横变提 | | |
| 1774 | 弯 | 最后一笔为竖折折钩 | | |
| 375 | 元 | 最后一笔为竖弯钩 | 二字头 | |
| 1749 | 观 | 最后一笔为竖弯钩 | | |
| 708 | 现 | 最后一笔为竖弯钩 | | |
| 1773 | 克 | 最后一笔为竖弯钩 | | |

续表

| 序号 | 汉字 | 笔顺序1 | 笔顺序2 | 笔顺序3 |
|---|---|---|---|---|
| 335 | 可 | 最后一笔为竖钩 | | |
| 892 | 连 | 最后一笔为捺 | 走之儿 | |
| 541 | 还 | 走之儿 | 走之儿第二笔为横折折撇 | |
| 556 | 采 | 爪字头 | 爪字头为撇、点、点、撇 | |
| 537 | 认 | 言字旁 | 第二笔为横折提 | |
| 1649 | 赤 | 土字头 | 下面第一笔为撇 | 第二笔为竖钩 |
| 384 | 写 | 秃宝盖 | 竖折折钩 | |

通过我们的抽查,特别是对国家语言文字规范调整过的和比较繁难重点汉字的笔顺的抽查,包括汉字的笔顺和笔画数,基本上没有发现什么大的问题。因此我们可以得出结论:通过对四套语文教材汉字笔顺的国家语言文字规范标准落实情况的调查研究,未见其出现明显系统的错误与缺失。偶见部分教材出现一些不符合国家语言文字规范标准的问题。

四、独体字、合体字的调查

本小节主要依据的国家语言文字规范标准为《独体字规范》(2009)和《部件名称规范》(2009)。根据《独体字规范》,独体字是由笔画组成、不能或不宜再行拆分、可以构成合体字的汉字,也就是说,独体字是直接由笔画组成、囫囵一体、不能或不宜切分出大于笔画的构字单位的。合体字则是由两个或几个独体字或独体字的变体拼合而成的、可以切分开来的汉字。

在现代汉字中,90%以上是形声字,剩下的不到10%,其中多数还是会意字,而会意字和形声字都是合体字。根据《独体字规范》确定独体字的三条原则分别为:字形结构符合字理和独体字定义的汉字;符合独体字定义的草书楷化的简化字;交重结构,不能拆分的汉字。《现代常用独体字表》确定的256个独体字,只占7000通用字的3.7%不到。根据《独体字规范》并结合具体教材标注实际情况,我们在各套教材的数据库中都增加了一列字段,即独体与否,对各套教材中的独体字进行标注,并参照《独体字规范》进行分析和研究。

表 12-17 独体字和合体字调查表

| 序号 | 汉字 | 独体与否 | 错误 | 教材 |
|---|---|---|---|---|
| 1138 | 采 | 是 | 不是常见的独体字 | bsd |
| 96 | 尖 | 是 | 不是常见的独体字 | bsd |
| 1229 | 夫 | 是 | | bsd |
| 705 | 成 | 是 | 不是常见的独体字 | rj |
| 415 | 可 | 是 | 不是常见的独体字 | rj |
| 1411 | 未 | 是 | | rj |
| 704 | 发 | 是 | 不是常见的独体字 | rj |
| 412 | 办 | 是 | | rj |
| 411 | 石 | 是 | | rj |
| 876 | 身 | 是 | | rj |
| 875 | 及 | 是 | | rj |
| 254 | 乐 | 是 | | sj |
| 787 | 与 | 是 | | sj |
| 176 | 白 | 是 | | sj |
| 1283 | 巾 | 是 | | sj |
| 1884 | 卫 | 是 | | sj |
| 696 | 文 | 是 | | sj |
| 1174 | 伞 | 是 | 不是常见的独体字 | yw |
| 1894 | 市 | 是 | 不是常见的独体字 | yw |
| 981 | 美 | 是 | 不是常见的独体字 | yw |
| 302 | 贝 | 是 | | yw |
| 1465 | 丈 | 是 | | yw |
| 304 | 气 | 是 | | yw |
| 808 | 井 | 是 | | yw |
| 979 | 片 | 是 | | yw |
| 1066 | 弓 | 是 | | yw |
| 816 | 为 | 是 | | yw |
| 870 | 方 | 是 | | yw |
| 271 | 女 | 是 | | yw |

四套语文教材在低年级学段标注的独体字并不多,参照《现代常用独

体字表》，发现部分教材标注的独体汉字并不一致，即并非《现代常用独体字表》中所规定的独体字，它们是：采、尖、成、可、发、伞、市、美。为什么这些汉字的独体与合体归属问题和《独体字规范》规定有差异，出现不规范、不统一的现象，这说明教材编写者还没有很好地落实这一语言文字规范标准。当然从另一个方面也说明，尽管国家语委在2009年连续颁布了《独体字规范》和《部件名称规范》，但还是有部分疑难字在独体字和合体字的划分问题上存在着一些争论。其中涉及独体字和合体字本身的定义的界定、从源还是从形、部分疑难字的确定等问题，这些都值得我们进一步去深入思考。

通过对四套语文教材数据的抽样调查，我们发现这四套教材在汉字的笔顺和笔形上基本落实了《现代汉语通用字笔顺规范》和《GB13000.1字符集汉字笔顺规范》，在笔画和笔画名称上基本上落实了《GB13000.1字符集汉字折笔规范》等。这也体现了教材编写者重视汉字结构相关知识点在教材中的落实。基础教育低学段最重要的任务就是让学生认识汉字，能正确书写汉字。这方面四套教材基本上落实了相关的国家语言文字规范标准。这与相关国家语言文字规范标准颁布得比较早，教材很早就注意落实有关。如果教材中把不规范的笔顺和笔画名称教给中小学生，则会后患无穷。当然，四套教材的汉字结构也存在失范的地方，部分教材在汉字结构的理解和落实方面存在分歧与混乱。如：部分教材的个别汉字折笔的名称和规范不一致，有的教材中个别汉字的笔顺不够统一，部分独体字的归属问题模糊不清等。

## 五、几个问题的改进

在编写教材的过程中，应逐步落实其与国家语言文字规范标准的高度一致性。当然教材的编写本身是一个系统性工作，教材也在不断地修订中。教材在落实标准的同时，结合具体的教学实际和教材编写的实际情况，同样可以反观我们的语言文字规范标准。我们的语言文字规范标准在很大程度上是学者的标准，标准和规范的落实须结合具体的实际情况，在落实的过程中出现了什么问题，同样反过来促进语言文字规范标准的进一步修正。例如：

车(车字旁)作为左偏旁时,笔顺为:

一 𠂉 车 车 车 轩 轩 辆 辆 辆 辆

"车"单独使用或用在字的上、下、里时,笔顺为:

一 𠂉 车 车

几套教材在编写过程中都对"车"的两种写法予以了执行,但这种一字两种写法着实让人摸不着头脑。这也让我们深深地思考:《笔顺规范》是否都那么合理和科学?是否都遵循了大众的书写习惯?诸如对个别汉字笔顺的调整,广大中小学教师也存在着不少的疑问,有时感到无所适从。《笔顺规范》规定的笔顺规则应该考虑人们的传统习惯和汉字具体实际情况,遵循约定俗成的书写习惯,规定的笔顺规则应该便于中小学生学习、记忆和应用,《笔顺规范》的规则与规则之间应有一致性。

另外,调查汉字笔形的落实情况,特别是折笔形在四套教材的应用过程中,折笔笔形的名称有全称和简称(或俗称)两种,全称更为复杂,暂不论,简称比较复杂,例如:有横折折钩、横撇弯钩、横折折折钩等等。这种纷繁而复杂的笔形名称,对一、二年级的小学生要想很好地去辨析和理解恐怕难度不小,因此在小学的低年级学段如何更好地落实《折笔规范》也成为我们琢磨的一个问题。

## 第四节

### 汉字部首规范落实情况的调查研究

基础教育阶段是汉字学习的重要时期。汉字的部件、偏旁、部首是掌握汉字结构和特征,准确把握字义,正确书写汉字以及辞书检索的关键要素。教材作为教学的依据,首先应做到的便是标准化、规范化。因此,依据现行语言文字规范,对基础教育语文教材中汉字部件偏旁部首的规范落实情况进行研究,十分必要。而语言文字规范也随着社会的发展处于不断完善中,教材中存在的问题又可成为反观规范的有力参照。考察汉字部首立部归部、部件偏旁部首名称、偏旁部首术语使用的规范落实情况,所选取的均为目前具有权威性、使用面较广的教材。依据的规范包括2009年教育部、国家语委联合发布的《汉字部首表》《GB13000.1字符集汉字部首归部规范》《现代常用字部件及部件名称规范》。

课本是教学最重要的依据,但由于部件偏旁部首在课本中通常以隐性或间接形式出现,因此存在定性困难的问题。教师用书[①]是对课本使用的指导性说明,课本中未直接指明的部件偏旁部首,可在教师用书中得到确认。如:人教版二上第22课,课本在"我会写"部分出现了"床""病"等字,但并未指出偏旁是什么,教师用书则明确指出了本课需要学习偏旁"广字旁""疒字旁",这为偏旁教学的确定提供了依据。因此,对课本的调查需要结合教师用书进行。练习册[②]的设计直接贴合课本内容,课本中涉及的部件偏旁部首,在练习中会有所呈现,也是考察的对象。

我们建立了课本、教师用书、练习册三个数据库,将四套教材中出现的部件偏旁部首状况全部入库。通过调查发现,与汉字部件偏旁部首相关的内容集中在小学阶段,1—2年级最多,因此以小学语文教材为研究对象。

**一、汉字偏旁部首的调查**

部件、偏旁、部首既相互区别,又关系紧密。三者的规范化对于规范识字教学,提高识字和检字效率具有重大意义。本节参照现行规范,对小学语文教材中汉字部首立部归部、部件偏旁部首名称、偏旁部首术语使用的规范落实情况进行考察。研究涉及的规范包括《汉字部首表》(GF0011-2009),设主部首201部,附形部首100部;《GB13000.1字符集汉字部首归部规范》(GF0012-2009),对20902个汉字进行了部首归部,一个汉字只归一部;《现代常用字部件及部件名称规范》(GF0014-2009),收入现代常用字部件514个,确定了部件的名称(以下简称《部首表》《归部规范》《名称规范》)。

---

[①] 分别是人教版《教师教学用书》、语文版《语文教学参考》、北师大版《教师教学用书》、苏教版《小学语文备课手册》。以下统一称为教师用书。

[②] 分别是人教版《同步解析与测评》、语文版《同步测控优化设计》、北师大版《语文伴你成长》、苏教版《练习与测试》。以下统一称为练习册。

（一）部首立部归部

1. 部首立部

四套课本和练习册中均未涉及部首立部。教师用书中涉及部首立部的只有语文版，在一下《汉字常用部首名称表》中列出了 149 个常用部首，但依据《部首表》，有 7 例不是部首，分别为"二""宀""耒""戌""⺌""⺍""弋"，占所列部首总数的 5%。此外，还存在主部首和附形部首分列以及只出现附形部首不出现主部首的情况。前者如"卜"和"⺊"、"人"和"亻"、"八"和"丷"、"日"和"曰"、"羊"和"⺶"分列；后者如出现附形部首"刂""扌"，未出现主部首"刀""手"。

2. 部首归部

课本中的部首归部数量极少，并且往往未直接指明，是隐性的，无法判定是否规范。如：语文版二下"识字二"给出了三组字"峰蜂锋、永泳咏、噪燥躁"，并指出"我发现这些字的部首不同，意思也不同"。我们只能根据三组字中的共同部件间接地推测共同部件之外的是部首，如"噪""燥""躁"的部首分别为"口""火""足"。因此主要考察教师用书和练习册。

教师用书中涉及部首归部并给出明确答案的数量较少。人教版和语文版均未出现部首归部用例。苏教版共 7 例。二下练习 1"椅的部首是什么"，答案为"木部"；二下第 4 课，找"贺、希、勇"三字的部首，答案为"贝、巾、力"；二下第 20 课"用部首检字法查'互、水、乐'这三个字"，答案为"一部、水部、丿部"。以上 7 例全部符合《归部规范》。北师大版共 6 例，全部失范，见下表。

表 12-18　北师大版教师用书部首归部失范例

| 需查字 | 教材答案 | 规范 | 教材位置 |
| --- | --- | --- | --- |
| 裳 | 小字头/衣字底 | 衣 | 二下第二单元 |
| 疑 | 疋 | 匕 | 三上第六单元 |
| 党 | 小字头/儿字底 | 儿 | 三下第五单元 |
| 疑 | 矢 | 匕 | 五下第四单元 |
| 秉 | 禾/丿 | 丿 | 六下第一单元 |
| 雁 | 隹/厂字头 | 厂 | 六下第七单元 |

部首归部出现较多的是练习册。有的练习册没有答案,如人教版、北师大版,因此无从判断归部是否正确。考察的是有答案可供参考的情况。语文版共出现 62 例,9 例失范,占 14.5%,见下表。

表 12-19　语文版练习册部首归部失范例

| 需查字 | 教材答案 | 规范 | 教材位置 |
| --- | --- | --- | --- |
| 鱼 | 𠂊 | 鱼 | 一上第 3 课 |
| 导 | 寸/巳 | 巳 | 二上第 7 课 |
| 柔 | 木 | 矛 | 二下第 4 课 |
| 幼 | 幺/力 | 幺 | 三上第 10 课 |
| 允 | 儿 | 厶 | 四上第 20 课 |
| 囊 | 口 | 一 | 五下第 14 课 |
| 乘 | 丿 | 禾 | 五下第 15 课 |
| 隶 | 水 | 隶 | 六上第 27 课 |
| 孰 | 子 | 亠 | 六下第 10 课 |

苏教版有部首归部的题目,有的有答案,有的无答案。有答案的共 17 例,失范 3 例,占 17.6%。分别为:三下第 11 课"束"的部首,答案"木/一",规范"一";四下单元练习 4"卒"的部首,答案"十",规范"亠";四下期末练习与测试 A"贫"的部首,答案"贝",规范"八"。

部首归部失范有两种情况。一是归错部。如:语文版练习册二下第 4 课"柔"的部首,答案是"木",但规范中为"矛"。二是一字归两部。如:北师大版教师用书三下第五单元"党"的部首,答案是"小字头/儿字底",但规范中只归入"儿"部。其中,归错部占多数。

(二)部件偏旁部首名称

"部首名称不统一,而部件则完全没有名称。这样,汉字就只能写给你看,而不能说给你听。……在小学的识字教学中,部首和部件的名称显得更加重要。……汉字不但字形要规范,部首和部件的名称也要规范,否则,汉字的规范是不完全的。"[①]部件偏旁部首不但需要有名称,而且名称的科学性和规范化都对汉字教学起到重要作用。苏教版教师用书一下第 4 课

---

① 贾德博:《部首和部件的称说》,《语言建设》1995 年第 2 期。

写字指导"教者说出下列偏旁的名称,要求学生写出偏旁"。二下识字 7 "'礻'读作'示旁','衤'读作'衣旁'","'宀'读作'宝盖','穴'读作'穴',也可以说是'穴宝盖'"。语文版教师用书一下第 2 课"指导学生知道又、纟、门三个部首的名称"。北师大版教师用书二上"教学要点识字方面:熟练掌握累计 70 个左右的常用偏旁部首,能说出其名称、表示的大概意思,能写出偏旁部首和例字"。以上例子说明,现行教材认识到部件偏旁部首不但需要会认,还需要有名称,需要会读。但遗憾的是,在具体名称的使用上较为混乱,与《名称规范》存在较大差距。教师用书中名称出现较多,课本中其次,练习册中较少出现,因此主要考察教师用书和课本。教材中未给出名称的非成字部件,如"扌""氵""亻""彳"不包含在统计范围内。重复出现的名称只按 1 次计算。

1. 四套教师用书中部件偏旁部首名称使用情况

四套教师用书中部件偏旁部首名称出现较为普遍,一下、二上、二下中数量最多。人教版除四上、四下、五下外各册中均存在,除去名称重复的共 69 例,失范 48 例,占 70%。语文版各个年级均有存在,除去名称重复的共 129 例,失范 111 例,占 86%。北师大版除四下外各册中均存在,除去名称重复的共 120 例,失范 99 例,占 83%。苏教版分布在一上到五上,除去名称重复的共 191 例,失范 98 例,占 51%。失范比例由高到低依次为语文版、北师大版、人教版、苏教版。

北师大版和语文版专门列有"常见偏旁/部首表",为了数据更为清晰,我们将对其单独讨论,未列入名称总数中。北师大版一下《常用偏旁表》收入偏旁 30 个,与名称规范不符的 27 个,占 90%。二上《常用部首表》列有部首 39 个,与名称规范不符的 37 个,占 95%。语文版二上《汉字常用偏旁名称表》列出 149 个常用偏旁,名称不合规范的 126 个,占 85%。可见,两套教师用书"常见偏旁/部首表"中名称不合规范处大量存在,北师大版比语文版失范比例更高。

《名称规范》指出了汉字部件命名的规则,包括按读音、笔画、俗称、部位命名四类。教师用书中部件偏旁部首名称不合规范的主要有以下几类。

表12-20　四套教师用书部件偏旁部首名称失范类型及样例

| 名称失范类型 | 教师用书中的名称 | 规范名称 |
| --- | --- | --- |
| 规范按读音命名,教师用书按部位命名 | 木字旁、石字旁、鸟字边、页字边、穴字头、厂字头、心字底、皿字底 | 木、石、鸟、页、穴、厂、心、皿 |
| 规范一个名称,教师用书两或三个名称 | 巾字旁/巾字底、刀字旁/刀字头/刀字底 | 巾、刀 |
| 错误使用部位名称 | 病字旁、衣字旁、竹字头 | 病字框、衣旁、竹头 |
| 误解部位命名含义 | 幺字旁、殳字边 | 幺/幼字旁、殳字边 |
| 命名部位不同,或代表字及部位皆不同 | 风字框、肃字头、包字头 | 风旁、唐字心、句字框 |
| 规范按读音或部位命名,教师用书用俗称,或相反 | 三撇、方框、横山、三拐、紧字底 | 彡、围字框、雪字底、巡字心、绞丝底 |
| 选用不同的代表字 | 京字头、凶字框 | 玄字头、画字框 |
| 两个或多个俗称同时列举 | 绞丝旁/乱绞丝、提手旁/挑手旁/剔手旁 | 绞丝旁、提手 |
| 选用与规范不同的俗称 | 单耳刀、四点 | 单耳、横四点 |

其中,规范按读音命名,教师用书按部位命名的情况最多。人教版23例,语文版61例,北师大版62例,苏教版61例,分别占名称失范总数的48%、55%、63%、62%。除人教版外,其他三套教材均超过半数。

部件偏旁部首名称有不同教师用书间的不统一。如:北师大版二上"厂字旁",苏教版二上为"厂字头";人教版一下"衣字旁",北师大版六下为"衣补旁";语文版二下"三框",人教版一下为"凶字框";语文版一上"双耳旁",苏教版一下为"左耳旁"。也有同一套教材中名称的不统一。如:语文版五下"衤旁""礻旁",六上为"衤字旁""礻字旁";北师大版四上"示补儿",五下为"示字旁";苏教版二上"建之",五上为"建之旁"。甚至还有同一出版社同一册教材中前后名称的不一致,如:人教版三上"纟",有时称"绞丝",有时称"绞丝旁";苏教版一下既有"讠字旁"又有"言旁"。可见名称使用的混乱。

2.四套课本中部件偏旁部首名称使用情况

课本中部件偏旁部首名称失范较少,这与课本中部件偏旁部首往往以隐性形式出现,未直接点明有关。人教版、语文版、苏教版分别出现2例、5

例、1例,全部失范,北师大版出现7例,失范6例。如:语文版三上语文百花园七"疒字旁",规范中为"病字框";北师大版一下第7课语文天地"四点底",规范中为"横四点"。

(三)偏旁部首的术语使用

《归部规范》对偏旁、部首的概念做了明确的区分。偏旁是"合体字的构字单位。旧称合体字左为偏右为旁,今不论左、右或上、下统称作偏旁"。部首是"可以成批构字的一部分部件。凡含有某一部件构成的字,在字集中均排列在一起,该部件作为领头单位排在开头,成为查字的依据"。偏旁是对汉字进行一次性划分得出的单位,是合体字的组成构件。"虽然绝大多数部首由偏旁承担,但是毕竟还有一些单笔或少笔的部首不是偏旁。"[1]偏旁部首存在差别,需要区分开来。两者的混用在四套教材中数量较多,以课本和教师用书为甚,练习册中相对较少。

1. 课本中偏旁部首的混用

四套课本中部首概念的引入时间分别为:人教版二上"语文园地二";语文版二上"语文百花园一";北师大版二上第一单元"语文天地";苏教版二下"练习一"。在部首引入前,四套课本都使用偏旁或部件,这是合理的。

我们考察了部首引入后偏旁部首术语的使用情况。人教版是课本中出现偏旁部首术语最少的教材,直到二上"语文园地五"才出现,且仅1例"我一看到偏旁就知道字义了"。语文版引进部首前,课本中都使用偏旁,但部首出现后,存在偏旁部首的混用。如:二上语文百花园二中"我发现这些字的偏旁都和字义有关系",但二下识字二中"我发现这些字的部首不同,意思也不同"。北师大版在部首出现后便称作部首,不再称偏旁。如:二上第13课"加部首,组成新字";二上附有"常用部首表"(在一下中为"偏旁表");二上丁丁冬冬学识字二"根据部首猜字义,也是一种识字方法",二下第15课"给下面的字换部首组成新字"。苏教版部首引入后,将偏旁部首分得较清,基本没有混用的情况。

2. 教师用书中偏旁部首的混用

四套教师用书中,语文版、北师大版、苏教版偏旁部首混用较多,人教

---

[1] 陈燕:《部首界说与历史传承术语的标准规范制定原则》,《天津师范大学学报》2015年第5期。

版相对较少。举例如下。

语文版一上《汉字常用偏旁名称表》和一下《汉字常用部首名称表》都列出了相同的149个常用偏旁/部首,但《汉字常用部首名称表》中有些并非部首,而只是偏旁,可见教材将两者混淆了。二上"说明"指出"巩固部首识字方法",混淆了偏旁部首的功能,具有表意、表音功能的是偏旁,因此应是"偏旁识字方法"。第二单元说明中又正确表述为"借助偏旁识记生字"。一年级下"学习新部首",但二年级上、下又变成"学习新偏旁"。

北师大版二上第一单元语文天地"初步认识偏旁的表意功能,体会字与偏旁的关系",明确指出偏旁具有表意功能,通过偏旁识别字义。但二下第二单元语文天地"比较形旁,运用学过的部首知识分析字义",三下第三单元"说说部首怎么表示字义",具有表意功能的又成了部首。形旁是对汉字进行有理据分析得出的单位,形旁表意,与偏旁相关,现代汉字的部首是据形确立下来的,有一部分部首已无表意功能,不能将形旁与部首等同,教材常将两者相混淆。如:二下第五单元语文天地"声旁相同的形近字,一定要通过形旁(部首)来辨析",四上第十一单元语文天地"根据字义(词义)辨析形旁(部首)",其中的部首都应是偏旁。二下第11课"'般'和'喻'可用替换部首的方法分析字形:船—般、愉—喻","船—般"替换的应是偏旁。四上第三单元"'祥'的部首是示补儿,同偏旁的字有'祝、福、社、祖、祈、祷'等",同一句话中却将偏旁部首混淆在一起。

苏教版从一上开始,先引入"部首字"的概念,在介绍"部首字"时指出:"汉字的形体大都可以说明字义。怎样通过形体构造来了解现行楷体汉字的字义呢?比较简便的、切实可行的办法是分析部首。从一个部首字的意义可以推知许多字的意义类属。同时,有了部首及部首字,也为工具书检字提供了方便。"这说明,教材认为能够表明字义的是部首,将部首与偏旁的功能相混同。一下识字4既有"教学新部首",又有"教学新偏旁",识字6中又成了"认识的一个新部首'户头'",同一册中偏旁部首混用。

人教版教师用书中偏旁部首的术语使用较为规范。如一下"教学设计举例:发现偏旁表意";二上第6课"教学建议:偏旁识义";三下第2课"教学建议:偏旁识字"。以上使用"偏旁"是恰当的。

教材中出现的问题主要是偏旁部首术语的随意切换,但最主要集中在该使用偏旁的地方使用了部首。

3. 练习册中偏旁部首的混用

人教版、苏教版偏旁部首术语的使用较为清晰。语文版和北师大版术语存在混用,但数量不多。如:语文版一下识字二"'猫'的偏旁是?"答案为"犭",但"犭"和"苗"都是偏旁,部首才是"犭",题目出现了"指令不清"。北师大版二上第10课中"'攵、爫、扌'这些部首都是从'手'部演变来的,与'手'有关。试一试,在10分钟里,你能写出多少带有下列偏旁的字:手、扌、爫、攵",题目中既出现部首又出现偏旁。

## 二、存在问题的原因与改进

(一)失范原因探讨

总体来看,四套教材汉字部件偏旁部首基本符合现行规范,但均在不同程度上存在失范。部首立部除极个别外,基本未脱离《部首表》201 部的范围。部首归部大体符合《归部规范》,但仍存在少部分的归部失误。失范现象较多的是部件偏旁部首名称及偏旁部首术语的使用。失范主要有两方面的原因。

1. 未充分理解相关概念、功能及原理

部首立部失范原因主要在于将部首与偏旁相混同。偏旁部首概念不同,两者之间存在交叉关系。"部首偏旁之间有部分重合。用自然语言可表述为:有些部首是偏旁,有些偏旁是部首。……偏旁与部首不重合的部分可表述为:有些部首不是偏旁,有些偏旁不是部首。"[1]教材混淆了两者,因此误将不是部首的偏旁立为部首。

偏旁、部首的混用与未能充分理解两者在功能上的差别有关。"偏旁是汉字构形学的概念,而部首是汉字排序与检索中的概念;偏旁直接服务于识字教学,而掌握部首是为了学会到字典中查字,从而间接地为学习汉字服务。"[2]明确区分了两者的功能,偏旁体现字理,与字义、字音相关,而部首的首要功能在于检字,部首学习是为部首检字法做准备。在分析汉字结构时,主要涉及偏旁,而在查阅工具书时,主要从部首考虑。教材未能分清

---

[1] 迟永长:《偏旁与部首关系辨析》,《辽宁师范大学学报(社科版)》1990 年第 5 期。
[2] 张书岩:《〈汉字部首表〉的内容与应用》,《语文建设》2009 年第 6 期。

两者的功能差别，因此在该使用偏旁的地方使用了部首。

部首归部失范，与教材的部首提取原则和《归部规范》中的部首提取原则不统一有一定的关系。"据形定部与据义归部相比较，大多数字的归部结果是一致的。"①这部分汉字的归部在四套教材中基本没有失范现象。失范现象产生的原因，主要是"据义"与"据形"定部产生矛盾，从而归属了不同的部首。"现代汉字理据大量保留是历史的事实。……现代汉字形声字已达90%以上，义符的表义能度也较好地保留下来。"②现行教材在教学中遵循了汉字表意的特征，从构字理据的角度介绍汉字，部首归部时，似乎"以义定部"的原则更能与汉字教学的理念相匹配。但仍有一部分汉字由于字形的演变，已无法从字形获得字义，归部时如果仍按"以义定部"的原则，不但不利于理解字义，而且会与《归部规范》不相符。

2. 未充分意识到规范的重要性

部件偏旁部首名称不规范主要与未能充分意识到名称规范统一的重要性有关，以至于对待名称的态度过于宽松。如北师大版教师用书一下语文天地一指出："偏旁（部首）的名称是约定俗成的，不必强求一致，允许学生发明一些有道理的叫法。但应该让学生明白，常用偏旁的名称应与大家保持一致。"我们赞同其观点"常用偏旁的名称应与大家保持一致"，但认为"不必强求一致，允许学生发明一些有道理的叫法"的做法不够规范严谨。如果教材中"允许学生发明一些有道理的叫法"而又没有一个限定范围，在什么情况下允许发明异名，岂不是能发明出各种叫法来？

（二）教材中部首规范化的改进

《中华人民共和国国家通用语言文字法》明确指出："学校及其他教育机构通过汉语文课程教授普通话和规范汉字。使用的汉语文教材，应当符合国家通用语言文字的规范和标准。"《部首表》《归部规范》确定了部首立部归部的原则，改变了以往立部归部的不统一。《名称规范》指明了部件偏旁部首的命名规则，改变了名称混乱的局面，使之更为科学、规范。规范性和标准性是教材首先应该做到的，基础教育阶段尤其如此。小学是语文教

---

① 陈燕：《当前汉字部首法关注的主要问题研究》，《语言文字应用》2007年第1期。
② 王宁：《汉字构形理据与现代汉字部件拆分》，《语文建设》1997年第3期。

育的重要时期,汉字部首立部归部、部件偏旁部首名称的规范、偏旁部首术语的正确使用,为汉字的学习、检索打下基础。现有教材存在失范现象,语文教材该从哪些方面入手,怎样做到规范,引发我们的思考。

1. 部首的立部应严格遵守规范

汉字部首规范意义重大,苏宝荣(1995)、王汉卫(2003)、陈燕(2007)等的研究多有说明。部首检字法,首先需要解决的是部首的立部问题,合理的立部可提高检字效率。教材应严格遵守《部首表》中的立部,以避免将不是部首的偏旁误立为部首,造成检字失败。

至于主部首和附形部首,教材的处理不算失范,但需要尽量有一个处理的统一标准。《部首表》列有主部首201个,附形部首100个。其使用规则指出,一般以主部首为主,特殊情况下可根据需要做适当变通。因此,可根据学生所处的阶段和汉字教学的需要,做适当变通。学生所处阶段需学习的汉字中若以附形部首组成的字为主,则可首先学习附形部首,不必只出现主部首或主部首与附形部首同时出现。如学生最先学习的主要是附形部首"扌"组成的字,低年级中尚未或极少出现主部首"手"组成的字,因此教材中可暂时只列"扌",不列"手"。

2. 部首归部应遵循"据形定部"的原则

汉字部首由《说文》的"据义定部"发展到现代的"据形定部",是为了与汉字字形的演变相适应。"据形定部的优点是符合楷书字形特点,取部方法明确而统一,便于检索。"[1]教材应适应现代汉字的特点,尊重规范,不应在"据义"与"据形"定部间摇摆不定。

3. 部件偏旁部首的名称在规范的同时适当允许异名

部件偏旁部首的名称并非只是约定俗成的产物,其命名具有理据和规律性,能够体现汉字的组合规律,对汉字结构的正确把握及书写,都起到重要作用。《名称规范》明确了名称的命名规则。按俗称命名中,有多种俗称的非成字部件,采用一个含义明确、比较通行的俗称命名。如"纟"俗称有"绞丝旁""绞丝""孪绞丝""乱绞丝"等,选用"绞丝旁"。按部位命名更是确定了"X字头""X字底""X字旁""X字边""X字框""X字心""X字

---

[1] 陈燕:《当前汉字部首法关注的主要问题研究》,《语言文字应用》2007年第1期。

腰""X字角"的称法。如此命名,是有规律可循的,体现了部件在汉字中的部位。《名称规范》保证了一个部件偏旁部首基本只有一个名称(《名称规范》中共514个部件,一个名称的479例,占93.2%;两个名称的35例,占6.8%)。教材应重视规范,以形成正确认识,养成良好习惯。

(1)教材在命名部位的选取上应严格遵守《名称规范》,以便体现字理,更为科学。如:"病字框"相较"病字旁"更科学。

(2)有两个或多个俗称或不同俗称的,只取一个俗称,并尽量与规范相符合,以避免不同教材间甚至同一部教材间名称的混乱。如:在"提手旁/挑手旁/剔手旁"中选取"提手旁",并根据规范改为"提手"。

(3)尽量选取与《名称规范》相同的命名方式。如:将俗称"横山"改为部位命名"雪字底",既遵照了命名体例,又更为严谨("横山"虽形象,但也可能理解为不同的形象)。

(4)尽量选取与《名称规范》相同的代表字。一类如"幼字旁""幺字旁",都是按部位命名,但代表字不同含义就不同。"幼字旁"是指"幼"的左边,而"幺"本身就是独体字,哪来的"旁"呢?因此将"幺"命名为"幼字旁"更科学。一类如"角字头""负字头",选取哪个代表字不存在科不科学的问题,但为了避免名称使用的混乱,应尽量与《名称规范》保持一致。

引起我们思考的是,小学识字教学中的部件偏旁部首名称是否一定要与规范完全一致,还是可以结合学习者的学习阶段和识字水平有所变通?教材中存在大量按部位命名,但规范中按读音命名的情况,如"女字旁",规范中称为"女"。由"女"组成的字不止位于左旁,还可位于右边、下部、中间等,如"汝""姿""囡"。但学生所处阶段需掌握的主要是"女"作左旁的字,如"妈""奶""姐"。因此,在学生所处阶段称作"女字旁"(称作"女旁"更为科学),虽不规范,但更为具体,符合学生的识字规律。再如"彡",规范中按读音命名为"彡",教材按俗称"三撇"。"彡"的读音在小学阶段难以掌握,教材的称法则更为形象便捷。建议教材对一些难读难认或超出学生认知范围的部件偏旁部首,名称可做弹性处理,允许一些更为具体形象的名称出现,但数量不可多,处理态度需谨慎,否则有规范就等于无规范了。

4.偏旁部首应加以区分

偏旁部首的概念和功能本不相同,在汉字教学中的目的也不同。偏旁与字理相关,偏旁学习是为从字理的角度科学地学习汉字打下基础,避免机械性地死记硬背,减少错别字的使用,锻炼自学能力,提高识字效率。而部首的学习是为了检字的需要。四套教材在汉字教学中都是先出现偏旁概念,再出现部首概念,从教学顺序上说是合理的。但在两者都出现后,常存在混淆状态。有的教材明确指出两者的不同,但又说明可不必细究两者的差别,应弱化。

既然两者有差别,就应该在教学中尽量区分开。混淆使用,容易在辞书检索时,将偏旁误认成部首而查不到字,也容易在练习和测试的题目中出现"指令不明"。人民教育出版社小语室便提出:"从偏旁和部首形体的不同、用法的不同来讲,就不应该在识字教学中一会儿偏旁,一会儿部首,一会儿又在字典中查找偏旁。"建议在部首概念未出现前,可统一称为偏旁或部件,但在部首概念出现后,应将偏旁部首区别对待。与识字教学有关的都称作偏旁,与检字法有关的都称作部首。在必要时,可适当介绍偏旁部首的区别。

苏宝荣(1995)[1]、苏培成(2007)[2]等曾对"文字学部首"和"检字法部首"做了区分。有人将之运用到汉字教学中,将前者称为"识字部首",后者称为"检字部首",这样的称法固然有道理,但从小学生的认知水平考虑,区分清两种"部首"并不容易。与其称"识字部首""检字部首",不如称"偏旁""部首"更简洁易懂。

(三)对现行规范的反思

作为基础教育的语文教材,对国家的语言文字规范理应贯彻执行,但在具体的实施中,又发现了一些问题。基础教育阶段的识字教学受学生认知规律、学习内容等因素的影响,有其特殊性。基础教育汉字教学的理念、内容、方式可成为反观现有规范的一面镜子,为规范的进一步完善提供参考。

1. 加强部首归部的实用性

部首归部为部首检字法服务,检字法应以方便快捷为衡量标准。由于

---

[1] 苏宝荣:《汉字部首排检法规范化试探——"论切分、定位(定序)"归部法》,《辞书研究》1995年第5期。
[2] 苏培成:《谈"据形定部"》,《辞书研究》2007年第2期。

汉字形体的演变,汉字部首的归部由传统的据义定部发展到现代的据形定部。《归部规范》遵循据形定部的原则,并严格遵守一字只能归属一部的规则。前人曾为了检字的方便,倡导"多开门",即一个汉字可根据需要归属于不同的部首,《现代汉语词典》《现代汉语规范词典》便做了这样的处理。《现代汉语词典》(第6版,2012)"部首检字表"说明部分指出:"为方便读者查检,《检字表》中有些字采取'多开门'的方式分别收在所属规定部首和传统习用部首之下。"《现代汉语规范词典》(第2版,2010)"部首检字表"说明部分指出:"为方便尚不熟悉规范部首的读者使用,对历史上常见归部不同的部分汉字采用'多开门'的方法处理,即一个字同时会归入几个不同的部。"这样做的优点是便于查找部首,缺点是不利于部首归部原则的统一。

现行规范一字只归一部的原则与现行辞书允许一字归两部的实际做法间存在差距。那么,小学语文教材又该如何处理呢? 是该严格遵循规范,还是如同辞书"多开门"的处理? 我们认为,鉴于小学生的认知水平,教材中的处理方式可适当灵活些。对于容易检索的字,建议严格遵照《归部规范》,一字归一部;对于较难检到的字,允许做一字归两部的处理,以降低检字难度,方便快捷。这也让人反思《归部规范》中的部首归部是否做到了便于检字,提高效率? 如果未能做到,是否说明规范中存在有待改进的地方?

2. 适当调整部件偏旁部首的名称

部件偏旁部首的命名既需要遵循一定的规律,能够反映在汉字结构中的部位,又需要具有一定的约定俗成性,便于称说,同时最好能体现汉字理据,兼顾表意。如果能做到三者的结合,对汉字的教学和学习将十分有利。《名称规范》中绝大部分名称是合理的,但仍存在不够完善的地方。《名称规范》列有部件514个,在读音、笔画、俗称、部位四类命名方式中,按读音命名353个(包括先按读音命名再按部位命名及先按笔画命名再按读音命名),按笔画命名10个(包括先按笔画命名再按读音命名),按俗称命名23个(包括先按读音命名再按俗称命名及先按俗称命名再按部位命名),按部位命名163个(包括先按读音命名再按部位命名及先按俗称命名再按部位命名)。有两个名称的共35个。存在问题较多的是按部位命名和按俗称命名,主要问题及相应建议如下。

（1）名称的精准性有待完善

"纟"在规范中称为"绞丝旁",但"纟"构成的字不只位于左边,还有不位于左边的情况,如"辫",因此名称不能涵盖部件所在部位的所有情况,建议改称为"绞丝"。称"𠂉"为"卧人",这是使用形象化的俗称方式来命名,但对于"卧人"形象的理解,会存在差异,建议改称为"每字头"。称"凵"为"画字框",没有"凶字框"更能体现"凵"的形象及所在的典型部位。

（2）名称的实用性和操作性略显不足

《名称规范》有明确的制定原则和规则,但从具体使用的角度来讲,存在不够实用、不便于操作的情况,有待改进。

部件偏旁部首的名称未必非要体现字义,但若能与字义相结合,对汉字教育将大有裨益。《名称规范》中个别名称未能很好地体现字义,这主要表现在俗称上。如"彳",行走义,与人无关,但称为"双立人"。张业红(2012)建议将"彳"称为"半走旁"①。这样命名能够将名称与字理结合起来,便于字义的理解,增强了实用性。但应分两种情况。一是在现代汉字中仍起表意作用或表意作用较强的,建议使用符合含义的名称,以便于字义的掌握。如"灬",规范中称为"横四点",但由"灬"组成的字意思大多与火有关,可称为"四点火";由"冫"组成的字多与"冰冻、寒冷"义有关,"两点水"可改称为"两点冰"。二是在现代汉字中不起表意作用或表意作用较弱的,使用含义明确且较为通行的俗称即可,如"单耳""反文"。

个别名称不够形象,或称呼起来不够方便,操作性不强。如"廴",规范称为"建之",虽用了俗称,但形象性不强,不如按部位称作"建字框"。再如"彡"在规范中按读音命名为"彡",但这一读音非但小学生,就连不少成年人也不熟悉。建议或者采用形象性较高的俗称"三撇",或者先按读音再按部位命名为"彡/彩字边"。称"艹"为"贲字腰",选用非常用字"贲"作代表字也是不便于称读的。

---

① 张业红:《〈现代常用字部件及部件名称规范〉中几个部件的质疑》,《汉字文化》2012年第5期。

第五节

## 汉语拼音规范标准落实情况的调查研究

### 一、汉语拼音规范标准的内容

《汉语拼音方案》是根据普通话语音系统,在众多汉字记音方式的基础上创制出的给汉字注音和拼写普通话的方案,它采用国际通用的拉丁字母作为书写符号。自1958年正式发布推广以来,《汉语拼音方案》由国内走向国际,获得了国际认可,其重要性日益凸显。1982年8月1日国际标准化组织(ISO)发布国际标准《文献工作——中文罗马字母拼写法》(ISO-7098-1982),规定拼写汉语以汉语拼音为国际标准。《中华人民共和国国家通用语言文字法》(2001年1月1日)第十八条规定:"国家通用语言文字以《汉语拼音方案》作为拼写和注音工具。《汉语拼音方案》是中国人名、地名和中文文献罗马字母拼写法的统一规范,并用于汉字不便或不能使用的领域。初等教育应当进行汉语拼音教学。"[①]这便以法律的形式对《汉语拼音方案》的地位作了肯定。以《汉语拼音方案》为基础,国家又制定了汉语拼音使用方面的相关规则。

汉语拼音作为小学教育的重要内容,是学生语言学习的重要基础知识,对以后的工作生活也有着很大的影响。在小学进行汉语拼音教学,目的就是让小学生掌握《汉语拼音方案》,帮助小学生识字、阅读和学习普通话。因此,小学语文教材和《汉语拼音方案》之间有着十分密切的关系。为全面了解国家语言文字规范标准在小学语文教材中的落实情况,了解我国基础教育阶段汉语拼音教学情况,这里选取国内小学教育阶段主要使用的四套最有代表性教材进行了全面考察。考察的内容主要是小学教材中拼音教学与《汉语拼音方案》及相关规则的相符性,以及几种教材之间对相关考察项的不同处理。包括声母、韵母、标调(变调、轻声)、拼写等方面。

四套语文教材分别是:人民教育出版社、江苏教育出版社、北京师范大学出版社和语文出版社的小学语文教材。我们运用数据库技术,使用计量

---

[①] 教育部语言文字信息管理司组编《语言文字规范标准手册》,商务印书馆,2015,第3页。

统计和对比分析的方法对这四套小学语文教材进行了调查研究。四套语文教材中,汉语拼音的学习主要在一年级,课文全文用汉语拼音注音也主要集中在一年级上下册,具体情况为:人教版和北师大版小学语文一年级全文注音,从二年级开始不再全文注音;语文版二年级上册仍是全文注音,苏教版二年级上下册仍然全文注音。因此,我们的调查主要是以四套教材有全文注音的一年级上下册为主。

我们依据的主要参考标准是《汉语拼音方案》(1958)、《汉语拼音正词法基本规则》(2012)、《中国人名汉语拼音字母拼写规则》(2011)、《中国地名汉语拼音字母拼写规则》(汉语地名部分)(1984)。

## 二、汉语拼音声母规范调查

声母规范方面,四套小学语文教材主要表现为 y、w 的使用与《汉语拼音方案》不符。四套小学语文教材在拼音教学中所列出的声母数目是一样的,共 23 个。如下:

声母(23 个):b、p、m、f、d、t、n、l、g、k、h、j、q、x、zh、ch、sh、r、z、c、s、y、w。

这就表明,上述小学教材无不把 y、w 作为声母教学。如:语文出版社一年级上册《语文教学参考》明确指出:"第 3 课安排学习单韵母……声母 y、w 及整体认读音节……"[①]

而《汉语拼音方案》声母表中明确列出普通话 21 个辅音声母,y、w 只是拼写时规定的改写形式,同时起隔音符号的作用。

《汉语拼音方案》规定:

i 行的韵母,前面没有声母的时候,写成 yi(衣),ya(呀),ye(耶),yao(腰),you(忧),yan(烟),yin(因),yang(央),ying(英),yong(雍)。

u 行的韵母,前面没有声母的时候,写成 wu(乌),wa(蛙),wo(窝),wai(歪),wei(威),wan(弯),wen(温),wang(汪),weng(翁)。

ü 行的韵母,前面没有声母的时候,写成 yu(迂),yue(约),yuan(冤),yun(晕);ü 上两点省略。

小学语文教材中 y、w 被划入了声母之列,从而《汉语拼音方案》中普

---

[①] 语文出版社教材研究中心:《语文教学参考》(一年级上册),语文出版社,2013,第 2 页。

通话 21 个声母在教材里变成了 23 个,显然现行小学语文教材中的声母教学违背了《汉语拼音方案》的规定。

### 三、汉语拼音韵母规范调查

(一)小学语文教材韵母表情况调查

我们调查的四套小学语文教材的韵母表内容是完全一致的:均列出 24 个韵母,即 6 个单韵母,9 个复韵母,9 个鼻音韵尾韵母,以及 16 个整体认读音节。如下:

单韵母(6 个):a、o、e、i、u、ü。

复韵母(9 个):ai、ei、ui、ao、ou、iu、ie、üe、er。

鼻音韵尾韵母(9 个):an、en、in、un、ün、ang、eng、ing、ong。

整体认读音节(16 个):zhi、chi、shi、ri、zi、ci、si、yi、wu、yu、ye、yue、yun、yin、yun、ying。

然而,对比《汉语拼音方案》,我们发现,语文教材中韵母使用情况与相关规范标准出入较大,具体"失范"情况主要体现在以下四个方面:

1.《汉语拼音方案》中有 10 个单韵母;上述教材只有 6 个,比《汉语拼音方案》少 4 个:ê、er、ㄭ、ㄭ。(ê、er 在《汉语拼音方案》韵母表的说明中列出,ㄭ、ㄭ并未明确列出,但在韵母表说明中提到了用 i 代替)

2.《汉语拼音方案》有复韵母 13 个;上述教材只有 9 个,比《汉语拼音方案》多了一个 er,少了 5 个:ia、iao、ua、uo、ua。

3.《汉语拼音方案》有鼻音尾韵母 16 个;上述教材有 9 个,比《汉语拼音方案》少 7 个:ian、iang、iong、uan、uang、ueng、üan。

4.《汉语拼音方案》没有整体认读音节;上述教材列出了 16 个整体认读音节。

综上,小学语文教材中的韵母表与《汉语拼音方案》明显不同,缺少下列 15 个韵母:ê、ㄭ、ㄭ、ia、ua、uo、iao、uai、ian、uan、üan、iong、uang、ueng、iang。

(二)小学语文教材韵母使用情况调查

1.四套教材的韵母表中虽然没有明确列出上述 15 个韵母,但课文中却出现了它们做韵母的拼写形式。如:

表12-21 韵母表未列出但课文中出现的韵母实例

| 韵母 | 用例 | 拼写 | 页码 | 年级册数 | 出版社 |
| --- | --- | --- | --- | --- | --- |
| iao | 小猴 | xiǎo | 42 | 一年级上册 | 江苏教育出版社 |
| iao | 小书架 | xiǎo | 40 | 一年级上册 | 北师大出版社 |
| ia | 搭架飞机 | jià | 48 | 一年级上册 | 江苏教育出版社 |
| ian | 洒遍田野 | biàn/tián | 78 | 一年级上册 | 人民教育出版社 |
| ian | 蓝天 | tiān | 48 | 一年级上册 | 江苏教育出版社 |
| ian | 军舰 | jiàn | 50 | 一年级上册 | 江苏教育出版社 |
| ua | 瓜 | guā | 54 | 一年级上册 | 江苏教育出版社 |
| uo | 果 | guǒ | 54 | 一年级上册 | 江苏教育出版社 |
| ia | 下棋 | xiàqí | 18 | 一年级上册 | 语文出版社 |
| ia | 佳佳霞霞骑木马 | jiājiaxiáxia | 19 | 一年级上册 | 语文出版社 |
| uo | 十朵红花 | duǒ | 36 | 一年级上册 | 语文出版社 |
| uo | 认识更多的字 | duō | 43 | 一年级上册 | 语文出版社 |
| ua | 梅花鹿 | méihuālù | 26 | 一年级上册 | 语文出版社 |
| uang | 原来忘了开扇窗 | chuāng | 77 | 一年级上册 | 北师大出版社 |
| uang | 阳光像金子 | guāng | 78 | 一年级上册 | 人民教育出版社 |
| uan | 轮船海上行 | chuán | 35 | 一年级上册 | 语文出版社 |
| iong | 山峰是雄鹰的房子 | xióng | 37 | 一年级上册 | 语文出版社 |
| ian | 人的五件宝 | jiàn | 45 | 一年级上册 | 语文出版社 |
| ian | 天天离不了 | tiāntiān | 45 | 一年级上册 | 语文出版社 |
| iang | 像金子 | xiàng | 78 | 一年级上册 | 人民教育出版社 |
| iao | 描描写写 | miáomiáo | 40 | 一年级上册 | 语文出版社 |
| iao | 火苗闪闪 | huǒmiáo | 46 | 一年级上册 | 语文出版社 |

我们发现,韵母表中没有,但课文教学中却出现的这些韵母,四套教材都没有给出明确的处理意见。个别韵母似乎被分解为"介音+韵"的形式来处理,如:人教版《语文》一年级上册讲到"ao、ou、iu"韵母时,顺便列出了 j-i-ao—jiao,q-i-ao—qiao,x-i-ao—xiao 的形式(第28页),形成"声母+介音+韵"三拼,但这种形式无法告诉学生 iao 到底是什么样的身份。同一页还有 y-ao—yao,y-ou—you 的形式,这种拼写形式好像告

诉学生在 yao、you 中韵母是 ao、ou。上述处理不但与《汉语拼音方案》等规范不符,而且也无法向学生讲清楚 iao、iu 的身份问题。

2. 按照四套教材韵母表的排列方式,很明显语文教材把 er 作为复韵母进行教学,这也有悖于汉语语音学对 er 形成的共识。当然,因为小学阶段一般不讲单韵母、复韵母等语音概念,将 er 临时看作复韵母,也似无大碍。

3. 四套教材关于儿化韵的标注没有统一的标准,相对来说,语文版教材的标注比较规范。

《汉语拼音方案》韵母表规定:韵母儿写成 er,用作韵尾的时候写成 r。例如:"儿童"拼作 ertong,"花儿"拼作 huar。①

对于儿化韵的标注,语文版教材均标儿化音 r,符合《汉语拼音方案》的规定。如:

表 12-22　语文版教材儿化音标注实例

| 例词 | 拼写 | 例句 | 页码 | 出处 | 出版社 |
| --- | --- | --- | --- | --- | --- |
| 一点儿 | yìdiǎnr | 献出一点儿爱心 | 32 | 一年级下册 | 语文出版社 |
| 一点儿 | yìdiǎnr | 一点儿也不听我们的话 | 61 | 一年级下册 | 语文出版社 |
| 一点儿 | yìdiǎnr | 一点儿也不错 | 61 | 一年级下册 | 语文出版社 |
| 玩儿 | wánr | 和毽子玩儿 | 61 | 一年级下册 | 语文出版社 |
| 一会儿 | yíhuìr | 一会儿明一会儿暗 | 82 | 一年级下册 | 语文出版社 |
| 一会儿 | yíhuìr | 看了一会儿 | 83 | 一年级下册 | 语文出版社 |
| 一点儿 | yìdiǎnr | 一点儿荤菜都没有 | 92 | 一年级下册 | 语文出版社 |
| 一会儿 | yíhuìr | 又挖了一会儿 | 129 | 一年级下册 | 语文出版社 |

人教版、苏教版、北师大版都处理为独立的轻声音节,标注为 er,不符合《汉语拼音方案》的规定。如:

表 12-23　人教版、苏教版、北师大版教材儿化音标注实例

| 例词 | 拼写 | 例句 | 页码 | 出处 | 出版社 |
| --- | --- | --- | --- | --- | --- |
| 一会儿 | yīhuìer | 一会儿 | 5 | 一年级下册 | 北京师范大学出版社 |
| 滚儿 | gǔner | 打个滚儿 | 29 | 一年级下册 | 北京师范大学出版社 |

---

① 教育部语言文字信息管理司组编《语言文字规范标准手册》,商务印书馆,2015,第 7 页。

续表

| 例词 | 拼写 | 例句 | 页码 | 出处 | 出版社 |
| --- | --- | --- | --- | --- | --- |
| 一块儿 | yīkuàier | 一块儿 | 42 | 一年级下册 | 北京师范大学出版社 |
| 一会儿 | yīhuìer | 一会儿 | 43 | 一年级下册 | 北京师范大学出版社 |
| 歌片儿 | gēpiāner | 一盒歌片儿 | 69 | 一年级下册 | 北京师范大学出版社 |
| 水花儿 | shuǐhuāer | 把水花儿溅起多高 | 34 | 二年级下册 | 江苏教育出版社 |
| 早点儿 | zǎodiǎner | 早点儿回来呀 | 52 | 二年级下册 | 江苏教育出版社 |
| 一会儿 | yíhuìer | 玩了好一会儿 | 128 | 二年级下册 | 江苏教育出版社 |
| 一会儿 | yíhuìer | 再等一会儿 | 88 | 二年级下册 | 江苏教育出版社 |
| 那儿 | nàer | 到你那儿 | 134 | 二年级下册 | 江苏教育出版社 |
| 哪儿 | nǎer | 他哪儿再有力气摇船呢 | 39 | 二年级下册 | 江苏教育出版社 |
| 哪儿 | nǎer | 哪儿去了 | 101 | 二年级下册 | 江苏教育出版社 |
| 一会儿 | yíhuìer | 听了一会儿 | 84 | 二年级下册 | 江苏教育出版社 |
| 一点儿 | yìdiǎner | 他一点儿也不在乎 | 60 | 二年级下册 | 江苏教育出版社 |
| 点儿 | diǎner | 想变点儿什么 | 120 | 二年级下册 | 江苏教育出版社 |
| 这儿 | zhèer | 请到我这儿来认领 | 51 | 一年级下册 | 人民教育出版社 |
| 一会儿 | yíhuìer | 不一会儿 | 51 | 一年级下册 | 人民教育出版社 |

### 四、汉语拼音调式及拼写规范调查

我们根据《汉语拼音正词法基本规则》(2012)的有关规定,结合口语中常见的习惯读轻声的词语以及变调现象,对四套语文教材中的声调标注情况进行了综合调查。

我们发现,有的教材对所采取的标调原则做出了明确说明,如:语文出版社一年级下册《语文教学参考》:"A.'儿、子、头'等词缀标注轻声;B.'一、不'标注变调;C.名词叠词(如'妈妈')、动词叠词(如'说说')后一个字标注轻声。"[1]

然而从具体标调情况来看,四套教材内部存在较大差异,主要表现在轻声词以及各种变调方面。

---

[1] 语文出版社教材研究中心:《语文教学参考》(一年级下册),语文出版社,2013,第9页。

## （一）"一""不"的标调

《汉语拼音正词法基本规则》规定："一""不"一般标原调，不标变调。……在语言教学方面，可根据需要按变调标写。

然而，我们在调查中发现，四套教材"一""不"的标调也比较混乱，没有统一的标准。据我们统计，四套教材牵涉到口语中需变调的"一"，共计648例；牵涉到口语中需变调的"不"，共计73例。

北师大版"一""不"在任何情况下都标本字调，"一"标阴平，"不"标去声，不标变调。其余三种教材全部按照变调标写，但又有不同：当处在相同的词语之间形成"x一x"格式时，语文版、苏教版都按照轻声处理，不标调；人教版不按轻声处理，标变调。当处在相同的词语之间形成"x不x"格式以及"不x"作补语时，只有苏教版的"不"都按照轻声处理，不标调。因此，这就造成了四套教材标调混乱的情况，给教学带来了不便。如：同样是"想一想"中的"一"，北师大版标为阴平；人教版标为去声；语文版、苏教版则都作为轻声处理，不标调。而"对不对""数不清"中的"不"，北师大版标为去声；苏教版标为轻声；语文版和人教版都标变调，但语文版对"对不起""来不及"中的"不"却又按轻声处理。

## （二）轻声音节

由于在口语交际中有些音节的声调习惯上读轻声，现行语言文字标准对这部分没有明确的规定，因此，四套教材的轻声音节声调标注更加混乱。我们选取口语中比较常见读轻声的量词"个"、方位词、做补语的趋向动词进行了全面调查，发现有的教材标轻声，有的不标。甚至在同一种教材中，也出现了前后不统一的情况。

### 1. 量词"个"

四套教材一年级上册共出现量词"个"37例，下册共有80例，共计117例。人教版40例和北师大版19例都标本字调去声；苏教版有31例，其中30例全部标轻声，这30例"个"的后面都带有名词中心语，1例（再一个接一个悄悄地传下去）不带名词中心语的标为本字调去声；语文版27例，除"这个大南瓜"和"这个办法真好"2例的"个"标为轻声，其余全部是本字调去声。

### 2. 方位词"上"

四套教材一年级上册共有方位词"上"55例,下册共有139例,共计194例。人教版76例和北师大版42例都标本字调去声;苏教版22例全部标轻声;语文版54例除"屁股上印了两道杠杠"中的"上"标为轻声,其余皆标本字调去声。

3. 方位词"边"

四套教材一年级共出现方位词"边"7例,人教版、北师大版和苏教版皆标本字调阴平,唯语文版有1例("东边")标为轻声。

《汉语拼音正词法基本规则》"6.1.7介词"中有用例,"东边"标为轻声。小学语文教材的实际情况显然与之不符。

4. 方位词"里"

四套教材一年级上册共见方位词"里"31例,下册共有108例,总计139例。北师大版26例、人教版40例均标本字调上声;苏教版38例、语文版34例都标为轻声,语文版有1例标为上声("掉在土里")。

5. 方位词"面"

四套教材一年级上册共见方位词"面"14例,下册共40例,总计54例。人教版6例和北师大版8例都标本字调去声;语文版5例和苏教版35例皆标轻声。

《汉语拼音正词法基本规则》"6.1.1.1"例子"mén wàimian(门外面)""hé lǐmian(河里面)""huǒchē shàngmian(火车上面)"中,"面"注音都标轻声。

6. 趋向动词

(1)趋向动词"上"

四套教材一年级上册共见趋向动词"上"22例,下册共见趋向动词"上"26例,总计48例。人教版12例和北师大版6例都标本字调去声;苏教版15例中,只有2例("爬上山坡""登上山冈")标本字调去声,有13例标轻声;语文版15例中,有13例标本字调去声,有2例("一屁股坐上""刚刚刷上的油漆")标轻声。

(2)趋向动词"下"

四套教材一年级共有"下"25例(作一般动词用的不计在内)。其中方位词有8例,所有教材均标本字调去声。四套教材共见趋向动词"下"16

例,人教版、语文版、北师大版都标本字调去声;苏教版共 7 例,只有 1 例("伸下树枝")标去声,其余皆标轻声。苏教版另有 1 例"下"作量词("介绍一下"),标去声。

(3)单音趋向动词"来"

四套教材标调不统一:人教版和北师大版全部标本字调;语文版和苏教版全部标为轻声。

《汉语拼音正词法基本规则》"6.1.2.4"例子"zǒu jìnlái(走进来)"和"6.1.4.1"例子"tāmen huílái le(他们回来了)"都标本字调,只有人教版与北师大版教材与之相符。

(4)单音趋向动词"去"

四套教材的标调情况与趋向动词"来"相同,即人教版和北师大版全部标本字调;语文版和苏教版都标为轻声。另,语文版有 1 例("拉我出去散步")亦标为去声。

(5)复音趋向动词

我们主要考察了动词后的"过去、过来、起来、出来、出去、下来、下去、回来"8 个。四套教材亦存在一定的分歧,具体情况如下:

人教版和北师大版一致,动词后的复音趋向动词全部标本字调。如:

"小白兔跑过去"pǎoguò qù;"忍不住喊起来"hǎn qǐ lái。

语文版只把最后一个音节标轻声。如:

"走过去问"zǒuguò qu;"也跟着跑起来"pǎo qǐ lai。

苏教版的复音趋向动词全部标轻声。如:

"西北风呼呼地刮起来"guā qi lai;"跑过去"pǎoguo qu。

(三)拼写问题

1.词的连写

《汉语拼音正词法基本规则》总则中明确规定:"拼写普通话基本上以词为书写单位。"

遗憾的是,我们调查的上述四套教材都没有落实这一规定,出现明显的"失范"现象。

但语文版从二年级下册开始,课文括号内生词的注音做到了词的连写。如:

"沐浴(mùyù)在春风里"(三年级下册第10页),

"嚎啕(háotáo)大哭"(三年级下册第28页),

"尸骸(shīhái)"(三年级下册第28页)。

其他三种教材自始至终都没有做到注音时词的连写。如:

人教版:"鼎(dǐng)沸(fèi)"(四年级上册第3页),

"艰(jiān)辛(xīn)"(四年级上册第9页),

"奢(shē)侈(chǐ)"(四年级上册第64页);

苏教版:"俸(fèng)禄(lù)"(五年级上册第46页),

"脍(kuài)炙(zhì)人口"(五年级上册140页);

北师大版:"囫囵(hú lún)吞枣"(六年级上册52页),

"鹧鸪(zhè gū)"(六年级上册80页)。

### 2. 句子开头字母大写

《汉语拼音正词法基本规则》"6.3 大写规则":"6.3.1 句子开头的字母要大写。"

我们调查的上述四套教材都没有落实这一规范,句子开头的字母均未大写。

### 3. 人名、地名拼写规则

《汉语拼音正词法基本规则》规定:"(汉语人名中)姓和名的开头字母大写……汉语地名中的专名和通名分写,每一分写部分的第一个字母大写……"

我们调查的上述四套教材亦没有落实这一规范。由此可见,在"字母大写"这一标准上,各教材贯彻力度很不够,存在明显的"失范"现象。

**五、教材与规范标准不符原因探讨**

我们对四套教材的汉语拼音使用情况进行全面调查分析后发现,目前我国小学语文教材汉语拼音与《汉语拼音方案》等国家规范标准出现了很多不相符的情况。主要表现为如下几个方面:

(一)声母数量不同。《汉语拼音方案》中列出21个声母,小学语文教材中有23个声母,多出 y、w 两个。

(二)韵母不同。在小学语文教材中无论是韵母的数量还是分类都与《汉语拼音方案》有差异。

（三）小学语文教材拼音拼写不符合《汉语拼音正词法基本规则》等相关规则的要求。

（四）小学语文教材中汉语拼音标调比较混乱。

上述问题不仅仅是各教材与规范标准之间的差异，各教材之间也有很大不同。事实上，上述四套教材语言体现出的这些"失范"现象，亦反映了目前小学语文教材的共性。显然，这不但不利于汉语拼音的教学，也不利于《汉语拼音方案》的推广。

基础教育教材不能全面落实国家语言文字方面的规范，教材编纂出现了一些与《汉语拼音方案》等标准不符的地方，而对于这些"失范"现象，目前并没有一个明确的理由和解释。我们认为可能有以下几个方面的原因：

首先，从实际教学的需要出发，在教学实践中对《汉语拼音方案》内容做出一定的变通。教材编纂者也许从小学生思维水平和认知能力角度出发，考虑到教学的效果做出了规则允许之外的变通。比如，把 y、w 看作声母，或许对理解 i、u、ü 开头的音节更有利一些，由语文教材韵母表中缺少的主要是 i、u 开头的韵母就可以明白编者这一思路。

其次，《汉语拼音正词法基本规则》变通规则第一条指出："根据识字需要（如小学低年级和幼儿汉语识字读物），可按字注音。"这一条标准的弹性比较大，导致不同的教材编者把握的度会不一样，由此造成注音拼写方面的差异问题。

最后，教材编写方面的疏漏，比如同类现象出现个别不一样的处理方式。这一问题是由主观原因导致的，完全可以避免，故不在我们讨论之列。

**六、关于汉语拼音教学的思考与建议**

如前所述，小学语文教材汉语拼音教学内容与《汉语拼音方案》等国家规范标准不符，主要的问题是教学中出现的变通。前辈时贤以及教材编者为孩子们想得太过周全，对拼音做出改写或变通，但有些改写未必是有必要的。或许有人认为汉语拼音教学中的变通符合孩子的认知与思维发展，但这种想法是不是一种想当然呢？谁做过这方面的实验报告？是否存在有说服力的实验数据支持？应该说汉语拼音规则并不复杂，如果把它跟英语的各种不规则变化相比，我们就能认识到这一点。一些看似复杂的规则，比如人名、地名、词内连写等问题，只要讲解到位，这个不难掌握，即使一时不能掌握,在小学阶段拼音学习的持续影响下,也终究会掌握。况且,既然是国家标准,既然以法律的形式规定了,就应该尽量按照法律的要求去做,而不是想着变通,这与建设法治国家同理。即使要变通,也应该让学习者明确它曾经的标准和要求是什么。作为识字工具,汉语拼音的学习主要就是在小学阶段,除了相关专业,成人几乎没有再学习汉语拼音的情况。这就要求我们更得严格贯彻,以使学习者有清晰的规范标准,而不能让他们形成一个错误的认识。从我们多年的教学经验来看,大学中文系的学生在学习专业课现代汉语之前写不全汉语拼音是一种普遍现象,更不要说其他专业的学生了,这在很大程度上恐怕要归咎于我们的基础教育。李宇明(2001)就曾指出:"语音、文字方面的规范和标准可以刚硬一些……通用语言文字的规范和标准应当既要制定又要维护。"[①]因此,针对目前小学语文汉语拼音方面的内容,我们认为教材的编纂应该尽量符合规范标准,即使变通,也不能与标准抵触。

(一) y、w 的处理建议

《汉语拼音方案》中,y、w 只见于字母表,不见于声母表,也不见于韵母表,但却在汉语音节拼写中大量出现,这是在拼音教学中让教育者比较头疼的。但无论怎样,小学语文教材把它们处理成声母是不妥当的。教学时必须向学生强调 y、w 只是拼写时规定的改写形式,同时起隔音符号的作用,并结合《汉语拼音方案》中韵母表后的说明对规则进行讲解。只需学生记住三个整体认读音节 yi、wu、yu,除了这三个音节,只要是 ü 开头的音节,都加 y;i 开头的音节,除了两个特殊的 in、ing,都把 i 改写成 y;u 开头的把 u 都改写成 w。

(二) 韵母教学的建议

我们认为在教材的编纂以及汉语拼音的教学中尽可能地按照《汉语拼音方案》的内容组织教学。在不违反规范标准的情况下,做些变通是可以的。

比如整体认读音节具有一定的合理性。但我们认为目前四套语文教

---

[①] 李宇明:《通用语言文字规范和标准的建设——学习〈中华人民共和国国家通用语言文字法〉的体会》,《语言文字应用》2001 年第 2 期。

材中的 16 个整体认读音节，数目过于庞大，并不利于学习者理解和掌握汉语拼音。在 zhi、chi、shi、ri、zi、ci、si、yi、wu、yu、ye、yue、yuan、yin、yun、ying 这 16 个所谓整体认读音节中，我们建议教材只保留 zhi、chi、shi、ri、zi、ci、si、yi、wu、yu 这 10 个。

将 yi、wu、yu 作为整体认读音节，目的是避免把 y、w 看作声母，只需向学生说明，单韵母的 i、u、ü 在自成音节时要在 i、ü 前加 y，u 前加 w 即可。

至于 ye、yue、yuan、yin、yun、ying 则要恢复它们的复韵母、鼻音尾韵母身份。况且除了 yuan 之外，其他 5 个都已经出现在教材所列出的复韵母中。

对于小学语文教材中缺少的 15 个韵母 ∩、∧、ê、ia、ua、uo、iao、uai、ian、uan、üan、iong、uang、ueng、iang，两个舌尖元音和 ê 可不必强调，按教材现在的处理即可。其余要明确列入拼音学习的韵母表中。如果不列入韵母表，却又在教材正文中不可避免地出现，这既与《汉语拼音方案》不符，教学中又面临尴尬的困境。比如 "jiao" 音节中的 "iao" 到底是什么，该怎样给学生讲解，都没有一个满意的答案。而如果在教材的编纂中，有意识地按汉语四呼的分类进行整齐排列，或者教学中教师有意识地按照 i 类韵母、u 类韵母、ü 类韵母进行归类引导，这样的韵母并不难记。学了 u 和 a，学 ua 应该很容易；学了 i 和 a，ia 并不难发，以此类推。

（三）标调的建议

汉语拼音标调问题很复杂，因为语音在言语交际中会发生临时变化，所以除了确定的轻声词外，建议都标本字调。建议这一点要形成一个明确的标准，有利于各教材在这一方面的统一。

（四）拼写的建议

虽然《汉语拼音正词法基本规则》变通法则允许单个字注音，但为了培养学生的语感，避免一字一顿地念书现象，以有利于语言的学习，以词为书写单位是很有必要的。建议按照《汉语拼音正词法基本规则》"拼写普通话基本上以词为书写单位"的要求编纂教材并进行教学。如果是一个词内各音节都需要注音，就要做到词内各音节拼音连写，如：沐浴（mùyù）、苇秆（wěigǎn）等；或者词内至少两个音节（不是全部）需要注音，而且需注音部分文字相连接，并且连起来所表意义符合该词意义要求，则拼音连写，如：

衣衫褴褛(lánlǚ)、铿锵(kēngqiāng)有力;如果一个词内只需对不相连的音节注音,则个别注音,如崇(chóng)山峻(jùn)岭、颐(yí)和园。

句子、人名、地名等拼写也要严格按照规则要求执行,以树立汉语拼音学习的规范意识。拼写方面各教材存在很大的混乱,且"失范"现象突出,亟须引导和规范。

**七、关于《汉语拼音方案》修订的思考**

《汉语拼音方案》自制定后,汉语拼音在汉语的基础教育、社会发展、信息革命以及汉语的国际化中发挥了巨大作用。但随着计算机的使用以及对外汉语教学的需要,似乎对于《汉语拼音方案》有越来越多的不满。比如:由于电脑的普及应用,某些拼音字母的输入很麻烦;普通话字母发音跟英语不同,不利于对外汉语教学;等等。因此,有些学者从对外汉语教学的角度谈《汉语拼音方案》的不足,认为《汉语拼音方案》的字母读法和英语不同,不利于外国留学生学习汉语,所以要做出改变,提出以英语的读音为基础。这种考虑虽然有一定的道理,但并不能解决问题,就像我们学英语一样,英语的一个字母实际读法也不是唯一的,如 i(ice、ink)、a(play、apple)。况且改变为以英语读音为标准也不符合汉语实际,反而对我国基础语文汉语拼音教学造成困扰,不利于普通话的推广普及。汉语拼音的科学与否,不应该看是否有利于外国人学习汉语,而主要应该看它是否符合我们的汉语,是否方便国人使用,尤其是是否利于国内基础教育阶段的孩子学习和使用。

当然,《汉语拼音方案》也有某些值得商榷的地方,还可以进一步完善。面对修改《汉语拼音方案》的各种呼声,我们认为《汉语拼音方案》是无可替代的汉语注音手段。但经过了几十年的实践,有些细节还可以进一步完善。

(一) ü 的问题

一是 ü 的电脑输入问题。因为电脑键盘上的字母没有 ü,当文件处理需要使用时显得非常不便。而且,《汉语拼音方案》的规则好几条与 ü 的使用有关。针对这个问题,中华人民共和国教育部和国家语言文字工作委员会联合出台的《汉语拼音方案的通用键盘表示规范》(GF3006 – 2001)中规定:"汉语拼音方案韵母表中 ü 行韵母(ü、üe、ün、üan)中的字母 ü,凡是按照汉语拼音方案中规定可以省略 ü 上两点的写法在通用键盘上用键位 u 表示,不能省略的两点,仍需写作 ü 的,在通用键盘上用键位 v 代替表示。"①目前电脑文字输入软件也大都用 v 替代 ü,在电脑输入时,键盘上用 v 或 y 替代 ü 可以说是一种智慧的变通。但若在《汉语拼音方案》中用它来代替 ü 则不合适,v 在国际音标中是辅音,y 则影响到 i、ü 的改写规则。其实我们只要想一想世界各种文字的电脑输入,就觉得这并不是个问题。台湾电脑键盘上就有注音符号,希腊的键盘、法国的键盘、俄罗斯的键盘都可以方便地输入自己的文字,在键盘上设置一个 ü 键,应该难不倒计算机精英们。

二是 ü 上两点儿要不要省写的问题。《汉语拼音方案》规定:ü 行的韵母,前面没有声母的时候,写成 yu(迂)、yue(约)、yuan(冤)、yun(晕),ü 上两点省略。ü 行的韵母跟声母 j、q、x 拼的时候,写成 ju(居)、qu(区)、xu(虚),ü 上两点也省略;但是跟声母 l、n 拼的时候,仍然写成 lü(吕)、nü(女)。这种"ü"上两点省略的相关规定经常会使人犯糊涂。《汉语拼音方案》为什么规定要省写两点,理由并不充分。这种省略两点的规则反而增加了学习者的负担,即使记住了,但在辨别上也容易出错。再反过来想想,两点不省略也并没有不妥。所以我们认为,为了避免混乱,ü 上两点没必要省略,建议在《汉语拼音方案》中修改关于省略两点的规定。

(二)舌尖元音的问题

建议可以将舌尖元音明确列入《汉语拼音方案》的韵母表中。即使不列入,也应该在韵母表下面做出更详细的解释说明,以区别于舌面音/i/。

因为舌尖元音/ɿ/、/ʅ/不好发,所以《汉语拼音方案》规定 zhi、chi、shi、ri、zi、ci、si 这 7 个音节的韵母用"i",教学中把它们作为整体认读音节,避免了声韵拼合的困难,是很有道理的。但因为舌尖元音在汉语中不能自成音节,单独发音比较困难,教学中往往只教 i,而忽略对舌尖元音的正确认识和理解。《汉语拼音方案》韵母表本身对舌尖元音的模糊处理和教学上的忽略,使学生意识不到舌尖元音的存在,以为 zhi、chi、shi、ri、zi、ci、si 的 i 就是舌面元音 i,而导致错误的发音出现,一直存在的尖音现象(甚至团音变

---

① 国家语委:《汉语拼音方案的通用键盘表示规范》,语文出版社,2001,第 3 页。

尖音)会不会与此有关呢？所以我们建议将舌尖元音明确列入《汉语拼音方案》的韵母表中，小学教材中即便不列入，也要在整体认读音节 zhi、chi、shi、ri、zi、ci、si 的教学中予以注释说明，以期有利于纠正愈演愈烈的女国音、尖音现象，更有效地推广普通话。

（三）儿化韵的性质问题

《汉语拼音方案》指出："韵母儿写成 er,用作韵尾的时候写成 r。例如：'儿童'拼作 ertong,'花儿'拼作 huār。"方案中把"花儿 huar"中的卷舌符号"r"看作韵尾是不妥的，它不同于"i、u"这样的元音韵尾，也不同于"n、ng"这样的辅音韵尾。它只是韵母卷舌的标志。所以建议在《汉语拼音方案》中作出更准确的表述。在各类教材中，语文出版社的小学语文教材对于儿化音的拼写更可取，也符合《汉语拼音方案》的规定。

（四）关于韵母的改写

《汉语拼音方案》中虽然没有明确提出韵母的改写，但一般认为 ao、iao、ong 实际是 au、iau、ung 的改写形式。因为手写体 n 和 u 很容易相混，即手写体的 an 和 au、ian 和 iau 很容易相混，从而用 o 来替代韵尾 u。我们认为 ao、iao 韵尾的实际发音并没有到[u]，说是到[o]也未尝不可。所以也可以不必看成是 u 的改写。在实际发音教学中学生对 ong 的发音往往开口口型偏大，直接发成[o]，这是由于 ung 改写为 ong 后 o 的误导造成的。所以我们认为若只是怕混淆才改写，这种考虑虽说有道理，但也不是非改不可。况且若是西方拼音文字中也要考虑混淆问题的话，就很难想象了。

（五）o 的拼读问题

o 韵母的读法在实际教学中令很多人感到困扰，经常有人问及 o 的发音，那些年轻的父母因为孩子学 o 发音而为难，学习者对 o 的发音有的接近 uo，有的接近 ou，甚至有的近似 ao，而发对了[o]的，在面对 po、bo、fo 的发音时又感到困惑。与其在教学中给学生解释 po、bo、fo 的发音过程中存在一个流音"u"，从而 po、bo、fo 的实际发音更接近 puo、buo、fuo，还不如直接拼写为 puo、buo、fuo，从而只保留一个单元音[o]自成音节。

（六）关于 iou、uei、uen 的省写

《汉语拼音方案》明确规定："声调符号标在音节的主要母音上。"而省

写后这一标调原则被破坏,当 iou、uei、uen 省写为 iu、ui、un 后,主要母音被省掉,无形中又多了标调规则,增加识记负担。采用非省写形式来拼写,音节长度只是增加一个字母而已,既有利于掌握拼音规则,又有利于识记 y、w 的使用规则,还容易分析汉语的音节,因此我们建议使用非省写形式。

(七)关于标调

《汉语拼音正词法基本规则》指出:"除了《汉语拼音方案》规定的符号标调法以外,在技术处理上,也可采用数字、字母等标明声调,如采用阿拉伯数字 1、2、3、4、0 分别表示汉语四声和轻声。"用阿拉伯数字标调对电脑拼音法输入汉字来说是个非常便捷有效的方法。如果电脑键盘再设置一个 ü 键,那么汉语拼音声韵调只需敲击键盘就可轻松输入电脑。建议《汉语拼音方案》中增加阿拉伯数字标调的说明。

JIAOYU JIAOCAI YUYAN

LILUN

YANJIU

# 教育教材语言理论研究 下

苏新春 郑泽芝 杜晶晶 孙园园 / 著

江西教育出版社
·南昌·

# 03

## 第三编

# 教育教材语言的"知识世界"

　　教育教材语言的"知识世界",指的是在教育教材语言面貌和存在状况中所蕴含着的各种知识内容。既包括不同领域、不同学科的百科知识,也包括语言文字本身成体系的理性知识。要了解教育教材语言的"知识世界",就要了解语言阅读中的"由文及义",这里的"义"不仅仅是语言文字之义,更是通过语言文字所传递的知识之义。所有的知识都是通过语言文字记录、成形、凝固下来的知识。知识有时与语言文字密不可分,有时却是遥不可及,字可认,义不可识,这就是语言文字之义与知识之义的不同不通之处。

# 第十三章
# 学科教材语言的知识性研究

学科教材是一个大类,与语文教材相对。所有的如历史、地理、自然、数学、物理、化学那样以某门具体知识领域为对象的学科所使用的教材都属于学科教材。所有的学科教材都有自身特有的知识内容。本章是学科教材的语言形式与知识内容关系的研究,也是学科教材语言的叙述语言与对象语言关系的研究。

## 第一节
## 学科教材语言研究的意义与特点

一、学科教材语言研究意义

教育教材是国民教育的基础,是一个国家文化传承的重要依托,是培养公民具有民族精神和必要知识技能的重要途径。由于对教材语言重要性的认识不足,长期以来,教材建设和教学法的研究一直是教育教材研究的主体,而承载教学内容、知识内容的教材语言却一直作为教育教材研究的附属内容,教材语言的作用、功能没有得到应有的重视和关注。实际上,教学效果和教材语言的关系犹如舟与水的关系,教材语言运用恰当与否,会直接影响到教学效果的好坏。比如"3 加 4 乘以 5"这个短句,由于语言表述存在歧义,故有两种可能的计算结果,"23"和"35",这种情况往往会让学生觉得无所适从，觉得数学难以理解，从而影响学生的学习情绪，进而影响整体教学效果。如果换一种表述："3 加 4 再乘以 5"，或者"3 加 4 的和乘以 5"，就避免了这类情况发生。这就涉及教材叙述语言的规范性及表述的专业性问题。另外，学科教材语言还存在表述单位划分问题、各种语言单位使用问题、术语的阐释问题等。如果这些语言问题顺利解决，将大大提升教材建设和教育教学水平。教材语言的评价是教材评价不可回避的维度，因而教材语言特征规律的研究必须受到重视。

借助语料库技术研究语言问题，是当代语言学研究的特色。语料库方法的运用及其规模化数据的提供，将使语言研究建立在更加客观、可靠的量化基础上，使研究者一定程度上避免对某些语言现象主观臆测，研究结论更为客观可信和系统化。

在已建成的平衡语料库中，教材语言一直是其中一个必要的组成成分，如国家现代汉语语料库包含有教材语料。也有些研究者建立了专题教材语料库，但是这些语料库语料大多源自语言类教科书，如母语语文教材语料库和对外汉语教材语料库，为研究学科教材语言而专门建立的学科教材语料库几乎没有。因此，本节的目的之一就是探讨如何构建学科教材语料库，为学科教材尤其是数学教材语言研究构建基础平台。目前，学科教材语言研究还没有一个可依的研究范畴，也没有一个可循的研究模式，因此本节的另一个目的就是对学科语言的研究范畴和研究模式等进行一些探索。

这里以数学教材语言为研究对象，主要介绍我们对数学语言的特点分析，以及数学教材语料库的建设和加工工作，介绍近九年来我们关于学科教材语言研究的新思考、新成果。

国家哲学社会基金教育学重大项目"中小学理科教材难度的国际比较研究"的研究结果显示，中国的中小学生理科教材难度大多处于中等水平，并非一些社会人士所认为的"难于上青天"。我们认为，从语言表述的角度可以为这个矛盾的问题提供语言学的解释。如我们在中美小学《科学》教材语言句类分布对比研究中发现：美国版教材陈述句用量为 70.28%，而苏教版和教科版《科学》教材陈述句的用量分别只占 24.89%、34.33%，问句分别为 27.68%、40.27%。教材语言问句过多陈述句过少，将导致陈述知识过少和知识供应缺位现象,必然导致学生无法从教材上直接获取相关知识信息,只能在教师的指导下进行学习,这样的教材不利于学生自主学习、可读性差,自然增加了师生使用教材的难度。可见教材评价中语言评价有自身不可忽视的价值。

## 二、学科教材语言特点

1986年李宇明先生就曾对数学教材的语言进行过专门研究,对数学教材语言中的数量词语和代数词的语法特点、比较句的类型、祈使句和疑问句等作了深入的分析,总结出了数学语言不同于自然语言的一些特点。李先生从语言学的角度揭示了语言是怎样促进和制约对数学知识的理解的,同时也揭示出学科语言语法的特殊性[1]。研究这种特殊性不仅有利于数学教学,也有利于汉语特征或语法研究[2]。2007年苏新春先生等对教育教材语言的性质和特点进行了探讨,提出教材语言分为对象语言和叙述语言的观点[3]。数学教材的对象语言就是数学知识的表现形式,包括专有术语、公式、演算过程、解题步骤、辅助图形等,一般不会造成歧义理解。叙述语言是翻译和解释数学对象语言的阐释性语言,例如数学教材中应用题的叙述、知识点的语言描述。叙述、描写和解释是日常交际的自然语言在学科领域中功能的体现。没有日常交际的自然语言的解释和说明,数学将无法理解。

也就是说,数学教材运行着两个系统,一个是知识系统(数学专业知识),另一个是叙述和解释系统(叙述、解释专业知识的通用语言部分)。其中知识系统呈现知识的循序渐进的规律和系统结构,包括术语、专用表达式(包括公式、图、表)、定义、定理、性质、公理、法则等。叙述系统是一种为呈现知识系统而形成的解释体系,其中,具有规律性的领域独特的语言表述结构,既是叙述系统的有机部分,也是叙述系统与知识系统的连接桥,所以显得尤为重要。这个表述结构对数学知识的表述是有形式限制的,这种受限形式的表述,有利于学生理解领域知识和表述领域知识。这是数学语言或者说学科语言与通用语言最大的区别——表述结构的规范性和限定

---

[1] 李宇明:《数学语言初见》,《语文教学与研究》1986年第3期。
[2] 李宇明:《数学语言及数学语言教育》,北京广播学院出版社,2003,第1页。
[3] 苏新春、杜晶晶、关俊红等:《教材语言的性质、特点及研究意义》,《语言文字应用》2007年第4期。

性。规范性和限定性决定了数学教材叙述语言应该具有一定的表述框架，同时拒绝文学语言的灵活性和多角度理解性。不正确的表述结构或表述方式会干扰学生对知识的理解，这可能也是学生学不好数学、教师教不好数学的症结所在。

数学教材语言的研究，不仅要研究知识系统中的术语、定义、定理、性质等，也要研究叙述系统的语言问题。它们既是数学专业知识的承载者和阐释者，同时也是自然语言的有机组成成分，因此都是我们的研究对象。

(一) 数学教材叙述语言的一般特点

数学课程的教学目标是让学生学习和掌握数学专业知识。数学知识的理解与个人的生活体验之间存在不可分割的联系。如果数学课程本身能与学习者现实生活中熟悉的情景相结合，与学习者的知识水平相适应，则会诱发学生积极探索的兴趣，让学习者在理解中发现数学，享受数学，而这种结合的过程同时也正是一个用大量通用的自然语言描述和解释数学知识的过程。一般说来，年级越低，表述的多模态特征越明显，以图代物，"图+简单文字+数学专用符号"为语篇常态，以使学生在潜移默化中逐渐习惯数学表述常用符号、表达式等形式的表述特征。这个阶段，对教师的专业解释、翻译素养要求较高，既要语言通俗易懂，又要把专业的表述翻译解释到位，做到专业表述和通用叙述语言讲解相结合；年级越高，叙述语言需求越少，语言表述的专业性越强，对数学学科知识的提供越多。在小学阶段，学生对数学一无所知，要依靠自然语言的译写翻译才能进入数学知识的王国，所以接近生活交际语言的叙述性语言解释较多。而此阶段学生恰恰对书面的自然语言也不熟悉，因此叙述语言的表述方式就格外重要，运用不当就会造成学生学习数学的障碍。所以要特别注意表述框架的合理性，避免通用语言的歧义性、多样性、随意性。

数学教材语言应该体现规范性，即表述框架的合理性。规范性表述的问题是在小学阶段数学教育面临的重要问题。例如，"$3 \div 2 =$"这个算式没有歧义，但这个算式必须解释给学生，让其理解算式表述了什么。用日常交际语言叙述，就可能会出现"三除以二得几"和"二除三等于几"等各种表述，其中"三除以二"和"二除三"，到底谁是除数谁是被除数这个问题不仅让初学数学的孩子不解，甚至很多成人有时都难以正确理解。日常交际中,我们无法规定特定对象只能用这种或者那种表述方式,但学科语言主要功能是承载知识、表述知识、解释翻译知识,以利于学生掌握知识、内化知识,而不是做语言游戏,所以完全可以采用规范的表述方式解释知识,而不是随讲解者不同,采用不同的方式。就以"3÷2="为例,该表达式的除式部分推荐用"三除以二"来叙述,因为这个表述结构符合表达式的语序和认知规律。而"二除三"把除数和被除数进行了换位,既不合原算式的语序,也不利于理解。所以,数学教材的叙述语言应该是有限制、有规范的表述。对数学表达式和表述方式,采用规范的方式读写和进行正确的解释,是学生培养并提升数学专业素养的必由之路。

对数学专业的表述方式和领域用语[①],采用规范的自然语言陈述和解释,可以减少理解歧义和培养专业素养。比如表达式"$a \times b =$",可以表述为"求$a$与$b$的积",或者"求$a$乘以$b$的得数",或者"求$a$乘以$b$得多少"三种方式。其中"积"是典型的数学专业用语——术语,"得数"仅是一个数学常用语,就数学而言,可以称"得数"为数学"词",而"得多少"就是日常的自然语言了。前两种可以作为规范的表述结构,第三种就比较随意了。三者比较,似乎第三者更加接近生活语言(口语),且易于理解。但必须考虑逐渐减少生活化的表述方式,以培养学生的专业素养和能力。随着专业学习的深入、知识的增长和复杂化,生活化的解释和翻译会变得越来越复杂,当知识深入到一定程度,就很难解释清楚,因而生活化的语言就逐渐成为学习的障碍,使学生很难深入理解和思考专业问题。培养学生专业表述习惯是学科教育的重要目标,专业表述能力是学生学科素养的标志。所以教师或者教科书应该采用规范的表述形式。

(二)表述数学知识的语言单位的特点

1. 字符层面

如果我们仅关心数学教材使用汉字的情况,那么,只要建立了电子文本语料库就不难取得字种字量等方面的数据。但数学教材中除了汉字之外,还有很多非汉字字符或符号,因为长期的使用,这些符号已经具有了专门的含义,所以现代数学又被称为符号数学。培养学生的符号感和形式化

---

[①] 数学领域用语包括数学术语和数学常用词语或惯用语。

表述能力,是数学教育的基本要求,因而教学中应该特别注意符号的使用和解释,在学科教材语料库制作中也应特别予以关注。比如:专用字符"$O$"表示原点,用 $a,b,c$ 表示常量,用 $x,y,z$ 表示未知数,等等。所以数学教材语言语料库的建设必须对数学专用符号及其组成的表达予以保留和标注。

2."词"层面

数学教材语言中的词语与语文教材相比,其中一个显著特色就是专业术语覆盖程度高。但在语料加工过程中,术语有时很难界定,很多术语已经在通用领域广泛使用,语感上就是普通词语,如"年""月""日""时""分""秒""前""后""左""右""和""差""积""长""高""宽""对称"等,它们怎么能是术语呢,但它们的确是数学教学的对象,所以数学教育的某个阶段,我们必须把它们作为对象语言看待。再如:"分米""厘米""千米"是单位术语,"遍""趟""次"为什么不是,该如何界定术语。因此,教学对象语言研究也是值得关注的。

数学语言的另一特色是词语的"常用组合"。数学主要研究客观世界事物的数量、位置、空间、形状及各种变化和关系,其中很多的关系用一个量来表示测度时,就会生成组合词语,例如"元/千米""元/瓶""千米/分"等。这些词语是无法归入语言本体词语范畴的,但作为数学语言,我们必须把它们看作数学上的"词"来加以关注。还有一些组合在通用语言中本身就是两个独立的词,在数学语言中因为使用的习惯性、简洁性、专有性,以至于语感上我们常把它们看作是专用表达而归入数学"词"范畴,如"解得、推得、可得、相乘、代入、化简、有解、无解、解证"等。这里我们还未涉及词性在常用词语中的常用词性,在学科领域也会产生变化,比如:"和""解"在数学中常用作表示专门概念的名词术语。故数学教材语言在词语层面不仅需要关注其中的通用词语、术语,还需要关注那些由通用词语组成的数学专用"词",在分词校对中把它们凸现出来,以便于补充汉语言学知识,同时也可以取得这些特殊词汇,在介绍相关知识时,专门介绍以促进数学教学,并规范数学表达。

3.语法结构层面

对数学教材语言的研究,不仅要关注各种词语的划分和标注,更重要的是,要关注这些词在使用中形成的特殊语法结构模式———表述框架。

在叙述语言中,这些表述框架体现了数学语言表达的特殊数量、位置、空间、形状及关系,对这些语法结构的解释将有助于学习者学习和理解专业知识。比如:"$a$ 是 $b$ 的 5 倍"与"$a$ 比 $b$ 多 5 倍",很多学生分不清它们的区别,如果把此类特别的比较结构专门加以解释,学生一旦掌握了这些有规律的结构,数学将不再难学。

4. 专用表达层面

对客观世界的各种关系,数学都需要加以研究和表示,因此形成了很多专用表示方式。比如:表示几何关系的全等、近似、垂直、相交等;表示集合关系的文氏图、大括号等。其中有些表示法已经被其他领域借用,随着计算机技术、多媒体的发展,很多符号也将进入通用领域。这些特有的图、公式、符号也是数学语言研究应该关注的对象。

数学教材语言具有立体性,教材既要体现知识的网络体系、有序性,还要辅以相关的解释阐述和理解练习。其中知识体系中的定义、定理、规则等需要专门标记,它们是数学知识体系的内容承载者,其语言应该具有典范性,是数学语言应该特别关注的部分,其涉及定义模式和定理模式等语言学规律的研究。这也是数学教材语言与语文或其他文科教材语言的不同之处。

分析数学语言特点的目的,一是说明数学语言研究对数学教育非常有帮助,二是理清数学语言研究的单位和对象,以便于在制作语料库时,对不同层次的单位进行关照。以下是本研究语料库建设的介绍。

### 三、学科教材语料库建设

(一) 语料库选材

自 2001 年实施《全日制义务教育数学课程标准(实验)》《普通高中数学课程标准(实验)》以来,国内出现了各种版本的数学教材,如孙晓天先生在其《近年来我国中小学数学教材建设述要》(2008)一文中指出:"迄今已有小学 6 套,中学 9 套,高中 6 套共 21 套根据《标准》要求编写的新数学教材出版使用。"[1]经过调查发现,尽管出版的教材数量众多,但是出版全套中小学义务教育数学教材的,只有人民教育出版社和北京师范大学出版社两

---

[1] 孙晓天:《近年来我国中小学数学教材建设述要》,《数学教育学报》2008 年第 4 期。

家，这两家教材使用范围也较广。因此，从语料选择的代表性出发，本章以这两版教材为基础，建立数学教材核心语料库，并以此对学科语言的研究范畴和范围等进行一些探索性的研究。以此为模式扩展语料库，最终建成一个动态的学科语言研究语料库。目前，我们已经建有物理、化学、历史、地理、科学、思品等学科教材精加工语料库。

不同质的语料均有自己独一无二的价值，如：纸本和扫描图片版语料保持了教材的原貌，而计算机识别后的文本语料库易于计算机文本处理和抽取语言特征等。因而，学科教材语料库的加工应该分层次、按步骤进行。第一步，采用高精度扫描仪，扫描纸本教材形成图片版教材语料库；第二步，采用OCR光学识别软件，转化图片教材为初级原文文本语料库，经过人工校对（控制错误率不高于千分之三）形成原文语料库；第三步，制作超语言级标记语料库，制定相关标准，标记文本中的标题、正文（正文下分段落、文注）、阅读、练习等，形成内容分类标记语料库，以形成教材分类语料库，可以对教材的不同内容分别展开研究；第四步，制定分词校对标准，利用分词软件＋校对软件，对原文进行分词、校对，制作词级标记语料库；第五步，制定句子加工标准，抽取句子，形成句类标注语料库；第六步，利用术语自动标记软件＋术语校对软件，制作术语标记语料库；第七步，知识点标记，界定知识点，利用知识点辅助标记软件制作知识点标记语料库。最终形成一个带有多种属性标记的教材语料库。

在精加工语料库的基础上，可以对教材语言的用字、用词、用语、句型、句类、术语、定义、符号、图、表、结构等多方面进行详细考察，客观描述教材中的字符、叙述语言、对象语言的使用状况。对不同年级教材语言的使用情况进行纵向对比，以考察其语言的使用是否遵循由易到难、由简到繁的认知规律，以及考察不同年级语言难度级别、表述手段的不同等；特别对相同阶段的语文教材的语言知识教学内容进行横向对比，以观察语文教材是否同步配合了数学表述的语言需求。

（二）学科教材语料库加工特色

学科教材语言不仅包括语言文字内容，还包括各种专业领域专用的表达式、图、表、符号，而且随着学生知识水平的阶段性发展、知识系统的安排，表达手段在各学段有所不同。多媒体时代，语料库的制作，需要对承载信息的不同媒介手段进行标记处理,供以后的研究使用。因而,尽可能多地保留各种媒介信息痕迹,就成为语料库制作中特别要注意的事项。这是语文或对外汉语教材和其他科学学科类教材语料库加工的最大不同。

比如,在数学教材文本中,有很多的数学专用表达(如表达式、小幅的图画和图形等)充当了句子中的重要成分,缺少这些成分,句子就不完整。对于这些对象符号和图形等,本章就需采用相应标记符号进行替换处理,以痕迹保留的方式录入语料库。

表 13 – 1　学科教材语料库替换标记集

| 替代内容 | 标记符号 |
| --- | --- |
| 表达式 | sz |
| 图像[a] | pic |
| 图符[b] | tf |
| 图表[c] | tb |
| …… | …… |

表注:a 指教材中使用的卡通图画、照片等;b 指教材中使用的一些特殊符号,例如填空的横线、括号、"☆"、"⊙"、"△"等;c 指教材中出现的表格、函数图像、连线图形等。

1. 半结构化标注

根据语料库加工规范,我们首先对原文语料库中的章标题、节标题、术语、定义、定理、性质等进行了标记,并对句子中的图像、图形、表格、专用符号等用特殊标记符号替换(如表 13 – 1 所示),以形成半结构化的文本语料库。这样,我们就可以利用检索工具非常容易地对各要素进行提取和统计。标记如下:

(1)章标题:< zb > </zb >

(2)节标题:< jb > </jb >

(3)表达式(算式):< sz > </sz >

(4)术语:< term > </term >

(5)定义:< def > </def >

……

标注示例:

<zb>正比例和反比例</zb>
　　<jb>成正比例的量</jb>
　　……
　　<def>
　　像这样,两种相关联的量,一种量变化,另一种量也随着变化,如果这两个量中相对应的两个数的<term>比值</term>一定,这两种量就叫作<term>成正比例的量</term>,它们的关系叫作<term>正比例关系</term>。如图,如果用字母 x 和 y 表示两种相关联的量,用 k 表示它们的<term>比值</term>,正比例关系可以表示如下:<sz>y/x = k</sz>
　　</def>
　　……

### 2. 分词校对原则

利用自动分词软件对原文语料库进行分词及词性标注,然后,采取"大优先"原则,即把术语、概念、领域专用词组整体作为一个"词单位",比如"每隔""几分之""当且仅当""两两相交""合并同类项"等,它们要么表示专有含义,要么是概念的指称,要么是一种领域操作的指称,总之,不能完全按语法词而应按照意义单位进行分词,否则就达不到领域语言表述特征研究这个核心目标。根据该原则,对分词语料人工校对后,形成一个数学教材分词词性标注语料库。

学科教材语料加工过程中,我们必须站在学科知识表述的立场,站在语言使用者的立场,而不是语言学家的立场看待学科语言,要时刻牢记:领域的特殊性导致学科教材语言研究与自然语言在研究内容和方法上均有自己的特色;学科教材语言必须关注语言的特殊性、专用性、规范性;同时还须关注知识体系的问题,比如知识表述单位和语言研究单位的不同,特定知识与特定的表述结构相对应等。

### 3. 相关软件开发

为了能够更高效地建设和使用语料库,我们开发了多种辅助加工工具,主要包括原文及分词校对软件、术语自动标记及辅助校对软件、多功能提取软件,以及辅助标记软件等。

关于术语标记。根据课题组对数学教材术语情况的考察,我们制定了相关的标记和校对规范。利用课题组开发的术语自动标记软件对原文语料库的术语进行标注,人工校对后,用于数学教材术语研究。术语加工参见 CLSW 2010 年 5 月会议讲稿《学科术语标注问题的探索——以基础数学教材术语语料库制作为例》,此不赘述。

探究学科领域语言的表述特点及存在的问题,无论对于学科教材的编写、教材的评估,还是对学科教学方法的改进,都有重要的参考价值。如果可以把影响学生理解的语言点抽取出来,并进行专门的解释或注释,或者直接建设学科语言词典,无疑有助于减少学生学习困难,提高学科教育水平。学科教材语言语料库的建设,尤其是深加工的语料库,是学科教材语言全方位研究的基础资源。

我们已经完成数、理、化、史、地、科学、思品等教材各层级语料的标注和加工,并陆续完成了数、理、化、思品教材用字、用词、用语情况的量化分析。下一步将对学科用特殊的表述结构和特殊句式进行分类分析,对其术语、术语释义、释义方式、知识点分布等进行深入考察。当然,随着研究的深入,我们也可能从中发现新的问题并进行研究。就数学而言,目前,关于数学教材叙述语言有哪些特点,具体内容是什么,存在哪些问题,学界都缺少系统的研究。我们希望有更多的学人加入学科教材语言的研究中来。

## 第二节
## 学科术语划分及标注原则

教材是知识传播的主要载体,是教育的基础,其好坏直接影响教育的水平。对学生而言,教材语言中的术语以及一些习惯表达不同于日常意义,这是他们不熟悉、不习惯的语言。而学科语言核心内容是学科术语,因而学科教育的基础核心问题就是理解和掌握学科术语以及习惯表达,并最终把这些内容融入学生的语言系统。

从规范的角度看,使用规范术语是一个国家和民族发展科学技术的基础。规范术语对科学知识的传播、交流,新学科的开拓,新理论的建立,知识专利管理和推广,国际标准的建立,文献的存储、检索等,都是非常重要的。如果能从教育教材的源头就把握好术语的规范性,那将是一件有实际意义的事情。

因此,不论是从学科的角度、教育的角度,还是术语规范的角度,都需要建设学科教材术语标注语料库,并对其进行系统的梳理和描写。另外,学科教材术语语料库的建设还将有利于术语的自动识别、信息检索、教材语言状况考察。

下面就我们在建设数学教材术语语料库时所遇到的各种问题,如标注对象术语包括哪些类型、判定标准如何、词典术语与行文术语如何标注、多词术语合并与分解的条件等展开讨论,并给出我们的处理策略。

**一、术语的划分**

要建设术语语料库,首先必须界定清楚标注的对象,然后是判定对象的标准。至于标记符号则是次一级的问题,这里不予讨论。

(一)什么是术语

百度百科中对术语的定义是:各门学科中的专门用语。术语可以是词,也可以是词组,用来正确标记生产技术、科学、艺术、社会生活等各个专门领域中的事物、现象、特性、关系和过程。

冯志伟先生对术语的定义是:通过语音或文字来表达或限定专业概念的约定性符号,叫作术语。术语可以是词也可以是词组。

这些概念都是定性的描述,揭示了术语的主要特性:学科专用性,术语可非词性,以及术语是表示专门领域中事物、现象、特性、关系和过程的专门用语。但仅有定性的概念在评判具体的词语是否为术语时,可操作性不足,因此无法用作语料库标记评判标准。因为术语义、非词性并不是词语作为术语的唯一标准。术语义只适于那些典型的单领域独用的词语,对于已经产生通用意义,可广泛应用于通用或其他领域的词语,该标准将很难操作,比如"角度"具有数学领域的特征,具有术语意义,但即使是在学科文本中也并不一定是术语,如:从"数"的角度看,解方程组相当于考虑自变量为何值时,两个函数的值相等,以及这个函数值是何值;从"形"的角度看,解方程组相当于确定两条直线交点的坐标。

这里的"角度"表示观察事物的出发点,不是术语意义,也就不能标注为术语。因此,做术语语料库需要首先制定标注对象评判标准。

对于评判词语是否术语这个工作,信息处理界有所涉及。在术语自动识别中,主要利用的是术语的共同特征,或具有统计意义的特征,术语构词特征,如:

1. 术语整体性,即作为术语的各部分作为一个整体在某领域里表现一个事物、概念或过程;衡量各部分之间的结合紧密度(统计度量),不透明性度量。

2. 术语往往在单领域里出现。

3. 术语一般在特定的领域出现,频数高于通用领域很多。

4. 术语在某些方面或某个组成语素具有领域性。

在根据这些特征抽取到候选字串后,各位学者对抽取到的候选词语串是否为术语都有评判,几乎所有的研究文章都会报告识别算法的正确率和召回率,至于术语评判的标准是什么,术语到底应该涵括哪些内容,则鲜有研究成果发表。但制作术语语料库,我们必须首先搞清楚这些内容。

(二)术语的划分

术语划分的目的是搞清楚哪些对象是术语语料库应该标注的对象。所以从顶部将术语一分为二,首先分为典型术语、非典型术语。

有些术语放在任何地方都会被当作术语,有些却只在某语境中才被看作术语。这就是术语的典型性问题。

而所谓的典型术语是指学科核心术语,即学科经典概念的指称。至于非典型术语,将主要根据术语的功能特性继续细化分为五类。

以下我们将以数学教材为例,对这些术语进行说明。

学科核心术语——经典数学概念术语,像"函数、分段函数、对数、方程、一元一次方程、不等式、多项式、绝对值、三角形、内角、外角、对称轴、平移、直角坐标系、平均值、标准差、中位数、直方图"等。这些术语领域文本中不需要语境就可以确定,它们的学科意义很明显,一般意义单一,在标注中不存在判断标准难以确定的问题。

非典型术语的功能类型包括:

1. 与通用词汇有交集或广泛应用于通用领域的术语,像"角度、和、前后左右、年月日、时分秒,距离"等。此类词汇是否为术语,什么条件可以标注为术语,需要界定。

2.科学单位术语包括复合单位术语,如:吨、千克、分米、厘米、米、度、分、秒、次/分、千米/时、千米/分、元/分、米/分、米/秒。此类术语必须与量词进行区分。

3.科学仪器术语,指称学科研究中常用的仪器、工具等名称的词语。如"尺规、计算器、经纬仪、刻度尺、量角器、米尺、三角板、圆规、直尺、比例尺"等。

4.带有学科意义的专用短语(可否看成是教学用语或是叙述用语?叙述用语就是通用语言,但它们都具有领域特征)。如:每隔……,除以、相乘、同乘、同除、相向、推得、可知、相加、代入、加上、减去、记作、读作、同理、乘以、年平均、年均……

此类短语,被当作数学术语有些不够典型,但都是数学教学过程以及数学语言中不可避免、必须掌握的领域语言,对于学生学习学科知识,它们甚至比术语都重要。它们似乎都可以用于通用领域,但在学科表述中,有的有专门的语义,有的就是学科习惯表达方式,或者用学科惯用语更贴切一些。

5.相关学科的术语。学科知识应用题部分涉及的相关学科的术语,如:数学教材中出现的"速度、匀速运动、国内生产总值、磁盘、磁道、存储量、平面镜"等。

术语可以从不同的角度分类,如:术语的多义与否,术语的缩略与否,术语的规范与否等。各种分类方式相互参照,有利于厘清各种不同性质的对象和抓主要问题。关于术语一系列的分类特征,我们将会在下面术语内评判标准中有所涉及。

### 二、术语判定标准

术语意义一般是独立的,但不排除学科领域词语被借用至通用领域的情况。而被借用词与原术语意义就有了某种联系,同时在通用领域的使用中其还可能产生其他不同于术语义的意义。

从上面的分类可知,核心术语在标注中,不需要特别指定评判标准。但对于非典型术语就必须制定评判标准,我们认为术语的评判标准应该以术语语义为基础,根据术语的不同类型,结合术语自身的各种属性进行评判,如术语的语法属性、语境中的角色身份、术语的原子性(整体性、概念的不可分性)、结合紧密程度等。

(一)学科核心术语

虽然汉语术语一般由汉字语素构成,构成术语时一般符合汉语构词规律,但这些学科核心术语基本属领域专用,很少进入通用领域,所以它们的语义不随语境的变化而变化,术语身份无须判断,可以采用"顾名识身份"的标准判断。如:

(1)早在三千六百多年前,埃及人就会用方程解决数学问题了。

(2)数轴的出现对数学的发展起了重要作用,以它作基础,很多数学问题都可以借助图直观地表示。

(二)具有通用词语身份的术语

1. 角色标准

术语与通用领域词语有相互的渗透和借用现象,因而一些术语具有了通用意义,但术语意义很清楚地区别于通用义,此时根据词语在当前语境是否表达术语意义来确定术语,如"角度、和"等。还有一些术语,它们在通用领域中已经广泛使用,很少以术语的身份出现,且术语语义和通用语义相近或相同,如"年、月、日、周、东、南、西、北"等。此类词语,在教材的有关章节,如教学这些概念时,它们会以术语的身份出现,无疑就是术语。但这些词语在通用语言中使用广泛,已经是通用词汇,在其后的教材的应用题或其他内容里,这些词语经常出现,有时作为单位,有时作为日期、方位词等普通词语使用。如果作为单位词还有一点学科意义,但作为普通词语用,再把它们标成术语,难免不被人质疑。因为这些词语术语意义和通用意义无明显差别,只能采用"身份+语境"义作为判断依据。

(1)从函数角度来看,能发现一次函数,一元一次方程与一元一次不等式之间的联系……

(2)把一个图形绕着某一点 $O$ 转动一个角度的图形变换叫作旋转(rotatio)。

(3)哪几个月是 31 天?哪几个月是 30 天?二月有多少天?一年有多少天?

(4)上面地图中给出了 2002 年 1 月 1 日我国 31 个城市的空气污染指数(API),请根据这组数据考虑下面的问题。

第(1)例中"角度"非术语,这里的"角度"的意义是"观察的出发点"。第(2)例中"角度"是术语,表达转动一定量的度数的意思。第(3)例中的"月"应该标注为术语,因为该句是教材中介绍"年月日"知识的章节,"月"是教学的知识对象。第(4)例中的"月"不是术语,因为此"月"是作为日期时间词使用的,是通用词语。

2.语法属性标准

根据词语的词性,可以轻松识别一些具有两种以上词性的术语,它们一般只有一个词性是术语的词类身份。如:"和"作连词、动词时不是术语,作名词时是术语。

(1)除数/nz/w 除数/nz 和/c 商/nz 的/u 变化/v 有/v 什么/r 规律/n?/w

(2)而/c 其他/r 两/m 个/q 角/nz 的/u 和/n 是/v90/m°/q……

(三)单位术语

单位术语指学科中表示计量事物的标准单位,可以是国内或国际通用单位,不包括生活中没有确定计量尺度的定义模糊的量词。我们知道数学与生活紧密相关,很多数学例题涉及生活现实,所以很多通用词汇中的量词都可能出现在教材中,常见的如"个、条"等,它们不是精确的科学计量单位,所以不作为术语标记。如:

(1)已知阻力和阻力臂不变,分别为1200牛顿和0.5米。

(2)0℃是一个确定的温度,海拔0表示海平面的平均高度。

(3)像下面这样把一张纸连续对折三次,剪出的是什么图案?四次呢?

"牛顿"和"米"都是国际通用的计量单位,可以标为术语。"个、张"不是精确的科学计量单位,不标为术语。

但当生活用量词与科学计量单位结合构成复合单位词时,应标为术语。如:

脉搏次数在155次/分到160次/分(不含160次/分)的学生有14人。

(四)科学仪器术语

本学科领域活动中使用的科学仪器一律标注为术语。其中若有学科称名和俗称,多种称谓都须标注为术语,如:三角尺和三角板,两个都需标注为术语。

(五)非本学科专用的术语

出现在学科教材中的相关学科的典型术语,本语料库一律标记为术语。如:

(1)同一元一次方程、二元一次方程(组)等一样,一元二次方程也可以作为反映某些实际问题中数量关系的数学模型……

(2)……还有一辆汽车和它的模型……

(3)在图16.2-2的电路中,已测定CAD支路的电阻是R1欧姆,又知CSD支路的电阻R2比R1大50欧姆……

第(1)个例句中"模型"是数学领域术语,第(2)个例句中的"模型"为制造业术语,第(3)个例句中的"电阻、支路、欧姆"不是数学领域的术语。

(六)专用结构

通用语言在学科语言中承担着叙述语言的作用,有描述和解释学科知识的功能。数学中抽象的、形式化、符号化的专用表达式,如果不能用通用语言进行阐释,将会影响到知识获得、传播和交流。我们从公元前三世纪沿用至今的带分数的汉字表示方式,如用"3又2分之1"表示。同样,在数学发展的历史长河中,我们产生了许多像"……分之……"的专用表达,如"百分之……、除以、同乘"等,这些表达结构含义固定、单一。它们虽由通用词语或语素组成,其每个词语或语素都是通用意义,但组合在一起就具有了本学科专用的解释和意义,已经成为学习者掌握本学科知识和使用学科语言进行交流的习惯表达,甚至是学习者理解学科语言的关键点或者就是理解障碍。因此,本研究认为从领域意义出发,需要对此类内容加以标记。如:

(1)要组织一次排球邀请赛,参赛的每两个队之间都要比赛一场。

(2)从刹车到停车平均每秒车速减少多少?

(3)直线上从原点向右,每隔一个单位长度取一个点……

(4)以后每隔1小时,水位升高0.05米……

(5)27除以9减去1,差是多少?

(6)27除9减去1,差是多少?

第(1)—(4)例中的"每"是通用词语,但在数学语言中与单位时间、单位长度等组合时,该词非常常用,而且有固定的意义。第(5)(6)例子涉及一个惯用表达"除以"和术语"除",两例只相差"以"一字,列式就截然不同,结果也完全不一样。因此,正确理解数学术语是解答应用题的关键,只要学生理解透这些词语后,解题也就容易多了。

### 三、术语标注中的若干问题

本节主要讨论我们在制作术语语料库时遇到的另外一些实际问题。

（一）词典术语与行文术语

词典术语,即用词典术语指称那些在词典中被收作词条出条的术语,如"内角和定理、函数的图像、去分母"等。

行文术语,即用行文术语指称那些在真实语境中出现的术语变形,如："去了分母"和"去分母"。"去了分母"是对"去分母"这个操作的解释,这种解释使一个具有原子性的术语被变形为通用词语加术语的陈述。这种现象在教材中不是个别现象,已经成为制作术语语料库一类必须面对的问题。该问题涉及教材如何阐述和解释知识,如何处理术语的问题。以下是几个实例。

（1）一般地,对于一个函数,如果把自变量与函数的每对对应值分别作为点的横、纵坐标,那么坐标平面内由这些点组成的图形,就是这个函数的图像(graph)。

（2）试写出这段时间里她的跑步速度 $y$（单位:米/分）随跑步时间 $x$（单位:分）变化的函数关系式,并画出函数图像。

（3）由新的分法,能得出多边形的内角和公式吗?

（4）正确地回答出以上题,就得出了多边形内角和公式: $n$ 边形内角和等于 $(n-2) \times 180°$。

作为定义中的被定义项"函数的图像",其也是词典的出条,应该整体标注为术语,然而使用中,其往往变形为"函数图像",这就产生了语形不一致的同义术语,而且我们无法称之为原术语的缩略。"多边形内角和公式"作为被定义项,在使用中可以变形为"多边形的内角和公式"。再看上面的"去分母"和"去了分母",我们可以感觉得到,术语虽然有原子性,但其结构不像通用词那么紧密,不能保证在文本中总是以同一种形式使用。这种较为松散的结构,无疑给术语标记语料库的制作带来困扰,我们是两种形式都作为术语标记,还是标记那种无插入成分的术语形式?

一般情况下，带"的"字插入成分的术语往往出现在术语定义中，作为被定义项，如：

（1）直线和圆有两个公共点，这时我们说这条直线和圆相交，这条直线叫作圆的割线。

（2）直线和圆只有一个公共点，这时我们说这条直线和圆相切，这条直线叫作圆的切线（tangent line），这个点叫作切点。

（3）圆锥是由一个底面和一个侧面围成的，我们把连接圆锥顶点和底面圆周上任意一点的线段叫作圆锥的母线。

（4）与三角形各边都相切的圆叫作三角形的内切圆（inscribed circle），内切圆的圆心是三角形三条角平分线的交点，叫作三角形的内心（incenter）。

对这些带"的"字术语，如其作为定义中的被定义项，则一律整体标注为术语。在行文中，被定义项中的斜体部分可以独立使用，比如用作解释多词术语的术语时，作为独立术语进行标记，如"去了分母"中，只标记"分母"为术语。"去"本身是通用意义，故不予标注。非定义中出现的由"的"分开的术语，根据行文中术语是否被用作解释性术语，还是作为整体指称一个概念，作为解释性术语使用的分开标注，结合紧密的整体标注。

（二）多词术语

术语的最大特征就是整体不可分的原则性和语义上的领域专有性。作为"语"，术语还表现出明显的多词组合特征。两个以上术语连续出现，或者普通词语与术语连续出现，既可以是多个术语或普通词语与术语连用，也可以就是一个术语，这是多词术语的判断问题。这时主要评判依据是术语表达了几个概念的问题。在具体语境中术语如果是合在一起表示了一个概念等，则具有整体不可分的原子性。此时术语不管有多少个语素组成、长度有多长，它都只能作为一个整体，表示领域中的一个概念，取出其中的任何一部分都无法完整地表达该概念。这里把此看作是术语的不透明性，比如：

（1）建立了平面直角坐标系以后，坐标平面就被两条坐标轴分成Ⅰ、Ⅱ、Ⅲ、Ⅳ四个部分……分别叫作第一象限（quadrant）、第二象限、第三象限和第四象限。

（2）相似多边形对应角相等，对应边的比相等。

(3)反过来,如果两个多边形满足对应角相等,对应边的比相等,那么这两个多边形相似。

例(1)"平面直角坐标系、坐标平面"为多术语连续出现构成一个多词术语的情形。"第一象限(quadrant)、第二象限、第三象限和第四象限"为普通词语(第一、第二、第三、第四)与术语"象限"组合成一个多词术语的情形。

例(2)"相似多边形"作为一个概念,可整体标注为一个术语;例(3)"多边形相似"表示两个多边形具有相似关系,表达了两个概念,故只能标注为两个术语"多边形""相似"。

(三)多种称谓的术语

术语标注中,还会碰到同一事物、现象、关系或过程等,在不同时期的术语指称,如:数学教材中出现的古术语"圭田(三角形)、邪田(梯形)"等均需标注。同期使用的术语也存在标准和非标准的同义术语共存的情形,如:《数学名词》(1994)已定名的术语(称为规范或标准术语)"质数"和其同义术语"素数"仍然一同出现在教材中,都需要作标注。另外,术语还存在简称、俗称、缩略等情形,如:

我们就说这四条线段是成比例线段,简称比例线段(proportiona)。

在术语标记中,这几种情况的术语要一并进行标注,以便于术语实态描写和为教学提供参考。

上面虽然是对术语语料库标注工程存在问题的思考,但这种思考对术语学研究内容的完善,以及术语学理论的完善有一定的参考价值。另外,学科领域术语语料库的建设,不仅对了解学科知识分布密度与分布序列的系统性、合理性,对教材的编纂,同时也对学科词典的编纂,对术语的规范化使用等有参考价值。术语语料库的建成,还可以为相关研究人员提供研究的基础。

# 第十四章
## 理科教材的术语研究

在现代社会,每个人的文化启蒙都是从学校教育阶段开始,知识的获取最初也是通过教材学习进而不断积累、内化的过程。学科教材是知识传承的重要载体,长期以来关于学科教材的研究,主要放在知识内容的安排和教学方法的创新,关于教材语言的研究一直没有给予足够的重视。然而,教材语言作为对知识点的通俗阐释,其语言表述的科学性和合理性,对学习者的知识理解具有非常重要的作用,直接影响学习者的积极性和学习效果。本章将集中讨论数学、物理、化学三门理科教材,观察这些教材中教材语言的应用情况,及它们是如何影响学生对科学知识的学习。

### 第一节
### 数学教材术语的定义语言研究

研究结构简单、表述精确而又符合青少年相应阶段理解层次和语言习得规律的数学教材语言体系,是语言学研究的重要方向之一。数学教材中的术语及其定义,是数学知识的高度抽象概括,集中体现了人类在数学领域的研究成果。数学定义阐释语言是否科学恰当,直接影响到学生学习数学的效果。因此,针对数学教材语言中的定义进行研究,有着重要的价值和意义。

本节选取 2001 年《全日制义务教育数学课程标准(实验)》《普通高中数学课程标准(实验)》施行以来,使用范围广、具有代表性的人民教育出版社和北京师范大学出版社出版的义务教育阶段数学教材,以其中的数学定义为主要研究对象,综合运用归纳法和语料库研究方法,从数学定义方法、数学定义自动提取、数学定义用字特点、数学术语用字特点等维度进行了分析研究。研究结果较为全面地反映了当前数学定义的事实存在情况,对数学教材编写、术语自动提取、自动分词标注等具有一定的参考价值。

在《现代汉语词典》中,定义是对于一种事物的本质特征或一个概念的内涵与外延的确切而简要的说明。冯志伟先生在《现代术语学引论》中认为,定义是对某个知识领域的术语进行解释和阐述,术语的概念是靠定义来揭示的,定义的科学性和逻辑性直接影响到人们对于术语的理解[①]。数学定义研究的重要性可见一斑。

定义方法的研究是定义研究的重要内容,不同的概念需要有不同的下定义的方法,不同的定义方法所产生的效果也是不同的。但是,目前关于定义方法的研究还非常少见,现有的研究也不够系统、深入,对于数学定义的定义方法的研究更是非常缺乏。

其实早在古希腊、罗马时代,当时哲学领域的学者们就开始研究各种哲学概念以及给各种概念命名,这可以认为是定义研究的雏形。19 世纪末 20 世纪初,一些西方的著作尤其是自然科学领域的著作逐渐被介绍到中国,在翻译过程中术语及其定义的规范化开始被人们所重视。随着知识的加速膨胀和全球传播,关于术语词典编纂、术语标准化、术语数据库、术语定义的研究开始展开,一门新的研究领域——术语学随之产生。

一、基本定义方法

数学术语是数学领域知识高度抽象的语言结晶,体现了人类数学研究的成果,在数学学习中,最让学生头疼的就是一系列数学定义,而背诵定义也是所有数学老师对于数学学习最基本的要求。如何采用简洁而又清晰的语言阐释数学术语包含的概念,使学生更容易理解和掌握数学知识,就

---

[①] 冯志伟:《现代术语学引论》,语文出版社,1997,第 31—38 页。

涉及数学定义方法的问题。冯志伟总结了术语下定义的一般原则和方法，包括实质性定义、发生性定义、功能性定义、因果性定义、空间性定义、结构性定义等，对定义的研究具有开创性意义。李树臣（2000）结合初中数学教材，对数学定义方法进行了分类，提出了属+种差、发生性定义和派生定义、关系定义、外延定义、否定式定义、描述性定义和公理定义、形式定义等7种定义方式[①]。其是最早关注数学定义的学者之一，对数学定义的研究深入系统，但是也存在一些问题。例如在没有遵循统一的分类标准方面，时而按照形式标准，时而按照意义标准，时而按照功能标准，导致同一个定义可以归到其中的两类甚至三类当中。

我们对两个教材版本中的数学定义进行了梳理归纳，在前人研究基础上，认为应该从认知角度和表现形式两个维度对数学定义进行分类。

（一）认知角度的定义方法

定义所包含的概念是人类认知的重要组成部分，是反映事物的特有属性的思维单元。定义在普通思维中一般具有三方面作用：一是综合作用，即通过定义把人们对事物的已有认识总结、巩固下来，作为以后认识活动的基础；二是分析作用，即通过定义揭示概念的内涵和外延，限定使用范围，进而明确概念的使用是否恰当；三是交流作用，即通过定义使人们在交流和对话中，基于对所使用的概念的同一理解增强交流效果，避免无谓争论。因此，从认知思维的角度，数学定义可分为两种，即内涵式定义和外延式定义。通过揭示被定义概念的特征来描述概念内涵的定义，我们称之为内涵式定义；通过概念的数量范围来描述概念外延的定义，叫作外延式定义。内涵式定义和外延式定义又可以继续加以细分。

1. 内涵式定义

该方法采用"属+种差"的形式。"属"是上位概念，"种差"是被定义概念与属概念区别开来的属性。例如：在"含有未知数的式子叫作方程"这一定义中，"式子"是方程的上位概念，也可以说，"式子"是"方程"的属概念，而"方程"与"式子"区分开来的属性是"含有未知数"，那么，"含有未知数"就是"方程"的种差概念。

---

[①] 李树臣：《论数学概念的分类形式》，《山东教育》2007年第17期。

"属+种差"的定义方法一般首先确定术语所隶属的类,以表明它与同类事物具有的共同特征,同时也划定确立种差的对象范围,然后指出术语指称的对象在其属概念外延范围内与其他种概念所指称的对象的根本差别。这类定义一般通过"叫作""就是"这类词连接,形成一个完整的定义表达式。根据种差的不同,内涵式数学定义主要分为以下几种:

(1)实质性定义。通过定义种差部分揭示被定义项的本质属性,例如:

分母中含有未知数的方程叫做分式方程。

两组对边分别平行的四边形叫做平行四边形。

无限不循环小数叫做无理数。

(2)关系性定义。这类定义通过阐述被定义概念内各因素之间的关系来揭示种差。由于数学定义大多涉及量与量、物体与物体之间的关系,因此这类定义较多,例如:

满足的三个正整数,称为勾股数。

极差是指一组数据中最大数据与最小数据的差。

(3)发生性定义。这类定义用一类事物产生或形成过程作为种差,即没有直接说明种差,而是把其放在一个动态的过程中。例如:

由不在同一直线上的三条线段首尾顺次相接所组成的图形叫做三角形。

连接多边形不相邻的两个顶点的线段叫做多边形的对角线。

2. 外延式定义

外延式定义一般列出被定义概念的外延对象,通过描述概念所包含的数量或者范围,使人获得对概念的某种理解或认识。外延式定义一般通过列举的方法,因此往往带有"统称""总称"之类的标志词。在数学定义中,当一些概念用"属+种差"的方法阐述会非常复杂以致难以理解时,一般就会采用外延式定义方法。根据其列举的完全性与否又可分为枚举式定义方法和穷举式定义方法。

(1)枚举式定义。此类定义无法给出被定义概念的所有个体,只能给出有代表性的一部分,例如:

像 $5,1.2,0.05,\cdots$ 这样的数叫做正数,它们都比 $0$ 大。

像 $0,1,2,3,4,5,6,\cdots$ 这样的数是自然数。

(2)穷举式定义。通过列举被定义概念的全部个体或范围来展示外延,例如:

正整数、0、负整数统称整数,正分数和负分数统称分数。

有理数和无理数统称实数。

(二)表现形式角度的定义方法

根据定义的表现形式以及采用辅助手段的不同,数学定义的定义方法可分为以下几类:

1.客观叙述型。这类数学定义不借助其他辅助形式,完全用不带有任何主观色彩的文字叙述来说明概念。例如:

把等式一边的某项变号后移到另一边,叫作移项。

把单位"1"平均分成若干份,表示其中1份的数叫分数单位。

2.图表辅助型。有些非常抽象的数学定义仅采用语言叙述难以表达清楚,因此会借助具体的图形或者图像,化抽象为具体来直观地表达概念。例如:

点 $M$ 把线段 $AB$ 分成相等的两条线段 $AM$ 与 $BM$,点 $M$ 叫作线段 $AB$ 的中点。

具有 $\angle BMN$ 与 $\angle CNM$ 这样位置关系的角称为内错角。

3.表达式辅助型。有些数学术语表示的概念不是个体,而是具有某些共同特征的一类事物,这类事物的共同特征用语言描述往往比较复杂,因此就通过借助数学表达式来概括这些共同特征,解释其本质所在。例如:

形如 $a^2+2ab+b^2$ 或 $a^2-2ab+b^2$ 的式子称为完全平方式。

一般地,形如 $y=ax^2+bx+c$($a,b,c$ 是常数,$a\neq 0$)的函数叫作 $x$ 的二次函数。

4.形象描述型。与图表辅助型定义相类似,一些数学抽象概念如果采用客观叙述往往让人难以理解,但是通过日常生活中的常见现象来阐述概念的定义,就能够把抽象概念具体化,这类定义方式体现了数学教材的编者尽量将专业知识用通俗话语表达出来的努力。例如:

探照灯、手电筒、路灯和台灯的光线可以看成是从一点发出的,像这样的光线所形成的投影称为中心投影。

物体在光线的照射下,会在地面或墙壁上留下它的影子,这就是投影现象。

5.举例说明型。这类定义往往通过描述具体事件或采用枚举的方式，让学习者从列举的对象中归纳出共同特征，认识概念的范围。这类数学定义大多是临时定义。例如：

当我们抽取一张卡片时，1—9 的某个数字会随机地出现，大量重复实验就会产生一串数，这样的一串数称为"随机数"。

像上面那样，通过配成完全平方形式来解一元二次方程的方法，叫作配方法。

6，12，18，…是 3 和 2 公有的倍数，叫作它们的公倍数。

与非专业领域的定义相比，数学教材语言中的客观叙述型定义相对较少，借助图表和表达式的图表辅助定义数量很多。究其原因，主要是数学概念本身是从现实世界的具体事物中抽象概括出来的，经历了从特殊到一般、从个体差异到整体共性的过程，因此理解起来具有较大的难度。为了让学习者便于理解，必然要经过思维过程的回溯，体现在定义方式上，也就是通过各种辅助手段，还原抽象为具体。另外，本研究对象是义务教育阶段的数学定义情况，该阶段教材面向中小学生，如果单纯依靠纯文字的客观叙述来给数学概念下定义，可能会用到较为复杂的字、词语、句型，势必加重学生的理解和学习负担，不利于数学知识的学习。

## 二、定义的自动提取

随着科技尤其是互联网的发展越来越快，人类知识呈指数型增长，越来越多的新知识、新名词不断出现，并随着知识的全球化共享加速传播。承载新知识的术语及其定义研究越来越受到重视，形成了一门新的学科——术语学。如何通过计算机自动识别，快速及时地从大规模文本语料中获取术语及其定义，也越来越受到重视。数学教材由于其学科性和专业性特征，也具有定义提取的一般特征。因此，这里采用基于语料库的方法，以义务教育阶段的中小学数学教材中的定义为研究对象，对定义自动获取进行了探索。

（一）语料来源

人教版和北师大版数学教材覆盖面广，基本代表了国内数学教材的总体状况。本研究对这两套数学教材进行了数字化处理，形成了数学教材语料库。基本步骤为:首先采用高精度扫描仪,将教材全部内容转换为图片格式,形成数学教材图片库,然后通过 OCR 识别将图片格式的教材转换为文字,转换过程中,结合人工校对,对无法识别的非文字内容(包括插图、表达式、图、表、符号等)进行替代标记,例如:将教材中使用的卡通图画、照片等标记为"pic",将教材中使用的一些特殊符号如填空的横线、括号等标记为"sym",将教材中出现的表格、函数图像等标记为"tb",确保句子的完整性。经过处理,形成了数学教材原文语料库,我们在此基础上对数学定义进行计算机自动抽取研究。

(二)数学定义提取的基本思路

对中文术语定义自动提取方法,国内的研究较为深入。主要有两种方法:

一种是基于规则的方法。贾爱平(2002)较早对中文科技文献中术语定义的语言特点进行了研究,总结了面向计算机自动抽取的术语定义语言模式[1]。例如:通过"首号+被定义项+(逗号)+是|是指|指的是|就是|即+词语串+句号"这一模式,可以查找出"软加密即用纯软件方法来实现软件的加密,主要有密码方式、软件自校验方式和钥匙盘方式"这一定义句。贾爱平利用总结的定义语言模式在四种科技刊物共 753824 字的原始语料中进行测试,取得了不错效果。之后,许勇、荀恩东(2004)等人在贾爱平研究的基础上,利用定义模式(语言学规则)对科技术语定义也进行了自动抽取测试研究[2]。

第二种是基于"规则+统计"的方法,具有代表性的是中科院计算所张榕(2006)的研究。她首先根据术语定义的匹配规则和排除规则筛选出候选定义,再用统计方法计算"词语的定义隶属度"和"句子的定义隶属度",得出定义的权重(准确度),然后利用知网进行义原、义项、词语以及句子的相似度计算,实现了术语定义的按领域聚类[3]。该方法提高了定义提取的准确率,把定义自动提取技术的研究向前推进了一步。

本研究对数学教材原文语料库中的定义进行归纳分析后发现,由于义

---

[1] 贾爱平:《科技文献中术语定义的语言模式研究》,硕士学位论文,北京语言文化大学,2002。
[2] 许勇、荀恩东等:《基于互联网的术语定义获取系统》,《中文信息学报》2004 年第 4 期。
[3] 张榕:《术语定义抽取、聚类与术语识别研究》,博士学位论文,北京语言大学信息科学学院,2006。

务教育数学教材的面向对象是中小学生,因此数学定义句式较为简单,且具有明显的语言特征。例如大部分含有"叫""叫做""称为"等定义特征词,且数学定义前后标点符号具有较强的规律性,这些特点非常适合基于规则的定义提取方法。

通过归纳数学定义的语言特征,本研究总结出了数学定义的几种定义模式,形成了 4 种提取模板。基本思路是:如果两个句子前后标点符号(如问号—句号、叹号—句号、句号—句号)之间的字符串或者段首标记与句子结束符之间的字符串与一个提取模板匹配,那么该字符串就是我们的候选定义。

定义模式采用正则表达式匹配方法。正则表达式可以用来检查一个字符串是否含有某种子串、将匹配的子串做替换或者从某个串中取出符合某个条件的子串等。它可以让用户通过使用一系列的特殊字符构建匹配模式,然后把匹配模式与数据文件、程序输入等目标对象进行比较,根据目标对象中是否包含匹配模式,执行相应的程序。正则表达式有一套自己的简单语言,用于精确地描述要匹配的对象。其中圆括号或方括号中用竖杠分开的是可选项,圆括号表示可选项中必须出现一项,方括号表示可以一项也不出现。星号表示任意字符串,可以是空串。汉字和其他符号是应匹配的字符。Term 表示术语。模板中的星号、圆括号、方括号前面若有反斜杠(/),则该星号、圆括号、方括号是模板应匹配的字符。"句首号"包括中英文状态下的句号、问号、分号换行符,换行符在正则表达式中用"\n"表示。

经过以上的处理,归纳表达出以下提取模板:

模板 1:字符串含"叫"或者"叫做"或者"叫作",可以含有"一般地",并且句末是句号。这种定义模式是数学术语定义最常用的模式,定义特征词后面一般就是数学定义中的术语。正则表达式为:

(\n|\.|。|\?) * [一般地] * (叫|叫做|叫作) * (\.|。)

例句:

我们看多项式 ma + mb + mc,它的各项都有一个公共的因式 m,我们把因式 m 叫作这个多项式各项的公因式。

把多项式中的同类项合并成一项,即把它们的系数相加作为新的系数,而字母部分不变,叫做合并同类项。

是 2 的倍数的数叫偶数,不是 2 的倍数的数叫奇数。

模板 2:字符串中含有"称"或者"称为"或者"统称",并且句末是句号。正则表达式为:

(\n|\.|\。|\?)*(称为|统称|简称)*(\.|\。)

例句:

求出各个小组两个端点的平均数,这些平均数称为组中值。

圆锥的侧面积与底面积之和称为圆锥的全面积(surface area)。

单项式与多项式统称整式(integral expression)。

模板 3:字符串中含有"称……为"或"称……是",有时含有"我们",并且句末是句号。正则表达式为:

(\n|\.|\。|\?)*[我们]*(称)*(为|是)*(\.|\。)

例句:

在一个变化过程中,我们称数值发生变化的量为变量(variable),有些量的数值是始终不变的,例如上面问题中的速度 60(单位:千米/时),票价 10(单位:元)……绳长 10(单位:m)以及长方形的长宽之和 5(单位:m),我们称它们为常量。

一般我们称落在不同小组中的数据个数为该组的频数(frequency),频数与数据总数的比为频率。

一般地,如果两个变量 $x$、$y$ 之间的关系可以表示成 $y=\dfrac{k}{x}$ 的形式,那么称 $y$ 是 $x$ 的反比例函数。

模板 4:字符串中含有",",并且含有"这……是"或者"这……就是",并且句末是句号。正则表达式为:

(\n|\.|\。|\?)*(\,)*(这)*(是|就是)*(\.|\。)

例如:

物体在光线的照射下,会在地面或墙壁上留下它的影子,这就是投影(projection)现象。

如果三角形的三边长 $a$、$b$、$c$ 满足 $a^2+b^2=c^2$,那么这个三角形是直角三角形。

为了验证模板的有效性,本研究采用人教版的二年级上册、六年级下册、八年级上册,北师大版的二年级下册、五年级上册和九年级下册6册教材共91293字的语料作为训练语料进行封闭测试。之所以选取这几册,主要是考虑到高年级教材中的定义和低年级教材中的定义方式有所不同,教材的用字、用词、用句大致遵循由浅到深、由易到难的认知规律。利用以上定义模板在语料库内进行测试。测试发现,召回候选定义句151条。候选定义句共有错误结果10条,其中2条不是数学定义,8条提取结果不完整。

错误返回结果例句:

在某地,人们发现在一定温度下某种蟋蟀叫的次数与温度之间有如下的近似关系。

有人发现,在20℃—25℃时蟋蟀每分鸣叫次数$c$与温度$t$(单位:℃)有关,即$c$的值约是$t$的7倍与35的差。

提取结果不完整例句:

这叫作乘法分配律。(原句为:两个数的和与一个数相乘,可以先把它们与这个数分别相乘,再相加。这叫作乘法分配律。)

这种形式叫作二元二次方程的一般形式。(原句为:一般地,任何一个关于$x$的一元二次方程,经过整理,都能化成如下形式$ax^2+bx+c=0(a\neq 0)$。这种形式叫作二元二次方程的一般形式。)

经过分析发现,之所以产生错误结果,主要是由于定义模式1的规则过于简单,一是将含有标志词"叫"但不是数学定义的句子提取出来,二是将标志词"叫作"前面的句首号是句号但不是完整定义的句子提取了出来。基于以上分析,对定义模板1进行调整,具体调整方法为:将符合模板1的候选定义句再进行2个逻辑判断,如果含有标志词"叫""叫做""叫作"等,则进一步判断标志词后相邻字的情况。如果特征词后相邻字不是"的",或特征词与其后标点间隔字符数大于4,则判断该候选字符串为正确定义,反之排除。判断过程表示如下:

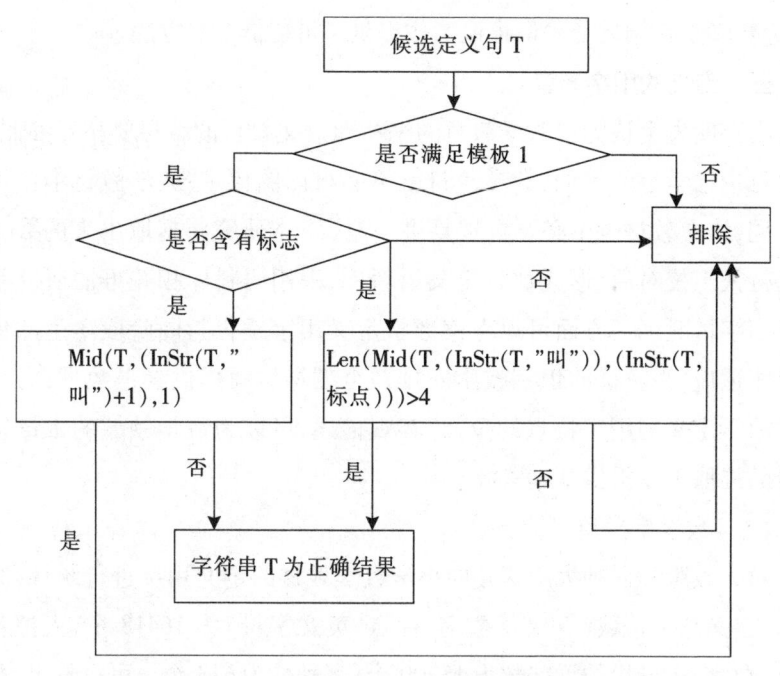

```
                    ┌─────────────────┐
                    │  候选定义句 T    │
                    └────────┬────────┘
                             │
                    ┌────────┴────────┐
               是   │ 是否满足模板 1   │  否
          ┌────────<                  >────────┐
          │        └─────────────────┘         │
          │                                     ▼
   ┌──────┴──────┐                         ┌───────┐
   │是否含有标志 │─────────否──────────────▶│ 排除  │
   └──┬───────┬──┘                         └───────┘
   是 │       │ 是                              ▲
      ▼       ▼                                 │
┌──────────┐ ┌──────────────────────┐           │
│Mid(T,(InStr(T,"│ │Len(Mid(T,(InStr(T,"叫")),(InStr(T,│
│叫")+1),1) │ │标点))))>4            │───否──────┘
└────┬─────┘ └──────┬───────────────┘
     │否            │是
     │              │
  是 │    ┌─────────┴──────┐
     └───▶│字符串 T 为正确结果│
          └────────────────┘
```

图 14-1　定义模式 1 判断结构流程图

(三) 提取测试分析

对采用调整后的定义模式在数学教材原文语料库中进行开放测试,具体操作与封闭操作一样。对原文语料库中的数学定义进行查找分析,找出所有的数学定义的实例放到两个文档中。我们选取了正确率和召回率两个指标来衡量提取的有效性,exteffs(s)表示系统输出中正确数学术语定义条数,totres(s)表示系统输出全部结果的条数,toteffs(s)表示测试语料中所有数学定义的条数。计算公式为:

$$正确率 = \frac{\text{exteffs}(s)}{\text{totres}(s)} \times 100\%$$

$$召回率 = \frac{\text{exteffs}(s)}{\text{toteffs}(s)} \times 100\%$$

结果显示,利用调整后的模板进行提取,共返回候选定义句 454 条,经人工校对,错误候选定义句共 45 条,另有 4 条数学定义句漏检。所以我们计算出正确率为 90.09%,召回率为 99.03%。正确率、召回率均在 90% 以上,且召回率很高,说明总结出来的提取模板是比较有效的,利用这种简单基于规则模式的提取方法在大规模文本中自动提取出数学定义具有可行性,为数学学科领域的术语提取工作提供了可资借鉴的方法。

### 三、定义的用字调查

李宇明先生认为:"数学教材的编写和语文教材的编写要相互参照,语文教材中已学过的字词,数学教材就不必再以图代字;数学教材中已学过的字词,语文教材也不必要再重复讲一遍。"[1]本研究将提取出来的数学定义进行人工校对后,形成数学定义语料库,采用语料库相关方法研究数学定义用字情况。一方面可以考察数学定义用字是否与同阶段学生的识字水平相适应,为教材的识字教学安排乃至教材编写提供参考数据;另一方面对数学定义的用字特点的全面、客观描述,可以为数学领域的术语以及定义的提取工作提供基础资源。

(一)数学定义用字情况

对人教版和北师大版两套中小学数学教材的定义用字进行统计,结果显示,定义总字符数(含汉字数字、标点、英文字母)为16418个,去掉各类标点、数字、字母后的汉字数为15209个,字种数为613个。可以看出,数学定义使用的字种很少,对学习者所要求的识字量并不高。

这613个汉字每个字的常用度是怎样的呢?本研究继续对613个字种的频次进行了统计,考察数学定义用字的常用度情况。结果显示,在数学定义用字中,频次在500次以上的字种数为2,占全部字种数的0.33%,频次在100到500之间的字种数为580,占5.06%,频次低于100的字种数为2,占94.62%。其中:

频次超过1000的字有1个:的(1021)。

频次在500到1000之间的汉字有1个:数(506)。

频次在300到500之间的字有4个:一(404)、个(401)、叫(396)、做(381)。

频次在200到300之间的字有6个:这(289)、形(284)、式(218)、分(212)、方(206)、线(202)。

频次在100到200之间的字有21个:角(199)、两(183)、是(178)、边(173)、点(172)、中(167)、称(159)、为(146)、图(133)、平(128)、相

---

[1] 李宇明:《有关数学语言教学的若干问题》,《语文教学与研究》1987年第2期。

(124)、直(123)、次(116)、三(112)、等(112)、如(109)、程(106)、条(106)、有(106)、对(101)、和(100)。

频次低于100的字有579个,有些字出现的频次很少,频次为1的字有121个,例如:综、眼、圈、走、璃、历、零、留、楼、盲、描、名、末、泥、片、票、探、什、快、摔、受、世、氏、破、识、七、绳、胜、摄、舍、仍。

表14-1 不同频段的汉字数量表

| 频次(F) | 字种数 | 占比 |
| --- | --- | --- |
| F≥500 | 2 | 0.33% |
| 300≤F<500 | 4 | 0.65% |
| 200≤F<300 | 6 | 0.98% |
| 100≤F<200 | 21 | 3.43% |
| 50≤F<100 | 39 | 6.36% |
| 10≤F<50 | 181 | 29.53% |
| 2≤F<10 | 239 | 38.99% |
| F=1 | 121 | 19.74% |

再次对数学定义用字的覆盖率进行统计,考察高频词对总体的覆盖情况,结果显示:占总字种数21.04%的129个字种覆盖总体用字的80%,占总字种数34.75%的213个字种可以覆盖总体用字的90%,占总字种数47.80%的293个字种可以覆盖总体用字的95%。

表14-2 覆盖率与字种数关系表

| 覆盖率 | 70% | 80% | 90% | 95% | 99% |
| --- | --- | --- | --- | --- | --- |
| 字种数 | 85 | 129 | 213 | 293 | 476 |
| 字种数占总字种数比例 | 13.87% | 21.04% | 34.75% | 47.80% | 77.65% |

通过对数学定义字种数、频次、覆盖率的统计可以看出,数学定义用字量较小,只有613个,其中,476个汉字覆盖了总用字的99%,也就是说,学生只需要认识476个汉字,就能认识数学定义中的99%的字。

(二)数学定义用字的分级

我们根据频次和覆盖率的数据,将数学定义用字分为3个等级:

1. 数学定义常用字

频次大于等于100,覆盖率达到48.48%的33个汉字,作为数学定义常用字。分别是:的、数、一、个、叫、做、这、形、式、分、方、线、角、两、是、边、点、中、称、为、图、平、相、直、次、等、三、如、程、条、有、对、和。

这33个汉字仅占总字种数的5.38%。其中包含数学术语用字30个,这些术语基本上是数学教材中最基本最常用的,是数学知识的核心部分,例如"方程""分式""三角形""直角""边""图""点""线"等等。除了术语用字,常用字"的""和""有""对"等助词或介词是汉语中的高频字,而"叫做""称为""是""这"是数学定义的特征词,因此作为常用字是非常容易理解的。

2. 数学定义次常用字

把频次大于等于10,覆盖率达到44.48%的220个汉字,作为数学定义次常用字。例如:常、间、应、由、部、合、交、接、也、整、得、项、化、能、底、函、之、最、单、各、距、似、向、并、度、互、离、求、而、高、关、号、全、生、通、现、重、加、且、影、即、均、转、反、简、每、切、算、投、外、共、几、结、经、明、事、计、件、立、连、前、物、限、面、样、圆、组、不、表、小、位、像。

这220个汉字占总字种数的35.89%。其中,次常用字中含有数学术语用字146个,例如"成、项、面、样、圆、组、不、比、定、法、段、公、多、元、正、像、体、解、二、以、因、题、同、变、表、小、位、理"等,占到数学定义次常用字的66.36%。可以看出,这部分次常用字多是数学术语所用到的,而这些数学术语出现的频次也相对较少。

3. 数学定义罕用字

把频次小于10,覆盖率为6.98%的360个汉字,作为数学定义罕用字。例如:杯、备、笔、便、波、玻、步、参、仓、层、撑、持、初、窗、创、存、寸、错、带、待、低、典、电、繁、非、费、付、顾、轨、毫、花、滑、坏、回、获、既、继、家、建、缴、界、尽、睛、精、净、居、举。

这360个汉字占总字种数的58.73%。其中,罕用字中含有术语用字74个,占罕用字的20.56%,例如:"倍、负、换、减、律、频、税、完、移、假、配、勾、股"等。除了术语用字,罕用字多出现在举例说明式的数学定义当中,如"铁轨""钢笔"等词就是在列举与生活息息相关的事物时出现。

## (三)数学定义用字与《现代汉语常用字表》的比较

根据国家语委相关文件,小学阶段学生应掌握 2500 个常用汉字,初中应掌握 3500 个常用汉字。数学定义的用字理论上应该符合这个要求。为了考察数学定义用字与常用字表的一致情况,我们将数学定义使用的 613 个字分别与《现代汉语常用字表》中的 2500 常用汉字、3500 个常用汉字进行了比较。

与 2500 常用汉字对照,数学定义用字占 2500 常用汉字的 24.52%,超出 2500 常用字的字有 13 个,占用字总数的 2.12%,分别是:函、弧、棱、菱、幂、频、凸、惟、谓、蕴、轴、锥、综。

与 3500 常用汉字比较,数学定义用字有 611 个包含在 3500 字中,占 3500 常用字的 17.46%,超出 3500 常用字的字有 2 个,占定义用字总数的 0.33%,分别是:幂、惟。

可以看出,超出 2500 常用字表和 3500 常用字表的定义用字大多数为数学术语用字,如"函数""弧度""幂""对称轴"等,这也体现了数学定义的专业属性。个别例外的字如"惟""谓",分别出现了 2 次。"惟"出现在"惟一"一词中,现代汉语中一般写作"唯一"。"谓"主要出现在"所谓"一词中。

表 14-3　数学术语定义与 2500 常用汉字的比较

| 数学定义用字 | 与 2500 共有字 | 数学定义独有字 | 2500 独有字 |
| --- | --- | --- | --- |
| 613 | 600 | 13 | 1900 |

表 14-4　数学术语定义与 3500 常用汉字的比较

| 数学定义用字 | 与 3500 共有字 | 数学定义独有字 | 3500 独有字 |
| --- | --- | --- | --- |
| 613 | 611 | 2 | 2889 |

总体看来,数学定义的用字范围很小,基本上都是生活百科中的常用字,比较符合相应阶段的识字水平。数学教育主要的目的是传授数学知识,不是识字教育,因而教材编写者更加重视数学知识的有序安排而非字词难度的循序渐进。尽管如此,我们认为在编写数学教材时编写者有意或无意地使用了生活中的常用字,尽量让学生在学习数学的过程中不会因为不认识字而导致学习效果差。

(四)数学定义中的术语用字分析

1. 术语用字频次

我们将数学定义语料库中的术语进行了单独筛选,删除了数学术语英文注释并对表示同一概念的术语进行去重,共得到数学术语315条。统计发现,数学定义术语用字共250个字种,频次列前10位的字分别是:数(60)、角(33)、形(28)、方(22)、分(22)、式(22)、线(19)、平(18)、比(16)、对(1)。各频段字种数的具体情况如下表:

表14-5 术语用字频段表

| 频段 | ≥20 | 10-20 | 5-10 | 2-5 | 1 |
|---|---|---|---|---|---|
| 数量 | 6 | 14 | 39 | 95 | 96 |
| 比例 | 2.40% | 5.60% | 15.60% | 38.00% | 38.40% |

2. 术语界限用字

"汉字在术语中的位置可能有多种,但是如果从术语的临界点(就是术语的第一个汉字和最后一个汉字)来看,汉字所处的位置可以分为临界汉字和非临界汉字两类。临界字分为首字和尾字。"[①]例如:"二元一次方程"中的"二"和"程",非临界字就是这两个字之间的汉字,首字和尾字之间的字"元、一、次、方"称为中间字。

对数学术语用字的位置统计分析结果显示,数学术语用字是有规律可循的,有些字(含两个英文字母)会固定出现在某一位置。

表14-6 数学术语用字位置分析

| 位置 | 数量 | 占术语字种比例 | 字种 |
|---|---|---|---|
| 仅在首字 | 74 | 29.60% | x、y、百、半、被、必、侧、常、成、乘、抽、代、带、待、第、俯、负、个、勾、古、合、横、后、互、黄、极、几、加、假、近、矩、绝、科、利、菱、偶、配、频、奇、前、求、容、锐、扇、射、生、实、算、随、提、通、推、外、完、无、斜、旋、循、有、原、约、运、真、整、指、质、众、重、主、自、总、纵、最、左 |

---

[①] 邢红兵:《信息技术领域术语用字分析》,《术语标准化与信息技术》2005年第1期。

续表

| 位置 | 数量 | 占术语字种比例 | 字种 |
|---|---|---|---|
| 仅在尾字 | 28 | 11.20% | 表、查、尺、达、段、额、号、和、圾、积、集、件、节、径、离、量、律、率、论、明、题、息、像、型、值、子、字、足 |
| 仅在首尾 | 14 | 5.60% | 本、长、底、点、高、弧、棱、幂、母、弦、移、圆、轴、组 |
| 仅在中间 | 55 | 22.00% | 般、倍、并、布、部、错、大、倒、到、的、典、调、端、共、股、何、环、活、机、计、记、间、减、简、交、接、均、可、垃、类、纳、能、旁、确、然、入、事、术、四、似、条、统、为、现、消、小、效、行、学、以、用、于、元、这、之 |

除此以外，还有一部分术语用字尽管可以在多个位置出现，但是在某一个位置出现的概率远远大于在其他位置出现的概率。统计出现概率在90%（含90%，但不包括100%）以上的术语用字位置情况，结果如下表所示：

表14-7 数学术语用字位置概率大于90%的情况

| 位置 | 数量 | 字种 |
|---|---|---|
| 首字出现概率大于90% | 1 | 底（90.89%） |
| 尾字出现概率大于90% | 4 | 点（90.91%）、角（90.00%）、数（98.00%）、项（91.67%） |
| 中间出现概率大于90% | 3 | 次（90.91%）、方（90.47%）、定（91.91%） |

分析数学术语用字位置的特点，可以为术语自动提取和文本自动分词标注提供参考。事实上，术语提取的本质是确定术语的边界问题，自动分词标注解决歧义字段和专有名词两大难题的实质也是划分未知字符串的边界问题。基于字符位置特点进行自动分词的尝试已经开始，在2006年举办的汉语分词评测（Chinese Word Segmentation Bake-off）中，微软亚洲研究院提出了由字构词的分词系统，采用了字在词中的位置信息，包括词首、

词中、词尾和单独成词信息①。因此,对数学术语用字及其位置特点的研究,为术语提取和自动分词标注研究提供了术语边界信息,对于有效提高自动分词系统的准确率存在一定价值。

本节选取了一个特定领域——义务教育阶段的数学教材,并将其中的数学定义作为我们的研究对象,从多个角度展开了对数学定义的研究。从本体研究方面,对数学定义的定义方式进行了梳理,从认知思维和表现形式两个角度对数学定义进行了划分。在此基础上,对数学定义的基本语言模式进行了研究,总结了提取模板的经验并采用正则表达式方法,进行了基于规则的数学定义提取测试。结果表明,该方法准确率和召回率都达到90%以上,对基于大规模文本的定义自动提取研究提供了借鉴。我们还将两个版本数学教材中的数学定义用字情况进行了字种、频次、覆盖率等指标分析,并与现代汉语常用字表进行比较,结果显示,两种数学教材的用字与常用字表存在一致性,符合义务教育阶段学习者的识字规律。本节同时根据频次和覆盖率两个指标对数学定义用字进行了分级,并对数学术语用字的位置特点进行了分析,为术语提取研究以及汉语自动分词研究提供参考。研究存在诸多不足之处,如:限于文本规模,数学定义自动提取模式在开放语料中的效果有待检验,对数学定义在词语、句型、语法等层面的规律特点没有研究等,未来还需要做进一步的深入研究。

## 第二节
### 数学教材术语的性质、结构及分布研究

术语作为学科知识概念的承载,"凝集一个学科系统知识的关键词"②,是"专门用途语言中专业知识的语言表达"③。从某种程度上来说,学习学科知识的核心就是习得这个学科的术语及其相互关系。术语为数学教材

---

① Hai Zhao, chang-ning Huang, MuLi: "An improved Chinese Word Segmentation System with Conditional Random Field", In Processings of the 5th SIGHAN work shop on CHINES Language Processing, Syndeny, Australia, July 2006, pages162－165.
② 郑述谱:《术语的定义》,《术语标准化与信息技术》2005年第1期。
③ 揭春雨、冯志伟:《基于知识本体的术语定义(上)》,《术语标准化与信息技术》2009年第2期。

知识体系的载体,属于对象语言,在学科范式语言中占据着核心位置,是首要值得关注和研究的部分。

综观学界已有的数学术语研究,大都为对术语的理论分析与研究,以定性、举例为主,定量为辅,未对数学术语的实态进行全面的分析、描写,并且有相当部分的研究者是对数学术语进行历时性的探源分析,而忽略对其进行共时角度的探讨;已有的共时、定量研究又仅是对数学术语进行表面的频率统计,并未从语法、语义、使用语境的角度对数学术语进行深入分析,致使像数学术语的多义性、数学术语与日常概念的关系等这些重要问题没有得到有效的解决,也导致研制的数学术语表存在一定的不足;并且面向基础教育的术语研究数量极少,缺乏相关资源。这里将在数学教材语料库的基础上,运用定量和定性相结合的研究方法,对数学教材领域内术语的使用实态进行封闭、穷尽式的挖掘与分析。

## 一、数学教材术语的结构与语义分布

术语是专业领域的相关知识概念的主要载体。知识表述的模态多样,同样的知识内容可使用语言、文字、图片等方式进行单独或者复合表达,而术语是知识表述最重要的模态。术语的语义则与知识概念、术语和知识的关系密不可分,其为知识最直接的表征。学科教材作为学科知识传播的重要途径、媒介,学科知识自然为学科教材最为核心的内容,而学科术语也就成为学科教材语言系统的内核,是数学教材的核心对象语言。

我们将基于数学教材语料库,运用数据驱动的量化研究方法,从语形、词性、结构、语义的角度对数学教材中的术语实态进行全面、封闭式的统计、描写、分析,目的在于挖掘数学教材术语的一般及特殊的使用特征,补充、完善术语的基础理论,并以术语自动标注、术语表的研制、术语学习等应用为导向,以推进相关问题的解决。

(一)术语的提取

针对学科教材术语库的研制,郑泽芝、敖婷(2011)[1]提出一种以规则模板与基于底表的最大匹配相结合的方法识别学科教材术语,获得了不错的

---

[1] 郑泽芝、敖婷:《基于底表的多层扫描术语自动标注算法》,《厦门大学学报(自然科学版)》2011年第3期。

效果。本研究借鉴此方法提取数学教材术语，但对该方法进行微调。

若被定义项为非单词型术语，需要进一步进行人工校验是否能作为词组型术语，否则将其作为术语组合处理。原方法是将被定义项均作为术语看待，但是学科教材定义所具有的解释性、阶段性特征使得并不能将被定义项直接认定为术语，有些被定义项的结构自由、松散，仅是术语的一般组合，比如"物体所占空间的大小叫做物体的体积"中的"物体的体积"也作为被定义项，但从其结构来看，并不能被当作术语。该算法虽然可识别出与通用词汇、通用领域紧密相关的术语，但其不能解决有些术语的自动标注问题，如："前、后、总体、单位"可使用"底表+规则"的方法识别为术语。在何种语境下为术语义，何种语境下为非术语义，如："全面调查通过调查总体来收集数据"中的"总体"为术语义，而"为了更好地刻画数据的总体规律，我们还可以在得到的频数分布直方图上取点、连线，得到如下的频数折线图"一句中的"总体"为非术语义，该算法尚不能区别标识。这会影响到这部分术语频次计算的准确性，此处暂且通过"统计+人工校验"的方式解决频次计算问题。

（二）分布概况

两套数学教材总术语数为1383，占数学教材词语总数的12.21%，总频数为67519，占数学教材词语总频数的29.42%，数学教材术语平均频次为48.82，高于整体词语的平均频次20.25。以下为数学教材术语的几个重要频率段的使用情况：

表14-8 数学教材的累加频率段术语使用情况

| 词语累加覆盖率 | 数学教材术语 | | |
|---|---|---|---|
| | 种数 | 术语种数占比 | 最低频次 |
| 50% | 30 | 2.26% | 348 |
| 80% | 268 | 20.17% | 48 |
| 90% | 524 | 39.43% | 15 |
| 95% | 779 | 58.62% | 6 |
| 99% | 1170 | 88.04% | 1 |
| 100% | 1329 | 100% | 1 |

表14-8里的"种数"不包括字母词数54，而术语种数占比的公式为

"（每个累加频率段术语种数/术语总数）×100%"。

由表可知，累加频率达50%时，术语数量为30，占术语总数的2.26%；累加频率达90%时术语数为524，占术语数的39.43%；累加频率达99%时，术语数占比为88.04%；覆盖最后1%的语料，术语数比例约为12%。

累加覆盖率可作为划分常用词的参考量。若以累加覆盖率90%为界，则备选常用术语数为524，约占术语总数的39%。由表可知，术语的低频词不少，词频为6以下的术语数为550，占术语总数的41.38%，词频为1的词有206，占比为15.50%。通常认为词语频次、频率的高低与其常用度、重要度直接相关，为了结果的准确、全面，一般会增加散布系数进行计算衡量，但术语的频次、频率与其常用度、重要度的关系可能并非如此简单。

频次、频率高，分布广的术语重要度、常用度一般也高，而频次、频率低，分布不广的术语重要度、常用度却不一定低，还受到语境的影响。学科教材术语的重要度、常用度的相关因素并非只有频次、频率、散布系数等统计量，还与其出现的功能模块及所对应的知识点有关。功能模块及知识主题也可看作影响语言的使用、表达的一种语境。学科教材通常有功能模块，一般表现形式为不同的栏目，这些栏目对应不同的功能，如数学教材的"引言""正文""补充材料"的功能各异。仅出现于正文的术语重要度似乎要高于仅出现于补充材料的术语，而且数学教材的正文又常以例题的形式呈现知识，加上数学术语常对应数学符号、图形，术语常以其他模态的形式在教材复现。这就导致有些重要且常用的术语出现在正文的重要位置，如"例题""定义"，但在频次上却表现不佳，而被归入了低频术语，如"最大公约数、弧度、逻辑、多项式的次数、单项式的次数、偶次幂、判别式"等。因此，对低频术语还应作具体语境的考察，才可判别其重要度。

高频术语、常用术语的研究也有可推进之处，可与相应的数学知识主题构建对应关系。术语具有显著的知识指示性，直接与某个或某些知识点、知识主题关联。如数学术语"直线、点、面、体"与"空间与图形"知识主题相关，而"方程、函数、不等式"与"数与代数"知识主题关联。可以说，上述术语也是知识主题词。不同知识分支下常用术语有哪些？这些术语与知识主题关联度的强弱如何？相较于仅统计得到高频术语，这些问题的研究，无论是对于自然语言处理、术语语料库的建设还是术语学习都有更高的应用价值,而这均不能仅通过频次、频率就能解决,还应进一步细致分类。

频率段、分布态是术语常用度、术语重要度的重要统计量,却并非为决定因素,还应结合语义、语境、功能,进行综合考察。随着语料库理论、技术的发展,计量方法在语言研究中的地位日益突显,这种实证研究方法所展现出的对于定性研究有支持、补充、修正等作用、优势不可否认。然而,定量研究与定性研究如何有效结合去解决语言的理论及实践应用问题仍是需要不断探索的目标。

频率段、分布态的提出利用的是计量方法,的确为研制词表的一大进步,但也留有可改进的空间。词表的研制,对于学科教材来说,尤其是术语表的研制、术语语料库的建设应参考已有的统计方法,特别需要面向具体的应用领域,基于术语的实态,使用适宜的算法,而且描写、分析语言使用实态研究也并非等同于语言单位的频次、频率统计,避免定量分析的唯频率论,重定量而轻定性等问题的出现,致力于寻求、促进量化与质性分析更为有效的结合,完善研制词表的质量,不断提高其应用价值与效度。

有序性为教材语言的重要特点之一。对教材语言有序性的考察通常从年级、年段变化的维度进行。统计描述术语在教材中的初现、复现情况既是术语动态分布实态的重要观察视角,又具有应用价值、意义,可指导术语教学实践和对教材编写提出有益建议。基础教育阶段可分为三个年段,即低年段(1—3年级)、中年段(4—6年级)、高年段(7—9年级),每个年段的教学对象特点、教学任务目标各不相同。以下为数学术语在数学教材各年段的初现、复现情况统计:

表 14-9 数学教材术语的年段初现、复现情况

| | | 初现术语种数 | 初现术语种数占比率 | 复现术语种数 | 术语复现率 | 种数合计 |
|---|---|---|---|---|---|---|
| 第一年段 | 人教版 | 225 | 100% | — | — | 225 |
| (1—3年级) | 北师大版 | 233 | 100% | — | — | 233 |
| | 合计 | 293 | | | | 293 |

续表

|  |  |  | 初现术语种数 | 初现术语种数占比率 | 复现术语种数 | 术语复现率 | 种数合计 |
|---|---|---|---|---|---|---|---|
| 第二年段 | （4—6年级） | 人教版 | 273 | 60.94% | 175 | 77.78% | 448 |
|  |  | 北师大版 | 292 | 59.96% | 195 | 83.69% | 487 |
|  |  | 合计 | 346 | - | 238 | - | 587 |
| 第三年段 | （7—9年级） | 人教版 | 670 | 66.80% | 333 | 73.66% | 1003 |
|  |  | 北师大版 | 482 | 55.72% | 383 | 78.03% | 865 |
|  |  | 合计 | 679 | - | 483 | - | 1165 |

从表14-9可知，每个年段的新术语数、总术语数呈不断上升的趋势，并且从第二学段到第三学段，即小学升初中后，术语数量成倍增加，而且人教版术语数量超过北师大版。从数量上看，教材术语的分布符合随着年段升高数量增加的认知规律，但小学和初中阶段的知识是否有效衔接还需考察知识组织、术语的具体复现情况。

初现术语种数即为某个年段的新术语种数，初现术语种数占比率则为某个年段的新术语种数所占的百分比。上表显示，前两个年段均有接近2/3的新术语，1/3左右的已学术语，数量比例较为稳定，而在第三年段，北师大版的新术语数有所下降，仅占55%左右，而人教版的新术语数上升了6%左右。从术语总数也可看出，初中阶段人教版的术语量多于北师大版。

每个年段术语的复现率均超过73%，未复现率则在17%—26%之间，这从侧面反映各年段之间术语使用、知识或存在一定程度上的接续。学习的遗忘规律，知识接续，均要求基础、重要的知识点、术语复现。具体复现的术语也确有常用、基础的特征，如"数、位置、长、图形"几乎在每个年段都会出现，其中，有些术语的复现还反映了知识之间的衔接、关联，如"长、宽、高、数、图形"等均出现在"数与代数""图形与几何""统计与概率"知识主题。

同时，也可以看到，从第二年段到第三年段，即小学阶段到初中阶段过渡时，无论是人教版还是北师大版的术语复现率均有5%左右的下降。未复现术语可分为低频型和集中频率型。未复现的低频术语与整体低频术语的特征类似。集中频率型术语在相应的年段出现频率较高而在其他年段未复现,如"位(67)、正比例(29)、最大公因数(26)"①。这与术语相关联的知识点有关,一方面由于相关知识点并未在后续年段中出现,另一方面相关知识点与后续年段的知识点关联度低。术语未复现,一般是因为其所对应的知识点并未得到重视,如:属于"统计与概率"的"复式条形统计图、条形统计图、复式折线统计图、折线统计图"均未在初中阶段复现。有些知识点基础、重要,但却与其他知识点的联系并不紧密,如数位知识点,则可采取年级或年段集中分布而非复现的方式、有的知识点可通过其他模态,如数字、符号、图形复现,而需避免的是应重视却被忽略的知识点、术语所导致的未复现情况。术语是否应复现由相应知识点的特点决定,应合理而非杂乱、随意安排术语的复现。

复现是知识点、术语重要度的体现,也是建立知识、术语间联系以及推进建构学习的途径、手段。建构主义学习理论认为,学习为意义建构的过程,学习者将新知识纳入已有的认知结构,通过新、旧知识经验的相互作用,来形成、丰富和调整自己的认知结构。术语的复现既能巩固已知,也可联系未知,使得新旧知识相互作用,从而推动学习的建构。同时也应注意避免术语应复现而未复现的情况,当然这常常与教材对于其所对应的知识点重要度的认识有关。一般来说,为了联系新旧、已知和未知,基础、重要的知识点、术语理应在教材的不同年段复现。

(三)术语的词性分布统计

词性为术语的重要语法属性,在术语的标注、识别时发挥着作用。数学教材语料库的所有词性标注是采用"词性自动标注软件+人工校对"的半自动方式。从词性的角度来看,术语可分为单词类术语和兼类术语。此处的兼类术语主要指有关联的多种意义而具有不同词性的术语,其中,这些意义可能均为术语义。如:"元"有量词和名词两种词性,也可能为术语义和非术语义。又如:"比"有名词与介词,其中,名词"比"为术语义,介词为非术语义。

应注意的是,此处的兼类术语是对数学教材术语的实态描述,即在数学教材里为兼类术语。若在通用领域为兼类术语,而在数学教材里并非兼

---

① 括号内为例词的出现频率,其中,此处的"位"为名词,表示"位数"。

类使用,则不计入此处的兼类术语,如:"线"有名词、量词两种词性,而在数学教材里仅有名词义项的术语义和非术语义,"线"则不属于此处的兼类术语。像这样的通用领域为兼类,而数学教材领域为非兼类的术语数量为34,这些术语分别为:"时、表、线、算、正面、左右、半、存款、大小、底、顶点、斗、伏、画图、开口、牛、平行、平均、权、三角、少、数位、数字、顺序、推论、瓦、万、右、长短、证明、直线、值、轴、左。"

词性不同而意义之间无任何联系的同形术语不属于兼类术语,如:"和"的基本词性有名词(术语义)、介词、连词,名词(术语义)和介词、连词的意义之间无联系,属于同形术语,因此,"和"并不属于兼类术语的范畴。像"和"这样的兼类同形术语的数量为10,分别为:"上(动词)、边(副词)、和(介词、连词)、长(动词)、行(动词)、升(动词)、重(副词)、差(动词)、元(量词)、折(动词)。"[①]若面向语言工程应用,根据实际的任务、目的,可考虑将兼类同形术语和兼类多义术语合并处理,由于兼类同形术语数量少,并且存在同一个词形既是兼类多义术语又是兼类同形术语的复杂情况,如"长、行、重、上"。

因此,根据数学教材术语的实态,术语的兼类情况可分为三种:一是通用领域为兼类,而数学教材领域也为兼类,并且数学教材领域的兼类又可分为仅术语义兼类与术语义和非术语义兼类两种;二是通用领域为兼类,而数学教材领域为非兼类;三是通用领域为同形兼类,而数学教材领域也为同形兼类。第一种为本小节讨论的兼类术语,其中,仅为术语义并且兼类的多义术语是严格意义上的兼类术语。由于为实态描述,第二种不计入兼类术语的范围,而若以语言工程应用为导向,可将第三种与第一种合而为一,作为多词类术语看待,以实现相应的目标、任务,提高效率。

将与术语对应的字母词语单独作为一类,也纳入统计范围,如"$x$轴、正$n$边形、60进制、$m^2$"。对字母词语的界定采用郑泽芝(2005)[②]的工程定义,"主要指在汉语文本中出现的由文字字母和标记符号,或由文字字母、标记符号同汉语语素组合而构成的含文字字母的字符串,且该字符串有确

---

[①] 多义词、同形词的判断标准为《现代汉语词典(第六版)》对相关词条的义项标注情况。
[②] 郑泽芝:《基于动态流通语料库(DCC)的汉语字母词语识别及考察研究》,博士学位论文,北京语言大学中国语言文学系,2005,第3页。

切的语义或语法功能,在文本中该字符串的组成成分不能随意加减和调整顺序"。

表 14 – 10 数学教材术语词性分布统计表

| | 单类词 | | | | | | | | 兼类词 | 合计 |
|---|---|---|---|---|---|---|---|---|---|---|
| | 名词 | 形容词 | 区别词 | 动词 | 数词 | 量词 | 命名实体 | 其他 | | |
| 词种数 | 1003 | 12 | 1 | 143 | 23 | 90 | 9 | 62 | 40 | 1383 |
| 比例 | 72.52% | 0.87% | 0.07% | 10.34% | 1.66% | 6.51% | 0.65% | 4.48% | 2.89% | 100% |

表 14 – 10 中的名词包括普通名词(如"长方体、未知数、直角三角形")、方位词(如"前、后、左、右")以及可独立使用的名语素,如"式、体、元";命名实体类有人名、地名、机构名、书名,如"泊普斯、英国格林尼治天文台、九章算术",其均与数学知识密切相关;其他类涵盖 3 类,有缩略词(3),如"横、纵坐标轴",习用语(6),如"退一当十、四点共圆、径一周三",以及字母词(54),如"24 时计时法、n 次幂、凸 n 边形"。

表 14 – 10 显示,术语以单词类为主,兼类词数量仅占 3% 左右,其中,兼类词以兼术语义和非术语义的为主,约占兼类词的 75%,仅有"年、量、日、多、尺、定义、对应、商、投影"9 个术语的不同词类均表达术语义,为严格意义上的多义且兼类的术语。

名词性术语数量仍占绝对优势,其次是动词性术语,而形容词性术语、区别词性术语的数量极少,符合专业领域术语的一般特点。

数词、量词的总和比例略低于动词,是数学教材中值得注意的词类。"一、十、百、千、万、亿"既是数词,也表数位义,"千瓦时、千米/分、千米/秒"是数学领域里有特色的量词形式,表达特定的数学意义,与通用领域以及专业领域的典型量词相区别,值得注意。

命名实体、缩略词、字母词、习用语也均带有极强的数学特性,一般也不属于标准术语的范畴,但从数学知识学习的角度来看,这些术语,尤其是对应重要知识点的术语,如"退一当十、满十进一、九章算术、n 次方"等,也需得到应有的重视。

(四)术语的结构类型及分布

从术语的结构功能分类,术语可分为单词型术语和词组型术语。字母术语的结构、成分特殊,既非单词型,也非词组型,所以单独作为一类,而其具体的结构构成在此暂不做论述。

单词型术语,顾名思义为结构、功能与单个词均相同的术语,可独立使用,如"证明、体积、面积"。词组型术语是指由词组合而成的,结构、意义、功能稳定,难以插入其他成分并且可独立使用的术语,如"必然事件、不等边三角形、比例系数、代入消元法"等。单词型术语与词组型术语从构成成分就可区分,单词型术语由语素组合而成,而词组型术语主要由词与词组合而成。

由"语缀"组构而成的术语结构问题也值得关注。冯志伟曾论及汉语术语的语缀,分为前缀和后缀①。数学术语也有"语缀附加式"的情况,如由前缀"被"构成的"被除数、被减数、被开方数",由后缀"性、率、律、式"构成的"轴对称性、奇偶性、增长率、百分率、结合律、分配律、二次式"。不难发现,这些语缀不仅可以附加在词上,还可附加在词组的前后,如"被开方数、轴对称性"为"前缀+词组"和"词组+后缀"两种形式。冯志伟认为此为汉语术语的结构特点之一,因为印欧语的词组并不能直接加语缀。由于这些语缀并不是严格意义上的能够独立使用的词,含语缀的术语也不符合词组的结构特点,并且为了结构分析便利,我们也将这些含语缀成分的术语整体划归为单词型术语。

词组型术语与一般多术语组合②两者的主要区别在于结构的松散度。词组型术语的结构紧密、稳定,难以增加或减少成分,而一般多术语组合的结构松散,可以加入其他成分。如:一般的多术语组合"三角形的高线"可以增加成分为"三角形的三条高线""三角形的这条高线"或减少成分为"三角形高线",而词组型术语"比例系数""必然事件"不能再添加或删减成分。

---

① 冯志伟:《现代术语学引论》,语文出版社,1997,第115页。
② 多术语组合指两个或两个以上术语构成的组合,除了"的"字以外,无其他通用语言成分。

表 14-11　数学教材术语结构类型统计表

|  | 单词型 | 词组型 | 字母型 | 合计 |
|---|---|---|---|---|
| 种数 | 748 | 581 | 54 | 1383 |
| 占比 | 54.09% | 42.01% | 3.90% | 100% |

单词型术语略多于词组型术语，两者数量差别并不大。单词型术语可分为单纯式术语和合成式术语。单纯式术语如"幂、弦、重、长"，除了人名、地名、机构名等命名实体，如"泊普斯"，为多音节的单纯式术语，其余几乎为单音节单纯式术语。

与合成词类似，合成式术语又可分为复合式术语和附加式术语。复合式术语的组成成分不包括附加式语缀，如"棱角、底数、顶点"；而附加式术语则是由前缀或后缀联合语素、词或词组构成，如"被除数、一次式、被开方数"。

根据词组型术语的整体词性来看其具体构成，其词性分布如下：

表 14-12　数学教材词组型术语的词性分布统计表

|  | 名词性 | 动词性 | 形容词性 | 量词性 | 数词性 | 其他 | 合计 |
|---|---|---|---|---|---|---|---|
| 术语种数 | 461 | 56 | 3 | 50 | 2 | 9 | 581 |
| 比例 | 79.35% | 9.64% | 0.52% | 8.61% | 0.34% | 1.55% | 100% |

表 14-12 中的"其他类"包括缩略语、习用语，缩略语如"正、负根号"，习用语如"退一当十"。由表可知，名词性词组的数量最多，其主要构成为"名词+名词"定中型，如"比例系数、平面图"，"名词+名词"联合型，如"坐标平面"，"形容词+名词"定中型，如"准确值"，"动词+名词"定中型，如"刹车距离"。其中，以"名词+名词"的联合、定中型为主。

值得注意的是，名词性词组的定中型结构有一种特殊的形式为"名词性术语+的+名词性术语"，如"单项式的次数、多项式的次数"。"的"字结构的松散性与词组型术语结构的紧密性之间的矛盾，致使探讨这类"的"字结构的词组型术语显得必要，其与一般的字结构的差异、相关的术语规范化等问题也值得探讨。

为了叙述的简洁、便利，教材还会使用括号对具有联合关系的名词术语进行省略，将这些形式也划归为名词性词组型术语，这样的术语形式有

"因(乘)数、长(正)方体、长(正)方形、最大(小)值",为术语的叙述变形。特别标注出这些术语有助于教材领域分词,应将这样的形式合在一起作为整体单位,以避免将其切碎,影响术语的查全率。

动词性、形容词性的词组型术语、缩略语与通用领域并无明显差别,而量词性词组型术语以及习用语的结构均带有数学领域特色。量词性词组型术语的特殊结构为"量词1/量词2"形式,其表义为"每量词2所做多少量词1",如"千米/小时"指速度,表示"(某客体对象)每小时所行的千米数"。其前面常搭配数词,搭配形式为"数词 + 量词1/量词2",其中,此处的"数词"则为乘除法"份数、每份数、总数"中的"每份数"。这样的量词性词组型术语数量为27,超过量词性词组型术语一半。

除此之外,量词性词组型术语还有"米$^2$、千米$^2$、千米$^3$、米$^3$"的"汉字字符 + 数字字符"的特殊组合形式,为"平方米、平方千米、立方千米、立方米"的省写。这种形式在数学领域的使用频繁、常见,均为数学符号的约定俗成,应予以肯定。在这些量词性词组型术语中,有的形式还有待规范,如"元/米$^3$""万吨·千米"。"元/米$^3$"出现的语境还为教材的例题,如"设该市去年居民用水的价格为 X 元/m$^3$"。这样的量词形式很少使用,其所对应的量词的一般形式为"量词1/量词2"里的量词1、量词2,要么全为汉字字符,如"千米/秒",要么全为英文字母,如"km",其有规范、常用的替代形式"元/立方米"或"元/米$^3$",而且作为教材的例题,更有示范性的作用,更应避免出现此种非常见、非一般的用法。"万吨·千米"也是如此,其存在"万吨/千米"的对应形式。与文学追求个性、特殊性不同,数学的符号、行文应注重科学性、客观性、准确性、一致性,所以尤其应注重表述的规范,防止随意使用所导致的杂乱无序。

数学的习用语一般为数学中某种现象或法则、规律表述的缩略形式,如"满十进一"为十进制加法法则,其结构通常由数词和其他词构成,常为四字音节,前后对称。作为数学现象、法则或规律表述的浓缩,习用语所表达的知识信息决定了其作为术语的合理性,而其所具备的简洁、朗朗上口、易识记特点使其在数学学习中发挥重要作用。

(五)数学教材术语的语义分布

术语的形式、结构均属表层,而术语的语义才是深层内容。语义是术语形式和功能的联结层、语言世界和现实世界的接口。从语义角度对数学术语进行描写、统计,可以厘清语形背后的意义差异,剖析术语的多种意义之间的关系、语义距离的远近,这将有助于机器理解语言、自然语言处理,尤其是语义自动标注。术语的多义标注也一直没有行之有效的方法,对数学术语的语义进行详细的解析、标注,有助于推进相关问题的探讨和解决。若对数学教材语料的术语进行进一步详尽的语义标注,其也可作为术语多义标注的训练和测试的有效语料。

依据义项的数量可将术语分为单义术语和多义术语,但术语的意义状况并非如此简单二分就可描述清楚的。上小节曾简单论及术语多种意义的两种情况,一为多种术语意义,二为多种意义可分为术语义和非术语义。两者的意义内容、属性不同,在工程应用时,两者的处理方式也有所区分,如在术语的自动识别时,前者利用底表扫描即可标注,而后者的标注更为复杂。由此,我们将前者称为多义术语,而后者称为跨域术语,以示区别。除此之外,术语多义还有第三种情况,术语同形异义,即术语的各种意义间无任何联系,仅共享同一语形,我们称此类术语为同形术语。

据此,根据意义的承载量以及各种意义间的联系,术语可分为单义术语、多义术语、跨域术语、同形术语①四种类型。此处的统计同样也是以教材语料的实态为基准,若通用领域为跨域术语或多义术语,而在数学教材为单义术语,暂计入单义术语类型。如:"未知数"在通用领域为跨域术语,有术语义和通用比喻义两个义项,而由于其在数学教材只表达术语义项,暂将其归入单义术语类型。数学教材四种类型的术语数量具体情况如下:

表 14-13　数学教材术语语义分布统计表(一)

|  | 单义术语 | 多义术语 | 跨域术语 | 同形术语 | 合计 |
| --- | --- | --- | --- | --- | --- |
| 种数 | 1292 | 18 | 66 | 13 | 1389 |
| 比例 | 93.02% | 1.30% | 4.75% | 0.93% | 100% |

结合表 14-13 可知,数学教材术语的实态意义承载量以单义为主,单

---

① 同形术语包括既为多义又为同形的术语,数量有 6,分别为"长、重、边、上、下、行",又包括仅为同形的术语,如"米、和",并且其均是建立在对数学教材实态描写、分析的基础之上,如术语"配方、克"在通用领域也为同形词,但在数学教材仅为单义使用,在此则不计入同形词。

义术语数量达90%以上,这也符合科学文本、科学术语的一般特征。科学文本的表义要求客观、准确、清晰,而大多数科学术语则具有单义性、排歧性的特点。

进一步考察单义术语发现,数学教材的部分单义术语实为通用领域中的跨域术语、多义术语或同形术语,具体数量为92,约占单义术语数的7%,超过数学教材现有的多义的术语数89。这些多义的术语在数学教材领域的意义承载量的变化,并不完全是数学教材语料规模不及通用语料所引起的,而其一定程度上反映了专用语域对术语意义的选择限制。这从术语基础义项的具体变化即可看出,如跨域术语"未知数"在数学教材仅表达术语义,而在通用领域更常用的比喻义"借指还不知道、不确定的事情"[①]未出现,多义术语"单数"在数学教材仅表达"正的奇数",而其在语言领域的术语义"某些语言中由词本身形式或其他形式表示的单一的数量"未出现。若对专用领域进行术语自动识别或语义自动标注,可将此因素利用分配权重等方式转化为计算的维度之一。

若以机器自动理解自然语言为导向,需要处理的多义的术语实际数量应为181,即包括原为多义或同形而在数学教材为单义的术语以及原为多义或同形、在数学教材也为多义或同形的术语,超过数学教材术语总数的13%,而更为重要的是,其频次占比超过数学教材术语总频次的50%,高于纯单义术语的频次。

表14-14　数学教材术语语义分布统计表(二)

| | 单义术语 | 多义术语 | 合计 |
| --- | --- | --- | --- |
| 种数 | 1202 | 181 | 1383 |
| 比例 | 86.91% | 13.09% | 100% |
| 频次 | 33080 | 34439 | 67519 |
| 比例 | 48.99% | 51.01% | 100% |
| 平均频次 | 27.52 | 190.27 | 48.82 |

表14-14中的多义术语既包括数学教材实态多义、同形的术语,也包括数学教材为单义,而通用领域为多义、同形的术语。

---

① 此处的义项均来自《现代汉语词典(第六版)》。

对于机器来说,无论是多义术语、跨域术语,还是同形术语词,其所需要处理的本质相同,均为对同一语形、不同意义的识别。如:"和"既是跨域术语,表达术语义"加法运算中,一个数加上另一个数所得的数"以及非术语义"不分胜负"等,又是同形词,还表示虚词性的连词、介词意义。机器在自动识别"和"的意义时,是对其语形在不同语境下的意义识别、标注。这是已有的算法在具体处理时通常会将多义术语、跨域术语和同形词三者合而为多义的术语,统一对待的重要原因。

然而,对多义的术语进行分类仍然有必要。一方面,术语的多义性作为整个术语系统客观存在的重要组成部分需要细致的描写、解析,而且同形术语的各个意义之间的较大差异可能会导致其在使用语境、搭配、词性等与跨域术语、多义术语相区别,这对于术语语料库、知识库的构建、术语的自动识别、语义标注以及术语学习均有意义;另一方面,已有的术语意义的自动识别算法多是将多义的术语统一处理,并未考虑类型的差异,效果也并不理想。若以此分类作为新增规则,再结合相关统计方法,考察其是否能提高多义的术语的自动识别效率。也就是说,此种分类可能为机器自动识别术语语义提供新的思路。

跨域术语是术语多义性系统值得进一步研究的对象。

第一,跨域术语的种数及频次的占比均超过多义的术语的70%,具有数量上的优势。研究清楚跨域术语,也就能解决术语多义性的大部分问题。

第二,跨域术语分为术语义和非术语义,兼跨专用和通用领域,其在专用领域的使用状态并非只呈现术语义如此简单。跨域术语在专用领域的具体意义的隐现变化及其所反映的领域特点、术语概念和日常概念的联系与区别关系紧密。跨域术语的存在也说明科学概念和日常概念之间并非和截然二分对立,而是复杂的连续统状态。两者所具有的这种既对立又统一的关系均需要细致分析。

第三,跨域术语的特征与典型的术语并不相同,其在整个术语系统的归属、位置也未曾探讨。更为重要的是,细观跨域术语内部成员也并非完全同质,有的术语义淡化,若非在极为特殊、特定的语境下,很难将其作为术语看待,如"多、少、左、右、上、下",有的术语义与非术语义需要在不同的语境里才能区分,如"长、宽、高、距离、样本",而有的术语义很明显,非术语义却并不常见,如"幂、棱角、底数"。跨域术语的内部似乎有着更为复杂的分层,需要更加精细的分析、讨论。

值得注意的是,在进行术语语义标注的过程中,我们还发现,数学教材里的文言术语,如"勾、股、实、弦、元",数学同义术语,如"奇数"与"单数"、"解析式"与"表达式",数学异形术语,如"图象"与"图像"、"莫比乌斯带"与"麦比乌斯带",这些均与典型术语、术语规范问题相关,值得深入探析。

**二、数学教材术语的类型分布与使用**

数学教材术语呈现出术语的一般和特殊特征,其与术语范畴、术语动态性的关系以及术语的范畴与术语的动态性之间的关系是本小节关注的重点。

(一)数学教材的典型术语与非典型术语

数学教材术语为使用中的数学术语,数学教材术语的典型性问题即为数学术语的典型性问题。数学术语的典型性问题实质为数学术语的范畴、分类,而术语的范畴、分类问题又关系到术语的工程、术语教学应用等方面。结合术语的使用实态,剖析相关理论,是解决应用问题的基础。

数学术语作为一个范畴,其内部成员有典型与非典型的差异。"原型范畴"为其提供理论支撑。认知语言学运用和发展维特根斯坦的"家族相似性"理论,提出以典型样本为认知基准或参照点识别其他成员的原型范畴理论,打破了基于二值逻辑的"经典范畴论"。原型范畴理论主要指"具有'家族相似性'的范畴,即一个范畴同时包含'原型(或典型)'和'非原型(即非典型)'成员"[1],也就是说,同一个范畴内的成员并不平等,有典型与非典型之分,并且典型与非典型成员之间形成一个非离散性的连续统。

数学术语范畴内部存在典型成员与非典型成员之分,其在数学教材术语概貌研究就有所体现。数学术语的典型成员应为表义单一、结构稳定紧密、表达完整数学知识概念内容的词语,这三个特征缺一不可,必须同时满足,而数学术语的非典型成员常在意义或结构形式上与典型成员有差异。

---

[1] 王寅:《范畴三论:经典范畴、原型范畴、图式范畴——论认知语言学对后现代哲学的贡献》,《外文研究》2013年第1期。

数学术语的典型成员表义单一,即为单义术语,并且不需要语境即可识别其术语身份,如"函数、几何、代数"。除此之外,只要不满足这三个特征的任意之一,就为数学术语非典型成员,如需要具体语境确认其术语身份的跨域术语①,如"长、高、上、次";结构稳定紧密,但形式较为特殊的为非典型成员,如"多项式的次数"。

郑泽芝(2010)②在学科真实语料的基础上,以术语工程应用为导向,构建学科术语的分类体系,初步论述了数学典型术语与非典型术语的范畴,做了十分有益的尝试,但从其具体的分类来看,仍有需要改进的空间。这主要表现在其研究将"专用结构""行文术语""多词术语"以及作为被定义项的多术语组合均纳入到了术语范畴,认为其均属于"非典型术语",这可能会导致非典型术语的外延变得有些宽泛。

可以看出,其问题的实质为词组型术语与多术语组合之间的区分以及多术语组合内部重要度的差异。一方面,与词组型术语相同,数学多术语组合,尤其是"术语+术语"的组合,几乎均可表达相对完整的数学概念,此应为学科术语组合的基本特征。仅依据这个语义特点就认为"多词术语"(多术语组合)具有"原子性""不透明性",将多术语组合和词组型术语等量齐观,或难以成立。若将"表达完整的知识概念"作为语义标准,将相应的多术语组合均纳入术语范畴,那么,像"长方形的长""三角形的高线""平行四边形的高""梯形的高""长方形的宽"这样的多术语组合均为术语,会得到多术语组合即为词组型术语的结论,这并不合适。如前文所述,词组型术语与多术语组合根本差异应在于两者的结构紧密程度,词组型术语难以插入或减少成分,而多术语组合的结构相对松散,可缩减或扩展。当然,两范畴之间并非为截然分界,或为连续统的状态,这主要由于"含的词组型术语"的存在,如"多项式的次数"形式上为多术语组合,实际为词组型术语,将于本章另专设小节对其具体论述。

另一方面,多术语组合内部有重要度的差异,但多术语组合的重要度

---

① 由于同形术语的意义之间并无联系,从人理解语言的角度来看,同形术语的通用领域意义并不会对术语义的理解产生影响,此处不归入非典型术语。
② 郑泽芝:《学科术语标注问题的探索——以基础数学教材术语语料库制作为例》,载《第十一届词汇语义学国际研讨会》,2010。

也不宜作为判定其为词组型术语的理由,如"专用结构"以及被定义项的多术语组合,应为重要的多术语组合。将这些结构与一般的多术语组合区分开,无论是对教学应用还是对语言工程应用均具有意义、价值,但应注意处理方式,以避免产生引起概念混淆不清的不良后果,可考虑将重要的术语结构单独列出,并设置特殊标记,进行特别标注。

由此,参考郑泽芝(2010)的分类,并对其进行调整。数学教材术语的典型成员为表义单一、结构稳定紧密、表达完整数学知识概念内容能够"顾名识身份"的词语,如"底面积、体积、代数、单项式、多项式、周长"为数学教材的核心术语,而非典型成员主要包括:

1. 兼具术语义和通用义、兼跨专用领域和通用领域的跨域术语。

2. 特殊结构形式的术语,指结构形式较为特殊的术语,如"多项式的次数""单项式的次数"这样的"含的"术语(词组型)。

3. 科学单位术语,如"海里/时、立方厘米、公里、千克、吨"。

4. 科学仪器术语,如"测距仪、量角器、游标卡尺、塑料尺"①。

5. 与数学领域相关的其他领域典型术语或多义术语。

一般来说,数学教材术语的典型成员大多收录在数学术语词典或者数学术语底表之中,而非典型成员的机器自动识别难度较大,更值得关注以及深入研究,而且从概念理解是否受干扰的角度来看,典型术语的表义单一、明确,而作为非典型成员的跨域术语,兼具术语与通用词汇双重身份,同时与专用领域与通用领域相关,通用词汇义、通用领域的使用可能会对其术语义的理解和运用产生一定的影响。

(二)数学教材术语的动态性与术语的规范化

术语的典型性与术语范畴分类相关,为相对静止的视角,而术语的动态性关注的是术语的变化发展,为动态变化的视角。一切物体均处于运动变化的状态,运动为绝对,静止为相对。学科术语处于使用流通、动态变化之中,需要满足于学科交流、知识传播的交际需求,必然会呈现出纷繁复杂的现象、特点。已有的术语定义仅仅是对术语的典型、核心特征的概括、界

---

① 有的科学单位术语、科学仪器、科学工具术语也同时具有通用义,对其进行特别标注,同时归入两类,这样的术语数量极少,如"算盘"除了为科学工具,其还具有通用义"借指计划,打算"。

定,而使用流通中的术语实为典型与非典型、规范与不规范并存的异质系统。

术语规范化正是针对术语的动态发展变化过程中所出现的会妨碍语言健康、有序发展的不规范现象而进行的工作,以保证交流交际的有效性。随着社会科学技术的快速进步、发展,术语系统一直处在不断的变化之中,术语的规范化工作虽然取得不少成果,但依然任重道远。

我们简单对比、统计了数学教材术语表与全国科学技术名词审定委员会发布的术语库收录情况,具体数量见下表:

表 14 - 15　数学教材术语表与标准术语库收录术语对比统计表

|  | 数学教材与标准术语库共有术语 |  | 数学教材独有 | 合计 |
|---|---|---|---|---|
|  | 数学教材与审定术语库 | 数学教材与其他数据库 |  |  |
| 种数 | 551 | 45 | 787 | 1383 |
| 比例 | 39.84% | 3.25% | 56.91% | 100% |
| 种数 | 596 |  | 787 | 1383 |
| 比例 | 43.09% |  | 56.91% | 100% |

表 14 - 15 显示,数学教材术语表与标准术语库的共有术语数量并不多,占数学教材术语总数的 43.09%。对比两者收录情况,以下五种术语类型应为术语规范化重点关注的对象:

1. 同义术语

同义术语是指概念范畴相同重合或相近的术语,如"素数"与"质数"、"单数"与"奇数"为同义术语。省略关系的术语,如"代入消元法"与"代入法",也属于同义术语的范畴。

2. 意义相关的术语

意义相关的术语指有上下位、互补相反、相对、近义、部分与整体等意义关系的术语,如"统计图"与"条形统计图"、"负整数"与"非负整数"、"中心对称"与"中心对称性""中心对称图形"。

3. 异形术语

异形术语是由于同音字或词所造成的书写形式差异,如"图象"与"图像",其与形、音均有所不同的同义术语有明显的差别。

4. 文言术语

文言术语指语义、语法的使用均与文言无异的术语,其在现代汉语系统里的生成性、能产性差,如"勾、股、弦、广、从"。

5. 特殊结构形式的术语

特殊结构形式的术语的结构形式与一般典型术语的差异较大,如"单项式的次数、多项式的次数"。

前三种术语规范化工作重点在于术语形式的选择,而后两种在于是否应收录,这其中还涉及标准化术语库与专用领域术语库的建库、收词差异等问题。

针对以上五种类型,将数学教材术语表与标准化术语库进行互相参照、比对,有以下几个问题值得思考、探讨:

其一,以标准术语库为准绳,数学教材术语表也应有符合自身特点的标准与设计,并且应建立在充分描写、分析学科教材术语的使用实态的基础之上。特殊结构形式的术语、文言术语、同义术语、异形术语应是数学教材术语规范化的重要研究对象。学科教育领域也是语言规划的重要领域,学科教材语言也是语言规划的重要对象,术语的标准化、规范化同样是学科教材术语应该遵循的准则,但学科教材术语是使用、流通中的术语,其动态流通性使得其与静态的词典术语有所区分,这也导致学科教材术语的识别标注、学科教材术语库的构建等并不能完全简单按照标准术语去实施。国家标准《建立术语数据库的一般原则与方法(GB13725 – 2001)》规定专用领域术语可有自身的规则、标准。数学教材术语表可看作是一种专用领域术语库,其研制、建构需要兼顾科学性与教学性,怎样把握术语规范化与数学教材术语的特殊性之间的尺度为其所要解决的关键问题。

其二,现有的动态流通式的标准术语库的增补、调整可将专用领域术语库所收录的术语作为备选参考,其对同义术语、意义相关术语的选择也应以术语的使用实态为基本依据,并做出监测、更新。

标准术语库收录的部分术语(如"代入消元法、统计图、斐波那契数、素数")与数学教材独有术语(如"代入法、条形统计图、斐波那契数列、质数")存在同义或意义相关的关系,这样的术语对数量为86,所关涉的术语约占到数学教材独有术语总数的6%。现有标准术语库对同义术语以及意

义相关术语的处理均存在或多或少的问题,主要表现为三点:

一是同义术语的选择与术语在专用领域的实际使用状态脱节,如标准术语库收录的为"素数、无尽小数、无限小数、有尽小数",而数学教材专用领域使用更为频繁的为"质数、无限小数、有限小数",且其使用无教材版本的差异,见表14-16。

表14-16 数学教材同义术语使用频次示例

|  | 素数 | 无尽小数 | 有尽小数 | 质数 | 无限小数 | 有限小数 |
| --- | --- | --- | --- | --- | --- | --- |
| 北师大版 | 2 | 0 | 0 | 40 | 2 | 3 |
| 人教版 | 1 | 0 | 0 | 18 | 2 | 12 |
| 合计 | 3 | 0 | 0 | 58 | 4 | 15 |

由于同义术语间的使用频次相差较大,相关领域习惯使用的为非标准术语库所收录的术语,已然约定俗成,如"素数"仅是在界定"质数"时,以"又称"的形式出现,而正文叙述时只用"质数",其使用频次高于"素数",人教版与北师大版均如此,无版本差异。因此,标准术语库应依据客观语言事实,而非由上而下地强制要求。

二是对具有省略关系的同义术语,标准术语库有的收录完整式,如收录"杨辉三角形""全等图形"而非"杨辉三角""全等形",有的收录省略式,如收录"相似形",而非"相似图形"。

三是标准术语库对意义相关术语的收录标准不一致。上下位关系的术语有的只收录了上位术语,如标准术语库有"凸多边形",而无"凸四边形、凸五边形";有的收录了上位词和部分下位术语,如有"棱柱、四棱柱",而无"五棱柱、三棱柱",有"多边形、四边形、五边形、六边形、七边形、八边形、九边形、十边形"而无其他多边形,并无规律可循。相对相反的术语也是如此,其收录并无统一的标准、规则,如标准术语库有"长方体"而无"正方体",有"正方形"无"长方形",有"最小值"无"最大值",有"侧面积"无"底面积"。

标准术语库未收录而有进一步考察必要的同义术语、意义相关术语如下所示:

括号内外的术语为同义术语关系,括号内的术语为标准术语库所收录

(23对)：比例系数（比例常数）、尺规作图（尺规作图法）、代入法（代入消元法）、分解因式（因式分解）、分解因式法（因式分解）、因式分解法（因式分解）、杨辉三角（杨辉三角形）、九九歌（九九乘法口诀）、平行四边形法则（平行四边形定律）、平面直角坐标系（直角坐标）、十进制计数法（十进制）、位似图形（位似形）、无限小数（无尽小数）、有限小数（有尽小数）、相似图形（相似形）、印度－阿拉伯数字（阿拉伯数字）、抛物线形（抛物线）、全等形（全等图形）、对称图（对称形）、圆柱形（圆柱）、圆锥形（圆锥）、质数（素数）、倍（倍数）。

意义相关关系可分为上下位关系、相对相反关系以及其他相关关系，共计63对，括号内外的术语为意义相关关系，括号内的术语为标准术语库所收录：

上下位关系（34）：相似多边形（相似形）、凸四边形（凸多边形）、凸五边形（凸多边形）、顺序消元法（消元法）、条形统计图（统计图）、单式条形统计图（统计图）、单式折线统计图（统计图）、复式条形统计图（统计图）、复式统计图（统计图）、复式折线统计图（统计图）、扇形统计图（统计图）、折线统计图（统计图）、统计图表（统计图）、直角梯形（梯形）、算术平方根（算术根）、二视图（视图）、确定事件（事件）、确定性事件（事件）、锐角三角函数（三角函数）、三棱柱（棱柱、四棱柱）、正六棱柱（棱柱、四棱柱）、正三棱柱（棱柱、四棱柱）、六棱柱（棱柱、四棱柱）、五棱柱（棱柱、四棱柱）、斜棱柱（棱柱、四棱柱）、直棱柱（棱柱、四棱柱）、二次根式（根式）、最简二次根式（根式）、二次根号（根号）、三次根号（根号）、二次方程（方程）、等腰直角三角形（等腰三角形）、二次单项式（单项式）、乘法分配律（分配律）。

相对相反关系（4）：最大值（最小值）、不等于（等于）、非负整数（负整数）、不等边三角形（等边三角形）。

其他相关关系（25）：中心对称图形（中心对称）、中心对称性（中心对称）、正弦函数（正弦）、反向延长线（延长线）、正四面体（正四面体群）、正十二面体（正十二面体群）、正六面体（正六面体群）、正二十面体（正二十面体群）、正八面体（正八面体群）、正方体（长方体）、长方形（正方形）、二元一次方程（一元一次方程）、一元方程（一元一次方程）、一元一次方程组（一元一次方程）、圆规（椭圆规）、三等分线（三等分角线）、割线（割线法）、斐波那契数列(斐波那契数)、反证法(反证)、单项式的次数(多项式的次数)、底面积(侧面积)、不等式组(不等式)、毕达哥拉斯定理(毕达哥拉斯域)、切线长定理(切线长)、大数(小数)。

除此之外,标准术语库仅收录了少量的科学单位术语、科学仪器术语。学科教材的单位量词大多数并没有收录进标准术语库。数量关系是数学学科的主要组成部分,相较于其他学科,科学单位量词在数学学科中的地位、功能更为重要,数学教材术语库也可考虑适当收录单位量词。数学教材术语表实为一种专用领域术语库,其研制更贴近专用领域术语的使用实态。

以上标准术语所存在的问题或与其审定时间较为久远、过度依赖专家语感以及缺乏动态观念意识等因素相关。术语审定数据库是在1993年由专家审定的术语构成,而后的术语增补也基本以"用户提交+专家审定"的方式为主,除此之外并无明晰的动态监测意识、行为。针对相关问题,可从几个方面考虑寻求解决办法:

第一,树立语言发展变化的动态观,成立相应的术语动态监测机构,并制定对术语的实态进行动态监测的明确、详细措施。术语的使用流通处于不断运动变化之中,也从侧面对术语库的动态监测更新提出要求。术语规范化是一项长期、循环往复而非一蹴而就的工作。

第二,对术语的意义类型进行描写分析,不同意义类型的规范化工作制定相应的标准、原则。不同的意义类型术语使用差异需要得到充分的讨论,其规范、原则的确定也应依据语言的客观事实。

第三,标准术语库的审定应以动态流通型术语实态语料为基础,术语规范应从应用中来,到应用中去。必要时可参考专用领域术语库的收录情况,其研制更贴近专用领域术语的使用实态,可为标准术语库提供备选。据此可发现,无论是标准术语库还是专用领域术语库的构建均离不开术语的实态分析,其为遵循语言发展客观规律的体现,更是发现、分析以及解决问题的基础。

(三)数学教材文言术语、同义术语、异形术语的使用实态与规范化

1. 文言术语

文言术语是汉语术语发展的历时印迹,为数学知识历史发展纵深上的

载体。文言术语在数学教材常以原文引用的方式与国内古代、近代相关数学著作或数学家一同出现于补充材料之中,如:

"立天元为某某。"(北师大版,七年级上"读一读")

"方田术曰,广从步数相乘得积步。"(人教版,五年级上"你知道吗?")

经统计,数学教材文言术语数量为36,仅占术语总数的2.6%,分布年段主要集中于基础教育阶段的中高年段(如表14-17所示),其所涉及的国内古代、近代数学著作数量为10,数学家为7。

表14-17 数学教材文言术语种数的年段分布表

|      | 1—3年段 | 4—6年段 | 7—9年段 | 合计 |
|------|--------|--------|--------|------|
| 北师大版 | 0 | 3 | 15 | 16 |
| 人教版 | 0 | 9 | 15 | 24 |
| 合计 | 0 | 12 | 26 | 37 |

北师大版中高年段复现文言术语数为2,具体术语为"约率、密率",北师版和人教版共有文言术语数为3,分别为"约率、密率、天元术"。

文言术语及相关的著作、数学家具体如下:

文言术语:方、积尺、约分术、更相减损术、方田术、圭田术、广、从、周三径一(径一周三)、赵爽弦图、正负术、元、天元术、天元、物元、人元、立天元一、朱实、黄实、弦实、差实、割圆术、算筹、密率、约率、率、四元术、勾、股、弦、青朱出入图、青方、朱方、弦方、雉兔同笼、圜。

国内古代、近代数学著作:《九章算术》《周髀算经》《孙子算经》《测海圆镜》《算学启蒙》《九章算术注》《勾股圆方图》《大测》《测量全义》《墨经》[①],而提及著作者的为《测圆海镜》(李冶)、《算学启蒙》(朱世杰)、《九章算术注》(刘徽)、《勾股圆方图》(赵爽)、《大测》(邓玉函、汤若望、徐光启)、《测量全义》(徐光启),祖冲之。

一般来说,文言术语在现代汉语系统里或者已成为构成新术语的语素,或者往往被现代术语所替代,其知识交流、交际的功能极为弱化,现有基础教育教材的处理方式也较适宜、得当,主要表现在两个方面:一是仅将其作为知识的补充、拓展,处于附属、辅助位置,并进行必要的翻译、解释。

---

[①] 《墨经》记录了与数学相关的知识,如"圜,一中同长也"。

二是从其所占的术语数量比例及其分布年段来看,文言术语的分布与学生的语文教育阶段以及语言发展水平也较为契合。相较而言,北师大版将文言术语基本安排在高年段,即初中阶段,这似乎更为合理。总的来说,文言术语目前并不存在显著需要进行规范之处,而且适量的文言术语学习不仅有利于学生从数学知识广度上拓宽视野,更有利于在历史脉络上加深对数学学科的认识,还可提升对我国传统文化的认同感,一举多得。

文言术语属于文言词语系统,除了文言术语以外,数学教材文言词的规范化问题也值得注意。数学教材文言词多以直接引用的方式与文言术语一同出现于补充材料之中,一般也有现代文翻译、解释,如:

在我国古代的数学著作《九章算术》中,就介绍了"约分术":"可半者半之,不可半者……"意思是说:如果分子、分母全是偶数,就先除以2;否则……这种方法被后人称为"更相减损术"。(人教版,五年级下:"你知道吗?")

仅有一例文言用法似乎并不符合规范,应引起注意:

"中心对称图形上的每一对对应点所连成的线段者都被对称中心平分。"(北师大版,八年级上)

上例或为衍文,或为文言用法的残留。此用法有悖于现代汉语的使用规律,不应出现在数学教材正文叙述之中。

无论是文言术语还是文言词,在基础教育阶段数学教材或学科教材里出现应遵循以下原则:其一,为辅助知识叙述、理解,拓宽知识面的功能,而非主要地位。其二,其若出现于正文叙述之中,应使用现代白话文予以翻译、解释,并且控制在一定的数量比例范围。一般来说,古代数学知识均可用现代汉语、现行数学符号、字母进行翻译、表示。现代汉语、现行数学符号、字母应为数学知识的首选表述方式,也有利于培养学生的学科语言表达能力。其三,其出现年段需符合相应阶段学生的语言能力水平发展特征。由于低年段学生现代汉语水平,尤其是书面语能力不高,并不适宜学习文言术语、文言词,而到中高年段的学生已有一定的书面语基础,此时增加文言术语、文言词的学习更为合适。

2. 同义术语

数学教材的同义术语主要分为两种——省略式关系和非省略式关系,

如"代入消元法"与"代入法"为省略式关系;而非省略式的同义术语又可分为意义概念完全重合型与交叉重合型,前者如"质数"与"素数",后者如"解析式""关系式"与"表达式"。

交叉重合型同义术语实为近义术语,其表义虽有重合之处,但仍有差异,并不涉及规范化问题。省略式与完全重合型同义术语由于概念语义无异,仅是形式不同,尤其是完全重合型同义术语的使用需要进行标准形式的认定,否则可能会对知识表述形成干扰。如:若在同一文本里,指称同一数学概念对象时交叉使用"质数""素数",并且无任何说明,这会对接受者,特别是初学者产生影响,或会造成理解上的混乱,而且同一数学概念对应多种形式的"一义多形"情况并不符合科学语言的精确性、科学性的要求,需要对其进行规范。

同义术语规范化的核心问题即为认定完全重合型和省略式关系同义术语的标准形式。省略式关系同义术语的标准式以其完整式为主,而完全重合型同义术语标准形式的确认需要根据具体术语的使用实态而定,并且标准术语库与教材在标准形式的使用上应保持一致。完全重合型同义术语的不同形式在专用领域的使用上一般会存在频次、位置上的差异,这反映了使用者的选择偏向。依据语言客观事实,在科学文本正文或学科交流正式场景更常用、频繁的语言形式为其标准形式。

学科教材首次提及、界定术语时应使用完整式、完全重合型术语的标准形式,可以"简称""又称"等形式引出省略式、非标准式术语,并且行文叙述中使用完全重合型术语的标准式,而省略式和完整式的取舍相对自由,甚至为了满足语言的经济性,省略式的使用可能会更频繁。学科教材语料里出现的、需要确认标准式的同义术语如下:

"完全数"与"完美数"、"确定事件"与"确定性事件"、"比例系数"与"比例常数"、"分解因式"与"因式分解"、"因式分解法"与"分解因式法"、"质数"与"素数"、"周一径三"与"径三周一"、"题设"与"条件"、"九九歌"与"乘法口诀"、"除"与"除以"、"乘"与"乘以"、"奇数"与"单数"、"准确数"与"准确值"、"近似数"与"近似值"、"精确数"与"精确值"、"未知数"与"未知量"、"已知数"与"已知量"、"因数""乘数、被乘数"与"约数"、"时"与"小时"、"次方"与"次幂"。值得注意的省略式同义术语为:"代入消元法"与"代入法"、"平移变换"与"平移"、"平面直角坐标系"与"直角坐标系"、"十进制计数法""十进制"与"十进位值制"、"相似图形"与"相似形"、"印度－阿拉伯数字"与"阿拉伯数字"、"全等图形"与"全等形"、"对称图"与"对称形"、"圆柱形"与"圆柱"、"圆锥形"与"圆锥"。

3. 异形术语

与同义术语不同,异形术语是由于书写形式不同而导致,其规范工作必要且迫切,否则易引起书写混乱,直接影响以书面语为重要内容的基础教育教学的质量。异形术语问题本质即为异形词问题。教育部分别于2002 年、2003 年发布了第一、第二批异形词整理表,其对异形词的定义为"普通话书面语中并存并用的同音(本规范中指声、韵、调完全相同)、同义(本规范中指理性意义、色彩意义和语法意义完全相同)而书写形式不同的词语"。教育部发布的为通用领域的异形词整理表,所以可能未涵盖专用领域的异形术语。

运用语料库方法,将异形词整理表与数学教材词语表对照求得数学教材的异形词有"图象、比划、当做、看做、惟一",各自对应的规范形式应为"图像、比画、当作、看作、唯一",为数学教材应做出更改的词语。我们还发现,数学教材"叫做、莫比乌斯带、麦比乌斯带"也属于异形词,而其均不在异形词整理表中,是其需要补充的。从同语素字使用的一致性来看,与"当做、看做"相同,"叫做"的规范式应为"叫作"。

通过检索标准术语库发现,标准术语库里"莫比乌斯带、麦比乌斯带"的标准形式为"默比乌斯带",此时应以标准术语库为准而非专用领域的使用状态。一方面,"莫比乌斯带、麦比乌斯带"在专用领域为补充知识,处于附属地位,并且存在版本差异,"莫比乌斯带"为人教版使用的形式,"麦比乌斯带"为北师大版采用的形式,而且使用频次低,均不宜作为标准式;另一方面,两者均已有规定的标准形式"默比乌斯带",并且从教育部异形词整理的三大原则之一的"系统性原则"来看,也应选择"默比乌斯带"。除了"默比乌斯带",从标准术语库里的"默比乌斯变换、默比乌斯函数、默比乌斯反演公式、默比乌斯体系、默比乌斯综合征、默比乌斯银电解槽"也可看出,"默比乌斯"已成为"moebius"的标准翻译形式,在专用领域术语已经约定俗成。为了保持同语素系列用字的一致性,遵循"系统性原则","莫比乌斯带、麦比乌斯带"均应改为"默比乌斯带"。此外,人教版的"莫比乌斯、莫比乌斯带状"以及北师大版的"奥古斯·麦比乌斯"均应依据标准形式,改为"默比乌斯、默比乌斯带状"以及"奥古斯·默比乌斯"。

还值得注意的是,虽然"图象"在数学教材语料库的频次为398,远高于"图像"的频次18,但由于两者已在异形词整理表里有所规定,而且并不涉及影响其他词组型术语的使用,所以,理应将教材里的"图象"均改为"图像"。

综上,若现有术语标准形式的能产性、生成性较强,已为组成其他规范术语的固定语素,那么,系统原则、统一性则作为首要考虑因素,如"默比乌斯带"。除此之外,专用领域使用频繁、常用且固定是术语标准形式取舍的主要根据,即使其与现有标准术语库收录的术语形式有悖。即,异形词整理所确定的三个原则若产生冲突,其优先级排序应为系统原则、通用原则、理据原则。

基于数学教材语料库,我们从语形、词性、结构、语义的角度对数学教材中的术语实态进行全面、封闭式的统计、描写、分析,并对术语类型分布及规范化问题进行探讨,得到以下结论:

数学教材术语的重要度、常用度的相关因素除了频次、散布系数等统计量,还与其出现的功能模块及其所对应的知识点有关;教材术语的分布数量随年段升高而增加,但需要注意小学与初中阶段知识的有效衔接。

数学教材术语以单词类为主,名词性术语数量占绝对优势,数词、量词的数量占比不高,但是数学教材值得注意的词类,单词型术语与词组型术语数量相当;数学教材术语以单义为主,但其频次不及多义术语,其中,跨域术语是术语多义系统里值得进一步研究的对象;数学教材术语有典型与非典型之分,非典型术语的自动识别难度大,值得深入研究。

以标准术语库为准绳,基于数学教材术语的使用实态,同义术语、意义相关术语、异形术语、文言术语以及特殊结构术语应为术语规范化重点关注的对象;术语规范化应建立在术语实态的充分描写、分析的基础之上,并且应对专用领域术语的使用情况进行监测、更新,以保证术语规范化符合术语的实态及其发展变化的规律。

## 第三节

## 物理教材术语研究

本节以基础教育阶段初中物理教材术语为研究对象,在语料库的基础上,采用定量统计和定性分析相结合的方法,从物理教材术语使用规范、术语的类型、术语的用字用词情况等多个角度,对现在通行的初中物理教材中的术语进行探讨和研究。

### 一、物理教材术语调查

语料库与计算机是如今语言研究借助的重要手段,其特点是定量统计和定性分析相结合,使语言研究更加客观可信。而术语语料库的建设在术语学理论研究、标准术语发布、术语辞书编撰等方面都有重要作用。目前,教材语料也得到了许多研究者的关注,逐渐建立起相关的教材语料库,而专门为研究教材术语建立的教材术语语料库却不多见,因此本研究首先建立了一个初中物理教材术语语料库,为物理教材术语的研究提供支持。本节采用《确立术语的一般原则与方法》(国家标准 GB10112－88)中对于术语的定义:术语是指称专业(本节指物理学领域)概念的词或词组。

自2001年教育部颁布《全日制义务教育物理课程标准(实验稿)》以来,在新课程标准指导下,推出了多套不同版本的初中物理教材在实验区试用。目前我国各省市使用的初中物理教材主要有六个版本,其分别由人民教育出版社、北京师范大学出版社、教育科学出版社、上海科学技术出版社、江苏科学技术出版社出版,以及上海科学技术出版社与广东教育出版社联合出版。本节以这六个版本的初中物理教材为基础建立了物理教材语料库,进而加工形成物理教材术语语料库。

语料库加工的具体步骤如下:

对教材文本电子化,形成初中物理教材原文语料库。由于物理教材文本不同于母语语文、地理等教材,有其特殊性,其中的图片、符号、物理公式等都是文本内容不可缺少的部分,为尽可能地保持教材的原貌,我们对教材中的图片、图形、表格、公式等都做了相应的标记处理,形成"初中物理教材术语标记标准"。

在原文语料库基础上进行术语标注。首先,根据物理手册人工提取出一个基础物理术语表,以此为底表,采用自动标记软件对教材中的术语进行标注,并对标注结果进行人工校对,得到物理教材术语加工语料库。在术语标注过程中会遇到各种各样的问题,为使术语标注更加准确、科学,本节研制了"初中物理教材术语评判标准"。

然后,利用自动分词软件对语料进行分词和词性标注,并对术语及术语的词性进行人工校对。

最终建成的物理教材术语加工语料库有两个版本:一个是未分词版,另一个是分词标注版。物理教材术语研究就在此语料库的基础上进行。

在语料库建设和术语标注过程中发现物理教材中存在术语使用不规范现象,对物理教材术语的规范性进行研究对物理教材编撰、教学大纲制定、物理教学工作,甚至术语规范等,都具有重要的参考作用[①]。

提取六套新课标初中物理教材中的所有术语,去重后得到术语2826条。有些如"'哈勃'空间望远镜、哈勃空间望远镜""北(N)极、北极"等,虽然从概念意义上指称同一个术语,但是为了研究物理教材术语使用中存在的不规范现象,此节把这些术语作为不同项统计。对2826条术语进行全面考察,发现物理教材中术语使用不规范问题主要包括以下几类:

(一)同义不同形问题

"同义不同形"指两个术语所表达的概念意义相同,但所用字形不同,如"声纳"与"声呐"、"科学计数法"与"科学记数法"等。在物理教材术语中,同义不同形问题产生的原因可分为以下几种情况。

1.行文问题

此类问题的产生主要是考虑到教材的使用者为非专业的教师和学生,编撰者在行文过程中为使语言表述完整、清楚、易懂而对术语的某部分作相应调整,有些则只是编撰者对术语的规范用法不够重视,随意加上或减去某些符号,从而产生了术语同义不同形问题。具体表现为:为了着重强

---

[①] 陈国正:《教材应是术语规范化的楷模——略谈一些现行教材术语使用不规范的问题》,《科技术语研究》2005年第1期。

调术语中的某一部分而加上引号,或者在规范术语上加上其他符号,如"光的'三基色'""α-磁谱仪""铀-235";在原称、简称或俗称之间加上括号,如"南(S)极""北(N)极""远视(老光)眼镜";原称和西文简称符号并列出现,如"臭氧$O_3$""正负电子对撞机 LEP";在术语的定义中,在被定义术语前加上其所属的上位概念,如"单位体积某种物质的质量叫作这种物质的密度";加字、减字或同义字词替换表达,如"按钮开关—按钮式开关""摆的等时性规律—摆的等时性原理"等;当两个相近术语并列表述时,省略其中一个术语的一部分,如"串、并联电路""正负极""正、负极"。

2. 简称、缩略的不规范问题

术语的简称与缩略主要包括全字母术语、中文与字母混合术语、全中文术语三类,如"GPS""B超""交流"等。简称、缩略术语在术语表中大都有对应的中文全称,如"GPS——全球卫星定位系统"。这类术语中有些在通用领域已被广泛使用,教材的编纂者在教材行文中缺乏术语规范使用的意识,出现时而用全称、时而用简称现象。学科教材是相关学科术语传播的重要媒介,应该使用规范的全称术语,尤其是首次出现时。

3. 俗称、曾用名、同称等混用

俗称是指术语在通用领域的叫法,如:"电热棒"俗称"热得快"。曾用名是指术语在发展过程中曾经使用过的,但现在已经被淘汰的名称,如:"图像"曾被称为"图象"。同称在这里是指同义术语,如:"电灯"也叫"白炽灯"。这类术语虽然是教学中教师应该教授的内容,但是在首次出现时应明确指出其是曾用名、同称还是俗称,以免学生将其误认为规范的术语。但研究发现,在教材的行文中,这几类术语存在混用现象。

4. 外来术语的翻译问题

由于教材编纂者所采用的材料不同,或者教材编者的使用习惯不同,造成了翻译术语的同义不同形现象,如:"α-磁谱仪"与"阿尔法磁谱仪"。对于外来术语,教材应使用统一规范的译名。

对上述几种同义不同形术语在六套物理教材中的使用状况进行统计,统计结果见下表:

表14-18  物理教材术语中的同义不同形术语

| 行文问题 | 简称缩略 | 称呼不同 | 翻译问题 | 总计 | 比例 |
|---|---|---|---|---|---|
| 164 | 27 | 60 | 2 | 253 | 8.95% |

表14-18中的"总计"指在物理教材中同义不同形术语的总数,"比例"是指同义不同形术语在2826条物理教材术语中所占的比例。从表中可知,同义不同形术语共有253条,占到了物理教材术语的8.95%,其中行文问题所导致的此类术语最多。

(二)英文注释的不规范问题

教材中,当术语首次出现时,一般会给出英文注释,如:"电磁波谱(electromagnetic spectrum)""定滑轮(fixed pulley)"。教材作为传播科学知识的重要媒介,其术语使用是否规范关系到学生的科学素养培养问题,而术语的英文注释作为术语的一部分也相当重要,但是教材的英文注释中却存在不少不规范现象。具体表现为:同一术语各版教材所给出的英文注释不同;英文注释在写法上存在差异,如有的加上所有格符号,有的不加;有的用连字符,有的不用;有的加上定冠词,有的不加;有的在加英文注释时还加了其他文字;等等。

(三)单位符号书写不规范问题

在物理教材术语中有一部分是单位符号,但各个版本中都存在一些单位符号的不规范书写问题。具体表现为:同一单位使用多种书写方式,如"米每秒"的单位符号被写成"m/s"和"m·s$^{-1}$",后者为不规范形式;该加括号的地方未加,易造成歧义,如"r/kW·h"的规范形式是"r/(kW·h)"。

上述三种术语不规范使用现象在物理教材术语中的统计数据见下表:

表14-19  物理教材术语中的不规范术语

|  | 同义不同形 | 英文注释问题 | 单位符号不规范 | 总计 |
|---|---|---|---|---|
| 个数 | 253 | 60 | 13 | 326 |
| 比例 | 8.95% | 2.12% | 0.46% | 11.53% |

表14-19显示,在物理教材术语中不规范的术语有11.53%,其中占绝大多数的是同义不同形术语。物理教材加强术语使用规范需注意以上几种类型。

## 二、物理教材术语类型

分类是科学认识客观事物的起点,也是科学研究顺利进行的保证。对物理教材术语进行分类不仅可以全面了解教材术语的类型分布状况,还能服务于术语数据库建设。术语数据库根据用途不同,在收录术语之前一般要对其做适用性分类。而本节主要从术语所指称的内容、术语形式、术语的结构等角度对物理教材术语进行分类,为物理教材术语数据库建立提供参考。

去掉上节所提到的不规范术语,共得到术语2706条。以下是从不同的角度对这2706条术语进行分类。

(一)依据术语所指称内容的分类

根据术语所指称的内容将其分为七大类,分别是:

第一,抽象概念类术语。该类术语表示的是物理学科的抽象概念,如"能""电荷""正极""音色"等,又具体可分为核心概念术语和延伸概念术语。

第二,应用类术语。该类术语指应用物理学科知识而产生的一系列术语,包括应用某些物理学知识而产生的产品或材料、技术或技能等。如:"微波炉""按钮式开关""潮汐能发电"等。我们把在实验中会用到,但在现实生活中用途广泛的"电流表""密度计""温度计"等也归入应用类术语,因为这些术语在实验中一般有更专业的表述,如:在实验中专用的"电流表"一般称为"灵敏电流计","灵敏电流计"则归入实验用具类。应用类术语包含的内容多而杂,还可以进一步分为产品器件、某种技术或方法、材料等。

第三,定律、法则、实验类术语。该类术语指的是物理学科中概括出来的一些定律、法则、理论、学科,以及一些著名的实验等形成的术语,如:"阿基米德原理""分子动理论""光的反射规律"等。

第四,单位类术语。该类术语指的是物理学科中使用的单位术语,包括:单个单位(如"牛""千克""焦"等)、组合单位(如"米每秒""牛/千克"等)和单位符号(如"km/h""cm""℃"等)。

第五,研究对象类术语。该类术语指的是在物理教材中讲述某个知识点或某种属性时,通常会列举一些相关的物质来佐证,如:在讲述"密度"这个知识点时,教材会给出在常温常压下一些固体、液体、气体的密度,而这些列举的物质就是研究对象,如:"水银""酒精""盐水""氧""铁"等。这些物质在一般的文本中不能算作是术语,但是在物理教材中,却是物理知识不可或缺的一部分,因此作为物理学科的研究对象而被提取出来作为术语。

第六,实验用具类术语。该类术语指专门用在物理实验中的仪器装置,如:"烧杯""量杯""砝码""试管""灵敏电流计"等。

第七,相关学科术语。学科之间存在交叉,尤其是基础学科教材,为了教学的需要往往使用学生熟悉的其他学科的知识来表述还不熟悉的本学科知识。我们把物理教材中使用的其他学科术语抽取出来归入此类,如:"科学计数法""面积""锐角""直径""元素""倒数"等。

这七类术语统计结果见下表:

表14-20 从指称内容角度的物理教材术语分类

| 抽象概念类 | 应用类 | 定律、规则、实验类 | 单位类 | 研究对象类 | 实验用具类 | 相关学科术语 | 总计 |
| --- | --- | --- | --- | --- | --- | --- | --- |
| 1097 | 1051 | 71 | 202 | 224 | 37 | 24 | 2706 |
| 40.54% | 38.84% | 2.62% | 7.46% | 8.28% | 1.37% | 0.89% | 100% |

从表14-20可见,抽象概念类术语和应用类术语在物理教材术语中数量占了绝大多数,这两类术语也是承载学科知识的核心内容。

(二)依据术语形式的分类

从形式上,物理教材术语可分为:带不带注释和带不带字母。

第一,根据术语是否带注释可将其分为带注释类和不带注释类。这里的"注释"指术语在教材中首次出现时,后面一般会加上相应的英文注释,如果是化合物,则加上其化学符号,如:"重力(gravity)""一氧化碳(CO)"。分类结果见下表:

表14-21 物理教材术语带注释情况分类汇总

| | 带注释术语 | | 不带注释术语 |
| --- | --- | --- | --- |
| | 英文注释 | 化学符号 | |
| 个数 | 396 | 8 | 2302 |
| 比例 | 14.63% | 0.30% | 85.07% |

表 14-21 显示,物理教材术语中绝大多数术语不带注释,仅有 404 个术语带注释,且其中带英文注释的术语有 396 个,占总术语的 14.63%,带化学符号注释的术语 8 个,占总术语的 0.3%。

教材中术语带注释意味着该术语首次出现,并且是教材所讲述的主要知识内容。就统计的六个版本的物理教材来看,每个版本加注释的术语大概在 250 个左右,可是各版本对于哪些术语要附英文注释,哪些术语不要附英文注释并不一致。在上文关于注释不规范问题中也讲到,各版教材对相同术语所加的英文注释各不相同,这势必影响学生对规范术语的学习,在教材编撰时应加以注意。

第二,根据术语是否带字母可将其分为带字母类和不带字母类。这些字母包括英文大写字母、拉丁字母、希腊字母等。带字母类术语又可分为三类:

部分是字母的术语,即整个术语只有一部分是字母,其他部分可以是汉字或数字等,如:"X 射线""N 极""α 粒子""α 超子"等。

全部是字母的术语,即整个术语全部由字母组成,这类术语一般是术语的简称或缩略形式,如:"DNA""GPS""LED"等。

单位符号,这类术语由字母、数字和符号组成,这里也把其归入带字母的术语,如:"cm""$m^3$""m/s"等。

在物理教材术语中,带字母的术语共有 141 个,占总术语的 5.21%,具体的统计结果见表 14-22:

表 14-22　物理教材术语带字母情况分类汇总

|  | 带字母术语 ||| 不带字母术语 |
| --- | --- | --- | --- | --- |
|  | 部分是字母 | 全部是字母 | 单位符号 |  |
| 个数 | 36 | 17 | 88 | 2565 |
| 比例 | 1.33% | 0.63% | 3.25% | 94.79% |

从表 14-22 可知,在物理教材术语中带字母的术语占少数,在三类带字母的术语中,单位符号所占的比例最高,为 3.25%。

(三)依据术语结构的分类

由于科学技术的发展,新概念层出不穷,人们不可能给每一个新出现的概念取一个新名字,这样不仅会造成术语系统过于庞大,也不利于新术语的传播。大多数情况下,会采用原有的术语进行组合,表示新概念,这样就形成了许多词组术语,因此从这个角度可以把术语分为单词术语和词组术语。单词术语由单个词语组成,词组术语由多个词语组成①。由此可见,词语的个数是区分单词术语和词组术语的标准,由一个词构成的术语是单词术语,如:"物质""力""重力""密度"等;由两个或两个以上词构成的术语是词组术语,如:"重力势能""玻璃密度计""分子力""平衡力"等。

因此,从这个角度来看,术语"α粒子""X射线"中的"α""X"从严格意义上来说不能算是词,因而将这类术语归入单词术语。

就提取出的物理教材术语来看,部分术语不能单纯用词语数的多少来划分,如:"GPS""LED"等字母词缩略,"米每秒""牛/千克""J/s"等单位和单位符号。张金圈(2006)指出目前学术界对字母词语是否应该归入汉语词语系统还有争议②,而对于其是词还是词组更是难以确定,因此,我们把这两类术语单独拿出来不作单词术语与词组术语的划分。当这类字母词组成其他词组术语时,一律把其当作名词,如:"GPS 手机""GPS 导航仪"中"GPS"被划分为名词。

不同结构类型的术语统计结果见下表:

表 14-23　物理教材术语从结构上的分类

|  | 词组术语 | 单词术语 | 单位 | 字母词 | 总计 |
| --- | --- | --- | --- | --- | --- |
| 个数 | 1452 | 1035 | 202 | 17 | 2706 |
| 比例 | 53.66% | 38.25% | 7.46% | 0.63% | 100% |

由表 14-23 可知,在物理教材术语中共有 1452 条词组术语,占总术语的 53.66%,单词术语共有 1035 条,占术语总数的 38.25%,词组术语的数量大于单词术语的数量。根据冯志伟(1997)总结的"术语形成的经济律",即"在一个术语系统中,系统的经济指数 E 与术语的平均长度 L 的乘积,恰恰等于单词的术语构成频率 F③"。为了提高术语系统的经济指数,应该增

---

① 何燕、穗志方、段慧明、俞士汶:《一种结合术语部件库的术语提取方法》,《计算机工程与应用》2006 年第 33 期。
② 张金圈:《汉语文本中字母词语归属问题浅析》,《现代语文(语言研究版)》2006 年第 11 期。
③ 冯志伟:《现代术语学引论》,语文出版社,1997,第 122—129 页。

加单词的术语构成频率,使得每个单词能构成更多的术语。"可见词组术语应该远大于单词术语的数量。而在物理教材术语中,虽然词组术语比单词术语多,但是差距并不大。这主要是因为本节的语料来源是初中物理教材,在这个阶段学生初次接触物理学科,物理教材主要是介绍该学科最主要、最基础的知识,所以单词术语的量也就多了。

### 三、物理教材术语的用字分析

与通用领域相比,物理学是一个专业领域,这个领域的语言,尤其是在用字用词上有自身的特点。而术语(根据《确立术语的一般原则与方法》(国家标准 GB10112-88)中对术语的定义)是指称专业(此处指物理学领域)概念的词或词组,组成术语的字词更是具有该领域的鲜明特征,不是任何字词都能组成术语。研究物理教材术语的用字,尤其是物理教材中术语的用字,不仅可以了解物理学科教材中的用字是否符合本阶段学生的知识水平,还能掌握物理学科术语用字的特点、规律,从而为该领域的术语识别研究工作提供帮助。

从2706条术语中去掉字母单位符号、字母词、各种符号等,得到2600条术语。对这2600条术语的用字情况进行统计,得到纯汉字9362个,字种数为911个,这里的字种是指"调查语料中不重复的汉字"[①]。

从数量上看,物理教材术语使用的汉字数非常有限。但是这些汉字的使用情况却差别很大。我们根据汉字在这2600条术语中出现的次数,即频次,通过划分频级来研究术语用字情况。

(一)物理教材术语用字的常用性分析

在这911个汉字中,频次超过450的汉字只有一个:电。

频次在100至400之间的汉字有8个:光、机、器、子、线、能、磁、力。

频次在50至100之间的汉字有27个,这些字分别是:体、压、动、热、流、射、度、声、的、发、导、米、镜、式、气、超、波、物、核、化、路、计、量、温、变、液、性。

以上汉字是在物理教材术语中使用频次相对较高的,然而,频次少的占911个汉字中的绝大部分,比如频次为1的汉字就有224个,如:案、暗、

---

[①] 国家语言资源监测与研究中心编《中国语言生活状况报告(2007)》(下编),商务印书馆,2008,第365页。

奥、叭、堡、贝、粲、础、垂、纯、醇、峨、砝、菲、酚、封、峰、甘、糕、钾、歼、碱、简、键，等等。

尽管术语使用的字种数不多，但是这些汉字的频次却差别很大，为更直观地呈现术语用字频次差距，我们根据汉字的使用频次将其分为六个等级，见下表：

表 14–24　术语用字频段表

| 频段 | ≥450 | 100—200 | 50—100 | 10—50 | 2—10 | 1 | 总计 |
|---|---|---|---|---|---|---|---|
| 字种数 | 1 | 8 | 27 | 197 | 454 | 224 | 911 |
| 占总字种数比例 | 0.11% | 0.88% | 2.96% | 21.62% | 49.84% | 24.59% | 100% |

表 14–24 中的"100—200"是指汉字频次大于等于 100 且小于 200，其他亦同。从表 14–24 可以看出，使用频次超过 100 的汉字只有 9 个，占总字种数的 0.99%，而其中只有 1 个超过 400，其他 8 个的频次都只是在 100 至 200 之间；频次在 50 至 100 之间的汉字只占字种数的 2.96%；频次在 10 至 50 之间的汉字有 197 个，占字种数的 21.62%；而 74.43% 的汉字的频次都在 10 以下。从以上看出，这些汉字在术语中的使用是极不均衡的，这也说明了只有部分汉字在术语中是常用的，而大部分汉字在术语中是极不常用的。

为了更清楚地说明术语用字的常用性差别，我们对术语用字进行了覆盖率统计，即统计汉字在术语中的出现频次，排序后累计相加得到的值。由覆盖率可以看出高频汉字构成术语的情况，从而显示术语用字的常用性差别。

表 14–25　术语用字覆盖率表

| 覆盖率 | 70% | 80% | 85% | 90% | 99% |
|---|---|---|---|---|---|
| 字种数 | 171 | 259 | 324 | 416 | 817 |
| 占总字种数比例 | 18.77% | 28.43% | 35.57% | 45.66% | 89.68% |

由表 14–25 可以看出，占字种数 18.77% 的 171 个汉字对术语用字的覆盖率达到了 70%，占字种数 28.43% 的 259 个汉字可以覆盖术语用字的 80%，占字种数 35.57% 的 324 个汉字对术语用字的覆盖率达到了 85%。

而物理教材术语用字的总字种数是919,另外的595个汉字只覆盖了15%的术语,这说明了物理教材术语用字的不平衡性,常用的术语用字非常少。

根据术语用字的频次和覆盖率,可将物理教材术语用字分为三类:

1. 物理教材术语常用字

我们把频次大于等于50的汉字作为物理教材术语常用字,也就是说每一个汉字能参与构成至少50个不同的术语。这些汉字共有36个,对物理教材术语用字的覆盖率达到了35.33%。这36个汉字是:电、光、机、器、子、线、能、磁、力、体、压、动、热、流、射、度、的、声、发、导、米、镜、式、波、气、超、化、物、核、路、计、量、温、变、液、性。

这36个汉字只占字种数的3.95%,覆盖率却达到了35.33%,可见其构成术语的能力非常强。这些字中的"电""光""磁""力""热""声"等字构成了物理学中电学、光学、磁学、力学、热学、声学等知识内容中的大部分术语,而这六个部分知识正是中学物理教材中的主要内容,因此这些术语用字有如此高的覆盖率也不足为奇。

这些字中有部分是构成术语的语缀,包括前缀和后缀,如"机""器""体""式""化""计""性""超"等,它们组成的术语有"惯性""弹性""电流计""电压计""汽化""液化""示波器""整流器"等。这些语缀所能构成的术语量非常大,因此才成为术语常用字。

助词"的"字在物理教材术语中也是术语常用字,这主要是由于教材为了知识解释的充分性和更接近中学生的日常表述,在定义中,通常会在被定义术语前加上其上位概念,如"物质的密度""光的介质""电磁波的波长"等,在上文"术语的不规范现象"部分有讨论。

2. 物理教材术语次常用字

我们把频次大于等于10小于50的汉字作为物理教材术语次常用字,也就是说每一术语次常用字都能参与构成10个以上不同的术语。这些次常用字在物理教材术语中的覆盖率是42.12%。这些汉字共有197个,占字种数的21.62%。例如:料、高、原、金、表、管、速、学、空、测、池、质、态、阻、外、数、纳、灯、调、系、色、律、离、聚、远、图、频、焦、械、像、通、螺等。

术语次常用字大部分都是通用领域的常用字,如"高、原、表、池、质、外、数、色、图、远"等,可见术语用字还是要多使用通用字,这样才能利于科学知识的传播和普及。

3.物理教材术语低频字

我们把频次在10以下的汉字作为物理教材术语低频字,也就是说每个汉字组成的不同术语数都少于10个,共有678个,占术语用字种数的74.43%,但覆盖率仅为22.54%。如:验、纤、瓦、脉、额、荷、锰、夸、剂、负、氨、昂、百、斑、暴、杯、备、钡、苯、比、闭、铋、氖、铂。

这些字中,既有只在专业领域中才使用的专门指代术语的专用字,如"锰""铋""钡""苯""氖""氚"等,这些字都是用来指称自然界中的化学元素,构词能力极低;也有通用领域中的常用字,它们的构词能力很强,如"初""存""寸""上""贝"等,但是构成术语的能力却很低。可见专业领域的术语用字与通用领域的用字存在很大的差别。为了更清楚地研究这种差别性,我们把物理教材术语用字与现代汉语3500个常用汉字进行了比较。

(二)物理教材术语用字与3500常用字的比较

将物理教材术语用字的911个汉字与现代汉语常用字表中的3500个常用汉字进行比较,结果见下表:

表14-26　术语用字与3500常用汉字的比较

| 术语字种数 | 与3500字共有 | 术语独有 | 3500字独有 |
| --- | --- | --- | --- |
| 911 | 856 | 55 | 2644 |

由表14-26可以看出,与3500个常用汉字相比,物理教材术语用字与其共有的汉字有856个,占术语总用字的93.96%,超出其中的有55个汉字,占术语用字的6.04%。这表明物理教材术语的用字基本包含在3500个现代汉语常用字内,只有少数超出其中,同时说明初中物理教材中的术语用字基本上符合该阶段学生应该掌握的用字范围。

(三)物理教材术语用字的位置分布

邢红兵(2005)提到"一个汉字在术语中的位置可能有多种,但是,如果从术语的临界点(就是术语的第一个汉字和最后一个汉字)来看,汉字所处的位置可以分为临界汉字和非临界汉字两类。临界字分为首字和尾字"[①]。如:"超导临界温度"中的"超"和"度"是临界字,分别是首字和尾字;"超"和"度"之间的字是非临界字,称为中间字。

我们对 2600 条物理教材术语的用字位置进行了统计。我们把单字术语一律标为首字,由于大写字母、希腊字母、拉丁字母等也是术语不可缺少的一部分,如"α 射线""U 形玻璃管"等,因此,此部分术语用字的字种数为 929 个(包括 18 个不同的字母),总频次为 9407 次。具体的用字位置信息见下表:

表 14–27　术语不同位置的字种数

|  | 首字 | 尾字 | 中间字 |
| --- | --- | --- | --- |
| 字种数 | 575 | 369 | 610 |
| 占总字种数的比例 | 61.89% | 39.72% | 65.66% |
| 频次 | 2600 | 2504 | 4303 |

表 14–27 中的"频次"是术语用字在术语不同位置的频次。上表显示,物理教材术语中处在尾字位置的字种数最少,只有 369 个,占总字种数的 39.72%,而首字位置和中间位置的术语用字的字种数相差不大,都在 65% 左右。

统计出术语不同位置的用字,就可以根据这些信息来界定术语的前界和后界,从而为识别术语提供帮助。但是,观察表 14–27 数据,结合物理教材术语的总字种数是 929,我们可以看到术语不同位置的用字是有重复的,如"电"这个字既可以出现在术语首字位置组成术语"电流""电池""电磁感应"等,还可以出现在中间位置和尾字位置组成术语"安全电压""闭合电路""并联电路""触电""导电""水力发电"等。而有些术语用字则只会出现在术语的某些固定位置,不会出现在其他位置。如:"绝"字只会出现在术语的首字位置,组成术语"绝缘体""绝对零度""绝对温标"等,不会出现在术语的其他位置。术语的这一用字位置信息不仅可以帮助学生学习,也可作为术语识别的锚点。我们对这种术语用字进行了详细统计,结果见下表:

---

[①] 邢红兵:《信息技术领域术语用字分析》,《术语标准化与信息技术》2005 年第 1 期。

表 14-28　术语用字位置统计表

| 出现位置 | 仅在首 | 仅在尾 | 仅在中间 | 仅在首尾 |
| --- | --- | --- | --- | --- |
| 字种数 | 193 | 91 | 159 | 33 |
| 占术语总字种数比例 | 20.78% | 9.80% | 17.12% | 3.55% |

从表 14-28 可以看出,术语用字在出现位置上是有规律可循的,有些汉字在物理教材术语中只能作为临界字使用,同样有些汉字在术语中只能作为中间字出现。

经统计,在物理教材术语中,只能出现在首字位置,而不会出现在中间位置和末尾位置的字有 193 个,占总字种数的 20.78%,其中包括 15 个字母。按其在术语中出现的频次排列,列举前 10 个:绝、毫、牛、低、额、海、近、U、α、正。

只能出现在物理教材术语尾字位置而不是首字位置和中间位置的汉字有 91 个,占总字种数的 9.8%,前 10 个是:站、律、件、束、象、剂、座、置、箱、头。

只能出现在术语中间位置而不出现在临界点位置的汉字有 159 个,占总字种数的 17.12%,其中前 10 个是:的、材、每、向、规、现、造、斯、氏、溶。

既能出现在首字位置又能出现在尾字位置而不会在中间位置出现的汉字叫首尾临界字,共有 33 个,占总字种数的 3.55%。这 33 个首尾临界字中部分字在首尾位置出现的频次是有一定差别的,如"组"字在尾字位置出现了 10 次,在首字位置却只出现了 2 次。由于语料量的限制,首尾临界字在首字位置和尾字位置出现的频率的差别可能不是很明显,但是这种特点也可以作为术语用字的一个特征。

**四、物理教材术语的用词分析**

与通用领域相比,构成物理教材术语的用词有其自身领域特征,本部分将详细分析物理教材术语的用词特点。统计结果显示,2689 条术语中出现的词总数为 4524 个(去掉 202 条单位术语),经分类汇总后,得到词种数 1763 个,可见,相对于字种数来说,物理教材术语中出现的词种数数量较高。

(一)物理教材术语用词的频次分布

观察发现术语用词的频次存在很大差异,也就是说不同词语所能组成的术语数不同。我们根据这些词语使用的频次将其分为 4 个频段,每个频

段的词语数及其占总词种数的比例,见下表:

表14-29 术语用词频段表

| 频段 | ≥50 | 10—50 | 2—10 | 1 | 总计 |
|---|---|---|---|---|---|
| 个数 | 1 | 70 | 647 | 1045 | 1763 |
| 比例 | 0.06% | 3.97% | 36.70% | 59.27% | 100% |

从表14-29可看到,使用频次超过50次即能够参与构成50个不同术语的词只有一个助词"的",它的频次是72次。表中"10—50"是指该词语的频次大于等于10而小于50,这类词语有70个,占总词种数的3.97%;而频次大于等于2小于10的词语有647个,比例是36.7%。有59.27%的词的频次只有1次,也就是说只能构成一个术语。

在这些构成术语的词语中有些本身就是术语,而有些只是用来构成术语的普通词,观察发现,这1763个词语中,有超过65%的词是术语。我们具体统计了频次在10—50之间的术语用词作为代表,发现其中有52个是术语,18个是普通词。

这52个术语前20个如下:光、核、电流、热、开关、电子、磁、超导、纳米、能、电路、电池、力、运动、能源、合金、反射、电磁、电、温度计。

18个普通词列举如下:式、材料、技术、三、线、通信、定律、板、控、双、红外、片、丝、系统、值、多、感应、数字。

这18个普通词中频次最高的是"式","式"可以作为后缀构成术语,如"模拟式""电子式""动圈式"等。这些构成术语的普通词除了部分数词,如"三""双""多"等,其他的都可以作为术语的构成部件,如"材料""技术""线""通信""定律""值"等。

(二)物理教材术语用词的词类分析

通过对术语的观察,发现术语的词类分布也具有一定的规律,不是任何词类都会出现在术语中,如拟声词、语气词、代词等就从未出现在术语中。可见对术语进行词类统计可以增进对术语的认识,进而可为术语识别形成一定的过滤条件,尤其是词组术语,如"低倍显微镜"这个术语是由形容词和名词组成的。

对2689条物理教材术语用词进行词类统计,共出现词次4726次,词类

17个,具体见下表:

表14-30 物理教材术语词类分布汇总表

| 词类 | 个数 | 比例 |
| --- | --- | --- |
| n | 3658 | 77.40% |
| v | 429 | 9.08% |
| q | 207 | 4.38% |
| a | 103 | 2.18% |
| b | 100 | 2.12% |
| u | 72 | 1.52% |
| k | 50 | 1.06% |
| m | 37 | 0.78% |
| nr | 30 | 0.63% |
| s | 8 | 0.17% |
| d | 8 | 0.17% |
| h | 5 | 0.11% |
| ng | 5 | 0.11% |
| nz | 5 | 0.11% |
| f | 4 | 0.08% |
| c | 4 | 0.08% |
| ns | 1 | 0.02% |
| 总计 | 4726 | 1 |

从表14-30可以看出,名词(n.)是组成物理教材术语最主要的词类,占总词次的77.4%。动词(v.)在术语词性中占相当一部分,达到了9.08%。q、b、a、u、k也是术语中常见的词类,比例都在1%以上[1]。术语中出现的词类还有m(数词)、nr(人名)、d(副词)、s(处所词)、h(前缀)、nz(其他专名)、f(方位词)、c(连词)、ng(名语素)、ns(地名),这几类词在术语中出现的比例都较小。

(三)物理教材术语的词性序列统计

通过对物理教材术语的观察,发现术语的词性序列分布具有一定的规

---

[1] 根据北大计算所汉语词词性标记集:q为量词、b为区别词、a为形容词、u为助词、k为后缀。

律。有些词性组合方式从未出现在术语中,如"数词+量词+名词""代词+名词"等,而"名词+名词""动词+名词"等词性序列在术语中则占相当一部分数量。

对2689条物理教材术语的词性序列进行统计,共得到111种词性序列组合。这些词性序列所包含的术语个数有很大差别,从统计结果来看,n、n+n、q、v+n、n+n+n、v、b+n、a+n等为物理教材术语中常见的词性序列。根据北大计算所汉语词性标注集:n为名词、q为量词、v为动词、b为区别词(如"自动""同步")、a为形容词。表14-31是这8种词性序列所包含的术语数及其占2689条术语的比例。

表14-31　物理教材术语的词性序列统计表

| 词性序列 | 个数 | 比例 |
| --- | --- | --- |
| n | 972 | 36.15% |
| n+n | 687 | 25.55% |
| q | 201 | 7.47% |
| v+n | 143 | 5.32% |
| n+n+n | 91 | 3.38% |
| v | 64 | 2.38% |
| b+n | 55 | 2.05% |
| a+n | 55 | 2.05% |
| 总计 | 2268 | 84.35% |

从表14-31可见,这8种词性序列在物理教材术语中所包含的不同术语数为2268条,覆盖率达到了84.35%,且每一个词性序列所包含的术语数都超过了50个,也就是说每种词性序列都能涵盖至少50个术语,占总术语的比例都超过了2%。但是这8种词性序列所包含的术语数是极不平衡的,其中n、n+n类词性序列所占总术语的比例都在25%以上,覆盖率达到了61.7%,而其他的词性序列比例却都在8%以下。

另外,在统计到的词性序列中也有相当一部分只包含一个术语,如:"n+k+a+ng+n"(指针式多用电表)、"b+v+d+v+n"(额定漏电不动作电流)、"a+n+n+n+v+n"(多工位空间晶体生长炉)。可见,有些词组术语的结构还是很复杂的。

术语是人类科学知识的结晶。术语的研究对语言学本体和自然语言处理都有重要的现实意义。这里选取了六套初中物理教材作为语料,建立了物理教材术语语料库,在此语料库基础上从多个角度对物理教材的术语使用状况进行了探讨。

首先,从规范性角度归纳了物理教材术语在使用中的不规范现象。

其次,根据术语所指称的内容对物理教材术语进行了分类,发现抽象概念类术语和应用类术语的数量占了绝大多数。接着从术语形式、术语的结构等角度对术语进行分类,发现各版本教材对哪些术语该给出注释,以及注释方式等并没有统一的规定;并且在物理教材中,词组术语的数量远大于单词术语的数量。但是因为初中物理教材所教授的是物理学科最基本的知识,所以单词术语的数量也不在少数。

再次,详细分析物理教材术语的用字情况。根据物理教材术语用字频次及覆盖率,将它们分为物理教材术语常用字、次常用字和低频字。同时,将物理教材术语用字与现代汉语 3500 常用字进行比较,并且分析了物理教材术语的用字位置,统计出物理教材术语的临界用字。

最后,统计了物理教材术语用词的频段分布情况、词类分布情况,以及词性序列组合情况,得出物理教材术语用词的使用频次存在较大差异:名词是构成物理教材术语最常用的词类,其比例达到了 77.4%;术语用词产生的词性序列组合共有 111 种,其中常见的词性序列仅 8 种。

以上研究可使我们全面了解初中物理教材术语的面貌和特点。同时,这些研究可以为教学大纲的编制、物理教材的编纂、教学方法的改进等方面提供科学的数据支持。

## 第四节 化学教材术语研究

术语是人类科学知识在语言中的结晶。随着科学技术的不断进步,知识在不断更新,用于记录知识的术语也在不断膨胀。术语本身是一种语言表达形式,表达特定专业领域内的概念,因此,对术语的研究将有助于语言学本体的研究、自然语言信息处理研究及学科知识的构建。本节在课题组已经形成的化学教材语料库的基础上,对语料库进行加工处理形成术语标记语料库,进一步加工整理提取出化学术语底表。采用定量统计、定性分析、对比归纳的方法,从多个角度进一步分析化学学科教材术语的使用状况,及学科教材术语的用字、用词等特点。

## 一、化学教材术语的用字分析

### (一)化学教材术语的用字调查

我们首先对术语底表中的1739条术语进行了以下处理:

1. 去掉纯字母类术语,如"min""mg/L"等,共38条。

2. 汉字与字母相结合类术语,如"pH 试纸""pH 计""α 粒子源"等,共16条。这类术语不作删除处理,进行用字统计时,只考虑汉字部分即可。

3. 含英文注释的术语不作删除处理,进行用字统计时,只考虑汉字部分即可。

经过上述处理后得到1701条术语,对这些术语中的汉字进行用字情况的统计分析。教材术语中单字型术语的用字作为首字,无尾字;词组型术语每条逐字统计,第一字即为首字,最后一个字为尾字。最终统计所用纯汉字字数共5346个。对这5346个字进行分类汇总,获得不同的字720个,即字种数[①]为720,其中每个汉字出现的总次数称为该字的频次。

表14-32 不同字用字频率表

| ID | 字目 | 频次 | 频率 | 累加频率 |
|---|---|---|---|---|
| 1 | 化 | 191 | 3.57% | 3.60% |
| 2 | 酸 | 148 | 2.77% | 6.40% |
| 3 | 子 | 143 | 2.67% | 9.02% |
| 4 | 溶 | 104 | 1.95% | 10.96% |
| 5 | 液 | 94 | 1.76% | 12.71% |
| …… | …… | …… | …… | …… |
| 720 | 衍 | 1 | 0.02% | 100% |

---

[①] 国家语言资源监测与研究中心编《中国语言生活状况报告(2007)》(下编),商务印书馆,2008,第11—36页。

由表 14-32 可知，各字种各自在术语语料中大致的使用情况，频次由最高 191 次到最低 1 次不等。再根据上表进一步统计分析术语用字分布的四分位数[①]，观察频次数 1—191（含频次 1、频次 191）中 1/4、2/4、3/4 位置时术语用字的情况，得表 14-33。

表 14-33 术语用字分布表

| 四分位 | 频次 | 累加字种数 | 累加频率 |
| --- | --- | --- | --- |
| 第一四分位 | 1 | 244 | 33.89% |
| 第二四分位 | 3 | 437 | 60.69% |
| 第三四分位 | 7 | 562 | 78.06% |
| 第四四分位 | 191 | 720 | 100% |

由表 14-32 和 14-33 得知，使用频次在 1 以下（含 1）的占所有条目（总条目数为 720）的 1/4，累计字种数为 244；使用频次在 3 以下（含 3）的占所有条目 2/4，累计字种数为 437；使用频次在 7 以下（含 7）的占所有条目的 3/4，累计字种数为 562；使用频次在 191 以下（含 191）的，包含了所有的条目。综合考察这 1701 条术语，术语用字基本不存在同一个汉字在同一个术语中使用两次及以上的情况（仅术语"溶液的溶质质量分数""溶质的质量分数"除外，并且这两条术语的词种数均为 1），所以可以认为 720 个不同字以不同的方式、不同的字目数排列组合而构成 1701 条术语。再结合表 14-32 的分析，可以得出关于基础教材化学术语的用字集中度的结论：占总条目数 1/4 的 158 个（720 减去 562）不同汉字使用频次在 8—191 之间（含 8、191），具有较强的化学术语构成能力，1701 条术语用字高度集中在这 158 个汉字中。

在这 720 个汉字中，频次超过 100 的汉字只有 4 个：化（191）、酸（148）、子（143）、溶（104）；

频次在 60 至 100 之间的汉字有 10 个：液（94）、合（83）、氧（82）、分（81）、水（75）、金（73）、气（70）、性（67）、物（66）、电（65）；

频次在 30 至 60 之间的汉字有 19 个：料（59）、盐（56）、质（50）、碳（49）、石（48）、原（45）、氢（43）、素（50）、氯（41）、体（40）、硫（39）、铜

---

[①] 苏新春：《词汇计量及实现》，商务印书馆，2010，第 34 页。

(38)、属(37)、铁(35)、剂(34)、解(32)、量(32)、机(30)、燃(30)。

以上这33个汉字在化学教材术语中的使用频次相对较高,剩下的687个汉字的使用频次相对较低,其中频次为1的汉字达247个,占总字种数的比例为34.31%,如:锶、锗、酯、甑、铸、褐、菱、铍、苊、钋、壤、脲、钳、钼、韧、媒、钌、檬、幕、螺、镘。可见,不同的字使用的频次差别较大,再进一步按照不同的频次段统计分析相应的字种数,如下表:

表14-34 不同频段用字字种分析表

| 频段 | 字种数 | 字种数约占总字种数的比例 |
| --- | --- | --- |
| ≥100 | 4 | 0.56% |
| 60—100 | 10 | 1.39% |
| 30—60 | 19 | 2.64% |
| 10—30 | 90 | 12.50% |
| <10 | 597 | 82.92% |
| 总计 | 720 | 100% |

统计结果显示,使用频次大于等于100的汉字占总字种数的比例为0.56%,使用频次大于等于60且小于100的汉字占总字种数的比例为1.39%,在30—60、10—30频段间对应的汉字占总字种数的比例分别为2.64%、12.50%,到使用频次小于10的频段时,对应的汉字占总字种数的比例大幅增至82.92%,由此可以看出术语用字明显不均衡。我们再用"覆盖率"进一步考察高频字对化学教材术语用字的覆盖情况,从而显示出术语用字的常用性差别。

表14-35 覆盖率与字种数关系表

| 覆盖率 | 字种数 | 字种数约占总字种数的比例 |
| --- | --- | --- |
| 50% | 56 | 7.78% |
| 60% | 87 | 12.08% |
| 70% | 137 | 19.03% |
| 80% | 215 | 29.86% |
| 95% | 505 | 70.14% |
| 100% | 720 | 100% |

表 14-35 显示,占总字种数 7.78% 的 56 个汉字对化学教材术语的覆盖率为 50%,占总字种数 29.86% 的 215 个汉字对化学教材术语的覆盖率达到了 80%,占总字种数 70.14% 的 505 个汉字对化学教材术语的覆盖率达到了 95%。化学教材术语用字的总字种数是 720,另外的 215 个汉字只覆盖了 5% 的教材术语,体现了术语用字的不平衡性。根据频次和覆盖率的数据,将术语用字分为三个等级。

(1) 化学教材术语常用字

把在术语语料用字中使用的频次大于等于 30 的汉字作为化学术语常用字,这些汉字共有 33 个,对化学教材术语的覆盖率达到了 39.84%。这 33 个汉字是:

化、酸、子、溶、液、合、氧、分、水、金、气、性、物、电、料、盐、质、碳、石、原、氢、素、氯、体、硫、铜、属、铁、剂、解、量、机、燃。

这 33 个汉字只占总字种数的比例为 4.58%,覆盖率达到了 39.84%,可见其构成术语的能力非常强。这些汉字基本可以折射出中学化学教材的核心知识内容——空气、水、物质、材料、溶液、酸、盐,教学内容都是围绕于此,自然也就会在教材中以较高的频次出现,成为核心术语及一般术语的构成部分,具有较高的覆盖率。

其中有些字构成术语的数目很可观,如"性"构成术语的后缀,表示物质的性质;"子"也是术语的重要构成部分,如"质子""分子""原子";在化学教材术语的提取过程中,将诸如"氯化钠溶液""醋酸溶液"这类作为完整的一条术语,故"溶液"成为描述物质状态的后缀词。

(2) 化学教材术语次常用字

把在术语语料用字中使用的频次大于等于 5 小于 30 的汉字作为化学术语次常用字,这些汉字共有 210 个,占总字种数的比例为 29.17%,对化学教材术语的覆盖率为 43.81%。这里列出部分汉字:

学、高、法、离、碱、材、能、钠、钙、元、晶、数、硝、应、钾、反、热、矿、二、糖、管、乙、油、池、烧、可、有、氮、稀、铵、铝、磷、塑、白、氨、导、度、粉、聚、和、维、核、烯、纤、肥、根、玻、煤、镁、璃、钢、成、氟、硅、天、光、生、温、瓶、器、发、片、淀、胶、蒸、压、米、空、中、然、饱、无、排、用、腐、纯、催、微、爆、浓、火、瓷、灰、黄、对、橡、膜、结、耐。

上述中的多数字用于表述各种化学物质及实验器具的名称,如"二氧化碳""氟利昂""晶体""橡胶管""试剂瓶"。其中有一个助词"的"字值得注意,其频次为 15 次,化学教材术语用字通常是实词,而作为虚词的"的"字在教材术语中被使用,成为次常用字,用于"溶液的溶质质量分数""氮的固定""金属的氧化""金属氧化物的还原"这类术语中。这些术语通常出现在下定义的语句模式中,如:"将氮气转化为氮的化合物的方法叫作氮的固定","溶质质量与溶液质量之比叫作溶液的溶质质量分数"。"叫作"一词成为下定义语句的标志性词,而"叫作"之后的词是教材要讲述的重要概念,理应整体标记为术语。这种在表述定义时,在被定义术语前加上其上层属概念的方式,有助于使知识解释得更充分,便于学生理解,因而助词"的"在化学教材术语用字中成为次常用字。

(3)化学教材术语低频字

把在术语语料用字中使用的频次小于 5 的汉字作为化学术语低频字,这些汉字共有 477 个,占总字种数的比例为 66.25%,对化学教材术语的覆盖率为 16.35%。各个频次对应的用字情况,如下表:

表 14-36　低频字用字情况

| 使用频次 | 字种数 | 示例 |
| --- | --- | --- |
| 4 | 42 | 脂、镍、菌、蕊、醛、氦、矸、环 |
| 3 | 80 | 接、扫、链、符、惰、融、展、墨 |
| 2 | 111 | 境、槽、颈、膨、汐、隆、罩、铬 |
| 1 | 244 | 镝、胺、簧、辉、坩、钒、噁、垩 |

由表 14-36 可以看出,随着使用频次的降低,字种数大致呈递增趋势,即表明低频字构成化学教材术语的能力较低。由示例也可以看出化学教材术语用字所具有的特点,或者是化学专业领域元素名称的用字,如"氦""镍""镝",这类字不能因为其频次低而否认其学科领域特性;或者是通用领域类的用字,如"接""符""环",它们与其他字组合构成的词条是否能构成术语,往往需综合考量字语境、词语境等因素。

(二)术语用字与《现代汉语常用字》的比较

根据国家语委的相关文件,小学阶段学生应掌握 2500 个常用汉字,初中阶段学生应掌握 3500 个常用汉字。如上一节的分析,教材术语用字中包括通用领域的用字,在这里拟将教材术语用字与 3500 个常用汉字进行比较,一方面可以考察基础教育阶段的化学教材用字是否符合义务教育阶段学生的识字水平及认知能力,另一方面可以考察教材术语用字与通用领域用字究竟有多少交集。

表 14-37　化学教材术语用字与 3500 常用字的比较

|  | 化学教材术语用字字种表 | 3500 常用字表 |
| --- | --- | --- |
| 字种数 | 720 | 3500 |
| 独有字 | 69 | 2852 |
| 共有字 | 651 |  |

由表 14-37 可知,化学教材术语用字绝大部分与 3500 常用字表一致,共计 651 个,占化学教材术语总字种数比例为 90.42%。但化学教材术语用字还有 69 个字不在 3500 常用字表的汉字范围内,如下:

铵、烯、镁、氟、烷、钡、酶、苯、钛、酚、镍、炔、醛、氦、酐、钨、溴、氙、氩、钴、箔、铂、铬、铱、氘、杵、锂、汐、锇、镝、胺、氡、锢、煅、淬、嗯、垩、镉、铒、铋、砹、钵、坩、钒、烃、锑、硒、砷、铈、锶、铊、锗、酯、瓿、铟、铕、俣、镓、氪、镭、埚、簧、铍、苊、钋、羟、钔、钼、脲。

在这 69 个字中,除了铵、烯、镁、氟这 4 个字在化学教材术语语料中使用的频次分别为 19、17、15、14 以外,其余的 65 个字的频次均小于 10,并且多数字的频次为 1。这 69 个字均是专业领域用字,生活中用得较少,所以这些字不在 3500 字表中不足为奇。总体看来,化学教材术语的用字范围较小,占 3500 常用字的比例为 18.60%,基本上都是生活中的常用字,符合基础教育阶段学生的识字水平,所以可以认为,基础教育阶段的化学教材在编写过程中一定程度上是考虑到了学生的识字水平的。

(三)术语用字的位置分析

汉字自动分词一直存在两大难题[①]:一是歧义字段的切分,主要分为交集型歧义和组合型歧义;二是未登录词的识别。事实上,汉语自动分词这两个难题的实质都是划分未知字符串的边界问题,而这种边界的确定可以

---

① 刘开瑛:《中文文本自动分词和标注》,商务印书馆,2000,第 10—19 页。

结合未登录词的词首和词尾的用字特点,来作出更好的切分。故而,总结化学教材术语的用字位置的特点,可以为化学领域未登录术语的识别提供支撑,为术语界限的分辨及确定提供依据。

对1739条术语进行如下处理:

首先,去掉单位符号类术语55条(含38条纯字母类单位符号术语和17条纯汉字组成的单位符号类术语),因为这类术语数量有限,并且一般多是已经确定的,可以根据国际单位标准形成术语底表,进行术语标记。

其次,含英文注释的术语,无须进行删除处理,进行用字位置分析时,只考察中文部分即可。

最后,汉字与字母相结合类术语,如"pH 溶液""α粒子"等,无须进行删除处理,因为这类词汇无论是在学科领域内,还是在现实生活中均有一定量的存在,甚至诸多新词新语也以这样的形式呈现。

现对1684条术语进行用字位置的分析。

表14–38 化学教材术语用字位置分析

|  | 首字位置 | 中间字位置 | 尾字位置 | 总字种数 |
| --- | --- | --- | --- | --- |
| 字种数 | 430 | 407 | 301 | 720 |
| 占总字种数的比例 | 59.72% | 56.53% | 41.81% | 100% |

如术语"无机化合物",其中的"无"字处在这条术语的第一个字的位置上,我们称为首字位置;"机""化""合"分别处在这条术语的第二、第三、第四个字的位置上,我们将其统称为中间字位置;"物"字处在这条术语的最后一个字的位置上,我们将其称为尾字位置。从上表可以看出,术语用字位置中的首字位置所用字种相对尾字位置上所用的字种要丰富一些,尾字位置上的用字有"子(97)[①]、液(83)、性(47)、法(26)、池(21)、管(19)、粉(13)、度(13)、式(6)、根(6)、律(5)"等,它们的使用频次较高,具有极强的术语构成能力,并且多是处于术语尾字位置上;而首字位置上的用字有"碳(37)、氯(35)、硫(30)、盐(19)、磷(11)、钙(7)、酒(5)",构成术语时所处位置灵活,可以位于首字位置或尾字位置,因而使得处于尾字位置

---

① 括号内数字为使用频次,下同。

上的字种相对不如处于首字位置上的字种丰富。表14-38显示首字位置、中间字位置、尾字位置上用字的字种数分别为430、407、301,而这1684条术语所用的总字种数为720,说明首字位置、中间字位置、尾字位置上所用的字种存在交叉重合的情况,彼此间的关系可以用图14-2表示,下文将再进一步统计分析这三个位置彼此之间共用字、独用字情况。

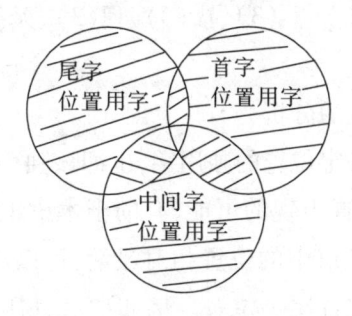

图14-2 不同位置用字分布图

1. 特定位置独用字的分析

表14-39 特定位置用字分析表

| 出现位置 | 仅在首字位置 | 仅在中间字位置 | 仅在尾字位置 |
| --- | --- | --- | --- |
| 字种数 | 192 | 120 | 95 |
| 占总字种数的比例 | 26.67% | 16.67% | 13.19% |

汉字所处的位置可以分为临界汉字和非临界汉字两类[1],那么处于首字位置的字和尾字位置的字,可以看作术语的临界点。仅在首字位置、尾字位置或中间字位置的字,说明该字只出现在固定的位置上,而不是杂乱无章的,具有一定的规律性。由表14-39得出仅在首字位置、尾字位置的临界汉字分别有192个、95个,仅处于中间字位置的非临界字有120个。具体汉字如下:

前24个仅出现在首字位置的字符及对应频次:耐(10)、不(8)、过(8)、甲(7)、单(7)、蔗(7)、正(6)、重(6)、钛(5)、一(5)、易(5)、葡(5)、混(5)、非(5)、酚(5)、向(5)、负(5)、研(4)、纳(4)、硬(4)、低(4)、常(4)、赤(4)、熔(4)。

---

[1] 邢红兵:《信息技术领域术语用字分析》,《术语标准化与信息技术》2005年第1期。

前 20 个仅出现在尾字位置的字符及对应频次：池(21)、片(12)、源(9)、塞(8)、律(5)、限(5)、皿(4)、镜(4)、条(4)、夹(4)、板(4)、杯(4)、团(3)、病(3)、布(3)、灯(3)、网(3)、号(3)、斗(3)、值(3)。

前 23 个仅出现在中间字位置的字符及对应频次：材(28)、的(15)、然(11)、作(7)、状(6)、守(5)、刚(5)、皮(4)、示(4)、动(4)、验(3)、氏(3)、外(3)、射(3)、h(3)、(3)、颗(3)、描(3)、程(3)、灭(3)、符(3)、造(3)、道(3)。

2. 特定位置共用字的分析

上文统计分析了特定位置的独用字，也即该独用字只会出现在特定的位置，排除了在其他位置出现的可能，有助于术语识别时边界的确定。然而还有一些字在一条术语中的位置相对灵活，可以出现在首字位置，也可以出现在中间字位置或者尾字位置。例如："大气压强""空气"中的"气"可以处于中间字位置，也可以出现在尾字位置，在术语语料中"气"在中间字位置和尾字位置的频次是一样的。又如："导"字在"导电纤维""低温超导"中分别处于首字位置和尾字位置，出现在对应位置上的频次分别是 10 次和 1 次，由此可以看出"导"字虽然在这两个位置上都有使用，但主要用在首字位置。因此我们统计了首字位置与尾字位置、首字位置与中间字位置、尾字位置与中间字位置各自的共用字，并根据它们的频次对比进行归类，据观察我们将不同位置间之比定为 6∶1，将此比例作为临界，来确定某个共用字主要用于哪个位置上。

(1)首字位置与尾字位置的共用字共计 131 个，根据两者对比比例(高于 6∶1)将其分为首字主要字和尾字主要字，如下：

首字主要字共 11 个：聚(14,1)[①]、氧(26,2)、碳(37,3)、氢(24,2)、氨(10,1)、导(10,1)、光(10,1)、硫(303)、纯(9,1)、乳(7,1)、爆(6,1)。

尾字主要字共 10 个：力(1,6)、量(2,15)、物(6,48)、用(1,8)、解(1,9)、液(9,83)、体(3,32)、瓶(1,12)、器(1,12)、烯(1,12)。

(2)首字位置与中间字位置的共用字共计 209 个，按位置比 6∶1 的比例，相应位置的主要字如下：

---

① 括号内第一个数字表示该字处于首字位置的频次，第二个数字表示该字处于尾字位置的频次，以下同。

首字位置主要字共 18 个:无(10,1)①、中(10,1)、可(18,2)、浓(9,1)、试(9,1)、稀(17,2)、硅(8,1)、硝(22,3)、复(7,1)、聚(14,2)、乳(7,1)、食(7,1)、相(7,1)、小(7,1)、干(6,1)、抗(6,1)、铝(12,2)、明(6,1)。

中间字位置主要字共 8 个:红(1,6)、集(1,6)、萄(1,6)、量(2,15)、晶(2,22)、离(2,23)、机(2,24)、解(1,22)。

(3)尾字位置与中间字位置的共用字共计 180 个,按位置比 6:1 的比例,相应位置的主要字如下:

尾字位置主要字共 9 个:液(83,2)②、数(24,1)、料(53,6)、法(26,3)、用(8,1)、剂(30,4)、体(32,5)、管(19,3)、丝(6,1)。

中间字位置主要字共 16 个:红(1,6)、机(4,24)、集(1,6)、璃(2,12)、理(1,6)、色(1,6)、电(5,31)、氨(1,7)、导(1,7)、氢(2,17)、对(1,9)、原(3,29)、合(6,63)、晶(2,22)、溶(6,81)、氧(2,54)。

(4)首字位置、尾字位置、中间字位置共用字共计 102 个,分别是:氨、铵、白、爆、钡、变、波、沉、醋、氮、导、电、淀、丁、发、浮、腐、钙、根、工、汞、固、光、硅、合、核、红、化、环、火、机、集、计、加、钾、价、碱、降、胶、焦、结、解、金、晶、精、聚、矿、离、粒、炼、量、磷、硫、炉、滤、铝、绿、煤、镁、锰、棉、木、钠、能、凝、气、强、氢、燃、热、溶、融、乳、烧、石、室、水、酸、碳、糖、体、铁、铜、维、温、物、烯、锡、锌、型、锈、血、压、盐、氧、液、银、用、油、原、制、质。

这些字活跃在首字位置、中间字位置、尾字位置上,正说明这些字在构成术语时位置灵活。将这 102 个字与本章论述的常用字、次常用字、低频字进行比较,共有 94 个字在常用字和次常用字范围内,说明这些字具有较强的术语构成能力。再与 3500 常用字进行比较,只有铵、钡、镁、烯 4 个字不在常用字表中,也说明这些具有较强的术语构成能力的字,同时也经常用于通用领域。

(5)仅在首字位置和尾字位置共用的字。

由上述前四种类型的共用字,可知首字位置与尾字位置的共用字中还存在亦可用于中间字位置的字,如:术语"量筒""能量守恒定律""平均相

---

① 括号内第一个数字表示该字处于首字位置的频次,第二个数字表示该字处于中间字位置的频次,以下同。
② 括号内第一个数字表示该字处于尾字位置的频次,第二个数字表示该字处于中间字位置的频次,以下同。

对分子质量"中的"量"字,由于在术语识别中,边界字首字、尾字至关重要,所以从首字位置与尾字位置共用的 131 个字中剔除存在的中间字位置所用字 102 个,得字 29 个。

表 14-40 仅在首、尾位置共用的临界字

| 字目 | 首字频次① | 尾字频次 | 字目 | 首字频次 | 尾字频次 |
| --- | --- | --- | --- | --- | --- |
| 酶 | 2 | 4 | 球 | 2 | 1 |
| 钨 | 2 | 1 | 力 | 1 | 6 |
| 酒 | 5 | 1 | 卤 | 1 | 1 |
| 膜 | 2 | 8 | 瓶 | 1 | 12 |
| 泡 | 1 | 1 | 药 | 1 | 3 |
| 母 | 1 | 1 | 置 | 3 | 4 |
| 沸 | 3 | 2 | 脂 | 3 | 1 |
| 平 | 3 | 3 | 表 | 2 | 4 |
| 透 | 1 | 1 | 冰 | 2 | 2 |
| 炭 | 3 | 4 | 潮 | 4 | 1 |
| 点 | 2 | 4 | 杵 | 1 | 1 |
| 钢 | 6 | 8 | 纯 | 9 | 1 |
| 器 | 1 | 12 | 仪 | 1 | 1 |
| 族 | 1 | 1 | 臭 | 2 | 1 |
| 砂 | 1 | 1 | | | |

由表 14-40 可以看出,"力""膜""瓶""器"字作为尾字出现的频次明显大于作为首字出现的频次。"纯""酒"字正好相反,"纯"作为形容词性语素,常作限定修饰成分,用在术语首字位置描述物质属性,按照术语指称内容分类归并到抽象概念大类下;"酒"作尾字只用在"碘酒"这一术语中,作首字多用来表述各种实验仪器。其余的 23 个字的首字频次与尾字频次相差不大。上述情况产生的原因除了术语自身用字的特点外,如"器"一般用于术语尾字位置上,不独立构成单字术语,还可能与语料库规模有关,化学教材语料库规模较小,可能在反映术语用字位置情况上还不够全面,造

---

① 首字频次包含该字作为单字术语时的频次。

成一些字作为首字时的频次与作为尾字时的频次相差不大;另一个原因则是由于存在单字术语,如"酶""钨",本节第一部分中已经明确提出对于单字术语的处理,其用字作为首字,无尾字,故表14-40中的"酶"的首字频次实际是作为单字术语时的频次,"钨"既可作为单字术语"钨",也可构成术语"钨丝"。综上,从总体上还是能一定程度上反映各个字用字位置的特点,为术语的识别提供有益参考。

(四)化学教材用字小结

本部分对化学教材术语用字的分析主要包括三个方面:对化学教材术语用字字种的统计分析,对教材术语所用字种常用度的统计分析,对教材术语用字位置的统计分析。

经过整理后的术语,纯汉字共有5346个,字种720个。这720个汉字在术语语料中使用的频次从191次到1次不等,1701条术语的用字高度集中于频次在8—191之间(含8、191)的158个汉字中。不同频次段所用的字种数差异较大,占总字种数29.86%的215个汉字对化学教材术语语料的覆盖率达到了80%,显示了术语用字的不平衡性,进而将术语用字分为三个等级。将化学教材术语用字与3500个常用汉字进行比较,发现化学教材术语的用字范围较小,占3500常用字的比例为18.60%,基本上都是生活中的常用字;有69个字不在3500常用字表的汉字范围内,这69个字均是专业领域用字,只在相应的学科领域中使用较多。

从特定位置独用字、共用字角度进行术语用字位置的分析,取得了仅在首字位置、尾字位置的临界汉字分别有192个、95个,处于中间字位置的非临界字有120个;三个不同位置两两之间的共用字若干,及对应位置的主要字若干;用于临界位置的首尾共用字29个,通过对化学教材术语用字的位置的统计分析,从而为术语识别过程中边界字的确定提供有益参考。

**二、化学教材术语的用词分析**

前文已从结构类型上对1668条化学教材术语进行了分类,共计882条单词型术语和786条词组型术语,在此基础上我们进一步分析教材术语的用词特点。

(一)教材术语的用词数量

一般而言,一个人所能掌握的词汇量是有限的,通常在构建专业术语时会充分利用已有的单词来组成新的术语,避免理解和记忆上的困难。在这种情况下必然会出现一些核心词不断重复使用组成新术语的情况,现对化学教材术语的用词数量进行统计分析。

对 1668 条术语进行分词处理后,出现的总词次为 2741,经过分类汇总后,得到不同的词有 1201 个,即词种数为 1201。这 1201 个词各自构词频次,最高的有 72 次,最低的 1 次,各频次下对应的词种数相差较大。将这些频次分为 4 个频段,如下表。

表 14 - 41　化学教材术语用词频段表

| 频段 | ≥50 | 15—50 | 2—15 | 1 | 总计 |
|---|---|---|---|---|---|
| 个数 | 2 | 17 | 398 | 784 | 1201 |
| 占总词种数的比例 | 0.16% | 1.42% | 33.14% | 65.28% | 100% |

使用频次大于等于 50 的词只有 2 个,分别是:溶液(72)、分子(55)。

使用频次在 15 至 50 之间(含 15)的词有 17 个,分别是:金属(32)、水(30)、原子(29)、法(29)、元素(25)、材料(25)、合金(23)、离子(23)、化学(23)、反应(20)、质量(18)、晶体(17)、碱(17)、碳(16)、化合物(16)、的(15)、稀(15)。

以上的 19 个词在术语用词词种表中是相对高频词,如:"溶液"的使用频次达 72 次,"分子"的使用频次达 55 次,而且"溶液""分子"本身也可以单独成词,表明"溶液""分子"既可以成为单词型术语,也可以作为术语的构成部件,具有较强的术语构成能力。值得注意的是其中的"的"字,与其他 18 个词并不同,它并不能独立使用构成单词术语,如前文所述,往往在表述种属概念时候使用。

(二) 教材术语的词性调查

前文从术语语法意义上分析了单词型和词组型化学教材术语的词性特征,单词型术语具有名词、动词、形容词三种词性,词组型术语具有名词、动词两种词性,体现了术语的实词性。然而,这些均是从术语整体的语法意义上进行的分析,对于构成术语的用词,尤其是构成词组型术语的各部分词语的语法特点,再进一步基于 1668 条术语作计量分析。

1668 条术语进行分词处理后,总词数为 2741,分类汇总得到构词种数为1201,再对这些词的词性进行分类汇总,得到词性种类为23。这里的词性并不是整条术语的词性,而是根据北京大学现代汉语语料库基本加工规范做分词处理后所标注的词性,如下表。

表14-42 化学教材术语构成成分的词性类型表

| 词性 | 数目 | 占总词数的比例 |
| --- | --- | --- |
| n | 1943 | 70.89% |
| v | 371 | 13.54% |
| a | 123 | 4.49% |
| ng | 118 | 4.30% |
| b | 58 | 2.12% |
| vn | 34 | 1.24% |
| ude1 | 15 | 0.54% |
| vg | 14 | 0.51% |
| f | 10 | 0.36% |
| d | 9 | 0.33% |
| nl | 9 | 0.33% |
| ag | 7 | 0.26% |
| m | 6 | 0.22% |
| p | 5 | 0.18% |
| z | 4 | 0.14% |
| dg | 3 | 0.11% |
| nz | 3 | 0.11% |
| k | 2 | 0.07% |
| mq | 2 | 0.07% |
| nr | 2 | 0.07% |
| c | 1 | 0.04% |
| q | 1 | 0.04% |
| vl | 1 | 0.04% |
| 总计 | 2741 | 100% |

由表14-42可知,名词(n),如"气体""钾",是组成化学教材术语最主要的词性,占总词次的比例为70.89%。动词(v),如"燃烧""合成";形容词(a),如"浓""小",占总词次的比例分别为13.54%、4.49%。名语素(ng),如"性""器";区别词(b),如"有机""标准";动名词(vn),如"反应""分层",也是术语中较常见的词性,比例均在1%以上。其他的词性,助词

（ude1）、动语素（vg）、方位词（f）、副词（d）、名词惯用语（nl）、形语素（ag）、数词（m）、介词（p）、状态词（z）、副语素（dg）、其他专名（nz）、后缀（k）、数量词（mq）、人名（nr）、连词（c）、量词（q）、动词惯用语（vl），这些词性在化学教材术语用词中出现的比例都较小。

由上述可知，术语的词性分布具有一定的规律，不是任何词性都会出现在术语中，如拟声词、语气词、代词等就从未出现在术语中，所以对术语进行词性统计可以在术语识别过程中排除一些干扰项。

（三）教材术语的词性序列

前面分析了化学教材术语的用词数量和词性的特点，不同的词或语素组合在一起，形成不同的术语，而这些术语本身呈现出一条条不同的词性序列。通过对化学教材1668条术语的统计分析，发现化学教材术语的词性序列分布具有一定的规律。共计得到122种词性序列，按照每种词性序列出现频次的高低，列出频次大于等于10的词性序列14种，如下表。

表14-43　化学教材术语的词性序列统计表

| 排序 | 词性序列 | 频次 | 比例 | 示例 |
| --- | --- | --- | --- | --- |
| 1 | n | 740 | 44.34% | 氨基酸 |
| 2 | n+n | 299 | 17.91% | 光学玻璃 |
| 3 | v | 114 | 6.83% | 合成 |
| 4 | v+n | 55 | 3.30% | 合成材料 |
| 5 | a+n | 51 | 3.06% | 稀有气体 |
| 6 | n+ng | 46 | 2.76% | 磷矿粉 |
| 7 | n+n+n | 33 | 1.98% | 钛-镍合金 |
| 8 | b+n | 28 | 1.68% | 无机化合物 |
| 9 | v+ng | 22 | 1.32% | 溶解性 |
| 10 | n+v+n | 19 | 1.14% | 光降解塑料 |
| 11 | a+n+n | 16 | 0.96% | 重金属离子 |
| 12 | v+n+n | 12 | 0.72% | 排空气法 |
| 13 | v+vn | 12 | 0.72% | 燃烧反应 |
| 14 | v+v | 11 | 0.66% | 抗腐蚀 |

续表

| 排序 | 词性序列 | 频次 | 比例 | 示例 |
|------|----------|------|------|------|
| …… | …… | …… | …… | …… |
| 122 | 总计 | 1668 | 100% | —— |

由上表可知,化学教材术语多数由 1—3 个词或语素构成,表中的前 14 种词性序列包含了 1458 条不同术语数,覆盖了术语的 87.36%。这 14 种词性序列包含的术语条数差别很大,从 740 条到 11 条不等,其中以名词、动词、形容词,或者名词与动词、名词与形容词组合形成的词性序列为主,其他的词性序列组成的术语在 50 条以下。

从术语构词数量角度来统计术语词性序列,如下表。

表 14-44  不同构词模式对应的词性序列分析

| 构术语模式 | 词性序列种数 | 占词性序列总种数的比例 |
|------------|--------------|------------------------|
| 单词术语 | 10① | 8.20% |
| 二词术语 | 28 | 22.95% |
| 三词术语 | 47 | 38.52% |
| 四词术语 | 25 | 20.49% |
| 五词术语 | 10 | 8.20% |
| 六词术语 | 1 | 0.82% |
| 七词术语 | 1 | 0.82% |
| 合计 | 122 | 100% |

这里的二词术语、三词术语等指的是切词时被切成两部分或三部分,并不是指每一部分都能够独立成词,有时其中的一些只是语素,如"耐/高温/性"中的"性",但我们笼统地将其称为三词术语。二词术语、三词术语、四词术语的词性序列种数较多。构成某一词性序列的词性种类越多,也体现该术语构成的复杂性。六词术语、七词术语词性序列种数只有 1 种,共包括 3 条术语,分别是"核/外/电子/的/分层/排布""向/上/排/空气/集/气/法""向/下/排/空气/集/气/法",这类术语相对复杂,在整个化学术语

---

① 这里的词性序列种数达到 10,包含有诸如"nl、nz、b、q、vl"等,而本书中讨论的单词型术语的词性有名词、动词、形容词三种,是从整条术语的语法意义来讨论,两者并不矛盾。

中占的比例很小。因此在运用术语词性序列构成模式进行术语识别时,可以将重点放在单词术语至五词术语的词性序列之间。

综观122种词性序列,可以进一步总结化学教材术语词性构成规则,如下表。

表14-45 术语词性构成规则

| 序号 | 规则描述 |
| --- | --- |
| 1 | 单词型术语由动词、形容词、名词或名词性成分构成 |
| 2 | 词组型术语中至少含有一个动词、名词或名词性成分(v、n、ng) |
| 3 | 术语中不会出现拟声词(o)、语气词(y)、代词(r) |
| 4 | 术语最后一个词多数为动名词、名词或名词性成分(vn、n、ng) |
| 5 | 少数术语词性构成中出现介词(p)、连词(c) |

在化学教材术语识别过程中,可以运用词性序列提供的有用信息,排除不可能出现的词性序列组合方式,如"代词+名词",针对每一个术语候选的词性序列应用这些规则,得到系统术语抽取的最终结果。

(四)词组型术语分析

段建勇(2007)认为多词表达(Multiword Expression)是一种整个单元的句法或语义属性不能直接从其构成成分得出的语言单位,这些语言单位通常用来表达精确的想法或者概念,而且又不能拆成单个词汇来表达,通常包含复合词、短语、专业术语、习惯用语以及词组等[1]。词组型术语实际上就是一种多词表达,多个词合在一起表达一个完整的概念,不管由多少个语素组成、长度有多长,它都只能作为一个整体,表示领域中的一个概念,取出其中的任何一部分都无法完整地表达该概念。故而研究词组型术语时,可以从多词表达的视角对术语的结构、术语构成部件、构成部件的词性特征进行分析。现针对文中1668条术语分类统计后获得的786条词组型术语进行统计分析。

1. 词组型术语的结构分析

冯志伟在《汉语词组型术语的结构》[2]一文中论述了汉语词组型术语的

---

[1] 段建勇:《多词表达抽取及其应用》,博士学位论文,上海交通大学,2007,第20—90页。
[2] 冯志伟:《汉语词组型术语的结构》,《科技术语研究》2004年第2期。

构成方式主要有六种：偏正结构、联合结构、述宾结构、述补结构、主谓结构、重叠结构，并认为深层挖掘词组型术语内部的语义结构关系，将它们的结构表示为树形图，有助于在大规模的真实语料库中自动提取术语。词组型术语是一种多词表达，而多词表达并不是任意词的任意组合，从语言学角度看应具有合理的内部语法结构，或者其组成必须属于合理的范畴。通过对多词术语的构成方式的计量分析，可以得出化学教材词组型术语的常见构成方式，从而提高词组型术语作为一个完整的结构被提取出来的正确率。现对786条词组型术语的结构进行统计分析，如下表。

表14-46 词组型术语结构分类

| 词组型术语结构 | 词条数 | 比例 | 示例 |
|---|---|---|---|
| 偏正结构 | 760 | 96.69% | 硫酸铜/晶体 |
| 述宾结构 | 14 | 1.78% | 抗/氧化性 |
| 联合结构 | 9 | 1.15% | 滴/加 |
| 主谓结构 | 3 | 0.38% | 质量/守恒 |
| 总计 | 786 | 100% | — |

由表14-46可知，化学教材词组型术语的结构主要有以上四种，其中偏正结构的词组型术语占96.69%，并且偏正结构的词组型术语中以定中短语居多，如"硫酸铜溶液"，整个词组呈名词性，与化学教材中介绍化学物质，帮助学生认识物质世界的宗旨相吻合；还有一种特殊的偏正短语，如"氮的固定"，这类短语主要是在下定义如"……叫做……"的句式中出现，在教材中出现较少。述宾结构、联合结构、主谓结构这三种结构类型的术语所占比例较小。述宾结构、主谓结构的短语主要描述物质的性质、状态，联合结构的短语主要涉及实验操作。在教材词组型术语中没有述补结构，实际上如术语"配平"作分词处理时既可以整体标记为"配平/v"，也可以分开标记为"配/v 平/a"，正如学界目前所公认的——在汉语分词处理中，词和短语的界限往往难以确定，这也是汉语自动识别的一个难点[①]。在具体的语料处理阶段，我们以整体标记的形式来解决这类问题，故而在词组型术语中没有出现述补结构。至于没有重叠结构，一方面可能是与语料性质

---

① 段建勇：《多词表达抽取及其应用》，博士学位论文，上海交通大学，2007，第20—90页。

有关,如重叠结构有"赤条条""摆摆手""安安静静""傻里傻气""研究研究",而在具体的术语语料中则没有这类术语;另一方面则可能是与具体的语料规模有关,化学教材语料规模较小,偏正结构的术语又占极大比例,可能还不足以体现重叠结构的术语。

2. 词组型术语的构成部件分析

术语是一种具有很强的领域特征的词语,它与一个特定领域的概念紧密关联。术语性又称为领域性,可以通过其术语部件体现出来。"术语部件"在北京大学计算语言学研究所与中国标准研究院合作项目"信息科学与技术领域术语辅助提取及术语库"①的建设中被首次提出,并在 GB/T19102-2003《术语部件库的信息描述规范》中明确定义和规范。术语部件在 GB/T19102-2003 中被定义为:"组成多词术语的词。特定领域中结合紧密、生成能力强、使用稳定的语言片段也可以看作术语部件,如'超大规模''光耦合'在信息科学与技术领域也可看作是术语部件。"②对化学教材术语整体观察后,发现有相当一部分词组型术语之间存在着相同的组成部分——它们或者是短语,或者是词,或者是语素,我们统称之为"术语构成部件"。建立术语部件表,在自动术语识别的程序中则可以嵌入这个模块来识别潜在的术语。

现对 786 条词组型术语进行分析,786 条词组型术语的总词次为 1865,词种数为 653。

表 14-47　术语构成部件分析表

| 部件 | 词次 | 部件 | 词次 | 部件 | 词次 |
| --- | --- | --- | --- | --- | --- |
| 元素 | 23 | 溶液 | 70 | 反应 | 20 |
| 离子 | 21 | 晶体 | 16 | 分数 | 7 |
| 分子 | 53 | 气体 | 8 | 作用 | 6 |
| 原子 | 27 | 无机 | 4 | 超导 | 4 |
| 有机 | 10 | 沉淀 | 4 | 化学 | 21 |

---

① 吴云芳、穗志方、邱利坤等:《信息科学与技术领域术语部件描述》,《语言文字应用》2003 年第 4 期。
② 何燕、穗志方、段慧明、俞士汶:《一种结合术语部件库的术语提取方法》,《计算机工程与运用》2006 年第 33 期。

续表

| 部件 | 词次 | 部件 | 词次 | 部件 | 词次 |
|------|------|------|------|------|------|
| 塑料 | 12 | 饱和 | 10 | 纤维 | 10 |
| 合成 | 8 | 相对 | 7 | 金属 | 30 |
| 材料 | 25 | 合金 | 21 | — | — |

表14-47中的"词次"指的是这些词组型术语经过切词处理后,在1865条词中的使用频次。

对于以上可以作为术语构成部件的词,我们再进一步对它们作为术语构成部件时所处的用词位置进行分析,发现既可以作为术语构成部件前件,也可以作为术语构成部件后件的有:元素(如"元素周期""氮元素")、金属(如"金属活动顺序""有色金属")、化学(如"化学方程式""绿色化学")、合金(如"合金材料""钛合金")。另外的19个术语构成部件有些是化学教材术语的构成前件,有些是化学教材术语的构成后件,有些也可以用在术语的中间位置,如"相对原子质量""碳酸钙沉淀"。

除了以词的形式呈现的术语构成部件,我们在对786条词组型术语统计分析时,发现相当一部分术语存在相同的首字或尾字,这些字也是术语的重要组成部分,具体如下。

表14-48 术语特征字分析表

| 字目 | 字目 | 字目 | 字目 | 字目 |
|------|------|------|------|------|
| 性 | 液 | 酸 | 器 | 管 | 反 |
| 价 | 碱 | 池 | 板 | 剂 | 负 |
| 物 | 盐 | 膜 | 不 | 法 | 纯 |
| 粉 | 气 | 水 | 化 | 非 | 素 |
| 数 | 过 | 可 | 体 | 律 | 度 |
| 子 | — | — | — | — | — |

表14-48中的这31个字有些是词(如"碱"),有些是语素(如"性"),但均可以成为化学教材术语的重要构成部分。经过对它们的综合观察,发现它们往往在术语的首字位置或尾字位置出现,因此可以作为化学教材术语识别的重要特征字。

不、可、负、纯、反、非、过,这7个字出现在教材术语的首字位置,如:"不饱和溶液""可降解塑料""负价""纯碱""反渗析法""非金属氧化物"

"过氧化氢溶液"。另外的 24 个字出现在教材术语的尾字位置,如:"某盐""质能守恒定律""酸碱度""金属的氧化"。

3.词组型术语首尾用词的词性分析

何燕、穗志方等在《一种结合术语部件库的术语提取方法》中总结了术语前后境的词性规则,并认为术语左边第一个词性对术语识别至关重要。借此研究思路,我们对考察的 786 条词组型术语首尾用词的词性进行统计,作为词首的总词条数为 786 条,作为词尾的总词条数为 786 条,分别对它们进行分类汇总,得到词首的词种数为 397,词尾的词种数为 255;再分别对作为词首的 397 条词的词性、作为词尾的 255 条词的词性进行分类汇总,得到词首的词性有 15 种,词尾的词性有 6 种。

表 14-49　词首的词性类别表

| 词首词性 | 数量 | 比例 |
| --- | --- | --- |
| n | 240 | 60.45% |
| v | 74 | 18.64% |
| a | 38 | 9.57% |
| b | 18 | 4.53% |
| vn | 5 | 1.26% |
| vg | 5 | 1.26% |
| ng | 4 | 1.01% |
| d | 3 | 0.76% |
| ag | 3 | 0.76% |
| m | 2 | 0.50% |
| z | 1 | 0.25% |
| p | 1 | 0.25% |
| nr | 1 | 0.25% |
| mq | 1 | 0.25% |
| dg | 1 | 0.25% |
| 合计 | 397 | 100% |

表 14-50　词尾的词性类别表

| 词尾词性 | 数量 | 比例 |
|---|---|---|
| n | 183 | 71.76% |
| ng | 34 | 13.33% |
| v | 29 | 11.37% |
| a | 5 | 1.96% |
| vn | 3 | 1.18% |
| b | 1 | 0.39% |
| 合计 | 255 | 100% |

由表 14-49 可知,名词(n.)词性出现在词首位置的比例占 60.45%,其次是动词、形容词、区别词,其他词性出现在词首的比例均很小。由表 14-50 可知,名词(n.)词性出现在词尾位置的比例占 71.76%,其次是名语素、动词,其他词性出现在词尾的比例较小。所以无论在词首位置还是在词尾位置,名词词性的词均占较大的比例,在这两个位置出现的词中动词占的比例相对低一些。出现在词首位置的词性种类较词尾位置的词性种类更丰富,部分词性不会出现在词尾位置,如:"动语素(vg)""副语素(dg)""副词(d)""人名(nr)""状态词(z)"。

(五)非典型性术语分析

术语是某一特定专业领域内用来表达一个特定学科概念的语言形式,其重要特点之一就是其主要用于专业领域内,并且在专业领域内具有较高的流通度,在其他领域内的流通度为零或者接近零[1],这体现了术语的领域性。如前所述的典型术语,它们表达的学科意义明显,在术语判断标准上一般不存在难以确定的问题。然而还有一些与通用词汇有交集或广泛应用于通用领域的术语——非典型术语,如"角度""反应""变化""活泼",这类词汇在进行术语识别或者术语界定时,需要综合考量多种因素。

我们总体观察了 1668 条化学教材术语,发现构成术语的词或语并不一定均是专业领域的词或语,对构成术语的词语类型作了大致的归类。术

---

[1] 邢红兵:《信息领域汉英术语的特征及其在语料中的分布规律》,《术语标准化与信息技术》2000 年第 3 期。

语的构成有以下几种情况：

表 14-51　术语构成类型分析

| 类型 | 条数 | 示例 |
| --- | --- | --- |
| 普通词语的组合 | 397 | 玻璃/弯管、功能/陶瓷 |
| 普通词语与术语的组合 | 409 | 物理/变化、标准/大气/压强 |
| 术语的组合 | 862 | 氮/原子、高锰酸钾/溶液 |
| 合计 | 1668 | — |

如上表所示，术语构成中存在着由普通词语与普通词语、普通词语与术语、术语与术语构成新术语的情况。有些普通词语并不如专业术语那样具有明显的领域意义，以至于未被当作术语进行标注；但同时也存在本不是术语的通用词或通用字却被标注为术语的情况，所以有必要对一些通用字或通用词什么时候是术语，什么时候不是术语的情况进行探讨。

术语识别过程中可以分别建立三种资源①。

1. 术语底表

该表包括已提取到的所有术语。

2. 部件表

包括术语部件和那些本身不是术语但经常构成术语的非术语词部件。

3. 在术语自动标注中使用的各种规则

包括：例外校正规则、保持规则、模板规则。例外校正规则指识别出一条底表术语时，调用的排除检验规则；保持规则指只要符合该规则，当前识别的词语百分百为术语；模板规则指当符合该模板时，把被模板夹着的部分标记为术语。

在化学教材术语标注的过程中，分别总结了一些通用字、通用词的例外校正规则、保持规则、模板规则，这些字、词如下：价、能、酸、根、活泼、质量、沉淀、结晶、反应。

（1）例外校正规则。

---

① Zheng zezhi, "Auto-labeling Terms Based on Multi-scanning Strategy", Third International Symposium on Information Processing, (Nov. 2010).

①如果"价"前面的字符是"少/加/高/低/降/还/砍/议/杀",或者后面的字符是"钱/格/码/位",则不是术语。

②如果"能"前面的字符是"才/不/功/可/只/性/还/所/都/就",或者前面是代词,或者后面的字符是"力/够/否/不能",则不是术语。

③如果"酸"前面的字符是"很/不",或者后面的字符是"的/性/度/甜",则不是术语。

④如果"根"前面的字符是"是/有/无/票/方",或者前面是代词,或者后面的字符是"据/本/源/正/号",则不是术语。

⑤如果"质量"前面的字符是"好/不/很/高/差/太/低",则不是术语。

(2)保持规则。

①如果"价"前面的字符是"合/正/负",或者是数字,或者后面的字符是"法/是/为/升/降/变"时,则是术语。"价"是名词,可以独立使用。

②如果"能"前面的字符是"质"时,则是术语。"能"是名词,可以独立使用。

③如果"酸"前面的字符是"强/弱"时,则是术语。"酸"是名词,可以独立使用。

④如果"根"前面的字符是化学元素,或者后面的词语是"离子",则是术语。"根"是名词,可以独立使用。

⑤如果"质量"前面的词语是"分子/原子/溶质",或者后面的字或词语是"数/分数/守恒",则是术语。

⑥如果"沉淀"前面的字、词是化学元素、颜色类词语,或者前面的字、词语是"有/生成/析出",则是术语。"沉淀"是名词,可独立使用。

(3)模板规则。

①"能"后面加注英文注释,符合模板:term(英文)。

②"酸"后面加注英文注释,符合模板:term(英文)。

③"活泼"这个词在通用领域描述人的性格,但在化学教材中用来描述事物属性,尤指金属的活动性,因此应标记为术语。使用的模板为"\*\*\*(化学)性质不(如)\*\*\*活泼";"\*\*\*(化学)性质(比较)活泼"。

④"结晶"作为被定义项,符合模板:(叫作|称为)term(英文注释)。

⑤"反应"在教材中指的是物理反应或者化学反应,常与"反应"前的

"反应类型"整体作为术语进行标注，出现的模板是：(分解|还原|氧化|置换|复分解|化合|中和|燃烧)反应；或出现在被定义项中，模板是：(叫作|被称为|又叫|也叫)term(英文注释)。

由以上可以总结，典型术语基本不存在术语评判标准难以确定的问题，但对于非典型术语就必须制定评判标准。术语的评判标准应该以术语语义为基础，根据术语的不同类型，结合术语自身的各种属性进行评判。术语的语法属性——根据词语的词性，可以轻松识别一些具有两种以上词性的术语，它们一般只有一个词性是术语的词类身份，如"能"。术语所处的语境——根据词语在当前语境是否表达术语意义，或者是不是教材当前章节讲授的概念、教授的对象，如"质量"。

以上分析了术语的用词数量、术语用词的词性种类、术语用词的词性序列，同时还针对多词术语的术语结构、术语构成部件、术语首尾用词的词性进行了统计分析。

1668条术语的构词种数为1201，术语用词的频次从72次到1次不等，不同频次段之间，词种数量相差较大。在词性种类方面，有23种词性类型，名词是构成术语的主要词性，占70.89%的比例，其次是动词、形容词、名语素、区别词、动名词。在词性序列方面，化学教材术语多数由1—3个词或语素构成，共有122种不同的词性序列组合，以名词、动词、形容词，或者名词与动词、名词与形容词组合形成的词性序列为主。总结了术语词性构成的五条规则，可以针对每一个术语候选的词性序列应用这些规则，得到系统术语抽取的最终结果。

关于多词术语。对786条词组型术语进行统计分析，其结构有偏正结构、联合结构、述宾结构、主谓结构，偏正结构的词组型术语占96.69%的比例。总结出23个术语构成部件和31个特征字，多词术语在词首、词尾位置上的词的词性主要是名词性的，其次是动词性的。

本节最后对通用字、通用词的若干术语性进行了分析，总结归纳了评定它们是否为术语的例外校正规则、保持规则、模板规则，判断这类非典型性词语是否为术语，可以综合考量它们所处的语境、自身的语法属性、在教材中的章节分布情况。

本节以化学学科教材为语料，提取化学教材术语表，在此语料库的基础上从多个角度对化学教材术语进行了统计分析。针对化学学科教材,从字、词、语三个层面对化学教材术语进行计量分析,一方面对教材术语的现实状况进行描写解释,从字及词的教学、行文规范、知识点内容的交叉性角度服务于基础教育阶段的化学教材的编写;另一方面从术语的用字及用词特点、术语构成特点、术语的语法特征角度,服务于学科教材的术语识别,力求推动学科术语数据库的建立。这里使用的语料库规模还很有限,希望在以后的研究中术语数据库还能得到不断更新。

本节只是从术语的形式、结构、长度等方面进行计量分析,更多的语言学知识还隐藏在语料库里,有待从多维度进行更深入的知识挖掘,并且所挖掘的知识如何量化统计也是今后研究的一个重要方向。同时,术语的领域特征问题,本节只是从学科术语的特定位置用字情况、术语的词性、术语的结构这几个角度来提取一些术语的领域特征信息,如何从新的角度衡量术语的领域特征将是日后研究的重点与难点。

# 第十五章
# 文科教材知识内容研究

教材的内容都是以语言文字为表达形式才得以呈现的。在教材语言的背后,都是教学内容的存在。当自觉地把教材语言这个知识载体与所承载的知识内容对应起来梳理时,对教材语言在里面起到的作用会观察得更加清楚。对教材要传递的学科知识的内容、重点、难点、特点,自然也会看得更加清晰。甚至,教材语言的选择与使用,还会对学科知识本身的形成与表达,对学科知识的教学与传递,也会产生种种显隐、强弱不一的作用。理科教材如此,文科教材亦如此。这里选取了"品德""科学[①]""文化"等文科教材。

## 第一节
## 小学品德教材主题及内容研究

### 一、研究对象

目前关于品德教材的研究大多是从定性分析的角度对不同教材进行

---

[①] 此处的"科学"教材指地理,在分科中可以归入文科范畴。

比较研究①,定量分析研究还较为薄弱,如何科学地把握教学主题内容还需进一步深入研究。为此,基于 22 个省级推荐教学用书目录、38 个市区县级版本确定情况和 9 个市区县实际使用情况抽样调查的统计结果,我们选择北师大版、人教版、苏教版三套《品德与生活》《品德与社会》教材(现《道德与法治》教材)作为调查对象,并将教材内容划分到《品德与生活》9 大主题和《品德与社会》的 11 大主题中。

表 15-1 《品德与生活》主题与主要内容

| 主题 | 主要内容 |
| --- | --- |
| 自我发展 | 自我管理与成长 |
| 集体友爱 | 适应学校环境、与老师同学愉快交往 |
| 热爱家庭 | 尊敬父母、乐意承担家务 |
| 社会公德 | 遵守社会公德与秩序 |
| 热爱家乡 | 了解家乡风物 |
| 热爱祖国 | 热爱国家、了解英雄人物故事 |
| 爱护地球 | 喜欢大自然、积极践行环保 |
| 热爱科学 | 乐于探索发现未知事物 |
| 热爱和平 | 了解各国风俗、尊重不同文化 |

小学一年级到二年级是儿童开始形成自我意识、有家庭责任感、进入集体成长的重要时期。《品德与生活》课程应根据儿童的认知发展水平,通过多方面、生活化的能力培养和价值观教育,使儿童形成正确的生活态度、公民道德和科学素质。根据《义务教育品德与生活课程标准(2011 年版)》中的"课程内容"标准归纳其课程所含 9 大主题,见表 15-1。

《品德与社会》是在小学三年级到六年级开设的一门综合性人文课程,其内容在品德教育的基础上整合了社会、经济、历史、地理常识,旨在促进学生良好品德、正确的价值观和社会生活能力的形成与培养。根据《品德

---

① 参见李莉:《新课标"品德与生活"教材比较》,《思想理论教育》2011 年第 9 期;李莉:《公民教育视角下的"品德与社会"教材比较》,《思想理论教育》2012 年第 4 期;李祖祥、辜雨:《苏教版〈品德与生活〉与台湾南一书局的〈生活〉的比较与分析——以"我与家"单元为例》,《湖南师范大学教育科学学报》2011 年第 6 期;鲁洁:《回归生活——"品德与生活""品德与社会"课程与教材探寻》,《课程·教材·教法》2003 年第 9 期;王晓莉、郑航:《为了儿童道德成长的德育教材建设——基于五种版本〈品德与社会〉教科书的比较》,《思想理论教育》2012 年第 10 期;张茂聪:《〈品德与社会〉教科书比较分析及思考》,《教育科学研究》2012 年第 7 期。

与社会》课标的课程目标和课程内容进行归纳之后，我们整理出了《品德与生活》课程涉及的 11 个主题，见下表。

表 15 – 2　《品德与社会》主题与主要内容

| 主题 | 主要内容 |
| --- | --- |
| 自我发展 | 自我管理与成长 |
| 集体友爱 | 关心集体、与同学友好相处 |
| 热爱家庭 | 感恩父母、良性沟通 |
| 社会公德 | 积极参与社区活动、了解各行各业 |
| 热爱家乡 | 了解家乡发展、民风民俗 |
| 热爱祖国 | 祖国历史文化常识 |
| 爱护地球 | 参与环保活动、增强环保意识 |
| 热爱科学 | 反对迷信、思考科学发展带来的利弊 |
| 热爱和平 | 了解世界形势，珍惜和平 |
| 民主法治 | 运用法律保护自己 |
| 社科常识 | 经济、交通、通信常识 |

以上是课标中体现的主题内容，下面我们将对三套教材在各主题的分布内容量与课标的主题内容分布量进行对比。

## 二、主题内容比重与课程标准拟合度对比

国家课程标准是教材编写、教学、评估和考试命题的依据，教材编写必须以课标为准绳。课标不仅规定了课程性质、基本理念、设计思路，还有课程目标和课程内容。《品德与生活》课程内容非常详尽地列出了对应课程设计思路的 4 个方面的 11 类 43 条内容，每个主题下的内容条数反映了该主题所述内容的分量。为检验三套教材与课标在主题内容上安排的拟合度，我们将 43 条内容划归到《品德与生活》9 类主题内容中，统计了不同主题与各主题下内容的条数与总条数之间所占的比例。

《品德与社会》也遵循相同操作。统计结果见表 15 – 3。

表 15-3 《品德与生活》《品德与社会》课标主题

| 课标主题 | 《品德与生活》条数/% | 《品德与社会》条数/% |
|---|---|---|
| 自我发展 | 17/40 | 8/15 |
| 集体友爱 | 4/9 | 6/12 |
| 热爱家庭 | 4/9 | 4/8 |
| 社会公德 | 4/9 | 7/13 |
| 热爱家乡 | 1/2 | 3/6 |
| 热爱祖国 | 1/2 | 10/19 |
| 爱护地球 | 2/5 | 1/2 |
| 热爱科学 | 10/23 | 1/2 |
| 热爱和平 | 0/0 | 8/15 |
| 民主法治 | 0/0 | 1/2 |
| 社科常识 | 0/0 | 3/6 |
| 合计 | 43/100 | 52/100 |

在教材主题内容量方面,我们将语料按照主题分好类之后,统计了各版教材的字频数,得到如下统计结果,详见表 15-4、表 15-5。

表 15-4 《品德与生活》各版内容量对比

| 主题 | 人教版(字数/%) | 北师大版(字数/%) | 苏教版(字数/%) |
|---|---|---|---|
| 自我发展 | 11826/47.03 | 4146/26.63 | 7645/46.61 |
| 集体友爱 | 1362/5.42 | 2701/17.35 | 1614/9.84 |
| 热爱家庭 | 2053/8.16 | 336/2.16 | 1269/7.74 |
| 社会公德 | 93/0.37 | 592/3.80 | 491/2.99 |
| 热爱家乡 | 1733/6.89 | 460/2.95 | 15/0.09 |
| 热爱祖国 | 2119/8.43 | 1689/10.85 | 908/5.54 |
| 爱护地球 | 4334/17.24 | 2578/16.56 | 1804/11.00 |
| 热爱科学 | 1541/6.13 | 2908/18.68 | 2657/16.20 |
| 热爱和平 | 84/0.33 | 157/1.01 | 0/0 |
| 合计 | 25145/100 | 15567/100 | 16403/100 |

表 15-5 《品德与社会》各版内容量对比

| 主题 | 人教版(字数/%) | 北师大版(字数/%) | 苏教版(字数/%) |
| --- | --- | --- | --- |
| 自我发展 | 28388/19.02 | 32001/15.09 | 41065/14.98 |
| 集体友爱 | 6238/4.18 | 23833/11.24 | 17317/6.32 |
| 热爱家庭 | 4108/2.75 | 5987/2.82 | 16317/5.95 |
| 社会公德 | 9560/6.40 | 11374/5.36 | 19228/7.01 |
| 热爱家乡 | 4136/2.77 | 13574/6.40 | 11513/4.20 |
| 热爱祖国 | 49334/33.05 | 69369/32.71 | 63418/23.1 |
| 爱护地球 | 8416/5.64 | 18667/8.80 | 24259/8.85 |
| 热爱科学 | 1801/1.21 | 124/0.06 | 8695/3.17 |
| 热爱和平 | 17505/11.73 | 17491/8.25 | 42355/15.45 |
| 民主法治 | 6158/4.13 | 7859/3.71 | 16931/6.18 |
| 社科常识 | 13626/9.13 | 11799/5.56 | 13033/4.7 |
| 合计 | 149270/100 | 212078/100 | 274131/100 |

（一）《品德与生活》拟合度对比

《品德与生活》课标将教学重点放在自我发展方面(40%)，其次是热爱科学(23%)，集体友爱、热爱家庭与社会公德各占了9%，而爱护地球、热爱祖国与热爱家乡共占了9%。这与《品德与生活》帮助学生适应学校生活、做好低年级儿童的幼小衔接、培养学生基本的道德品格的宗旨是非常契合的。

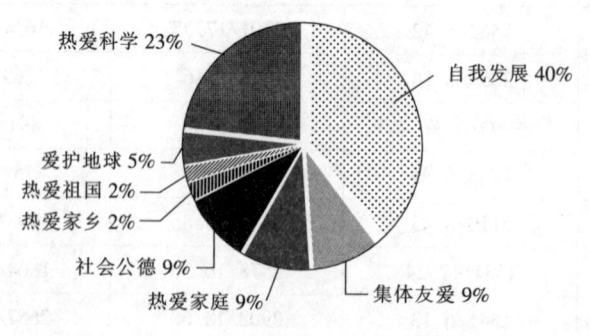

图 15-1 《品德与生活》课标主题内容占比

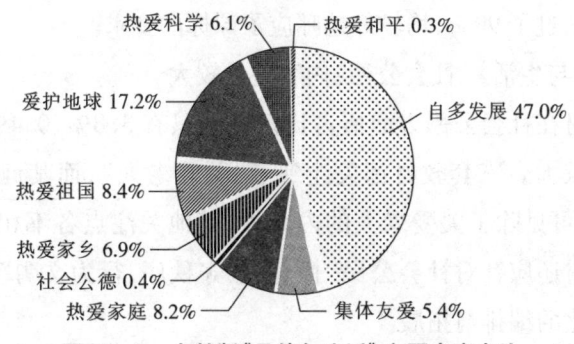

图 15-2　人教版《品德与生活》主题内容占比

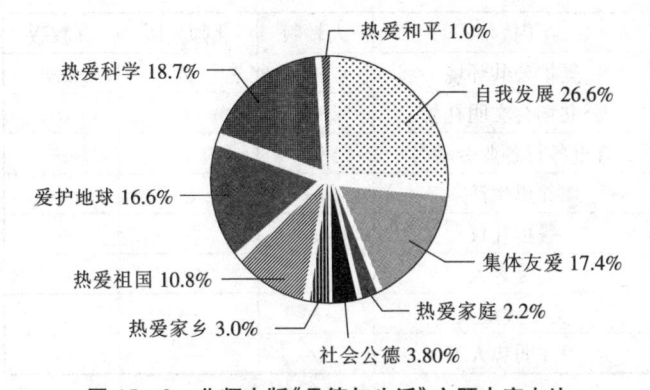

图 15-3　北师大版《品德与生活》主题内容占比

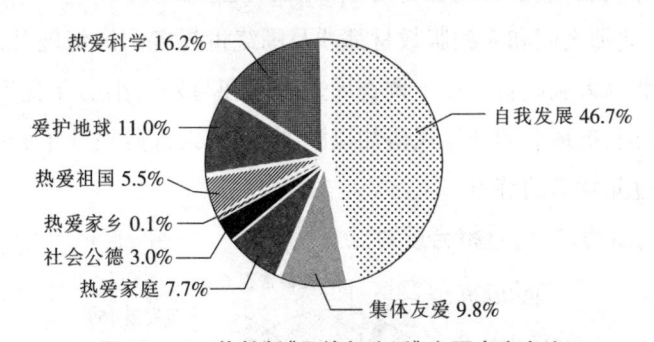

图 15-4　苏教版《品德与生活》主题内容占比

1. 苏教版《品德与生活》与课标拟合度最高

通过图 15-1 到图 15-4 比较各版教材在不同主题内容上的比例,直观上看苏教版的内容分布与课标最相似。我们欲采用数据方式——拟合度度量的方式来揭示教材与课标之间的符合程度。计算发现:人教版与课标的拟合度为 93.1%、北师大版为 93.4%、苏教版为 96.2%。图示与数据,直观与客观计算的结果完全相符。三套教材主题内容与课标的主题内容拟合度都超过了90%,均较好地呼应了课标的要求。

2.《品德与生活》"社会公德"内容差异较大

三套教材在社会公德方面所占比例分别只有3.8%、0.4%、3.0%,与课标的差异较大。三套教材都关注到了"关爱老人",而其他内容则如表15-6所示。可见除了关爱老人的内容外,其他关注点各不相同。在今后的编写中教材还应针对社会公民"懂礼貌、守秩序、行为文明"的要求进行细化和实例化的编排与拓展。

表15-6 《品德与生活》各版"社会公德"内容对比

| 内容 | 人教版 | 北师大版 | 苏教版 |
|---|---|---|---|
| 爱护公共环境 | — | ✓ | — |
| 公共场合文明礼貌 | — | — | ✓ |
| 尊重各行各业劳动者 | — | ✓ | — |
| 邻里生活 | — | ✓ | — |
| 餐桌礼仪 | ✓ | — | — |
| 关爱老人 | ✓ | ✓ | ✓ |
| 关爱残疾人 | — | — | ✓ |
| 关注弱势人群 | ✓ | — | — |

3.北师大版和人教版《品德与生活》的特色主题

另外,北师大版和人教版教材都涉及围绕世界各国风俗展开的热爱和平主题。北师大版教材设计了调查周边国家和与外国小朋友交流的练习,对日本、美国、奥地利的新年风俗加以配图说明;人教版设计了调查各国小朋友如何过儿童节的练习。

(二)《品德与社会》拟合度对比

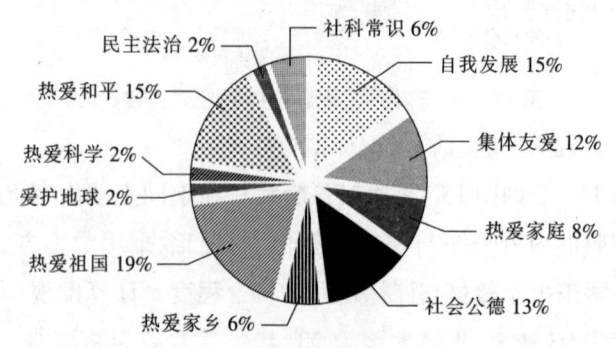

图15-5 《品德与社会》课标主题内容占比

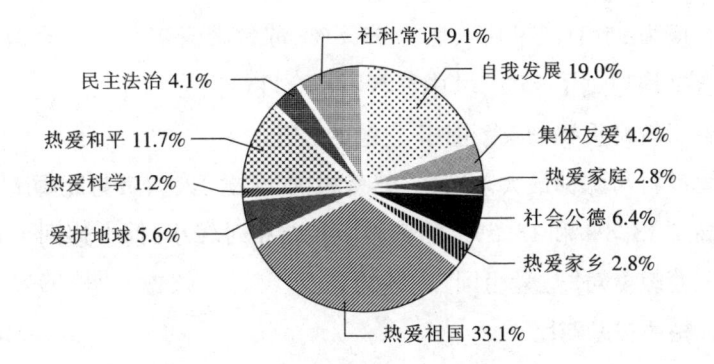

图 15-6　人教版《品德与社会》主题内容占比

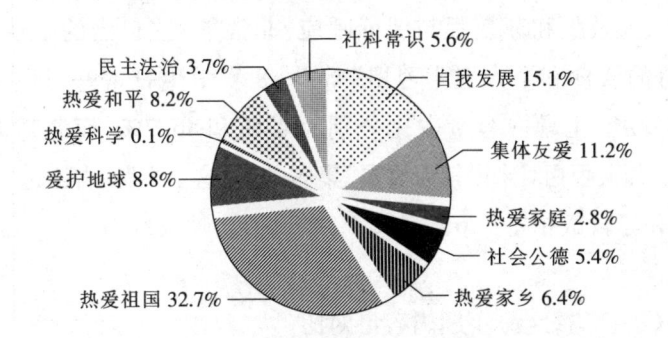

图 15-7　北师大版《品德与社会》主题内容占比

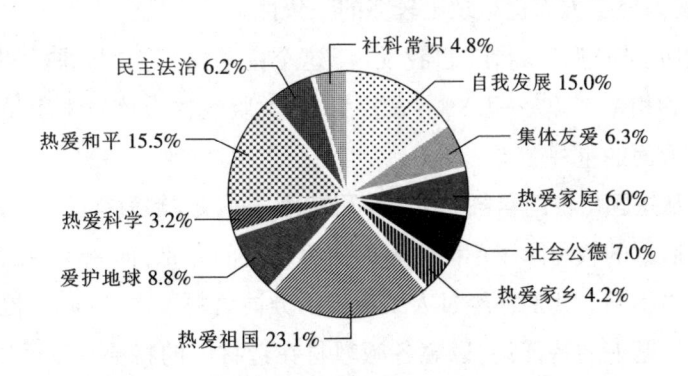

图 15-8　苏教版《品德与社会》主题内容占比

《品德与社会》在《品德与生活》的主题内容上增加了热爱和平、民主法治和社科常识3个部分,整体呈现出人文课程的综合性特征。

1. 苏教版《品德与社会》与课标拟合度高

根据三套教材主题内容量占比与课标主题内容量占比的差别量,人教版的拟合度为95.1%、北师大版为95.8%、苏教版为97%。三套教材与课标的拟合度均超过了95%，其中苏教版拟合度最高。

2. 各版教材重视"热爱祖国"主题的展开

三套教材与课标最大差别在"热爱祖国"部分，人教版与北师大版各自比课标高了13.8%和13.5%，而苏教版相差相对较小，但也达到了4.2%，体现了三套教材对"热爱祖国"主题的重视。

### 三、特色主题对比

（一）《品德与生活》主题内容量对比

"自我发展"与"集体友爱"的主题内容量差距较大。如图15-2、图15-3所示，人教版和苏教版与课标呼应，非常重视"自己的事情自己做""养成良好的饮食和个人卫生习惯"等6—8岁学生日常好习惯培养的内容，"自我发展"主题内容量占比分别为47%和46.7%，而北师大版只有26.6%。北师大版相对来说较为重视"集体友爱"这个主题，占比达到17.4%，与人教版和苏教版相差7.6%—12%，体现了北师大版对于学生融入集体的高要求。

（二）《品德与社会》主题内容量对比

从内容与课标的对应关系上看，三套教材完全覆盖了课标的教学内容，各主题内容量方面也呈现出较多的一致性。

人教版、苏教版教材在"自我发展"这个主题内容上，与课标和北师大版教材平均相差5.7%—7.8%，人教版、苏教版教材应该对学生给予更多自我发展方面的重视。

### 四、从主题特征词看各教材的编写特色——以"热爱祖国"主题为例

三个版本的教材除了不同主题的内容量上的差别，同一主题的论述方面也有诸多不同。我们在经过人工精校的分词语料库的基础上，提取不同版本同一主题下的特征词，以窥各版教材在选材上的特征。下面以"热爱祖国"主题为例进行对比。

（一）特征词的定义与选取手段

特征词是最能有效体现文本类型特征的词语，这里使用TF-IDF的统计方法来提取类特征词，其中TF代表某词在文件中出现的频率，以该词在文件中的出现次数为分子，以文件中所有词语的出现次数之和为分母求

得;IDF 反映它在语料库不同文件中出现的普遍程度,与通常的 IDF 计算略有区别,我们采用公式(1)计算 IDF 值。在经过上述对 IDF 的计算后,再对 TF 和 IDF 的乘积算出的权重向量做一个欧几里得标准化,标准化计算公式如公式(2)所示,目的是让权重向量长度大于等于 0、小于等于 1。最终求得文档中每个词的 TFIDF 权值。

$$\mathrm{idf}(t) = \log \frac{1+n_d}{1+df(d,t)} + 1 \quad\quad (1)$$

$$\upsilon_{\mathrm{norm}} = \frac{\upsilon}{||\upsilon||_2} = \frac{\upsilon}{\sqrt{\upsilon_1^2 + \upsilon_2^2 + \cdots + \upsilon_n^2}} \quad\quad (2)$$

通过统计 TFIDF 权值,筛选出不同主题下三套教材共有的特征词的同时,又对各套教材的独用特征词按照 TFIDF 权值从大到小进行了排序,发现各版教材在同一主题下的不同关注点。

(二)各版《品德与生活》"热爱祖国"主题特征词对比

三套教材在《品德与生活》"热爱祖国"主题上,共用的较高频次的词语有"祖国、国旗、国庆、中秋节、故事"等,呼应了课标"尊敬国旗、国徽,学唱国歌。为自己是中国人感到自豪。热爱革命领袖,了解英雄模范人物的光荣事迹"相关教学内容。三套教材的独用特征词则体现了各教材选点和具体事例上的差别。由于《品德与生活》作为一、二年级读物,词汇量较少,故每套教材"热爱祖国"主题下的特征词按照 TFIDF 权值从高到低只取前 55 个。另外,若有与主题内容无关的词汇,如练习指导语"找一找"等,也一并去掉。故每套教材所取特征词在 49—53 个之间。

1. 人教版关注战争历史与少先队活动

表 15-7　人教版《品德与生活》"热爱祖国"主题独用特征词统计表

| 主题 | 特征词数/% | 词例 |
|---|---|---|
| 解放战争 | 23/43.4 | 炸药包、冲锋、1948 年 5 月 25 日、安放、暗堡、沉着、出去、道路、机智、狡猾、解放、举起、桥下、拦住、隆化、枪口、桥上、设计、同志、毫不犹豫、外地、晚上、我军 |
| 少先队活动 | 17/32.1 | 当年、爱心、厨艺、丛飞、大使、多彩、光彩、祭扫、敬老院、劳动、老人、雷锋、烈士墓、三角形、少年儿童、社区、慰问 |
| 中国传统节日 | 13/24.5 | 年夜饭、八月、除夕、传统节日、打工、故乡、欢欢喜喜、家里人、家庭、讲究、橘子、来历、团团圆圆 |
| 合计 | 53/100 | — |

人教版《品德与生活》通过"炸药包、冲锋"等词语描写叙述了董存瑞炸碉堡的英雄事迹,使学生对英雄及其行为有了更深的体会和感动。关于"少先队活动"的词,如"祭扫、烈士墓"等有 13 个,占比 32.1%,说明人教版教材希望学生在实践中继承革命的光荣传统。董存瑞的事迹在北师大版中也有出现,与人教版不同的是其展现手段以图片为主。苏教版考虑学生的心智发展阶段,介绍的均为少年儿童英雄。

2. 北师大版关注中国地理与民族民俗

表 15-8　北师大版《品德与生活》"热爱祖国"主题独用特征词统计表

| 主题 | 特征词数/% | 词例 |
|---|---|---|
| 中国地理 | 17/34.7 | 哈尔滨、海南岛、云南、大海、各地、火车、气温、全长、5465 千米(黄河长度)、6300 千米(长江长度)、上海、海口市、河流、湖南、黄河小浪底、黄土高原、安徽 |
| 自然文化遗产 | 15/30.6 | 名胜古迹、文化遗产、许多、图片、三塔、石林、澳门、大三巴牌坊、大足石刻、东边、敦煌、风光展、黄河壶口瀑布、黄山、介绍图 |
| 民族团结 | 9/18.4 | 民族、资料、傣族、朝鲜族、汉族、高山族、哈萨克族、蒙古族、(多民族)国家 |
| 新中国成就 | 5/10.2 | 标志、建设、发射、成功、欢呼 |
| 解放战争 | 2/4.1 | 人民英雄、红岩 |
| 中国古代史 | 1/2.0 | 刻字(传统书写历史) |
| 合计 | 49/100 | — |

从表15-8中我们可以发现,北师大版《品德与生活》对中国地理与文化遗产,对各民族民风、民俗的关注远胜于其他两版教材。学生通过教材可以了解到很多关于中国地理和各民族风情的知识。人教版对于这一部分的内容介绍放在《品德与社会》中,体现了两版教材知识安排的阶段差异。苏教版关于地理、自然文化遗产这方面的介绍,则没有独用的词汇出现。

3. 苏教版关注中国传统节日、少先队历史与少年英雄

表15-9　苏教版《品德与生活》"热爱祖国"主题独用特征词统计表

| 主题 | 特征词数/% | 词例 |
| --- | --- | --- |
| 中国传统节日 | 26/49.1 | 重阳节、老人节、习俗、新年、茱萸、传说、登高、登高节、风俗、欢庆、家人、九月九日、菊花节、菊花酒、渴望、美好、民间、食品、甜蜜、团圆、习惯、象征、圆圆、愿望、重九节、重阳糕 |
| 拥护共产主义 | 18/34.0 | 前进、勇敢、共产主义、接班人、烈士、升旗手、生命、鲜血、斗争、读书、队歌、队徽、队史室、好好学习、继承、坚决、建队日、天天向上 |
| 抗日战争 | 5/9.4 | 抗日、来之不易、闪闪的红星、小兵张嘎、张六子 |
| 爱国旗（儿歌） | 4/7.5 | 蓝天、亲亲、金星、大地 |
| 合计 | 53/100.0 | — |

苏教版教材中关于中国传统节日的相关词有26个,关于重阳节及相关习俗的有11个,旨在通过深入了解单个传统节日开启中国传统文化的大门。

此外,苏教版通过少先队队歌、抗战小英雄的故事如《小兵张嘎》《张六子》《闪闪的红星》等,教育学生以少先队员的身份和少年英雄的精神严格要求自己,在内容上很有特色。

(三) 各版《品德与社会》"热爱祖国"主题特征词对比

以下是《品德与社会》"热爱祖国"主题的内容中三套教材共用词里频次较高的词:

对于课标"知道台湾是我国不可分割的一部分":台湾、宝岛。

各民族共同创造了中华民族的历史和文化:唐朝历史、民族、文化、了解、一起、文明、伟大。

近代我国遭受过列强的侵略以及中华民族的抗争史：日本、抗日、很多、革命、发现、战争、敌人。

民族英雄和革命先辈：战士、英雄。

奋发图强的爱国志向：学习、许多、同学、人们、社会、看到。

热爱社会主义祖国和中国共产党：新中国、毛泽东、工业、中国共产党、红军、地图、成立、终于、领导、带来、中国、人民、我国、国家、年代、农民、汽车、精神、能够、今天、解放、北京。

热爱中国人民解放军：解放军。

中国地形、气候：黄河、长江、土地、人口、世纪、资源、地区、阶梯。

这些共用的主题特征词都与相关教学内容呼应，体现三套教材在这些教学主题上较高的一致性。

在独用特征词方面，三套教材也体现了不同的特色。我们提取《品德与社会》"热爱祖国"主题下每套教材的特征词，按照 TFIDF 权值从高到低排序的前 100 个，若有与主题内容无关的词汇则一并去掉。故每套教材所取特征词在 95 个到 100 个之间。

1. 人教版关注中华文化遗产

表15-10　人教版《品德与社会》"热爱祖国"主题独用特征词统计表

| 主题 | 特征词数/% | 词例 |
| --- | --- | --- |
| 中华文化遗产 | 31/32.0 | 景德镇、筷子、世界文化遗产、古遗迹、宜兴、距今、六千(多年前)、七千(多年前)、生产实践、书画、文房四宝、武术、戏剧、先人、大足石刻、独具、浩劫、画中、九寨沟、流畅、农谚、齐白石、青铜、青铜器、曲阜、审美、诗文、舞龙、献之、野生、孟姜女 |
| 民族团结 | 25/25.8 | 傣族、良马、锅庄舞、苏和、板鞋、(壮族)对歌、各类、花炮、火把、蒙古族、民居、信仰、壮族、恶魔、歌舞、礼仪、马头琴、书上、摔跤、吴登云 |
| 新中国成就 | 14/14.4 | 牛奶、家具、挑选、威望、鱼虾、杂交、奥运会、袁隆平、运动员、餐桌、世博会、金牌、培育、申办、冰缝、南极考察站、养殖、创造力、纪录 |
| 近代屈辱史 | 8/8.2 | 三元里、变法、黄海海战、设想、洋务运动、二百(多名官兵)、(山河)破碎、(国家)前途 |

续表

| 主题 | 特征词数/% | 词例 |
|---|---|---|
| 国际友好交往 | 5/5.2 | 来华、老外、也门、国际友人、贾玛里 |
| 中国传统节日 | 4/4.1 | 端午节、中秋节、粽子、江中 |
| 侵华日军罪行 | 3/3.1 | 沈阳("9·18"事变)、施工(发现化学武器)、日本帝国主义 |
| 台湾手足情 | 3/3.1 | 处于(分离状态)、中国城、中华儿女 |
| 国防前线 | 2/2.1 | 边防线、淡水 |
| 中国地理 | 2/2.1 | 地貌、多样 |
| 合计 | 97/100 | — |

人教版涉及中华文化遗产的独用特征词有 31 个，占比 32%，反映了人教版在教材内容设计上对中华文化遗产的关注；介绍各民族的特征词有 25 个，占比 25.8%，在三套教材中最多。人教版通过工地发现日军残留化学武器的新闻报道，将残酷的战争展示在学生面前，对日本帝国主义侵华战争的罪行予以揭露。

2. 北师大版关注新中国成就与中国古代的辉煌历史

表 15-11　北师大版《品德与社会》"热爱祖国"主题独用特征词分类统计表

| 主题 | 特征词数/% | 词例 |
|---|---|---|
| 新中国成就 | 24/25.3 | (新中国成立)初期、家史、零部件、流水线、一穷二白、公元纪年、零件、组装、1959 年、劳苦大众、手印、土地证、祖爷爷、家用电器、干净、天然气、严格、装配、车间、城里、大军、品牌、千千万万、前辈 |
| 中国古代历史 | 24/25.3 | 风筝、汉朝、苏武、孙武、狄仁杰、鉴真、匈奴、娄师德、善于、魏征、品尝(百草)、秦朝、宫女、精卫、齐国、发明者、普及、波斯、出于、处处、妃子、军令、孙子兵法、伶伦 |
| 解放战争 | 21/22.1 | (八一)军徽、金黄色、呼声、坚定、配合、爱戴、(不顾个人)安危、冲破、监狱、伤员、娘子军、笑容、针线包、带头、滚滚、军旗、老奶奶、帽徽、青春、纯洁 |

续表

| 主题 | 特征词数/% | 词例 |
|---|---|---|
| 中国地理 | 13/13.7 | 三级阶梯、洪水、政区、断流、发源、泛滥、(人口)密度、险情、储量、大片、广袤、兰州、流淌 |
| 抗日战争 | 6/6.3 | 法西斯、儿童团、大刀、大军、策划、浮雕 |
| 民族团结 | 4/4.2 | 倒塌、哭喊、拉森巴特、爱我中华 |
| 近代屈辱史 | 2/2.1 | 1842年(鸦片战争)、刘公岛(甲午海战) |
| 台湾手足情 | 1/1.1 | 阿清(台湾小朋友) |
| 合计 | 95/100 | — |

北师大版教材非常关注新中国建设成就,包括工业、农业等方面的巨大变迁和所取得的成就,在三套教材中其着墨最多。另外,北师大版教材特别涉及的关于中国古代辉煌历史与人物的特征词有24个,主要涉及内政外交、军事成就等,体现了对中国古代文化关注的广度与深度。在大陆、台湾手足情的内容上,把宏观的大陆和台湾问题投射到大陆和台湾普通人民的正常交往中,通过台湾与大陆小朋友的通信传达大陆和台湾人民对和平统一的真切愿望。

3.苏教版关注近现代中国人民斗争史

表15-12  苏教版《品德与社会》"热爱祖国"主题独用特征词分类统计表

| 主题 | 特征词数/% | 词例 |
|---|---|---|
| 侵华日军罪行 | 24/24.7 | 山口诚太郎、马老太太、乡亲、紫金草、靖国神社、罪证、欢腾、女孩、参拜、忏悔、村庄、顿时、豪气、首相、鸡蛋、猛攻、南瓜、小花、雨天、政客、保卫黄河、悲惨、鼻子、兵力 |
| 近代屈辱史 | 23/23.7 | 金兆龙、马车、新军、巡抚、总督、称呼、发辫、官僚、总统、慈禧、袁世凯、和珅、洪秀全、军阀、军官、旅途、女子参政权利、尚未、通商口岸、巡捕、衙门、变卖、不惜 |
| 中国地理 | 15/15.5 | 游览、瘦西湖、遗产、福建、桂林、莫高窟、风景区、肩上、景点、葡萄沟、扬州、一块块、一条条、中山陵、最佳 |
| 台湾手足情 | 14/14.4 | 台湾海峡、寻根、骨髓、主任、国殇、郑莹、陈霞、当局、归来、配型、遗留、白血病、沧桑、骨肉 |

续表

| 主题 | 特征词数/% | 词例 |
|---|---|---|
| 中国古代历史 | 11/11.3 | 圆周率、道士、盘古氏、化石、公认、书法家、演讲、游历、(针灸)治疗、猜字谜、辨认 |
| 新中国成就 | 6/6.2 | 工分、责任田、麦穗、生产队、影集、菜市场 |
| 共产党成立 | 2/2.1 | 邓中夏、李汉俊 |
| 抗美援朝战争 | 2/2.1 | 黄继光、上甘岭 |
| 合计 | 97/100 | — |

苏教版在介绍近现代中国人民的斗争史时,常以历史亲历者的回忆展开。山口诚太郎的忏悔、马老太太所受的伤害,揭露了侵华日军的累累罪行;而大陆和台湾青年骨髓配型成功的新闻,反映的是大陆和台湾地区人民血浓于水的同胞情。这些均是品德教材编写贴近生活的有益尝试。

经过上述四个方面的对比分析,我们发现,苏教版教材与课标的主题内容分布量拟合度最好;三套教材在主题内容的比重方面各有千秋;在同一主题下不同版本教材的特色内容,表现出异中有同的特点,即:具体选择的事例不同,但所要表达的精神和教育意义是趋同的。

新课程改革要求教材具有时代性和回归教育的本位性。为达成这一目标,教材编写应运用多种教材建构方式,选取丰富多彩的品德教育事例,摒弃千篇一律、脱离生活的知识灌输和道德说教,从学生的实际出发,引导和鼓励他们投入到多姿多彩的家庭、学校、社会生活中健康成长、全面发展。

## 第二节
## 《道德与法治》教材"家"主题内容及表述研究

2017年9月1日起,教育部统一组织新编的义务教育《道德与法治》教材(以下简称统编本)投入使用。《道德与法治》教材按照由近及远、由浅入深、螺旋上升原则,从家庭—学校—社区—国家—世界生活场域逐步拓展,选取学习素材,突出德法兼修,强化实践体验,全面系统落实社会主义核心价值观。可见,主题"家"的教育,在培养学生服务社会、回报桑梓、建设国家等道德意识方面有重要的基础和衔接作用。"家"是儿童的第一教育和生活空间,因此"家"也是学生德育教育之始。习近平总书记多次讲话指出:要重视家庭建设,强调注重家庭、注重家教、注重家风的重要性。家是国之基础,社会组织的基本单位,在义务教育阶段对良好的家德家风的引导和教育对贯彻落实社会主义核心价值观,培养学生成为具有新时代道德修养的国家建设人才有重要意义。比较新老教材在"家"的内容选择和表述手段的特点,既可以观察"家"教育的演进,也可以反映新教材的特点。

## 一、研究对象

本节对思想品德教材语料库①的调查显示,家德家风教育主要集中在小学低年段,故本研究对 1—3 年级段的新课标的统编本教材《道德与法治》②、代表老课标③的人教版《品德与生活》《品德与社会》(以下简称旧人教版)④、根据民国课标⑤编写的《共和国教科书新修身》(以下简称新修身)⑥三套教材进行调查分析。

主题"家"的教育涵盖了和谐家庭建设和生命教育,和谐家庭建设包括爱亲敬长、兄弟友爱、承担家庭责任和义务,生命教育是让学生体会家庭对生命的付出和生命对家庭的担当。根据新课标⑦"家"的内容要求,本节分别选取了统编本教材中相关的 7 个单元的内容,旧人教版 6 个单元,新修身

---

① 该语料库是国家语委科研项目"中小学思想品德教材语言实态及表述特征研究"的前期研究成果,是基于 22 个省级推荐教学用书目录,38 个市区县级用本使用情况,选择了北师大版、旧人教版、苏教版三套《品德与生活》《品德与社会》教材,以及北师大版、老人教版、粤教版三套《思想品德》,构建的德育教材语料库。语料库规模目前达到 2375527 字。

② 鲁洁主编:《道德与法治》,人民教育出版社,一年级上册(2016 年 7 月第 1 版)、一年级下册(2016 年 11 月第 1 版)、二年级上册(2017 年 7 月第 1 版)、二年级下册(2017 年 12 月第 1 版)、三年级上册(2018 年 6 月第 1 版)、三年级下册(2018 年 12 月第 1 版)。

③ 中华人民共和国教育部:《全日制义务教育品德与生活课程标准(实验稿)》《全日制义务教育品德与社会课程标准(实验稿)》,2002 年 6 月;中华人民共和国教育部:《全日制义务教育思想品德课程标准(实验稿)》,2003 年 5 月。

④ 赵昕主编:《品德与生活》,人民教育出版社,一年级上册(2007 年 3 月第 2 版)、一年级下册(2007 年 9 月第 2 版)、二年级上册(2007 年 3 月第 2 版)、二年级下册(2007 年 9 月第 2 版)、三年级上册(2009 年 3 月第 3 版)、三年级下册(2002 年 12 月第 1 版)。

⑤ 即民国政府教育部 1912 年 11 月 22 日推行的《小学校教则及课表》,载陈元晖主编《中国近代教育史资料汇编·学制演变》,上海教育出版社,2007,第 690—691 页。

⑥ 庄俞、沈颐编纂:《共和国教科书·初小部分·新修身》,新星出版社,2011,影印原版为商务印书馆 1912—1913 版。

⑦ 摘自中华人民共和国教育部制定的《义务教育阶段品德与生活课程标准》《义务教育品德与社会课程标准》(2011 年版),以下简称"新课标"。

中的24课的内容,对三套教材有关家德家风教育内容和表述手段进行对比,以揭示新时代德育教材的编写特点。

## 二、"家"主题的内容特点

通过对调查语料中家德家风内容的统计、分析、归纳,本研究发现统编本教材具有以下五大特点。

（一）对共建和谐家庭的倡导

家庭和谐是社会和谐的重要基石,统编本教材作为落实社会主义核心价值观的重要载体,通过编写内容和相关互动环节设置深入体现了全新的和谐家庭建设观。

统编本教材不仅在家庭关系内容量上是最多的,在具体内容编写方面也有全新的突破,在强调"要求学生增强与家人共创共享家庭美德的意识和能力"的基础上,教材致力于引导学生增强家庭主人翁意识,让学生分别从心理、阅历、知识、行为方式、社会角色等方面,比较自己与父母的差异,通过"知家"学会"爱家",将表面上的年龄差距还原为时代发展影响下的社会文化代际差异;另外,在内容承载形式方面,教材编排了从美德故事承载的阅读材料到互动调查等探究活动,从而引导学生将美德意识真正落实到行动中。

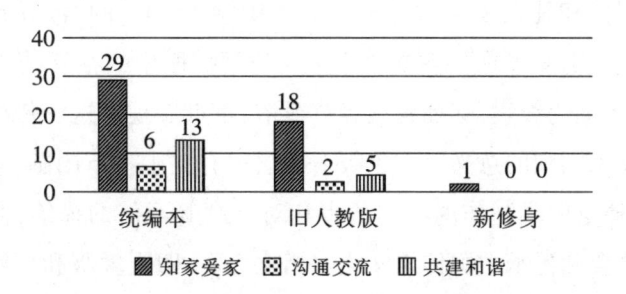

图15-9 三套教材家庭关系内容量(页数)统计图

与新修身教材中强调"孝""恭"等封建等级伦理关系相比,统编本和旧人教版都有意识地把"知家"作为"爱家"的前提,并把"沟通交流"的技巧和"共建和谐"的家庭责任感进行了合理的分配,以实现"代际间的双向互动和共同成长"的课程目标。随着时代的进步,学生应该从家庭关系权利中的被动接受者转变成为家庭文化建设、家庭美德建设的主动责任者,在家庭建设的过程中与父母共同营造平等和谐的家庭氛围。

### (二) 对"家"传统文化的引介

统编本教材为丰富和提升教材的思想性与人文性，在编写时非常重视将中华优秀传统文化中的优秀精髓融入教材中。从表 15-13 可以看出，在所有三套教材主题"家"文本中，统编本教材在节日引介、文字使用和图画展示以及谜语谚语数量方面皆居首位，在古诗文引用方面统编本教材也与新修身教材旗鼓相当。

表 15-13  三套教材传统文化内容量统计表

| 教材版本 | 传统节日个数 | 节日文化篇幅字数/占"家"内容的比例 | 节日文化图画数 | 古诗文引用条数 | 谜语谚语条数 |
| --- | --- | --- | --- | --- | --- |
| 统编本 | 5 | 835/10.3% | 33 | 6 | 7 |
| 旧人教版 | 3 | 270/7.9% | 21 | 1 | 0 |
| 新修身 | 0 | 0 | 0 | 7 | 1 |

#### 1. 传统节日中的家文化

在中华民族悠久历史文化中，节日文化的各个组成部分都是传承基本道德情感和行为的重要环节。以过春节为例，学生在感受节日的热闹氛围之时还可以习得家庭和社会的行为礼仪。统编本在一年级上册介绍了各地的春节习俗和礼仪以及这些礼俗对于中国人"家"的概念的重要影响。绘本故事《团圆》以 8 幅图讲述了小主人公"我"眼中的春节，故事以春节为时间点，以团圆为线索，穿插各项春节习俗，重点展现了这一传统节日对于中国人的阖家团圆的意义。一年级下册通过有关中秋节团圆、重阳节敬老的传统，穿插重阳糕制作的绘本故事和对登高等习俗的描绘，使学生通过节日仪式体会和传承中国传统文化。相比之下，旧人教版和新修身教材节日文化所占篇幅较少甚至没有。

#### 2. 传世经典中家礼家规文化

传统私塾经书和家庭中的家规家训教育就是朴素的道德行为教育，在统编本中，我们可以看到对传统经典的直接引用，如：一年级下册的《让家人感受我的爱》中，引用《弟子规》"出必面，反必告"，呼应文中的情境漫画，提示学生出门前要告诉父母，回到家里也要告知父母，这样就不会让父母担心自己的安全，是一种心中记挂体谅家人的行为示范。类似的如《论语》等经典的引用,在统编本的家德家风内容中还有6处,较旧人教版只有1处有很大的进步,响应了新课标对"学习和了解中华文化"的要求。民国教材收录的古诗文主要反映的是传统伦理的内容,多以《后汉书》《晋书》《唐书》等史书中的王侯将相纪事传说来做教材课文,所宣扬的人物精神多有"愚忠愚孝"的问题,在传统文化的良莠取舍方面还有一定的局限性。

3. 汉语汉字中的家文化

语言是人类文化的重要载体,在社会文化的形成过程中扮演着重要角色。在中国文化的传承上,汉字和汉语既是记录者也是构建者,因此在传承中国传统文化上具有不可或缺的作用。统编本三年级上册专设"语言文字中的家"一节,设置"猜一猜"等栏目,让学生体会字谜、成语谚语中隐藏的家庭观念,并以古诗《秋思》引导学生体会诗人思念家人的心情,感受中国人重视家庭的传统;还在"活动园"栏目引导学生以小组合作的方式收集有关"家"的成语、谚语、格言或者故事,制作简报,对汉字汉语承载的文化知识是从认识到运用的知识内化过程。旧人教版没有相应的内容,新修身教材也只在课文后收录了一则格言以呼应"孝亲"的课文主题,但没有如统编本这样专章专节对汉语汉字承载的相关文化进行介绍。

(三) 凸显家庭责任感的培养和行为养成教育

针对小学生中普遍存在的知行不统一等道德行为滞后的情况,统编本有针对性地在教材编写原则中强调:(教材)依托相关知识,但根本在于价值观教育,在于影响人的情感态度与行为的改变,影响人的德性与人格健全。这是对老课标较为重视情感态度教育,但对具体行为的引导则相对缺乏规范的一个有力补充。

养成教育在中小学道德教育中具有重要意义。青少年期是道德养成的最佳期。学生道德行为习惯一旦形成,履行道德规范就会变成他的一种内在需要,并能长久保持。养成教育在德育教材中较多地表现为榜样示范和课后活动中。具体"家"的道德行为教育主要体现在两个方面:家务行为示范教育和家庭中爱的行为表达教育。

1. 家务行为示范教育

由于城镇化进程的影响,很多家庭过分注重孩子学习成绩而缺乏对孩子做家务、关爱家人的教育。根据新课标对学生"学习料理自己的生活,养成良好的生活习惯。关心家庭生活,主动分担家务,有一定的家庭责任感"的有关要求,与旧人教版相比,统编本教材示范性的家务示例和家务种类增量明显(见图15-10),同时也远高于新修身教材,体现了很强的道德行为示范性,弥补了旧人教版感情渲染多而具体行为示范不足的缺失。

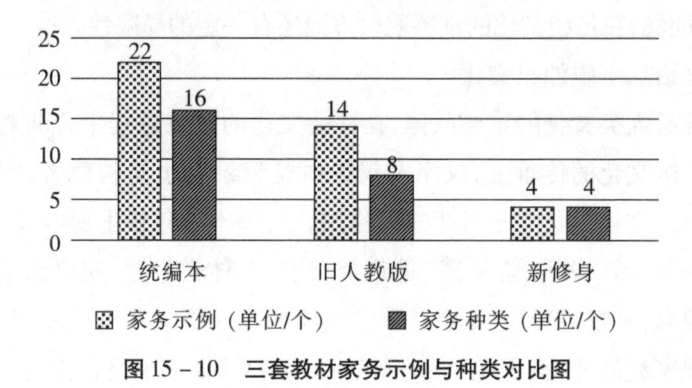

图15-10 三套教材家务示例与种类对比图

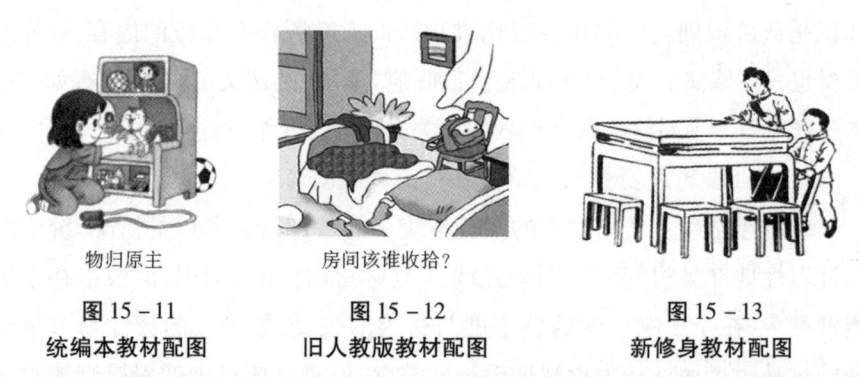

| 物归原主 | 房间该谁收拾? | |
|---|---|---|
| 图15-11 统编本教材配图 | 图15-12 旧人教版教材配图 | 图15-13 新修身教材配图 |

在采用图片展示家务行为方面,三套教材也有很大区别。通过对比图15-11、15-12、15-13,我们可以发现,统编本的配图直接正面展示具体的家务操作,有具体的示范性;而旧人教版只是将相关问题摆出来,缺乏行动示意或示范,不能起到很好的示范作用。新修身教材总共只列举了四种家务,配图只是一个动作片段的截取,没有文字的说明和引导,具体家务的学习要点需要通过教师参考《教授法》[①]的讲述来传授,这种作为教师口头讲授的内容,可能会因教师的不同教学习惯而产生差异,在行为养成教育方

---

① 为了便于教学,确保教学的基本效果,民国《新修身》教材初、高小教科书特意配备了《教授法》(教师的教学用书)相辅而行,便于指导教师教学。

面编排不如统编本教材。

2. 家庭中爱的行为表达教育

孩子都有爱父母的自然情感,但由于缺乏恰当、正确的引导,很多孩子不知道应该怎样表达对父母的爱。对此新课标要求学生"知道自己的成长离不开家庭,感受父母长辈的养育之恩,以恰当的方式表达对他们的感激、尊敬和关心"。通过对三套教材中体现这一教学内容的统计,我们发现统编本教材示范了 20 种爱父母的行为道德模式,较为充分地展示了爱的行为表达。而旧人教版和新修身教材分别只有 7 种和 3 种,明显存在量的差异。

| 图 15 - 14 | 图 15 - 15 | 图 15 - 16 |
|---|---|---|
| 统编本教材配图 | 旧人教版教材配图 | 新修身教材配图 |

三套教材具体的示例图也存在差异。同样都是要用行动去爱父母,统编本引导学生在深入了解父母的基础上,以力所能及的方式表达对父母的爱,相关行动图片示例有 20 种;旧人教版更多地强调体会父母的爱,而关爱父母的行动教育不足,相关行动图片示例只有 7 处;而民国教材不仅相关图片示例不多,而且宣扬更多的是子女对父母不平等的愚孝行为。

通过对比图 15 - 14 和图 15 - 15,我们也可以发现,统编本教材中对子女如何爱父母的行为给出了很好的示范,而旧人教版展示的是父母对孩子的照顾和教育。新修身教材中子女对父母的爱的行为表达形式则比较模式化,以图 15 - 16 为例,作为古代有名的二十四孝故事之一的黄香"夏则扇枕席,冬则以身温被"的行为更多的是在封建伦理等级关系中通过一定程度的自我"牺牲"来求得父母的欢心的行为,反映了家庭关系不平等的时代局限性。

### （四）生命教育在主题"家"中的彰显

近年来，学生由于缺乏基本的生命教育，缺乏对生命的珍惜和感恩，出现诸如厌学、离家出走、自杀等悲剧的情况，新课标为此将生命教育的内容和条目由过去的一条增至三条。统编本教材为适应这一亟待解决的社会问题，以 11 页的篇幅讲述"体会生命宝贵""学会自护自救""警惕人际安全"构成单元的逻辑主线，以生命的宝贵为基础和起点，旨在让学生体会生命来之不易，逐步认识到保护好生命不仅要靠父母，还要靠自己，树立珍爱生命的意识。认识到自己的出生、成长倾注了家人无数的心血，体会生命的来之不易。认识到生命不可重来，学会爱惜自己的身体，有珍爱生命的意识。通过体验妈妈怀孕时遇到的困难，进而理解孕育生命的不易。课文中四幅图呈现了父母帮孩子洗澡、关心孩子的冷暖、为病中的孩子而焦急的三个场景，以此为契机引导学生了解家人为自己生命的诞生和延续所付出的心血，认识到生命的家庭担当，并在之后的课文中展开自护自救的健康安全常识。与统编本教材对生命教育形成鲜明对比的是：旧人教版只有一页"护生鸡蛋"体会生命不易的活动，缺乏对生命成长的宝贵的全面深入的讨论；新修身教材中只有一页关于饮食不宜过量的健康提示，整套教材中完全没有对生命意识的教育和引导。

### （五）体现了"家"相关政策的变化

"教材建设是国家事权"，统编本教材要有利于更好地强化国家意志、贯彻党的教育方针、落实社会主义核心价值观。《道德与法治》积极反映了政策的新动向。与旧人教版比较，统编本教材在一年级下册《我和我的家》一课中，用互动表格《我的家人》为二孩留出了位置；用绘本故事《我和弟弟》讲述了一个两兄弟相伴成长的故事。虽然共用了 157 个字、8 幅配图、1 个填充图，但这不仅补充了旧人教版教材未体现的兄弟友爱的品德教育，也反映国家计划生育政策的新变化。

### 三、"家"主题的表述手段特色

为了最大限度地模拟教育语境，单独以语言文字符号构建的教育语篇已不能满足教育教学的需要，德育教材的编写呈现出了文本、漫画、图表互动的特点。经过对上述三套教材的表述手段比较，我们发现相比新修身的初步尝试和旧人教版的有益探索，统编本教材在运用图文混排表述手段上更加科学有序、搭配合理。

统编本教材遵照儿童由读图为主到文图共用,再到纯文字叙事的认知规律,逐步推进相关知识和图文表述模式,通过漫画人物、图画故事、填充图等符号资源,引导家庭中的行为规范、行为理念的实践活动。在这样阶段推进的表述手段中,一、二年级学生可以在各阶段通过教材相关图片情境互动唤醒道德潜能,在漫画道德人物的榜样示范中习得家庭和社会共同接受的相关道德行为,而三年级学生则更多地可以通过文字的细节叙述来体会相关人物的心理动机和行动细节。新教材通过这样对阶段性表述手段的多种组合搭配,使各年龄学生的习得效率最大化。

(一)"家"主题中漫画人物设置活跃了版面

从历史发展的角度看,虽然新修身教材打破了传统蒙学书籍单调的纯文本模式,使用了图文混排的编写方式,但其配图还是有形式功能单一、图文配合松散等问题,在形式、功能方面,缺乏互动式"小老师"角色的漫画人物配合言语泡对教学内容的引导和推进。

表15-14 三套教材漫画人物引导句式数统计表

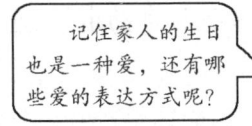

| 版本<br>句式 | 疑问句 | 陈述句 | 祈使句 | 句式混用 |
|---|---|---|---|---|
| 统编本 | 15 | 13 | 5 | 12 |
| 旧人教版 | 17 | 1 | 13 | 11 |
| 新修身 | 0 | 0 | 0 | 0 |

图15-17 统编本"小老师"言语泡　　图15-18 旧人教版"小老师"言语泡

在漫画人物的形态描绘方面,"小老师"的引导提示作用表现在人物与读者的目光接触、表情及肢体动作互动等特征上;而在漫画人物的语言方面,"小老师"的引导作用则表现在言语泡的句子中。使用的句式有疑问句、陈述句和祈使句,另外还有疑问句、陈述句和祈使句的相互搭配出现在一个言语泡中。

(二)图文结合的家庭道德故事讲述模式

故事作为一个有完整情节的事件描述,是人类社会文化生活中非常重要的教育手段,是社会群体用来形成习俗、塑造观念的重要工具。处在价值观、行为习惯形成期的小学生的许多思想理念和行为举止是通过模仿故事中喜爱的角色形成的,因此,采用何种表述方式讲好新时代的道德故事对塑造学生正确的价值观和良好的行为习惯有重要的意义。

表 15-15　三套教材故事表述类型各年级统计表

| 故事类型<br>(个) | 统编本 |  |  | 旧人教版 |  |  | 新修身 |  |  |
|---|---|---|---|---|---|---|---|---|---|
|  | 一年级 | 二年级 | 三年级 | 一年级 | 二年级 | 三年级 | 一年级 | 二年级 | 三年级 |
| 绘本故事 | 2 | 0 | 1 | 0 | 0 | 0 | 0 | 0 | 0 |
| 纯图故事 | 0 | 0 | 0 | 0 | 0 | 0 | 1 | 0 | 0 |
| 文字故事 | 0 | 0 | 2 | 0 | 0 | 0 | 0 | 0 | 0 |
| 插图故事 | 0 | 0 | 2 | 0 | 0 | 0 | 0 | 0 | 3 |

为考察对比三套教材讲故事的方法,我们根据教材呈现出的各种故事表述模式,将相关表述类型分为绘本故事(有连续动作情节性的图画和文字)、纯图故事(只有图片,没有文字叙事)、文字故事(只有文字没有配图)以及插图故事(有一幅插图的文字故事)。三套教材中的故事表述类型统计如表 15-15 所示。

通过对比,我们发现只有统编本和新修身教材有故事收录,旧人教版只有一些场景示例片段,根据我们对故事情节完整有连续性的定义,这些片段不能算作故事,故旧人教版故事数为零。

在年级的分布上,相比新修身教材,统编本的故事表述手段从一年级的以绘本故事为主到三年级的以纯文本为主,符合学生从主要读图过渡到文图结合再到纯文字的认知发展阶段特征。除了在阶段特征的合理推进以外,统编本在故事的形式和内容上也有不少可圈可点之处。

在形式上,统编本开发了在三套教材中独有的绘本故事表述模式,这种通过"连环画"展示连续性情节的表述模式相比传统相对单调的配图故事,在低年级学生还未发展出较强的文字阅读能力时可以很好地激发学生的阅读兴趣,提高道德行为的情境性和可接受性。

在内容上,与新修身教材偏重讲述如"二十四孝"等夸大离奇、远离真实生活的传统道德故事不同,统编本生活化的故事题材走进学生真实的内心世界,强调对故事的探讨和交流,体现出很强的情景性和对话性。如:一年级下册中的绘本故事《肩头上的爱》,用4幅连续情境图配合图中的人物对话,讲述了一则长辈故意不替孩子背书包的小故事,聚焦于长辈对孩子的责任意识教育。通过对现实世界的情境建构,由画中人物提出引发思考的问题,让学生能够在真正感同身受中引起反思,理解长辈对孩子责任教育的良苦用心。而不是如"卧冰求鲤""恣蚊饱血"这类口口相传的民间离奇故事,用脱离现实生活的"道德偶像"站在言论的制高点对学生进行道德绑架,使学生陷于愚孝的思想而失去自主道德判断力。

(三)文字与填充图相结合的"家"的行为互动体验

随着德育教育理念的进步,以新修身教材代表的以讲授等单方面灌输为主要方式的德育教材表述手段已经渐渐在教材中降低了比例,在新出现的以互动的填充图为主要方式的表述手段更加强调了学生的参与和主观感受,成为新时代德育教材在表述手段上的重要标志。这类图并不涉及专业的知识点,而是注重将道德认识转换为实际的道德行动,结合学生个体的实际情况,对教育环节进行完整性的补充。

图 15-19　统编本教材填充图　　　图 15-20　旧人教版教材填充图

在使用填充图的两套教材中,统编本较旧人教版增加了 16 个,体现了对互动环节的重视,使教育者和学生走向平等与开放的交流对话,帮助学生在做中学、在自己的生活中实践,从而形成真正知行统一的情感态度价值观和道德行为能力。

通过对统编本教材中"家"主题部分的调查,我们发现教材的编写符合与时俱进的修订原则,即紧跟时代发展的步伐,强调以社会主义核心价值观为引领,充分体现以人为本,为学生成长服务,具有许多之前教材不具备或少有的优点,但内容和表述手段仍有改进和提升的空间。

在统编本教材中,家庭德育实践活动大多由教材编写者设计好如填充图这类活动框架,并由"小老师"人物角色来引导实施步骤,缺少学生自主设计和探索的空间,尤其是在个性十足的家庭美德建设方面,学生还有很大的个性展示空间。为此,在未来的教材编写中还可在原有漫画人物引导示范、填充图以外,鼓励学生设计自己的"小老师""爸爸""妈妈"等互动角色和相应言语泡问题,还可以小组活动形式设计立体家庭"拉拉图"、社区活动"贴贴纸"等学生喜爱的多形态手段来对相关问题进行探究和展示,以开发学生综合运用各种资源解决问题、自主策划设计的能力。

## 第三节
## 科学教材多模态语篇对比研究

科学教材编写中,编写者往往会运用照片、统计图表、图标、漫画、模型图等各种非语言模态,与语言文本一起组织语篇和表述知识。因此,运用多模态语篇分析理论考察科学教材语篇,分析各种模态在教材语篇中的分布和运用,有助于形成对教材语篇的全面认识。

### 一、科学教材多模态调查

（一）研究意义

国外学者对科学语篇做了多模态分析研究,研究对象不仅仅局限于教材。如:Lemke(1998、2000、2004)对科学多媒体课堂话语和科学语篇做了持续性研究,在科学语篇多模态表述特征,科学课堂多媒体教学师生多模态运用和识读能力,及科学素养的培养等方面提出相关建议[1]。O'Halloran(2000)对数学语篇和数学课堂话语进行了多模态分析研究,并且探讨了数学多模态语篇中的语法隐喻现象[2]。刘宇和Owyong(2011)对研究化学多模态语篇的理论进行了分析[3]。这几位学者的研究为我们后续展开科学教材多模态语篇研究奠定了理论基础,并且在提出相关教学和学习建议方面也为我们提供了指导。但是这几位学者对科学语篇的多模态解读侧重于理论构建和定性分析,论证时多为举例分析,缺乏系统性数据支持。Johes(2006)的研究建立在系统数据论证的基础上,提出了科学语篇多模态数据库建设的系统加工标准,将多模态研究量化分析[4]。国内基于系统实证的多模态教材语篇研究的有李清清(2009)[5]。该研究将不同学科和不同学段的教材语篇进行抽样,研究科学教材和人文艺术类教材多模态语篇在图像类型、图像功能、图文互补关系方面表现出的相同点和不同点,研究侧重点是对跨学科和学段多模态教材语篇的分析考察,是国内将多模态语篇分析理论应用于教材语篇学科特征的对比研究,在研究对象和研究方法上都有所拓展。

综上,目前国内缺乏专门针对某一科教材多模态语篇特征的系统实证研究,并且对基础教育学段的学科教材多模态语篇分析在研究方法上提出了更高的要求。而当前的多模态语篇研究大多拘泥于理论构建和应用,运用数据库手段对多模态语篇加工和通过计量分析的实证研究并不多见,且通过查阅文献发现,目前未出现以中外对比为研究视角的学科教材多模态语篇分析。

---

[1] Lemke,J L, *Multiplying meaning visual and verbal semiotics in scientific text*, paper presented at the Reading Science Critical and Functional Perspective on Discourse of Science, London Routledge, 87 – 113, 1998. Lemke,J L, Multimedia literacy demands of the scientific curriculum, *Linguistics and Education*, No.3(2000):247 – 271. Lemke,J L, The literacies of science, *Crossing borders in literay and science instruction Perspectives on theory and practice*, (2004):33 – 47.

[2] Kay L O'Halloran, Classroom Discourse in Mathematics a Multisemiotic Analysis, *Linguistics and Education*, No.3(1998):359 – 388.

[3] Yu Liu, Yuet See Monica Owyong, Metaphor, multiplicative meaning and the semiotic construction of scientific knowledge, *Language Sciences*, No.5(2011):822 – 834.

[4] Jones, J, *Multiliteracies for Academic Purposes A Metafunctional Exploration of Intersemiosis and multimodality in University Textbook and Computer—based Learning Resources in Science*, Doctorate Thesis, The University of Sydney, 2006.

[5] Qingqing Li, *Textbook discourse A Multimodal Discourse Analysis*, Master thesis, Xiamen university, 2009.

### (二)科学教材多模态调查状况

针对当前学科教材多模态篇章研究中存在的不足,这里选取基础教育学段学科教材——小学科学教材作为研究对象,以中美小学科学教材图文数据库为研究基础,用中外对比视角,围绕科学教材语篇中的图像类型及功能、图文互动进行研究,以此形成对已有研究的有益补充[①]。

这里的研究基础是中美小学科学教材多模态数据库。该数据库收录了中美小学科学教材中地球科学知识体系中共161课图文语篇[②],对科学教材图文语篇中的文本特征、图像特征、图文关系特征进行了详细标注,形成了系统的标记标准,并区分和标注了3类文本类型(标题文本、标记文本、行文文本)、6类图像和2个层级上的5种图文关系。其中,6类图像分别为照片、绘画、漫画、模型图、统计图表、图标;2种层级上的图文关系为配图文本与图像关系即图文关系1,图像与上下文语篇关系即图文关系2。图文间逻辑语义关系表现为详述(说明和例证)、延伸、增强、言语投射、思想投射。基于该图文数据库,选取了中美教材中"描述天气"知识点的图文语篇进行研究,以期从同一知识点出发,微观分析中美教材多模态语篇知识展示的异同,并进一步探讨多模态语篇中各种模态的分布、运用和互动对知识表述的影响。

## 二、"描述天气"知识点图文特征对比

### (一)图像类型特征对比

表15-16 中美小学科学教材"描述天气"图像类型统计表

| 版本 | 照片 | 统计图表 | 模型图 | 绘画 | 漫画 行文漫画 | 漫画 标记漫画 | 图标 | 合计 |
|---|---|---|---|---|---|---|---|---|
| 美国 | 24 | 2 | 5 | — | — | — | 1 | 32 |
| 苏教 | 15 | 1 | — | 4 | 1 | 7 | 12 | 40 |
| 教科 | 17 | 15 | — | 6 | 3 | 8 | — | 49 |

---

① 选取的美国教材版本为万学、姜允珍等译:《科学启蒙·地球科学》,浙江教育出版社,2010;国内教科教材版本为郁波等著:《义务教育课程标准实验教科书·科学》,教育科学出版社,2011;国内苏教教材版本为郝京华、路培琦等著:《义务教育课程标准实验教科书·科学》,江苏教育科学出版社,2007。

② 杨苗苗:《中美(小学)科学教材多模态语篇对比分析——以地球科学为例》,硕士学位论文,厦门大学中文系,2017,第21—27页。

在图像类型分布上,美国教材使用了照片、模型图、统计图表、图标4种图像,而苏教版和教科版教材使用了照片、统计图表、漫画、图标、绘画5种图像。其中,相同表现在中美教材照片使用占绝对优势,差异表现在美国教材使用模型图展示"描述天气"科学知识,而国内苏教版教材则使用了美国教材中未出现的漫画和绘画。此外,从表15-16中,我们可以看出苏教版教材图标使用频繁,教科版教材则出现了相当数量的统计图表。

1. 气象知识中美教材的绘画展示与模型展示

美国教材利用地图和天气符号构建其气象模型图,如图15-21,图中出现了天气术语符号和术语文本,并通过颜色深浅展示区域气温变化,该模型图展示的气温和气象变化的科学知识一目了然。而教科版教材利用绘画展示天气符号如图15-22,同时也是填充类绘画,要求学生在教师指导下完成填充。同样是展示气象知识,美国教材利用模型图展示,教科版教材利用填充类绘画展示,所展示的科学信息却大有不同。美国教材模型图展示内容系统、知识准确,体现美国教材用图的专业性,并且在基础教育阶段引入模型图有助于学生科学识图,是对学生科学知识多模态识读能力的提升和培养。而教科版教材利用绘画展示气象知识,虽然浅显易懂,但是知识呈现缺乏系统性,不利于学生严谨系统地习得科学知识。

图15-21 美国教材模型图

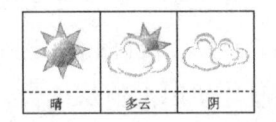

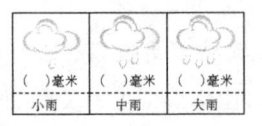

图 15-22　教科版教材绘画

## 2. 苏教版和教科版教材中漫画使用

在苏教版和教科版教材中漫画的使用都较为频繁。漫画在国内教材中一般充当两种角色：一种是多个漫画人物携带多个言语泡进行对话，其言语泡内容主要是对教材行文的继续和展开，我们称为行文漫画，如图15-23；另一种是漫画人物或小动物携带单个言语泡出现，其言语泡内容主要是对教材中其他图起指示、提示、提问等作用，我们称为标记漫画，如图15-24。国内教材利用漫画人物或小动物言语泡参与语篇行文，生动活泼，符合儿童读图的特点，但是这种以图叙述的行文方式逻辑性、有序性、连贯性却有待考察。

图 15-23　教科版教材配图 1　　　图 15-24　苏教版教材配图 1

（二）图像类型元功能对比分析

Jones（2006）认为照片、显微图、绘画、等式、图表等以话题为焦点，主要表达和展示人类经验和学科知识相关的意义，体现概念功能；漫画和卡通以读者为焦点，此类图像对于科学知识的表达是次要的，主要是为了引起读者注意或者增加读者兴趣，体现人际功能导向；图标、logo、徽章等以语篇组织为焦点，主要组织语篇的作用，使读者能在语篇中快速浏览语篇层次结构，进行语篇导航和定位[①]。结合 Jones 提出的分类，对图像类型元功能

---

① Jones, J, *Multiliteracies for Academic Purposes A Metafunctional Exploration of Intersemiosis and multimodality in University Textbook and Computer—based Learning Resources in Science*, Doctorate Thesis, The University of Sydney, 2006.

分析如下：

表 15-17 "描述天气"知识点图像类型元功能分类

| 版本 | 话题焦点—概念功能 | 读者焦点—人际功能 | 组织焦点—语篇功能 |
|---|---|---|---|
| 美国 | 照片(24)、模型图(5)、统计图表(1) | 填充统计图表(1) | 图标(1) |
| 苏教 | 照片(15)、绘画(4)、统计图表(1) | 漫画(8) | 图标(12)、标记漫画(7) |
| 教科 | 照片(17)、绘画(4)、统计图表(7) | 漫画(11)、填充统计图表(8)、填充绘画(2) | 标记漫画(8) |

如表 15-17 所示，在话题焦点中，中美教材都利用照片、统计图表来直接表达和展示科学知识，其中区别在于美国教材的模型展示和国内教材的绘画符号展示，如图 15-21、图 15-22，前文所述两种图示对同种科学知识的展示和表达有所差异。在读者焦点中，美国教材未出现漫画或填充类图像，而苏教版和教科版教材都利用漫画增加阅读兴趣与读者互动，其中教科版教材还利用填充类绘画（如图 15-22）和统计图表（如图 15-23 中的填充类表格），集中转述语篇命令，要求读者参与语篇行文构建。在组织焦点中，中美教材都利用图标组织和标识语篇结构，国内教材除图标使用外，利用一部分漫画即标记漫画（如图 15-24 中标记漫画）参与语篇组织。

由此可以看出，中美教材图像元功能有所差异，显著差异突出体现在图像人际功能和语篇功能的发挥上。深究这种差异的原因，要联系中美教材文本模态的处理和运用。美国教材用多种文本形式组织和标识语篇，多种形式的文本在语篇中呈现有序分布，正文与非正文界限清晰，而国内苏教版和教科版教材各种文本在行文中随机分布，正文与其他类文本界限不明[1]。由此我们可以推断，国内教材未能充分发挥各种文本形式特征的功用，使得部分图像不得不参与语篇，或提示注意，或组织叙述，这样该部分图像的出现就不是直接直观展示科学知识了。该结论与我们表 15-17 的分析是一致的。以话题为焦点，美国教材图像直接展示"描述天气"科学知

---

[1] 杨苗苗：《中美(小学)科学教材多模态语篇对比分析——以地球科学为例》，硕士学位论文，厦门大学中文系，2017，第 40—43 页。

识的图像占比为93.75%,而国内苏教版、教科版教材分别为50%、55.3%,国内教材图像有一半及以上未用于直接直观展示该知识点下的科学知识。这也同时解释了国内教材对漫画、填充类图示的频繁使用。

(三)图像分布与展示、密度对比分析

在"描述天气"知识中,美国教材图像分布在一、三、四、五年级,含图量年级分布有所差异,苏教版和教科版教材图像呈年级集中分布。

表15-18 "描述天气"知识点图像分布统计表

| 版本 | 美国 | | | | 苏教 | 教科 |
|---|---|---|---|---|---|---|
| 年级 | 一 | 三 | 四 | 五 | 合计 | 三下 | 四上 |
| 页数 | 2 | 4 | 5 | 2 | 13 | 6 | 15 |
| 含图量 | 6 | 9 | 15 | 2 | 32 | 40 | 49 |

美国教材同一知识点在不同年级分布,导致美国教材图像复现展示的现象,如图15-25、15-26、15-27所示。美国教材中观测天气的工具都由照片展示,部分照片在不同年级会出现复现。一年级出现的工具如温度计、风速计、风向标在三、四年级复现,复现时增加了新的工具。美国教材通过图像复现和增加新图像来强化、衔接科学知识。从图中,我们可以看出,美国教材全部直接给出工具原型照片展示科学知识。

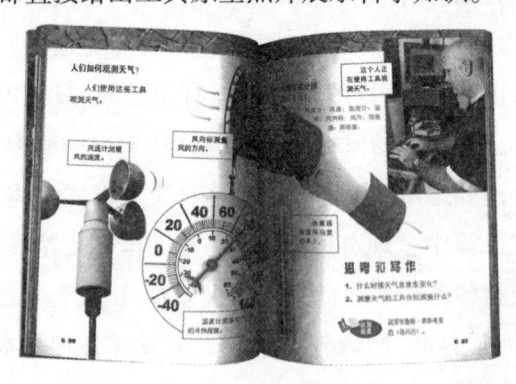

图15-25 美国教材照片1

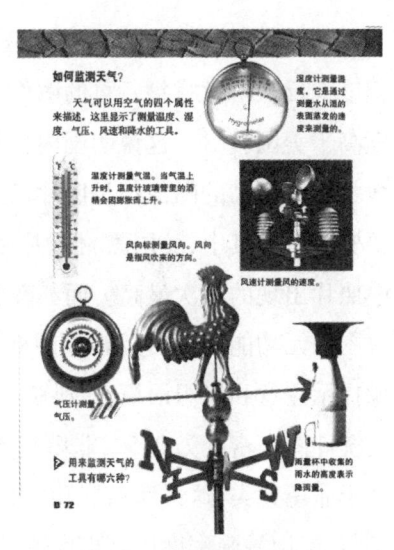

图 15-26　美国教材照片 2　　　　图 15-27　美国教材照片 3

由于知识以单元为单位集中分布,苏教版和教科版教材中未出现图像复现。此外,通过对比我们发现,同样是工具展示,在苏教版和教科版教材中,一部分工具未给出原型,而是利用图像展示工具设计制作过程。如图 15-28 中雨量器的制作,图 15-29 中风向标的制作,这类图突出工具的制作过程,贴近生活实际,易于操作,便于学生理解,体现了国内教材注重对学生动手能力的培养。可见,即使是同一种图像,中美教材都存在展示方式的差异。通过对比发现,图像的不同展示方式反映同一知识的不同侧面,体现了两种教材教学重点的差异。在该知识中,美国教材注重学生科学概念的习得,国内教材则注重对学生动手能力的培养。

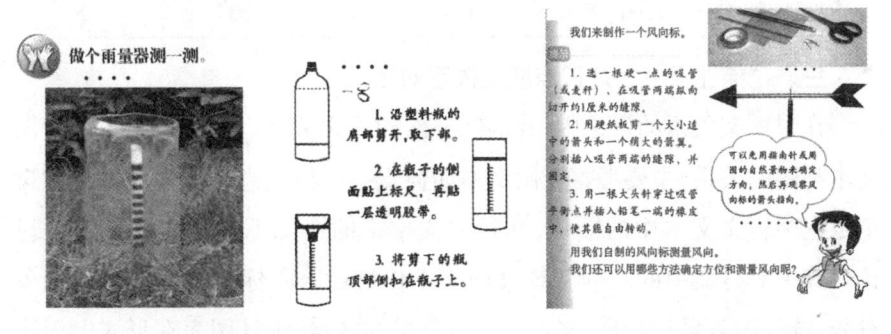

图 15-28　苏教版教材配图 2　　　　图 15-29　教科版教材配图 2

中美教材各种图像在密度分布上也存在一定差异。图像密度在一定程度上反映了教材每一页的图像分布情况。如表15－19，国内教材图像密度高于美国教材。这说明国内教材用图比美国教材更为频繁。其中，中美教材密度最高的图像都是照片，这说明照片是中美教材展示科学知识的主要资源。但其中，美国教材照片密度远远领先于其他类图像，即美国教材中照片出现的频次最高。而苏教版教材中，漫画、图标密度居高，根据前文对图像元功能的分析，漫画、图标密度居高反映了苏教版教材不断利用图像提示注意和组织语篇；教科版教材则统计图表、漫画密度居高，其中填充类统计图表密度为0.53，非填充类统计图表为0.47，填充类统计图表密度高于非填充类，这说明教科版教材统计图表经常转述语篇命令、要求读者参与，标记漫画密度居高也反映了教科版教材图像参与语篇组织频繁。总之，从图像密度的对比分析中，我们发现美国教材照片密度占绝对优势，远高于其他图像密度，体现了美国教材图文语篇组织的统一性、知识性；而国内教材多种图像密度居高，体现了国内教材图文语篇组织的多样性、互动性。

表15－19　中美小学科学教材"描述天气"图像密度统计表

| 版本 | 照片 | 统计图表 | 模型图 | 绘画 | 漫画 行文漫画 | 漫画 标记漫画 | 图标 | 合计 |
|---|---|---|---|---|---|---|---|---|
| 美国 | 1.85 | 0.15 | 0.38 | — | — | — | 0.08 | 2.46 |
| 苏教 | 2.50 | 0.17 | — | 0.67 | 0.17 | 1.17 | 2.00 | 6.68 |
| 教科 | 1.13 | 1.00 | — | 0.40 | 0.20 | 0.53 | — | 3.26 |

### 三、"描述天气"知识点图文关系对比

在对图文关系的讨论中，我们区分两种图文关系。图文关系1即配图文本与图的关系，主要考察配图文本如何支持图像信息。图文关系1的讨论范围为行文文本中的图像，非行文文本中的图像不在图文关系1中讨论。其中对行文中的图标和统计图表不作讨论。图标是教材规定的抽象符号，统计图表是对数据、文本分类或数量的展示，统计图表在形式上无法分割，是统一体，这两者不存在图与配图文本关系的讨论。因此，我们在图文关系1中讨论行文中出现的照片、绘画、模型图、漫画4类图像。图文关

系 2 指图与配图文本整体与上下文语境的关系,其讨论范围为该知识点下的所有图像,主要考察图像如何为语篇提供支持信息。由于部分图像功能的特殊性,如统计图表、图标和漫画,将这些图像图文关系 2 单独讨论。

(一)图文关系 1 对比分析

表 15 – 20  图文关系 1 配图比例统计表

| 版本 | 行文图像 | 有配图文本 | 配图比例 |
|---|---|---|---|
| 美国 | 26 | 26 | 100% |
| 苏教 | 27 | 21 | 77.78% |
| 教科 | 34 | 25 | 73.53% |

表 15 – 20 显示,在图文关系 1 的讨论中,美国教材中的 26 个行文图像,都有配图文本;国内苏教版教材 27 个行文图像,其中有 21 个有配图文本,配图比例为 77.78%,教科版教材 34 个行文图像,有 25 个有配图文本,配图比例为 73.53%。中美教材"描述天气"知识图文关系 1 如表 15 – 21 所示,美国教材图文关系 1 表现为两种,即说明和延伸。苏教版教材图文关系 1 表现为 4 种,说明、延伸、增强和言语投射,教科版教材图文关系 1 表现为 2 种,说明和言语投射。

表 15 – 21  图文关系 1 统计表

| 逻辑语义关系 | 美国 | 苏教 | 教科 |
|---|---|---|---|
| 说明 | 20 | 7 | 14 |
| 延伸 | 6 | 2 | — |
| 增强 | — | 4 | — |
| 言语投射 | — | 8 | 11 |
| 总计 | 26 | 21 | 25 |

这反映了在该知识点下,美国教材配图文本基本以图像提供说明解释类信息和延伸图像信息。苏教版教材配图文本以图像提供说明、延伸信息的同时,还为图像提供增强信息,教科版教材配图文本为图像提供说明信息。言语投射关系一般是漫画中言语泡在起作用,体现了苏教版和教科版教材善于用言语泡来提供信息。漫画人物或者动物扮演虚拟学生或者教师角色增加学生的参与感。

图 15-30　美国教材配图 4　　　　　　图 15-31　苏教版教材配图 3

图 15-32　苏教版教材配图 4

说明关系如图 15-25 展示工具的照片,美国教材利用配图文本为图像提供说明解释信息,是图像信息的同义连接和转换。延伸关系如图 15-31 所示,苏教版教材配图文本为抽象的科学谚语,为图像延伸不易展示的科学信息。利用科学谚语配图是苏教版教材的特色,体现了苏教版教材结合日常生活展开科学知识论述的特点。图 15-32 中,3 张测室外气温的照片,其配图文本都着重突出地点信息,此时图文关系体现为增强关系。苏教版教材利用照片展开实验操作论述,并利用配图文本强调实验条件,在该知识点下,这种图文互动关系在美国教材中并未出现。

## (二) 图文关系 2 对比分析

在图文关系 2 的分析中，前文中我们已经提到，由于漫画中标记漫画和图标的特殊功能，这两种图像是衔接语篇的标志，因此逻辑语义关系不适合用以分析这两种图像与语篇的关系。我们在逻辑语义关系之外，用衔接关系来分析这两种图像在图文关系 2 中的具体情况。如表 15-22 所示，照片、模型图、绘画、统计图表、部分漫画（指行文漫画）与语篇关系为逻辑语义关系，部分漫画（指标记漫画）、图标与语篇为衔接关系。

### 1. 照片、模型图、绘画图文关系 2 对比分析

从表 15-22 可以看出，照片、绘画与语篇关系表现为例证-图关系。例证关系反映的是图像与语篇的上下位关系，其中照片是语篇示例的主要手段。如图 15-25、图 15-26、图 15-27 中的照片，都是语篇知识的具体示例。中美教材都将照片作为语篇示例的主要手段。与美国教材不同的是，国内教材还利用绘画作为语篇示例。增强-图关系反映了图像为语篇补充上下文中有关实验（过程、操作方式、器材、变化）、空间（方位、结构、形状、运动方向）等方面的具体信息。美国教材主要利用模型图为语篇补充空间方位信息，如图 15-21 所示。而国内苏教版和教科版教材则主要利用照片和绘画为语篇补充实验操作方式、实验工具条件等信息，如图 15-29 中用照片展示制作风向标的实验器材。照片、绘画、模型图都具有丰富的图像元素，这 3 种图像通过丰富图像内容的直观展示或为语篇示例，或为语篇提供补充信息，使科学知识的呈现图文兼备，具象与抽象结合，有助于增进对知识的理解。

表 15-22　中美教材"描述天气"知识图文关系 2 对比分析

| 图像类型及教材图文关系 2 | | 照片 | | | 模型图 | | | 绘画 | | | 漫画 | | | 图标 | | | 统计图表 | | |
|---|---|---|---|---|---|---|---|---|---|---|---|---|---|---|---|---|---|---|---|
| | | 美国 | 苏教 | 教科 | 美国 | 苏教 | 教科 | 美国 | 苏教 | 教科 | 美国 | 苏教 | 教科 | 美国 | 苏教 | 教科 | 美国 | 苏教 | 教科 |
| | 例证 | 23 | 7 | 10 | - | 2 | 1 | - | - | - | - | - | - | - | - | - | - | - | - |
| 扩展 | 延伸 | - | - | - | - | - | - | - | 1 | 3 | - | - | - | - | 1 | 1 | 7 | | |
| | 增强-方式 | 1 | 5 | 2 | - | - | - | - | 3 | - | - | - | - | - | - | - | - | - | - |
| | 增强-空间 | - | - | - | 1 | 5 | - | - | - | - | - | - | - | - | - | - | - | - | - |
| | 增强-器材 | - | 3 | 4 | - | - | - | - | - | - | - | - | - | - | - | - | - | - | - |

续表

| 图像类型及教材图文关系2 | | 照片 | | | 模型图 | | | 绘画 | | | 漫画 | | 图标 | | 统计图表 | | |
|---|---|---|---|---|---|---|---|---|---|---|---|---|---|---|---|---|---|
| | | 美国 | 苏教 | 教科 | 美国 | 苏教 | 教科 | 美国 | 苏教 | 教科 | 苏教 | 教科 | 美国 | 苏教 | 美国 | 苏教 | 教科 |
| 衔接 | 标记-命令 | - | - | - | - | - | - | - | - | 1 | - | 1 | 6 | - | - | - |
| | 标记-提问 | - | - | - | - | - | - | - | - | - | 1 | - | 2 | - | - | - |
| | 组合-命令 | - | - | - | - | - | - | - | - | - | 5 | 3 | - | - | - | - |
| | 组合-指示 | - | - | - | - | - | - | - | - | - | - | 3 | - | - | - | - |
| | 组合-提问 | - | - | - | - | - | - | - | - | - | 1 | 1 | - | - | - | - |
| | 驱动话题 | - | - | - | - | - | - | - | - | - | - | - | 4 | - | - | - |
| 合计 | | 24 | 15 | 17 | 5 | 4 | 6 | 8 | 11 | 1 | 12 | 2 | 1 | 15 | | | |

### 2. 统计图表图文关系2对比分析

在前文的论述中,我们已经知道,这里的统计图表分为填充类和非填充类。填充类统计图表出现的语境一般为命令句串或提问句串,如图15-23中填充类表格,其周围语境为命令句串和提问句串,此时填充类统计图表是对语篇命令的集中转述,即意义投射。国内教材还出现了填充类绘画,其图文关系也表现为意义投射。非填充类统计图表内容完整,以分类或数量展示对语篇内容进行分类或提供数量支持,进而延伸语篇信息,即体现为延伸关系。美国教材和教科版教材都出现了填充类统计图表,其中教科版教材填充类统计图表频繁使用,折射出教科版语篇命令性、提问性语境的频繁出现。

### 3. 漫画、图标图文关系2对比分析

漫画分为行文漫画和标记漫画。行文漫画如图15-23中的漫画,通过言语对话列举或者问答的方式继续展开行文,论述语篇上下文中暂未出现的信息。标记漫画如图15-24、图15-32中的漫画,这两个标记漫画在文中与其他图像有组合关系,通过发出言语命令衔接上下文。标记漫画有时不与其他图像组合,单独发出指令或提问,成为衔接上下文语篇的一个话语命令标记或提问标记。从表15-22中我们可以看出,在描述天气知识下,苏教版和教科版教材主要是标记漫画在行文中起作用,标记漫画与其他图像组合情况居多,通过发出言语命令、指示或提问的方式与其他图像内容发生关联,进而进一步衔接语篇。苏教版和教科版教材利用漫画来延伸和衔接语篇,其实质仍然是具有标识作用的言语泡文字在语篇中发挥

作用。漫画高频次地出现在叙述知识中以提示学习注意,由于言语泡分布的随机性和内容的不确定性,以这种方式衔接语篇会对连贯性造成一定影响,容易阻断行文知识叙述,行文脉络不清反而容易扰乱行文阅读,分散注意,影响阅读和学习效果。

图标是一种抽象符号标志,形式上并无丰富可观的图像内容,且并不表达科学知识,与语篇关系体现为衔接关系。苏教版教材和美国教材都利用图标衔接语篇,如图15-24和图15-25中的图标。中美教材图标衔接语篇的区别在于:美国教材规定了2种图标,即"拓展阅读"和"家庭活动",如图15-25中的"拓展阅读"图标所示,美国教材的图标都出现在课程行文结尾,作为一个课外拓展栏目的标识结束课程论述,只是一个课尾衔接标记;而苏教版教材规定了9种图标,分别是"动手、交流、记录、材料、拓展、问题、注意、选择、环保",如图15-24中的"动手"图标。苏教版教材图标出现位置不固定,呈随机分布,有时作为命令或提问标识衔接上文,如图15-28中的"动手"图标,是承接上文的命令标记;有时作为驱动新话题标志引出下文,如图15-24中的"动手"图标。美国教材图标类型较少,衔接关系固定;苏教版教材图标类型多样,衔接关系不固定,反映出了美国教材语篇组织标识统一清晰,苏教版教材语篇组织标识复杂多样的语篇特点。

综上所述,中美教材图文关系2反映出的最显著差异是图像是否参与语篇衔接,以何种方式参与语篇衔接。美国教材图标只作为课程结尾行文标记,其使用频次较低且位置固定。而苏教版和教科版教材中有行文漫画、标记漫画、图标参与语篇衔接,其具体的语篇衔接方式不同,如苏教版和教科版页面中的标记漫画,分别以与其他图像组合和充当话语标记参与语篇衔接。行文漫画通过言语列举方式展开行文参与语篇衔接。此外,苏教版中图标使用位置不固定,频次较高,其在语篇中有时是承接上文的标记,有时又是展开新知识话题的标志。漫画和图标经常参与语篇衔接,且参与方式不一,这使得读者在阅读时总是试图找出上下文行文线索,影响阅读效率。图像参与语篇的衔接方式易扰乱行文线索,使得知识叙述片段化,对行文连贯和知识叙述的完整性造成影响。

本研究发现,在同一知识点下,通过微观分析与比较,发现中美小学科学教材多模态语篇在图像类型及元功能特征、图像分布与密度、图文关系

方面有显著差异。得出如下结论:

在图像类型及元功能对比分析中,美国教材运用照片、模型图、统计图表、图标4种图像,国内教材运用照片、绘画、漫画、统计图表、图标5种图像;美国教材图像基本用于直接展示和表达科学知识,以话题为焦点的图像比例高达93.75%,而国内苏教版和教科版教材分别为50%、55.3%。国内教材图像有一半及以上的图像未用于直接展示科学知识,而是以读者焦点和组织焦点,提示学习注意和参与组织语篇。

在图像分布展示与密度对比分析中,美国教材图像呈年级分布状态,并伴随有图像复现展示,国内教材呈集中分布,无图像复现出现。美国教材照片密度居高,国内教材多种图像密度居高,直接反映美国教材图文语篇呈现的统一性、知识性,国内苏教版和教科版教材图文语篇的多样性、互动性。

据图文关系的对比分析,图文关系1中,美国教材配图文本与图像关系体现为说明和延伸,国内教材则体现为说明、延伸、增强和言语投射。图文关系2中,美国教材利用照片为语篇示例,运用模型图为语篇补充增强信息,国内教材利用绘画、照片为语篇示例和补充增强信息;教科版教材对填充类统计图表的频繁使用导致图表经常转述语篇命令;国内苏教版和教科版教材漫画或语篇提供延伸信息,或以标识和组合的方式衔接语篇,其实质都是言语泡文字在语篇的组织中发挥作用;美国教材图标与语篇衔接关系固定清晰,苏教版教材图标与语篇衔接关系复杂多变。以上差异直接说明了中美小学科学教材图文语篇不同的组织特点和行文环境。

在图像类型和功能方面,国内教材可适当增加模型图表达学科专业知识;对漫画的使用进行规约;适当增加图像对科学工具的原型展示,填充类图表的使用要适量,图像尽量以话题焦点呈现科学知识,减少以读者焦点和组织焦点的图像类型使用。

在图文关系方面,作为教学用语篇,教材语篇中出现的图应尽量使用配图文字,选图尽量与配图文字达到互释效果,帮助学生理解;避免多个图衔接语篇,应充分发挥文本形式特征的功用,充分展开知识叙述,保持知识的完整性和逻辑性。

本节研究对象是"描述天气"知识点下中美教材图文语篇,文中分析的情况和说明的结论只适用于本书,只能在一定程度上反映中美教材多模态语篇特征,不足以说明全貌。研究基础是中美小学科学教材多模态图文数据库,部分分类和标注缺乏系统理论支持,自设了分类和标记标准,难免使得数据有值得商榷的地方。文中针对多模态语篇特征对知识表述造成的影响是潜在的简单分析,由于时间和个人能力有限,未加入对教材使用者学习效果的讨论分析。

## 第四节

## 华文教材中华文化内容对比研究

在第二外语教学中,文化教学有着重要的意义。一方面交际能力同文化密切相关,另一方面学生在学习外语的同时也会产生了解该国文化的诉求。对于华文教学来说,中华文化更是重中之重。了解和掌握中华文化不仅能够提高学习者运用汉语的能力,更能带领他们追寻祖辈的脚步,理解华人的文化和传统。因此,华文教材不同于普通的对外汉语教材,必须针对华裔子弟特殊的身份进行编写,同时在中华文化的选题设置方面要比其他对外汉语教材更为广阔和复杂。

20世纪80年代后,华人在世界范围内的经济地位更加得到肯定,政治地位也逐步提高,华人对当地社会的影响渐渐加大。同时,华人对寻根文化给予了更多的关注。在这样的背景下,华文教育重现生机,开始迅速发展,尤其在有着深厚华人文化底蕴的东南亚地区。各国不仅开设各年龄层次的华文课,并且突出强调华文的实用价值。华人子女由于受到当地语言和文化的影响,对华人文化或中华文化缺乏了解,与祖辈在沟通交流上存在一定的代沟。华人的寻根心理必然使华文教育有别于一般的对外汉语教学,即重视中华文化的教学和传承。

### 一、研究对象

我们选取了四套华文小学教材——《汉语》、《中文》、《菲律宾版新版华语课本》、《华文》(泰北版)进行研究,并采用国家汉办《国际汉语教学通用课程大纲》中对文化的分类,再根据实际教材内容加以增减。具体教材

概况如下:

《汉语》(小学部分)由中国海外交流协会委托北京华文学院(原北京归国华侨学生中等补习学校、北京中国语言文化学校等)为海外华侨、华人学生学习汉语而编写,共 12 册,每册 15 课,每 5 课为一个单元,共计 180 课。《中文》由中华人民共和国国务院侨务办公室委托暨南大学华文学院为欧美地区周末制中文学校的华裔小学生学习中文而编写,共 12 册,每册 12 课,每 3 课为一个单元,共计 144 课。《菲律宾版新版华语课本》、《华文》(泰北版)均由台湾地区开发。《菲律宾版新版华语课本》主要针对菲律宾华人子女开发,共 12 册,第 1 册 6 课,其余每册 12 课,共 138 课。《华文》(泰北版)是针对泰国北部研发的教材,共 12 册,每册 15 课,共 180 课。两套教材均不采用单元制,以下简称为"菲律宾版"和"泰北版"。

## 二、四套教材文化内容设置

这里考察的范畴主要为两种情形:一是课文中涉及相关中华文化内容,即文化内容并未作为主题出现,只是作为帮助主题叙述的材料;二是中华文化作为课文主题出现。《汉语》中具有中华文化内容的课文共 56 课,占总课文数的 31.11%。《中文》中有中华文化内容的课文共 62 课,占总课文数的 43.06%。菲律宾版中华文化出现了 42 课,占总课文数的 30.43%。泰北版一共有 46 课关于中华文化,占总课文数的 25.56%。由此看来,《汉语》和《中文》在总体上中华文化的内容比例高于菲律宾版和泰北版。

(一)中华文化项目对比

在教材的中华文化涉及的内容项目上,四套教材的文化项目有同有异。下列数据为四套教材中中华文化内容分类的情况和各项目的比例。

表 15-23 四套华文教材中华文化项目收录情况

| 《汉语》 | | 《中文》 | | 《菲律宾版新版华语课本》 | | 《华文》(泰北版) | |
|---|---|---|---|---|---|---|---|
| 文化类别 | 占中华文化课文的比例 | 文化类别 | 占中华文化课文的比例 | 文化类别 | 占中华文化课文的比例 | 文化类别 | 占中华文化课文的比例 |
| 成语 | 17.86% | 成语 | 9.68% | 成语 | 2.33% | 成语 | 4.35% |
| 传说故事 | 8.93% | 传说故事 | 6.45% | 传说故事 | 2.33% | 传说故事 | 6.52% |

续表

| 《汉语》 | | 《中文》 | | 《菲律宾版新版华语课本》 | | 《华文》(泰北版) | |
|---|---|---|---|---|---|---|---|
| 当代中国 | 7.14% | 当代中国 | 6.45% | 风俗节日 | 6.98% | 风俗节日 | 10.87% |
| 动物 | 1.79% | 动物 | 1.61% | 历史人物 | 16.28% | 科技 | 2.17% |
| 风俗节日 | 7.14% | 风俗节日 | 11.29% | 旅游特产 | 13.95% | 历史人物 | 17.39% |
| 教育 | 1.79% | 建筑 | 1.61% | 民族文化 | 13.95% | 旅游特产 | 17.39% |
| 科技 | 1.79% | 教育 | 1.61% | 气候地理 | 6.98% | 民族文化 | 10.87% |
| 历史人物 | 19.64% | 科技 | 1.61% | 体育 | 4.65% | 文学 | 10.87% |
| 旅游特产 | 8.93% | 历史人物 | 20.97% | 文学 | 4.65% | 语言文字 | 13.04% |
| 民族文化 | 5.36% | 旅游特产 | 8.06% | 艺术 | 4.65% | 政治 | 4.35% |
| 气候地理 | 5.36% | 气候地理 | 9.68% | 饮食 | 6.98% | 宗教 | 2.17% |
| 生肖属相 | 1.79% | 生肖属相 | 1.61% | 语言文字 | 9.30% | | |
| 文学 | 3.57% | 文学 | 16.13% | 宗教 | 6.98% | | |
| 艺术 | 1.79% | 语言文字 | 3.23% | | | | |
| 语言文字 | 7.14% | | | | | | |

由表 15-23 可以看到,泰北版中的文化类别要略少于其他三套教材,仅为 11 类,菲律宾版为 13 类,《中文》为 14 类,《汉语》类别最为丰富,为 15 类。四套教材共有的中华文化类别为:成语、传说故事、风俗节日、历史人物、旅游特产、文学、语言文字。这说明该 7 类中华文化均受到大陆和台湾华文教学的重视。不过,其中每类所占比例却不尽相似。如成语一项,在《汉语》和《中文》中分别占 17.86% 和 9.68%,明显高于菲律宾版和菲律宾版,尤其在《汉语》中,成语从第六册开始出现,每册一或两课,共出现了 10 次。传说故事一项菲律宾版明显少于其他三套教材,而风俗节日上,《汉

语》和菲律宾版的比例均少于《中文》和泰北版。教育方面在每套教材都出现过一课，比例相当。而历史人物在四套教材中都占了近五分之一的比例，说明教材编写者对历史人物的介绍都有浓厚兴趣。旅游特产方面，菲律宾版和泰北版教材要明显高于《汉语》和《中文》，这刚好和成语一项形成了鲜明对比，看起来更重视教材的趣味性，而《汉语》和《中文》更注重教育性。在文学一项，《中文》和泰北版涉及的课数和内容要多于《汉语》和菲律宾版。菲律宾版和泰北版在语言文字上的关注比《汉语》和《中文》大得多，所占比例为 9.30% 和 13.04%。

四套教材独有文化项方面，菲律宾版有体育和饮食两项，其中体育为两课，涉及功夫和传统体育项目，如踢毽子、耍陀螺等；饮食为一课，主题为"包子"。由于其他三套教材中涉及的食物均与民俗、节日相关，因此该项单独列出。泰北版独有的是政治一项，涉及国民党的历史，而其他三套教材均未提到任何政治话题。

(二) 中华文化内容对比

尽管四套教材存在 7 类共有题材的中华文化，但每一类别涉及的内容并不一定相同。

1. 成语和传说故事

四套教材中，菲律宾版只有一课提到成语(《才高八斗和小时了了》第十二册第 9 课)和一则传说故事(《射下九个太阳》第九册第 11 课)，因此主要针对其余三套教材进行对比。

《汉语》十课中涉及成语 16 个，《中文》六课中出现成语 12 个，泰北版两课中成语为 4 个。《中文》中成语编排较为系统，以"成语故事"为题，六册中每册出现一次。三套教材中共有的成语仅为一个：守株待兔。《汉语》和《中文》中还共同出现了 4 个成语——刻舟求剑、拔苗助长、亡羊补牢、滥竽充数，均为耳熟能详、故事生动的成语。

三套教材都有同一则幽默诙谐的传说故事——《三个和尚》。在泰北版中神话传说所占比例较大，如：《盘古开天地》(第七册第 4 课)和《夸父追日》(第八册第 3 课)。而大陆编写的两套教材中收录的主要是故事，如《汉语》的《群鸟学艺》(第八册第 4 课)、《中文》的《神笔马良》(第十二册第 2 课)。

## 2. 风俗节日

节日及节日间的风俗、饮食等一直都是民族文化的直接体现。四套教材一共涉及了四个最主要的节日——春节、端午节、中秋节和国庆节(台湾地区教材中提到的为"双十节")。但四套教材均提到的节日只有中秋节,并都提及了月饼,大陆两套教材还提到了嫦娥、玉兔等传说,泰北版介绍了柚子和桂花这样当令的事物。值得讨论的是,菲律宾版在月饼的起源上详细说明了明朝起义,这对于小学生有一些晦涩难懂,同时也丧失了课文应有的活泼和趣味。而《中文》和菲律宾版中提到的春节习俗也基本不同。《中文》提到了贴对联、挂红灯、舞狮子、吃饺子等活动,而菲律宾版则描述了年夜饭(年糕、萝卜糕、发糕、鱼、长年菜)和压岁钱。

除了节日外,四套教材还提及了一些中华民族的生活习俗、礼仪等,如:《中文》第八册第2课《一堂有趣的中文课》中讲述了中国人起名的习俗以及一些字的含义,泰北版第六册第11课《姑姑要出嫁》提到了中国人的婚嫁习俗,以及在台湾地区会准备的喜饼、甜茶、金戒指、红被子等。

## 3. 历史人物

四套教材都十分注重历史人物这一文化项,但编写者在人物的选择上体现了较大的差异性。

在四套教材中出现两次以上的人物有孙中山、花木兰、晏子和曹冲四位。在人物的选择上,有努力读书、持之以恒的榜样,如王羲之、王冕、孔子等;有某一领域的精英,如梅兰芳、徐悲鸿、李时珍等;有聪明机智、善于处事的能人,如晏子、曹冲、田忌等;还有为人民做出一番事业的实干者,如林则徐、李冰、陈嘉庚等。

四套教材涉及的反面事例极少,只有泰北版中提到了方仲永和烽火戏诸侯的周幽王。

## 4. 旅游特产

在旅游特产方面,大陆和台湾地区编写者取材差别极大。大陆地域广阔,物产繁多,《汉语》和《中文》仅精选出一些知名的地方进行描写。《汉语》第六册第3课《我要更努力》、第九册第15课《给爸爸妈妈的一封信》和第十二册第8课《北京的胡同》都介绍了北京的一些著名景点,如故宫、长城、王府井、胡同等。该教材还介绍了上海(第六册第5课《姐姐的一封信》)和内蒙古(第十一册第8课《美丽的内蒙古草原》)。《中文》同样以三课介绍了北京:第四册第1课《给爷爷的信》、第四册第2课《颐和园》和第七册第7课《万里长城》。同时还谈到了内蒙古大草原(第十一册第7课《美丽的大草原》)和桂林山水(第九册第7课《桂林山水》)。

台湾地区开发的教材则多对台湾当地的风光进行介绍。菲律宾版第十册第5课《如果我会开飞机》介绍了阿里山、日月潭、台北101大楼和台北故宫博物院,第十一册第12课《阳明山国家公园》介绍了阳明山。泰北版有更多独立介绍台湾旅游资源的课文,如第八册第10课《阿里山上看日出》、第八册第14课《淡水河》、第十册第13课《参观故宫博物院》。两套教材中也介绍了大陆的一些景致,如菲律宾版涉及了长城,泰北版提到了长城、内蒙古草原和江南风光。

5. 文学和语言文字

在文学方面,《中文》和泰北版都设立了专门的"古诗两首"系列课文,《中文》一共有6课,为泰北版的两倍,两套均有《静夜思》和《游子吟》两首诗。四套教材中都有涉及《西游记》《三国演义》或《水浒传》的某一选段:《汉语》中有关羽刮骨疗伤(第十二册第6课《关公的故事》);《中文》第九册第4课《猪八戒吃西瓜》和第十册第10课《空城计》;菲律宾版第十二册第11课《武松打虎》;泰北版第十册第9课《孙悟空三借芭蕉扇》和第十册第10课《孔明借箭》。看来古代小说是编写者乐于编排的内容之一。只有《汉语》中还涉及一篇现代小说《差不多先生的故事》(第十一册第6课)。

语言文字一项一般有两类课文。一类是提到中文学校在国外的发展,如:《我和中文》(《汉语》第十二册第10课)、《开学典礼》(《中文》第八册第1课)和《网上中文学校》(《中文》第十册第2课),以及泰北版第四册第7课《我的中文学校》。另一类是汉语的一些语言现象,如:提到笔画的《汉语》第五册第11课《写"万"字》,提到文字结构的菲律宾版第九册第8课《有趣的文字》和泰北版第十册第14课《有趣的中国字》,提到绕口令的菲律宾版第十二册第4课《舌头打结了》和泰北版第五册第2课《绕口令》,提到谜语的《汉语》第八册第13课《猜谜语》和泰北版第九册第10课《猜谜语》,还有提到汉字历史的《汉语》第十二册第7课《历史悠久的汉字》和菲律宾版第六册第7课《仓颉造字》。

(三）外国文化、当地文化内容的收录情况

四套教材中除了中华文化的内容，都在不同程度上涉及外国文化的内容，包括外国知名的景点、人物或事件，节日习俗以及儿童文学作品和寓言等。《中文》外国文化题材课文共31课，数量为四套教材之首，而《汉语》涉及外国文化的仅为5课，明显比其他三套教材少。在内容方面，《中文》选取了国外著名人物、景点、童话、寓言以及文学作品，涉及面广泛，从欧洲、美洲到非洲均有涵盖。

台湾地区的两套教材显示了一个突出特点，即当地文化所占比例较大。菲律宾版外国文化课文共24课，其中15课介绍菲律宾的当地文化，占62.5%。泰北版外国文化课文共28课，其中17课介绍了泰国或泰国北部的文化，占60.7%。这是由两套教材国别化开发的性质所决定的，体现了台湾地区开发教材的特点。其中涉及当地文化的部分多为民俗、节日和景点，内容趣味性较强。《中文》外国文化的内容以具有较强的知识普及性为主，同时还选取了世界上具有较高知名度的儿童文学作品。

### 三、对比分析

通过对四套教材的定量研究和分析，可以看到，各套教材在文化项目设置和内容安排上既有相似性，又有独特性。而中国大陆和台湾地区编写的教材显示了不同地域的编写风格。除此之外，四套教材都存在着一些不足，值得我们梳理和对比。

首先，小学华文教材在编写上应注重中华文化选取的代表性、广泛性和趣味性。教学中介绍的中华文化应是中华民族共同引以为傲、耳熟能详的风景、人物、风俗、节日、物产、精神等，而较为生疏的文化并不适合作为海外华人文化传承的内容。同时，在中华文化的类别和具体内容方面应类别丰富，选题多样，内容广泛。如：在旅游特产方面，《汉语》用了三课介绍北京，此外仅提到了上海和内蒙古，选题过于单调；菲律宾版和泰北版过分强调台湾本土的旅游特产，而并未真正介绍完整的中国风光。作为小学华文教材，在话题和选文方面更应注意其趣味性。《汉语》和《中文》两套教材在内容设计上则更具知识性，可略提升一些幽默感和活泼感。

其次，作为弘扬民族文化的华文教材，应注重语、文、道的关系。尽管面向国外的华文教材更加注重实用性，但中华民族的文化、精神的传承也不可忽视。华文教学不能局限于语言文字的培养方面,同时也要帮助当地华人子女树立民族的自豪感,增进他们对中华文化的了解。陈荣岚(2007)提出"以语为首""以语带文""因文明道""因道悟文"四步骤,阐释了处理语、文、道关系的重要性①。台湾地区的两套教材均在民族文化方面进行了较为丰厚的介绍,将中国人的一些传统思想、价值观念传播给了教材的使用者。相较之下,《中文》没有专门为民族文化设立一课,令人感到惋惜。

最后,华文教材中中华文化、当地文化、外国文化应按照一定的比例进行分配。除了中华文化的编写,当地文化的扩充能够拉近学习者与汉语的距离,提高他们学习的积极性。同时,小学华文教材在某些地区还履行着语文教材的使命,需要注重对外国科技、艺术、国情、历史人物等多方面的学习,拓宽小学生的眼界。四套教材中台湾地区的教材在这三方面文化上做到了较好的统一。《汉语》并未强调针对某一国或某一地区开发,但在外国文化的内容方面明显少于其他三套教材。《中文》涉及不少国外华人的生活境况,而外国文化方面内容略为繁多,尤其在学习者高级阶段涉及过多,有些厚洋薄中之嫌。

小学华文教材作为华文教育的重要一环,其文化内容的设置直接关系到华人社会文化的继承和发展。只有选取适宜的中华文化内容,才能有效地实现这一愿景。

---

① 陈荣岚:《全球化与本土化:东南亚华文教育发展策略研究》,厦门大学出版社,2007,第163—167页。

# 第十六章
## 语文教材中的语文知识

### 第一节
### 对语文教材中语文知识的再认识

一、语文知识"不显"中的重要性

我国从清末民初开始的现代基础教育语文课程，走过了百余年历程，有两个问题一直缠绕其中。

第一个问题是人文性与工具性。人文性与工具性到底是怎样的关系，孰为主孰为辅，孰为显孰为隐，长期以来都有不尽的讨论。小学语文教学史显示，从民国时期的语文教材至20世纪50、60年代，再到20世纪80、90年代，直至进入21世纪的新课标教材、当下的统编教材，这个问题一直成为焦点，在起起伏伏中，语文课的工具性在总体上还是被人们充分看重的。"'50语文大纲'规定，小学语文教学的内容有阅读教学、汉语教学、作文教学、写字教学等，并且规定各自的教学课时。语文课本的编排，以阅读教材为主体，将各项语文基本功的训练综合安排。"[①]1956年汉语教材与文学教材分立，对语文知识的重视达到一个高峰，可惜只是昙花一现。"1958年……小学语文汉语语文教学改革，也随着中学汉语、文学分科教学的停止而终止。这次小学语文教学改革，虽然没能按原计划进行，改革经验也没

---

① 林治金主编《中国小学语文教学史》，山东教育出版社，1996，第462页。

能来得及进行总结,但是,这场改革在小学语文教学领域却产生了积极影响。"①到20世纪60年代,语文的工具性再度受到重视。"'63语文大纲'明确提出语文学科的工具性。……由此来说明学习语文的重要性,阐明语文学科的工具性。这就解决了在语文教学中长期没有解决好的语文学科性质的问题。"②顾之川先生认为,1949—1977年期间"语文工具论成为语文教育教学的指导思想"③。这个问题"本来不应该再成为问题的",可到1997下半年起,"以1997年第11期《北京文学》发表的一组文章为标志,社会上开展了一场声势浩大的关于中小学语文教育大讨论……。一时间工具论成了语文教育的罪魁祸首,万恶之源。"④语文课具有培养语言能力的具体而独特的任务,只是由于语文课内容,与思想情操道德观念有着密切联系,如果没有清晰的定位与认识上的定力,往往会以"道"统"器",把人文性放在高于一切的位置。

　　第二个就是语文知识与语文能力、语文素养的关系问题。语文能力、语文素养该如何培养?语文知识在里面有没有起作用?有着怎样的作用?到底需要怎样的语文知识?这是另一个长期纠缠的问题。20世纪50年代初,叶圣陶先生对"语文课"作了清楚的界定,"说出来是语言,写出来是文章,文章依据语言,'语'和'文'是分不开的。语文教学应该包括听话、说话、阅读、写作四项。因此,这套课本不再用'国文'或'国语'的旧名称,改称'语文课本'"⑤。语文课是"口语"与"书面语"的并重,而非"语言课"和"文学课",也非"语言"与"文字"的叠加。语文课应是特别看重语言能力、语文素养培养的课程,但关键在于这样的能力与素养该如何培养。大量的阅读、写作当然是必需的,而基本的语文知识要不要?它应占有怎样的分量?能发挥怎样的作用?实际上,只有当语文知识这一块做实了,能力训练与素养培育才能成为有本之木、有源之水;如果这一块没有落到实处,不仅语文素养难以落实,还很可能将语文素养与人文素养混而同之,甚至等

---

① 林治金主编《中国小学语文教学史》,山东教育出版社,1996,第468页。
② 林治金主编《中国小学语文教学史》,山东教育出版社,1996,第476页。
③ 顾之川:《新中国语文教育七十年》,《语言战略研究》2019年第4期。
④ 顾之川:《顾之川语文教育论》,福建教育出版社,2013,第4—5页。
⑤ 宋云彬等主编《初级中学语文课本》,人民教育出版社,1950。

而代之。在 21 世纪初的《语文课程标准》(实验稿,2001)中就出现了这种混同情况。这时谈的语文素养成为几乎无所不包的东西。"什么是语文素养?它的内涵十分丰富。它以语文知识为基础,语文能力(识字、写字、阅读、习作、口语交际)为核心,是语文能力和语文知识、语文积累(文化底蕴)、审美情趣、思想道德、思想品质、学习方法和习惯的融合。这种素养不仅表现为有较强的阅读、习作、口语交际的能力,而且也表现为有较强的综合运用能力——在生活中运用语文的能力以及不断更新知识的能力。《语文课程标准》把教育学生的人文素养放在语文教育的首位。什么是人文素养?良好的人文素养表现在:(1)爱国主义感情和社会主义道德品质。(2)认识中华文化的丰厚博大,不断吸收民族文化智慧。(3)具备开阔的视野,关心当代文化生活,吸收人类优秀文化的营养。"[1]显然,语文素养在这里成了统揽一切的东西,对内,于"语文"的内容无所不包;于外,于"人文"的内容无所不兼。顾之川先生对这种将语文素养泛化的做法给予了尖锐批评:"语文课程标准研制组煞费苦心,一方面,新课程既要尊重语文教育的历史,给工具论以应有的地位;另一方面,面对日渐成为文化教育主流意识的人文论,又必须予以反映……为了适应这一变化,课程标准把过去语文教学大纲中'培养学生的语文能力'改为'全面提高学生的语文素养'。然而,何为语文素养?何为语文工具性?语文人文性的具体含义是什么?工具性与人文性到底是一种什么关系?在语文教学中,二者又该如何统一?课程标准语焉不详,语文教育理论工作者也是众说纷纭,广大教师更是无所适从。"[2]

因此,当语文知识、语文能力、语文素养并列时,对语文知识往往是一笔带过,没有描述,没有落实,没有传授。语文知识的极度虚化,以至于那几年多个省份的高考语文试卷甚至没有一道这方面的试题。语文课成了难以落实,全凭"体悟""灵动"来感受的课程。语文能力与语文素养的获得,是靠"熟能生巧"的纯机械性反复操习?还是靠理论学习与实践操习相结合的循环往替?其道理自明。从"语文知识"到"语文能力",从"语文能

---

[1] 苏新春、杨书松、孙园园:《21世纪新课标基础教育语文教材语言研究》,广东教育出版社,2017,第19页。
[2] 顾之川:《顾之川语文教育论》,福建教育出版社,2013,第8页。

力"到"语文素养",再从"语文素养"到"人文素养",每一步变化都不算大,但经两三轮的摆渡后,实质性差异就出现了。不难看出,语文课中最实的内容就是语文知识,它是知识往能力、能力往素质转化的基础与起点。语文知识实了,语文能力与语文素养就有了依托;语文素养高了,人文素养的转化与积累就有了更好的条件与载体。

2017年开始的语文课程改革对语文知识给予了新关注。"'部编本'语文教材结构上明显的变化,是采用'双线组织单元结构',按照'内容主题'(如'修身正己''至爱亲情''文明的印迹''人生之舟'等)组织单元,课文大致都能体现相关的主题,形成一条贯穿全套教材的、显性的线索……同时又有另一条线索,即将'语文素养'的各种基本因素,包括基本的语文知识、必需的语文能力、适当的学习策略和学习习惯,以及写作、口语训练,等等,分成若干个知识或能力训练的'点',由浅入深,由易及难,分布并体现在各个单元的课文导引或习题设计之中。""重视语文核心素养,重建语文知识体系……在一二十年前,语文教学的知识体系是比较清楚的,听说读写的能力点、知识点,也都比较成体系。……实施新课程以来,特别是课标的出台……课程改革几乎一边倒,就是强化人文性。……但又出现另一趋向,就是语文的知识体系被弱化,甚至被拆解了……'部编本'语文教材很重要的一点改进,就是让课程内容目标体现的线索清晰,各个学段、年级、单元的教学要点清晰。……'部编本'语文教材就已经在努力建构适合中小学的语文核心素养体系。但这是'隐在'的,不是'显在'的。"①

上面这段论述值得重视,尽管语文知识还只是作为"暗线"的一部分而出现。但"重建语文知识体系"的任务已经明确提出了。那么这个知识体系是如何构成的? 应包括哪些语文知识? 其数量、分布及关系如何? 都值得进一步研究。

二、对"语文知识"的认识

语文知识指的是为了有助于提高学生对母语语言文字能力的培养,需要纳入教学环节的有关语言结构与语言应用规律与特点的语言文字知识,包括文字、词汇、语音、语法、修辞、逻辑、写作等方面内容。

---

① 温儒敏:《"部编本"语文教材的编写理念、特色与使用建议》,《课程·教材·教法》2016年第11期。

语文知识可以是成系统的完整的语文知识,也可以是在教材与教学中的某个部分某个环节中以个别、零散形式存在的语文知识。系统、完整的语文知识可以表现为语文知识专题知识集,如字表、词表、音节表、拼音表及语法、修辞、逻辑等知识集,可以表现为教材中的语言知识专题的形式,也可以表现为教学大纲的附录或教师参考用书等形式。个别零散的语文知识则多是掺杂在语文教材某个部分,如单元、知识窗、题解或练习题等。

处理语文课程中的语文知识,关键有三个:一是数量,即语文知识的多少、深浅、难易、广狭、类型等;二是质量,即语文知识的建构原则、机制、作用等;三是功能,即语文知识与语文能力培养有着怎样的关系,能发挥怎样的效果。

## 第二节
## 语文教材中"语文知识"科学化的可行性

其实,在百余年的小学语文教学史中,无论是理论研究还是教学实践,人们都对此有过深刻认识,也做出过不懈的努力。

### 一、学术界的期盼

要加强语文知识的教学,要为语文教学提供科学化的教学资源,前代学者就有过不懈的追求。叶圣陶、吕叔湘、张志公等著名语文教育家几十年前就为之呼吁。叶圣陶说:"编辑课本从统计词和句式入手,诚然麻烦。然而读者读了这样编成的课本,可以到处应用,不至于把拿到手里的工具随便丢开。那么麻烦一点也是值得的。……可惜用这样方法来编辑课本的还没有。"[1]吕叔湘先生在20世纪60年代指出:"谈到语言教学的研究,我觉得有许多基本工作没有做……比如关于词的出现频率的研究就很重要。西方国家特别是美国几十年前就有人做这种统计。这种材料对编教科书编词典都很有用处。我们现在编小学课本就只能靠主观想象。要编小学生用的字典词典,收哪些字和词也只能凭'估计'。"[2]张志公先生指

---

[1] 叶圣陶:《叶圣陶语文教育论集》,教育科学出版社,1980,第175—176页。
[2] 吕叔湘:《吕叔湘语文论集》,商务印书馆,1983,第319页。

出:"词汇,似乎还没有一份适应教学用的现代汉语常用词表,要赶紧搞这么一个表出来。……之后,还要根据难易,根据需要,排好次序和进度,定出各个学习阶段掌握这些字和词的深度和熟练度。"①这里几位先生说到的"词""句式""词典""词表",包括要了解它们的"频率""次序""进度""深度""熟练度",就是语文知识的内容与存在样式。它们应是有形、有量、有序、有度的。这就是"语文知识体系"应该包括的必备内容。2006年广东学者赖华强教授发文以《语文词汇定量研究———一项不能再耽搁的工程》为题强调要加强"中小学常用词表"的研究②。上面几位先生提到的常用字表、常用词表、常用语法句型,及常用修辞知识点等,是语文教学必不可少的重要教学资源。

  这项极重要的基础工作应该要有人来承担。中国辞书学会会长、北京语言资源高精尖创新中心主任李宇明教授在2019年两次重要研讨会上都语重心长地提出了批评:"语文教育的确需要学者来研究,语言学怎样支持语文教育?这是个值得思考的问题。"③"语言学在一些重要的传统领域中'失音',如汉语母语教育领域。中国语言学是从这个领域发展起来的,但现在语言学家在母语教育领域的身影已经十分稀疏,中学语文教育的支撑体系正在'沙化',汉语母语教育的语言学支撑体系(知识体系、研究体系、人才培养体系)几乎消融。……中国语言学者要有大格局、大心胸,关注各个领域的语言问题。"④国家教材局申继亮副局长也指出语文教学的根本出路在科学化,"我们今天的教材编写基本上还处于一个'准科学阶段',无论是文科还是理科,如果连问三个问题,我敢说很多人答不上来"。北京第80中学语文特级教师王岱指出"语文学科必须要有科学性","我参与了高中课标的修订,其中有一个《学业水平质量标准》,在制定这个《标准》时老师们非常用心,反复去权衡,做起来很难。这和语文学科特点有关系,不像数理化的知识点可以量化。语文学科必须要有科学性。比如一个学生接受

---

① 张志公著、孟宪范编《语文教学论集》,福建教育出版社,1985,第74页。
② 赖华强:《语文词汇定量研究———一项不能再耽搁的工程》,《语文建设》2006年第7期。
③ 银晴:《〈义务教育常用词表(草案)〉出版座谈会大家谈》,《江西科技师范大学学报》2019年第3期。
④ 《2019海内外中国语言学者联谊会暨第十届学术论坛在京举行》,商务印书馆汉语中心微信公众号,https://mp.weixin.qq.com/s/4iJ_5neSOq6nE60rSFVy0A,2019年7月20日。

义务教育之后应该掌握多少汉字、多少词汇,在半个小时或者一个小时内能写出多长的作文,这个水平能达到哪个限度,应该有个标准。"[1]

申继亮先生还指出,目前语文教育科学化做得最好的就是汉字教学,纳入《语文课程标准》附录的"中小学语文课常用字表"就是出自《通用规范汉字表》中的一级字。《义务教育常用词表(草案)》也有助于提高词汇教学的科学性。"这个词表在分级上迈出了一步,规律、分级的概念是真正体现反映学生认知规律的一个重要表现。所以这个词表确实是非常有价值、有意义的一项工作成果。"[2]但类似这样的语文知识教学资源还太少。字与词还只是语文知识、语文教学资源中的一部分,语法、修辞、逻辑、语篇、写作等方面还有许多应该为中小学生掌握的语文知识,语言学界应该为此做出自己的贡献,应该要有明确目标,做出清晰规划,并有计划地实施。

## 二、教材语言现状显示对语文知识需求的迫切性

语文教材语言状况也呈现出对语文知识的客观需求。我们调查发现,在拥有相同教学大纲、相同教学时数、相同教学要求的情况下,不同教材之间的词汇面貌相差相当大,共有词语的比例相当低[3]。

表 16-1　四套教材词汇调查

| 教材 | 分词单位总数 | 词总数 | 词种数 | 共用词种数 | 共用比例% | 部分共用词种数 | 部分共用比例% | 独用词种数 | 独用比例% |
|---|---|---|---|---|---|---|---|---|---|
| 人教版 | 342911 | 287096 | 24852 | 10460 | 42.09 | 9276 | 37.32 | 5116 | 20.59 |
| 苏教版 | 261997 | 219337 | 23180 | 10460 | 45.12 | 8246 | 35.57 | 4374 | 19.3 |
| 北师大版 | 316522 | 264280 | 26895 | 10460 | 38.89 | 8840 | 32.87 | 7595 | 28.24 |
| 语文版 | 368696 | 306879 | 28400 | 10460 | 36.83 | 10129 | 35.67 | 7811 | 27.5 |

上表显示共用词在每一套教材中占比最高的是 45.12%,最低的是 36.83%。而把共用词放到四套教材的总词种数中来看比例还会大大降低。四套教材总词种数有 50650 个,共用词种数只占 20%,可见不同教材之间词汇面貌差异之大。可是教材要学哪些词,哪些词更为重要,数量与

---

[1] 银晴:《〈义务教育常用词表(草案)〉出版座谈会大家谈》,《江西科技师范大学学报》2019 年第 3 期。
[2] 银晴:《〈义务教育常用词表(草案)〉出版座谈会大家谈》,《江西科技师范大学学报》2019 年第 3 期。
[3] 苏新春:《基础教育语文新课标教材用字用语调查》,载国家语言资源监测与研究中心编《中国语言生活状况报告(2007)》,商务印书馆,2008,第 437—515 页。

状态如何,这些在大纲中未作说明。

张志公先生说:"我曾发现,一个'扛'字,幼儿园在讲,小学在讲,甚至初中还在讲。我们应该搞好研究工作,克服重复浪费的现象。"①我们调查也发现同样现象,如:"小心翼翼"作为生词在不同教材里的安排相差很大,有小学二年级的,也有四年级、五年级的,甚至还有初二的等多种安排。

### 三、国家语言文字主管部门的重视

作为我国语言文字工作的最高管理机构——国家语委也十分重视中小学语文教育的科学化工作。早在2002年"十五"科研规划项目指南中就设立了促进语文教育科学化的语文知识资源化的课题,列有"普通话音节全表""通用词语词量及分级""通用词语读音表""轻声、儿化规范""通用词语书写形式规范"等。如果说这里说的还是普通话系统中的音节表、词表、读音表、轻声儿化表、通用词书写规范的话,而到2004年,就出现了有关基础教育方面语文知识的课题,如"基础教育基本字表""扫盲教育基本字表"等。

在《义务教育常用词表(草案)》的出版座谈会上,教育部语言文字信息管理司田立新司长代表国家语委清晰地表达了政府的决心:"一直以来,国家语委致力于服务国家发展需求,也高度重视开展语言学习、语言教育教学等各方面的科学研究。2011年针对我国义务教育阶段中小学语文词汇的定量研究比较缺乏,而中小学语文教学的科学化迫切需要有一个针对性强、适用性强的词表的情况,国家语委设立'基础教育学习性词表的研制'项目,确定中小学学习性词表特点,梳理基础教育语文课与其他学科教材词汇使用与词汇教学现状,并且根据儿童阅读与词汇应用规律研制常用词表。这也是我们当时设立课题想达到的主要目标。"②

《义务教育常用词表(草案)》的出版,显示在中小学语文教学的科学化,语文知识体系建构上迈出了可喜的一步。但还仅仅是一个尝试,还有许多问题需要更深层次的思考和认真的研究。

---

① 张志公著、孟宪范编《语文教学论集》,福建教育出版社,1981,第25—27页。
② 银晴:《〈义务教育常用词表(草案)〉出版座谈会大家谈》,《江西科技师范大学学报》2019年第3期。

## 第三节
## 语文知识是语文教学中的重要基础

在语文课程的语文知识的体系化建设中,要遵循若干基本原则。

### 一、要符合中小学生课程的定位与需求

语文知识的体系化意味着对纳入中小学语文课程教学范围的语文知识需要有严格的量与质的考虑。量与质的要求取决于哪些因素呢?首先当然应该是语文课程的需要。语文课程大纲的规定可以做得很虚,也可以做得很实。在整个20世纪从《1902年钦定蒙学堂章程》至《2000年九年义务教育全日制小学语文教学大纲(试用修订版)》的25份小学语文教学大纲,对语文知识的要求也经历过无有、略详、多少、具体与概括之间的起伏不定的变化。

1941年的《小学国语科课程标准》是20世纪25份小学语文教学大纲中的第10份。它首次在"附录二"中列出了"一、单句的组织""二、单句复成分的组织""三、单句成分的省略组织""四、复句的组织""五、句子的语气"等方面语文知识的要求①。

1950年《小学语文课程暂行标准(草案)》,首次对小学的五个年级的课文篇幅进行了长度的说明。一年级"1.注音符号(有条件的得用拉丁字母)。2.由五百个常用字组织的基本语汇。3.七个字以内的简短语句。4.反复语句组织成的完整短篇,可以七十字左右(下学期起)。5.重要的句读符号"。二年级"1.继续前学年。2.由一千个最常用字组织的基本语。3.十个字以内的简短语句。4.继续前学年,篇幅可加长到一百五十字左右。5.全部点号和一部分符号"。三年级"1.继续前学年。2.由一千六百个常用字组织的基本语汇。3.形容词很少的语句。4.组织完整,段落分明的短文,篇幅可加长到三百字左右。5.全部标点符号"。四年级"1.有条件的得加拉丁字母和注音符号的对照。2.由二千二百个常用字组织的基本语汇。3.完整复杂的语句。4.继续前学年,篇幅可加长到五百字。5.继续前学年,加段落行款"。五年级"1.继续前学年。2.由三千个常用字组织的

---

① 张志公著、孟宪范编《语文教学论集》,福建教育出版社,1985,第27页。

基本语汇。3.精练的语句。4.继续前学年,篇幅加长到八百字以上。5.继续前学年,完整地使用"。对每个年级都提出了语文知识的要求,"1"为标音符号,"5"为标点符号,"2""3""4"分别为对字、词、句、篇的要求。这是首次在课程标准中加进了如此明确的数量要求及字词句篇之间的层级关系。

20世纪50年代以后的多份语文课程标准都保持了类似对语文知识的明确数量与层级的要求,只是要求的详略有所不同。简略些的有1954年的《改进小学语文教学的初步意见》等。详细些的有1955年的《小学语文教学大纲草案(初稿)》,在"阅读课"外还首次分出了"汉语课""作文课""识字课""写字课"。"汉语课"中包括了"语音""词汇""语法""文字""标点符号"五部分内容。1956年的《小学语文教学大纲(草案)》保持类似的结构。

1963年的《全日制小学语文教学大纲(草案)》对前一份大纲作了大幅修改,最明显的就是压缩删减了有关汉语知识方面的内容,只保留了六个方面极其概括扼要的要求:"小学语文教学的要求,是使学生认识三千五百个常用汉字;学会汉语拼音,作为识字的辅助工具;掌握常用的词汇;流利地诵读课文,并且能够背诵教师指定的一部分课文;字写得端正;会写一般的记叙文和应用文,语句通顺,注意不写错别字,会用标点符号。""词汇"的要求高度虚化了,"语句"的要求消失了,突出了阅读与写作。再就是大大加强了对"课文"的硬性要求,对课文的要求由提示、引导式变为每一册每一篇课文都予以固定化。

《1978年全日制十年制学校小学语文教学大纲》是相当简约的大纲,只保留了对"汉字"的明确数量要求,此外对"读""写""说"以语文技能为主的教学都是以能力的描述为主。此后的1980、1986、1988、1991、1992、1994、2000等年份的教学大纲或教学指导意见基本保留了类似的特点。

可见在百余年的语文课程大纲中,对语文知识要求的明确与细致以20世纪50年代的最为显著,之后则为弱化语文知识的趋势,只保留了对汉字学习的刚性要求,而重在对语言技能的要求。在实际教学中,人们对语文知识在语文素养的积累中所起的基础作用仍有着相当的共识。从上述变化趋势来看,2017年的统编本语文教材改革中提到要建构"暗线"中的语文知识体系,应是一个有突出标志性意义的创新举措。

除语文课程大纲外,语文课程的教材语言面貌也反映了语文知识在教材语言中的存在是受到控制的。如：不同教材在汉字字种上的差异都控制在很小范围。在"新课标版"教材中，人教版、北师大版、语文版、苏教版的课文字种数分别是4317、4336、4392、4176，相差只有100多个字①。生字教学的字种数在"新课标"的人教版是2997、北师大版是2806；之前的"义务教育版"教材中，人教版的生字数是2535，北师大版的生字数是2832②。

如果说教材的汉字使用是受到课程大纲中有关汉字教学的"刚性"约束的话，那么在大纲中没有作明显规定的其他语文知识点也是寓有形于无形中。如修辞格式，或在课文或在单元或在练习的教材语言中，所受约束也是很严的。仍以上面的四套语文教材为例，出现的修辞用法只有"比喻（16例）""夸张（9例）""拟人（1例）""对偶（1例）"。

"比喻"——16例在四套教材都有分布，分别是人教版2例、北师大版3例、语文版7例、苏教版4例。其中出现在小学的3例（"这般景象没法比喻，千丈青山衬着一道白银。""这个比喻，我觉得特别亲切。"前一例在两套教材中出现）；13例出现在初中，其中有8例出现在初三。另外还有1例用了"隐喻"，虽然这里并不是严格意义上的"隐喻"，但文本中出现了这样的术语，也可以看作是知识的学习。如"隐喻"："它或象征着幸福，或隐喻着爱情，或呼唤着友谊，或赞美着生命。"（北师大版，小学四上第6课）

"夸张"："面具运用象征、夸张的手法，使戏剧中的人物形象突出、性格鲜明。"（人教版，小学六下第7课）

"拟人"：" '五老上天都' '姊妹牧羊' '仙人下轿' '仙人把洞门' '老僧入定' '猪八戒吃西瓜' '仙女绣花' '丞相观棋' '仙人踩高跷' '八仙过海' 等等，这一类是拟人的，都离不了神仙气。"（苏教版，初中三上第3课）

"对偶"："当然后头这句对偶还不工整，你再考虑一下。"（语文版，初中三上第6课）

上面的调查显示，中小学语文教材对修辞的用法是控制得相当严的，对教学难度亦控制得很严，很少出现在小学阶段。譬如，有"比喻"，但没有"暗喻""明喻"等。这都显示教材对语文知识点的深度和难度的控制是很用心的。

---

① 国家语言资源监测与研究中心编《中国语言生活状况报告（2007）》（下编），商务印书馆，2008。
② 苏新春：《基础教育阶段小学语文教材汉字使用调查》，载国家语言资源监测与研究中心编《中国语言生活状况报告（2009）》（下编），商务印书馆，2010。

## 二、要符合中小学生的学习规律与特点

中小学语文教材是中小学生的指定读物,是教学之本,要关注教材的政治思想性,同时,也必须关注中小学生的心理和语言规律与特点,民国时期的语文教材对此有过很明确的规定。"教材的编选:应注意下列各点……(二)依据增长儿童阅读能力的原则,想象性的教材(如语言物语等),和现实的教材(如自然故事、生活故事、历史故事等),应调和而平均。……(三)依据增长儿童阅读趣味的原则,尽量使教材富有艺术兴趣。……(四)依据儿童心理,尽量使教材切于儿童生活。"①这里提到的"儿童阅读能力""儿童阅读趣味""儿童心理",就是基本原则。基于同理,语文知识的选取、语文知识体系的建构也必须根据儿童语言习得的基本规律与特点。《义务教育常用词表(草案)》在研制报告中概括了中小学生词汇学习的三大特点:"书面语词汇系统的学习功能""对母语社会的认知功能""体现词汇的习得规律"。具体说就是"要学习的就应是书面语词汇而非口语词汇,是承载着思想观念、历史现实、政治经济、文化社会等的通用性规范性词汇";"需要学习的正是能体现中小学生认知需求与认知特点的词,能反映中小学生生于斯长于斯的生活、学习的社会存在环境,有利于进一步掌握语言文字知识的必需储备";"词汇的学习有'知''晓''用'三个层次……'知''晓''用'三个层次就是'知道''懂得''使用'的差别"②。研制中小学语文教育所需的语文知识资源,建构语文知识体系,越贴近中小学生的认知需求、认知规律、认知特点,也就会越有效。

又如《通用规范汉字表》由国务院于2013年6月5日公布,这是我国20世纪中期以来公布的各种字表中研制最为周全、权威程度最高的字表。它的研究方法是:"确定一、二级字表的具体收字时,始终运用科学的统计,以客观的统计数据为主要的判断依据。""首先把6500字中频次在前3500的字作为一级字表的基础收字。然后对处于一级字与二级字之间的200—300'临界字'进行人工调整。"③这里讲的"客观的统计数据"指的主要是字

---

① 课程教材研究所编《20世纪中国中小学课程标准·教学大纲汇编:语文卷》,人民教育出版社,2001,第26页。
② 苏新春:《〈义务教育常用词表(草案)〉研制的理论与方法》,《语言文字应用》2017年第3期。
③ 王宁主编《〈通用规范汉字表〉解读》,商务印书馆,2013,第15—16页。

频。对于这个字表在基础教育中如何发挥作用,课题组给出过明确而客观的意见:"基础教育的各门课程教材均应使用规范字,义务教育语文课程的识字量,应以一级字为准。在3500常用字范围内如何再进行新的划分,基础教育部门均可按照汉字教育的规律,自行制定补充的字表。"①因为在社会通用字表与中小学教育用字表之间是有着成人世界与儿童世界巨大差异的。语文课程在将《通用规范汉字表》一级字3500字变为"义务教育语文课程常用字表"时,尽管应该做可惜没有做出更大调整,但还是做了提取300基本字的工作。"这些字构形简单,重现率高,其中的大多数能成为其他字的结构成分……这些字应作为第一学段教科书识字、写字教学的重要内容。""'部编本'语文教材一年级的课文和习题等的设计就注意严格落实300字基本字表。这个字表……主要是依据大量对小学生阅读的调查,从字频的角度来确定哪些字必须先学。另外,还要考虑字的结构等,看哪些字先学,更有利于孩子们理解与记忆。这300字大都落实在一年级教材中了。比起以往经验性的安排,这显然更加科学,也更有利于提升学习效果。教师们一定要关注300字教学的问题。"②这里所说的"字的结构""哪些字先学""有利于孩子们理解与记忆",就都是从儿童学习的角度来考虑,而非单纯使用频率的方法所能解决的问题。这就是在建构语文知识体系时要特别关注的地方。

### 三、要用科学的方法来提取

建构中小学语文课程的语文知识体系,对语文知识进行资源化建设,还要认识到使用科学性方法的重要。比如对中小学生"常用词表"的研究,长期以来都是根据"频率"的方法,如《现代汉语常用词表》所依据的方法主要就是频率统计法,"利用计算机把频率值(即词的出现频度的高低)和方差值(即词在各种文本中的覆盖率)都达到一定界限以上的词挑选出来,确定为常用词"③。词表中每个词语所拥有的基本信息是"频数""累计频数""频率""累加频率""方差",前四项都是对频率的反映,"方差"反映了单个词语与总体词语平均数之间的关系,考虑了与文本分布的关系。但这

---

① 王宁主编《〈通用规范汉字表〉解读》,商务印书馆,2013,第74页。
② 温儒敏:《"部编本"语文教材的编写理念、特色与使用建议》,《课程·教材·教法》2016年第11期。
③ 何克抗、李大魁主编《现代汉语三千常用词》,北京师范大学出版社,1987。

样的方法基本上是对调查对象使用状况的反映,对语料数量、语料类型、语料来源的依赖性很高。这样的方法是对通用词表的一般性方法,我国多个有影响的词表中也基本都是这样使用。《现代汉语频率词典》用的是频率法、分布法及综合二法的使用度统计法,核心方法仍是频率法。"我们实际统计了180万字(131万词次,约200万个印刷符号)语料。不同词条总数31159个,其中出现频率在10次以上的常用词8000个,累计出现频率占全部语料总数的95%以上。"[1]《汉语国际教育用音节汉字词汇等级划分》中指出"尽量把复杂的问题简单化,以多类别的频率统计作为最重要的依据"[2]。而《义务教育常用词表(草案)》则除了频率统计法、分布统计法外,还使用了语义分布法、相对词频法、位序法。"语义分布统计法调查词语的意义分布范围的广狭。……这样的语义类分布特点,与词表的性质与功能是相吻合的,即注重收录语文词、描写词、修饰词、关联词,以达到增强语言表达准确、周全、细腻的效果。""相对词频比较法调查同一个语义类中所有词语在使用频率中表现出的相对高频与低频。相对词频比较法可以保证在一个语义类中遴选出有代表性的词语。""位序一定程度上能反映出词语的难易差别及认知顺序。与个人的经验判断相比,位序法能反映长期以来的教材编纂经验与教材语言的使用习惯。"[3]这样的方法本质上就是反映出儿童的认知能力、认知需求与认知特点。申继亮认为:"我比较赞同这次词表研制方法,语料库来源客观、词量确定有依据,非常值得肯定。要想提高我们的学习效率,一定要体现儿童认知规律,所以分级也是我们的方向。"[4]

概括以上三点,也就是建构中小学语文课程所需"语文知识体系",在对语文知识资源化的研制过程中所要遵循的三个基本原则:课程优先原则、学生优先原则、方法优先原则。

---

[1] 北京语言学院语言教学研究所主编《现代汉语频率词典》,北京语言学院出版社,1986,"编纂说明"第2页。
[2] 《汉语国际教育用音节汉字词汇等级划分》课题组编《汉语国际教育用音节汉字词汇等级划分》,北京语言大学出版社,2010,"代序"第8页。
[3] 教育部语言文字信息管理司组编、苏新春主编《义务教育常用词表(草案)》,商务印书馆,2019,第343页。
[4] 银晴:《〈义务教育常用词表(草案)〉出版座谈会大家谈》,《江西科技师范大学学报》2019年第3期。

## 第四编

# 教育教材语言的"观念世界"

　　教育教材语言的"观念世界",指的是在教育教材语言面貌和存在状态及使用过程中所蕴含的各种价值观、意志、立场、态度、情感等观念上的内容。教材是在有着明确宗旨与培养目标的课程大纲的严格要求下,承载着确定而清楚的教学内容,受到有形有限的各种成书成篇成章成课的限制,本着精益求精的原则,反复推敲打磨提炼而成,并在严格的学校教育体制下全国所有学校普遍推广,供千百万学生和老师册不离手、细啃慢嚼使用着的读物。如此严格严肃编成的教材,内容选取、详略安排、先后顺序,在课文、练习、考试等各个环节,无不是在确定无疑的观念作用下的产物。这里说的"观念世界"有着特殊含义,专指教育教材语言体现出的政治思想及人文观念上的内容。

# 第十七章
# 语文教材的政治观念

"观念世界"有着丰富的人文内容,习俗、习惯、道德、观念、法律、道德、价值观等等,都属于观念世界之物。而其中最为典型、最为集中反映人类社会民族特征的应属政治观念。这里将通过教育教材语言中的一些具体事例,来反映不同时代的观念特征。

## 第一节
## 民国小学国语教材的典型性

说到语文教材中人文性与工具性关系的复杂,最典型的一个材料要算民国小学国语教材了。

### 一、民国小学国语教材的儿童性

民国时期的小学语文教材把重视儿童心理、儿童认知、儿童情趣突出到了指导思想的地位。当时的中国基础教育大受美国实用主义哲学家、教育家杜威的影响,在"儿童中心"的教育主张影响下,小学语文教材的课文内容出现了大量的儿童题材,加上白话文的进一步推广,使得这时期的教材面貌焕然一新。民国之前的小学课程大纲都还是强调"读经讲经",如:《钦定蒙学堂章程》(1902)、《钦定小学堂章程》(1902)、《奏定初等小学堂章程》(1904)、《奏定高等小学堂章程》(1904)等。民国伊始,课程大纲中逐步突出了适应、适合儿童天性的内容。例如：

1912 年《小学校教则及课程表》："国文要旨，在使儿童学习普通语言文字，养成发表思想之能力，兼以发其智德。""国文读法，宜就读本及他科目已授事项，或儿童日常闻见与处世所必需者，令记述之，并行文务求简易明了。"①

1916 年《国民学校令施行细则》："读经要旨，在遵照教育纲要，使儿童熏陶于圣贤之正理……""其材料就各科内择其富趣味及为生活所必需者用之。""或儿童日常闻见与处世所必需者。"②

1923 年《新学制课程标准纲要小学国语课程纲要》："练习运用通常的语言文字，引起读书趣味，养成发表能力，并涵养性情，启发想像力及思想力。"③这一份大纲首次较为详细地列出了阅读作品的各种文体，其中出现最多的是跟"儿童"有关的，如"童话讲演""童话故事""儿歌""谜语""浅易图书""儿童文学""儿童书报""故事"等。其他与成人无别的文体，如"传记""小说""散文""诗歌""戏剧""民歌""实用文""说明文"，则是从水平、能力上提出要求。如要求初级小学毕业做到"能听国语的故事演讲，能用国语作简单的谈话"，高级小学毕业做到"能听国语的通俗演讲，能用国语演讲"④。

1929 年《小学课程暂行标准小学国语》："学习平易的语体文，以增长经验，养成透彻迅速扼要等阅读儿童图书的能力。""选用适当的教材（由教员拣定读本，或师生共同选定课文）诵习研究，多由教员直接教导，以使儿童由兴感而欣赏，由理解而记忆。""利用许多补充读物参考书和其他儿童图书，支配工作，指导读法，令儿童按期概览，再由教员分别考查，并和儿童互相讨论。"⑤

---

① 课程研究教材研究所编《20世纪中国中小学课程标准·教学大纲汇编:语文卷》，人民教育出版社，2001，第11页。
② 课程研究教材研究所编《20世纪中国中小学课程标准·教学大纲汇编:语文卷》，人民教育出版社，2001，第12页。
③ 课程研究教材研究所编《20世纪中国中小学课程标准·教学大纲汇编:语文卷》，人民教育出版社，2001，第13页。
④ 课程研究教材研究所编《20世纪中国中小学课程标准·教学大纲汇编:语文卷》，人民教育出版社，2001，第15页。
⑤ 课程研究教材研究所编《20世纪中国中小学课程标准·教学大纲汇编:语文卷》，人民教育出版社，2001，第16页。

1932年《小学课程标准国语》:"第一目标:(一)指导儿童练习运用国语,养成其正确的听力和发表力。(二)指导儿童学习平易的语体文,并欣赏儿童文学,以培养其阅读的能力和兴趣。(三)指导儿童练习作文,以养成发表情意的能力。(四)指导儿童练习写字,以养成其正确、敏捷的书写能力。"①

从上面引述的民国以来的五份大纲,我们发现,从1912年民国的第一份小学语文大纲起,就表现出了对儿童认知特点的重视,这一特点在之后的大纲中表现出越来越重视的趋势。至1932年的第五份大纲,这种重视已达到了前所未有的程度。这时已经将对"儿童"的重视放在了最高的位置,在确立的"目标"中有四项要求皆以"指导儿童"统之。后来人们将重视儿童的特点作为民国教材的最大特点。按闫苹教授对民国时期语文课程发展历史的划分,自1929年起,进入了第三个时期"课程标准时期"②。可见1932年版大纲所具有的影响力。

民国小学语文教材重视儿童心理的特点得到了后来的教材编纂者、民国教材研究者,以及21世纪民国教材复兴热中的出版家与读者们的普遍认同。

如教材编纂者的主张:"给孩子们编写语文课本,当然要着眼于培养他们的阅读能力和写作能力,因而教材必须符合语文训练的规律和程序。但是这还不够,小学生既是儿童,他们的语文课本必得是儿童文学,才能引起他们的兴趣,使他们乐于阅读,从而发展他们多方面的智慧。"③这是叶圣陶说的一段话,被上海科学技术文献出版社2005年在重刊《世界书局国语读本》时放在了扉页的位置。在这段话后面还紧接着一句话:"当时我编这一部国语课本,就是这样想的。""《开明国语课本》由叶圣陶亲自编写,全部是创作或再创作。以确能发展儿童的阅读能力和表达能力为目标,内容紧系儿童生活,从儿童周围开始,逐步拓展到社会。材料活泼隽趣,文体兼容

---

① 课程研究教材研究所编《20世纪中国中小学课程标准·教学大纲汇编:语文卷》,人民教育出版社,2001,第22页。
② 闫苹、张雯:《民国时期小学语文课文选粹》,语文出版社,2009,"前言"。
③ 魏冰心等编《世界书局国语读本》(上册),上海科学技术文献出版社,2005,"扉页"。

博取,文章力选各体的模式,词、句、语调切近儿童口吻,以适应儿童学习心理。"①

如民国教材研究者们的认识:"总的来说,民国时期的小学语文教材从内容到形式,都强调从儿童的兴趣出发。内容上从生活日用到突出'做',形式上从单字到句子再到反复故事,目的都是为了引起学习兴趣,刺激儿童反应,以提高学习效率。"②"这种强调语文课程重在促进儿童实际听读说写能力的教材编撰观点,为语文课程的发展作出了有益的探索。"③"随着专业课程的深入开掘和不断完善,在专业课程的研究中,我们走进了北师大图书馆的库本阅览室,当我们循着历史的轨迹去抚摸那些泛着霉尘味儿的教科书时,我们感到手中那些发黄的、掉着纸末儿的语文教科书是沉甸甸的,心中既有捧着宝贝的惊喜又有鉴赏宝贝的渴望。通过翻阅这些老课本,我们逐渐发现了这些教科书的种种价值,并获得了对教育的诸多感悟。"④

21世纪民国教材在复兴热中得到出版家与读者们的肯定:"民国时的一套国语课本,5年前被影印出版,却在不久前突然火起来。出版这套课本的上海科学技术文献出版社,一下子接到了来自全国各地的电话,这让社长赵炬有些发蒙。打电话的人,有些是新华书店负责人,有些是年轻父母,问题大致相似:出版社里还有没有影印的'老课本'系列丛书?""当陈宁宁提出编辑出版这套老课本,赵炬当即拍板同意,并告诉她,出版社还是要营造一些品位较高的东西。"⑤

突出儿童的天性,围绕儿童天性来进行语文的听、说、读、写的教学,这是语文教学的核心内容。这点得到了人们的广泛认同,并提升到了具有跨时代、跨社会、跨政治的普遍价值的高度。

二、民国小学国语教材的政治性

正如上面所征引的那么多材料,可知民国小学语文教材以儿童为中心

---

① 叶圣陶编《开明国语课本》(下册),上海科学技术文献出版社,2005,"编后记"。
② 范远波:《民国小学语文教材研究》,博士学位论文,华东师范大学教育学系,2007,第176页。
③ 赵晓霞:《民国时期中小学语文教材出版的勃兴、特点及启示》,《出版发行研究》2012年第8期。
④ 闫苹、张雯:《民国时期小学语文课文选粹》,语文出版社,2009,"前言"。
⑤ 《民国语文课本重现光芒》,《中国青年报》,2010年12月1日。

的特点是极为明显的。但是,这只是问题的一方面,只是在题材与语言风格上表现出来的特点,决不是民国教材的全貌。这种不全面的评价可能是因教材中的这一特点过于突出而把另一面隐藏起来了,也可能是由于研究者及使用者的偏好,有意或无意中造成的选择性评价的结果。那么,被忽略了的一面是什么呢?即民国教材也有着强烈的、浓郁的政治性。

其实,这是很好理解的。民国时期是中国社会发生剧变的时期,是封建社会的没落,落入半殖民地半封建的时期;是儒家思想的没落,各种思想与思潮风起云涌、此起彼伏;进入了改革、救亡、革命的种种主义的倡导与实践,打新旗、走旧路并存,吁正义反复辟与谋救亡图复兴并存;军事上军阀混战与革命武装力量的兴起,革命与反革命反复较量。在这样的社会背景下,作为文化与教育事业最重要的启蒙教育、基础教育,不可能是一派世外桃源式的日落而息、牛耕蚕织、莺歌燕舞,各种思想都试图对教育进行渗透、影响、把握并取得最终的决定权,在教材中实现自己的政治主张,将高高在上的政治主张、哲学理论、社会理想,灌输到知识、教育、人口的最基层。此时的小学语文教育不可能是那么"唯儿童中心"的纯粹与纯净。已有学者指出了这个时期的小学语文教材其实是存在明显不足的:"存在问题主要有三个不良倾向:一是过分强调儿童需要而忽视社会需要,二是过分重视外国教材经验而轻视本国传统,三是过分强调生活日用而忽视人格修养。"[1]民国小学语文教材作为百年前的文化产物,有着明显的局限性,不可能完全照用于今日:"我们一方面要看到民国语文教材在中国现代基础教育发展史上取得了突出成就,同时还要看到民国教材毕竟距今已近百年,不能照搬使用也是显然的。民国时期正是现代汉语快速发展与形成的时期,教材不可避免会带上语言文字的不规范、不稳定甚至老旧说法。在这百年中,时代与社会,生活与观念,语言状况与使用习惯都有了很大变化,要让现在的小学生直接使用民国时期的教材,是不合适的。"[2]

民国时期小学语文教材的人文性有着丰富的内容,主要是在思想文化性、民族性、公民素质、政治性等方面表现出来的,且每一种人文属性都会

---

[1] 范远波:《民国小学语文教材研究》,博士学位论文,华东师范大学教育学系,2007,第6页。
[2] 苏新春、王玉刚:《小学语文教材不宜回到民国时代》,载国家语言资源监测与研究中心编《中国语言生活状况要况》,商务印书馆,2014。

以多主张、多样式的反复冲突方式出现。如:"思想文化"上孔孟之学与新文化运动的冲突,"国家与民族"上是唯"尤宜令圣贤之道时常浸灌于心"①、"使儿童熏陶于圣贤之正理"②,还是"民族民权民生"至上;"个人素质"上重"不可务新好奇"③,"使通四民常用之文理"④,还是重在"涵养性情,启发想象力及思想力"⑤的公民素质,在教材中都有反映。

下面就以上文已经论及的强调"儿童中心论"的1932年《小学课程标准国语》为例。恰恰就是这一份课程大纲,对"政治""人文"强调得最为彻底,将"党义"的政治主张作为主要内容,以项目条款粗细皆列的方式,作了全面呈现。在大纲后面的"教材的编选:应注意下列各点"中,列了大五项、中十八目、小数十项。下面是五大项中的第一项:

(一)依据本党的主义,尽量使教材富有牺牲及互助的精神。凡含有自私、自利、掠夺、斗争、消极、退缩、悲观、束缚、封建思想、贵族化、资本主义化等的教材,一律避免。关于如下列的党义教材,尤须积极采用:

(1)关于孙中山先生的故事诗歌:

(甲)幼年生活;

(乙)学生生活;

(丙)革命大事;

(丁)生辰和忌辰;

(戊)其他。

(2)关于国民革命的故事诗歌:

(甲)国旗和党旗;

(乙)各个重要的革命纪念日(如黄花冈之役,武昌首义等);

(丙)其他。

---

① 课程教材研究所编《20世纪中国中小学课程标准·教学大纲汇编:语文卷》,人民教育出版社,2001,第8页。
② 课程教材研究所编《20世纪中国中小学课程标准·教学大纲汇编:语文卷》,人民教育出版社,2001,第12页。
③ 课程教材研究所编《20世纪中国中小学课程标准·教学大纲汇编:语文卷》,人民教育出版社,2001,第5页。
④ 课程教材研究所编《20世纪中国中小学课程标准·教学大纲汇编:语文卷》,人民教育出版社,2001,第9页。
⑤ 课程教材研究所编《20世纪中国中小学课程标准·教学大纲汇编:语文卷》,人民教育出版社,2001,第13页。

(3) 关于奋发民族精神的故事诗歌：

（甲）爱国兴国和有关民族革命的事实；

（乙）和中华民族的构成及文化有关的；

（丙）重要的国耻纪念；

（丁）关于帝国主义者侮辱我国民和侨胞的；

（戊）其他。

(4) 关于启发民权思想的故事诗歌：

（甲）破除神权的迷信的；

（乙）打破君权的信仰和封建思想封建残余势力的；

（丙）倡导平等、互助、规律等的；

（丁）关于民权运动的；

（戊）其他。

(5) 关于养成民生观念的故事诗歌：

（甲）劳动节和有关农工运动的；

（乙）有关造林运动、改良农业、工业运动的；

（丙）有关提倡国货的；

（丁）有关合作生产、合作消费的；

（戊）其他。

（二）依据增长儿童阅读能力的原则，想象性的教材（如寓言物语等），和现实的教材（如自然故事、生活故事、历史故事等），应调和而平均。凡带有恐怖性的，应尽量避免。

（三）依据增长儿童阅读趣味的原则，尽量使教材富有艺术兴趣。其条件如下。

…………

（四）依据儿童心理，尽量使教材切于儿童生活。其条件如下。

…………

（五）依据运用标准语学习语体文的原则，文字组织等，以标准语法为准，诗歌押韵等，以标准音韵为准。

这些内容提供的信息有这样几点特别值得注意：第一，五大项中，后四项都是与"儿童"有关，而第一项则完全是人文、政治的内容，是最典型的

"政治挂帅""政治第一"。第二,"党义"为"政治"的所有内容,集中于政党、阶级、主义的内涵。第三,把政治主张与具体的题材紧密挂钩。第四,对政治内涵作了充分的落实,具体到了对题材内容与文体形式的定夺。

至此,得出以下结论就很自然了:即使在最为人们推崇、以儿童天性为教材宗旨的民国小学语文教材中,也是"知识"与"政治"相融,"工具"与"人文"并存,"文""论"相交。在密不可分的两者之间,"政治""人文""道论"的位置更为突显。

## 第二节
## 语文教材中的国外世界

儿童进入学校,开始启蒙学习,学习着学校、教育、社会、课程、书本所提供的认为他们应该学习的一切知识。这时的孩子们对所要学习的一切都是抱着正确的、必然的、全盘接受的态度。国外世界对他们而言是一片朦胧的,他们也对未知世界充满好奇。因此,教材对国外内容的选择,反映怎样的故事、题材、人物、情感,也就成为具有明确导向性与强大影响力的事情了。

### 一、民国小学语文教材的国外课文

20世纪初是中国现代的国民教育、基础教育的形成时期,也是基础教育的目光从内向性、传承性指向外部世界的时期。那么所指向的外部世界是一个怎样的世界,即教材通过课文提供了一个怎样的国外世界呢?民国小学国语教材是如何来介绍国外世界的?这是两个看上去很客观、带有知识性的问题,但在其外表之下,却有着很深的政治性与目的性。这实际隐藏着很强的政治性话语,这时的国外世界是编者为了一定目的而通过人为选择来完成的。

(一)国外课文调查

这里选用的是20世纪20—30年代出版的八套教材(如表17-1),因之间有着"初级小学"与"高级小学"的衔接关系,商务版的两套教材虽然重心有别,但也具有了小学国语教材的内容和要求,故下面的统计是按四套来计算。这些教材的编纂原则都反映了当时新版教学大纲的要求,也得到较广泛的使用,有一定的代表性。

表17-1 八套民国小学国语教材

| 教材名 | 出版社 | 出版时间 |
| --- | --- | --- |
| 新学制小学教科书初级国语读本 | 世界书局 | 1925 |
| 新学制小学教科书高级国文读本 | 世界书局 | 1925 |
| 国语读本 | 世界书局 | 1934 |
| 国语读本 | 世界书局 | 1933 |
| 小学国语读本 | 中华书局 | 1933 |
| 国语读本 | 中华书局 | 1934 |
| 复兴说话教科书 | 商务印书馆 | 1933 |
| 复兴国语教科书 | 商务印书馆 | 1933 |

调查对象是有关国外故事的课文,写了哪些国家的事情,哪些人物,哪些主题。调查结果如下:

表17-2 民国小学语文教材的国外选文(单位:篇)

| 册数 | 1 | 2 | 3 | 4 | 5 | 6 | 7 | 8 | 9 | 10 | 11 | 12 | 合计 |
| --- | --- | --- | --- | --- | --- | --- | --- | --- | --- | --- | --- | --- | --- |
| 新学制(世界1925) | | | | | | | 1 | 1 | | | 1 | | 3 |
| 国语(世界1933) | | | | | 1 | 2 | 2 | 3 | 2 | 3 | 8 | 6 | 27 |
| 国语(中华1934) | | | | | | 1 | 1 | | | 3 | 3 | 3 | 11 |
| 复兴国语(商务1933) | | | | | | | | | 2 | 4 | 4 | 5 | 15 |
| 合计 | 0 | 0 | 0 | 0 | 1 | 3 | 4 | 4 | 4 | 10 | 16 | 14 | 56 |

上表显示,国外课文最早出现在第5册,即三年级下学期,以后逐册增加,总数达到56篇。但在教材之间表现出的差异还是很明显的,最少的是《新学制小学教科书读本》,只有3篇,最多的是《国语读本》(世界书局),达到27篇。这两套教材之间的差异主要还是时代不同造成的,即30年代的教材明显多于20年代的教材。

下表显示了所有56篇课文的基本信息。

表 17-3　56篇国外课文的基本信息

| ID | 教材名 | 出版时间 | 册序 | 课序 | 课文名 | 国别 |
|---|---|---|---|---|---|---|
| 1 | 世界国语初小 | 1925 | 7 | 33 | 奈端的两则笑话 | 英国 |
| 2 | 世界国语初小 | 1925 | 8 | 30 | 鲁滨逊漂流记 | 英国 |
| 3 | 世界国语高小 | 1925 | 3 | 31 | 观巴黎油画记 | 法国 |
| 4 | 世界国语初小 | 1932 | 5 | 6 | 诚实的华盛顿 | 美国 |
| 5 | 世界国语初小 | 1932 | 6 | 22 | 不畏强暴的女孩 | 美国 |
| 6 | 世界国语初小 | 1932 | 6 | 21 | 不受侮辱的孩子 | 美国 |
| 7 | 世界国语初小 | 1932 | 7 | 40 | 工人不是贱人 | 法国 |
| 8 | 世界国语初小 | 1932 | 7 | 36 | 瓦特利用水汽 | 美国 |
| 9 | 世界国语初小 | 1932 | 8 | 8 | 专心的诗人 | 英国 |
| 10 | 世界国语初小 | 1932 | 8 | 5 | 蜂房助战 | 美国 |
| 11 | 世界国语初小 | 1932 | 8 | 42 | 大发明家爱迪生 | 美国 |
| 12 | 世界国语高小 | 1932 | 1 | 2 | 阿美利加的幼童 | 美国 |
| 13 | 世界国语高小 | 1932 | 1 | 32 | 两个科学家的幼年时代 | 法国 |
| 14 | 世界国语高小 | 1932 | 2 | 6 | 巴黎的油画 | 法国 |
| 15 | 世界国语高小 | 1932 | 2 | 3 | 南丁格尔的仁慈 | 英国 |
| 16 | 世界国语高小 | 1932 | 2 | 25 | 瑞典的一个乡妇 | 瑞典 |
| 17 | 世界国语高小 | 1932 | 3 | 19 | 富兰克林 | 美国 |
| 18 | 世界国语高小 | 1932 | 3 | 18 | 富兰克林 | 美国 |
| 19 | 世界国语高小 | 1932 | 3 | 22 | 鲁滨逊漂流荒岛 | 英国 |
| 20 | 世界国语高小 | 1932 | 3 | 21 | 鲁滨逊漂流荒岛 | 英国 |
| 21 | 世界国语高小 | 1932 | 3 | 25 | 最后一课 | 法国 |
| 22 | 世界国语高小 | 1932 | 3 | 24 | 最后一课 | 法国 |
| 23 | 世界国语高小 | 1932 | 3 | 23 | 最后一课 | 法国 |
| 24 | 世界国语高小 | 1932 | 3 | 18 | 开凿巴拿马运河的乔达尔 | 巴拿马 |
| 25 | 世界国语高小 | 1932 | 4 | 11 | 凯末尔将军复兴土耳其 | 土耳其 |
| 26 | 世界国语高小 | 1932 | 4 | 24 | 黑人难道不是人吗 | 其他 |
| 27 | 世界国语高小 | 1932 | 4 | 25 | 黑权的救星林肯 | 美国 |

续表

| ID | 教材名 | 出版时间 | 册序 | 课序 | 课文名 | 国别 |
|---|---|---|---|---|---|---|
| 28 | 世界国语高小 | 1932 | 4 | 30 | 希腊演说家狄摩士 | 希腊 |
| 29 | 世界国语高小 | 1932 | 4 | 17 | 爱迪生 | 美国 |
| 30 | 世界国语高小 | 1932 | 4 | 29 | 墨索里尼的自述 | 意大利 |
| 31 | 中华书局初小 | 1934 | 6 | 29 | 不准他过去 | 法国 |
| 32 | 中华书局初小 | 1934 | 7 | 20 | 儿童节纪念大会演讲——科学的孩子牛顿 | 英国 |
| 33 | 中华书局高小 | 1934 | 2 | 5 | 波兰的复兴者 | 波兰 |
| 34 | 中华书局高小 | 1934 | 2 | 19 | 大体育家孙唐 | 德国 |
| 35 | 中华书局高小 | 1934 | 2 | 17 | 参观莫斯科的托儿所 | 苏联 |
| 36 | 中华书局高小 | 1934 | 3 | 4 | 行易知难 | 美国 |
| 37 | 中华书局高小 | 1934 | 3 | 29 | 死里求生的凯末尔 | 土耳其 |
| 38 | 中华书局高小 | 1934 | 3 | 30 | 甘地的刻苦生活 | 印度 |
| 39 | 中华书局高小 | 1934 | 4 | 10 | 人类的救星巴斯脱 | 法国 |
| 40 | 中华书局高小 | 1934 | 4 | 1 | 十年奋斗 | 法国 |
| 41 | 中华书局高小 | 1934 | 4 | 32 | 福尔摩斯 | 英国 |
| 42 | 商务复兴 | 1933 | 1 | 19 | 街头音乐师 | 法国 |
| 43 | 商务复兴 | 1933 | 1 | 20 | 街头音乐师 | 法国 |
| 44 | 商务复兴 | 1933 | 2 | 27 | 柏林之围 | 法国 |
| 45 | 商务复兴 | 1933 | 2 | 24 | 柏林之围 | 法国 |
| 46 | 商务复兴 | 1933 | 2 | 26 | 柏林之围 | 法国 |
| 47 | 商务复兴 | 1933 | 2 | 25 | 柏林之围 | 法国 |
| 48 | 商务复兴 | 1933 | 3 | 2 | 亚美利加的幼童 | 美国 |
| 49 | 商务复兴 | 1933 | 3 | 3 | 最后的微笑 | 法国 |
| 50 | 商务复兴 | 1933 | 3 | 34 | 飞机 | 德国 |
| 51 | 商务复兴 | 1933 | 3 | 35 | 飞机 | 德国 |
| 52 | 商务复兴 | 1933 | 4 | 11 | 竖鸡蛋 | 意大利 |
| 53 | 商务复兴 | 1933 | 4 | 24 | 最后一课 | 法国 |
| 54 | 商务复兴 | 1933 | 4 | 25 | 最后一课 | 法国 |
| 55 | 商务复兴 | 1933 | 4 | 23 | 小吹手 | 波兰 |
| 56 | 商务复兴 | 1933 | 4 | 22 | 战场上的天使 | 英国 |

（二）国外选文的政治信息

1. 国别分析

56篇课文一共来自13个国家或地区。具体如下：

表17-4　国外课文分布情况表（单位：篇）

|  | 国别 | 数量 |
| --- | --- | --- |
| 1 | 法国 | 19 |
| 2 | 美国 | 13 |
| 3 | 英国 | 9 |
| 4 | 德国 | 3 |
| 5 | 意大利 | 2 |
| 6 | 土耳其 | 2 |
| 7 | 波兰 | 2 |
| 8 | 印度 | 1 |
| 9 | 希腊 | 1 |
| 10 | 苏联 | 1 |
| 11 | 瑞典 | 1 |
| 12 | 巴拿马 | 1 |
| 13 | 其他 | 1 |
| 合计 |  | 56 |

在国家的分布上，有这样几点值得关注。首先，课文最多的是来自法国，约占1/3。如果把这个看作是一个国家文化输出、国际影响的话，可以说那个时期法国的影响独占鳌头。排在前面的几个，也都是老牌西方大国，是现代化走在前面的国家，文化、经济都较为发达。

其次，在总数不多的课文中，有一些是来自较小或是当时比较弱的国家。甚至还有一篇课文的主人翁国别都还不太清楚，只是说"汤姆是一个城市的非洲黑奴，已经在美洲被人当牛做马，转卖了好几次；现在，又落在一个惨无人道的主人厉葛莱手里"（《世界国语高小》，第4册第24课《黑人难道不是人吗》）。这些来自小国弱国的课文跟主题有紧密关系，下面再详细分析。

再次，有关苏联的课文只有1篇。这跟20世纪50年代的教材对苏联的高强度反映是截然相反的。从课文的内容来看,还是对苏联时期社会生活的正面反映。这篇课文是《参观莫斯科的托儿所》(《中华书局高小》,第2册第17课):"苏俄人民,不论男女,个个是生活于劳动的,对于工作,非常努力。有小孩子的女工,每天上工厂的时候,可以把小孩子交给工厂中的托儿所,到晚间散工出厂的时候,再领回去。"

2. 人物形象分析

课文主人翁形象是反映课文主题很重要的信息。

从年龄来看,以少年儿童为主人翁的有12篇课文,成人为主人翁的有44篇课文。

少年儿童的形象主要有这样几类:爱知识、爱钻研的科学家形象,如:"爱迪生"(《世界国语高小》,第4册第17课《爱迪生》),"甘赛秋""牛顿"(《世界国语高小》,第1册第32课《两个科学家的幼年时代》),"牛顿"(《中华书局初小》,第7册第20课《儿童节纪念大会演讲——科学的孩子牛顿》)。更多的是爱国家、爱人民、坚守正义、不畏强权强暴的儿童形象,如:爱国家勇于献身的小男孩,"等到法军驱逐了普军回来,那'法兰西万岁'的欢呼,夹着'勇敢的孩子精神不死'的震喊,传到他的耳中时,只看见那将领肃立在他的面前告诉他说道:'可敬的孩子,我们完全打胜了!'他最后微笑了一下,很恬静地死了。"(《商务复兴国语》,第3册第3课《最后的微笑》)。爱国家的儿童,"就组织了一个幼童会,专门办理这事。不过半年,这幼童会的储金,已经积了三百万金圆。就把这笔款造了一只很大的军舰,军舰的名字,就叫做'亚美利加的幼童'。"(《世界国语高小》,第1册第2课《阿美利加的幼童》)。不甘受侮的"席克生","席克生笑道:'你是军官,应该晓得两国战争的时候,只许捉敌方的兵士,不许扰害人民。现在,你把我捉来,已经违法,还想任意侮辱我吗?'"(《世界国语初小》,第6册第21课《不受侮辱的孩子》)。不畏强权的"爱兰","'革命军是反叛英国的,我不能答应你的请求。'爱兰说:'我们的革命军是光明正大的,不像你们会抢夺人家的东西。'王惠立羞得没话可说,只好把那头牛还了他。"(《世界国语初小》,第6册第22课《不畏强暴的女孩》)

成人的人物形象中,不乏有知识、有文化、有追求的工程师、科学家、发明家、旅行家、演说家等形象,也有为理想而奋斗的革命家、将军、政治家。

总的来看,课文中的主角人物都是正面形象,课本都给予了肯定、讴歌,这与教材起着正面教育的功能是相吻合的,对学生给思想道德以培育,给品格情操以熏陶,给社会人生以引导,给是善是恶以分辨。

3. 主题分析

教材和课文最突出的影响力还是通过主题来体现的。所有的人物、事情、空间、时间的选择与营造,都是为主题服务的。56篇国外选文的主题集中表现在以下三个方面:

(1)"道德品格"主题

表现"道德品格"主题的课文有24篇。主人翁都具有"正直""不畏强暴""救死扶伤""正义""反抗压迫",及"吃苦耐劳""坚持""坚守""成才"的品格优点。其中有领袖、革命家、名人,如"富兰克林""林肯""拿破仑""甘地""华盛顿",救死扶伤的"南丁格尔",开凿巴拿马运河的"乔达尔"。"'至诚所及,金石为开',乔达尔既有与工人们同甘共苦的精神,工人们也就效死不辞。工人们既奋勇工作,岩石和瘴气也就不能够阻碍他们的毅力。所以不到九年,这巴拿马运河的工程就完成了。""南丁格尔捐了巨款,创立英国红十字救济会,后来世界各国又都照她的计划,设立红十字救济会。因此,她的名字和精神,就和那白的看护服色、红的十字标记一样,永远印在人类的脑筋里了。"也有小人物,如捐款买军舰的"幼童",掩护革命家的"主妇",不畏强暴势力的名叫"爱兰"的小女孩。

(2)"爱国"主题

表现"爱国"主题的课文有18篇。"爱国"主题的内涵是热爱自己的国家,主要表现为小国反抗大国,弱者反抗强者,被压迫者反抗压迫者,被侵略者反抗侵略者,民众支持国家,故人物主体都表现为卑者、弱者、女性、孩童,如为反击侵略者而献身的名叫"席克生"的小男孩。在《柏林之围》的课文中,有故意制造我方大胜虚假消息的孙女,其目的是"爷爷呵!不是我要故意造谣骗您,实在因为您病得这样,不能再听见战败的消息了"。其实,这一类的主人翁在品格上也都会表现出正义、刚强、勇于献身的一面,上面的"品性"主题有的故事也是可以归到这一类的。"爱国"主题有一类带有明显的"复兴"思想,如《死里求生的凯末尔》(《中华书局高小》,第3册第29课)、《凯末尔将军复兴土耳其》(《世界国语高小》,第4册第11课)。

(3)"聪明才智"与"科学技术"主题

表现"聪明才智"与"科学技术"主题的课文有 13 篇,主要反映的是科学求知、探索新知识、重视知识创造。如《两个科学家的幼年时代》(《世界国语高小》,第 1 册第 32 课)、《爱迪生》(《世界国语高小》,第 4 册第 17 课)、《行易知难》(《中华书局高小》,第 3 册第 4 课)、《竖鸡蛋》(《商务复兴汉语》,第 4 册第 11 课)、《奈端的两则笑话》(《世界国语初小》,第 7 册第 33 课)、《儿童节纪念大会演讲——科学的孩子牛顿》(《中华书局初小》,第 7 册第 20 课)、《福尔摩斯》(《中华书局高小》,第 4 册第 32 课)等。

另有一篇课文显得较另类,就是《参观莫斯科的托儿所》(《中华书局高小》,第 2 册第 17 课)。这是以反映苏联社会新生活为主题的,充满了欣赏与赞扬的口气。

二、新中国首套中小学语文教材中的国外课文

从"国外课文"来观察不同时期的中小学语文教材的"世界观"是具有较高可比性的一个相对封闭的专题。新中国首套中小学语文课文的国外课文,在第十九章第二节下面以"空间——话语的空间结构"为主题作了详细分析,这里只引用一个数据就足以显示在不同的时代,教材的政治性、教材的世界观是会发生极大的颠覆性变化的。这套教材有关国外内容的课文有 93 篇,来自 11 个国家。其中反映苏联情况的课文有 69 篇,在国外课文中占比逾 70%。如此高比例的苏联课文数量反映了当时的中苏关系处于最亲密的时期,苏联老大哥的形象深入人心。

三、大陆和台湾地区语文教材国外课文比较

我们还选取了大陆和台湾地区四套中小学语文教材用以国外课文比较,大陆选的是新课标教材中的人教版与语文版,台湾地区选取的是康轩版与翰林版(教材具体信息参见第四章第三节)。

统计结果如下:

表 17-5  大陆和台湾地区四套中小学语文教材中国外课文数量调查

| | 总篇数 | 国别数 | 篇数 | 比例 |
|---|---|---|---|---|
| 人教版 | 690 | 15 | 101 | 14.9% |
| 语文版 | 739 | 19 | 102 | 13.8% |
| 翰林版 | 407 | 2 | 5 | 1.2% |
| 康轩版 | 364 | 5 | 11 | 2.99% |

表 17-5 显示,人教版与语文版收录的其他国家的作品分别是 101 篇和 102 篇,占的比例分别是 14.9% 和 13.8%,台湾地区两部教材收录的分别是 5 篇和 11 篇,占的比例分别是 1.2% 与 2.99%。

从国别来看,大陆的人教版选文涉及的国家有奥地利、保加利亚、波兰、丹麦、德国、俄罗斯、法国、捷克、黎巴嫩、美国、日本、希腊、意大利、印度、英国 15 个国家;语文版的有奥地利、澳大利亚、波兰、丹麦、德国、俄罗斯、法国、哥伦比亚、加拿大、黎巴嫩、美国、日本、瑞典、西班牙、希腊、意大利、印度、英国 18 个国家。台湾地区康轩版的有奥地利、法国、美国、印度、英国 5 个国家;翰林版的只有马来西亚、美国 2 个国家。

大陆和台湾地区教材中的国外课文在数量上相差太大,一边是逾百篇,一边只是 5 篇与 11 篇,可见大陆教材相当注重收录其他国家的优秀文学作品。正是由于课文数量上相差大,国别数量相差也大,因此在内容的多样性与丰富程度上缺乏可比性。

大陆两套教材的 101 篇、102 篇与民国时期的 56 篇、新中国首套教材的 93 篇,具有更多的可比性。相较于前两个时期,可以看到新课标语文教材的国外课文具有这样几个特点:

一是数量趋于稳定,每套教材稳定在百余篇左右。民国时期的教材可比性不大,只是小学阶段的初小高小,而且数量上是四套教材。

二是更侧重文学性,有较多民族文化积淀,具有更多的普遍价值认同。如:安徒生的《丑小鸭》《皇帝的新装》《卖火柴的小女孩》,居里夫人的《我的信念》,杰克·伦敦的《热爱生命》,费罗姆的《父母与孩子之间的爱》,海伦·凯勒的《再塑生命》,梭罗的《瓦尔登湖》,《伊索寓言》的《狮子和鹿》,尤安·艾肯的《走遍天下书为侣》等。

三是反映社会的积极进步。如：恩格斯的《在马克思墓前的讲话》、高尔基的《海燕》、乔万尼奥里的《奴隶英雄》、果戈理的《钦差大臣》、罗森塔尔的《奥斯维辛没有什么新闻》。

## 第三节
### 内地（大陆）和港台地区语文教材选文的"人文性"研究

这里把内地（大陆）现行的人教版、苏教版与香港地区、台湾地区的初中语文教材进行对比分析研究，以揭示在选文背后所体现出的不同的思想观念与文化内涵。此处选用的教材是内地（大陆）人民教育出版社出版的新课标版教材与江苏教育出版社出版的教材，简称人教版、苏教版；台湾地区选用的是康轩版与翰林版；香港地区选用的是启思版与朗文版。

一、选文作者的比较

在2001年新颁布的全日制义务教育《语文课程标准》（实验稿）的第三部分——"实施建议"里的教材编写建议中，第五条就是明确针对教材选文而定的："教材选文要具有典范性，文质兼美，富有文化内涵和时代气息，题材、体裁、风格丰富多彩，难易适度，适合学生学习。"此外，在其他条目中还提到教材编写要注意体现时代特点和现代意识，关注人类、关注自然，理解和尊重多样文化，注重继承与弘扬中华民族优秀文化等。那么，现行教材是怎么体现课程标准的要求，各部教材又有何自身的特点？下面我们围绕作者、时代和课文思想几方面对六部教材做系统的比较。

1. 选文作者的地域性

学界对语文教材选文的研究多注重在体裁、题材、功能特征及练习等方面，着重从分析训练学生语文能力的角度出发。不可忽略的是，虽然这些选文被教材编纂者赋予特定的功能作用和身份，但它们都是由其作者写出，从形式、内容到表达的情感，无不深刻烙下作者的印迹，学生阅读课文如同与作者进行对话，这不仅是技巧方法的学习，更是情感体验的传递，同时也是文化的碰撞。基于此，我们从教材作者成分的角度出发，分析六套教材选文作者的情况特点，试着从中找到优秀经验或者教材应该注意的地方。

表 17-6　六套教材作者成分比较情况（单位：篇）

| 作者所在地区 | 人教版 | 苏教版 | 康轩版 | 翰林版 | 朗文版 | 启思版 |
| --- | --- | --- | --- | --- | --- | --- |
| 中国大陆 | 125 | 174 | 42 | 45 | 60 | 88 |
| 中国台湾 | 9 | 1 | 32 | 24 | 8 | 14 |
| 中国香港 |  | 1 |  |  | 12 | 25 |
| 国外 | 35 | 29 | 5 | 2 |  | 6 |
| 总计 | 169 | 205 | 79 | 71 | 80 | 133 |

　　本节主要是从地域角度对选文作者进行研究。不同地区的历史发展和社会状况不同，这些都会形成地区各异的文化，进而影响各地区的文学发展，这些差别多多少少会体现在当地的教材中。

　　以上表格的数据呈现了一个主要的趋势，六套教材对课文的选择以大陆作家为主，人教版课文占了73.9%，苏教版为84.8%，康轩版为54.5%，翰林版为63.3%，朗文版为75%，启思版为66.1%。较高的比例从某种程度上体现了各套教材对祖国文化的认可和尊重。人教版与苏教版教材的课文在作文方式和思想情感表达方面对学生的语文能力培养都有很重要的影响。

　　各教材对外国篇目选取比例也是值得关注的。外国篇目在人教版中约占20.7%，苏教版为14.1%，康轩版为6.5%，翰林版为2.8%，朗文版为0%，启思版为4.5%。人教版和苏教版对外国作品的选取率最高，体现了兼容并蓄的教育理念。

　　再者，六套教材都对台湾作家的作品有所选取，而对香港作家关注相对较少。台湾作家作品在人教版中比例约为5.3%，苏教版为0.4%，康轩版为41.5%，翰林版为33.8%，朗文版为10%，启思版为10.5%。选取香港作家作品的教材只有三部，分别为苏教版0.4%，香港地区本土教材朗文版15%，启思版18.7%。从台湾地区和香港地区教材对各自区域作品的选文比例来看，它们都具有比较高的本土性特征。

　　各教材对内地（大陆）以外地区作品的选取不仅体现了不同地区侧重的教材目的不同，也体现了不同地区的文学差异。显而易见，内地（大陆）教材与港台地区教材在选文的地域社群上体现出了一些不同之处：

内地(大陆)教材更注重选文的多元化。多元文化教育是现代文化教育的一个重要理念,是帮助学生了解并认同自己的民族文化,尊重与自己不同的其他民族文化,构建和谐世界的教育。人教版和苏教版的外国选文比例适中,真正体现了世界文化的多样性,有助于学生了解和尊重多样化文化,培养他们的全球性文化视野和吸纳人类优秀文化的态度和意识。

港台地区教材更注重选文的本土性。这种本土性主要体现在台湾地区教材选文的民族性和香港地区教材的功能性。

在特殊的历史背景和复杂的文化背景下,台湾地区文学具有某些与大陆文学稍异的个性,显出其鲜明的民族性、突出的地域性和强烈的兼蓄性等特点。香港地区文学与内地文学具有比较鲜明的互补性。竞争在香港体现得尤为激烈,市场需求决定了文坛的发展方向,这使得香港地区文学的商业气息无比浓烈。这样的商业性对教材编选的影响,就在于更注重选取具有功能作用的文章,目的在于以这些选文为媒介更高效地让学生掌握中国语文知识,提高中文运用能力。

2. 同一作者选文比较

我们可以看到,六套教材的选文作者具有一定程度的差异性,这主要是受教材编写观念和教育目标的影响。但通过比较,我们也发现,有部分作者的作品是内地(大陆)、港澳地区、台湾地区的教材都收录的,下面我们以其中几位为例,解读教材作者的共通点。

(1)鲁迅

作为时代的文学巨匠,鲁迅先生的作品被内地(大陆)学生所熟悉。人教版在七年级上收其作品《风筝》,七年级下收《从百草园到三味书屋》《社戏》,八年级上收《阿长与〈山海经〉》,八年级下收《藤野先生》《雪》,九年级上收《故乡》《中国人失掉自信力了吗》,九年级下收《孔乙己》。苏教版在七年级上收其作品《社戏》,七年级下收《从百草园到三味书屋》,八年级下收《孔乙己》,九年级下收《藤野先生》《雪》。香港朗文版中一下收《一件小事》,启思版中二下收《立论》,中三下收《风筝》。台湾地区教材均无鲁迅作品入选。

有人认为,鲁迅作品半文半白,许多作品在内容上时代性过强,与现代中学生有隔膜,所以不适合中学生阅读。诚然,由于时代背景的复杂性、早期白话文与当下汉语的差异性,以及思想内容的深刻性等原因,并不是所有鲁迅作品都适合给今天的中学生阅读。但是这个问题不可一概而论,如《从百草园到三味书屋》《藤野先生》《孔乙己》《风筝》《阿长与〈山海经〉》等,都写得生动活泼,学生容易接受,适合教学。北大中文系教授孔庆东指出,"鲁迅是语文的灵丹妙药",特别是作文的灵丹妙药。鲁迅的文章从来都不会跑题,随便翻开鲁迅的杂文集,每篇文章都非常切题,古今中外正反左右,没有他做不了的题目。学生读鲁迅多了,思路自然就打开了。学生想写好作文最好的办法就是去读鲁迅。温儒敏认为,鲁迅是近百年来对中国文化及中国人了解最深的思想者,也是最具独立思考与艺术个性的伟大作家。让中学生接触了解鲁迅,是非常必要的,教材编写必须重视鲁迅。

(2)胡适

胡适先生是最早尝试创作白话新诗的诗人,在理论主张和创作实践上,他都为开展文学革命和创建新文学起了开拓作用,做出了巨大的贡献,其受西方实用主义哲学思想的影响,行文具有平白浅显的特点。

在所涉及的六套教材中,人教版在八年级下选取了胡适所著的《我的母亲》这篇散文,康轩版和朗文版在中一上选取了《差不多先生传》,启思版则在中二下选取了这篇寓言。

《差不多先生传》是一篇传记体裁的寓言,胡适巧妙地运用夸饰、排比、映衬、反讽等修辞法,以浅显生动的语言,让人在荒谬好笑的语言背后,领略其严肃的用心,并且符合主角的个性,使读者能透过其言语而见其为人。全篇语言朴实无华,讲述的几件事也都颇具生活化,人人经历,人人都明白,这就更有助于理解我们当中有些人处事马虎、不肯认真的"差不多"精神,使人猛然警醒,让读者的心灵于朴素的文字中受到强烈的震撼。老舍先生在《关于文学的语言问题》中说:"不用任何形容,只是清清楚楚写下来的文章,而且写得好,就是最大的本事,真正的功夫。"还说:"文艺工作者的本事就是用浅显的话,说出很深的道理来。"《差不多先生传》就是这样一篇典范之作。

胡适的另一篇佳作——《我的母亲》之所以能具有感人至深的力量,凭借的不是宏伟的结构和华丽的文字,而在于它的真实。平实的语言,朴素明净,把母亲的性格刻画得入木三分,文章在平淡的语言下,多了一份感情,这份宽广、持久的母子之爱,通过淡似白描的勾勒,显示出那样感人至深的艺术效果。

胡适先生提倡白话文,并躬亲力行,首先创作白话诗歌和白话戏剧。其散文明白晓畅,以学识见长,自然清新;其政论文章说理严密,分寸恰切,语气肯定。胡适作品平易直白的语言让学生容易理解作者的感情和文章的主旨,灵活的修辞形式又是学生学习的优秀范例,这些都是其作品入选多部教材的原因,更是初中学生语文学习的榜样、典范。

(3)余光中

六部教材对台湾地区著名作家余光中作品的选取也颇具思考意义。人教版在九年级下选取其诗歌作品,苏教版在九年级上选取《乡愁》,康轩版在中二下选取《车过枋寮》,翰林版在中二上选取《母难日》,朗文在中二下选取其《一枚铜币》,启思在中一上选取《亲情伞》和《春来半岛》。可以看出,余光中先生是内陆(大陆)、香港地区和台湾地区教材都较为关注的作家。

余光中先生的作品具有代表性,他创作的轨迹基本上是台湾整个诗坛三十多年来的一个走向,即先西化后回归。在台湾早期的诗歌论战和20世纪70年代中期的乡土文学论战中,余光中的诗论和作品都相当强烈地显示了主张西化、无视读者和脱离现实的倾向。80年代后,他写了许多动情的乡愁诗,对乡土文学的态度也由反对变为亲切。

余光中先生文通古今,学贯中西,集诗文于一身。他的诗文将雅洁意境与现代白话融合,在艺术上达到"可听、可看、可感"以及"音调铿锵,形象鲜明"的境界,是对白话"白"得有余、含蓄不足的反拨。他的现代散文艺术吸收了各种语体精华,不论白话还是文言,不论古典还是现代,不论中文还是西语,只要有利于散文艺术的表达,都可以为"我"所用。

在对其作品的解读中,我们品出了余光中先生对祖国深厚的情感。他说:"蓝墨水的上游是汨罗江","要做屈原和李白的传人","我的血系中有一条黄河的支流"。他礼赞"中国,最美最母亲的国度"。他的散文兼雄奇与柔丽,其乡愁诗很是流传,浅显而有丰富的诗味,清新隽永。余光中先生在诗歌和散文中的巨大成就不仅推动文学的发展,同时也是学习语文的重要典范。教材通过对其作品的选取,不仅使学生学习掌握优秀的散文和诗歌艺术,也使学生在体会作品情感的同时加深对祖国的爱。

## 二、选文时代的比较

《语文课程标准》明确指出:教材要注重继承与弘扬中华民族优秀文化,有助于增强学生的民族自尊心和爱国主义感情。同时也强调:教材应体现时代特点和现代意识,关注人类,关注自然,理解和尊重多样文化,有助于学生树立正确的世界观、人生观、价值观。这就需要教材对选文的时代性有比较合理的把握,不仅应当选取体现中华文化的经典篇章,也需加入具有时代生命力的课文。

针对选文的时间维度,将其划分为古代、近代、现代、当代选文,古代指的是从有文学开始延续到1840年的鸦片战争,1840年到1919年"五四"运动是近代,1919年到1949年新中国成立是现代,1949年以后是当代。

表17-7 六套教材中选文年代的数量情况(单位:篇)

| 选文时代 | 人教版 | 苏教版 | 康轩版 | 翰林版 | 朗文版 | 启思版 |
| --- | --- | --- | --- | --- | --- | --- |
| 古代 | 52 | 57 | 27 | 28 | 29 | 33 |
| 近代 | 17 | 17 | 1 | 1 | 2 | 4 |
| 现代 | 48 | 49 | 11 | 6 | 4 | 8 |
| 当代 | 52 | 82 | 38 | 36 | 45 | 88 |
| 总计 | 169 | 205 | 77 | 71 | 80 | 133 |

从表中数据我们可以看出,古代课文在各教材中都占有一定的比例:人教版古代课文占30.7%,苏教版为27.8%,康轩版为35.1%,翰林版为39.4%,朗文版为36.2%,启思版为24.8%。古代课文一般表现为文言文,包括诗词歌赋等多种形式。文言作为古代、近代通用的书面语,有长达两千年左右的历史。从古代社会延至近代社会,文言都是通用书面语,社会科学、自然科学的典籍都由文言记载,官府公文用文言,考试科举用文言,文言成为必须掌握的工具。文言在社会上如此流通的地位,决定了它在语文教学中的主导地位。文言文在选编中也随着教材的发展经历着完善的

过程。早期文选型教材只注重经典范文的选取教授,而近现代教材对古代课文的选取多注重于培养学生的语言训练。

六套教材的古代选文对诗歌、词、曲、小说、寓言等形式都有所涵盖,涉及了游记、神话、劝谏、论理、抒情等多种内容,这有助于将中华文化全面地展现给学生。其中,某些篇目如《陋室铭》《爱莲说》《五柳先生传》《木兰诗》等,在各教材中都入选,体现六套教材对古文经典的标准和尊重的一致性,使得中华文化精髓在新时期的教育中得到传承和发扬。

当代课文在六套教材中所占比例都很高,这是值得我们关注的。人教版的当代选文约有30.7%,苏教版有40%,康轩版有49.3%,翰林版有50.7%,朗文版有56.2%,启思版有66.1%。语文教材不仅应传承和发展中华优秀文化,同时也应体现时代特点,与时俱进,关注人类,关注情感和多样文化,帮助学生树立正确的世界观、人生观、价值观。

内地(大陆)教材和港台地区教材的较大不同之一,在于近现代文的选编。我们看到,人教版和苏教版近现代文的比例分别为38.4%和31.7%,而康轩版、翰林版、朗文版和启思版则分别只有14.2%、9.8%、7.5%和6.02%,这也许与各地区在近现代历史中所处不同情况有关。从日本侵华到新中国成立,内地(大陆)文学异军突起,众多学者为救亡图存奔走努力,文化界可谓是蓬勃发展。在这样的社会背景下,内地(大陆)的近现代文学成就非凡,成为文学史上重要的一页。内地(大陆)的初中语文教材对近现代文的选录,正是对中华文化的全面展示和对文化发展的特殊时期的真实记录,这不仅有利于学生对祖国文化的深入了解,而且更深化了学生的爱国思想教育,是初中语文教学不可忽视的重要部分。

### 三、选文思想观念的比较

语文教育,就是由语言文字教育到语言文学教育,再到蕴含着博大精深的民族文化和精神教育。语文课程是"工具性与人文性统一"的。新时代学生的培养,要有坚实的文化知识基础,高尚的文化素养,更要有丰富健康的人文精神,这些都需要在学习中对学生倾注"人文性"关怀,这也是语文教学的重中之重。

我们通过对内地(大陆)、香港地区和台湾地区六套教材的整理归纳,可以看出教材中选文体现人文精神有一些共同点：

1. 内容的涉及面广

六套教材所渗透的人文精神、所包含的内容相当丰富，基本满足了初中学生涵养人文底蕴、形成健康人格之所需。教材由礼赞先贤、思索历史到认识社会、感悟哲理，由性格培养、理想信念到道德教育、社会抱负，由珍爱生命、珍视情感到尊重自然、忧思环境，体现了巨大的包容性；选文中，有对民俗文化艺术魅力的欣赏，也有呼唤和平、拒绝战争的呐喊，更有从神话和古人的作品中得到的社会理想、金钱观、朋友观和事业观等方面的教育。这种宏大的视角很好地体现了语文教材的人文性，有利于通过语文教学提高学生的人格品质，优化学生的审美情趣，促进健康人格的逐步形成。

中国文化是伦理型文化，中国人文思想以伦理为中心。中国人自古就崇尚德道。周敦颐的《爱莲说》是这几本教材皆选取的经典篇目，其中有"出淤泥而不染，濯清涟而不妖，中通外直，不蔓不枝，香远益清，亭亭净植，可远观而不可亵玩焉"的名句，这种洁身自好、正直高洁、不与世俗同流合污的志趣更使人们领悟到"德"的又一境界。

2. 突出教育重点

从微观角度对选文的分析中可以看出，各套教材有意识地对特别重要的人文精神给予了特别的关注。综观之下，选文比例较大的人文主题主要有爱国爱民、礼赞先贤、培养科学精神、感受培养人间真情、热爱大自然、感受文化艺术魅力等方面，我们选取教材较着重的几个方面具体阐述。

其一，尊重自然，和谐发展

各版教材中都十分强调尊重自然的和谐理念。人教版的《山中访友》中有着众生平等、博爱和宽容的思想内涵，体现的是朴素的和谐理念；《敬畏自然》中提出人类应该从根本上转变理念，摒除"征服自然"的旧思想，敬畏自然，爱护自然。苏教版的"人与自然"单元选用《苏州园林》来呈现人和自然的和谐状态之美；《都市精灵》则提出了"都市动物的生存情况，往往可以用来衡量都市的环境质量"，可以据此了解人们保护自然的意识，人与动物应该和谐相处。康轩版和翰林版选取《车过枋寮》和《大明湖》等篇目，以自然风光的美妙唤起学生热爱和保护自然之情。这些选文从不同侧面反映了人与自然和谐相处的重要性。读这些文章,有助于我们增强环保意识,树立和谐理念。

其二,与时俱进的时代精神

时代精神与社会意识也是各教材选文中人文精神涉及的重点之一。选文中作者深邃的思想、强烈的社会意识及其独具魅力的人文情怀,尤其适合对学生人文精神的培养。如:人教版的《斑羚飞渡》中,斑羚群在生死抉择的将牺牲精神呈现在我们面前,给我们一种强烈的震撼。苏教版选用茅盾先生的《白杨礼赞》,以赞美白杨树的不平凡为抒情线索,歌颂了北方军民团结抗战、奋发向上的精神品质。进而歌颂了整个中华民族的精神品质。课文诠释的白杨的坚毅性格,正是在新时代学习中应该具备的品质。台湾地区、香港地区教材皆选取了刘蓉的《习惯说》,旨在告诉学生,一个人在学习时,初始阶段的习惯也非常重要。君子求学,贵在慎重地对待开始阶段的习惯养成,这也正是在当今飞速发展的社会中应该具有的时代精神。

其三,爱国主义的洋溢

新课标强调语文是"人类文化的重要组成部分","重视提高学生的品德修养和审美情趣,使他们逐步形成良好的个性和健全的人格,促进德、智、体、美的和谐发展"。各种版本的语文教材都极为重视人文精神的有机渗透,努力以文载道。爱国主义作为一种优秀传统,在历史上和现实中发挥着凝聚人心、推动社会发展的作用。爱国主义教育是当代青少年思想教育的重要内容。作为重要的主题之一,内地(大陆)、香港地区、台湾地区的教材对爱国主义题材都有所涉及,表现形式也多种多样。

北朝民歌《木兰诗》是内地(大陆)、香港地区和台湾地区教材均有选编的课文,文中写的是一位充满传奇色彩的女英雄的故事。认真分析其内容就会发现,在"军情急"的情况下代父从军,不仅体现了木兰对年迈父亲的孝心,而且也表现了身为女子的她对国家安危的关注,体现了一种"天下兴亡,匹夫有责"的主人翁精神。在木兰的这种行为中,蕴含着对国家的深厚情感。《出塞》是盛唐诗人王昌龄的一首脍炙人口的七言绝句。仔细品味,诗中蕴含了丰富的爱国主义元素:诗中表达了作者对戍边将士的关心,抒发了对一代名将李广的钦佩之情，同时流露出诗人对边境未宁的忧虑。

今人凭吊古迹、缅怀先人的作品中，也不乏爱国之情。史学家翦伯赞先生写的一篇游记《内蒙访古》也包含着爱国主义的内容。文中提到的昭君墓就涉及一个感人的历史故事：王昭君虽不愿离开自己的故土和亲人，但为了国家的利益，她还是充当了和平使者，跋山涉水来到匈奴。

其四，忠贞的爱情意识

随着社会的发展，多元文化的交融，媒体的发展，信息的迅速传递，学生在生活中接触的情感类型也在增加，其生理成熟提前。关于爱情教育，在各套教材的选文中情况有所差异，人教版中涉及爱情内容的篇目相对较多，苏教版在九年级以《诗经》的形式阐述了古代的爱情观，台湾地区两部教材均无涉及爱情领域，朗文版以《陌上桑》向学生展示忠贞的爱情观。

以人教版为例，体现"爱情"的篇目有：七年级上册何其芳《秋天》、李商隐《夜雨寄北》；八年级下册纪伯伦《浪之歌》《雨之歌》，李商隐《无题》；九年级上册苏霍姆林斯基《致女儿的信》，温庭筠《望江南》，李清照《武陵春》《醉花阴》；九年级下册《诗经》两首，夏洛蒂·勃朗特《简爱》。综合观之，人教版本的爱情教育体现了鲜明的特点，既有课内学习的，也有课外背诵、拓展阅读的，形成课内外横向拓展局势，年级越高，涉及内容越多，以体现"爱情"的责任、严肃、慎重、坚贞、忠诚、独立、平等为主。如：苏霍姆林斯基的《致女儿的信》，主要采用形象生动的故事委婉传授爱情的智慧之道，强调爱情的责任、忠诚。爱情主题的选文也是形式多样的，主体是中国文学，辅以外国文学，古今诗词、书信、小说均有。

利用教材对初中生进行爱情教育，并不是鼓励学生"早恋"，而是让学生从教材中理性地认识爱情，有智慧地面对个人成长历程中的情感世界，促进学生身心健康成长，以补社会、家庭情感教育之不足。

语文是一门人文学科，充满了人情的意蕴、人生的积淀和人品的精华，同时也展示着人世的阅历和人间的沧桑，处处闪耀着人文的光彩。语文教学应该充分尊重语文学科的人文性，尊重个体，让人文雨露浸润到灵魂的深处，为学生所吸纳、内化，形成内在的精神力量，才能真正提高学生的人文素养，才能真正落实《语文课程标准》的要求。教材作为语文教学的中心,更需要对选文的人文性进行合理的规划,让学生在学习语文知识的过程中,得到人格品质的提高。

### 四、对"本土化"的思考

作为祖国不可分割的一部分,台湾地区文化与大陆文化同宗同源,是中华文化的一部分。由于特殊的地理条件和历史遭遇,台湾地区的特殊性集中体现在其多元的文化特征上。教育领域的文化主要是精神文化,其核心是价值观念,作为这些文化的承载形式,教材是这一功能的最集中的体现,而文科类教材又集中体现了一个民族或一个地区精神文化领域中的价值观念。

通过对比分析,我们在一定程度上看出了现阶段台湾地区语文教材的一些特点:

第一,淡化"忧患意识"。"中国历来有进取精神的文人,往往以探历代得失兴亡之理、穷格物致知之源为己任,笔端凝聚有剧烈的爱国之痛和感时之哀","这一精神也深获台湾作家之心。从这片美丽而充满忧患的土地上生长起来的文学,一开始就有强烈的忧患意识与明显的悲怆色彩。从明郑时的悲歌追怀,乙未后的海天孤愤,到近五十年来的感时伤怀,不少作家将沉重的忧患与苦恼,注入自己的艺术创作中"[①]。但翻开台湾地区教材,这种忧国忧民的题材课文甚少,很难体味到"感时伤怀"的民族文化精神。

第二,台湾地区教材对古代作品的选取较注重个人修养的方面,回避了一些民族、政治题材作品。教材对古代文学作品的选取倾向于个人品德的塑造,如陶渊明的《五柳先生传》、刘禹锡的《陋室铭》、周敦颐的《爱莲说》、李白的《黄鹤楼送孟浩然之广陵》、杜甫的《客至》、孟浩然的《过故人庄》等等,而基本不涉及文人们的著名爱国佳作。

第三,教材淡化了文章的背景以表现普遍的人性。台湾地区教材中对北朝乐府诗《木兰辞》的解读就是很好的例子。康轩版和翰林版都选取了这篇乐府诗,但教材"课文导读"都是围绕"叙述女英雄木兰代父从军的故事""全诗运用顺叙法",以及"既表现木兰的孝思,也成功塑造了一个不朽

---

[①] 杨匡汉主编《中国文化中的台湾文学》,长江文艺出版社,2002,第7页。

的巾帼英雄的形象"等方面对课文进行解读。从这种课文思想的定位中,我们可以看出,编者只是集中强调了木兰"孝思"的一面,而对诗作中所表现出来的诸如战争的残酷、男尊女卑的观念、劳动人民的牺牲精神、普通民众对和平的向往、花木兰不爱功名富贵的情怀等都作了淡化的处理。

第四,本土题材的比例呈上升趋势。从上述的分析中,我们能看出台湾地区教材较明显的"本土化"特征,这种特征不仅体现在大量选取台湾地区作家的作品,也体现在闽南语作品逐渐进入教材,如翰林版中一上选取萧萧的《憨孙吔,好去睏啊!》一文。

不少学者针对以上的现状,提出了"去政治化"的"教材台独"看法。我们认为,对于台湾地区教材选文本土化趋势,要对"教材台独"予以警惕,同时,也不应单纯用"去中国化"来概括。"中国文化"是一个较宽泛的概念,历史悠久、博大精深,既包括以汉族为主体的汉文化,也包括其他少数民族的文化;既包括经典文化或主流文化,也包括源远流长的各种民间文化或亚文化。中国的民族文化是中华各民族创造的在长期历史发展过程中不断增益、不断丰富、不断发展的一种文化形态。台湾地区教材的选文比较重视对中国传统文化的承载,从整体的框架上来说,它承继了儒家理论的价值体系。台湾地区教材中对于弘扬中国传统的儒释道修身养性的优秀佳作的选取占了较高的比例。同时,台湾地区教材中很重视对语文基础知识系统的教授,在汉字书写、诗歌格律和文章作法等方面都有非常浓郁的中华民族文化色彩,充满了民族历史的纵深感。

康轩版和翰林版教材开篇第一篇课文就是宋晶宜的《雅量》,按照我们的解读,其所表现的主旨就是"人人都应有彼此容忍与尊重对方看法与观点的雅量",也许编者试图以这篇文章教育学生"尊重别人不同的观点,以开放的心胸与人互动"。这是很有象征意义的,它在一定程度上正好说明台湾地区当代社会中不同种群、不同民族或不同时空范围的异质文化的相互碰撞、冲突与交流、融合,我们不应用绝对化的眼光看待其教材的改变。

另外,台湾地区教材的选文系统存在着不容忽视的现状——"儒学与乡土混搭"。这是台湾地区语文教材的特色,但也产生了种种局限,如对中华文化的多元性和当代性关注不足,对外国文学的关注严重欠缺,现代性意识有所不足。在"儒学与乡土混搭"之外如何融入更多的当代元素,是台湾地区语文教育必须审慎思考的课题。

优化教材文本,要从教材选文入手,在训练学生的能力过程中培养品德情操,这样才能落实课标所说的工具性与人文性的统一。教材选文应该体现"新课标"的精神。首先,在内容上,展示给学生的应该是个真实而丰富的世界,尽可能扩大反映现实生活的范围,让学生在社会情境中掌握鲜活的语文知识。其次,在思想层面,选文应体现正确的价值观,与时俱进,古今内外兼容并蓄,将弘扬优秀的中华民族传统文化、培养学生的爱国之情和高尚品质作为重中之重。最后,教材需鼓励学生按照自身的学习认知规律和学习基础适当地选择教材内容进行学习,培养学生的发展创新精神,做到"物尽其才,各尽所用",允许学生在学习的过程中能够有自己独特的见解和主张,多元化培养他们鲜明的个性。

# 第十八章
## 中小学语文教材的话语体系研究

话语体系研究近些年以很快的速度进入了中国学术舞台的中心。话语研究本是纯粹的语言学中语用学领域的问题。它大步跃进是因为被赋予了话语内容的力量,特别是政治界的力量。近些年来,在国与国之间实力消长、角力明显的情况下,话语体系研究成为国家软实力展示与国家关系变化的重要体现,话语理论体系成为一个强大有力的斗争工具。

话语体系理论对提升教材综合内涵研究有很好的指导作用。特别是对教材内容的叙事与论理、记人与识物、题材与情感,对它们的取舍定夺、详略安置、先后顺序的安排,都可以用话语体系理论一以统之、融为一体、透辟其理。

### 第一节 话语体系研究的兴起

要开展教材的话语体系研究,先需要了解中国学术大环境中的话语理论研究。

一、话语体系研究的理论预设

谈话语问题时,是有明显的语意预设的。就是有对手,与对手有交流,交流中注重实力的传递。话语的交流可以是人与人,也可以是集团与集团,还可以是国家与国家。它还有一个隐藏得更深的语意预设,就是话语主体者之间的关系不是平均、平等、对等的,而是有主次强弱之差的。这种关系在不同对象、不同时间空间、不同条件下,有着种种含义不同的主次、强弱、远近、重轻、亲疏的关系。加进时间因素后,还会有着由强到弱或由弱到强,由主到次或由次到主,由均衡到失衡或由失衡到均衡的变化。强调话语权,可以指强者的声音,此时的追求意味着要保持其主导地位;也可以是弱者的声音,时时的追求意味着要获得必要的分量与影响力。由不谈话语权到谈话语权,于强者,可能是看到了原来拥有的话语权正在慢慢丧失;于弱者,可能是由原来的甘于弱者、甘于听从正在变为希望扩大影响,以反映自己的意愿和权益。

## 二、话语体系研究当代兴起的时代推力

话语理论研究由纯语言学问题研究变成政治学问题研究,有一个重要判断标准,就是有没有跟具体内容挂钩。如果关心的只是"话语形式""话语内容""话语结构""话语使用语境""话语手段""话语变化规律",它就还只是纯学术问题,只是语言学中的语用学领域的问题,再扩大点,也就是哲学、逻辑学、思维学的问题。当话语研究的关注点转到"话语内容",转到"话语"与"国家""实力""权益""思想""政治""主张""影响""地位"等内容,转到话语与它们有着怎样的"联系""作用""关系"时,这时话语理论研究就不再是单纯的语言学或语用学的问题了。

### (一)国家对话语体系问题研究的高度重视

中国当代的话语权研究日益受到关注,有着特定的时代原因,这是伴随着中国日益走向世界、走上世界舞台中心而必然带来的研究话题。它要反映、维护、解决中国的国家地位、国家影响、国家权益的问题。

特别是党的十八大以来,对中国在世界上的定位与作为有了全新的思考。《中共中央关于全面深化改革若干重大问题的决定》提出:"加强国际传播能力和对外话语体系建设,推动中华文化走向世界。"①习近平总书记提出:"要按照立足中国、借鉴国外,挖掘历史、把握当代,关怀人类、面向未来的思路,着力构建中国特色哲学社会科学,在指导思想、学科体系、学术

---

① 《中共中央关于全面深化改革若干重大问题的决定》,新华网,http://www.xinhuanet.com/politics/2013-11/15/c_118164294.htm,访问日期:2013 年 11 月 15 日。

体系、话语体系等方面充分体现中国特色、中国风格、中国气派。"①这样的大国思想直接引领了中国当代的话语权研究,政治思想领域、文明建设领域、新闻领域、哲学领域、法学领域、艺术领域、文学领域、军事领域,几乎在所有的哲学社会科学领域都面临着这一任务,而"中国特色""中国风格""中国气派"是这一话语体系中最核心也是最实在的内容。当话语研究与中国的国家地位建设连在一起时,它就以极为迅猛的速度推开了。

(二)"国家哲学社会科学基金课题"的"指挥棒"作用

为了观察到话语研究在中国学术界具有何种位置,最有力的观察材料莫过于对"国家哲学社会科学基金课题"变化的考察了。国家哲学社会科学基金课题是我国水平最高的哲学社会科学课题,有着最权威和最广泛的学术影响,是高校与科研机构、个人与学术团队的学术水平与能力的最重要评判标准之一。它每年都会公布课题"指南",这是典型的"指挥棒",代表着立项者资助方的旨意;更因为它是"指南",故有着"一指动万峰"的效力,立项者寡,竞标者众。从它的课题"指南"来观察"话语理论研究"在中国学术界的发展过程,无疑有着难以替代的价值。"国家社科基金"从2008年至2020年,13次的"指南"中共出现了含"话语"的课题122个②。2008年1例,2009年为0,2010年3例,接下来的几年持平,2015年突然增至14例,之后皆在20个左右。具体情况见下图。

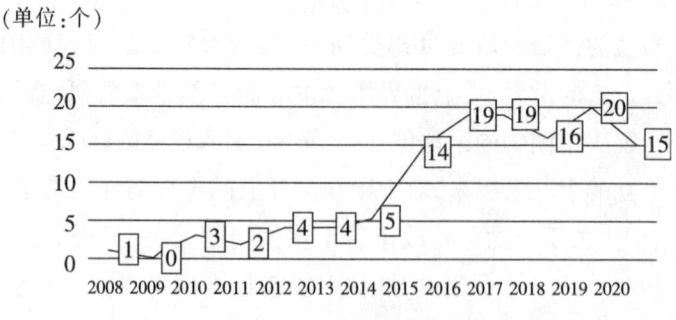

(单位:个)

图18-1 含"话语"的指南课题年度增长情况

---

① 《习近平主席在全国哲学社会科学工作者座谈会上的讲话》,新华网,http://www.xinhuanet.com/politics/2016-05/18/c_1118891128.htm,访问日期:2016年5月17日。
② 《2020年度国家社会科学基金项目申报公告》,全国哲学社会科学工作办公室官网,http://www.nopss.gov.cn/n1/2019/1220/c219469-31516101.html,访问日期:2019年12月20日。

在上面这个长达13年的数据链中,有三个问题值得注意:(1)前几年的偶见例出现于什么学科,话语研究的内容是什么?(2)突然增加的中段,"话语"研究扩大了哪些内涵与外延,即增加了什么样的题目,扩大到了哪些学科?(3)出现数量最多的学科有哪些,最少的学科有哪些?

对上述三个问题的探求结果是:

1. 早期的偶见例显示出话语研究的语言学本体性及在其他学科上的贬义色彩

2008年只有1例,为"经济全球化条件下的文化霸权主义与文化多样性以及话语体系研究",属于"国际问题研究"学科领域。这1例显然是从批评的角度来立论的,显示出对话语霸权的否定态度及对文化多样性与话语体系关系的追求。

2010年有3例,分别是"西方媒体话语霸权的实质、反华报道的策略及手法分析与我国对策研究"(国际问题研究)、"中国国际话语权与软实力研究"(新闻学与传播学)、"中国人和西方人话语方式比较研究"(语言学)。第1例延续了2008年那例的态度基调,第3例属"话语"的语言本体研究。而第2例显示了明显的政治转向,将"话语"问题与中国的国力相挂钩,且是作为目标来追求。这是一个重要变化。这个变化出现在"新闻学与传播学",颇好理解,因这就是一个特别看重语言运用与传播方式的学科。

2011年有2例,分别是"国际关系中的文化自主性问题及话语权研究"(国际问题研究)与"'中国模式'国际影响力与国际新闻传播话语权"(新闻学与传播学)。这两题的学科领域与前一年的相同,只是前一题已经由批评转变为对目标的追求,后一题则进一步夯实了"话语"与"国家实力",再至"国际影响"之间的关系。

2012年有4例,分别是"全球和平发展的话语权研究"(国际问题研究)、"'中国发展道路'的国际影响力与国际新闻传播话语权研究"(新闻学与传播学)、"构建当代中国话语的理论、方法与问题意识研究"(新闻学与传播学)、"中国体育国际话语权研究"(体育学)。前三个课题仍集中于前面有过的"国际问题研究"与"新闻学与传播学"两个学科。但"话语""话语权"的问题已经与国家的实力发展、模式发展、道路发展紧密连在一起了,并对话语理论提出了理论、方法、问题意识的整体建构与谋划。第 4 个课题有着格外的意义,这是首次超越了"国际问题研究"与"新闻学与传播学"领域,或称之为"传统领域""正统领域",来到了其他学科,而且一下子跨得那么远,因看上去"体育学"与政治领域相距极远。可细想想却未必,因体育界的交流本身就是最具国际性的,其中存在话语问题并不意外。

2013 年有 4 例。两个仍在"国际问题研究"与"新闻学与传播学"领域,后者的名称与 2012 年中的"构建当代中国话语的理论、方法与问题意识研究"相同。重复出现无非两个原因,或是前一年流标了,或是以求研究的加深加重。另两个课题出现在了两个新的领域,即"马克思主义·科学社会主义"领域的"马克思主义生态哲学的中国话语体系建构研究","哲学"领域的"中国化马克思主义哲学的理论形态与学术话语体系研究"。

2014 年有 5 例。一个在"国际问题研究",两个在"新闻学与传播学"领域。另两个则分别在"法学"与"社会学"领域。

概括这个时期的国家社科基金指南,其发展的轨迹是从"夺过对方的枪"开始的,在感受到了对手强烈的话语霸权之后进而思索与奋进。"语言学"也是很早发声的学科之一,但它起于本体,停于中庸。可见,"话语"问题能一步一步地进入中国学术舞台的中心,靠的不是语言学本体研究的客观与中庸,而是将它运用于社会现实问题的关注与解决。另一个启示就是对话语理论反应最敏感、最迅速的学科,正是最能代表国家形式出现在国际舞台的领域。"国际问题研究"与"新闻学与传播学"就是两个冲在最前面的学科。紧随其后的是"马克思主义·科学社会主义""法学""社会学"等。"哲学"不是那么实际的学科,却是最具普遍性与指导性,它的课题也是如此,目标对准在了"理论形态"与"话语体系"上。

2. 若干学科的高频出现,显示"话语"理论成为主动出击的工具与追求目标

到 2015 年,"话语"类课题突然开始大量出现。这时需要重点考察两个问题:增加了哪些学科领域;"话语"内涵有哪些变化。

在 2008 年至 2020 年的 13 年间,国家社科基金指南中共出现了 122 个课题,分布于 17 个学科领域。整个"指南"一共有 23 个学科领域。那 6 个未见"话语"课题的学科是"考古学""人口学""世界历史""统计学""图书

馆·情报与文献学""外国文学"。这个旁证让人瞬间对"话语"问题的用途有了特别真切的感觉,这些都是与"对话"问题有相当距离的领域。

下面来看看含有"话语"课题的 17 学科的分布情况。

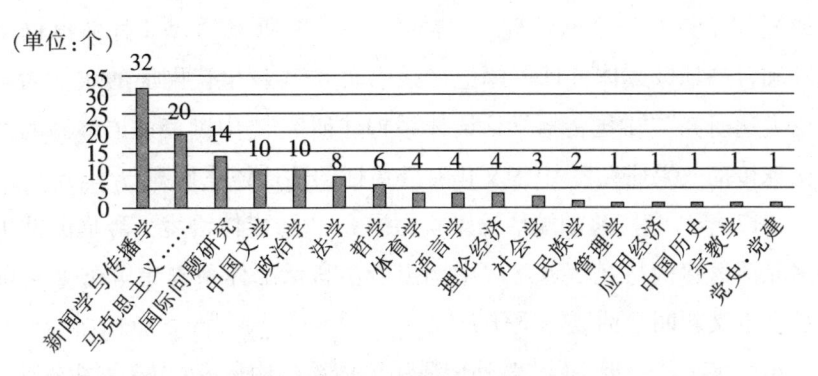

(单位:个)

图 18-2　2008—2020 年含"话语"指南课题的学科分布情况

遥遥领先的学科是"新闻学与传播学",第 2—5 位的是"马克思主义·科学社会主义""国际问题研究""中国文学""政治学",课题数分别达到 32、20、14、10、10 个。

我们把统计时间的起始节点放到 2015 年,总课题是 103 个,学科仍是 17 个,详见图 18-3:

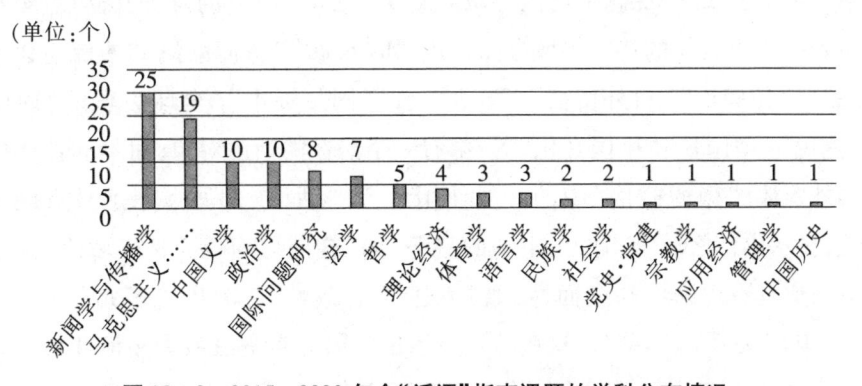

(单位:个)

图 18-3　2015—2020 年含"话语"指南课题的学科分布情况

排在前五位的学科未变,只是顺序略有变化。这五个学科可谓是"话语研究"的重点学科。下面就以数量最多、排在首位的"新闻学与传播学"为例,看看"话语"研究的内涵与外延有了哪些变化。

2015 年:"反腐败议题的中国媒体话语构建研究""微博微信公共平台中政治话语框架研究""我国主流意识形态话语体系构建与传播研究""宣

传舆论引导工作的领导权、管理权和话语权研究"。

2016年:"'一带一路'对外传播话语体系构建与战略实施研究""党报在移动智能终端上话语主导的有效性研究""国际资本与新闻话语权的关系研究""话语权与全球治理、世界秩序的关系研究""基于民族认同感的大陆和台湾地区媒体抗日集体记忆话语研究""新生代网民的政治参与与话语表达研究""中国传播学话语体系构建研究""中国梦话语体系的修辞和全球传播效果研究""中华文化对外传播的话语体系研究"。

2017年:"党媒移动端话语影响力研究""新媒体语境下环境公共事件的多元话语建构与互动研究""中国出版学科话语体系构建研究""中国特色社会主义新闻学话语体系研究"。

2018年:"'一带一路'对外传播话语体系建构研究""网言网语与新闻文风话语表达研究""中国价值观国际传播符号、主体与话语体系研究""重大政治议题在青年社群中的多元话语建构研究"。

2019年:"中国特色新闻学学科体系、学术体系和话语体系研究"。

2020年:"国家舆论话语建构研究""新媒体跨文化传播与中国话语的全球建构研究""中国共产党建党年党报党刊话语研究"。

从上面25个课题中可以寻求到有关"话语"研究的若干共同点:都在朝着一个更具体的特定领域方面聚焦,如"反腐""微博微信""主流意识形态""宣传舆论""对外传播""移动终端""国际资本""全球治理""抗日""网民""中国梦""中国文化"等;都有一个潜在的话语对象,如"反腐"中的国外媒体,"微博微信"中的一般使用者等;"话语"问题愈来愈具有建设性,显示出使之成型、有力、主动的趋势,如"构建""研究"等;"话语"问题愈来愈具有理论性与全面性,如"表达""有效性""效果""多元""框架""实施""关系""体系"。这些特点显示出"话语"问题在我国主流政治思想的建设与发挥作用中,正在并愈来愈进入"以我为主"的"主导""主动"境界。

3. 偶见例呈现话语理论在相邻学科的扩张

一个学科只出现了1—2例的可称为偶见例。包括从2008年开始一共只有7个课题,分布于6个学科:

"民族学"2个:"中国特色民族政策话语体系创新研究"(2020)、"中国特色社会主义民族理论的话语体系研究"(2020)。

"党史·党建"1个:"构建中国特色党建话语体系研究"(2020)。

"管理学"1个:"中国特色管理学学科体系、学术体系和话语体系研究"(2019)。

"应用经济"1个:"人民币加入SDR与提升我国全球金融治理话语权研究"(2017)。

"中国历史"1个:"马克思主义史学学科体系、学术体系、话语体系研究"(2019)。

"宗教学"1个:"中国特色宗教学学科体系、学术体系、话语体系建设研究"(2020)。

上面7例显示出两个共性:(1)基本上都是对本学科"话语体系"的研究。只有"应用经济"例外,是对具体问题的研究。(2)大都出现在近一两年。这两个共同的特点显示出"话语"研究在全国哲社界的众多学科有了大大的扩展。只是这种扩展仅是平面式的,无论是对这些学科内的实际问题,还是"话语"本身理论的问题,皆如此。

"语言学"跟"话语"连得最紧,它是"话语研究"的起源地。它有4个课题,除了2010年的"中国人和西方人话语方式比较研究"外,另3个是"中国特色语言学学科体系、学术体系和话语体系研究"(2019)、"中英学术话语体系对比研究"(2019)、"中英学术话语对比研究"(2020)。第一个是纯语用问题研究,后3个一如上面的偶见例,呈现的也是"平面拓展",没有显示出一点作为"话语"研究发源地的深化或细化特点。看来,"话语"理论在中国学术界更受重用的还是"应用性"的一面。

上面重点谈了国家社科基金课题指南的情况。下面再看看话语科研机构的情况,也可以窥见中国当代话语研究力量的兴起。

近几年中国的高校快速出现了一批话语研究的专门机构。如:浙江大学的"当代中国话语研究中心"、郑州大学的"中国外交话语研究中心"、西南财经大学的"中国话语研究中心"、辽宁大学的"话语研究中心"、同济大学的"国家对外话语体系研究中心"、杭州师范大学的"当代中国话语研究中心"、四川外国语大学的"当代国际话语体系研究"。甚至还成立了话语研究机构之间的学术合作组织如"中国话语研究机构联盟"。郑州大学的

"中国外交话语研究中心"因国事国运而获得了特别的关注,承担了国家社科基金重大课题"中国特色大国外交的话语构建、翻译和传播研究"。"浙江大学当代中国话语研究中心"成立于2007年,是我国较早的一个专门研究中心,在施旭教授、许钧教授的领导下,建立了话语研究语料库、话语研究网站,致力于"当代中国社会各方面的话语现象和话语问题"研究[①]。2019年该中心聘请了一位信息产业专家担任"中心名誉主任"。对这位名誉主任的介绍是这样的:"南京邮电大学信息产业发展战略研究院首席教授,法学博士、管理学博士、高级翻译,我国知名信息通信战略与法律专家,主要从事信息通信产业政策、商业模式与法律规制的交叉研究,研究领域涉及:网络空间安全、大数据、云计算、物联网、移动互联网平台经济、电子商务、数据资产、ICT标准必要专利等领域的战略与法律研究。作为《电信法》起草专家组成员、联合国国际电联(ITU)《国际电信规则》国内专家组成员,多次代表我国参加《国际电信规则》的审议工作,为中国参与国际规则制定的制度性话语权做出积极贡献。"以上信息给人的启示是,聘任之由是被聘者在国内外信息通信领域有着巨大话语权。

在当代中国,话语问题研究早已不只是纯学术问题了,更不是"话语"本体的形式研究了,而是与国家的发展、国家实力与地位的变化紧密联系在一起了。所以,它也早已不只是哲学社会科学理论界的问题了,即使是那些看上去很技术很自然界的领域,同样也存在着话语权几乎成为实力、地位、影响力的代名词现象。华为公司这几年作为一家民营科技企业,受到美国以国家之力的打压和封锁,就是因为美国看到了自己在网络与通信领域拥有的话语权正在遭到危险;华为公司屡经打压而不倒,也正是因为其拥有基于强大技术实力而获得的5G领域有力话语权。

通过上面的分析,可以发现当代中国学术界"话语"研究具有这样几个特点:(1)这个发源于语言学注重于语言运用学科的"话语"理论正在以迅猛速度进入人文学科的各个领域。(2)"话语"理论进入各个领域的动力是因为它与话语主人的实力、地位、权势、影响力发生了密切联系。(3)"话

---

① 《浙江大学当代话语中国话语研究中心成立》,浙江大学官网"求是新闻网",http://www.news.zju.edu.cn/2007/0419/c777a66581/pagem.htm,访问日期:2007年4月19日。

语"理论在众多人文学科中所表现出的极强扩张力,来源于它能够满足各学科内在发展的需求。(4)"话语"理论表现出灵活适应领域需求的强大生命力。(5)"话语"灵活多样,没有固定的主导支柱,只要能对"话语"的主题、话题、话轮、转向、影响力、引导力、吸引力、凝聚力产生影响的因素,都可成为"话语体系"研究的对象。(6)"话语"理论仍然也必然要依靠语言要素,但并未局限于某一固定的语言要素。

## 第二节 教材话语体系的建构

### 一、由话语体系到教材话语理论

在话语体系理论如此充满活力,在国家对教育赋予如此重大使命,在以教材改革为教育整体改革的中心与突破口的情况下,如何将话语理论运用于教材语言研究,如何充分反映教材话语的内容、成分、关系、特点、价值,也就成为首先必须加以解决的问题。

(一)话语理论研究的特点

话语理论本身就是在语言学之上发展起来的,用它来研究教材语言,自然是分内之事。话语理论有着那么强的生命力,有着那么广的应用领域,如何定位,就显得特别重要了。厦门大学语言学家杨信彰教授在《话语与语篇的研究:理论和方法》中对话语研究作了全局性的勾勒[1]。没有拘泥于话语理论研究的某一说某一派,而是从整体的宏观角度描绘了话语理论的立足点、研究手段、支撑理论、研究对象与应用领域。下面几段话显得特别准确与阔达:

"从话语分析和语篇分析的内容来看,我们不妨把'话语'看作一个宽泛的概念,涉及交际中符号使用的现象,而把'语篇'看作'话语'的实例,属于'话语'的具体体现形式。话语是人们在社会文化语境下的语言交际活动,属一种社会文化现象。因此,话语分析需要分析这种交际活动的细节,关注社会文化语境下话语的社会、政治和文化功能。语境、行为、身份、

---

[1] 杨信彰:《话语与语篇的研究:理论和方法》,《中国外语》2013年第4期。

权势和思想意识都是话语分析的对象和基本概念。"

"人们进行话语分析的目的有很多,因此采取不同的分析角度和理论。有的研究关注话语中的语言特征,有的关注话语中的内容和主题,也有的研究把语言描写和内容研究结合起来。在语言方面,话语可从词汇、句法、语义、文体、修辞等方面给予描写。在思想内容和主题方面,话语可以从历史、政治、文化、社会、心理等方面进行研究。这么看来,话语分析有偏重语言和内容的分析,也有语言与内容相结合的分析。但大部分的话语分析属于后者,如批评话语分析、学术话语分析和教育话语分析等。"

"在分析的内容方面,进行话语分析必然涉及具体的语篇,所以话语分析往往表现在对具体语篇或语篇类型的分析。语篇是个语义单位,具有概念意义、人际意义和语篇意义。语篇分析涉及意义的组织和产生。在语篇中,作者/说话人通过词汇语法编码意义,读者/受话人通过词汇语法解码意义。语篇中的这些词汇语法的选择和社会文化语境有着密切的联系。因此,语篇分析需要把语言和社会文化语境以及作者对于世界的知识结合起来。语篇分析的范围不仅包括单词、小句、句子和命题,还包括交际行为和语境。意义是多维的,这就要求语篇分析从多个角度来审视和研究语篇的方方面面,包括语篇结构、互文性、情态、视角、元话语、衔接、连贯、话题、修辞、语类、幽默、隐喻、身份、礼貌和话语标记语等问题。"

"在分析方法方面……以前的大部分研究靠的是直觉和反思,但是语料库的出现帮助我们很好地解决了这方面的问题,为语篇的量化分析提供了可能。"

杨先生的大作客观且宏观的论述,使我们看到了"话语"研究的多样性。既有研究理论的多样性,如"社会学理论""心理学理论""认知学理论";也有研究角度的多样性,如"话题""心理""社会""模态"等;还有研究对象的多样性,如"历史""政治""文化""社会"等;更有语言单位的多样性,如"词汇""语法""语义""文体"等。落实到语篇,语篇构成的多个要素"结构""情态""视角",都会成为分析的对象与角度。那么在话语理论有着如此丰富多样且众说纷纭的探索中,教材话语体系该如何建构,教材语言的话语体系该如何建构,就成为首要的理论思考与创建工作了。

(二)由话语体系到教材话语体系

教材在教育领域、教学领域、学习领域自然占据着极为重要的地位，"教材是教学之本"。教材也是教书育人之本，在思想道德立场情操培育中有重要作用，"教材是国家意识的体现"。这两句话，把教材的重要性都说透了，把教材的作用与功能，无论是从具体内容来说，还是从思想高度来说，这样的话都是毋庸置疑、无可挑剔的。实有实的好处，可虚的地方如何关注到，而不至偏废；高也有高的好处，可如何做到实虚兼有，高低兼顾。有知识的具体和实在，而不忘思想考虑之本；有思想的高度和根本，但不显游离，不属强加，而是源于本分，融于天然。将教材、课文所具有的知识性与思想性、工具性与人文性、教材形式与教材内容，一切皆从"语篇"角度视之，一切从话语形式、话语内容、话语情感、话语传递、话语效果而观之，所有内容都是熔万物于一炉，一切显得那么自然。这正是话语体系理论极富内涵的地方。

教材虽小，但从教材的设计到课本编纂的完成，从内容的编排到版面设计装潢加工，从教材的定型到相关教学参考材料，再到教学过程的动态使用与发挥，这是一个很长的"生产链"。在传统的教材成品过程中，分别处在大纲规划、作者编写、编辑加工、版面编排、美工设计、出版发行等一个上下游拉得很长的过程，相互之间可能有或强或弱的联系，也可能是互不关照、自行其是的阶段。而从教材话语体系来看，凡是通过教材形式来承载，传递了需要表达的信息，都属于教材的话语内容；凡是传递了话语内容的形式，如文字、词语、句子、标题、标点符号、插图、颜色，都属于教材的话语形式。故在教材的话语体系研究中，它关注的就不仅仅是课文了，也不仅仅是课文的内容，课文的语言表达，包括平时编辑(准确地说是文字编辑)不太关心的插图，以及图形图案的数量、位置，包括颜色，也都成为表达教材话语的话语形式，成为紧密的话语中的一个有机成分，而不能不成为教材话语体系必须要加以研究的内容了。比如，小学一年级第1课《我是中国人》，除了课文题目与字、词、句外，还有由56位身着各个民族服装的小朋友的插图，背景是天安门，天安门城墙上有国徽，旁边有国旗，天安门、国徽、国旗都是鲜艳的红色。在传统的教材研究、教材语言研究、教材思想内容研究上，它们关心的就是"我是中国人"这句话。但只关注到这些是远远不够的。如那群小朋友,我们不用数也应该知道那一定是56位,多一位少一位都是不允许的,都可能酿成重大的政治事件;又如小朋友的衣着,必须跟民族特色服饰紧密结合起来,包括不同民族的小朋友的站位;再如天安门代表首都,国徽和国旗代表国家和政权,颜色必须是红色;等等。这些都是教材的话语要素,都传递了准确而鲜明的话语内容和信息。谁又能够说这些图形与颜色、人物与人数,不是教材的话语要素呢?

以上两方面,前者从教材知识内容到思想内容,后者从课文到题目,从文字语言到图形甚至颜色,都在教材话语体系的理论框架下统一起来了。

## 二、教材话语体系的建构

那么教材的话语体系应是怎样的一个结构?应包括哪些内容?主要内容有哪些?关键问题是什么?这就是教材话语研究必然要先行解决的问题,而更要首先解决的是下面的问题。

### (一)教材本质上是一种有独到功能的话语体系

在话语理论看来,教材本质上就是一种在形式、内容、功能上都有独到之处的话语体系。它代表的是国家、统治阶层、主流社会在行使着的话语体系。它的话语对象是受教育者,传授的内容是经过精心设计安排、严格审查通过的教学内容,并对教学环境、教学条件提出了明确要求,在教学效果与教学目标上有严格的考核要求。

教材话语体系是单向的,是传授者与被传授者、教育者与被教育者、施教者与受教者。从这个角度看,它们不是并列平等的,不是讨论、商榷、可选的。因此,在这个话语体系中,话语方总是掌握着至高无上的权利。在教材话语体系中,话语主导者决定着四个最重要的东西:"主题""题材""态度""结论"。主题的有无定夺与发展走向,题材的取舍详细与物化细化,态度的褒贬亲疏臧否,结论的收取弃扬然否赞弹,这四者,决定着教材话语体系的内容与形式、结构与体系。

在这里有必要对"话语问题""话语理论""话语体系""话语权"四个术语作出定义。

"话语问题"内容最宽,凡是与话语有关的一切问题,无论是形式与内容,无论是功能与目的,无论是行动方还是行动本身,都属于"话语"问题,可以"话语问题"概之。

"话语理论"是对"话语问题"的单位、组织、结构、规律、特点的深入、系统的概括与总结。

"话语体系"则是对所有话语问题,所有的理论与实践、局部与整体、结构与关系、单位与功能、静态存在与动态使用、单向话语交际与复式话语轮回的问题,都属于话语体系的范围与内容,并特别看重其整体联系与相互影响与制约。

"话语权"则是在所有的话语问题、话语体系中起决定作用的因素,这种影响主题、题材、态度、结论的话语力量与话语个人,就是话语权的体现。

在以话语为对象的范围,"话语问题"的说法最为自在与灵活,"话语权"的说法最为强势与极致,而"话语体系"在包容性、理论性、整体性上表现出了突出的优势。

(二)教材话语体系的话语单位

教材话语体系之所以能成体系地存在,首先就是它有着明晰的"话语单位"。教材语言的单位,最小可以从字、词、义算起来,而如果计算教材的单位,则应更看重它的语意性与表意的容量。因此,有着独立、完整、丰富的语篇应该是教材话语体系更为重视的话语单位。一篇课文是一个语篇单位,一册也是一个语篇单位,每一套教材也是一个语篇单位。再扩展开来,一个学科的教材如"语文""数学""历史"也是一个语篇单位,只是这时在话语的知识内容及表达方式上,都带有明显的学科特点与差异。

在课文层级,一篇篇课文就是一个个独立的语篇,在语篇内容上,有独立的话题、主题、题材;在语篇形式上,有独立的体裁、结构、语言;在语篇意义上,有独立的表意传情与思考练习。

在册的层级,共同的一组组课文构成了一群群在知识学习、认识对象、情感培养方面学习的难度和深度相同、相似或相关的同类语篇。在内部,形成了学期之中的共性;在外部,形成了此学期与彼学期之间的差异。

在套的层级,形成了教材编纂在指导思想、理念、策略、方法,及教材时代、使用对象、实现功能的共性。教材"套"内的共性及与其他"套"教材之间的差异,使得"套"成为研究不同教材之间的共性与特点、优点与不足最为关注的单位。

在学科层级,形成了不同学科之间在知识类型与数量、培养目的与对象、人才类型与规格上的共性与差异性。

如《新课标语文教材字词使用状况调查》[①]主要是建立在"套"的单位之内,分析了四套中小学教材。《历史地理教材用字用词调查》[②]《数理化新课标教材用字用词调查》[③]则是着眼于"学科"的单位。而在各级的话语单位中,最值得关注的是"课文"这个语篇单位。因为话语研究、话语体系的研究,最值得关注,也最有价值的自然是话语内容、话语价值、话语导向,而集中体现物就是"话语权"。这只有在"课文"语篇中才会得到充分、完整、准确的体现。材料与观点、论据与论证、论证与论点、理性判断与情感影响,也都是在"课文"语篇中才得到完整、完美结合的。这也就是为什么在语料的"分布"统计中,在文摘的提取、主题的分布、题材的分布上,都是以"课文"来作为计算单位的。

而在教材"套"的研究中,观察与比较的颗粒度太大太粗,所得到的结果必然过于类化。在对更小的话语单位,如"字""词""句"上,表意单位偏小偏短,表意容量独立性、丰富性都有限,在话语目的、话语主题、话语权的体现上都相当有限。只有把这些问题都放在更大的课文语篇中,它们才会起到"画龙点睛""滴水映阳光""一字定乾坤"的作用。因此,在教材语言的研究中,在习惯了建立汉字库、词语库、义项库、练习库之后,在话语体系的研究中,要大大加强以"课文"为基本语篇单位的研究,要对语篇进行文体、来源、主题、题材,在题材内又有事件、人物、时间、空间等的专项研究。

(三)教材话语体系中的话语结构

建构起的教材话语体系的话语材料、话语内容、话语语言的三分结构:

话语材料,以"大纲""教材""课文"为主要研究材料。"课文"为语篇研究单位,细分则有课文的题目、正文、注释、练习等各个部件,还有从语篇角度观察"课文"所得到的语篇形式,如体裁、结构、风格等。

话语内容,则是对话语材料进行研究的内容。"大纲"有如"课程"的

---

① 苏新春:《新课标语文教材字词使用状况调查》,载国家语言资源监测与研究中心编《中国语言生活状况报告(2007)》(下编),商务印书馆,2008。

② 苏新春:《历史地理教材用字用词调查》,载国家语言资源监测与研究中心编《中国语言生活状况报告(2008)》(下编),商务印书馆,2009。

③ 苏新春、郑泽芝:《数理化新课标教材用字用词调查》,载国家语言资源监测与研究中心编《中国语言生活状况报告(2012)》,商务印书馆,2012。

定位与培养目标,"教材"有如编选原则、要求与体例,"课文"有如主题,题材的人、物、事、理、时间、空间等,及语篇的表意传情等。

话语语言,从语言单位与语言应用层面入手,如汉字使用与汉字分布、词语使用与词种分布、句子使用与类型、语言使用与风格、语篇结构与语篇类型等。

"话语材料""话语内容""话语语言"三者,构成了教材话语体系研究的三个层级。"话语材料"是供研究用的基础材料、原始材料,没有它,话语研究就成了无源之水、无本之木、空中楼阁;"话语内容"是话语研究最主要的工作,是体现话语研究内涵、观点、结论之所在,是体现话语研究价值与目的的具象;"话语语言"是话语内容的语言载体,对话语内容来说,它是载体,是形式,但它本身又是话语内容的一部分,这是话语语言独特的一个多面属性。

在话语材料、话语内容、话语语言三个层级中,最重要的自然是话语内容。"话语内容"包括"主题""题材""人物""情感"等。"话语内容"总是会以一定的结构方式存在,"话语结构"包括"话语时间结构""话语空间结构""话语逻辑结构"。"话语内容"的整体或任何局部的成分,都会表现出话语的功能,本研究中将"话语功能"分为"话语引导力""话语认知力""话语生命力""话语感染力"。

### 第三节
### 教材话语体系研究的价值

话语与话语权的问题,在教育界特别是在基础教育语文课程中占有突出位置。

**一、教材话语问题的现实意义**

2017年,教育界发生了三件有关教材话语权的大事,为教材语言研究引进"话语理论"提供了历史契机,也是有着标志性意义的重大历史事件。

(一)三件标志性事件

第一件事是教育部成立了"教材局"。2017年3月30日,教育部发布了《教育部办公厅关于成立教材局、基础教育司等机构及相关职责调整的通知》（教人厅〔2017〕2号），成立教育部教材局，内设课程教材规划处、中小学教材编写处、马工程教材编写处、教材审查管理处、综合协调处。它的任务是承担国家教材委员会办公室工作，拟订全国教材建设规划和年度工作计划，负责组织专家研制课程设置方案和课程标准，制定完善教材建设基本制度规范，指导管理教材建设，加强教材管理信息化建设。之前的管理教材职能分散在多个部门，其中的主体部门是基础教育一司与二司的下属处室，现大步升格，体现出国家对教材建设的重视。教材局还有一个功能，就是作为"国家教材委员会"的办公机构，落实贯彻国家教材委员会的决策。

第二件事是国家成立了"国家教材委员会"。2017年7月6日，国务院办公厅发布《国务院办公厅关于成立国家教材委员会的通知》（国办发〔2017〕61号），决定成立国家教材委员会。国家教材委员会是新中国建立以来首次成立，主要职责为指导和统筹全国教材工作，贯彻党和国家关于教材工作的重大方针政策，研究审议教材建设规划和年度工作计划，研究解决教材建设中的重大问题，指导、组织、协调各地区各部门有关教材工作，审查国家课程设置和课程标准制定，审查意识形态属性较强的国家规划教材。以上所有动作类词语如"指导""统筹""审议""研究""组织""协调""审查"等，动作的对象都是教材，是涉及教材的"建设""规划""设置""标准""规划"等。给教材内容定位就是为了"坚持社会主义办学方向""为培养中国特色社会主义事业合格建设者和可靠接班人提供有力保障"。要保证办学方向，当然首先是教材的性质、价值观、主导思想、政治定位，而正确的思想性与政治性无疑排在首位。

第三件事是从2017年秋季开始，全国中小学校的道德与法治、语文、历史三门课使用统编教材，重回"一纲一本"的历史轨道。2017年6月26日，教育部发布了《教育部办公厅关于2017年义务教育道德与法治、语文、历史和小学科学教学用书有关事项的通知》（教材厅函〔2017〕6号），"根据中央要求，教育部组织编写了义务教育道德与法治、语文和历史教材（以下简称统编教材）"，并于2017年秋季全国开始统一使用。统编与统一使用其目的就是在于更好地坚持新教材的政治方向和价值导向，促进全面落实立德树人根本任务、培育和践行社会主义核心价值观。这是保证教材将为党和国家培养人的要求能落到实处的关键,用后来一句广为流传的话来概括,就是"教材代表国家的意志"。这句话最鲜明地表达了教材是国家话语体系最重要载体的特点。据统编本中小学《语文》教材主编温儒敏教授的介绍,统编本的《语文》教材具有以下四个鲜明特色:(1)体现核心价值观,做到"整体规划,有机渗透"。(2)总结得失,承优革弊,对教学弊病进行纠偏。(3)加强教材编写的科学性。(4)贴近当代学生生活,体现时代性[1]。

(二)话语问题日益尖锐

2017年的三件标志性事件,这是事情的"果",已到了正式面向社会、推行落实的时候,事情的发起与经过肯定要早于这个时期。顾之川先生将这一时期的起点定在2011年,称之为"复兴期"。"党的十八大以来,以习近平同志为核心的党中央高度重视教育,把教育作为实现中华民族伟大复兴的奠基工程,摆在优先发展战略地位,推进教育现代化,建设教育强国,办好人民满意的教育,培养德智体美劳全面发展的社会主义建设者和接班人。"[2]国家对中小学语文教育作出了一系列的重大决策,如考试招生制度改革、新课程大纲颁布、调整管理机构,而最重要的是教材改革。在教材内容、教材使用、教材编纂、教材管理、教材发行等方面进行了一系列的改革,使教材牢牢掌握在国家手中,确保主导思想的贯彻实施。

国家对教材如此重视,既有理论建设上高屋建瓴的统筹考虑,也有对这些年教材领域、教育领域、政治思想领域、国家安全领域的重大问题的应对需求。如施行"一纲多本"以来,思想政治方面的问题层出不穷,教材政治质量不断滑坡,使得历史观、是非观、道德观、正统观出现了极大的偏离。如:在香港,直至2020年5月,中学历史课程的试卷中还出现了"汉奸"式的试题,即5月14日,香港中学文凭考试历史科考卷中公然询问考生是否同意"'1900—1945年,日本为中国带来的利多于弊'的说法",立场扭曲、极具倾向性的试题引起轩然大波。

"只要掌控了课纲,也就掌控了教科书。掌控了教科书,就掌控了下一

---

[1] 苏新春、赵树元:《中小学"部编本"教材发行》,载国家语言资源监测与研究中心编《中国语言生活状况报告(2018)》,商务印书馆,2018。

[2] 顾之川:《新中国语文教育七十年》,《语言战略研究》2019年第4期。

代的思想与意识形态"①,实属至理名言。在这样的情况下,国家重新高度重视教材建设,连续推出重大举措,国家如此重视教材建设,就是因为教材事关国家与民族的未来。教材不仅仅是传播知识,更是涉及对中小学生的世界观、价值观、人生观的教育,关系到成人成才的基础与方向。而最有凝聚力、最为概括精练的话语,就是"教材是国家意识的体现"这句话的提出。

话语体系理论引进了教材语言研究后,最大的好处是强化了教材语言研究的整体性。将教材内容与教材语言原来关联松散的各方面要素与构件,甚至分散以不同学科面貌出现的块条知识,以话语传递、话语交际的方式纳入统一的话语体系来进行观察。话语体系理论既是对教材客观内容的概括、总结、提升,也是指导评价教材的理论依据,是评价、衡量教材内容与结构、目的与功能的原则与标准。在拥有了教材的话语分析体系后,可以对任何一套教材进行从容不迫、条分缕析、客观公正的分析和评价。

二、教材话语体系对"文""道"问题的整合功能

中国现代教育以来,语文课程中表现出的人文性与工具性纠缠难辨有着深刻原因,语文课从来没有单纯到只是"工具之用"的程度。只有在"形音义""字词句"的"小学"范围,它才可能单纯、安静过。而一进入"语篇"范围,就脱不了"文以载道"的"文"与"道"之间的矛盾。"文以载道"在中国有悠久的历史与肥沃的土壤。"工具论"与"人文性"只是古已有之的"文以载道"论的现代翻版。在如此密不可分的语境中,如果总是试图将二者分离,实属自寻为难。而在话语体系研究中,"二元"式的"工具性"与"人文性"都将在"话语"分析中融入话语体系,成为其中的有机成分。话语体系研究最主要的价值是了解教材话语的内容、价值与影响力,而不是话语的纯形式研究。话语研究兴起于当代,但并不意味着话语体系所关注的价值、政治、立场、思想的问题是当代才有的,其集中体现为人文性研究。语文教学中人文性研究的对立面是语文的工具性。人文性主要指的是语文课中有关政治思想、道德品德、人文素质的培养熏陶功能,工具性主要指的是语文课中有关语言文字和语言文学的知识学习与交际使用的功能,二

---

① "'课纲'掩护'台独'进校园　台当局修正引波澜",人民日报海外版,http://www.chinanews.com/tw/2015/07‒10/7396040.shtml,访问日期:2016年6月10日。

者之间的有与无、主与次、显与隐之争,一直贯穿于始终。

### 三、教材话语体系对知识、技能、素质的整合功能

在语文课程"人文性"对立面"工具性"中,还有着语文知识、语文技能、语文素质的关系。它们之间都存在着边界与转化的问题,即如何实现知识与技能向能力转化,如何向素养转化。这些要素进入语文课程的话语体系后,也就成为话语体系的要求。这时的存在与转化,如语文知识与话语内容、话语形式、话语单位的关系,语文技能与话语表达、话语能力的关系,语文素养与话语策略、话语选择、话语风格、话语效果的关系,都可以形成水乳相融的一体化关系。

### 四、教材话语体系对不同教学模式的整合功能

历来对语文教学有着经纬度不一、互不关联的研究模式,如语文式的研究、写作式的研究、政治式的研究、思想道德式的研究、文史知识式的研究等。"教无定法",不同的课程模式全在于轻重偏正的把握。而从话语体系看来,每次的教学都是以语篇为主要对象单位的。话语本身就是内容与形式紧密结合的实体,是在最小话语要素基础上建立起来的,但只有到了语篇这一级单位,才算是完成了有效话语传递的话语交际系统。话语有大小单位不同层级之别;话语有话语材料与意义之别;话语有话语之意,亦有话语之形;话语之意为其意,话语之形亦有其意。但"语篇"是整个话语交际中最主要也是最重要的一环。将以上的不同教学模式统一到话语体系中来,是完全有可能的。

### 五、教材话语体系的核心是话语权

上面将话语体系理论引入教材分析、教材语言分析后,形成了教材话语体系理论。它的最大作用就是起到了整体作用,将原来分散成各个方面、各个条块的知识与零件,整合到了"教材是一种特殊的话语体系"的认识上。但相较于知识学习与人文教育的关系,部件与要素的成分关系,不同教学模式的差异,教材话语体系的核心问题仍是话语权,即传递了怎样的话语观点,有哪些话语内容。

"教材是国家意志的体现",那么"国家意志"包括哪些内容,需要建立起对国家、政党、人民、社会、民族、历史怎样的正确认识,需要培养哪些正确的道德情操与素质情怀,这才是"教材是国家意志的体现"首先要予以解

决的。教材话语体系的研究，必然要在根本上对教材话语体系的"政治内容"做出清晰、准确、全面的描述。然后，就是把"教材是国家意志的体现"中的"体现"二字的文章做好做足。采用什么形式，借助什么方式，通过什么渠道，如何处理与其他知识、素质的关系，应该达到怎样的效果，这都是对"体现"的研究必须要解决的问题。这正是包含有话语方式、话语工具、话语传播等内容在内的话语体系所最擅长的。只有牢牢把握住了"话语权"这个最核心之点，教材话语体系的建立才是获得了最有生命力的东西，才能将含有极其丰富内容的教材在受到各种因素、各种势力、各种论调搞乱了的时候，为正确的教材建设引领一条理论清晰、措施有力、目标明确的正确道路。

# 第十九章
# 新中国首套中小学语文教材的话语内容研究

本章以新中国首套中小学语文教材为分析对象,以教材中最重要的语篇——"课文"为对象,来分析教材的话语体系构成与特色。

新中国首套中小学语文教材指的是刘松涛、惪頮、黄雁星、项若愚等人编著的小学教材《国语课本》,分"初级小学"8册、"高级小学"4册,及宋云彬、朱文叔、蒋仲仁、杜子劲、马祖武等人编著的初级中学教材《语文课本》6册。"限于当时条件,只能采取选用、改编老解放区教材、苏联教材编译本和商务印书馆、开明书店、中华书局等出版的比较流行的教材的方式,编写出版了全国通用的第一套教材。"[①](吴履平,2010)这套教材的前身是来自华北解放区的教材。"1949年5月,华北人民政府在北平召开小学教育会议。会议规定小学教科书由华北教育部集中编审,各地分散印行。国语须用政府审定或指定的课本。当时,'华北的教科书编审委员会是作为中央政府的教科书编审机构的基础而成立的'。"[②]那么这套中小学教材有着怎样的话语体系?包括哪些话语内容?有着怎样的时代话语特色?发挥了怎样的教书育人话语功能?本章对这些问题试着探讨,以作为教材话语分析的一个解剖样例。

---

① 课程教材研究所编著《新中国中小学教材建设史1949—2000研究丛书》,人民教育出版社,2010,第3页。
② 石鸥主编《新中国中小学教科书图文史(语文)》,广东教育出版社,2015,第17页。

## 第一节

# 新中国首套语文教材的话语内容

前文提到,建构教材话语的三个层级为话语材料、话语内容及话语语言。在这三个层级中,最重要的是话语内容。接下来我们将从主题、题材、人物、情感等核心话语内容对新中国首套中小学语文教材话语体系进行详细解构。

### 一、主题——教材的引导力

主题决定着教材内容与教材价值,是体现课程的培养目标与思想内容最重要的因素。主题通常会以非常清晰而醒目的方式存在着。如1950年《小学语文课程暂行标准》在"教材大纲"中对编入课本的内容明确提出以下要求:"1. 祖国的标帜和纪念节日。2. 我国伟大人民领袖的童年故事。3. 爱祖国和爱劳动……"这里提出的主题要求直接而明晰。受大纲确定的原则、目标的指导,课文就成为展示主题的直接、直观、具体的语篇材料了。为了强化凸显课文的主题,通常会在课文后设计的"思考讨论练习"中加以钩沉与提炼。主题代表着社会主流阶级对儿童进行教育、灌输的话语体系的价值观。教材话语的主题价值就是这样由"原则""目标"到"课文"再到"练习"一步一步细化的。但主题的呈现,主题的这种表现力、影响力、渗透力,远不止这些,有时会以隐晦、曲折得多的方式表现出来。下面通过一则关于课文来源的时代材料来试作说明。

我们通过对题材来源时代分布的分析发现,有明确"年份"信息的有207条,出现于106篇课文,且年份记录高度集中于20世纪40年代,这十年间的记录达到95条,占总数的45.9%。20世纪50年代只有三年的时间属于这一时期的"年份",记录却达到30条,占比达到14.49%。由此可见,这也是属于课文出现高频的年代。后面的这30条记录出现在哪些课文,很值得考察。本来基础教育语文教材所用课文一般都比较稳定,是经过历史沉淀下来的优秀经典,那这么多的"时文"编入了教材,它们是些什么样的课文呢? 这30条记录分布于25篇课文。其中有关苏联的5篇,美国的1篇,匈牙利的1篇,朝鲜的1篇,这显然跟国际时事政治有关。例如朝鲜的那篇是《注文津的海战》,就是刚刚发生的朝鲜反击美国军舰入侵的战事。课文第一句话就准确写出了这件事发生的时间:"七月四日夜晚,东海岸的一个基地得到美国巡洋舰出现的情报。"该课文"选自一九五〇年七月二十五日《人民日报》"。从战事发生到新闻报道仅隔了 21 天。而教材的出版情况是"1950 年 6 月新华书店原版,1952 年 1 月第三次修订原版,1952 年 6 月北京原版"。这篇课文是哪一版编入教材的现无考,但就算是最后一版 1952 年 6 月编入,说明文章写成也只有一年半的时间,可谓是紧跟时事。其余 17 篇是有关国内事务的,大都集中在"军事活动"与"经济活动"上。"军事活动"有 4 篇,前两篇反映的是刚刚发生的抗美援朝,后两篇是结束不久的解放战争的事情。而经济活动的则都跟当时的经济建设、经济生产有密切关系。与农业生产有关的是提倡大规模农业生产的新型农场(3 篇)、农业生产的增长增收(3 篇),与工业生产有关的那篇主题是"为抗美援朝,加紧生产,壮大保卫国家保卫家乡的力量"。可见当时的教材编纂中,主题直接主宰了题材选择,题材在教材中的进出取舍直接服务于教材主题的实现。

"主题"是话语体系中最重要的要素,是教材话语权、教材导引力的最直接体现。对大的话语单位(教材)来说,是整个教材的指导思想;对小的语言单位(课文)来说,是每篇课文的话题与主旨;它远远不止于这些,还会左右着教材编纂中所有具体事务的定夺。

二、题材——话语的认知力

题材是话语体系中最基础、最实在的语言材料,它构成了整个教材话语体系的语言环境。好似一幕话剧,里面的人物、语言、故事、情节,甚至场景、道具、器物,就真实、充实地构拟出了故事的具体过程。观众与读者,最主要就是通过它们来接受主题感染的。我们将新中国首套中小学语文教材前面的"题材"分出了 10 类:"1 家庭生活""2 学习教育""3 社会活动""4 经济建设""5 军事活动""6 道德情操""7 政治主义""8 科学艺术""9 动物植物""10 自然物人工物"。其实对题材的认识远不止于这样"遥看瀑布""侧看庐山"的笼而统之的观看。细细观察,题材能提供的认知信息太多太多。观察得多细,能提供的信息就有多少,所能提供的认识力就有多少。教材其实就是一个知识的世界、一个现实的世界,所能给我们提供的认知能力不是取决于教材，而是取决于我们的考察能力及所愿意付出的考察时间。下面仅以"经济建设"中的"农业"与"工业"为例作取样分析。

（一）农村与农业的题材

"农村""农业"题材在内容上表现在三个深层问题上的聚集：农村人口社会关系的变化；农村财产关系的变化；农村生产组织形式的变化。

1. 农村人口社会关系的变化

农村人口社会关系的变化是当代农村变化中最重要的一点，农村中的主体——农民，原本生活在最底层，现发生了根本变化，"翻身做主人"，这一句话说了个彻底。原来的贫农，有的甚至是长工、佃农，现在翻身了。而站在农民对面，农村革命的对象，土地改革的最主要对象就是"地主"。含有"地主"之名的课文多达35篇，其中28篇是写国内的，7篇是写国外的。且课文中的"地主"形象集中呈现出来的特点为外形胖而肥、富足、食精穿裘，是土地拥有者、剥削者、压迫者，待人刻薄，靠收租放贷获利，在农村明显是居于上层社会的一个阶级。农民翻身做主人，显然，地主就翻身在下。

2. 农村财产关系的变化

农村财产关系的变化即财产的所有权发生了变化。农村财产最重要的就是土地、耕牛，还有农作物与房屋。财产所有权发生变化是基于上面所说的社会人口关系发生了变化。原来被地主占有，经土地改革，分田、分地、分房、分屋，这些财产回到了农民手中。《梨树回家》写的就是一个典型例子。爷爷的梨树园，辛勤种植了十年，因还高利贷而被地主掠夺了十五年。土改后才回到了爷爷的手中。所有农业革命最核心的就是"土改"，实现了耕者有其田、居者有其屋的目标，给农村带来了彻底的变化。

3. 农村生产组织形式的变化

在农民获得了土地后，在生产上实现了自给自足的状态。但因家庭、人口、劳力、土地等多种因素，带来了农村发展的不平衡。这应是新中国成立以来最迫切，也是政府最想解决的问题。从历史来看，这里有发展过快过急、超越了生产力发展的水平，但朝着"合作""大规模"方向发展的趋势却是特别明显的。从"合作社""人民公社"，到改革开放后的"专业户"，再到近些年的"所有权""承包权""经营权"，都是农村生产组织形式的变化。教材的农村题材也很好地体现了农村生产组织形式发生变化中的一段历史,就是还没有进入或正要开始进入"合作化"阶段之前的那段历史。在农村合作社出现以后,有的地方还进入了实际的生产领域,但"合作"的层次还比较低,主要体现在"商业""买卖""购物"领域。不少地区的生产领域执行的还是民间互助,还是"以工易工"的"换工""变工"程度,这时还出现了"国营农场"等大规模农业组织,故教材中与"农场"有关的课文多达23篇,其中12篇是写苏联的,1篇写蒙古的,10篇反映发生在中国的事。

教材中大量反映了农村生产形式在新中国初发生的"换工""互助组""合作社"的社会现实,反映了中国农业规模化、现代化刚刚兴起的那段现实,充满了社会真实性。教材题材对这一初始阶段作了真切、准确、具体、形象的反映。这就是教材的历史价值,是教材话语认知力的体现。

(二)城市与工业题材

现在距离新中国成立只有七十多年,中国发生了翻天覆地的变化。变化最突出的标志就是工业化的实现。可我们何曾想过,新中国成立之初我国的城市与工业状况如何?工业生产的起点如何?工厂生产的产品是什么?这一切疑问,教材提供了最真实、最有力的解答材料。下面从两个方面略作分析。

1. 工厂生产状况

多篇课文的话语情况反映出新中国成立初期我国的工业生产状况是相当差的,在本来生产水平就不高的情况下,还经过长期战争的破坏、消耗,正处于战后的修复、恢复时期。不要说跟后来苏联援建156项工程时期相比,更不要说跟后来逐步工业化、改革开放后的四个现代化相比,那时的工业状况只能说是在原本水平就不高的工业废墟上的重建。这种状况在有的课文中是以直接的话语来体现的,有的是在记人叙事中的话语背景中隐隐透露出来的。

最直接的话语体现应当是从几篇给领袖的汇报信件中体现出来的。如《两封报告生产情况的信》(七下第7课),一封是石家庄铁路工厂全体职工1950年4月12日写给毛主席的。之所以要写信,是因为取得了成绩:"因为大伙儿卖了力气,超额完成了铁道部给我们的第一季生产任务。……这一季就修好了二十八台机车,比铁道部给我们的任务多了四台;修好了二十八辆客车,比部里规定的多了六辆;修好了一百一十辆货车,也比部里规定的多了二十三辆;其他的生产全都超过了部里规定的数字。"另一封信是长辛店铁路工厂全体职工写给毛主席、朱总司令的信,也是为汇报成绩:"今天在你们英明的领导之下,革命成功了,我们做了主人,更应当努力建设,搞好自己的工厂。……四月份我们克服了种种困难,修好机车十八台,客车十五辆,货车八十六辆,折合大修计算,都超过铁道部给的任务。"这是作为工业战绩最突出的成绩写给伟大领袖的。可见当时的工业领域最重要的工作就是提高效率,尽快修复破旧、残缺、废弃的机器。这也是当时的普遍情况。勤俭节约,提高修复率,加快生产进程,这在多篇课文中都给予了反映。

2. 工业产品

课文中有关工业的有20—30篇,但从课文内容所涉事情或人物,从事情发生经过或故事背景来看,涉及的行业产业不多,主要有煤矿挖掘、炼铁厂、铁路修建、自来水厂、拖拉机制造厂。而在工业产业中最受欢迎,也代表了当时先进生产水准的产品是拖拉机,竟在多达21篇课文中出现,称得上是这一时期的"明星产品""标志性产品"。21篇课文中有10篇是写苏联的,11篇是写中国的。后者对拖拉机作了立体的反映,从"人们心目中的拖拉机""新知识世界中的拖拉机""投入农业使用的拖拉机""拖拉机的驾驶员"等多个不同侧面介绍了拖拉机,将这个在当时工业生产中最新颖、最实用的产品,高亮度地呈现在人们的眼前,充分显示了拖拉机在农业生产中大大超越传统生产工具、生产方式的优越性,成为全体农民最向往的理想生活的代表,拖拉机手也就成为农村青年男女最羡慕的职业。

### 三、人物——话语的生命力

话语人物的分析可以是多方面的,可以是静态的,如话语人物的身份、职业、地位、年龄、性别等;也可以是动态的,如话语过程、话语方式、话语情态等;还可以是动态过程中涉及的话语内容,如话语对象、话语语境、话语情感、话语效果等。从话语人物切入话语研究,整个教材就活起来了,被赋予了鲜活的生命力,可以将传统分析中零散、孤立、分割的各个部分串并起来,也把传统二元对立的语文工具性、语文人文性糅合到一起,话语体系理论是传统语文工具性、语文人文性的一个融合体、一个解释结论。

下面就试分析教材中"农民"的话语方式与话语内容,从中可以清晰看到新中国成立之初中国农民的生活状况、生产形式、幸福追求、情感状况。

勤俭刻苦:"老同说:'发财致富,得靠劳动。只指望分土地,分浮财,发不了家。'"(《发财致富靠劳动》二下第 40 课)

痛恨受压迫、受剥削的生活:"肥酒大肉你哪里来?三堂两屋你哪里来?只因你有些恶势力,讹诈了多少昧心财!"(《翻身说理》三上第 26 课)

土改闹革命:"前年工作组到俺村组织农会,进行反匪反霸。我就早早地参加了农会,我先诉诉苦,又动员大家诉苦。"(《一个佃户的自述》八上第 15 课)

成为土地主人的喜悦:"前年,土地改革的时候,王家地主被清算。村里的人都说:'梨树该回老家啦!'不久,梨树园子真的分给我们家。祖父高兴极了,一连几夜睡不着觉。"(《梨树回家》四上第 21 课)

积极投入大生产:"我问爸爸。他告诉我:土地本来荒着是没有价值的,加上人工才能够生产。荒地加上人工垦成生荒,生荒再变成熟荒,才可以栽种庄稼,土地就有了价值。"(《开荒日记》五下第 22 课)

从事采花等副业生产:"现在槐树上槐花很多,半开不开,颜色正浓,采下来能染布,希望大家赶快去采。……采下了槐花,把它晒干,别弄上土。一斤槐花换一斤小米。采多少,合作社收多少。"(《采槐花》二上第 31 课)

感谢共产党、毛主席:"'老来红'的屋子里,收拾得很干净。迎门挂着毛主席的像。他常指着像片对人家说:'要不是他老人家,我得当一辈子穷光棍儿了。'"(《老来红》二上第 37 课)

拥护解放军、热爱子弟兵:"一个老大娘手里端着一大碗豆芽,推开人,一直送到病房里。她对护士说:'同志!这是俺儿媳妇怕俺嚼不动别的菜,给俺发的豆芽。……'"(《一碗豆芽》四上第 14 课)

对新生活的向往:"他高兴得连话都说不出来,一边吸烟,一边想:'我老汉也坐上火车啦!这真是从前做梦也想不到的事啊。要是迟解放几年,不被地主折磨死,也该老死了,哪里还能坐火车啊!'"(《"我老汉也坐上火车啦!"》四上第 5 课)

向往农业机械化:"劳动模范李顺达也盘算着说:'我们村里能买这一套新农具就好了。一家买不起,互助组合伙来买。'"(《农民代表参观华北农业机械总厂》三下第 21 课)

新中国首套中小学语文教材以"农民"为主角的课文相当多,从不同角度揭示了这个时期农民的命运与真实状态,从旧社会的当牛做马,受压迫、受剥削,到翻身解放做主人,生活大改善,重新做回了土地的主人。他们努力生产,投入新的生活,对未来生活充满信心。在这样的话语中,我们能真切认识到整个社会与农村生活的剧变,能感受到农民的痛苦与幸福、满足与追求,感受到农民语言的真诚、朴实、通俗、实在。通过农民真实质朴的话语,让我们真切地感受到了整个社会与这个阶层剧变的每一波脉动,触摸到了他们所生存的社会环境及通过话语展现出来的每一种自然物与文化物。

话语是由人来发出的,因此对话语人物的研究有着极为丰富的内容。话语人物的各种身份信息,话语行为的各种方式,话语语境的各种要素,话语结果的各种效果,都可以成为话语语言体系切入的角度,都可以探索到其中的文化信息。而话语体系本身,就是由语言要素、语言能力、人文因素最终整合、化合为语文素养。

### 四、情感——话语的感染力

话语是用来达意传情的。达意是第一步,是基础,是话语最主要的内容;传情是第二步,是进阶,是对达意的深度发展。情感可以独立传递,也可以依附、隐含于记人述事之中。教材话语体系的情感传递有独特的方式,这是由教材的使用对象、功能所决定的。教材话语的情感传递在内容选择、存在方式、表达方式上,都会呈现很不一样的特点。

(一)情感内容的选择

教材不是社会个别成员如作者个人的作品,而是代表主流社会,代表国家意志,代表掌握了全社会管理治理之责、全社会有效秩序的管理者、保障者的意志与愿望,反映的是全社会、全民族大多数人的共同利益与要求。正因为这一点,教材与一般的作品有了本质的不同。另外,教材是供该社会与时代所有儿童学习使用的读物,因此,教材的要求与标准也是针对所有少年儿童提出的,而不是把每个个体儿童的差异、特征、需要、习惯放在首位。

而体现教材要求与标准的引领者则是教学大纲,只有教学大纲才有资格对全体少年儿童提出总体、总括的要求。这种要求其实就是国家、民族、社会、统治者的要求。不同时代的语文大纲,要传授的知识、要达到的目标、要培养的素质、要熏陶的感情,都是全民的、共性的,差异只是体现在什么样的知识、什么样的目标、什么样的素质、什么样的感情上,尽管差异有时会相当明显而巨大。

因此,教材话语的情感选择就一定会具有"大爱"而非"小爱"的特点。所谓"大爱",就是有关"民族""国家""国民""公民"的爱。在《国庆纪念大会》(四下第 21 课)里直接体现了国家的这一要求:"接着是老师们讲话。有的勉励我们要爱祖国,爱人民,爱劳动,爱科学,爱护公共财物。有的讲述抗日战争和解放战争里共产党员和解放军英勇战斗的故事。有的讲述中国人民志愿军在朝鲜作战,打败美帝国主义侵略军的故事。大家听了,都非常感动。"课文中提到了五爱,提到了抗日战争、解放战争、抗美援朝中的英雄,这就是教材中的"大爱"。

下面再观察一个更有趣也更具说服力的例子,就是"爱"字词群。共有 27 个,在课文中的详细分布情况见图 19-1。

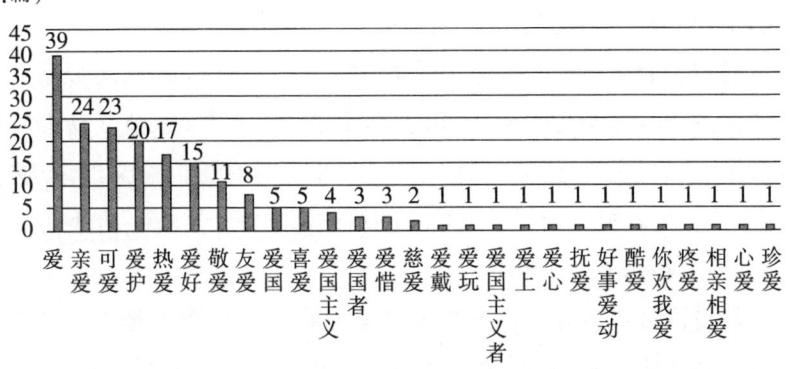

(单位:篇)

| 词 | 数量 |
|---|---|
| 爱 | 39 |
| 亲爱 | 24 |
| 可爱 | 23 |
| 爱护 | 20 |
| 热爱 | 17 |
| 爱好 | 15 |
| 敬爱 | 11 |
| 友爱 | 8 |
| 爱国 | 5 |
| 喜爱 | 5 |
| 爱国主义 | 4 |
| 爱国者 | 3 |
| 慈爱 | 3 |
| 爱戴 | 2 |
| 爱玩 | 1 |
| 爱国主义者 | 1 |
| 爱上 | 1 |
| 抚爱 | 1 |
| 好事 | 1 |
| 酷爱 | 1 |
| 你欢 | 1 |
| 疼我 | 1 |
| 相亲 | 1 |
| 心相爱 | 1 |
| 珍爱 | 1 |

**图 19-1 "爱"字词的使用及课文分布状况**

27 个词中有四个词跟爱国有关:"爱国""爱国者""爱国主义""爱国主义者"。只在一篇课文中出现的可称之为偶用词。"亲爱""敬爱"是用于称谓的。这样有较多词频的"爱"字词所表达的词义就很集中了:"可爱""友爱""慈爱""爱抚"指人,多修饰人;"爱护""爱惜"是动词,多指物;"爱好"可是动词也可是名词,指兴趣;"喜爱"是动词,可指人,也可指物。剩下的两个值得探讨的问题就集中在:一是高频且属动词的"爱"与"热爱""爱戴""喜爱",它们的动作对象是谁?二是有关"爱情"的"爱"为什么在这里没有出现？

"爱"出现在39篇课文中，主要有"热爱""喜好""喜欢""关爱""看重""疼爱""爱情及情爱"7个义项。

"喜好"是使用频率最多的词义，表示"喜好""习惯于"义，起副词作用，起情态作用，跟话语的对象没有太直接的关系。其他6个词义则跟"爱"的对象有关，"热爱"的对象抽象些，后面几个义项指的多是具体的人。值得注意的是，表示"爱情""情爱"义的只有一例。由于教材中没有"爱情"这个词，可以说"爱情"这个语义场在课文中基本上是缺漏的，只有"爱"字表示的一例。如词素也算，那么"你欢我爱"可以算上。"爱情"义的表示在教材中所占分量这么轻微，这应看作是教材特别看重"祖国"之爱、"政治"之爱、"革命"之爱的一个必然结果。"热爱"在17篇课文中出现。它的指向是明确的，或是宾语，或是主语，或有明确的语境。词义指向集中于"祖国""劳动""科学""学习""领袖""和平之花""土地""人民""生产"。"爱戴"出现1例，对象是"鲁迅"。"喜爱"出现5例，对象分别是"劳动""军队""小说""书""老师"。

通过上面对"爱""热爱""爱戴""喜爱"等词的分析，可以看到教材的话语情感指向是非常明确的，除了具体事、物、人外，感情活动都集中在有关国家、民族、主义、信仰、领袖、祖国等非常具有正面意义的事、物、人、观念上。可见，教材宣扬、传导、培养的情感都集中于"大爱"之上。

（二）情感的存在方式

教材话语情感的存在方式是以单色彩与显色调为基本特点的。话语情感简略地划分为"褒""贬""中性"三种。这三种情感每一类的内部都可以做出更细致的划分，每一类之间也可以划出更细微的过渡线。更重要的是在不同情感类型的生发、发酵、演变中，本来是很容易出现或抵牾或冲突或纠缠或质变而导致难分难辨的情况，但这种难分难辨的情况在教材的话语情感中极少出现，所表现出来的情感都是或"褒"或"贬"或"中性"，一目了然、清清楚楚，故称之为单色彩。

教材话语情感存在方式的显色调指的是它们的情感呈现会表现得极为集中、突出、醒目，过目难忘，让人印象深刻。教材话语情感的显色调是由教材的目的与功能决定的。因为中小学生的心智还处在认知能力逐渐成熟、认知世界逐渐丰富的过程中。课文中的事情与人物不可能太复杂，不可能需要太高的智力与情感能力来分辨，否则就超出了儿童的认知能力。

教材的话语体系会充分利用一切条件和手段来保证教材话语情感单色彩与显色调的特点，以保证情感传递更加集中、醒目、高效，以免出现分岔、误导、错判。话语体系中的一切手段包括标题、导言导语、重点词重点句、夹叙后的夹议、叙事后的点题、议论后的感叹、白描后的抒情，或是总结句、总结段。这些话语的表达方式与手段，每一项都值得好好研究。

(三) 情感的作用

话语体系的作用就是要按照话语者的意图与目标、认知观与价值观来将一个复杂、立体、充满矛盾与冲突的世界传递出去，影响别人，建立起有利于自己的话语世界。而教材，特别是中小学语文教材，它面对的是心智还处于成长过程中的中小学生，使用的应是充满直观、感性、情感的素材，它的话语体系又起着很不相同的作用。简要说来即为：

以叙述、记录、再现语境的方式来建构一个看上去更加自然、更加本色、更加客观的知识世界、话语世界。这样建立起来的话语世界具有内在天然、根深蒂固、重在事实、重在客观的特点，会让读者、学习者下意识、潜移默化地接受。

凭借重判断、重结论的方式来强化所传递的观念准确而清晰，并能成功地令这些理性的认知牢固而稳定地为学习者所接受、记忆，在潜意识中化为行为的习惯与自然。

凭借直观、外露、浓郁、外在、富于感染力的方式来确定情感的定位与加温，在这个过程中，特别注重情感的倾向性与温度。

以上三个特点都是基于话语体系接收者的特征而产生的。情感话语的接收者是中小学生们，他们那"世界观的形成时期""先入为主""皎皎者易污""一张白纸好画最美的画"的特质，使得教育者的话语体系，尤其是情感话语的使用，显得特别重要。再加上话语接收者们"接班人"的使命，使得教材话语体系中的情感表达与传递，都上升到一个更高的程度。

## 第二节
## 新中国首套语文教材话语内容的三种结构

### 一、时间——话语的时间结构

小小教材,要将上下几千年的人类历史囊括在册,首先会面临着选哪一段历史时期来反映的问题。选古代、而近代、再现代,顺流而下,提纲挈领、纲举目张,这是一种顺序的时间结构。在顺序时间中,是厚古薄今,还是厚今薄古?是袭古承法、守正慎变,还是与时俱进、活在当下、关注当下?这不仅仅是具体方法的问题,蕴含着如何看待历史的方法论,更是如何评判事与物的理念与原则。因"厚古薄今"与"厚今薄古"的取舍中,有着"是昨"还是"非昨"、"是今"还是"非今"的大是大非问题。

这套样本教材显然是毫不犹豫地选取了现代、当代、当下,是一部以立足于当代革命战争为时间结构的教材。从题材的时代分布调查数据显示,在那个时期的"古代""近代""现代""当代"的划分中,有明确时代信息的课文数量所占比例分别是4.25%、0.79%、18.11%、40.79%。"当代"指的是发生在1945年之后,在以军事斗争为主要形式的社会大变革中主要经历的是解放战争与抗美援朝,在以土地革命为主要形式的农村变革中主要经历的是农民分田分地翻身做主人,在以清理战争废墟、恢复生产秩序为主要形式的工业革命中主要经历的是修理旧机器、勤俭节约、提高生产效率、多出产品、支持前线。

教材高度关注现实,高度关注当前,这就使得教材的现实性特别强,高度重视对正在进行中的社会革命现实进行第一时间的反映。这也直接保证了教材的政治性、为革命斗争服务的现实性的落实,也使得过多的非现实题材的反映都很容易惹上不必要的批评和指责。

在如此重视关注现实与当下的情况下,自然没有更多的余力对未来作充分的描绘和展望,仅有的一些展望中基本上是出于对苏联现实社会的向往,如农村里的大农场与机械化生产,城市里的幼儿园与图书馆。而恰恰是这些,映透出样本教材还是一本带着战争硝烟而远非和平时期的教材。

## 二、空间——话语的空间结构

空间是话语世界的另一种重要结构。故事发生在哪里,所有的人、事、物出现或活动在怎样的空间,也必然会给话语世界带来深深的影响。"不可能拔着自己的头发离开大地","没有空间也就没有一切"。在哲学上可以将"空间"看作高于一切的命题:"自在之物是指引起人的感官生成感觉得以可能的外在客观条件,也就是外在的刺激源。……对于那个自在之物,康德认为我们不能认识。我们知道它可能存在仅基于我们有感觉的存在——人有了感觉总是意味着有某个被感觉的对象存在。"①但这里讨论的空间是指在被人们认识之前的"自在之物",及属于"自在之物"之一的空间。而这里所说的话语体系的空间结构是指已经被人们占领了、充盈着人类活动的空间,是充满着语境各种要素的空间。因此,它既是人们认识的对象和条件,又是话语体系自身构成的要素和结构,对它的分析也就成为认识教材话语体系极重要的要素之一了。

通过详细分析课文题材分布的空间情况,发现关于中国的占85.35%,关于外国部分有93篇课文,占14.65%。后者一共反映了11个国家,其中属于苏联的有69篇,占国外课文的近3/4。这时的中苏关系是最亲密的时期,苏联老大哥的形象深入人心,在教材中有充分显示。这样的话语空间结构,与当时教材话语体系中国际关系的远近亲疏是相吻合的,反映了当时中苏两国之间政治理念的认同关系。

而国内不同地区的题材分布则表现出"地名密集区域与课文内容的多发地相吻合""地名密集区域与课文题材领域类别的高发区相吻合"的特点。最密切的地区是冀、晋、京,其次是华东、东北一带。这与校本教材主要继承的是华北解放区及在之前的晋察冀边区的历史有关,这是当年中国共产党的核心地区,是中国共产党领导的革命武装最主要的活动区域,代表了中华人民共和国成立最主要力量的所在。以这里为重点,从反映基础教育的全国性、普遍性,追求语言的通用性、规范性来说,是有点不足,有一定的乡村与区域性。但从教材话语体系来看,正是这样的空间结构特点,与教材政治理念的宣扬与贯彻,与社会现实急剧改变的方式与程度,与社

---

① 方德志、戴茂堂:《论康德哲学中的不可知对象及其启示意义》,《江汉论坛》2010年第9期。

会生活人群的觉悟与追求,却是高度吻合与贴切的。说它是中华人民共和国的首套教材,说它是带着解放战争炮火硝烟的教材,说它是来自解放区的正统教材,说它是最具有20世纪50年代初期时代特点的教材,这样的判断,都有它的道理,因为这些评判都从一个角度反映了样本教材的本质与特点。无论是哪种评判,都是在融入了对教材话语体系的时间结构与空间结构的观察之后作出的。

三、事理——话语的逻辑结构

逻辑结构指的是教材话语体系中各个要素都会按事物内在发展规律自然地发生着存在、变化、协调、改变等种种关系。当我们说"样本教材还是一本带着战争硝烟而远非和平时期的教材""是最具有20世纪50年代初期时代特点的教材",这样的话语结论就是建立在大量的话语材料之上的,这些话语材料之间的种种存在、运动、变化就是遵循着内在的严密逻辑结构的。在新中国成立前夕公布的《中国人民政治协商会议共同纲领》,"序言"最前面的几句话开宗明义:"中国人民解放战争和人民革命的伟大胜利,已使帝国主义、封建主义和官僚资本主义在中国的统治时代宣告结束。中国人民由被压迫的地位变成为新社会新国家的主人,而以人民民主专政的共和国代替那封建买办法西斯专政的国民党反动统治。中国人民民主专政是中国工人阶级、农民阶级、小资产阶级、民族资产阶级及其他爱国民主分子的人民民主统一战线的政权,而以工农联盟为基础,以工人阶级为领导。"①在这里出现的"伟大胜利""宣告结束""被压迫""变成""主人""代替""专政""统治""基础""领导",揭示的都是翻天覆地式的变化,而且变化的此方与彼方是"中国人民"与"帝国主义、封建主义和官僚资本主义"、"人民民主专政"与"封建买办法西斯专政"、"共和国"与"反动统治"。这是一种敌我、敌对的关系。因此,革命时期、战争时期、新中国成立时期,这样的时代特征必然是社会的大破坏与大建设。所谓"大破大立""打破一切旧秩序,建立一切新秩序""推翻一切旧政权,建立新政权""打倒三座大山,重建人民江山""翻身做主人,打翻在地再踏上一只脚",就是这个时期基本、根本特征的写照。在面对外侮时,民族矛盾是主要矛盾;在

---

① 《中国人民政治协商会议共同纲领》,1949年9月29日。

国内冲突时,阶级矛盾、阶级冲突、阶级斗争是主要矛盾。表现在社会关系上,统治与被统治、革命与反革命、压迫与被压迫就成为最基本的内在逻辑结构。故在主要社会成员的阶级关系划分上,基本都是以对立而非平等、冲突而非协调的关系出现。

在教材话语体系中大量的人物都具有两大阶级两大阵营划分的特征:地主与长工、佃农、贫农;特务与捉特务的学生;放高利贷者与借高利贷者;富人与穷人;战士与敌人;等等。且在这个社会矛盾冲突的时期,解决社会矛盾冲突的主要手段自然是"战争",战争成了最核心的焦点,成为改变社会最有力的手段。这时话语体系的核心价值观其实是"人民战争",是"正义战争",是千千万万老百姓参与、得到老百姓真心拥护的真正意义上的"解放"战争。这种为了人民自身幸福的战争,当抵抗外族入侵时,它就是伟大卓绝的抗日战争;当反击的是国民党寡头政治统治的反动势力时,它就是波澜壮阔的解放战争;当支援的是患难邻国、是保卫刚刚获得的胜利成果时,它就是正义而英勇的抗美援朝战争。"人民战争""正义战争"更能揭示事物的本质。用这样的话语逻辑来看待教材中所有人物的活动,所有事情的发展,也就都能得到合理的逻辑解释。前文在说到话语情感时,曾说到教材中弘扬的都是"大爱"而非"小爱",是对国家和革命的"热爱"而非男女之间的"爱情""情爱",在理解了教材话语体系逻辑结构后,这一切都变得合乎情理了。1951年出现了对教材中课文《背影》的尖锐批评,并最终导致课文的撤换:"在那个特殊的时代,这篇课文父子间的眷恋与愁绪,被认为是具有小资产阶级情调,渲染颓废,受到很多的质疑,一些教师认为不好上此课,并撰文批评该篇课文。《人民教育》1951年连续发表了七位读者对《背影》一课的批评。基于对《背影》的思想性的认识,人民教育出版社1952年出版的初中语文教材删去了《背影》一课,并且在《人民教育》杂志1952年第4期发表了《人民教育出版社关于〈背影〉的检讨》一文。"[1]在这样的话语逻辑结构中,上面出现的批评、撤换、检讨,也就变成合乎话语逻辑结构下的顺理成章、自然而然的事情了。

---

[1] 石鸥主编《新中国中小学教科书图文史(语文)》,广东教育出版社,2015,第45页。

## 第三节

## 新中国首套语文教材的话语特色

通过对新中国首套语文教材的各种话语要素从数量、分布、构成关系、演变趋势的分析,可以看到它表现出这样一些重要特点:

### 一、主流意志的强势呈现

一部教材就是一个时代主流阶级、统治阶级的主流意识的体现,这是样本教材话语体系中体现得最为鲜明的特点。教材对主流社会、主流阶级、主流意识的体现表现得特别充分。大纲有清晰明确的要求,课文有密切同步的反映,练习有针对性的巩固与深化,整个教材都呈现出"三个主流"的完整而系统的密集信息。这里的"主流意志的强势呈现"有两个含义,一是所反映的观念、意志、价值观是来源于主流社会、主流阶级、主流意识的内容,二是所呈现的程度与方式是极为明显、突出、鲜明的。

### 二、社会现实的密切反映

如果说"主流意志的强势呈现"主要表现在观念、意志、价值观上的话,那么这里说的则是客观的现实的一面。一是对真实现实的全面反映,二是属密切、贴近的反映。一般来说,中小学语文教材反映的是经长期发展、有了稳定传承、成为全民族与全社会共识的东西。但由于时代与社会的变化,加上"主流意识"的强势影响,故出现了"大革命""大战争""大建设"的全面反映。而且反映的"时间差"是那么短,有的甚至出现了教材与社会变化基本同步的情况。

### 三、正面形象的鲜明传递

教材在贯彻落实主流意识、价值观、意志时,十分注意正面形象的逼真、传真、具体、典型。对这些体现政治与思想的榜样式的人物具有鲜明的态度与情绪的定位,丝毫没有犹豫、模糊或混淆。如:描写伟大革命导师列宁勤俭朴素,斯大林坚韧果敢,毛主席关爱百姓疾苦,朱德与士兵同甘苦,刘志丹重视调查的工作作风,左权守护百姓财务,解放军不拿群众一针一线,等等,就是通过一个个具体而典型的细节来实现的。分别用的是一件

"破烂的外套",将部下需要的汽车40分钟送到申请者手里,把生重病的孩子用汽车送到医院救治,一根扁担,一个记事用的小本本,不让饲养员抱老百姓的荞麦秆喂马,邮寄归还百姓的菜刀等细小、具体的故事,一下子就让居于话语体系中心位置的人物形象突出高大起来。对人物形象,特别是正面人物形象的传递追求鲜明、突出,在中小学语文话语体系中有着特别的优势。

### 四、语言表达的通俗追求

教材的语言运用具有通俗浅显口语化的特点。陶行知的《怎样写大众文》(七下第16课)主张"大众文应该写大众需要知道的事;大众文应该照大众说话的口气写"。教材中的许多课文使用了乡言土语、物名的本地俗称、人员的小名俗称。还有小学五年级的课文。五年级在旧学制中属于"高小",是小学学段的高年级,这时的课文有许多来源于报刊,自然是接近百姓大众语言与阅读水平的。有一些专门为学生编写的课文,也可从中一睹文风。如《怎么样读报》(五下第3课)中是这样叙述的:"个人看报不如集体读报。集体读报有三种好处:第一,许多人可以同时读一份报;第二,碰到难懂的字句,可以共同研究,容易明白;第三,可以相互提出问题来讨论,了解得深刻些。因此,我们应该组织读报小组来集体读报。"这里的叙事记理,如同说话一般,词语通俗浅显、句子简短明白、语意通晓,完全践行了大众文的要求。

教材中全无文言雅语,全然不见古代流传下来的诗词歌赋。但教材里丝毫看不出点滴的政治"排斥""鄙夷",而仿佛是一种基于学识本能的自然认知。

教材语言的话语体系研究内容丰富,角度多样,从教材语篇进行话语分析是研究教材话语体系的一种新思路、新方法。新中国首套语文教材鲜明的话语特点,为研究教材话语体系提供了极为丰富的语料。

## 05

### 第五编

# 教育教材语言的支撑系统研究

　　教育教材语言是教材最真切的载体、最外在的形式，也是最基础的实体。所有的教育教材语言的成分与要素都是在具体语言环境中使用的，这个环境就构成了教育教材语言的支撑系统。这个支撑系统中的课程大纲、课本、课文，对它发挥着至深的影响力，因此，它们也应该成为认真研究的对象。

# 第二十章
## 课程大纲与教育教材语言

  教育教材语言是教材最真切的载体、最外在的形式,也是最基础的实体。对教育教材语言的研究切不可也必不能孤立地进行。因为它是真切的载体,就必然有承载物;因为它是外在的形式,就必然会蕴含内容;因为它是基础的实体,就必然会有用它作原材料建成的高楼大厦。更因为,承载什么样的物品,表达什么样的内容,建成什么样的建筑物,还得接受规划者、设计者、使用者的约束与规定。因此,对教育教材语言产生影响至深的各种因素也就必然要纳入教育教材语言研究范围加以考察。

### 第一节　教育教材语言支撑系统分析

  教育教材语言属于一种领域语言,是在教育教材领域使用的语言。因此,所有的教育教材语言成分与要素都是在一定的具体语言环境中使用着的,它会在使用中影响到这个语言环境里的其他因素,同样,它也会在使用中受到这个语言环境里的其他因素的影响。但这里没有用"影响",而是用了"支撑"二字,而且还是以"支撑系统"的方式出现,就是为了突出这个语言环境中其他因素对教育教材语言有着至为关键而突出的影响。这种影响不只是以"语境"那样纯"天然""生态""自在"的方式存在着的,而是在教育教材语言的背后以规定与被规定、决定与被决定的强力方式施加着影响。那么有哪些因素,这些影响是如何释放出影响力的,施加影响的途径与方式如何,影响的程度与效果如何,以及教育教材语言又是如何在这些重重规定与约束下展示它那自在天然的语言活力与表达功能的,就很值得分析了。

## 一、教育教材语言支撑系统的要素

### (一)支撑系统的构成要素

教育是一个大系统,学校教育是一个次级系统,教学是一个次级系统,教材是一个次级系统,教育教材语言只是这些大大小小系统中的一个成分。教育教材语言研究对此从来都是有清楚认识的。它的清楚认识还在于始终把自己的研究对象定位在教育、教学、教材的载体、形式,以及最底层、最基础的实体上。而它的对立面,即承载物、内容,也就是知识、能力、思想、观念、情操等,不仅是物质上的那一半,还是起着决定作用的那一半。重要且密不可分,这就是支撑系统的自然之意。当然,延伸开去,跟教育教材语言紧密相关的还有技能、能力、素质,只是这已属教育教材语言研究的后期工作。那么在前半段,在支撑系统的内部,包括哪些具体内容呢?

概括来说,教育政策、教育理念、教育方法、教育方式、学校学制、教学手段、教学内容、教学安排,都会对教育教材语言产生影响。因为,它们完整构成了教育教材语言的生存空间与支撑系统,它们的职责就是对学校教育进行各种规定,从而保证教育的正常进行。反过来,教育教材语言都得接受这些规定的影响,只是在这样的教育环境与系统中来完成它的承载、表现、表达的使命。所以,要细分开去,支撑系统中的这么多因素,每一种因素所起的作用与影响,都是值得研究的。

这些大至教育政策、教育理念,小至教学手段、教学安排,都是以思想、主张、认识、措施等抽象物、概括物的形式出现的。从具体可感可观可依的角度看,支撑系统中最重要的三者就是课程大纲、教材、课文。

首先是课程大纲。前面说到的教育思想、教育政策,都能起到决定性作用,但毕竟还是要有吸纳、蕴含、体现、融汇它们的承载体。这个承载体首先就是课程大纲。没有课程大纲,它们只是浮游在观念层面,存在于社会层面,进不了学校,进不了课堂。课程大纲是整个教育教材语言支撑系统中至关重要的一个连结点。课程大纲规定了教学目标、教学内容、教学方法,规定了学制、学段、学时,规定了教学环节、教学手段、教学措施,几乎所有教学内容与教学环节上的事它都管着了。从1902年《钦定蒙学堂章程》以来,至2000年的25份小学语文课程大纲,教学大纲越来越长,越来越详,包括的内容越来越多,提出的要求越来越广。它们成为那个时代教育思想、教育政策最直接的体现。

其次是教材。课程大纲毕竟仍只是规定性文件,虽然它有着强大的规定性和指导力,但没有承载物、体现物,也是无法展现与实施的,而这个承载、体现、展现物就是教材,教材成为所有教学活动中贯彻、执行、实施课程大纲的最重要的依据。从包括广泛而具体的教学内容,从贯穿教学各个环节的始末,从对教师与学生两方巨大影响来看,说教材是课程大纲的物化,是执行与实施课程大纲的依托与标杆,是毫不为过的。课程大纲虽然也是具象化了的,但仍只停留在政府、教育高层管理及教材编纂者、研究者层面,而教材则进入了教育系统的每一所学校、每一个成员、每一个实际环节,它呈现了课程大纲的每一个原则与要求。

最后是课文。教材就是课本,它成套成册,而每一套每一册的具体内容就是课文。教材是由一篇篇课文组成的。教材当然还有单元,有练习,有附录,但最重要的肯定是课文。其他的都只是或依附或穿插于课文,来完成或巩固或拓展或深化的任务。对语文课程来说,课文有着更多样的任务,主题的呈现,题材的表现,体裁的选择,文学养分的涵蕴,语文技能的习得,无不依赖课文来完成。语文教材的课文就是一部小型百科全书,既有"思想观念"的"文"与"道",又有"语言文学"的"语"与"器";既有"文学故事"与"科学文化",又有"语言文字"的"工具"与"技巧"。既"育人"又"习文",这就是语文教材课文的丰富多样功能。对教育教材语言来说,课文还有着更重要的意义。教育教材语言的价值不是孤立、零散、要素式存在的。对教育教材语言,不能孤立、静态、静止地来研究它们,那样的话它们就只是"语言要素",只是纯形式的语言符号。这种研究虽然对了解语言面貌,了解语言的数量、结构、类型,还是有用的,但作用有限,因为语言要素、语言单位、语言结构、语言成分,承载、完成不了上面所说的课文所赋予、表达的那么多功能。语言更丰富、更丰满的内容要靠更大的语言单位来完成,这个大的语言单位就是语篇,就是一篇篇的课文。只有在语篇、课文中,语言的功能才能充分展示出来,语言结构、语言成分、语言手段的数量、质量,特别是表意功能、使用风格才能充分展示出来。

从教育思想、教育理念到课程大纲,再到教材,再到课文,构成了教育教材语言研究的一个由大到小、由抽象到具体、从宏观到微观、从思想到实体的成序列关系的支撑系统。特别是形而有物的后三者,是教育教材语言依靠最多的三根层级性支柱。三根支柱缺一不可,缺一就将踏空,缺一就会失重。

(二)支撑要素施加影响方式比较

课程大纲、教材、课文,对教育教材语言的存在与使用,发挥作用的渠道、途径、方式是不同的,带来的影响也有着大小不一、抽象与具体不一的差别。一般说来,越是前者,影响范围越广而不细,作用力越大而间接,反过来则是具体而直接。

这里从观察一个具体例子入手,即对小学生认识中国以外世界的要求。课程大纲、教材与课文从各自角度存在不同的表现。

20世纪初期的多份课程大纲对此是没有任何要求的。这方面的信息首先出现于1932年的大纲,"教材的编选"提出应注意编选"关于帝国主义者侮辱我国民和侨胞的(故事诗歌)"[①]。这里已经出现了国内与国外的成分:受侮辱的我国国民,与压迫者侮辱者的外国帝国主义者。

1936年的大纲,"读书教材编选的注意点"要求注意编选"和国耻国难有关的(故事)"[②]。这里突出了我们国家、民族遭受外国侵略者的压迫和伤害。

1941年的大纲,在"高学年教材内容范围"中大幅度增加了收录国外故事的要求,并分历史与地理细而列之。历史方面有:"2.有关基督教和西洋学术的输入和影响等史事的。""3.有关五口通商前后的社会状况的。""5.有关鸦片战争、英法联军、中俄交涉、中法战争、八国联军和巴黎和会、华盛顿会议、国际联合会等的故事。""6.有关甲午之战、日俄战争、五三惨案和'九一八''一·二八''七七'事变等民族英雄的奋斗史事的。""8.有关新航路、新大陆的发现和英国立宪、美国独立、法国革命、日本的明治

---

[①] 课程教材研究所编《20世纪中国中小学课程标准·教学大纲汇编:语文卷》,人民教育出版社,2001,第26页。

[②] 课程教材研究所编《20世纪中国中小学课程标准·教学大纲汇编:语文卷》,人民教育出版社,2001,第34页。

维新,苏联的建设以及第一次、第二次世界大战发生的故事等的。""9.有关西洋科学发明的史话和科学发展与人类的影响等的。"地理方面有:"7.有关朝鲜、琉球、台湾、旅顺口、大连湾和东北的失地、东北的边防要地等的。""8.有关南洋群岛、日本、泰国、印度、土耳其、苏联、德国、法国、荷兰、比利时、意大利、英国、美国和非洲、大洋洲等的名胜古迹的。""9.有关世界的水陆分布和交通状况等的。"[1]这里提到的内容不仅多,而且细,大部分都是与中国遭受的殖民压迫和侵略有关。

  1948年的大纲很短,只有三页纸,无相关内容。

  1950年的大纲,远无1941年大纲那么具体而细微的要求,代之以高度概括的说法。"教材编选要点"提出:"课文必须多取祖国所固有,足可发扬爱国主义思想、国际主义精神的资料。"[2]已明显具有了国际眼光、国际内容,展示出对国外信息的重视,但"国际主义"一词,说明这时的中国国家与人民的身份与心态同之前受压迫、受侵略时的有了极大的反转。

  1954年的《改进小学语文教学的初步意见》,这时对国内的视角和立场已经有了明显的倾向性。一是明确提到可以收录外国作品:"入选的外国作品的译文如有不适当的地方,商请译者修改或请人另译。"收外国作品其实在民国教材中就已经出现了,只是大纲中还没有出现明确的要求。二是明确提到要向苏联学习。这时由于中苏两国之间特殊的政治关系,学习、仿效、依靠的倾向性表现得特别突出。"目前语文教材主要缺点之一是分量单薄,不够充实。新编教材必须适当地扩大篇幅,求得丰富。苏联初等学校俄语一科的教材,除识字课本一册,语法课本四册以外,阅读课本四册,译成汉语共约八十万字。……必须根据我国小学实际情况,并且以苏联课本来作借镜。六年内大约可阅读五十万至七十万的课本。"[3]"借镜"之词,显示了对苏联学习的角度和力度。

  大纲中的认识与指导意见,在教材与课文中得到了同步的反映。本书

---

[1] 课程教材研究所编《20世纪中国中小学课程标准·教学大纲汇编:语文卷》,人民教育出版社,2001,第47页。
[2] 课程教材研究所编《20世纪中国中小学课程标准·教学大纲汇编:语文卷》,人民教育出版社,2001,第66页。
[3] 课程教材研究所编《20世纪中国中小学课程标准·教学大纲汇编:语文卷》,人民教育出版社,2001,第78页。

第十七章第二节"语文教材中的国外世界"就清楚反映了不同时代的教材与课文的相关信息。20世纪20年代的教材还很少国外题材的课文。世界书局出版的1923年的教材(《新学制小学教科书初级国语读本》《新学制小学教科书高级国文读本》),小学六个年级12册教材中只有3篇国外题材的课文。而到20世纪30年代的教材中则出现了27篇①。这些课文的内容除了少数是反映科技先进的西方国家外,大多数是反映与当时中国国民精神相通的世界其他小国、弱国、穷国的不屈与图强。新中国首套中小学教材则表现出对以苏联为首的社会主义国家的关注,主题大都是关于领袖、战争、革命英雄及新社会新建设的。21世纪初的新课标教材中,国外课文的主题主要在思想、文化、文学的先进性与普适性等方面。再看有关苏联的,民国教材出现"苏俄"的课文只有1篇,而国外课文总数是56篇;新中国首套中小学教材有关"苏联"的课文69篇,而国外课文总数是93篇;到了20世纪60至70年代及以后的很长一段时期,两国关系发生变化,这方面课文几乎清零。

上述事例,再清楚不过地显示课程大纲、教材、课文对教育教材语言的影响是至深的,而支撑系统中这三根支柱所表现出的影响方式与结果是远不相同的。大纲的影响是提出概括而宏阔的原则性要求;教材的影响是变成一篇篇有血有肉的课文;课文的影响则是通过一个个具体有形的语篇,构筑了教育教材语言真实而具体、细致而丰满的语用环境。一个时代的教育思想与教育理念、教育原则与教育措施,任何的要求与变化,都会通过大纲而至教材再至课文,形成连锁互动关系。

即使有时看上去间接甚至遥远的一些理念变更,对教材与课文的影响也会放大至直接而巨大。20世纪"五四"新文化运动最有代表性的一个主张就是提倡白话文。这个运动最终获得胜利,除了表现在文学创作、新闻舆论界外,最突出的另一个领域大概要算基础教育界了。1912年的大纲还提到"国文"的学习。虽然这里也提到要"使儿童学习普通语言文字",而对什么是普通语言文字,什么是标准语,语焉不详或模糊两可②。而到1923

---

① 详见本书第十七章"表17-2 民国小学语文教材的国外选文"。
② 载课程教材研究所编《20世纪中国中小学课程标准·教学大纲汇编:语文卷》,人民教育出版社,2001,第11页。

年,课程大纲则用"国语"入题了,这时的课程大纲为《新学制课程标准纲要小学国语课程纲要》。到1932年版课程大纲,开篇即为"指导儿童练习运用国语"。"国语"是民国时期文化建设上的一个大胜利。小学语文课本都称为"国语课本",中学课本都称为"国文课本",二者之别,泾渭分明。直到1950年,经叶圣陶先生提议,"国语课本""国文课本"才合而为一为"语文课本"。这个合并的"宣言"写进了新中国第一套初中教材的"编辑大意",印在了每一册课本的首页而通晓全国。思想主张、文化运动,通过课程大纲、教材、课文,而具体化、具象化、全民化。

白话的主张并没有到此为止。新中国首套中小学语文教材初中一年级下册第16课是陶行知先生的《怎样写大众文》。该文主张"大众文应该写大众需要知道的事;大众文应该照大众说话的口气写"。大众文的主张比起白话文在通俗化道路上又前进了一大步。"白话文,不但大众听不懂,就是读书人也很难听得懂。""所以写大众文的一个好办法就是请我们的耳朵出来指导我们。"故这时教材中的课文其口语化的语言表现得特别明显,乡言土语、俚言俗语、小名俗称多有入文入篇,成语雅词则少有用到。全套教材18册共635篇课文,无一篇为古代传统诗词歌赋,哪怕如四言五言或乐府短句。

语言风格之主张,亦虚亦实。在课程大纲上表现为一句两句,属理念,属原则,是虚;而到了教材与课文,一一落到实处,成就的是语言文字要素与风格之迥异,是实。这是课程大纲、教材、课文与教育教材语言之间的联动与影响。于教育教材语言而言,是支撑系统各要素发挥的强大作用力、支撑力。

二、课程大纲对教育教材语言的影响

上面说到课程大纲作为教育教材语言支撑系统中的重要成分,与其他要素发挥了各不相同、各有特点的作用。其实,它的影响远远不止那些指导作用,而是对教育教材语言的性质与面貌、数量与质量、结构与层级发挥了全面的影响力。

要了解课程大纲对教育教材语言发挥的作用,首先有必要了解课程大纲本身的构成与变化。

(一)课程大纲的变化趋势

人民教育出版社2001年出版的《20世纪中国中小学课程标准·教学

大纲汇编:语文卷》,收录了从 1902 年至 2000 年的 25 份小学语文课程大纲。其中清末民初的 6 份是"摘录",1954 年的是指导意见(《关于小学语文教学的初步意见》),1991 年的是对某方面内容的安排(《语文学科政治思想教育(纲要)》),1994 年的是关于调整若干内容的通知。除去这 9 份,完整课程大纲有 16 份。

这 16 份大纲长短详略不尽相同。按页数来算,3—10 页的 7 份(1923、1929、1932、1936、1948、1978、1980);11—20 页的 5 份(1941、1950、1986、1988、2000);21—36 页的 4 份(1955、1956、1963、1992)。

进入 21 世纪后还有两份大纲,《全日制义务教育语文课程标准(实验稿)》(2001 年)和《全日制义务教育语文课程标准(2011 年版)》。"实验稿"约 12000 字;"2011 年版"除去附录"背诵推荐篇目""课外阅读建议""语法修辞知识""识字写字基本字表""常用字表",正文约 16000 余字。二者的篇幅相当于 14000 余字的 1992 版。合起来长篇幅大纲就有 6 份。当然,后二者有一个很大不同,就是包括了初中在内,之前都只是小学的。

从以上粗略统计来看,已经可以看到在百余年历史中,小学语文大纲的编制越来越详细,篇幅也越来越长。那么它们之间到底发生了哪些具体变化,就很值得研究了。下面先做一简要抽样,考虑了这样几个因素:一是时代因素,有一定的时间间隔,且在不同年代有一定的代表性;二是稳定性,如 2000 版只用了一年,后面就出现了"实验稿(2001)";三是初版与修订版,一般选修订版。根据以上因素,选取了 1932 版、1950 版、1956 版、1963 版、1980 版、1992 版、2011 版,共 7 份大纲。比较时暂不考虑其具体内容、表达、措辞、要求,因有的大纲还是有些特殊情况的。如:1956 版大纲在各种不同类型的课中介绍了许多相关的语文类知识,1992 版分别为五年制与六年制制定了不同的教学安排。但这里只考虑大纲包括了哪些领域、哪些板块、哪些方面,以及详繁简略情况,因此,对具体观点与要求就不涉及了。比较结果详见下表:

表20-1　七份课程大纲内容板块比较

| 板块一 | 板块二 | 1932版 | 1950版 | 1956版 | 1963版 | 1980版 | 1992版 | 2011版 |
|---|---|---|---|---|---|---|---|---|
| 一、前言 | 引言 | | | | | "前言"400 | "前言"370 | 440字 |
| | 课程性质 | | | | | | | 120字 |
| | 课程基本理念 | | | "说明"1130 | "语文的重要性与目的"1070 | | | 1200字 |
| | 课程设计思路 | | | | | "编排原则与方法"510 | | 540字 |
| 二、课程目标与内容 | 总体目标与内容 | "目标"120 | "目标"190 | | "教学要求"120 | | "教学目的"100 | 680字 |
| | 学段目标与内容 | | | | "教学内容"1030；"选材标准"500；"教学内容安排"620；"各年级的教学要求和教学内容"（包括各册的具体篇目）10300 | "教学目的与要求"330；"识字写字"750；"阅读"1400；"作文"1400；"基础训练"700 | "教学要求"350；"教学内容与教学提示"4700；"课外活动"460 | 0 |
| | 第一学段 | "作业类别"340 "各学年作业要项"1200 | "教学大纲"2250 | "准备课"450；"识字教学"2000；"阅读教学"9600；"汉语教学"4100；"作文教学"5300；"写字教学"2200；"教学大纲"11000 | | | | 890字 |
| | 第二学段 | | | | | | | 970字 |
| | 第三学段 | | | | | | | 1080字 |
| | 第四学段 | | | | | | | 1800字 |
| 三、实施建议 | 教学建议 | "教学要点"1600 | "教学要求"7200 | | "教学中应该注意的几点"1550 | "大力改进教学"750；"各年级教学要求"1400 | "教学中应要注意的问题"8300 | 3600字 |
| | 评价建议 | | | | | | | 3600字 |
| | 教材编写建议 | | | | | | | 620字 |
| | 课程资源开发与利用的建议 | | | | | | | 430字 |

续表

| 板块一 | 板块二 | 1932版 | 1950版 | 1956版 | 1963版 | 1980版 | 1992版 | 2011版 |
|---|---|---|---|---|---|---|---|---|
| 附录1 | 背诵课文 | "各种文体说明" | | | | | | 135篇背诵篇目 |
| 附录2 | 阅读课文 | "读书教材分量支配" | | | | | | 要求阅读课外读物400万字 |
| 附录3 | 五类语言知识 | "教材编写注意点" | | | | | | "词类""短语""单句""复句""修辞"的要素与种类 |
| 附录4 | 基本字表 | | | | | | | 300基本字 |
| 附录5 | 常用字表 | | | | | | | 3500常用字 |

表20-1的内容板块是依"2011版"大纲而设定的。这些板块在之前的6份大纲中没有一份是全部拥有的。所有大纲都拥有的内容板块是"教学目标""教学内容""教学年级""教学建议"等部分,尽管安排位置、表述详略会有所不同。

"2011版"作为最晚颁布的大纲,在内容板块设计的齐全完备上表现最为突出,有三个明显的特点:

第一个特点是充分反映了编制大纲的理念。如专门列有"课程基本理念""课程设计思路",每走一步都把深层考虑的理论与依据交代得清清楚楚。对课程性质的交代许多大纲都会谈到,但这里在前面谈完了"课程性质",还谈"课程基本理念",就不能不说是大纲编制者的用心与周密了。特别是还接着谈"课程设计思路",这就交代得更清楚了。让广大的大纲使用者、践行者"知其然",还要"知其所以然"。

第二个特点是关注教学全过程的每一个环节。如:"教学建议"在许多大纲中都是必有内容,"教材编写建议"也是不少大纲有的内容。但"2011

版"还有"评价建议",光这一部分的篇幅就多达3600字。其中使用了多达91次的"评价",涉及"评价"的目的、功能、方式、对象、内容、效率。这一段文字颇有点像是"语文课程评价"的专题论文,包括的内容几乎无以复加。"评价方式"中谈到了评价的过程性、及时性,谈到了形成性评价与终结性评价,定性评价与定量评价,具体操作有纸测、观察、问卷、面谈,可以用等级、分数,也可以用事实或客观描述;还努力做到评价方法的适应性、客观性、深刻性、可行性、有效性。评价当然有人的参与,故有了对教师与学生的自我评价与相互评价。有对整个课程的整体性与综合性评价,注重识字与写字、阅读、写作、口语交际和综合性学习五个方面的有机联系,注意知识与能力、过程与方法、情感态度与价值观的交融、整合,避免只从知识、技能方面进行评价。除了整体性与综合性外,还有对五个具体教学内容的分别评价,甚至对五个具体教学内容的每一个知识点都提出了评价要求。如:"阅读"中,对朗读、默读、精读、略读、文学作品阅读、古诗文阅读、课外阅读,就提出了精细入微的评价要求。下面是有关古诗文的内容:"评价学生阅读古代诗词和浅易文言文,重点考察学生的记诵积累,考察他们能否凭借注释和工具书理解诗文大意。词法、句法等方面的概念不作为考试内容。"如此细致的要求,显然是在对语文教学做了精心研究之后才有的认识,它对教学内容、教学过程、教学效果的指导显然是极为严格的。还有对"课程资源开发与利用的建议",虽然只用了430余字来描绘,分成了4点,但涉及内容却极为丰富多样。第3、4点是分别对学校与教师提出的要求。第1、2两点是关于课程资源内容的要求。正面是第1点的内容:"语文课程资源包括课堂教学资源和课外学习资源,例如:教科书、相关配套阅读材料、其他图书、报刊、工具书、教学挂图、电影、电视、广播、网络、报告会、演讲会、辩论会、研讨会、戏剧表演,生产劳动与社会实践场所、图书馆、博物馆、纪念馆、展览馆、布告栏、报廊、各种标牌广告,等等。自然风光、文化遗产、风俗民情、方言土语,国内外的重要事件,日常生活的话题等也都可以成为语文课程的资源。"这样的描绘做到了事无巨细,无一遗漏。

第三个特点是附录的内容全且细。之前的大纲有附录的不多,有也只是或术语,或补充说明,或提醒注意。而"2011版"大纲的附录有着极为丰富而扎实的内容。如:对要背的具体篇目135篇一篇不落,把要阅读书籍的具体字数具体列出,规定要学习汉字的具体字表。

现在,概括一下百余年基础教育中语文课程史上的大纲变化,这里不涉及任何具体的内容、具体的描述、具体的要求,仅从大纲所包括的板块内容与功能来看,由简到繁、由短到长、由少到多,由原则性的概括规定到具体明确有形的要求,是极为突出的一个变化趋势。

(二)课程大纲规定了教育教材语言的基本面貌

上面详细论述了语文课程大纲的历时变化情况,我们可以更真切地观察到大纲对课程、对教材、对课文所发挥的重要影响力,这些对教育教材语言来说,就如同筑成了一个大的语用环境中的一根根支柱,从各个方面发挥重要的支撑作用。课程大纲就是其中支撑力最强的一支力量。

课程大纲对教育教材语言的影响是全方位的,概而言之,就是会对教育教材语言的"数量""质量""层级"产生重要影响。所有的课程大纲,尽管教材的实际内容会随着时代不同、观念变化、政治立场改变、理念差异而有变化,但内容的取舍、不同学制学段年级之间的先后安排、难易深浅的井然有序,却都是细而又细,精而又精,不可或缺的,否则就失去了作为教材最根本的等级的特性。我们在开始这项研究时,这个认识就一直牢记在心。对教育教材语言等级层级性质的论述,在研究理念上的"教什么不教什么""先教什么后教什么""怎么教",无不体现出等级层级的精神。在对教育教材语言的量化统计中,从来不是止于以教材的"学科""套"为单位的,而都是要尽量落实到"年级"与"册",由此而提炼出研究方法上的"位序法";重视首现词、复现率;在看重课文的语境用字用词之外,还特别重视进入专门教学环节的生字生词,原因都在于此,为的就是要突出它们在教育教材语言中的位置与序列。

教育教材语言面貌主要可分为"数量""质量""层级"三方面,而课程大纲对这三者的要求都是明显而明确的。

1. 对教育教材语言数量的要求

无论是理论上的探讨,还是实践上的摸索,课程大纲对教育教材语言"数量"的要求一直非常明显。本书多个章节的研究数据都显示,教材的课文篇目数量、课文的篇幅长短、用字的字数与字频、用词的词数与词频,都会呈现逐层逐级、先后有序、易难有序、浅深有序的特点。即使是在一些不容易看出的地方,也存在着数量的要求。如:第二十一章第一节关于体裁的分布,第十九章第一节关于题材的分布,都是将对数量的要求放在首位。再如"2011版"大纲的附录3,介绍了"词类""短语""单句""复句""修辞"五种语言知识,入选这五种,是量化的结果。五种的下一级知识点,如"单句",包括"主语、谓语、宾语、定语、状语、补语"六种句子成分,却没有包括同位成分、插入语、小句、分句,也是计量的结果。又如"修辞",包括"比喻、拟人、夸张、排比、对偶、反复、设问、反问"八种辞格,而没有列入顶真、回环,也不是像我们在课文统计中发现的只有"比喻、夸张、拟人、对偶"四种,而是多了"排比、反复、设问、反问",也应是出于数量的考虑,而数的考虑又是与质的考虑连在一起的。

下面再来看一个更为典型的例子,就是关于汉字的学习。汉字学习是课程大纲中最为显性化的一个知识点。"识字写字"是最为刚性的一块学习内容,其一直与"说话""阅读""作文"并列,是语文课程的主要学习内容,且永远是学生进校启蒙最早接触的学习对象。在早期的语文课程大纲中是有对象要求而没有数量要求的。

1904年的《奏定初等小学堂章程》从阅读的角度提出了字量的要求。"第一年,每日约读四十字,共读九千六百字;第二年,每日约读六十字,共读一万四千四百字;第三、四年,每日约读一百字,共读四万八千字;第五年,每日约读一百二十字,共读二万八千八百字。总共五年,应读十万零一千八百字。"[1]这里反映的主要是字频字次,而不是字种的要求,且是以一种日均数的方式推算出来的。

1923年的《新学制课程标准纲要小学国语课程纲要》则从毕业要达到学习水平的角度提出了以下的数量。"(初级小学)识最普通的文字二千个左右","(高级小学)识字累计至三千五百个左右"[2]。初级小学即现今的小学四年级,高等小学即小学六年级,这是大纲中首次出现了汉字学习的数量要求,这个要求应是高于现在的汉字学习数量。值得注意的是,这里

---

[1] 《奏定初等小学堂章程》(1904年),载课程教材研究所编《20世纪中国中小学课程标准·教学大纲汇编:语文卷》,人民教育出版社,2001,第5页。

[2] 《新学制课程标准纲要小学国语课程纲要》(1923年),载课程教材研究所编《20世纪中国中小学课程标准·教学大纲汇编:语文卷》,人民教育出版社,2001,第15页。

出现了"最普通的文字"的说法。最早做字频统计的教育家是陈鹤琴先生,统计结果就是《语体文应用字汇》。它产生于20世纪20年代初,"算得上我国最早具有现代语料库意义的一项成果。《字汇》常见有3个版本,原版1922年发表于《新教育》杂志第5卷第5期987页至995页。本次重刊的即是依据1922年的版本,只是将当初的繁体字转为简体"①。从时间上推算,1922年首次发表了汉字字频,1923年就写出了课程大纲,可见课程大纲对汉字学习"数量"的重视。

1956年的《小学语文教学大纲(草案)》对小学一、二年级提出了识字要求:"教学大纲里规定小学第一、二年级的阅读教学以识字为重心,在这两年里比较集中地教会儿童认识必要数量的(不超过1500个)常用汉字。"②对后面年级提出了继续学习汉字的任务,但在数量上没有提出要求。"从第三学年起不再把识字当作教学的重点。……从第四学年起要教儿童翻字典或词典,靠字典或词典来认识生字。"③

1963年的大纲应是首次明确地分年级提出了汉字学习的数量要求的。小学一年级"全年识字约七百五十个。要求认清字形,读准字音,了解字义,要牢固地掌握已经认识的字,大部分能默写",二年级"全年识字约八百五十个",三年级"全年识字约六百个",四年级"继续识字约五百个",五年级"继续识字约四百个",六年级"继续识字约四百个"④。以上六个年级加起来是3500个汉字。这里没有列出哪3500个汉字,没有列出数字对应的汉字,因这涉及字序字种的问题,但对字量的要求明确了。这里的规定巩固了1923年大纲对汉字学习字量的判断,只是已经相隔了40年之久。

1978年的大纲作了这样的规定:"在小学阶段要使学生学会常用字3000个左右。前三年学会2500个左右。"⑤这时的规定出现了两个明显变

---

① 陈鹤琴:《语体文应用字汇》,《语料库语言学》2014年第1期。
② 《小学语文教学大纲(草案)》(1956年),载课程教材研究所编《20世纪中国中小学课程标准·教学大纲汇编:语文卷》,人民教育出版社,2001,第119页。
③ 《小学语文教学大纲(草案)》(1956年),载课程教材研究所编《20世纪中国中小学课程标准·教学大纲汇编:语文卷》,人民教育出版社,2001,第120页。
④ 《全日制小学语文教学大纲(草案)》(1963年),载课程教材研究所编《20世纪中国中小学课程标准·教学大纲汇编:语文卷》,人民教育出版社,2001,第158—173页。
⑤ 《全日制十年制学校小学语文教学大纲》(1978年),载课程教材研究所编《20世纪中国中小学课程标准·教学大纲汇编:语文卷》,人民教育出版社,2001,第177页。

化，一是小学阶段要学习的汉字总数较之前减少了 500 个，二是将原来规定小学前四年级要学习的 2500 字压缩至三年要学会。这可能与集中习字法的推广有关。1980 年的大纲延续了这样的字量规定。

1986 年的大纲对汉字字量的规定又略有变化："认识常用汉字三千个左右，要求掌握二千五百个左右。能初步辨析字的音、形、义……"①这里的规定在汉字总数上还是 3000 个，看上去没有变，但提出了"掌握二千五百个左右"，这个要求在数量上是降低了，但对汉字分出了更细致的要求，以后就分出了会认、会读与会写、会用的区别。在年级上则分出一至六年级要认识的汉字分别是 650、900、750、400、200、100 个，总数为 3000 个。至该年出版的《现代汉语常用字表》，已经明确分出"常用字 2500 个"，为小学生要求掌握的汉字数，"次常用字 1000 个"，为初中生要求掌握的汉字数。表中的 2500 可视为是要求"掌握"，而不仅仅是"认识"的汉字了。

1988 年的大纲去掉了 1986 大纲的模糊说法，直接要求是："在小学阶段，要使学生学会常用汉字 2500 个左右。"②一至六年级要学会的汉字也变成了 400、750、550、400、250、150 个，总数是 2500 个。为什么要在不同的年级之间减少一些或增加一些，减少或增加的是哪些字，没有交代。这应是量化的难点，也是大纲中其他知识点普遍存在的难点。这个要求延续到了 1992 年的大纲。

2000 年的大纲在汉字学习的数量与要求上略有变化。"认识常用汉字 3000 个左右。学会其中的 2500 个左右，做到会写，并了解在具体语言环境中的意思。"这里没有分出单个年级，只是按低、中、高年级提出了具体汉字数量的要求：低年级"认识常用汉字 1800 个左右，其中 1200 个左右会写"，中年级"认识常用汉字 2500 个左右，其中 2000 个左右会写"，高年级"认识常用汉字 3000 个左右，其中 2500 个左右会写"③。

2011 年的大纲又有了些许的变化。第一学段"认识常用汉字 1600 个

---

① 《全日制小学语文教学大纲》(1986 年)，载课程教材研究所编《20 世纪中国中小学课程标准·教学大纲汇编：语文卷》，人民教育出版社，2001，第 194 页。
② 《九年制义务教育全日制小学语文教学大纲(初审稿)》(1988 年)，载课程教材研究所编《20 世纪中国中小学课程标准·教学大纲汇编：语文卷》，人民教育出版社，2001，第 210 页。
③ 《九年制义务教育全日制小学语文教学大纲(试用修订版)》(2000 年)，载课程教材研究所编《20 世纪中国中小学课程标准·教学大纲汇编：语文卷》，人民教育出版社，2001，第 255—258 页。

左右，其中 800 个左右会写"，第二学段"累计认识常用汉字 2500 个左右，其中 1600 个左右会写"，第三学段"累计认识常用汉字 3000 个左右，其中 2500 个左右会写"①。

通过以上的引述，可以看到课程大纲对教育教材语言数量要求的力度。虽然这里显示了要求的不稳定性，但只要是能提出刚性要求的，都是尽量会提出的。

说到底，对汉字的"数量"要求还是相对较好做出，但对"词语"的要求就比较难了。本书的第十六章就道出了语文教育界对词汇量化的期待与呼唤。当实在难以做到时，人们总是会想出其他的办法。如：早在 1929 年版的大纲，就有这样的叙述："知道通用的辞累计至……个左右。或精读教育部所审定的高级小学国语教科书四册，略读倍于高小国语教科书的儿童图书三倍以上。"②这里的具体数字处是空着的，而想出了一种"倍于"的估计方法。这里的基于对象数，倍于数，及"三倍以上"数，都是粗而略之的，但大纲对教育教材语言数量的影响力与制约力，却是再明显不过的。

2. 对教育教材语言质量的要求

课程大纲对教育教材语言质量的要求同样是明确而清晰的，且从计量研究角度来看都是可观察、可计算、可统计的。

能进入教材的，都不是随便的知识。如：我们在对新中国首套小学教材《国语课本》进行词汇的统计中，发现其中出现了不少"乡公所""村政府""区公所"等词。"村政府派人把鞋送区公所，还写了这样一个便条，叫那人带去。""区公所收到军鞋，开了一个收据，叫送鞋的人带回来。"（二年级下册第 33 课《便条和收据》）"抗战后，民主政府关心人民生活，号召挖井。"（二年级下册第 14 课《挖井》）"爹叫小五到村政府借棉籽，小五说：'借多少？'"（二年级上册第 15 课《借条》）"打蝗虫：一发现蝗虫，要马上报告政府，组织群众来打。"（三年级下册第 9 课《消灭蝗虫》）开始以为是课文的故事主要发生在山西、河北、内蒙古的北方农村，是随着写农村故事而出现的语境用词。结果后来在课程大纲中看到，在"教材内容范围"有关

---

① 中华人民共和国教育部制定《全日制义务教育语文课程标准(2011 年版)》，北京师范大学出版社，2011。
② 《小学课程暂行标准小学国语》(1929 年)，载课程教材研究所《20 世纪中国中小学课程标准·教学大纲汇编：语文卷》，人民教育出版社，2001，第 21 页。

"关于公民的"范围中明确提出了要有"有关保甲编制,乡镇公所、县市政府和地方自治的意义、工作等的"内容①。

在此教材中,中华人民共和国的"国旗"首次出现在一年级上册第11课《升国旗》中,"国徽"首次出现在四年级上册第2课《国徽》中。因为大纲在"阅读方面"的"内容实质"中的第一条要求就是"祖国的标帜和纪念节日"②。

3. 对教育教材语言层级的要求

前面提到课程大纲中对教学内容分年级、分学期的安排,就是典型的"层级"要求。层级性不仅会在教育教材语言的"叙述语言"中呈现出来,也会在"对象语言"中呈现出来。这里来分析一个细小却很典型的例子。

1992年公布了《九年义务教育全日制小学语文教学大纲》,1994年7月18日国家教育委员会就发出了《关于印发中小学语文等23个学科教学大纲调整意见的通知》(教基[1994]15号)。调整原因是:"为执行国务院颁发的新工时制度,我委对现行中小学课程(教学)计划进行了调整(见教基[1994]14号文件),同时相应调整了有关学科的教学大纲的内容和要求。"1995年3月25日国家颁发了时任国务院总理李鹏签署的国务院第174号令《国务院关于修改〈国务院关于职工工作时间的规定〉的决定》,决定自1995年5月1日起,实行五天工作制。教育部在新学年即将开始之初也作了压缩性调整。调整内容有三条,都是表现为某个语文知识在不同学年、不同学期之间的变更,内容如下:

(1)汉语拼音。删去"低年级学生在写话的时候,可以用音节代替没学过的汉字"的提法。

(2)识字、写字。将学习部首查字法由二年级调至三年级。

一、二年级练习写铅笔字,三年级开始学写钢笔字、毛笔字。关于写毛笔字,三年级上学期"学习用毛笔描红",三年级下学期"学习用毛笔仿影",四年级开始"学习用毛笔临帖"。

---

① 《小学国语科课程标准》(1941年),载课程教材研究所编《20世纪中国中小学课程标准·教学大纲汇编:语文卷》,人民教育出版社,2001,第46页。
② 《小学语文课程暂行标准(草案)》(1950年),载课程教材研究所编《20世纪中国中小学课程标准·教学大纲汇编:语文卷》,人民教育出版社,2001,第63页。

(3)阅读。五年制小学二年级删去"学习课文中用词造句、连句成段的一些方法"的要求。六年制小学二年级删去"学习课文中用词造句的一些方法"的要求。五年制小学三年级第 14 条改为"学习课文是怎样用词造句、连句成段的";四年级第 14 条改为"学习课文是怎样观察事物、用词造句、连句成段、连段成篇的"。六年制小学三年级第 14 条改为"学习课文是怎样观察事物、用词造句、连句成段的";五年级第 14 条改为"学习课文是怎样观察事物、用词造句、连句成段、连段成篇的"。

以上调整内容都是在上下年级之间的变化,前一年级的调至后一年级,低一年级的调至高一年级。通过改变知识的"层级"降低了教育教材语言中"对象语言"的"层级",来达到降低学习难度的目的。调整的原因是学时减少了。"由于一、二年级减少课时,有必要对低年级适当降低要求,减少难度。这次调整,把精简(或后移)教学内容,降低低年级教学难度,以及防止在某些年级、某一局部的教学中超纲,作为重点。"第 1 条汉语拼音的变化也是为了降低难度。"'低年级学生在写话的时候,可以用音节代替没学过的汉字'的提法和大纲规定的'抄写音节'的要求不很一致,部分学校及教师为了使学生能够用音节代替汉字,提出默写音节的要求,加重了学生的负担。"[①]

以上充分讨论了课程大纲对教育教材语言提出的"数量""质量""层级"的要求,同时还要看到距离应该要做到的还是远远不够的。现在的大纲规定,或是提出的要求不全面,覆盖的知识面、知识点有限;或是要求不明确,朦胧有余,具体不够;或是难度加大,无从下手。如:对"词汇"的词量、词种、词级的要求,对"语法"的多与少、难与易的要求,虽然列进了对单句、复句、修辞的学习要求,但对"单句"的简单单句与复杂单句的区分,对"复句"的简单复句与复杂复句的区分,对"修辞"的单用与套用的区分,都还是粗而未细。

即使是在公认为做得最好的"汉字"上,经不起推敲的地方还有不少。如:小学生的汉字学习对象是注重字形还是字义,是注重单个字形还是要

---

[①] 本段几处引文见《〈九年义务教育全日制小学语文教学大纲(试用)〉的调整意见》,《九年义务教育全日制小学语文教学大纲》(试用修订版)(2000 年),载课程教材研究所编《20 世纪中国中小学课程标准·教学大纲汇编·语文卷》,人民教育出版社,2001,第 253—254 页。

考虑字的组合力,确定汉字常用性的字频是要靠社会用字用语的语料,还是要靠儿童认知需求、儿童认知能力,抑或是儿童读物儿童用字的字频。

因此,通过对教育教材语言的研究,在看到课程大纲对教育教材语言有着强大影响力、支撑力的同时,也有理由看到课程大纲在这方面还有诸多值得进一步完善的地方。语文课程大纲在科学化的道路上还有很长的路要走。

(三)课程大纲对教育教材语言研究两个关键点的影响

上面所谈的数量、质量、层级都还是在知识方面的影响。其实,课程大纲对教育教材语言还有着其他至关重要的影响,这就是在"培养目标"上的规定。不同的规定,不同的诠释,其看上去似乎总是在平衡中的有意无意的倾向性,会导致教材的重心出现移动,任何改动或增删都会对教育教材语言的面貌、性质、构成,会对它的数量、质量、层级产生或明或暗的影响。这就是所有的现代中小学语文教学的理论研究家、教学史研究家、教育家都会谈到的一个问题:语文课程的"工具性"与"人文性"之争、之辩、之摇摆。所谓"人文性"也就是以"政治思想"为主要内容的人文性要求。

下面列出的是各个时期的课程大纲对语文培养目标的说明:

20世纪20年代之初是"练习运用通常的语言文字,引起读书趣味,养成发表能力,并涵养性情,启发想象力及思想力"[①]。

30年代是"(一)指导儿童运用国语,养成其正确的听力和发表力。(二)指导儿童学习平易的语体文,并欣赏儿童文学,以培养其阅读的能力和兴趣。(三)指导儿童练习作文,以养成其发表情意的能力。(四)指导儿童练习写字,以养成其正确、敏捷的书写能力"[②]。

50年代是"一、使儿童通过以儿童文学为主要形式的普通语体文的学习、理解,能独立、顺利地欣赏民族的大众的文学,阅读通俗的报纸、杂志和科学书籍。二、使儿童通过说话、写作的研究、练习,能正确地用普通话和语体文表达思想感情。三、使儿童通过写字的研究、练习,能正确、迅速地

---

[①]《新学制课程标准纲要小学国语课程纲要》(1923年),载课程教材研究所编《20世纪中国中小学课程标准·教学大纲汇编:语文卷》,人民教育出版社,2001,第13页。

[②]《小学课程标准国语》(1932年),载课程教材研究所编《20世纪中国中小学课程标准·教学大纲汇编:语文卷》,人民教育出版社,2001,第22页。

书写正书和常用的行书。四、使儿童通过普通话和语体文并联系各科的学习,能获得初步的自然史地常识,并具有爱国主义思想和国民公德"①。

60年代是"(一)语文是学好各门知识和从事各种工作的基本工具(下有阐发文字约600字。略)。(二)小学语文教学的目的,是教学生正确地理解和运用祖国的语言文字,使他们具有初步的阅读能力和写作能力"②。

70年代是"小学语文教学必须高举毛主席的伟大旗帜,完整地准确地贯彻毛主席的思想体系,重视从小培养学生的无产阶级世界观。这个指导思想,要体现在整个小学语文教学之中。小学语文教学的目的是培养学生识字、看书、作文的能力,初步培养准确、鲜明、生动的文风。小学语文教学的要求是使学生基本掌握常用汉字,初步打好阅读和写作的基础。1. 学会汉语拼音,以帮助识字和学习普通话;2. 学会常用汉字3000个左右,掌握常用的词汇;3. 会用铅笔、钢笔写字,学习写毛笔字;4. 学会查字典;5. 能读懂适合少年儿童阅读的书报,理解主要内容,有初步的分析能力;6. 会写简短的记叙文和常用的应用文,做到思想健康,中心明确,内容具体,条理清楚,语句通顺,书写工整,注意不写错别字,会用常用的标点符号"③。

80年代是"小学语文教学必须重视从小培养学生的无产阶级世界观。这个指导思想,要体现在整个小学语文教学之中。小学语文教学的目的是培养学生识字、看书、作文的能力,初步培养准确、鲜明、生动的文风。小学语文教学的要求是使学生基本掌握常用汉字,初步打好阅读和写作的基础。1. 学会汉语拼音,以帮助识字和学习普通话;2. 学会常用汉字3000个左右,掌握常用的词汇;3. 会用铅笔、钢笔写字,学习写毛笔字;4. 学会查字典;5. 能听懂普通话,听人讲话能抓住主要意思;6. 能说普通话,能当众说清楚自己的意思;7. 能读懂适合少年儿童阅读的书报,理解主要内容,有初步的分析能力;8. 会写简短的记叙文和常用的应用文,做到思想健康,中心明确,内容具体,条理清楚,语句通顺,书写工整,注意不写错别字,会用常

---

① 《小学语文课程暂行标准》(1950年),载课程教材研究所编《20世纪中国中小学课程标准·教学大纲汇编:语文卷》,人民教育出版社,2001,第62页。
② 《全日制小学语文教学大纲》(1963年),载课程教材研究所编《20世纪中国中小学课程标准·教学大纲汇编:语文卷》,人民教育出版社,2001,第153页。
③ 《全日制十年制学校小学语文教学大纲》(试行草案)(1978年),载课程教材研究所编《20世纪中国中小学课程标准·教学大纲汇编:语文卷》,人民教育出版社,2001,第176—177页。

用的标点符号"①。

90年代是"小学语文教学的目的,是指导学生正确地理解和运用祖国的语言文字,使学生具有初步的听说读写能力;在听说读写训练的过程中,进行思想政治教育和道德品质教育,发展学生的智力,培养良好的学习习惯"②。值得注意的有两点,一是这里把上面有关汉字学习的内容放到另外独立出来的"要求"中去了,二是对学习汉字的数字由3000字降至2500字,"学会常用汉字2500个左右"。

21世纪初是"小学语文教学应立足于促进学生的发展,为他们的终身学习、生活和工作奠定基础。小学语文教学应培育学生热爱祖国语言文字和中华优秀文化的思想感情,指导学生正确地理解和运用祖国语文,丰富语言的积累,使他们具有初步的听说读写能力,养成良好的语文学习习惯。在教学过程中,使学生受到爱国主义教育、社会主义思想品德教育和科学思想方法的启蒙教育"③。

21世纪前10年是课程目标从知识与能力、过程与方法、情感态度与价值观三个方面设计。三者相互渗透,融为一体。目标的设计着眼于语文素养的整体提高。1.在语文学习过程中,培养爱国主义、集体主义、社会主义思想道德和健康的审美情趣,发展个性,培养创新精神和合作精神,逐步形成积极的人生态度和正确的世界观、价值观。2.认识中华文化的丰厚博大,汲取民族文化智慧。关心当代文化生活,尊重多样文化,吸收人类优秀文化的营养,提高文化品位。3.培育热爱祖国语言文字的情感,增强学习语文的自信心,养成良好的语文学习习惯,初步掌握学习语文的基本方法。4.在发展语言能力的同时,发展思维能力,学习科学的思想方法,逐步养成实事求是、崇尚真知的科学态度。5.能主动进行探究性学习,激发想象力和创造潜能,在实践中学习和运用语文。6.学会汉语拼音。能说普通话。认识3500个左右常用汉字。能正确工整地书写汉字,并有一定的速度。

---

① 《全日制十年制学校小学语文教学大纲》(试行草案)(1980年),载课程教材研究所编《20世纪中国中小学课程标准·教学大纲汇编:语文卷》,人民教育出版社,2001,第185—186页。
② 《九年义务教育全日制小学语文教学大纲》(1992年)(试用),载课程教材研究所编《20世纪中国中小学课程标准·教学大纲汇编:语文卷》,人民教育出版社,2001,第232页。
③ 《九年义务教育全日制小学语文教学大纲》(试用修订版)(2000年),载课程教材研究所编《20世纪中国中小学课程标准·教学大纲汇编:语文卷》,人民教育出版社,2001,第255页。

7.具有独立阅读的能力,学会运用多种阅读方法。有较为丰富的积累和良好的语感,注重情感体验,发展感受和理解的能力。能阅读日常的书报杂志,能初步鉴赏文学作品,丰富自己的精神世界。能借助工具书阅读浅易文言文。背诵优秀诗文240篇(段)。九年课外阅读总量应在400万字以上。8.能具体明确、文从字顺地表达自己的见闻、体验和想法。能根据需要,运用常见的表达方式写作,发展书面语言运用能力。9.具有日常口语交际的基本能力,学会倾听、表达与交流,初步学会运用口头语言文明地进行人际沟通和社会交往。10.学会使用常用的语文工具书。初步具备搜集和处理信息的能力,积极尝试运用新技术和多种媒体学习语文①。

这里所有的规定,无疑是具有那个时代的代表性的。从这些论述中,我们可以强烈感受到它们对语文课的课程性质、课程内容、课程重心、教学内容产生怎样的影响。这里把课程大纲看作对教育教材语言的语境大厦,产生支撑力、影响力最大,也是最重要的一根支柱,原因就在于此。

## 第二节
## 大陆和台湾地区基础教育语文课程大纲比较

2005年以来,国家语言资源监测与研究教育教材中心对基础教育教材语言状况进行了调查。当时通过招标设立了四个基础教育方面的课题:"人教版、苏教版中小学语文教材对比研究""上海市中小学语文教材语料库""台湾地区九年一贯课程纲要下的'国语'教材语言面貌分析""香港地区基础教育语文教材的语言基本概貌及特点"。在设立并实施这些课题的过程中,我们一直在思考两个问题:一、语文知识与语文能力之间有着怎样的关系?二、在不同汉语区的基础教育中,语文课教学有着怎样的共性与差异性?② 对后一个问题,选取了大陆与台湾地区来进行比较。比较的材料是两地的语文课程大纲及部分有代表性的教材。大陆的《语文课程标准》2万余字,刊行于2001年,下面简称《课程标准》。台湾地区的《中小学

---

① 中华人民共和国教育部制定:《全日制义务教育语文课程标准(2011年版)》,北京师范大学出版社,2011。
② 苏新春、杜晶晶、关俊红、郑淑花:《教育教材语言的性质、特点及研究意义》,《语言文字应用》2007年第4期。

九年一贯课程纲要》3万余字,刊行于2000年,2001年实施①,下面简称《课程纲要》。

这两份文件内容极为丰富,高度概括了大陆和台湾地区对同一门(语文)课程的理解和规定。在这些理解与规定中,哪些来源于课程本身的工具性内容,哪些来源于人们观念的差异,其中又有哪些共性,哪些差异性,都非常值得关注。这两份大纲有着重要的作用与地位,里面值得人们关注、比较、挖掘的东西非常多。

**一、大陆和台湾地区语文课程大纲的共性**

《课程标准》与《课程纲要》尽管内容详略不同,表述方式有所不同,若干内容也存在有无的差别,但除去某些政治、文化、观念上的差异,二者在语文课的知识性、科学性、工具性上,对语文课的性质与理念、课程目标、学段划分、学段目标、语文知识与能力内容等的认识却有着高度的共性。

(一)课程性质与理念

《课程标准》:

语文是最重要的交际工具,是人类文化的重要组成部分。工具性与人文性的统一,是语文课程的基本特点。

语文课程应致力于学生语文素养的形成与发展。语文素养是学生学好其他课程的基础,也是学生全面发展和终身发展的基础。语文课程的多重功能和奠基作用,决定了它在九年义务教育阶段的重要地位。

课程目标根据知识和能力、过程和方法、情感态度和价值观三个维度设计。三个方面相互渗透,融为一体,注重语文素养的整体提高。各个学段相互联系,螺旋上升,最终全面达成总目标。

《课程纲要》:

1. 培养学生正确理解和灵活应用"本国"语言文字的能力,以使学生具备良好的听、说、读、写、作等基本能力,并能使用语文,充分表情达意,陶冶性情,启发心智,解决问题。

2. 培养学生有效应用华语文,从事思考、理解、推理、协调、讨论、欣赏、

---

① 台湾地区"教育司":《中小学九年一贯课程纲要语文学习领域》,https://www.k12ea.gov.tw/files/97_sid17/"國語文"970505定稿.pdf,访问日期:2009年5月21日。

创作,以扩充生活经验,拓展多元视野,面对国际思潮。

3. 激发学生广泛阅读的兴趣,提升欣赏文学作品的能力,以体认"本国"文化精髓。

4. 引导学生学习利用工具书,结合信息网路,借以增进语文学习的广度和深度,培养学生自学的能力。

共性:对语文课的工具性、人文性、基础性、多功能性具有相同的认识。

(二)课程目标

《课程标准》:

1. 在语文学习过程中,培养爱国主义感情、社会主义道德品质,逐步形成积极的人生态度和正确的价值观,提高文化品位和审美情趣。

2. 认识中华文化的丰厚博大,吸收民族文化智慧。关心当代文化生活,尊重多样文化,吸取人类优秀文化的营养。

3. 培植热爱祖国语言文字的情感,养成语文学习的自信心和良好习惯,掌握最基本的语文学习方法。

4. 在发展语言能力的同时,发展思维能力,激发想象力和创造潜能。逐步养成实事求是、崇尚真知的科学态度,初步掌握科学的思想方法。

5. 能主动进行探究性学习,在实践中学习、运用语文。

6. 学会汉语拼音。能说普通话。认识3500个左右常用汉字。能正确工整地书写汉字,并有一定的速度。

7. 具有独立阅读的能力,注重情感体验,有较丰富的积累,形成良好的语感。学会运用多种阅读方法。能初步理解、鉴赏文学作品,受到高尚情操与趣味的熏陶,发展个性,丰富自己的精神世界。能借助工具书阅读浅易文言文。九年课外阅读总量应在400万字以上。

8. 能具体明确、文从字顺地表述自己的意思。能根据日常生活需要,运用常见的表达方式写作。

9. 具有日常口语交际的基本能力,在各种交际活动中,学会倾听、表达与交流,初步学会文明地进行人际沟通和社会交往,发展合作精神。

10. 学会使用常用的语文工具书。初步具备搜集和处理信息的能力。

《课程纲要》:

1. 应用语言文字,激发个人潜能,拓展学习空间。

2. 培养语文创作之兴趣,并提升欣赏评析文学作品之能力。

3. 具备语文学习的自学能力,奠定生涯规划与终身学习之基础。

4. 运用语言文字表情达意,分享经验,沟通见解。

5. 透过语文互动,因应环境,适当应对进退。

6. 透过语文学习体认"本国"及外国之文化习俗。

7. 运用语言文字研拟计划,并有效执行。

8. 结合语文、科技与信息,提升学习效果,扩充学习领域。

9. 培养探索语文的兴趣,并养成主动学习语文的态度。

10. 运用语文独立思考,解决问题。

共性:皆主张通过语文的学习达到熏陶情感、认知社会、了解自我、训练思维、提升能力的目的。

(三)学段划分

《课程标准》:

课程目标九年一贯整体设计。课程标准在"总目标"之下,按1—2年级、3—4年级、5—6年级、7—9年级这四个学段,分别提出阶段目标,体现语文课程的整体性和阶段性。

《课程纲要》:

"分段能力指标表":课程目标与能力指标项目按第一阶段(1—2年级)、第二阶段(3—4年级)、第三阶段(5—6年级)、第四阶段(7—9年级)编排。

共性:实行相同的小学至初中的贯通设计,采用了相同的分段标准。

(四)学段目标

《课程标准》:

阶段目标从"识字与写字"、"阅读"、"写作"(1—2年级为"写话",3—6年级为"习作")、"口语交际"四个方面提出要求。课程标准还提出了"综合性学习"的要求,以加强语文课程与其他课程以及与生活的联系,促进学生语文素养的整体推进和协调发展。

《课程纲要》:

1. 分段能力指标系提供教材编辑及教师教学之依据。

2.各阶段能力指标之说明文字依各阶段目标而有所不同。

3.各阶段能力指标之说明文字若有相同或相似者,应依各阶段之能力适度调整其难度。

共性:皆设计了在不同的学习阶段分项完成各项学习指标的思路。

(五)语文知识与能力内容

《课程标准》:

包括:识字与写字,阅读,写作(1—2年级为"写话",3—6年级为"写作"),口语交际,综合性学习。

《课程纲要》:

包括:注音符号,聆听,说话,识字与写字,阅读,写作。

共性:听、说、读、写、汉字、拼音六者皆共同拥有。只是归纳的大类不同。前者的"识字与写字"还包括了后者独立出来的汉语拼写符号,前者的"口语交际"包括了后者分立的"聆听"与"说话"。

通过以上的分析,可以看到大陆和台湾地区在基础教育语文课程的认识上有着许多共通的东西,这种共通性无论是在课程的性质与地位还是教学内容的安排与学习阶段的划分上,都能表现出来。对这种共通之处,我们没有从历时的角度进行探索,没有延伸到还没有分隔开的20世纪前半时期,来考察哪些来自同一个传统,哪些源于后来各自的发展。但这些已有的共通之处已足以使我们建立一个能够进行比较的平台,即大陆和台湾地区使用着共同的语言和文字;有着共同希望达到的语文教育目标;有着共同施行的教学过程、教学手段;有着大致相同的希望达到的能力目标。当然,里面的差异仍相当多,有着宏观与微观的差异,有着重此轻彼的差异,有着彼有此无的差异,但那些共通的东西已经足够多,足以在上面建立起一个进行更深层次、更大范围内的语文教育及教材语言对比研究的平台。

**二、大陆和台湾地区语文课程大纲的差异**

上面就课程大纲的五个方面进行了粗略比较,这是就其大端而言。这已经为寻找大陆和台湾地区共同的语文教育理念与教学规程奠定了扎实的比较基础。其实,二者的理念、风格、技术路线及具体的处理方法,仍有着相当差异。差异是多方面、多层次的,本书要对此进行更多的论述是不太可能的,下面仅以"教材编写"一点来试作分析。

《课程标准》在"实施建议"下的"教材编写建议"提出了以下十点:

1. 教材编写要以马克思主义为指导,坚持面向现代化,面向世界,面向未来。

2. 教材应体现时代特点和现代意识,关注人类、关注自然,理解和尊重多样文化,有助于学生树立正确的世界观、人生观、价值观。

3. 教材要注重继承与弘扬中华民族优秀文化,有助于增强学生的民族自尊心和爱国主义感情。

4. 教材应符合学生的身心发展特点,适应学生的认知水平,密切联系学生的经验世界和想象世界,有助于激发学生的学习兴趣和创新精神。

5. 教材选文要具有典范性,文质兼美,富有文化内涵和时代气息,题材、体裁、风格丰富多样,难易适度,适合学生学习。

6. 教材应注意引导学生掌握语文学习的方法。语文知识、课文注释和练习等应少而精,具有启发性,有利于学生在探究中学会学习。

7. 教材内容的安排应避免烦琐化,简化头绪,突出重点,加强整合,注重情感态度、知识能力之间的联系,致力于学生语文素养的整体提高。

8. 教材的体例和呈现方式应灵活多样,避免模式化。注意为学生设计体验性活动和研究性专题,重视运用现代信息技术。

9. 教材要有开放性和弹性。在合理安排基本课程内容的基础上,给地方、学校和教师留有开发、选择的空间,也为学生留出选择和拓展的空间,以满足不同学生学习和发展的需要。

10. 教材编写应努力追求设计的创新和编写的特色。要重视现代教育技术在语文课程中的运用。编写语言应准确、规范。

《课程纲要》在"实施要点"下的"教材编选原则"谈了以下十三点:

1. 教材编辑应配合各阶段能力指标,以发展学生口语及书面表达之基本能力……

2. 教材设计应就发展学生注音符号及文字应用、聆听、说话、阅读、作文、写字等能力作全程规划……

3. 编选教材范文时:A. 所选用之教材应结合学生的生活经验及当代议

题……B.第三阶段(第六学年)渐次融入文言文,第四阶段应逐年调整文言文所占之比率(第七学年10%—20%、第八学年20%—30%、第九学年25%—35%)。C.第四阶段教材之选文,得视需要附导读、作者、注释、赏析及思考问题等,以增进了解与欣赏能力。

4.有关语文基础常识和语文基本能力培养的材料,如:……

5.各册教材编辑要旨宜检附规划架构表,以便教师及家长参考,并供学生复习与统整。教学指引之编辑亦同。

6.注音符号教材(首册)之编辑:……

7.教材之编辑,宜掌握基本识字量3500—4500字(各阶段识字量可弹性调整),依学习难易,作循序渐进的安排……

8.各阶段之注音原则……

9.聆听教材:……

10.说话教材:……

11.写字教材应配合单元教材习写字之生字为基础,以硬笔为主,毛笔为辅,循序安排基本笔画、笔形、笔顺、笔画变化、间架结构等练习,由浅入深,由简而繁,全程规划,并引导正确写字姿势及执笔方法。A.第一阶段以习写硬笔字为主,第二、三、四阶段,除硬笔字书写练习外,兼习毛笔字。教材除写字姿势、执笔、运笔方法、临摹要领等之基本要项外,并以基本笔画与笔形、笔顺、笔画变化、偏旁写法、间架结构与搭配要领为基础训练。并应配合阅读教材,就已学过的生字,由简而繁,由浅入深,选择适当的字例,通盘规划单元。B.书体:第一、二、三阶段以楷书练习为主。第四阶段教材中的生字,宜练习辨认行书。C.字体大小:第一、二阶段练习硬笔字书写为主。格子的大小,第一阶段,约以1.5—2公分见方为度;第二阶段起,可酌予缩小。毛笔字之练习,第二阶段(第三学年),练习大楷毛笔字,格子的大小,以8—12公分见方为度,可采用九宫格、米字格或田字格。第三阶段(第五学年),兼习中楷,格子的大小,约6—7公分见方为度。第四阶段,除中楷、小楷外,可练习简易行书。D.各年级硬笔、毛笔写字教学,均宜编写或编选字帖、练习簿内的字例,以学生学过的生字为原则。

12.阅读教材:……

13.写作教材:……

阅读以上内容，其差异是显然的。概括说来就是《课程标准》的语言表述更加概括，相当原则化，其原则皆从大处着眼于政治思想指导、社会时代的影响、文化传统的承续，强调的是要符合学生实际，范文要文质兼美，要有利于学习，有利于人文素质的提升，形式要灵活多样。

《课程纲要》则充分表现出微观的技术考虑。对教材内容、课文选择、语言素质都做了"量化"式的规定。从第8至第13点，分别对注音字母、聆听、说话、识字写字、阅读、写作六类教材编写作了明确的规定和要求。上面完整地保留了"写字"一节的叙述文字。在该段叙述中，对书体的类型、字体的大小、硬笔软笔的选择，甚至字帖的九宫格、米字格、田字格要求都细致入微。《课程标准》讲的是原则，那么《课程纲要》讲的更多的是具体的操作方法；前者要实施者发挥悟与想的主观能动性，后者具有较强的可操作性。对"课文编选"，前者说的是"教材选文要具有典范性，文质兼美，富有文化内涵和时代气息，题材、体裁、风格丰富多样，难易适度，适合学生学习"这样高度概括的说明，后者则在课文的文字深浅、题材、文体、表达方式等方面作了详尽的规定。关于文言文甚至提出了每一个年级占多少百分比的硬性规定。

### 三、汉字教学目标的比较

在语文知识方面的教学内容与教学目标的各种规定中，能够提出确定要求范围的汉字。下面比较大陆和台湾地区语文课程大纲在此方面的异同：

表20-2　大陆和台湾地区语文课程大纲中汉字学习要求对比（单位：个）

| 学段 | 课程标准 会认字 | 课程标准 会写字 | 课程纲要 会认字 | 课程纲要 会写字 |
| --- | --- | --- | --- | --- |
| 第一学段(1—2年级) | 1600—1800 | 800—1000 | 700—800 | |
| 第二学段(3—4年级) | 2500 | 2000 | 1500—1800 | |
| 第三学段(5—6年级) | 3000 | 2500 | 2200—2700 | |
| 第四学段(7—9年级) | 3500 | 3000 | 3500—4500 | |

表20-2显示，二者之间有一些共同的东西，如：

按学段的递进来安排不同量的汉字教学；

对字量提出了明确要求；

都没有对字种作出说明，即在这些字量的规定背后，都没有列出附表，指出是哪些字；

都没有对字序作出说明，即先学哪些字，后学哪些字。

二者之间的差异性也表现得较明显：

《课程标准》对第一至第三学段要求学习的汉字数多，特别是第一学段，会认字几乎达到四个学段要掌握的总数的一半。但整个学习过程中总字量较低。

《课程纲要》一至三学段要求低，特别是第一学段要求低，只有《课程标准》的一半。但在整个基础教育阶段，要求学习的汉字总量比较高，高出《课程标准》1000字。第四学段比第三学段增加的汉字数在1300—2300之间。

四、具体教材的用字比较

课程大纲对具体的教学进行指导和规范，它的各项要求应该在教材和教学活动中得到落实。教材体现教学思想和要求，是教学内容的最终表现形式。当然，教学辅助教材的作用也是明显的，教学过程的实施也会对教学内容的丰富和改变产生足够的影响，但教材毕竟是课程大纲的最好体现者。我们选取了大陆和台湾地区各一套较权威的教材就汉字问题做一调查。大陆的是人民教育出版社出版的新课标教材《语文》，小学12册，崔峦、蒯福棣主编，初中6册，顾振彪、顾之川、温立三主编，共18册。下面简称人教版。台湾地区的是康轩出版社2006年出版的《国语》课本，包括小学六年、中学三年，共计18册。下面简称康轩版。

两套教材的总用字数如下：人教版18册，总汉字数420289个，康轩版18册，总汉字数98330个，人教版的总汉字数是康轩版的四倍。

根据汉字使用频次可统计出累加频率，各累加频率段的用字与频次分布情况如下：

表20-3　汉字累加频率分段用字统计表

| 累加频率(%) | 字种数(个) 人教版 | 字种数(个) 康轩版 | 字频(个) 人教版 | 字频(个) 康轩版 |
|---|---|---|---|---|
| 50 | 121 | 132 | 616 | 141 |
| 60 | 210 | 219 | 374 | 94 |
| 70 | 356 | 355 | 225 | 55 |
| 80 | 609 | 594 | 120 | 32 |
| 90 | 1124 | 1053 | 54 | 14 |
| 95 | 1341 | 1537 | 28 | 7 |
| 96 | 1811 | 1690 | 23 | 6 |
| 97 | 2019 | 1885 | 18 | 4 |
| 98 | 2301 | 2153 | 12 | 3 |
| 99 | 2754 | 2567 | 7 | 2 |
| 100 | 4423 | 3418 | 1 | 1 |

通过上表的统计,可以得到以下一些认识:

人教版的汉字字种数4423个,康轩版的汉字字种数3418个。

人教版的汉字字种数比康轩版的汉字字种数多出约1000个。

在各个频率段两套教材的用字数都显示几乎相同的增加幅度,呈现出在一定规模的文本中常用字的分布表现出相同的规律。

在70%的累加频率段以内,两套教材的用字绝对数基本相同,在80%以上的累加频率段,人教版的用字数逐渐多于康轩版的用字数,这是因为人教版的总用字量大于康轩版。

在各个频率段人教版的字频数都要大于康轩版,这也是人教版的总用字量大的缘故。

再将教材的用字情况与课程大纲进行对比,就会发现:

人教版的汉字字种数比《课程标准》规定的汉字数多出918个。

康轩版的汉字字种数比《课程纲要》规定汉字数的下限少82个,比规定汉字数的上限差1082个。

只根据一套教材不好作进一步的判断,但大陆和台湾地区的教材与课程大纲对用字量的要求正好表现出一个偏多、一个偏少,倒是值得关注的现象。根据我们对大陆更多教材的统计,大陆教材的用字数普遍比大纲规定的要多。

通过以上初步统计和分析,可以看到大陆和台湾地区语文课程值得好好交流,教材语言值得深入研究。其理论上的规定性与教材实际情况还有着较大的出入。只有先把语言状况调查清楚了,才能更好地解决语言教学内容、目标及语言能力培养的大问题。

第三节

## 台湾地区九年一贯课程纲要的修订

### 一、修改背景与过程

台湾地区1968年开始实施九年义务教育。教学科目的设定、教学的学时由台湾地区教育事务主管部门颁布的《课程标准》决定,教材由"编译馆"独家出版。当时的教育规划偏离学生经验和学习兴趣的问题突出,并且还存在着课程规划划分过细、课程衔接不当的问题。这种严格的实施标准也限制了学生和教师的自主能动性。20世纪80年代末期,随着台湾地区内部政治环境的逐渐宽松,台湾地区社会各界纷纷要求对当时僵化的教育体制进行变革,认为当时的教育存在着教育政治化、教育商品化的弊病,与开放、富裕、多元的社会形态存在严重脱节的问题。1994年,由台湾地区部分大学的教授、学生家长与200多个民间团体联合组成了"410教育改革联盟",他们呼吁改革教育现状。应台湾地区民众要求,从1994年开始,台湾地区在李远哲主持下启动了对教育制度的改革工作。

2001年9月30日,台湾地区出台了《中小学九年一贯课程暂行纲要》。其后又在2003年、2008年对课程纲要进行了修订。

以往的小学教学科目包括11科,中学科目包括21科。这种繁多的科目划分使学生的学习支离破碎。新制定的九年一贯学习纲要把九年教育作为一个整体进行规划和整合,提出了七大学习领域:1.语文("国语文"、英语、闽南语、客家语、"原住民"语言),2. 健康与体育,3. 社会,4. 艺术,5. 数学,6. 自然与科技,7. 综合活动。并且提出了 9 项课程目标:1. 增进自我了解,发展个人潜能。2. 培养欣赏、表现、审美及创作能力。3. 提升生涯规划与终身学习能力。4. 培养表达、沟通和分享的知能。5. 发展尊重他人、关怀社会、增进团队合作。6. 促进文化学习与国际了解。7. 增进规划、组织与实践的知能。8. 运用科技与信息的能力。9. 激发主动探索和研究的精神。

2002 年以来,暂行纲要在实践中的一些问题开始显现出来。台湾地区教育事务主管部门在 2002 年 11 月 21 日发布了《九年一贯课程改革实施二年总检讨》的项目报告,当时的台湾地区教育事务主管部门负责人黄荣村于 2003 年 10 月 13 日作了《中小学九年一贯课程之问题与检讨》的报告,认为暂行纲要存在着"1. 教师不熟悉统整课程及协同教学。2. 家长不了解九年一贯课程。3. 学习阶段宽松、衔接问题。4. 县市英语教学起始年级不一。5. 教科书内容疏漏。6. 一纲多本增加学生负担"等诸多问题[①]。

鉴于以上问题,台湾地区开始对暂行纲要进行修订。先后于 2003 年 1 月 15 日对语文领域、健康与体育领域、生活课程、社会领域、综合活动领域、艺术与人文领域,2003 年 2 月 27 日对自然与生活科技领域,2003 年 11 月 14 日对数学领域进行了修订。从 2005 年开始,这种修订又进一步细化。这些修订,集中体现为 03 课程纲要这份文件。

2008 年前后,随着当时台海局势的变化,台湾地区教育事务主管部门又开始对九年一贯课程纲要进行修订。这次修订,除了做了一些结构上的调整之外,其中一个明显的变化是一些词语做了调整。包括"国语文"及"中文"改为"华语文","中国文字"改为"汉字","中华文化"改为"本国文化","乡土"改为"本土"等。例如:原文"乡土与国际意识方面:包括乡土情、爱国心、世界观等(涵盖文化与生态)",经修改后变为"本土与国际意识方面:包括本土情、爱国心、世界观等(涵盖文化与生态)";原文"透过语文学习,认同中华文化,并认识台湾不同族群文化及'外国'之文化习俗"改

---

[①] 黄荣村:《中小学九年一贯课程之问题与检讨》,http://ms1.ttjhs.ntct.edu.tw/~teach/9year/discuss/qa.htm,访问日期:2003 年 10 月 14 日。

为"透过语文学习,认同本土及'外国'之文化习俗"。这些修订,集中体现为 08 课程纲要这份文件。

**二、台湾地区九年一贯课程纲要下"国语文"教育的要求**

在 2001 年公布的暂行纲要中,语文教育分成了"国语文"、闽南语文、客家语文、"原住民"语文和英文 5 个分领域,其中,"国语文"、闽南语文、客家语文、"原住民"语文都属于中文的范畴。每个分领域都有自己的基本理念、课程目标、分段能力指标、分段能力指标与十大基本能力之关系、实施要点这几项具体规划。

暂行纲要的这种架构,在后续 2003 年出台的 03 纲要中基本得到了保留。

从 03 纲要公布的语文的基本理念看,旨在培养学生正确理解和灵活应用语言文字的能力。以期使学生具备良好的听、说、读、写、作等基本能力,并能使用语文,充分表情达意,陶冶性情,启发心智,解决问题。培养学生有效应用中国语文从事思考、理解、推理、协调、讨论、欣赏、创作等能力,以扩充生活经验,拓展多元视野,面对国际思潮。进而激发学生广泛阅读的兴趣,提升欣赏文学作品的能力,以认同中华文化精髓。同时引导学生学习利用工具书,结合信息网络,借以增进语义学习的广度和深度,培养学生自学的能力。而 08 纲要大体上只对涉及中华、中国等的名词进行了修正。

03 纲要将"国语文"的课程目标规定为:应用语言文字,激发个人潜能,发展学习空间;培养语文创作之兴趣,并提升欣赏评析文学作品之能力;具备语文学习的自学能力,奠定终身学习之基础;应用语言文字表情达意,分享经验,沟通见解;透过语文互动,因应环境,适当应对进退;透过语文学习,认同中华文化,并认识台湾地区不同族群文化及"外国"之文化习俗。应用语言文字研拟计划,并有效执行;结合语文与科技信息,提升学习效果,扩充学习领域。培养探索语文的兴趣,并养成主动学习语文的态度;应用语文独立思考,解决问题。

另外,值得注意的是,03 纲要在分段能力指标中,还对各阶段在语言文字方面需要掌握的能力进行了具体的论述,将语文的学习分为三个阶段,第一阶段是一至三年级,第二阶段为四至六年级,第三阶段为七至九年级。

纲要列举了六种能力：注音符号应用能力、聆听能力、说话能力、识字与写字能力、阅读能力、写作能力。

08纲要中，保留了原有的基本理念、课程目标、分段能力指标、分段能力指标与十大基本能力之关系、实施要点这种体系，但是仍旧有新的变化。除了一些用词上的变化之外，最大的变化是学习分成了四个阶段：1—2年级是第一阶段，3—4年级是第二阶段，5—6年级是第三阶段，7—9年级是第四阶段①。语文的学习也是如此。为了适应这种学习阶段的改变，原有的分段能力指标做了调整。例如，2003年的课程纲要规定第一阶段能认识常用中国文字1000—1200字；第二阶段能认识常用中国文字2200—2700字；第三阶段能认识常用中国文字3500—4500字。而在2008年公布的课程纲要中规定第一阶段能认识常用汉字700—800字；第二阶段能认识常用汉字1500—1800字；第三阶段能认识常用汉字2200—2700字；第四阶段能认识常用汉字3500—4500字。

---

① 台湾地区教育事务主管部门：《中小学九年一贯课程纲要总纲》，https://www.k12ea.gov.tw/files/97_sid17/%E7%B8%BD%E7%B6%B1.pdf，访问日期：2002年10月3日。

# 第二十一章
## 课文系统与教育教材语言

  在反映完整的教学过程的所有教学材料中,从前端的教育思想、教育观念的教学大纲,到完整而具体地落实教学大纲的教材编纂与课文编写,再到后端的各种思考题、练习册、参考资料,直至教学实施、教学实践,课文在所有的环节与材料中居于最关键的中间位置。从上承教学大纲与教材编纂的规定指导、明确而清晰的要求与标准,才有了每一篇课文所经历的筛选和取舍;从下观之,有了课文语篇的存在,各种教材语言要素才能集聚成义,才由此获得有效达意功能而成为充满话语活力的交际单位。只有在真实而具体、独立而完整的语篇中,各种教育教材语言的要素才是有意义的。语篇即课文,课文即语篇。课文因此而成为教育教材语言强有力的支撑系统中的一环。对课文的研究,为教育教材语言研究提供有益而强大的支撑作用。

  在前文论述中,有的已经涉及了有关课文的来源、作者、风格、时代、政治立场、题材内容等方面的问题,并因此而归入了相关专题。这一章将对课文的若干自成系统的"体裁""选文""篇目"等问题作集中论述。在这里,从教育教材语言研究的支撑系统角度看,它们可能还不是直接的教育教材语言问题,实际上却为做好后一研究提供了或多或少或明或暗的极为有用的知识、数据及背景。

## 第一节
## 新中国首套中小学语文教材的课文体裁研究

新中国首套中小学语文教材为刘松涛等编写的小学教材及宋云彬等编写的初中教材,具体信息可见第四章第三节。教材共有 635 篇课文,每篇课文都呈现了课文的体裁形式。这些课文体裁对认识这一时期的教材内容与特征,认识教材语言面貌与特征,都提供了最直接的背景材料。

### 一、体裁划分依据

体裁分析如果单就某篇文章作出判断,似乎并不困难。但要对所有体裁作出整体的条分缕析、互无勾连掺杂,对一定范围内的所有文章作出非此即彼的体裁归类,则非一件易事。特别是当这些文章还是属于从语文学习零起点的小学一年级直至达到中等文化程度的初中三年级为止的九个年级之内,更是有着相当的难度。在语文教学领域,小学与初中对"文章"的感知能力是相差极大的。体裁的分析,从本质上说是基于"文章""语篇"而言的。在小学阶段,特别是低年级,还主要停留在字、词、句阶段,只有到了中、高年级才开始在句、段的基础上进入到"篇"的层次,开始认识"语篇"的基本结构、形式与功能。到了初中阶段,对"语篇"的认识才成为主要内容,进一步来认识语篇的结构与功能、内涵与外延、基本形式与艺术变化的层次。把相差如此之大的课文都归拢到一个模式下来分类,显然是不合适的。

朱广贤先生提出"两门八类多体分"的体裁划分法是有相当道理的[①]。朱氏之法将所有文章先划分为"两门",即"实用文章门"和"文学作品门"。实用文章包括记叙、议论、说明、应用四类,以满足一般实际需求、体现现实应用价值为主,且有稳定体裁格式的文章归属此类。文学作品门由诗歌、散文、小说、戏剧四类组成,以满足精神需求、以体现审美意义的文章归属此类。这样的划分注意到了小学语文学习与初中语文学习之间存在的巨大差异。

---

① 朱广贤:《中国文章分类学研究》,民族出版社,2000,第 230 页。

叶圣陶先生早在半个多世纪前就指出："我们当国文老师，必须具有两个基本观念。……第一，国文是语文学科，在教学的时候，内容方面固然不容忽视，而方法方面尤其应当注重。第二，国文的涵义与文学不同，它比文学宽广得多，所以教学国文并不等于教学文学。"[①]这里指出"国文"与"文学"有着很不一样的地方，"国文"比"文学"宽广得多。这一意见是很有针对性的。因为"文学"是对成熟的、艺术的、精致的文学作品的分类，而"语文"是对基础的、日常的、自然的文章的分类。当然任何分类都不容易做到泾渭分明，如论说文就很容易跨实用与文学类。又如韵文的代表诗歌应是文学的，但儿歌童谣也有韵的特点，直白、简洁、浅近为其基本特点，主要存在于少儿学习阶段，故在诗歌之外再分出儿歌类。

分析时先对每篇课文作出体裁的判断，在此基础上再作体裁的归纳分类。归类时考虑了多个因素：注重文章的体裁特征即文章的形式特征；立类归类宜粗而不宜细；有多个特征时依主要特征归类；优先考虑教材本身的证据，如课文所带注释、题解、练习等方面的说明。具体说来如下：

1. 小学阶段主要依据实用文章分类法来划分，初中阶段主要依据文学作品分类法来划分。实用文章分类法主要包括记叙文、应用文、说明文、诗歌四大类；文学作品分类法主要包括散文、小说、戏剧、诗歌、论说文五大类。

2. 体裁类别划分宜粗不粗细。如小学阶段的记叙文包括故事、童话、神话、传说、参观记等；"启事""通知""广告""请假条""报告""介绍信""计划书"同类；"借条""欠条""收据""发票"同类；"儿歌"与"童谣""快板"同类；"戏剧"下有"话剧""京剧""秧歌剧"；"论说文"下有"评论""杂文""社论"等。

3. 有特殊形式标志的可独立成类，形式标志不典型、不明确的则类而不分。如小学阶段的记叙文的面就包括较宽，陈述性文章，非韵文的文章，没有固定的开头、结尾、称呼、落款格式的文章，都可归纳其中。初中阶段的散文也是一个较宽的类，包括有故事、人物、过程的文章，还包括一些真实性强的文章，如回忆录、游记等。对下面这样有明显标志的则可分而

---

① 叶圣陶：《国文教学的两个基本观念》，载《叶圣陶语文教育论集》，教育科学出版社，1980，第56页。

立之：

(1)有确定故事来源或原形的归入寓言类而非记叙类。如：《三个故事》(七上第6课)，这三个故事用现代白话写成，但实际上是古代的"邻人窃斧""郑人买履""曲突徙薪"三个寓言故事，故归于此。

(2)句子长短有着错落有致的变化，或有韵律节奏的起伏，则可归入儿歌童谣类而非记叙类。如：《龟兔赛跑》(三上第9课)："河岸上，太阳好，乌龟用力在学跑。白兔看见了，对着乌龟哈哈笑：'笨东西，你也想学跑了？'"又如：《请毛主席来望望》(三下第20课)："贫农李老头，鬓发白苍苍。工作积极精神旺，年轻人也赶不上。前天支部批准他加入中国共产党。那天大会上，他见毛主席的像，上去就作揖，大家说：'不需要这样。'"像上面的文章，在课本中都是分段而不是以叙述的语气连排而下，句末字形成了明显的韵律落脚点，如《龟兔赛跑》中的"好""跑""笑""跑"，《请毛主席来望望》中的"苍""旺""上""党""像""样"，都显示出很强的句法与韵律结构。

(3)有完整故事发展过程，有情节变化，虚构拟设成分较明显的可归于小说类而非散文类。如：《见列宁去》(七上第8课)，尽管课文开头的句子是很写实的，如："一九一七年十月二十五日(公历十一月七日)，列宁领导赤卫队和革命军队在彼得格勒起义，先后占领了炮台、车站、邮局、电报局、政府各部和国家银行。"但后面的故事构思设计的分量重，主要写一位西伯利亚来的老汉一路周折，经历了向赤卫队员、卫兵、大个子卫兵的打听，再来到现场听了列宁的演讲，课文最后以老汉的话"列宁把我要告诉他的话全说了"来点题。

(4)新闻分量较重，尽管文学性较浓，仍归入新闻类而非散文类。如：《罗伯逊》(七上第25课)，全文有着浓郁的文学色彩，如最后一段"我们带着严肃和兴奋的心情走出会场。罗伯逊的雄壮的歌声和他魁梧的身影长久地留在我们的记忆里"。但全文的新闻要素还是很明显，如首段就准确反映出了新闻的时、事、人："一九四九年六月，我们职工代表团出国参加世界职工联合大会第二次大会，路过莫斯科，住在克里姆林宫对面的国际大旅社里。"又如：《杜伯洛维娜参观师大附中》(七上第2课)等。它们在进入教材时都经历过一定的改写。如《罗伯逊》后面的注释："一九四九年十月十二日《人民日报》上登载了代表团经过莫斯科的一篇报告,经过编者改写,就成这一篇课文。"《杜伯洛维娜参观师大附中》后面的注释:"这篇是根据一九四九年十月十一日《人民日报》上登载的一篇新闻通讯改写的。"改写后的课文,考虑到教材功能与学习者的特点,在文章体裁上出现模糊情状,是好理解的。

4. 优先考虑教材本身作出的体裁判断,如课文的注释、题解、练习等方面的说明。上文提到的《罗伯逊》《杜伯洛维娜参观师大附中》即具有这样的特征。又如:《二十世纪年代记》(九下第9课)文后的"思考·讨论·练习"第1题是"这篇小说只用一句话点出了它的主题。把这句话找出来",即归入小说类。又如《一个佃户的自述》,讲述了佃户自己从小当长工,做牛做马,生活苦不堪言,甚至想上吊寻短见,后来翻身得解放,分田分地,过上幸福生活的经历。故事性很强,充满细节,归入散文或小说亦是可以的。但课文后的"思考·讨论·练习"注明:"这篇是从一九五〇年五月九日《河南日报》选来的。……末了原有一行附注'于宝丰四区西太平',可见谈话的地点是河南宝丰县的乡下。"故归入"新闻报告类"。

5. 当文章体裁有多种特征,则根据主要特征来归类。如:《冀中的地道斗争》(七下第15课)具体记述、详细描绘了冀中地区开设地道战的真实情况,里面保留了大量的细节,归入小说类或散文类会相当程度上影响到课文真实性的再现,故归入新闻报道类。如《给颜黎民的信》(七上第17课)课文形式是书信,但主要内容是阐述"只看一个人的著作,结果是不大好的","专看文学书也不好的"。课文后的"思考·讨论·练习"第1题提示:"这封信里告诉我们不要专读一个人的著作……"故归入"论说文"而不是"书信"类。如:《沙眼》(二上第23课),主要内容是通过王老师的口来介绍沙眼是一种传染病及如何防治,故归入"说明文"类。又如:《怎样写大众文》(七下第16课),从题目来看,这很像是一篇说明文,但全文展现出了很强的说理性,先说"我们要知道怎样写大众文,先要知道白话文的毛病在哪儿",再说"大众文应该写大众需要的事",继之是"大众文应该照大家说话的口气",再之是"要请大众的耳朵做我们的先生",故归入"论说文"类而不是"说明文"类。

## 二、体裁状况调查

635篇课文所用体裁归纳起来有"记叙文""应用文""文学作品"三大类,内有16小类、49小项。下面用两张表来显示整套教材的体裁状况。

表21-1 课文体裁分类数量表

| 大类 | 序号 | 小类 | 细目 | 课文(篇) | 比例(%) | 合计 |
|---|---|---|---|---|---|---|
| 记叙文 | 1 | 记事文 | 故事、传说、童话、神话、参观记 | 332 | 52.28 | 382 (63.31%) |
| | 2 | 寓言 | 寓言 | 6 | 0.94 | |
| | 3 | 儿歌 | 儿歌、童谣 | 39 | 6.14 | |
| | 4 | 谜语 | 谜语 | 5 | 0.79 | |
| 应用文 | 5 | 日记 | 日记 | 8 | 1.26 | 110 (17.17%) |
| | 6 | 书信 | 家信、公开信、汇报信、遗书 | 20 | 3.15 | |
| | 7 | 借条 | 借条、便条、收据、发票 | 4 | 0.63 | |
| | 8 | 启事 | 启事、广告、报告、通知、请假条、计划书、倡议书、会议记录、介绍信、文告 | 10 | 1.57 | |
| | 9 | 新闻 | 通讯、采访、速写、参观报道、新闻报告、人物报道 | 14 | 2.20 | |
| | 10 | 演讲词 | 演讲词、致辞 | 8 | 1.26 | |
| | 11 | 说明 | 说明文、科普文 | 46 | 7.24 | |
| 文学作品 | 12 | 散文 | 散文 | 41 | 6.46 | 143 (22.52%) |
| | 13 | 戏剧 | 话剧、秧歌剧、京剧 | 10 | 1.57 | |
| | 14 | 诗歌 | 诗歌、快板 | 33 | 5.20 | |
| | 15 | 小说 | 小说 | 43 | 6.77 | |
| | 16 | 论说文 | 论说文、杂文、社论、纪念文 | 16 | 2.52 | |
| | | | | 635 | 100 | |

表21-1显示语文教材课文的体裁相当丰富多样,其中应用性文体居于重头。

表 21-2  课文体裁分年级和册的数量分布情况表

| 年级 | 学期 | 册 | 记叙文（篇） | （%） | 应用文（篇） | （%） | 文学作品（篇） | （%） | 合计 |
|---|---|---|---|---|---|---|---|---|---|
| 1 | 1 | 1 | 45 | 100 | 0 | 0.00 | 0 | 0.00 | 45 |
| 1 | 2 | 2 | 45 | 100 | 0 | 0.00 | 0 | 0.00 | 45 |
| 2 | 1 | 3 | 42 | 93.33 | 3 | 6.67 | 0 | 0.00 | 45 |
| 2 | 2 | 4 | 43 | 95.56 | 2 | 4.44 | 0 | 0.00 | 45 |
| 3 | 1 | 5 | 42 | 84.00 | 5 | 10.00 | 3 | 6.00 | 50 |
| 3 | 2 | 6 | 32 | 64.00 | 14 | 28.00 | 4 | 8.00 | 50 |
| 4 | 1 | 7 | 22 | 44.00 | 20 | 40.00 | 8 | 16.00 | 50 |
| 4 | 2 | 8 | 30 | 60.00 | 18 | 36.00 | 2 | 4.00 | 50 |
| 5 | 1 | 9 | 18 | 58.06 | 8 | 25.81 | 5 | 16.13 | 31 |
| 5 | 2 | 10 | 20 | 68.97 | 6 | 20.69 | 3 | 10.34 | 29 |
| 6 | 1 | 11 | 19 | 63.33 | 8 | 26.67 | 3 | 10.00 | 30 |
| 6 | 2 | 12 | 23 | 76.67 | 2 | 6.67 | 5 | 16.67 | 30 |
| 小学课文小计 | | | 381 | 76.20 | 86 | 17.20 | 33 | 6.60 | 500 |
| 7 | 1 | 13 | 1 | 3.57 | 4 | 14.29 | 23 | 82.14 | 28 |
| 7 | 2 | 14 | 0 | 0.00 | 6 | 30.00 | 14 | 70.00 | 20 |
| 8 | 1 | 15 | 0 | 0.00 | 6 | 22.22 | 21 | 77.78 | 27 |
| 8 | 2 | 16 | 0 | 0.00 | 1 | 4.55 | 21 | 95.45 | 22 |
| 9 | 1 | 17 | 0 | 0.00 | 2 | 10.00 | 18 | 90.00 | 20 |
| 9 | 2 | 18 | 0 | 0.00 | 5 | 27.78 | 13 | 72.22 | 18 |
| 初中课文小计 | | | 1 | 0.74 | 24 | 17.78 | 110 | 81.48 | 135 |
| 小学、初中合计 | | | 382 | 60.16 | 110 | 17.32 | 143 | 22.52 | 635 |

表 21-2 将各种体裁的分布状况按年级、册数呈现出来，清楚显示出文体在从小学至初中的语文课本中的分布状况。

## 三、体裁分布特点

课文体裁是课文内容分析的重要方面,也是落实语文教学大纲指导思想的具体体现。在以上全面调查的基础上,来看看新中国首套中小学语文教材的课文体裁特点:

(一)小学与初中课文体裁差异明显

表21-2反映了小学与初中两个阶段的课文体裁差异非常明显。

左起三列是统计对象的基本信息,分别是"年级""年级内的上下册""总册数"。

最右边一列是每册课文总数,635为整套教材的总课文数。每册的课文总数不一,总趋势是每册课文数在减少。

最底下一行的"合计"是"记叙文""应用文""文学作品"三大类的数量,显示记叙文最多,文学作品次之,应用文最少。表的中间一行"小学课文小计"与倒数第二行"初中课文小计"对小学与初中分别作了三类体裁的统计。

为了更好地呈现小学与初中的差异,下面用图21-1予以显示。

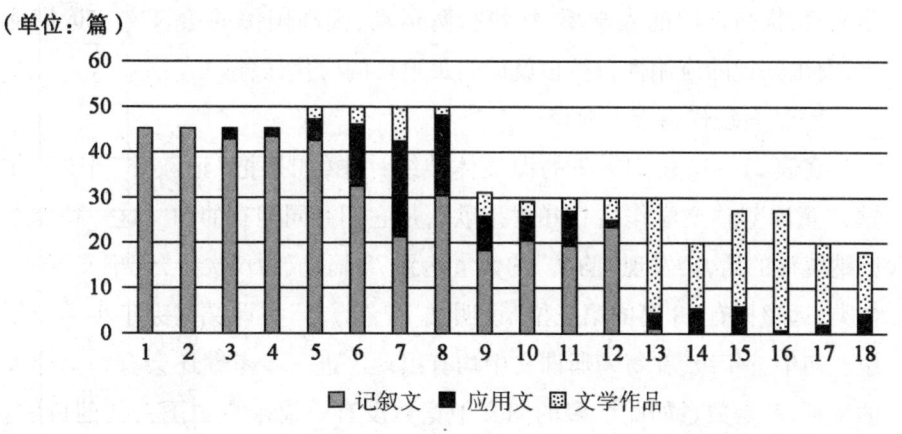

(单位:篇)

图21-1　小学(1—12册)、初中(13—18册)三类体裁分布图

图21-1显示:

1."记叙文"绝大多数分布于小学。

2.应用文分布面最广,从小学二年级起各年级都有,但以小学三、四、五年级最多。

3.文学作品主要存在于初中阶段。虽然从小学三年级的第5册起就有出现，但数量不多，主要是诗歌。

（二）重视应用文体裁

在课文体裁的分析中，一个显著特点就是非常重视应用文课文的教学，应用体裁的课文占了很大比重，总共有110篇，占总数的17.32%。应用文是语言课突出应用性很重要的一个方面。应用文的最大特点就是应用，根据不同场合、不同功能、不同需求，文章格式有特殊要求，而不是像其他体裁的课文那样，体裁上要求较为宽松灵活，而注重于语言文字表达的通畅、准确、传神、动情。应该说学会了基本的记叙文，具有了遣词造句功能后，应用文就是最具有"用途"的体裁了。虽然在三大体裁类别中，应用文排在第三位，但它与排第二的文学作品类相差并不大，而且集中出现在小学3—6年级。在这四个年级中，应用文类是文学作品类的2.6倍。

对应用文的重视除了数量外，还表现在应用文的类型上，具体的应用文格式丰富多样，日常生活、社会交往、学习与工作中常见常用的应用体裁基本都出现了，多达49种。为什么这个时期的应用文特别受到重视，当与彼时重视文化知识的应用性这一学习目的有关。当时社会大部分人口还是文盲，提高百姓的入学率，加快扫盲运动，提高国民的语言文字运用能力，突出知识的应用性自然也就成为最迫切的时代任务。

（三）有现代诗无古典诗

在表21-1、表21-2的课文体裁统计中，如果把"记叙文"中的"儿歌""童谣"与"文学作品"中的"诗歌"，从它们共同拥有的韵文这一特点来归纳统计的话，会发现"韵文"的数量达到72篇，成为仅次于"记事文"的文体类，远超拥有48篇的第三位"说明文"。"韵文"类课文贯穿于小学一年级至初中三年级，在每一册课文中均有出现。进一步考察还会有一个惊人的发现，就是数量如此众多的韵文中竟然没有一篇来自中国古代的诗歌。没有四言诗、五言诗、四六言句、七言诗，也没有古诗、骚赋、律绝、词曲。"中国是诗歌的国度"，主要指的就是拥有浩如烟海、璀璨夺目的古典诗歌，可这时的中小学教材中却没有一篇，甚至如"慈母手中线""床前明月光""飞流直下三千尺"这样的童谣般的诗歌都没有出现，显得特别另类。其原因一是可能自"五四运动"以来，对中国传统文学排斥的心理犹在，二是对传统文言文的排斥。20世纪50年代，中小学的"语文课"刚刚从小学的

"国语课"与中学的"国文课"合并而来,强调口语语言的学习,强调口语体文章的学习,这时已成时代的声音。对口语化文章的赞成与倡导,成为此时学校语文教育的指导思想。因极为重视口语化的写作,这时连"白话文"写作都还觉得不够,七下第16课《怎样写大众文》(作者陶行知)道出了这一主张的精髓。在这篇课文中清末民初才刚刚大行其道的"白话文"已成为被批判的对象。课文开头:"我们要知道怎么写大众文,先要知道白话文的毛病在哪里。'白话文,教人聋;读起来,听不懂。'"其主张可用两句话来概括:"大众文应该写大众需要知道的事;大众文应该照大众说话的口气写。"

重现代、轻古代,有现代、无古代,着眼现代、排斥古代,在课文内容选取上亦如此。所有的635篇课文中直接来自"五四"前书籍原样的只有《水浒传》与《老残游记》二书。从《水浒传》中摘取生成了《景阳冈》(八上第25课)与《林教头风雪山神庙》(九上第18课);从《老残游记》中摘取生成了《黄河上打冰》(七上第28课)、《明湖居听古书》(九下第16课)两文。其他古书材料只是或改写或作为素材,如《玄奘的西游》(七上第20课)、《西门豹》(八上第24课)、《石秀探庄》(九上第19课)。所有的古代寓言或传说也都换成了现代语言来重新表达,如《称象》(三下第43课)、《刻舟求剑》(三下第42课)、《瞎子摸象》(四下第11课)、《寓言四则》(五上第13课)、《愚公移山》(六上第15课)、《三个故事》(七上第6课)。

## 第二节

## 内地(大陆)及港台地区初中语文教材选文的系统性研究

这里把内地(大陆)人教版、苏教版的教材与香港地区、台湾地区的初中语文教材进行对比分析研究。在了解不同地区的教学大纲的基础上,我们选择了教材选文这个子系统进行深入探讨,主要从选文的组织形式、功能类型和体裁等方面展开论述,在统计对比的基础上体现不同教材的选文特点,并结合选文的思想内容,力求揭示不同教材的教育思想和教育理念。

2001年7月，教育部颁布第1版新课标①，随即全国各实验区相继编写并启用了新教科书。其中，人民教育出版社和江苏教育出版社出版的初中语文教材在大陆使用比较广泛，特别是人民教育出版社有着较长的教材编写历史，它们基本上代表了大陆语文教材的概况。

台湾地区教育事务主管部门于2003年公布了《中小学九年一贯课程纲要·语文学习领域》，围绕这一纲领各版本教材也进行了改革。其中，台湾地区最大教科书商康轩文教事业股份有限公司和占有台湾地区最大市场的翰林出版事业股份有限公司出版发行的教科书（下面简称康轩版和翰林版）是台湾地区受众相对较多的两部，有关资料数据表明，台湾地区康轩文教、南一书局、翰林书局三家出版社出版的中小学"国语"教科书的市场总占有率已超过80%，它们基本可以代表台湾地区中小学"国语"教科书的全貌②，在一定程度上能够代表并体现台湾地区初中语文教材的情况和特点，我们选取其作为研究台湾地区语文教材的样本。

香港地区的教材编写和内地有所不同，由各出版社自行组织专家进行教材的编写，然后向教育署提出申请，由教育署进行审批，审批合格后就可以向市场发行自己的教材。启思出版社的《中国语文》和朗文出版社的《朗文中国语文》两套教材体现了《中国语文课程指引》的精神，同时在香港地区也颇具影响力，在一定范围内可作为研究香港语文教材的典型。

各套语文教材沿袭了我国传统的文选型教材体系，即以选文为中心组织知识体系，围绕着选文中心将学生应掌握的语文知识根据一定的形式组合，以单元模式对选文体裁系统加以完善。在单元中，听说读写等知识和基本语文常识通过选文中心辐射开来，更有利于学生的接受和掌握。不同教材的单元组合模式不同，大陆和台湾地区教材大都以选文主题为单元的组合标准，而香港教材则侧重以语文技能为依据。当然，不同教材的选文在各方面都体现了不同的特点，下面我们将具体阐述。

传统认为，语文是一门工具学科，是学习其他社会科学和自然科学的基础。学生只有在掌握了大量的语言文字的基础上，才能从事其他学科的

---

① 中华人民共和国教育部制定《全日制义务教育语文课程标准（实验稿）》，北京师范大学出版社，2001。
② 徐冰欧：《台湾小学"国语"教科书特色管窥》，《中国小学语文教学论坛》2003年第10期。

学习。可是,语文又不只是一门工具性学科,在教授学生基础知识的同时,也对学生有着潜移默化的"人文性"思想影响。因此,作为语文课堂教学中心的语文教材,其选文就显得尤为重要。

一、选文组织形式比较

选文历来都是语文教材的核心主体。长期以来,我们已经习见的现代语文教材的基本结构方式,即将若干选文组合成单元,若干单元组合成教材。语文教材确定的单元编排方式及选文系统,保证了教材从内容到形式的整体统一性,同时也反映了编者对语文教学的功能价值的理念,以某种组织方式达到教授学生语文知识的目的,更是教材个性特点的体现。我们先对各教材的单元编排进行初探比较,从宏观的角度综合评价各教材的选文系统。

人教版的单元组块以主题为主,兼有文学体裁的标准。初中第一册共六个单元,各单元的主题分别是家庭生活、学校生活、自然景物、想象世界、古代生活、古代生活,这是主题组元。初中第六册六个单元的文学体裁分别是中国新诗和外国诗、散文、小说、剧本、古文、古诗文,这主要从体裁组元标准出发。教材采用了螺旋式排列方式,在连续的教学阶段中,这样安排有助于用逐渐加深的方式反复地加强学生的学习。如:在初中语文教材第一册出现了"自然景物"单元,第三册出现了"动物世界"单元,第四册则出现了"自然环境"单元。同一类主题或体裁的文章重复编选在一套教材中,能使学生逐步加深对同类文章的理解,提高学生的阅读能力。

苏教版的单元模式也是以主题为先,但与人教版有些许不同,主题之间的关系非人教版的螺旋关系,而是一种层层推进的上下位关系。如:第一册设有"向青春举杯""获得教养的途径""月是故乡明""像山那样思考"四个主题单元。每个主题单元又由内容有所不同的二至三个模块组成,每个板块又由若干篇不同内容的选文组成。如:在"获得教养的途径"这个单元有"经典的力量""求学之道""从质疑到创新"三个模块,其中"经典的力量"这个模块有《获得教养的途径》一篇议论文,"求学之道"由《劝学》(节选)和《师说》这两篇文言文组成,而"从质疑到创新"这个模块又只有《贵在一个"新"字》一篇白话文。

苏教版以范文的主题内容为依据编排,只要主题内容大致相同,不论古今中外，不论体裁，都可以编在一个单元中，是名副其实的主题单元。而人教版则偏重于范文的语体和体裁形式，"白话文"和"文言文"分开单元编排，相对于苏教版，更侧重于体裁分类。苏教版的单元编排有其创新之处，同时也有欠妥之处。我国现代语文教材的奠基人叶圣陶先生早就认为这种体式驳杂的拼盘型语文教材"无论就情趣上文字上看，显得多么不协调，使学生眼花缭乱"，最讨厌的是读过一篇后读下篇时"得准备另一副心思"，"心思时常转换，印象就难得深切"，"这样每样都尝一点儿的好意反而得了每样都只是浅尝的劣果"[1]。

康轩版教材的选文组元方式也是以主题为主、体裁为辅的规划标准。第一册的单元主题设有"待人行事""诗歌之美""托事寄意""生活哲理""人间有爱""童年往事"，但其间的"诗歌之美""托事寄意"则是从体裁和写作方法的角度来组织选文。这种方式将体裁知识和语文能力的培养融于内容情感中，更有利于学生学习的整体性。

翰林版的语文教科书的单元组元方式也基本上是按照主题组元，根据的是学生成长和积累的需要，每一个单元都有鲜明的主题，如二册（上）第四单元主题为"动物世界"，分别选了秦牧的《蜜蜂的赞美》和梁实秋的《鸟》两篇课文。相对于其他教材，翰林版单元规划更侧重学生人格的成长规律，各单元主题的深化与学生思维情感的发展起到呼应的作用。

香港地区的教材从注重培养学生语文能力的角度出发，选文的组织形式更侧重于相关作文知识的学习，这种编排以能力为导向，学习目标更明确，各单元之间相互扣连，关照了知识的全面系统性，更强调学习策略，发展学生的共通能力，单元中的选文较贴近生活，具有现实感。但是，香港地区语文教材过于注重语文能力的训练，这种以语文能力为主的单元编排过于平面，以知识点为框架相对于当前以能力与生活为主题的结合架构，时代适应性明显不足。此外，思想品德教育被放置于次要的位置，同时阅读篇章的内容量减少，这样又在一定程度上使得教材的生动活泼性下降，不利于学生语文知识的多样化学习和积累。

启思版全书主要以语文能力组织单元，每一年级根据相同的组元方向

---

[1] 叶至善等：《叶圣陶集》第16卷，江苏教育出版社，1992，第65页。

设定单元的主题和训练重点。从纵向看,中一主要训练记叙、描写等能力;中二深入记叙、描写、说明的能力训练,并加入抒情和议论的能力的学习;中三则深化各种能力的学习,另设诗歌、小说、词曲及戏剧四个文学单元。每个单元的安排都是循序渐进,重点之间相互联系紧密,关注能力迁移,并且作适当的重复和深化,单元内部课文之间主要以培养某项能力来贯穿,一定程度上突破了严格的体裁分类。这样的编排循序渐进,符合学生的认知发展规律,有利于全面、系统地训练学生的语文能力,帮助学生打好语文基础。

朗文版的选文组元形式则以写作方法和体裁为依据,从第一册的"顺叙""描写人物""抒情手法""说明方法"到第六册的"借景抒情""借事物说理""论人""小说"等,皆从写作角度组织选文,单元中更是对选文的学习做了明确而细致的要求。这种形式能比较高效地锻炼学生的语文能力,但相对于启思版,朗文版教材没有形成一定的学习顺序,在循序渐进的规律上把握不足,而且缺乏对文化情感教育根基的强调,理性富余而感性不足。

二、选文功能类型比较

我们首先对六部教材的选文篇目做了大概的统计(同一课中的不同篇目不另计),人教版教材总篇目为 169 篇,苏教版教材总篇目为 205 篇,康轩版教材总篇目为 77 篇,翰林版教材总篇目为 71 篇,朗文版教材总篇目为 80 篇,启思版教材总篇目为 133 篇。这体现了我国教材编写的传统特点,即特别重视量的积累。语文学习有着自身的规律,一般是由具体到抽象的过程,有量的积累才会有质的提升,学生只有在有了一定量的鲜活的材料的积累之后,才能更准确地感悟文字与文学的规律,也正因为如此,选文才成为每一套语文教材的绝对中心。

表 21-3　人教版初中语文 1—6 册精读与略读课文篇目数

|  | 七上 | 七下 | 八上 | 八下 | 九上 | 九下 | 总计 |
|---|---|---|---|---|---|---|---|
| 精读 | 15 | 15 | 16 | 16 | 13 | 14 | 89 |
| 略读 | 15 | 15 | 14 | 14 | 12 | 10 | 80 |
| 合计 | 30 | 30 | 30 | 30 | 25 | 24 | 169 |

表注:诗歌或歌词选多篇一课的只计算一次。

由上表可以看出,人教版的精读篇数共 89 篇,占全部课文篇数的 52.7%;略读篇数共 80 篇,占 47.3%。略读与精读篇目数之比约为 1:1.11。

表 21-4　苏教版初中语文 1—6 册范文课文与选读课文篇目数

|  | 七上 | 七下 | 八上 | 八下 | 九上 | 九下 | 总计 |
|---|---|---|---|---|---|---|---|
| 精读 | 25 | 25 | 29 | 30 | 25 | 23 | 157 |
| 欣赏 | 11 | 11 | 6 | 7 | 7 | 6 | 48 |
| 合计 | 36 | 36 | 35 | 37 | 32 | 29 | 205 |

由上表可以看出,苏教版的精读篇数共 157 篇,占全部课文篇数的 76.6%;欣赏篇数共 48 篇,占 23.4%。欣赏与精读篇目数之比约为 1:3.27。

表 21-5　康轩版初中语文 1—6 册范文课文与选读课文篇目数

|  | 一上 | 一下 | 二上 | 二下 | 三上 | 三下 | 合计 |
|---|---|---|---|---|---|---|---|
| 讲读 | 12 | 12 | 11 | 11 | 10 | 9 | 65 |
| 选读 | 2 | 2 | 2 | 2 | 2 | 2 | 12 |
| 小计 | 14 | 14 | 13 | 13 | 12 | 11 | 77 |

表注:诗歌或歌词选多篇一课的只计算一次。

由上表可见,讲读课文的比例为 84.4%,各册选读课数一样,篇目数也基本相同,六册选读课占课文总数的 15.6%,选读与讲读课文的比约为 1:5.42。

表 21-6 翰林版初中语文 1—6 册范文课文与选读课文篇目数

|    | 一上 | 一下 | 二上 | 二下 | 三上 | 三下 | 合计 |
|----|----|----|----|----|----|----|----|
| 讲读 | 12 | 12 | 11 | 11 | 10 | 9  | 65 |
| 选读 | 1  | 1  | 1  | 1  | 1  | 1  | 6  |
| 小计 | 13 | 13 | 12 | 12 | 11 | 10 | 71 |

表注：诗歌或歌词选多篇一课的只计算一次。

由上表可见，讲读课文的比例为 91.5%，各册选读课数一样，篇目数也基本相同，六册选读课占课文总数的 8.5%，选读与讲读课文的比约为 1:10.83。

表 21-7 朗文版初中语文 1—6 册范文课文与选读课文篇目数

|    | 一上 | 一下 | 二上 | 二下 | 三上 | 三下 | 合计 |
|----|----|----|----|----|----|----|----|
| 精读 | 10 | 8  | 10 | 8  | 10 | 7  | 53 |
| 略读 | 5  | 4  | 5  | 4  | 5  | 4  | 27 |
| 小计 | 15 | 12 | 15 | 12 | 15 | 11 | 80 |

表注：诗歌或歌词选多篇一课的只计算一次。

由上表可见，精读课文的比例为 66.2%，略读篇目数占课文总数的 33.8%，略读与精读课文的比约为 1:1.96。

表 21-8 启思版初中语文 1—6 册范文课文与选读课文篇目数

|    | 一上 | 一下 | 二上 | 二下 | 三上 | 三下 | 合计 |
|----|----|----|----|----|----|----|----|
| 讲读 | 7  | 5  | 5  | 5  | 7  | 8  | 37 |
| 导读 | 10 | 10 | 10 | 10 | 9  | 9  | 58 |
| 自习 | 6  | 6  | 6  | 8  | 7  | 5  | 38 |
| 小计 | 23 | 21 | 21 | 23 | 23 | 22 | 133|

由上表可见，讲读课文的比例为 27.8%，六册导读课占课文总数的 43.6%，自习课文比重约为 28.6%，三者的比约为 1:1.57:1.03。

综合以上的数据表，我们对各教材的选文系统有了大概的了解。从地区的差别来看，内地（大陆）教材的课文总数相对于香港地区和台湾地区的教材占绝对优势,三个地区教材的课文数都保持在一定量上,这遵守了学生语文能力发展的规律,有了量的积累,才能有质的提高。从课文的功能类型来看,六套教材都分成两类,内地(大陆)的精读课和香港、台湾地区的讲读课本质上是相近的,相对于略读课、选读课或者导读自习课,这些课文要求教师做详细的讲解,使学生对课文的内容、形式、情感等有深入的了解,并能通过对课文写作方法的学习达到实际应用的效果。至于略读和选读课,则以学生为主,一方面给学生学习的自主权,另一方面也引导学生利用学过的语文知识自己理解课文,让学生在实践中真正提高语文能力。至于精读(讲读)课文与略读(选读)课文的比例,各教材都有自身的特点,人教版两者的比例大约为1∶1,体现其注重教授学生语文知识和培养学生自学能力并重的思想。苏教版和康轩版两套教材两者比例约为1∶3和1∶5,则体现了教材更倾向于让学生在自学中提高语文能力水平。启思版以讲读、导读和自习三种方式出现,体现了教材引导学生循序渐进的学习方式,值得借鉴。

### 三、选文体裁比较

20世纪初期,现代语文教育就以现代教学体裁分类为基础,逐渐形成一套现代语文读写体系。

经过长期的研究实践,中学语文体裁分类体例基本定格于"表达三体+应用文"的形式,这个体系是采取以表达方式为主的分类标准。针对这种分类,有些学者指出:"把小说、散文并入记叙文也显勉强,把戏剧并入记叙文更是不伦不类,而诗歌更无立锥之地了。把应用文独立成类而与'表达三体'并列更有问题。许多应用文特别是书信往往是典型的记叙文、议论文、说明文。两者的分类标准也不一致。把应用文与它们并列,似乎并不妥当。其次,现实生活中并不存在记叙文、议论文、说明文之类的体裁,它们仅仅是适应书面阅读表达基本训练的需要而设置的分类。"林可夫先生说:"这三种体裁使用范围,通常只限于学校语文学习这个特定阶段。所以这三种体裁通常并不是指那些具有实用价值或美学价值的体裁,而仅仅是为培养学生的写作能力才有意义的练习性体裁……是体裁写作的胚胎形式。"

各位学者的真知灼见值得我们对体裁分类进行深入的思考,"表达三体+应用文"的体裁分类体系比较适合小学高年级的教学,在中学教学中,可能出现一些弊端。如学生的作文训练与现实绝缘,套用体裁格式,不利于融会贯通,不利于审美和写作水平的提高。

体裁,即独立成篇的体裁样式,是文本构成的规格和模式,在某种意义上,就是表达,是一种强调。从不同角度的研究来看,体裁有多种分类方法,这里从初中的知识储备和学习能力出发,尝试将体裁作两级分类:第一级是非文学和文学。记述事实是目的,真实是比文采更为本质的要求,应归入非文学系统。第二级分类里,文学可以按传统的诗歌、小说、散文、戏剧的分法,还应加上语文教材中存在的神话和寓言两种体裁。非文学部分则可根据表达方式的不同分为记叙文、说明文、议论文、实用文。应用文主要着眼于文章的社会实用功能,应该有一种独立的分类系统,它与记叙文、议论文、说明文是一种相互交叉、渗透和重叠的关系。它同记叙文、议论文、说明文的分类,是属于两种分类角度和立足点。因此,一个特定的体裁有时既可以是应用文的一种形式,同时也是记叙文、议论文、说明文的一个种类。如:应用文中的回忆录、日志、地方志、族谱、简历、墓碑文等属于记叙文的范畴,解说词、说明书、工具书条目、教科书、登记表、统计表、一览表、证书、广告、文摘、教案等属于说明文范围。我们用实用文将演说、对联、条据、规约、书信、公文、各类文书等确有特定格式与社会意义的体裁归纳,力求与其他体裁作较为合适的区别。

表21-9 六套语文教材的体裁分类情况

| 教材\体裁 | 非文学课文 |  |  |  | 文学课文 |  |  |  |  |  |
|---|---|---|---|---|---|---|---|---|---|---|
|  | 记叙文 | 说明文 | 议论文 | 实用文 | 小说 | 散文 | 寓言 | 神话 | 诗词 | 戏剧 |
| 人教版 | 21.3% | 8.8% | 4.1% | 2.9% | 18.9% | 22.4% | 1.1% | 1.1% | 15.9% | 2.9% |
| 苏教版 | 18% | 8.7% | 9.7% | 3.4% | 12.6% | 24.8% | 1.4% |  | 18% | 2.9% |
| 康轩版 | 28.5% | 1.2% | 16.8% | 3.8% | 2.5% | 25.9% |  |  | 20.7% |  |
| 翰林版 | 24% |  | 23% | 1% | 1% | 8% | 1% |  | 13% |  |
| 朗文版 | 25% | 7.5% | 23.7% |  | 8.7% | 12.5% | 3.7% |  | 18.7% |  |
| 启思版 | 25.5% | 4.5% | 22.5% | 0.7% | 8.2% | 21% | 0.7% | 0.7% | 15% | 0.7% |

针对六套教材的区别,将各教材已有的体裁分类作了适当整合,以下

为对表21–9的说明：

记叙文——包括新闻、消息、通讯、回忆录、传记、家史等。
议论文——包括铭、政论、评论、序跋、杂文、学术论文等。
说明文——包括科学小品、科普说明文、辞书、教科书、观察记录等。
实用文——包括演说、对联、条据、规约、书信、公文、各类文书等。
散文——包括议论散文、叙事散文、抒情散文等。
小说——包括长篇小说、中篇小说、短篇小说、微型小说、童话等。
诗词——包括抒情诗、叙事诗、散文诗、词、歌词、曲等。
戏剧——包括话剧、歌剧、歌舞剧、戏曲、剧本等。

从以上表格中我们可以看出，各套语文教材不同体裁均有一定数量的选文，人教版和启思版选文类型相对其他教材要丰富一些，基本覆盖各个分类。从该角度看，这两套教材为学生展示的体裁选文更为全面，为学生的语文学习提供了更为开阔的视野。

表格中的数据显示，在六套教材中，记叙文所占的比重都居于前列：人教版中记叙文比例为21.3%，苏教版为18%，康轩版为28.5%，翰林版为24%，朗文版为25%，启思版为25.5%。这是各教材的共性，同时也体现了各套教材对学生语文能力学习规律的遵循。在初中阶段，记叙方法是学生的学习重点，也是其他语文能力提升的基础，教材安排比例较大的记叙文，有利于学生在学习中扎实掌握记叙知识。

比例上同样靠前的还有散文：人教版散文比例为22.4%，苏教版为24.8%，康轩版为25.9%，翰林版为8%，朗文版为12.5%，启思版为21%。散文是抒发作者独特的心灵体验和感悟，拥有强烈的情感宣泄、饱满的生命激情和优美语言魅力的美文。散文语言精练、辞藻华丽、行文隽永、手法巧妙，对激发学生爱好语文、学好语文大有裨益。初中语文教材安排各式散文，不仅有利于学生对语文知识的运用，而且对学生心灵有陶冶和升华的作用，全面提升学生的语文能力。但因其形散神不散的特点，这就要求解读者必须具备一定的文学素养，才能与文本形成感应沟通，这部分的教学需要教师花精力和心思进行有效的指导教授。

根据统计的数据，诗词课文在各教材选文系统中也占有重要地位：人教版诗词比例为15.9%，苏教版为18%，康轩版为20.7%，翰林版为13%，朗文版为18.7%，启思版为15%。作为一种常见的文学体裁，诗歌在我国文学史上有着悠久的历史，普及面最广，成就也相当高，对整个文学的产生与发展有着巨大的影响力。各教材重视诗词的选用，体现了对中华文学的继承与发扬，诗词教学可以开阔学生的胸怀，美化其心灵，丰富其情感，发展其想象，诗词独特的语言魅力和艺术构思有助于培养、提高学生的审美鉴赏能力。

当然，各版本体裁系统也有自身的特点。相对于其他教材，人教版和苏教版更注重小说的选用：人教版小说比例为18.9%，苏教版为12.6%。小说作为大陆初中语文教材的重要组成部分，所涉及的范围基本包括了语文知识的各个方面，同时又是让学生间接了解社会，培养高尚的审美情趣和良好的道德意识的范本，它对学生起着潜移默化的作用，又让学生的知识、能力进一步深化和延伸，能提高学生的再创造能力，所以在语文教材中，小说的选用是不容忽视的。

人教版和苏教版选文系统还有一个突出的特点在于戏剧的选取，虽然比例不大，但比其他教材更占优势。通过具体篇目的探究，可以看出教材中戏曲、中外戏剧分布不太均衡，范文的选取主要侧重于话剧和外国戏剧，尤其是话剧占很大比重，而戏曲均无涉猎。教材作这样的安排，是考虑到中学生的认知发展规律。现当代戏剧，无论是中国的还是外国的作品，都是采用较为通俗易懂的现代白话文创作的，学生通读之后即使不能完全读懂也能了解大致意思。而中国传统的戏曲，大都采用文言的形式创作，除了语言上不易理解之外，戏曲还涉及很多专业的知识，比如戏曲在剧本体制、舞台表演、乐器配置、服饰化妆等方面各有详细的要求，不同的剧种之间还有不同的唱腔。这些知识都是学生在正式学习戏曲作品之前所必须把握的，而这些知识对于尚处在语文学习初级阶段的初中生来说，难免有些困难。教材中戏剧作品选文注重以人为本，关注学生的生活需要和学生的成长心理，重视学生的情感体验和审美体验，如：《变脸》《枣儿》《江村小景》等无疑给学生带来了一股清新的空气，同时也拓宽了学生的学习视野。这些戏剧作品可以说是文质兼美，颇具典范性，不仅能较好地反映作者的基本风格，也能够代表其所处时代的文学特征，更重要的是，教材对戏剧的节选做得恰到好处，可以说是选入了能够体现整部作品的基本特色，或是这部作品中最精彩的一部分。选文的文学性、艺术性加强,戏剧类表现得尤为明显,"至情""至性"之文被选入各版本教材之中。

另外,我们可以看到,香港地区和台湾地区教材对议论文的选文比例比内地(大陆)教材高出许多,其中朗文版比例为23.7%,启思版为22.5%。英国哲学家弗朗西斯·培根说过:"哲理使人思想深刻,伦理学使人有修养,逻辑修辞使人善辩。"议论文就是一种兼而有之的体裁,它能培养学生形成逻辑思维能力,让其写作观点鲜明、分析深刻、逻辑严明、语言精确、表达雄辩,养成严谨细密的作风。这样的编排,体现了港台地区语文教材对学生语文能力培养的侧重,它们更注重从实用角度来提高学生的语文水平。

以上主要从选文的编排规律作了分析,各地语文教材最大的共同点就是单元编排的特色。在一个单元中,选文具有某种共通性,或是主题相似,或是技法相近,或是体裁相同,这样的安排不仅能提高学生的学习效率,同时也能让学生在比较和联系中提高语文能力。

精读课文配合略读课文的教学,是中国语文教材编排的一大优点。叶圣陶先生曾经说过:"就教学而言,精读是主体,略读只是补充;但是就效果而言,精读是准备,略读才是应用。"叶老十分精辟地阐述了精读与略读的关系,精读是略读的基础,略读是精读的补充,它们都是阅读的最基本的方法,有着各自不同的作用,略读与精读一样重要。《语文课程标准》也指出:"学会运用多种阅读方法。""加强对阅读方法的指导,让学生逐步学会精读、略读和浏览。"

精读课文主要是传授本质的、带规律性的知识为主,重在"精"和"细",要求学生全面地掌握;而略读课文则是精读的延展与深化,目的是使学生在教师的引导下自觉、准确地把在精读课文中所获取的基础知识、阅读方法、经验等迁移到略读课文的学习中,将知识转化为技能。

纵观上述教材,选文系统中对略读(选读)课文的安排还是比较重视的,课后的推荐书目也配合了选文主题的讲授。这种精略读课文并存的选文系统,在训练学生各方面的语文能力的基础上,给了学生更多的自主选择,帮助学生发挥自由创造能力的同时,让学生个性得到全面的发展。

## 第三节
## 大陆和台湾地区语文教材文言文选文研究

文言文选文及编排是否合理,决定了教材的科学性,同时也关系到教学质量、学习效果及测试标准。选文的合理性取决于多种因素,其中,选文数量、选篇、文体、时代、作者是决定合理性的重要因素,几者之间构成相互关联的有机体。文言文选文能否符合认知规律,贴合培养目标,能否反映教学阶段间的序列性和层级性,体现知识的合理分布与复现,是科学编排教学内容的重要指标。

目前,大陆和台湾地区对小学阶段语文教材文言文选文研究较少,且主要集中在大陆或台湾地区单方面的研究(如陈文蕾2014[①],路珊珊2014[②]),进行大陆和台湾地区对比的极少。初中阶段的研究数量相对较多,主要集中在大陆单版或不同版本间的比较(如朱嫣红2009[③],张海国2011[④],谢淑芳2015[⑤]),对大陆和台湾地区教材间的选文对比,已有涉及,但主要是从学科理论、情感价值观、编排体例等角度进行,多为大陆和台湾地区某两套教材之间的对比(如夏惠贤、赵静2010[⑥],储清照2014[⑦],马睿嵘2015[⑧])。

我们基于语料库,对大陆和台湾地区各三套基础教育语文教材中的文言文选文进行对比,教材数量有所增加,对比结果也将更为全面客观。结合认知规律及课程标准/纲要,从数量、选篇、文体、时代、作者的角度考察

---

① 陈文蕾:《苏教版小学语文教材中古诗词选编分析》,硕士学位论文,苏州大学,2014。
② 路珊珊:《人教版小学语文教材古诗词选编研究》,硕士学位论文,聊城大学,2014。
③ 朱嫣红:《苏教版初中语文教材古诗词选编研究》,硕士学位论文,苏州大学,2009。
④ 张海国:《初中语文教材(人教版、苏教版、语文版)文言文部分比较分析》,硕士学位论文,辽宁师范大学,2011。
⑤ 谢淑芳:《初中语文教材文言文选编研究——以人教版与苏教版为例》,硕士学位论文,杭州师范大学,2015。
⑥ 夏惠贤、赵静:《沪台初中语文教科书文言文编排的比较分析——以上教版和翰林版为例》,《上海教育科研》2010年第12期。
⑦ 储清照:《人教版与康轩版初中语文教材文言文选编的比较研究》,硕士学位论文,闽南师范大学,2014。
⑧ 马睿嵘:《大陆人教版、台湾康轩版初中语文教材文言文选篇的比较研究》,硕士学位论文,内蒙古师范大学,2015。

大陆和台湾地区教材文言文选文的异同及学段/年级的分布状况,分析各自的优势与不足,并提出改进建议,为大陆和台湾地区课程标准/纲要的修订及语文教材文言文选取、编排的合理性提供参考。同时,也为大陆和台湾地区语文能力的培养提供启示。

我们选取了大陆和台湾地区使用时间较长、覆盖面较广的各三套基础教育语文教材。大陆的是人民教育出版社、语文出版社、北京师范大学出版社出版的语文教材(以下简称人教版、语文版、北师大版),均为全国中小学教材审定委员会2001年初审通过的版本,出版时间在2002年至2016年之间。台湾地区的是翰林出版社、康轩文教事业、南一书局出版的语文教材(以下简称翰林版、康轩版、南一版),出版时间在2015年至2016年之间。这里的文言文实际指称的是古诗文,既包括古诗词,也包括古文,两者都出现在大陆和台湾地区基础教育语文教材中,理应包含在我们的研究范围内。研究对象只包括精读(讲读)篇目,未包括略读(扩展)篇目。当然,精略读篇目间协调配合关系的考察有利于我们更为全面客观地进行教材评价,将作为进一步研究的内容。出于对比的需要,该部分文言文以"课"为单位计算。不管包含几篇古文或几首古诗词,只要编排在同一课,都只按一课计算。表中"总"指课义总篇目数;"文"指文言文篇目数。

## 一、选文数量比较

表21-10 大陆和台湾地区小学语文教材文言文数量(单位:篇)

|  | 人教版 | | 语文版 | | 北师大版 | | 翰林版 | | 康轩版 | | 南一版 | |
|---|---|---|---|---|---|---|---|---|---|---|---|---|
|  | 总/文 | 占比 | 总/文 | 占比 | 总/文 | 占比 | 总/文 | 占比 | 总/文 | 占比 | 总/文 | 占比 |
| 一上 | 20/1 | 5% | 20/1 | 5% | 30/5 | 16.7% | 8/0 | 0 | 8/0 | 0 | 8/0 | 0 |
| 一下 | 34/2 | 5.9% | 29/2 | 6.9% | 30/1 | 3.3% | 16/0 | 0 | 16/0 | 0 | 16/0 | 0 |
| 二上 | 34/2 | 5.9% | 33/2 | 6.1% | 27/0 | 0 | 14/0 | 0 | 14/0 | 0 | 14/0 | 0 |
| 二下 | 32/2 | 6.3% | 33/2 | 6.1% | 30/1 | 3.3% | 14/0 | 0 | 14/0 | 0 | 14/0 | 0 |
| 三上 | 24/2 | 8.3% | 23/2 | 8.7% | 28/1 | 3.6% | 14/0 | 0 | 14/0 | 0 | 14/0 | 0 |
| 三下 | 24/2 | 8.3% | 23/2 | 8.7% | 28/1 | 3.6% | 14/0 | 0 | 14/0 | 0 | 14/0 | 0 |
| 四上 | 18/2 | 11% | 23/1 | 4.3% | 28/1 | 3.6% | 14/0 | 0 | 14/0 | 0 | 14/0 | 0 |
| 四下 | 17/2 | 11.8% | 23/1 | 4.3% | 29/1 | 3.4% | 14/1 | 7.1% | 14/0 | 0 | 14/0 | 0 |

续表

|   | 人教版 |  | 语文版 |  | 北师大版 |  | 翰林版 |  | 康轩版 |  | 南一版 |  |
|---|---|---|---|---|---|---|---|---|---|---|---|---|
| 五上 | 14/1 | 7.1% | 18/2 | 11.1% | 25/2 | 8% | 14/1 | 7.1% | 14/1 | 7.1% | 14/1 | 7.1% |
| 五下 | 14/3 | 21.4% | 18/2 | 11.1% | 26/1 | 3.8% | 14/0 | 0 | 14/1 | 7.1% | 14/0 | 0 |
| 六上 | 14/1 | 7.1% | 18/3 | 16.7% | 24/5 | 20.8% | 14/1 | 7.1% | 14/2 | 14.3% | 14/2 | 14.3% |
| 六下 | 10/1 | 10% | 17/2 | 11.8% | 24/3 | 12.5% | 12/2 | 16.7% | 12/1 | 8.3% | 12/2 | 16.7% |
| 总计 | 255/21 | 8.2% | 278/22 | 7.9% | 329/22 | 6.7% | 162/5 | 3% | 162/5 | 3% | 162/5 | 3% |

由表 21－10 可见,小学阶段,大陆三套教材文言文数量相当,台湾地区的三套教材文言文数量相当。大陆各版的数量明显多于台湾地区的,约是台湾的 4 倍。从文言文所占总百分比看,大陆的在 7.5% 左右,台湾地区的为 3%,大陆的所占比例高于台湾地区的。从文言文分布学段来看,大陆的三套均始于第一学段,台湾地区的相对较晚,两套始于第三学段,一套始于第二学段。由于大陆和台湾地区在第三学段均安排有文言文篇目,因此,我们着重对比了第三学段文言文占比情况。大陆三套教材第三学段文言文占比平均约为五上 8.7%、五下 12.1%、六上 14.9%、六下 11.4%;台湾地区的三套教材第三学段文言文占比平均约为五上 7.1%、五下 2.4%、六上 11.9%、六下 13.9%。除六下以外,大陆的平均占比均高于台湾地区的。

表 21－11　大陆和台湾地区初中语文教材文言文数量(单位:篇)

|   | 人教版 |  | 语文版 |  | 北师大版 |  | 翰林版 |  | 康轩版 |  | 南一版 |  |
|---|---|---|---|---|---|---|---|---|---|---|---|---|
|   | 总/文 | 占比 | 总/文 | 占比 | 总/文 | 占比 | 总/文 | 占比 | 总/文 | 占比 | 总/文 | 占比 |
| 七上 | 17/6 | 35% | 17/8 | 47% | 12/3 | 25% | 12/3 | 25% | 12/3 | 25% | 12/3 | 25% |
| 七下 | 17/6 | 35% | 17/7 | 41% | 12/3 | 25% | 12/5 | 42% | 12/5 | 42% | 12/5 | 42% |
| 八上 | 16/6 | 38% | 17/9 | 53% | 12/3 | 25% | 12/5 | 42% | 12/6 | 50% | 12/5 | 42% |
| 八下 | 17/7 | 41% | 17/6 | 35% | 12/6 | 50% | 12/6 | 50% | 12/5 | 42% | 12/6 | 50% |
| 九上 | 13/5 | 38% | 16/6 | 38% | 12/5 | 42% | 12/7 | 58% | 12/7 | 58% | 12/6 | 50% |
| 九下 | 14/6 | 43% | 16/6 | 38% | 12/6 | 50% | 10/4 | 40% | 10/3 | 30% | 10/4 | 40% |
| 总计 | 94/36 | 38% | 100/42 | 42% | 72/26 | 36% | 70/30 | 43% | 70/29 | 41% | 70/29 | 41% |

由表 21－11 可见,初中阶段,大陆和台湾地区语文教材文言文所占比

重差别不大,基本在40%左右。其中,大陆语文版超过40%,人教版和北师大版略低于40%;台湾地区三套教材均略高于40%。大陆和台湾地区教材中文言文比重均超过总课文数的1/3,这反映了大陆和台湾地区对文言文共同的重视。小学阶段,大陆教材中文言文的数量多于台湾地区教材的,比例上高于台湾地区,但初中阶段,台湾地区教材中文言文比例略高于大陆的。从不同学段的衔接来看,大陆的衔接更为合理,而台湾地区的初中文言文数量比小学有了较大的增长,过渡不够平稳。大陆和台湾地区初中语文教材文言文数量均呈现由上升到下降的趋势,在八年级达到顶峰。除个别教材外,各年级数量的衔接较为合理。

台湾地区《中小学九年一贯课程纲要语文学习领域("国语文")》"实施要点"指出:"第三阶段(第六学年)渐次融入文言文,第四阶段应逐年调整文言文所占之比率(第七学年10%—20%、第八学年20%—30%、第九学年25%—35%)。"但通过对台湾地区三套教材的考察,第四阶段的三个学年文言文比率都是超出课程纲要要求的,最多的超出2%。

以上是"量"的对比,还需要从"质"的角度进行深入对比,才能得出更为全面科学的评价。因此,我们对大陆和台湾地区教材文言文的具体选篇及涉及的文体、时代、作者进行了考察。

二、选篇比较[①]

(一)共有篇目

小学语文教材中,六套教材共有的篇目未见。某一两套教材间的对应也仅6篇:《梅》《渔歌子》《鹬蚌相争》《题西林壁》《饮湖上初晴后雨》《九月九日忆山东兄弟》。如:《饮湖上初晴后雨》,大陆人教版、北师大版选,台湾地区翰林版、康轩版选。《九月九日忆山东兄弟》,大陆人教版选,台湾翰林版选。初中语文教材中,六套教材共有的篇目数量较少,仅5篇:《天净沙·秋思》《爱莲说》《生于忧患死于安乐》《记承天寺夜游》《与朱元思书》。绝大多数的情况是某一两套教材间的对应,共14篇。如:《木兰诗》,台湾地区三套教材均选,但大陆人教版、语文版选,北师大版未选。《迢迢

---

[①] 为了使对比更为清晰,该部分以"篇"为单位计算。不管一课中包含了几篇古文或几首古诗词,都分别单独计算。

牵牛星》,大陆语文版选,台湾地区翰林版、南一版选。

(二)年级/册分布差异

大陆和台湾地区教材共有篇目的分布有的差别很大,如:《九月九日忆山东兄弟》,人教版安排在三上,翰林版安排在六上。《天净沙·秋思》,台湾地区三套教材安排在九年级,人教版、北师大版安排在七年级。有的差别较小,如:《鹬蚌相争》,北师大版安排在六下,南一版安排在六上。《爱莲说》,台湾地区三套都安排在八上,人教版、语文版、北师大版分别安排在八上、七下、八下。相比之下,台湾地区三套教材相同选篇所安排的年级/册数更为相似,安排在同一年级同一册的有16篇,占相同篇目总数的73%。如:《五柳先生传》《木兰诗》《沉醉东风·渔父词》都分别安排在七下、八下、九下。而大陆三套教材间的相似度弱一些,安排在同一年级同一册的竟无一篇。若按安排在同一年级但不同册来算,也只有2篇,占相同篇目总数的15%。如:《小石潭记》,人教版、语文版、北师大版分别安排在八下、八上、八上。

(三)文体分布差异

台湾地区初中三套教材间在诗歌的安排上更为统一,都安排在相同的年级册数。散文的安排略有差异,主要表现为同一年级不同册数,如:《儿时记趣》,翰林版、康轩版、南一版分别安排在七上、七上、七下,《与朱元思书》三版教材分别安排在九上、九上、九下。但台湾地区三套教材在小说上无一篇相同选文。而大陆初中三套教材间无论在诗歌、散文还是小说的安排上,都存在较大差异。

(四)经典篇目

大陆和台湾地区对经典篇目选篇差异较大。如:《曹刿论战》《岳阳楼记》《桃花源记》《过零丁洋》《范进中举》,大陆初中三套教材均选,但台湾地区初中三套教材无一选取。《张释之执法》《大明湖》《五柳先生传》《王冕的少年时代》《儿时记趣》则是台湾地区三套教材均选,而大陆三套教材无一选取。即使是所出相同,大陆和台湾地区之间,甚至是各套教材之间所选取的篇目也存在较大差异。如:同样出自《史记》,人教版选《陈涉世家》,语文版选《细柳营》,台湾地区三套教材均选《张释之执法》。同样出自《世说新语》,人教版选《咏雪》《陈太丘与友期》,语文版选《期行》《乘船》,翰林版选《钟家兄弟巧应答》《王蓝田食鸡子》,康轩版选《华王优劣》《王蓝田忿食鸡子》,南一版选《王蓝田食鸡子》。再如:《论语》,人教版、语文版、北师大版分别为 12 则、16 则、7 则,翰林版、康轩版、南一版均为 3 则,大陆教材中的数量明显多于台湾地区的。台湾地区三套教材所选《论语》篇目完全相同,而大陆三套教材差异较为明显。如选篇较多的人教版、语文版,《论语》共选篇目只有 7 则。

(五)独选篇目

大陆和台湾地区六套初中语文教材文言文独选篇目数分别为:人教版 20、语文版 41、北师大版 13、翰林版 5、康轩版 8、南一版 5,分别占各自文言文总篇目数的 31.7%、42.7%、44.8%、13.5%、21.6%、13.9%。对比可发现,大陆独选篇目比台湾地区的多出两倍左右,说明台湾地区教材间的共性更强。台湾地区教材间的共通性主要体现在两个方面:一是文言文选篇的数量,初中阶段都在 30 篇左右;二是共有篇目相对较多,占了近 2/3。

### 三、选文文体比较

同一课所安排基本为同一文体,因此该部分文言文以"课"为单位计算。

表 21-12 大陆和台湾地区小学语文教材文言文各文体数量(单位:篇)

|  | 人教版 |  | 语文版 |  | 北师大版 |  | 翰林版 |  | 康轩版 |  | 南一版 |  |
| --- | --- | --- | --- | --- | --- | --- | --- | --- | --- | --- | --- | --- |
|  | 数量 | 占比 | 数量 | 占比 | 数量 | 占比 | 数量 | 占比 | 数量 | 占比 | 数量 | 占比 |
| 诗歌 | 17 | 81% | 17 | 77% | 18 | 82% | 4 | 66% | 3 | 60% | 3 | 60% |
| 散文 | 2 | 9.5% | 2 | 9% | 4 | 18% | 1 | 17% | 2 | 40% | 2 | 40% |
| 小说 | 2 | 9.5% | 3 | 14% | 0 | 0 | 1 | 17% | 0 | 0 | 0 | 0 |
| 戏剧 | 0 | 0 | 0 | 0 | 0 | 0 | 0 | 0 | 0 | 0 | 0 | 0 |

表 21-12 显示,大陆和台湾地区小学语文教材文言文文体覆盖了诗歌、散文、小说三大类,未涉及戏剧。从各文体所占比例看,小学阶段大陆和台湾地区各套教材相似,主要集中在诗歌上,大陆三套教材均达到 3/4 以上,台湾三套教材均达到 3/5 以上。散文次之。大陆和台湾地区散文总数量相当,但从所占比重来看,台湾地区教材中散文可高达 40%,而大陆教材两套未超过 10%,一套未超过 20%。台湾地区康轩版、南一版散文与诗

歌比为2:3,比重相当。翰林版与大陆三套教材相近,诗歌比重明显大于散文,是散文的4倍。小说选篇,大陆和台湾地区差别较大。台湾地区康轩版、南一版均无小说篇目,翰林版1篇;北师大版无小说篇目,人教版2篇,比重与散文相同,语文版3篇,比重超过了散文。就韵文的内部分类来看,大陆小学语文教材除了诗,还有词,未涉及曲;台湾地区教材则只有诗,词和曲都未涉及。就这一点来看,大陆小学语文教材文言文文体丰富度要高于台湾地区的。

表21-13 大陆和台湾地区小学阶段文言文各文体首现的年级/册

|  | 人教版 | 语文版 | 北师大版 | 翰林版 | 康轩版 | 南一版 |
| --- | --- | --- | --- | --- | --- | --- |
| 诗歌 | 一上 | 一上 | 一上 | 四下 | 五上 | 五上 |
| 散文 | 六上 | 六上 | 五下 | 六下 | 六上 | 六上 |
| 小说 | 五下 | 五上 | 无 | 无 | 无 | 无 |

表21-13显示,在大陆和台湾地区教材中,散文最先出现的年级均在第三学段,所选篇目也都是内容浅显、篇幅短小的古文,利于学生初次接触非韵文。台湾地区三套教材均未安排小说,大陆的有一套未涉及,两套安排在第三学段。一个有意思的现象是,《三国演义》"草船借箭",翰林版六上改写为白话文,而语文版五下直接节选自原著,以原味呈现。差别最大的是诗歌,诗歌最先出现的年级大陆教材明显早于台湾地区教材。从各文体出现的先后顺序来看,大陆和台湾地区小学阶段均是先出现诗,再出现散文或小说,这也符合认知规律。小学阶段,尤其是低学段,诗歌担负着多重任务,既有识字的工具性,又有文言语感的培养,同时还蕴含着人文性。诗歌富有韵律美,有利于文言语感的培养;朗朗上口,易于记诵,正符合低学段学习者的认知特征。

结合以上分析,大陆小学阶段语文教材的诗歌,数量上多于台湾地区教材,出现的时间也早于台湾地区的,这在某种程度上体现了大陆对文言文教育的重视程度在小学阶段要更强。当然,仅通过考察量和学段分布还不够,还需要考察这种量和分布能否符合认知规律,是否利于实现文言文教育的目标。首先,从数量分布及具体选篇来看,大陆小学语文教材诗歌数量虽较多,但分散性强,基本保持在每册1—2篇,不至于过于集中,增加学习负担。所选均为韵律齐整、用字简单、浅显易懂的篇目,如:《春晓》《静夜思》《送元二使安西》《锄禾》《登鹳雀楼》《咏鹅》。然后,从学段安排来看,小学阶段的选篇还担负着识字的重任,因此,所选篇目既与诗歌主题、内容有关,也与诗中用字用词的难易程度相关。我们分别抽取了三个学段中的两首诗来做考察。第一学段《春晓》《山行》,字种数分别为20、28,其中分别有11、14字在"识字、写字教学基本字表"范围内,均过半。第二学段《九月九日忆山东兄弟》《江畔独步寻花》,字种数分别为27、25,分别有8、8字在"识字、写字教学基本字表"范围内。第三学段《四时田园杂兴(一)》《房兵曹胡马》,字种数分别为28、40,分别有9、15字在"识字、写字教学基本字表"范围内。对比可见,第二学段的生字量在上升,但第三学段的生字量在有的诗中未增反减,这与随着学段的升高,以及学生生活情感认知经验的积累及理解能力的提高,课文主题渐次丰富,诗歌所承载的人文性逐渐增强有关。

此外,从各类诗体的编排上看,也是合理的。第一、二学段是五言、七言诗,到了第三学段,还增加了律诗,篇幅有所增大。如:北师大版五上《房兵曹胡马》为五言律诗,六上《十五从军征》为乐府诗。人教版还选入了三首词,安排在四下、五上、五下,篇幅短小,内容简单易懂。

《义务教育语文课程标准(2011年版)》第二部分"课程目标与内容""总体目标与内容"指出:"课程目标从知识与能力、过程与方法、情感态度与价值观三个方面设计。三者相互渗透,融为一体。目标的设计着眼于语文素养的整体提高。"综合以上分析,大陆小学语文教材在诗歌的安排上是合理的,既承载着识字功能,具有工具性的一面,同时又承载着塑造审美品位、提高人文素养的功能,具有人文性的一面。这两种功能较好地通过诗歌篇目"量"和"序"的编排得以实现。随着学段的升高,诗歌篇目中的识字量由少到多,由简至难,篇幅由小到大,所表现的主题和内容也逐渐丰富。这既符合知识的习得规律,也符合情感的认知规律。

《义务教育语文课程标准(2011年版)》第二部分"课程目标与内容"第一学段(1—2年级)阅读部分的目标指出:"诵读儿歌、儿童诗和浅近的古诗,展开想象,获得初步的情感体验,感受语言的优美。"第二学段(3—4年级)阅读部分的目标指出:"诵读优秀诗文,注意在诵读过程中体验情感,展开想象,领悟诗文大意。"第三学段(5—6年级)阅读部分的目标指出:"诵读优秀诗文,注意通过语调、韵律、节奏等体味作品的内容和情感。"前两个学段均指出"背诵优秀诗文50篇(段)",后一个学段指出"背诵优秀诗文60篇(段)"。人教版、语文版、北师大版1—2年级诗歌分别为13、13、7篇,数量较多,所选多为浅近易懂的篇目,能够满足阅读目标的要求。并且在第一、二学段的目标中就已清晰地指出诵读"浅近的古诗",而台湾地区的《中小学九年一贯课程纲要语文学习领域("国语文")》在第一、二学段中均未指出与古诗文相关的要求。直到第三学段分段能力指标"阅读"5-3-1-1中指出:"熟悉活用生字语词的形音义,并能分辨语体文及文言文中词语的差别。"由此可见,台湾地区小学语文教材文言文起始较晚,且数量较少,是与其课程纲要中的要求与目标相匹配的。课程标准/纲要背后反映的是对文言文价值、功用的认知。在这一点上,大陆更好地认识到古诗词的优势。目前,大陆在全国中小学推广国学经典教育,2012年已由人教社推出了《中国传统文化教育全国中小学实验教材》,并且在学前教育阶段就已选取了《弟子规》《三字经》《声律启蒙》《论语》等国学经典,可见对传统文化的重视。

表21-14  大陆和台湾地区初中语文教材文言文各文体数量(单位:篇)

| | 人教版 | | 语文版 | | 北师大版 | | 翰林版 | | 康轩版 | | 南一版 | |
|---|---|---|---|---|---|---|---|---|---|---|---|---|
| | 数量 | 占比 | 数量 | 占比 | 数量 | 占比 | 数量 | 占比 | 数量 | 占比 | 数量 | 占比 |
| 诗歌 | 8 | 22% | 13 | 31% | 8 | 30% | 7 | 23% | 7 | 24% | 6 | 21% |
| 散文 | 23 | 64% | 24 | 57% | 15 | 55% | 17 | 57% | 17 | 59% | 19 | 65% |
| 小说 | 5 | 14% | 5 | 12% | 4 | 15% | 6 | 20% | 5 | 17% | 4 | 14% |
| 戏剧 | 0 | 0 | 0 | 0 | 0 | 0 | 0 | 0 | 0 | 0 | 0 | 0 |
| 总计 | 36 | | 42 | | 27 | | 30 | | 29 | | 29 | |

由表21-14可见,与小学阶段不同的是,初中阶段三类文体比例有所变化,大陆和台湾地区散文数量大幅上升,均达到半数以上,最高的可达65%。而诗歌数量与小学相比呈下降趋势,大陆和台湾地区均在1/3,甚至1/4以下。小说比重有所上升,但幅度不大,如:人教版和南一版,分别由9.5%、0都上升到14%,大陆和台湾地区均未超过20%。

《义务教育语文课程标准(2011年版)》第四学段阅读部分的目标与内容指出:"在阅读中了解叙述、描写、说明、议论、抒情等表达方式。"写作部分的目标与内容指出:"写记叙性文章,表达意图明确,内容具体充实;写简单的说明性文章,做到明白清楚;写简单的议论性文章,做到观点明确,有理有据;根据生活需要,写常见应用文。"《义务教育语文课程标准(2011年版)》实施建议"关于写作的评价"指出:"第一学段主要评价学生的写话兴趣;第二学段是习作的起始阶段,要鼓励学生大胆习作;第三、第四学段要通过多种评价,促进学生具体明确、文从字顺地表达自己的见闻、体验和想法。"台湾地区《中小学九年一贯课程纲要语文学习领域("国语文")》"实施要点"中指出:"第一阶段以发展口语表达为主,第二、三阶段由口语表达过渡到书面表达,第四阶段则口语、书面表达并重。"第二学段写作能力指标6-2-7-2指出:"能学习叙述、描写、说明、议论、抒情等表达技巧,练习写作。"第三学段写作能力指标6-3-4-1指出:"能学习叙述、描写、说明、议论、抒情等表述方式,练习写作。"第四学段写作能力指标6-4-3-7指出:"能以叙述、描写、抒情、说明、议论等不同表述方式写作。"可见,随着学段的升高,对阅读和写作的要求在逐步提高,因此需要丰富文体,尤其是对阅读和写作帮助更大的非韵文(最重要体现在散文和小说中)。美文能够为阅读和写作提供风格、手法等的范例。初中阶段散文比重大幅上升,与阅读、写作能力的要求是相匹配的。

### 四、选文时代比较

由于有时同一课中安排的不都是同一时代的作品,因此该部分以具体篇目为单位计算。

表21-15 大陆和台湾地区小学语文教材文言文选文时代及数量(单位:篇)

| | 先秦 | 汉 | 魏晋南北朝 | 唐 | 宋 | 元 | 元末明初 | 明 | 清 | 未知 |
|---|---|---|---|---|---|---|---|---|---|---|
| 人教版 | 2 | | 1 | 21 | 13 | | 3 | 1 | 4 | 1 |
| 语文版 | 2 | | 1 | 26 | 9 | | | 2 | | |
| 北师大版 | 6 | 3 | | 16 | 5 | 1 | | 1 | 3 | |
| 翰林版 | | 1 | 1 | 2 | 2 | | | | | |
| 康轩版 | | 1 | | 3 | 2 | | | 1 | | |
| 南一版 | | 2 | | 3 | 1 | | | | | |

表 21-15 显示,小学阶段的文言文选文,大陆人教版、语文版、北师大版分别涉及 8、5、7 个时代,台湾地区翰林版、康轩版、南一版分别涉及 4、4、3 个时代,大陆教材涉及的时代基本是台湾地区教材的两倍。再从所涉及的具体时代来看,小学阶段大陆和台湾地区相似的是,最主要集中在唐、宋两个时期,这与小学阶段所选文体主要是诗有关。大陆和台湾地区不同的是,大陆三套教材均涉及先秦作品,都为散文,而台湾地区三套教材均未选择先秦作品。台湾地区三套教材都涉及汉代作品,均为散文,而大陆三套教材中只有北师大版涉及汉代作品,其中两篇是诗歌,一篇是散文。大陆三套教材都涉及明代作品,语文版和北师大版都是诗歌,人教版一篇小说,而台湾地区三套教材中只有康轩版选择了一篇明代作品,为散文。

表 21-16　大陆和台湾地区初中语文教材文言文选文时代及数量(单位:篇)

|  | 先秦 | 汉 | 魏晋南北朝 | 唐 | 五代十国 | 宋 | 宋元之际 | 元 | 元末明初 | 明 | 明末清初 | 清 |
|---|---|---|---|---|---|---|---|---|---|---|---|---|
| 人教版 | 10 | 7 | 9 | 15 | 0 | 13 | 0 | 2 | 1 | 1 | 0 | 5 |
| 语文版 | 8 | 6 | 11 | 32 | 2 | 21 | 0 | 2 | 2 | 1 | 0 | 5 |
| 北师大版 | 4 | 1 | 5 | 8 | 0 | 5 | 0 | 1 | 2 | 0 | 1 | 2 |
| 翰林版 | 3 | 5 | 4 | 7 | 1 | 4 | 1 | 2 | 1 | 0 | 0 | 8 |
| 康轩版 | 2 | 4 | 5 | 7 | 0 | 6 | 0 | 2 | 1 | 1 | 1 | 6 |
| 南一版 | 3 | 3 | 4 | 7 | 0 | 6 | 0 | 2 | 1 | 1 | 1 | 7 |

表 21-16 显示,与小学相比,初中阶段文言文选文时代范围明显增大,基本覆盖所有时期。唐宋篇目依旧遥遥领先,先秦、汉、魏晋、元、清几个时代增加较为明显。先秦文言是文言文的源头,距今时代也最为遥远,因此难度相对较大,安排在高学段是合理的。随着文体种类的增多,初中阶段选文冲破了小学以诗词为主的局面,增加了散文和小说,因此选文分布的时代自然有所增加。相比之下,明代作品依旧较少。大陆和台湾地区教材各时代作品所占比例大致相当,唯一差别较为明显的是清代作品,台湾地区教材选文数量明显多于大陆。

从各时代作品的文体来看,大陆和台湾地区教材都基本做到了既涵盖各时代的典型文体,又能够使不同文体较为均匀地分布在各个时期,不至于过分集中。

**五、选文作者比较**

(一) 作者数量

小学阶段,大陆人教版、语文版、北师大版文言文选文涉及作者数分别为30、32、30,台湾地区翰林版、康轩版、南一版涉及作者数分别为5、6、6。大陆教材涉及作者明显多于台湾地区,约是台湾地区的5倍。初中阶段,台湾地区三套教材涉及作者数非常接近,都在32位左右。大陆三套教材差别较大,人教版、语文版、北师大版分别为45、59、23位。总体来看,大陆教材涉及作者多于台湾。当然,作者数量的多少与文言文篇目的多少直接相关。

(二) 共有作者

小学阶段,大陆和台湾地区六套教材无共有作者,出现的情况是某一套或两套教材间存在共有作者,但数量不多。共有作者具有一定的文体和时代代表性。如人教版与翰林版共有作者:苏轼、刘义庆、王维、杜甫。语文版与康轩版共有作者:王维、苏轼、刘向、孟浩然。北师大版与南一版共有作者:李白、王安石、刘向、杜甫。语文版、翰林版、南一版共有作者:刘向、杜甫。北师大版、翰林版、康轩版共有作者:王维、苏轼、刘向。所对比的教材版本越多,共有作者越少。

初中阶段,六套教材共有作者较少,仅8位:马致远、陶渊明、周敦颐、杜甫、苏轼、李白、吴均、吴敬梓。绝大多数情况是某一套或两套教材间存在共有作者。如人教版与翰林版共有作者:李白、孔子弟子及再传弟子、杜甫、陶渊明、吴敬梓、苏轼、刘义庆、欧阳修、白居易、周敦颐、司马迁、刘禹锡、辛弃疾、吴均、刘向、马致远、蒲松龄。语文版与康轩版共有作者:李白、孔子弟子及再传弟子、王维、杜甫、欧阳修、吴敬梓、陶渊明、苏轼、白居易、司马迁、周敦颐、刘义庆、罗贯中、刘禹锡、李清照、辛弃疾、吴均、孟子及其门人、马致远、戴圣。北师大版与南一版共有作者:马致远、孟子及其门人、吴均、周敦颐、杜甫、吴敬梓、李白、苏轼、陶渊明。

(三) 作者集中度

小学阶段,台湾地区三套教材中,只有翰林版有1位作者重复2次。人教版、语文版、北师大版重复的作者分别为6、7、4位。大陆和台湾地区教材作者重复的比例与教材选篇总数的比例基本相当。值得注意的是,人教版和语文版中李白都出现了6次,分别占总篇目数的14%、13%,出现次数偏多。对于时代名家、某一文体下的代表作者,需要一定的重复度,以便于文体、风格等的复现,便于知识的链接与难易度的衔接,但不可过于集中。

初中阶段,台湾地区三套教材文言文选篇没有重复的作者,体现了较好的分散性。人教版、语文版、北师大版重复出现的作者分别为9、20、2位,分别占总篇目数的14.3%、20.8%、6.9%。这与教材中总篇目数较多有关,总篇目越多,重复的概率越大。与小学阶段过于集中于某几位作者的情况相比,初中阶段有所改变。如语文版杜甫、苏轼、辛弃疾均出现4次,占总篇目数的4%,比小学阶段比例最高的14%下降了10个百分点。这说明大陆初中语文教材文言文选篇作者的分散性比小学阶段更强。

通过大规模数据统计及深入对比分析,我们得出如下结论:

1. 在文言文数量上,小学阶段,台湾地区语文教材与大陆的相比差异较大,只有大陆教材中数量的1/4,起始学段也较晚,普遍始于第三学段。尤其是诗歌,安排远晚于大陆(大陆比之早两个学段)。诗歌对于培养文言语感以及审美情操的重要性不言而喻,台湾地区小学教材的处理显然未能充分挖掘诗歌的价值。初中阶段,大陆和台湾地区文言文数量大致相当,均超过了1/3,这体现出大陆和台湾地区对文言文的普遍重视。台湾地区教材中文言文数量由小学到初中呈现出较快的增长,初中阶段所占比重略微高于大陆。相比之下,大陆小学到初中文言文数量的衔接更为合理,过渡更加平稳。

2. 在具体篇目的选择上,大陆和台湾地区共有篇目较少,共有篇目在年级/册及文体分布上也都存在一定的差别,经典篇目的选取差异较大。对比而言,台湾地区三套教材在文言文选篇数量及篇目上存在更多共性。这对于强调规范性,有着共同培养目标和要求的基础教育阶段来说,尤为重要。大陆三套教材之间则体现了更多的个性。大陆和台湾地区同根同源,这在传统文化的承载者文言文上有着更多的体现。大陆和台湾地区教材文言文选篇的异同,体现了大陆和台湾地区在人文性与思想性培养上的异同。相同的选篇越多,说明大陆和台湾地区对人文性与思想性的培养越统一,越有利于大陆和台湾地区的趋同与融合。相异的选篇越多,体现了大陆和台湾地区的个性差异,但更多体现的是大陆和台湾地区对文言文教育功用认知的不同。

3. 在文体的安排上，大陆和台湾地区基础教育阶段文言文文体覆盖了诗歌、散文、小说三大类，未涉及戏剧。大陆和台湾地区教材文体出现顺序合理，均为诗歌先行。大陆教材在小学阶段的文体丰富度要高于台湾地区教材，尤其是韵文内部，各类诗体能够按照难易度合理分布于各个学段。相比之下，大陆更好地认识到古诗词的价值和功用，将其工具性与人文功能充分挖掘并加以利用。到了初中阶段大陆和台湾地区教材文体相当，散文和小说都有所增长，且各文体所占比例基本能与阅读、写作能力培养的目标和要求相适应。

4. 在时代分布上，小学阶段，大陆和台湾地区教材选文都集中在唐、宋两个时期，大陆教材涉及时代明显多于台湾地区的，是台湾地区的两倍。到了初中阶段，大陆和台湾地区教材选文时代明显增多，且较好地做到了各个时期典型文体的覆盖及同一文体在不同时期的覆盖，分散性较强。大陆和台湾地区教材选文时代大致相当，只在个别时代上存在略微差异。

5. 在作者的选择上，小学和初中阶段，大陆教材选文的作者均多于台湾地区的。大陆和台湾地区教材涉及的共有作者不多，但均具有一定的文体和时代代表性。大陆教材的作者集中度要高于台湾地区教材，这在小学阶段尤为明显。相比之下，台湾地区三套教材在作者上体现了较好的分散性。

由此可见，我们不能笼统地评价大陆和台湾地区教材孰是孰非，因为内部情况较为复杂。各套教材间都存在或大或小的差异，在某一对比项下，有时是大陆教材普遍优于台湾地区的，有时是台湾地区教材普遍优于大陆的，但更多的时候是大陆的某一两套教材优于或劣于台湾地区的，还有时或是在"质"或是在"量"上占优势。因此，无法一概而论，需要具体区分，客观评价。

在此基础上，关于文言文及编排，我们有如下思考：

1. 文言文选文首先需要符合学生知识及情感的认知规律，做好各学段间的合理衔接。认知程度由浅入深，主题范围随着生活情感体验的增长逐渐丰富，选文数量应逐步增多，文体范围也应逐步增大，涉及的时代和作者渐次增加。在难易度上形成合理的梯度，并具有一定的复现度，才能便于知识和能力培养的连接。目前,大陆和台湾地区初中阶段教材文言文的选文数量都体现了对传统文化的重视。但小学阶段,大陆教材文言文选文数量和起始学段较为恰当,台湾地区教材选文数量尚有欠缺,起始学段也较为滞后,有待改进。

2. 教材的文言文编写应符合课程标准/纲要中各学段的目标和要求,能够全面统筹,做到工具性与人文性的合理结合,兼顾识字、阅读、写作等各项能力指标,并能体现审美品位与人文涵养的培养功能。基础教育阶段更注重规范性,有共同课程标准/纲要、教学目标的诉求,因此,选篇差异度不宜过大,需掌握好度。差异过大,在难易度、风格、人文性等方面都会存在差别,不利于培养目标的实现。

3. 选文的数量、选篇、文体、时代、作者之间是相互联系的有机体,每一要素都与语言能力的培养密切相关。如选文数量的多寡以及篇目、文体、时代、作者的难易程度与工具性、人文性的匹配关系;文体的选取与阅读、写作能力培养的相关性;选文的时代特征与选文难易度的关系;作者重复度与文体、风格的复现及知识、难易度连接的关系。诸多要素共同决定了选文的合理性,任何一方的偏颇都会影响到选文的整体效果。所选篇目应具有典型性和代表性,能够体现文体特征、时代特色、作者风格,在做好合理衔接的同时,避免过于集中。

4. 大陆和台湾地区教材各有所长,各有所短,因此,在教材编写中应互通有无,取长补短,互为借鉴,共同朝着更加符合认知规律,贴合培养目标,更为科学合理的方向发展。

第四节

## 大陆和台湾地区语文教材文言文精读与略读篇目适配性研究

大陆和台湾地区初中语文教材文言文选文包括精读篇目与略读篇目。精读篇目为必讲篇目,略读篇目是对精读篇目的强化与拓展。精略读篇目间需要产生一定的关联和照应,才具有合理的组合搭配关系,我们将这种关系叫作适配性,它是指精略读篇目间所形成的协调配合关系,既有内容上的关联这一内在因素,也有数量、篇幅、编排方式等外部因素。精略读篇目间在内容上需要具有何种关联?关联体现在哪些方面?关联的强弱该如何划分?两者在数量比例上如何分配才有利于教学目标的实现?篇幅如何搭配才能实现最佳学习效果?在教材编排中,两者以何种形式呈现最为合理?这些都是适配性所要考察的内容。

目前,初中语文教材选文的研究主要在精读篇目上,略读篇目的研究相对较少,主要集中在略读的定位、价值、教学策略等方面(如沈红2007①,施茂枝2010②,欧治华2015③,李斌2013④),而精略读篇目间对比,尤其是大陆和台湾地区精略读篇目对比的研究更是少见。如:夏惠贤、赵静(2010)⑤从数量上对大陆和台湾地区各一套教材文言文精读和略读篇目进行了对比,但并未涉及精略读篇目间的适配性问题。我们基于语料库,对大陆和台湾地区初中语文教材文言文精略读篇目的适配性进行考察,挖掘大陆和台湾地区在精略读篇目处理上的异同及各自的优势与不足,从中获得启示,力图展现文言文精读与略读篇目的合理组配方式,为教材的合理编写以及课程标准的落实与完善提供启示。

我们选取了前述六套初中语文教材为考察对象。采取"由外而内"的方式,先从"量"这一外部显性因素入手,考察略读篇目的编排方式、数量、篇幅,进而深入到"质"这一内部核心要素,考察精略读篇目间的关联度。在"量"和"质"的双重考量下,探讨精略读篇目间的适配性问题。

## 一、略读篇目编排方式比较

大陆和台湾地区初中语文教材在略读篇目的呈现方式上存在差异。大陆三套教材主要有两种呈现方式。一种是在目录中标示,具体来看有两种形式。人教版八、九两个年级以及语文版是在目录中以"＊"标示出略读篇目,精略读篇目混编在一起,且略读篇目也有独立的课文编号。北师大版的略读篇目则是呈现在目录的"比较探究""拓展阅读""鉴赏评论"中。

---

① 沈红:《略读的涵义、价值及教学策略》,《课程·教材·教法》2007年第1期。
② 施茂枝:《略读课文的真相》,《福建论坛(社科教育版)》2010年第1期。
③ 欧治华:《语文略读定位的历史考察与课程建构》,《华南师范大学学报(社会科学版)》2015年第3期。
④ 李斌:《新课标理念下初中略读课文的有效教学初探》,硕士学位论文,陕西师范大学,2013。
⑤ 夏惠贤,赵静:《沪台初中语文教科书文言文编排的比较分析——以上教版和翰林版为例》,《上海教育科研》2010年第12期。

一种是在课后练习中呈现,人教版、语文版、北师大版分别呈现在课后的"研讨与练习""思考与练习""阅读练习·探索"中。目录中呈现的略读篇目,与精读篇目并非一对一的直接匹配关系,针对性相对较弱;课后练习中的文言文与所在精读篇目直接对应,针对性相对较强。

与大陆不同的是,台湾地区三套教材在目录中均无明确标示的略读篇目,而是在某一课或单元后的某些板块中呈现出来。具体来看,翰林版呈现在"应用练习"中,南一版呈现在"阅读光廊·晨读篇"或"应用练习·阅读测验"中,康轩版呈现在"应用练习·阅读测验"或"应用练习·诗句重组"中。也就是说,台湾地区教材的略读篇目是与具体的课文相对应的,精略读篇目间呈现出一对一的匹配形式。这方面做得最好的是南一版,在课后的"阅读光廊·晨读篇"中,明确提示出"搭配第X课"。如:一上第7课《输租氓评斗牛图》"阅读光廊·晨读篇",提示"搭配第七课《卖油翁》",这使得略读篇目有了明确的组配对象,利于教学和自学。

我们的考察目的在于搞清楚语文教材是否做到了文言知识、文言语感培养的合理复现与连接,不管上述哪种呈现方式,都是实现这一目的的手段,因此将以上述方式呈现的文言文都归入略读篇目中,也都在我们的研究范围内。

比较特别的是,人教版七、八、九三个年级在文言文篇目的呈现上存在差别。七年级是分散式呈现,将文言文分布在各个单元中,而每个单元主要以主题或题材为核心串联,既有现代文又有文言文。略读篇目主要与单元主题或题材相匹配,这样,可供选择的范围就很大,古今中外作品皆有可能,因此文言文略读篇目的选取概率就会小很多。以七下第三单元为例,其"单元提示"指出:"在人类历史的长河中,曾经出现过许多杰出人物。他们中有叱咤风云的政治家,有决胜千里的军事家,有博学睿智的科学家,还有给人类奉献宝贵的精神食粮的文学艺术家……他们对社会的发展做出了突出贡献,他们的事迹生动感人,广为流传。探寻他们的足迹,学习他们的精神,有利于我们的成长。本单元所选的就是这类题材的课文。"可看出,该单元是以题材为中心串联课文的,其略读篇目选了两篇与单元题材相契合的现代作品《音乐巨人贝多芬》《福楼拜家的星期天》。

八、九年级是集中式呈现,将文言文篇目汇聚在某两个单元。这种方式不是以主题、题材为线索串联篇目,而是将各种主题、题材、内容,各个时代及作家的作品聚集在一起,目的在于积累文言知识,培养文言语感,了解古人的思想文化。这种方式极便于文言文略读篇目的编排,也是文言知识及时得以复现,文言语感集中培养的有力形式。以八下第五单元"单元提示"为例:"本单元所选的古诗文,题材多样,内容丰富。或写景,或状物,或咏史,或书写人生志趣,或表现亲朋情谊,无不浸透着作者对自然、社会、人生的深刻感悟和深入思考,表达了作者对美好生活和理想人格的追求。学习本单元,要注意在大致读懂课文的基础上,结合自己的体验评价作品的思想内容;了解古人写景、叙事、议论的艺术,体会语言运用的妙处;积累常见的文言词语,增强语感。"提示中明确指出了文言文单元的选文意图和教学目的,将各种题材、内容、文体的作品集中呈现,并非单纯以主题或题材为线索。该单元略读篇目《五柳先生传》《马说》与精读篇目《与朱元思书》《送东阳马生序》《诗词曲五首》在主题、题材、内容、文体、时代等方面均不统一,但都是文言文,教材在此做了集中式处理。

在集中式编排方式下,由于同一单元内都是文言文,因此,略读篇目一般只能安排文言文,这就使得文言文略读篇目出现的概率大大高于分散式编排下出现的概率。因此,两相对比,集中式处理更利于文言文略读篇目的编排。

## 二、精读与略读篇目数量与篇幅比较

（一）数量比较

表 21-17 大陆和台湾地区初中文言文精读与略读篇目数量及比例（单位:篇）

|  |  | 精读篇目 | 略读篇目/比例 |
| --- | --- | --- | --- |
| 人教版 | 七 | 12 | 1/8.3% |
|  | 八 | 13 | 9/69.2% |
|  | 九 | 11 | 9/81.8% |
|  | 总计 | 36 | 19/52.8% |

续表

|  | | 精读篇目 | 略读篇目/比例 |
|---|---|---|---|
| 语文版 | 七 | 15 | 7/46.7% |
|  | 八 | 15 | 7/46.7% |
|  | 九 | 12 | 9/75% |
|  | 总计 | 42 | 23/54.8% |
| 北师大版 | 七 | 6 | 6/100% |
|  | 八 | 9 | 9/100% |
|  | 九 | 11 | 8/72.7% |
|  | 总计 | 26 | 23/88.5% |
| 翰林版 | 七 | 8 | 2/25% |
|  | 八 | 11 | 2/18.2% |
|  | 九 | 11 | 2/18.2% |
|  | 总计 | 30 | 6/20% |
| 南一版 | 七 | 8 | 3/37.5% |
|  | 八 | 11 | 2/18.2% |
|  | 九 | 10 | 2/20% |
|  | 总计 | 29 | 7/24.1% |
| 康轩版 | 七 | 8 | 3/37.5% |
|  | 八 | 11 | 1/9.1% |
|  | 九 | 10 | 3/30% |
|  | 总计 | 29 | 7/24.1% |

由表21-17可见，从文言文略读篇目的"量"上看，大陆三套教材略读篇目数较为接近，都在20篇左右，但占总精读篇目数的比例不一，北师大版明显高于人教版、语文版。台湾地区三套教材略读篇目数也较为接近，都在6篇左右，占总精读篇目数的比例相当。大陆三套教材略读篇目总数为65篇，台湾地区三套教材为20篇，大陆的明显多于台湾地区的，是台湾地区的3倍多。从略读篇目占总精读篇目数比例来看，大陆三套教材平均为65.4%，台湾地区三套教材平均为22.7%，大陆的占比高于台湾地区的，约是台湾地区的3倍。

七上至九下六册教材略读篇目数分别为：人教版1、0、5、4、5、4，语文版

4、3、3、4、5、4,北师大版3、3、3、6、3、5,翰林版1、1、0、2、2、0,南一版2、1、1、1、2、0,康轩版2、1、0、1、3、0。对比来看,大陆教材略读篇目数随着年级的增长基本呈递增趋势,较有规律可循,其中做得最好的是人教版。而台湾地区三套教材各年级略读篇目数时增时减,较无规律。

（二）篇幅比较

篇幅往往与难度存在正相关关系,是难易度的重要参考标准。精读与略读篇目的篇幅应合理搭配,才有利于实现最佳学习效果。为使对比更为深入,我们对精略读对应篇目的篇幅进行了抽样调查,以字数为标准,每套教材在各年级中抽取一组对应篇目,尽量保证对比项的文体一致。

表21-18 大陆和台湾地区初中文言文精读与略读对应篇目字数对比

|  | 精读篇目/字数 | 略读篇目/字数 | 教材位置 |
| --- | --- | --- | --- |
| 人教版 | 《世说新语》两则:咏雪/71、陈太丘与友期/102 | 《世说新语》一则:徐孺子赏月/41 | 七上第5课 |
|  | 小石潭记/193、岳阳楼记/367、醉翁亭记/402 | 满井游记/273 | 八下第六单元 |
|  | 邹忌讽齐王纳谏/343 | 田忌赛马/143 | 九下第22课 |
| 语文版 | 爱莲说/119 | 黔之驴/124 | 七下第六单元 |
|  | 桃花源记/320、岳阳楼记/367 | 醉翁亭记/402、湖心亭看雪/159 | 八下第七单元 |
|  | 秋水/140 | 愚公移山/310、扁鹊见蔡桓公/199 | 九上第六单元 |
| 北师大版 | 童区寄传/297 | 说虎/153 | 七上第12课 |
|  | 邹忌讽齐王纳谏/343、曹刿论战/222 | 唐雎不辱使命/389 | 八下第六单元 |
|  | 岳阳楼记/367 | 游岳阳楼记/575 | 九上第三单元 |
| 翰林版 | 论语选/103 | 论语选/56 | 七上第6课 |
|  | 定伯卖鬼/251 | 骂鸭/124 | 八下第12课 |
|  | 生于忧患死于安乐/146 | 揠苗助长/80 | 九上第1课 |

续表

|  | 精读篇目/字数 | 略读篇目/字数 | 教材位置 |
| --- | --- | --- | --- |
| 南一版 | 卖油翁/133 | 输租氓评斗牛图/78 | 七上第7课 |
|  | 幽梦影选/120 | 《幽梦影》篇目/77 | 八下第12课 |
|  | 生于忧患死于安乐/146 | 弈喻/59、揠苗助长/41 | 九上第7课 |
| 康轩版 | 论语选/85 | 论语选/26 | 七上第5课 |
|  | 世说新语选/155 | 世说新语选/116 | 八下第5课 |
|  | 生于忧患死于安乐/146 | 孟子谓戴不胜/82 | 九上第9课 |

表21-18显示，大陆三套教材中，人教版略读篇目字数普遍比精读篇目少，精读字数约是略读的1.5—2.5倍。语文版和北师大版略读篇目字数普遍比精读篇目多，有的较为接近，如语文版略读《黔之驴》比精读《爱莲说》只多5字；但有的相差较多，如语文版略读《愚公移山》比精读《秋水》多170字，北师大版略读《游岳阳楼记》比精读《岳阳楼记》多208字。台湾地区三套教材较为一致，略读篇目统一比精读篇目字数少，绝大多数约占精读篇目字数的一半，也有极个别精略读篇目字数较为接近，如康轩版《世说新语选》，精略读字数相差39字。但也存在略读字数远少于精读的情况，如康轩版《论语选》，精读是略读字数的3倍多，差距悬殊。

对比大陆和台湾地区各个年级略读篇目字数可发现，大陆三套教材各年级字数普遍多于台湾地区三套教材对应的年级。如：大陆北师大版七、八、九年级略读篇目字数分别为153、389、575，台湾地区翰林版相应年级略读篇目字数分别为56、124、80，北师大版在各个年级的字数均多于翰林版。

从略读篇目字数的年级分布来看，各套教材表现不一。大陆人教版、语文版，台湾地区翰林版、康轩版都是八年级多于七年级，但又高于九年级，其中人教版八年级字数约是九年级的两倍。北师大版三个年级字数呈现递增趋势。南一版七、八年级字数相当，九年级字数增多。相比之下，北师大版对略读篇目字数的处理较为合理，体现了较好的年级序列分布，呈现出较好的难易梯度。

由以上对比可见，从"量"上看，大陆初中语文教材文言文略读篇目多于台湾地区教材，略读篇目的篇幅也普遍大于台湾地区教材。大陆教材在

"量"上比台湾地区教材更胜一筹。

### 三、精读与略读篇目关联度比较

以上是从"量"的角度对大陆和台湾地区初中语文教材文言文精读与略读篇目做了对比,但仅从"量"上还不足以说明大陆教材精略读篇目间的适配性强于台湾,还需要从"质"的角度深入考察。

通观六套教材可发现,略读与精读篇目间的联系,主要体现在主题、文体、时代、作者几方面。略读篇目能否在上述几方面与精读篇目相互照应,是两者适配性的关键因素。以这四个关联维度为切入点,我们首先对精略读相关篇目的占比进行了考察①。大陆教材初中阶段总计为人教版44.4%、语文版14.3%、北师大版88.5%;台湾地区教材初中阶段总计为翰林版20%、南一版24.1%、康轩版24.1%。对比可见,大陆三套教材间差距较大,比例最高的北师大版与最低的语文版相差74.2%。台湾地区三套教材间比例大致相当,较为均匀。大陆两套教材占比高于台湾地区的,一套低于台湾地区的。总体来看,大陆教材精读与略读相关篇目的比例要高于台湾地区教材。

精略读相关篇目占比的高低不是考量"质"的唯一因素,比它更为重要的,是精略读篇目之间关联维度的多寡。关联维度从1个到4个,精略读篇目间的关联度是存在差异的,适配性自然也就不同。因此,我们进而对精略读相关篇目之间关联度的高低进行了考察。精读与略读篇目之间涉及的关联维度越多,作品间的关联性就越大,适配性越强,越有利于文言知识的复现和文言语感的培养。我们将文言文精略读篇目的关联度划分为强、中、弱三个等级。关联维度在3—4个的为强关联度,其中4个维度的关联度最强;关联维度在2个的为中关联度;关联维度在1个的为弱关联度。

以上述三类关联度为标准,我们对大陆和台湾地区六套初中语文教材文言文精略读篇目间的适配性做了考察。具体来看,各套教材兼顾的维度不同,精略读篇目间的关联度也就存在差异。

(一)大陆三套教材精读与略读篇目关联度考察

人教版精略读篇目间关联维度最高4个,最低1个。关联维度由1到

---

① 略读篇目在主题、文体、时代、作者中的任何一个维度与精读篇目产生关联,都算作精读与略读相关篇目。

4出现次数分别为3次、5次、4次、1次。精略读篇目间平均有2.23个关联维度。其中强关联度5个,中关联度5个,弱关联度3个。精略读篇目的相关性主要有以下几种情况。(1)文体相同。如:八下第六单元略读《满井游记》与该单元精读《岳阳楼记》《醉翁亭记》同为游记散文。(2)时代相同。如:九下第六单元略读《愚公移山》与该单元精读《曹刿论战》同为先秦名篇。(3)主题相关。如:八上第五单元略读《大道之行也》与精读《桃花源记》主题有一定的关联。

语文版精略读篇目间关联维度最高2个,最低1个。维度由1到2出现次数分别为2次、5次。精略读篇目间平均有1.71个关联维度。其中强关联度0个,中关联度5个,弱关联度2个。精略读篇目的相关性主要有以下两种情况。(1)文体相同。如:七上第四单元《空城计》配有同为小说的《美猴王》;八上第六单元略读《满井游记》与精读《小石潭记》《答谢中书书》《记承天寺夜游》同为写景散文。(2)时代相同。如:九上第六单元略读《愚公移山》《扁鹊见蔡桓公》与精读《秋水》同为先秦诸子散文。

北师大版精略读篇目间关联维度最高4个,最低1个。维度由1到4出现次数分别为9次、14次、12次、1次。精略读篇目间平均有2.14个关联维度。其中强关联度13个,中关联度14个,弱关联度9个。精略读篇目的相关性主要体现在主题相关。如:七下第三单元主题为"慷慨正气",精读《过零丁洋》配有主题相近的略读《示儿》《谭嗣同之死》;八下第六单元主题为"历史智慧",精读《邹忌讽齐王纳谏》《曹刿论战》配有主题相近的略读《唐雎不辱使命》《晏子使楚》《杂说》。

(二)台湾地区三套教材精读与略读篇目关联度考察

翰林版精略读篇目间关联维度最高3个,最低1个。维度由1到3出现次数分别为1次、1次、4次。精略读篇目间平均有2.5个关联维度。其中强关联度4个,中关联度1个,弱关联度1个。精略读篇目的相关性主要有以下几种情况。(1)文体相同。如:八下第12课《定伯卖鬼》配有蒲松龄小说《聊斋志异》中的篇目《骂鸭》。(2)出自相同作品。如:七上第6课《论语选》配有同出自《论语》的篇目。(3)出自相同作者。如:七下第5课《五柳先生传》配有陶渊明的诗《归园田居》一首。(4)出处相同。如:八下第2课《木兰诗》配有同出自《乐府诗集》的《敕勒歌》。

南一版精略读篇目间关联维度最高4个,最低2个。维度由2到4出现次数分别为1次、4次、1次。精略读篇目间平均有3个关联维度。其中强关联度5个,中关联度1个,弱关联度0个。精略读篇目的相关性主要有以下几种情况。(1)文体相同。如:七下第3课《律诗选》配有杜甫五言律诗《春望》。(2)主题相近。如:七上第7课《卖油翁》配有主题相近的《输租氓评斗牛图》。(3)出自相同作者。如:八上第9课《记承天夜游》配有苏轼诗一首《题西林壁》。(4)出自相同作品。如:九上第7课《生于忧患死于安乐》配有同出自《孟子》的篇目《弈喻》《揠苗助长》。

康轩版精略读篇目间关联维度最高4个,最低2个。维度由2到4出现次数分别为2次、4次、1次。精略读篇目间平均有2.86个。其中强关联度5个,中关联度2个,弱关联度0个。精略读篇目的相关性主要有以下几种情况。(1)文体相同。如:七上第2课《绝句选》配有张继《枫桥夜泊》。(2)出自相同作品。如:八下第5课《世说新语选》配有《世说新语》篇目。(3)出自相同作者。如:九上第2课《宋词选》配有李清照的《声声慢》。(4)主题相近。如:九上第11课《座右铭》配有主题相近的《史记·淮阴侯列传》。

(三)大陆和台湾地区精读与略读篇目关联度对比

精略读篇目间的平均关联维度,大陆三套教材为人教版2.23个、语文版1.71个、北师大版2.14个;台湾地区三套教材为翰林版2.5个、南一版3个、康轩版2.86个。台湾地区三套教材的平均关联维度普遍多于大陆。其中,平均关联维度最多的南一版比最少的语文版多出了近一倍。

相比之下,台湾地区三套教材文言文略读篇目兼顾的角度更多,在主题、文体、时代、作者等方面都有所体现。大陆三套教材兼顾的角度各不相同,人教版主要涉及文体、时代、主题,语文版主要涉及文体、时代,而北师大版基本都与主题有关。无论哪个角度,都是对精读篇目的呼应,都能从一个侧面复现精读篇目的知识点。当然,涉及的角度越多,复现的知识点也就越多,越有利于文言文的巩固和掌握。在诸多要素中,最能体现复现的,是出自相同作者的相同作品。台湾地区三套教材出自相同作者相同作品的分别有4个,占到精略读相关篇目的比例为翰林版66.7%、南一版57.1%、康轩版57.1%。但大陆三套教材涉及较少,人教、语文版、北师大版分别为 4 个、0 个、2 个，占到精略读相关篇目的比例分别为 30.8%、0、5.6%。

表 21-19　大陆和台湾地区初中文言文精略读篇目关联度调查

|  | 人教版 | 语文版 | 北师大版 | 翰林版 | 南一版 | 康轩版 |
| --- | --- | --- | --- | --- | --- | --- |
| 强关联度 | 38.5% | 0 | 36.1% | 66.6% | 83.3% | 71.4% |
| 中关联度 | 38.5% | 71.4% | 38.9% | 16.7% | 16.7% | 28.6% |
| 弱关联度 | 23% | 28.6% | 25% | 16.7% | 0 | 0 |

由表 21-19 可见，台湾地区三套教材精略读篇目间强关联度比例均高于大陆三套教材，而大陆三套教材的中关联度和弱关联度比例均高于台湾地区教材，尤其是弱关联度比例，台湾地区有两套教材低至 0，大陆三套教材则都在 25% 左右。台湾地区三套教材精略读篇目间的关联度更高，适配性更强。

由以上对比可见，大陆初中语文教材文言文精略读相关篇目的比例要比台湾地区的高，但精略读篇目间的关联度却是台湾地区的明显高于大陆的。关联度是考察精略读篇目间适配性高低的内在核心要素，因此，从"质"的角度看，台湾地区教材略有优势。

### 四、加强精读与略读篇目适配性研究

适配性是文言文略读篇目选文的重要因素，精略读篇目间只有形成适配关系，略读篇目的选取才是合理的。略读篇目的选取首先应遵循和参照课程标准，它提供了教学目标和各项能力指标。基于课程标准的指导，略读篇目应考虑在内容上与精读篇目形成关联。内容的关联是适配性的核心要素，从"质"的角度决定了精略读篇目间的内在关系。在保证内容的关联后，应思考选取多少量的略读篇目才能保证文言知识的复现与衔接，精略读篇目间在篇幅上需具有怎样的关系才能有利于文言语感的培养。数量与篇幅是适配性的重要保障，从"量"的角度影响精略读篇目的外部关联。在"质"与"量"的前提下，还应考虑在教材编排中如何呈现精读与略读篇目才能更好地体现上述目标。教材受到课程标准/纲要的指导，通过教材，还可以反观课程标准/纲要的合理性。

## （一）精略读篇目之间要建立起"质"的内在关联

略读篇目在内容上需要与精读篇目产生一定的关联，才能在"质"上真正发挥略读篇目应有的功用。两者在主题、文体、时代、作者上关联的维度越多，相互之间在内容、文体特征、时代特点、语言风格上就形成更多的照应，关联性就越大，适配性也就越强，越有利于文言知识的巩固强化以及文言语感的培养。叶圣陶先生曾指出："学生从精读方面得到种种经验，应用这些经验，自己去读长篇巨著以及其他单篇短什，不再需要教师的详细指导，这就是'略读'。就教学而言，精读是主体，略读只是补充；但是就效果而言，精读是准备，略读才是运用。"[1]可见，略读篇目是对精读篇目的补充，这个补充既包括对精读篇目的巩固，又包括强化。既然精读是准备，略读是运用，这就说明略读不是"无源之水"，而是建立在精读的基础上，略读的设立，就是要让学习者将从精读中学到的知识，运用到新的文言文阅读中。因此，略读篇目需要在内容、文体特征、时代特点、语言风格等方面与精读篇目形成关联照应，才便于学习者将从精读篇目中学到的知识运用到略读篇目中，使得略读篇目真正发挥巩固和强化作用。从"质"的角度看，台湾地区三套教材精略读相关篇目的比例虽然没有大陆的高，但精略读篇目间的关联角度却比大陆教材多。大陆教材在关联性上还有待加强。

目前大陆和台湾地区初中语文教材多按主题安排单元，在这种方式下，略读篇目的主题与精读篇目更容易贴近。主题相同的优点是，略读篇目的可选范围大，不管是古今中外的作品，还是任何文体的作品，只要能和精读篇目主题相同，都可选入。缺点是，在保证主题相同的同时，未必能在文体特征、时代语言特点、作者风格等方面与精读篇目形成更为具体、更加多维的照应。弥补这一缺点，可将略读篇目与具体的精读篇目直接对应，这样，方便两者形成更多的关联维度，适配性自然更高。通过对教材的考察可发现，在课文后安排略读篇目的方式，能与精读篇目间构成直接的对应关系，精略读篇目间的针对性往往更强，适配性也就更高，这在大陆和台湾地区六套教材尤其是台湾地区三套教材中得到了很好的展示和证明。

---

[1] 刘国正主编《叶圣陶教育文集3》，人民教育出版社，1994，第254页。

## (二)精略读篇目之间要有"量"的合理搭配

略读篇目可对精读篇目起到巩固和强化的作用,它应该在数量与篇幅上都体现出合理性。

首先,要求略读篇目具有足够数量的支撑。《义务教育语文课程标准(2011年版)》第四学段(7—9年级)"学段目标与内容"阅读部分指出:"能较熟练地运用略读和浏览的方法,扩大阅读范围。"台湾地区《中小学九年一贯课程纲要语文学习领域("国语文")》阅读能力指标指出:"能主动阅读古今中外及乡土文学的名著,扩充阅读视野。"大陆和台湾地区课程标准/纲要中都明确提出了随着学段的增长,扩大阅读范围的要求。略读篇目正是对精读篇目的扩展和补充,将精读篇目掌握的文言知识运用到略读篇目中,通过巩固和强化,进而阅读更多的文言作品,使得文言语感得以提升。"我国传统的语文教学的经验和过去教会学校的教学经验都非常值得我们参考和继承发扬。过去私塾教文言文就是识字、写字、读书、背书、写文章,几年下来不就能读、能写一般的文言文了吗?"[1]"传统的语文教学实际上就是一种语感教学,或者说是一种实践教学。"[2]"书面语的语感怎么来?第一,大声朗读;第二,大量阅读;第三,重要的文章要背诵;第四,在老师的指导下,从模仿写作逐步到有创意的写作。"[3]可见,要想学好文言文,就需适当加大文言文阅读的比重,体现在教材中,可加大略读篇目的比重,多选入经典篇目。此外,古今语言存在差异,这使得文言文选文更应注重文言知识的巩固与强化,因此文言文需要达到一定的比例才有利于这一目标的实现。大陆三套教材文言文略读篇目在数量上多于台湾地区教材,篇幅上普遍大于台湾地区的,在"量"上,大陆教材做得比台湾地区的更好,台湾地区教材在略读篇目的数量上有待增加,篇幅有待加大。既然略读篇目是作为教学和自学的备选项,处理就可以相对灵活些,在数量上也可以更充裕些,以便教师和学生能有更大的自主选择空间。

教材编写受课程大纲/纲要的指导和制约。《义务教育语文课程标准

---

[1] 胡明扬:《语言知识和语言能力》,《语言文字应用》2007年第3期。
[2] 胡明扬:《语言知识和语言能力》,《语言文字应用》2007年第3期。
[3] 李节:《按照学习书面语的规律教语文——北京大学中文系教授陆俭明访谈》,《语文学习》2016年第3期。

(2011年版)》中"关于优秀诗文背诵推荐篇目的建议"指出:"推荐古诗文136篇(段)。其中1—6年级75篇,7—9年级61篇。1—6年级的背诵篇目都是诗歌;7—9年级的篇目,除诗歌外,也选入了一些短篇散文。"推荐篇目中,有的编入了教材,有的没有,无论怎样,这些经典篇目都可作为阅读的补充,也可作为略读篇目来处理。大陆教材文言文略读篇目在"量"上高于台湾地区教材,从一个侧面反映了大陆对略读篇目的重视,同时也体现了课程标准的重要导向作用。较为特别的是,人教版初中语文教材除了略读篇目外,在每册书的最后都附有"课文古诗词背诵",每册10篇,共60篇,都是古代诗词曲名篇,也可以当作略读篇目,这就使得人教版的略读篇目可供选择的范围更大。而台湾地区《中小学九年一贯课程纲要语文学习领域("国语文")》中并未列出推荐的文言篇目,在这一点上还需要完善。

  文言知识和语感需要逐渐积累,打好基础,才有利于学习和阅读更多文言文。因此,略读篇目数应随着年级的增长呈现递增趋势,做好各个年级间的合理衔接,以符合认知规律。在这方面,大陆三套教材处理得普遍比台湾地区教材合理,台湾地区教材应在略读篇目的编排上考虑更多的年级分布因素。但大陆教材仍有需要改善的地方,比如:北师大版七上至九下略读篇目数为3、3、3、6、3、5,在八下达到了最高值,而九上的数量反而和七年级一样,九下的数量又有所增长。九下面临着中考的压力,精读篇目数量会有所减少,因此,略读篇目数量也不宜增多,应比九上的数量有所下降才符合精略读篇目的合理搭配比例。台湾地区三套教材九下的略读篇目数都为0,数量比九上少,但无略读篇目,这显然不利于文言文的巩固和掌握。

  其次,要求合理的篇幅搭配及分布。略读篇目主要为选教和自学设计,因此,需掌握好难度。难度不可太大,以免学生产生畏难情绪,造成不必要的负担。但难度也不可过小,否则无法对精读篇目起到辅助作用。体现在篇幅上,略读篇目的字数应等同于或略多于精读篇目,不可相差太大。过少,起不到巩固强化作用;过多,徒增压力。目前,大陆的一套教材略读篇目字数普遍少于精读篇目,两套教材普遍多于精读篇目,但多出的字数参差不齐,差距较大,需要根据年级的增长体现出序列性和层次性。台湾地区三套教材略读篇目的字数普遍低于精读篇目,篇幅可适当增大。

《义务教育语文课程标准(2011年版)》在第四学段"阅读"要求中指出:"能较熟练地运用略读和浏览的方法,扩大阅读范围。"在"二、评价建议"中指出:"诵读的评价,重在提高学生的诵读兴趣,增加积累,发展语感,加深体验和领悟。在不同学段,可在诵读材料的内容、范围、数量、篇幅、类型等方面逐渐增加难度。"可见,大陆将略读作为扩大阅读范围的一种方式,并主张阅读材料应随着学段的升高递增难度。

随着年级由低到高,学生文言知识的积累越来越多,文言语感越来越强。篇幅与难度往往成正比,因此略读篇目的字数应注意年级分布,随着年级的递增而有所增多,形成合理的难易梯度。遗憾的是,目前大陆和台湾地区六套教材中只有北师大版做到了这一点,其他教材还需改进。

(三)精读篇目的集中编排与略读篇目的课后照应

精读与略读篇目的编排主要有两个考虑因素,一是精读篇目是分散还是集中编排,二是略读篇目是对应所在单元还是所在课文。通过考察可发现,文言文精读篇目集中编排,略读篇目对应所在课文的方式,精略读篇目间更具有针对性,两者间的关联维度也更多,适配性更强。将精读篇目集中编排在某几个单元,能够持续一段时间集中用力,形成文言的不间断刺激与输入,更有利于文言语感的培养。在这种编排下,对应的略读篇目无论安排在目录中,还是安排在课后,都与该单元的文言文相呼应。当然,将略读篇目安排在课后,会与所在的文言文精读篇目形成更为紧密的组配关系,适配性当然更强。

有人曾主张将精读教材与略读教材分开编写,但目前大陆和台湾地区初中语文教材均未遵循这种模式,处于精略读共处一本教材的状态。即使是分开编写,精略读篇目间也应具有适配性,略读篇目才能发挥应有的作用。

## 第五节

# 新课标语文教材课文篇目分析

这里选取了21世纪初的四套新课标语文教材作为样本教材,即人教版、北师大版、语文版、苏教版。教材的具体信息见第四章第三节。

## 一、体裁与语言的时代性

影响教材的性质、类型和语言面貌的因素是多方面的,较多体现编者的编纂理念与编纂方法的是教材的选文。不同学习阶段、不同编纂理念的教材,必定会在选文上呈现差异。下面从课文的数量、体裁、语言时代风格三个方面考察选文情况。体裁分散文、戏剧、小说、诗歌四类。这里采用的是对语文教材常用的体裁分类法,即分为散文、诗歌、小说和戏剧四类。其中"散文"包含记叙文、说明文和议论文等。"小说、戏剧"也采用了从宽的理解。如语文版五年级下册"名著之旅"单元中的5篇课文都取材于著名小说,将其归为小说类;苏教版教材四年级下册中的《公仪休拒收礼物》课文,具有戏剧的特点,将其归为戏剧类。语言时代风格分现代文与文言文两类。

四套教材共有2009篇课文。其中人教版522篇,苏教版439篇,北师大版509篇,语文版539篇。语文版最多,苏教版最少,相差100篇。人教版和北师大版课文数量相当。具体分布见下表:

表21-20 新课标课文类型统计

| 教材 | 级别 | 课文数 | 散文 | 诗歌 | 小说 | 戏剧 | 现代文 | 文言文 |
|---|---|---|---|---|---|---|---|---|
| 人教版 | 小学 | 522 | 353 | 299 | 41 | 11 | 2 | 328 | 25 |
|  | 初中 |  | 169 | 122 | 24 | 18 | 5 | 122 | 47 |
| 苏教版 | 小学 | 439 | 284 | 239 | 43 | 0 | 2 | 262 | 22 |
|  | 初中 |  | 155 | 120 | 12 | 18 | 5 | 129 | 26 |
| 北师大版 | 小学 | 509 | 339 | 220 | 109 | 0 | 0 | 305 | 24 |
|  | 初中 |  | 170 | 105 | 31 | 33 | 1 | 121 | 48 |

续表

| 教材 | 级别 | 课文数 | 体裁 |  |  |  | 时代风格 |  |
|---|---|---|---|---|---|---|---|---|
|  |  |  | 散文 | 诗歌 | 小说 | 戏剧 | 现代文 | 文言文 |
| 语文版 | 小学 | 539 | 361 | 300 | 42 | 13 | 6 | 330 | 31 |
|  | 初中 |  | 178 | 133 | 25 | 14 | 6 | 115 | 65 |
| 总计 | 小学 | 1337 | 1058 | 235 | 24 | 10 | 1225 | 102 |
|  |  | 66.6% | 79.1% | 17.6% | 1.8% | 0.7% | 91.6% | 7.6% |
|  | 初中 | 672 | 480 | 92 | 83 | 17 | 487 | 186 |
|  |  | 33.4% | 71.4% | 13.7% | 12.4% | 2.5% | 72.5% | 27.7% |
|  | 总数 | 2009 | 1538 | 327 | 107 | 27 | 1712 | 288 |
|  |  | 99.5% | 76.5% | 16.3% | 5.3% | 1.3% | 85.22% | 14.34% |

表注:(1)一篇课文由多个片段或多篇短文组成,计为一个文本。(2)北师大版小学部分有10课仅为词语,没有课文,不涉及体裁和时代风格。故课文总数是339篇,但参与体裁分类的只有329篇。(3)因上注所说原因,故在对体裁与语体的百分比统计中出现了不足百分之百的情况。

表21-20显示,各种体裁中散文居首位,占课文总数的76.5%。以记叙文为主要形式的散文体裁成为义务教育阶段的学习重点。教材中适当选取了诗歌、小说以及戏剧体的课文,注意了体裁的多样性。其中诗歌最多,占16.3%,戏剧最少,占1.3%。各版教材之间存在若干差异。如:北师大版在小学阶段,仅有散文和诗歌两种体裁,诗歌的比重将近总数的1/3,其他教材则在11%—15%之间。

从课文的语言时代风格来看,现代文占总数的85.22%,文言文为14.34%。分阶段来看,文言文从小学的7.6%上升到了初中的27.7%。小学的文言文主要是古诗,初中除古诗外还有古代散文。各套教材的文言文课文比例不尽相同,语文版最高,达36%,人教版与北师大版居中,为27%—28%,苏教版为17%。

二、课文的异同

四套教材共有课文2009篇,其中有少量课文是各套教材所共选的。下面是对各套教材之间课文异同程度的统计。

表 21-21　新课标课文篇目异同情况调查

| 教材 | 课文数 | 共有课文数 | 独有课文数 | 部分共有课文数 |
|---|---|---|---|---|
| 人教版 | 522 | 15 | 395 | 112 |
| 苏教版 | 439 | 15 | 357 | 67 |
| 北师大版 | 509 | 15 | 390 | 104 |
| 语文版 | 539 | 15 | 399 | 125 |

表 21-21 显示,在每套教材 500 篇左右的课文中,共有课文数只有 15 篇。它们是《快乐的节日》《春》《三峡》《背影》《小石潭记》《海燕》《范进中举》《桃花源记》《与朱元思书》《岳阳楼记》《曹刿论战》《邹忌讽齐王纳谏》《愚公移山》和《乌鸦喝水》《詹天佑》[①]。前 13 篇题目与内容完全一样,后两篇题目相同,内容略有不同。15 篇共有课文只占课文总数的约 3%。部分共有是指部分教材共同拥有的重名课文。部分共有课文苏教版略少,其他三套大概在 100 篇左右。共有课文与部分共有课文合起来占课文总数的约 1/5,大部分仍属各套教材的独有课文。

### 三、课文的重名情况

各套教材重名课文(古诗除外)大体有四种情况:A. 内容完全不同;B. 情节相同,语言表述有差异,这大都属于经过改写的课文;C. 大部分内容相同;D. 内容完全相同。调查结果如下:

人教版有 6 组 12 篇。A 类有 2 组 4 篇。B 类有 1 组 2 篇,即《丑小鸭》,一篇出现在小学二年级,是由原文改写的课文,另一篇出现在初中,是原文的选文。C 类有 2 组 4 篇,《生命生命》和《山中访友》分别在小学和初中各出现一次,这可能是编者考虑到小学生词汇量和结合能力有限,对原文部分词语有所改动。D 类有 1 组 2 篇,即《珍珠鸟》,完全相同,分别出现在小学五年级上册(2003 年初审,第 1 版)和初中一年级下册(2001 年初审,第 1 版)。

苏教版有 7 组 14 篇。A 类有 3 组 6 篇,《石榴》《奇妙的克隆》和《变色龙》。C 类有 1 组 2 篇,为《鼎湖山听泉》。D 类有 2 组 4 篇,《宇宙里有些

---

[①] 共有课文不包括古诗,因为同样是课文题目《古诗两首》,每套教材所选的古诗并不完全相同。严格地说,不同教材之间的相同课文也会有个别字词、标点的差异。

什么》，分别出现在初一上册(2003年初审，第3版)和初二下册(2002年初审，第3版);《七律·长征》分别出现在五年级下册(2004年初审，第1版)和初二上册(2002年初审，第2版)。

北师大版有1组2篇，属C类。《"诺曼底"号遇难记》分别出现在五年级上册(2003年初审，第3版)和初一上册(2004年初审，第4版)，大部分内容相同，只是后者课文的后部多出了两段。

语文版有1组2篇，属A类。

课文题目相同现象中的D类，即课文内容完全相同而出现于前后不同年级的教材，造成不必要的教学资源浪费，也反映出课文的科学性与系统性还有待提高。课文之间如何保持一定的差异度与新颖性，是一个很值得研究的问题。

### 四、古诗推荐篇目的选用

《全日制义务教育语文课程标准(实验稿)》在"附录"中推荐了120篇优秀诗文的背诵篇目，并作了以下说明："1—6年级学生背诵古今优秀诗文160篇(段)，7—9年级学生背诵80篇(段)，合计240篇(段)。此处仅推荐古诗文120篇(段)，其余部分(也包括中国现当代和外国优秀诗文)可由教材编者和任课教师补充推荐。"这120篇中有古诗104首。下面是对各套教材选用104首古诗的调查结果：

表21-22　古诗推荐篇目的选用

| 教材 | 课文数 | 含古诗数 | 推荐篇目 | 共享数 | 部分共享数 | 独用数 |
| --- | --- | --- | --- | --- | --- | --- |
| 人教版 | 24 | 63 | 45(71%) | 2 | 41 | 20 |
| 苏教版 | 21 | 42 | 28(66%) | 2 | 26 | 14 |
| 北师大版 | 37 | 61 | 28(45%) | 2 | 23 | 36 |
| 语文版 | 31 | 102 | 57(55%) | 2 | 48 | 52 |

表21-22显示，古诗课文数最多的是北师大版，但课文中包含古诗数最多的是语文版。语文版平均每课3.3首诗，北师大版平均每课1.6首诗，特别是低年级，每课仅1首。各版教材选用大纲推荐的古诗数量不等，选用比重最大的是人教版，最小的是北师大版。四套教材共同选用的推荐古诗篇目仅有2首。

## 第六编

# 教育教材语言的应用与开发

语言是一个有着互相联系、互相作用的大系统。语义系统是人们基于对语言系统的认识，在某种认识的指导下，运用某个理论某种方法来设计、编制、构造的人工物。合理的、完善的语义系统反映了这个世界的基本规律，符合人们的语义认知，能够帮助人们更好地认识所在的语言世界，并通过它来达到提高语言学习的效果，提高语言运用的水平。对语义系统内部构成、结构布局、相互关系的了解，也就成为提高应用能力首先要做的事情。

母语学习者学习语言的过程就是认知世界的过程。他们通过语言学习来认识整个世界。以他们为对象的学习性词表必须能体现中小学生的认知需求与认知特点，能够反映中小学生生于斯长于斯的生活、学习的社会存在环境。

# 第二十二章
## TMC 语义分类系统与词汇学习

TMC 是《现代汉语分类词典》英文名 A Thesaurus of Modern Chinese 的简称。这是一部语义分类词典,2013 年由商务印书馆出版。现代汉语的第一部分类词典是梅家驹先生的《同义词词林》,这是以人为对象,主要用于写作与翻译用的。之后还有用于中文信息处理的,如王惠、詹卫东、刘群等的《现代汉语语义词典》、张潮生的《中文词库》、董振东的《知网》。用于中文信息处理的语义分类词典与面向人的有很大不同,或是只起辅助作用,在不能靠语法标志完成词语的识别时才来利用语义词义,或是完全借助于网络的超文本环境。TMC 主要是作用于人的分类词典,它希望实现词汇理论研究领域词汇系统的结构化任务,同时希望把现代汉语词汇语义系统的内部结构与关系作出有条理的梳理。

张志毅先生曾指出:"科学分类,是面向科学研究者的对概念或事物的分类。至少受制于下列四个条件:概念的本质属性,事物的外部特征和内部特性,事物的渊源关系和临界关系,科学发展水平。例如近代生物分类学,始于 18 世纪瑞典人林奈(Linne C. von),他建立了分类阶元系统:自然界三分为植物、动物、矿物;生物四分为纲、目、属、种。现代分类学七分为界、门、纲、目、科、属、种,七单元上下再加次生单元(如总纲、亚纲、次纲等等),总共 20 多个层级。语义类相比,层级更多,界限更严格。苏典语义分类,从哲学上继承了培根、圣西门和黑格尔等人的思维成果,从自然科学上继承了现代研究成果。其五级语义层分类体系启示我们,语义类别跟科学类别,是两套体系。"①"语义类别跟科学类别是两套体系",可谓一语中的。那么,TMC语义系统在语言学习中具有怎样的特殊功能,应该如何来加以开发利用,是很值得研究的。

## 第一节
## TMC语义分类系统

TMC是一个词汇语义分类系统,当它成为一种重要的评价及开发利用的资源时,对它的性质和特点作更深入的探讨就尤显必要。下面从三个方面来论述TMC的语义分类性质、结构与特点。

### 一、语义系统的基本属性

这里有必要首先对"语义世界""语义系统""词义系统"三个术语作一辨析。

"语义世界"指的是用语言再现的客观世界。如果要细究下去,会发现对"客观世界"的认识其实是有差异的。一种认为有着完全不依赖于人而存在的客观世界,当然就有着不需要凭借语言而存在的客观世界,这应是哲学上的彻底唯物论;一种认为人所能感知到的客观世界其实都是语言世界,都是借助于语言才有的客观世界,没有语言表现的世界其实是存在的。不同的语言造成了思维差异、行为差异。后者在人文语言学派理论中相当流行,代表为萨丕尔-沃尔夫的理论,概言之就是引起学术界广泛讨论的语言决定论、语言相对论的学说。其实,在讨论所有的语言与思维、语言与文化、语言与民族的关系时,都存在着语言、思维、民族、行为之间有着怎样关系的本原问题。当我们不去深究越论越远的语言本原问题,只是为了与后来的纯粹人工物的"语义系统"相区别开来,说"语义世界"是充满客观性的世界,是可以成立的。

"语义系统"指的是研究者为了达到某种目的,满足某种需求而建构出来的语义系统。为了不同的研究目的,为了解决不同的实际需求,凭借不同的理论依据,运用不同的研究方法,纳入不同的语言材料,所建构的语义

---

① 张志毅:《读苏新春〈现代汉语分类词典〉》,《辞书研究》2014年第5期。

系统是各不相同的。与语义世界相比,最重要的区别就是前者是自在的,它的存在有着非特定的指向,不会因人的选择而有存在与否、主次与否、底层与非底层与否的区别;而后者则完全是人工建构物,它的存在有着特定的目的性。在不同的理论框架下,同一个义类会获得不同的语义地位和语义关系。语义世界也有着内在联系,但这种内在联系与人工建构物——语义系统的联系性完全不同。语义世界的内在联系是因客观世界的天然联系而存在,因为世界、宇宙、客体的存在都是存在于相互关联、相互依存的关系网络之中,而语义系统的内在联系是由这个人工建构物为了具有一定的功能而后来赋予的。

"词义系统"是研究者为了达到某种目的,满足某种需求,立足于"词"的基础,主要围绕词的"意义"而建构出来的语义系统。将词义系统与语义系统相比较,可以看到二者之间的若干差别:前者收录对象限于"词",后者还可以包括短语、句子;前者反映的主要是"词义",后者还可以有语法义、语用义;前者反映的主要是词的具体义,后者反映的主要是类别类、类型义;前者很注重保持词义的共时性,后者则不太看重共时与否的差别。

在区分了"语义世界""语义系统""词义系统"三个术语后,就可以认识到"语义系统"和"词义系统"具有以下三组相互依存的基本属性。

1. 语义系统的客观性与主观性

语义系统是客观与主观共同作用下的产物。客观指的是语义系统的建构都要在实际客观世界中有所本。这是语义系统真实性、合理性、科学性的根本所在。但同时它又充盈着主观性。这个主观性来源于研制者对语义世界的认识、取舍,来源于对研制语义系统的目标、作用、功能的定位。在对客观性与主观性关系的认识上,对主观性的认识有时显得尤为重要。做到这点就能更平实而不虚张,更全面而不偏移,更深入语义系统内部有针对性的而不是仅依据看似完全正确而实际脱离具体语义系统个体来发表评论,以达到对不同的语义系统做出贴切、具体、有分寸的评判。如:我国的行政区划,这就是一个客观的"语义世界",有北京市、河北省,还有燕赵齐鲁、胶东胶西,但在建构语义系统中前者归入"抽象事物"→"政治"→"行政区划",后者归入"空间"→"地方"→"地区"。这种事实相近的地名称谓,就是因为其在主观建构的语义系统中为它们设立了"抽象事物"与

"空间"疆域分野,并给"行政区划"和"地区"作了不同的定义。这里的分野与定义,就是一种主观的产物。

2. 语义系统的普适性与民族性

普适性指的是针对所有民族、文化区域、国家都适用的、具有普遍存在价值的内涵和特点;民族性指的是反映具有民族文化特性的东西。语义系统既含有跨越民族差异的普适性东西,也有民族个性的东西。在世界范围内不同国家、不同民族、不同文化的交流越来越频繁,发展越来越同步,但这并不意味着可以忽略语义系统中的民族个性。在语义系统的研究历史中,西方有学者寻找过能在各个民族语言中都存在着的共同的语义成分,但要指出的是,这样的核心成分一定是最为基础、根本的东西,所得到的相同点一定是粗线条的,是在排除了富于民族个性的语言成分之后的产物。这样构建出来的语义系统也就缺乏富于生命力的民族个性,而这恰恰是建构一个有深刻认知价值的语义系统所必须时刻加以避免的地方。如:亲属称谓词是各个民族的语言系统中的必备成分,但汉语亲属称谓词中分父系、母系,且有父系详母系略的传统,若在只讲普适性的语义系统中,这种语言表现是无法存在下去的。特别是在词义系统中,当对语义世界主要借助于"词语"来反映与表达时,增加的民族性的东西就更多了。

3. 语义系统的通用性与应用性

在对语义系统的追求中,在从无到有、从少到多的渐渐实现中,人们对语义系统总是抱有很高期望,总是自觉不自觉地给语义系统赋予不少的"普"字属性,从属性上的普适性到功能上的通用性都是这一心思的体现。所谓通用性就是希望在一切场合、面对一切问题都能发挥作用。其实这是一种误导。语义系统是一种人工建构物,它是在受到种种设计、研制理论和方法影响下的产物,而首要因素就是研制者考虑到语义系统建成后所要承担的功能。语义系统建成后要解决什么问题,如何发挥它的作用,都会影响到语义系统的内部构成、结构布局甚至整体面貌。面对的问题愈独特,对语义系统的影响就愈大。如此看来,应用性与通用性又在很大程度上是两相抵牾的。如:作用于人的词语应用的语义系统,它对底层词语义类的建构就会相当谨慎。而计算机重视词语的类型化特征,在面向人的语义系统又会觉得一个基础类动辄数百条数千条,只能是混而不同,略而难细。因为一谈到语义系统的应用性,突出的就会是个例与个性。

二、TMC 语义系统的性质与特点

TMC 建构了一个收录 8.3 万个词项的词汇分类系统,这个分类系统是建立在词的语义关系上的,包括上下五个语义层级,有一级类 9 个、二级类 62 个、三级类 508 个、四级类 2057 个、五级类 12659 个。"它是面向语言使用者的词语意义的分类,至少受三个条件制约:语义类别、语法词类、事物科学类别。大类、中类更多显现出科学和语法特点,小类则更多显现出语义特点。"①在认识 TMC 语义系统的性质与特点时,以下两点最为要紧。

(一) TMC 语义系统的客观性与主观性的结合

TMC 的语义系统性质可用一句话来概括:这是一个以"人"为中心的语义哲学观,建立在立体网状的真实语义世界上,单向多层的语义分类系统。

以"人"为中心的语义观。愈是有着明确指导思想,有着明确建构目的的语义分类系统,愈是离不开语义哲学观的指导。每一种语义哲学观都有着自己的独特世界观,其基本观点就是谁是这个系统最终的核心,也就是这个系统的最上层的出发点,由此而衍生出万事万物。在 TMC 中位于最上层的核心语义观就是"人",由"人"到"自然""社会"。由事物、运动变化、性质性状、关系者构成了语义世界的四个基本维度,万事万物都由此而延伸、衍生。

建立在真实语义世界上。不管在语义系统的建构中重心有何可选性,建构目的有何特指性,强调语义关系语义联系的客观性,对建构一个符合这个语言社区所有成员的合理、自然、协调与习惯相吻合的语义系统,这都是一个必然要求。在语义系统的建构中尤忌个人好恶,忌突兀,忌牾逆,这是应该牢记的。

单向多层的语义分类系统。在从语义核心点、原生点出发的词义衍生过程中,不管分出的是五级还是六级、七级,都将遵循着、依据着从一个中心出发,朝一个方向作细化切分的基本特点。因此,在语义的分层分级、上下领属、左邻右舍的种种安排中,最主要的要求就是讲究逻辑关系,讲究层

---

① 张志毅:《读苏新春的〈现代汉语分类词典〉》,《辞书研究》2014 年第 5 期。

次、清晰、严密。

通过以上三点的说明，可以说 TMC 的语义系统是人的观念建构物。不同的观念造就不同的建构，有怎样的观念就有怎样的建构。而在单向的语义系统建构中，有中心点、讲究逻辑与层次、彼此分明、物不二属，是它们的基本特征。可它们面对的客观、原本、真实的语义世界却并非如此，它们是立体、混沌、交叉、网状的。因此，主观语义系统的归类与客观语义世界的存在，二者之间的抵牾就成为不可回避的矛盾了。例如：外出旅行，要有"公交、大巴、汽车、火车、飞机"，要有"司机、导游、乘客、游客"，要有"景点、胜地、古迹、风土人情"，要有"酒店、餐厅、宾馆"；要有"三星、四星、全陪、地陪、吃喝玩住购"。这些词语在现实生活中都是紧密联系在一起的。在现实生活中可以说是以"事件"为中心，在事件过程中有参与者，有事件发生的时间、空间，有事件涉及的对象、后果。而在单向建构的语义系统中，这种立体、交叉、动态的关联物都被一一分解了。"公交、大巴、汽车、火车、飞机"归之于交通工具，再往上则归之为具体物；"司机、导游、乘客、游客"属于社会生活中不同分类的人群，有职业、社会关系之划分，再往上则归之为人的称呼之差；"景点、胜地、古迹、风土人情"，归之山川地貌、空间、时间，或为民情民俗；"酒店、餐厅、宾馆"则或为建筑，或为社会生活中的经济组织、店铺行馆等。

现实生活的立体、交叉、网状，语义建构系统中的单向、逻辑、清晰，二者泾渭分明，各行其轨，难以兼容。认识到这一点至关重要。其价值不仅有助于认识系统中各自的分类标准、价值、效用，而且也能使我们清楚认识到在两种语义世界中，无论是立体、交叉、网状的联系，还是在单向、重逻辑、重层次的联系，前者的发散性，后者的边界性，都是性质相近且普遍存在的。这种语义关系的模糊、发散、蔓延、边缘与过渡，在立体、网状的语义世界中显得那么自然，而在人工建构的语义系统中却那么突兀、刺目、难以调和，因为后者讲求的是层与类的条理，而前者对这些却有着极大的宽容性。这种特性与困难，会浸渍在人工建构的语义系统的整个工程之中。如"仪表"类下收了"温度计、温度表、寒暑表"，接下来收"体温表、体温计、口表、体表、肛表"是再自然不过了。但这样一来，"仪器仪表"类后的"医疗器材"却只有"听诊器、注射器、手术刀"，没有了"体温表、体温计"等。这似乎说不过去。但根据一词一义只能一归的原则,体温计只能在"仪表"与"医疗器材"中择其一。当然归之于后者为上。可见在单向、限层的语义归类中,同一级的语义类中当上位类与下位类并处时,上位类其实是不包括这些已经独立了的下位类的。又如:"水沟、河沟、井沟"看上去与"溪流、山涧、深涧"近,又与"峡谷、山峡、山谷、山沟、沟谷"近,但"溪流"的上级类是"江河","峡谷"的上级类是"山地"。本来是因有其山势,蓄其溪流,有其溪流,而铸其谷形。但要对"地貌"进行山地、江河的细致划分,形貌表里不得不分门别类、异类相望了。

词义的构成是多要素的,对词义的观察也是多角度的。单向归类的语义体系决定了人们对丰富的词义内涵只能作单一观察。这就与词义的客观事实有了抵牾。如:"泔水、泔脚、潲、潲水、米泔水"是归"废弃物"类,还是归"饲料"类? 从洗、煮、炒的烹调过程来看,"潲水"是废弃物,但从有人专门收集、运输,且有专门的用处来看,它显然又具有了饲料的特性,以至在传统农家生猪饲养中属基本饲料之一。

(二) TMC 语义系统的语文性与生活性

TMC 的语文性与生活性,简而言之,这是基于汉语社区老百姓的日常生活的认知习惯而建立、反映了人们日常生活语言使用习惯的语义分类系统,而不是基于学科原理认知、以世界科学界通用性为目的的学科知识类的分类系统。

现在的学科分类体系已经达到相当精细的地步,也覆盖了几乎所有的自然科学与社会科学。能不能照搬这些学科分类体系呢? 答案显然是不行的。那是以知识为对象的分类系统。如:生物学的分类,早已形成了"界""门""纲""目""科""属""种"的分类。即使是在最上一层,也有"动物—植物"的两界,"动物—植物—原生生物"的三界,"动物—植物—原生生物—真菌"的四界,"动物—植物—原生生物—真菌—原核生物"的五界。姑且不论这里的分类层次已经超过了 TMC 的五级分类的最高"可容度",就是真菌、原生、原核也没有多少普通人能区分清楚,分出的结果当然也就很难为人们所适用。因此,建构服务于大众的语义分类体系,不可能完全袭用科学、理性的学科分类。其实,大众在长期的语言认知生活中已经形成了自己的认知观,他们熟悉的是家畜与野畜,走畜与飞禽,羽生与水生,而不太去关心草食、肉食、杂食、偶蹄或反刍。如此看来,两千年前的《尔雅》对动植物分出的"草""木""虫""鱼""鸟""兽""畜"倒融贯着汉民族的文化思想,它不细致却真切,不系统却清楚地建构出了一个古老且为人熟知的动植物分类体系。"释草""释木"这七章俨然构成了一个扁平式的分类体系,它选用的分类标准都是人们感知且熟悉的:"四足而毛谓之兽,二足而羽谓之禽","有足谓之虫,无足谓之豸"。在面向大众的动植物分类中,人们依据最多的不是对"生理"属性,而是对"生活"习性的认识。如:"蛇",《尔雅》中归之于"鱼"是因其依水而生。在再后来的分类中,又有因"蛇鼠一窝"的习性而将"蛇、鼠"同归一类的处理。对"鼠"也是如此。有因"猫鼠天敌"而将"鼠"与"猫"同归一类的,有因"鼠"与"狸"形近而同归一类的。如此看来,面向大众的语义分类体系中,大众化、常识化,而非学科化、学理化,应是其一个基本特征。这样的例子不少,如:在政治学中的"国体"与"政体",在经济学中的"工程完工"与"工地完工",在法律学中的"补偿"与"赔偿"、"准许"与"允许"、"劫持"与"挟持"、"订金"与"定金",彼此之间都有着严格的差异,但在大众的眼中都是合而不分,彼此紧连。

### 三、TMC 的语义层级关系

TMC 的语义层级划分是语义系统最主要的内容,也是语义基本性质与特点的具体体现。要挖掘语义系统的词汇学习功能,发挥其词汇教学、学习、测试、评估上的作用,必须首先要对它的语义关系有详细的了解。TMC 的语义层级关系,最主要的就是表现为上下层级的领属关系、同一层级的相邻关系。

（一）上下层级的领属关系

上下层级的领属关系,概而言之就是上位语义层对下位语义层有较强控制力,下位语义层对上位语义层的义域能全面覆盖。

TMC 的上下语义层共有五层,也限于五层,就是为了尽量在每个层级保持大体相当的可比性。所谓可比性就是层数接近,划分义类的粗细大体相当。当然,这样也势必因层数受到严格限制,而在下层类每个义类的粗细难以做到相当。会造成有的义类包括的词语数较多,为近义类义的关系,而有的义类包括的词语数较少,为同义等义的关系。

五级语义层分别用五种不同的方式表示,大写汉字"壹"表示一级类,小写汉字"一"表示二级类,大写英文字母"A"表示三级类,小写英文字母"a"表示四级类,阿拉伯数字表示五级类。这样就能用一组数字来显示语义类的层级与序位。如:"人"这个词在"壹(生物)——(人)—A(泛称)—a(人)—01",语义类编号就是"壹一Aa01";"词典"这个词在"叁(抽象事物)—八(科教)—E(文章)—b(书籍)—29",语义类标号就是"叁八Eb29"。这样就给每一个词都确定了它在TMC中的唯一"义类身份证号"。

第一层级的一级语义类共有9类:壹(生物)、贰(具体物)、叁(抽象事物)、肆(时空)、伍(生物活动)、陆(社会活动)、柒(运动与变化)、捌(性质与状态)、玖(辅助词)。"壹、贰、叁、肆"类为名词,"伍、陆、柒"为动词,"捌"为形容词,"玖"为副词与虚词。一级类收词最多的达15831条,为"叁(抽象事物)"类;最少为2316条,为"玖(辅助词)"类。

第二层级的二级语义类共有62类。二级类最多的是在"陆(社会活动)"类中,有11个二级类;最少的在"肆(时空)"类,只有2个二级类。一个二级类收词最多的达5543条,最少为24条,平均1341条。

第三层级的语义类共有508类:三级类最多的是在"伍(生物活动)—五(心理活动)"类,有26类;最少的在"壹(生物)—四(微生物)",只有1类。按照下级类不设孤例的原则,这是一个特例,表明在"壹(生物)—四(微生物)"下缺了第三层的分类功能,直接管到第四层级了(该类的第四层级下有"细菌""真菌""病毒")。一个三级类收词最多的达1444条,最少为5条,平均161条。三级类的类名大部分是该类的主题词,特点是:意义宽泛;代表了该义类的基本义、常用义;通用程度高;语用色彩中性化。而在"捌(性质与状态)"下共6个二级类的87个三级类则采用了正反相对、对义并举式的命名结构,如"长短""浓淡""多少""真假""善恶""安危"。它们下面的四级类再分别是"长"与"短","鲜艳"与"素净","多"与"少","真"与"假","善"与"恶","太平"与"动荡","安全"与"危险"等。之所以采用这样的命名方式,一是因为实际语言中性质与状态往往是对举的,二是可以增加义类的概括性。只有极少数例外,如"捌(性质与状态)—二(知觉)—A(颜色)",用"颜色"这个泛称来囊括各种色彩。

第四层级的语义类共有2059类。四级类最多的是在"壹(生物)—五(生物部分)—A(躯体部分)",有18类,最少的只有1类。每个四级类收词最多达 426 条，最少 2 条，平均收词 40 条。四级类基本上是用同义词作类名，只有在"玖(辅助词)—六(拟声词)—c(拟物声)"中，是根据拟声物体来归类。

第五层级的语义类共有 12659 类。含五级类最多的是在"叁(抽象事物)—九(文体卫生)—E(医疗)—a(疾病)"，下辖 79 个五级类。拥有五级类的数量超过 40 个的有 17 个四级类。五级类平均每类收词 6.6 条。收词最多的是"肆—Ba11"的"朝代"类，达 74 条。超过 50 条词的有 10 个五级类，超过 30 条词的有 72 个五级类，可见五级类的词语规模是得到较严格控制的。五级类没有独词，因为分类词典最基本的单位一定是"类"，独词不成类。每类只有 2 条词的五级类有 1670 个。五级类的同类词语中存在三种关系：(1)等义关系。(2)同义关系。(3)近义关系。等义词主要出现在指物名词中，是同实异名现象。同义词词义相近，分布密集，相邻靠近，多属语文词、常用词。近义词词义宽，同在一个领域，分布稀疏，词频较低，名词居多。在五级类中，少数还会表现为"正反相对"的词语同处一类，如"编内"与"编外"。由于"上下五级语义层"的限定，五级类会呈现出"扁平化"现象，即本来是上下位关系的语义类会出现在同一级语义层之中。如"修辞格"所在的五级类收词 16 条，里面没有收"比喻"。这是因为与"比喻"相类的还有"明喻、暗喻、隐喻、借喻、讽喻"，为了显示"比喻"类的特点而将它独立出来，这样就造成了"修辞格"与"比喻"两个本来有着上下位语义关系的义类同级并列。对五级类的划分没有严格地考虑语义的上下位关系，而是把同义词群的大小是否合适放在首位来考虑，只要有一定量的相同、相近、相关的词语，就可以独立为一类。这样必然出现义类不对称的现象。但正是这种现象，从文化语言学的角度却很好理解，即词群发育如何，正是一种语言词汇受制于民族文化的结果。如：有"发妻"类而无"发夫"类。又如："儿童"类、"孩子"类的词语都不少，而"女孩"类的词语比"男孩"类的多，这恰恰是因为指称"男孩"时往往使用了不区分性别的统称语。这就好像"男子足球赛"就直说"足球赛"，只有"女子足球赛"才加以区分一样。

(二)同一层级的相邻关系(同义、近义、对义)

同一层级的相邻义类排列，会按一定的语义关系来排列。简而言之有以下一些:先概称类,后具体类;先泛称,后确称;先通名,后狭名;先褒词,后贬词。语义的顺序复杂而灵活,只要是能体现某种语义关系或逻辑关系的,都可以视为一种语义规则。

如:"陆(社会活动)—三(生产)—J(耕作)"下面有 7 个四级类,依次为"垦荒""耕作""耕地""种植""灌溉""施肥""收获",正好体现出农业活动的始末过程。在"种植"类下有 17 个五级类,依次为"种植""抢种""选种""播种""春播""插秧""移栽""密植""育苗""定苗""插枝""嫁接""整枝""培土""锄草""栽树""夏种",则体现了农作的生产、管理过程。语义系统背后实际上反映的是一种社会认知结果。

## 第二节

## TMC 在词汇学习中的功能

TMC 是建立在语义为主兼及语法功能基础上的单向五层的词汇分类系统,强调上下层之间的语义全覆盖与全切分的上下相吻合,强调同一层级各义类的因种种语义关系而生的前后有序性。如此上下井然、左右有序的语义系统,当收词量达到相当规模时,它对词汇的认知能力,对词义的参照识别能力,也就相当突出了,使得它大大有助于提升词语学习的效率。TMC 在词汇学习中的功能主要是通过"同类联想"与"同类频比"来实现的。

一、同类联想功能

词汇学习中的联想功能是扩大词汇量的主要手段。由于汉语词汇造词法、词汇构词法的种种规律,所以因字到词,因词素复合到词,都是认知新词、从已知到未知,扩大词汇量,寻找繁衍、引申、派生的途径来学习新词的有效方法。在此之外,因语义类的联想,也是一种经常使用、效率很高的扩词方法。

语义类重"同"轻"异",当一组同义近义或对义反义的词语同类而列时,"示同"就是它的主要功能。该类的代表词,即"首词""代表词""类名",就成为这一类词的最大公约数,代表着该类词语的语义共同点。人们通过语义类中的已知词,就能轻松获得对其他词语的新知。

例如:"奢侈"类(捌五 Jb01)有 40 个词语:暴殄天物、乘坚策肥、侈靡、大吃大喝、大手大脚、灯红酒绿、费钱、豪侈、侯服玉食、花天酒地、挥霍、挥霍无度、挥金如土、骄奢淫逸、结驷连骑、金迷纸醉、锦衣玉食、酒池肉林、浪费、靡费、靡丽、铺张、铺张浪费、千金一掷、轻裘肥马、穷奢极侈、裘马轻肥、散漫、奢侈、奢华、奢靡、食不厌精、脍不厌细、食前方丈、食日万钱、象箸玉杯、一掷千金、纸醉金迷、钟鸣鼎食、醉生梦死。其中有的词如"靡费""侈靡""暴殄天物"不认识,但认识"浪费""铺张""挥霍",就可以借助于同类关系而认识到其基本意思。《现代汉语词典》对这三个词的释义是"靡费:浪费""侈靡:奢侈浪费""暴殄天物:任意糟蹋东西(殄:灭绝;天物:指自然界的鸟兽草木等)"。

又如:"炫耀"类(伍七 Gd01)有 25 个词语:摆、班门弄斧、表现、出风头、掉书袋、高调、技痒、夸示、夸耀、露才扬己、卖弄、卖嘴、耍威风、外露、显摆、显本事、显能、显耀、炫示、炫耀、张扬、招摇、招摇过市、作秀、做秀。其中有的词如"技痒""显摆"不认识,但认识"夸耀""卖弄",就可以借助于同类关系而认识到前两个词的意思。《现代汉语词典》对这两个词的释义是"技痒:有某种技能的人遇到机会时极想施展""显摆[方]:显示并夸耀"。

"同类联想"就是通过已知达到未知,由此到达彼的最佳方式。它是通过寻找同一语义类的最大公约数来认识其他词的,故这种方法又可以称为求同法。虽然它的效果没有"求异法"那么精确,但在扩大词汇认知范围、提升词汇能力上起的作用是不可小觑的。

词汇的学习规律有"知""晓""用"三个层次的划分。"知"为知道,指听过、见过这个词,但还不能准确理解它的意义;"晓"是懂得、理解,它比"知"进了一层,不仅知道还能较为准确地说出它的意思,有了特定语境或许会使用到;"用"是运用,即不仅知晓理解,还会在个人的话语与写作中熟练自如地使用。"知""晓""用"是一种能力的划分,这时它是静态的,但也可以把它们当作动态,当作词汇能力的扩大过程。即由"用"到"晓",再由"晓"到"知"。上面所举的"靡费"例、"技痒"例,就体现了这样的动态过程。

在从事词汇学习时,从"用"往"晓"、往"知"的方向去延伸,这符合"从已知到未知",从"知之未多"到"知之甚多"的认知规律。这时词义精确度有所下降,但词汇量不断增多;而当从"知"往"晓"、往"用"的方向去延伸,这符合"由表及里""由浅入深"的认知规律。这时词汇量没有变化,但词义精确度提高了。无论上面哪一种,都是靠联想规律来达到提升词汇学习效果的目的。

二、同类频比功能

联想是一种很重要的词汇学习规律,但这毕竟还只是一种模糊、大概、近似的心理感知过程,是难以做到精确、细致、准确的。在词汇计量研究已成为词汇调查词汇研究中普遍运用的方法时,频次、频率、累加频率、分布、分布率大行其道却会带来新的问题。新问题主要出现在三方面:一是只看绝对词频而不看相对词频;二是只看词频调查的所有词语对象,而不看在同一义类或相近义类内的词语对象;三是只看词频调查的所有语料范围,而不是在词频调查中区别出语料的相关度与集中度。前者就属只看绝对词频,后者就属看重相对词频。这三者中,最关键的是第二点,即对调查对象的词频比较是与所有词语相比,还是与同一义类或相近义类的词语相比。

如:"落标(伍八 Dd),揭标、评标、串标、得标、定标、发标、竞标、开标、投标、围标、招标、中标(陆一 Ea),立标(陆三 Aa)、夺标(陆五 Ja)"这 15 个词,分别处于 TMC 中的 4 个四类中,最集中的还是在"陆一 Ea"类中,有 12 个词。同处一个类,表示它们的词义相似度更高,有一个核心语义就是"招标",其他三个词"落标""立标""夺标"的词义稍远些。这些词在 TMC 中都属于静态的位置,只反映出语义的位置及关系。

下面就来观察它们的语用使用状况、动态关系,使用的数据是《现代汉语常用词表》,该词表是根据使用频次作出了常用度的排序。结果见下表:

表22－1　"招标"类词语的词频观察

| 词语 | 义类编码 | 排位 | 通用语料词频 | 新闻语料词频 | 文学语料词频 | 总词频 |
|---|---|---|---|---|---|---|
| 招标 | 陆二Ba | 3675 | 632 | 3742 | 57 | 4431 |
| 投标 | 陆二Ba | 8100 | 420 | 857 | 39 | 1316 |
| 中标 | 陆二Ba | 11383 | 76 | 679 | 19 | 774 |
| 竞标 | 陆二Ba | 17566 | 18 | 348 | 1 | 367 |
| 开标 | 陆二Ba | 26132 | 83 | 83 | 0 | 166 |
| 夺标 | 陆五Ja | 32740 | 22 | 70 | 5 | 97 |
| 评标 | 陆一Hc | 48088 | 2 | 13 | 7 | 22 |
| 发标 | 陆二Ba | 53213 | 0 | 7 | 2 | 9 |
| 立标 | 陆三Aa |  | 6 | 0 | 0 | 6 |
| 揭标 | 陆一Ea |  | 0 | 0 | 0 | 0 |
| 得标 | 陆二Ba |  | 2 | 0 | 1 | 3 |
| 围标 | 陆二Ba |  |  |  |  |  |
| 串标 | 陆二Ba |  |  |  |  |  |
| 定标 | 陆二Ba |  |  |  |  |  |
| 落标 | 伍八Dd |  |  |  |  |  |

现在可以用"频比"方法来观察这一组词的语用情况并作出判断。

1. 从绝对词频来看。在《现代汉语常用词表》总共56008个词语中,进入前1万词的只有"招标""投标"2词,进入前1万至2万的是"中标""竞标",进入前2万至3万的是"开标",进入前3万至4万的是"夺标",进入前4万至5万的是"评标",位于5万之后的是"发标"。进入词表的一共有8个词。如果只看绝对词频,对这一组词来说,位置不会太高,也不容易看出本组内词语的可选价值。

2. 从相对词频来看。可以明确得到这样一个结论,在"招标"语义类中,最高频的就是"招标",其次是"投标"。一"招"一"投",先"招"后"投",有"招"必有"投",这是本类动词中最核心的语义成分。后面的6个词则都是在完成这两个基本语义过程中注重于某一个环节的动词。

3. 未进入TMC的还有7个词。查其原因,或是词频偏少,或是语义偏弱,或是行业色彩太浓,或是产生时间稍晚,而没有在语用范围内呈现出来。如:"立标"与"招标"语义近,"揭标"与"开标"近,"得标"与"中标"近,"定标"与"评标"近,"串标""围标"则属于招投标活动中晚起的不正常、不合法现象,而没有进入。"落标"则语义有转移,但在相关词语如"落榜""落选"的竞争中无优势而处于明显弱势。

同类频比实际上反映的就是对词汇学习难易度的把握。能够把词频放到语义类中来考察,把静态的词语与词义,与动态的语用与词频结合起来,词汇学习就不难了。

## 第三节
## TMC 在对外汉语词表研制中的作用

上面谈了 TMC 在汉语词汇学习中的作用,其实 TMC 的这种作用在汉语作为第一语言教学中,在对外汉语词表研制中同样也会表现出来。

### 一、对外汉语词表应具有系统性的要求

对外汉语词表要有系统性,一方面要求其内部词汇的组织结构要有系统性,另一方面需能系统地代表现代汉语词汇的整体。

(一)词义联系应成为考察对外汉语词表系统性的主要角度

词汇系统性以词汇间的相互联系为基础,词汇间在音、形、义、语法属性等方面都存在联系,但对外汉语词表应以词义联系作为考察系统性的主要角度。首先,这是由语言和词汇的性质决定的。语言是音义结合的符号系统,词是音义结合体。意义是词汇的本质属性。能表达多少意义体现了语言词汇的本质功能,其系统性也自然主要体现在意义的关联上,"所谓词汇的系统性就是词汇语义的系统性,所谓词汇系统也就是基于义征分析和义场建构的词汇语义系统"[1](李葆嘉、李瑞,2007)。其次,词形的关联不具有全局性。例如:"牛、牛肉、牛奶"都以"牛"为词素,词义也存在着关联,这种特点受到了汉语教学领域的关注。胡鸿、褚佩如[2](1999),周健、廖

---

[1] 李葆嘉、李瑞:《试论词汇系统的语义性本质》,《江苏大学学报(社会科学版)》2007 年第 1 期。
[2] 胡鸿、褚佩如:《集合式词汇教学探讨》,《世界汉语教学》1999 年第 4 期。

暑业①(2006),杨彦宝、牛慧芳②(2012)等,认为利用汉语词汇的这种特点在教学中可收事半功倍之效。但是这些讨论都集中在教学过程中而不是词表研制方面。以"牛"为中心固然都可以组成一个子集,但是这个子集犹如孤岛,与别的子集并无上层关联,也不能简单以这种形式的关联作为大纲词表取舍的依据。

(二)对外汉语词表的收词应注意词义系统的整体性

"系统的整体性原理,是系统思想的最基本的原理,也是系统思想的核心。"③(林杏光,1999)"部分不可能在不对整体造成影响的情况下从整体之中分离出来。"④(魏宏森、曾国屏,1995)词表词汇是现代汉语词汇的子集,如要不破坏现代汉语词汇的整体功能,就需覆盖整体而非仅覆盖一个或几个方面。

在语言教学方面整体性也是必要的。在教学实践中,个别词的收录与否与某类词的收录与否有本质的不同。教学中常用同类词联想的方法,如:学到"苹果"可以联想到"橘子、香蕉、葡萄"等水果类的词,而假设词表中一个表示水果的词都不收,整个水果子系统也就对学生隐身了。从跨文化的角度,不同国家和民族在词频方面可能存在较大差异,但词汇系统整体的差异则相对较小,如:表示"社会活动-信仰"⑤的词在现代汉语中整体频率较低,但对相当一部分留学生来说,这类词是常用的、必要的。从词汇组合使用角度看,词汇的各子系统处于相互组合的关系之中,破坏了整体性必然导致某些组合的不顺畅。例如:"社会活动-经贸"是一类动词,这类词的语境中常常出现与其相关的词汇,表示人的"经理、商人、售货员",表示事物的"钱、企业"等等,这些词分别属于"生物-人-职业""抽象事物-经济""抽象事物-社会"等子系统。缺失了任意一个就会产生木桶效应,而强调意义的整体性则可以尽可能减少这种情况的发生。

---

① 周健、廖暑业:《汉语词义系统性与对外汉语词汇教学》,《语言文字应用》2006年第3期。
② 杨彦宝、牛慧芳:《论对外汉语词汇教学的系统性》,《长江师范学院学报》2012年第6期。
③ 林杏光:《词汇语义和计算语言学》,语文出版社,1999,第96页。
④ 魏宏森、曾国屏:《系统论——系统科学哲学》,清华大学出版社,1995,第204页。
⑤ 用"-"分隔不同级别的义类名称,如"社会活动-信仰"表示一级类为社会活动类,二级类为信仰类。为了便于查验,提到义类名称时都从一级类开始,逐级列出。

整体性不是全部,需要在分层基础上界定。层次性是系统的重要属性,系统的不同层次,往往发挥着不同功能。如:"男人、胖子、山羊、白马、看、观、眺望"等是一些"散乱"的词,概括一层可得到"人""动物""看"三个系统,再往上可以概括为"生物""动作"。越是下层,现象就越复杂,越难以把握,越是上层覆盖面越广,在系统中的影响也就越大。整体性应体现为上层系统的完整。

(三)对外汉语词表收词应注意底下系统的丰富性

子系统内词汇的丰富性是词汇能力的一个重要方面,陆俭明(2007)论及词汇能力时,以"看"为例,说明词汇丰富的人,可以根据说话环境、对象、心态和感情选用合适的词[①]。可见词汇丰富与否需从词汇系统底层考察,受到同义、近义层面上的丰富程度的影响。

(四)对外汉语词表内部安排应合理有序

对外汉语词表不仅规定总量,往往还需进行分级,规定先学什么,后学什么。词汇级别的安排应与词义系统相结合,注意两者间的分布关系。一个级别应该优先满足词义覆盖的广度,同一词义子系统的词应根据学习难易、是否常用等在等级间有所分布。这样使词表体现出词汇学习的阶段性。

(五)对外汉语词表容量的确定应以系统性为前提

确定词表容量需要系统性依据。系统的整体性与丰富性等方面与词表定位关系密切,体现了词表研发者对词汇能力的认定,一定程度上也决定了语言学习者将来语言表达的广度和深度。所以词表的整体性与丰富性应是预先设定的,而要实现一定的整体性和丰富性,词汇量也就相应地确定了。

**二、频率依据在对外汉语词表研制中的局限性**

目前词表提取多采用统计方法,从大规模语料库中提取高频词。那么高频属性与系统性属性是否一致呢?

(一)频率方法无法说明词表的语义属性

频率方法的依据是 Zipf 定律,即在一个大型语料库中词出现的次数与

---

① 陆俭明:《词汇教学与词汇研究之管见》,《江苏大学学报(社会科学版)》2007 年第 3 期。

其频次排名的乘积是个常数,也就是语料库中往往有少数的词经常用到,而其他大量词的使用频率并不高。根据这一原理,高频词更具实用价值,而且频率也可以对词表的功能作一定程度的说明,如:苏新春、杨尔弘(2006)调查发现频率最高的5403个词累积覆盖率达到了80%。这类数据对词表研制有重要价值[1]。

但是频率本身也存在不足,虽然统计发现5403个词的累积覆盖率达到80%,但并不能说明学习者掌握了这些词就可以看得懂80%的文本,或者应付80%的语言交流,而且频率也无法证明词表在语义系统方面的整体性和丰富性。

### (二)语料库调查法存在局限性

频率本身存在不足,而作为频率来源的语料库调查法也有局限性。调查发现一些高频为基础的词表有巨大差异。我们将《新HSK大纲》词表与《现代汉语常用词表(草案)》(现代汉语常用词表课题组,2008,以下简称《常用词表》)以及从自建2亿字语料库中提取的词频表作比较,发现《常用词表》前5000词与《新HSK大纲》词表的共有词仅2653个,占大纲词表的53.06%;自建词表频次最高的前5万词与《常用词表》的共有词仅为32936个,占《常用词表》的65.9%;自建词表前5000词与《新HSK大纲》词表的共有词仅有2464个,占大纲词表的49.3%。几个词表固然在加工水平、理念以及应用目标等方面存在差异,但常用的都是主要属性,而共有词仅有50%左右。这种差异虽有偶然因素,主要还是语料库调查方法的局限性造成的。

首先,语料的构成对词频的影响非常大。马清华(2008)指出功能词的频率主要由语言因素决定,而实义词的频率则受多方面因素影响[2]。词频对语料库内容的高度敏感是语料库调查法局限性的最主要方面。其次,汉语词与词素界限不清晰的特点也对词频产生严重影响。如:"牛肉"可以作为一个词,也可以拆分为"牛"和"肉",《新HSK大纲》词表中还有"弹钢

---

[1] 苏新春、杨尔弘:《2005年度汉语词汇统计的分析与思考》,《厦门大学学报(哲学社会科学版)》2006年第6期。
[2] 马清华主编《唯频率标准的不自足性——论面向汉语国际教育的词汇大纲设计标准》,《世界汉语教学》2008年第2期。

琴"这样明显的词组,这种词单位的"分"与"合"会对一些词的频率产生较大影响。尤其目前使用广泛的分词软件多来自计算机自然语言处理领域,其分词标准更多地受到计算机自然语言处理应用的影响。最后,在微观层面存在大量相同、相近频次的词,这些词的取舍也会影响词表的客观性。

总之,频率对词表研制有重要作用,语料库调查法也在不断改进,但也有不能解决的问题,需要能体现词汇系统的工具和方法来弥补这种不足,一方面对频率词表作系统性检验和说明,另一方面帮助消除语料库各方面问题带来的误差、偏颇和模糊。

### 三、义类体系在对外汉语词表研制中的作用

义类体系是以词汇意义关系为核心建立的分层系统,从方法论的角度看,义类系统结合数据库软件和统计手段,可以作为透视词表内在词义系统的工具,将混乱无序的词汇集合(图22-1左边)变成一个分层、有序的树形结构(图22-1右边)。

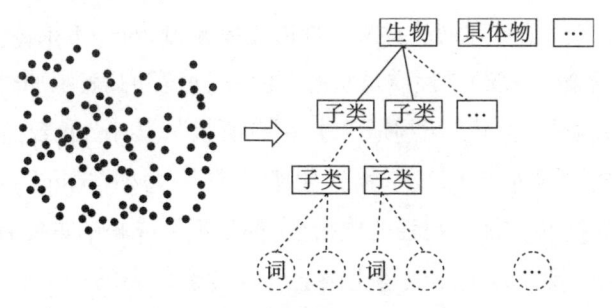

**图22-1 义类体系的透视功能**

下面以 TMC 为例说明义类体系的作用。TMC 收词条82955个,采用五级语义层分类体系。TMC 在词表研制中的突出表现在三个方面:(1)以词义为分类标准。(2)归纳了概括程度不同的多个层次。"上层分类反映了整个社会生活与汉语词汇的宏阔概貌,底层分类将同义、近义、反义词语汇聚在一起,细致地反映出词语的同义、近义、反义关系。可以帮助您联想、类推、比较、筛选词语。"[①](3)义类建构标准统一,形成了整体性系统。义类体系在对外汉语词表研制中的应用主要体现在四个方面。

1.通过上层义类规定词义系统的整体性与均衡性

---

① 苏新春:《现代汉语分类词典》,商务印书馆,2013,第2页。

从词表研制的角度，TMC 一至三级可作为上层义类，四级类作为重要参考。"一至二级语义层主要展示的是对词汇系统的领域划分，三、四级类主要是对词汇系统主要义域、节点的划分。"①一至四级类分别有 9 个、62 个、508 个和 2057 个。一、二级类自不必说，从整体性考虑对外汉语词表至少应该覆盖到主要的义域，也就是三级类。四级类在 TMC 中也是非常重要的一个层级，但是数目众多不容易把握，而且也确有个别类不太常用，如"生物－动物－虫类"下级有"蝉虫""蜂蝶蛾蛛""蚊蝇蚁虱""蝗蚜"四个四级类，对于二语学习者来说似乎没必要做出整体性要求。但是四级类承上启下的特殊地位也使其在整体性与丰富性方面都有重要的参考价值。

首先，从一至三级类上可以限定对外汉语词表的整体性。例如：一级类"辅助词"在语言中主要起结构性作用，其二级类为"副词""介词""连词""助词""语气词""拟声词"，这些是基本词类，自然也不能少。三级类方面"副词"的下级类有"程度""范围""方式""情态""时间""频度""口气""否定"，这些是对副词从意义方面的主要划分，每一方面在系统中都有重要地位。再如：一级类"性质与状态"主要是形容词，表示属性，其二级类为"形貌""知觉""性状""性质""才品""情状"，其中"形貌"的三级类有"长短""高矮""宽窄""深浅厚薄""粗细胖瘦""大小""正歪""直曲""凹凸""方圆"。这些类都有很强的概括性，都是不可或缺的重要方面。

其次，从一到三级类的数量比例上可以考察词表的均衡性。均衡不是完全平均，而是尽量贴近语言的实际，弥补语料库取材、结构等因素带来的偏差。例如："辅助词"类是结构性成分，在大多数句子中都必不可少，在小型词表中这一类比例应该高一些，但这一类又是基本封闭的，在大型词表中其比重可能又会降低。再如："具体物"和"抽象事物"类，都是名词义类，"具体物"多对应可见、可触摸的事物，离日常生活可能更近一些，而"抽象事物"多为思想中的事物，离思想、政治、文化等方面更近一些。可以推测，在政治、经济、社会、文化等领域语料比例高的语料库中，"抽象事物"类比例会偏高，甚至常被认为贴近生活的口语语料，也可能与讨论的话题有很大关系。通过大类的比例可以考察高频词表的语义分布特征，可在对外

---

① 苏新春主编《现代汉语分类词典》，商务印书馆，2013，第 2 页。

汉语词表研制过程中进行干预。

2. 通过下层义类考察词汇丰富性

TMC 五级类主要是同义、反义、同类词语的类聚,各五级类收词数量与比例可以体现词表收词的丰富性。四级类也可以作为重要参考。如:四级类"生物活动－头部动作－看听嗅－看"下辖 24 个五级类"看、注视、盯看、端详、呆看、展望、眺望、环顾、俯瞰、仰望、张望、回顾、放眼、正视、斜视、怒视、对视、窥视、瞥、白眼、浏览、看见、亲见、望风",共收词 197 个。其中五级类"看"收词 24 个,分别为"觑、观看、觑视、相、翻看、试看、验看、收视、收看、观望、探望、探看、裸视、望、视、看、瞅、盼顾、目视、观、览、盼、顾、瞧",这些词基本为近义关系。词表在这个类上的收词多少也就规定了学习者对"看"表达的丰富程度。这些底层类就如现代汉语词汇系统的神经末梢,通过这个层次的统计分析,既考察某个小类的丰富性,也可以为词表整体的丰富性提供依据。

3. 为词表的等级安排提供系统性参考

义类体系可以为词表等级安排提供三方面参考:每个等级覆盖上层义类的广度;各上层类在不同等级中的分布情况;下层义类词在不同等级中的散布程度。

词表低级阶段最好侧重学生容易理解的"生物""具体物""生物活动"等类,这些词也与日常生活较为贴近,可以解决学生日常交往中遇到的问题。而学习的较高阶段可以逐渐向"抽象事物""社会活动"等较为抽象的类倾斜,这些词往往较为抽象,理解难度要大一些。

4. 为确定词量提供依据

义类上的整体性与丰富性本身就给出了词量的要求。TMC 中四级类既有概括性,同类词关系又较为密切,有承上启下的作用。我们尝试以此估计,词典中有 2057 个四级类,平均每个四级类 40 个词,整体性方面假设覆盖四级类的 90%,丰富性上每个义类平均取 5 个词,总共要 9257 个词,这应该是一个比较基本的数量。当然这仅是粗略的估算,要做出科学的判断还需要更细致的统计和辨析。

## 第四节

## TMC 在汉外词汇比较中的作用

要在中国生活或者从事更深入地了解中国社会有关的工作时,对外汉语学习者要先掌握好跟中国社会有关的词汇,从中来选用最合适的词语。反之亦然,当一位中国人要在外国生活学习、工作时,也需要学习所在国的词汇。这里以印度尼西亚为例,来观察 TMC 在印尼语言学习中的应用情况。选用的印尼语的分类词典是 *Thesaurus Tematis Bahasa Indonesia*(以下简称 TTBI)。比较的是"社会活动"的义类。

### 一、两部分类词典简介

按 *Kamus Besar Bahasa Indonesia*(印尼语大词典,以下简称 KBBI)第 5 版,thesaurus(分类词典):(1)(*n.*) buku referensi berupa daftar kata dengan sinonim dan antonimnya[(名)近义词和反义词词表的工具书];(2)(*n.*) buku referensi berupa informasi tentang berbagai perangkat konsep atau istilah dalam pelbagai bidang kehidupan atau pengetahuan[(名)有关各种概念的信息或有关各种生活或知识领域术语的工具书][1]。按 *Cambridge Dictionary*,thesaurus(分类词典):(noun) a type of dictionary in which words with similar meanings are arranged in groups[(名)词按相似意思组排列的一种辞典][2]。

分类词典与释义词典不同,分类词典是按词义来编排的词典,而释义词典是按词目的音序编排的。第一部现代分类词典是由一位医学专家 Peter Mark Roget 编排的 Roget's Thesaurus of English Words and Phrases, Classified an Arranged so as to Facilitate the Expression of Ideas and Assist in Literary Composition,于 1852 年由 Longman 出版社出版的。Roget 在 73 岁时出版这部词典。他从 1805 年已开始做小规模的词义分类。这部词典第六版共有 15 大题目,1075 小题目。牛津大学教授 Lynda Mugglestone 提出

---

[1] Departemen Pendidikan Nasional. Kamus Besar Bahasa Indonesia Edisi ke-5 Daring 线上印尼语大词典第五版,2018,kbbi. kemdikbud. go. id. ,访问日期:2018 年 11 月 15 日。

[2] Cambridge Dictionary Online. https://dictionary. cambridge. org,访问日期:2018 年 11 月 15 日。

Roget 按词义分类编排的分类词典是非常有意义的,会给词义领域的研究带来巨大的影响①。印尼国家语言中心也受到这部词典的启迪,编排了一部印尼语分类词典②。

1983 年出版的梅家驹主编的《同义词词林》是现代汉语第一本分类词典,共收 64223 条词目。梅家驹等在《编纂汉语类义词典的尝试——〈同义词词林〉简介》中提出语义分类的词典对其他语言词汇的学习与使用不仅有利,而且还有助于进行两种语言或多种语言的词汇对比研究,提供确切的对等翻译③。宋婧婧和苏新春在《类义词典中的两种类型'同义'与'同类'——〈同义词词林〉与〈朗文多功能分类词典〉比较》中对两部有着广泛影响的分类词典进行比较,主要分析层级和分类的差异④。郑述谱在《类义体系比较》列了不同语言的分类词典,对不同类义系统进行比较。他表示"做的分析,多是从词典编纂的角度出发,基本上限于词典的研究范畴之内。但是,对不同类义体系加以比较,对于词汇学,特别是对比词汇学、语义学的研究,都会提供很大的便利"⑤。1984 年,徐为民出版了《现代汉语分类词典》(辽宁大学图书馆)。1987 年,刘叔新出版了《现代汉语同义词词典》(中国社会出版社)。1998 年董大年出版了《现代汉语分类词典》(汉语大词典出版社)。2013 年苏新春出版了《现代汉语分类词典》(商务印书馆)。

在印尼的分类词典有 Eko Endarmoko 于 2002 年主编的 *TESAMOKO Thesaurus Bahasa Indonesia*,edisi pertama(印尼语分类词典,第一版)。这部词典编排的主要目的是帮助使用者准确地用印尼语表达思考、意见、经验和感想。主要义类为同义词、近义词和反义词,同一级和上下层级同类的词语。2013 年印尼教育与文化部出版了 TTBI。2016 年 Eko Endarmoko 主

---

① Lynda C Mugglestone, "Much Intoxication but little restrain. Reconstruction history through the Historical Thesaurus of the Oxford English Dictionary", *Language and History*, Vol. 53, No. 2(2010):138-42.
② Departemen Pendidikan Nasional Pusat Bahasa:《前言》《Tesaurus Bahasa Indonesia Pusat Bahasa 语言中心印尼语分类词典》,印尼国家语言中心,2008,第 5 页。
③ 梅家驹等:《编纂汉语类义词典的尝试:〈同义词词林〉简介》,《辞书研究》1983 年第 1 期。
④ 宋婧婧、苏新春:《类义词典中的两种类型'同义'与'同类'——〈同义词词林〉与〈朗文多功能分类词典〉比较》,《辞书评论》2004 年第 4 期。
⑤ 郑述谱:《类义体系比较》,《辞书研究》1992 年第 4 期。

编的 TESAMOKO Thesaurus Bahasa Indonesia，edisi kedua（印尼语分类词典，第二版）出版了。

二、TMC 与 TTBI 的收录词语范围与特征

（一）TMC 的收词

TMC 有着深刻的理论价值，编者在前言提到"一部好的分类词典，总是发现了一种语言词汇的全貌和内部系统，体现了该语言社区的真实社会生活、认知方式及观念世界。"指出 TMC 的收词特点是"注重收录词汇系统的核心成分语文词、注重收录贴近社会生活的通用词，分类层次清楚、语义关系明确、分类标记清晰，音序与类序双向查找"。凡例提出收词"主要为通用程度较高的语文性词语"。收词原则是："收现代性词语，不收僻用、罕用的古词、旧词；收通用性词语，不收或从严收方言词、新词语；收语文性词语，一般不收行业词，酌收正在语文化过程中的行业词；收属'词'，一般不收'词素'与'短语'。""上下级的语义关系：上一层级与下一层级的语义类之间为语义的上下位关系。上一层级语义类对下一层级语义类有统辖作用，下一层级语义类是对上一层级语义类义域的切分。"[①]

TMC 的一级类有 9 个：生物；具体物；抽象事物；时空；生物活动；社会活动；运动与变化；性质与状态；辅助词。这里只提出 TMC 第 6 类的社会活动类的收录词语范围，这类的二级类有 11 个：管理、经贸、生产、交通、文教、战争、司法、信仰、社交、帮助、争斗。

---

[①] 苏新春：《现代汉语分类词典》，商务印书馆，2013，第 2—3 页。

表 22-2  TMC 第 6 类社会活动类词语

| 一级类 | 二级类 | 三级类 |
|---|---|---|
| 社会活动 | 管理 | 管理;处理;掌控;指挥;统治;宣布;部署;调动;调查;考评;任免;议决;批准;建立;禁止;宣传;奖惩;办公;改革 |
| | 经贸 | 贸易;买卖;投资;出纳;借贷;积累 |
| | 生产 | 建造;加工;维修;养护;冶炼;提纯;纺织;漂染;印刷;出版;装修;勘探;治水;治污;耕作;渔猎;畜牧 |
| | 交通 | 驾驶;出行;经抵;运输 |
| | 文教 | 教学;学习;阅读;研究;写作;演出;拍摄;运动;绘画;比赛;医治 |
| | 战争 | 备战;斗争;进攻;守卫;抵抗;火力;攻击;攻占;投降 |
| | 司法 | 诉讼;逮捕;审判;惩办;赦免;违法 |
| | 信仰 | 礼拜;修行;布施;保佑 |
| | 社交 | 交际;介绍;通讯;说话;表达;批评;赞赏;祝贺;劝慰;感谢;道歉;问候;请求 |
| | 帮助 | 赠送;取予;协商;帮助;照顾;养育 |
| | 争斗 | 辩说;违背;欺负;瞒骗;纠缠;动武;结伙;决裂;侵害 |

（二）TBBI 的收词

TTBI 是 2013 年由印尼教育与文化部出版的分类词典，2016 年提供在线查询。

TTBI 有 19 个概称类：ukuran dan bentuk 大小与形状；gerak, arah dan waktu 动作、方向与时间；geografi, geologi dan metereologi 地理、地理与气象；kehidupan dan mahluk hidup 生活与生物；organ tubuh 器官；pengindraan 传感；keadaan tubuh dan pengobatan 身体状况与医疗；minda, pengetahuan dan upaya 思想、知识与动力；kata hati/emosi dan perilaku 情感与态度；kehidupan masyarakat 社会生活/社会活动；humaniora 人文；ekonomi dan keuangan 经济与金融；transportasi 交通；arsitektur 建筑设计；hunian dan perabot 住宅与家具；tata boga 烹调术；mode 时髦；kegemaran dan hobi 爱好；olahraga dan permainan 运动与游戏。每种类蕴含类属词，每行按类属词、同义词、近义词编排。在具体类的每行是按拉丁字母编排的，除非是特殊的词汇，例如跟时间顺序有关的词汇或名称，日期是这样编排的：Minggu 星期天、Senin 星期一、Selasa 星期二、Rabu 星期三、Kamis 星期四、Jumat

星期五、Sabtu 星期六。这样的方式让读者认识到并学到词的其他词义，认识到词之间的关系。这部分类词典的内容是按 Pedoman Umum Ejaan Bahasa Indonesia（General Guidelines for Indonesian Spelling，译作规范印尼语公用指南）收词的。不规范的词会加上个标志备注，比如 cak（ragam cakapan）口语。加粗与大写的词是表示种类的大题目。加粗与小写的词表示种类的小题目（subordinate）。TBBI 也把词汇按词性分类，adjektiva 形容词、adverbia 副词、konjungsi 连词、nomina 名词、numeralia 数词、partikel 助词和 verba 动词。在这里我只提出第 10 类的社会活动（社会生活）的下位关系有 6 个，即：status 身份；kewarganegaraan 国籍；keluarga 家庭（亲属）；masyarakat dan politik 社会与政策；perang dan perdamaian 战争与和平；Hukum 法律。

印尼语分类词典是从大类[概称类（泛称类）]到下一级和下下一级等的小类[具体类（确称类）]。

表 22-3  TTBI 第 10 类社会活动类词语

| 概称类<br>（泛称类） | 具体类<br>（确称类） | 具体类（确称类）的下一级 |
| --- | --- | --- |
| Kehidupan Masyarakat 社会活动 | 身份 | bangsawan 皇室；rakyat 老百姓；gelar 称号 |
| | 国籍 | warga negara 人民；nasionalisme 民族主义；penduduk 居民；orang asing 外国人 |
| | 家庭（亲属） | keluarga 家庭；ayah 父亲；ibu 母亲；hubungan kekeluargaan 亲属关系；kawin 已婚/结婚；lajang 未婚/单身；cerai 离婚 |
| | 社会与政策 | masyarakat 社会；pemerintahan 政府；rezim 政权；politik 政策；pemilu 大选；parlemen/Dewan Perwakilan Rakyat 议员 |
| | 战争与和平 | konflik 冲突；perang 战争；revolusi 改革；damai 和平；kompromi 妥协；perjanjian 合同；penyerangan 突击；pertahanan 防御；penghinaan 侮辱；pukul(an) 打击；perlawanan 抵抗；kemenangan 胜利；kekalahan 打败；Angkatan Bersenjata 武装部队；senjata 武器；pelatihan(militer) 培训/训练/演习(军事)；hukum 法律 |
| | 法律 | keadilan 公正；ketakadilan 不公正；pengadilan 法庭；pembelaan 防御；polisi 警察；pencurian 盗窃；pelacuran 卖淫；kriminal 刑事；komunikasi 交际；rahasia 秘密；tanda 标志；perwujudan 实施；ambiguitas 歧义 |

以上只显出到三级类的词。

两部词典分类的地方有所不同。TTBI 里面的第 10 类社会生活/社会活动的"身份""国籍""社会与政策""战争与和平""法律"的这些词,在 TMC 中分类到"抽象事物",按顺序具体的分类到:叁四 Ba05、叁四 Ba06、叁四 Ab05/叁五 Bd01、叁六 Ba01、叁五 Ba01。"家庭(亲属)"分类到壹一 D"生物"。同一个词可以分类到不同的种类,比如:"社会与政策"除了分类到叁四 Ab05 和叁五 Bd01 之外,也分类到"性质与状态"捌四 Mb03 和捌六 Aa02。

TMC 里面的第 6 类社会活动的"管理""经贸""生产""交通""文教""战争""司法""信仰""社交""帮助""争斗"这些词,在 TTBI 中,"管理"分类到 IX"情感与态度"类 > moral 道德 > norma 规范 > mengatur 管理;"经贸"分类到 XII"经济与金融"类;"生产"分类到 XII"经济与金融"类 > produksi 生产;"交通"分类到 XIII"交通"类;"文教"的"文(文化)"分类到 IX"情感与态度"类 > 道德 > 规范 > budaya 文化。此外"文教"的"教(教育)"分类到思想、知识与动力 > pengetahuan 知识;"战争"分类到 X"社会生活/社会活动"类 > 战争与和平 > 战争;"司法"分类到 X"社会生活/社会活动"类 > 法律;"信仰"分类到 IX"情感与态度"类 > 信仰;"社交"分类到 X"社会生活/社会活动"类 > 社会与政策 > 社交;"帮助"分类到 X"社会生活/社会活动"类 > 战争与和平 > 培训/训练/演戏(军事)> membantu 帮助,或分类到 XII"经济与金融"类 > 工作与生产 > 工作 > 帮助。

"管理"除了分类到情感与态度之外,也有分类到 I 大小与形状 > 形状 > mengatur 管理,还分类到 XII 经济与金融 > 经济 > manajemen 管理。"管理"能翻译成"mengatur 与 manajemen",范围与词性不同,第一个范围宽,属于动词,第二个范围窄,属于名词。有一些词翻成印尼语变成两个词,比如"文教"翻成 budaya 文化 和 pendidikan 教育。

两部分类词典在意义分类中有差异,例如:TMC 中"身份"这个词属于一级类词语抽象事物的三级类词语(叁四 B),虽然"身份"这个词的上位关系是"社会",但是不分类到"社会活动"。在 TTBI 中"生产"这个词被分类到经济与财务的大题目内。每部分类词典的收录词语有自己的特征。汉印两种语言分类词典收录词语范围也有差异,有一些印尼语的常用词不出现在 TMC 中，也有出现在 TMC 的词语不出现在 TTBI。TMC 的收录词汇的特点之一是"注重收录贴近社会生活的通用词"。按这个特征，对外汉语学习者能用 TMC 更进一步地了解中国的社会活动。而根据我们有研究者在印尼的一所大学教过对外印尼语课程所积累的经验，也能很有信心地总结：通过 TTBI，中级以上对外印尼语的学习者会提升印尼语的词汇量，更进一步地了解印尼社会。

TMC 与 TTBI 在总体规模与性质上的不同可简要概括如表 22-4：

表 22-4 TMC 与 TTBI 比较

| 义项 | 《现代汉语分类词典》(TMC) | 《印尼语分类词典》(TTBI) |
| --- | --- | --- |
| 年版 | 2013 | 2013 |
| 出版社 | 商务印书馆 | 印尼教育与文化部 |
| 编排方式 | 类序（备注汉语拼音索引） | 类序 |
| 收词量 | 82955 词条 | 67203 词目 |
| 收词单位的长短 | 按词长计算，共有单字词 5835 条（7%），双字词 56373 条（68%），三字的 11558 条（14%），四字的 8597 条（10.4%），五字以上者 592 条（0.7%） | 按词目的音序编排，词长不影响词收录的编排 |
| 分类层次的粗细 | 一至四级类的类名主要是概括本类意义范围的代表词 | 上一级类是概称类，下一级类是具体类 |
| 义类规模的大小 | 五级语义层分类体系 | 没有专门的语义层分，只按概称类和具体类来分类 |
| 义类关系的平衡 | 一至四级类之间的语义关系主要是上下位关系。五级类内主要是同义、近义关系 | 类属词，同义词，近义词 |
| 语义分类系统的分类标准 | 1. 下一层语义类对上一层语义类能作出周遍的切分<br>2. 同级同类的概称名放在同级类的最前面；同级同类的分指名放在同级类的最后面<br>3. 同级语义层中各义关系排列：先概称，后具体类；先泛称，后确称；先通名，后狭名；先褒词，后贬词 | 按词类与词性分类 |

TMC 编排方式是按类序的，收录条 82955 个。TBBI 是 2013 年由印尼教育与文化部出版的，2016 年在线词典的编排方式是按类序的。

词单位的长短。TMC 五级类的词语编排是按词单位的长短。先排一字词，次排二字词，再排三字词。如：陆一 Ba01"治……、综合治理"。"治"的词单位比"综合治理"短，"治"排在前，"综合治理"排在后。在 TTBI 中，词单位的长短没有影响到词的编排，这部词典收短语。例如：doa[名]（祈祷），下一级的词有"doa ave salam Maria"和"doa syafaat"，但是"doa ave salam Maria"是排前的。

义类规模的大小。TMC 有五级语义层分类体系，共有一级类 9 个、二级类 62 个、三级类 508 个、四级类 2057 类、五级类 12659 个。TBBI 没有专门的语义层分，只按概称类和具体类来分类。最高的种类（第一类）有 19 个，下一级类（第二类）有 40 个，下一类（第三类）有 522 个，最具体的种类（第四类）没说明有多少词。有的第一类没有第二类，直接分到第三类，例如 III 地理，地质与气象。

TMC 一级类的词性分四种大类：壹（生物）、贰（具体物）、叁（抽象事物）、肆（时空）主要是名词；伍（生物活动）、陆（社会活动）、柒（运动与变化）主要是动词；捌（性质与状态）主要是形容词；玖（辅助词）主要是虚词，包括以上几种以外的副词、介词、连词、助词、语气词、拟声词。

TTBI 社会生活/社会活动－法律里面主要包括三种词性分类，即名词、形容词和动词。TTBI 收基词条目和合成词条目，比如："penipu（名）有 pe－的前缀、tipuan（名）有－an 的后缀，penipuan（名）有 pe－的前缀和－an 的后缀，tertipu（动）有 ter－的前缀，基词条目是 tipu（名）。"这些词群的词性不仅有动词，而且也有名词。"akal kancil"（巧记）这个词的背景是跟印尼儿童故事里的鼷鹿（Tragulus Kanchil）有关——印度尼西亚民间动物故事的主角，作为智慧机敏的化身。TTBI 的词群大部分是代表在印尼社会经常发生的某个事情。此外，词群里面还包含民族性词和外来词，比如：selingkuh[爪哇语]不诚实；kécong[米南加保语（西苏门答腊省）]欺骗；makar[阿拉伯语]阴谋，诡计；pencokok[马来语]骗子；kongkalikong〈口〉[福建话]背后搞鬼，偷偷摸摸地干；lihai[汉语]厉害。

### 三、分类词典对第二语言学习者词汇学习的提升作用

在生活当中,特别是在写作、翻译的过程中,我们往往感觉找不到最准确的词语来表达我们的意思。当碰到一个词不认识时,一般会在大词典或者外语母语词典查到解释。但是,当我们想要找到最准确的词语来表达意思,并不能仅凭释义词典。那些词语虽然释义丰富,例子全面,但仍不能满足我们的学习需求,它只是孤立地来解释一个词的。分类词典是按词的意义来分类编排,通过一个词的同义词、近义词、等义词和反义词,我们能找到相关的词。TMC 的前言提出:"按词的意义来分类编排的词典是词典家族中的一个特殊品种,它与按读音、字形编成的词典最大的不同,就在于能满足人们在使用语言过程中经常存在的联想、类推、比较、筛选的心理过程,以选用最合适的词语,达到最佳表达效果。"

分类词典在词汇量的增加和用词准确性上的作用主要体现在:

1. 在口语、写作的表达中,在老师的指导下会帮助学习者(特别是语言水平达到中级以上的学习者)用准确的词,提升学习者词汇量。让学习者的语言表达更丰富、更准确。不过,虽然分类词典让使用者更容易找出同类的词语,但是因为没有像传统词典有词语的解释或者翻译,初学者在用《现代汉语分类词典》时有难度。

2. 有助于对语言水平达到中级以上的学习者把忘了的词"找回来"。

3. 对印尼非中文系的汉语老师在编写教材时会有很大的帮助,比如编写对工商管理专业的汉语教材。

TMC 是最适合帮助读书、学习、写作的,它按词义分类,让汉语学习者按照词语的分类找到学习者要表达的词语。但它对一般的印尼汉语学习者有一定的难度。收的词量多,其中有不少是外国的汉语学习者比较陌生的词语。其次是没有释义,没有用例,印尼的汉语学习者还需要再看另外一部词典找词语的意思。

尽管如此,TMC 对印尼汉语学习者在扩大词量上仍会起到很大的作用。TMC 的同一层级的语义类排列(先概称类,后具体类;先泛称,后确称;先通名,后狭名;先整体,后部分;先褒词,后贬词)也是 TMC 的优点,对印尼汉语学习者在用词语的准确上会有帮助。

大部分的印尼汉语学习者比较喜欢用简略的方法来提升词汇量,一看

比较有难度的工具书就不想深入地了解。在印尼有一句话:"不认识,就不会有喜爱。"只看 TMC 的难度而不看它的功能,就不能体验它的实用价值。通过了解 TMC 的使用方法和实用价值,汉语学习者会进一步提升汉语词汇量,比较准确地使用词语。

# 第二十三章
## 基础教育学习词表若干理论问题研究

　　教育教材语言研究的最终目标是为了认识、挖掘、总结教育教材语言的规律和特点，以更好地加强教学的科学性，提高教学效果，有助于教学对象尽快将语言知识转化为语言能力。那么理论与应用的结合，理论认识转化为教学产品和资源，也就是必然之道了。

　　《义务教育常用词表（草案）》由商务印书馆2019年5月出版，为"语言生活皮书"的"E语言文字规范草案"类之"E008"。2019年5月30日在商务印书馆举行了"《义务教育常用词表（草案）》出版座谈会"。国家语委副主任、教育部语言文字信息管理司司长田立新，教育部教材局前副局长申继亮，厦门大学副校长杨斌，商务印书馆总经理于殿利，共同为词表揭幕，分别代表词表的组编单位、最大用户单位、研制单位、出版单位发表了讲话。50余位专家出席了新书座谈会，中国辞书学会会长李宇明、北京景山学校语文特级教师刘长明等10位专家作了专题发言。中国新闻网、中国教育报、语言文字网、教育部网站、北京卫视、福建日报等数十家媒体作了报道。《义务教育常用词表（草案）》的出版为什么引起如此关注，满足了学术界与语文教学界什么样的需求？词表表现出了哪些新的学术理念？贯彻了怎样的研制原则与方法？在我国词表研制中作了哪些明显推进？在教育教材语言研究中表现出了怎样的理论与应用的结合与转化？在中小学语文教学科学化进程中提供了怎样的学术支撑？这些学术问题更值得我们探讨。

## 第一节
# 词表的价值与研制

### 一、研究背景

从 20 世纪中期起,我国有关政府部门、单位陆续研制、公布的汉语词表有 20 多种。这些词表主要可分三类:一是对外汉语教学用词表,二是中文信息处理用词表,三是面向社会一般应用的通用词表[①]。可就是没有服务于基础教育母语教育的学习性词表。

《义务教育语文课程标准(2011 年版)》对小学和初中的语文教学中词汇的学习和使用有明确要求。现行各种教材也都设有名称不同而功能相同的"识字组词""字词积累""读一读,写一写""词语比较"等词汇学习栏目,但对词汇学习的数量一直没有明确要求。

不同教材之间的词汇状况差异很大,调查报告显示不同教材之间的共有词只有 40%,生词的共用部分比例更低[②]。

中小学语文教学界长期以来对母语学习的常用词表的研制表示出了很高的期盼,叶圣陶、吕叔湘、张志公等前辈学者以及一线教师,都发出了研制学习性词表的呼吁[③]。语文教学界也曾有过研制学习性词表的尝试,但因各种原因或是没有公布,或是没有进入中小学实际教学中。

由于义务教育学习性词表有其独特的性质与功能,决定了它不可能照搬面向社会大众的一般应用的通用性词表。为了加强义务教育阶段语文教学的科学性与针对性,提高中小学语文教学水平,为我国语文应用及有关语文教育政策的制定提供科学依据,促进汉语规范化和普通话推广,推行汉语国际教育,服务中文信息处理及辞书编纂等工作,国家语委决定开展基础教育常用词表的研制,21 世纪之初就开始在多年的科研指南中列入有关教学词表的研制任务。早在 2002 年的国家语委"十五"科研规划项目

---

[①] 苏新春:《词汇计量及实现》,商务印书馆,2010,第 58—79 页。
[②] 苏新春:《基础教育新课标教材用字用语调查》,载国家语言资源监测与研究中心编《中国语言生活状况报告(2007)》(下编),商务印书馆,2008,第 437—515 页。
[③] 赖华强:《语文词汇定量研究:一项不能再耽搁的工程》,《语文建设》2006 年第 7 期。

指南中就设立了有关课题。在"二、普通话水平及其测试"下的"13. 普通话通用词语规范"中有"通用词语词量与分级"课题。"五、语言学习与教学"下的"39. 汉语母语教育基本字表、词表"中有"基础教育基本词表",以及"40. 对外汉语教学基本字表、词表"。

其中的"通用词语词量与分级"课题(课题立项编号 YB105 – 13A)。后来没有独立完成。《现代汉语常用词表》后面的《研制报告》记录了此事:"('现代汉语常用词表')课题作为国家已经公布的《现代汉语通用字表》等的配套,是我国语言文字规范化、语文教育和研究方面的基本建设项目。研制工作自1998年7月启动,于2001年年底完成并通过了专家鉴定。鉴于5年来汉语词语发展变化很大,研究和统计手段又有很大提高,为把词表研制工作做得更加扎实完善,课题组希望对原词表进行修订。2005年6月教育部语信司决定在原词表的基础上进行修订,此项工作由原课题组和新立项的《现代汉语通用词量与分级》课题组合作进行,共同研制一个统一的词表。根据5年来语言发展变化的情况和对词条增删调整,按新的统计处理方法确定其常用度并以此重新排序,使之能更真实地反映我国现代汉语词汇系统的概貌。这次修订工作进行了一年半,主要是对词语作了较大规模的增删调整,并根据词频调查结果确定了使用频级。修订的主体工作于2007年1月完成,之后又根据有关专家和部门的意见陆续作了增补和修改。"[①]

从事"现代汉语通用词量与分级"与"现代汉语常用词表"的研究工作,使得对词表研究中碰到的各种问题有了更多经历与思考。后来在"中国语言绿皮书"《中国语言生活状况报告》的研究任务中对各种教育教材语言的专题调研,先后研制了"对外汉语常用词表(1500词)"(2006)[②]、"语文历史地理文科常用词表(4586词)"(2009)[③]、"数学物理化学常用词表"

---

[①] 现代汉语常用词表课题组:《现代汉语常用词表(草案)》,商务印书馆,2008,第665页。
[②] 苏新春等:《汉语作为第二语言教材字、词和词语义项调查》,载国家语言资源监测与研究中心编《中国语言生活状况报告(2006)》(下编),商务印书馆,2007,第172—248页。
[③] 苏新春等:《历史地理教材用字用词调查》,载国家语言资源监测与研究中心编《中国语言生活状况报告(2008)》(下编),商务印书馆,2009,第440—492页。

(2012)①。这些不断经历的实践,都为后来的《义务教育常用词表》的研制打下了很好的基础,特别是对探求义务教育学习词表的独特性质、独到功能和独有内容,有了很多的直观认识和深刻体会。

## 二、研制过程

(一)"基础教育学习性词表的研制"课题研究阶段

"基础教育学习性词表的研制"课题(编号 YB125-29),国家语委于 2011 年 9 月立项。

课题组当即启动了研究工作,第 1 次课题组讨论会于 2011 年 11 月 11 日召开,主题是"基础教育学习性词表的性质与特点",讨论的内容有"学习性词表的性质、作用、意义及应用""有关学习性词表研究的文献综述""通用性词表与学习性词表的差异"。讨论结束后确定了四项研究任务:(1)确定中小学生学习性词表的性质与特点。(2)探索基础教育语文与其他学科教材的语言状况、特点及规律,包括当前使用的新课标语文教材,历史、地理、数学、物理、化学等学科教材,之前使用的义务教育语文教材,以及香港、台湾地区的语文教材。(3)比较不同词表的研制方法,分析各自的价值、作用、特点及对词表的影响。(4)比较儿童阅读与词汇应用、中小学校词汇教学与测试等方面的数据。

第 2 次课题组讨论会于 2011 年 11 月 23 日召开。讨论主题是"公民语言能力测试"中的词汇测试问题。当时国内的公民语言能力及测试的研究颇有声势。测试是一项很实在的工作,要看测试手段、测试结果,还要看测试依据,其中必有词汇测试的内容,词表也就成为不可回避的任务。弄清楚了公民语言能力测试中的词汇测试、词表构成,肯定将对基础教育的词汇学习起到直接的参照、借鉴作用。在这次讨论会上涉及的问题有:(1)词汇测试包括哪些基本内容。(2)南北语言表达、词汇掌握等差异问题在语言能力测试标准上怎样调和?(3)城乡之间是否有词汇使用差异呢?(4)是否应该将书面语和口语都作为考核的内容?比重怎样设定?书面语和口语的区分标准是什么?语言能力的考查更应偏向应用能力,那是否口语

---

① 苏新春、郑泽芝等:《基础教育数物化教材用字用词调查》,载国家语言资源监测与研究中心编《中国语言生活状况报告(2012)》,商务印书馆,2012,第 290—322 页。

考察的比重要大于书面语呢？（5）语言能力在测试时立足于方言的测试呢还是普通话的测试呢？或者说是否普通话和方言都应该列入考察范围内呢？（6）词种的提取可否建立在分区域（如分为东北、华北、东南、西南等）测试的基础上？毕竟每个区域的人都有各自的生活方式和习俗文化等，因而可以让不同区域的人参加相应区域的测试。（7）词汇考察的测试中，应该有一些每个公民都应该会的基础词测试题，以保证参加测试的人都有一个基本分，同时还要有一些能体现个人差异的题目。（8）以小学课本、中学课本中的词汇量来作为测试能力等级划分的标准，以此来衡量个人的语言能力。（9）有的人普通话不标准，更多时候是说自己的方言，在被测试过程中，大量使用一些测试员无法听懂、理解的词，这种情况如何解决？（10）文凭相同的人，参加同一个等级的测试，以此来衡量各自的能力。（11）国外有没有对国民进行语言能力测试的呢？他们是怎么运行操作的呢？我们能否借鉴？（12）作为公民，应该掌握的基本词是哪些？政治、经济词，哪些是公民应该掌握的？如何界定这个标准？（13）普通话词汇大纲的语料是怎么获取的？甲级词和乙级词的划分标准是什么、词量有多少？（14）常用词是不是应该作为公民语言应用考察的必考核内容？（15）公民语言应用，这个应用的范围有多大？怎么界定？（16）这个测试的目的是什么？

第3次课题组讨论会于2011年12月5日召开，继续前一次主题的讨论，涉及的问题有国外的词汇测试，HSK词汇测试，英语四六级词汇测试，幼儿的语言能力测试，不同民族间的语言能力评估，听力测试，口语能力与书面语能力的差异。

在后面的研究中，有关专题不断拓展，交流范围不断扩大。

会议论文《关于基础教育学习词表研制的若干思考》，"第四届全国教育教材语言专题学术研讨会"，2012年8月16日在江西井冈山召开。

学术报告《分级阅读素养的评价要素与评价标准》，"阅读提升：国际视域下分级阅读素养评价的实验研究"学术会议，2013年5月30日在广西南宁召开。

会议论文《基础教育学习词表研制中的认知法》，"国际中国语言学会第21届年会"，2013年6月8日在台湾师范大学举行。

学术报告《教材语料库与教材编纂和教材语言研究》，2013年11月28

日在人民教育出版社举行。

学术报告《大陆和台湾地区中小学语文教材对比研究》,2014年4月3日在泉州师范学院举行。

会议论文《民国语文教材用字用词特点及启示》,"第九届中国社会语言学会国际学术研讨会暨第五届全国教育教材语言研讨会",2014年7月22日在新疆师范大学召开。

学术报告《教育教材语言研究的目标与任务》,2014年7月29日在贵州师范大学召开。

会议论文《对外汉语学习词典的通用性与文化性》,"第四届'词典学与二语教学'国际研讨会",2014年11月1日在福建厦门举行。

学术报告《教育教材语言研究方法新探》,"第二届语言生活学术研讨会暨中国语言生活状况报告十周年论坛",2015年10月15日在北京语言大学举行。

会议论文《对〈汉语国际教育用词汇等级划分〉语义分布的考察》,"第二届华文教育国际学术研讨会",2015年11月7日在暨南大学举行。

2015年,研究生卢丹丹硕士学位论文《语义分布调查法在基础教育学习性词表研制中的运用》,通过论文答辩。

课题本来应该在2013年底结项,因希望弄明白的问题太多,打磨的时间太长,延了两年多才结束。完成的《基础教育学习性词表》包括复音词9000条,其中双音词7660条、三字词282条、四字词1058条。课题结项鉴定会于2016年3月28日在厦门大学颂恩楼1602号会议室举行。李行健先生担任专家组组长,专家还有北京师范大学王立军教授、江南大学吴格明教授、人民教育出版社谢仁友编审、教育部基础教育司二处李进忠处长等。教育部语信司田立新司长、王奇处长全程参加了成果鉴定会。

专家对结项成果表示了充分肯定,鉴定意见如下:

一、《词表》研制抓住了"基础教育"和"学习性"两个最本质的特点,在选词原则、语料选择及选词方法等方面具有独创性和科学性,填补了我国基础教育词表研制的空白,为基础教育教材编写和教学提供了科学依据。

二、该《词表》具有清晰的学术理念,对字与词的关系、言语和语言的关系等重大学术问题都有很好的处理;《词表》整体设计科学,充分照顾了不同学段在学习和认知上的差异，进行了合理的分层、分级；综合考虑了频率、分布及语义分类等多种属性在《词表》制作中的作用，并基于大量的实际调查，使得《词表》具有很强的实用性。

三、建议进一步斟酌收词总量，细化收词的操作原则，广泛听取一线教师的意见，并在一定范围内试用后推广使用，发挥其社会效益。

专家们认为，这本是"一般课题"，但取得了如此明显的成绩，值得进一步完善，进入推广使用的范围。正是有了专家们的推荐，使得它成为三个月后首次设立的"国家语委语言文字科研项目优秀成果后期资助项目"中的一员。虽然结项成果获得了好的评价，但专家们都提出了这样的意见，就是词表不能不包括单音词，这在学理上是讲不通的，也不能成为《通用规范汉字表》附属性词表的理由。词表应有独立的使用价值，应认真处理好与汉字的关系。专家们对收词量、收词量对语文教学的指导性、词表对中小学生词汇能力测试的可鉴别性，也提出了很好的意见。

（二）"基础教育学习性词表的分级、验证及推广"课题研究阶段

"基础教育学习性词表的分级、验证及推广"（编号 HQ135-1），国家语委 2016 年 6 月立项。这一研究阶段从 2016 年 6 月至 2017 年 1 月，之后又延续到 2019 年 1 月。所做的研究工作主要有：对单音词的增加，词目调整，完善词语分级，对中小学学校进行识读测试。

对单音词的增加当时提过三个方案，或是将 3500 常用字全部增加，或是选取数百个典型的单音词，或是经仔细甄别后增加独立成词的单字词。经反复商议和测试，最后决定采用第三种方案，增加了 1651 个单字词。

词语调整有删有增，增多于删。词表由初稿的 9000 条增加到 13403 条。除了单字词外，四字词增加明显，由初稿的 1058 条增加到了 1666 条。

词语常用度验证，与"国家语言资源词库"作了比较。"资源词库"每年统计的词表在 165 万—230 万之间，八年间共有不重复词语数百万条，语料规模达 80 余亿字。本词表的词语只有"年度资源库"词语的 0.2%，而词频占总数的约 75%。与"现代汉语常用词表"比较，"常用词表"词语有 56008 条，本词表词语只有"常用词表"词语的约 24.5%，而词频占其总数的约 85.9%。

听取专家及中小学一线教师的意见。《基础教育学习性词表》初稿征

求了北京、山东、江苏、福建、吉林、广西等地语言学家、中小学语文教师及教研人员的意见。福建省语委办组织了省内多所中小学语文教师审读。在厦门大学附属中学、附属小学等校举行了语文教师座谈会。

测试工作则是通过随机抽样的方式,从词表的四个级别中分别拟构了四份测试卷,让不同学段的学生分别完成本学段及上一学段的试卷,以检测词表分级的难易度。测试学校在上述各省中选择了数十所中小学,测试结果预期以得分在80—85之间为宜。所选择学校为普通学校,不选示范校、尖子班、实验班,以保证词表的难易度适用于普通学生的词汇水平。

国家语言资源监测与研究教育教材中心和北华大学于2016年11月19日在吉林北华大学共同主办了"第六届全国教育教材语言研讨会",会议主题之一是"基础教育语文教材语言、各学科教材语言、汉语国际教育教材语言及其他领域的教材语言理论与应用研究"。课题组成员在大会宣读了《对基础教育学习性词表必要信息的思考》《语文课程标准需要基本词表》等论文,听取了吉林省语文教研专家的意见。

课题组研究工作于2016年12月底结束。提交鉴定的《基础教育学习性词表》包括常用词语13403个,内含单音词1629个,双音词9705个,三音词403个,四音节词语1666个。词语分四级排列,一级词1632个,二级词4950个,三级词4558个,四级词2268个。适用年级分别对应于第一学段(小学1—2年级)、第二学段(小学3—4年级)、第三学段(小学5—6年级)、第四学段(初中1—3年级)。词表使用汉字总数为3265字,全部在《义务教育常用字表》3500常用字范围。其中属于一级字2438个,二级字827个。词表中的词语分为四级,第一至四级词语分别对应于第一至四学段。词表包括《音序表》和《义类表》两部分,《义类表》按《现代汉语分类词典》分类系统排列。

"《基础教育学习性词表》的分级、验证与推广"课题结项鉴定会于2017年1月9日在教育部南楼举行。专家组组长为原国家语委副主任傅永和、国家语委咨询委员李行健、教育部基础教育二司副司长申继亮、人民教育出版社编审谢仁友、北京第八十中学语文特级教师王岱。专家组鉴定意见如下:

一、《词表》功能定位明确,收词原则、语料选择及研制方法科学合理,填补了我国义务教育学习词表研制的空白。

二、《词表》整体设计科学，较为合理地解决了词语的分级，充分考虑到了四个学段在学习和认知上的特点。

三、《词表》内容丰富，词量适中，收词合理。附表按"语义类"排序，丰富了排序方式，有助于教学。

专家组一致认为，该课题圆满完成了预期目标，取得了高质量的研究成果，同意结项。

专家组对词表予以了充分肯定，并提出了后来对词表的定型产生重要影响的两点意见。一是建议将词表名称定名为《义务教育常用词表》，理由是更好地符合我国目前中小学教育的习惯称名，也使词表内容更好地与使用对象相吻合。二是对课题组是否推出"义类表"心存疑虑的犹豫给予了坚定支持，强调中小学的学习性词表必须从语义入手，从学习者的语言认知习惯入手，更好地与词汇学习和使用习惯结合起来，并增加我国词表的一种重要排序方法。

课题组在鉴定会后有了更明确的努力方向，用了两年时间继续打磨，特别是在词目完善、义类调谐、词级调整上下了更多气力。《词表》后记有言"词表的研制涉及问题众多，词量的多少、词级的判定、义类的归属，都需要做深入的研究。特别是按义类编排，更是一个新的尝试。词语多义，分立取舍，词义复杂，交叉牵扯，往往牵一发而动全身。斟酌踌躇，旷日持久，不期有功，惟愿试焉"，的确道出了作者的酸甜苦辛。

## 第二节
### 词表的性质、功能及内容

一、词表性质

在对《义务教育常用词表(草案)》性质的认识中，最主要的有三点：

1. 是词表而非词集。词表的容量有限，对收词有仔细考量，有内在的序列结构，并根据不同的需要进行等级划分。而词集只是对调查语料内所有词的汇集，排列时往往是按无理据性的音序、笔画顺序，或是单一的频序来排列。

2.是学习性词表而非通用性词表。学习性词表反映了对学习内容与教学标准的要求,要在一定条件下通过一定教学手段以达到预定的教学目的,其收词及分级要符合词表使用者的认知需求和认知特点。而通用性词表,反映的是社会普通成员在一般言语交际活动中使用的通用性词语。它一般是按使用状况来排列,如频率、分布率或综合二者而成的使用度。

3.是面向母语学习者的基础教育词表。仅就"学习性"来看,《义务教育常用词表(草案)》与《汉语水平词汇与汉字等级大纲》[1]《汉语国际教育用音节汉字词汇等级划分》[2]是相同的。但从学习者的身份、特点及学习目的来看,二者有着巨大差异。"对外汉语""汉语国际教育"面向的是第二语言学习者,他们已经具备了一定的母语能力,而基础教育面向的是正在进行母语学习的学习者。前者已经完成了第一语言能力和"第一认知世界"的塑形,这时需要完成的是第二语言能力和"第二认知世界"的学习,功能目标明确;而后者要完成的是第一语言和"第一认知世界"的塑形,语言学习与语言能力、逻辑能力、对世界的认知是紧密联系在一起的。

二、词表的词汇学习功能

词表包括词,学习词语当然要学习词的形、音、义,当然要学习它的用法。但这里说的"词汇学习功能"并不主要是说具体词语形音义的内容,而是作为词汇系统的学习与掌握,要在人的词汇能力、词汇习得、词汇所包括的世界知识与认知世界,以及文化世界上所起的作用。这才是词汇的深层次的学习功能。在词表的研制中,只有从这个角度来把握与定性,才有可能把握看上去纷繁无比的词汇系统。

1.书面语词汇系统的学习功能。进入小学接受启蒙学习的儿童,已经具有较好的口语能力,语言思维、语言表达、语言交际的能力都已不弱。进入学校还要长时间地学习语文,从识字、组词、造句,到修辞、炼句、作文,再到谋篇布局,学习内容已经由口语扩展到了书面语,从口头的话进到了书面的文,从口语的短词、短句进到了书面的长句、全篇。因此,书面语成为

---

[1] 国家汉语水平考试委员会办公室考试中心制定《汉语水平词汇与汉字等级大纲》,经济科学出版社,2001。
[2] 中华人民共和国教育部、国家语言文字工作委员会发布《汉语国际教育用音节汉字词汇等级划分》,2010。

学生在校语文学习的主要内容。表现在词汇上,要学习的就应是书面语词汇而非口语词汇,是承载着思想观念、历史现实、政治经济、文化社会等内容的通用性和规范性词汇,而非"捉蝈蝈儿玩家家""拿筲箕淘米,拿火钳夹炭"这样的生活俚语、俗词。

2.对母语社会的认知功能。母语学习者学习语言的过程就是认知世界的过程。他们通过语言学习来认识整个世界。他们生存于其中的自然环境、社会环境和文化环境,都是通过语言来承载和传递的。一个人的文化身份、文化认知、文化认同正是在长期的语言浸润中才获得的。义务教育阶段需要学习的正是能体现中小学生认知需求与认知特点的词,能反映中小学生生于斯长于斯的生活、学习的社会存在环境,是有利于进一步掌握语言文字知识的必需储备。这与仅仅把汉语作为交际工具的"汉语国际教学"的二语学习有很大的不同。如:对外汉语教材中的"麻婆豆腐"位于中国饮食文化类词的首位,这是经特意挑选而获得了极为显著的文化代表义;在义务教育语文教材中却无一例,因为中小学生从小由"豆"到"豆浆""豆腐",再到"麻婆豆腐",是一种自然生活积累所得。同样是"语言学习",同样是"文化获得",二语学习者是"定向""任务"式,母语学习者是"熟视无睹""潜移默化""润物无声"式。小学生一进校就要学习"五星红旗",要学习"天安门",这里体现的是国家意识的教育。这并非始于当代中国,如:民国的小学国语教材里就有不少课文充盈着"民生""民权""民族"的思想,也有直接介绍政体、政治人物的课文[①]。又如:二十四节气,在中国传统的生产、生活,甚至文学创作中都有重要位置,词表将它们收进来,就是在词的背后建立起了完整的节气文化语境。

3.体现词汇的习得规律。词汇的学习有"知""晓""用"三个层次。"知"为知道,指听过、见过这个词,但还不能准确理解它的意义,一般不会用到它;"晓"是懂得、理解,它比"知"进了一层,不仅知道还能较为准确地说出它的意思,有了特定语境或许会使用到;"用"是运用,即不仅知晓理解,还会在个人的话语与写作中熟练自如地使用。"知""晓""用"三个层次就是"知道""懂得""使用"的差别。《义务教育常用词表(草案)》的分

---

① 苏新春、李娜:《民国时期基础教育语文教材语言研究》,广东教育出版社,2017。

层分级与通用性词表的有很大不同点。前者要体现学习与认知的难易与学习的阶段性,后者主要考虑使用频次的多少、分布范围的广狭。对一个语义类中多个词的掌握,前者呈圆圈式扩大,即先掌握表示核心义、基本义的词,再逐渐以表意丰满、深入、细腻的方式来扩大词量。后者则在掌握通用词达到一定数量的时候,主要以扩大话题、领域、板块的方式来增加词量。如"害怕"类,本词表从一至四级的收词分别是:"怕、害怕";"生怕";"唯恐、大惊失色、面如土色、提心吊胆、闻风丧胆";"忌惮、惧怕、畏惧、不寒而栗、谈虎色变、魂不附体、魂飞魄散、毛骨悚然、望而却步、望而生畏、战战兢兢"。语义由浅至深,语体由口语至书面语,表义由指称至描绘。该语义类没收入词表的词还有不少,如"惧怯、畏惮、畏怯、畏难、可怖、疑惧、骇惧、骇怕、怵头、忌惮、狼顾、惶惑、失容、戒惧、心悸、震悚、打怵、犯怵、发怵、悚然、丧魂落魄、魄散魂飞、惊魂未定、心胆俱裂、视为畏途"等,这些词可归入"知"的范围甚至更远。《义务教育常用词表(草案)》大体按"晓"的程度来设定词汇的收录范围。

三、词表与字表的衔接

本词表努力做到与《义务教育语文课程常用字表》相衔接,以体现汉字与词汇的繁衍关系,并依据"以字带词""词不越字""以词促字"的原则加以调整。具体表现为:

1. 收录能独立成词的字。本词表从《义务教育语文课程常用字表》3500 常用字中选用了 1556 个能完整表意、可以独立使用的汉字。

2. 以字带词。《义务教育语文课程标准(2011 年版)》列有"300 个基本字"。"这些字构形简单,重现率高,其中的大多数能成为其他字的结构成分……这些字应作为第一学段教科书识字、写字教学的重要内容。"300 个基本字在本词表的一级词表中作为单音词出现的有 246 个,另外 54 个汉字出现在复合词中。在研制的初稿中,一级词没有"军""卫""业""舌"四个字。为了与"300 基本字"相对接,将含有这四个字的"军人""作业""舌头""卫生"安排在了一级词中。

3. 词不越字。《义务教育语文课程常用字表》中要求初中才学的二级常用字,一般不会出现在小学阶段的一、二、三级词语中。如:"蠢"属二级常用字,故"蠢事、蠢笨"就没出现在小学阶段的词表中。对《义务教育语文课程常用字表》以外的,也即《通用规范汉字表》3500个一级常用字以外的字所构成的词一般也不予收录。如:"窠、裘、涓、遐"不在这3500常用字中,故不收"不落窠臼、集腋成裘、涓涓细流、遐迩闻名"。这样便于与字表形成《义务教育常用词表(草案)》研制报告对接,形成有效的字词序列,保持字词教学的层次关系。

4.以词促字。"以词促字"是对"词不越字"的灵活运用。有一些使用了二级常用字的日常生活常用词,出现得太晚也不合常理,对字表的运用有生硬套用之嫌,也不利于今后对字表在结合表意、认知特点上做进一步的完善。如:一级词有2103个词,使用了汉字1033,这些汉字中有"饺、姥、馒、乒、乓、屎、柿、宵、澡"9个属二级常用字。如严格参照汉字分级的要求,就会导致"饺子、姥姥、馒头、乒乓球、西红柿、元宵、洗澡"这些很常用的词要到初中才出现,这显然不合适。考虑字级,但又不拘泥于字级,这样才能更好地发挥字词学习的特点与长处。如:"旷"是二级字,"旷野"为四级词,但"旷课"为二级词;"诵"属二级字,"吟诵"为四级词,"诵读"为二级词;"澡"是二级字,"洗澡"为一级词。这是因为"旷课、诵读、洗澡"已是小学生学习与生活中不可或缺的常用词。提前学习既满足了日常生活的需要,又能起到"以词促字"的作用。"以字带词""词不越字""以词促字",使得中小学的词汇学习与汉字学习能做到有机结合、互相促进。

### 四、收词的标准与重心

词表的收词标准与重心主要指的就是收多少词,收什么性质、什么词形的词语。

词表收录的词语应该是普通话中的通用词,它们应具有通用性、常用性、基础性、语文性、规范性等特点。具体的收词原则如下:

1.收录普通话的通用词。普通话词具有通用、普遍、稳定的特点。如:收了"爸爸、父亲",不收带方言色彩的"阿爸、爹爹、老子";收了"手腕",不收"腕子、手腕子";收了"拇指",不收"大拇哥、拇哥、大指";收了"富裕、富庶",不收"肥实、裕如、活络";收了"发火、发怒、发脾气",不收"光火、来火、来气";收了"讨厌、嫌弃、厌倦",不收"腻烦、腻味、厌恨、嫌恶";收了"北斗星",不收"天罡";收了"随从",不收"随扈、侍从、随员";收了"宣誓、盟誓",不收"歃血";收了"满意、惬意、遂心",不收"可心"。

2. 主要收语文词,一般不收专名。语文词具有很好的通用性、常用性、普遍性。对指物类名词则从中选取部分高频、有代表性的词,以起到以名概类、示范类推的作用,并不追求全面收录。如:《现代汉语分类词典》中的"虫类"词有 252 个,本词表只收了"虫、昆虫、害虫、甲虫、益虫、蝉、知了、蟋蟀、萤火虫、蚯蚓、蜈蚣、蜜蜂、蚕、春蚕、蝴蝶、蜻蜓、蛾子、蜘蛛、蚊子、苍蝇、蚂蚁、蝗虫、蚂蚱"等 23 个。又如:在一级词中收录了若干表示我国政权、政党象征或代表的词语,如"中国、五星红旗、北京",二级词中有"共产党、解放军、天安门"等,但作为学习性词表,重点还是收录"国家、国旗、国歌、首都"类语文词。

3. 注重收录词的原形,不收重叠、无别意作用的儿化词、变换语素等变形词。如:收"摇头、点头、看",不收"摇摇头、点点头、看看";收"船",不收"船儿";收"胸有成竹、别出心裁",不收"成竹在胸、独出心裁"。

4. 一般不收组合叠加词,如:"口渴、心想、长大、白兔、浇水、你好、瓶口、小熊、水桶、小刀、葡萄架、清香袅袅、色彩明丽、受用不尽、思潮起伏、物产丰富、消磨时光、雪花飞舞"等。

5. 适当收录当代产生、稳定性强、已进入普通话的词,如:"硬件、软件、数码、摄像、驾照、互动、高铁、峰会、多媒体、盗版、研发、网址、网吧、发言人"。

6. 收录单音词的词义,不收不成词语素义。如:"克"只收量词义,不收"能""克服"义;"离"只收"相距""离婚"义,而不收"离去"义。由于汉字与汉语词的独特关系,还会遇到单字词与复音词的问题。如:"爸"与"爸爸"、"妈"与"妈妈"、"筷"与"筷子"、"窗"与"窗户"、"厕"与"厕所",二者之间基本意义相同,但在风格的庄谐、语义的广狭、语气的轻重上有所不同。在来自真实语料的描写性词表中,二者并收是正常的。但本词表为保证在有限的规模中能使每个词都起到专门的语义表达作用,更好地与字表保持互补作用,故收录的是更接近当今语言使用习惯、符合书面语特点的双音词。

7. 适当收录有较强表现力、较高稳定性、较广使用范围的成语。成语是汉语词汇中富于表现力的成分,是中小学生词汇学习的重点。对少数含有 3500 常用字以外的字且常用度高的成语如"韬光养晦、吹毛求疵、神采奕奕、东施效颦、虎视眈眈"等，也适当收录，以体现"以词促字"的作用。词表没有收录谚语和歇后语，这是因为这类语的数量大，独立性强，地域性和文化性鲜明，意义内涵和语用功能丰富灵活，对语境依赖性高，不宜作为中小学生词汇学习的重点。

8.有多种词形的，只收规定的词形。收录《第一批异形词整理表（草案）》①以及《264 组异形词整理表（草案）》②等国家试行规范标准及行业规范标准中已作出判断的推荐词。如：收"一塌糊涂、黏稠"，不收"一蹋糊涂、粘稠"。上述规范没有规定的，则参考权威辞书选择推荐词形。如：收"做证、啰唆"，不收"作证、啰嗦"。

### 五、词语的分级

所有词语共分四级，分别对应义务教育阶段的四个学段，以体现词汇学习中的易难、浅深、先后的要求。

词级划分的依据主要有：

1.词汇的认知规律。一级词以基本词、基本语义类为主，词级增长在扩大语义类范围的同时，以深化、细化、详化同一语义类的传情表意能力。后一级词比前一级词的变化主要表现在词语数量的增加，新增语义类的并不多。如"危险"语义类，所收词语在不同的词级分布情况如下：一级词"危险"；二级词"惊险"；三级词"危急、险恶、凶险、千钧一发、枪林弹雨、生死存亡、危在旦夕、摇摇欲坠、朝不保夕"；四级词"悬、不绝如缕、刀光剑影、岌岌可危、危如累卵"。

2.长期以来语文教学与语文教材使用的经验。如本词表研制中使用位序法得到的前 100 个词是：我们、座、要、对、说、着、间、住、家、红、鸟、的、摘、成、梅花、鱼、好看、祖国、星星、头、落、望、山、朵、说话、放、跳、快、找、种、就、船、滴、春风、前、秋天、三、旁边、漂亮、当、蓝天、世界、树、圆、一定、紫、还、床、盖、树木、黑、哪里、瞧、画、这么、跟、爬、颜色、多少、满、许多、能、还是、有趣、只、吗、高兴、一、雪白、阳光、写、有、岁、喝、回来、流、数、了、四、人、收、外、东、下面、嘴、西、给、大家、走、有的、早晨、老、冬天、更、爷爷、玩、

---

① 中华人民共和国教育部、国家语言文字工作委员会发布《第一批异形词整理表（草案）》，2001。
② 国家语委异形词研究课题组：《264 组异形词整理表（草案）》，《咬文嚼字》2003 年第 11 期。

送、蓝、办法、啊。这些词语完全符合小学生的使用习惯。称其为位序法，是着眼于词在教材中出现的先后顺序；又可称为经验法，是着眼于在位序背后显示的语义习惯；还可称为认知法，是显示这种形式能反映出中小学生的词汇认知习惯。

3. 频率高低的排列顺序。频率高的词，往往词义明白浅近，贴近日常生活，简单易学。频率高、较为常用的词排在前面，频率低、不太常用的词排在后面。如："强烈"义类的"激烈、强烈、热烈（二级词），剧烈、猛烈、浓烈（三级词），炽烈、急剧、凌厉（四级词）"就体现了这样的等级差异。

4. 与《义务教育语文课程常用字表》保持大体对应。之所以要提出这一点，一是因为汉语词汇与汉字之间有着密不可分的繁衍关系，汉语词汇主要是通过复合方式来构词，汉语最基础的语素主要是单音节，从字到词，从语素到复合词，之间有着天然的衍生关系。二是《义务教育语文课程常用字表》及之前的《现代汉语常用字表》，在基础教育中施行多年，有着很强的"刚性"规律，已进入大纲、教材施行了多年。词表顺其理、循其道，自有其便利之处。但要明白的是，这里强调的只是"大体对应"，因为毕竟"字"与"词"，其理有异，其形有别，其义有差，严格照搬显然不行。更主要的是汉字的分级甚宽。在《现代汉语常用字表》时期，只有两级，一级常用字2500字，管到小学6个年级，二级次常用字1000字，管到初中3个年级。《通用规范汉字表》一级字3500字，实际上并无区别，把小学与初中一直管到底。而《义务教育常用词表（草案）》分的四级，明显比之要细化不少，但努力保持"大体对应"。作为后起者，保持学习与教学的便利，还是应该的，只是因为多了后起的词表的考察与验证，对字表的思考与完善，也带来了一个新的任务。

### 六、语料调查与验证

基础教育学习性词表的词语来源当然必须是来源于中小学生所接触、使用、学习及要求掌握的词汇。在研制中使用的语料主要有：(1) 中小学语文教材词汇。(2) 各学科教材词汇。(3) 儿童读物词汇。(4) 学生作文词汇。(5) 各类考试考核的词汇要求与词表。(6) 参照已有的通用性词表、对外汉语词表等。

所有的词汇调查材料也都是验证材料，即在基层学校所作的调查与测试。

### 七、《音序表》和《义类表》的关系

（一）《义务教育常用词表（草案）》的基本内容

《义务教育常用词表（草案）》共有音序词目 15114 个，义类词目 17092 个。多义词的不同义项如有明显难易差别的则标为不同的词级。

词级分为四级，分别对应第一学段（小学 1—2 年级）、第二学段（小学 3—4 年级）、第三学段（小学 5—6 年级）、第四学段（初中 1—3 年级）。一级词目有 2001 条，二级词目 5503 条，三级词目 5975 条，四级词目 3613 条。

按词长统计，单字词目 1651 条，双字词目 10498 条，三字词目 387 条，四字词目 2578 条。

《义务教育常用词表（草案）》包括"音序表"与"义类表"。

"音序表"为主表。所有词条按音序排列。每个词条后带有 5 个信息：(1)词语，(2)拼音，(3)词级，(4)词性，(5)义类码。义类码由数目字和字母组成，据此可以查询到它在"义类表"中的语义类属。多义词则对各个义项分别标注读音、词性与义类。多义词的多个义项如读音相同，则列于同一个词目之下。拼音依据《汉语拼音正词法基本规则》[①]，具体参考了《现代汉语词典》(第 7 版)。《现代汉语词典》未收的词语，也依照《现代汉语词典》的注音原则标注了拼音。

"义类表"为辅表。参照的语义分类系统为 TMC[②]。TMC 按五级语义层划分，收录现代汉语通用词 83000 余条。《义务教育常用词表（草案）》的词语在其中能关联到的词条有 18200 多个，经人工干预甄别，排除了不太适合中小学生学习的难僻义项，另增加了若干常用义项。词语后的数字表示词级。同一个五级类中的词语按词级排序，词级低的排前，词级高的排后；词级相同的，按词语的音节数的多少排序。"义类表"的作用在于将词条按语义的相同相近或相关就近排列，"以类显义""就近关联"，以方便词汇的教学、掌握与拓展。

（二）《义类表》在教材编写及词汇教学中的作用

《义类表》将词语间的语义关联清晰地展现出来，形成一个个语义类的

---

① 教育部语言文字信息管理司组编《汉语拼音正词法基本规则》，语文出版社，2013。
② 苏新春主编《现代汉语分类词典》，商务印书馆，2013。

聚合。横向层级构成上下义义场,纵向构成类属、顺序、关系、同义、反义、整体与部分义场。就是在这样一种错综交杂而又井然有序的网络中,构建起词汇的语义系统,同时也构建起学习者的认知体系。《义类表》以其独特的优势,能够为教材编写、词汇的教与学提供很好的依据和参照。

1. 为语文教材的词语选取和分段安排提供依据

统编前各套义务教育阶段语文教材,无论在收词还是词语的学段安排上,都存在不小的差异,这对于有共同课程标准和要求的义务教育阶段来说,有失科学与合理性。

《义类表》中的词语分类依据 TMC,虽收词只占 TMC 的 18%(TMC 收词8.3 万余条),但所收词语的语义覆盖面极广,在 TMC 中一到五级语义类的覆盖率分别是 100%、100%、98.4%、93.7%、56.5%,可见其收词在语义体系上是完整的。《义类表》涉及的 9 个一级语义类依次为"生物""具体物""抽象事物""时空""生物活动""社会活动""运动与变化""性质与状态""辅助词"。从各类涉及的主要词性上看,1-4 类主要为名词,5-7 类主要为动词,第 8 类主要为形容词,第 9 类主要为虚词,这明显地体现了"近取诸身,远取诸物"的认知规律,以及由具体到抽象、由简单到复杂的认知过程。这样的语义类及词性排序,正符合学习者的认知顺序。再从二级语义类来看,也遵循着同样的顺序原则。如:"生物活动",其下的二级类依次为"肢体动作""头部动作""全身动作""生理活动""心理活动""表情""生活、工作""际遇",由具体动作到抽象活动,由外显动作到内部的心理活动,符合学习者的生活和情感认知顺序。再如:"生物"类,其下的二级类依次为"人""动物""植物""微生物""生物部分",由整体到局部,由总括到细微,难度层层增大。各词语之间不但具有横向的语义关联,还具有纵向的语义关涉。各种大小不同的语义场,层层相扣,呈现出词汇语义的系统性与层级性,有助于认知系统的构建,有助于词语间的语义关联,为教材词汇的选取和编排提供了科学的依据。

语言能力反映在词汇上,一个重要指标是词汇的丰富度,而同义词掌握的多寡是词汇丰富度的重要体现。现行教材一般从第三学段开始,出现大量同义词、反义词教学。这说明随着学段的升高,词语间的联系及细微差异成了教学的重点。但现行各套教材在同、反义词的选取及次序编排上存在不小的差异。《义类表》将每组同、反义词类聚性地呈现,组内的成员都有着明确的学段分配,为同、反义词在教材中的选取及编排提供了直观的参照。例如:同是表"藐视",就收有"藐视""轻蔑""轻视""鄙薄""鄙视""鄙夷""蔑视""歧视"等词,这些词在《义类表》中集中呈现,并各有学段所属。二学段有"轻视",三学段有"轻蔑""鄙视""蔑视""歧视",四学段有"藐视""鄙薄""鄙夷"。再如:反义词"冷""热"同安排在一学段;"干燥""潮湿"同安排在二学段;"赞扬""诽谤"同安排在三学段;"通畅""阻塞"同安排在四学段。这就为一组组同、反义词找到了恰当的学段位置,使得教材的编写有据可凭,更为合理。

现行教材常以主题进行单元的编排。同一主题下,所使用的词语往往具有较大的语义相关性,这为同义词的集中编排提供了可行性。《义类表》的目录呈现一到三级的类名。二级类的类名,往往对应于教材的主题,如"动物""植物""战争""信仰"等。三级类的类名一般就是该类的主题词,该主题词"意义宽泛;代表了该义类的基本义常用义;通用程度高;语用色彩中性化"①。这一主题词统摄着常见的语义丛,每个语义丛中又包含着若干词语。这样,若想查找某个主题,通过目录便可查找到;若想查找某一主题下的常用词,则通过目录的提示便可轻松查阅到。例如,在目录中可通过二级类名"军事"查找到三级类名"战争",由此便可查找到"战争"主题下的常用词"战争""战斗""战役""战术""激战""败仗""国防""干戈""冷战"。

"每一语义几乎都可分析出若干义素,若干语义中只要有一个或几个共同义素,这若干语义就可以构成一个语义场,这个语义场的核心则是其成员的共同义素。"②同一语义场中的词都具有共同义素,但共同义素的具体表现形式在《义类表》中分为两种。一种是共同义素由共同构词语素体现,一种是共同义素无共同构词语素体现。前者由构词能力强的语素作共同义素,构成一组词,形成一个语义场,共同义素起着最重要的语义支撑作用。如:"隐蔽""隐藏""隐没""隐匿",这是一组由共同语素"隐"构成的

---

① 苏新春:《〈现代汉语语义分类词典〉(TMC)研制中若干问题的思考》,《中文信息学报》2008年第5期。
② 梅家驹、竺一鸣、高蕴琦、殷鸿翔:《语义场和语义体系》,《外国语》1987年第3期。

同义义场,"隐"将这一义场共同的语义特征呈现出来。类似的例子还有"赞美""赞赏""赞颂""赞叹""赞扬""赞誉","道谢""感谢""谢谢""致谢""酬谢""拜谢"。有的还以构词能力强的语素作为起始词,统领着其下由它构成的词,起始词起到了很好的语义统摄和提示作用。如:"治""治病""治疗""治愈",这是一组由起始词"治"统摄的同义义场,"治"将其下统摄的三个词的共同义素"医治"提示了出来。类似的例子还有"建""建造""建筑""兴建","运""运输""运送""海运""货运""客运"。因此,在分级时,起始词往往安排在低学段。如:"治"安排在二学段,"治病""治疗""治愈"分别安排在二、三、四学段。后者无共同构词语素,因此,在形式上没有外显的义素提示成分,只有依靠共同的义素使之聚合在一起。如:"多嘴""念念有词""唠叨""絮语""废话""啰唆",无共同构词语素,依靠"唠叨"这一共同义素黏合在一起。两者相比,前者由于存在外显的语义提示成分,更有利于学习和识记。后者在《义类表》中主要靠"三级类名"来提示,"三级类名"则是它们的共同义素。如上例中的"唠叨"即是该组词的三级类名,同时也是该组词的共同义素。

2. 为词汇的教与学提供参照

能够为词汇教学提供很好的词语建构体系,使得词汇教学有章可循。它提供了丰富的同义、反义词库,使得同类词语依据使用度、难易度、认知规律等分布于各个学段。

(1)有助于构建词汇语义系统

《义类表》最大的价值在于,使得词语间的语义关系得以彰显。语义场有助于学习者建立词汇的语义网络系统,更好地认识词与词之间的关系,增强学习者的词义敏感度,从而加深对词义的理解和把握。联想既是记忆的有效方式,也是回忆的常见形式。《义类表》无论对于词语的识记还是回忆,都能提供一种更为高效的方式。同一义场的词不再散落于词表的各个角落,而是因义聚合在一起。从横向看,其三、四级类名,体现的是某个词语的语义归属;从纵向看,处于某一义类中的词,形成相互补充、相互制约的或类义、或同义、或反义的关系。一个词的词义就是在这种纵横交错的关系中得以全面、立体地展示,利于认清词语在它的词义系统中所处的位置,避免了只见单个词语、不见词汇体系的缺陷。

### (2)有助于词汇的集中强化教学

词语集中强化教学有利于词语的扩展式学习,是迅速扩大词汇量的一种有效方式。根据《义类表》的特征,这种扩展式教学可分为两种情况。一是类义式联想,属于较大的语义范畴联想,将有同类关系的词语都包含在内。一种是同义、反义式联想,这是在类属义场下存在的更小的义场,当然也就属于更小的语义范畴联想。如:"希望"义场下,收有"巴望""梦想""盼望""期待""期盼""期望""企盼""愿意""指望""巴不得""渴求""渴望""梦寐以求""望眼欲穿""眼巴巴""憧憬""向往""心驰神往""望子成龙""祈求",这些词语因"希望"这一共同语义特征系连在同一类属义场下,其下又可分为若干同义义场,如"期待""期盼""期望"。但其内部成分并非匀质的,有些词语间因语义关系较近,构成同义关系;而有些词语间因语义关系较远,不构成同义关系,如:"期待"与"梦寐以求","指望"与"心驰神往"。两种联想方式,层层细化,逐渐由"类"到"种",由上位义场到下位义场。

《义类表》极为方便于同义词、反义词的教学。随着学段的升高,同、反义词越来越多,同义词间的差别越来越细微,反义词也建构在越来越精细的语义基础上,同、反义词成为教学的重难点。《义类表》遵循逻辑与意义的关联,形成若干大小不等的同义和反义义场。三级语义类的类名,往往就是一组同义词的共同义素,它将具有共同义素的词聚合在一起,形成同义义场。"类名简而言之就是能对该类所属词语起代表作用,揭示该类主旨、主题,起标志、提示、指引作用的代表词。能够让人一看到类名就联想到该类的基本意思。""这些代表词特别是语义层中下层的义类代表词,往往是词汇语义系统中的基础词、常用词和关键词。"[1]三级语义类的类名往往就是这样的代表词。二级语义类的类名,属于上位语义概念,涵盖力更强。因此,二级语义类下,常常包括语义相反的词,它们形成反义义场。如:二级类名"心理活动"下,既包括三级类名"高兴",又包括"悲伤",两者构成反义义场。再如:二级类名"际遇"下,既包括三级类名"得志",又包括"失意",两者构成反义义场。有时,反义义场在《义类表》的三级类名中

---

[1] 苏新春、洪桂治、唐师瑶:《再论义类词典的分类原则与方法》,《世界汉语教学》2010年第2期。

直接呈现了出来。如：三级类名"多少""新旧""老幼""轻重""冷暖""干湿""利钝""软硬""香臭"。《义类表》的上述特点能够为同、反义词的教与学提供操作的可行性与便利性。

(3) 有助于词汇的聚合联想式教学

语义场理论认为，处于同一概念下的一组词，可以用语义特征来概括。如："变迁""变异""进化""转变""扭转""转移"等，都可用"变化"这一语义特征来概括。《义类表》正是将一个个语义场的语义特征显示出来，使得词语的呈现避免了"只见树木不见森林"，这无论对于教学时从整体上把握词语在语义场中的位置及难易程度，还是对于学习者运用联想式词汇学习法，都大有助益。

认知语言学中的心理词库研究提出了"扩散的激活模型"，该理论认为，人脑中心理词库的组织如同相互连接的网，网中节点代表词的概念。当词汇提取激活在某个节点时，会扩展至整个概念网络。节点间连线的长短，代表了两个概念间的距离。连线越短，概念间相似性越大，激活水平相对越高；连线越长，概念间相似性越小，激活水平相对越低。彼此之间孤立的词，很难使学习者保持长久记忆，这是被心理学所验证的事实。张世挺[1]曾对"按词头音序排列""按词头形序排列""按词义排列"三组不同组合方式的词语进行了识记实验，结果表明，具有语义内在联系的"词义排列组合"识记效率最高。词语间的内在语义关联度及与词汇学习、记忆间的关系，为词语按语义链进行教学和识记提供了依据。

在语义场中，新词的学习有助于巩固旧词。在语义场中学习一个词，有益于加深学习者对词的认识深度，因为词是放在它的语义归属类这个更大、更全面的范围中，词的语体差异、感情色彩、意义轻重、范围大小等也可以通过与语义场中其他词的对比显现出来，从而为学习者在说话和写作时提供词汇备选项，提高词语的丰富度及准确性，帮助学习者在阅读时体会、玩味词语之间的细微差别，提高审美鉴赏能力。

《义类表》对词语的呈现，既有助于学习新词语，又有助于将已学的词语通过语义关系串联起来，能够为学习者呈现词语的类聚，建立新旧词语

---

[1] 张世挺：《类义词典的特殊功能》，《辞书研究》1981年第4期。

信息之间的语义关联，为学习者在众多的词语中提供语义查找的线索，从而很好地复习巩固已学词语。也就是说，《义类表》有助于阶段性地学、系统性地复习。

(4)有助于言语输出

释义词典的检索及排列方式主要是"音序"和"形序"，展现的是词语之间语音或字形上的特征汇聚，但无法反映认知体系与词汇网络，缺乏词义间横向和纵向的比较。释义词典无法实现的这一功能，可由义类词典来承担。《义类表》与义类词典具有类似的功能。其中的词语是按照词义聚合在一起排列的，这便于提供一种词汇联想的模式，弥补了"音序"和"形序"的不足。释义词典往往是因不知其义而检索，由词索义，而《义类表》的使用刚好相反，往往是知道想要表达的语义，但不知该使用哪个词，即由义索词。这使得《义类表》多了一种检索的方式，实际上也就多了一种词语的认知方式。由义到词的顺序，也是说和写等言语输出的顺序，对说和写尤具利用价值。

《音序表》未对多义词不同义项进行分别处理，多个义项集中于一个词形，而《义类表》则做了分开处理，将不同义项归属到恰当的义类中，使得多义词的义项在它所属的语义类中能够得到更好的凸显，有利于不同义项的鉴别，从而有利于词义的精准把握和恰当使用。《义类表》对多义词义项作了仔细的斟酌与考量。虽然它的分类标准来源于TMC，但在对待多义词的不同义项上，却有别于TMC。TMC中多义词的义项收取尽量全面，但《义类表》不求全面，而是综合考虑义项的常用度、难易度及学习者的认知特征等因素，选取适合义务教育阶段的义项。常用性越强、使用度越高，一般来说，难度也就越小，适合义务教育阶段学习。如：TMC中，"生"有"知识分子""生角""生存""诞生""生育""发生""生嫩""陌生""天然""生疏""很"义项，但《义类表》只选取了其中的"生育""发生""生嫩"义项。这就为多义词的不同义项在义务教育阶段的取舍提供了范围，利于词义的辨微与掌握，从而利于言语的输出。

虽然《义类表》没有对词语进行释义，但实际上，从一级类名到四级类名，也是一种间接的释义方式。一个词，看到它的一级类名，就可以知道它最大范围的语义所属；看到二级类名，则可知它次小范围的语义所属；看到三、四级类名,基本可知道它最小范围的语义所属。这样,一个词的词义便在语义范围层层缩小的类名中得以呈现。并且,各级类名的选取是有所考究的,尽量选取的是基本词、常用词,词义的涵盖性较高,这就为理解词义提供了便利。尤其是四级类名,与对应词语的语义关系最近,往往既能涵盖对应词语的词义,又比对应词语具有更高的常用性,理应比对应词语学习得早,可以作为释义元语言来使用。如:"畅游",一至四级类名分别是"生物活动""生活工作""娱乐""游览"。四级类名"游览"的词义可以涵盖"畅游",同时比"畅游"更为常用、基础,因此"游览"安排在二学段,"畅游"安排在三学段,"游览"可拿来解释"畅游"。可见,由一级到四级类名,实际上提供了一种间接的释义方式,便于词义的理解和掌握。

总之,《义类表》能够为义务教育阶段语文教材的编写提供一个词的语义系统和框架,让教材的词汇呈现更强的科学性和合理性。能够为教师词汇教学提供依据,尤其是类属、同义、反义、整体与部分义场中的词语,教师在教学时可根据《义类表》所提供的语义汇聚,有步骤、有层次地教学,改变词汇教学无章可循的现状。能够为学习者提供语义总结,将词语放入更大的语义系统中去比较、体味,从而有利于建构词汇网络系统和认知世界,有利于更精准恰当地使用词语,尤其对于说话和写作中用词水平的提高大有助益。

## 第三节　语义法的特点与运用

在词表研制上如何体现词语内在的语义关系,突出词汇学习中最重要的语义联想与类推功能,这是我们一直在思考中的追求,走过的路也逐渐清晰起来的。

**一、词表研制进程中对语义法的探求**

(一)明确的方向,朦胧的道路

一方面,对词表中要体现词汇的学习规律,要运用到有关语义方法,这一认识是很自觉而强烈的。因为词汇语义分类词典最主要的功能就是表现在语义上的，TMC 的研制吸引我们耗时 11 年于其中，就是看中了它的这一价值。尽管我国第一部分类词典《同义词词林》其研制的初衷是放在"翻译"与"写作"上，但"翻译"与"写作"本质上也是词汇语义内在联系在实践需求中的反映。我们对《同义词词林》曾作过这样的评价："《同义词词林》(1983)就是这样一部在现代汉语词汇系统建构上有着开拓意义的作品。尽管它最初或最突出的宗旨并不在此：'我们编纂《同义词词林》的初衷是，由于在写作与翻译中往往发生词穷的情况，难以将意思表达恰当，因而感到迫切需要有一本从词义查词的工具书，以便从中挑选适当的词语。这本词书，就是希望提供较多的词语，对创作和翻译工作能有所帮助。'郭绍虞先生作了一篇长序，通篇都是从语法修辞的应用层面来予以阐发的。但最终使这部著作在学术界获得巨大声誉的却似乎不是这两个实用性目的。'《词林》一书收录词语近七万，全部按意义进行编排，所以它是一部类义词典。'收词量大，又得按意义编排，建构一个有序、合理、清楚的词汇系统成为必需。正是为了达到那两个实用目的而必须具有的这个分类系统，成就了《词林》的最大学术价值。"[①]在 2011 年向国家语委提交的《基础教育学习性词表的研制》项目申请书中，也已经写进了"认知法"，并在课题的"学术价值与实践价值"第 4 点明确提出"4. 形成能反映我国中小学生词汇学习特点和规律的基础教育学习性词表的研制理论和科学方法"。

  但另一方面，研究者对在词表研制中语义的方法能运用到什么程度，最终会如何影响词表，并在词表最终面貌中会呈现到何种程度，以何种面貌出现，这时心里还没有数。如：《基础教育学习性词表的研制》项目申请书中说到认知法时这样写道："研制过程中主要运用以下三种统计方法，一是频率统计法，二是分布法，三是认知法。频率法是使用最多的一般方法，本课题将继续使用。分布法除了一般含义的篇(部)分布外，还将根据中小学生课堂中的教材学习、语言应用与习作、课外自由阅读等不同语境中的使用情况来田野调查，以便全面地了解中小学生的词汇学习与使用的分布情况。认知法则是要突出学习者的认知需求、认知心理、认知特点，以求充分反映中小学生的词汇使用特点。"可见，这里对认知法的论述主要还是在

---

[①] 苏新春：《〈现代汉语语义分类词典〉(TMC)研制中的若干问题的思考》，《中文信息学报》2008 年第 5 期。

意义和价值上,到底认知法、语义法该如何运用?具体如何实现,如何实施,这时还是朦胧一片。

(二)主攻的领域,重点的追求

在走过了"明确的方向,朦胧的道路"阶段,随着在对教育教材语言的扎实调查、分析、挖掘中不断有所斩获,道路已逐渐清楚,要突破的重点问题也逐步凸现,对语义法的追求已成为诸多追求中最重要的。"有所斩获"中的第一个就是对教材中生字学习规律的了解。在 2008 年进行的"基础教育阶段小学语文教材汉字使用调查"中,在探求汉字学习先后顺序规律时"运用的方法是能真切反映其认知过程与认知规律的认知调查法"[①]。第三章第一节对它作了详细介绍。当时对这种方法使用了不同的名称,如"位序法""认知法""经验法",反映了对认知角度的进一步完善。"位序法"指的是它们在教材中的具体呈现方式;"认知法"指的是它们所反映出来的学生识读、学习汉字的由浅入深、由近到远、由具体到抽象的学习规律;"经验法"指的是它们是在有长期教材编纂经验、教学经验的编者和教师指导下完成的。

在"主攻的领域,重点的追求"这个阶段,另一个突出例子表现在卢丹丹的学位论文变化上。她在厦大中文系完成本科学习,以优异成绩保研留校就读,一进来即对词表研制表现出了极大研究热情,并选此为学位论文题目。现回头看她的论文修改过程,正是反映了词表研制道路上的进展,研究对象从较大范围到对重点的逐步聚焦,从关注词表研制诸多方法到集中于语义法。她最初的选题是《基础教育学习性词表的性质与研制方法初探》(2013 年 12 月 22 日),论文初稿题目改成了《基础教育学习性词表研制方法的探析——语义分类调查法的运用及合理性验证》(2015 年 3 月 15 日),论文定稿的题目定为《语义分布调查法在基础教育学习性词表研制中的运用》(2015 年 3 月 29 日)。尽管这时对语义法的思考与运用主要还在对比、参照、验证上,但语义法的高价值已经脱颖而出、豁然成形了。

(三)融为一体,化为精髓

课题组对语义法的理解和运用,还在不断的探求中。在接下来的研究

---

[①] 苏新春:《位序调查法与学习性字表》,《北华大学学报》2011 年第 4 期。

工作中，它已经成为所有研究方法的核心，对它的理解、运用、吸收已影响了其他的方法，其他方法都只是成为其基础。语义法与词表最大亮点紧密关联，甚至可以说是语义法造就了词表的最大价值。

《义务教育常用字表(草案)》的研制方法有频率法、语境分布法、语义分布法、相对词频比较法、位序法五种。

1. 频率统计法调查词语在一定语料范围中出现次数的多少

频率法用于了解词的常用程度。词频主要来自三种语料：中小学语文教材、现代汉语通用语料库、国家语言资源库。词表的收词应在常用与次常用词的范围。

2. 语境分布统计法调查词语在语料中分布范围的大小

语境分布法通过了解词在文本中的分布数量来认识词的普遍性和通用性。语境分布主要使用了篇章和领域两种计算单位。在单一语料范围中以篇章为单位，在多种语料中以领域为单位。词表所收词语应具有通用、普遍的特点。

3. 语义分布统计法调查词语的意义分布范围的广狭

语义分布借助的是《现代汉语分类词典》的语义分类系统。词表的收词量虽然不大，但具有较广的语义分布范围。词表的收词占《现代汉语分类词典》比例最高的前20个四级类中，有10个属一级类"辅助词"，7个属一级类"性质与状态"，2个属一级类"运动与变化"，有1个属一级类"具体物"(概称事物/代称/单指)。这样的语义类分布特点，与词表的性质与功能是相吻合的，即注重收录语文词、描写词、修饰词、关联词，以达到增强语言表达准确、周全、细腻的效果。

4. 相对词频比较法调查同一个语义类中所有词语在使用频率中表现出的相对高频与低频

相对词频比较法可以保证在一个语义类中遴选出有代表性的词语。比较法是本词表研制中很注重的一个方法。除了词频比较外，在同一个语义类中还可以比较词的语义状况、语义特征、语用特征，以选取相对较高者优先入表与定级。比较法比较的范围较小，参照系明显，甄别力强，能够避免单纯靠大语料统计中的绝对词频来定取舍的"只顾一点，不及其余"的缺憾。如："藏躲"类收了10个词，也综合了多种因素将"躲"归入一级词，

"藏、隐藏"归为二级词,"躲藏、潜伏、掩藏"归入三级词,"隐蔽、隐匿、逃匿、龟缩"归入四级词。

5.位序统计法调查词语在教材中首次出现的状况

根据首次出现的册次、一册中的课文的先后顺序、一篇课文中的先后词序,来统计出一个词的首现位置。位序统计法是教材语言分布状况的经验式体现。位序在一定程度上能反映词语的难易差别及认知顺序。与个人的经验判断相比,位序法能反映长期以来的教材编纂经验与教材语言的使用习惯。位序法虽然容易受到语料的主题与具体文意的影响,但调查的教材数量愈多,常态的、规律性的东西会表现得愈稳定。

上面的五种方法,语义分布法、相对词频比较法、位序法这三种方法其实都是语义法的具体体现,只是在呈现方式上有所不同。语义分布法是语义分类、语义系统的直接表现;相对词频比较法是语义类的基础,在语义类的基础上再来比较频率的高低;位序法是客观的先后之序,但客观之表背后的实质之里,就是语义关系的浅与深、近与远、具体与抽象的差异。

二、语义法的具体运用

语义场理论是现代语义学研究的成果,也是对义类研究的理论升华。"语义场从根本上来说是人类认识客观世界的产物。"[1]词汇反映客观和主观世界,事物间的联系是词义间得以联系的基础和依据。任何一种语言的词汇都不是孤立的存在,而是一个有机联系的整体。将词汇联系起来的,正是词义。词义的系统性是词汇系统性最重要的表现。词义按类属可归入不同的语义场,同一语义场中的词相互关联又相互制约。任何一个词都处于一定的语义场中,没有词是独立于语义场之外的。"人们对词汇的学习与使用,最常用的就是对同义词语的联系与辨微,对反义词语的类推与辩证。但这时人们关注到的往往是具体词语的相邻关系,忽略了词汇系统的整体关系。毫无疑问,具体词语的相邻关系只有在完整的语义系统中才会更清楚地凸显出来。"[2]对于母语学习来说,词汇的学习基本与认知同步,因此,按义类教学是遵从认知规律的一种体现。词汇系统中的词在语义上

---

[1] 梅家驹、竺一鸣、高蕴琦、殷鸿翔:《语义场和语义体系》,《外国语》1987年第3期。
[2] 苏新春:《〈现代汉语语义分类词典〉(TMC)研制中的若干问题的思考》,《中文信息学报》2008年第5期。

的相互关联性是《义务教育常用词表(草案)》研制及《义类表》存在的必要理论支撑。汉语属语义优先型语言,词汇庞大,语义系统成熟完备,同义词极其丰富。这一特点为《义务教育常用词表(草案)》研制中义类法的运用提供了语言特征基础。

(一)义类法在收词中的运用

单纯依靠频率、分布、使用度等计量手段,无法保证收词的齐全,尤其是无法保证语义的周遍。因此,为了使《义务教育常用词表(草案)》收词能更完整地体现义务教育阶段词汇的系统性和必要性,我们利用了义类法,以弥补上述方法的不足。义类法实际上就是对语义场理论的运用。

1. 类属义场

类属义场有助于建立系统的认知体系,使得必要知识的建构更加完善。如:我国的各个历史时期、各省区市简称、大写数字、二十四节气等,都形成一个个类属义场。这些义场所代表的概念,是义务教育阶段要求掌握的,因此应当将该义场下的词周遍式地收录齐全。再如:笔画义场,将"横""竖""撇""点""折"等基本笔画名称都收入词表;标点符号义场,将"逗号""句号""问号""感叹号""省略号""顿号""引号"等常见标点名称都收入词表。

2. 顺序义场和关系义场

两者与类属义场类似,都能为收词的全面提供参照。顺序义场体现事物之间的次序关系,这种次序不容打破,因此属于同一顺序义场的词语应尽量收全。如:"季节",《义务教育常用词表(草案)》将同属这一顺序义场的"春天""夏天""秋天""冬天","春季""夏季""秋季""冬季"全部收入。类似的例子还有"年纪"义场下的"童年""少年""青年""中年""晚年","月旬"义场下的"上旬""中旬""下旬"。关系义场体现事物间的对立统一关系,一般成对出现,因此属于同一关系义场的词语也应尽量收全。如:收"嫁"也收"娶";收"输"也收"赢";收"丈夫"也收"妻子"。

3. 上下义义场

上位词所表概念外延大,涵盖性强,常用度一般也较高,理应收入词表。如"衣服""家具""亲属""运动""疾病"义场中,这些词便充当了上位词,收入了词表。下位词中的典型成员,其常用度要高于非典型成员,也应收入词表。如上位词"学历",其下所支配的下位词"小学""初中""高中""大学"都属典型成员,一并收入《义务教育常用词表(草案)》。再如上位词"树",可支配的下位词很多,根据义务教育阶段学习的必要性,《义务教育常用词表(草案)》选取了"松树""柏树""柳树""梧桐"等常用度较高,难度相对较小的词。

4. 同义义场、反义义场

同义义场中的典型成员,其常用度一般高于非典型成员,只要难易度适合的,都应收入。如"侵害"义场,其典型成员"侵犯""侵害""迫害"常用度相对较高,其难度也适合选入《义务教育常用词表(草案)》。其非典型成员"侵凌""凌犯"常用度相对较低,难度较大,未选入《义务教育常用词表(草案)》。再如"耸立"义场,收入了典型成员"矗立""高耸""耸立",未收入非典型成员"兀立""耸峙""岳立"。构成反义义场中的一个词语收入,另一个与之常用度、难易度相当的词语也应收入。如《义务教育常用词表(草案)》收"欣喜",也收"悲伤";收"重视",也收"忽视";收"铭记",也收"忘却"。

5. 整体与部分义场

《义务教育常用词表(草案)》在收词时,既收入了代表该义场整体的词语,以起到语义概括和提示的作用,也收入了该义场组成部分的词语。如:既收入"五官",也收入其组成部分"眼睛""鼻子""嘴巴""耳朵""咽喉";既收入"船",也收入其组成部分"帆""船桨""船桅""船舷""甲板""船舱""锚"。

需要说明的是,语义场的关系错综复杂,在语义体系的制定中,因主客观因素,很难面面俱到,只能最大限度地保证收词的完整。词典学中提出了收词的平衡性、系统性、周延性(傅玉芳,2012[①];王楠,2015[②]),主张收词的完整与周遍。但《义务教育常用词表(草案)》不同于词典,它是专门针对义务教育阶段的,也就是学习者词汇学习的初始阶段。这个时期的词汇学习在某种程度上与认知同步,学生的认知达到怎样的程度,就学习相应

---

[①] 傅玉芳:《成套词收词的完整性与释义的一致性——写在〈汉语大词典〉修订之前》,载上海市辞书学会秘书处编《辞书论集(二)》,上海辞书出版社,2012。
[②] 王楠:《词汇关系组与词典收词》,《语文研究》2015 年第 3 期。

的词语。因此,《义务教育常用词表(草案)》所收词语并非某一语义类下的"完型",而是需要做出取舍,以更好地呈现义务教育阶段所需学习的词语的面貌。我们只能尽量使得某个义场中的收词全面,但收与不收,还取决于两个因素:一是词语的使用度、难易度。应将一个语义场中使用度、难易度相对等的词都收入《义务教育常用词表(草案)》。如:"船",其组成部分"船体"就由"甲板、侧板、底板、龙骨、旁龙骨、龙筋、肋骨、船首柱、船尾柱"等组成,但这些词使用度低,难度大,未收入《义务教育常用词表(草案)》,而收入了使用度较高、难易度接近的"帆""船桨""船桅""船舷""甲板""船舱""锚"。二是与学生生活情感的认知及文化知识的学习同步。如:与学校、学习、课堂相关的用语"学校""老师""上课""课堂""作业""同学""优秀"等,是学生在初入学校学习时经常接触和使用的,理应收入《义务教育常用词表(草案)》,并将之安排在一学段。再如:随着传统文化进教材,"传统节日""二十四节气"等内容进入中小学课本,因此这类词语也应收入《义务教育常用词表(草案)》,其分级可与相应文化内容的学段安排同步。

(二)义类法在分级中的运用

以往词表的分级,多以难易度为标准。难易度的认定,主要是"常用度"与"主观经验直觉"的结合。除上述方法外,《义务教育常用词表(草案)》在研制中还充分利用了义类法。一个词语的含义、位置只有在它所属的语义类中才能得以彰显。有了义类的参照,能更清楚地认清一个词在它的义类中的常用程度、难易程度、书面化程度、文雅程度等。语义层级的构建,对于评价难易度是一个非常有价值的切入点,可以说是《义务教育常用词表(草案)》分级中不亚于频率、分布、使用度的重要方法。

处于同一类属义场的词,在认知上形成一个系统,为了与认知保持同步,尽量安排在同一学段。如:常见颜色词"红""黄""白""黑""绿""蓝""紫""灰"都归入一学段;"二十四节气"都归入二学段;"大写数字"都归入四学段。当然,除了认知上的考量外,同一类属义场中的词语在常用及难易程度上的差别也是重要的考虑因素。如:"苦难"义场,按照上述原则,将"痛苦""苦难"归二学段,"困苦""疾苦"归三学段,"苦楚"归四学段。类似的还有"过失"义场中,将"错误"归一学段,"差错"归二学段,"过失"

"罪过"归三学段,"误差""破绽"归四学段。

处于义类上层,即语义场上位的词,常用度也往往最高,难度较小,首先学习;处于义类下层,即语义场下位的词,常用度也往往降低,难度较大,随后学习。如:上位词"雨"因其常用度高,难度小,安排在一学段;其下位词"毛毛雨""细雨""倾盆大雨""暴风雨""雷阵雨"因常用度次之,难度增大,安排在二学段。再如:上位词"蓝"安排在一学段,其下位词"蔚蓝""碧蓝""湛蓝"根据常用度和难易度分别安排在二、三、四学段。伴随着义类层级的由上而下,词义的内涵越来越丰富,书面语程度越来越高,文雅色彩越来越强,同一语义类中的词之间,差别越来越细微,难度也就越来越大。

同义义场、反义义场在《义务教育常用词表(草案)》分级中的运用,主要体现在词语的类聚呈现上。同义类聚是体现认知规律的一种词汇学习方式[①],同时也是词语分级的重要参照标准。"同义类聚"中的词语如何分级,主要有两种情况。一种是有共同构词语素的,一种是无共同构词语素的。对于有共同构词语素的同义类聚来说,需要由不同的构词语素来确定词语的难度。如:"安静""僻静""幽静""寂静",共同构词语素为"静",需要以"安""僻""幽""寂"来确定词语的难度。我们以《义务教育语文课程常用字表(2011)》为参照标准,按照《字表》中所安排的学段来推断汉字的难易程度,"安""寂""幽"都在小学的三个学段,三者再按字频由高到低依次为"安""幽""寂","僻"在第四学段,依此标准,由易到难依次为"安""幽""寂""僻"。因此,按照难易度由低到高依次为"安静""幽静""寂静""僻静"。在学段安排中,便将"安静"排在一学段,"寂静""幽静"排在三学段("幽"与"寂"字频差距较小),"僻静"排在四学段。再如:"疲劳""疲倦""疲惫",其中不同的构词语素按难易度依次为"劳""倦""惫",因此"疲劳""疲倦""疲惫"依次排在二、三、四学段。对于无共同构词语素的同义类聚来说,分级时,一般将常用度最高、色彩中性、使用范围较广、原型的词排在低学段;将次常用、带有修辞色彩、使用范围受限、非原型的词排在高学段。如:"取笑""挖苦""揶揄","关怀""呵护""眷顾","讨好""巴结""谄媚","包含""孕育""蕴含","串通一气""同流合污""狼狈为奸",

---

① 张和生:《汉语义类研究及其应用评析》,《北京师范大学学报(社会科学版)》2008 年第 5 期。

每组中的词都分别依次排在二、三、四学段;"好像""如同""宛如",书面化程度越来越高,因此依次排在一、二、三学段。同属于一个反义义场中的词语,越是构成鲜明的反义关系,词语间的常用度、难易度、书面化程度等越接近。因此,这些对等的反义词可安排在同一学段,既利于理解,又方便记忆。如:"大"和"小"常用度、难易度相当,书面化程度接近,因此同安排在一学段。同理,"庞大"和"渺小"同安排在二学段。再如:"冷""热"同安排在一学段,"寒冷""炎热"同安排在二学段;"白""黑"同安排在一学段,"白皙""黝黑"同安排在四学段。

处于同一顺序义场、关系义场的词,尽量安排在同一学段,以与学习者的认知保持同步。如:顺序义场"前天""昨天""今天""明天""后天"同安排在一学段;"上旬""中旬""下旬"同安排在二学段。关系义场"买""卖"同安排在一学段;"输""赢"同安排在二学段;"主观""客观"同安排在三学段。当然,是否安排在同一学段,还要结合常用度、难易度等因素。如:顺序义场"小学""初中""高中""大学",将难度最小的"小学"放在一学段,难度增大的"初中""高中""大学"放在二学段。

# 第二十四章
# 基于"TMC"的对外汉语词表考察

TMC反映了当代汉语使用者的语言使用习惯,反映了人们共同语感的词汇语义分类系统。它努力兼顾了语义系统的普适性与民族性,并具有分类细致、层级明显、上下语义层管辖清晰、左右相邻同层义类有距的特点。因此,用它来考察、参照、对比侧重于从词频角度建立的汉语国际教育用词表,是有一定甄别意义上的参考价值的。下面主要对两个词表作了考察。

## 第一节
### 《汉语国际教育用音节汉字词汇等级划分》词表义类分布考察

汉语二语教学领域的义类研究发现,利用义类进行教学收到了良好效果。相关教学实验证明,义类教学无论对即时记忆还是延时记忆均有显著促进作用[1]。也有相关研究考察几部汉语教材的义类分布情况,发现义类总体架构较为合理,但也存在一些问题[2]。基于以上研究背景,本研究旨在系统考察汉语国际教育用词表的义类分布问题,以期获得对词表义类架构特点及合理性的认识,为词表研究、词汇教学及教材编写提供参考。

---

[1] 张和生:《利用汉语义类进行词汇教学的实验报告》,《世界汉语教学》2008年第4期。
[2] 柯丽芸:《汉语第二语言教材词汇的义类分布研究——以"性质与状态"类为例》,硕士学位论文,厦门大学中文系,2008。

## 一、《等级划分》词表义类分布概貌

### (一)比较对象

本节所用词表为《汉语国际教育用音节汉字词汇等级划分》(以下简称《等级划分》)的词汇部分①。该词表共收词11000个,主要被分成三个等级与三级水平,即:一级(普及化水平),收词2271个;二级(中级水平),收词3140个;三级(高级水平),收词4188个。另外,还收录高级"附表"词1400个。本研究主要考察一、二、三级词的义类分布情况。

义类系统的实体形式是语义分类词典,该类词典可作为检测词汇义类系统的工具。这里选取TMC为研究工具。选取理由有二:其一,该词典体现了对现代汉语词汇系统的认识,对以词汇教学为中心的汉语二语教学有参考作用②。其二,该词典完整展现了现代汉语词汇语义系统的面貌。词典收词近83000条,自上至下将义类层级分为五级,其中一级类9个,二级类62个,三级类508个,四级类2057个,五级类12659个,一至四级类之间主要体现为上下位关系,五级类内部主要体现为同、近义关系。

### (二)词表的一级义类分布考察

#### 1.分布特征

我们参照TMC的义类体系考察《等级划分》词语在一级义类的分布情况,如下表:

表24-1　词表在一级类的分布③

| 一级类编号 | 一级类名 | 一级词数 | 二级词数 | 三级词数 |
| --- | --- | --- | --- | --- |
| 壹 | 生物 | 303 | 316 | 341 |
| 贰 | 具体物 | 306 | 451 | 487 |
| 叁 | 抽象事物 | 786 | 834 | 942 |
| 肆 | 时空 | 248 | 187 | 155 |

---

①　国家汉办、教育部社科司,《汉语国际教育用音节汉字词汇等级划分》课题组:《汉语国际教育用音节汉字词汇等级划分(国家标准·应用解读本)》,北京语言大学出版社,2010,第73—198页。

②　苏新春、洪桂治、唐师瑶:《再论义类词典的分类原则与方法》,《世界汉语教学》2010年第2期。

③　表中的一、二、三级词数与《等级划分》一、二、三级词数有差别,原因在于《等级划分》的一、二、三级词中有些归属两个或多个义类,我们记为两个或多个义位词。义位词即固定语音形式和词的一个意义的结合体(柯丽芸,2008)。如"存款"一词归属"生物活动—生活工作—使用—储存—储蓄"类和"抽象事物—经济—账目款项—款项—存款"类,统计时我们记为两个义位词。

续表

| 一级类编号 | 一级类名 | 一级词数 | 二级词数 | 三级词数 |
|---|---|---|---|---|
| 伍 | 生物活动 | 551 | 624 | 827 |
| 陆 | 社会活动 | 484 | 657 | 823 |
| 柒 | 运动与变化 | 325 | 427 | 452 |
| 捌 | 性质与状态 | 519 | 537 | 668 |
| 玖 | 辅助词 | 442 | 323 | 265 |
| 总数 |  | 3964 | 4356 | 4960 |

根据表24-1,可发现词表在一级义类的分布特征如下:

(1)义类的完全覆盖性。每个等级词语都覆盖了一级义类的9个类别。

(2)义类大体上由薄变厚。义类厚薄指义类中词语分布数量的多与少,义类越厚代表分布词数越多,义类越薄代表分布词数越少。表中数据显示,随词语级别(水平)的提升,除个别义类外,义类中分布词数一般逐渐增多,义类由薄转厚。这一现象符合词语学习由少至多、由简至繁的规律,而且可逐渐强化对同一义类词语的学习,逐渐加深对词语间同义、近义等语义关系的理解。

2. 存在的问题

(1)个别义类薄厚的变化不符合词语习得规律

根据表24-1可知,"辅助词"类分布词数随词语级别提升而递减,即义类由厚转薄。这种变化不符合汉语二语者的词汇习得规律。"辅助词"类包含了大量虚词,虚词是汉语学习的一个难点。留学生出现的语法偏误一半以上是误用虚词所致,而且在虚词学习上出现了明显"化石化现象",即初级阶段掌握不好的虚词项目到了中高级阶段仍然掌握不好,因此在中高级阶段应把虚词集中起来进行强化学习[①]。"辅助词"类数据显示,到了中高级阶段词数反而递减,违背了虚词学习的规律。

(2)义类厚薄的排序不符合词语习得规律

---

① 李晓琪:《论对外汉语虚词教学》,《世界汉语教学》1998年第3期。李晓琪:《中介语与汉语虚词教学》,《世界汉语教学》1995年第4期;欧阳晓芳:《〈汉语水平词汇与汉字等级大纲〉动词体系研究》,硕士学位论文,华中科技大学,2005。

根据表24-1,我们将每级词分布的义类由厚至薄排序如下:

一级词:抽象事物>生物活动>性质与状态>社会活动>辅助词>运动与变化>具体物>生物>时空。

二级词:抽象事物>社会活动>生物活动>性质与状态>具体物>运动与变化>辅助词>生物>时空。

三级词:抽象事物>生物活动>社会活动>性质与状态>具体物>运动与变化>生物>辅助词>时空。

一级词"抽象事物"类排序最靠前,词语分布最多,违背了由易至难的习得规律,加重了一级词的学习难度。心理语言学研究证明,具体词识别较快,抽象词识别较慢[1]。郝美玲、厉玲(2015)考察了初级阶段留学生汉语复合词的加工情况,发现词义越具体,整词加工越快[2]。黄晓宇(2015)发现无论在阅读班还是写作班,二语学习者习得具体词的效果都好于抽象词[3]。可见,抽象词的理解和习得难度较高。在初级阶段,汉语二语学习者不宜习得较多"抽象事物"类词语,而应多学习具体词。然而,具体词所在义类(如"具体物"类、"生物"类)排序比较靠后,义类较薄,抽象词所在义类(如"抽象事物"类、"辅助词"类)排序反而靠前,义类较厚。这违背了学习者的认知与习得规律。

另外,到了中高级阶段,由于留学生已经积累了相当数量的词语,其词汇学习重点已经由表达日常学习、生活和交际的词语转向表达社会生活的词语,因此中高级阶段留学生应习得更多"社会活动"类词语,而非"生物活动"类词语。义类厚薄的排序应是"社会活动"类>"生物活动"类,然而三级词义类厚薄的排序恰好与此相反。

(三)词表的二至五级义类分布考察

《等级划分》的一、二、三级词在《分类词典》二至五级义类的分布情况如下:

---

[1] John Kounios & Phillip J. Holcomb, "Concreteness effects in semantic processing:ERP evidence supporting Dual-Coding Theory," *Journal of Experimental Psychology:Learning,Memory,and Cognition* 20,No.4(1994):804-823.
[2] 郝美玲、厉玲:《初级阶段留学生汉语复合词加工影响因素研究》,《语言教学与研究》2015年第2期。
[3] 黄晓宇:《句子阅读与写作对英语专业学生词汇附带习得的效果对比研究》,硕士学位论文,沈阳师范大学外国语学院,2015。

表 24-2　词表在二至五级类的分布

| 义类级别 | 《分类词典》义类数 | 每级词分布的义类数 ||| 义类变化幅度 ||
|---|---|---|---|---|---|---|
| | | 一级词 | 二级词 | 三级词 | 一级词→二级词 | 二级词→三级词 |
| 二级类 | 62 | 62 | 62 | 61 | 0 | ↓1.6% |
| 三级类 | 508 | 450 | 479 | 486 | ↑6.4% | ↑1.5% |
| 四级类 | 2057 | 1200 | 1467 | 1564 | ↑22.3% | ↑6.6% |
| 五级类 | 12659 | 2239 | 3030 | 3489 | ↑35.3% | ↑15.1% |

根据表 24-2,我们将义类分布特征总结如下:

(1) 义类随词语级别提升而增长。表中数据显示,随着词语级别提升,词语分布的义类数量逐渐增长。说明"在语言学习过程中,有的义类处于更基础的位置,有的义类则要在心智稍成熟后才会获得"①,这符合学习者循序渐进的学习规律。

(2) 义类的大幅增长尤其体现在中级水平词汇及下位义类上。上表显示,一、二级词的跨越阶段,义类增长幅度较大,二、三级词的跨越阶段,义类增长幅度较小。如:《分类词典》二级类"社会活动—司法"下辖 6 个三级类(包括"诉讼""逮捕""审判""惩办""赦免""违法"类),一级词只覆盖了其中 3 个类别,到二级词已覆盖所有类别。这说明中级阶段是留学生词汇认知领域急剧扩展的阶段。

(3) 义类的缺损性。从三级类开始,词语分布的义类数量明显减少,即义类出现了比较明显的缺损。这与柯丽芸对对外汉语教材词汇义类的调查结果一致②。上表还说明,越是下位类(如五级类),缺损越明显。

(四) 普及化水平词汇义类分布考察

推行"普及化等级水平"是《等级划分》最大的观念跨越③。普及化水平词汇共 2245 个,分 3 个层次,包括最低入门等级词汇(一级词①)505 个,其他最常用词(一级词②)837 个,常用词(一级词③)903 个。《等级划分》

---

① 苏新春:《〈现代汉语语义分类词典〉(TMC)研制中若干问题的思考》,《中文信息学报》2008 年第 5 期。
② 柯丽芸:《汉语第二语言教材词汇的义类分布研究——以"性质与状态"类为例》,硕士学位论文,厦门大学中文系,2008。
③ 刘英林、马箭飞:《研制〈音节和汉字词汇等级划分〉探寻汉语国际教育新思维》,《世界汉语教学》2010 年第 1 期。

的一个鲜明特点是在普及化水平词汇中分出了最低入门等级词汇(一级词①),这些词是最基本、最常用的日常交际用词,最大限度地贴近外国人最基本的交际需要。

1. 普及化水平词汇在一级义类的分布特征①

表 24-3　普及化水平词汇在一级类的分布

| 一级类编号 | 一级类名 | 例词 | 一级词① | 比例 | 一级词② | 比例 | 一级词③ | 比例 |
| --- | --- | --- | --- | --- | --- | --- | --- | --- |
| 壹 | 生物 | 人、奶奶 | 94 | 8.7% | 98 | 6.5% | 111 | 8.0% |
| 贰 | 具体物 | 水、太阳 | 76 | 7.1% | 131 | 8.8% | 99 | 7.1% |
| 叁 | 抽象事物 | 事、新闻 | 146 | 13.6% | 330 | 22.0% | 310 | 22.3% |
| 肆 | 时空 | 现在、平时 | 92 | 8.6% | 76 | 5.1% | 81 | 5.8% |
| 伍 | 生物活动 | 穿、洗澡 | 168 | 15.6% | 223 | 14.9% | 159 | 11.4% |
| 陆 | 社会活动 | 放假、报名 | 127 | 11.8% | 181 | 12.1% | 171 | 12.3% |
| 柒 | 运动与变化 | 起来、停止 | 64 | 6.0% | 133 | 8.9% | 129 | 9.3% |
| 捌 | 性质与状态 | 冷、暖和 | 144 | 13.4% | 194 | 13.0% | 181 | 13.0% |
| 玖 | 辅助词 | 肯定、反正 | 164 | 15.3% | 131 | 8.8% | 148 | 10.7% |
| 总数 |  |  | 1075 | 100% | 1497 | 100% | 1389 | 100% |

根据表 24-3 可知,普及化水平词汇在一级义类的分布特征如下:

(1) 义类的完全覆盖性。普及化水平词汇覆盖了一级义类的 9 个类别。

(2) 义类大体上体现为由薄变厚和由厚变薄。表中一级词①②③的比例显示,随普及化水平词汇层次的提升,除个别义类外,义类变化一般为由薄转厚(如"抽象事物""社会活动""运动与变化"类)和由厚转薄(如"时空""生物活动""性质与状态"类)。

2. 存在的问题

(1) 义类薄厚的变化不符合词语习得规律

表中一些义类随词语层次的提升由厚变薄(如"时空""生物活动""性质与状态"类),这不符合词语学习由少至多、由简至繁的规律,不利于逐步

---

① 2245 个普及化水平词汇在一级类的分布存在跨类现象,即有的词语归属多个义类,我们看作多个义位词,因此表 24-3 中普及化水平词汇的总数(3961)要多于 2245。

强化对同一义类词语的学习和对词语间语义关系的理解。

（2）义类厚薄的排序不符合词语习得规律

根据上表,每个层次词语分布义类由厚至薄的排序如下:

一级词①:生物活动＞辅助词＞抽象事物＞性质与状态＞社会活动＞生物＞时空＞具体物＞运动与变化。

一级词②:抽象事物＞生物活动＞性质与状态＞社会活动＞运动与变化＞具体物＞辅助词＞生物＞时空。

一级词③:抽象事物＞性质与状态＞社会活动＞生物活动＞辅助词＞运动与变化＞生物＞具体物＞时空。

一级词的第一个层次为最低入门等级词汇,其设立的目的是降低起步的门槛,稀释学习的难度①。然而,该类词分布的义类中"辅助词"类排序靠前,义类较厚。该义类包含大量意义空灵的虚词,对入门水平的学习者来说难度较大,这实际上加重了入门词汇的难度,违背了先易后难的习得顺序。

另外,在一级词三个层次的词汇中,"抽象事物"类排序都比较靠前,"具体物"和"生物"类排序都比较靠后,这与习得规律不相符。相关研究已发现,具体词容易习得,抽象词较难习得②,因此不宜在普及化水平词汇中加入大量抽象词,而应尽量多安排一些表具体义的词语。

## 二、《等级划分》词表义类分布属性考察

上文从宏观层面考察了汉语国际教育用词汇在义类系统的分布概貌,总结其整体特征及存在的问题。这一部分我们立足于微观层面,通过某些义类的词汇分布情况,考察义类分布属性,以深入了解其是否符合词语习得和认知规律。

在细致观察某些义类分布的基础上,我们发现,义类分布属性主要包括存缺性、复现性和序列性。存缺性主要体现为义类在某些词中存在或缺失的情况,复现性体现为义类在不同阶段反复出现的情况,序列性体现为

---

① 刘英林、马箭飞:《研制〈音节和汉字词汇等级划分〉探寻汉语国际教育新思维》,《世界汉语教学》2010年第1期。

② 黄晓宇:《句子阅读与写作对英语专业学生词汇附带习得的效果对比研究》,硕士学位论文,沈阳师范大学外国语学院,2015。

同一义类中分布的不同等级词语语体风格变化(由口语转变为书面语)的规律性。

着眼于汉语二语习得和教学视角,这三种属性具有重要理论意义。首先,有些义类在词汇学习的初级阶段可能是缺失的,随着汉语水平的提高才逐步出现,有些义类则连续出现于学习的所有阶段,义类分布所表现的这种存缺性特点使我们更好地了解哪些义类处于更基础的地位,哪些处于较次要的地位,从而为教学中义类的取舍提供参考。其次,在词汇学习的不同阶段,有些义类反复出现,这必定会强化学习者对同一义类词语及其语义关系的理解,促进词汇学习。最后,在词汇学习的不同阶段,属于同一义类词语语体风格由口语至书面语的转变,顺应由易至难的学习规律。

存缺性、复现性和序列性可作为评估义类布局合理性的主要参考项。下面我们对义类分布的这三种属性进行具体考察。

(一) 义类分布的存缺性考察

存缺性包括两层含义。

1. 存缺性的第一层含义及义类分布考察

存缺性的第一层含义指某个等级词汇中存在某些义类或缺失某些义类。如:一级词中存在"生物—人—性别"这个三级类,缺失"社会活动—司法—诉讼"这个三级类。我们以三级类为例,考察不同级别词语的存缺情况如下:

表24-4 一、二、三级词三级类的存缺(一)

| 词语级别 | 存在的三级类数量 | 缺失的三级类数量 |
|---|---|---|
| 一级词 | 450 | 58 |
| 二级词 | 479 | 29 |
| 三级词 | 486 | 22 |

表24-4显示,随着词语级别的提升,存在的三级类数量逐渐增多,缺失的三级类数量逐渐减少,说明随着留学生词汇水平的提升,词汇认知领域也得到逐步扩展。这符合学习者的认知、习得规律。

2. 存缺性的第二层含义及义类分布考察

存缺性的第二层含义指某个义类在某个等级词汇中存在,在另一个等级词汇中缺失,或者在某个等级词汇中缺失,在另一个等级词汇中存在的现象。如:三级类"社会活动—争斗—动武"在一级词中缺失,在二级词中存在;三级类"生物活动—肢体动作—握手"在一级词中存在,在二级词中缺失。

在此,我们以三级类为例考察义类分布的存缺性。见表24-5。

表24-5 一、二、三级词三级类的存缺(二)

| 存缺情况 | 一级词有二级词无 | 二级词有一级词无 | 二级词有三级词无 | 三级词有二级词无 |
|---|---|---|---|---|
| 三级类名 | 装修材料、激奋、嘴动、作响、治水治污、沉迷、布施、投降、性行为怀孕、天亮天黑、游、军用建筑、已然、握手、假装、飞行、渔猎、水生动物、传情 | 厌恶、斗争、农用建筑、天气变化、动武、忽视、物资、顺承、粗细胖瘦、火力攻击、精简、诉讼、守卫、粮食、抵抗、利税、战争、蹬踢、干湿、礼祭建筑、体态、糟粕、稠稀、农渔用具、默息、审判、堆积、工用建筑、清淡、勘探、相对、享福、行礼、对应、精华、备战、中毒物品、礼拜、衰老、修行、翻滚、肥料、天文历法、赦免、结伙、虫类、屈伸、颤动 | 紧松、内外、维修养护、蹬踢、代谢、农渔用具、高矮、细菌、中毒物品、修行、赦免、处置、时态、屈伸、长短 | 沉迷、恶化、装修材料、激奋、投降、已然、失意、治水治污、眼动、传情、丧葬、保佑、水生动物、飞行、假装、游、渔猎、嘴动、性行为怀孕、军用建筑、古建筑、藻苔蕈 |
| 数量 | 19 | 48 | 15 | 22 |

由表24-5可见,与较低级别词语相比,较高级别词语中存在的三级类较多,缺失的三级类较少。总体上看,较高级别词语的三级类增多了,学习者的词汇认知范围得到了拓展,符合循序渐进的学习规律。

根据上表可发现一些问题:(1)义类的存缺割断了同一义类词语学习的延续性。如:"装修材料""激奋""嘴动"等15个义类都出现在一级词和三级词中,却未出现在二级词中,这导致同一义类词语学习的延续性被切断,不利于强化对同一义类词语同义、近义等语义关系的学习和理解。(2)义类的存缺阻碍了同一义类词语学习的反复性。表中"蹬踢""农渔用具""中毒物品"等6个义类只出现在二级词中,缺少反复性,不利于巩固和强化对同一义类词语的学习。

## (二) 义类分布的复现性考察

复现性指某个义类在较低等级词汇中首次出现,之后又在较高等级词汇中再次出现的现象。如:四级义类"生物活动—肢体动作—摆弄—摆动"在一、二、三级词中都出现,复现性较好。

关于词语复现在对外汉语教学中的意义已被反复强调[1],然而,关于义类复现教学的作用却很少被关注和提及。张和生(2008)指出,如果教材编写能使同一义类的词语反复出现于不同层次的课文及练习中,将能促进词语记忆,有效扩大词汇量,提高在话语活动中的表现力[2]。因此,义类复现对词汇学习与教学具有重要意义。

我们以四级类为例考察义类分布的复现性,如下表:

表 24-6  一、二、三级词四级类的复现情况

| 复现次数 | 义类复现类型 | 四级义类数量 | 比例 |
| --- | --- | --- | --- |
| 2 次 | 一级词首现,二、三级词复现 | 864 | 46.0% |
| 1 次 | 一级词首现,二级词复现 | 117 | 6.2% |
|  | 二级词首现,三级词复现 | 358 | 19.0% |
|  | 一级词首现,三级词复现 | 148 | 7.9% |
| 总数 |  | 1487 | 79.1% |
|  | 一、二、三级词覆盖的义类 | 1880 | 100% |

义类复现次数包括两类:(1)复现 2 次。即义类在一级词首现,二、三级词复现。如:四级类"具体物—概称—用品—日用品","生物活动—生活工作—生活—涉世","时空—时间—季节—节假日"等。(2)复现 1 次。包括三小类:①义类在一级词首现,二级词复现。如"具体物—生活用品—日用品—钟表日历"等。②二级词首现,三级词复现。如"运动与变化—从属—起源—取决"等。③一级词首现,三级词复现。如"抽象事物—意识—感觉感情—感觉"等。

一、二、三级词共覆盖 1880 个四级类,在这些义类中,复现 2 次的义类

---

[1] 冯凌宇:《复现教学在国际汉语词汇教学中的意义》,《民族教育研究》2012 年第 5 期。吕玉兰:《中高级汉语教材编写新思路》,《首都师范大学学报(社会科学版)》2014 年第 S1 期。
[2] 张和生:《利用汉语义类进行词汇教学的实验报告》,《世界汉语教学》2008 年第 4 期。

占46.0%,复现1次的义类占33.1%,复现的义类共占79.1%。可见,四级类的复现率较高,复现情况较好,这将有利于留学生在不同阶段加强对同一义类词语的学习,逐步掌握同义类词的语义关系。

另外,上表显示,7.9%的四级类在一级词首现,三级词复现,也就是说,这些义类出现于初级阶段和高级阶段,跨越了中级阶段,中间间隔较大。柯丽芸(2008)在考察对外汉语教材时也发现了类似的现象[1]。义类的这种复现不利于学习者及时巩固和复习。

(三)义类分布的序列性考察

序列性指随着词语等级的提升,某个义类中分布的词语体现出由口语向书面语、由通俗向典雅风格的转变现象。如:五级类"性质与状态—性状—多少—多—许多"分布的一、二、三级词分别为"许多、多、好多""众多""诸多",体现了口语化、通俗化向书面语化、典雅化的转变。

我们以几个五级类为例考察义类分布的序列性,如下:

"性质与状态—性状—整缺—破烂—破烂"类词语分布:"破"(一级词);"烂""败"(二级词);"破旧""破碎"(三级词)。

"时空—时间—时候—平时—平时"类词语分布:"平时""平常"(一级词);"平日"(三级词)。

"生物活动—生活工作—走动—来去—前去"类词语分布:"往""去""过去""前往"(一级词);"奔赴""赴""赶赴"(三级词)。

"具体物—自然物—自然物质—纹痕印迹—人迹"类词语分布:"脚印"(二级词);"足迹"(三级词)。

可见,随词语等级的提升,义类所分布词语体现了先口语后书面语、先通俗后典雅的序列性特征。柯丽芸通过调查初级、中级和高级对外汉语教材中某一义类的词语分布情况,发现口语化向书面语化演变的特征[2]。这与本研究结论一致。这种序列性体现出词语由易至难的转变,符合留学生循序渐进习得词语的规律。

然而,有些义类分布的词语并不完全体现这种序列性特征。如:五级

---

[1] 柯丽芸:《汉语第二语言教材词汇的义类分布研究——以"性质与状态"类为例》,硕士学位论文,厦门大学中文系,2008。

[2] 同上

类"抽象事物—属性—仪容—容貌—风貌"词语分布为:"样子"(一级词),"面貌""模样""形容"①(二级词),"风貌""长相"(三级词)。其中,"长相"偏口语化,排序却很靠后,而"形容"偏书面语化,排序反而靠前,这不符合先口语后书面语的序列性特征,恐怕有违先易后难的习得规律。

### 三、词汇教学引进义类法的意义

义类分布研究对汉语二语词表研制、教材编写及课堂教学具有启示意义,体现在以下方面:

首先,在汉语二语词表研制方面,需将义类分布作为考虑要素,并尽量使之符合习得规律。以往词表研制主要体现"唯频率标准"的理念,缺乏从词义系统角度的考虑。研究立足这一视角,发现汉语国际教育用词汇存在义类薄厚变化和义类薄厚排序不当等问题,违背词语习得由简至繁、由易至难的规律。今后词表研制应尽量增加义类分布的考量,以更顺应习得规律。

其次,在教材编写方面,需加强对义类分布属性的考虑。研究发现,词表义类分布在存缺性、复现性和序列性方面都存在一些问题,教材编写者应采取措施尽量回避这些问题。如尽量加强同一义类词语在不同水平教材的复现,并且保持复现的连续性,避免较大间隔的复现。初级水平教材注重对口语词的编写,到中高级教材再逐步加强对书面语词的编写。

最后,在课堂教学方面,需根据学习者水平分配不同义类词语的数量。如初级阶段词汇教学应增加"具体物"类词语数量,尽量减少"抽象事物""辅助词"类词语数量,而中高级阶段词汇教学应逐步增加抽象词的数量。

本节考察了汉语国际教育用词汇的义类分布特征、存在的问题及义类分布属性。研究结果发现:(1)词语的一级义类分布体现为完全覆盖性,随词语级别的提升,义类大体由薄变厚,这符合由少至多、由简至繁的习得规律;二级至五级义类数量随词语级别提升而增长,义类的大幅增长尤其体现在中级水平词汇及下位义类;义类分布具有缺损性特征,从三级类开始出现明显缺损,越是下位类,缺损越明显;普及化水平词汇的一级义类分布体现为完全覆盖性、由薄变厚和由厚变薄的特征。(2)义类分布存在的问题主要体现为义

---

① "形容"(形体和容貌:~憔悴)归属"抽象事物—属性—仪容—容貌—风貌"这个义类,《等级划分》把"形容"划定为二级词,但并没有标注义项("对事物的形象或性质加以描述"或者"形体和容貌"),我们暂且把这个义位词看作二级词。

类薄厚的变化和薄厚的排序不符合词语习得规律。(3)义类分布属性体现为**存缺性、复现性及序列性特征**。同时也存在一些问题，如：义类的存缺性割断了同一义类词语学习的延续性，义类较大间隔的复现不利于及时巩固和复习，一些义类分布的词语不符合先口语后书面语的序列性特征。

## 第二节
### 《新HSK大纲》词表义类分布考察

《新HSK大纲》是现行汉语水平考试大纲，词表分六级，共收词5000个，在汉语作为第二语言教学、考试、教材编写等各个环节都有重要的指导作用。我们将《新HSK大纲》词表与TMC对照，分析大纲词汇的系统性。

一、《新HSK大纲》词表对上层义类的覆盖考察

如表24-7所示，大纲词100%覆盖了一级类，但二、三级都有义类未现于大纲词表。二级类上是"社会活动-信仰"类，其词如"祈祷、礼拜、传道"等。三级类有9个没有出现在大纲词表中，其中4个为"社会活动-信仰"的子类，另外5个是："生物-人-体态"类，如"胖子、瘦子、高个儿"等；"生物-植物-藻苔蕈"类，如"蘑菇、海藻、海带"等；"生物活动-际遇-得救"类，如"得救、获救、脱险"等；"生物活动-表情-动容"类，如"动容、喜形于色、七窍生烟"等；"辅助词-拟声词-拟动物声"类，如"汪汪、喵喵"等。

表24-7  大纲对各级义类的覆盖情况

| 类级 | 词典类数 | 共有类数 | 覆盖率 |
| --- | --- | --- | --- |
| 一级类 | 9 | 9 | 100% |
| 二级类 | 62 | 61 | 98.39% |
| 三级类 | 508 | 499 | 98.23% |
| 四级类 | 2057 | 1730 | 84.10% |
| 五级类 | 12659 | 4187 | 33.08% |

二、《新HSK大纲》词表在义类中的分布考察

《新HSK大纲》词表呈现"生物"类和"具体物"类的比例偏低的特点。例如：大纲中"生物"类和"具体物"类词仅占词典相应义类词数的4.3%和

4.0%,是"抽象事物"类的1/2左右,也低于其他义类的比例。

作为参照,我们还统计了《常用词表》和"基础教育语文教材词表"[①](简称"教材词表")。《常用词表》收词56008个,与《现代汉语分类词典》共有词为50502个;"教材词表"有词50670个,直接来自语料库,其中有许多非语文词,与《现代汉语分类词典》共有词为30246个。两个词表规模上有一定梯度,前者体现常用性,后者体现基础性,虽非直接用于汉语作为第二语言教学,但也有参考价值。

由表24-8可见,《常用词表》中"生物"类和"具体物"类占词典词的比例与"抽象事物"类相差不大,"教材词表"中"抽象事物"类词的比例反而要低于"生物"类和"具体物"类。在两个参照词表中"生物活动、社会活动、运动与变化、性质与状态"类占词典词的比例普遍高于"生物"类和"具体事物"类,但是幅度也要远低于《新HSK大纲》词表。

表24-8 词表词在一级类中的分布

| 一级类 | 词典词数 | 大纲词数 | 比例 | 常用词表词数 | 比例 | 教材词表词数 | 比例 |
| --- | --- | --- | --- | --- | --- | --- | --- |
| 生物 | 9914 | 430 | 4.3% | 6028 | 60.8% | 3943 | 39.8% |
| 具体物 | 13457 | 544 | 4.0% | 8143 | 60.5% | 5108 | 38.0% |
| 抽象事物 | 16991 | 1403 | 8.3% | 11464 | 67.5% | 5926 | 34.9% |
| 时空 | 3382 | 214 | 6.3% | 2051 | 60.6% | 1724 | 51.0% |
| 生物活动 | 11431 | 1103 | 9.6% | 8401 | 73.5% | 5461 | 47.8% |
| 社会活动 | 11038 | 1033 | 9.4% | 8568 | 77.6% | 4206 | 38.1% |
| 运动与变化 | 5196 | 617 | 11.9% | 4026 | 77.5% | 2619 | 50.4% |
| 性质与状态 | 9289 | 1086 | 11.7% | 6871 | 74.0% | 4825 | 51.9% |
| 辅助词 | 2245 | 560 | 24.9% | 1850 | 82.4% | 1698 | 75.6% |

表24-8中"比例"一栏为词表词数与义类词典相应义类词数的比值。

为了更直观地观察这种差异,将《新HSK大纲》词表的词数乘10,"教材词表"词数乘2,得到四个词表对照图(图24-1),从图中四条曲线的关系看,两个参照词表与词典词表在各个义类上的曲线基本平行,而《新HSK

---

[①] 中小学语文教材语料库来自厦门大学国家语言资源监测与研究中心研制的教材语料库;中小学语文教材数据发布于《中国语言生活状况报告(2007)》(下编),商务印书馆,2008年;语料介绍见第438页,用词概貌见第449—450页。

大纲》词表的曲线则像个跷跷板一样,"生物、具体物"类明显偏低,"抽象事物"类显著偏高,"运动与变化、性质与状态、辅助词"比例也稍稍偏高。"辅助词"类在句子中有结构性作用,在一个容量相对较低的词表中比例偏高是合理的,而其他类的数量和比例特点则值得关注。

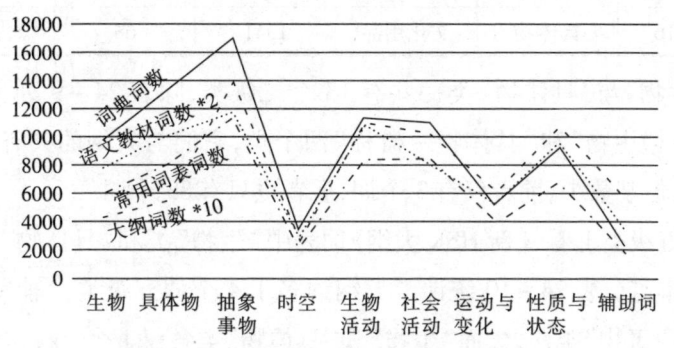

图 24-1 词表词在一级类中的分布对比

从二级类统计发现,《新 HSK 大纲》词表中"生物、具体物"两个义类词的偏少源于其下级各个二级类收词普遍偏少。如表 24-9 所示,大纲词比例最低的前 16 个义类,有 11 个来自"生物"类或"具体物"类。

表 24-9 大纲词比例较低的二级义类

| 编号 | 一级类 | 二级类 | 词典词 | 共有词 | 比例 |
| --- | --- | --- | --- | --- | --- |
| 1 | 社会活动 | 信仰 | 136 | 0 | 0 |
| 2 | 生物 | 动物 | 1143 | 25 | 2.2% |
| 3 | 生物 | 植物 | 1252 | 28 | 2.2% |
| 4 | 辅助词 | 拟声词 | 264 | 8 | 3.0% |
| 5 | 具体物 | 材料 | 885 | 28 | 3.2% |
| 6 | 具体物 | 器具 | 2116 | 67 | 3.2% |
| 7 | 具体物 | 食用品 | 1380 | 46 | 3.3% |
| 8 | 抽象事物 | 文体 | 1668 | 56 | 3.4% |
| 9 | 具体物 | 自然物 | 2824 | 98 | 3.5% |
| 10 | 具体物 | 生活用品 | 2373 | 89 | 3.8% |
| 11 | 抽象事物 | 军事 | 318 | 12 | 3.8% |
| 12 | 具体物 | 建筑物 | 1702 | 65 | 3.8% |
| 13 | 生物 | 生物部分 | 1952 | 94 | 4.8% |

续表

| 编号 | 一级类 | 二级类 | 词典词 | 共有词 | 比例 |
|---|---|---|---|---|---|
| 14 | 生物活动 | 表情 | 480 | 24 | 5.0% |
| 15 | 生物 | 人 | 5541 | 280 | 5.1% |
| 16 | 具体物 | 文化用品 | 1341 | 68 | 5.1% |

"生物"与"具体物"类一共有13个二级类,除表24-9列出的,另有"生物-微生物"和"具体物-概称"两个类,它们与大纲的共有词比例虽然稍高,但基数少,前者仅有3个词,后者也只有83个词。

从五级类上看,《新HSK大纲》词表中"生物"类和"具体物"类的词也非常不丰富。表24-10统计了大纲词多于4个的五级类,"辅助词"类最多,"抽象事物"类次之,而"生物"和"具体物"类各仅1个,仅占0.8%。

表24-10 大纲词多于4个的五级义类

| 一级类 | 五级类数 | 比例 |
|---|---|---|
| 生物 | 1 | 0.8% |
| 具体物 | 1 | 0.8% |
| 抽象事物 | 25 | 18.9% |
| 生物活动 | 24 | 18.2% |
| 社会活动 | 17 | 12.9% |
| 运动与变化 | 7 | 5.3% |
| 性质与状态 | 22 | 16.7% |
| 辅助词 | 35 | 26.5% |
| 总计 | 132 | 100% |

与此相对比,一些动词、形容词义类以及名词义类中抽象事物的一些子类收词则较为丰富。我们摘取了除"辅助词"类外收词较为丰富的前11个五级类,没有一个是"生物"和"具体物"类的(表24-11),可见大纲词表中"生物"类和"具体物"类词偏少是系统性的。

表 24-11 大纲词比例较高的五级义类

| 五级类 | 大纲词数 |
|---|---|
| 生物活动－生活工作－参与－做－做 | 11 |
| 生物活动－生活工作－使用－使用－使用 | 9 |
| 生物活动－心理活动－高兴－欣喜－高兴 | 9 |
| 抽象事物－事情－情势－状况－情况 | 9 |
| 性质与状态－情状－盛衰－繁荣－繁荣 | 8 |
| 性质与状态－性质－好坏－好－出色 | 8 |
| 性质与状态－才品－智愚－机智－机智 | 8 |
| 生物活动－心理活动－希望－希望－希望 | 8 |
| 社会活动－管理－宣布－公布－宣布 | 7 |
| 生物活动－生活工作－生活－涉世－发奋 | 7 |
| 生物活动－心理活动－关注－重视－重视 | 7 |

为什么会出现这种情况呢？我们对《新 HSK 大纲》词表逐级统计了"抽象事物"类词数与"生物""具体物"类词数总和的比值，从一级到六级比值分别为 0.79、1.15、0.99、1.82、1.19、1.85（比值低于 1 说明"抽象事物"类词少于"生物"与"具体物"类词，反之"抽象事物"类词更多）。可见，"生物""具体物"类在 1—3 级比例并不低，而 4—6 级"抽象事物"类的比例就显著增高了。我们就此推测，大纲词表研制过程中可能存在这样的观念，"生物""具体物"类词学起来较容易，初级阶段多安排，中高级阶段就该多学更"高级"的"抽象事物"类词了。但《新 HSK 大纲》词表 1-3 级词汇总量太少了，从而导致"生物、具体物"类词总体偏少。

据统计，《新 HSK 大纲》所覆盖的 4187 个五级类中，62.07% 的义类仅有一个大纲词，超过 90% 的义类大纲词类少于等于 3，表 24-12 中所展示的《新 HSK 大纲》收词较多的五级类为极少数。

表 24-12 五级义类大纲词数统计

| 大纲词数 | 五级类数 | 比例 | 累加 |
|---|---|---|---|
| 1 | 2599 | 62.07% | 62.07% |
| 2 | 921 | 22.00% | 84.07% |

续表

| 大纲词数 | 五级类数 | 比例 | 累加 |
|---|---|---|---|
| 3 | 368 | 8.79% | 92.86% |
| 4 | 167 | 3.99% | 96.85% |
| 5 | 73 | 1.74% | 98.59% |
| 6 | 31 | 0.74% | 99.33% |
| 7 | 12 | 0.29% | 99.62% |
| 8 | 7 | 0.17% | 99.79% |
| 9 | 6 | 0.14% | 99.93% |
| 10 | 1 | 0.02% | 99.95% |
| 11 | 2 | 0.05% | 100% |
| 总计 | 4187 | 100% | / |

## 三、基于义类分布的《新 HSK 大纲》词表词量分析

《新 HSK 大纲》词表的词量既不能覆盖所有上层类,对下层类的收录也不丰富。词典中还有部分常用四、五级义类未出现在《新 HSK 大纲》词表中,如表 24-13 所示。

表 24-13　未见于大纲词表的常用义类举例

| 级别 | 义类 | 例词 |
|---|---|---|
| 四级 | 具体物-材料-能源材料-其他能源 | 电 |
| 四级 | 性质与状态-形貌-凹凸-凹 | 凹、低洼 |
| 四级 | 性质与状态-形貌-粗细胖瘦-粗 | 粗 |
| 四级 | 性质与状态-形貌-粗细胖瘦-细 | 细 |
| 四级 | 性质与状态-形貌-大小-中 | 中 |
| 四级 | 性质与状态-形貌-直曲-皱 | 皱 |
| 四级 | 性质与状态-性状-稠稀-稠 | 稠、泥泞 |
| 四级 | 性质与状态-性状-紧松-松 | 松、蓬松 |
| 四级 | 性质与状态-性状-精简-粗糙 | 粗糙、粗 |
| 四级 | 性质与状态-性状-密疏-疏 | 疏、稀疏 |
| 四级 | 性质与状态-知觉-软硬-脆 | 脆、酥 |

续表

| 级别 | 义类 | 例词 |
|---|---|---|
| 五级 | 具体物－器具－交通工具－车－车 | 车 |
| 五级 | 具体物－器具－交通工具－车－汽车 | 车、汽车 |
| 五级 | 具体物－自然物－自然物质－气－气体 | 气、气体 |
| 五级 | 抽象事物－经济－货币－货币－美元 | 美元 |
| 五级 | 时空－空间－方位－上下左右－以上 | 以上、以下 |
| 五级 | 运动与变化－事态变化－结束－取得－取得 | 取得、得到 |
| 五级 | 运动与变化－数量变化－增加－增强－增强 | 增强、加强 |
| 五级 | 性质与状态－性状－多少－繁多－繁多 | 丰富多彩、多种多样、各种各样 |

几个方面问题共存,折射出的根本问题是词汇总量不足。我们也注意到"大纲"在词量上做出了说明:"努力使自己成为考生汉语学习道路上的'跳板',而非'绊脚石';其难度是考生努力跳一跳就触手可及的,而非高不可攀的;是受考生普遍欢迎的,而非令考生望而生畏的;是鼓励性的,而非淘汰性的。"[1]这可以看作一种策略性安排。

我们从系统理论出发,认为对外汉语词表需要遵循系统性原则,而目前广泛使用的频率法不能满足系统性的要求,也无法对词表提供系统性解释,而且作为频率来源的语料库调查法也存在问题。TMC 提供的义类体系一定程度上可以弥补频率的不足。上层义类可以为词表收词的整体性和语义分布的合理性提供依据,下层义类可以为词汇丰富性提供参考,整体上也为词表的词汇量提供依据。最后,应用义类法统计了《新 HSK 大纲》词汇在义类体系中的分布,发现大纲词表存在一些问题,主要有:较为完整地覆盖了上层义类,但也有个别义类没有收录,"生物、具体物"类词偏少,同义、近义层面收词不够丰富,词量偏少等。

---

[1] 国家汉办、孔子学院总部编制《新汉语水平考试大纲》,商务印书馆,2010,前言。

# 参考文献

**一、专著**

[1] 安华林. 现代汉语释义基元词研究[M]. 北京:中国社会科学出版社,2005.

[2] 北京大学东方语言文学系. 新印度尼西亚语汉语词典[M]. 北京:商务印书馆,1997.

[3] 北京图书馆. 民国时期总书目:1911—1949 中小学教材[M]. 北京:书目文献出版社,1995.

[4] 陈荣岚. 全球化与本土化:东南亚华文教育发展策略研究[M]. 厦门:厦门大学出版社,2007.

[5] 陈元晖. 中国近代教育史资料汇编·学制演变[M]. 上海:上海教育出版社,2007.

[6] Departemen Pendidikan Nasional Pusat Bahasa. Tesaurus Bahasa Indonesia Pusat Bahasa 语言中心印尼语分类词典[M]. Jakarta:Pusat Bahasa,2008.

[7] 董秀芳. 词汇化:汉语双音词的衍生和发展[M]. 成都:四川民族出版社,2002.

[8] 董兆杰. 基础教育识字教育研究[M]. 广州:广东教育出版社,2015.

[9] Endarmoko Eko. TESAMOKO Tesaurus Bahasa Indonesia (second edition)分类词典第二版[M]. Jakarta:Gramedia,2016.

[10] 冯志伟. 现代术语学引论[M]. 北京:语文出版社,1997.

[11] G. K. Zipf. Human Behavior and the Principle of Least Effort:An Introduction to Human Ecology[M]. New York & London:Hafner Publishing Company, 1965.

[12] G. K. Zipf. The psycho – Biology of Language:An Introduction to Dynamic Philology[M]. London:George Routledge & Sons Ltd. , 1936.

[13] 顾黄初,顾振彪. 语文课程与语文教材[M]. 北京:社会科学文献出版社,2001.

[14] 顾之川. 顾之川语文教育论[M]. 福州:福建教育出版社,2013.

[15] 国家汉办,教育部社科司《汉语国际教育用音节汉字词汇等级划分》课题组.汉语国际教育用音节汉字词汇等级划分:国家标准·应用解读本[M].北京:北京语言大学出版社,2010.

[16] 国家汉办,孔子学院总部.新汉语水平考试大纲[M].北京:商务印书馆,2010.

[17] 国家汉语水平考试委员会办公室考试中心.汉语水平词汇与汉字等级大纲[M].北京:经济科学出版社,2001.

[18] 国家语委.汉语拼音方案的通用键盘表示规范[M].北京:语文出版社,2001.

[19] 汉语印度尼西亚语词典编委会.汉语印度尼西亚语词典[M].北京:外文出版社,2002.

[20] 《汉语国际教育用音节汉字词汇等级划分》课题组.汉语国际教育用音节汉字词汇等级划分[M].北京:北京语言大学出版社,2010.

[21] 郝京华,路培琦等.义务教育课程标准实验教科书——科学[M].江苏:江苏教育科学出版社,2007.

[22] 何克杭、李大魁.现代汉语三千常用词[M].北京:北京师范大学出版社,1987.

[23] 黄伯荣.陈述句问句感叹句祈使句[M].上海:上海教育出版社,1984.

[24] 教育部语言文字信息管理司.语言文字规范标准手册[M].北京:商务印书馆,2015.

[25] 教育部语言文字信息管理司组.义务教育常用词表(草案)[M].北京:商务印书馆,2019.

[26] 教育部语言文字信息管理司组编.汉语拼音正词法基本规则[M].北京:语文出版社,2013.

[27] 叶圣陶.开明国语课本:下[M].上海:上海科学技术出版社,2005.

[28] 孔子学院总部,国家汉办.YCT考试大纲与应考指南:四级[M].北京:高等教育出版社,2016.

[29] 李润新.世界少儿汉语教学与研究[M].北京:北京语言大学出版社,2006.

[30] 李焱,孟繁杰.20世纪80—90年代基础教育语文教材语言研究[M].广州:广东教育出版社,2016.

[31] 李宇明.数学语言及数学语言教育[M].北京:北京广播学院出版社,2003.

[32] 李宇明.中国语言规划论[M].长春:东北师范大学出版社,2005.

[33] 林杏光.词汇语义和计算语言学[M].北京:语文出版社,1999.

[34] 刘国正.实和活:刘国正语文教育论集[M].北京:人民教育出版社,1995.

[35] 刘海涛.计量语言学导论[M].北京:商务印书馆,2017.

[36] 刘开瑛.中文文本自动分词和标注[M].北京:商务印书馆,2000.

[37]罗树林.20世纪60—70年代基础教育语文教材语言研究[M].广州:广东教育出版社,2018.

[38]吕叔湘.吕叔湘语文论集[M].北京:商务印书馆,1983.

[39]梅家驹.同义词词林[M].上海:上海辞书出版社,1983.

[40]皮连生.教育心理学[M].上海:上海教育出版社,2004.

[41]上海交通大学汉字编码组,上海汉语拼音文字研究组.汉字信息字典[M].北京:科学出版社,1988.

[42]邵敬敏.现代汉语问句研究[M].北京:商务印书馆,2014.

[43]石鸥.新中国中小学教科书图文史:语文[M].广州:广东教育出版社,2015.

[44]宋云彬,朱文叔,蒋仲仁.初级中学语文课本[M].北京:人民教育出版社,1950.

[45]Soegono Dendy, et al. Tesaurus Bahasa Indonesia Pusat Bahasa 语言中心印尼语分类词典[M].Jakarta：Indonesian language centre of ministry of education and culture,2008.

[46]苏新春,李娜.民国时期基础教育语文教材语言研究[M].广州:广东教育出版社,2017.

[47]苏新春,杨书松,孙园园.21世纪新课标基础教育语文教材语言研究[M].广州:广东教育出版社,2017.

[48]苏新春,赵怿怡.20世纪50—60年代基础教育语文教材语言研究[M].广州:广东教育出版社,2020.

[49]苏新春.义务教育常用词表(草案)[M].北京:商务印书馆,2009.

[50]苏新春.词汇计量及实现[M].北京:商务印书馆,2010.

[51]苏新春.汉语词汇计量研究[M].厦门:厦门大学出版社,2002.

[52]苏新春.汉语词义学[M].广州:广东教育出版社,1992.

[53]苏新春.汉语释义元语言研究[M].上海:上海教育出版社,2005.

[54]苏新春.汉字的语言性与语言功能[M].济南:山东教育出版社,2014.

[55]苏新春.现代汉语分类词典[M].北京:商务印书馆,2013.

[56]万学,姜允珍等.科学启蒙·地球科学[M].杭州:浙江教育出版社,2010.

[57]V. N Vapnik. The Nature of Statistical Learning Theory[M]. NewYork：Springer. 1995.

[58]王映学,章晓璇.知识分类与教学设计[M].兰州:甘肃教育出版社,2008.

[59]魏冰心等编;薛天汉等校订.世界书局国语读本 下[M].上海:上海科学技术文献出版社,2005.

[60]魏宏森,曾国屏.系统论:系统科学哲学[M].北京:清华大学出版社,1995.

[61]吴履平.新中国中小学教材建设史(1949—2000)研究丛书[M].北京:人民教育出版

社,2000.

[62] 课程教材研究所. 20世纪中国中小学课程标准·教学大纲汇编 语文卷[M]. 北京:人民教育出版社,2001.

[63] 吴为善. 认知语言学与汉语研究[M]. 上海:复旦大学出版社,2011.

[64] 现代汉语常用语课题组. 现代汉语常用词表:草案[M]. 北京:商务印书馆,2008.

[65] 闫苹,张雯. 民国时期小学语文课文选粹[M]. 北京:语文出版社,2009.

[66] 杨匡汉. 中国文化中的台湾文学[M]. 武汉:长江文艺出版社,2002.

[67] 叶圣陶. 叶圣陶语文教育论集[M]. 北京:教育科学出版社,1980.

[68] 语文出版社教材研究中心. 语文教学参考:一年级上册[M]. 北京:语文出版社,2013.

[69] 郁波等. 义务教育课程标准实验教科书:科学[M]. 北京:教育科学出版社,2011.

[70] 张斌. 现代汉语描写语法[M]. 北京:商务印书馆,2010.

[71] 张普. 动态语言知识更新研究[M]. 北京:商务印书馆,2009.

[72] 张志公,孟宪范. 再谈语文课的几个问题[M]. 福州:福建教育出版社,1985.

[73] 张志公,孟宪范编. 语文教学论集[M]. 福州:福建教育出版社,1981.

[74] 赵承福,郭齐家,班华主编;林治金本书主编. 中国小学语文教学史[M]. 济南:山东教育出版社,1996.

[75] 中华人民共和国教育部. 语文课程标准·实验稿[M]. 北京:北京师范大学出版社,2001.

[76] 中国社会科学院语言研究所词典编辑室. 现代汉语词典[M]. 北京:商务印书馆,1996.

[77] 中国社会科学院语言研究所词典编辑室. 现代汉语词典[M]. 北京:商务印书馆,2012.

[78] 朱广贤. 中国文章分类学研究[M]. 北京:民族出版社,2000.

[79] 朱立才. 汉语阿拉伯语语言文化比较研究[M]. 北京:新世界出版社,2004.

二、期刊

[80] 安华林,曲维光.《现代汉语词典》释义性词语的统计与分级[J]. 语言文字应用,2004(1):105-111.

[81] 卜祥忠,陈明娥. 小学语文教材落实汉语拼音规范标准情况的调查研究[J]. 语言文字应用,2016(2):41-48.

[82] 曹建召,陶本一. 三套小学低年级语文教材用字研究:以人教版、苏教版和上教版教

材为研究对象[J].教育学报,2008(3):47-53.

[83]曹述敬.中学语文课本注释的详略问题[J].北京师范大学学报,1964(1):113-121.

[84]曾天山.国外关于教科书功能论争的述评[J].西南师范大学学报(哲社版),1998(2):52-58.

[85]曾天山.论教材的教学论基础[J].西北师大学报(社会科学版),1996(2):63-69.

[86]曾天山.论教材文化中的性别偏见[J].西北师大学报(社会科学版),1995(4):34-39.

[87]曾天山.论教材在教学中的地位与功能[J].现代中小学教育,1995(5):25-28.

[88]陈国正.教材应是术语规范化的楷模:略谈一些现行教材术语使用不规范的问题[J].科技术语与研究,2005,7(1):37-38.

[89]陈海波.序差在文本区别特征研究中的应用[J].长江学术,2010(4):112-117.

[90]陈鹤琴.语体文应用字汇[J].语料库语言学,2014,1(1):94-102,113.

[91]陈彤.探究教材语言的变化对语文教学的影响:以语文版七年级(上)语文教材为例[J].佳木斯职业学院学报,2017(6):214-215.

[92]陈燕.部首界说与历史传承术语的标准规范制定原则[J].天津师范大学学报,2015(5):57-61.

[93]陈燕.当前汉字部首法关注的主要问题研究[J].语言文字应用,2007(1):63-69.

[94]陈章太.普通话词汇规范问题[J].中国语文,1996(3):194-199,205.

[95]迟永长.偏旁与部首关系辨析[J].辽宁师范大学学报(社科版),1990(5):49-52.

[96]杜晶晶,杜明珠.再论教育教材语言研究的性质、方法与发展:基于十四年教育教材语言研究综述[J].江西科技师范大学学报,2020(5):15-23.

[97]杜晶晶.教材语言中非课文对象语言的层次与特性[J].江西科技师范大学学报,2009(6):79-83.

[98]杜晶晶.中小学语文教材落实词汇规范及数字用法标准情况的调查研究[J].语言文字应用,2016(2):10-20.

[99]范晓.汉语虚词的再思考[J].上海师范大学学报(哲学社会科学版),2016(6):105-115.

[100]方德志,戴茂堂.论康德哲学中的不可知对象及其启示意义[J].江汉论坛,2010(9):55-59.

[101]冯凌宇.复现教学在国际汉语词汇教学中的意义[J].民族教育研究,2012(5):59-62.

[102]冯志伟.汉语词组型术语的结构[J].科技术语研究,2004(2):35-37.

[103]傅永和.汉字规范化60年[J].语言文字应用,2009(4):15-25.

[104]G. A. Mitier, E. B. Newman, Tests of a statistical explanation of the rank-frequency relation for words in writen English[J]. American Journal of Psychology, 1958, 71: 209-218.

[105]Gardner, Dee. Vocabulary input through extensive reading: A comparison of words found in Children's narrative and expository reading materials[J]. Applied Linguistics, 2004, 23/1: 1-37.

[106]高华,张惟.汉语附加问句的互动功能研究[J].语言教学与研究,2009(5):45-52.

[107]高群,王家伦.教材文本"剩余价值"的开发[J].语文教学与研究,2010(32):106-107.

[108]高思楠,陈海庆.从庭审有声特质看特指问句的语用功能[J].语言教学与研究,2016(2):103-112.

[109]耿天钰.试论发展语言和发展思维能力的统一性[J].辽宁教育,1995(10):22-25.

[110]顾黄初,朱川彬,洪宗礼.论汉语文教材的优选、组合和延展[J].教育评论,1991(3):36-39.

[111]顾振彪.文言文教学的问题与对策[J].课程·教材·教法,2016(5):3-13.

[112]顾之川.试述语文教科书的语言规范问题:以鲁迅作品为例[J].课程·教材·教法,2010(1):60-64.

[113]顾之川.关于语文工具论的思考[J].山东师范大学学报(人文社会科学版),2013(4):5-11,2.

[114]顾之川.试论中学语文教材注释的原则[J].课程·教材·教法,1996(3):24-29.

[115]顾之川.新中国语文教育七十年[J].语言战略研究,2019,4(4):38-48.

[116]关毅,王晓龙,张凯.现代汉语计算语言模型中语言单位的频度—频级关系[J].中文信息学报,1999(2):9-16.

[117]郭光明,苏新春.2000年以来台湾华语文教育政策研究[J].文化软实力研究,2017,2(1):51-57.

[118]国家语委异形词研究课题组.264组异形词整理表:草案[J].咬文嚼字,2003(11):5-10.

[119]韩布新,任雪松.汉语输入编码中简码字、词的合理选配[J].中文信息学报,1995(4):41-50.

[120]"汉字应用水平测试研究"课题组,孙曼均.汉字应用水平测试用字的统计与分级[J].语言文字应用,2004(1):63-70.

[121]郝美玲,厉玲.初级阶段留学生汉语复合词加工影响因素研究[J].语言教学与研究,2015(2):8-18.

[122]何燕,穗志方,段慧明,俞士汶.一种结合术语部件库的术语提取方法[J].计算机工程与应用,2006(33):4-7.

[123]洪桂治,苏新春.一个以义为纲的词汇分类体系:《现代汉语分类词典》[J].辞书研究,2015(1):61-67.

[124]洪桂治.论《现代汉语分类词典》基础语义类的形成[J].云南师范大学学报,2012(1):41-44.

[125]洪宗礼.构建面向21世纪中国语文教材创新体系的尝试[J].中学语文教学参考,2002(3):24-27.

[126]侯敏.语言资源建设与语言生活监测相关术语简介[J].术语标准化与信息技术,2010(2):30-33.

[127]胡广文.高中语文课本文言文注释的几个问题[J].邯郸师专学报,2003(2):68-71.

[128]胡鸿,褚佩如.集合式词汇教学探讨[J].世界汉语教学,1999(4).

[129]胡觉先.语文教材中古文注释的几个问题[J].湖北师范学院学报(哲学社会科学版),2003(1):120-123.

[130]胡明扬.语言知识和语言能力[J].语言文字应用,2007(3):5-9.

[131]黄琴.略论语文教材注释的种类和原则[J].青海师专学报,1986(4):42-46.

[132]贾德博.部首和部件的称说[J].语文建设,1995(2):11-12.

[133]江新,赵果,黄慧英,等.外国学生汉语字词学习的影响因素:兼论《汉语水平大纲》字词的选择与分级[J].语言教学与研究,2006(2):14-22.

[134]揭春雨,冯志伟.基于知识本体的术语定义:上[J].术语标准化与信息技术,2009(2):4-8,43.

[135]Kay L. O'Halloran. Classroom Discourse in Mathematics: A Multisemiotic Analysis [J]. Linguistics and Education,1998,10(3):359-388.

[136]Kounios J, Holcomb P J. Concreteness effects in semantic processing: ERP evidence supporting Dual-Coding Theory [J]. Journal of Experimental Psychology: Learning, Memory, and Cognition,1994,4:804-823.

[137]赖华强.语文词汇定量研究:一项不能再耽搁的工程[J].语文建设,2006(7):59-61.

[138]Lemke, J. L. Multimedia literacy demands of the scientific curriculum [J]. Linguistics

and Education,2000:247-271.

[139] Lemke,J. L. The literacies of science[J]. Crossing borders in literacy and science instruction: Perspectives on theory and practice,2004:33-47.

[140] 李葆嘉,李瑞. 试论词汇系统的语义性本质[J]. 江苏大学学报(社会科学版),2007(1).

[141] 李节. 按照学习书面语的规律教语文:北京大学中文系教授陆俭明访谈[J]. 语文学习,2016(3):10-13.

[142] 李莉. 公民教育视角下的"品德与社会"教材比较[J]. 思想理论教育,2012(4):23-27.

[143] 李莉. 新课标"品德与生活"教材比较[J]. 思想理论教育,2011(18):52-56.

[144] 李如龙,徐睿渊. 教材语言三议[J]. 汉语学习,2007(3):57-62.

[145] 李如龙. 汉语和汉字的互动与和谐发展[J]. 吉林大学社会科学学报,2009(2):108-116.

[146] 李如龙. 论汉语的单音词[J]. 语文研究,2009(2):1-7.

[147] 李树臣. 论数学概念的分类形式[J]. 山东教育. 2007(17):26-29.

[148] 李文芝,霍生玉. 关于苏教版小学语文教材语言知识的教学策略研究[J]. 安徽文学,2017(3):120-121.

[149] 李晓琪. 论对外汉语虚词教学[J]. 世界汉语教学,1998(3):65-71.

[150] 李晓琪. 中介语与汉语虚词教学[J]. 世界汉语教学,1995(4):63-69.

[151] 李燕,张英伟.《博雅汉语》教材语料难度的定量分析:兼谈影响教材语言难度的因素和题材的选择[J]. 云南师范大学学报(对外汉语教学与研究版),2010(1):39-43.

[152] 李宇明. 词汇规范的若干思考[J]. 厦门大学学报(哲学社会科学版),2002(2):19-24.

[153] 李宇明. 通用语言文字规范和标准的建设:学习《中华人民共和国国家通用语言文字法》的体会[J]. 语言文字应用,2001(2):17-24.

[154] 李宇明. 辞书与语言文字规范[J]. 辞书研究,2004(4):1-9.

[155] 李宇明. 母语教育的语言学支撑体系问题[J]. 陕西师范大学学报(哲学社会科学版),2020(2):77-84.

[156] 李宇明. 数学语言初见[J]. 语文教学与研究,1986(3-6).

[157] 李宇明. 通用语言文字规范和标准的建设:学习《中华人民共和国国家通用语言文字法》的体会[J]. 语言文字应用,2001(2):17-24.

[158]李宇明.有关数学语言教学的若干问题[J].语文教学与研究,1987(2).

[159]李兆麟.汉语计量研究初探:兼评《现代汉语频率词典》[J].辞书研究,1989(1):116-123.

[160]李志江.关于完善《汉语拼音方案》的几点建议[J].语言文字应用,2008(3).

[161]李祖祥,季雨.苏教版《品德与生活》与台湾南一书局的《生活》的比较与分析:以"我与家"单元为例[J].湖南师范大学教育科学学报,2011(6):15-19.

[162]廖浩,李志蜀,王秋野.基于词语关联的文本特征词提取方法[J].计算机应用,2007,27(12):3009-3012.

[163]刘豹,等.基于统计和规则相结合的科技术语自动抽取研究[J].计算机工程与应用2008(23).

[164]刘大为.语言知识、语言能力与语文教学[J].全球教育展望,2003(9):15-20,60.

[165]刘国正.应当重视教材的语言文字规范化问题[J].语文建设,1993(7):18.

[166]刘美麟,魏本亚.人教版和台湾翰林版二年级语文教材知识系统差异分析[J].牡丹江教育学院学报.2018(1):74-77.

[167]刘青.关于科技术语定义的一般问题[J].术语学研究,2004,6(3):58.

[168]刘锐,孙碧汉,龙云飞,等.词语序差的分布特点与文本间词汇异同[J].牛文信息学报,2017(5):8-13.

[169]刘薇,黄启庆.海外儿童汉语教材词汇分类研究[J].汉语国际传播研究,2018(1):110-121.

[170]刘英林,马箭飞.研制《音节和汉字词汇等级划分》探寻汉语国际教育新思维[J].世界汉语教学,2010(1):82-92.

[171]刘真福.谈语文课程改革的目标和途径:学习新大纲、课程标准的体会[J].语文建设,2003(7):2-3.

[172]卢杨.初中语文教科书注释编写与使用研究[J].辽宁教育学院学报,2001(7):57-61.

[173]鲁洁.回归生活:"品德与生活""品德与社会"课程与教材探寻[J].课程·教材·教法,2003(9):2-9.

[174]鲁松,李晓黎,白硕.文本中词语权重计算方法的改进[J].中文信息学报,2000,14(6):8-13.

[175]陆俭明.词汇教学与词汇研究之管见[J].江苏大学学报(社会科学版),2007(3).

[176]陆俭明.信息时代语言文字规范与标准问题[J].北华大学学报(社会科学版),2011(2):4-8.

[177]陆俭明.语文课程所担负的任务与责任:兼说提升国民个人语言能力的意义[J].语文建设,2018(9):20-24.

[178] Lynda C Mugglestone. Much Intoxication but little restrain. Reconstruction history through the Historical Thesaurus of the Oxford English Dictionary[J]. Language and History,2010(2):138-142.

[179]吕玉兰.中高级汉语教材编写新思路[J].首都师范大学学报(社会科学版),2014(S1):122-125.

[180]马清华.唯频率标准的不自足性:论面向汉语国际教育的词汇大纲设计标准[J].世界汉语教学,2008(2).

[181]梅家驹,竺一鸣,高蕴琦,等.语义场和语义体系[J].外国语,1987(3):20-25.

[182]梅家驹,竺一鸣,高蕴琦,等.编纂汉语类义词典的尝试:《同义词词林》简介[J].辞书研究,1983(1):133-138,47.

[183]梅家驹,竺一鸣,高蕴琦,等.语义场和语义体系[J].外国语,1987(3):18-23.

[184]孟凡丽,毛菊,杨淑芹.中小学教材研究(1977—2009年):回顾与反思[J].当代教育与文化,2012,4(2):51-57.

[185]Nonggala Putra, Fatra, et al. Pembobotan Kata pada Query Expansion dengan Tesaurus dalam. Pencarian Dokumen Bahasa Indonesia[J]. Jurnal Linguistik Komputasional,2018(1).

[186]欧阳晓芳.小学语文教材常用词统计分析及其价值[J].江汉大学学报(人文科学版),2007(2):36-39.

[187]欧治华.语文略读定位的历史考察与课程建构[J].华南师范大学学报(社会科学版),2015(3):55-61.

[188]亓文香.语块理论在对外汉语教学中的应用[J].语言教学与研究,2008(4):54-61.

[189]К.П.斯卡特金娜,毕黎.关于"达尔文主义基础"教材的语言[J].生物学通报,1953(7):249-251.

[190]钱旭菁.汉语语块研究初探[J].北京大学学报(哲学社会科学版),2008(3):139-146.

[191]曲志强.中日小学母语教材道德和价值观教育内容之对比研究[J].北华大学学报(社会科学版),2018(1):9-14.

[192]饶高琦,李宇明.基于70年报刊语料的现代汉语历时稳态词抽取与考察[J].中文信息学报,2016(6):49-58.

[193]任丹凤.论教材的知识结构[J].课程·教材·教法,2003(2):5-8.

[194]Rochimah, Siti et al. ANTARA:Tesauru Multibahasa berbasis Komonen[J]. Semarang: ITS.

[195]桑哲.规范语言文字,促进语文教学改革:访著名语言学家李行健先生[J].现代语文,2005(2):4-6.

[196]邵克金,徐林祥.新中国成立以来现代语言学对我国语文教育的影响及启示[J].课程·教材·教法,2019(11):38-45.

[197]沈红.略读的涵义、价值及教学策略[J].课程·教材·教法,2007(1):43-45.

[198]施茂枝.略读课文的真相[J].福建论坛(社科教育版),2010(1):50-53.

[199]宋婧婧,苏新春.类义词典中的两种类型:"同义"与"同类":《同义词词林》与《朗文多功能分类词典》比较[J].辞书研究,2004(4):89-97.

[200]苏宝荣.汉字部首排检法规范化试探:"论切分、定位(定序)"归部法[J].辞书研究,1995(5):70-79.

[201]苏培成.谈"据形定部"[J].辞书研究,2007(2):21-32.

[202]苏新春,杜晶晶,关俊红,等.教材语言的性质、特点及研究意义[J].语言文字应用,2007(4):86-91.

[203]苏新春,杜晶晶,袁冉.对四套新课标语文教材课后练习的四维分析研究[J].江西科技师范学院学报,2010(1):67-72.

[204]苏新春,杜晶晶.教材语言的性质、特点及研究意义[J].语言文字应用,2007(4):86.

[205]苏新春,顾江萍.语文教材词语的"摊饼式"分布态:兼谈基础教育基本词的提取方法[J].江西科技师范学院学报,2009(4):64-71.

[206]苏新春,郭光明,郑维宇.于细微处观风起云涌:析台湾省高中历史课程"103课纲"微调事件[J].语言政策与规划研究,2016(1).

[207]苏新春,洪桂治,唐师瑶.再论义类词典的分类原则与方法[J].世界汉语教学,2010(2):158-169.

[208]苏新春,邱燕林.中国大陆与台湾中小学语文教材选文比较[J].江西科技师范大学学报,2014(1):5-13.

[209]苏新春,杨尔弘.2005年度汉语词汇统计的分析与思考[J].厦门大学学报(哲学社会科学版),2006(6):84-91.

[210]苏新春.《现代汉语语义分类词典》(TMC)研制中若干问题的思考[J].中文信息学报,2008(5):12-21.

[211]苏新春.异形词规范的三个基本性原则:评《第一批异形词整理表(草案)》[J].厦门大学学报(哲学社会科学版),2002(2):25-32.

[212]苏新春.《现代汉语义分类词典》(TMC)研制中若干问题的思考[J].中文信息学报,2008(5):12-21.

[213]苏新春.《义务教育常用词表(草案)》研制的理论与方法[J].语言文字应用,2017(3):2-11.

[214]苏新春.对外汉语词汇大纲与两种教材词汇状况的对比研究[J].语言文字应用,2006(2):103-111.

[215]苏新春.计量方法在词汇研究中的作用及频序统计法[J].长江学术,2007(2):118-124.

[216]苏新春.同形词与"词"的意义范围:析《现代汉语词典》的同形词词目[J].辞书研究,2000(5):29-38.

[217]苏新春.位序调查法与学习性字表[J].北华大学学报,2011(4):9-17.

[218]苏新春.现代汉语义分类词典(TMC)研制中若干问题的思考[J].中文信息学报,2008(5):12-21.

[219]苏新春.元语言研究的三种理解及释义型元语言研究评述[J].江西师范大学学报,2003(6):93-102.

[220]苏新春.中小学语文教材落实国家语言文字规范标准的意义与思考[J].语言文字应用,2016(2):2-9.

[221]苏新春等.教材语言的性质、特点及研究意义[J].语言文字应用,2007(4):86-91.

[222]孙德金.现代汉语书面语中文言语法成分的界定问题[J].汉语学习,2012(6):3-11.

[223]孙茂松,邹嘉彦.汉语自动分词研究中的若干理论问题[J].语言文字应用,1995(4):40—46.

[224]孙茂松.关于词汇使用度的初步研究[J].语言文字应用,2000(1):6-10.

[225]孙南南.美国分级阅读教育体系探究[J].沈阳师范大学学报(社会科学版),2011(3):48-50.

[226]孙晓天.近年来我国中小学数学教材建设述要[J].数学教育学报,2008(4).

[227]孙园园,苏新春.两岸初中语文教材文言文语言知识类练习对比研究[J].江西科技师范大学学报.2019(2):18-26.

[228]孙园园.《义务教育常用词表(草案)》研制中义类法的运用和价值[J].语言文字应

用,2017(3):12-21.

[229] 孙园园. 两岸初中语文教材文言文注释对比研究[J]. 内蒙古师范大学学报(教育科学版),2019(6):73-81.

[230] 孙园园. 两岸基础教育语文教材文言文选文多维对比及启示[J]. 北华大学学报(社会科学版),2018(1):15-22.

[231] 孙园园. 小学语文教材落实汉字部首规范情况的调查研究[J]. 语言文字应用,2016(2):31-40.

[232] 孙园园. 对外汉语初级阶段综合课语块呈现研究:兼谈教材的改进[J]. 淮北师范大学学报(哲学社会科学版),2016(3):160-165.

[233] 孙园园. 两岸初中语言教材文言文精读与略读篇目适配性对比及启示[J]. 江西科技师范大学学报,2017(1):11-20.

[234] Tamburan, Kamariah. Tesaurus Bioteknologi: Sebagai alat bantu pengindeksan dokumen[J]. Jakarta:PDII LIPI

[235] 唐师瑶,苏新春. 对外汉语初级综合教材的练习有效性研究[J]. 语言文字应用,2015(3):143.

[236] Wallace Chafe, Jane Danielewicz. Properties of Spoken and written language[J]. Comprehending oral and written language, 1987:1-27.

[237] 完权. 副词问句的语用功能[J]. 汉语学习,2014(2):11-19.

[238] 王均. 再论汉语拼音方案是最佳方案[J]. 语言文字应用,2003(2).

[239] 王本华. 现代语文教育百年历史回眸[J]. 课程·教材·教法,2004(10):37-41.

[240] 王洪君.《信息处理用现代汉语分词词表》的内部构造和汉语的结构特点[J]. 语言文字应用,2001(4):90-97.

[241] 王虎,张明辉.《愚公移山》注释二则:"杂""甚矣"[J]. 语文建设,2007(9):48-49.

[242] 王慧菊. 河南省常用中小学语文教材语言失范现象调查分析[J]. 河南教育学院学报(哲学社会科学版),2014(3):108-112.

[243] 王进,周慧,罗国峰,等. 基于自然语言处理的图书阅读难度自动分级研究[J]. 计算机时代,2017(8):1-5.

[244] 王娟. 小学校国語科学習指導要領の日中比較[J]. (日本)平安女学院大学研究年報,2018(3):1-9.

[245] 王理嘉. 汉语拼音60年的见证与前瞻[J]. 语言文字应用,2009(4).

[246] 王楠. 词汇关系组与词典收词[J]. 语文研究,2015(3):55-59.

[247] 王宁. 汉字构形理据与现代汉字部件拆分[J]. 语文建设,1997(3):4-9.
[248] 王宁. 文言与白话:谈中学语文的文言文教学[J]. 语文建设,2004(12):4-6.
[249] 王荣生. 对语文教科书评价的几点建议:兼谈语文教科书的功用[J]. 中国教育学刊,2007(11):58-61.
[250] 王世友. 现代汉语单音词的范围、性质和地位[J]. 语言文字应用,2000(1):82-87.
[251] 王世友. 现代汉语单音词的确定[J]. 语言研究,2003(4):32-35.
[252] 王文元. 呼唤文心的复苏:文言文的辉煌与衰落[J]. 社会科学论坛,2015(10):135-151.
[253] 王晓莉,郑航. 为了儿童道德成长的德育教材建设:基于五种版本《品德与社会》教科书的比较[J]. 思想理论教育,2012(10):31-35.
[254] 王寅. 范畴三论 经典范畴、原型范畴、图式范畴——论认知语言学对后现代哲学的贡献[J]. 外文研究,2013(1):20-26,98-99.
[255] 王中仁. 翻译教材要正确地运用语言规律[J]. 化学通报,1955(6):582-583.
[256] 温儒敏. "部编本"语文教材的编写理念、特色与使用建议[J]. 课程·教材·教法,2016(11):3-11.
[257] 温儒敏. 如何用好统编本小学语文教材[J]. 课程·教材·教法,2018(2):4-9,17.
[258] 温欣荣,邓卫新,吴格明. 目前初中历史教材的文字失范问题:"课程改革实验教材语言文字状况调查与研究"成果之一[J]. 徐州师范大学学报(哲学社会科学版),2009(3):137-139.
[259] 吴云芳,穗志方,邱利坤. 信息科学与技术领域术语部件描述[J]. 语言文字应用,2003(4):34-39.
[260] 夏惠贤,赵静. 沪台初中语文教科书文言文编排的比较分析:以上教版和翰林版为例[J]. 上海教育科研,2010(12):55-57.
[261] 夏中华,孙浩峰. 初中语文教材中异读词的调研与思考[J]. 语言文字应用,2014(4):35-43.
[262] 邢红兵. 信息技术领域术语用字分析[J]. 术语标准化与信息技术,2005(1):41-44.
[263] 邢红兵. 现代汉语词类使用情况统计[J]. 浙江师范大学学报(社会科学版),1999(3):27-30.
[264] 邢红兵. 信息领域汉英术语的特征及其在语料中的分布规律[J]. 术语标准化与信息技术,2000(03):17-21.
[265] 熊焰. 论现代文言文的文化地位与学术价值[J]. 湘潭大学学报(哲学社会科学

版),2008(3):106-109,115.

[266] 熊忠阳,黎刚,陈小莉.文本分类中词语权重计算方法的改进与应用[J].计算机工程与应用,2008,44(5):187-189.

[267] 徐冰鸥.台湾小学"国语"教科书特色管窥[J].语文教学通讯,2003(28):35-36.

[268] 徐铂,田静.学科教材中"的"的使用规律探析:以人教、教科版初中物理教材为例[J].北华大学学报(社会科学版),2017(6):7-13.

[269] 徐建民,王金花,马伟瑜.利用本体关联度改进的 TF-IDF 特征词提取方法[J].情报科学,2011(2):279-283.

[270] 徐枢,谭景春.关于《现代汉语词典(第5版)》词类标注的说明[J].中国语文,2006(1):74-86,96.

[271] 徐通锵.字的重新分析和汉语语义语法的研究[J].语文研究,2005(3):1-9.

[272] 徐向阳.人教版与苏教版语文教材在单元组织上的比较[J].现代语文,2011(11):151-153.

[273] 许嘉璐.关于语言文字规范问题的若干思考[J].语言文字应用,1998(4):49-50.

[274] 许嘉璐.中学课本文言文注释商榷(续):兼论注释学的研究[J].北京师范大学学报,1984(3):84-92.

[275] 许勇,荀恩东,贾爱平,等.基于互联网的术语定义获取系统[J].中文信息学报,2004(4):25.

[276] 薛小芳,施春宏.语块的性质及汉语语块系统的层级关系[J].当代修辞学,2013(3):32-46.

[277] 杨金华,李恒敏.语块及其对外汉语教学中的应用:关于中级口语课进行语块教学实验的报告[J].海外华文教育,2011(2):15-21.

[278] 杨信彰.话语与语篇的研究:理论和方法[J].中国外语,2013,10(4):1,18-19.

[279] 杨彦宝,牛慧芳.论对外汉语词汇教学的系统性[J].长江师范学院学报,2012(6).

[280] 银晴.《义务教育常用词表(草案)》出版座谈会大家谈[J].江西科技师范大学学报,2019(3):21-30.

[281] 尹斌庸,方世增.词频统计的新概念和新方法[J].语言文字应用,1994(2):69-75.

[282] 于龙,陶本一.识字教学的问题与对策:基于语料库的小学语文教材用字研究[J].语言文字应用,2010(1):114-124.

[283] 余虹.从教材语言看语文课程内容的不确定性[J].天津师范大学学报(基础教育版),2011(3):33-37.

[284] Yu Liu, Yuet See Monica Owyong. Metaphor multiplicative meaning and the semiotic

construction of scientific knowledge [J]. Language Sciences, 2011(33):822 – 834.

[285] 苑春法,黄昌宁. 基于语素数据库的汉语语素及构词研究[J]. 世界汉语教学,1998(2):8 – 13.

[286] 张峰,许云,等. 基于互信息的中文术语抽取系统[J]. 计算机应用研究,2005(5):59.

[287] 张和生. 利用汉语义类进行词汇教学的实验报告[J]. 世界汉语教学,2008(4):56 – 62.

[288] 张和生. 汉语义类研究及其应用评析[J]. 北京师范大学学报(社会科学版),2008(5):116 – 123.

[289] 张金圈. 汉语文本中字母词语归属问题浅析[J]. 现代汉语(语言研究),2006(11):50 – 52.

[290] 张茂聪.《品德与社会》教科书比较分析及思考[J]. 教育科学研究,2012(7):60 – 69.

[291] 张普. 关于大规模真实文本语料库的几点理论思考[J]. 语言文字应用,1999(1):34 – 35.

[292] 张普. 信息处理用语言知识动态更新的总体思考[J]. 语言文字应用,2000(2):42 – 49.

[293] 张秋玲. 百年语文课程标准中的"浅易文言文"[J]. 课程·教材·教法,2013(6):111 – 118.

[294] 张三花. 我国中小学教科书研究述评[J]. 教育科学研究,2005(5):9 – 12.

[295] 张世挺. 类义词典的特殊功能[J]. 辞书研究,1981(4):150 – 154.

[296] 张书岩.《汉字部首表》的内容与应用[J]. 语文建设,2009(6):60 – 62.

[297] 张艳,宗成庆,徐波. 汉语术语定义的结构分析和提取[J]. 中文信息学报,2003,17(6):9 – 16.

[298] 张业红.《现代常用字部件及部件名称规范》中几个部件的质疑[J]. 汉字文化,2012(5):61 – 63.

[299] 张谊生. 现代汉语副词的性质、范围与分类[J]. 语言研究,2002(2):51 – 63.

[300] 张勇. 关于语文教材练习设计的类型归纳与思考[J]. 语文建设,2005(6):8 – 11.

[301] 张志毅. 读苏新春的《现代汉语分类词典》[J]. 辞书研究,2014(5):48 – 53.

[302] 章宜华. 自然语言的心理表征与词典释义[J]. 现代外语,1998(3):46 – 61.

[303] 赵苗. 小学品德教材主题及内容分布对比研究[J]. 北华大学学报(社会科学版),2018(1):23 – 30.

[304]赵晓霞.民国时期中小学语文教材出版的勃兴、特点及启示[J].出版发行研究,2012(8):84-87.

[305]郑述谱.类义体系比较[J].辞书研究,1992(3):33-57.

[306]郑述谱.术语的定义[J].术语标准化与信息技术,2005(1):4-11,14.

[307]郑泽芝,敖婷.基于底表的多层扫描术语自动标注算法[J].厦门大学学报(自然科学版),2011(3):546-552.

[308]郑泽芝.关于学科教材语言研究问题的思考:以数学教材语言研究为例[J].北华大学学报(社会科学版),2017(6):1-6.

[309]周东杰,周璐.中美小学科学教材问句的实态分布调查:以天气知识点为例[J].北华大学学报(社会科学版),2017(6):14-20.

[310]周荐.汉语字词典字条义项的词性标注问题[J].吉林大学社会科学学报,2011,51(2):52-57.

[311]周荐.双字组合与词典收条[J].中国语文,1999(4):304-309.

[312]周健,廖暑业.汉语词义系统性与对外汉语词汇教学[J].语言文字应用,2006(3).

[313]周健.语块在对外汉语教学中的价值与作用[J].暨南学报(哲学社会科学版),2007(1):99-104.

[314]周美玲,苏新春.四套基础教育语文教材的用字状况调查及思考:基于人教、苏教、北师大、语文版教材[J].上海教育科研,2009(4):44-47.

[315]周小兵,钱彬.汉语作为二语的分级读物考察:兼谈与其他语种分级读物的对比[J].语言文字应用,2013(2):107-116.

[316]朱绍禹.语文教材文化的建设和理论研究[J].课程·教·教法,1995(6):21-24.

[317]朱勇,邹沛辰.《中文天天读》易读性研究[J].云南师范大学学报(对外汉语教学与研究版),2012(3):41-46.

[318]庄晓云,苏新春.两岸三地初中语文教材选文的人文性研究[J].江西科技师范大学学报,2012(3):54-60,71.

### 三、学位论文

[319]敖婷.基于语料库的基础教育物理教材术语及识别研究[D].厦门:厦门大学,2012.

[320]陈波.小学语文教材词汇构成及常用词使用状况研究[D].武汉:武汉大学,2004.

[321]陈文蕾.苏教版小学语文教材中古诗词选编分析[D].苏州:苏州大学,2014.

[322]储清照.人教版与康轩版初中语文教材文言文选编的比较研究[D].漳州:闽南师

范大学,2014.

[323] 杜晶晶. 对外汉语教材的核心词汇研究[D]. 厦门:厦门大学,2012.

[324] 杜晶晶. 汉语作为第二语言教学初级教材词汇计量研究[D]. 厦门:厦门大学,2005.

[325] 段建勇. 多词表达抽取及其应用[D]. 上海:上海交通大学,2007.

[326] 范远波. 民国小学语文教材研究[D]. 上海:华东师范大学,2007.

[327] 郭婷婷. 现代汉语问句的信息结构与功能类型[D]. 武汉:武汉大学,2005.

[328] 洪桂治. 面向对外汉语词汇教学的形容词义类体系研究[D]. 厦门:厦门大学,2013.

[329] 胡倩. 中学历史教材专名意义研究[D]. 厦门:厦门大学,2011.

[330] 黄晓宇. 句子阅读与写作对英语专业学生词汇附带习得的效果对比研究[D]. 沈阳:沈阳师范大学,2015.

[331] 贾爱平. 科技文献中术语定义的语言模式研究[D]. 北京:北京语言文化大学,2002.

[332] Jones, J. Multiliteracies for Academic Purposes: A Metafunctional Exploration of Intersemiosis and multimodality in University Textbook and Computer—based Learning Resources in Science [D]. Doctorate Thesis, The University of Sydney,2006.

[333] 柯丽芸. 汉语第二语言教材词汇的义类分布研究:以"性质与状态"类为例[D]. 厦门:厦门大学,2008.

[334] 李斌. 新课标理念下初中略读课文的有效教学初探[D]. 西安:陕西师范大学,2013.

[335] 刘锐. 词语的"序差"与文本词汇特征研究[D]. 厦门:厦门大学,2016.

[336] 陆清. 现代汉语初等母语教学教材词汇计量研究[D]. 厦门:厦门大学,2005.

[337] 路珊珊. 人教版小学语文教材古诗词选编研究[D]. 聊城:聊城大学,2014.

[338] 马睿嵘. 大陆人教版、台湾康轩版初中语文教材文言文选篇的比较研究[D]. 呼和浩特:内蒙古师范大学,2015.

[339] 欧阳晓芳. 《汉语水平词汇与汉字等级大纲》动词体系研究[D]. 武汉:华中科技大学,2005.

[340] Qingqing. Li. Textbook discourse: A Multimodal Discourse Analysis [D]. Master thesis. Xiamen university,2009.

[341] 王淼. 《汉语教程》词汇复现情况研究[D]. 厦门:厦门大学,2011.

[342] 王艳春. 对外汉语教材多义名词研究[D]. 厦门:厦门大学,2009.

[343] 王玉刚.《开明国语课本》字词使用状况调查研究[D]. 厦门:厦门大学,2013.

[344] 谢淑芳. 初中语文教材文言文选编研究:以人教版与苏教版为例[D]. 杭州:杭州师范大学,2015.

[345] 杨苗苗. 中美小学科学教材多模态语篇对比分析:以地球科学为例[D]. 厦门:厦门大学,2017.

[346] 尹小玲. 两岸初中高级对外汉语教材文化项目的编排研究[D]. 厦门:厦门大学,2013.

[347] 袁冉. 对外汉语教材与汉语母语语文教材词汇层级性对比研究[D]. 厦门:厦门大学,2008.

[348] 张海国. 初中语文教材(人教版、苏教版、语文版)文言文部分比较分析[D]. 大连:辽宁师范大学,2011.

[349] 张榕. 术语定义抽取、聚类与术语识别研究[D]. 北京:北京语言大学,2006.

[350] 赵蓉. 两部初级阶段综合课教材收词状况对比研究[D]. 厦门:厦门大学,2011.

[351] 郑博. 基于语料库的基础教育化学教材术语研究[D]. 厦门:厦门大学,2012.

[352] 郑泽芝. 基于动态流通语料库(DCC)的汉语字母词语识别及考察研究[D]. 北京:北京语言大学,2005.

[353] 周美玲. 教材对象语言之汉字描写和建构研究[D]. 厦门:厦门大学,2011.

[354] 朱嫣红. 苏教版初中语文教材古诗词选编研究[D]. 苏州:苏州大学,2009.

### 四、报纸

[355] 刘真福. 记新中国首套中小学语文课本[N]. 中华读书报,2018-9-26(14).

[356] 民国语文课本重现光芒[N]. 中国青年报,2010-12-1.

[357] 苏新春,杜晶晶. 语言文字规范,要落实在"一笔一画":中小学语文教材语言文字规范化调查及思考[N]. 光明日报,2017-6-18(13).

### 五、皮书

[358] 国家语言资源监测与研究中心. 中国语言生活状况报告(2005)(上编)[M]. 北京:商务印书馆,2006.

[359] 国家语言资源监测与研究中心. 中国语言生活状况报告(2005)(下编)[M]. 北京:商务印书馆,2006.

[360] 国家语言资源监测与研究中心. 中国语言生活状况报告(2006)(下编):汉语作为第二语言教材字、词和词语义项调查[M]. 北京:商务印书馆,2007:172-248.

[361] 国家语言资源监测与研究中心. 中国语言生活状况报告(2006)(下编)[M]. 北京：商务印书馆,2007.

[362] 国家语言资源监测与研究中心. 中国语言生活状况报告(2007)(上编)[M]. 北京：商务印书馆,2008.

[363] 国家语言资源监测与研究中心. 中国语言生活状况报告(2007)(下编)：基础教育语文新课标教材用字用语调查[M]. 北京：商务印书馆,2008:437-515.

[364] 国家语言资源监测与研究中心. 中国语言生活状况报告(2007)(下编)[M]. 北京：商务印书馆,2008.

[365] 国家语言资源监测与研究中心. 中国语言生活状况报告(2008)(下编)：基础教育历史、地理教材用字用词调查[M]. 北京：商务印书馆,2009:440-492.

[366] 国家语言资源监测与研究中心. 中国语言生活状况报告(2009)(上编)[M]. 北京：商务印书馆,2010.

[367] 国家语言资源监测与研究中心. 中国语言生活状况报告(2009)(下编)：基础教育阶段小学语文教材汉字使用调查[M]. 北京：商务印书馆,2010:435-464.

[368] 国家语言资源监测与研究中心. 中国语言生活状况报告(2009)(下编)[M]. 北京：商务印书馆,2010.

[369] 国家语言资源监测与研究中心. 中国语言生活状况报告(2011)：海外汉语教材用字用词调查[M]. 北京：商务印书馆,2011:285-296.

[370] 教育部语言文字信息管理司. 中国语言生活状况报告(2012)：数理化新课标教材用字用词调查[M]. 北京：商务印书馆,2012:290-322.

[371] 教育部语言文字信息管理司. 中国语言生活状况报告(2012)[M]. 北京：商务印书馆,2012.

[372] 教育部语言文字信息管理司. 中国语言生活状况报告(2013)：台湾小学语文教材的容量只有大陆教材的一半[M]. 北京：商务印书馆,2013:234-240.

[373] 教育部语言文字信息管理司. 中国语言生活状况报告(2014)：民国时期小学语文教材与人教版教材的用字用词比较[M]. 北京：商务印书馆,2014:101-108.

[374] 教育部语言文字信息管理司. 中国语言生活要况(2014)：小学语文教材不宜回到民国时代[M]. 北京：商务印书馆,2014:49-51.

[375] 国家语言文字工作委员会. 中国语言生活状况报告(2018)：我国中小学统一使用"部编本"语文教材[M]. 北京：商务印书馆,2018:60-66.

[376] 国家语言文字工作委员会. 中国语言政策研究报告(2019)[M]. 北京：商务印书馆,2019.

[377]台北教育大学张新仁团队."中小学课程与教育资源整合平台"[R/OL].[2020-2-7]https://cirn.moe.edu.tw/WebContent/index.aspx?sid=11&mid=5721.

[378]王宁.《通用规范汉字表》解读[M].北京:商务印书馆,2013.

## 六、论文集

[379]Barta,Julius,et al,Leksikon untuk deteksi emosi dari teks Bahasa Indonesia[G].Jakarta:Seminar Nasional Informatika,2015.

[380]第二届全国教育教材语言专题学术研讨会论文集[C]北京:人民教育出版社.2008.

[381]傅玉芳.成套词收词的完整性与释义的一致性:写在《汉语大词典》修订之前.辞书论集(二)[G].上海:上海辞书出版社,2012.

[382]Kusumaningsih,Dewi et al. Kesenjangan leksikal Bahasa Indonesia antara Host dengan penonton anak dalam acara televise anak ABC(AksiBocahCilik)di Global Televisi[G]. International seminar Prasasti III:Current Research in Linguistic.

[383]Lemke,J. L. Multiplying meaning:visual and verbal semiotics in scientific text[G].In J. R. Martin&R. Veel(eds.). Reading Science:Critical and Functional Perspective on Discourse of Science.

[384]李行健,陈大庆,吕桂申.吕叔湘论语文教育[G].郑州:河南教育出版社,1995.

[385]刘国正.叶圣陶教育文集:卷三[G].北京:人民教育出版社,1994.

[386]申小龙.走向新世纪的语言学:庆祝徐德江先生六十华诞论文集[G].台北:万卷楼图书有限公司出版,1998.

[387]吴勇毅,何所思,吴卸耀.汉语语块的分类、语块化程度及其教学思考[G].第九届世界华语文教学研讨会.中国台北,2009.

[388]夏中华.教育教材语言的研究与应用[G].北京:中国社会科学出版社.2014.

[389]叶至善等.叶圣陶文集:第13卷[G].南京:江苏教育出版社,1992.

[390]叶至善等.叶圣陶文集:第16卷[G].南京:江苏教育出版社,1992.

[391]张普,王铁琨.中国语言资源论丛:一[G].北京:商务印书馆,2009.

[392]Zhao H Huang C N,Li M. 2006 An improved Chinese Word Segmentation System with Conditional Random Field. In Processings of the 5th SIGHAN Workshop on CHINESE Language Processing[G],Syndeny,Australia,July,pages162-165.

[393]Zheng Zezhi,Auto-labeling Terms Based on Multi-scanning Strategy[G],Third International Symposium on Information Processing,Nov,2010.

[394]郑泽芝.学科术语标注问题的探索:以基础数学教材术语语料库制作为例[G].第十一届词汇语义学国际研讨会.苏州,2010.

## 七、标准

[395]日本文部科学省.小学校学习指导要领(平成29年告示)[S].2017.

[396]中华人民共和国国家标准《出版物上数字用法》.非书资料:GB/T15835-2011[S].2011.

[397]中华人民共和国教育部.全日制义务教育语文课程标准[S].北京:北京师范大学出版社,2011.

## 八、其他

[398]黄荣村.中小学九年一贯课程之问题与检讨[EB/OL].https://ms1.ttjhs.ntct.edu.tw/~teach/9year/discuss/qa.htm,2003-10-13.

[399]台湾地区"教育司".中小学九年一贯课程纲要语文学习领域[EB/OL].https://www.k12ea.gov.tw/files/97_sid17/"国语文"970505定稿.pdf,2009-5-21.

[400]台湾地区教育部门.中小学九年一贯课程纲要总纲[EB/OL].https://www.k12ea.gov.tw/files/97_sid17/%E7%B8%BD%E7%B6%B1.pdf,2002-10-03.

[401]中国青年报.民国语文课本重现光芒[EB/OL].新浪教育网 https://www.sina.com.cn,2010-12-1.

[402]北京语言学院语言教学研究所.现代汉语频率词典[Z].北京:北京语言学院出版社,1986:1.

[403]国家汉语水平考试委员会办公室考试中心.汉语水平词汇与汉字等级大纲[Z].经济科学出版社,2001.

[404]上海交通大学汉字编码组,上海汉语拼音文字研究组.汉字信息字典[Z].北京:科学出版社,1988.

[405]苏新春.现代汉语分类词典[Z].北京:商务印书馆,2013.

[406]苏新春.义务教育常用词表(草案)[Z].北京:商务印书馆,2019.

[407]中国人民政治协商会议第一届全体会议.中国人民政治协商会议共同纲领[Z].北京:1949.

[408]中华人民共和国教育部,国家语言文字工作委员会,中华人民共和国广电部.普通话异读词审音表[Z].1985.

[409]中华人民共和国教育部,国家语言文字工作委员会.第一批异形词整理表(草案)

[Z].北京:语文出版社,2001.

[410] 中华人民共和国教育部、国家语言文字工作委员会.汉语国际教育用音节汉字词汇等级划分[Z].北京:北京语言大学出版社,2010.

[411] 中华人民共和国教育部.义务教育语文课程标准(2011年版)[Z].北京:北京师范大学出版社,2012.

# 附录

## 术语目录

### 前言

教育教材语言　前言,第1页。

教材语言　前言,第1页。

教师语言　前言,第6页。

教学语言　前言,第6页。

### 第一章

教育教材语言的"语言世界"　第一章第一节,第3页。

语言面貌　第一章第一节,第3页。

语言功能　第一章第一节,第4页。

社会用语　第一章第一节,第4页。

语言资源　第一章第一节,第4页。

领域语言　第一章第一节,第5页。

"三个世界"说　第一章第一节,第6页。

语言规范　第一章第一节,第7页。

教育教材语言的"知识世界"　第一章第二节,第10页。

语文教材　第一章第二节,第10页。

学科教材　第一章第二节,第11页。

独用词　第一章第二节，第 11 页。

频率差　第一章第二节，第 11 页。

语言文字知识体系　第一章第二节，第 12 页。

教育教材语言的"观念世界"　第一章第三节，第 14 页。

教材体现了国家的意识　第一章第三节，第 19 页。

## 第二章

叙述语言　第二章第一节，第 21 页。

对象语言　第二章第一节，第 21 页。

非课文对象语言　第二章第一节，第 23 页。

教材语言的性质　第二章第二节，第 32 页。

母语教材　第二章第二节，第 35 页。

对外汉语教材　第二章第二节，第 38 页。

共用字　第二章第二节，第 43 页。

部分共用　第二章第二节，第 43 页。

## 第三章

位序调查法　第三章第一节，第 47 页。

位序　第三章第一节，第 48 页。

独用字　第三章第一节，第 53 页。

字次　第三章第一节，第 54 页。

字种　第三章第一节，第 54 页。

频级　第三章第二节，第 65 页。

通用语料库　第三章第二节，第 68 页。

词语的通用程度　第三章第二节，第 70 页。

词频　第三章第二节，第 70 页。

词次　第三章第二节，第 72 页。

流通度　第三章第二节，第 73 页。

序差　第三章第三节，第 76 页。

频序　第三章第三节，第 76 页。

TF－IDF　第三章第三节，第 76 页。

双尾分布　第三章第三节，第 80 页。

双尾翘曲　　第三章第三节,第 81 页。

双尾图　　第三章第三节,第 81 页。

序差箱式图　　第三章第三节,第 82 页。

频率　　第三章第四节,第 86 页。

事件框架　　第三章第五节,第 90 页。

SVM　　第三章第五节,第 90 页。

TF-IDF 算法　　第三章第五节,第 90 页。

未登录术语　　第三章第六节,第 100 页。

单位术语　　第三章第六节,第 100 页。

作为被定义项的术语　　第三章第六节,第 100 页。

术语被截短　　第三章第六节,第 101 页。

长短识别错误　　第三章第六节,第 101 页。

截取术语错误　　第三章第六节,第 102 页。

通用词或通用字做术语　　第三章第六节,第 103 页。

底表不当造成的术语识别错误　　第三章第六节,第 104 页。

部分单位术语只在少数情况是术语　　第三章第六节,第 104 页。

术语部件　　第三章第六节,第 105 页。

非术语词部件　　第三章第六节,第 105 页。

模板规则　　第三章第六节,第 106 页。

例外校正规则　　第三章第六节,第 106 页。

边界判断规则　　第三章第六节,第 107 页。

正确率　　第三章第六节,第 109 页。

召回率　　第三章第六节,第 109 页。

## 第四章

语料库　　第四章第一节,第 112 页。

《现代汉语频率词典》　　第四章第一节,第 113 页。

《现代汉语常用词词频词典》　　第四章第一节,第 113 页。

教育教材语料　　第四章第二节,第 114 页。

首现词　　第四章第二节,第 119 页。

复现率　　第四章第二节,第 119 页。

基础教育语文教材语料　　第四章第三节,第 123 页。

基础教育学科教材语料　第四章第三节,第 124 页。
汉语国际教育教材语料　第四章第三节,第 124 页。
语料格式　第四章第三节,第 132 页。
语料加工　第四章第三节,第 132 页。

## 第五章

课文的文体　第五章第一节,第 138 页。
词语频次　第五章第二节,第 154 页。
词语覆盖率　第五章第二节,第 155 页。
词语分布　第五章第二节,第 156 页。
单音词　第五章第四节,第 184 页。
文本覆盖率　第五章第四节,第 185 页。
多音词　第五章第四节,第 186 页。
语义停顿小句　第五章第四节,第 190 页。
单音词的自由度　第五章第四节,第 191 页。
单音词的成句能力　第五章第四节,第 195 页。
"势"难度　第五章第五节,第 195 页。
"态"难度　第五章第五节,第 195 页。
文本语言难度分级　第五章第五节,第 196 页。
接续　第五章第五节,第 197 页。
语块　第五章第五节,第 197 页。
接续次总数　第五章第五节,第 199 页。
词的封装性　第五章第五节,第 201 页。
接续种数　第五章第五节,第 201 页。
接续种数增加量　第五章第五节,第 202 页。
接续种数增长率　第五章第五节,第 202 页。
新字接续种数　第五章第五节,第 203 页。
新字接续种数占比　第五章第五节,第 203 页。
新字接续次总数　第五章第五节,第 203 页。
新字接续次总数占比　第五章第五节,第 203 页。

## 第六章

频级差比较　第六章第一节,第 217 页。

教材词语调查　第六章第一节,第 224 页。
频率差值法　第六章第二节,第 247 页。
频级调查法　第六章第二节,第 247 页。
两个偏旁　第六章第二节,第 248 页。
《现代汉语常用词表》　第六章第二节,第 263 页。
《常用词表》　第六章第二节,第 263 页。

## 第七章

课文类型　第七章第一节,第 277 页。
课文长度　第七章第一节,第 280 页。
言语词　第七章第一节,第 294 页。
义频考察　第七章第二节,第 297 页。

## 第八章

"是"字句　第八章第一节,第 352 页。
"是"字语素句　第八章第一节,第 352 页。
"是"字句功能分类　第八章第一节,第 353 页。
下定义　第八章第一节,第 353 页。
各种指示或判断　第八章第一节,第 354 页。
提问　第八章第一节,第 354 页。
解释　第八章第一节,第 354 页。
特别指定　第八章第一节,第 355 页。
比较关系　第八章第一节,第 355 页。
含释义信息判断句　第八章第一节,第 355 页。
数量　第八章第一节,第 356 页。
表达式　第八章第一节,第 356 页。
填空　第八章第一节,第 356 页。
特殊句　第八章第一节,第 356 页。
名词性短语　第八章第一节,第 357 页。
是……的　第八章第一节,第 357 页。
年均数量　第八章第二节,第 361 页。
知识点分布　第八章第二节,第 361 页。

年级分布占比差值　第八章第二节,第362页。

小学《科学》教材之文本　第八章第二节,第362页。

先程序性知识　第八章第二节,第371页。

"小实验""探究技能培养"　第八章第二节,第371页。

陈述性知识　第八章第三节,第371页。

程序性知识　第八章第三节,第371页。

特指问句　第八章第三节,第373页。

是非问句　第八章第三节,第373页。

正反问句　第八章第三节,第373页。

选择问句　第八章第三节,第373页。

回声问　第八章第三节,第374页。

附加问　第八章第三节,第374页。

反诘问　第八章第三节,第374页。

设问　第八章第三节,第374页。

引入性问句　第八章第三节,第375页。

增强性问句　第八章第三节,第376页。

总结性问句　第八章第三节,第376页。

复习性问句　第八章第三节,第376页。

插入性问句　第八章第三节,第376页。

问句链　第八章第三节,第379页。

有答问句　第八章第三节,第380页。

无答问句　第八章第三节,第380页。

## 第九章

注释　第九章第一节,第384页。

题解性注释　第九章第一节,第385页。

诠释性注释　第九章第一节,第385页。

说明性注释　第九章第一节,第385页。

## 第十章

语文教材课后练习的四维分析　第十章第一节,第416页。

新课程标准　第十章第一节,第422页。

语言知识类练习　第十章第二节,第429页。

## 第十一章

语言知识　第十一章第一节,第442页。
语言技能(语言能力)　第十一章第一节,第442页。
语文教材单元　第十一章第一节,第445页。
语言知识和能力的关系　第十一章第二节,第452页。
学习指导要领　第十一章第二节,第453页。

## 第十二章

语标　第十二章第一节,第462页。
汉字结构规范标准　第十二章第三节,第489页。
笔顺　第十二章第三节,第489页。
笔画　第十二章第三节,第489页。
笔形　第十二章第三节,第490页。
独体字　第十二章第三节,第490页。
合体字　第十二章第三节,第497页。

## 第十三章

知识系统　第十三章第一节,第539页。
叙述系统　第十三章第一节,第539页。
单位术语　第十三章第二节,第542页。
词典术语　第十三章第二节,第548页。
行文术语　第十三章第二节,第548页。
典型术语　第十三章第二节,第549页。
非典型术语　第十三章第二节,第549页。

## 第十四章

内涵式定义　第十四章第一节,第559页。
外延式定义　第十四章第一节,第559页。
正则表达式　第十四章第一节,第564页。
词组型术语　第十四章第一节,第576页。

术语的临界点　第十四章第一节，第572页。
临界字　第十四章第一节，第572页。
非临界字　第十四章第一节，第572页。
首字　第十四章第一节，第572页。
尾字　第十四章第一节，第572页。
中间字　第十四章第一节，第572页。
同义不同形术语　第十四章第三节，第604页。
俗称　第十四章第三节，第604页。
曾用名　第十四章第三节，第604页。
同称　第十四章第三节，第604页。
抽象概念类术语　第十四章第三节，第606页。
应用类术语　第十四章第三节，第606页。
定律、法则、实验类术语　第十四章第三节，第606页。
单位类术语　第十四章第三节，第606页。
实验用具类术语　第十四章第三节，第607页。
单词术语　第十四章第三节，第609页。
词组术语　第十四章第三节，第609页。
教材术语的词性序列　第十四章第三节，第617页。
化学教材术语常用字　第十四章第四节，第623页。
化学教材术语次常用字　第十四章第四节，第623页。
化学教材术语低频字　第十四章第四节，第624页。
特定位置共用字　第十四章第四节，第628页。
特定位置的独用字　第十四章第四节，第628页。
例外校正规则　第十四章第四节，第642页。
保持规则　第十四章第四节，第642页。
模版规则　第十四章第四节，第642页。

## 第十五章

填充图　第十五章第二节，第668页。
言语泡　第十五章第二节，第669页。

## 第十六章

语文知识　第十六章第一节，第695页。

## 第十七章

观念世界　第十七章,第711页。

政治观念　第十七章第一节,第711页。

人文性　第十七章第三节,第711页。

地域性　第十七章第三节,第727页。

选文系统　第十七章第三节,第738页。

## 第十八章

话语体系　第十八章,第740页。

话语理论　第十八章,第740页。

话语问题　第十八章第一节,第740页。

话语权　第十八章第一节,第741页。

教材话语体系　第十八章第二节,第749页。

话语材料　第十八章第二节,第754页。

话语内容　第十八章第二节,第754页。

话语语言　第十八章第二节,第754页。

## 第十九章

新中国首套中小学语文教材　第十九章,第761页。

主题　第十九章第一节,第762页。

题材　第十九章第一节,第762页。

人物　第十九章第一节,第762页。

情感　第十九章第一节,第762页。

时间　第十九章第一节,第762页。

空间　第十九章第一节,第762页。

事理　第十九章第一节,第774页。

## 第二十章

教育教材语言支撑系统　第二十章第一节,第781页。

支撑系统的构成要素　第二十章第一节,第782页。

课程大纲　第二十章第一节,第782页。

教材　第二十章第一节,第 783 页。

课文　第二十章第一节,第 783 页。

层级性　第二十章第一节,第 784 页。

大众文　第二十章第一节,第 787 页。

《全日制义务教育语文课程标准(2011年版)》　第二十章第一节,第 788 页。

词类　第二十章第一节,第 790 页。

短语　第二十章第一节,第 790 页。

单句　第二十章第一节,第 790 页。

复句　第二十章第一节,第 790 页。

修辞　第二十章第一节,第 790 页。

教育教材语言数量　第二十章第一节,第 792 页。

汉字　第二十章第一节,第 793 页。

字量　第二十章第一节,第 793 页。

教育教材语言质量　第二十章第一节,第 796 页。

教育教材语言层级　第二十章第一节,第 797 页。

## 第二十一章

体裁　第二十一章,第 816 页。

精读与略读篇目适配性　第二十一章第四节,第 851 页。

## 第二十二章

TMC 语义系统　第二十二章,第 874 页。

《现代汉语分类词典》　第二十二章,第 874 页。

语义世界　第二十二章第一节,第 874 页。

语义系统　第二十二章第一节,第 874 页。

词义系统　第二十二章第一节,第 874 页。

对外汉语词表　第二十二章第三节,第 887 页。

《TTBI》　第二十二章第四节,第 894 页。

《KBBI》　第二十二章第四节,第 894 页。

## 第二十三章

《义务教育常用词表(草案)》　第二十三章,第 905 页。

上下义义场　第二十三章第二节,第921页。

整体与部分义场　第二十三章第二节,第921页。

同义义场　第二十三章第二节,第923页。

分级　第二十三章第二节,第923页。

反义义场　第二十三章第二节,第924页。

频率法　第二十三章第三节,第930页。

语境分布法　第二十三章第三节,第930页。

语义分布法　第二十三章第三节,第930页。

相对词频比较法　第二十三章第三节,第930页。

位序法　第二十三章第三节,第930页。

义类法　第二十三章第三节,第932页。

类属义场　第二十三章第三节,第932页。

语义类　第二十三章第三节,第934页。

顺序义场　第二十三章第三节,第936页。

关系义场　第二十三章第三节,第936页。

## 第二十四章

《汉语国际教育用音节汉字词汇等级划分》　第二十四章第一节,第937页。

义类厚薄　第二十四章第一节,第939页。

存缺性　第二十四章第一节,第943页。

复现性　第二十四章第一节,第943页。

序列性　第二十四章第一节,第943页。

《新HSK大纲》　第二十四章第二节,第949页。

# 表 目 录

1. 表 2-1　课文对象语言和非课文对象语言的特点比较
2. 表 2-2　两册对象语言的汉字数对比
3. 表 2-3　两册对象语言的汉字种数对比
4. 表 2-4　11 课和 23 课非课文对象语言字种数
5. 表 3-1　八套教材比较
6. 表 3-2　八套教材生字数
7. 表 3-3　八套教材生字字种数
8. 表 3-4　八套教材生字首现字
9. 表 3-5　八套教材第 1 册首现生字数
10. 表 3-6　八套教材第 1 册生字共用字、部分共用字、独用字
11. 表 3-7　八套教材"宗"字位序
12. 表 3-8　20 字在三种字表中的位序
13. 表 3-9　两组汉字在三个字表中的位序
14. 表 3-10　生字表与《现代汉语常用字表》的比较
15. 表 3-11　$T_A$、$T_B$ 语料基本情况
16. 表 3-12　$T_A$、$T_B$ 的频序
17. 表 3-13　$T_{A-B}$ 序差序列表
18. 表 3-14　见义勇为事件特征词表(部分)
19. 表 3-15　见义勇为事件框架分维加权特征词表(权值系数 1-100)
20. 表 3-16　实验结果
21. 表 3-17　两种识别方法的结果比较
22. 表 4-1　四个代表性语料库对比
23. 表 4-2　四个代表性语料库内部语料分类
24. 表 4-3　四个代表性语料库内部历时分布
25. 表 4-4　四个年度用字统计表
26. 表 4-5　小学一年级首现双音词
27. 表 4-6　小学三年级首现双音词

28. 表4-7　小学五年级首现双音词
29. 表4-8　初中一年级首现双音词
30. 表4-9　复现率调查
31. 表4-10　二十四节气词调查
32. 表5-1　课文类型统计表
33. 表5-2　课文篇目异同情况调查
34. 表5-3　古诗推荐篇目的选用
35. 表5-4　四套教材用字统计表
36. 表5-5　每套教材的独用字
37. 表5-6　人教版四学段用字统计表
38. 表5-7　苏教版四学段用字统计表
39. 表5-8　北师大版四学段用字统计表
40. 表5-9　语文版四学段用字统计表
41. 表5-10　四套教材学段汉字字种数比较
42. 表5-11　四套教材"会认字"的统计表
43. 表5-12　四套教材"会写字"的统计表
44. 表5-13　教材用字覆盖率-字种数比较
45. 表5-14　教材用字与《现代汉语常用字表》比较
46. 表5-15　教材总用字与一级常用字比较
47. 表5-16　四套教材词汇调查
48. 表5-17　第一学段各教材用词比较
49. 表5-18　第二学段各教材用词比较
50. 表5-19　第三学段各教材用词比较
51. 表5-20　第四学段各教材用词比较
52. 表5-21　同一教材各学段用词递增比较
53. 表5-22　各频次段使用的词种数
54. 表5-23　各覆盖段使用的词种数
55. 表5-24　各分布段与词种数的关系
56. 表5-25　词语长度的词种数与频次调查
57. 表5-26　各词长段第1位与第20位词语的频次与分布调查
58. 表5-27　高频段词语比较
59. 表5-28　高频段词种数比较

60. 表 5-29　分布法与频次法前 3000 词中的低分布词语
61. 表 5-30　课文数量及长度比较
62. 表 5-31　三部教材总字次与字种
63. 表 5-32　共用字与独用字
64. 表 5-33　总词次与词种
65. 表 5-34　共享词与独用词
66. 表 5-35　五个时期教材共用字、部分共用字、独用字调查
67. 表 5-36　五套教材中的 633 个独用汉字
68. 表 5-37　五个时期教材的共用词、部分共用词、独用词
69. 表 5-38　人教版小学语文教材中单音词与多音词的占比情况
70. 表 5-39　人教版小学语文教材单音词词性分布情况
71. 表 5-40　语文教材不同语体课文中单音词与多音词使用情况抽样调查
72. 表 5-41　小句中单音词与多音词出现情况统计表
73. 表 5-42　语文教材中单音词的自由度计算
74. 表 5-43　不同年级教材接续次总数的分布情况
75. 表 5-44　不同年级接续种数分布情况
76. 表 5-45　相邻年级教材间接续种数增加量与增长率情况
77. 表 5-46　相邻年级教材间新字接续种数与占比情况
78. 表 5-47　相邻年级教材间新字接续次总数与覆盖率情况
79. 表 5-48　四年级二字接续不同频次段的接续类型使用情况
80. 表 5-49　不同频词段词间类型使用情况
81. 表 5-50　各年级二字接续类型使用情况
82. 表 6-1　历史、地理教材用字概貌
83. 表 6-2　历史、地理教材用字频率分布
84. 表 6-3　历史、地理教材共用字与独用字概貌
85. 表 6-4　四套历史教材之间用字比较
86. 表 6-5　三套地理教材之间用字比较
87. 表 6-6　历史、地理、语文三科汉字并集的学科分布
88. 表 6-7　历史、地理、语文三科汉字的频率分布
89. 表 6-8　历史教材用字与《现代汉语常用字表》的比较
90. 表 6-9　地理教材用字与《现代汉语常用字表》的比较
91. 表 6-10　历史、地理教材词语概貌

92. 表6-11　历史、地理教材词语频率分布
93. 表6-12　历史、地理教材共用词与独用词概貌
94. 表6-13　四套历史教材内部用词比较
95. 表6-14　三套地理教材内部用词比较
96. 表6-15　历史、地理、语文教材词语分布比较
97. 表6-16　历史、地理、语文教材词语频率比较
98. 表6-17　三科累加频率达90%的高频词
99. 表6-18　高频词的学科分布统计表
100. 表6-19　累加频率为90%的高频词并集中的各科独用词
101. 表6-20　历史、地理、语文教材共用词中的特色词比较
102. 表6-21　历史、地理、语文三科学科独用词比较
103. 表6-22　历史、地理、语文教材词语长度比较
104. 表6-23　4586条常用词在语文、历史、地理教材中的分布情况
105. 表6-24　两套数学教材三个学段非汉字符号的使用情况
106. 表6-25　两套数学教材三个学段的汉字字种数
107. 表6-26　两套数学教材三个学段的汉字复现情况
108. 表6-27　两套数学教材汉字共用、独用情况
109. 表6-28　数学教材的累加频率段用字情况
110. 表6-29　两套物理教材的汉字共用、独用情况
111. 表6-30　物理教材的累加频率段用字情况
112. 表6-31　两套化学教材的汉字共用、独用情况
113. 表6-32　化学教材的累加频率段用字情况
114. 表6-33　数学、物理、化学三科累加频率段用字情况
115. 表6-34　数学、物理、化学三科汉字使用情况
116. 表6-35　两套数学教材三个学段的词种数
117. 表6-36　两套数学教材三个学段的词语复现情况
118. 表6-37　两套数学教材的共用词与独用词
119. 表6-38　两套数学教材"投影"用例统计表
120. 表6-39　数学教材的累加频率段用词情况
121. 表6-40　两套物理教材的共用词与独用词
122. 表6-41　物理教材的累加频率段用词情况
123. 表6-42　两套化学教材的共用词与独用词

124. 表6-43　两套化学教材"磷"字用例调查

125. 表6-44　化学教材的累加频率段用词情况

126. 表6-45　数学、物理、化学三科累加频率段用词情况

127. 表6-46　数学、物理、化学三科词语使用情况

128. 表6-47　数理化教材用词与语文用词的比较

129. 表6-48　数理化教材用词与《现代汉语常用词表》比较

130. 表6-49　数理化教材词语与语文教材词语、《现代汉语常用词表》的比较

131. 表7-1　系列精读型教材选文统计表

132. 表7-2　中级精读型教材选文统计表

133. 表7-3　初级精读型教材选文统计表

134. 表7-4　系列精读型教材课文长度统计表

135. 表7-5　中级精读型教材课文长度统计表

136. 表7-6　初级精读型教材课文长度统计表

137. 表7-7　口语入门型教材课文长度统计表

138. 表7-8　儿童学习型教材课文长度统计表

139. 表7-9　十二套教材用字概貌

140. 表7-10　五类教材用字统计表

141. 表7-11　系列精读型教材分册用字统计表

142. 表7-12　中级精读型教材分册用字统计表

143. 表7-13　初级入门型教材分册用字统计表

144. 表7-14　口语入门型教材分册用字统计表

145. 表7-15　汉字覆盖率

146. 表7-16　前100个高频字与2005年度报纸、广播电视、网络用字比较

147. 表7-17　十二套教材用词概貌

148. 表7-18　五类教材用词统计表

149. 表7-19　系列精读型教材分册用词统计表

150. 表7-20　中级精读型教材分册用词统计表

151. 表7-21　初级入门型教材分册用词统计表

152. 表7-22　口语入门型教材分册用词统计表

153. 表7-23　词语覆盖率

154. 表7-24　十一套教材词语义项统计表

155. 表7-25　不同频度段的同义词分布状况

156. 表7-26　多义词与单义词的词种数、总词语数、义项种数、总义项数比较

157. 表7-27　11条多义词的前3个高频义项统计表

158. 表7-28　"白"的义项频率

159. 表7-29　"大概"的义项频率

160. 表7-30　29个义频统计样例

161. 表7-31　四套教材生词表中词级、句级、语篇语块的呈现状况

162. 表7-32　四套教材语言/语法点中词级、句级、语篇语块的呈现状况

163. 表7-33　四套教材的语块在课文和练习中的有无及所占比例

164. 表7-34　四套教材练习中语块呈现的主要方式

165. 表7-35　课文的语言文字使用情况调查

166. 表7-36　四套教材用字统计表

167. 表7-37　6个例字的位序对比

168. 表7-38　6个例字的构词对比

169. 表7-39　四套教材用字覆盖率及所用字种

170. 表7-40　单频次字对比

171. 表7-41　四套教材用词情况

172. 表7-42　不同词长的词种数与词次调查

173. 表7-43　各频次段使用的词种数

174. 表7-44　各分布段与词种数的关系

175. 表7-45　四套教材词种覆盖率分布

176. 表7-46　选用儿童汉语教材简况

177. 表7-47　总词表三级类名统计结果(前15位)

178. 表7-48　同义异形词筛选情况

179. 表7-49　基础词表的义类及词汇

180. 表8-1　含"是"字的句子分布情况

181. 表8-2　"是"字句的功能分类

182. 表8-3　各种指示或判断的细分类

183. 表8-4　中美小学《科学》教材句子数量统计表

184. 表8-5　中美小学《科学》教材不同类知识下句子量化分布情况

185. 表8-6　中美小学《科学》教材句类总分布表

186. 表8-7　中美小学《科学》教材陈述性知识文本的句类分布

187. 表8-8　中美小学《科学》教材程序性知识文本中的句类分布情况

188. 表 8 – 9　《科学》教材问句总数统计表
189. 表 8 – 10　《科学》教材问句的结构类型统计表
190. 表 8 – 11　《科学》教材问句的功能类型统计表
191. 表 8 – 12　引入性问句功能细分统计表
192. 表 8 – 13　《科学》教材问句链长度统计表
193. 表 8 – 14　《科学》教材问句的回答情况统计表
194. 表 8 – 15　《科学》教材无答问句细分统计表
195. 表 8 – 16　标题问句数量统计表
196. 表 9 – 1　《语文》注释数量情况
197. 表 9 – 2　《语文》现代文注释单位
198. 表 9 – 3　《语文》现代文"词"注释的内容
199. 表 9 – 4　《语文》现代文注释"词"的词性分布
200. 表 9 – 5　《语文》注释"词"的类别归属
201. 表 9 – 6　《语文》各册课文词种数
202. 表 9 – 7　《语文》第 10 册独有词在第 11—18 册的分布情况
203. 表 9 – 8　大陆和台湾地区初中语文教材文言文总注释项数量统计表
204. 表 9 – 9　大陆和台湾地区初中语文教材文言文共选篇目注释项数量统计表
205. 表 9 – 10　大陆和台湾地区初中语文教材文言文注释内容统计表
206. 表 9 – 11　大陆和台湾地区初中语文教材共选篇目中共有注释项及其注释内容统计表
207. 表 9 – 12　大陆和台湾地区初中语文教材文言文注释重复项统计表
208. 表 10 – 1　四维练习分析模板
209. 表 10 – 2　练习数量统计表
210. 表 10 – 3　单一练习形式使用数量统计表
211. 表 10 – 4　单项语文知识练习题的数量情况
212. 表 10 – 5　练习题中的语言技能分布统计表
213. 表 10 – 6　练习题中综合素质的分布统计表
214. 表 10 – 7　语言知识类练习数量统计表
215. 表 10 – 8　语言知识类练习类型
216. 表 10 – 9　练习类型的年级分布
217. 表 11 – 1　大陆和台湾地区小学语文教材单元语言技能数量一览表
218. 表 12 – 1　教材词汇语料构成一览表

219. 表12-2　异形词正异体在教材词汇中的出现情况总表
220. 表12-3　5个课文异单体词形的分布情况表
221. 表12-4　页下注释词异单体词形的情况表
222. 表12-5　正异体词组同现情况总表
223. 表12-6　异形词组在课文词中同现的教材、年级和册数情况表
224. 表12-7　异读词出现情况一览表
225. 表12-8　数字词与时间词例示表
226. 表12-9　人教版笔画名称调查表(部分)
227. 表12-10　苏教版笔画名称调查表(部分)
228. 表12-11　北师大版笔画调查表(部分)
229. 表12-12　语文版笔画调查表(部分)
230. 表12-13　北师大版教材汉字笔顺调查表(部分)
231. 表12-14　苏教版笔顺调查表(部分)
232. 表12-15　人教版笔顺调查表(部分)
233. 表12-16　语文版笔顺调查表(部分)
234. 表12-17　独体字和合体字调查表
235. 表12-18　北师大版教师用书部首归部失范例
236. 表12-19　语文版练习册部首归部失范例
237. 表12-20　四套教师用书部件偏旁部首名称失范类型及样例
238. 表12-21　韵母表未列出但课文中出现的韵母实例
239. 表12-22　语文版教材儿化音标注实例
240. 表12-23　人教版苏教版北师大版教材儿化音标注实例
241. 表13-1　学科教材语料库替换标记集
242. 表14-1　不同频段的汉字数量表
243. 表14-2　覆盖率与字种数关系表
244. 表14-3　数学术语定义与2500常用汉字的比较
245. 表14-4　数学术语定义与3500常用汉字的比较
246. 表14-5　术语用字频段表
247. 表14-6　数学术语用字位置分析
248. 表14-7　数学术语用字位置概率大于90%的情况
249. 表14-8　数学教材的累加频率段术语使用情况
250. 表14-9　数学教材术语的年段初现、复现情况

251. 表14-10　数学教材术语词性分布统计表

252. 表14-11　数学教材术语结构类型统计表

253. 表14-12　数学教材词组型术语的词性分布统计表

254. 表14-13　数学教材术语语义分布统计表（一）

255. 表14-14　数学教材术语语义分布统计表（二）

256. 表14-15　数学教材术语表与标准术语库收录术语对比统计表

257. 表14-16　数学教材同义术语使用频次示例

258. 表14-17　数学教材文言术语种数的年段分布表

259. 表14-18　物理教材术语中的同义不同形术语

260. 表14-19　物理教材术语中的不规范术语

261. 表14-20　从指称内容角度的物理教材术语分类

262. 表14-21　物理教材术语带注释情况分类汇总

263. 表14-22　物理教材术语带字母情况分类汇总

264. 表14-23　物理教材术语从结构上的分类

265. 表14-24　术语用字频段表

266. 表14-25　术语用字覆盖率表

267. 表14-26　术语用字与3500常用汉字的比较

268. 表14-27　术语不同位置的字种数

269. 表14-28　术语用字位置统计表

270. 表14-29　术语用词频段表

271. 表14-30　物理教材术语词类分布汇总表

272. 表14-31　物理教材术语的词性序列统计表

273. 表14-32　不同字用字频率表

274. 表14-33　术语用字分布表

275. 表14-34　不同频段用字字种分析表

276. 表14-35　覆盖率与字种数关系表

277. 表14-36　低频字用字情况

278. 表14-37　化学教材术语用字与3500常用字的比较

279. 表14-38　化学教材术语用字位置分析

280. 表14-39　特定位置用字分析表

281. 表14-40　仅在首、尾位置共用的临界字

282. 表14-41　化学教材术语用词频段表

283. 表14-42　化学教材术语构成成分的词性类型表
284. 表14-43　化学教材术语的词性序列统计表
285. 表14-44　不同构词模式对应的词性序列分析
286. 表14-45　术语词性构成规则
287. 表14-46　词组型术语结构分类
288. 表14-47　术语构成部件分析表
289. 表14-48　术语特征字分析表
290. 表14-49　词首的词性类别表
291. 表14-50　词尾的词性类别表
292. 表14-51　术语构成类型分析
293. 表15-1　《品德与生活》主题与主要内容
294. 表15-2　《品德与社会》主题与主要内容
295. 表15-3　《品德与生活》《品德与社会》课标主题
296. 表15-4　《品德与生活》各版内容量对比
297. 表15-5　《品德与社会》各版内容量对比
298. 表15-6　《品德与生活》各版"社会公德"内容对比
299. 表15-7　人教版《品德与生活》"热爱祖国"主题独用特征词统计表
300. 表15-8　北师大版《品德与生活》"热爱祖国"主题独用特征词统计表
301. 表15-9　苏教版《品德与生活》"热爱祖国"主题独用特征词统计表
302. 表15-10　人教版《品德与社会》"热爱祖国"主题独用特征词统计表
303. 表15-11　北师大版《品德与社会》"热爱祖国"主题独用特征词分类统计表
304. 表15-12　苏教版《品德与社会》"热爱祖国"主题独用特征词分类统计表
305. 表15-13　三套教材传统文化内容量统计表
306. 表15-14　三套教材漫画人物引导句式数统计表
307. 表15-15　三套教材故事表述类型各年级统计表
308. 表15-16　中美小学科学教材"描述天气"图像类型统计表
309. 表15-17　"描述天气"知识点图像类型元功能分类
310. 表15-18　"描述天气"知识点图像分布统计表
311. 表15-19　中美小学科学教材"描述天气"图像密度统计表
312. 表15-20　图文关系1配图比例统计表
313. 表15-21　图文关系1统计表
314. 表15-22　中美教材"描述天气"知识图文关系2对比分析

315. 表15-23　四套华文教材中华文化项目收录情况
316. 表16-1　四套教材词汇调查
317. 表17-1　八套民国小学国语教材
318. 表17-2　民国小学语文教材的国外选文(单位:篇)
319. 表17-3　56篇国外课文的基本信息
320. 表17-4　国外课文分布情况表(单位:篇)
321. 表17-5　大陆和台湾地区四套中小学语文教材中国外课文数量调查
322. 表17-6　六套教材作者成分比较情况(单位:篇)
323. 表17-7　六套教材中选文年代的数量情况(单位:篇)
324. 表20-1　七份课程大纲内容板块比较
325. 表20-2　大陆和台湾地区语文课程大纲中汉字学习要求对比(单位:个)
326. 表20-3　汉字累加频率分段用字统计表
327. 表21-1　课文体裁分类数量表
328. 表21-2　课文体裁分年级和册的数量分布情况表
329. 表21-3　人教版初中语文1—6册精读与略读课文篇目数
330. 表21-4　苏教版初中语文1—6册范文课文与选读课文篇目数
331. 表21-5　康轩版初中语文1—6册范文课文与选读课文篇目数
332. 表21-6　翰林版初中语文1—6册范文课文与选读课文篇目数
333. 表21-7　朗文版初中语文1—6册范文课文与选读课文篇目数
334. 表21-8　启思版初中语文1—6册范文课文与选读课文篇目数
335. 表21-9　六套语文教材的体裁分类情况
336. 表21-10　大陆和台湾地区小学语文教材文言文数量(单位:篇)
337. 表21-11　大陆和台湾地区初中语文教材文言文数量(单位:篇)
338. 表21-12　大陆和台湾地区小学语文教材文言文各文体数量(单位:篇)
339. 表21-13　大陆和台湾地区小学阶段文言文各文体首现的年级/册
340. 表21-14　大陆和台湾地区初中语文教材文言文各文体数量(单位:篇)
341. 表21-15　大陆和台湾地区小学语文教材文言文选文时代及数量(单位:篇)
342. 表21-16　大陆和台湾地区初中语文教材文言文选文时代及数量(单位:篇)
343. 表21-17　大陆和台湾地区初中文言文精读与略读篇目数量及比例(单位:篇)
344. 表21-18　大陆和台湾地区初中文言文精读与略读对应篇目字数对比
345. 表21-19　大陆和台湾地区初中文言文精略读篇目关联度调查
346. 表21-20　新课标课文类型统计

347. 表21-21　新课标课文篇目异同情况调查

348. 表21-22　古诗推荐篇目的选用

349. 表22-1　"招标"类词语的词频观察

350. 表22-2　TMC第6类社会活动类词语

351. 表22-3　TTBI第10类社会活动类词语

352. 表22-4　TMC与TTBI比较

353. 表24-1　词表在一级类的分布

354. 表24-2　词表在二至五级类的分布

355. 表24-3　普及化水平词汇在一级类的分布

356. 表24-4　一、二、三级词三级类的存缺(一)

357. 表24-5　一、二、三级词三级类的存缺(二)

358. 表24-6　一、二、三级词四级类的复现情况

359. 表24-7　大纲对各级义类的覆盖情况

360. 表24-8　词表词在一级类中的分布

361. 表24-9　大纲词比例较低的二级义类

362. 表24-10　大纲词多于4个的五级义类

363. 表24-11　大纲词比例较高的五级义类

364. 表24-12　五级义类大纲词数统计

365. 表24-13　未见于大纲词表的常用义类举例

# 图目录

1. 图 2-1　课文字符数与练习内容字符数随课号增长关系
2. 图 3-1　八套教材生字首现字
3. 图 3-2　10 字在两种字表中位序
4. 图 3-3　"爸""妈""因""为"在三种语料中的位序对比
5. 图 3-4　$T_{A-B}$ 序差双尾图
6. 图 3-5　$T_{A-B}$ 序差箱式图
7. 图 3-6　见义勇为事件框架
8. 图 3-7　基于事件框架的主题文本识别算法框架
9. 图 3-8　基于底表的术语自动标注算法
10. 图 5-1　四套教材学段汉字字种数比较
11. 图 5-2　同一教材各学段用词递增比较
12. 图 5-3　二字接续提取与数量自动统计软件界面
13. 图 5-4　不同年级字接续次总数的分布
14. 图 5-5　不同年级词接续次总数的分布
15. 图 5-6　接续类型观察辅助软件界面
16. 图 5-7　不同频次段学科词与通用词使用情况
17. 图 6-1　历史、地理、语文教材词长比较示意图
18. 图 7-1　不同频度段的多义词分布状况示意图
19. 图 7-2　多义词与单义词的词种数、总词语数、义项种数比较
20. 图 7-3　儿童汉语教材义类"人"发展过程
21. 图 8-1　中美小学《科学》教材句子原始数量年级分布对比图
22. 图 8-2　中美小学《科学》教材知识点数量年级分布对比图
23. 图 8-3　中美小学《科学》教材各句类年级年均句子数分布图
24. 图 8-4　中美小学《科学》教材陈述性知识类年级平均句类数量分布图
25. 图 8-5　中美小学《科学》教材程序性知识类年级平均句类数量分布图
26. 图 9-1　第 10 册课文词语与前后册课本的共用与独用情况
27. 图 10-1　12 种练习形式在四个学段的分布图
28. 图 10-2　语文知识练习在不同学段的分布

29. 图10-3　练习中所要达到的语言技能目的在四个学段的分布

30. 图10-4　综合素质练习在四个学段的分布

31. 图10-5　六套教材练习类型调查

32. 图10-6　练习类型的年级分布

33. 图11-1　大陆和台湾地区小学语文教材单元语言技能年级分布条形图

34. 图12-1　人教版课后生词中异读词次年级分布图

35. 图14-1　定义模式1判断结构流程图

36. 图14-2　不同位置用字分布图

37. 图15-1　《品德与生活》课标主题内容占比

38. 图15-2　人教版《品德与生活》主题内容占比

39. 图15-3　北师大版《品德与生活》主题内容占比

40. 图15-4　苏教版《品德与生活》主题内容占比

41. 图15-5　《品德与社会》课标主题内容占比

42. 图15-6　人教版《品德与社会》主题内容占比

43. 图15-7　北师大版《品德与社会》主题内容占比

44. 图15-8　苏教版《品德与社会》主题内容占比

45. 图15-9　三套教材家庭关系内容量（页数）统计

46. 图15-10　三套教材家务示例与种类对比图

47. 图15-11　统编本教材配图

48. 图15-12　旧人教版教材配图

49. 图15-13　新修身教材配图

50. 图15-14　统编本教材配图

51. 图15-15　旧人教版教材配图

52. 图15-16　新修身教材配图

53. 图15-17　统编本"小老师"言语泡

54. 图15-18　旧人教版"小老师"言语泡

55. 图15-19　统编本教材填充图

56. 图15-20　旧人教版教材填充图

57. 图15-21　美国教材模型图

58. 图15-22　教科版教材绘画

59. 图15-23　教科版教材配图1

60. 图15-24　苏教版教材配图1

61. 图15-25　美国教材照片1

62. 图15-26　美国教材照片2

63. 图15-27　美国教材照片3
64. 图15-28　苏教版教材配图2
65. 图15-29　教科版教材配图2
66. 图15-30　美国教材配图4
67. 图15-31　苏教版教材配图3
68. 图15-32　苏教版教材配图4
69. 图18-1　含"话语"的指南课题年度增长情况
70. 图18-2　2008—2020年含"话语"指南课题的学科分布情况
71. 图18-3　2015—2020年含"话语"指南课题的学科分布情况
72. 图19-1　"爱"字词的使用及课文分布状况
73. 图21-1　小学(1—12册)、初中(13—18册)三类体裁分布图
74. 图22-1　义类体系的透视功能
75. 图24-1　词表词在一级类中的分布对比

# 后记

"国家语言资源监测与研究教育教材中心"从2005年成立以来，就开始了对教材语言特点与规律的探知。每年都有专题调研任务，或由上级部门下达，或为语言绿皮书《中国语言生活状况报告》供稿，或是自行策划，或是科研基金的立项任务。任务完成基本上采用的都是"调查报告"形式，基于专题语料库来完成，逐渐形成了"专题研究""调查抽样""语料采集""数据分析""调查报告"的研究模式。从一个个专题的独立开掘，到系列相关问题系统研究，再到形成整体见解与思路格局，再到"三个语言世界"理论的建构，"把眼光瞄准脚下，正是一步一步的行进，一点一点的收获，让我们饶有兴致而充满信心地走到了现在"，这正是研究历程的写照。

本书是"国家语言资源监测与研究教育教材语言中心"团队集体研究成果。每一位成员都秉持相同理念，瞄准同一个目标，在独立钻研中前行，在切磋打磨中完成。作为前后延续了近20年的科研探索与阶段性成果，当汇总进一个拥有完整理论框架中时，无论是为了保持理论的体系性与完整性，还是为了章节行文的简洁与呼应，原单篇成果在收进来时都作了较大修改。为了更好地体现个人所起作用，下面将原成果的第一作者作了标示。标示方法是用阿拉伯数字与英文字母分别表示"章"与"节"，如"5B"为"第五章第二节"。

苏新春:1,2,3A,3B,3D,4,5A,5B,5C,6A,7C,12A,16,17A,17B,18,19,20A,20B,21A,21E,22A,22B,23A,23B;郑泽芝:3E,3F,6B,8A,8B,13,

15B；杜晶晶：2B，7A，7B，10A，11A，12B；孙园园：7E，9B，10B，12D，21C，21D，23C；周东杰：5D，5E，8C，14C；赵苗：3E，8B，15A，15B；周璐：8B，14B；黄启庆：7D，15D；刘薇：7D，15D；李安：22C，24B；庄晓云：17C，21B；敖婷：14C；卞成德：14A；卜祥忠：12E；洪桂治：9A；黄世友：22D；李焱：20C；刘锐：3C；宋贝贝：24A；王娟：11B；杨苗苗：15C；郑博：14D；周美玲：12C。

除以上主要作者外，还有其他成员先后参与了部分工作，有关俊红、郭曙纶、胡倩、姜媛媛、罗春英、邱燕林、孙碧泽、唐师瑶、王建军、王淼、王珊、王艳春、王玉刚、武超杰、袁冉、詹祥妹、张丹丹、张蕾、张玉彪、赵蓉、赵怿怡、郑淑花等(音序)。在成稿过程中，在校研究生积极参与了多次稿件校订工作，有陈慧、陈镜穗、高艺、李金丹、李长浩、龙东华、沈芳、宋伯雯、万晶、严小香、银晴、张兵、张远洋、赵骞、赵树元、周飞等。他们的付出与辛劳为这部书的最终完成做出了贡献，在此一并表示衷心感谢。要感谢的还有江西教育出版社的桂梅总编辑、熊阳主任、洪晓梅编辑，有了他们的鼎力支持，才有了此书的完美问世。

最后要感谢的是陆俭明先生、李宇明先生，二位先生对我们这个团队的研究工作一直给予极大的关注。得知著作要成稿出版时，撰写了序文予以充分肯定和鼓励，正是二位先生的指引和鞭策，才使我们得以在这条道路上坚定地走到了今天。

苏新春
2022 年 8 月 14 日
于厦门湾南岸海悦小区品斋